특수교육개론

Michael S. Rosenberg · David L. Westling · James McLeskey 공저
박현옥 · 이정은 · 노진아 · 권현수 · 서선진 · 윤현숙 공역

Special Education for Today's Teachers

학지사

Special Educations for Today's Teachers
ISBN: 0131185608
by Rosenberg, Michael S.; Westling, David L.; McLeskey, James

역자 서문

미국 장애인교육법의 개정으로 교사의 전문적 능력이 강화된 것과 같이, 최근 국내에서도 교사의 전문성을 강화하기 위한 제도적 장치가 마련되고 있다. 사범대학과 교직과정이 설치된 모든 대학에서 전 학생들에게 특수교육론을 수강하도록 명시한 것은 이러한 교사의 전문성 강화 차원에서 이루어진 제도라 할 수 있다.

오랜 기간 동안 장애학생의 통합교육이 특수교육 전문가들에 의해 주도되어 왔다면, 이러한 작은 변화는 장애학생 교육의 책무성을 일반교사와 특수교사 모두에게 갖도록 한 제도다. 또한 특수교육을 전공하는 학생들에게는 보다 많은 전문성을 요구하게 되었고 이를 위해 대학교육 과정에 많은 변화가 있었다.

특수교육개론에 해당하는 많은 저서와 역서가 있지만 이 책을 번역하게 된 것은 이러한 교사의 전문성 강화를 염두에 두었다는 점에서 의미가 있을 것으로 판단했기 때문이다. 번역과 교정 작업을 하면서 이 책의 장점을 보다 잘 알게 되었고 특수교육을 전공하는 학생이나 일반교육을 전공하는 학생들을 비롯해 교사라는 직업을 갖게 될 많은 사람들에게 매우 도움이 될 수 있을 것이라는 확신이 들었다.

이 책은 6명의 역자들이 함께 번역을 하였으며 번역하는 과정 동안 개별작업과 공동작업을 병행하여 최대한 매끄러운 번역이 되도록 노력하였지만 방대한 내용으로 여전히 많은 오류가 있을 것이다. 1장, 10장, 용어 부분은 박현옥이, 2장, 5장, 8장, 14장은 이정은이, 7장, 12장, 13장, 15장은 노진아가, 3장, 4장,

6장은 권현수가, 9장 11장, 16장은 서선진이, 5장, 7장은 윤현숙이 각각 맡아 번역하였다. 오랜 시간 동안 교정과 편집을 맡아 수고한 학지사의 이지혜 선생님과 번역을 독려한 김진환 사장님께 감사드린다.

끝으로 이 책을 통해 교사로서의 첫걸음에 바른 이정표가 마련되길 바라며 역자 서문을 갈무리하고자 한다.

2010년 8월
역자 일동

저자 서문

2004년에 개정된 법률(아동낙오방지법과 장애인교육법)에서는 보다 엄격한 교사 자격 기준을 제시하였다. 그 결과, 교사 양성 과정에서부터 많은 변화를 갖게 되었다. 이러한 변화에 맞추어 이 책에서는 특수교사가 되기 위해 준비하거나 일반교사가 되기 위해 준비하는 학생, 또는 다른 자격을 가진 학생 누구든지 가르치는 직업에 관심을 가진 사람들이라면 갖추어야 할 자질을 제시하고자 하였다.

이 책을 저술하는 모든 과정에서 지속적으로 고민한 문제는 "모든 학생들을 위해 봉사하고 그들을 가르치기 위해서는 무엇을 준비해야 하는가?"라는 것이었다. 이 질문을 기반으로 해서, 이 책은 정보와 연구에 근거한 실제적인 전략들을 간결하고 읽기 쉽게 제시하고자 하였다. 이 책에서는 독자들이 특수아동들의 특성과 교육적 요구에 대한 직업적 지식을 습득할 수 있도록 각각의 장애 영역을 고려한 핵심적인 정보를 제공하였다. 이 책에서는 다음과 같은 내용을 중심으로 특수교육적 기초 지식을 전달하고자 하였다.

- 특수교육에 대한 기본적 지식을 제공한다(1~5장).
- 여러 장애의 정의적 특성들을 고찰하고, 교실 내에서의 효과적인 전략에 대한 개괄적 정보를 제시한다(6~15장).
- 교사로서의 전문성에 대한 이해와 책임, 그리고 특수교육에 관련된 쟁점들을 제시한다(1장, 16장).

차 례 contents

Part 1 특수교육 전문가: 특수교육의 기초

Chapter 01 특수교육 대상학생을 위한 교육: 교사의 역할 20

1. 특수교육에서 '특수한'이란 무엇인가 / 23
2. 특수교육 교사의 역할 / 25
3. 특수교육 교사가 가르치는 사람들은 누구이며, 어디에서 가르치는가 / 27
   1) 일반학급에서의 협력교수 / 29
   2) 시간제 특수학급에서의 교수 / 31
   3) 특수학급에서의 교수 / 31
   4) 특수교사의 다른 업무 / 32
4. 특수교육 대상학생을 위한 일반교사의 역할 / 32
   1) 일반교사의 책무성 / 33
   2) 일반교사와 통합학급 / 33
   3) 긍정적인 통합학급 만들기 / 33
5. 관련 서비스 전문가 및 특수교육 보조원 / 34
   1) 관련 서비스 전문가 / 34
   2) 특수교육 보조원 / 36
6. 모든 학생에게 좋은 교사가 되려면 / 37
   1) 적절한 자질을 개발하고 유지하기 / 37
   2) 중요한 교사의 태도 / 38
   3) 증거 기반 교수법 사용 / 41
7. 전문가 역할 알아보기: 특수교사가 되고 싶은 이유 / 42
   1) 특수교사로서의 보람 / 42
   2) 특수교사가 직면하는 어려움 / 44
8. 특수교사로서의 삶에 대한 숙고 / 46

Chapter 02 특수교육의 역사 50

1. 특수교육 이야기: 특수교육에서의 역사적인 사건 / 54
   1) 학대와 무시를 넘어서: 인식, 자비 및 교육의 시대 / 54
   2) 전진과 후퇴의 발자취: 20세기 초 / 59
   3) 시민권과 접근성: 1950~1990년 / 60
   4) 미래의 역사: 통합, 책무성, 과잉판별 / 63
2. 연방법 / 64
   1) 장애인교육법 / 64
   2) 아동낙오방지법 / 77
   3) 그 밖의 관련법 / 82
3. 표준화와 책무성의 시대 / 84

Part 2 효과적인 교수 및 평가

Chapter 03 모든 학생을 위한 교육의 책무성 90

1. 학교 인구의 변화 / 94
   1) 인종 / 94
   2) 언어 / 95
   3) 가난 / 95
   4) 학대 및 방치 / 96
2. 특수교육에서의 다양성 / 97
3. 학생의 다양성과 학업적 성취 / 98
   1) 학업적 능력 / 98
   2) 고등학교 졸업률 / 99
   3) 자원에 대한 접근성 / 100
   4) 교사와 학생 간의 인구학적 특성 차이 / 101
4. 문화적 특성에 따른 차이 / 101
   1) 문화의 정의 및 중요성 / 104
   2) 인종, 계급, 학생의 행동적 측면을 통한 문화의 이해 / 106
   3) 언어와 장애적 측면을 통한 문화의 이해 / 108
   4) 학교생활에서의 문화 / 112
5. 교사는 무엇을 할 수 있을까? 문화적으로 반응적인 교사를 위한 안내 / 116

1) 교육의 목표 / 116
2) 문화의 역할과 인식 형성에 대한 이해 / 118
3) 모든 학생과 가족을 고려한 의사소통 / 121
4) 문화를 고려한 교육과정 사용하기 / 126

Chapter 04 장애아동의 진단 및 교육계획 134

1. 입학 전 장애아동을 위한 진단 및 교육계획 / 138
1) 장애영유아의 진단 / 138
2) 장애영유아와 가족을 위한 교육계획 / 140
3) 영유아에 대한 장애 판별 / 141
4) 장애유아를 위한 교육계획 / 145
2. 학령기 장애아동을 위한 진단 / 147
1) 부모, 교사 및 선별과정을 통한 진단 / 148
2) 의뢰전 초기중재 서비스 / 148
3) 초기 평가와 배치를 위한 의뢰 / 150
3. 학령기 장애아동을 위한 교육계획 / 154
1) 개별화 교육 프로그램 / 154
2) 504조 계획 / 155
3) 전환 서비스 / 157
4) 교육계획에서의 부모 참여 / 158
5) 특수교육적 배치 / 160
6) 재평가와 IEP의 수정 / 160
4. 검사 및 평가 절차 / 161
1) 규준참조검사와 준거참조검사 / 161
2) 특수교육 평가의 종류 / 162

Chapter 05 교수, 학습 및 행동 관리 170

1. 무엇을 가르칠 것인가: 교육과정과 특수교육 대상학생 / 172
1) 학습 분류체계 / 175
2) 보편적 학습 설계 / 176
3) 피라미드식 계획 / 177
4) 교육과정 및 교수 수정 / 179
2. 교수 전달체계 / 181
1) 교수법 / 181
2) 체계적인 교수 / 182
3) 교수 지원을 위한 공학 사용하기 / 187
3. 학생 행동관리 / 188

1) 체계적인 행동관리의 세 단계 / 191
2) 통합 행동관리 실제 / 192
3) 포괄적인 표적 중재 / 203
4. 의사소통 교육과 행동관리 / 204
1) 진정한 관계 만들기 / 204
2) 예의 갖추기와 존중하기 / 205
3) 신뢰 쌓기와 단호하기 / 206
4) 전문가 되기: 멀리 바라보기 / 207

Part 3 특수교육 대상학생들의 다양한 요구: 효과적인 교수방법

Chapter 06 학습장애 212
1. 학습장애의 정의와 분류 기준 / 215
1) 학습장애의 정의 / 215
2) 학습장애의 분류 기준 / 218
2. 학습장애의 특성 / 222
1) 이질성 / 222
2) 학습의 어려움 / 222
3) 인지기술의 결함 / 224
4) 사회성 문제 및 동기 결여의 문제 / 226
3. 출현율, 과정 및 발생 원인 / 227
1) 출현율 / 227
2) 학습장애의 과정 / 228
3) 발생 원인 / 229
4. 판별과 평가 / 231
5. 교육 실제 / 232
1) 서비스 전달체계 / 232
2) 조기중재 / 234
3) 교실 중재 / 235
6. 성인기로의 전환 / 247
1) 직업적 지원 / 247
2) 고등교육에서의 지원 / 248
7. 주요 쟁점 및 교사를 위한 함의 / 250
1) 학습장애 학생의 판별을 위한 대안적 접근이 필요한가 / 250
2) 미국 전역에 학습장애 학생이 일반학급에 적절하게 통합되어 있는가 / 251

Chapter 07 정서 및 행동 장애 256

1. 정의와 분류 기준 / 260
   1) 정서 및 행동 장애의 정의 / 260
   2) 분류 기준 / 262
2. 주요 행동적 특성 / 264
   1) 외현화 행동 / 264
   2) 내재적 행동 / 266
   3) 기타 행동 / 270
   4) 인지적, 학업적 특성 / 271
3. 출현율, 과정 및 발생 원인 / 272
   1) 출현율 / 272
   2) 장애의 과정 / 273
   3) 발생 원인 / 274
4. 판별과 평가 / 277
   1) 선별 / 278
   2) 판별 / 279
   3) 교수적/행동적 계획 / 282
5. 교육 실제 / 284
   1) 서비스 전달체계 / 284
   2) 조기중재 / 285
   3) 학업적 및 사회적/행동적 중재 / 287
   4) 성인기로의 전환 시 고려사항 / 295
6. 주요 쟁점 및 교사를 위한 함의 / 296
   1) 신체적 억압 / 297
   2) 약물치료 / 297
   3) 더 나은 성과를 위한 국가적 목표의 전달 / 298

Chapter 08 경도 지적장애 302

1. 정의와 분류 기준 / 307
2. 지적장애 학생의 주요 특성 / 311
   1) 학업 수행 / 312
   2) 지적 수행 / 313
   3) 사회적 기술 수행 / 315
3. 출현율, 과정 및 발생 원인 / 316
   1) 출현율 / 316
   2) 경도 지적장애의 과정 / 318
   3) 발생 원인 / 320
4. 판별과 평가 / 322

5. 교육 실제 / 323
1) 서비스 전달체계 / 323
2) 조기중재 / 326
3) 교실 중재 / 327
6. 성인기로의 전환 시 고려사항 / 338
1) 자기결정 / 338
2) 직업적 지원 / 340
3) 고등교육기관에서의 지원 / 340
7. 주요 쟁점 및 교사를 위한 함의 / 342
1) 아프리카계 미국인 학생들의 지적장애로의 과잉판별에 대해 어떻게 해야 하는가 / 342
2) 지적장애/정신지체를 가진 사람에게 어떤 명칭을 사용해야 하는가, 혹은 그들을 어떻게 대우해야 하는가 / 343

Chapter 09 주의력결핍 과잉행동장애 348

1. 정의와 분류 기준 / 352
1) ADHD의 정의 / 352
2) ADHD 분류 기준 / 355
3) ADHD 학생의 특성 / 358
2. 출현율, 과정 및 발생 원인 / 360
1) 출현율 / 360
2) ADHD의 과정 / 361
3) 발생 원인 / 363
3. 판별과 평가 / 365
1) 선별 / 365
2) 서비스 수혜 적격성 여부 결정 / 367
4. 교육 실제 / 368
1) 서비스 전달체계 / 368
2) 조기중재 / 369
3) 교실 중재 / 370
4) 중재 및 약물치료 / 374
5) 성인기로의 전환 시 고려사항 / 380
5. 주요 쟁점 및 교사를 위한 함의 / 383
1) ADHD는 유효한 장애 범주인가 / 383
2) 너무 많은 아동들이 ADHD로 판별되는가 / 384
3) 약물의 활용이 ADHD를 위한 주요 중재방법이 되어야 하는가 / 385
4) ADHD의 대안적인 처치법은 효과적인가 / 386

Chapter 10 자폐범주성장애 390

1. ASD 학생의 정의와 분류 / 390
   1) 자폐성 장애 / 394
   2) 아스퍼거 장애 / 396
2. ASD의 특성 / 397
   1) 사회적 상호작용의 결함 / 397
   2) 의사소통 기술의 결함 / 400
   3) 반복적, 상동적, 의례적 행동 / 402
3. 관련 특성 / 403
   1) 출현 연령 / 403
   2) 다양한 지적 기능 / 404
   3) 자해행동 / 404
4. 출현율, 과정 및 발생 원인 / 406
   1) 출현율 / 406
   2) ASD의 과정 / 407
   3) 발생 원인 / 407
5. 판별과 평가 / 410
   1) 선별 / 411
   2) 판별 / 411
   3) 교육/행동 계획 / 414
6. 교육 실제 / 415
   1) 서비스 전달체계 / 415
   2) 조기중재 / 416
   3) 학업적 및 사회적/행동적 중재 / 418
7. 성인기 생활을 위한 전이 / 427
   1) 직업훈련과 고용 / 428
   2) 학령기 이후의 교육 / 428
   3) 생활 배치 / 429
   4) 정서적 지원 / 429
8. 주요 쟁점 및 교사를 위한 함의 / 430
   1) 예방접종과 ASD / 430
   2) 촉진된 의사소통 / 431
   3) 가족이 지속적으로 느끼는 압박감과 부담 / 432

Chapter 11 의사소통장애 436

1. 의사소통장애의 정의 및 특성 / 442
   1) 언어장애 / 442

2) 말장애 / 446
2. 의사소통상의 차이 대 의사소통장애 / 456
3. 의사소통장애 학생의 특성 / 457
1) 인지와 학습 / 457
2) 사회적 행동 / 460
4. 출현율 / 462
5. 의사소통장애의 원인 / 463
6. 판별과 평가 / 464
7. 효과적인 중재 / 466
1) 목표 수립 / 466
2) 중재방법 / 467
3) AAC 기구를 사용한 학생지원 / 468
4) 서비스 전달 모델 / 471
5) 교사와 언어치료사 간 협력 / 473
8. 주요 쟁점 및 교사를 위한 함의 / 474

Chapter 12 중도 지적장애와 중복장애 478

1. 중도 지적장애와 중복장애 학생의 정의와 분류 기준 / 482
2. 지적장애 분류 / 483
1) 지적장애 증후군 / 484
2) 중복장애 / 484
3. 중도 지적장애와 중복장애 학생의 특성 / 486
1) 지능 / 486
2) 학습 / 487
3) 사회적 행동 / 488
4) 신체적 특징 / 489
4. 출현율 / 492
5. 발생 원인 / 492
1) 출생 전 원인 / 493
2) 출생 시 및 출생 후 원인 / 495
6. 평가와 계획 / 495
1) 적응행동 검사 / 496
2) 교육과정/활동 지침서 / 496
3) 생태학적 목록 / 497
4) 개인중심 계획 / 498
7. 효과적인 교수 실제 / 500
1) 취학 전 프로그램 / 500
2) 학교 프로그램과 관련 서비스 / 501

3) 전환, 청년기 및 성인 요구와 서비스 / 510
8. 주요 쟁점 및 교사를 위한 함의 / 512

Chapter 13 감각장애 516

1. 감각장애의 정의와 분류 기준 / 520
1) 농 혹은 난청 / 520
2) 맹과 저시력 / 523
3) 농-맹 / 525
2. 감각장애 학생의 특성 / 525
1) 지능 / 525
2) 학습 / 526
3) 사회적 행동 / 529
4) 신체적 특성 / 530
3. 출현율과 발생 원인 / 531
1) 농/난청 / 531
2) 맹/저시력 / 532
3) 농-맹 / 532
4. 효과적인 교수 실제 / 533
1) 영유아기 서비스 / 533
2) 초등 및 중등 학교 프로그램 / 539
3) 전환, 청년기 및 성인 요구와 서비스 / 546
5. 교사를 위한 함의 / 549

Chapter 14 뇌손상, 지체장애 및 기타건강장애 552

1. 외상성 뇌손상의 정의와 외상성 뇌손상 학생의 주요 특성 / 556
2. 지체장애의 정의와 지체장애 학생의 주요 특성 / 558
1) 뇌성마비 / 561
2) 근이영양증 / 564
3. 기타건강장애의 정의와 기타건강장애 학생의 주요 특성 / 565
1) 천식 / 568
2) 간질 / 569
3) 후천성면역결핍증 / 571
4. 출현율과 경향 / 574
1) 외상성 뇌손상 / 575
2) 지체장애 / 575
3) 기타건강장애 / 576
5. 발생 원인 / 576

1) 외상성 뇌손상 / 577
2) 지체장애 / 577
3) 기타건강장애 / 578
4) 교사의 질병 전염 가능성 / 579
6. 판별과 평가 / 581
1) 의료적 평가 / 581
2) 교육적 평가 / 581
3) 치료평가와 건강관리 평가 / 584
7. 효과적인 교수 실제 / 586
1) 학령 전 시기 / 586
2) 학업 및 기능적 교수 / 587
3) 전환, 청소년기 및 성인기의 요구와 서비스 / 594
8. 주요 쟁점 및 교사를 위한 함의 / 596

Chapter 15 우수아 600

1. 우수성의 정의와 분류 기준 / 604
1) 우수성의 정의 / 604
2) 우수성의 분류 기준 / 607
2. 우수아의 주요한 행동적 특성 / 609
1) 우수아에 대한 초기 연구 결과 / 609
2) 최근의 견해 / 609
3. 출현율과 발생 원인 / 613
1) 출현율 / 613
2) 발생 원인 / 614
4. 판별과 평가 / 614
1) 지능검사 / 615
2) 학력검사 / 615
3) 창의력 검사 / 615
4) 교사지명 / 616
5) 또래지명 / 616
6) 부모지명 / 617
7) 작품 표집 / 617
8) 자기지명 / 617
9) 평가 시기에 수집된 자료 해석하기 / 618
5. 교육 실제 / 619
1) 조기중재 / 619
2) 학업적 중재 / 621
3) 성인기로의 전환 / 624

6. 주요 쟁점 및 교사를 위한 함의 / 626
1) 교육과 개혁의 질을 저하시키는 것 / 626
2) 비대표 학생 집단 / 627
3) 책무성 / 627
4) 기준의 상향 조정 / 627

Part 4 성공적인 교사생활: 교사의 전문성 신장

Chapter 16 성공적인 교사생활
전문성, 협력적 지원, 교사의 전문성 신장 632

1. 특수교사 되기 / 635
1) 능숙함 / 635
2) 학생과 부모 배려하기 / 636
3) 공인으로서의 교사 / 637
4) 서류 업무와 법적 책임 / 637
5) 배려가 있는 통합적인 체제로서 인식되는 학교 / 639
6) 연구 결과에 기초한 교수 실제의 활용 / 639
2. 신임교사를 위한 협력적 지원 / 640
1) 학습 공동체를 통한 지원 / 641
2) 입문지원 프로그램과 멘터링을 통한 지원 / 641
3) 협력적 자문과 팀 접근을 통한 지원 / 644
4) 특수교육 보조원으로부터의 지원 / 646
3. 전문가로서의 성장과 개인적 성장 / 647
1) 탄력성의 추구: 가르치면서 생기는 감정 기복 관리하기 / 647
2) 스트레스를 인식하고 관리하기 / 649
3) 질 높은 교사의 자격 취득 · 유지하기 / 650
4) 전문가로서의 성장을 모니터링하기: 전문가 포트폴리오 / 657
4. 마지막으로 드는 생각: 열정과 헌신 / 658

부록 / 663
용어 / 669
참고문헌 / 681
찾아보기 / 733

Part I
특수교육 전문가
특수교육의 기초

Chapter 01
특수교육 대상학생을 위한 교육 교사의 역할

Chapter 02
특수교육의 역사

1

특수교육 대상학생을 위한 교육

교사의 역할

이 장을 시작하며

- 특수교육에서 '특수한' 이란 무엇이며, 특수교사의 역할과 책임은 무엇인가?
- 일반교사는 특수교육 대상학생들을 효과적으로 지도하기 위하여 어떻게 해야 하는가?
- 특수교육 대상학생들에게 서비스를 제공하는 관련영역의 전문가들은 누구이며, 그들의 역할은 무엇인가?
- 장애학생을 포함하여 모든 학생들을 위한 바람직한 교사가 되기 위하여 필요한 성향, 태도 및 기술은 무엇인가?
- 특수교육 대상학생들을 가르칠 때 느낄 수 있는 보람과 어려움은 무엇인가?
- 특수교사가 되기로 결정하는 데 영향을 미치는 요인들은 무엇인가?

미셸 로젠버그 선생님

"제가 이 분야에 직접 참여하기 전까지는 특수교육이 단순히 분리된 조그만 교실에서 학생들에게 아주 기본적인 것을 가르치고, 아이들이 과제를 마칠 수 있는 시간을 조금 더 주고, 큰 목소리로 천천히 말하는 것뿐인 줄 알고 있었습니다. 하지만 대학에서 효과적인 특수교육은 그 이상이라는 것을 알게 되었습니다. 저는 제일 먼저 특별한 지원과 창의적 적용방법을 관찰하게 되었고, 학생들의 학업과 행동적 성과에 중요한 영향을 미칠 수 있는 전문가를 양성하는 방법 등을 관찰하게 되었습니다. 제가 바른 교육을 받음으로써 다른 사람들의 삶에 많은 영향을 끼칠 수 있다는 사실을 깨달았습니다."

제임스 맥레스키 선생님

"저는 교사가 되겠다고 생각해 본 적은 없었어요. 그런데 제가 원했던 영역에서는 직업을 구할 수가 없었고, 그러던 차에 우연히 경도 및 중도 지적장애가 있는 학생들을 가르치는 일을 하게 되었지요. 저의 교실은 직업훈련 고등학교 운동장 한 구석에 먼지 더미로 가득한 반원형 막사에 있었죠. 첫 번째 수업을 시작하는 날, 저는 아무것도 기대하지 않았어요. 일찍 교실에 도착해서 '헨리' 라는 한 학생에게 인사를 받았어요. 그때 저는 헨리가 '보통 사람' 이라는 것을 깨닫고는 정말 놀랐습니다. 그 학생은 저와 다르지 않았고 정말 비슷했어요. 그날부터 저에게 특수교육은 거의 매일 새로운 것을 배울 수 있는 정말 도전적인 일이 되었지요. 특수교육은 제가 상상할 수 있는 여러 직업 중에 제일 즐겁고 보람된 일인 것 같습니다."

데이비드 웨슬링 선생님

"대학에 갔을 때는 제가 무엇을 해야 할지 아무것도 알지 못했습니다. 저는 잠시 고등학교 영어 교사가 되어야겠다고 생각했던 적이 있었는데 생각대로 되지 않았지요. 그 후 특수교육의 길로 접어들게 되었습니다. 솔직히 특수교육을 직업으로 생각해 보지 않았는데, 정말 여러 면에서 너무 좋았다는 사실만큼은 확실히 이야기할 수 있답니다."

여러분 중에는 이미 자신이 무엇을 할 것인지 알고 있는 사람도 있고 여전히 무엇을 할 것인지를 결정하기 위해 노력하는 사람도 있을 것이다.

사람들이 현재 자신의 직업을 어떻게 갖게 되었으며, 그 직업을 갖기 위하여 걸어온 길은 어떠하였는지에 대하여 배우는 것은 매우 흥미로운 일이다. 다른 사람들과 친밀감을 형성하는 방법 중 한 가지는 다음과 같은 질문을 하는 것이다. "간호사가 되기로 결심한 이유가 뭔가요?" "처음 소방관이 되기로 결심한 때는 언제인가요?" 특수교육을 처음 접하는 사람들 중의 한 사람으로서, 이 책을 읽는 독자로서, 당신도 미래의 여정을 시작하고 있을 것이다.

아마도 당신은 특수교사가 되려 하거나 언어치료사, 물리치료사 등과 같이 특별한 도움이 필요한 학생들에게 서비스를 제공하는 여러 관련 영역에서 일하려 할 것이다. 또는 초 · 중 · 고등학교의 일반교사가 되기 위한 과정에서 필요하기에 이 과목을 수강할 수도 있다. 몇몇은 이미 교사로 취업이 되었고, 또 다른 사람들은 교사 자격증이나 수료증을 받기 위하여 이 수업을 수강할 수도 있다. 어쩌면 아직도 자신이 원하는 것을 결정하지 못하고 여러 가지 대안들을 알아보기 위하여 여기 있을 수도 있다.

이 책은 당신이 어디에 있으며 어디로 가고자 하는지에 상관없이 유용한 정보들을 제공하는 것을 목적으로 한다. 이 책에서는 특수교사의 미래에 대하여 가장 많은 이야기를 하겠지만, 일반교사나 다른 전문가가 되기 위하여 준비해야 할 것들에 대해서도 이야기하게 될 것이다.

특수교사가 되려 하거나 일반교사 또는 다른 특수교육 관련 서비스 전문가가 되려는 사람들이 '무엇을 해야 하는가?' 그리고 '잘하려면 어떻게 해야 하는가?'를 자문할 때 다음의 두 가지 요인들이 영향을 줄 것이다. 첫 번째 요인은 자신의 삶에서 지금 이 시점까지 오도록 만든 개인적 성향과 기질이다. 이러한 것들은 타고난 특성과 함께 현재의 자기 모습이 만들어지기까지 습득한 모든 것들이 합해져 나타난다. 두 번째 요인은 여러 다양한 기회를 통해 학습한 지식과 기술들이다. 지금 이 책이 당신에게 중요한 것은 바로 이 점 때문이다. 우리는 독자에게 유용하고 타당한 정보를 제공하여 특별한 요구를 필요로 하는 학생들과 상호작용하고 가르치며 관련 서비스 전문가들과 함께해야 하는 전문가로서의 여정에 어려움이 없도록 하여, 결과적으로 이 책의 독자와 장애학생들이 긍정적 성과를 갖게 되기를 기대한다.

이 장에서는 특수교육 영역에 대한 개인적인 안내를 할 것이다. 이를 위하여 특수교육 대상학생들과 효율적으로 일하기를 원하는 모든 교사와 관련 전문가들에게 필수적이라고 생각되는 몇몇 주요 주제에 초점을 맞추어 설명하고자 한다. 특수교육이란 무엇인지 그리고 이 영역에서 일하는 주요 구성원들은 누구인지에 대하여 설명할 것이다.

1. 특수교육에서 '특수한' 이란 무엇인가

'특수교육' 이란 때때로 감격을 주고 열정의 반응을 불러일으키는 용어다. 그러나 사실 이러한 반응의 본질과 내용은 반응하는 사람들에 따라서 매우 다양할 수 있다. 중증장애가 있는 십대를 양육하는 부모 옹호자들에게 특수교육은 무상의 적절한 교육을 위하여 힘겹게 투쟁하여 얻은 시민권으로 인식된다. 학교 교직원들에게 특수교육은 특수교육법에서 요구하는 부가적인 서비스를 제공하기 위해 필요한 비용에 대한 염려가 포함된 영역이다. 10학년 과학 교사에게 특수교육은 학습 및 행동 장애가 있는 몇몇 학생들이 실험실과 교실에서의 수업에 참여할 수 있도록 교과 내용을 수정해 주어야 하는 생물 교과의 '통합 영역(inclusion section)' 으로 생각된다. 청각장애가 있는 3학년 학생에게 특수교육은 또래 친구들과 교실활동에 참여할 수 있게 음성언어를 들을 수 있는 청력(phonic ear)과 보조도구를 습득할 수 있도록 해 주는 메커니즘이다.

• 생각해 봅시다 #1

특수교육이란 여러 다른 사람들에게 각각 다른 의미를 갖는다. 특수교육이란 용어를 들었을 때 떠오르는 단어나 어구, 특성이나 생각 혹은 느낌은 무엇인가? 당신의 반응은 긍정적인가, 부정적인가 혹은 중립적인가?

특수교사들에게 특수교육이 무엇인지를 질문한다면, 그들은 특수교육이 학생의 삶을 향상시키기 위하여 다른 유형의 지원을 제공하는 것을 의미한다고 말할 것이다. 특수교사는 이러한 지원들 중 일부를 제공하고 다른 전문가들은 또 다른 지원을 제공한다. 특수교사는 학생들이 학습을 잘할 수 있도록 교육을 계획하고 실행하며 평가하는 데 일차적인 책임이 있는 사람이다. 유능한 특수교사는 학생이 학교에서만이 아니라 가정과 지역사회에서, 그리고 이후의 일상에서, 직장에서 어떻게 생활해야 하는지에 관심을 갖는다(Heward, 2003).

특수교육 대상학생들은 학습에 어려움을 보인다. 따라서 특수교육은 효과적인 교육을 위하여 일반교육에 비해 보다 명확하고 집중적이며 구조화되어야 하고, 적절하게 통제되어야 한다. 또한 특수교육 교육과정은 지식과 기술의 습득

특수교육이란 여러 사람들에게 각각 다른 의미가 될 수 있다. 이는 다양한 유형의 지원을 제공한다는 것을 의미한다.

을 촉진하기 위하여 전략과 내용을 수정하고 보조도구 등을 이용하여 일반교육과정을 보강해야 한다(Kauffman & Hallahan, 2005). 바로 이러한 다양한 요소들이 '특수교육은 특별하다.'라고 이야기하게 만드는 것들이다(〈표 1-1〉 참조).

특수교육을 받는 학생들은 학습하는 것 이상이 필요하고, 특수교육을 하는 교사들은 일반적인 교사 업무 이상의 것을 해야 할 때가 있다. 특수교사는 교사로서의 임무 외에 특수학생들의 삶의 질을 향상시키기

〈표 1-1〉 특수교육을 '특수하게' 하는 것은 무엇인가

다음의 아홉 가지 요소들은 특수교육의 고유한 특성이다.

차원	특수교육
속도	특수교육에서는 개별 학생의 학습능력에 따라 가르치는 속도를 조절한다.
강도	특수교육에서는 가르치는 강도를 조절한다. 즉, 개별 학생에 따라 복잡한 개념과 연산과정을 가르치는 단계를 조절하고, 직접 가르치고 연습시키는 데 소요되는 시간의 양을 조절하는 것을 말한다.
집요함	특수교육에서는 집요함과 인내심이 필요하다. 이는 학생이 배우는 내용 중 중요한 요소들을 습득하는 데 어려움이 있을 경우 계획된 일정에 따라 진도를 나가기보다 어떻게 해서든지 그 부분을 습득하도록 다양하게 접근하고 시도해 보는 것을 말한다.
구조화	특수교육에서는 학습에 어려움이 있는 학생들에게 일반학생들에게 필요한 것보다 더 직접적이고 구조화되어 있으며 명확하고 예측 가능한 학습조건을 만든다.
강화	특수교육에서는 학생이 필요한 기술과 행동을 보다 빨리 습득하는 데 도움이 되도록 실제적인 강화물이나 긍정적 강화물을 자주 제공한다.
학생 대 교사 비율	특수교육에서는 집중적이면서도 집요하게 가르쳐야 하고, 구조화 정도가 높아야 하므로 학생 대 교사의 비율이 높아야 한다.
교육과정	비록 많은 장애학생들에게 일반교육과정이 적용되고 있지만, 그들 중 대부분의 학생에게는 특별한 지원과 자료 접근을 위한 수정이 필요하다. 보다 심한 장애가 있는 학생의 경우에는 기본적인 생활기술이나 대안적 의사소통 기술, 사회적 기술 교수를 위한 특별한 교육과정이 필요하다.
모니터링/평가	특수교육법에서는 학생의 진도를 기록하기 위한 구체적인 절차를 요구한다. 학생 수행에 대한 잦은 평가를 개별적으로 실시하고, 이를 기반으로 현재 사용하는 교수 방법이 그 학생에게 적절한지 여부를 확인할 수 있다.
협력	특수교육에서는 장애학생의 삶에 영향을 미치는 모든 사람들의 참여를 요구한다.

출처: James M. Kauffman & Daniel P. Hallahan (2005). *Special Education: What is and Why We Need It*. Published by Allyn and Bacon, MA. Copyright © by Pearson Education. Adapted by permission of the publisher.

위해 필요한 그 밖의 다른 일들도 해야 한다. 이러한 일들에는 학생을 학교 동아리나 팀의 구성원이 되도록 돕고, 학교 외의 서비스를 향상시킬 수 있는 지역사회 정신건강 관련 전문가들과 함께 일하거나 학생의 읽기와 의사소통을 도울 수 있는 새로운 보조도구 활용방법을 익히는 일 등이 포함된다. 이런 일들 역시 '특수교육은 특별하다.' 고 이야기하는 이유가 될 수 있을 것이다.

2. 특수교사의 역할

"가장 보람을 느낀 일 중 하나는 한 학생이 인성교육 프로그램인 Character Counts에 나와서 읽기를 배우고 자신의 학년에 맞는 일반학급에 통합되어 계획된 진보를 성취해 낸 일이지요. 또 내가 가르친 학생이 고등학교에 진학해서 중도 정서장애 학생을 위한 센터를 떠난 후 총학생회 회장이 되었을 때도 정말 보람을 느꼈어요."

미국 교육부(2005)에 따르면, 41만 6,000명의 특수교사가 6,500만 명이 넘는 3~21세의 장애학생들을 가르친다. 우리는 그 교사 모두를 알고 있지는 못하지만 많은 사람들에 대해 알고 있다. 우리가 그들에 대해 알고 있는 사실 중 하나는 그들이 특수교사가 되기까지 매우 다채롭고 때로는 일반적이지 않은 길을 걸어왔다는 사실이다. 어떤 사람은 형제를 비롯한 가족 중 장애를 가진 이가 있다. 어떤 사람은 고등학생 때 장애학생의 보충학습을 돕거나 '최고의 친구(best buddies)' 역할을 한 사람이다. 또 어떤 사람은 자신이 신뢰하는 누군가로부터 이 일에 대한 권유를 받은 사람들이다. 그 밖에 군인이나 간호사, 사업가나 성직자와 같은 다른 직종에 종사하다가 새롭게 특수교사가 된 사람들도 보았다.

특수교육을 오랫동안 해 온 교사들을 만나 대화를 할 기회가 있다면 그들과 그들의 삶이 일상적이거나 평범하지 않다는 것을 알게 될 것이다. 특수교육 전문가로서 일하기 위해 전문성을 열심히 개발하는 동안 여러 특수교사와 특수학생들을 지원하는 일을 하는 그 밖의 여러 전문가들을 만날 수도 있다. 그때마다 그들 중 많은 사람들이 그 일을 시작하게 된 계기와 그들이 무엇을 하는지에 대한 흥미로운 이야깃거리를 가지고 있다는 점을 알 수 있을 것이다.

[그림 1-1]은 '미래 특수교사의 동기 척도' 다. 이를 복사하여 제시된 질문에 응답해 보자. 원한다면 친구들과 자신의 응답을 비교해 보아도 좋다. 혹은 교수

"나는 특수교사가 되려고 하지도 않았고, 관련 경력도 갖고 있지 않았어요. 나의 학문적 경험은 평범했지만 아이들을 가르치는 경험을 통해 새로운 방향으로 눈을 돌리게 되었지요. 내가 가르치는 학생들은 학업적으로나 행동적인 면에서 모두 매우 다양한 수준을 보이고 있지만, 나 자신은 그들의 요구를 충족시킬 수 있는 지식이 부족함을 깨닫게 되었습니다. 다행히 멘터의 역할을 해 준 교사를 만나게 되었고, 그는 내게 특수교사가 될 것을 권유하였지요."

에게 수업시간에 설문지의 항목들에 대한 견해를 토의하도록 요청해도 좋다. 이 장의 마지막 부분에서 이 질문지에 대한 응답을 해석하는 방법을 알려 주고 특수교사가 되고 싶은 이유에 대해 생각해 볼 수 있는 시간을 가질 것이다.

미래 특수교사의 동기 척도

다음은 당신이 특수교사가 되고자 하는 이유를 묻는 내용입니다. 다음과 같은 측정 척도를 사용하여 기록해 주십시오.

1=매우 그렇지 않다 2=그렇지 않다
3=약간 그렇지 않다 4=그렇기도 하고 그렇지 않기도 하다
5=약간 그렇다 6=그렇다
7=매우 그렇다

1	소규모 교실에서 일할 수 있는 기회 때문이다.	1 2 3 4 5 6 7
2	어려움이 있는 학생들을 가르치고자 하는 마음 때문이다.	1 2 3 4 5 6 7
3	과외 수당 가능성 때문이다.	1 2 3 4 5 6 7
4	특정 장애에 관심이 있기 때문이다(예: 자폐증, 다운증후군 등)	1 2 3 4 5 6 7
5	특수교육은 취업 가능성이 높고 취업 기회가 많다고 알고 있기 때문이다.	1 2 3 4 5 6 7
6	지식이나 기술, 행동에서 변화를 보이는 학생을 보았을 때 기분이 좋기 때문이다.	1 2 3 4 5 6 7
7	장애인에 대한 관심이 높기 때문이다.	1 2 3 4 5 6 7
8	나의 개인적 성향이 특수교사라는 직업에 적합하기 때문이다(예: 나는 인내심이 많고 스트레스를 잘 받지 않는다.).	1 2 3 4 5 6 7
9	장애가 있는 가족이나 친구가 있기 때문이다.	1 2 3 4 5 6 7
10	이전에 장애와 관련된 일을 했거나 자원봉사를 했는데 매우 보람이 있었기 때문이다.	1 2 3 4 5 6 7

그림 1-1

3. 특수교사가 가르치는 사람은 누구이며, 어디에서 가르치는가

이 책의 제6장부터 제15장까지는 특수교육 대상아동과 그들이 받는 특수교육 및 관련 서비스에 대한 설명이 제시되어 있다. 미국 장애인교육법(Individuals with Disabilities Education Improvement Act: IDEA)에서는 장애아동들을 각각 다른 장애 범주로 구분하고 있다(역자 주: 우리나라에는 '장애인 등에 대한 특수교육법'이 있음). 〈표 1-2〉에 제시된 장애는 특수교사들이 가르쳐야 할 대상이 누구인지를 잘 보여 주고 있다. 그들에 대한 보다 세부적인 사항들은 표의 왼쪽 칸 괄호 안에 제시된 장에서 학습하게 될 것이다.

• 생각해 봅시다 #2

잘 알고 있는 특수교사가 있는가? 그가 어떻게 해서 특수교사가 되었는지 알고 있는가? 일반적인 이유가 있었는지 혹은 좀 더 특별한 이유가 있었는지 알고 있는가?

〈표 1-2〉 공립학교에서 사용하는 장애 범주

장애 범주	정 의
자폐증 (10장)	자폐증은 구어 및 비구어 의사소통과 사회적 상호작용에 심각한 어려움이 있는 발달장애로 대개 3세 이전에 출현한다. 이러한 문제들은 아동의 교육적 성취에 부정적인 영향을 미친다. 자폐증과 관련된 다른 특성은 반복적인 행동 및 전형적인 움직임에 몰입하고, 환경적 변화나 일과의 변화를 거부하거나 감각 경험에 대하여 비정상적인 반응을 보인다는 점이다. 아동의 정서적인 어려움이 일차적으로 영향을 미쳐서 교육적 성취에 부정적인 영향을 미치는 경우는 자폐증 범주에 포함되지 않는다. 3세 이후 이러한 기준에 부합하는 자폐특성을 보이면 자폐증으로 진단할 수 있다.
농-맹 (13장)	농-맹은 청각장애와 시각장애가 동반하는 경우다. 농-맹은 심각한 의사소통 장애 및 기타 발달적 어려움을 야기하고, 시각장애 및 청각장애를 각각 지니고 있는 아동을 위한 특수교육 프로그램만으로는 충분하지 않은 교육적 요구를 갖고 있다.
청각장애 (13장)	청각장애는 청력손상이 너무 심해서 보청기를 착용하더라도 청각을 통하여 언어적 정보를 처리할 수 없고, 그에 따라 아동의 교육적 성취에 부정적인 영향을 주는 경우다.
정서장애 (7장)	정서장애는 다음에 제시된 특성 중 하나 이상을 오랫동안 나타내며, 그에 따라 교육적 성취에 부정적인 영향을 미치는 경우다. 1. 지능, 감각 또는 건강 요인으로 설명될 수 없는 학습의 어려움 2. 또래 및 교사들과 만족할 만한 대인관계 형성의 어려움 3. 정상적인 환경에서 부적절한 형태의 행동과 감정을 나타냄 4. 불행감과 우울감이 만연함 5. 개인과 학교 문제와 관련된 공포나 신체적 증상을 보이는 경향 정신분열증은 정서장애에 포함된다. 정서장애를 보이지 않을 경우 사회적 부적응은 정서장애 범주에 포함되지 않는다.

청각장애 (13장)	청각장애는 농 범주에 포함되지 않지만 아동의 교육적 성취에 부정적인 영향을 줄 정도의 청각적 문제가 있는 경우다. 이는 지속적으로 나타날 수도 있고 일시적으로 나타날 수도 있다.
정신지체 (8장, 12장)	정신지체는 일반적인 지적 기능이 유의하게 지체되면서 동시에 적응행동에서 결함을 나타내며, 주로 발달기에 나타난다. 또한 정신지체는 교육적 성취에 부정적인 영향을 미친다.
중복장애 (12장)	중복장애는 여러 가지 장애를 동시에 지니고 있으며(예: 정신지체-맹, 정신지체-정형외과적 결함), 한 가지 결함을 위한 특별한 교육 프로그램으로는 이러한 심각한 교육적 요구에 적절하게 교수수정을 제공할 수 없는 경우다. 농-맹은 중복장애 범주에 포함되지 않는다.
정형외과적 장애 (14장)	정형외과적 장애란 아동의 교육적 수행에 상당한 영향을 미치는 심각한 신체 구조적 손상을 의미한다. 이 용어는 선천적 기형(예: 내반족, 신체 일부의 결손), 질병에 의한 손상(예: 소아마비, 골결핵), 그 밖의 다른 원인에 의한 장애(예: 뇌성마비, 사지 절단, 화상에 의한 경직)를 포함한다.
기타건강 장애 (14장, 9장 ADHD)	기타건강장애란 제한된 체력, 활력, 민첩성을 나타내는 것을 의미하며, 환경 자극에 대한 지나친 민감성도 포함되고, 이것으로 교육환경과 관련하여 아동의 민첩성이 제한된다. 건강장애는, 1. 천식, ADHD, 당뇨, 간질, 심장병, 혈우병, 납중독, 백혈병, 신장병, 류머티즘, 겸상 적혈구성 빈혈 등 만성적 또는 급성적 건강문제에서 비롯될 수도 있으며, 2. 아동의 교육적 수행에 부정적인 영향을 미친다.
특정학습 장애 (6장)	특정학습장애는 일반적으로 말하기와 쓰기 등 언어적 이해와 사용에 관련된 기본 심리과정에 하나 이상의 장애를 가진 것을 의미한다. 이 장애는 듣기, 사고력, 말하기, 읽기, 쓰기, 철자 또는 산술능력의 결함을 초래한다. 특정학습장애에는 지각장애, 뇌손상, 미세뇌기능장애, 난독증 그리고 발달적 실어증과 같은 증상이 포함된다. 일차적으로 시각장애, 청각장애, 운동장애, 정신지체, 정서장애 또는 환경적 · 문화적 · 경제적 불이익에 의해 발생되는 학업문제에 의한 경우는 이 용어에 포함되지 않는다.
말-언어 장애(11장)	말-언어장애는 아동의 교육적 수행에 불리한 영향을 미치는 말더듬, 조음장애, 언어 결함(language impairment), 음성장애 등과 같은 의사소통의 장애를 의미한다.
외상성 뇌손상 (14장)	외상성 뇌손상이란 외부의 물리적인 충격 등으로 두뇌손상이 야기되어 전체나 부분적인 기능적 장애를 유발하거나 심리사회적 손상이 야기됨으로써 아동의 교육적 성취에 불리한 영향을 미치게 되는 것을 의미한다. 외상성 뇌손상은 인지, 언어, 기억, 주의력, 논리, 추상적인 사고, 판단력, 문제해결력, 감각 · 인식 · 운동 능력, 심리사회적 행동, 신체기능, 정보처리, 말하기 능력 중 하나 혹은 그 이상의 영역에 손상을 입은 개방형(open) 두부손상이나 폐쇄형(closed) 두부손상을 말한다. 선천적인 두뇌손상이나 퇴행성 뇌손상 또는 출생 시 외상에 의한 뇌손상 등은 외상성 뇌손상에 포함되지 않는다.
맹을 포함한 시각 장애(13장)	맹을 포함한 시각장애는 교정 후에도 아동의 교육적 성취에 불리한 영향을 주는 시각적인 결함을 의미한다. 이 용어에는 약시와 맹이 모두 포함된다.

출처: Regulation to IDEA 97, 20 U.S.C. 1401(3)(A) and (B); 1401(26); §300.7.에서 수정.

특수교육 배치연속체

- 일반학급: 일반학급에서 부가적인 지원과 서비스(특수교사 또는 특수교육 보조원 지원과 같은)를 제공하는 경우
- 시간제 특수학급: 하루 중 일정 시간 동안 특수학급이나 자료실에서 교육을 받고 나머지 시간에는 일반학급에서 교육을 받거나 비장애 또래들과 함께 활동하는 경우
- 전일제 특수학급: 모든 시간 동안 다른 일반학급이나 상황에 통합되는 기회가 거의 없거나 전혀 없는 특수학급에 배치되는 경우
- 특수학교: 장애학생들로만 구성된 특수학교의 학급에 배치되는 경우
- 기숙특수학교: 주립이나 사립 기숙사가 운영되는 학교에 배치되는 경우
- 가정/병원: 학생의 가정이나 병원에서 교수적 서비스를 제공하는 경우

그림 1-2

장애학생이 갖는 교육적 요구에 따라 학교는 다양한 교육환경에서 특수교육과 관련 서비스를 제공하고, 각 교육환경에서 근무하는 특수교사들은 다양한 역할과 책임을 갖게 된다. [그림 1-2]에서는 '특수교육 배치연속체' 라고도 불리는 교육환경들이 제시되어 있다. 대체로 특수교사는 일반학급, 특수학급, 특수학교와 같은 세 가지 교육환경 중 한 곳에 배치된 장애학생들을 가르치게 된다.

1) 일반학급에서의 협력교수

[그림 1-3]에서 볼 수 있듯이, 장애학생들은 일반학급에서 상당히 많은 시간을 보낸다. 이러한 학생들을 위해 특수교사는 초등학교나 중등학교의 일반학급에서 일반교사와 협력하여 일을 한다.

이 경우 특수교사는 일반학급에서 다양한 배경과 서로 다른 요구를 가진 학생들을 가르치고 지원한다. 대부분 장애학생은 일반학생과 함께 같은 교과과정에 참여한다. 일반학급에 있는 장애학생들은 학습장애, 정서 및 행동 장애, 경도의 지적장애와 같은 출현율이 높은 장애를 가졌거나 경도장애를 보일 수 있지만, 때로는 자폐스펙트럼장애, 중도 및 최중도 지적장애, 중복장애와 같은 심각하거나 출현율이 낮은 장애를 가졌을 수도 있다([그림 1-3] 참조).

공동교사로서 특수교사는 일반교사와 함께 장애학생이 일반교육과정에 의미있게 참여할 수 있도록 계획해야 한다. 특수교사는 학생들이 자신의 개별화 교육 프로그램(Individualized Education Program: IEP)의 목표를 성취할 수 있도록 도와야 한다. 일반교사와 특수교사가 하루 종일 함께 일하는 경우, 때로는 이

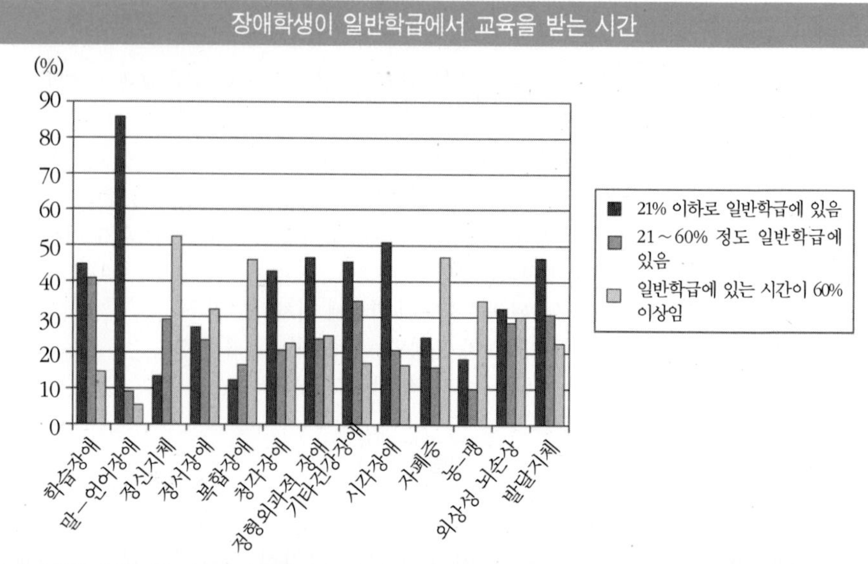

출처: U.S. Department of Education (2003). *Twenty-fifth annual report to congress on the implement of the individuals with disabilities Education Act.* Washington, DC: Author.

그림 1-3

두 교사들의 역할이 구분되지 않을 수도 있다. 두 교사가 각각 다른 시간에 모든 학생들을 가르치기 때문이다.

경우에 따라서는 특수교육 공동교사(special education co-teacher)가 일반학급에 하루 종일 있지 않을 수도 있다. 이러한 경우, 특수교사는 일반학급에 잠깐 동안만 있고 대부분은 특수교사가 없는 일반학급에서도 장애학생이 학습활동에 잘 참여하도록 일반교사와 특수교육 보조원에게 자문을 제공하는 역할을 하게 된다.

특수교사와 일반교사는 장애학생의 의미있는 참여를 위해 함께 계획하여야 한다.

2) 시간제 특수학급에서의 교수

"제가 다녔던 학교를 방문하였을 때, 모든 일들이 얼마나 나쁘게 돌아가고 있는지 발견하고선 매우 큰 충격을 받았지요. 그 학교에는 권위와 질서가 없었고, 학업문제가 있는 학생들은 무시되고 있었어요. 이런 일들을 목격한 후에 특수교사가 되기 위해 컬럼비아 교육청 교사교육 프로그램(District of Columbia Teaching Fellows Program)에 지원해야겠다고 마음먹었지요."

자료실(resource room)은 일반학급과 분리되어 있는 시간제 특수학급이다. 시간제 특수학급에서 장애학생들은 학업기술을 향상시키고 일반학급의 교육과정에서 필요한 지식이나 기술을 성취하기 위한 지원을 받는다. 비록 장애학생들이 대부분의 시간을 일반학급에서 보내지만, 몇몇 학생의 경우 시간제 특수학급은 일반학급에서 특별히 어려운 과목이나 주제들을 소집단으로 모여 집중적으로 배울 수 있는 곳이다. 시간제 특수학급에서 학생들은 공부방법을 익히고 조직화(organization)하는 기술이나 시험을 보는 기술을 향상시키고, 일반학급에서 더 잘 지내기 위해서 필요한 문제해결력과 기타 여러 전략들을 배울 수 있다. 시간제 특수학급에서 일하는 특수교사는 주로 학생을 일대일 혹은 소집단으로 가르친다. 시간제 특수학급 교사는 앞서 언급한 공동교사로도 일하고, 일반교사와 밀접한 연계를 맺으며 활동하기도 한다.

특수교육을 받는 대부분의 장애학생이 학교의 하루 일과 중 일부 시간에만 특수학급에서 교육받고 있기 때문에, 일반적으로 많은 특수교사들이 시간제 특수학급 교사로 일하고 있다. 그들도 다른 곳에서 근무하는 특수교사들과 마찬가지로 학생을 직접 가르치고, 학부모나 다른 전문가들을 만나며, 학생의 학업기술을 평가하고, IEP 목표를 개발하며, 교수계획을 한다.

3) 특수학급에서의 교수

어떤 특수교사들은 초 · 중 · 고등학교 전일제 특수학급이나 분리된 특수학교에서 장애학생들을 가르친다. 일반적으로 심한 지적장애나 행동장애, 신체장애, 감각장애가 있는 학생들은 전일제 특수학급이나 특수학교에 배치된다. 물론 일반적이지는 않지만 어떤 학생들은 일반학급에서 교육을 받기도 한다.

특수학급(self-contained special classroom)에서 가르치는 것과 일반학급에서 공동교사로 가르치는 것 간에는 중요한 차이가 있다. 특수학급 교사는 학생과

"저는 제 일을 사랑해요. 제가 이 아이들을 가르치기 위해서는 전통적인 유형의 교사가 될 수 없었어요. 어려운 일들도 많죠. 하지만 항상 가치를 느껴요. 가족들도 제가 이 일을 계속하도록 도와주고요."

보다 직접적인 접촉을 하고, 모든 교육과정 영역에 대한 교수의 책임을 지니며, 하루 종일 동일한 학생들과 함께 한다. 특수학급에는 7~12명 정도로 적은 수의 학생들이 있다. 특수학급에는 학생 개개인의 요구에 따라 한 명이나 그 이상의 특수교육 보조원이 특수교사를 보조한다. 특수학급 교사가 학생들을 잘 가르치는 일이 중요한 것과 같이 특수교육 보조원과 효율적으로 일하는 방법을 잘 아는 것도 매우 중요하다.

4) 특수교사의 다른 업무

교실에서 일하는 시간이 하루 일과의 대부분을 차지하지만, 교사는 그 외에 다른 일들에 대한 책임도 가진다. 실제로 모든 공립학교 교사들은 교수활동 이외에 다양한 업무를 한다. 그런 업무에는 학생의 교실 밖 활동을 감독하거나(복도, 식당, 버스를 기다리는 시간 등), 학생회를 지원하거나, 학생의 집에 초대받아 가거나, 부모들과 함께 학교 회의에 참석하는 일 등이 포함된다. 또한 IEP 회의를 비롯한 다른 여러 회의에 참석하고, 개별 학생과 집단을 위한 교수 계획안도 작성해야 하며, 교직원 연수에도 참여해야 한다. 아울러 학년 말 평가를 하거나 한 해의 특정 기간 동안 학부모 상담을 해야 한다. 때때로 교사들은 회의나 기록 작업 등에 대하여 불평을 한다. 그러나 이러한 모든 것들은 교사 업무의 일부일 뿐이다. 제16장에서는 이러한 교수 이외의 업무에 대하여 논의할 것이며, 더불어 그 모든 일들을 효율적으로 할 수 있도록 시간과 에너지를 잘 관리하는 방법 등에 대하여도 논의할 것이다.

• 생각해 봅시다 #3

특수교사가 되고자 한다면 당신이 원하는 지위에 대하여 생각해 본 적이 있는가? 앞서 논의한 것들 중 하나인가? 만일 그렇다면 그 지위가 매력적으로 느껴진 이유는 무엇인가?

4. 특수교육 대상학생을 위한 일반교사의 역할

[그림 1-3]에 제시된 것과 같이, 특수교육 대상학생들은 그들의 일과 중 일부 시간을 일반학급에서 보낸다. 일반학급에서의 성공은 일반교사들이 적절한 교육 프로그램을 운영하기 위하여 특수교사와 얼마나 잘 협력하는가에 달려 있다.

1) 일반교사의 책무성

일반교사의 주요 업무는 유치원부터 고등학교까지에서 일반학생들에게 특정한 교과목을 가르치는 것이다. 일반교사는 '전형적인' 능력을 지닌 일반학생들을 가르치기 위한 준비를 한다. 일반학생들은 일반교사의 지도나 그 밖의 학습 경험을 통해 효과적으로 정보를 얻을 수 있다. 일반교사의 주요 업무는 그들을 위한 수업을 계획하고, 교재를 준비하며, 교수활동을 조직하고, 교육 매체를 활용하며, 특정한 교육 내용을 가르치는 것이다.

2) 일반교사와 통합학급

"저는 모든 학생들이 배울 수 있다고 믿지요……. 그리고 제 생각에는 아이들은 또래 속에 속해서 그들과 함께 지내길 원한다고 봐요……. 저는 아이들이 다양한 유형의 다른 아이들과 함께 지내는 것이 중요하다고 생각해요."

특수교육 대상학생을 위해 대안적인 방법을 사용하거나 일반적이지 않은 학습목표를 세우는 경우, 일반교사는 그들이 일반학급과 일반교육과정에 잘 참여할 수 있도록 지원해야 한다. 제2장에서 학습하게 되겠지만, 연방법(미국 특수교육법)은 모든 학생들이 자신의 가능성을 최대화하기 위해서는 정상화된 학교 환경에 다니고 학습을 해야 한다고 제시하고 있다.

일반교사는 장애학생을 일반학급에 통합시키고 일반교육과정에 대한 그들의 참여를 격려하는 데 중요한 역할을 한다. 이러한 이유로 일반교사들은 종종 IEP 팀에 참여하고 특수교사와 밀접하게 협력함으로써 특수교육 대상학생이 잘 적응할 수 있도록 돕는다. 물론 일반교사가 특수교사만큼 장애학생에 대해 잘 알거나 잘 준비할 수 있다고 기대하기는 어렵다. 그러나 일반교사는 통합학급에서 장애학생에게 교수를 제공할 책임을 특수교사와 공유해야만 한다.

3) 긍정적인 통합학급 만들기

일반교사가 통합학급에서 장애학생을 잘 가르치기 위해서는 열린 마음과 협력의 의지를 갖는 것이 중요하다. 교사는 장애학생이 일반학생들과 함께 한 학급에 소속되었다는 느낌을 가질 수 있도록 도와야 할 뿐만 아니라 장애학생들이 수용되도록 하는 데 중요한 역할을 해야 한다. 가장 중요

• 생각해 봅시다 #4

일반교사가 될 계획이 있다면 장애학생을 성공적으로 통합시키기 위하여 어떤 유형의 지원이 필요하다고 생각하는가?

교사는 장애학생이 수용될 수 있도록 촉매 역할을 하여야 한다.

한 것은 특수교사와 일반교사가 협력해서 계획하고 가르치며 문제 를 해결하는 방법을 배워야 한다는 점이다(Janney, Sne ll, Beers, & Raynes, 1995).

많은 일반교사들은 통합(inclusion)을 지원한다. 연구 결과에 따르면, 교사들이 협력적으로 계획할 시간이 충분하고, 장애학생 교육에 필요한 교육을 받고, 특수교사나 보조원들로부터 적절한 지원을 받으며, 적절한 교재를 지원받고, 교실 규모가 작아진다면 일반학급에 통합된 장애학생들에게 보다 긍정적인 태도를 보일 것이라고 한다.

5. 관련 서비스 전문가 및 특수교육 보조원

특수교사와 일반교사 외에도 특수교육 대상학생들에게 직접적이거나 간접적인 지원을 제공하는 사람들이 있다.

1) 관련 서비스 전문가

"저는 처음에는 소아과 의사가 되고 싶었어요. 아이들과 함께 지내고 싶었기 때문이기도 하였고요. 그런데 아버지께서 '좋아, 그렇다면 언어치료사가 되면 어떻겠니?' 라고 하셨죠. 그때 저는 아이들과 함께할 수 있고 그들을 변화시킬 수 있는 일이라는 점에서 진정으로 제가 원하는 일이 바로 그 일이라는 것을 알게 되었지요."

연방법은 장애학생들이 제대로 특수교육을 잘 받을 수 있도록 '관련 서비스'를 제공할 것을 규정하고 있다(제2장 참조). 예를 들어, 학생이 학습에 참여하기 위해 물리치료가 필요하다면 제공되어야 한다. 이러한 법적 요구에 따라 공립학교들은 특수교육 대상학생들을 지원할 수 있는 여러 전문가들을 고용하고 있다.

미국 교육부(2005) 통계에 따르면, 미국의 공립학교에서는 약 1만 7,800명의 사회사업가, 3만

7,600명의 언어치료사, 6,300명 이상의 물리치료사, 1만 3,000명 정도의 작업치료사 등을 고용하여 장애학생들을 지원하고 있다. 또한 교육행정가, 상담가, 재활전문가, 학교 심리학자들도 장애학생의 교육에 중요한 역할을 담당하고 있다(U.S. Department of Education, 2005). 이들 전문가에 대하여 모두 자세히 설명할 수는 없지만, 〈표 1-3〉에는 장애학생과 함께하는 일반적인 전문가들의 목록과 그들의 역할에 대한 간략한 설명이 제시되어 있다. 이들 중 가장 중요한 전문가 분야 중 하나는 언어치료사(SLP)다. 앞서 살펴본 것처럼 지역교육청에서는 특수교육 대상학생들의 언어와 관련된 요구를 지원하기 위해 많은 언어치료사를 고용하였다(이러한 학생들과 언어치료사에 대한 상세한 내용은 11장에 제시되어 있다.).

〈표 1-3〉 장애학생과 함께하는 기타 전문가

전문가	역할
학교 심리학자	학교 심리학자의 주요 역할은 학생의 인지, 학업, 사회-정서, 적응 행동 기능 등의 현재 수준을 결정하기 위한 평가를 실행하는 것이다.
물리치료사(PT)와 작업치료사(OT)	물리치료사는 자세와 균형을 나아지게 하기 위한 평가와 계획, 중재를 실행한다. 그리고 신체의 불균형을 예방하고, 걷는 능력과 다른 대근육 운동기술을 증가시키기 위한 일을 한다. 물리치료사는 일차적으로 심각한 장애학생과 함께 일한다. 작업치료사는 물리치료사와 유사한 지식과 기술을 지니지만 일상생활 기술과 관련된 소근육 기술의 사용과 같은 의도적인 활동이나 과제 등과 관련된 일을 한다.
언어치료사(SLP)	언어치료사는 학생의 말과 언어 능력을 평가하고 필요한 경우 해당 영역에서 적절한 목표를 개발한다. 언어치료사는 보완대체 의사소통 체계를 개발하여 보다 심각한 중도 장애학생들을 지원하기도 한다.
사회사업가	사회사업가는 학교 밖에서 발생하는 많은 일을 돕는다. 그들은 가족문제를 다루고 때로는 가정을 방문하여 아동과 부모 간의 갈등 해결에 필요한 도움을 주기도 한다. 그들은 다른 서비스 기관들을 지원하기도 한다.
학교지도 상담자	학생지도 상담자는 학업이나 행동 면에서의 향상을 위한 방향을 제공한다. 그들은 학생이나 다른 집단들과 일대일로 일하게 된다.
미술, 음악, 레크리에이션 치료사	이러한 영역의 전문가는 의사소통 기술이나 사회적 기술의 향상과 같은 다양한 측면에서 학생들의 기능을 향상시키기 위한 특별한 전문가다.

2) 특수교육 보조원

• 생각해 봅시다 #5

장애학생과 함께 일하는 여러 전문가 중 어떤 사람들을 접해 보았는가? 무엇을 하는 사람이었는가? 그들은 자신의 일을 좋아하였는가? 이러한 직업들 중 당신이 좋아할 부분과 싫어할 부분은 무엇인가?

특수교사와 일반교사 외에 장애학생을 위하여 일하는 또 다른 전문가들로는 특수교육 보조원(준교사, 교사 도우미 등으로도 불림)이 있다. 특수교육 보조원은 특수학급에서 교사와 밀접한 역할을 하지만 현재는 일반학급에서 장애학생을 지원하는 역할도 많이 하고 있다(Giangreco & Doyle, 2002; Giangreco, Edelman, Broer, & Doyle, 2001).

특수교육 보조원은 교수활동과 교수 이외의 활동을 포함하여 교사들이 수행하는 것과 비슷한 여러 가지 일을 한다. 교사와 특수교육 보조원의 근본적인 차이는 다음과 같다. (1) 교사들은 4년제 대학이나 대학교에서 자격증을 받은 반면, 특수교육 보조원은 2년제 대학이나 그와 유사한 과정을 거친 사람들이다. (2) 교사들은 교수 프로그램을 개발하고 책임지는 의사결정자이자 일차 계획자인 반면, 특수교육 보조원은 교수 실행과정에서 역할을 한다. (3) 교사들은 학생의 학습에 책임을 지니며, 특수교육 보조원은 교사 보조가 주 업무다. [그림 1-4]는 특수교육 보조원의 임무를 제시한 것이다. 이러한 임무는 교사의 지시·감독하에 실행된다.

특수교육 보조원의 임무

- 개별 학생과 소집단을 감독한다.
- 필요한 경우 학생에게 개별적인 도움을 제공한다.
- 교재 준비와 교실 정리를 돕는다.
- 교실을 청결하고 체계적으로 정리한다.
- 자료, 게시판, 적응 장비, 교실 가구 등의 준비를 돕는다.
- 학생의 수행 자료를 수집한다.
- 긍정적 행동지원 계획을 돕는다.
- 의학적인 응급 상황을 지원하고, 응급의료 서비스에 적절한 사람과 접촉한다.
- 교사가 학생들과 보다 많은 교수활동을 할 수 있도록 과제들을 잘 정돈한다.

출처: Giangreco, Broer, & Edelman, 1999; Giangreco & Doyle, 2002; Westling & Fox, 2004.

그림 1-4

6. 모든 학생에게 좋은 교사가 되려면

좋은 교사가 되기 위해서는 무엇을 해야 할까? 좋은 특수교사가 되기 위해서는 어떻게 해야 할까? 어떤 자질이 있어야 하며, 어떤 영역의 지식과 기술들을 배워야 할까? 앞서 살펴본 바와 같이, 특수교사들은 여러 다양한 상황에서 가르치며 그 상황에 따라 책무성도 달라질 수 있다. 또한 일반교사와 그 밖의 다른 전문가들도 특수교육 대상학생들에게 매우 중요한 역할을 한다. 이 장의 서두에서 당신이 왜 특수교사가 되기로 했는가에 대한 설문([그림 1-1] 참조)에 답해 보도록 하였다. 이제 우리는 학생들에게 좋은 교사가 되기를 원하는 모든 교사에게 필요한 주요 자질과 특성들에 대하여 생각하고자 한다.

1) 적절한 자질을 개발하고 유지하기

유능한 교사가 되기 위해 가장 중요한 것은 인간이 가진 다양성의 본질을 가치있게 생각하고, 모든 학생들을 위해 좋은 교사가 되는 것이 얼마나 중요한지를 인식하는 자질을 갖추는 것이다. 교사로서의 자질은 적절한 내용 지식과 교육 기술을 갖추는 것만큼 중요하다. 많은 학생들이 최고의 기술을 갖춘 교사마저도 당황스럽게 할 만큼 여러 문제점을 갖고 있는 것이 사실이다. 그러나 전문적인 교사가 될 생각이 있다면 여러 학생들이 지니고 있는 다양한 어려움이나 특별한 요구에 상관없이 모든 학생을 가르칠 책임이 있다는 사실을 수용해야 한다.

교사로서의 준비와 지속적인 성공에 관심이 있는 단체들은 '적절한 교사가 갖추어야 할 자질'의 중요성을 잘 인식하고 있다. 교사교육 승인을 위한 국가위원회(National Council for the Accreditation of Teacher Education, 2002)에서는 미래의 교사들은 "전문 교사로서 기대되는 자질에 대해 깊이 숙고"해야 하고, "자신의 자질을 조정할 필요가 있는 시기에 대해 인식"할 수 있어야 한다고 하였다(p. 16). 이 위원회에서는 "여러 다양한 지역에 살고 있더라도, 미래의 교사들은 미국과 세계의 다양성에 대한 지식을 발전시키고, 차이를 존중하며, 그 가치를 인정하는 자질을 지니고 다양한 상황에서 일할 수 있는 기술을 갖추어야 한다." (p. 31)라고 하였다.

교장단협의회(Council of Chief State School Officers)의 신임교사 평가 및 지원

연합(The Interstate New Teacher Assessment and Support Consortium, 1992)에서도 다음과 같이 거의 비슷한 견해를 제시하였다.

> 교사는 모든 학생들이 높은 수준으로 배울 수 있다고 믿어야 하며, 그들이 성공하도록 도와야 한다. 교사는 인간의 다양성을 인식하고 가치 있게 생각해야 하며, 학생의 다양한 능력과 견해를 존중하고 '개별적으로 형성된 탁월함'을 추구하기 위하여 헌신해야 한다. 교사는 모든 학생들을 인성과 가족 배경이나 여러 기술과 재능, 관심 등에 있어서 다양한 특성을 지닌 존재로 존중해야 한다. 교사는 학생들이 자신의 잠재력을 가치 있게 느끼도록 도와주고, 서로를 가치 있게 여기는 것을 배우도록 도와야 한다.

교사가 되기에 적절한 자질을 갖고 있다는 것은, 모든 학생들이 중요하며 학교 사회의 한 구성원으로서 존중받아야 한다는 견해를 지니고 있는 것을 의미한다. 이러한 자질이 없다면 교사로 부적합하다고 본다. 특히 이러한 자질은 장애학생을 가르치고자 하는 사람들에게 더욱 중요하다.

2) 중요한 교사의 태도

• 생각해 봅시다 #6

이 책을 읽기 전에 훌륭한 교사가 되기 위하여 필요한 태도는 무엇이라고 생각하였는가?

교사들은 때때로 학생들이 학습에 대해 긍정적인 태도를 보이지 않을 때 좌절하게 된다. 그러나 교사 자신도 자신의 태도에 대해 깊이 생각해 보아야 한다. 이제 유능한 교사에게 필요한 결정적인 태도 몇 가지를 살펴보고자 한다. 이러한 태도가 잘 나타나기 위해서는 앞서 설명한 '자질'이 얼마나 필요한지를 알게 될 것이다.

(1) 관심, 공정함, 존중

관심(caring)과 공정함(fairness) 그리고 존중(respect)의 마음은 교사가 갖추어야 할 좋은 태도일 뿐만 아니라 반드시 갖추어야 할 태도다. 학생에게 관심을 갖는 교사는 긍정적인 영향을 줄 가능성이 높다. 벨(Bell, 2003)은 모든 학생이 학교에서 성공적으로 적응하기 위해서는 교사가 교수방법을 잘 알고 있을 뿐만 아니라 자신의 학생들에게 관심을 기울이고 인내심을 갖고 대할 수 있어야 한다고 하였다. 한 흥미로운 연구(Langer, 2000)에서도 "교사는 학생들이 자신의 삶이 쉽지 않다고 느낄 때에도 아침 일찍 일어나 학교에 오고 싶어 하는 바로

'그 이유'가 되어야 한다. 교사는 학생들이 부모에게조차 '너는 성공할 수 없어.'라는 말을 들을 때에도 계속해서 해 나가야 하는 바로 '그 이유'가 되어야 한다. 교사는 여러 어려움이 있는 학생들을 고무하고 격려할 수 있어야 한다."(p. 34) 라고 하였으며, 인구통계학적인 특성이 비슷한 학교에 있는 실패 위험 학생들을 대상으로 비교연구를 실시하였다. 연구자는 어떤 교사의 학생들은 성공하지만 또 다른 교사의 학생들은 성공하지 못하는 이유에 대해서 알아보고자 하였다. 랭거(Langer)가 발견한 중요한 차이점 중 하나는, 보다 성공한 학생들의 교사는 학생들과 그들의 성취에 항상 관심이 있다는 것을 지속적으로 나타냈다는 사실이다.

"학생들은 많은 관심을 필요로 하죠. 저는 그 아이들이 학교에 올 때마다 자신이 학생이라는 사실이 괜찮은 일임을 상기시키려고 노력했어요. 그들은 가정에서처럼 큰 형이나 엄마나 아빠의 역할을 할 필요가 없기 때문에 긴장을 풀고 정말로 좋은 하루가 되도록 노력하고, 할 수 있는 만큼 배우면 되었지요. 저는 아이들에게 매일 새로운 무엇인가를 배울 수 있다고 상기시켜 주었어요."

공정함과 존중 역시 교사들이 갖추어야 할 중요한 태도다. 공정함은 교사가 편견 없이 학생에게 필요한 교수와 지원을 제공하는 것을 의미한다. 존중은 교사가 학생의 인격과 장점을 인정하는 방식으로 상호작용하는 것을 의미한다. 학생들을 공정하게 대하고 존중하는 교사는 개인의 배경이나 특성에 따라 동요되지 않고 상호작용을 잘할 수 있도록 자신의 행동을 관리하는 사람이다. 학생들은 다음과 같은 교사를 강력하게 원한다(Stronge, 2002).

- 자신을 한 인간으로서 대해 준다.
- 다른 학생들 앞에서 창피함을 주거나 비난하지 않는다.
- 성, 인종, 민족 등에 대해 공정한 태도를 보인다.
- 늘 한결같고, 학급 학생들이 공정하고 존중받는다는 생각을 갖게 한다.
- 학생들에게 참여와 성취의 기회를 제공한다.

• 생각해 봅시다 #7

학생의 입장에서 교사의 관심과 공정함과 존중으로부터 어떤 영향을 받았는가? 긍정적인 경험과 부정적인 경험에 대하여 토론해 보자.

(2) 열정, 동기, 헌신

경험적으로 보면 학생이 자신이 배우고 있는 것에 대해 갖는 관심은 교사의 관심에 의해 영향을 받는다. 자신이 하는 일에 열정을 갖는 교사는 학생들의 흥미와 관심을 증가시키는 경향이 있다(Brophy, 1998; Stronge, 2002). 한 연구에서는 교사가 학습장에 학생들을 가르칠 때 열의를 보다 많이 보이는 경우 학생들

열정적인 교사의 특성

- 유머를 사용하고 그 과목을 즐기는 모습을 보인다.
- 가르치는 주제에 대하여 학생들과 개인적인 경험을 나눈다.
- 주제에 대한 토론을 할 때 즐거워한다.
- 활기차게 가르친다.
- 주제 전체에 대하여 적극적인 태도를 유지한다.

그림 1-5

• 생각해 봅시다 #8

교사의 열정과 동기 그리고 헌신은 얼마나 중요한가? 자신이 갖고 있는 이러한 부분들에 대해 어떻게 평가하는가? 이러한 특성 없이 훌륭한 교사가 될 수 있다고 생각하는가?

도 학습을 더 잘하였고 문제행동도 덜 한다는 결과가 제시되었다(Brigham, Scruggs, & Mastropieri, 1992). 교사는 다양한 방식으로 자신의 열정을 나타낼 수 있다. [그림 1-5]에 제시된 열정적인 교사의 특성을 살펴본 후 당신이 나타낼 수 있는 또 다른 특성들도 있는지 생각해 보자.

가르치는 일에 열정적인 사람이라면 유능한 교사가 되고자 하는 동기를 가진 사람일 것이다. 교사의 동기와 열정은 두 가지 면에서 긍정적인 성과를 가져올 수 있다. 하나는 어떤 어려운 일을 겪더라도 견뎌 낼 수 있도록 해 준다는 면에서이고, 다른 하나는 학생들이 학습에 관심과 동기를 더 많이 갖도록 긍정적인 영향을 줄 수 있다는 면에서다.

높은 수준의 교수 효능감을 통해 교사로서의 성취에 대한 확신을 가질 수 있다.

가르치는 일에 헌신하는 교사는 학생의 학습뿐만 아니라 교사 자신의 학습에도 관심을 갖는다. 항상 보다 나은 교수방법과 보다 효과적인 학습방법을 찾으려고 노력하게 된다. 가르치는 일에 헌신하는 교사는 전문가 훈련과정이나 전문가협의회에 적극적으로 참여한다. 다른 전문가와 협력하고 생각을 나누거나 수용하며, 학교나 지역사회에서 필요한 일을 위하여 자원봉사자로 참여하기도 한다. 이렇게 하는 것들이 바로 가르치는 일에 헌신하는 것을 의미한다.

(3) 교사의 기대와 개인적인 교수 효능감

마지막으로 좋은 교사에게 반드시 필요하고 중요한 태도는 학생들의 요구 정도나 특성에 상관없이 그들에게 긍정적인 영향을 줄 수 있다는 신념을 갖는 것이다. 교사가 자신이 교사로서 성공할 가능성에 대하여 갖는 입장을 '개인적 교수 효능감(personal teaching efficacy)'이라 한다. 개인적 교수 효능감이 높은 교사는 자신이 학생들의 성취와 동기에 긍정적인 영향을 줄 수 있다고 믿는다(Bandura, 1977; Rotter, 1966; Tschannen-Moran, Woolfolk Hoy, & Hoy, 1998). 연구 결과에 따르면, 교수 효능감은 학생의 성취, 혁신을 실행하고자 하는 교사의 의지, 더 적은 교사 스트레스, 가르치는 일에 대한 더 적은 부정적 감정, 교육 영역에 남고자 하는 의지 등과 정적 상관관계가 있다(Carlson, Lee, & Schroll, 2004; Ross, 1994; Soto & Goetz, 1998; Tschannen-Moran et al., 1998).

높은 수준의 개인적 교수 효능감을 지닌 교사는 학생의 능력이나 배경에 상관없이 자신이 성공할 수 있다는 생각을 한다. 개인적 교수 효능감이 높은 교사라면 성공하기에 많은 어려움을 지니고 있는 학생이라 하더라도 교사 자신의 지식과 교수능력 등을 통해 학생이 성공할 수 있다고 믿을 것이다.

• 생각해 봅시다 #9

당신은 학생을 가르치는 일에 얼마나 자신하는가? 누군가를 성공적으로 가르쳐 본 적이 있는가? 그럴 때 어떤 기분이 들었는가?

3) 증거 기반 교수법 사용

앞서 성공적인 교사가 되기 위해서 갖추어야 할 자질과 태도의 중요성에 대해 언급하였지만 그것만으로는 충분하지 않다. 교사가 성공적인 교수를 하기 위해서는 가장 효과적인 교수 실제(teaching practice)를 적용할 수 있어야 한다. 특히 학습에 어려움을 갖고 있거나 특수교육 대상학생을 가르칠 경우에는 더욱 그러하다.

교사는 자신이 현재 특정한 교수방식이나 교수전략을 사용하고 있는 것에 대해 여러 가지 이유를 들 수 있다. 그러나 모든 교수방법이 똑같이 효과적인가? 그렇지 않다. 어떤 교수방법은 보다 효과적일 수 있고, 어떤 방법은 그렇지 않을 수 있다. 따라서 교사들은 가능한 한 가장 효과적인 교수방법을 사용하기 위해서 증거 기반(evidence-based) 교수법들을 찾아보고 사용해야 한다. 증거 기반 교수법이란 과학적인 연구들에 의해 지지받고, 높은 수준의 학업성과를 이끄는 교수방법을 말한다.

증거 기반 실제는 전통적으로 약학과 같은 타 영역에 의하여 발전되어, 특수교육을 포함한 교육 영역에도 새롭게 적용되고 있는 개념이다. 특수교육 영역에서는 최근에 이르러서야 과학적으로 입증되었다는 것이 무엇을 의미하며, 학교와 교사에게 어떠한 일을 하도록 하는 것이 적절한지에 대해 고민하게 되었다

(Odom et al., 2005).

성공적인 교사가 되기 위해서는 학생의 학습을 촉진하고 잘 가르칠 수 있는 가장 효과적인 방법들을 습득해야만 한다. 비록 연구들은 하나의 효과적인 교수법을 제시할 수는 없지만, 우리가 실행하고 있는 많은 교수법들이 지원적인지 또는 비판의 여지가 있는지에 대한 증거를 제시해 준다. 이와 같은 노력은 지속적인 과정이 될 것이며, 전문가로서 자신을 개발해 나가는 과정의 일부가 되어야만 한다. 제5장에서 사회적 행동을 촉진하고 가르칠 수 있는 증거 기반 방법들과 특정 장애에 적합한 방법들에 대하여 논의할 것이다.

7. 전문가 역할 알아보기: 특수교사가 되고 싶은 이유

"저는 그 일이 정말 좋았어요. 정말로 좋기도 했지만 바람직한 일이라고도 느꼈지요."

지금까지 좋은 교사가 되기 위해서는 타고난 자질뿐만 아니라 습득된 지식과 기술이 필요하다는 사실을 설명하였다. 당신은 이러한 요소들을 갖추고 있는가? 교사가 되기 위해 이 길을 계속 가야만 하는가? 이러한 질문에 대해 깊이 생각하고 진솔하게 대답해야 하며, 가르치는 일에서 오는 보람과 어려움 모두를 고려할 필요가 있다. 이제 구체적으로 특수교사가 되는 것과 관련하여 이러한 점들에 대해 생각해 보기로 하자.

1) 특수교사로서의 보람

경험이 많은 교사는 특수교육을 필요로 하는 학생들을 가르치는 일이 매우 보람된 일이라고 말할 것이다. 지난 수년간 많은 평범한 사람들이 특수교사가 되고자 하였지만 그들이 교사가 되고자 하는 이유는 평범하지 않았다. 다음에서 우리가 알고 있는 몇몇 교사들이 특수교사로서 자신의 일을 좋아하는 이유를 살펴보자.

(1) 잠재력을 인식하고 진보를 바라보기

많은 교사들은 학생이 진보를 보일 때 긍정적인 강화를 받는다. 교사들은 "학생들의 성장을 바라보는 것은 멋진 일이죠." "내가 긍정적인 영향을 미치고 있다는 사실을 알게 되는 것 자체가 보상이랍니다."라고 말한다.

어떤 사람들은 다른 사람들에게 무엇인가 배울 수 있게 하고, 새로운 기술을 수행하는 방법을 알려 주며, 한계를 극복하는 방법을 가르쳐 주면서 그들이 진보하는 데 자신이 어떠한 역할을 하고 있다는 사실에 큰 보람을 느낀다. 특수교육이 필요한 다양한 학생들의 성과는 여러 영역의 전문가들에게 의미 있는 성취로 작용한다. 행동적인 면에서의 향상부터 학업기술에서의 향상까지, 스스로 식사를 하거나 바지를 입는 것과 같이 단순하고 기본적인 것들까지, 모든 것들은 여러 특수교사들에게 중요한 강화인이 된다.

(2) 도전적인 문제 다루기

어떤 사람들은 경기장에서 경기를 하는 것에 도전을 받고, 어떤 사람들은 어려운 일을 할 때 도전을 받는다. 그러나 많은 교사들은 매일 만나게 되는 도전에 의해 더욱 분발하게 된다. 교사들은 보다 많은 일을 하기를 바라고, 보다 잘하려고 하며, 학생들을 이해하는 능력이 향상되기를 원하고, 보다 잘 가르칠 수 있는 방법을 찾기를 원한다. 교사들은 자신의 학생들이 단점이 있음에도 잘 배우기를 원하고, 장애가 있어도 행복하고 성공적인 삶을 살기를 바란다. 특수교육적 지원이 필요한 학생들은 매우 이질적인 집단이다. 자폐증과 같은 특정한 장애 범주가 있지만, 같은 장애 범주에 있는 두 명의 학생들이 동일한 경우는 거의 찾아보기 어려울 것이다. 특수한 요구가 있는 학생들의 교사는 이러한 다양성을 좋아하고, 그들을 잘 가르치기 위한 방법들을 찾으려는 노력을 기울인다. 그들은 특수한 학생들을 '멋진' 학생이라고 말하고 '그들을 힘들게 하는 것이 무엇인지' 알아보는 일을 즐긴다. 많은 특수교사들에게 현재 그 일을 하는 이유는 매우 간단하다. 그들은 그 일을 하면서 받는 도전들이 좋아서 그 일을 하는 것이다.

특수교사의 가치가 사회적으로 높게 인정받고 있다.

(3) 존경과 감탄, 감사

어떤 사람들은 회사나 정부에서 영향력 있는 위치를 갖게 됨으로써 다른 사람의 존경을 받고, 어떤 사람들은 많은 돈을 기부함으로써 존경을 받는다. 그러나 또 다른 사람들은 자신이 하는 일을 통해 존경을 받는데, 특수교사들이 바로 이 범주에 속한다. 간호사, 진료보조원, 소방관, 경찰관과 마찬가지로, 특수교사도 자신이 하는 일 자체에서 사회적 가치와 존경을 느낀다. 또한 자신이 좋은 일을 하고 있다는 사실을 아는 것만으로도 그 일을 유지하도록 하는 충분한 이유가 된다.

2) 특수교사가 직면하는 어려움

특수교사는 마치 동전의 양면처럼 여러 어려운 상황에 직면하게 된다. 특수교사가 되려면 그런 어려움들을 제대로 인식하고 대처할 수 있도록 준비해야 한다. 다음은 자주 거론되는 특수교사의 어려움과 그에 대한 해결책들이다.

(1) 신임 특수교사가 겪는 일반적인 문제

• 생각해 봅시다 #10

특수교사가 되고 싶다면 어떤 요소에 의해 그러한 동기를 갖게 되었는가?

신임 특수교사가 자주 직면하는 몇 가지 독특한 어려움은 아래 제시된 바와 같다(Billingsley & Tomchin, 1992; Busch, Pederson, Espin, & Weissenburger, 2001; Kilgore & Griffin, 1998; Kilgore, Griffin, Otis-Wiborn, & Winn, 2003; Mastropieri, 2001).

- 여러 사람들로부터 받은 분명하지 못하고 혼돈스러운 지시 때문에 생기는 모호한 역할
- 다루기 힘든 학생의 행동문제 및 학업문제와 낮은 성취
- 너무 많은 학생 수와 교실 크기
- 충분하지 않은 교육과정 운영 자료와 교재
- 계획과 협력을 실행할 시간의 부족
- 행정가들의 적절한 지원의 부족
- 회의와 문서 작업 등을 하기에는 지나치게 적은 시간과 지나치게 많은 요구

킬고어(Kilgore)와 동료들(2003)은 2년간 36명의 신임 특수교사들을 면담하고 관찰하여 그들의 어려움을 파악하고 그에 대한 해결 방안을 찾아보고자 하였다.

연구 결과, 많은 신임 특수교사들은 다양한 능력을 지닌 학생들을 가르치기 위한 몇 가지 내용 영역을 알아야 하지만 시간이 충분하지 않고 자료도 충분하지 않다는 점 등을 포함하여 앞서 제시하였던 여러 문제들을 보고하였다. 킬고어 등은 "여러 측면에서 신임 특수교사들은 일반 동료 교사들에 비하여 교육과정에 대한 부담이 크고, 학생을 위한 적절한 자료 개발을 지원할 수 있는 교육과정 자원을 찾는 데 매우 큰 어려움을 느끼고 있다."(p. 46)라고 하였다. 신임교사들은 수업계획을 위한 충분한 시간이 없다고 하였다. 이와 관련하여 한 교사는 일반학생들과 달리 특수교육 대상학생들은 동일한 시간에 다같이 특별활동(예: 음악, 체육 등)을 하러 가는 경우가 거의 없기 때문에 학생들이 없는 시간, 즉 비는 시간이 전혀 없고 이 때문에 계획을 위한 충분한 시간이 나지 않는다고 하였다.

킬고어와 동료들은 많은 신임교사들이 겪는 이러한 어려움과 함께 그들을 지원할 수 있는 자원에 대해서도 보고하였다. 연구 결과에 따르면, 여러 신임교사들은 경력이 많은 일반교사와 특수교사들로부터 필요한 정보와 자료 및 안내를 받을 수 있었다. 경력 교사들은 학교 운영과 교육과정 개발에 대한 조언을 해주었고, 교수계획과 교수 실행에 필요한 좋은 모델이 되어 주었다. 그 밖에 다른 여러 사람들의 도움을 받을 수 있었는데, 신임교사들은 특히 교장의 지원이 많은 도움이 되었다고 밝혔다. 한 교사는 "교직 임용 후 첫해에 내가 마치 오랫동안 일해 온 교사처럼 교장실에 가서 교장선생님과 함께 이야기를 나눌 수 있다는 것을 알게 되어 매우 기뻤다."(p. 45)라고 밝혔다.

[그림 1-6]은 학교가 신임교사에게 제공할 수 있는 지원방법들을 소개하고 있다.

불행하게도 몇몇 교사의 경우에는 앞서 언급한 어려움들이 임용 후 1년 정도만이 아니라 지속적으로 힘든 문제로 남을 수도 있다. 특수교사 중에는 높은 수준의 스트레스로 소진(burnout)되는 사례도 많다는 점이 여러 연구를 통하여 지적되어 왔다(Wisniewski & Gargiulo, 1997). 몇몇 교사들은 이러한 어려움 때문에 특수교사라는 직업을 포기하거나 직장은 계속 다녀도 유능하지 않은 그저 그런 특수교사로 남게 된다.

앞서 언급한 여러 가지 어려움들은 높은 수준의 스트레스 및 소진과 상관관계가 있다. 이러한 감정을 경험한 교사들은 종종 자신이 그 상태를 통제할 수 없다고 느끼고 자신을 향상시킬 수 있는 방법이 거의 없다고 느낀다. 스트레스와 소진은 비효율적인 교수 실제 및 낮은 개인적 교수 효능감과 연계된다.

신임교사를 효율적으로 지원할 수 있는 방법

- 신임교사의 구체적인 요구를 다루는 초보자 훈련 프로그램(induction program)을 실시하여 많은 정보를 제공한다.
- 신임교사의 경험적 한계를 이해하고 부담을 줄여 주기 위해 학생 수를 줄여 주거나, 적절한 자료를 제공해 주거나, 하루에 필요한 학업 준비 수를 줄여 준다.
- 교사와 행정가들이 지속적으로 협력할 수 있는 기반을 제공한다.
- 교사들이 자신의 직업과 전문성에 대하여 긍정적인 태도를 유지할 수 있도록 서로 돕는 개방적인 문화를 만든다.

출처: Kilgore, Griffin, Otis-Wilborn, & Winn, 2003에서 수정

그림 1-6

많은 교사들은 이러한 어려움들을 피할 수 없다고 생각할 수도 있다. 거슨, 키팅, 요바노프와 하니스(Gersten, Keating, Yovanoff, & Harniss, 2001)는 많은 특수교사들이 직면하는 여러 어려움을 해결하기 위해서는 교사의 직무조건과 전반적 직업설계(overall job design)를 향상시킬 필요가 있다고 지적하면서 다음과 같이 조언하였다.

- 교장과 다른 교사와 중앙 행정가들이 더 많은 지원을 한다.
- 보다 적절한 전문성을 개발할 수 있는 기회를 제공한다.
- 중구난방의 지시들을 재정비할 수 있도록 돕는다.
- 우선순위를 정하고 문제해결을 하도록 돕는다.
- 동료 교사나 행정가들과 의미 있고 실제적인 대화를 나눌 수 있는 기회를 제공한다.

8. 특수교사로서의 삶에 대한 숙고

지금 이 시점에서 특수교육 요구가 있는 학생들을 지도하는 교사나 서비스 전문가로서의 자신의 삶을 그려 보기를 바란다. 지금까지 이 장에서는 특수교육이란 무엇이며, 무엇 때문에 '특수' 한 것인지, 특수교사의 책무성은 무엇인지 등에 대하여 논의하였다. 또한 통합학급에서 가르치는 일반교사의 중요성과 관련 서비스를 제공하는 여러 다른 영역의 전문가들의 중요성에 대하여도 논의하

였다. 그 밖에 많은 사람들이 좋은 교사가 되기 위하여 필요하다고 믿는 조건들과 개인 요소들을 제시하였고, 특수교육을 요구하는 학생들을 가르치는 일과 관련된 보람과 어려움들도 살펴보았다.

그렇다면 우리는 지금 어디에 있는가?

계속 진도를 나가기에 앞서 자신에 대해 깊이 생각해 보자. 다른 누군가에게 중요한 서비스를 제공하는 것으로부터 개인적인 만족감을 느낄 수 있겠는가? 만일 그렇다면 가르치는 일을 선택한 것은 잘한 일이다. 어린 학생들이 그들의 삶을 만들어 가는 것을 돕고, 우리 사회의 질적 향상을 도모하며, 살아가는 동안 자기 성장을 경험하는 것이 가치 있는 일이라고 생각되는가? 만일 그렇다면 당신은 분명 교사가 되어야 할 충분한 이유가 있다(Kauchak, Eggen, & Carter, 2002).

특수교사가 된다는 것에 대해서도 생각해 보자. 자신이 해야 한다고 생각한 것이 바로 이것이었는지와 관련하여 [그림 1-1]에 제시되었던 '미래 특수교사의 동기 척도'에 응답해 보자. 이 평정척도는 특수교사가 되고자 하는 이유를 평가하기 위해 개발되었다. 이를 이용하여 특수교사가 되려는 이유와 관련하여 항목별로 중요도를 평정해 볼 수 있다. 자신의 응답 결과를 살펴본 후 그 의미를 심사숙고해 보기 바란다.

만일 1, 3, 5번에서 비교적 높은 점수를 받았다면 개인적인 안락과 편리함을 위한 직업으로서 특수교사를 선택한 것일 수 있다. 만일 4, 7, 9번에서 높은 점수를 받았다면 장애인을 돕고자 하는 생각이 비교적 높은 경우일 것이다. 마지막으로 2, 6, 10번에서 높은 점수를 받았다면 특수교사로서 일과 관련된 도전들과 보람을 즐길 수 있을 것이다. 이러한 요소들 모두 특수교사가 되고자 하는 동기로서 작용할 수 있을 것이다. 그러나 과연 그중 어떤 요소들이 장래의 특수교사로서의 행복한 삶을 가장 잘 예측할 수 있을지 생각해 볼 필요가 있다.

• 생각해 봅시다 #11

'미래 특수교사의 동기 척도'에 어떻게 응답하였는가? 아직도 특수교사가 되어야겠다고 생각하는가?

요 약

많은 사람들이 다양한 동기를 갖고 특수교사가 되었으며, 특수교사가 무엇을 의미하는지에 대하여 여러 견해를 갖는다. 특수교사와 일반교사 그리고 많은 다른 전문가들은 특수교육 요구는 학생들의 삶에 중요한 영향을 미친다.

특수교육이 특별한 이유 및 특수교사의 역할과 책임

- 특수교육은 종종 일반교육에서 제공되는 교수활동에 비하여 보다 세밀하고 집중적이며 구조적이고 통제된 교수활동을 제공하는 것으로 이해된다. 특수교사들은 특수교육 대상학생들의 학습을 촉진하기 위하여 다양한 전략과 방법을 사용해야 한다.
- 대부분의 특수교사는 일반학급에서 공동교사로 일하거나, 특수교육 대상학생을 위한 자료실, 시간제 특수학급, 분리된 특수학급 등에서 일한다.

특수교육 대상학생들을 위한 일반교사의 역할

- 특수교육 대상학생들 대부분은 하루 일과 중 최소한 일부분은 일반학급에서 배우게 된다. 따라서 일반학급 교사들은 그들의 교육에서 중요한 역할을 한다.
- 특수교사와 협력하고자 하는 일반교사들의 의지는 특수교육 대상학생들이 일반학급에서 성공할 수 있도록 이끄는 중요한 요인 중의 하나다.

관련 서비스 전문가 및 특수교육 보조원

- 공립학교 내의 관련 서비스 전문가들은 일반적으로 언어치료사(SLP), 물리치료사(PT)와 작업치료사(OT) 등이다.
- 다른 주요 전문가들은 학교 심리학자, 행정가, 사회사업가, 다양한 여러 치료사들이다.
- 특수교육 보조원 역시 특수교육에서 중요한 역할을 한다.

성공적인 교사가 되기 위하여 필요한 자질, 태도 및 기술

- 모든 학생들에 대한 수용, 관점, 공정함, 존중 등은 매우 결정적인 태도다.
- 교사는 열정적이어야 하고, 동기가 있어야 하며, 높은 수준의 헌신을 하여야 한다.
- 교사는 자신이 성공할 수 있는 능력이 있다고 믿어야 한다. 다시 말해, 높은 수준의 교수 효능감이 있어야 한다.
- 교사들은 증거 기반 교수법을 알고 사용할 수 있어야 한다.

특수교육 대상학생을 가르치는 일에서의 보람과 어려움

- 특수교사는 특수교육 대상학생들의 진보를 볼 수 있는 기회를 통해 보람을 느낄 수 있다. 다른 사람들이 꺼리는 도전적인 일들을 받아들이고, 사회의 많은 구성원의 존중과 존경, 감사를 받는다.
- 특수교사는 어려운 과제나 스트레스와 소진 등의 어려움을 겪는다.

특수교사가 되려는 개인적 이유

- 개인적 경험, 재미있고 도전적인 직업에 대한 추구, 자신의 성향에 적합한 직업이라는 판단 등 특수교사가 되려 하는 몇 가지 이유들이 있다.

2 특수교육의 역사

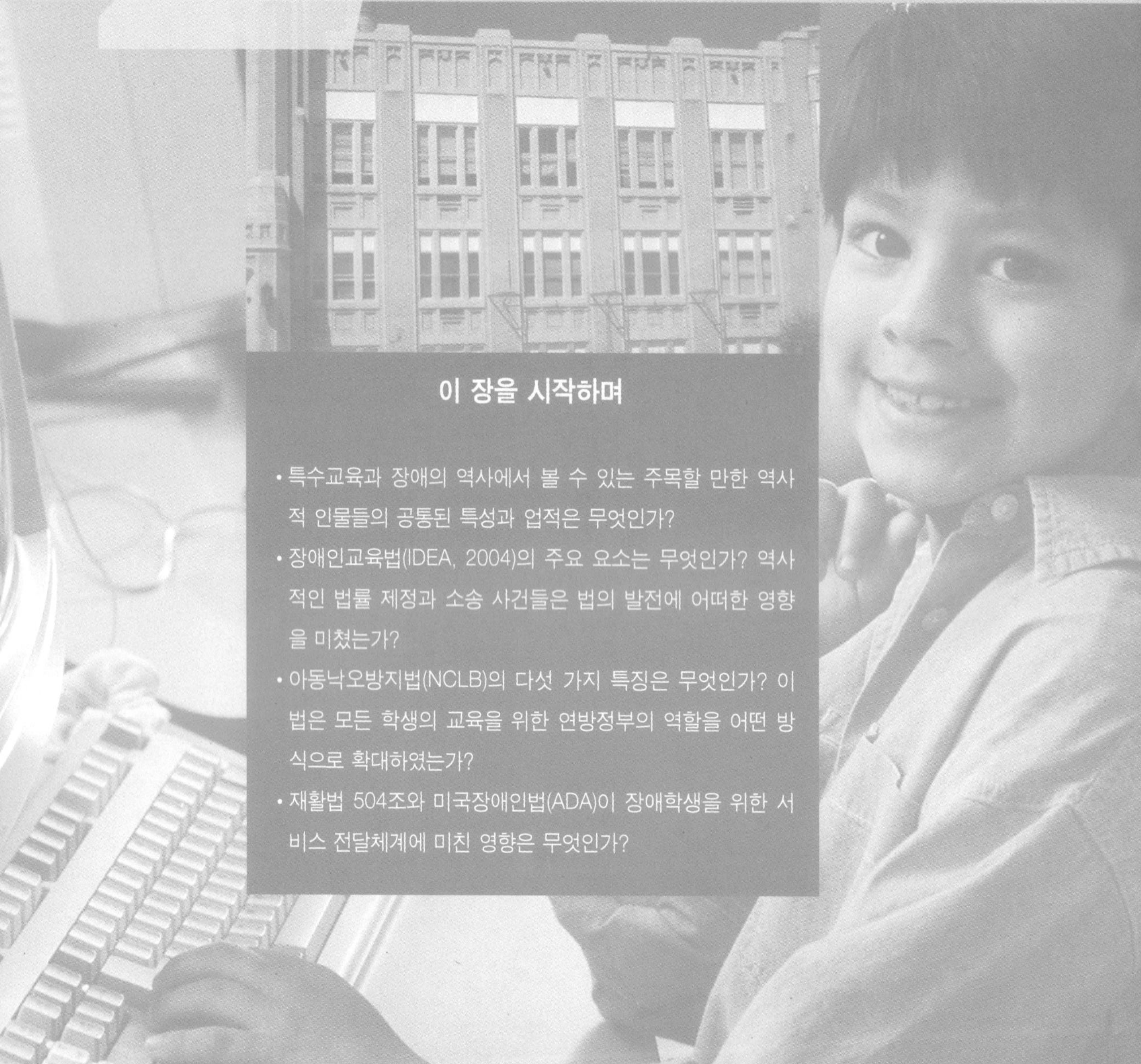

이 장을 시작하며

- 특수교육과 장애의 역사에서 볼 수 있는 주목할 만한 역사적 인물들의 공통된 특성과 업적은 무엇인가?
- 장애인교육법(IDEA, 2004)의 주요 요소는 무엇인가? 역사적인 법률 제정과 소송 사건들은 법의 발전에 어떠한 영향을 미쳤는가?
- 아동낙오방지법(NCLB)의 다섯 가지 특징은 무엇인가? 이 법은 모든 학생의 교육을 위한 연방정부의 역할을 어떤 방식으로 확대하였는가?
- 재활법 504조와 미국장애인법(ADA)이 장애학생을 위한 서비스 전달체계에 미친 영향은 무엇인가?

나의 이야기: 모니크 그린

모니크 그린 선생님은 장애학생을 위한 무상의 적절한 공교육(FAPE)과 관련하여 희망과 좌절 모두를 경험하였다. 도심 지역 학교에서의 신임교사 시절, 그린 선생님은 특수교육 대상학생들은 학습할 수 없는 것처럼 대우받고, 지역사회 학교의 구성원으로도 인정받지 못한다는 것을 발견하고는 실망하였다. 그러나 그린 선생님의 노력, 그리고 장애인교육법(IDEA)에서의 교육과 정당한 법의 절차에 대한 강력한 요구에 의해 대부분의 학생들이 교재 및 교구와 서비스를 제공받았다. 장애학생에게 정당한 법의 절차와 관련된 권리를 제공하는 법률과 조항들은 도전과 좌절을 동시에 제공하였다. 그린 선생님은 폭력을 자주 사용하는 학생도 일반학급 환경에서 통합교육을 받는 것이 최선이라고 믿는 학부모와 옹호자들 때문에 어려움을 겪기도 하였다. 그린 선생님과 선생님이 속한 교육 팀에서는 그러한 학생의 경우 좀 더 집중적으로 치료적 지원을 받을 수 있는 환경에서 교육받는 것이 더 적절하다고 믿고 있다. 그들은 자주 장시간의 회의에서 많은 반론과 좌절을 경험하였다.

그린 선생님이 처음부터 특수교사가 되려고 했던 것은 아니다. 선생님은 아메리칸 대학교에서 의사소통학을 전공하였다. 그러던 중에 자신이 속한 지역 교육청이 학생들의 성취에서의 차이를 줄이지 못하고, 능력 있는 교사를 채용하지 못하며, 연방정부 특수교육법의 요구사항들을 실천하지 못하고 있다는 보고를 접하였다. 무엇보다도 그린 선생님은 자신이 졸업한 중학교를 방문하였을 때 충격을 받았다. 선생님은 너무도 악화된 상황을 알고서는 놀라고 당황하였다. 학생들에게 훈육과 교육이 거의 이루어지지 않았으며, 특수교육 대상학생들은 교육을 받는다기보다는 단지 수용되어 있는 상황이었다. 이것은 중요한 순간이었다. 방문 후 그린선생님은 교육청과 조지워싱턴 대학교의 후원을 받는 준비 프로그램인 컬럼비아 교육청 교사훈련 프로그램(District of Columbia Teaching Fellow: DCTF)에 지원하였다. 학생들은 현재보다 더 많은 것을 받을 가치가 있었다.

부임 후 첫해에는 상당한 어려움이 있었지만 그린 선생님은 잘 견뎌 냈다. 그린 선생님은 DCTF를 통해 장애학생 교수와 학습 및 행동장애 학생을 지원하는 법률적 보호 조항의 중요성을 명확히 알게 되었다. 또한 멘터로부터 교수법과 행동관리 기술에 대한 피드백을 받았다. 학급에서의 첫날부터 도전적인 학생을 다루는 일이 현실로 나타났다. 학생 중 한 명이 자신의 연필을 찾지 못하자 갑자기 교실 저편으로 의자를 던져 댔다. 그린 선생님은 이것을 극단적인 행동을 보이는 학생들이 실제 세계로 들어선 자신을 향해 건네는 환영인사 정도로 생각했다.

그린 선생님은 학생들에게 새로운 것(예: 오페라 관람)을 경험하도록 하는 일, 학생들이 자신들도 학급에서 성공할 수 있음을 깨닫고("와우, 그린 선생님, 저는 정말 바보가 아니네요!") 환하게 밝아지는 모습을 보는 것을 가장 긍정적인 보상으로 생각하였다. 물론 좌절도 경험하였다. 그린 선생님은 매우 조직적인 사람이지만 그럼에도 교육청에서 요구하는 모든 정보를 문서화하기에는 늘 시간이 부족하였다. 더군다나 많은 학생들이 다른 학교로부터 거의 아무런 정보도 가져오지 않은 채 전학을 오기 때문에 그들을 제대로 교수하기 위해서는 철저하게 평가를 해야 했다. 그린 선생님은 자신의 구조화하는 능력과 창의성과 인내심을 통해 학생들의 발전을 이끌어 낼 수 있는 체계를 개발해 낼 수 있으리라고 믿는다. 그리고 학생들을 사랑하고, 자신을 '변화를 불러일으키는 사람' 으로 생각한다.

그린 선생님은 교사가 되겠다고 생각하는 사람들에게 눈에 보이는 결함과 장애에도 불구하고 부모들이 사랑하는 자녀를 우리 교사들에게 보냈다는 점을 이해해야 한다고 조언한다. 교사는 교사가 되는 것과 동시에 치료사, 친구, 옹호자, 매개자가 되어야 하며 때로는 학생의 가족들에게 마술사도 되어야 한다. 이러한 다양한 역할을 해내기 위해서는 교사가 반드시 현재의 교육 실제에 대해 인식하고, 구조화되며, 융통성이 있고, 배려심이 깊어야 한다.

특수교육은 부모와 교사와 옹호자들의 용기 있는 행동뿐만 아니라 역사적 사건들과 입법, 과거부터 현재까지의 정치적인 성과들에 의해 형성된 전문 분야다. 장애가 있는 학생들을 가르치기 위해 준비하는 사람이라면 반드시 특수교육에 대한 자신의 관점과 개념적 기반을 형성할 필요가 있다. 그러한 과정을 통해 자신의 학급에서 학생들이 무엇을 성취해야 하는가에 대한 올바른 비전을 갖게 될 것이다. 일상적으로 이루어지는 교수활동을 넘어서서, '적법 절차(due process)' 나 '최소 제한적 환경(least restrictive environment)' 과 같은 특정한 원칙들이 학생들의 성공에 왜 그토록 중요한지 생각할 수 있을 것이다. 개념적 기반은 짧은 시간 내에 쉽게 형성되는 것이 아니다. 특수교육에 대한 개인의 관점이 형성되기 위해서는 '왜 우리는 개별화된 교육 계획안을 준비해야 하고, 장애학생을 위해 구체적으로 고안된 방법을 사용해야 하는가? 왜 그것들이 필수적으로 고려되는가? 시민권 옹호자들이 법률의 적법 절차를 쟁취하기 위해 싸우기 전에 학교와 사회는 장애인과 그 가족들을 어떻게 다루었는가? 어떠한 사회적 · 시민적 행위들이 교육권과 탈시설화와 통합운동을 촉진하였는가?' 등에 대한 지식과 경험과 성찰의 기회가 필요하다.

특수교육 분야에 대한 전문적인 능력을 개발하고 더 나아가 헌신적인 태도로 임하기 위해서는 이 분야에서의 역사적 사건들을 인식하는 것이 매우 중요하다. 불행하게도 교육 현장에 있는 많은 교사들은 이러한 주제에 대해 생각할 여유가 거의 없다. 날마다 문제행동 관리나 읽기지도 또는 학부모와의 관계 유지를 위해 당장 처리해야 하는 일들을 하기에 급급한 실정이다. 이러한 문제들이 그때그때 반응하고 결정해야 하는 일들이기 때문에 교육 정책이나 절차 또는 교육방법의 역사와 같은 주제에 교사들이 눈을 돌리기가 어렵다는 것을 쉽게 이해할 수 있다. 'FAQ Sheet' 에는 간략한 특수교육의 역사가 제시되어 있다.

FAQ Sheet

아직도 지속되고 있는 특수교육의 역사	
왜 우리는 특수교육의 사회적 사건들을 인식해야만 하는가?	역사에 대한 지식은 현재의 주요 이슈들을 어떻게 바라볼 것인가에 대한 관점에 영향을 미치고, 학교 문화의 변화를 이해할 수 있도록 하며, 정책과 절차에서의 변화에 민감하게 대처할 수 있게 해 준다.
미래의 역사학자들은 오늘날의 주요 이슈로서 무엇을 다룰 것인가?	오늘날의 특수교육에서 주요 이슈는 서비스 전달체계 선택, 모든 장애학생들에 대한 적절한 교육 제공, 특정한 인종과 민족 집단에서의 특수교육 대상학생의 과잉진단 등을 포함한다.
아동낙오방지법(NCLB)을 구성하고 있는 핵심 요소들은 무엇인가?	NCLB의 다섯 가지 핵심 원칙은 다음과 같다. • 결과에 대한 강력한 책무성 • 확장된 융통성과 학교에 대한 지역 통제 • 과학적 연구에 기반한 교수법의 강조 • 부모의 선택권 강화 • 자질 있는 교사
IDEA(2004)를 구성하고 있는 핵심 요소들은 무엇인가?	IDEA의 주요 요구는 다음과 같다. • 비차별적인 판별, 진단 및 평가 • 최소 제한적 환경 • 개별화 교육 계획 • 절차적인 보호
장애학생의 교육에 영향을 줄 수 있는 관련법들로는 무엇이 있는가?	1973년에 제정된 재활법 504조는 IDEA에서의 정의에 부합되지 않는 장애인을 위한 보호책을 제공한다. 미국장애인법(ADA)은 시민권리법으로서 차별을 금지하고 물리적 시설 및 건물에 대한 접근을 보장한다.

1. 특수교육 이야기: 특수교육에서의 역사적인 사건

특수교육 역사에 대해 아는 것의 가치를 생각해 보자. 첫째, 역사에 대한 지식은 현재의 이슈와 변화에 대해 새롭거나 다른 관점을 제공한다(Smith, 1998). 예를 들어, 장애를 가진 사람들이 어떻게 해서 고립되어 있는 혼잡한 대규모 시설에 수용되게 되었는지를 알게 됨으로써 완전통합을 옹호하는 사람들의 동기에 대한 통찰력을 갖게 된다. 둘째, 특수교육 역사는 공교육과 심리학, 의학, 법률 및 정치의 역사와 병행하고 있다(Kauffman, 1981). 특수교육 분야의 발전을 살펴봄으로써 학교와 사회의 문화적 배경에서의 변화를 이해할 수 있다. 셋째, 역사에 대한 지식을 갖춤으로써 더욱 효과적인 학급 중재와 전문적인 실제를 적용할 수 있게 된다. 이에 반해 역사적으로 특수교육에서 어떠한 것들이 성공적이었는지에 대해 알고 있지 못하는 교육자들은 남들이 하는 것을 아무 생각 없이 쉽게 따라 하거나 일시적인 유행에 편승하거나 실험적으로 입증되지 않은 중재방법을 고수하게 된다(Kauffman, 1981; Mostert & Crockett, 2000). 마지막으로, 특수교육에 대한 역사적 관점을 갖게 된다면 역사적인 사건들 속의 인물들과 사회적 상황에 대한 보다 완벽한 이해를 할 수 있게 된다.

역사적으로 사회와 교육의 변화에 관련된 사람들은 도전과 딜레마에 대처할 때 용기와 인간애를 드러낸다(Smith, 2004). 우리는 그들의 상황과 동기와 느낌을 이해함으로써 성취한 업적에 대한 심층적인 평가를 할 수 있으며, 현재의 주요한 과업들을 지속적으로 이행할 수 있다. 역사 속 많은 사건들이 우리에게 영감과 나아갈 방향을 제시하는 반면, 다른 많은 사건들은 현대 시대의 윤리와 가치에 대한 경고와 재검토의 필요성을 제시하기도 한다([그림 2-1] 참조).

1) 학대와 무시를 넘어서: 인식, 자비 및 교육의 시대

16세기 이전 장애인은 유아기에 운 좋게 살아남게 되어도 남은 생애 동안 무자비함, 고통, 조롱, 멸시 속에 살아가야만 했다(Safford & Safford, 1996). 대부분의 신체장애와 정신장애는 천형(天刑)으로 여겨졌다. 즉, 장애인과 그 가족들은 남들이 모르는 죄에 대해 벌을 받는 것이며, 심신의 고통은 세상의 어떤 방법으로도 달라질 수 없는 것으로 여겨졌다. 시각장애인은 시력 대신 특별한 다른 능력을 갖고 있다고 여겨졌으나, 그 외의 신체적 또는 정신적 장애인은 열등한 존재로 취급되었다. 이러한 장애인에 대한 그릇된 생각들과 오해는 어떻게 변하게 되었을까? 장애인의 삶의 질을 개선하기 위해 노력한 세 선구자들의 이야기를 살펴보도록 하자.

(1) 페드로 폰세 드 레옹: 청각장애 청년에 대한 교수

16세기 말경 스페인 베네딕트 수도회의 수도사인 페드로 폰세 드 레옹(Pedro Ponce de Leon)은 최초로 장애인을 교육하기 위해 노력을 기울인 사람 중 하나다(Winzer, 1998). 레옹은 부유한 집안의 남자 농아들을 가르쳤다. 그들은 자신의 유산과 재산권을 행사하기 위해서 글을 읽을 수 있어야만 했다. 농인에게 글을 읽는 것을 가르친다는 것은 그 당시 팽배했던 플라톤과 아리스토텔레스의 관점인 '말하고 들을 수 없는 사람은 배울 수도 없다.'는 생각을 변화시킨 혁신적인 활동이었다. 더군다나 레옹의 이러한 활동들은 '선천적인 농인들은 하나님의 말씀을 들을 수 없기에 신앙을 가질 수 없다.'는 교계의 생각도 깨뜨린 것이었다. 그는 학생들을 가르치기 위해 다소 직접적인 방법을 사용했는데, 특정한 물건을 지적하고 나서 그것을 글로 써 보인 후 학생에게 각각의 낱자를 특정한 손의 모양과 연결시켜 보도록 하였다(Deaf Culture Information, 2005).

(2) 이타드와 아비뇽의 야생 소년

1799년 프랑스의 숲에서 발견된 한 야생의 '인간 동물'은 유럽 시민들에게 호기심의 대상이었다. '치료될 수 없는 수준의 백치'로 여겨진 아이는 11세 정도로 추정되는 소년이었고, 마치 야생 동물처럼 어슬렁거리고 으르렁거렸으며 문명에 전혀 노출된 적이 없어 보였다. 그는 대부분의 시간을 할 일 없이 서성이고 오로지 먹고 잠자는 기본적인 본능만을 충족시키며 세간의 원치 않는 이목으로부터 보호받고 있었다.

이타르는 아비뇽의 야생 소년 빅토르의 행동이 변화될 수 있다고 믿었다.

장-마르크-가스파르 이타르(Jean-Marc-Gaspard Itard)는 이 야생 소년이 보이는 비정상적인 행동들은 사회적으로 사람들과의 접촉이 심각하게 차단된 상태로 살아왔기 때문이라고 주장하였다. 따라서 이타르는 소년의 행동은 변할 수 있다고 믿었고, 개별화 교육 프로그램(Individualized Educational Programs: IEP)을 개발하

특수교육 역사 고찰

학대와 무시를 넘어서(1900년까지)

- 1590: 페드로 폰세 드 레옹(Pedro Ponce de Leon)이 알파벳 철자와 손 모양을 연결시켜, 농 청년에게 글을 가르침.
- 1799: 장-마르크-가스파르 이타르(Jean-Marc-Gaspard Itard)가 아비뇽의 야생 소년인 빅토르를 가르침.
- 1817: 토머스 갈로뎃(Thomas Gallaudet)이 농·맹인의 교육을 위한 미국보호시설(American Asylum for the Education of the Deaf and the Dumb)을 개설함.
- 1832: 사무엘 하우(Samuel Howe)가 맹인을 위한 뉴잉글랜드 보호시설(New England Asylum for the Blind)을 개설함.
- 1841: 도로시아 딕스(Dorothea Dix)가 교도소와 구빈원에 있는 장애인을 위해 일하기 시작함.
- 1848: 사무엘 그리들리 하우(Samuel Gridley Howe)가 보스턴의 퍼킨스(Perkins) 기관에 정신지체인을 위한 최초의 수용시설을 개설함.
- 1860: 사이먼 폴락(Simon Pollak)이 맹인을 위한 미주리 학교(Missouri School for the Blind)에서 점자 사용을 시범 보임.
- 1869: 미국 특허청에 최초의 휠체어 특허품이 등록됨. 에두어드 세퀸(Edouard Sequin)이 백치를 위한 미국기관의 의료관리인협회(Association of Medical Officers of American Institutions for Idiots and Feebleminded Persons)를 세움. 이 협회가 이후의 미국정신지체협회(American Association on Mental Retardation)가 됨.

전진과 후퇴의 발자취(20세기 초기)

- 1903: 대학에 입학한 최초의 농·맹인인 헬렌켈러가 자서전 *Story of My Life*를 출판함.
- 1906: 엘리자베스 파렐(Elizabeth Farrell)이 제도권 교육에 대한 대안으로서 무학년 학급 프로그램을 개설함.
- 1912: 우생학에 대한 골턴의 관점에 기초하여 헨리 고다드(Henry H. Goddard)가 장애와 부도덕성이 유전적으로 관련 있음을 나타내는 저서 *The Kallikak Family*를 출판함.
- 1922: 특수아동협회(Council for Exceptional Children)가 설립됨.
- 1924: 버지니아 주가 정신지체, 정신병, 우울증, 정신장애인들의 불임을 합법화함.
- 1927: 프랭클린 루스벨트(Franklin Roosevelt)가 조지아 주 웜스프링스에 있는 웜스프링스 재단(Warm Springs Foundation)을 공동 건립함. 소아마비 생존자를 위한 시설은 재활과 또래상담 프로그램의 모델이 됨.
- 1943: 미 의회가 미 연방정부의 재정을 지원받은 직업재활 프로그램 목표에 신체 재활을 추가한, 라폴레트-바든(LaFollette-Barden) 법으로 알려진 직업재활법 수정 조항을 통과시킴.
- 1949: 미국 뇌성마비 및 소아마비 기관(United Cerebral Palsy Organization)이 설립됨.

시민권과 접근권(1950~1990년)

- 1950: 현재 ARC로 불리는 정신지체아동협회(Association for Retarded Children)가 설립됨.
- 1954: 브라운대 교육위원회(Brown v. Board of Education) 판결을 통해 분리는 하지만 평등하다는 철학(seperate but equal philosophy)을 적용하지 않기로 함.
- 1961: 케네디 대통령이 정신지체인의 현 상태를 조사하고, 프로그램 개발과 개혁을 위한 정신지체 대통령특별위원회(Special President' Pennel on Mental Retardation)를 임명함.
- 1963: 학습장애아동위원회(Association for Children with Learning Disabilities)가 설립됨. 케네디 대통령은 의회 연설에서 '수용시설에 있는 수만 명의 사람들을 감축' 할 것을 요구함.
- 1964: 후속되는 장애인권리법의 모델이 된 시민법(Civil Rights Act)이 통과됨.

- 1966: 버튼 블랫(Burton Blatt)과 프레드 캐플란(Fred Kaplan)이 주정부의 발달장애인 수용시설의 참혹한 현실에 대해 기록한 *Christmas in Purgatory*가 출판됨.
- 1969: 스웨덴의 교육자 벤트 니르제(Bengt Nirge)가 정상화(nomalization)란 신조어를 사용함.
- 1972: 울프 울펜스버거(Wolf Wolfensberger)가 정상화 개념을 미국에 널리 알림.
- 1973: 장애에 대한 차별을 금지하는 재활법 504조가 통과됨.
- 1975: 후에 장애인교육법(IDEA)으로 개정된 전장애아교육법(Education for All Handicapped Children Act)이 통과됨.
- 1984: 롤리 대 헨드릭 허드슨 학군(Rowley v. Hendrick Hudson School District) 소송에서 학교는 학생이 교육받기 위해 필요한 서비스를 제공해야 한다고 판결함.
- 1986: IDEA의 개정을 통해 장애유아에 대한 서비스를 규정하고, 장애유아에게 서비스를 제공하기 위해서 개별화 가족서비스 계획(IFSPs)을 개발할 것을 요구함.
- 1990: 미국장애인법(Americans with Disabilities Act: ADA)이 통과됨. IDEA의 개정안에서는 특수교육에서 청소년을 위한 전환교육을 다룰 것을 규정함.
- 1997: IDEA의 개정은 장애학생이 주정부와 교육청의 평가를 받을 것과 IEP가 일반교육과정에 접근할 것을 비준함.
- 2002: 아동낙오방지법(NCLB)이 통과됨. 결과에 대한 강력한 책무성, 과학적 연구에 기반한 교수법, 부모의 선택권 강화, 모든 학급의 자질 있는 교사의 채용 등을 요구함.
- 2004: 가장 최근의 IDEA의 개정이 통과됨. 부담스러운 서류 작성 업무를 줄이고, 학습장애 학생 판별에 사용하는 방법의 개선을 강조함.

출처: Cimera, 2003; Rehabilitation Research and Training Center, 2002에서 수정.

그림 2-1

는 오늘날의 교육자들처럼 소년의 정신교육 및 윤리교육과 관련된 다섯 가지의 교육목표를 세웠다([그림 2-2] 참조). 빅토르(이 야생 소년에게 지어 준 이름)는 이타르의 부단한 노력으로 상당한 도움을 받았다. 빅토르는 처음 기대와 달리 완전히 '치유'되지도 않고 결국 말도 할 수 없었지만, 자신을 돌봐 준 사람들과의 관계를 이해하고 그들이 자신에게 건네는 말들을 이해할 수 있는 상냥한 청년으로 변화할 수 있었다. 이타르의 노력은 당시에 도저히 손쓸 수조차 없다고 여겨졌던 빅토르의 행동을 개선시키고 세상과 소통하도록 하기 위해 구체적인 절차를 갖춘 교육방법을 사용하였다는 점에서 빅토르라는 한 야생 소년의 긍정적인 변화 이상의 의의가 있다(Humphrey, 1962).

빅토르를 위한 이타르의 IEP 목표

- 목표 1 즐거운 경험을 하게 함으로써 사회생활에 관심을 갖게 한다. 이런 경험들은 이전의 경험들과 유사해야 한다.
- 목표 2 가장 효과적인 자극과 때로는 강력한 정서를 통해 신경감각을 일깨워야 한다.
- 목표 3 새로운 물품을 제공하고, 사회적 접촉을 증가시켜서 생각의 폭을 넓혀야 한다.
- 목표 4 절박하게 필요한 상황을 만들어 모방을 연습시키는 것을 통해 구어의 사용을 촉진해야 한다.
- 목표 5 상당한 기간 동안 신체적인 요구의 목적을 위해 가장 단순한 정신력을 사용하도록 함으로써 후에 교수목적을 위해 이러한 정신과정의 적용을 유도해야 한다.

출처: Ital, 1962에서 수정.

그림 2-2

(3) 로라 브리먼과 사무엘 그리들리 하우

1842년 찰스 디킨스(Charles Dickens)가 미국 여행 중 13세 소녀 로라 브리지먼과 만났던 기억을 살펴보자.

> 나는 보이지도 들리지도 않고 말도 할 수 없는, 그래서 냄새도 맡을 수 없고 맛도 거의 볼 수 없는 한 소녀 앞에 앉았다. 동시에 나는 모든 인간의 지적 능력과 희망, 선량함과 애정어림을 간직한 채 단지 하나의 감각(촉각)만을 가지고 있는 어린 창조물 앞에 앉아 있는 것이다……. 그녀의 얼굴에는 지성과 기쁨이 넘쳐나고 있었다. 스스로 땋아 내려 묶은 머리, 그토록 우아한 자태 속에는 지적인 잠재력과 발전 가능성이 아름답게 빛나고 있었다.

로라 브리지먼은 2세가 되던 해에 성홍열을 심하게 앓아 시력과 청력을 잃었다. 그녀는 7세가 되던 해에 맹인을 교육하는 보스턴의 퍼킨스(Perkins) 기관에 다니기 시작하였으며, 그곳에서 기관의 창시자인 사무엘 그리들리 하우(Samuel Gridley Howe)에게 교육을 받는, 흔치 않은 행운을 누리게 되었다. 하우는 특별한 교수기법을 사용한다면 시각장애를 갖고 있는 학생들이 일반학생들만큼 배울 수 있으리라는 신념을 가지고 있었다. 하우는 로라를 위해 일상적인 사물들을 나타내는 낱말들을 쓸 수 있도록 돌출된 철자를 사용하는 체계를 개발하였다. 그는 로라에게 형체를 구별할 수 있는 능력을 개발하게 하면서 낱말과 사물의 관계를 가르쳤으며, 결국에는 다른 사람들과 의사소통할 수 있도록 점자를 습득하게 하였다. 배우고자 하는 로라의 욕구는 강렬했으며, 하우의 방법론도 널리 알려져 복합장애 아동들에게도 적용되었다. 흥미롭게도 그의 교육방법은 '기적을 일군 사람(Miracle Worker)'으로 잘 알려진 교사 앤 설리번에게서 극적인 효과를 보았으며, 그녀 역시 헬렌 켈러를 가르치는 데 하우의 교수기법들을 많이 사용하였다.

2) 전진과 후퇴의 발자취: 20세기 초

레옹, 이타르, 하우 등의 노력에서 볼 수 있었던 낙관주의가 모든 장애인들에게 통했던 것은 아니며 또 계속 유지되었던 것도 아니다. 감각장애나 신체장애인의 요구를 다루기 위한 전문적인 조직체가 결성되기도 하였으나, 인지장애인들은 거의 주목받지 못했다. 다음의 두 가지 이야기는 이러한 시대적 상황을 반영한다.

(1) 고다드와 우생학

인류는 과학적으로 통제된 번식을 통해 향상될 수 있을까? 정부는 특정한 유전자를 가진 사람이 가장 태어날 만한 가치가 있다고 말해야 하는가? 불행하게도 우생학(eugenics), 말하자면 보다 나은 교배를 통한 인류 발달에 대해 연구하는 과학(Davenport, 1910)은 20세기 초반 사회의 사람들의 사고를 지배하고 있었다. 이러한 사고에서 인지장애인은 우수한 유전적 혈통을 오염시키지 않도록 격리되고 불임되어야 할 대상이 된다(Kauffman, 1981). 이런 식의 사고가 새로운 것은 아니었다. 고대 그리스 시절 플라톤은 선택적인 번식을 주장하였다. 19세기 중반에는 프랜시스 골턴이 사촌 찰스 다윈의 이론을 거론하며, 지능이 낮은 사람들이 지능이 좋은 사람들보다 더 많이 출생되는 것을 막지 않는 한 사회는 평범함에서 구원될 수 없다고 단언하였다. 그러나 헨리 고다드(Henry Goddard)의 사례연구인 '캘리캑가: 저능유전에 대한 연구(the Kallikak Family: A study in the Heredity of Feeble Mindedness)'에서는 정신적인 장애와 범죄성이 유전에서 비롯되는 것은 과학적 사실이라고 주장하였다. 이러한 '과학'에 일관되게 고다드와 그 밖에 우생학자들은 범죄자, 매춘부 그리고 바람직하지 않은 사회적 행동을 한 자들이 자녀를 갖는 것을 금지해야 하며, 자녀를 갖는 것이 허용되는 최소 연령을 '정신연령 12세'로 해야 한다고 하였다. 이러한 요구에 부응하여, 미국에서는 거의 모든 주에서 지적장애인들을 시설에 격리했다. 또한 32개 주에서는 의무적인 불임시술법을 입

• 생각해 봅시다 #1

생명윤리학(예: 줄기세포 치료, 유전자 지도 등)을 포함한 최근 쟁점들은 우생학이 성행하던 시대의 사람들을 어떤 식으로 연상하게 하는가? 이 두 가지 상황 간의 유사점과 차이점을 생각해 볼 수 있는가?

법화하여 약 6만여 명의 사람들이 강제로 불임시술을 받았다(Larson, 2002).

(2) 엘리자베스 파렐과 무등급학급

우생학이 성행하는 동안에도 개혁 성향을 가진 교육자들은 주류 사람들과는 다른 특성을 가진 학생들에게 필요한 서비스를 제공하였다. 20세기 초에는 미국으로의 이민이 대대적으로 이루어져 새로운 정착지의 언어와 문화를 습득하지 못한 가난한 이민자들이 도시로 모여들었다. 이민가정 자녀들은 인지장애아나 신체장애아들과 함께 새로운 지능검사를 통해서 과잉판별되었다. 1899년 엘리자베스 파렐(Elizabeth Farrell)은 이민자가 주로 거주하는 뉴욕의 로워 이스트사이드에서 잘못 판별된 아동들을 가르치는 것으로 교사생활을 시작했다. 이러한 아동들을 성공적으로 교육한 것을 기반으로 하여, 파렐은 1906년 새로이 설립된 도시의 무학년학급부(Department of Ungraded Classes)의 책임자로 임명되었다.

이러한 학급을 위한 파렐의 목표는 그 당시 주류 교육자들이 설정한 목표와는 달랐다. 자신의 학급을 단순히 아동들을 모아 놓는 장소로 보기보다는 아동들을 학급활동에 참여시킴으로써 잠재되어 있는 건설적이며 탐구적이고 독창적인 재능을 일깨울 수 있다고 믿었다(Hendrick & Macmillan, 1989; Safford & Safford, 1996). 파렐의 교과과정은 주제활동과 함께 운동기술을 강조하였으며, 사회성과 자기 표현에 중점을 두었다. 그녀는 자신이 가르친 학생들에 대한 사후 자료를 수집하였다. 전체적으로 54.8%의 사람들이 고용되었으며, 8.8%의 사람들이 일을 하고 있지는 않았지만 일할 능력이 있는 것으로 간주되었다. 가장 중요한 성과는 파렐이 가르쳤던 아동들 중 단지 4%만이 시설에 거주하게 되었다는 사실이다(Safford & Safford, 1996).

3) 시민권과 접근성: 1950~1990년

20세기 중반의 시민권운동은 장애를 가진 사람들을 포함하여 권리를 박탈당한 많은 사람들의 삶에 기념비적인 영향을 주었다. 어린 아프리카계 미국인 학생들의 경우에서처럼, 장애인에게도 학교는 평등권과 정당한 법의 절차를 보장받기 위해 투쟁해야 할 곳이었다. 사실상 인종을 기반으로 한 학생 분리와 배제 문제를 시정하기 위해 시행된 결정들은 장애학생들의 통합문제에도 확대 적용되었다(Murdick, Gartin, & Crabtree, 2002). '조용한 혁명'을 통해 부모들과 시민권 주창자들은 주정부와 대단위 학교 교육청이 장애학생들의 개별적인 요구를 충족시키기 위해 필요한 자원에 접근하는 것을 보장하도록 하였다(Weintraub & Abeson, 1976). 더군다나 장애아를 자녀로 둔 공인들—로이 로저스(Roy Rogers)와 같은 명사들과 케네디가 사람들과 같은 정치인들—은 장애인을 위한 서비스와 법적 권리를 위해 상당한 노력을 하였다. 이 장 뒷부분에서는 오늘날의 특수교육 절차와 정당한 법적 절차 보호 조항의 제도화에 기여한 중요한 법적 결정과 역사적인 법률 제정에 대해 살펴볼 것이다. 그에 앞서 장애학생들이 겪고 있는 어려움에 대해 전 국민적인 인식을 가능하게 한 사람들의 이야기를 살펴본다.

(1) 블랫과 리베라: 존엄성과 장애인 권리

버튼 블랫(Burton Blatt)은 1967년 인간정책센터(Center on Human Policy)를 설립한 다작 작가이자 시러큐스 대학교의 저명한 교육자였고, 제랄도 리베라(Geraldo Rivera)는 1972년 뉴욕 시의 WABC TV 방송국에서 경력을 쌓기 시작한 젊은 기자였다. 이 두 사람은 각자 서로 다른 삶을 살아왔지만, 일반인에게 시설 장애인들의 끔찍한 삶을 알리는 데 공헌했다는 공통점을 갖고 있다. 블랫은 포토 에세이와 교재 그리고 소설들(예를 들어, *Christmas in Purgatory*, 1966; *Exodus from Pandemonium*, 1970; *Revolt of the Idiots*, 1976)을 통해 시설 장애인들이 겪고 있는 고통과 고역의 비인간적인 상황을 폭로하였다. 블랫과 그의 동료인 프레드 캐플란은 미국 국민에게 그동안 감추어져 있던 학대와 방치의 현장을 알리기 위해 카메라를 숨기고 몰래 사진을 찍었다. 블랫의 이러한 작업들을 통해 장애인의 탈시설화와 그들을 위한 지역사회에 기반한 거주시설 개발에 대한 요구가 증가되었다(Herr, 1995).

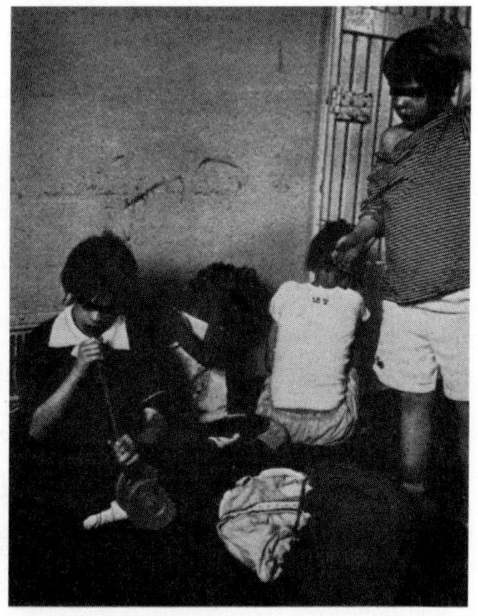
버튼 블랫은 사진 에세이를 통해 수용시설에 감금되어 있는 사람들이 겪어야 했던 비인간적인 상태를 폭로하였다.

한편, 평범한 미국인의 가정에 시설 장애인의 끔찍한 삶을 완전하게 노출시킨 것은 바로 TV의 힘이었다. 1972년 초, 제랄도 리베라는 카메라 기자와 함께 뉴욕 시 스탠튼 섬에 위치한 시설기관 윌로브룩(Willowbrook) 주립학교에 몰래 잠입할 수 있었다. 이 시설에는 6,000여 명의 다양한 장애와 인지 수준을 가진 사람들이 거주하고 있었다. 리베라는 시청자들과 함께 다음과 같은 내용을 공유하였다.

제랄도 리베라는 TV 방송을 통해 끔찍한 수용시설의 생활상을 미국인들의 거실에 고스란히 전달하였다.

감금된 아이들이 어둡고 차가운 수용실의 딱딱한 나무 의자에서 잠을 자고 있었다. 어떤 아이들은 옷조차 입고 있지 않았다. 한 아이가 열려 있는 변기통 속의 물을 마치 개처럼 핥아 마시고 있었다. 악취가 표현할 수 없을 만큼 심하게 진동했다(Rivera, 2004).

윌로브룩 주립학교에서 일어나는 비극적인 일들에 대한 초기 보고는 대중의 분노를 폭발시켰다. 수많은 기관들이 아동의 시민권을 위반한 주를 상대로 고소하였으며, 결국 윌로브룩 학교는 문을 닫았다(Goode, 1998). 좀 더 주목받았던 영상 중 하나는 뇌성마비 장애는 있었지만 결코 정신지체 상태는 아니었던 18세의 시설 장애인 버나드 캐러벨로가 시설에서 나왔을 때의 모습을 담은 것이었다. 블랫과 리베라가 제시한 충격적인 사진과 영상들은 한 시대의 가족 구성원들과 옹호자들이 적절하고 통합된 지역사회에 기반한 교육과 거주 서비스 획득을 위한 투쟁을 하기 위해 법정과 공론의 장을 활용하도록 고무하였다.

(2) 샘 커크: 학습장애에 대한 인식

1963년 샘 커크(Sam Kirk)는 이전에는 잘못 이해되고 잘못 진단되었던 특성을 보이고 있는, 특수교육적 요구를 갖고 있는 완전히 새로운 집단의 학생들, 즉 학습장애 학생들에 대해 인식하게 되었다(Chalfant, 1998; Gallagher, 1998). 학구적인 커크(1951년에 일리노이 대학교에 연구기관을 설립하였으며, 특수교육 분야의 다양한 주제에 대해 많은 글을 썼다)는 장애학생에 대한 초기의 연방 공공정책을 세우는 데 적극적이었다. 예를 들어, 1960년 초 케네디 대통령은 정신지체 대통령위원회(Presidential Committee on Mental Retardiation)에서 위원으로 근무하고 있는 커크를 미국 교육부의 장애아동 및 청소년 분과의 최초 책임자로 임명하였다. 그는 특수아동협회(Council for Exceptional Children: CEC)와 같은 전문가 조직을 강화하는 데 참여하였으며, 정신지체와 학습장애를 가진 아동의 교육을 옹호하는 부모 조직의 설립을 지원하였다.

커크는 학습장애를 판별하고 진단하기 위한 공식적인 절차를 만들었으며, 교수를 위한 진단-처방적 접근법(diagnostic-prescriptive approach)—학습적 어려움에 대한 진단과 교정을 연결시키는 과정—을 개발하였다. 개인 내적인 차이

(intraindividual differences), 즉 학생 개개인이 가진 장점과 약점의 다양성에 대한 그의 개념은 일반적으로 학습장애의 특성으로 간주되고 있으며, 지적 · 심리적 장애와 어려움을 나타내는 다른 유형의 장애들과 학습장애를 식별하는 근거로 제공되고 있다(Minskoff, 1998). 커크의 개척자적인 학식과 옹호가 없었다면, 여전히 많은 학습장애 학생들이 특수교육을 받지 못하거나 그들의 요구에 적절하지 않은 교육을 받고 있을 것이다.

• 생각해 봅시다 #2

이전의 언론은 시민권과 장애인 교육 서비스의 획득에서 주요한 역할을 했다. 오늘날 넘쳐나는 미디어들도 수많은 특수교육 쟁점들을 다루고 있다. 이러한 문제들에 대한 미디어의 영향이 갖는 쟁점과 견해들을 밝힐 수 있는가?

4) 미래의 역사: 통합, 책무성, 과잉판별

미래의 역사가들은 오늘날 특수교육이 직면한 주요 이슈로 무엇을 꼽겠는가? 특수교육 영역의 현안 중 세 가지가 대표적이라고 할 수 있다. 즉, 서비스 전달체계, 장애를 가진 모든 학생들에게 적절한 교육이 제공되는 것에 대한 보장, 그리고 특정한 인종 및 민족 출신 학생들의 특수교육 대상자로의 과잉판별이다. 예를 들어, 통합운동의 역사에서 푸스와 푸스(Fuchs & Fuchs, 1994)는 '통합주의자들'은 배치연속체(continuum of placement)를 해체하고, 모든 학생에게 적합하도록 일반학급을 개편해야 한다고 강력하게 주장하였다. 그러한 정책이 학생 성과에 미칠 영향력을 온전하게 평가하기 위해서는 더 많은 시간이 필요하겠지만, 통합철학이 특수교육에서 많은 역사적인 개혁을 이끌어 낸 것은 사실이다.

현재 특수교육적 요구를 가진 학생들을 위한 교수적 전달체계에서의 책무성에 대한 요구는 이의 없이 받아들여지는 반면, 적절하게 수정된 평가(test accommodation)를 제작하기 위한 타당하고 신뢰성 있는 방법을 개발하는 것은 초기 단계에 머물러 있다. 아동낙오방지법(No Child Left Behind)과 같은 연방법에서는 모든 학생들이 각 주에서 주관하는 학력평가나 대안평가를 통과해야 함을 요구하고 있다(Thurlow, Elliott, & Ysseldyke, 2003). 미래의 역사가들은 이 세대의 지도자들이 특정 소수집단에서 특수교육 대상자가 과잉 판별되는 것과 관련된 문제를 어떻게 다루었는지 기록할 것이다. 앞으로 제3장에서 밝히겠지만, (1) 인구학적, 사회적, 경제적 요인의 역할, (2) 문화와 언어적 차이에 민감하게 대처하지 못하는 학교 절차(예: 의뢰 및 평가 절차)에 상호작용하는 영역들이 계속적으로 연구될 것이다(Coutinho & Oswald, 2000).

• 생각해 봅시다 #3

특수교육 전달체계와 관련된 현재의 세 가지 쟁점들을 확인하였다. 이 중 30년 후 역사가들이 주목할 만한 쟁점은 무엇인가?

2. 연방법

특수교육과 관련된 주요 연방법인 '장애인교육법(Individuals with Disabilities Education Improvment Act of 2004: IDEA)과 아동낙오방지법(No Child Left Behind Act: NCLB, 2001)을 통해 교사들은 자신의 역할을 파악할 수 있다. 이 두 가지 법은 서로 다른 방식으로 다른 목적을 위해 제정되었지만, 정책 입안자들은 장애 유무에 상관없이 모든 학생들에게 이익이 되는 교육정책이 될 수 있도록 두 법률을 일관성 있게 적용하기 위해 노력해 왔다. 이 법들을 이끌어 낸 역사적인 발전과 그 주요 요소들을 살핀 후, 이러한 법들이 교사의 전문성에 어떤 영향을 미칠 수 있는지 살펴보자.

1) 장애인교육법

장애아동 교육에서 역사적으로 지대한 영향을 미친 1975년 전장애아교육법(Education of All Handicapped Act of 1975: EAHCA)을 가장 최근에 개정한 장애인교육법(IDEA, 2004)은 장애아동과 영유아의 교육과 관리를 지원하는 법률 중 가장 의미 있는 법률임에는 틀림없다. IDEA(2004)에 대한 간략한 소개는 [그림 2-3]과 같다.

IDEA(2004) 개요

무상의 적절한 공교육(FAPE)
- 장애 정도에 상관없이 모든 아동은 배울 수 있으며, 무상의 적절한 공교육을 받을 권리가 있다.
- 특수교육과 관련 서비스가 공적 비용으로 IEP에 따라 제공된다.

비차별적인 평가
- 장애학생을 판별하고 사정하는 모든 검사와 평가가 민족적 · 문화적으로 차별되어서는 안 된다.
- 검사가 필요한 평가는 아동의 모국어나 적절한 의사소통 형식을 통해 이루어져야 하며, 훈련된 전문가에 의해 타당하게 진행되어야 한다.

최소 제한적 환경(LRE)
- 장애아동에게 우선적으로 배치할 환경은 일반교육 학급이다.
- 상당한 수정을 통해서도 일반학급에서의 성공이 어려울 때 대안적인 배치연속체가 고려된다.

개별화 교육 프로그램(IEP)
- IEP는 장애학생 개개인을 위해 개발되며 다음과 같은 요소를 포함한다. (1) 현재 수행 수준, (2) 연간목표, (3) 일반교육 프로그램에서의 참여 범위, (4) 서비스 시작일과 예상 종료일, (5) 평가방법
- IEP에는 최소한 한 명의 특수교사와 일반교사, 지역 교육기관 대표, 평가 전문가, 관련 서비스 전문가, 부모가 참여한다.

부모 참여
- 모든 검사, 평가, 서비스상의 변동에는 문서화된 허가가 필요하다.
- 부모는 IEP 개발과 연간평가에 적극적으로 참여한다.

절차상의 보호책
- 회의를 위해 적절한 고지가 제공된다.
- 조정과 적법절차 공청회를 통해 반대 의사가 결정될 수 있다.

그림 2-3

(1) IDEA의 법률적 토대

약 40여 년 전, 장애아동은 무상으로 제공되는 적절한 공교육을 보장받지 못했다. 1970년의 자료를 살펴보면 7~17세의 약 100만 명의 아동은 학교에 입학하지 못했는데, 이는 가족의 선택에 의해서가 아니었다. 학교 관리자들은 종종 임의적으로 그 아동들의 문제는 자신들의 책임을 넘어서는 것이라고 단정했다(Abeson, Bolick, & Hass, 1976). 매우 제한적으로 의식주만을 제공하는 시설기관이 2만여 명의 중도장애인들이 지낼 수 있는 유일한 곳이었다. 그 당시 미국 학교는 장애아동 5명 중 1명꼴로 교육을 제공하고 있었으며, 많은 주에는 특정한 유형의 장애학생들을 학교교육에서 배제시키는 것을 명시한 법률이 있었다.

교육정책에는 명백한 많은 변화가 있어 왔으며, 이제는 장애학생들이 무상의 적절한 공교육을 보장받고 있다. 구체적인 법 조항들을 통해 학교와 치료기관에 종사하는 전문가들의 의무뿐만 아니라 장애학생과 그들의 가족이 갖고 있는 권리를 명백하게 밝히고 있다. IDEA(2004)는 장애아 교육을 위한 법적 토대가 되었던 역사적인 법률안들(Education of All Handicapped Children Act [EAHCA] of 1975; 1983 and 1986 EAHCA amendments; Individuals with Disabilities Education Act [IDEA] of 1990, 1992, 1997)을 최근 개정한 법이다. 일반적으로 법은 일시적이며 유동적이고 정치적 압력에 의해 영향을 받는다. 예를 들어, 학교에서의 장애학생에 관한 많은 법안들은 평등권과 적법 절차, 모든 학습자가 누릴 교육적

장애학생과 그 가족들이 갖게 된 적법절차 권리는 많은 부분이 부모활동과 옹호운동의 산물이다.

평등성 등을 위해 의회에 로비활동을 했던 부모들과 장애인권 옹호자들의 끊임없는 노력의 결과였다. [그림 2-4]는 최근의 IDEA에 영향을 준 이전 법률들의 목록과 그에 대한 간단한 설명을 제시한 것이다.

법률을 개정하는 것과 함께, 소송은 초기 내용에 영향을 주었으며, 보다 향상된 IDEA 조항의 제정을 이끌었다. 다음은 특수교육 관련법 발전에 가장 큰 영향력을 끼친 법의 기본 원리들이다. 제시된 원리들을 살펴본 후 〈표 2-1〉의 사례를 검토하고, 이 사례에서 법원이 법적 결정을 내리기 위해 사용한 원칙이 무엇이었는지 확인해 보자.

- **적법 절차**(due process): 수정헌법 제5조 및 제14조 모두에서 적법절차 조항은 법률이 모든 사람들에게 충분한 보호책(safeguard)을 가지고 적용되어야 함을 요구한다. 이는 장애학생에게 특수교육에서의 평가와 판별 및 배치와 관련된 정당한 특정 절차를 의미한다(Turnbull, Stowe, & Huerta, 2007).
- **평등한 보호**(equal protection): 수정헌법 제14조의 평등한 보호 조항은 주(州)가 어떤 사람에게도 정당한 사유 없이 법의 평등한 보호를 거부할 수 없음을 명시하고 있다. 그러므로 주는 장애학생에게 장애가 없는 학생들과 동일한 권리와 혜택(예: 자질 있는 교사를 요청하거나, 현장학습 또는 과외활동에 참여하는 기회)을 제공해야만 한다.
- **배제 금지**(zero reject): 어떤 장애아동이라도 학교에서 배제될 수 없으며, 모든 학교기관은 배제 금지 원칙을 준수해야만 한다.
- **무상의 적절한 교육**(free and appropriate education: FAPE): 개별 학생은 무상으로 학생 자신과 가족에게 적절한 모든 범위의 직·간접적 교육 서비스를 제공받아야 한다.
- **최소 제한적 환경**(least restrictive environment: LRE): 서비스는 학생의 요구에 가장 부합되면서도 전형적인 일반교육 현장에 가장 근접한 환경에서 제공되어야 한다.

IDEA(2004)의 주요 개정 내용

- P.L. 83-531, 협력연구법(Cooperative Research Act, 1954): 정신지체 학생을 포함한 교육에서의 협력연구를 포괄함.
- P.L. 88-164, 정신지체기구 및 지역사회 정신건강센터 구축법(Mental Retardation Facilities and Community Mental Health Center's Construction Act, 1963): 확장된 교사훈련 프로그램과 장애학생 교육을 위한 새로운 연구 프로그램을 하나의 단위로 통합함.
- P.L. 88-164, 장애학생 교육연구 및 시범연구 계획법(Research and Demonstration Projects in Education of Handicapped Students Act, 1964): 장애학생 교육을 위해 주정부와 지역기관에 보조금을 지원하고 연구를 위한 기관 구축과 장비 및 운영을 위한 자금과 연구 인력 훈련을 위한 자금을 지원함.
- P.L. 89-313, 초·중등교육법 수정법(Elementary and Secondary Education Act Amendments, 1965): 시설이나 이와 유사한 주정부가 운영하거나 지원하는 기관에 거주하는 장애학생을 교육하는 프로그램을 장려함.
- P.L. 89-750, 타이틀 VI, 장애학생 교육(Education for Handicapped Students, 1966): 특수교육 요구 학생들을 위해 초·중등교육법(ESEA)을 통한 주정부 보조금을 지원함.
- P.L. 90-538, 장애학생조기교육지원법(Handicapped Students' Early Education Assistance Act, 1968): 특수교육 요구 학생을 위한 실험적인 조기교육 프로그램을 정착시키기 위해 광범위하게 개발됨.
- P.L. 92-424, 경제적 기회 수정법(Economic Opportunity Amendments, 1972): 헤드스타트 프로그램 등록의 최소한 10%는 장애학생에게 할당되어야 함을 요구함.
- P.L. 93-112, 504, 29 U.S.C. 794 재활법(Rehabilitation Act, 1973): 연방정부 보조금을 받는 모든 프로그램과 활동은 장애인을 그가 가진 장애에 의해 참여 및 혜택에서 배제하거나 차별을 해서는 안 됨을 구체화함.
- P.L. 93-380, 교육수정법(Education Amendments Act, 1974): 특수교육 요구 학생의 교육을 위해 공기관의 재정을 늘리고, 학교기록의 기밀을 보장하며, 기록된 정보 중 의문시되는 내용에 대해 검토하는 절차를 제공하고, 주정부가 모든 장애학생을 배치하고 서비스를 제공할 것을 요구함.
- P.L. 94-142, 전장애아교육법(Education for All Handicapped Children Act, 1975): IDEA(2004)의 선구적인 역할을 한 법으로서, 모든 장애학생에게 '무상의 적절한 공교육' '적법 절차' '개별화 교육 프로그램' 등을 보장하여 장애학생을 위한 권리장전으로 불림.
- P.L. 98-199, 부모 교육 및 정보 센터(Parent Training and Information Centers, 1983): 부모와 자원봉사자에게 훈련과 정보를 제공함.
- P.L. 99-457, 전장애학생교육 수정법(Education for All Handicapped Students Act Amendments, 1986): P.L. 94-142의 규정이 3세의 아동부터 특수교육 관련 서비스를 제공하도록 확장하고, 임의로 출생부터 2세의 아동에게는 조기중재 프로그램을 제공하도록 함.
- P.L. 101-476, 장애인교육법(Individuals with Disabilities Education Act, 1990): P.L 94-142와 P.L. 99-487의 조항을 수정하여 IDEA라고 개명하며, IEP에 전환교육 서비스에 대해 언급하도록 함.
- P.L. 101-336, 미국장애인법(Americans with Disabilities Act, 1990): 고용, 공공 서비스, 대중교통, 공공건물과 통신 사용에서 장애에 의한 차별을 금지함.
- P.L. 101-392, 칼 퍼킨스 직업 및 기술 교육법(Carl D. Perkins Vocational and Technology Education Act, 1990): 모든 장애인에게 완전고용의 기회를 보장하면서 기술적으로 선진화된 사회에서 필요한 교육적 기술을 향상시키기 위한 자원을 제공함.
- P.L. 103-239 학교에서 직장으로의 기회법(School to Work Opportunities Act, 1994): 학교 측과 고용 측 직원이 함께 통합된 학교와 고용기반 학습을 계획하고 실행하고 평가하는 지역사회 수준에서의 학교와 고용

기관의 협력관계를 권장함. 각 기관 사이의 기술적 보조, 고용주에 대한 서비스, 교육, 사례 관리 등에 대한 협약을 권장함.

- P.L. 102-476 장애인교육법(Individuals with Disabilties Education Act: IDEA, 1990), P.L 105-17로 1997년에 수정된 법: 장애학생의 성과를 향상시키기 위해 고안된 수많은 새로운 조항들을 확립함. 개정법에서는 장애학생을 주정부 및 지역 평가에 참여시킬 것, 학생의 IEP에서 일반교육과정 접근에 대해 다룰 것, 각 주정부는 장애학생을 위한 수행 목표와 지표를 확립할 것을 요구하고 있음.

출처: Rosenberg, M. S., O' Shea, L. J., & O' Shea, D. J. (2006). *Student teacher to master teacher: A Practical guide for educating students with special needs* (4th ed.). Upper saddle River, NJ: Pearson Education, Inc.에서 수정.

그림 2-4

〈표 2-1〉 IDEA(2004) 발전에 영향을 준 판례

소송/날짜	배경과 판결
Brown v. Board of Education of Topeka, Kansas (1954)	4개 주(캔자스, 사우스캐롤라이나, 버지니아, 델라웨어)로부터 통합된 소송들. 미 대법원은 분리된 학교에 출석하도록 요구된 아프리카계 미국인 학생은 평등한 교육을 받고 있는 것이 아니라고 판결하였다. 이로써 '분리는 하지만 평등하다.' 는 선언은 더 이상 인정되지 않았다.
Hobson v. Hansen (1967)	워싱턴 DC, 학교체계의 낮은 능력 학급(우열반 제도)에 아프리카계 미국인 학생을 비율적으로 지나치게 많이 배치하는 것은 타당하지 않았다. 특수학급들은 검사와 재검사 과정이 빈번하고 엄격하게 이루어지는 한 허용되었다.
Diane v. State Board of Education (1970)	캘리포니아는 문화적 · 언어적으로 다양한 학생들에게 사용된 평가 절차의 편향성을 수정하도록 지시받았다.
Mills v. Board of Education (1972)	장애학생은 해당 교육청의 재정 상태에 상관없이 무상의 적절한 공교육과 적법절차에 접근해야만 한다.
PARC v. the Commonwealth of Pennsylvania (1972)	펜실베이니아 주는 무상의 적절한 공교육은 모든 학생들에게 제공되어야 하고, 정신지체 학생이라고 예외가 될 수 없다.
Wyatt v. Stickney (1972)	수용시설에 있는 정신지체 학생은 치료에 대한 헌법상 권리를 가지고 있다.
Armstrong v. Kline (1979)	연간 180일의 학교 출석은 어떤 아동들에게는 무상의 적절한 교육을 보장하지 못하며, 주정부는 제한 없이 개별화된 요구에 맞는 교수를 제공해야 한다.
Larry P. v. Riles (1972, 1984)	특수교육에 아프리카계 미국 학생을 배치하기 위해 IQ 검사를 사용하는 것은 차별적인 행위라고 결정되었다.
Board of Education v. Rowley (1982)	적절한 교육을 제공하는 것에 대한 요구는 학교가 '최상' 의 교육을 제공하거나 학생의 가능성을 최대화해야만 함을 의미하는 것은 아니다. 프로그램은 개별화되고, 학생은 교육으로부터 혜택을 받을 수 있어야 한다.
Jose P. v. Ambach (1984)	시기적으로 적절하게 서비스를 전달하기 위해서는 의뢰 후 30일 이내에 평가가 이루어져야만 한다.

Daniel R. R. v. State Board of Education (1989)	프로그램이 인식 이상으로 수정될 필요는 없지만, 일반교육과정은 편의시설과 지원이 요구되는 학생을 위해 반드시 수정되어야만 한다. 장애학생에게 학급의 다른 학생과 동일한 속도로 학습할 것을 기대할 필요는 없으며, 학교는 통합을 고려할 때 더욱 광범위한 교육적 혜택을 고려해야 한다.
Schaffer v. Weist, Montgomery County Schools (2005)	자녀를 위해 더 나은 특수교육을 요구하는 부모는 해당 학교 교육청에 대한 도전의 근거를 가지고 있어야 한다.

- **비차별적 평가**(nondiscriminatory assessment): 편향된 평가 도구와 절차는 교육에 대한 평등한 접근을 불가능하게 만든다. 학생들은 잘못된 평가 도구와 절차에 의해 올바르게 평가받지 못하고 진보할 수 있는 기회를 박탈당한 환경에 잘못 배치될 수 있다. 더군다나 잘못 분류된 것에 의한 낙인은 낮은 기대감과 또래로부터의 고립과 같은 문제 상황을 유발하게 된다.

(2) 법에서 학급으로: IDEA의 주요 요인

IDEA(2004)와 이전 소송과 법률은 장애학생을 어떤 방식으로 바라보고 접근하고 교육하며 평가해야 하는지에 대한 명백한 지침을 제공하고 있다. 특수교사, 일반교사, 관련 서비스 제공자, 관리자, 특수교육 보조원 등 특수교육 관련 전문가들은 자신이 근무하고 있는 학교의 환경이나 유형에 상관없이 이러한 법들이 적용되는 데 일조하고 있다. 많은 면에서 IDEA의 요인들은 모든 교사가 학급에서 장애학생을 가르칠 때 알아야만 하고, 실천할 수 있는 내용을 반영하는 핵심 능력(core of competencies)으로 이루어져 있다(Rosenberg et al., 2006).

① 비차별적인 판별, 진단 및 평가

IDEA 원안에서의 주요 구성요소는 말 그대로 1975년 법안이 통과되었을 당시에 교육을 받지 못하는 많은 수의 장애학생들을 발견해 내는 것이었다. IDEA(2004)에서는 이러한 아동 선별활동을 지속할 뿐만 아니라 학교체계가 조기교육 혜택을 받을 수 있는 대상자를 판별할 것을 요구하고 있다. 또한 학교와 지역사회 기관이 학생이 장애를 갖고 있는지를 결정하기 위해 평가하고, 만약 대상학생이 장애를 갖고 있다면 향후 학교나 유치원에서 성공적으로 학업을 하기 위해 요구되는 모든 교육적 서비스를 판별해 내도록 하고 있다. IDEA(2004)는 이러한 평가를 수행할 때 다음과 같은 원칙들을 준수할 것을 요구한다.

- 대상학생의 모국어 또는 의사소통 양식으로 이루어진 검사 자료와 절차를 사용한다.
- 장애 유무 결정과 배치 판정을 위해서는 하나 이상의 검사와 절차를 사용한다.
- 지능, 학업 성취, 사회적 기술, 언어, 운동기술, 적응행동 등 의심되는 장애와 관련된 모든 기능 영역에 대한 전면적인 평가를 제공한다.
- 교실 상황에서 학생이 어떻게 기능하는지를 평가할 목적에 타당한 도구들을 사용하여 자격 있는 전문가만이 검사를 실시한다.
- 검사와 절차가 인종적 · 문화적 · 사상적으로 편향되거나 차별적인지 확인한다.
- 초기 평가와 재평가에 대한 부모와 보호자의 자필 동의서와 의견이 확보되어야 한다. 검사 결과 자료들은 접근하기 쉽고 이해하기 쉽도록 일정한 양식에 맞게 요약한다.

IDEA에서는 개인에 의해서가 아니라 다학문적 팀에 의해서 장애 상태의 유무와 특수교육 대상자로서의 적격성뿐만 아니라 일반교육 환경과 활동에서의 참여 범위 등을 결정하는 판별, 진단 및 평가 업무가 수행되도록 하고 있다는 사실을 기억할 필요가 있다.

② 최소 제한적 환경

장애학생에게 특수교육 서비스를 실시하기에 최적의 환경이나 집중적인 교육의 정도가 있는가? '주류화' '통합' '분리' 또는 '흡수통합(integrate)'을 하는 것이 더 나은가? 많은 사람들은 연방정부법이 빈번하게 사용되는 이러한 용어를 전혀 다루고 있지 않다는 사실에 놀랄 것이다. IDEA에서 사용하는 용어는 장애학생의 교육이 다음과 같은 의미의 최소 제한적 환경에서 이루어져야 함을 요구하고 있다.

- 교육적 배치는 최소한 1년에 한 번씩 결정되어야 하며, 개별 학생의 교육적 필요에 근거해야 한다.
- 장애학생은 최대한 자신의 거주지와 근접한 학교에서 장애를 갖고 있지 않은 또래와 함께 교육받아야 하며, 일반교육과정과 과외활동에 참여할 수 있어야 한다.

- 장애의 특성과 심각성에 의해 적절한 보조 도구와 서비스를 갖춘다 할지라도 교육이 충분히 이루어질 수 없을 때에만 장애학생을 일반교육 환경에서 분리할 수 있다.

IDEA(2004)의 규정은 장애학생에 대한 교육이 최소 제한적 환경 내에서 확실히 이루어지도록 교육청이 대안적 배치연속체를 개발하여 시행하도록 하고 있다. 이러한 배치체계는 '교육적 배치의 일련의 단계 혹은 위계' 로 간주되는 것으로, 제1장에서 제시한 대로 1962년 메이너드 레이놀즈(Maynard Reynolds)에 의해 기본 틀이 개발되었으며, 에벌린 디노(Evelyn Deno)에 의해 1970년에 확대되었다. 지난 수십 년간의 교육 개혁에도 이러한 서비스 전달체계 개념이 지속적으로 사용되는 이유는 다양한 장애학생들이 갖고 있는 개별적인 차이를 반영하는 데 유용하기 때문이다.

배치연속체를 통한 교육적 배치는 장애학생들의 구체적인 교육적 필요에 적절한 선택을 가능케 한다. 일반적으로 일반교사의 교수방법 수정을 지원하는 간접적인 서비스부터 집중적인 지원과 관리가 필요한 장애학생을 위한 특정한 시설에서의 직접적인 교수에 이르기까지 다양하다. 서비스 연속체는 교육 서비스의 수준과 집중도 간의 이동을 보장하고 있다. 한 번 이루어진 배치는 영속적으로 유지되는 것이 아니며, 서비스 제공자는 학생이 덜 제한적이고 덜 분리된 배치에서 교육받도록 노력해야 한다.

특수교사로서 자신이 종사하게 될 서비스 전달 수준이나 특정한 교실 형태를 알 수 있는 방법이 있을까? 불행하게도 확실한 대답은 없다. 대안적 배치연속체에서의 학생 배치와 관련된 결정은 개별 학생에게 무엇이 최선인가에 달려 있다. 학생은 집중적인 읽기교수를 위한 특수학급에서의 배치부터 직접적인 지원이 별로 필요 없는 수학 통합학급에 이르기까지 다양한 수준의 교수에 참여할 수 있다. 더군다나 학생들을 위한 배치는 그들의 학업적 · 행동적 수행에 따라 변화할 것이다. 향후 특수교사가 근무할 환경은 학생의 필요에 따라 달라질 것이며, 하루 일과 중에도 종종 다양하게 변화할 것이다.

IDEA에서는 장애가 있는 것으로 판별된 각 학생에게 개별화 교육 계획(induvidualized educational plan: IEP)을 제공하도록 하고 있다. 개별화 교육 계획이란 교수 및 관련 서비스 전달에 대한 정보와 지침을 담고 있는 문서다. IDEA 에는 IEP 개발에 포함되어야 할 정보와 계획안 개발 담당자에 대한 구체적 요구사항이 있다. IDEA에서 요구하는 개별화 교육 계획의 여섯 가지 구성요소는 다음과 같다.

1. 대상학생의 현재 학업 및 기능 수행 수준: 현재의 장애 상태로 인해 일반교육과정에 참여하고 진보를 나타내는 데 있어 어떤 영향을 받는지에 대해 기술한다.
2. 대상학생의 장애로 인해 필요한 교육적 요구와 일반교육과정에서 진보를

학생사례 탐구

나는 다운증후군을 갖고 있는 9세 남학생인 주니어에게 기본적인 산수, 읽기, 사회적 기술을 가르쳐 보려고 2개월도 넘게 애쓰고 있다. 부모님의 요구에 따라 주니어는 3학년 일반학급에 통합되었다. 벌써 2년째 주니어는 24명의 일반학생들과 함께 나의 제한된 지원을 받으며 일반학급에 완전히 통합되어 있다. 나는 우리 학교의 특수교사 중 한 명으로서 하루에 1시간씩 주니어를 직접 지도하고 있다(나는 15명의 장애학생을 지도하고 있다.). 또한 나는 3학년 일반학급 교사인 그레니어 선생님에게 정규적으로 자문지원을 제공하고 있다. 나는 내 학생들의 옹호자이며, 그들이 적절하게 필요한 지원을 받으면서 일반학급에 통합되어야만 한다고 믿고 있다. 그러나 나는 지금의 환경이 주니어에게 가장 적절한 학습환경이 아닐지도 모른다는 생각이 들기 시작했다. 주니어는 학습과 사회성 영역 모두에서 상당히 집중적인 도움이 필요하다. 그레니어 선생님은 주니어를 학급활동에 참여시키기 위해 최선을 다하고 있다. 몇몇 학부모들은 주니어가 교사의 너무나 많은 주의를 요구하고 있기 때문에 그레니어 선생님이 다른 학생들에게 전적으로 집중할 수 없다고 불평하고 있다. 나는 주니어에 대해 걱정하고 있으며, 우리가 그의 요구에 맞는 가장 적절한 교육을 제공하지 못하고 있다고 생각한다. 주니어 부모님의 반대에도 나는 좀 더 집중적으로 학습과 사회성을 배울 수 있는 교육환경으로 주니어를 배치하고자 한다. 나의 지도감독자도 배치에서의 변화가 주니어에게 최선임에 동의하지만, 우리가 소속되어 있는 교육청의 통합을 지향하는 정책 때문에 우리의 노력이 의미 없어질지도 모른다고 두려워하고 있다. 어떻게 해야만 하는 것일까?

많은 사람들은 장애학생들도 적절한 수정과 지원이 주어진다면 일반학급에서 대부분의 수업을 받을 수 있을 것이라는 점에 동의한다. 그러나 일반교사와 특수교사 간의 엄청난 협력적 노력에도 불구하고, 어떤 학생들은 일반학급이 아닌 곳에서 좀 더 집중적이고 구조화된 프로그램을 적용해야 할 필요가 있다. 이 사례의 교사들은 주니어가 그런 학생 중 하나라고 믿고 있지만, 부모는 배치에서의 어떠한 변화도 반대할 것이고 적법 절차에 대한 청문회를 요구할지도 모른다는 사실을 걱정하고 있다. 교사들은 일을 더 진전시키기 전에 무엇을 고려해야 하는가? 다니엘(Daniel, 1989)은 다음과 같이 배치의 적절성을 평가하기 위해 사전에 고려해야 할 네 가지 요인들을 제시하였다.

- 보조 기구와 지원을 포함하여 학생을 위한 적절한 교육이 일반학급 배치에서 제공될

나타내기 위해 필요한 교육적 요구에 적합한 측정 가능한 연간목표: 필요하다면 대안적 평가에 참여하는 학생들을 위한 단기목표도 포함한다.

3. 설정된 연간목표 성취에 대한 평가방법, 진보에 대한 보고서 작성 횟수, 보고 대상자 등(예: 학부모에게 정기적으로 보고하기)에 대한 기술
4. 학생에게 제공되는 특수교육과 관련 서비스 및 기타 보조와 서비스에 대한 진술: 가능한 한 실행 가능한 연구 결과에 근거한다.

수 있는가?

- 학생이 학급에서 성공할 수 있도록 가능한 모든 편의가 제공되는가?
- 일반학급에 배치되었을 때 학생이 얻을 수 있는 혜택은 무엇인가?
- 학급에 있는 다른 학생들에게 장애학생의 배치가 어떤 영향을 줄 수 있는가?

이러한 기준을 사용하여 교사들은 교사와 교육청은 배치에서의 변화에 대한 논리적 근거를 제시할 수 있어야 한다. 교육 팀의 최선의 노력에도 주니어가 일반교육 환경에서 계속해서 수행에 어려움을 보인다면 통합에 대한 부모의 선호도는 재고되어야 할 것이다.

이와 관련된 정보는 다음의 자료를 참고하시오.

Douvanis, G., & Hulsey, D. (2002). *The least restrictive environment mandate: How has it been defined by the courts?* Retrieved on April 11, 2006, from http://ericec.org/digests/e629.html

Thomas, S. B., & Rapport, M. J. (1998). Least restrictive environment: Understanding the direction of the courts. *Journal of Special Education, 32*(2), 66-79.

Yell, M. (1995). Clyde K. and Sheila K. v. Puyallup School District: The courts, inclusion, and students with behavioral disorders. *Behavioral Disorders, 20*(3), 179-189.

적용하기

- 주니어의 교사들은 그가 통합된 환경에서는 성공하지 못하고 있다고 확고하게 믿고 있다. 그들이 현재 자신들의 상황에 다니엘 R. R. 소송(〈표 2-1〉 참조)의 결과를 어떻게 적용할 수 있겠는가?
- 주니어의 부모는 주니어의 일반학급 배치를 강력하게 주장하고 있다. 교사는 이러한 복잡한 배치문제를 해결하기 위해 부모에게 어떻게 접근해야 할 것인가? 교사는 부모와의 회의에서 어떤 유형의 정보를 공유하는 것이 좋겠는가?

5. 대상학생이 일반교육 환경에서 일반학생들과 함께 참여할 수 없는 정도
6. 서비스 시작 예정일과 예상되는 서비스 제공 빈도와 기간 및 제공 장소

IEP 팀은 대상학생이 16세가 되면(필요하다면 더 일찍) 학령기 이후로의 전환과 관련된 주제를 다루어야 한다. 결과적으로 IEP는 적절한 전환평가에 기반을 두어 측정 가능한 목표와 그에 맞는 서비스를 포함하여야 한다. 마지막으로 대상학생이 주의 법적 연령에 도달하면 IEP는 반드시 학생이 IDEA에 규정된 자신의 권리에 대한 정보를 제공받았다는 내용을 포함해야 한다(IEP의 개발은 제4장에서 다룬다.).

IEP가 교육 서비스를 계획하고 조절하고 평가하는 데 중점을 두고 있기 때문에, IEP의 개발과 실행은 다수의 전문가 및 관련자들의 의견이 필요하다. IDEA (2004)에서는 다음과 같이 IEP 팀을 구성하도록 하고 있다.

- 대상학생을 담당하는 일반교사 1인(대상학생이 현재 혹은 향후 일반교육활동에 참여한다면)
- 대상학생을 담당하는 특수교사 1인
- 일반교육과정과 관련된 서비스뿐만 아니라 적용 가능한 서비스 전달체계 유형과 프로그램에 대해 잘 알고 있는 교육청 대표자
- 평가 결과가 갖는 교육적 의미를 파악할 수 있는 평가 전문가
- 관련 서비스 제공자, 통학 전문가, 의사, 변호사, 옹호자 등 중요한 정보를 제공할 수 있는 기타 전문가
- 부모, 보호자, 부모 대리인, 적합하다면 학생 자신

• 생각해 봅시다 #4

IEP를 개발하는 데 모든 노력을 기울였음에도 학급교수에서의 IEP 사용은 제한되어 있다. 교사가 편리하게 적용할 수 있는 IEP 개발 방법은 무엇인가?

IEP 회의 참여자의 부담을 덜기 위해 IDEA에서는 해당 회의에서 자신의 영역이 논의되지 않거나 문서화된 정보 제공도 동의된다면 출석을 하지 않아도 된다고 명시하고 있다.

③ 절차상의 보호책

1975년 이전과 최초의 IDEA가 통과되었을 즈음에는 학교에서 장애학생의 부모를 무시하지는 않았지만 종종 적절하지 못한 태도로 대하였다(Johnson, 1976). IDEA는 학교가 부모에게 자녀의 장애 판별과 평가 및 배치와 관련된 모든 결정에 참여할 기회를 제공하도록 하고 있다. 회의를 공지하고, 양측이 합의된 시간

과 장소로 조정할 뿐만 아니라 교육청 관계자들은 부모에게 교육 프로그램 및 관련 서비스의 변동 시기 등을 알려야 한다.

만약 장애학생 부모가 자신들의 권리가 침해되었다고 생각한다면, 혹은 아동의 IEP 개발과 관련해서 동의할 수 없는 부분들이 있다면 어떻게 해야 할까? 우선 일차적으로 조정(mediation), 즉 자격을 갖춘 간사(조정관)가 개입하여 양측과의 해결을 모색하는 임의적인 과정을 거친다. 만약 양측에서 이러한 조정을 통해 나온 해결에 만족하지 못한다면, IDEA는 적법 절차 청문회를 소집할 것을 규정하고 있다. 청문회를 통해 불만이 있는 쪽에게 결정과 행위에 의문을 제시할 수 있게 하였다. 여전히 불만이 남는다면 연방법원에 적법 절차 청문회의 결정을 항소할 수 있다. IDEA에서는 각 주가 조정 절차를 강화할 것을 요구하고 있는데, 이는 양측 간의 목적 있는 토론을 위한 구조화된 기회를 제공함으로써 장기적으로 진행될 수 있을 뿐더러 비용도 만만치 않은 청문회나 항소와 관련된 법적 활동들의 필요성을 감소시킬 수 있다고 보기 때문이다.

④ 정학과 퇴학 처분

학교규칙 위반으로 학생을 정학시키거나 배치를 변경하거나 퇴학시킬 때, IDEA(2004) 보호 조항은 탁월하기도 하지만 어느 정도 논쟁의 여지도 있다. 대부분의 사람들은 교육적인 결정이 장애 상태와 상관없이 법적으로 정당하며 공평하게 이루어져야 한다고 생각한다(Rosenberg et al., 2006). 적절하지 못한 행동들은 대상학생의 특수교육적 요구의 표현(예를 들어, 장애와 실제적으로 관련된 혹은 IEP 절차 수행의 실패와 관련되거나 야기된)으로 볼 수 없으므로, 학교는 (특수교육 서비스가 제공되는 한) 장애가 없는 학생과 동일한 방식으로 훈육을 적용할 수 있다. 그러나 문제 행동이 장애로 야기된 행동이라고 할지라도 학교는 장애학생을 현재의 교육적 배치에서 10일 이상 배제할 수는 없다. 개정과정에서의 수많은 토론(특정한 행동이 장애에 의한 것인지를 결정하는 것의 어려움, 학교 내의 다른 학생들의 안전문제 등에 대한)을 거쳐, IDEA(2004)는 규율 위반에 따른 학생 배치의 변경을 위해 다음과 같은 사례별로 독특한 상황을 고려할 것을 학교에 위임하였다. 즉, (1) 학교에 위험한 무기를 가져왔을 경우, (2) 불법적인 약물을 팔거나 소지했을 경우, (3) 학교나 학교활동 중 타인에게 신체적으로 심각한 위해를 가했을 경우다. 이러한 경우에는 각 교육청에서 일방적으로 최대한 45일간 해당 학생을 임시의 대안적인 장소에 배치할 수 있다.

• 생각해 봅시다 #5

정학과 퇴학 처분에 다른 기준을 적용하는 것에 대한 공평성 이슈를 고려해 보자. 장애에 의한 것이라면 다른 훈육 결과를 갖는 것이 정당할 수 있는가? 학교규칙을 어긴 장애학생은 어떻게 다루어야 하겠는가?

⑤ 기밀 유지와 정보에 대한 접근

모든 평가와 보고서를 포함한 학생 정보에 대한 기밀은 보장되어야 한다. IDEA는 교육청마다 한 명의 공무원을 배정하여 학교 기록의 기밀을 유지하고, 학생 기록을 취급하는 사람들이 문서 관리에 대한 훈련을 받을 것을 책임지도록 하였다. 부모는 법적으로 자신의 자녀에 대한 모든 기록을 볼 수 있는 권리가 있으며 문서상의 정보에 대한 설명을 요구할 수 있다.

⑥ 영유아에 대한 서비스

역사적으로 많은 주에서는 장애를 가진 영아와 유아 및 학령 전기 아동들에게 서비스를 제공하지 않았다. 1986년 그리고 IDEA의 초기 개정까지 학령 전기 특수교육 서비스는 3~5세의 아동에 대해서만 규정하였으며, 영유아와 그 가족들에 대한 프로그램을 개발하는 주에는 장려금이 지급되었다. IDEA(2004)에서는 학령 전기 아동들이 학령기 아동들에게 적용 가능한 동일한 서비스와 보호를 제공받도록 규정하였다. 장애를 가진 영유아와 그 가족들의 경우 종종 의료적, 심리적, 복지 사업적인 중재가 요구되기 때문에, 연방정부는 증가된 보조금 지원을 통해 주 차원에서 다학문적이고 관계 부처 간 협력적인 프로그램을 개발할 것을 권장하고 있다.

(3) IDEA의 성과와 변화

1975년 이전을 회상해 보면, 많은 장애학생들이 매우 제한적이고 분리된 환경에서 최소한의 서비스만을 받았다. IDEA의 결과로, 오늘날 장애를 가지고 있는 대부분의 아동과 청소년들은 이웃에 위치한 학교의 일반학급에서 또래들과 함께 교육을 받고 있다. 더군다나 장애인의 학령기 이후의 취업률은 법적 권리와 보호를 받지 못했던 더 나이 든 성인장애인들에 비해 두 배 정도 높은 것으로 조사되었다. 대학교육을 받는 장애학생의 수도 상당히 증가하였다. 1978년과 비교하였을 때, 대학 1학년에 재학 중인 장애학생 수는 3배가 넘는 것으로 나타났다(U.S. Department of Education, n.d.). 또한 IDEA는 유아 특수교육 분야, 고유한 문화를 고려한 교수방법, 부모교육, 교사 개발에서의 우수한 모델 프로그램의 개발뿐만 아니라 학령기에서 성인기로의 전환을 촉진할 수 있는 프로그램과 내용이 풍부한 교육과정을 습득하도록 학생들을 지원하는 전략을 개발하도록 지원한다.

이러한 상당한 업적에도 옹호자들은 보다 개선이 요구되는 법률적 측면들을 밝히기 위해 계속 노력하고 있다. 대통령위원회 보고서의 영향을 받아, IDEA의 가장 최근 개정에서의 변화는 더 특별한 의미가 있다. 보고서에서 제시된 두 가지의 주요한 주제는 IDEA의 법적 요구에 부응하도록 한 과중한 서류 업무 및 행정적 의무와 학습장애 학생을 판별하는 데 사용되는 방법에 대한 것이다. 과중한 서류 업무 및 행정적 의무를 감소시키기 위한 IDEA의 노력은 다음과 같다.

- 주 차원에서의 표준화된 평가 대신 대안적 평가에 참여하는 학생들 외에는 학생의 IEP에 더 이상 단기목표를 제시하지 않는다.
- 15개 주에 최대 3년까지의 다년 IEP 개발에 대한 실험적 프로젝트를 인준한다.
- 각 주가 시민권에 부정적인 영향을 주지 않는 선에서 행정적 보고 업무를 줄일 수 있는 방법을 적용해 보도록 15개 주 업무 시범 프로그램을 개발한다.

또한 새로운 법안은 이제껏 논란의 여지가 많았던 학습장애를 판별하기 위한 능력-성취 불일치 방법(aptitude-achievement discrepancy method)에 대해서도 언급하고 있다(제6장 참조). 더 이상 지역 교육기관은 능력과 성취 간의 불일치가 있는지에 대해 고려할 필요가 없다. 대신 교육청은 중재에 대한 반응(response to intervention: RTI)으로 알려진 과학적이고 연구 기반적인 판별방법에 대한 아동의 반응을 고려하는 절차를 사용할 수 있다.

• 생각해 봅시다 #6

1975년 법 제정 이후 IDEA의 주요 업적에 대해 생각해 보자. IDEA는 모든 학생에게 무상의 적절한 공교육을 제공하고자 하였던 임무를 완성하였는가? 무엇이 이 법을 발전시켰는가?

2) 아동낙오방지법

2001년 아동낙오방지법(No Child Left Behind Act: NCLB)은 모든 학생들의 교육적 수행 향상을 목적으로 하는 포괄적인 연방정부법이다. 이 법은 기존의 초・중등교육법(Elementary and Secondary Education Acts: ESEA)을 개정한 법으로서 공교육에 대한 연방정부의 역할을 강화하였다. 이 법에서는 연방정부가 각 주의 학생성취 기준 설정과 향상을 위한 노력에 대해 단순한 재정적 지원을 제공하는 것이 아니라 각 주와 학교에 높은 성취 수준 설정과 그 수준에 도달하지 못할 경우에 대한 조치를 명백하게 규정하고 있다(Hardman & Muldur, 2004; Yell & Drasgow, 2005). [그림 2-5]는 이러한 아동낙오방지법(NCLB)에 대해 간단하게 소개하고 있다.

• 생각해 봅시다 #7

교육에 대한 연방정부의 개입은 뜨거운 정치적 쟁점이 되었다. 연방정부 기관과 국가의 정책 입안자들이 이웃 학교의 정책에 영향을 주어야만 한다고 생각하는가? 그렇다고 하더라도 주정부와 지역정부가 그러한 영향에 대해 반대해야만 하는 상황으로는 어떤 것이 있겠는가?

간추린 주요 사실: 2001년 아동낙오방지법

결과에 대한 강력한 책무성
- 아동이 이해하고 학습한 것에 대해 측정하기 위해 주정부 평가를 개발한다.
- 학교 수행에 대한 연간 보고서를 작성하여 부모들이 자녀가 다니는 학교의 질과 교사의 자질, 주요 과목에서의 진전도를 알 수 있도록 한다.
- 성취 간 차이를 측정하기 위해 인종이나 성별, 기타 관련 기준에 따라 분석된 주 전체의 수행 보고서를 작성한다.

부모의 선택권 강화
- 수행 결과가 나쁜 학교에 다니는 자녀를 둔 부모는 자녀를 보다 수행이 우수한 공립학교나 독립 공립학교(charter school)로 전학시킬 수 있다.
- 수행 결과가 나쁜 학교의 학생들을 대상으로 하는 보충교육 프로그램(개인지도, 방과 후 서비스, 여름학교 등)에 타이틀 I 자금을 지원한다.
- 독립 공립학교를 위한 연방정부의 지원을 확장한다.

자질 있는 교사
- 2005년까지 모든 공립학교 학급에 자질 있는 교사를 배치한다.

그림 2-5

각 주마다 해당 지역의 학교에 대한 통제권을 가지고 있으므로 연방정부가 각 주에게 일괄적으로 정책과 절차에 따르도록 법안을 제정할 수는 없다. 그럼에도 이 법은 미국 헌법의 다른 조항들에 의해 강력하게 학교에 영향을 미칠 수 있다. 공립학교에서의 인종에 따른 분리를 철폐시켰던 역사적인 브라운 대 교육위원회(Brown v. Board of Education, 1954) 소송에서, 대법원은 동등한 교육 기회의 제공을 막는 집단 간 분리에 대해 수정헌법 제14조를 이용하여 판결하였다. 이러한 연방정부의 중재가 없다면 주정부는 '분리는 하지만 평등한' 관행을 지속했을 것이다. IDEA와 더불어, 수정헌법 제14조와 브라운 소송은 장애학생에게 무료의 적절한 공교육을 제공하는 것과 관련된 법적 결정의 의미 있는 요인이었다.

의회는 NCLB를 제정하면서 모든 학생들이 학교에서 적절하게 수행할 수 있도록 주정부가 충분히 보장하지 못하고 있다고 주장하였다. 또다시 많은 학생들이 성공을 위한 동등한 기회를 제공받지 못하고 있는 것이었다. 아동낙오방지법은 주정부가 전형적으로 성취하는 학생 집단과 경제적 어려움이나 언어적 어려움 혹은 장애 상태 등의 여러 가지 요인으로 일정 수준에 도달하는 데 어려움을 갖는 학생 집단 간의 수행 차이를 줄이도록 요구하고 있다.

(1) 아동낙오방지법의 주요 구성요소

NCLB는 다섯 가지의 핵심 원칙에 근거하고 있다. 즉, ① 결과에 대한 강력한 책무성, ② 확장된 융통성과 학교에 대한 지역 통제, ③ 과학적 연구에 기반한 교수법 강조, ④ 부모의 선택권 강화, ⑤ 자질 있는 교사다.

① 결과에 대한 강력한 책무성

교사들에게 NCLB에서 가장 중요한 개념 중 하나는 AYP다. AYP란 적절한 연간 진보(adequate yearly progress)를 말하는 것으로서 모든 학교와 학생들로부터 기대되는 최소한의 기준 혹은 준거점을 의미한다([그림 2-6] 참조). NCLB는 각 주정부가 명확하게 정의된 목표 혹은 숙달 준거를 개발하고 개별 학생과 학교들이 그러한 기준에 도달했는지를 평가해야만 한다고 규정하고 있다. 다시 말해, 정책 입안자와 학교 관리자는 개별 학교와 교육청이 각 주정부의 기준과 관련해서 어떻게 수행하고 있는지를 평가할 수 있다. 여러 학교와 교육청에 소속된 모든 학생들의 수행을 평가하는 것뿐만 아니라 경제적으로 빈곤한 학생들, 문화와 언어가 다양한 학생들, 장애가 있는 학생들을 포함하여 특정한 집단의 학생들에 대한 자료를 분석할 것을 요구하고 있다. 적절한 연간 진보의 목표에 도달한 학교는 그 노력에 대해 공적인 승인을 받는다. 2년 연속 목표에 도달하지 못하는 학교는 향상될 필요가 있는 학교로 간주된다.

장애학생들에 대해서는 어떠한가? 역사적으로 장애학생은 교육받는 내내 낮은 기대를 받으며 학교와 교육청의 평가로부터 공식적 · 비공식적으로 배제되었다. 많은 이들이 통합은 환영했지만, 전반적인 학교의 효과성을 결정하는 데 중도 인지장애 학생을 통합시키는 것의 적절성에 대해 의문을 가지고 있었다. 이러한 우려를 다루기 위해 NCLB는 교육청과 주정부가 일반적인 평가에서 전체 학생 중 1%의 학생을 배제시키는 것을 허용했다. 이 1%는 장애학생 중 9%에 해당하며, 최중도 장애를 가지고 있는 학생들을 포함한다. 주정부와 지역 공무원들의 우려에 대하여 미국 교육부는 부가적인 융통성을 허용했다. 수정된 기준과 평가가 필요한 학생으로 판명된 부가적인 2%의 학생들을 정규시험이 아닌 대안적인 측정을 통해 평가할 수 있도록 하였다.

• 생각해 봅시다 #8

NCLB를 비판하는 사람들은 법문 자체는 훌륭하지만 어떤 경우에는 비합리적이라고 주장한다. 예를 들어, 모든 학생들이 주정부가 세운 숙달 기준에 도달하는 것이 현실적으로 가능한 일인가?

• 생각해 봅시다 #9

프로그램 간 보조금 이전과 합병은 논쟁의 여지가 있다. 이러한 종류의 융통성이 갖는 장점과 단점은 무엇이겠는가? 장애학생을 위한 옹호자들은 어째서 이러한 실제에 대하여 염려하는가?

적절한 연간 진보(AYP)는 어떻게 결정되는가?

NCLB의 주요 요소는 주정부가 '모든 학생들이 미리 설정된 기준의 명확하게 정의된 교수목표를 성취' 하도록 보장하는 것이다. 적절한 연간 진보(AYP)는 언어 영역과 수학 영역의 평가에서 숙달 수준을 보일 수 있는 학생 비율에 대한 구체적인 목표를 설정한다. 이것은 어떻게 이루어지는가? Education Trust(2004)에 따르면, 학교별 AYP는 다음과 같은 5단계의 과정을 거쳐 결정된다.

- 주정부가 학생들이 반드시 알아야 할 내용과 알 수 있는 내용을 결정한다. 각 주정부는 언어 영역과 수학 영역의 표준화된 검사를 개발한 후 3학년에서 8학년까지 학생들의 숙달 수준이 보이는 점수를 설정한다.
- 시작점이 계산된다. NCLB가 모든 학생이 숙달 수준에 이르기까지는 시간이 걸린다는 사실을 알기 때문에, 주정부는 다음과 같은 두 가지 계산 중 더 큰 비율로 나타나는 것을 읽기와 수학에서의 수행 기초선으로 설정한다. 즉, 주에서 가장 낮은 성취를 보이는 학생 집단의 숙달 수준을 보이는 학생 비율 혹은 주에 등록된 학생 중 하위 백분위 20(%)의 숙달 수준을 보이는 비율이다.
- 모든 집단의 학생들의 구체적인 연간 진보에 대한 목표가 설정된다. 모든 학생 집단을 위해 기초선 자료를 사용하여 숙달 수준을 향상을 반영한 연간목표가 설정된다. 목표 향상치는 2014년에 100%를 달성할 수 있도록 해마다 동일한 증가량으로 설정된다.
- 학생과 학교의 수행이 측정된다. 특정 학교가 연간 AYP를 달성했는지를 결정하기 위해 두 가지 방법이 적용된다. 특정 학교에서 전체적으로나 하위 학생 집단들이 단계 3에서 설명한 목표를 달성하거나 초과하였다면 그 학교는 일반적인(Regular) AYP를 달성한 것으로 볼 수 있다. 그러나 학교가 이 목표를 달성하지는 못했지만 해마다 의미 있는 진전을 보인다면 AYP 달성 가능성이 있는 학교로 간주한다. 한편, 숙달 수준에 도달하지 못한 학생이 작년에 비해 10%까지 감소하였다면 그 학교는 안전한 AYP를 달성하였다고 볼 수 있다.
- AYP를 달성하지 못한 학교 학생들을 지원하기 위한 단계들이 진행된다. 2년 후에도 학교가 AYP를 달성하지 못한다면 부모들에게는 더 나은 수행을 보이는 학교로 자녀를 전학시킬 기회가 주어진다. 학교가 그다음 해에도 여전히 AYP 달성에 실패한다면 개인지도와 보충교육 서비스가 제공될 수 있다. 4년 동안 AYP 달성에 실패한다면, 학교는 직원 교체, 새로운 교육과정 및 확장된 학년도 부과를 포함한 교정 조치 중 선택을 해야 한다. 만약 이러한 조치도 실효가 없다면, 학교는 대안적인 관리계획을 개발하고 실행할 것을 요구받는다.

그림 2-6

② 확장된 융통성과 학교에 대한 지역 통제

NCLB는 지역 공무원이 워싱턴 DC에 있는 연방정부의 공무원들보다 이웃 학교의 요구에 더 민감하게 대처할 수 있음을 인식하고 있다. 결과적으로 NCLB는 교육청에게 연방정부의 사전 승인 없이 연방정부 재정의 50%를 프로그램 간에 융통성 있게 사용할 수 있도록 하였다. 이 법은 교육청이 몇몇 프로그램으로부터 기금을 통합할 수 있게 하고, 주정부와 지역 교육청 간의 협력관계를 융통성 있게 발휘할 수 있도록 하였다.

③ 과학적 연구에 기반한 교수법 강조

앞에서 소개한 그린 선생님은 이웃 학교에 있는 장애학생이 특수교육적인 편의와 지원을 거의 받지 못하고 있다는 사실을 걱정하였다. 정책 입안자들 또한 교육적 연구가 학교와 교실에서의 실제에 거의 영향을 주지 못하고 있음을 우려하였다. 때때로 교사들은 유행에 민감하고, 남들이 하거나 일회적인, 그래서 결국에는 부정적 결과를 초래하게 되는 프로그램과 교수법을 선택한다(Kauffman, 1981; Yell & Drasgow, 2005). NCLB를 통해 연방정부는 과학적 연구 결과에서 효과성이 증명된 것으로 보고되는 프로그램을 지원한다.

NCLB는 학교가 숙달 기준과 개별 학생이 그 숙달 기준에 도달했는지를 평가할 방법을 명확하게 정의할 것을 요구한다.

④ 부모의 선택권 강화

자신의 자녀가 훈육과 관련된 문제뿐만 아니라 '저성취 학교'에 속하는 학교에 재학 중이라고 생각해 보자. 자녀의 안녕과 장기적인 학업 기대에 대한 두려움을 느낄 것이다. NCLB에서는 부모에게 선택권을 주고 있다. 자녀가 재학 중인 학교가 2년 연속해서 주정부가 설정한 진보목표에 도달하지 못하면, 같은 교육청 내의 높은 성취를 보이는 학교에 자녀를 전학시킬 수 있다. 또한 학교가 3년 연속해서 목표에 도달하지 못하면 자녀는 무료 개인지도와 방과 후 교수를 포함한 보충적인 활동을 제공받을 수 있는 자격을 갖는다.

⑤ 자질 있는 교사

NCLB는 모든 교사가 자질을 갖출 것을 요구하고 있다. 이것은 NCLB에서 특별한 의미를 갖는다. 자질 있는 교사(highly qualified teachers)란 적합한 자격증이 있으며, 핵심 학업 영역에서 요구되는 필수 자격을 갖추고 있음을 의미한다. 교사직을 유지하기 위해서는 학사학위를 가지고 있고, 주정부 증명서나 자격증을 가지고 있으며, 주정부가 주관하는 특정 과목에 대한 시험을 통과하여 그 영역에서의 능력을 증명해야 한다. 이런 상황이 특수교사들에게 그렇게 명확한 것은 아니다. 많은 경우에 이러한 요구는 혼란스럽고, 논란의 여지가 있으며, 잠재적으로 부담을 낳는다. 초등학교에 재직하는 교사의 경우, 특수교육적인 기술을 개발하는 것뿐만 아니라 초등학교 일반교육과정 내 특정 과목(예: 읽기, 쓰기,

수학)의 지식과 교수기술에 대한 시험을 통과해야 한다. 중학교와 고등학교에 재직하는 특수교사는 그들이 가르치는 핵심 교과 영역에서 각각 높은 자질을 갖추어야 한다. 중등과정의 특수교사들은 종종 학생들에게 여러 과목을 가르치기 때문에 각 과목 영역에서의 내용 지식에 대한 시험을 통과해야 한다.

(2) 아동낙오방지법의 성과

NCLB의 초기 성과는 그동안 들인 모든 노력과 혁신과 혼란, 비용을 정당화할 수 있는가? 자질 있는 교사 조항에 대한 평가를 위해서는 신뢰성 있는 자료 수집이 더 필요하지만, 우리는 어떤 학교가 AYP 체계 향상이 필요한 학교인지 확인하는 데 성공적이었음을 알고 있다(Hall, Weiner, & Carey, 2003). 사실상 일반인은 자신이 거주하는 주와 자신의 이웃에 있는 학교들 간에 상당한 성취도 차이가 있음을 잘 알고 있다. AYP 체계에서는 학교들이 요구-향상 목록(needs-improvement list)을 제거할 수 있음을 증명하면서 저성취 학교들에서의 향상을 인지하고 있다. 그러나 장애학생의 경우 일각에서는 개별적이고 비규준적인 특수교육의 본질이 NCLB의 핵심 요소인 사전 결정된 질의 표준화된 측정과는 맞지 않는다는 것을 우려하고 있다. 많은 장애학생들이 일반 또래들과 동일하게 일반교육과정에 반응하지 않거나 혹은 자신의 학년 수준에서 성공하기 위해서는 지원과 수정을 필요로 한다. 결과적으로 장애학생은 학교 실패의 원인을 제공하는 희생양이 될 수도 있으며, 기준에 도달하기 위해 보다 많은 자원을 요구하는 것에 대해 공정하지 못한 비난을 받게 될 것이다(Allbritten, Mainzer, & Ziegler, 2004; Hardman & Nagle, 2004)

3) 그 밖의 관련법

그 밖의 주요 관련법으로서 재활법 504조(Section 504 of the Rehabilitation Act)와 미국장애인법(American with Disabilities Act: ADA)이 있다. 이들 관련법에는 장애학생의 교육적 서비스 제공과 관련된 요소가 포함되어 있다.

(1) 재활법 504조

504조 심신장애인의 재활과 훈련에 대한 연방정부의 지원을 규정하는 1973년 재활법(Repabilitation Act)의 한 부분이다. 이 법안이 특수교육적 요구를 지닌 학생에게 특별하게 중요한 이유는 IDEA에서 제공하는 장애 정의에 부합되지 않는 장애를 가진 사람들의 권리를 보호하고 있기 때문이다. 504조는 장애에 대한 범주적 접근법을 사용할 뿐만 아니라 (1) 전염성 질병, (2) 사고에 의한 일시적인 장애, (3) 알레르기, 천식, 환경적 질병 등을 갖고 있는 학생들의 권리도 보호한다. IDEA에서 규정하는 서비스에 적격하지 않은 학생들은 504조를 통해 서비스를 받을 자격을 갖추게 된다. 특정 학생이 마치 장애를 가진 것처럼 기능한다면 장애를 가진 것으로 간주할 수 있으며(Murdick et al., 2002), 장애를 갖고 있지 않은 학생들과 동일한 결과, 혜택, 성취의 수준을 획득할 수 있도록 동등한 기회를 제공하는 것이 그 핵심이다. 또한 504조는 학교 이외의 고용과 사회 건강 서비스에서의 차별을 금지하고 있다. 만약 504조의 규정을 어길 경우, 기관은 연방정부의 보조금 지원을 상실할 수도 있다.

504조에서의 보호는 IDEA에서 제공하는 보호와 어떻게 다른가? 로젠펠드(Rosenfeld, 2005)에 따르면, 504조는 여러 활동에서 장애학생의 완전 참여를 어렵게 했던 장벽들을 제거함으로써 활동의 장을 열어 주었다. 이러한 장벽은 물리적인 것(예: 지체 및 감각 장애인들의 건물 접근을 방해하는 건축적인 요인들)일 수도 있고 프로그램 요소(예: ADHD 학생에게 교수에 참여할 수 있도록 편의와 지원을 제공하지 않는 것)일 수도 있다. 이에 반해 IDEA는 전형적으로 교정적이며, 비장애인들이 참여하는 프로그램뿐만 아니라 집중적으로 제공되는 서비스와 프로그램에 대한 규정을 제시하고 있다. IDEA와 유사하게, 504조에도 판별, 평가, 배치, 절차적 안전장치 등에 대한 구체적인 규정들이 있다(제4장의 504 계획에 대한 논의 참조). 불행하게도 보조금 지원이 되지 않는 규정이므로 504조에 의해 가능한 보호사항은 최소화되어 있으며, 많은 부모와 교사들이 여전히 이 조항의 잠재적인 혜택에 대해 잘 알지 못하고 있다(Richards, 2003; Rosenfeld, 2005).

504조의 적용 가능성은 신체적 · 정신적 손상에 따라 주요한 일상생활활동에 실제적인 제한이 있는지에 대한 평가 팀의 결정에 달려 있다. 일단 결정이 내려지면 개별적인 수정(accommodation)계획이 개발된다. 수정계획은 IEP만큼 광범위하지는 않지만 학교에서 개별 학생의 요구에 맞도록 어떻게 수정이 제공되어야 할지에 대한 명백한 정보를 포함해야 한다.

(2) 미국장애인법

1990년에 통과된 미국장애인법(Americans with Disabilities Act: ADA, P.L. 101-336)은 다른 차별을 방지하는 보호 조항(예: 지역사회 생활에 완전 참여할 동등한 기회와 독립적으로 살 수 있는 기회를 갖는 것) 중에서 장애인들에게 모든 건축물과 물리적 시설에 접근할 수 있도록 하고 있다. 또한 504조와 유사하게 ADA 장애인들의 시민권도 다루고 있다. ADA는 연방정부의 보조금을 받는 것 이상으로 사립학교와 종교기관을 제외한 사회의 모든 측면(고용, 교육, 여가 서비스)에 적용된다. ADA는 장애인을 위한 해방선언(Emancipation Proclamation)으로 간주되면서 고용, 정부 서비스, 공공 편의시설에서의 차별을 금지하고 있다(Smith, 2001). 휠체어를 타고 있는 장애학생이 단지 카페테리아 입구의 장애물 때문에 친구들과 함께 식사를 하지 못했을 때 느꼈을 좌절을 상상해 보라. ADA는 현존하는 물리적 장벽을 제거하거나 대안적인 서비스 수행 방법을 제공할 것을 요구하고 있다. HIV/AIDS와 같은 전염성 질병이 있는 학생의 경우, 다른 사람의 건강과 안전을 위협하지 않는 한 차별로부터 보호받을 수 있다(Murdick et al., 2002). 또한 ADA는 학생들에게 최소 제한적 환경에서 성공할 수 있도록 보조도구를 사용할 것을 요구하고 있다.

지체장애인은 ADA에 의해 규정된 건축 · 지원을 통해 공공 건물에 접근할 수 있다.

3. 표준화와 책무성의 시대

이 장에서 제시한 법적인 요구와 규정이 모든 학생의 권리를 보호하고 교육적 수행을 향상시키고자 한 의도를 갖고 있음은 의심의 여지가 없다. 그러나 이러한 법안들은 복잡하고, 거의 모든 교사들은 법에 대해 잘 알고 있지 못한다. 제16장에서 논의하겠지만, 수많은 관계 책임자들(전문가 조직이나 주정부)은 연방정부의 법과 주정부의 법에 대한 준수를 감독하고, 자질 있는 교사를 결정하며, 교수방법을 구체화하고, 교수 성과를 결정하기 위해 위임되었다.

최선의 의도에도 급증한 법 규정과 규준들 때문에 혼란스러움과 복잡한 이해관계 그리고 많은 학교인사에 대한 소송건이 증가한 것도 사실이다. 장애학생의 교육에 대해 규정하고 있는 IDEA(2004)와 아동낙오방지법 그리고 다른 법률들을 준수하는 것은 교육청을 책임지는 사람들에게는 끊임없는 도전이다. 일부 학교는 학생의 집중적인 요구를 포함하여 자격 있는 특수교사의 부족과 적절한 재정자원의 부족으로 교육청에 소속된 학생들에게 법이 규정한 적합한 서비스를 제공하지 못하고 있다. 특수교육 전문가와 연방판사는 지속적으로 지역 교육청의 활동을 감독하고 규정을 지킬 수 있도록 지원하고 있다.

안타깝게도 특정 교육청이 법을 지키지 않은 것에 대한 판결 결과가 오히려 그 교육청에 소속된 학생들에게 해로운 영향을 미치는 경우도 있다. 예를 들면, 법을 준수하지 않을 때 시행하는 세 가지 주요 방법인 주정부와 교육청에 연방기금 지원을 철회하는 것, 벌금을 물게 하는 것, 징벌적인 배상금을 물게 하는 것은 논쟁의 여지가 있다. 왜냐하면 이러한 방법을 사용할 경우 오히려 현재 지원 가능한 자원조차 학생들에게 제공될 수 없게 되기 때문이다. 적절한 교육에서의 배제로 손실을 본 부분을 보충하는 보상적인 교육 서비스더라도 비용이 들고 교육청의 예산에 영향을 준다.

• 생각해 봅시다 #10

충분한 보조금을 받지 못하는 교육청에서의 IDEA 규정의 불이행에 대한 벌금과 손해배상 제도의 장점에 대해 이야기해 보자. 법을 지키도록 하기 위해 주정부와 연방정부가 사용할 수 있는 대안적인 방법에는 무엇이 있는가?

교사는 무엇을 할 수 있는가? 우선 모든 교사는 학생에게 영향을 줄 수 있는 법안과 소송에 대한 기본적인 실제 지식을 갖추어야 할 법적 · 전문적 책임이 있다는 사실을 명심해야 한다. 연방법에서 요구하는 조항들이 준수될 수 있도록 최선을 다해야만 한다. 다음 사항들은 법적 요구를 준수하는 데 도움이 되는 지침이다(Billingsley, 2005; Rosenberg et al., 2006).

- 교육 서비스를 계획하고 전달하고 평가하는 데의 공정성 보장과 관련된 법적 · 전문적 지침이 담긴 서류를 언제라도 찾아볼 수 있도록 보관한다.
- 믿음직한 팀 구성원이 된다. 지속적으로 서류 업무를 공유하고, IEP 개발에 참여하며, 모든 IEP 회의에 참석한다.
- 소속된 주정부와 지역 교육청의 검사 프로그램의 목표와 요구사항을 잘 알고 학생의 IEP에 제시된 필요한 수정을 제공한다.
- 스트레스를 줄이고 융통성 있고 포용적인 태도를 취한다. 교육적 요구사항은 법률이나 시행령 혹은 정치적 압력에 따라 계속 변화할 수 있다.
- 학술대회나 워크숍 등에 참석하고 전문 학술지를 구독하는 등 최근의 사안에 대해 민감성을 유지한다.
- 정책적 인식을 향상시키고, 공공정책에 영향을 주기 위해서 지역 차원, 주 차원, 국가 차원의 옹호 집단에 가입한다. 과거의 많은 긍정적인 변화도 부적절하고 차별적인 관행에 의문을 제기하였던 개인들의 용기 덕분에 가능하였던 것이다.
- 학교와 지역사회의 구성원들과 정규적으로 만나고, 가족들에게 그들의 권리에 대해 조언해 주며, 동료에게는 일종의 자원으로서의 역할을 한다.

존엄성 높이기: 인간 우선 언어(using person-first language) 사용하기

우리가 사람을 표현하기 위해 사용하는 언어가 그들에게 영향을 주고, 그들이 다른 사람들에게 인식되고 대우받는 방식에 영향을 주는가? 그렇지 않다면 다양성과 차이를 갖고 있는 사람들을 표현하는 데 좀 더 민감한 언어를 사용할 것에 대한 주장은 단지 유행에 민감한 처사이거나 정치적 표현일까? 스노우(Snow, 2006)는 사람들을 표현하기 위해 사용하는 단어는 강력한 힘을 지니고 있다고 하였다. 따라서 장애인을 향해 낡고 부정확하고 의학에 기초한 용어를 부적절하게 사용하는 것은 그들에게 커다란 장애물을 남겨 놓는 것과 다름없다. 사실 의학이나 교육적 진단에 기초한 용어('데이브는 정신적으로 지체되었어. 수는 자폐적이지.'와 같은)를 사용할 때, 우리는 그 사람을 과소평가하면서, 그 사람이 단순히 장애를 갖고 있는 것 이상의 존재임을 인식하지 못하게 된다.

장애인을 존중하기 위해서는 무엇보다 그들도 인간임을 인식하는 것이 필요하다. 그들도 우리처럼 부모로서, 아들과 딸로서, 친구로서, 동료로서, 여러 직업에 종사하는 직장인으로서 다양한 역할을 한다. 따라서 장애인을 대할 때 가장 기본적인 지침은 그를 전인격체로 인식하는 것이다. 미국심리학협회(American Psychological Association, 2003)에서는 다음과 같은 언어를 사용하지 않도록 권고했다. (1) 전반적으로 그 사람이 무능력함을 내포하는 언어, (2) 그 사람과 그가 갖고 있는 장애를 동일시하는 언어, (3) 부정적인 의미를 내포하는 언어, (4) 중상 비방하는 언어다. 이러한 언어는 장애를 가진 개인이 자신을 잠재력이 풍부하고 사회의 일원으로서 공헌할 수 있는 한 인간으로서 표현할 능력도 권리도 없음을 의미한다.

APA는 장애인에 대한 호칭 사용에 관한 다음과 같은 지침을 권고하였다.

- 사람을 먼저 지칭한다. 그 사람이 전체적으로 무능력하다는 표현은 피한다.
  - 틀린 표현: 학습장애 학생(learning disabled student)
  - 올바른 표현: 학습장애를 가진 학생(student with learning disability)
- 감정적으로 중립적인 용어를 사용한다. 무력과 부정적임을 나타내는 표현은 피한다.
  - 틀린 표현: 뇌성마비를 앓고 있는(afflicted with cerebral palsy)
  - 올바른 표현: 뇌성마비를 갖고 있는 청소년(youngster with cerebral palsy)
- '제한성' 대신 '능력'을 강조한다. 기능을 강조하는 긍정적인 표현을 사용한다.
  - 틀린 표현: 가정에서의 교수로 제한된(confined to homebound instruction)
  - 올바른 표현: 가정에서 교육받는 학생(student taught at home)
- 통제를 표현하는 능력에 중점을 둔다. 목표와 자기 결정 서비스와 지원을 표현하는 개인의 능력을 반영하는 언어를 사용한다.
  - 틀린 표현: 배치 결정(placement decision)
  - 올바른 표현: 적절한 서비스 전달에 대한 논의(discussions of appropriate service delivery)
- 그 사람이 부담스러운 존재나 문제가 있는 존재가 아닌 잠재력이 풍부한 존재임을 반영한다. 언어는 반드시 문제해결보다는 통합과 지원을 포함한 서비스 전달을 반영해야 한다.
  - 틀린 표현: 자폐문제(problem of autism)
  - 올바른 표현: 자폐를 가지고 있는 학생이 직면하는 어려움(challenges faced by students with autism)

그림 2-7

요 약

오늘날의 특수교육 기반을 제공한 역사적 인물과 사건

- 1500년경부터 1900년경까지는 장애인에 대한 '학대와 무시를 넘어선' 시기라고 할 수 있으나, 페드로 폰세 드 레옹, 이타르, 로라 브리지먼, 사무엘 그리들리 하우를 통해 장애를 가진 사람들에 대한 잘못된 처우가 어떻게 변화하기 시작했는지를 보여 주는 시기라고 볼 수 있다.
- 20세기 초 헨리 고다드를 비롯한 우생학자들의 연구 결과들은 장애인에 대한 두려움과 멸시를 나타내고 있다. 동시대의 엘리자베스 파렐과 같은 옹호자들은 장애학생들이 직업을 갖도록 돕기 위한 교육과정을 개발하였다.
- 1950~1990년은 인권을 위해 싸우는 시기였다. 장애학생이 적절한 교육적 서비스와 처우에 접근할 수 있도록 하기 위한 중요한 노력들이 이루어졌다.

미국 장애인교육법(IDEA, 2004)

- 미국 장애인교육법(2004)은 1975년의 전장애아교육법을 가장 최근에 개정한 법으로서 장애학생의 교육을 지원하는 가장 주요한 입법적 노력이다.
- 주요한 법률적 결정과 원칙을 제공하는 IDEA는 모든 학생들이 장애에 상관없이 최소 제한적 환경에서 무상의 공교육을 받을 수 있도록 보장하고 있다.
- IDEA를 통해 장애를 갖고 있는 대다수의 아동들은 이웃 학교에서 교육받을 수 있고, 더 나아가 일반학급에서도 교육받을 수 있다.

아동낙오방지법(NCLB)

- NCLB는 모든 학생들의 교육적 수행을 향상시키기 위해 고안된 포괄적인 연방법안이다.
- NCLB는 높은 기준을 따를 것과 주와 학교가 설정한 기준에 미치지 못했을 경우 처벌을 받을 것을 요구하고 있다.
- NCLB의 주요 요소인 결과에 대한 강력한 책무성, 확장된 융통성, 과학적 연구에 기반한 교수법, 부모의 선택권 강화, 그리고 자질 있는 교사에 대한 요구는 모든 학생들이 교육받는 방법에 실제적인 영향을 주고 있다.
- 학생과 그 가족은 정당한 보호 절차와 강점과 약점에 대한 비차별적인 진단을 보장받는다.
- 현재 기능 수준, 연간목표, 특수교육 및 관련 서비스, 계획된 날짜, 그리고 일반학급 환경에서의 참여 범위를 담고 있는 개별화 교육 계획(IEP)은 교수적 노력에 대한 지침을 제공한다.

재활법 504조와 미국장애인법(ADA)

- 이러한 법률들은 IDEA에서 규정하는 장애 정의에 부합되지 않는 장애를 갖고 있는 아동들을 보호할 수 있다.
- 504조는 아동이 장애인처럼 기능에 제한이 있다면 장애를 갖고 있는 것으로 간주한다.
- ADA는 고용과 공공 편의시설에서의 차별을 금지하기 위한 보호 조항을 확장하였다.

Part

II 효과적인 교수 및 성과

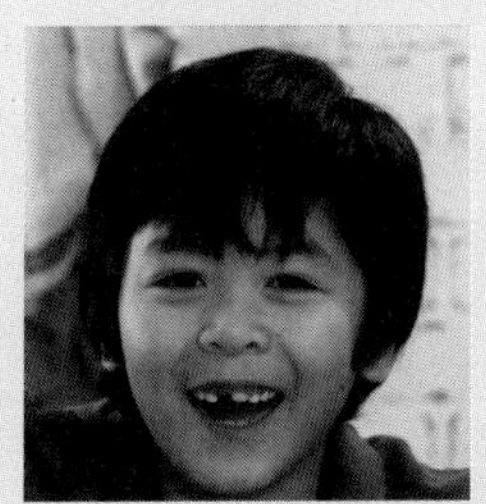

Chapter 03
모든 학생을 위한 교육의 책무성

Chapter 04
장애아동의 진단 및 교육계획

Chapter 05
교수, 학습 및 행동 관리

3 모든 학생을 위한 교육의 책무성

이 장을 시작하며

- 공립학교 학생들의 인구학적 배경은 어떻게 바뀌고 있는가?
- 학생의 인구학적 배경이 더욱 다양화되는 현상은 특수교육에 어떠한 영향을 미치는가?
- 인구학적 분류는 무엇이고 그것이 왜 중요한가?
- 인종, 문화, 사회경제적 지위, 언어, 학습방법의 차이에 따른 교육적 성과의 차이는 어떻게 설명될 수 있는가?
- 훌륭한 교사는 모든 아동의 교육적 미래를 위해 어떤 믿음을 갖고 행동해야 하는가?

나의 이야기: 수지 클래리 윌슨

열한 명의 형제 중 셋째인 수지 클래리 윌슨 선생님은 대학을 졸업하면서 자신은 교사이자 엄마로서 충분한 경험을 가지고 있다고 생각했다. 그녀는 마틴 루터 킹 목사가 약속했던 '내가 원하는 건 무엇이든' 이룰 수 있다는 꿈을 실현하기 위해 법조인이 되기를 희망했다. 그러나 법대로 진학하기 전에 베턴 쿡맨 대학교(Bethune Cookman University)의 교육학과에서 일할 기회가 있었고, 학과장은 그녀에게 교사가 되라고 충고하였다. 플로리다 대학교의 관계자가 특수교사의 절대적 필요에 대해 언급하며 장학금을 제시하는 순간 그녀의 운명은 바뀌었다.

수지 선생님은 훌륭한 교사교육 프로그램으로 교육을 받을 수 있었던 것을 행운으로 생각한다. 실습 경험을 중요시하는 플로리다 대학교 프로그램의 교육과정에 의해 그녀는 졸업하기 전에 이미 풍부한 현장 경험을 기를 수 있었다. 또한 훌륭한 스승과 동료들이 그녀를 오늘날과 같은 뛰어난 교사로 성장시켰다고 설명한다.

수지 선생님은 30년간 특수교사로서 맡은 바 책임을 다하였다. 지난 9년간 그녀는 전체 학생의 95% 이상이 아프리카계 미국인이고 그중 95% 이상이 생활보호 대상자인 플로리다 게인즈빌에서 3, 4, 5학년의 다양한 장애학생을 가르쳤다. 그녀의 일과는 아침 7시 45분에 학생들이 교실 문을 열고 들어오는 것에서 시작된다. 매일의 수업은 90분의 읽기, 90분의 수학 그리고 그보다 짧은 언어 쓰기, 과학과 사회 시간으로 이루어져 있다. 많은 학생들이 아침을 먹지 못하고 더러운 옷을 입으며 여러 가지 걱정으로 어려움을 겪고 있다. 그러나 중요한 것은 그럼에도 학생들이 매일 학교에 오고 싶어하고 배우려는 자세를 갖추고 있다는 점이다. 그녀는 이러한 사실을 자랑스러워한다. 수지 선생님은 그녀의 역할 중 하나는 학생들이 스스로를 믿고 학교에서는 편안한 마음으로 단지 학생의 신분으로서 매일 새로운 것을 배울 수 있도록 돕는 것이라 생각한다.

수지 선생님은 학생의 성공을 가장 자랑스럽게 생각한다. 그녀의 목표는 학생들을 학교와 인생에서 성공할 수 있도록 이끄는 것이다. 그들이 유창하게 읽을 수 있게 되거나 그들의 인생에 '밝은 빛이 켜지는 순간', 그녀는 자신이 영향을 미쳤음을 안다. 수지 선생님은 성인이 된 후 찾아온 학생들에 대해 자랑스럽게 얘기한다. 그들은 그녀가 자신들에게 지나치게 엄격하고 거칠게 대한다고 생각했지만 지금은 자신들이 이룬 성공이 자랑스럽고 그녀에게 감사하고 있다고 말한다.

수지 선생님은 자신의 천직이라고 여기는 교육에 대한 열정이 넘쳐난다. 매일 서류 업무와 학교와 단절되어 있다고 여기는 부모를 교육에 참여시키기 위한 싸움으로 좌절하고 있지만, 더욱 근본적인 어려움은 우리

사회가 모든 아동을 위한 충분한 지원을 하지 않고 있다는 것이다. 수지 선생님은 학교 통합의 원동력인 인권운동이 한창인 1960년대에 성장하였다. 그러나 아직까지도 그녀는 분리된 학교에서 가르치고 있다. 따라서 자기 아이들의 권리를 주장할 줄 모르거나, 학교 과제를 도와줄 만한 능력이 없거나, 개인교사나 여름 캠프에 보낼 능력이 부족한 부모를 가진 아이들을 도와주기 위해 국가가 옳은 일을 행하려는 적극성을 갖고 있는지 의구심을 품고 있다.

수지 선생님은 막 교육에 입문한 교사들에게 존경을 표한다. 그녀는 좋은 교사교육 프로그램을 통해 교육받고 졸업한 신임 교사들이 연구에 근거한 지식과 최상의 실제에 대한 이해, 뛰어난 공학적 기술을 갖추고 있다는 것을 알고 있다. 그녀는 신임 교사들에게 계속해서 배우고 성장할 것을 충고한다. 꾸준한 배움은 교사가 학생들의 필요를 충족시키고 가르침을 즐겁게 유지하는 데 도움을 준다고 강조한다. 배움의 기회는 그녀가 30년간 에너지와 열정이 충만할 수 있도록 지켜준 원동력의 하나다. 또 다른 원동력은 교육에는 매우 인간적으로 접근해야 한다는 그녀의 다짐이다. 그녀의 가족은 오늘날 그녀의 학생들이 겪고 있는 것과 같은 어려움을 많이 겪었다. 그녀의 부모는 교육을 받지 못하였다. 그러나 그녀는 부모와 교사가 높은 기대를 하는 경우 자원의 부족은 극복될 수 있는 어려움이라는 것을 알고 있다. 또한 그녀가 아프리카계 미국인 학생들에게 중요한 역할 모델이 되고 있음을 인식하고 그들이 성공하기를 기원한다. 그녀는 학생들을 믿고 있으며, 그들의 성공을 위해서라면 무엇이든 할 것이다.

미국 특수학급의 구성원들을 살펴보면 많은 수의 장애아동이 불균형적으로 몇몇 문화적, 인종적, 민족적 배경(즉, 가정에서 표준영어를 사용하지 않는 비유럽 지역 이민가정)을 가진 이들이라는 사실을 발견할 수 있다. 이와 더불어 이러한 학생의 대다수는 사회경제적으로 낮은 계층의 가정 출신이다. 우리가 이 장에서 다루게 될 쟁점은 상당수의 특수교육 대상자가 특정 사회경제적 계층에 치우쳐 있다는 사실에서 비롯된다. 모든 특수교사는 이러한 현실을 반드시 인식하고 있어야 한다. 앞서 소개한 수지 선생님도 예외는 아니다. 그녀의 학교에서도 학생들은 장애 이외에 해결해야 할 문제를 안고 있다. 그들은 빈곤과 그 밖의 걱정으로 학업에 지장을 받고 있다.

다양한 출신 배경을 가진 장애학생의 요구를 충족시키고 이들이 특수교육 대상자로 지나치게 많이 포함되는 현상을 해결하기 위해 모든 교사들에게 다음과 같은 제안을 하고 싶다.

- 학생들의 문화와 언어적 배경에 대해 좀 더 이해하려는 노력이 필요하다.
- 문화와 언어적 배경에 대한 이해를 바탕으로 그들이 학습하는 방식을 깨달아 그것에 맞게 교수법을 수정함으로써 다양한 학생들의 학업적 성취를 도

와야 한다.

우리는 이와 같은 관점에서 아동들의 문화적, 언어적, 인종적 그리고 경제적 배경에 대한 정보를 제공하고, 이러한 요인들이 학생의 배움과 교사의 가르침에 어떠한 영향을 미치는지 살펴보려고 한다. 이러한 정보는 학생이 장애를 가졌는지의 여부와 상관없이 다양한 배경을 가진 학생을 이해하는 데 유용하며, 이 책에서 장애 영역별로 제안하는 교수적 접근방법을 보완 · 확장하는 데 도움을 줄 것이다.

구체적인 내용에 들어가기에 앞서 잠시 시간을 갖고 각자 자신의 인구학적 배경에 대한 질문에 답을 하여 이 장에서 기술하는 정보를 이해하기 위한 틀을 준비해 보자([그림 3-1] 참조).

개인 신상에 관한 질문

주의: 다음 질문에 반드시 신중히 답하시오.
우리는 대부분의 학생들이 교과서에 나와 있는 설문을 무시하는 경향이 있음을 안다. 그러나 여기에서 묻고 있는 질문은 학생의 입장에서 생각하고 이해하는 데 도움이 되는 유용한 내용을 담고 있다. 이는 '나는 누구인가?'를 고민하는 데 도움을 줄 것이다. 자신의 배경에 대해 시간을 갖고 생각해 본 교사는 자신과 다른 배경을 가진 학생을 효과적으로 다룰 수 있다.

1. 다른 질문을 읽기 전에 (사실대로 솔직하게) 나 자신을 표현해 주는 단어를 최대한 많이 적어 보시오.
2. 당신은 어느 인종에 속합니까?
3. 가족의 사회경제적 지위는 어느 수준입니까?
4. 가족 중 외국어를 능숙하게 구사하는 사람이 있습니까?
5. 당신이 속한 문화의 전통과 특성에는 어떤 것이 있습니까?
6. 당신의 교사의 인종적 특성은 어떠합니까?
7. 학교 학급의 전형적 인구 분포는 어떠합니까?

그림 3-1

1. 학교 인구의 변화

최근의 학생들이 정말 15~20년 전의 학생들과 많이 다르다고 생각하는가? 학생들의 인종, 언어, 빈곤, 장애 비율이 어떻게 달라졌고 또 앞으로 어떻게 변할 것인지 살펴보자.

1) 인종

미국은 역사적으로 유럽계 미국인(미국 교육부 인구통계청에서 사용되는 용어로는 비라틴계 미국인[non-hispanic whites])이 다수를 차지하고 있다. 2006년의 통계청 조사 결과 2004년도 전체 인구의 약 67%를 그들이 차지하고 있었다(U.S. Census Bureau, 2006). 그러나 다양한 배경을 가진 다른 인종의 비율도 꾸준히 늘고 있는 추세다. 현재의 추세로라면 2015년에는 유럽계 미국인이 0~24세 인구의 58%에 불과할 것으로 예상된다. 라틴계 미국인은 가장 빠르게 인구 증가를 보이는 인종으로 1990년 약 12%에서 2015년에는 21%로 거의 두 배의 성장을 보일 것으로 예측된다(Hodgkinson, 2000). 즉, 현재의 소수민족들은 그 수가 빠르게 증가하여 2025년에는 유색 인종이 전체 학령기 아동의 절반에 육박할 것으로 기대된다(Hussar, 2005). 더구나 2004년 통계청 조사 결과에서는 몇몇 주(캘리포니아, 뉴멕시코, 텍사스 등)에서 다수를 차지하는 민족이 사라져 버리고 다양한 민족이 골고루 분포하는 양상을 띠고 있다(U.S. Census Bureau, 2006).

미국 전역에서 학생들의 문화적 · 인종적 다양성이 증대되고 있다.

2) 언어

급격한 인종적 인구 특성의 변화를 가중시키는 것은 언어다. 학생 다섯 명 중 한 명은 영어 이외 언어를 사용하는 가정 출신이다(Crawford, 2002). 2000년 조사에서는 2030년까지 5~17세 아동의 40%가 영어를 제1 언어로 사용하지 않을 것이라 예측하였다(National Center for Education Statistics, 2005). 문화적 또는 언어적으로 다양한 학생 인구(culturally or linguistically diverse: CLD)의 약 10%에 해당하는 학생들은 영어 학습자(english-language learners: ELL)로 구분된다. 그들은 일반교육 서비스 내에서 그들의 부족한 영어 실력을 향상시키기 위한 보충수업을 받을 수 있다.

더구나 영어 학습자의 수는 지역적으로 현격한 차이를 보인다. 예를 들어, 알래스카의 시골 지방(전체 학생 인구가 1만 5,543명)에는 16개 다른 언어를 모국어로 사용하는 2,247명(14%)의 영어 학습자가 있다고 한다. 반면, 전국에서 일곱 번째로 큰 공립학교 체제인 휴스턴 자치 학교구(전체 학생 인구 20만 8,945명)에는 80여 가지의 다른 언어를 모국어로 사용하는 5만 8,000명(28%)의 영어 학습자가 교육을 받고 있다(National Center for Education Statistics, 2005). 이것은 지역에 상관없이 어느 학교구에나 많은 수의 영어 학습자가 포함되어 있음을 의미한다.

3) 가난

현재 미국에서 가장 문제가 되는 현상은 아마도 경제적 차별일 것이다. "인종적 비차별화는 제한된 성공만 거두었다. 이는 부분적으로 학교의 비차별화에 이어 경제적 변화가 일어나지 못했기 때문이다. 미국은 이제 인종이 아닌 경제와 교육에 의해 심각하게 분리되고 있다."(Hodgkinson, 2000, p. 7) 미국의 빈곤율은 매우 높은 수준이다. 2002년 기준으로 1,170만 명의 아동이 극빈 수준 이하의 가정에서 생활하고 있다(Mather & Rivers, 2002). 전체 인구에 비해 아동의 극빈 수준 빈곤율은 더욱 심각한 수준인데([그림 3-2] 참조), 이는 빈곤율이 증가하고 있는 현실과 앞으로 교사들이 직면할 어려움을 보여 주고 있다.

아동 보고서

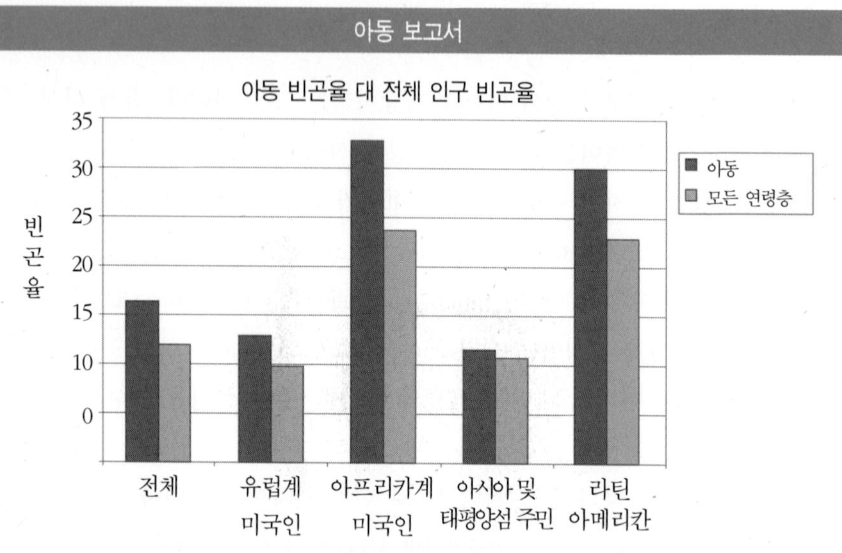

출처: Mather & Rivers, 2003.

그림 3-2

4) 학대 및 방치

학대받는 아동의 수 또한 매우 심각한 수준이다. 학대와 방치는 인종과 사회적 지위를 막론하고 나타난다. 2004년에 입증된 아동 학대의 사례만도 방치(62.4%), 물리적 학대(17.5%), 성적 학대(9.7%), 심리적 학대(7%) 등 총 87만 2,000명에 달한다(National Clearinghouse on Child Abuse and Neglect, 2006). 아동 학대의 희생자는 심리적, 행동적, 사회적, 교육적, 신경학적 발달에 문제를 겪게 된다(Teicher, 2002).

미국에는 다른 어떤 형태의 학대보다 확인하기 힘든 '방치'에 의해 고통받는 아동이 많다. 방치는 행위의 태만이나 결손으로 정의된다(National Clearinghouse on Child Abuse and Neglect, 2006). 방치된 아동의 피해는 물리적으로 고통받은 아동의 피해만큼 심각하다. 방치로 나타나는 문제에는 애정 형성의 어려움, 낮은 자존감, 의존성과 분노(Dubowitz, 1999), 인지 발달의 손상과 학업 성취의 지체(Eckenrode, Laird, & Doris, 1993) 등이 있다.

2. 특수교육에서의 다양성

지금까지의 설명을 통해 일반적인 학생 집단에 대해 어느 정도 이해했으므로 이러한 인구학적 다양성이 장애학생의 특성에 어떻게 영향을 미치는지 살펴보자. 2004~2005학년도 미국 장애인교육법(IDEA)에 의해 특수교육 대상자로 인정받아 서비스를 제공받은 3~21세 아동은 672만 6,670명이다(U.S. Department of Education, 2006). 장애는 인종과 언어적 배경에 상관없이 발생한다. 2004~2005학년도 장애학생의 비율을 살펴보면 60.1%가 유럽계, 20.2%가 아프리카계, 16.1%가 라틴계, 2.2%가 아시아계, 1.5%가 인디언계로 나타났다(U.S. Department of Education, 2006). 또한 영어를 모국어로 사용하지 않는 학생의 5.5~5.9%가 장애학생으로 판정받았다(U.S. Department of Education, 2005).

장애학생 인구의 다양성과 관련된 중요한 문제의 하나는 특정 학생들이 과잉판별(overrepresentation)을 받는다는 사실이다. 과잉판별이란 특정 인종 집단에서 장애학생으로 판정받는 비율이 다른 인종에 비해 월등히 높다는 의미다. 유럽계 미국인이 아닌 학생에 대한 특수교육 대상자로의 과잉판별은 계속해서 매우 민감한 이슈가 되어 왔다(Coutinho & Oswald, 2000; Hosp & Reschly, 2004). 특히 아프리카계 미국인과 인디언계 미국인의 비율이 다른 인종에 비해 월등히 높게 나타난다. 아프리카계 미국인과 인디언계 학생들은 지적장애, 학습장애, 정서 및 행동 장애 영역에서 심각한 과잉판별을 보이고 있다(U.S. Department of Education, 2006). 아프리카계 미국인의 지적장애 영역에서의 과잉판별에 대해서는 제8장에서 좀 더 구체적으로 논의할 예정이다.

과잉판별과 더불어 장애학생의 고등학교 졸업률이 일반적으로 낮은 가운데 특히 라틴계, 인디언계 그리고 아프리카계 미국인 학생의 졸업률이 유럽계 미국인 학생에 비해 현저히 낮게 나타나고 있다. 마지막으로 아프리카계 미국인과 라틴계 미국인 장애학생의 경우 유럽계 미국인 학생보다 분리교육을 받는 비율도 현저히 높다.

• 생각해 봅시다 #1

[그림 3-1]에 제시한 질문에 대한 당신의 답을 다시 한 번 살펴보자. 당신의 인구학적 배경은 학생 인구에게서 나타나는 인구학적 변화와 일치하는가? 당신의 인종적 배경은 다양성에 가까운가, 아니면 교사의 동질성에 가까운가? 이러한 차이는 다양한 배경의 학생을 잘 가르칠 수 있도록 준비하는 데 어떤 영향을 미칠까?

의심의 여지없이 미국 내 인구학적 변화는 아동들을 교육하는 방법에 영향을 미친다. 장애학생 진단 비율의 증가, 아동 빈곤의 상승, 영어 미숙 학습자의 증가, 현재 다수를 차지하고 있는 소수민족 학생 등의 변화에 따라 교사는 다양한 학생들의 요구에 부합할 수 있도록 교실환경을 바꾸어야 한다.

FAQ Sheet

다양성과 장애	
인종에 따른 장애 출현율은 어떠한가?	• 유럽계 미국인: 8.8% • 아프리카계 미국인: 12.6% • 라틴계 미국인: 8.4% • 아시아계 미국인: 4.6% • 인디언계 미국인: 14.1%
장애 영역별로 인종적 차이가 있는가?	• 다른 인종에 비해 아프리카계 미국인과 인디언계 미국인의 장애 진단율이 현저히 높다. • 아프리카계 미국인과 인디언계 미국인은 지적장애, 학습장애, 정서 및 행동 장애 영역에서 과잉판별을 받고 있다.
졸업률을 비교해 보면 어떠한가?	• 61%의 유럽계 미국인 장애학생이 졸업을 하는 데 비해 단지 48%의 라틴계 미국인, 45%의 인디언계 미국인, 37%의 아프리카계 미국인 장애학생만이 학위를 받고 있다.
학생들이 교육받는 장소는 어디인가?	• 일반교실에서 교육받는 비율이 가장 낮은 것은 아프리카계 미국인 장애 학생들이다. 하루의 대부분을 일반교실에서 교육받는 아프리카계 미국인 장애학생의 비율은 41%로 유럽계 미국인 장애학생의 57%보다 낮은 수준이다. • 유럽계 미국인 장애학생의 17%가 하루 중 대부분의 시간을 분리된 환경에서 교육받는 데 비해 라틴계 미국인 학생의 24%, 아프리카계 미국인 장애학생의 32%가 분리환경에서 교육을 받는다.
빈곤율에 차이가 있는가?	• 일반학생들보다 장애학생의 경제 수준은 낮은 편이다. • 일반적인 인구의 20% 정도가 빈곤층인 데 비해 초등학교와 중등학교 장애 학생의 경우는 1/4이 빈곤층에 속한다.

출처: U.S. Department of Education, 2005.

3. 학생의 다양성과 학업적 성취

다양한 배경을 가진 학생들의 대다수는 학교의 학업적 기대에 부응하지 못하고, 유럽계 미국인 학생에 비해 낮은 학업 성취를 보이곤 한다. 이제 이러한 학업 성취에서의 차이와 이에 대한 원인으로서의 불공평한 지원에 대해 살펴보자.

1) 학업적 능력

인종별 학업 성취의 차이란 일반적으로 유럽계 미국인 학생과 아프리카계 미국인 학생, 라틴계 미국인 학생의 학업 성취 점수에서의 차를 의미한다. 이를 쉽게 이해할 수 있도록 캘리포니아 주 초등학교 2학년 학생의 2003년도 스탠퍼드 9 읽기검사 평균 점수를 비교해 보면, 유럽계 미국인 학생의 50%, 아프리카계 미국인 학생의 23%, 라틴계 미국인 학생의 17%가 읽기능력을 인정받아 시험을 통과하였음을 알 수 있다. 수학에서도 유사한 결과를 얻었다. 연구에 따르면, 인종별 학업 성취의 차이는 저학년에서 나타나기 시작하여 고등학교 졸업 무렵에는 그 차이가 더욱 심해지게 된다(Bali & Alvarez, 2004). 앞에서 소개했던 수지 선생님은 학생들의 학교 입학 당시 학업 성취 수준은 혜택을 받는 또래와 비교했을 때 18개월에서 길게는 2년까지 뒤처져 있다고 언급하였다. 불행히도 이는 아주 흔한 일이다.

미국 교육부(2005)는 빈곤이 학업 성취의 차를 만드는 결정적 요인이라고 결론 내렸다. 미국 교육통계청(2005)에서는 전국 학력평가 결과 모든 과목에서 4, 8, 12학년 모두 저소득층의 학생이 중산층, 고소득층의 학생에 비해 현저히 낮은 점수를 얻었다고 보고하였다. 또한 과학, 수학, 역사 과목에서는 중산층, 고소득층 학생이 저소득층 학생에 비해 학력인증을 받는 비율이 3~4배 더 높았다. 그 외에 다른 연구에서도 소득이 낮을수록 학생의 학업 성취가 떨어진다는 사실을 입증하고 있다. "인종이나 민족에 상관없이 빈곤층 자녀는 발달장애와 고등학교 낙제, 10대 임신 등의 문제로 고통받기 쉽다."(Payne, 2003, p. 12)

2) 고등학교 졸업률

제25회 의회 연차보고서(U.S. Department of Education, 2005)에 따르면, 장애학생 중 단지 56.2%만 학위를 받고 고등학교를 졸업하게 되고 41.1%는 중도에 자퇴를 한다. 문화적 또는 언어적으로 다양한 배경을 가진(CLD) 장애학생들은 자퇴율이 가장 높은 집단으로 라틴계 미국인의 48%, 인디언계 미국인의 45%, 아프리카계 미국인의 37%만이 학위를 받고 고등학교를 졸업하고 있다. 학위를 받지 못한 대다수의 학생들은 자퇴를 하게 된다. 일반적으로 CLD 학생들의 경우 실패자가 될 확률이 3배나 높고 학교에서 최소한 한 학년 이상 뒤처질 확률이 2배, 학교를 중퇴할 확률도 영어 사용 학생에 비해 4배나 높게 나타나고 있다(American Association of Colleges for Teacher Education, 2002).

3) 자원에 대한 접근성

학생 교육에 반드시 필요한 시설을 갖추지 못한 학급도 있다.

빈곤이 학업 성취의 차이를 만드는 원인 중 하나라면 학생의 교육을 지원하는 자원의 제공 여부 또한 중요한 요인 중 하나다. 지난 수십 년간 교육신용위원회(Education Trust)는 비유럽계 미국인 학생들이 주로 다니는 빈곤 지역 학교의 자원 불균형에 대한 연구를 진행하였다(Carey, 2004a). 가장 최근의 연구 결과에 따르면, 이러한 차이는 더욱 벌어져 36개 주에서 교육지원에 차이를 보이고 있었고, 가장 최상의 학교구와 최하의 학교구는 교육 지원비에서 학생 한 명당 1,348달러의 차이를 보였다. 대부분의 도시 빈곤 지역의 학교는 시설물의 노후로 더욱 심각한 고통을 겪고 있다. 또한 이러한 학교들은 경험 많고 유능한 교사를 고용하기도 어렵다(Carey, 2004b). 빈곤 지역의 아동은 다른 지역에 비해 신임 교사에게 교육받는 비율도 두 배나 되며(20% 대 11%), 특수교사의 경우 더욱 심각한 격차를 보이고 있다(Tyler, Yzquierdo, Lopez-Reyna, & Flippin, 2004).

앞서 소개한 수지 선생님은 그녀의 학생들 대부분이 빈곤한 비유럽계 미국인 학생들이고 시설과 자원의 부족으로 교육 기회를 박탈당하는 점에 대한 우려를 표하였다. 비유럽계 미국인 학생의 경우 유럽계 미국인 학생에 비해 학습 능력을 향상시키는 데 도움이 되는 자원에 접근할 수 있는 기회가 제한적이다. "유색 인종 등 소수계 학생이 다수인 학교는 유럽계 미국인 학생이 다수인 학교보다 평균적으로 크기도 두 배 정도 크고, 학급 규모도 15% 정도 크며(특수학급 이 외의 학급은 80% 크다), 제공되는 교육과정이나 교재 및 교구의 질도 떨어진다." (Darling-Hammond, 1998, p. 30)

대부분의 경우 교사의 특성이 학생의 특성과 연계되지 않고 있다.

4) 교사와 학생 간의 인구학적 특성 차이

학업 성취의 차이를 초래하는 또 다른 원인은 다양한 문화적 · 언어적 배경을 가진 교사의 부족이다. 전국교육협회(National Education Association)의 2003년 조사에 따르면, 미국의 교사는 유럽계 미국인(86%), 여성(75% 이상), 중년(평균 46세)이 주류를 이루고 있다. 게다가 아프리카계 미국인 교사는 1990~1991학년도 이래 8%에서 6%로 감소 추세에 있다.

학생 인구의 다양성은 증가됨에도 교사들은 동질화되고 있어서 많은 학교에서 인구학적 분열이 발생하고 있다. 2003년 미국 교육의 미래 전국위원회(National Commission on Teaching and America's Future) 보고서에 따르면, 아프리카계 미국인, 라틴계 미국인, 아시안계 미국인, 인디안계 미국인 출신 초 · 중등 교사의 비율은 전체 교사의 14%인 데 비해 학생은 36%를 차지하고 있었다. 대도시의 경우는 다인종 학생의 비율이 69%까지 증가하지만 비슷한 인구학적 특성을 가지는 교사는 전체 교사 중 35% 정도에 그치는 것으로 나타났다(National Education Association, 2003).

다양한 문화적 배경을 가진 장애학생을 성공적으로 지도하기 위해 교사가 반드시 비슷한 문화적 배경을 가지고 있어야 하는 것은 아니다. 그러나 문화적, 언어적 교감을 나눌 수 있는 교사가 반드시 적정 비율로 배치되어 있어야 한다. 그들은 다른 교사들이 학생을 이해하는 데 도움을 주고 학교에서 다양한 배경을 가진 학생들이 제 역할을 할 수 있도록 지원한다(Tyler et al., 2004). 그렇다면 어떻게 모든 교사들이 학생에 대해 배우고 이해할 수 있을지, 그러한 노력이 학생들에게 어떤 영향을 미치는가에 대해 알아보자.

4. 문화적 특성에 따른 차이

계급, 인종, 모국어가 다른 학생들의 경우 학업 성취에서도 매우 큰 차이가 있음은 명백한 사실이다. 자원 접근성, 교사와 학생의 인구학적 특성 차이, 양질의 교사 확보, 가족의 지원, 사회적 편견 등의 요인들이 이러한 차이를 만드는 원인이 된다. 그러나 이러한 요인들에 의해 절대적인 교육적 성과가 결정되는 것은 아니다. 인종적, 문화적 차이에도 불구하고 놀라운 학업 성취를 보이는 학생들도 있다. 예를 들면, *And Still We Rise*(Corwin, 2001)는 로스엔젤레스와츠가에 사는 영재학생 12명의 성공담을 소개하고 있다. 이 책에서는 앞서 살펴본 요인들(빈곤, 언어적 불이익, 비행청소년 문화, 10대 임신, 노숙)에도 불구하고 학업적 성취를 이루고 밝은 미래를 향해 발전해 나가는 학생들의 모습을 보여 준다.

또한 아이들은 한 가지 요인에 의해 결정되지 않는다. 개인은 사회적 지위, 인종, 언어, 가정환경, 병력, 학교에서의 경험, 능력, 장애 등 다양한 요인들에 영향을 받는다. 중산층의 경도 학습장애를 가진 유럽계 미국인 학생의 학교에서의 경험과 학업성취 수준은 비슷한 장애를 가진 빈곤층 이민가정의 영어가 모국어가 아닌 학생의 경우와 같을 수 없다. 더구나 비슷한 처지의 집단 안에서도 학업적 성취에서는 매우 다양한 결과를 보여 준다. 만일 학생의 가정환경을 잘 이해하고 학습장애를 극복한 가족 구성원을 갖고 있는 이민가정 출신 교사에 의해 교육을 받는다면 빈곤층 이민가정 출신의 학습장애 아동의 학습 경험이 어떻게 달라질 수 있을지 상상해 보자. 아동과 교사의 결속과 이해는 학업적 성공 여부를 결정하는 데 중대한 역할을 할 수 있다.

교사와 아동 간의 공통점이 적을수록 아동이 학업적 성취를 이루는 것이 힘들어질 것이라 예상할 수 있다. 그러나 더욱 중요한 것은 교사가 이러한 차이를 어떻게 이해하고 받아들이느냐 하는 문제다. 인간의 다양함을 연속선상에 놓고 봤을 때(Baglieri & Knopf, 2004), 우리는 일반적으로 '정상'과 '비정상'의 범주로 사람의 행위를 구분하여 자신과 비슷한 부류를 정상으로, 그렇지 않은 부류를 비정상으로 나누는 습성이 있다. 자신이 생각하는 '정상'의 범주를 생각해 보고 다른 사람의 의견에 따라 자신의 견해를 바꾸는 것이 얼마나 어려운지 실험해 보기로 하자.

가슴 앞에 양팔로 팔짱을 껴 보고 어느 쪽 팔을 습관적으로 위로 올리는지 확인한 후 반대쪽 팔이 위로 오도록 팔짱을 껴 보자. 많은 경우 익숙하지 않은 자세에서 불편하게 느끼고 '비정상'이라 여기게 된다. 그러나 팔짱을 끼는 방법에 '정상'적인 방법이란 존재하지 않는다. 우리는 팔짱을 끼는 방법에 옳고 그름이 없다는 사실은 알고 있지만 익숙하지 않은 자세에서는 불편을 느끼고 자연스럽게 원래의 자세로 돌아가게 된다.

학교에서 교사들은 종종 특정 방식으로 행동하고 학업적 구조화를 하는 학생을 '정상'이라고 인식한다. 다음은 소위 '정상' 학생들이 보여 주는 특성들이다.

- 일정 시간 동안 앉아서 경청할 수 있다.

- 최소의 도움을 받아 필기 과제를 수행한다.
- 어른에게 공손하게 대한다.
- 교사가 꾸짖을 때 교사의 눈을 본다.
- 이해가 되지 않으면 질문을 한다.
- 의사소통을 할 때 논리적이다.
- 부모가 학교 일에 적극적으로 관심을 보이고 숙제를 도와준다.

이러한 특성은 유럽계 미국인 중산층 일반가정의 행동양식으로는 '정상' 일 수 있다. 그러나 몇몇 특성은 특정 민족의 기준에서는 정상을 벗어나는 경우도 있다. 즉, 교사들이 기대하는 학생의 행동이 아동의 문화적 기준에 따르면 '비정상' 이 될 수 있다는 것이다.

교사들이 아동의 문화와 배경에 대해 익숙하지 못하고 잘 알지 못함으로써 다음과 같은 오해를 할 수 있고, 드물게는 아동과 그 가정을 '비정상' 이라고까지 생각하게 된다.

- 이 학생은 상황에 맞는 행동을 할 줄 모른다. 교사나 다른 학생이 얘기할 때에도 계속 말을 하고 자리에 앉아 있지 않고 항상 돌아다니곤 한다.
- 이 학생의 부모는 아이에게 관심이 없다. 전화를 해도 받지 않고 학교 행사에 참석하는 일도 없으며 심지어 숙제 확인도 안 하곤 한다.
- 계속해서 "선생님을 쳐다보렴." 이라고 주의시켜도 눈을 마주치지 않는다. 이 아동은 교사를 존경할 줄 모르며 부모도 그런 것을 가르치지 않는 것 같다.

교사가 아동의 학업적, 사회적 행위가 일반적인 기준을 벗어나 문제가 있다고 암묵적인 결정을 내리게 되면 아동의 교육적 성공을 판단하는 데에도 영향을 미치게 된다.

문화적 차이 때문에 아동이 불이익을 받을 것으로 우려되는 부분 중 하나는 특수교육 대상자 선정과정이다. 이것은 하나의 가정이지만, 교사는 아동의 학업적, 사회적 행동이 '정상' 범주를 벗어나므로 '특별한' 교육이 필요하다고 믿고 아동을 특수교육 대상자로 분류할 수도 있을 것이다.

여기서 믿는다는 단어를 사용했음에 주목해야 한다. 교사의 믿음은 그들의 문화적 경험에 의해 영향을 받기 때문이다. 학생의 인종과 특수교육의 관계를 살펴본 연구 결과에 따르면, 유럽계 미국인이 주류를 이루는 학군의 경우 소수

인종이 주를 이루는 지역보다 특수교육 서비스 대상자로 분류된 소수인종 학생의 비율이 월등히 높았다(Fletcher & Navarrete, 2003). 또한 비유럽계 미국인 교사의 수가 많은 학군에서는 특수교육 서비스를 받는 소수인종 학생의 비율도 낮았다. 즉, 유럽계 미국인 중산층 교사의 준거에 벗어나는 아동은 특수교육 대상자로 선정될 가능성이 높아지는 것이다.

1) 문화의 정의 및 중요성

교사들은 문화를 바탕으로 학생에 대한 암묵적 평가를 내리고 학생의 행동을 비정상적, 비전형적이라고 결정짓게 된다. 문화는 특정 집단의 가치, 믿음, 행위 등으로 형성된다.

니토(Nieto, 2004)는 "문화란 가치적, 전통적, 사회정치적 관계이며, 공통의 역사, 지리적 위치, 언어, 사회적 지위와 종교를 가진 사람들에 의해 창조되고 형성된 세계관이다."(p. 436)라고 정의 내렸다. 이러한 정의로 볼 때, 문화란 역동적이고 변화하며 그에 관여하는 사람들에 의해 사회적으로 형성되는 것이다. 문화는 또한 의미를 공유하는 보이지 않는 연결망(web)으로 일컬어지기도 한다(Geertz, 1973). 문화란 눈에 보이지 않는 것이기에 개인의 문화를 정의 내리는 것은 어려운 일이다(Greenfield, Raeff, & Quiroz, 1996). 더구나 행동, 가치, 인간관계를 이끄는 믿음 등과 같이 눈에 보이지 않는 문화의 규칙/규범은 사람들이 다른 문화에 파고드는 것을 힘들게 한다. 미국 방송 프로그램 중 〈Phil of the Future〉〈Third Rock from the Sun〉 등은 다른 시대나 행성에서 온 주인공들이 그들의 기준에 비추어 이해할 수 없는 '정상' 인들의 행위에 대해 혼란스러워하는 모습을 그리고 있다. 이러한 드라마들은 사회적 관계 속에서 일반적으로 보이지 않는 규범을 유머로 사용하고 있다.

(1) 문화적 규범과 학교생활

문화에 따라 개인주의적 성향을 보이기도 하고 집단주의적 성향을 중요시하기도 하는 등의 차이가 발생하게 된다. 구디쿤스트와 김(Gudykunst & Kim, 2003)에 따르면, 개인주의적 문화는 개인의 성취와 독창력, 자기실현의 증진을 강조한다. 개인주의적 문화에서 학생은 개인적으로 인정받으려 노력한다. 교사는 벽에 학생의 우수한 작품을 전시하고 별과 스티커 등을 붙여 전시할 수 있는 공간을 만들어 둔다. 학생의 모범적인 행동은 개인적으로 칭찬받고 다른 학생의

'모델' 로 인정받게 된다. 이러한 개인주의적 문화를 따르는 곳으로는 오스트레일리아, 프랑스, 아일랜드, 이스라엘, 이탈리아, 노르웨이, 스위스, 미국 등이 있다(Gudykunst & Kim, 2003).

반면, 집단주의적 문화를 강조하는 곳에서는 개인이 아닌 단체를 중요하게 여긴다. 이러한 문화에서는 개인의 성취보다 공통의 목표를 달성하는 것을 훨씬 가치 있게 여긴다. 집단주의적 문화에서 학생은 집단활동을 선호하고 전체 집단의 목표 달성을 위해 참여하게 되며, 개인적 칭찬이나 개인 작품의 전시 대신 단체활동과 생산을 권장받게 된다(Trumbull, Rothstein-Fisch, & Greenfield, 2000). 집단주의적 문화를 강조하는 곳은 브라질, 중국, 이집트, 그리스, 인도, 한국, 멕시코, 파키스탄, 태국, 베네수엘라 등이다(Gudykunst & Kim, 2003). 비록 강조하는 성향이 개인주의냐 집단주의냐의 차이는 있지만, 개인주의와 집단주의는 연속선상에 있는 개념으로 모든 문화가 두 성향을 동시에 내포하고 있다. 이러한 특성에 따라 문화 속 개인은 또 다른 차이를 만들게 된다.

(2) 교육에 대한 문화의 영향력

문화적 경향성은 아동이 교육에 참여하는 방식에도 영향을 미친다. 〈표 3-1〉은 개인주의적 문화와 집단주의적 문화에서 '정상' 학생의 행동으로 인식되는 것에 어떤 차이가 있는가를 보여 주고 있다. 이 표를 보고 다른 문화에 대한 이해가 부족한 개인주의적 문화에 속한 교사가 어떻게 집단주의 성향의 문화적 배경을 가진 아동의 행동을 오해할 수 있을지 생각해 보라. 이러한 문화적 차이는 교사가 특정 문화적 배경을 가진 학생을 부적절하게 판단하는 원인이 될 수 있다. 또한 문화적 차이는 감지하기 어렵기 때문에 학생들은 자신이 교사에게 질책 받으면서도 왜 지적을 받는지 이해하지 못하는 경우도 발생한다.

교육에 대한 신념, 가치, 학습방법 등에 대한 문화의 영향력은 무시하지 못할 만큼 강력하다. 다수의 아시아계 미국인 학생들은 교실에서 조용한 편이고 교사의 눈을 똑바로 쳐다보는 것은 적절치 못한 행동이라 생각한다(Bennett, 2003). 반대로 대부분의 유럽계 미국인 학생은 교실에서 토론에 적극 참여하고 교사의 눈을 똑바로 쳐다보며 존중을 표함으로써 학습에 자신을 갖고 참여하는 모습을 보이는 것이 중요하다고 배운다.

또 다른 차이점은 라틴계 미국인 부모들의 교육 참여에서 찾아볼 수 있다. 일부 라틴계 미국인 문화에서 부모는 교사를 전문가로 인정하고 교육에 관해 전적으로 교사의 결정을 따르는 편이다(Valdés, 1996). 반면, 유럽계 미국인 부모들

〈표 3-1〉 개인주의와 집단주의 문화에서의 교육에 대한 인식 비교

개인주의	집단주의
학생들은 개별적으로 학습한다. 다른 친구를 돕는 것은 부정행위로 간주된다.	협동학습을 강조하고 필요하면 서로 도와주며 학습활동을 한다.
비판적 사고를 기르기 위해 토론, 논쟁을 하는 것을 장려한다.	효과적인 학습을 위해 학생은 교실에서 조용히 해야 하고 교사를 존중해야 한다.
각자 학용품을 준비하고 다른 사람에게 빌려 쓰기도 한다.	학용품은 공동으로 사용한다.
교사는 간접적으로 학급에서 영향력을 행사하고 아동은 스스로 판단하여 행동한다.	교사는 권위를 지니며 학생들은 서로의 행동에 대해 조언한다.
부모는 아동의 학업 성취에 관심을 갖고 학교활동에 적극적으로 참여한다.	부모는 교수법이나 학습지도에 관해 전적으로 교사에게 일임한다.

출처: Individualist and Collectivist Perspectives on Education, from the Divsersity Kit (2002). Providence, RI: The Education Alliance에서 수정함.

은 자녀의 학급 일에 적극 참여하고 자원봉사나 학급 행사 등 학교활동에 적극적으로 동참하며 교사를 돕기도 한다. 이러한 가치와 믿음에서의 문화적 차이는 교사들이 비유럽계 미국인 가정의 교육에 대한 가치를 오해하고 잘못 판단하도록 만들기도 한다. 다른 문화적 성향을 가진 집단은 사용 언어와 사고방식 등에 차이를 보일 수 있다는 사실을 염두에 두면서 동시에 같은 문화를 공유하는 집단 내에도 다양성이 공존할 수 있다는 점을 기억할 필요가 있다(Gutiérrez & Rogoff, 2003). 즉, 교사는 개인의 역사와 교육과 학습에 대한 이념에 대해 이해하는 동시에 문화적 유형과 신념을 파악하고 있어야 한다. 문화가 교육적 관계에 어떻게 영향을 주는지 몇 가지 사례를 통해 보다 자세히 살펴보도록 하자.

2) 인종, 계급, 학생의 행동적 측면을 통한 문화의 이해

문화의 차이를 설명하기 위해 정서 및 행동 장애 판정을 받은 초등학교 4학년 아프리카계 미국인 남자 아이의 경우를 예로 들어 보자. 드숀은 두 번이나 유급하여 학급 동기들보다 두 살이 많고 덩치도 크다. 그는 또래에 비해 학업성취 수준이 낮은 편이고 학교에서 자신을 잘 통제하지 못하고 분노를 터뜨리곤 한다. 막스(Marks, 2005)는 앞서 소개했던 수지 선생님의 동료인 아프리카계 미국인 교사 루시 페이튼 선생님과 드숀 사이의 사건에 대해 다음과 같이 기록하였다.

> 수업의 마지막 20분간은 학생들이 독서나 쓰기 등 부족한 부분을 학습하는 자유 유시간인데, 이때 드숀은 빨리 학교를 벗어나고 싶어 한다. 그는 가방을 메고 교실을 서성이며 마치 우리에 갇힌 호랑이처럼 앞뒤로 거닐고 있다. 감정을 다스리지 못하고 문제행동을 보이는 것이다(Marks, 2005, p. 85).

• 생각해 봅시다 #2

교육 전문가라면 이러한 상황에 어떻게 대처할까? 당신은 드숀에게 어떤 말을 하고 어떻게 행동할 것인가? 만약 당신이 드숀의 부모라면 교사가 어떻게 대해 주기를 원하겠는가?

루시 선생님이 어떻게 반응했는지 알아보기 전에 드숀과 교사들 간에 종종 발생하는 문제에 대해 살펴보자. 젊은 유럽계 미국인 중산층 출신인 낸시 위트포드 선생님 앞에서 드숀은 말대꾸를 하거나 화를 내거나 소리를 지르곤 한다. 낸시 선생님은 드숀이 지속적으로 문제행동을 보인다고 여기고 그의 무례함과 분노, 부적절한 행동에 대해 우려를 나타내고 있다.

그러나 루시 선생님의 학급에서 드숀은 모범 학생은 아니어도 그리 큰 문제를 보이지는 않는다. 그녀가 어떻게 상황을 통제하는지 보라.

> "자, 우리 아가, 이리 오렴, 이리 와서 엄마한테 얘기해 봐." 학생은 가방을 발로 차며 선생님에게 다가온다. 루시 선생님이 조용히 뭐하는 거냐고 묻자 집에 가고 싶다고 응답한다. "아직 수업이 끝나려면 20분이나 남았단다. 20분 동안 계속 서 있을 순 없잖니? 가서 할 일을 찾아보렴. 여기 선생님하고 같이 있자. 수업이 끝나면 네가 하고 싶은 대로 할 수 있을 거야." (Marks, 2005, p. 85)

이쯤해서 드숀이 루시 선생님과 소집단으로 활동하고 있는 모습을 살펴보자. 막스는 루시 선생님이 학생과 힘겨루기를 하는 대신(낸시 선생님이 그랬던 것처럼) 학생과의 개인적 관계 형성을 통해 학생들을 지원하고 문제를 해결할 수 있도록 도와주고 있다고 설명한다(Marks, 2005). 두 교사에 대한 드숀의 행동 차이는 학생의 필요를 파악하고, 다른 문화를 이해하면서 차이를 받아들이며 그에 따라 학생을 지원하는 것이 얼마나 중요한가를 보여 주고 있다.

두 교사에 대한 드숀의 행동은 각 교사와 어떤 관계를 형성하고 있는가와 그의 행동에 교사가 어떤 반응을 보이는가에 따라 달라진다. 학생의 행동에 대한 교사의 반응은 행동에 대한 문화적 판단 기준에 따라 달라진다. 만약 학생의 행동이 교사의 판단 기준에 비추어 부적절하다고 인식되면 그다음에는 부적절한 정도가 얼마나 심각한가를 결정하게 된다. 이러한 판단은 문화적 추측에 의존하여 결정된다. 결과적으로 교사는 문화적으로 용인되는 학생의 행동을 저항이라고 잘못 판단하게 되는 것이다.

예를 들면, 아프리카계 미국인 문화에서 일반적인 큰 소리로 말하는 행동을 유럽계 미국인 교사들은 반항이라고 오해하곤 한다(Thompson, 2004). 이 예에서 낸시 선생님은 드숀의 행위를 반항이라고 받아들였다. 그녀의 문화적 배경으로는 교사와 학생의 관계에서 교사가 권위를 지니므로 학생은 교사의 지시에 복종해야 한다. 학생의 반항적 행위에 대해 강력하게 처벌을 해서 학생이 순종하도록 만들어야 한다고 인식하는 것이다. 이러한 반응은 드숀과 그 밖에 유사한 행동을 보이는 학생들의 문제를 가중시키게 된다.

드숀과 인종적, 사회적 배경을 공유하는 루시 선생님은 빈곤계층의 아프리카계 미국인들은 학교와 같은 사회적 체제들이 근본적으로 불공평하다고 생각하기 때문에 권위를 신뢰하지 않는다는 것을 알고 있다(Payne, 2003). 그녀는 드숀의 반항적 행동을 불만이나 이해 부족으로 해석하고 또래보다 나이도 많고 학업 성취도 떨어지는 4학년 드숀이 가장 바라는 것은 이러한 상황에서 탈출하는 것이라고 이해하였다. 따라서 교사로서 권위를 내세우기보다 비슷한 문화적 배경을 통해 그와의 관계에서 유대감을 형성해 나갔다. 그리고 문화적으로 받아들여질 수 있기 위해 구조적이면서도 학생들이 선택할 수 있도록 적절한 행동을 유지하는 동시에 힘겨루기 대신 어느 정도 드숀의 자율권을 보장하는 방식으로 학급을 운영해 나갔다(Brown, 2004; Payne, 2003).

여기서 언급한 두 교사의 최종 목표는 같다. 즉, 드숀이 자리에 앉아 과제를 완수하도록 만드는 것이다. 그러나 교사의 판단이 달라짐에 따라 드숀은 다른 반응을 보였으며 결과도 달라질 수밖에 없었다. 교사가 학생의 행동을 반항의 표현으로 보게 되면 학습환경의 충돌과 파괴를 가져오게 된다. 그러나 교사가 문화적 차이 때문에 학생의 행동이 저항적으로 보일 수 있다는 사실을 이해하게 되면 새로운 시각으로 학생의 행위를 바라볼 수 있게 된다. 여기서 중요한 사실은 학생의 문화적 배경을 이해하기 위해 교사가 반드시 유사한 문화적 배경을 가지고 있어야 하는 것은 아니라는 점이다.

3) 언어와 장애적 측면을 통한 문화의 이해

미국에 거주한 지 10개월 된 7세의 2학년 카를로스의 사례를 통해 문화적 요인의 다른 측면에 대해 살펴보자. 카를로스의 가족은 집에서 스페인어를 사용한다. 미국에 도착한 이래 그는 집 근처의 초등학교에 다니며 별도의 학급에서 영어 보충학습을 받고 있다.

다양한 언어를 사용하는 학생들이 늘고 있다.

카를로스의 어머니 베르타는 아들의 학교생활에 대해 걱정이 늘고 있다. 담임교사로부터 아들의 학교생활에 대한 가정통신문을 받았으나 영어를 읽지 못해 회신을 하지 못하고 있다. 베르타는 카를로스가 출생 시 산소 부족으로 장애를 갖게 되어 멕시코에서도 언어치료를 받아 왔다는 사실을 교사에게 알리고 싶어 한다. 학급 담임이나 영어교사 누구도 카를로스의 언어적 문제에 대해 알아차리지 못하는 듯 보였고, 그가 학교에 적응하지 못하고 학습적으로도 발전하지 못하는 것 같아 걱정이 크다.

영어 이외의 언어를 모국어로 사용하는 다른 학생들은 영어를 제2외국어, 또는 제3외국어로 습득하면서 많은 어려움을 겪게 된다. 새로운 언어를 습득한다는 것은 매우 시간이 필요하고 어려운 과정이다. 그러므로 교사는 학생이 언어 습득과정에서 전형적인 언어발달 단계에 따라 제2외국어 습득이 제대로 이루어지고 있는지 혹은 언어장애로 어려움을 겪고 있는지 판단하기 힘든 경우가 많다. 교사는 전형적인 언어발달 과정의 문제를 언어장애로 오인할 수도 있고 혹은 언어장애를 알아차리지 못하는 실수를 범할 수도 있다(Escamilla & Coady, 2001; Klingner & Artiles, 2003). 게다가 학생의 발달적, 학습적 요구를 충족시키기 위해서 교사는 부모가 이해할 수 있는 언어로 대화를 나누는 것이 매우 중요하다.

미국의 경우 일부 사람들은 이중언어를 사용하는 것을 취약점으로 생각한다(Baca & Cervantes, 2004; Connor & Boskin, 2001). 이러한 경향에 따라 교사들은 영어가 능통하지 못한 아동을 학습장애 혹은 언어장애로 잘못 판단하곤 한다(Connor & Boskin, 2001; Cummins, 1984, 2001). 이러한 관점은 아동과 가족에게 치명적인 영향을 미친다. 연구 결과, 이중언어를 사용하는 아동에 대한 일반인들의 인식과는 반대로, 하나의 언어를 사용하는 아동보다 두 개 이상의 언어를 사용하는 아동의 언어적 개념 인식 수준이 훨씬 높은 것으로 나타났다(Connor & Boskin, 2001, p. 26).

유사하게 이중언어를 사용하는 아동의 능력을 영어로만 쓰인 평가도구로 측정하게 되면 언어적 측면이나 학업적 측면에 모두 정확한 능력을 측정하지 못

학생사례 탐구

"조슈에는 지난 8월 멕시코에서 미국 남동부 시골마을로 이사 온 7세의 초등학교 2학년생이다. 미국에 오기 전 학교 수업을 받은 적이 없고 스페인어나 영어를 읽고 쓸 줄도 모른다. 조슈에는 핀 선생님의 학급에서 수학, 과학, 사회 과목을 배우고 그 후 매일 버스로 지역 교육청에서 운영하는 센터로 이동하여 외국인을 위한 영어 보충학습반에서 영어교사로부터 영어를 배우게 되었다.

이제 3개월 정도 지났는데, 핀 선생님은 조슈에에 대해 걱정하기 시작하였다. 그는 늘 산만해 보이고 집중시간도 짧은 편으로 학급의 다른 아이들을 따라가기에 벅차 보였다. 화폐 단위를 구분하거나 돈을 세는 단순한 과제도 그에게는 어려워 보였다. 게다가 말하기 실력도 제자리걸음이었다. 조슈에는 하루 종일 거의 말을 하지 않거나 필요한 경우에 겨우 한두 마디 말만을 하는 정도였다.

핀 선생님이 조슈에의 가방에 부모님께 보내는 가정통신문을 적어 보내기도 했지만 소용이 없었다. 그의 부모는 농장의 인부로 고용되어 이민 온 농부라고 전해 들었다. 조슈에는 핀 선생님의 첫 번째 외국 학생이었기 때문에 어떻게 도와줘야 할지 막막했다. 조슈에의 학습에 대해 부모와 어떻게 의논해야 할지도 알 수 없었고 이민자 가족의 문화를 알지 못해 그의 교육을 가정에서 어떻게 지원하고 있는지 알 수 없었다. 조슈에는 학습장애를 가지고 있는 듯 보이기도 했다."

미국의 학급에서는 조슈에와 유사한 상황의 아동을 흔히 발견할 수 있다. 모국어가 영어가 아닌 아동의 경우 일정 기간 동안 말하기 능력에 제한을 갖게 된다. 침묵의 기간 또는 비언어적 기간이라 일컫는 이 시기는 4, 5개월 또는 6개월 정도 지속되기도 한다(Krashen, 1985). 조슈에가 한마디라도 반응을 보이는 것은 자신의 의사를 표시하고 교사와 대화하는 방법을 알고 있다는 증거다. 그가 학습장애를 가지고 있을 수는 있지만 벌써 장애를 의심하고 진단을 하기에는 이르다. 바카와 세르반테스(Baca & Cervantes, 2004)는 영어가 아닌 모국어를 사용하는 아동의 언어적 발달을 확인하는 방법으로 다음과 같이 제시하고 있다.

- 몸짓이나 사진, 그림, 통역기기 등을 활용한 대화를 시도해 보라.
- 학생이 비언어적 기간에 속한다면 대화를 통해 언어를 알아듣고 정확한 반응을 보이는지 관찰해 보라.
- 아동이 모국어와 영어 모두에서 언어를 사용하거나 이해하는 데 문제를 보이는 경우에만 장애 진단을 의뢰하라.

핀 선생님의 경우 조슈에의 진전을 관찰하고 살펴볼 시간이 더 필요하다. 다양한 교수전략의 사용은 언어적 능력과 학업 성취를 향상시키는 데 도움이 될 수 있다.

- 영어 지도교사와 함께 조슈에의 학습을 도와줄 수 있는 효과적인 방법을 찾아보라.
- 조슈에의 문화와 관계 있는 책이나 자료를 제공하라. 자기에게 익숙한 책이나 학습물은 아동이 학교생활에 흥미를 느끼도록 도와줄 수 있다.

핀 선생님은 또한 가족과 유대관계를 형성하기 위해 다음과 같은 방법을 활용하였다.

- 부모가 집에 있는 시간을 고려해 약속시간을 잡고 방문하겠다고 미리 연락을 한다. 농사일이 바쁜 기간에는 밤늦게 찾아가는 것이 좋다. 이민자교육협회(A Migrant Education Advocate: 이민 농촌가정의 아동에 대한 교육적 지원을 제공하는 전문 단체)에서 가족과 대화하거나 협력하는 데 필요한 도움을 얻을 수 있다.
- 가능하다면 학교 관련 문서나 가정통신문, 숙제 알림 등 학급에 관련된 모든 자료를 스페인어로 번역하여 제공하면 좋다.
- 조슈에 부모의 문화적 관습이나 사상 등을 고려해야 한다. 예를 들면, 부모는 아들의 교육 관련 문제에 대해 교사가 절대적으로 옳다고 생각하고 교사가 모든 것을 결정해 주기를 원할 수도 있다.

영어를 모국어로 사용하지 않는 이민가정 아동에 대한 더 많은 정보와 교수전략 등에 관해서는 다음 문헌들을 참고하라.

Gibbons, P. (2002). *Scaffolding language, scaffolding learning: Teaching second language learners in the mainstream classroom*. Portsmouth, NH: Heinemann.

Igoa, C. (1995). *The inner world of the immigrant child*. New York: St. Martin's Press.

Salinas, C., & Fránquiz, M. (2004). *Scholars in the field: The challenges of migrant education*. ERIC Clearinghouse on Rural Education and Small Schools.

적용하기

- 핀 선생님이 조슈에와 같은 학생 여러 명을 한 학급에서 가르치고 있다고 생각해 보라. 조슈에가 스페인어를 사용하는 다른 아동과 집단활동을 한다면 어떤 장점이 있을까?
- 핀 선생님이 조슈에를 가르치기 위해 더 알아야 할 그의 배경이나 가정환경에 대한 정보에는 어떤 것이 있을까?

하는 경우가 발생한다. 미국에서 살기 시작한 지 7개월 된, 영어 이외의 언어를 모국어로 사용하는 루프라는 아동이 영어 쓰기 평가를 받는다고 가정해 보자(Escamilla & Coady, 2001). 교사는 아동이 장애아가 아닐까 의심할 수 있다. 그러나 모국어로 쓰기시험을 보게 되면 정확한 문법과 철자법을 활용하며 내용면에서도 학문적이고 비판적인 훌륭한 쓰기능력을 발휘할 수 있다.

비록 문화적으로나 언어적으로 다른 배경을 가진 학생들이 장애 대상자로 과대 포함되는 경우가 발생하기도 하지만, 카를로스와 같이 실제 장애를 가지고 있음에도 언어적인 차이에 의한 문제로 오인받아 적절한 도움을 받지 못하는 경우도 발생한다(Cummins, 2001). 이것이 얼마나 복잡한 문제인가는 앞의 '학생 사례 탐구' 에 잘 나타나 있다. 영어 이외의 모국어를 사용하는 장애아동의 담임교사를 위한 제언들도 함께 제시되어 있다.

4) 학교생활에서의 문화

다른 문화적 잣대에 따라 학교에서의 성취를 살펴보면 교사와 학생의 행동이 그들의 문화적 가치, 경험, 믿음에 의해 좌우된다는 것을 이해할 수 있다(Garcia, Perez, & Ortiz, 2000). 학생들은 다양한 방면에서 너무 다르기 때문에 이러한 다양성을 모두 이해하고 교육하기에는 어려움이 많다. 유럽계 미국인의 규범이 학생이나 그 가족의 규범과 얼마나 차이가 나는지 몇 가지 예를 들어 보면 다음과 같다.

- 어떤 문화에서는 학교 일에 적극 참여하는 것이 교사를 존경하지 않거나 믿지 못한다는 의미로 해석된다(Epstein, 2001).
- 빈곤층 가정의 아동은 학교 언어에 익숙지 못한 경우가 있다. 그들은 가정에서 주로 400~800단어를 활용한 속어나 몸짓 등을 사용해서 대화한다(Payne, 2003).
- 빈곤층 가정의 아동은 교사가 이미 답을 알고 있지만 학생들이 알고 있는가를 확인하기 위해 아동에게 질문을 한다는 사실을 인식하지 못하는 경우가 있다(Heath, 1982).

아동은 인종, 능력, 장애, 언어 등 여러 방면에서 다양한 모습을 보이기도 하지만 동시에 여러 요인에 의해 영향을 받는 모습을 보이기도 한다. 결정적인 문화적 차이를 만드는 두 영역은 특히 주의를 기울여 살펴볼 필요가 있다. 빈곤이 그 하나이고, 문화와 부모의 기대 간 상호작용에 의한 영향이 다른 하나다.

(1) 빈곤의 영향

앞서 소개한 수지 선생님이 언급했던 것처럼, 경제적 지원이 부족할 경우 다른 영향에 의한 부족을 메울 수 있는 능력이 박탈되기 때문에 빈곤은 매우 중요한 요인 중 하나다. 빈곤은 의료적 지원, 임신 중 지원, 양질의 유치원 교육, 치료, 가정교사, 방과 후 학습이나 과외활동, 안정적 가정, 충분한 영양 공급 등에 모두 영향을 미친다. 또한 교육의 질과 교사의 질도 빈곤 정도에 따라 달라진다. 빈곤이 성공할 가능성에 어떤 식으로 부정적인 영향을 미치는지 살펴보자.

빈곤층에서는 중·상류층보다 천식 아동의 발생 비율이 월등히 높다(Rothstein, 2002). 극빈층 가정의 아동은 천식 치료를 제대로 받지 못해 잠자는 습관에 영향을 받게 되고 결석률도 높아지게 된다. 따라서 학업 성취에도 영향을 미치게 된다. 천식뿐 아니라 비유럽계 미국인 빈곤층 아동의 경우 시력, 청력, 치과 치료를 받지 못하는 비율도 매우 높다. 이러한 의료적 문제는 교수법의 변화보다 더 빠르고 실질적으로 학업 성취에 영향을 미친다는 연구 결과도 있다(Rothstein, 2002).

또 다른 연구에 따르면, 빈곤층 아동은 학교에 늦게 입학하는 경향이 있고 그 차이를 따라잡지 못하게 된다(Books, 2004). 이러한 환경적 불이익은 강력한 교육지원이 있다면 극복될 수 있다(예: Corwin, 2001). 그러나 근본적인 학업 성취의 차이를 극복하기 위해서는 교수법의 변화, 평가를 통한 학생 성취의 확인, 양질의 교사에 의한 교육만으로는 충분치 못하다. 이러한 문제는 학교만의 노력이 아닌 사회적 정책의 변화를 통해서 해결할 수 있는 문제다.

다른 문화적 배경을 가진 장애아동의 경우 국가에서 제시하는 학업 성취의 기준을 따라가는 데 어려움을 겪는 경우가 많다. 특히 지난 몇 년간 장애인교육법(IDEA, 2004)과 모든 학생의 성취를 강조하는 국가정책인 아동낙오방지법(NCLB)에 따라 이러한 성취 기준이 몇 차례 개정되었다. [그림 3-3]은 국가 수준 평가의 문제점과 정책적 변화에 따른 학생에 대한 기대의 변화를 설명하고 있다.

• 생각해 봅시다 #3

국가 수준의 평가는 모든 학생에게 기대 수준 이상의 성적을 유지하도록 요구하고 있다. 문제는 특정 학생들에 대한 기대 수준이 다른 경우(장애아동이나 영어를 모국어로 사용하지 않는 아동에게 낮은 성취 수준을 요구하는 경우) 공정한 평가를 기대할 수 있는가 하는 것이다.

국가 수준 평가의 문제점

2001년 모든 학생의 성취를 강조하는 국가정책인 아동낙오방지법(NCLB)이 효력을 발생하게 됨에 따라 많은 주에서 고등학교 졸업시험을 치르기 시작했다. 2006년까지 25개 주에서 의무적으로 졸업시험을 시행하였다(Center on Education Policy, 2006). 이러한 졸업시험의 목적은 학생들이 고등학교 졸업의 의미를 되새기고 직업이나 일상생활에 필요한 적정 수준 이상의 지식을 쌓아 사회에 잘 적응하여 살아가도록 하기 위함이다(Bhanpuri & Sexton, 2006). 따라서 학생들은 일정 수준 이상의 점수를 획득해야 졸업장을 받고 고등학교를 졸업할 수 있게 되었다.

많은 전문가들은 국가 수준의 시험, 특히 고등학교 졸업시험의 경우 전통적으로 우수한 성취를 하지 못한 학생들(장애아동, 영어 학습자, 빈곤층의 비유럽계 미국인 학생 등)에게 도움을 준다고 주장한다(Johnson, & Thurlow, 2003; O'Neil, 2001; Ysseldyke, Dennison, & Nelson, 2004). 예를 들면, 국가 수준의 시험은 다음과 같은 장점이 있다.

- 모든 학생에 대한 기대 수준이 향상된다.
- 학교가 모든 학생의 성취에 책임을 진다(이전에는 장애아동의 성취에 대해 학교가 책임을 지지 않았음).
- 모든 학생이 일반교육과정에 의해 교육받게 된다.
- 학생 집단 간의 학력 격차(장애아동과 비장애아동의 차이)가 줄어들게 된다.
- 시험에서 좋은 성적을 내지 못하는 아동의 수준을 향상시키기 위해 교수법의 발전이 기대된다.
- 학생들의 성적이 적정 수준에 도달하지 못한 학교들은 교육의 질적 향상을 위한 노력에 박차를 가하게 된다.

이러한 장점에도 불구하고, 이 시험에 대한 반대 의견도 제시되고 있다. 반대하는 집단은 고등학교 중퇴율이 증가하고, 일반고등학교 졸업장을 받는 학생의 수가 감소하며, 시험에 반복적으로 떨어지는 학생의 경우 자존감이 상실될 수 있다는 우려를 나타내고 있다(Johnson & Thurlow, 2003). 일부에서는 한 번의 시험으로 모든 것을 결정하지 말고 대체 시험 등도 마련해야 한다고 주장한다(O'Neil, 2001). 가장 심각한 우려는 학교가 일정 수준의 학업 성취를 하지 못하는 학생들을 지원할 수 있는 충분한 자원을 확보하지 못하고 있다는 사실이다(Center on Education Policy, 2004).

대체 시험에 대한 방안은 장애학생, 영어 학습자, 비유럽계 미국인 학생 등 특정 학생 집단의 시험 실패율이 높게 나타난 몇몇 주에서 제기되었다(Bhanpuri & Sexton, 2006). 이러한 대체 시험 방안에는 장애아동의 경우 시험을 면제해 주고 개별화 교육 계획(IEP)의 목표를 달성하는 것으로 대체하는 방법, 대체 시험을 보는 방법, 대체 졸업장을 주는 방법 등이 있다(Center on Education Policy, 2004). 이러한 방법에 반대하는 입장에서는 대체 방안들이 학생에 대한 기대 수준을 낮추는 결과를 초래할 것이라 우려한다. 개인의 책무성 차원에서 보면 더욱 심각한 문제다(O'Neil, 2001). "학생들이 자신의 학업 성취에 상관없이 졸업장을 받는다면 그 학위는 치욕적이고 성취도 무의미한 것이 되고 말 것이다." (pp. 187-188)

그림 3-3

(2) 문화, 부모의 기대 및 장애

문화적 가치와 믿음은 장애에 대한 사람들의 인식에 영향을 미친다(Wilder, Taylor Dyches, Obiakor, & Algozzine, 2004). 예를 들어, 라틴계 미국인 어머니들은 심한 장애를 가진 아동을 돌보는 것을 헌신적 사랑의 하나로 인식하는 반면,

다른 문화에서는 그 장애를 저주나 악마의 소행이라고 보는 경우도 있다. 문화적 집단 간 장애에 대한 인식의 차이는 언어적 측면에서도 찾아볼 수 있다. 예를 들어, 일부 아시아계 언어에는 '자폐'를 지칭하는 단어 자체가 존재하지 않는다(Wilder et al., 2004). 장애를 표현하는 단어가 부족하다는 것은 장애에 대한 문화적 인식이나 가치가 부족함을 보여 주는 것이다.

코리와 툴버트(Correa & Tulbert, 1993)는 라틴계 미국인 가정을 이해하고 그들과 효과적인 관계를 형성하기 위해 교사가 반드시 고려해야 할 몇 가지 문화적 경향에 대해 언급하고 있다. 첫째, 라틴계 미국인 가정은 대가족으로 구성된 경우가 많다. 그래서 교사가 가족 간의 광범위한 사회적 관계망을 이해하면 유용한 정보를 많이 얻을 수 있다. 여기에는 조부, 조모, 삼촌, 이모, 고모 등은 물론 단짝 친구, 라틴계 미국인 아동의 대부, 대모 등까지도 포함된다.

둘째, 라틴계 미국인 부모들은 개인과 가족에 대한 존중과 아이들에 대한 사랑을 매우 중요시한다. 따라서 가족들은 서로 정서적 · 경제적 지원을 아끼지 않는다. 이는 앞서 언급했던 집단주의적 성향에 부합하는 것이다. 라틴계 미국인 학생들은 이러한 문화적 영향에 의해 집단활동에서 두각을 보이고, 교사가 공평하고 객관적인 경우에는 이를 아이들에 대한 무관심으로 오해하는 경우도 있다(Correa & Tulbert, 1993).

셋째, 많은 경우 라틴계 미국인 문화에서 교육을 잘 받았다는 말의 의미는 학업적 성취가 뛰어나다는 의미뿐 아니라 어른과 가족을 공경하는 등의 예의가 바르다는 것을 의미한다(Escamilla & Coady, 2001). 따라서 부모의 기대는 출석, 높은 점수와 학점 등에 대한 교사의 기대와 같지 않을 수 있다.

이와 같이 장애에 대해 다른 문화적 집단이 가질 수 있는 믿음과 기대의 범위의 한 예를 들어 보였다. 여기서 중요한 것은 동일한 문화적 집단 내에서도 엄청난 다양성이 존재할 수 있다는 사실이다(즉, 모든 라틴계 미국인 가정이 장애에 대해 같은 신념을 갖는 것은 아니다.). 코리와 툴버트가 제안했듯이, "인종 간 문화적 특징은 오직 개별 가족 안에만 존재한다고 단언할 수 있을 때 유효하다."(p. 256) 즉, 교사는 자기 학생에 대해 알고, 학교 밖에서의 생활을 이해하며, 의료나 장애에 대한 개별 가족의 문화적 인식에 대해 이해해야 한다. 이러한 이해가 되어 있어야 부모와의 관계 형성이 원활할 수 있다.

교사는 아동의 문화 간 및 문화 내 차이가 다양하고 빈곤의 문제가 자신의 능력 범위를 벗어나 전반적으로 광범위한 영향을 미칠 수 있다는 사실에 압도당하여 자기의 능력에 대해 위축될 수 있다. 분명한 것은 학교와 교사는 매우 중요한 역할을 하고 있다는 점이고, 변화를 만들어 내는 능력에 있어 차이가 있다는 점이다. 즉, 책임을 느끼고 모든 학생의 다양성을 존중하는 교사는 학생의 성취에 막대한 영향을 미칠 수 있다. 학교의 모든 교사와 행정가가 이러한 책무를 받아들일 때 교육의 성과는 최대화될 수 있다(Bempechat, 1998; Corbett, Wilson, & Williams, 2002; Irvine, 2002; Ladson-Billings, 1994).

5. 교사는 무엇을 할 수 있을까? 문화적으로 반응적인 교사를 위한 안내

지금부터는 문화적으로 반응적인 교육과 문화적으로 반응적인 학급 운영에 대한 설명을 통해 다양한 배경을 지닌 장애아동을 지도할 때 교사에게 도움이 되는 원칙들을 소개하고자 한다. 여기서 소개하는 정보들이 이 책의 다른 장들에서 소개하는 장애아동을 위한 여러 교수법들과 함께 적용된다면 다양한 배경을 지닌 아동의 특성을 고려한 효과적인 교육을 하는 데 도움이 될 것이다.

1) 교육의 목표

• 생각해 봅시다 #4

연구 결과에 따르면, 아동의 지능검사, 학업 성취도 검사 점수보다 자신의 능력에 대한 믿음이 학교에서의 성공을 예견하는 더 강력한 요인인 것으로 밝혀졌다(Bempechat, 1998). 어떻게 하면 학생들이 스스로 성공할 수 있는 능력이 있다는 믿음을 가질 수 있도록 도와줄 수 있을까?

학생들의 학업 성적을 향상시키는 것이 중요하기는 하지만 그것이 교육 목표의 전부가 될 수는 없다. 진정한 교육의 목표는 학생이 적응능력(resilience)을 발달시키도록 지원하는 것이다. 즉, 교사는 아동이 학습에 대한 동기를 불러일으키고 스스로의 능력을 믿음으로써 자신의 강점을 극대화할 수 있기를 바란다. 여기서 적응능력이란 "어려움이나 위험한 상황에서도 성공적으로 적응하는 능력"(Masten, Best, & Garmezy, 1990, p. 425)을 의미한다. 적응능력은 타고나는 것이 아니라 누구든지 주변의 도움을 받아 노력을 통해 성취할 수 있는 능력이다(Bempechat, 1998; Benard, 2004).

따라서 교육목표는 아동의 타고난 능력을 평가하여 약점을 보완하고 강점을 극대화할 수 있도록 잘 짜인 교육을 시행하는 것이다. 이때 교사는 학생들이 자신의 능력과 미래에 성공할 수 있다는 가능성을 믿도록 용기를 북돋아 주는 역할을 하게 된다.

교사와 학교환경은 학생의 적응능력을 키우는 데 결정적인 역할을 한다. 예를 들면, 교사가 학생의 장점과 적응능력을 믿는 것은 매우 중요하다. 학생 개개인이 모두 강점이 있다고 믿고 문화적, 학습적 차이를 고려해 개인의 특성에 맞는 교수법을 적용해야 한다고 생각하는 교사와 학생이 고쳐야 할 문화적, 학습적 문제를 가지고 있다고 생각하는 교사의 교수적 접근에 어떤 차이가 있을지 상상해 보라. 장애와 문화적 차이에 대해 어떤 시각에서 바라보는가는 매우 중요하다. [그림 3-4]를 보며 이러한 시각의 차이가 어떤 차이를 만드는지 살펴보자.

• 생각해 봅시다 #5

장애에 대한 당신의 생각은 어떠한가? 당신은 이 중 어떤 관점에 해당한다고 생각하는가? 주위 친구들의 인식에 대해 들어 보고 그 견해의 차이가 중요한 문제인지를 토론해 보자.

장애에 대한 인식과 그에 따른 차이

역사적으로 장애는 의학적 관점에서 질병과 같이 취급되어 왔다. 사용되어 온 용어에서도 그러한 관점을 찾아볼 수 있다. 개인은 장애로 '진단' 되고(질병을 진단받듯이) 문제를 낫게 하거나 교정받기 위해 '치료' 를 받게 된다. 장애는 개인 내면의 문제이고 외부 요인에 의해 크게 영향받지 않는다(질병과 마찬가지로). 장애에 대한 이러한 관점은 의학적 관점이라 일컫는다(Hahn, 1985; Kavale & Forness, 1995; Sleeter, 1995).

이에 반해 특수교육 분야의 전문가들은 상호작용적 관점을 지지한다(Hahn, 1985; Sleeter, 1995). 그들은 장애가 개인과 사회의 상호작용을 통해 발생하며 이러한 관계를 변화시킴으로써 문제를 해결할 수 있다고 주장한다(Hahn, 1985). 다음의 표를 통해 두 관점 간의 차이를 살펴보자.

의학적 관점	상호작용적 관점
장애는 질병이다.	장애는 다름이다.
장애는 나쁜 것이다.	장애는 자연스러운 것이다.
장애는 개인 내적인 문제다.	장애는 개인과 사회의 상호작용적 관계에 의해 발생하는 산물이다.
해당 분야의 전문가만이 권위자가 될 수 있다.	장애인, 옹호자, 그 밖에 사회적 관계에 변화를 줄 수 있는 모두가 전문가다.

의학적 관점에서는 장애를 비판적으로 바라보며 장애를 가진 사람은 결함이 있는 것으로 본다. 반대로 상호작용적 관점에서는 장애를 고쳐야 할 결점이 아닌 도전해야 할 과제로서 다른 사람과 구분되는 차이로 인식한다. 이것은 장애를 무시하는 것이 아니라 중도적 또는 긍정적 입장에서 사회가 장애에 미치는 영향이 나쁜 것이든 좋은 것이든 인정해야 한다는 입장이다.

예를 들면, 20세기 전반에 걸쳐 몸이 불편한 장애인들은 건물에 대한 접근권이 제한된 채 살아왔다. 즉, 장애인을 위한 주차 공간의 미비, 경사로 없는 현관의 계단, 열고 닫기 힘든 육중한 출입문, 좁은 화장실, 오르내릴 수 있는 엘리베이터의 부족 등이 그것이다.

지난 25년 동안 미국 사회에서는 이러한 접근의 제한을 줄이기 위한 법 제정(section 504, the Americans with Disabilities Act)이 진행되어 왔다. 따라서 최근에 세워진 건물들은 장애인들도 독립적으로 건물에 접근할 수 있도록 장애인을 위한 주차 공간 확보, 램프 설치, 자동문과 엘리베이터 설치, 넓고 편리한 화장실 등을 마련하고 있다.

그림 3-4

2) 문화의 역할과 인식 형성에 대한 이해

문화적으로 반응적인 교수법과 학급 관리에 대한 정보들을 효과적으로 활용하기 위해서는 몇 가지 주의해야 할 사항이 있다. 문화적으로 반응적인 교사는 동시에 문화와 그 내면에 대해 흥미를 가지고 있다. 그들은 문화가 개인의 인식, 지식, 상호작용에 영향을 미친다는 것과 문화적 편견의 힘이 강력하다는 것을 알고 있다. 그들은 학생과 그 가족이 누구인지, 그들은 무엇을 믿으며 그런 믿음과 경험이 어떻게 그들의 인식을 형성하는 데 영향을 미치는지에 대해 배우려고 애쓴다.

(1) 문화와 차이에 대해 배우기

어떤 교사든(특히 초보 교사인 경우) 학생의 배움에 영향을 미치는 문화, 언어, 장애, 경제적 요소에 대한 총체적 지식을 모두 가지고 있을 수는 없다. 전문적 지식도 중요하지만 교사가 문화와 차이에 대해 흥미를 가지고 배우려는 자세를 갖는 것이 훨씬 중요하다(Banks et al., 2005). 문화적 호기심을 지닌 교사는 인간이 누구나 자신의 배경, 문화, 경험에 의해 영향을 받는다는 것을 알고 있다. 테이텀(Tatum, 2007)은 자기가 가르쳤던 유럽계 미국인 대학생의 대다수는 자신이 문화적 특징을 갖고 있지 않다고 생각하지만 다른 문화권의 학생들은 자신의 삶이 문화적 특성에 의해 영향을 받고 있음을 쉽게 인식하고 있었다고 언급하였다.

교사가 모든 문화에 익숙할 수는 없지만 다른 사람들의 문화적 경험을 통해 모두가 도움을 받을 수 있다.

문화에 의한 영향은 명백히 드러나는 경우도 있으나 가장 보편적으로 받아들여지는 문화(유럽계 미국인, 중산층) 속에서 성장한 개인의 경우 그 영향을 인식하지 못할 수도 있다. 이 장의 서두에 제시되었던 인종적 특징에 대한 질문에 대해 생각해 보자. 유럽계 미국인, 중산층, 영어를 모국어로 사용하는 경우, 이러한 특징을 배제하고 나면 인식하지 못했던 문화적 영향을 발견할 수 있을 것이다.

문화적으로 반응적인 교사는 대안적인 인식을 찾기 위해 노력한다. 대안적 방법의 하나는 나와 다른 사람의 차이를 비판적인 시각에서 바라보는 것이다. 남자와 여자, 마른 사람과 뚱뚱한 사람, 이성애자와 동성애자의 경험이 어떻게 다른지 생각해 보는 과정이 많은 도움을 줄 수 있다. 이러한 차이가 우리의 인식에 어떤 영향을 미치는지 이해하는 것은 우리에게 더 넓은 차이를 수용하도록 만들어 준다. 이 장에서 우리는 다양한 문화의 사람들이 부모 역할, 교사, 권위, 사회적 관계, 장애 등을 바라보는 방식에 대해 배웠다. 이를 시작으로 당신과 다른 관점을 가진 타인에게 흥미를 느끼기 시작하기를 바란다.

(2) 학생의 미래상 그려 보기

수지 선생님처럼 문화적으로 반응적인 교사는 빈곤이 교육에 미치는 영향에 대해 잘 알고 있으나 학생이 배우기를 포기하는 것을 용인하지는 않는다. 많은 교사들이 특히 자신과 다른 문화적 배경을 가진 학생이 낮은 학업 성취를 보이면 그것이 전적으로 학생의 잘못이라고 생각하는 경향이 있다. 교사들은 믿고 싶지 않을지 몰라도, 학생이 가난하거나 부모가 없거나 영어를 모국어로 사용하지 않거나 장애를 가진 경우에 학습에 어려움을 보여도 주어진 환경 때문에 어쩔 수 없다는 인식을 보이는 교사는 그 학생들에 대한 기대감 역시 낮은 경우가 많다. 앞서 언급한 것처럼, 그런 학생들이 성공하기 위해서는 많은 어려움을 극복해야 한다. 다양한 문제를 지닌 아동들이 직면하는 여러 가지 어려움에도 불구하고, 모든 학생들이 학교에서 동등한 성취를 이루기를 기대하는 것은 비현실적이다. 그러나 문화적으로 반응적인 교사는 반드시 모든 아동이 목표를 달성하고 성공할 수 있다고 믿어야 한다.

아동에 대한 이러한 신념을 발전시키기 위한 하나의 방법은 일반적인 기준에서 벗어나는 배경과 경험을 가지고도 학교생활에서 성공적인 모습을 보이는 아동의 예를 찾아보는 것이다. *There Are No Shortcuts*(Esquith, 2004), *Educating Esme*(Codell, 2001), *White Teacher*(Paley, 2000) 등은 모든 아동의 읽기활동을 성공적으로 이끈 교사들의 예를 보여 주고 있다. 또한 *And Still We Rise*(Corwin, 2001), *Learning Outside the Lines*(Mooney & Cole, 2000) 등은 성공한 아이들의 이야기를 담고 있다. 당신의 주변에서도 성공적으로 모든 아동들의 학업 성취를 향상시킨 교사의 이야기를 접할 수 있을 것이다. 이러한 이야기를 듣고 실제 그 교사의 수업을 관찰해 보면 모든 아동을 성공으로 이끄는 교육에 대해 좀 더 이해할 수 있게 되고 그것이 불가능한 일이 아님을 깨달을 수 있을 것이다. 모든 학생을 위한 효과적인 교수법은 불가능한 마술이 아닌 다양한 교수방법과 기술의 종합이다. 모든 아동의 성공을 위해서는 효과적인 교수법에 대한 끊임없는 연구가 필요하고, 그 첫걸음은 성공의 가능성을 믿고 성공적인 미래를 그려 보는 것이다.

(3) 신중하게 판단하기

우리는 자신이 성장하면서 경험해 온 방식을 가장 '정상적'이라고 믿고 있음을 기억하자. 다양한 배경을 가진 학생들과 효과적으로 상호작용하기 위해서는 학생과 가족에 대한 우리의 반응과 태도를 확인하고, 단지 다르다는 이유로 '비정상적'이라고 판단하는 것은 아닌지 끊임없이 반문하는 과정을 거쳐야 한다. 이는 말로 하기는 쉬워도 실제 행동으로 옮기기는 어렵다. 팔짱을 끼는 동작을 평소와 반대로 하게 되면 얼마나 어색했던가 다시 상기해 보라. 옳고 그름으로 판단할 수 없음은 알지만 익숙지 않은 동작에 대해서는 여전히 어색함을 느끼게 된다. 문화적 차이에 따라 아동을 대하는 태도에 차이가 발생하는 것을 어떻게 알 수 있을까?

그릇된 판단을 하지 않으려면 자신의 반응을 분석해 볼 필요가 있다. 앞서 소개한 낸시 선생님의 경우를 생각해 보자. 그녀가 학급에서 보인 자신의 반응을 분석해 보았다면 대부분의 학급 관리상의 문제가 아프리카계 미국인 소년들과의 사이에서 그녀가 꾸짖고 학생이 반발하면서 발생한 것임을 깨달을 수 있었을 것이다. 이것은 학생들의 문화적 기대와 그녀의 교수법 및 학급관리 방식의 충돌로 문제가 발생하고 있음을 짐작케 하는 단서가 될 수 있다.

낸시 선생님의 기대나 학생들의 반항은 모두 타당한 이유가 있다. 문제는 낸시 선생님이 아동이 배우려 하지 않는다고 지레짐작하고 반응을 보인 것이다. 이러한 판단에 의해 교사는 아동이 잘못했다는 인식을 갖게 된다. 만약 그녀가 아동이 자신들의 문화와 경험에 의해 그러한 행동을 보이고 있음을 알아차렸다면 훨씬 쉽게 그들의 필요를 감지하고 문제를 해결할 수 있었을 것이다. 반면,

부모의 견해 이해하기

Learning Outside the Lines(Mooney & Cole, 2000)라는 책에는 읽기장애를 극복한 조나단이라는 소년의 초등학교 2학년 학창시절의 모습이 담겨 있다. 조나단의 어머니는 받아쓰기 시험이 있는 금요일이면 종종 아들을 학교에 보내지 않았다. 그 이유는 두 가지로 설명할 수 있다.

하나는 어머니가 아들의 학교에서의 학업 성취에 대해 중요하게 인식하지 못하고 학교를 결석하는 것을 대수롭지 않게 생각하고 있다고 설명할 수 있다. 장애아동의 경우 특히 꾸준히 학교에 나와 학습하는 것이 중요한데, 조나단의 어머니가 아들을 수시로 결석하게 했다는 사실은 무책임하고 변명할 여지가 없는 잘못이다.

다른 하나의 해석은 조나단이 받아쓰기를 너무 힘들어하고 계속되는 실패로 자존감과 자신감을 상실해 가는 모습을 보였기 때문이라고 생각할 수 있다. 조나단의 어머니는 조나단이 계속 학습에 실패만 거듭하게 되면 결국 아무런 시도조차 하지 않을 것임을 알고 있었다. 따라서 조나단이 가장 어려워하는 받아쓰기를 하지 않도록 금요일 결석을 허락하는 것이 그의 장래를 생각해 볼 때 성공 가능성을 높여 준다고 믿었다.

그림 3-5

루시 선생님은 학급에서 같은 아동들과 훨씬 문제 없이 잘 지낼 수 있었는데, 그것은 그녀가 더욱 협동적이고 동적인 활동 중심으로 다양한 참여를 할 수 있도록 수업을 진행하여 아동의 필요를 충족시켰기 때문이다.

교사는 신중하게 판단해야 하며 끊임없는 확인을 통해 부모와의 관계를 점검해 보는 것도 필요하다. 우리는 종종 자신의 경험과 배경에 의해 부모를 판단하고 잘못 인식하는 경우가 있다. [그림 3-5]를 읽으며 생각해 보자.

3) 모든 학생과 가족을 고려한 의사소통

> 학교가 인생에서 진정 가치 있는 일에 초점을 맞추어 교육한다면 더욱 쉽고 자연스럽게 교육의 목표를 달성할 수 있을 것이다……. 아이들은 자신들이 사랑하고 아끼는 사람들을 위해 필요하지 않은 분수와 같은 것을 힘들게 배우고 있다(Noddings, 1988, p. 32).

아동에게 관심이 있는 교사는 아동을 믿고 성공할 것을 기대한다는 자신의 의사를 다양한 방식으로 표현한다(Benard, 2004). 관심이 있다는 것은 아동을 사랑한다는 표현 이상의 의미를 지닌다. 수지 선생님은 아동들이 '엄격한' 교사라고 칭하기는 하지만 분명히 아동에게 관심을 갖고 있는 교사다. 아동에게 관심이 있는 교사는 아동을 존중하고, 다른 사람을 존중하도록 가르치며, 잠재된 가능성을 가지고 있다고 믿고, 조건 없이 받아들이며, 나쁜 행동을 보일지라도 그것이 변화될 것이라 믿는다(Benard, 2004). 관심의 소통은 다른 문화의 가치를 인정하고 비판하지 않고 받아들일 때 가능하다. 다음에서는 매년 학급에서 만날 수 있는 특정 아동을 이해하고 받아들이며 가치를 인정할 수 있도록 도와주는 전략에 대해 살펴보겠다.

(1) 학생과 그들의 배경 및 경험에 대해 배우기

문화적으로 반응적인 교사는 학생에 대해 잘 알고 있는 교사다. 다음 이야기는 어느 신임교사의 부임 첫해의 경험에 대한 것이다.

> 알톤과 배리는 매일 나를 힘들게 한다. 그들은 쉽게 화를 내고 툭하면 싸움을 하며 학습에는 흥미를 보이지 않는다. 어느 날 저녁, 나는 어머니에게 두 문제아에 대한 불만을 토로하고 있었다. 그들은 내가 어떠한 벌을 주어도 효과가 없는 것처럼 보였고 전혀 협조적이 아니어서 어떻게 가르쳐야 할지 막막하다고 했다. 그때 어머니가 해 주신 말이 지금까지도 생생하게 기억난다. "얘야, 그 아이들은 너를 괴롭히려는 게 아니란다. 그 아이들의 말과 행동에 대해 그들이 받아들일 수 있는 반응을 보이는 것이 최선이지. 네가 그 아이들의 입장에서 바라보면 해답이 보일 거야." 어머니의 이 조언은 오늘날 교사로서의 내 모습을 형성하는 데 결정적인 영향을 미쳤다.

교육 전문가들이 문제를 지적하기 훨씬 전에 이 어머니는 이미 문화적으로 반응적인 교사의 기본 원칙에 대해 딸에게 가르치고 있다. 학생을 가르치기 위해서 교사는 반드시 학생을 잘 알고 그들이 어떻게 세상을 바라보는가를 이해하고, 그들의 언어, 가족의 전통, 문화, 장래 희망, 학습방법, 관심사를 파악해야 한다(Banks et al., 2005).

학생과 가족을 이해하는 마술과 같은 전략은 존재하지 않는다. 단지 그들과 함께 시간을 보내는, 단순하면서 동시에 어려운 방법만이 최선이다. 문화적으로 반응적인 교사는 아동의 지역사회에서 함께 시간을 보내고, 가정방문을 하며, 가족과 관계를 형성하고, 문화 행사나 가족 모임에 참여한다. 학생의 거주 지역과 떨어져 살고 있더라도 어떤 방식으로든 그 지역사회와 연관을 맺고 있다. 부모는 지역사회에서 교사를 만나 알게 되고, 교사는 학생의 문화와 경험을 파악할 수 있을 만큼 가족을 잘 알게 된다. 이러한 관계에 의해 형성되는 친분을 학생의 가정 안에서의 '친분의 축적(funds of knowledge)'이라 한다(Gonzalez, Moll, & Amanti, 2005).

아동의 가정과 지역사회에 대해 잘 알게 되는 것과 더불어, 교사는 설문(초등학교 3학년 이상의 아동의 경우), 비형식적 대화, 관찰, 학생 과제물의 분석 등을 통해 정보를 파악할 필요가 있다. 특히 아동의 문화에 대해 배우려는 자세가 필요하다. 아동이 가장 좋아하는 TV 프로그램, 영화, 음악, 게임은 무엇인지, 방과 후에는 주로 어디에서 시간을 보내는지, 지역에 어떤 행사가 있는지 등에 대한 탐구가 필요하다. 아동에 대해 더 잘 알게 될수록 학교와 문화, 개인적 배경을 연관시킬 수 있는 능력은 증대된다.

(2) 학급 안에 관심 풍토 조성하기

학생의 성공에 대한 동기를 고취시키고 적응능력을 증진시키며 문화적으로 반응적인 교실 운영을 하는 학급에 대한 연구들에서는 학급에 관심 풍토를 조성하기 위한 지침으로 다음과 같은 것들을 제안하고 있다.

① 학급을 지역사회처럼 운영하라

문화적으로 반응적인 교사는 학급 일에 적극 참여하며 학생들에게도 같은 것을 요구한다. 교사는 자신의 가족, 관심, 일상생활을 학생들과 공유하며 그들이 서로에 대해 잘 알 수 있는 시간을 마련하곤 한다. 그리고 대화를 할 때 서로 상대를 존중하고 상대의 의견을 경청하도록 가르친다.

이러한 학급은 대부분의 미국 학급에서 보이는 개인주의적 이방인 집단 개념과 상반된다. 아마 대부분의 학생은 같은 반에서 일 년 정도 함께 공부하고도 이름조차 잘 알지 못하는 급우가 있어 본 경험이 있을 것이다. 학급의 학생들이 서로 낯선 상태에서는 관심을 갖고 학습에 도움을 주는 관계망을 형성하는 것이 불가능하다. 이러한 상태에서는 학급 관리상의 문제도 훨씬 많이 발생하게 된다.

② 학급의 규칙, 일과 및 절차에 대해 충분히 지도하라

문화적으로 반응적인 교사는 결코 학생들이 저절로 알고 있을 것이라 가정하는 법이 없다. 그들은 학생들에게 교사가 바라는 행동을 직접 실현해 보이며 가르친다. 규칙과 절차에 대해 자세하게 가르치는 것은 오래전부터 인정받아 온 효과적인 학급 운영의 기본 원칙이다(Emmer, Everton, & Anderson, 1980;

Evertson, Emmer, Sanford, & Clements, 1983). 그럼에도 많은 교사들은 이 중요한 원칙을 망각하곤 한다. 그들은 학생들이 규칙과 절차를 알고 있을 것이라 짐작하거나 충분히 교육했다고 믿는다. 그러고는 바로 결론을 내리고 벌을 주는 단계에 접어든다. 그 결과 부정적이고 종종 지나치게 가혹한 벌을 내리게 되고 다수의 학생이 실패를 경험하는 학급환경이 조성되는 것이다.

• 생각해 봅시다 #6

발표를 하려면 손을 들어야 한다는 등의 간단한 규칙을 지키는 것이 어려운 일일까? 대가족 상황에서 모든 가족원들이 동시에 대화를 하곤 하는 가정환경에서 성장한 아동의 경우에는 그럴 수도 있다. 학생의 문화적 경험에 따라 적응하기 어려울 수 있는 교실의 규칙에 어떤 것이 있을지 생각해 보자.

원칙적으로 '학생들이 교사가 무엇을 원하는지 알고 있다면 그 기대에 맞춰 올바른 행동을 할 것이다.' 라고 믿는 것이 아마 도움이 될 것이다. 문화적으로 반응적인 초등학교 교사는 다양한 방법으로 자신이 학생들에게 바라는 바를 가르친다(Bondy et al., 2006). 그들은 학생들에게 바라는 것이 무엇인지를 설명하고, 직접 시범 보이며, 잘못된 행동의 모습을 예를 들어 설명하고, 학생들에게 설명하도록 시키기도 하며, 피드백을 제공하며 훈련하게 하고, 필요하면 반복학습을 시키면서 적절한 행동을 강화시킨다.

③ 교사가 학급을 보호하며 이끌어라

학생들의 성취 동기를 일깨우는 환경을 조성하는 교사가 그렇지 않은 교사와 비교해서 보이는 가장 큰 차이점은 전략적으로 학생을 존중하면서 규칙과 절차를 준수하도록 이끌어 나간다는 사실이다(Patrick et al., 2003). 즉, 반응적인 교사는 학생이 교사의 기대를 저버리는 행동을 계속 하도록 내버려 두지 않는다. 학생 개개인에 대한 관심과 존경 속에서 꾸준히 관리하며 이끌어 나간다.

모든 교사는 학생들이 학급의 규칙을 준수하기를 원한다. 어떤 교사는 학생들에게 '기회' 를 주곤 하는데, 이는 일관되지 않게 적용되기도 한다. 또 어떤 교사는 학생을 존중하면서 규칙을 지키도록 지도하는 방식을 알지 못해 무조건 벌을 주거나 겁을 주기도 한다. 이런 교사들은 학생들과 상호 존중해야 한다는 기본 원칙을 무의식적으로 파괴하게 된다. 이러한 경우 학생들은 바람직한 행동에 대한 교사의 언어적 가르침보다 존중하지 않는 행동에 의해 더 많은 것을 배우게 된다.

(3) 학생의 성취에 대해 높은 기대감 가지기

결코 포기하지 말라. 문화적으로 반응적인 교사는 '처음에 실패하더라도 계속 도전하라.' 는 격언을 마음에 새기고 학생들에게도 그것을 가르친다. 이러한 교사들은 학생들의 학습을 지속적인 노력으로 해결해야 하는 퍼즐 맞추기로 인식한다(Banks et al., 2005; Corbett et al., 2002). 설령 학업 성취에 성공적이지 못하더라도 학생이나 가족에게 책임을 떠넘기지 않는다. 그들은 학생의 학업에 대한 책임을 지고 목표를 달성할 수 있는 다른 방법을 찾아보려고 노력한다. 이러한 교사들은 학습목표에 도달할 수 없는 아동은 없다는 믿음으로 학생들과 적극적으로 상호작용한다. 학기 말에 학습목표를 달성하지 못한 학생이 있을 수 있지만 그래도 목표를 달성하기 위한 다른 방법을 찾는 일을 멈추지 않는다.

① 의미 있는 활동과 연계된 명확한 교육을 실시하라

문화적으로 반응적인 교사는 비판적 사고력을 키우고, 아동의 호기심을 자극하는 도전적인 과제를 제시하며, 성공할 수 있는 기술과 지식을 제공하는 등 도전적인 교육과정을 운영한다. 이러한 교사들은 학생들에게 도움이 되는 명확한 교수법을 사용해 가르치고, 학생들이 습득한 지식을 활용할 수 있는 기회를 제공한다(Banks et al., 2005; Delpit, 1995). 명확한 교수법은 종종 낮은 인지 수준의 기술로 오인받곤 하는데, 그것은 단지 쉬운 단순 지식만이 아닌 그 이상을 요구하는 것이다. 명확하고 분명한 교수법을 제대로 사용하고 있는지 확인하기 위해서는 다음의 질문을 해 볼 수 있다.

- 활동이나 과제의 목표와 학생들이 갖춰야 할 기술과 지식을 모두 명확히 제시하였는가?
- 학생들이 어떤 기술과 지식을 습득하고 있는지 제대로 파악하고 있는가?
- 모든 필요한 기술과 지식에 대해 모델링하였는가?
- 배운 기술과 지식을 충분히 연습할 기회와 피드백을 제공하였는가?
- 새로 배운 기술과 지식을 사용해 볼 기회를 제공하였는가?

마지막 질문은 문화적으로 반응적인 교사에게 특히 중요한 것이자 교사들이 가장 흔히 망각하고 있는 것이다. 매일 새로운 기술을 습득하지만 게임에 참여하지 못하는 축구선수를 생각해 보자. 그 선수는 게임에 대한 흥미를 잃게 될 뿐 아니라 습득한 기술도 실전에 적용하는 방법을 이해하지 못해 점차 상실하게 될 것이다. 불행하게도 이러한 현상은 대부분의 교실에서 학생들이 기술과 개념을 익히고 평가를 받은 후 다음 단계의 기술과 개념을 배워 나가는 과정과 유사하다. 축구선수의 경우와 마찬가지로, 학생들은 학습에 대한 흥미를 잃게 되고 배운 지식의 깊이도 얕아질 것이다.

② 최상의 질을 유지하라

• **생각해 봅시다 #7**

학생이 과제를 완수하지 못했거나 제대로 수행하지 못하여 F학점을 주었다면 학생에 대한 낮은 기대감을 가지고 낮은 점수를 주었으니 교사가 전문가답지 못하다고 할 수 있을까? 당신의 생각과 그 이유를 제시해 보라.

문화적으로 반응적인 교사는 학생들이 최선을 다하지 않는 것을 용납하지 않는다(Corbett et al., 2002). 그들은 학생들이 일정 기준에 도달할 때까지 반복할 것을 강조한다. 도시 중학교 학생들을 대상으로 효과적인 교사에 대한 인식을 조사한 연구에서는 학생들이 가볍게 자신들을 자극하며 학습활동을 하도록 유도하는 교사를 능력 있는 교사로 인식하고 있었다(Wilson & Corbett, 2001). 다른 연구는 중요한 학습을 시키기 위해서는 불가피한 충돌도 발생할 수밖에 없다고 강조한다(예: Weinstein, 2002). 효과적인 교사는 충돌이 중요하다는 사실뿐 아니라 학생이 성공할 때까지 어려움을 극복하도록 지원하는 것이 중요하다는 것을 강조한다. 이러한 지원을 제공하는 교사는 학생이 도전하도록 격려하고, 불완전하거나 위험한 과제에 도전하도록 허락하며, 보충할 수 있는 기회를 제공하고, 방과 후 과외지도를 하거나 학생의 일상생활과 연계하여 학습시키고, 모두가 이해할 때까지 다양한 전략을 사용해 반복 지도한다(Wilson & Corbett, 2001).

4) 문화를 고려한 교육과정 사용하기

문화적으로 반응적인 교육과정은 문화적 특징을 반영하는 교육과정이다. 다음에서는 아프리카계 미국인 빈곤 아동과 청소년의 문화를 중심으로 문화적으로 연관 있는 실제에 대한 예를 들어 살펴보기로 한다.

(1) 학생과 맥락을 고려한 교육과정

학교의 교육과정은 문화적으로 중립적이지 못하다. 교육과정은 그 사회의 대표적인 문화적 특성을 위주로 하여 교과서, 국가의 표준, 대다수 교사의 경험을 반영하고 있다. 홀린스(Hollins, 1996)는 학교 교육과정이란 "자신들의 (1)문화적 가치, 실용, 인식, (2) 심리적, 사회적, 경제적, 정치적 필요, (3) 사회 내에서의 지위 향상을 촉진시키는 것"(p. 82)이라고 언급하였다.

• **생각해 봅시다 #8**

지금 머리에 떠오르는 유명한 유럽계 미국인들의 이름을 적어 보라. 다음으로 머리에 떠오르는 아프리카계 미국인들의 이름을 적어 보라(운동선수와 연예인을 제외하고). 그 두 명단에 차이가 있다면 아프리카계 미국인들이 역사적으로 중요한 일을 한 적이 드물다는 이유 외에 어떤 원인이 있을지 생각해 보자.

현재 사용되고 있는 교육과정은 유럽 중심의 사상을 반영하고 있다. 예를 들면, 우리는 교과서에서 자유와 투표권, 경제적 평등을 위해 싸웠던 아프리카계 미국인들의 이름은 찾아볼 수 있지만 그들의 투쟁과정에 대한 구체적인 사실들은 서구의 산업혁명 과정에 비하면 매우 간략하게 언급되고 있음을 알 수 있다. 근대 이전의 역사에서도 제임스 아미스테드(James

Armistead)와 같이 당시의 혼란(미국 독립전쟁) 속에서 자신의 노력에 의해 자유를 얻은 노예의 일화를 배우는 경우는 거의 없다(Selig, 2005). 미국 독립전쟁 기간 중 거의 모든 전장에서 아프리카계 미국인들이 앞장서 싸웠지만 전쟁 후에는 다시 노예로 돌아갔음을 알고 있는 학생도 거의 없다.

문화적으로 반응적인 교사는 교육과정 속에 자신을 대입시켜 이해해야 한다는 사실을 알고 있다. 교과서의 내용이 대부분 유럽계 미국인 중심의 사실이라면 아이들이 받아들이는 역사와 과학적 성과는 유럽계 미국인 중심의 것들로 한정된다. 또한 학생들이 접하는 실제와 허구의 이야기들도 문화적으로 연관이 있어야 주인공, 배경, 이야기의 진행 등에 자신의 경험과 문화를 대입시켜 이해할 수 있게 된다. 효과적인 학습이 되기 위해서 교사는 "다양하고 광범위한 학습 내용에 대한 이해를 바탕으로 다양한 학생의 경험과 연계시켜 수업 내용을 이해시킬 수 있어야 한다."(Banks et al., 2005, p. 251)

문화적 · 언어적으로 다양한 학생들을 학교 수업 내용과 연계시키는 방법의 하나는 그들의 문화적 배경과 경험을 반영하는 문학작품을 활용하는 것이다. 학생들이 책 속에서 자신의 이야기를 발견하게 되면 읽기에 흥미를 느끼고 학문적으로 연관된 어휘와 언어 능력을 향상시킬 수 있다. 더구나 다양한 문화적 특성을 포함한 문학작품을 접함으로써 학생과 교사는 서로를 좀 더 이해할 수 있는 기회가 된다. 또 다른 효과적인 교수법으로는 학습과정의 일부를 통해 아동의 모국어 실력 향상을 돕는 '다문학적 프로젝트' 방법이 있다('프로그램 탐구' 참조).

프로그램 탐구
다문학적 프로젝트

프로그램의 목적

다문학적 프로젝트(Multiliteracy Project)는 캐나다에 근거를 두고 있으며 아동이 자신의 모국어와 문화적 정체성을 확립하면서 동시에 영어 실력을 향상시킬 수 있도록 도와주는 프로그램이다. 이 프로그램은 문화적, 언어적 다양성은 단점이 아니라 활용될 수 있는 자원이라는 생각을 바탕으로 하고 있다(Ruiz, 1988).

프로그램의 개요

다문학적 프로젝트의 교사는 학생들이 계속해서 모국어로 된 문학작품을 통해 영감과 자극을 받으며 동시에 영어를 제2 외국어로 습득할 수 있도록 지원한다. 일반적으로 학생의 모국어 책 돌려 보기, 협동학습의 권장, 단어의 의미와 학문적 개념 습득을 위해 모국어 사용하기 등의 전략을 사용한다. 학생들은 같은 모국어를 사용하는 친구들과 함께 모국어로 책을 쓰는 활동을 한다. 이때 학생들은 자신의 경험을 바탕으로 모국어로 글을 쓰게 된다. 그 후 함께 쓴 글을 영어로 번역하고 다른 학급 친구들 앞에서 발표하게 된다. 이러한 과정을 통해 학생들은 자연스럽게 자신의 모국어와 영어를 비교하며 협력적으로 단어의 뜻과 개념에 대해 이해하게 된다. 학생들은 인터넷 출판을 통해 모국의 친지들과 연락을 주고받으며 자신의 정체성을 확립하고 자신의 문화에 대해 친밀감을 느끼게 된다. 이러한 학생들의 작품은 다문학적 프로젝트 웹사이트에서 찾아볼 수 있으며, 출판사 사이트(www.prenhall.com/rosenberg)의 제3장 인터넷 링크 모듈에서 확인할 수 있다.

교수 기술

학생들은 영어를 이해하고 표현하는 기술을 습득하고 자신의 모국어와 영어를 비교·분석하며 언어에 대해 배우게 된다. 동시에 문화적·언어적 정체성도 확립할 수 있다.

연구와의 연계

다문학적 프로젝트는 모국어의 지속적인 발전이 제2 외국어의 습득을 촉진시킨다는 사실을 증명하면서 학문적 성취와 인간관계의 개선에서도 성과를 거두고 있다. 이중언어에 대한 연구 결과는 모국어를 계속해서 사용하여 발전시키는 경우 제2 언어를 더 쉽고 빠르게 습득한다는 사실을 입증하고 있어 모국어 실력은 영어 습득의 지름길임을 주장하고 있다(Krashen, 2006). 이는 모국어를 통해 습득된 개념이 제2 언어로 연계되기 때문인데, 다문학적 프로젝트는 이러한 학습의 효과를 보여 주는 증거가 된다.

(2) 학생을 고려한 교수법

앞서 문화적으로 반응적인 교사는 아동의 문화, 전통, 관심에 대해 잘 알고 이해하는 교사라고 설명하였다. 이러한 능력은 학생들이 알고 있는 지식과 그들의 학습방법을 교육과정에 반영하는 데 결정적인 역할을 한다.

① 아동의 관심, 경험, 가족 및 문화와의 연계

많은 아동은 학교에서 배우는 내용이 학교 밖에서는 쓸모가 없다고 생각하고 흥미를 보이지 않는다. 교사가 학교에서 배우는 내용을 학교 밖 현실 세계의 관심과 경험에 연결시켜 준다면 그들은 좀 더 적극적으로 배움에 참여하게 될 것이다. 가장 훌륭한 교사는 학습의 개념을 일상생활과 연계시키는 방법을 잘 아는 교사다. 예를 들면, 수학시간에 백, 천, 만의 개념을 가족의 개념과 연관시켜 설명할 수 있다. 더 구체적인 예로는 플로리다, 미시시피, 루이지애나 주의 많은 아동들이 최근에 겪었던 허리케인의 경험을 학습에 연관시키는 것이다. 단지 허리케인에 대한 설명뿐 아니라 그와 관련된 다양한 학문적 개념을 허리케인 경험을 떠올리며 이해할 수 있다.

학생의 문화적 배경과 경험을 학습에 접목시키는 것도 유사하다. 아프리카계 미국인 문화는 시와 랩 음악으로 대변되는 강력한 구전 전통을 갖고 있다. 언어와 랩 음악의 리듬에 대한 학습은 시문학을 소개하는 데 유용한 바탕이 된다. 여기서 기억할 점은 랩 음악을 가르치는 것이 아니라 학생의 문화적 지식을 학교의 학습 내용과 접목시켜 교육함으로써 자칫 아동이 자신과는 '별개'의 동떨어진 문학으로 받아들일 수 있는 개념을 쉽게 받아들이고 이해하도록 교육한다는 사실이다.

또한 훌륭한 교사는 학생의 가족과 그 전통을 교육에 접목시키기도 한다. 앞서 일부 문화에서는 부모가 교육에 관여하지 않는 것이 교사에 대한 존경으로 표현된다고 언급하였다. 가족의 '참여'에 대한 개념을 확대하면 이러한 경우에도 가족의 전통을 존중하며 학교 행사에 참여시킬 수 있다. 카일, 매킨타이어, 밀러와 무어(Kyle, McIntyre, Miller, & Moore, 2006)가 제시한 '부모가 저녁이나 주말에 아동과 함께 가족 역사에 대한 이야기를 기록하는 활동을 도와주는 것' 등이 한 예가 될 수 있다. 문화적으로 반응적인 교사는 가족에 대해 알고 있는 지식을 활용해 부모가 그들의 전문성을 발휘하여 아동의 교육과 경험을 확장시킬 수 있도록 지원한다(Gonzalez et al., 2005).

② 평등과 사회적 정의를 추구하는 능력의 강화

유치원생들조차 공평하고 평등한 것에 대해 잘 알고 있다. 학생들이 이러한 인식을 할 수 있도록 권장하는 일은 교육과정을 풍성하게 만들고 학생을 참여시키며 학교의 모든 절차를 평등하게 만드는 방법이다.

모든 절차가 평등하다는 것은 무엇을 뜻하는 것일까? 이는 학생들이 자신이 불공평한 대접을 받았다고 생각될 때 이의를 제기하도록 격려하는 것처럼 단순한 것일 수도 있다. 펠로와 데이비드슨(Pelo & Davidson, 2000)은 두 남자가 서로 껴안고 있는 모습을 보고 비웃는 친구에게 화를 내는 유치원생에 대한 예를 들고 있다. 그 남자는 아이 엄마의 친구였으므로 친구들이 웃는 것에 화가 난 것이다. 교사는 그 아이에게 자신의 감정을 표현하도록 함으로써 자신이 옳다고 생각하는 것을 주장할 수 있는 힘을 키워 주고, 학급 친구들은 새로운 현상에 대한 지식과 타인의 감정에 대한 배려를 배울 수 있게 하였다.

학년이 높아지면 사회적 정의와 평등에 관한 교육이 교육과정 내에서 이루어질 수 있다. 예를 들면, 자신의 교과서에 수록되어 있는 역사적 사건을 *Lies My*

Teacher Told Me(Loewen, 1995)와 같이 미국 역사 교과서를 분석하고 비판한 책에서는 어떻게 설명하고 있는지 비교해 볼 수 있다. 혹은 인터넷 등에서 역사적 사건이나 과학적 발견에 대한 이야기들을 찾아 교과서에서 설명하고 있는 부분과의 차이를 찾아보고 차이가 발생하는 원인 등에 대한 자신의 생각을 논술로 풀어 볼 수 있다.

이와 비슷하게 우리 주변에서 발생한 최근의 사건을 평등과 사회적 정의의 관점에서 살펴볼 수도 있을 것이다. 2005년 가을에 발생한 허리케인 카트리나에 관한 뉴스에서 사회적 정의에 대한 문제를 짚어 볼 수 있다. 거의 지원을 받지 못한 주로 빈곤층 아프리카계 미국인들이 살고 있던 지역의 피해 여파는 전국을 충격으로 몰아넣었다. 허리케인 카트리나와 같은 사건은 전국적 재난이 빈곤층에게 미치는 영향, 정부와 개인의 역할 등에 대한 좋은 토론거리를 제공한다. 학생들은 식량지원, 기금 모금, 지역사회 발전에 관한 건의편지 보내기 등을 통해 사회활동에 참여할 수도 있다. 이러한 과정을 통해 학생들은 자신이 지역사회와 국가에 영향을 미칠 수 있음을 깨닫고 학교와 자신의 일상을 연계시킬 수 있게 된다.

③ 진정한 평등에 대한 이해

• 생각해 봅시다 #9

일반학급에 완전 통합되어 수업을 받는 지체장애 학생이 목소리 인식 컴퓨터 프로그램을 사용해 쓰기활동을 하고 있다. 이러한 모습을 보고 학급의 한 학생이 다른 학생들도 공평하게 컴퓨터를 사용할 수 있어야 한다고 주장한다면 교사로서 어떻게 반응해야 할까? 학급에서 서로의 생각을 나누어 보자.

새 옥스퍼드 영어사전(Jewell & Abate, 2001)에서 동등(equal)을 "양, 크기, 정도, 가치에 있어 같음"(p. 573)으로 정의하고 있다. 이에 반해 공평한(equitable)은 "공정하고 편견이 없음"(p. 574)으로 정의하고 있다. 공평이란 개념은 학생들이 이해하기 어려운 개념이다. 대부분의 아이들은 공정(fair)하다는 것은 모두를 똑같이 대하는 것이라고 생각하는 경우가 많다(즉, 모든 학생에게 똑같은 교수법을 적용해 교육하기). 이 장을 통해 살펴보았듯이, 모두를 똑같이 대하는 것이 항상 공정하거나 교육의 성과를 거두는 데 효과적인 것은 아니다. 다양한 문화적 배경을 가졌거나 장애가 있는 학생의 경우는 물론이거니와 일반아동의 경우도 마찬가지다.

이 장을 통해 학생의 특성과 필요에 따라 교실 상황을 수정해야 할 필요가 있음을 예를 들어 설명하였다. 이와 유사한 상황에 대한 설명이 이 책의 각 장마다 특정 장애 영역에 적용되어 제시될 것이다. 이러한 수정된 방법의 적용은 모든 학생을 똑같이 대우하는 것이 아니라 각자 필요로 하는 것을 제공하는 것이 공정한 방법이라는 가정하에 가능한 것이다.

교사가 이러한 차이에 대해 학급의 아동들에게 설명하고 일부 학생들은 특별한 필요에 맞춰 교육하고 지원해야 할 필요가 있음을 이해시키는 것은 매우 중요한 일이다.

요 약

새학기가 시작될 때마다 교사는 다양한 학생들을 만나게 된다. 교사와 너무 다른 인구학적 배경을 가진 학생들을 접하게 되는 것이다. 이 장에서는 이러한 인종적 다양성과 다양한 배경을 가진 학생들의 필요를 충족시켜 줄 수 있는 교수전략에 대해 살펴보았다.

공립학교 학생의 인구학적 배경은 어떻게 바뀌고 있는가?

- 미국 전역에 걸쳐 인종, 언어, 빈곤, 장애 등과 관련된 학생의 인구학적 특성이 매우 빠르고 다양하게 변화되어 왔다.
- 앞으로 20년 안에 전체 학생의 절반 이상은 비유럽계 미국인 학생이 차지하게 될 것이고, 영어를 모국어로 사용하지 않는 학생의 수도 40%를 넘을 것으로 예상된다.

인구학적 분류란 무엇이고 그것이 왜 중요한가?

- 인구학적 분류를 살펴보면 교사와 학생의 인구학적 특징이 일치하지 않음을 알 수 있다. 다양한 배경을 가진 학생은 전체 학생 인구의 36%를 차지하는 반면, 교사의 14%만이 학생과 유사한 배경을 가진 것으로 보고되고 있다.
- 다양한 배경을 가진 학생들이 낮은 학업 성취를 보이는 원인으로 인구학적 분류가 어느 정도 기여하고 있다는 사실은 학교가 비유럽계 미국인, 빈곤계층, 영어를 모국어로 사용하지 않거나 장애를 가진 학생들을 가르치는 데 성공적이지 못했음을 입증한다.

인종, 문화, 사회경제적 지위, 언어 및 학습방법의 차이에 따른 교육적 성과의 명백한 불일치는 어떻게 설명할 수 있을까?

- 학업 성취에서 학생들이 보이는 차이의 일부분은 인구학적 배경의 차이 때문에 발생한다.
- 학업 성취가 낮은 학교(비유럽계 미국인 빈곤계층 학생의 비율이 상대적으로 높음)는 일반적으로 학생 1인당 교육비가 낮고, 양질의 교사도 부족하며, 질 낮은 교육과정과 교구를 제공하고 있다.

- 인구학적 분류와 자원의 부족이 학생의 실패를 결정짓지는 않는다. 어려운 여건 속에서도 많은 학생들이 괄목할 만한 성과를 거두고 있다.
- 이러한 성공적인 사례를 통해 언어, 문화, 장애를 극복하고 학업적 성과를 이룰 수 있게 하려면 어떤 지원을 해야 할지에 대해 배울 수 있다.

훌륭한 교사는 모든 아동의 교육적 미래를 위해 무엇을 믿고 행해야 할까?

- 문화적으로 반응적인 교육은 학생의 적응능력을 기르고 성과를 확대시키며 아동의 교육적 미래를 강화하도록 구성되어 있다.
- 문화적으로 반응적인 교사란 다음과 같다.
  - 자신과 자신의 인식 형성에 문화가 어떤 역할을 하는가에 대해 분석한다.
  - 문화와 차이에 대해 불공평한 태도를 수정한다.
  - 비유럽계 미국인이거나 영어를 모국어로 사용하지 않거나 중산층이 아니거나 장애를 가진 학생도 성공할 수 있다는 비전을 갖는다.
  - 모든 학생과 가족들과의 의사소통 시 상대를 배려하려고 노력한다.
  - 학생과 그들의 배경, 경험에 대해 알려고 노력한다.
  - 학급의 핵심은 서로에 대한 관심이다.
  - 학급의 규칙과 일정, 절차에 대해 분명히 설명한다.
  - 학생의 성취에 대한 기대가 높다.
  - 문화를 고려한 교육과정을 구성한다.

4

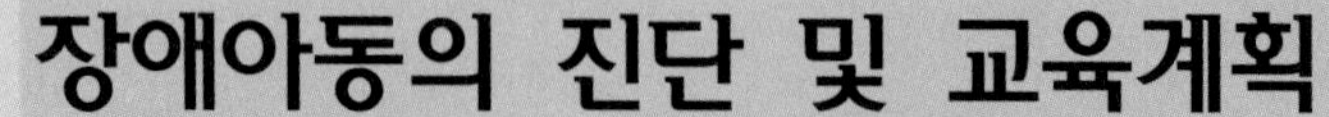

장애아동의 진단 및 교육계획

이 장을 시작하며

- 영유아의 장애 진단은 어떻게 이루어지며 장애영유아와 그 가족을 위해서는 어떤 계획이 수립되어야 하는가?
- 장애 위험이 있는 미취학 아동의 경우 어떤 특징을 보이는가? 그 아동을 위해서는 어떤 교육적 서비스가 제공되어야 하는가?
- 학령기 아동의 경우 어떻게 장애 진단을 내리게 되며 장애 진단 이후에는 어떤 처치를 받게 되는가?
- 개별화 교육 계획(Individualized Education Plan: IEP)이란 무엇이며 누가 IEP 팀에 속하는가? IEP 이외에 어떤 교육계획이 있는가?
- 장애아동의 진단과 교육계획을 위해 필요한 검사에는 어떤 것들이 있는가?

나의 이야기: 캐시 블로스필드

캐시 블로스필드 선생님은 아주 특별한 인연으로 특수교사가 되었다. 특수교사가 되는 것은 쉽지 않은 일이었으나 그녀는 현재 노스캐롤라이나의 애슈빌 학교에서 매우 만족스럽게 근무하고 있다. 지난 수년간 그녀는 특수교사 자격증을 획득하고 석사학위를 취득하여 완전통합 유치원의 특수교사로 근무를 시작하였다. 캐시는 자신의 직업에 만족하는 이유에 대해 다음과 같이 밝히고 있다. "저는 아이들이 발전해 가는 모습을 지켜볼 수 있다는 사실이 좋습니다. 아이들이 상급학교에 진학할 때 필요한 능력인 또래와 친분을 맺고 다양한 방식으로 의사소통을 하며 기술을 익히고 도구를 사용하게 되는 모습을 보는 것은 매우 즐거운 일이니까요. 다양한 방식으로 이러한 성과를 이루어 나가는 모습을 보는 것은 정말 기분 좋습니다." 그러나 이렇게 만족스러운 직업을 얻게 되기까지 캐시 선생님의 여정은 쉽지 않았다.

고등학교를 졸업할 때까지 캐시 선생님은 자신이 무엇이 되기를 원하는지 알 수 없었다. 확실한 것은 약간의 반항적 기질이 더해져 부모처럼 교사는 되기 싫었다는 사실이다. 그녀는 야외활동을 즐겼고 여행을 하며 시간을 보낸 후 노스캐롤라이나 서부 지역에서 급류 래프팅 강사가 되었다. 활동적인 직장을 찾던 중 캐시 선생님은 미시간의 한 캠프에서 장애아동을 대상으로 하는 상담사 일을 하게 되었고, 그 해 여름이 끝나갈 무렵 장애아동과 함께하는 일을 하고 싶다는 생각을 하기 시작하였다. 그러나 구체적인 계획은 세우지 못한 채 안정적인 직업을 얻기 위해 노스캐롤라이나의 작은 대학에 진학해 심리학을 전공하고 학사학위를 받았다. 대학을 졸업하고 계약직 교사를 비롯해 여러 직업을 전전하면서, 캐시 선생님은 교직을 평생의 직업으로 택하기 위해서는 정식으로 특수교사 자격증을 따야겠다는 결심을 하게 된다. 그녀는 일을 하며 한 학기에 한 과목씩 수강하는 방식으로 7년 동안 노력해서 학위를 땄고, 마침내 특수교사 자격을 취득하였다. "부모님의 도움 없이 독립적으로 학비를 대며 공부하기 위해 세 가지 일을 병행해야 했기에 어쩔 수 없이 늦어졌지요." 그리고 그녀는 결국 해내고 말았다.

특수교사 자격을 얻고 난 후, 캐시 선생님은 혹시 자

신이 일생일대의 실수를 저지른 것은 아닐까 걱정이 되기 시작했다. 가르치는 일은 그녀가 생각했던 것과 많이 달랐다. 특수학급에서 몇몇의 아동과 읽기, 수학을 공부하는 대신, 그녀는 아주 심한 정서 및 행동 장애를 가진 아동들로 구성된 분리학급을 맡아야 했다. 그녀는 어찌할 바를 모르고 차츰 진이 빠져 갔다. "학급 현실은 제 상상과 너무나 달랐어요. 저는 매우 지쳤지요. 반년 넘게 매일 집에 오는 길이면 지쳐 울곤 했어요. 제가 옳은 선택을 한 것인지 정말 의문스러웠어요."

캐시 선생님은 어떻게 이런 어려움을 극복하고 훌륭한 특수교사가 될 수 있었을까? 그녀의 성공요인은 크게 세 가지다. 첫째, 그녀는 포기하지 않았다. 숭고한 뜻이 있어서 그랬던 것은 아니다. 그녀는 빚이 있었고 장애아동을 입양했기에 직업이 필요했다. 넉넉하지는 않아도 교사로서 그녀의 봉급은 괜찮은 수준이었고, 그녀는 경험을 통해 월급이 낮은 직장에 다니는 것이 어떤 것인지 잘 알고 있었다. 둘째, 그녀는 동료 교사들의 지원을 받을 수 있었다. 동료 교사들은 교육계획안을 구성하는 요령이나 장애아동을 다루는 방법에 대해 가르쳐 주고 도움을 주었다. 셋째, 그녀는 웨스턴캐롤라이나 대학교의 교사지원 프로그램(Teacher Support Program)의 도움을 받을 수 있었다. 대학의 관계자는 그녀의 학급을 재정비하도록 도움을 주고 읽기 교재를 제공하였으며, 긍정적 행동지원 방식을 적용한 교수법을 가르쳐 주었다. 이러한 인연으로 캐시 선생님은 대학원에 진학하여 몇 년 후 석사학위를 받을 수 있었다.

캐시 선생님은 이제 다른 직업을 갖는다는 것은 상상도 할 수 없다. 교사로서 11년이 지난 지금, 캐시 선생님은 특수교육의 어려움과 매력을 모두 잘 알고 있다. 그녀는 자신보다 열악한 근무환경에 있는 교사들에 대한 미안한 마음도 들지만 자신에게는 이보다 더 알맞은 환경은 없다는 사실을 잘 알고 있다.

캐시 선생님의 이야기는 우리 자신과 우리가 가르치는 학생들에게 교훈을 준다. 첫째, 자신에게 가장 적합한 적성을 찾는 것은 쉽지 않은 일이지만 결국 해야만 한다는 것이다. 둘째, 특수교육 대상자는 매우 다양한 특성을 지니고 있어서 반드시 그중에는 교사의 기술과 능력을 필요로 하는 아동이 있게 마련이라는 것이다. 이 장의 목적은 다양한 학생들이 특수교육 대상자로 진단받는 과정에 대해 살펴보는 것이다.

많은 학생들이 학교에서 학업적, 사회적 문제를 경험한 후 비로소 장애 진단을 받게 된다.

학습활동을 하는 데 도움을 필요로 하는 중학교 장애학생을 가르치는 입장이라고 가정해 보자. 혹은 일반교사(예: 6학년 사회 전담교사)로서 학급에 경도 정신지체 아동이 있다고 생각해 보자. 이 학생들은 언제 장애를

진단 및 교육계획	
파트 C 서비스와 그 대상	정부는 3세 이하의 아동과 그 가족에게 파트 C 서비스를 제공한다. 이 서비스는 장애인교육법(IDEA, 2004)에 의해 정부의 예산으로 집행된다.
개별화 가족서비스 계획(IFSP)이란?	개별화 가족서비스 계획(IFSP)은 파트 C 서비스에 따라 장애영유아에게 지원되는 서비스를 계획하기 위한 문서로서 장애 영아 및 유아와 그 가족을 대상으로 한다.
특수교육 서비스 수혜가능 연령	조건에 부합하는 3세 이상의 아동은 IDEA(2004)에 의해 무상의 적절한 공교육(free appropriate public education: FAPE)을 받을 수 있다. 이러한 서비스는 아동이 21세가 될 때까지 제공된다.
조기중재 서비스	조기중재 서비스는 특수교육 대상자로 선정되지 않았지만 일반학급 상황에서의 학업에 어려움을 겪는 학생들에게 제공되는 집중교육 서비스다. 이 서비스의 목적은 반드시 특수교육을 필요로 하는 아동 이외의 무분별한 특수교육 대상자 선정을 방지하는 것이다.
중재 반응(RTI) 모델	중재에 대한 반응은 학업능력의 향상을 위해 조기중재 서비스를 받고 있는 아동의 특수교육 서비스 제공 여부를 결정하는 새로운 판정방법이다. 집중적인 교수법을 제공받고도 학업 성취를 보이지 않는 경우 특수교육 대상자로 선정된다. 중재 반응 모델은 학습장애를 판별하는 대안적 방법으로 사용되고 있다.
개별화 교육 계획(IEP)	개별화 교육 계획(individualized education plan: IEP)은 장애아동 교육의 목표와 제공받아야 할 특수교육 서비스와 관련 서비스, 학생에게 적합한 교육환경 등 장애아동 교육에 관련된 핵심 정보를 수록하고 있는 문서다. 개별화 교육 계획은 전문가와 부모를 포함한 IEP 팀에 의해 작성되고 승인받는다.
504조 계획	504조 계획은 기준에 비추어 특수교육 대상자로 선정되지 못하였으나 재활법에 의해 장애가 있다고 판정받은 학생을 위한 계획이다. 재활법 504 조항에 의해 서비스 대상자로 선정된 학생은 학교활동에 참여하기 위해 필요한 서비스나 도움을 요구할 수 있는 권리를 갖는다.
전환 서비스	16세 이상의 장애학생을 위한 개별화 교육 계획은 반드시 학교 졸업 후 사회 진출을 돕기 위한 계획을 포함해야 한다. 즉, 고등학교에서 대학 진학, 취업, 자립생활 등 성인으로서의 독립적인 생활을 하기 위해 필요한 준비를 할 수 있도록 그에 대한 전환계획이 반드시 수립되어야 한다.

진단받게 될까? 장애 판별을 위해 거쳐야 하는 절차는 무엇일까?

대다수의 경도 장애아동을 포함하여 특수교육 서비스를 제공받는 아동의 상당수는 일반적으로 초등학교 저학년 때 장애 진단을 받는다. 즉, 대부분의 경우 학교에 입학하여 학습이나 사회성 문제를 경험한 후 장애로 판별되는 것이다. 아주 어린 아동의 경우는 아동의 초기 발달 모습이 비전형적인 경우가 많아 전문가라 할지라도 아동의 증상을 장애로 진단하기 어렵다.

반면, 자폐나 심한 정신지체, 중복장애와 같은 중증의 장애를 가진 아동은 출생 직후나 영아기 때 장애를 감지할 수 있다. 그들은 심각한 의료적 처치가 필요하거나 쉽게 드러나는 발달상의 문제를 가지고 있으므로 부모가 전문가의 도움을 요청하게 된다. 앞서 소개한 캐시 블로스필드 선생님은 유치원에 근무하면서 어린 나이에 장애 진단을 받은 중도의 아동을 완전통합 학급에서 교육하였다.

아동을 특수교육 서비스 대상자로 판별하는 과정은 매우 중요하고도 복잡하다. 이 장에서는 두 집단의 아동이 장애로 판정되는 과정을 설명할 것이다. 출생 직후 장애 판정을 받게 되는 아동과 학령기가 된 후 장애 판정을 받는 아동이 바로 그들이다. 더불어 장애아동을 위한 공식적인 교육계획 과정과 관련 문서, 사용되는 검사와 평가 방법 등에 대해서도 살펴보고자 한다. 진단과 계획에 관한 대표적인 내용들은 'FAQ Sheet'에 제시해 놓았다.

• 생각해 봅시다 #1

자신의 아이가 장애를 갖고 있는 것이 아닐까 의심이 되는 순간 부모의 감정은 어떠할까? 만약 당신이 장애아동의 부모라면 어떤 반응을 보일 것 같은가?

1. 입학 전 장애아동을 위한 진단 및 교육계획

개정된 장애인교육법(IDEA, 2004)에 따르면, 주정부는 3～21세의 장애아동을 판별하고 장애를 가진 아동에게는 무상의 적절한 공교육을 제공할 의무가 있다. 어떤 아동은 3세 이전, 출생 시부터 명백한 장애 특성을 보인다. 이러한 아동과 가족은 영유아기부터 정부의 재정지원에 의해 특수교육 서비스를 받을 수 있다.

1) 장애영유아의 진단

IDEA(2004)의 정의에 따르면, '장애영유아'란 다음 영역 중 하나 이상의 부분에 '발달지체'를 보여 특별한 중재 서비스를 필요로 하거나 또는 발달지체를 보일 가능성이 높은 신체적 · 정신적 장애를 가진 것으로 진단된 3세 미만의 아동이다. 발달지체를 보이는 영역으로는 '인지 발달, 운동기술 발달, 의사소통 발달, 사회적 · 정서적 발달, 적응행동 발달'이 포함된다. 주에 따라서 장애 가능성이 있는 영유아를 포함시키기도 한다(IDEA 2004, Part C, Sec. 632).

장애아동을 진단하고 적절한 서비스를 제공하기 위해 주정부는 장애아동 발견(child find) 시스템을 갖추고 있어야 한다. IDEA에 따라 국회는 주정부의 아동발견 시스템이 특히 보호시설에 수용되어 있거나 극빈가정, 폭력, 아동 학대의 위험이 큰 지역에 있는 아동의 진단에 각별히 주의를 기울여야 한다고 강조하고 있다(U.S. Department of Education, 2005).

장애아동 발견체계는 조기중재와 유아 대상 프로그램에 대한 방송광고, 병원과 건강센터 등 공공시설에의 홍보 등을 통해 운영된다. 많은 주에서는 염색체 이상인 다운증후군, 근골격계 이상인 사지결손 등에 대한 신생아 정보를 관리하는, 출생 시 문제점에 대한 감시 프로그램을 운영하여 출생과 동시에 관리할 수 있는 체계를 갖추고 있다(Farel, Meyer, Hicken, & Edmonds, 2003). IDEA에 따른 조기중재를 주관하는 기관에서는 학습이나 발달과 관련된 신체적 문제를 가진 아동이나 미숙아의 부모에게 조기중재 서비스에 대한 정보를 제공해야 한다(U.S. Department of Education, 2005).

각 주는 독자적으로 IDEA 파트 C(장애영유아를 위한 법)에 의해 서비스를 제공받을 수 있는 3세 미만 아동의 자격 요건을 결정하기 때문에 주에 따라 서비스 대상자의 수나 특성에 차이가 있다(Shackelford, 2006; Wolery & Bailey, 2002).

일반적으로 부모나 전문가는 명백한 장애를 갖고 있거나 주요 발달 영역에 현격한 지체를 보이는 영유아를 장애로 판단하게 된다. 일단 아동이 의뢰를 받아 전문가에 의해 발달지체를 가지고 있다고 판정되고 나면 특수교육 서비스를 제공받게 된다. 임상 전문가들은 발달평가를 통해 아동이 어떤 영역에 어느 정도의 지체를 보이는지 평가하게 된다. 주에 따라 기준이 다르기는 하지만 보통 한 영역에서의 현격한 지체(기준에서 50% 지체) 또는 한 영역 이상에서 현격한 수준은 아니어도 심각한 지체(25% 수준의 지체가 두 영역 이상에서 나타나는 경우)를 보이는 경우를 장애 판별 기준으로 사용하고 있다(McLean, 2004).

2) 장애영유아와 가족을 위한 교육계획

국가는 주정부가 장애영유아에게 특수교육 서비스를 지원할 수 있도록 재정 지원을 하고 있다. 주정부는 지원 단체(일반적으로 보건 관련 단체)를 지정하여 프로그램을 운영하도록 한다. 서비스를 제대로 지원하기 위해 개별화 가족서비스 계획(individualized family service plan: IFSP)이라는 문서를 작성해 그에 따라 관리하게 된다. IFSP에는 영유아와 아동의 가족에게 어떠한 서비스를 제공할지 명시하게 된다. 장애영유아의 경우 아동의 연령을 고려해 부모나 가족과 별개로 서비스를 제공할 수 없으므로 IFSP는 아동의 필요뿐 아니라 가족의 지원에 대한 내용도 포함한다. 영유아를 대상으로 하는 서비스는 주로 가정에서 제공되지만 필요에 따라 외부의 장소에서 서비스를 받을 수도 있다. 2004년 개정된 IDEA에서는 '과학적으로 연구를 통해 검증된' 서비스를 제공하도록 명시하고 있고, 제공되는 서비스에는 '발달적으로 아동에게 적합한 문해전(preliteracy) 언어기술'을 포함한다고 수정되었다(U.S. Department of Education, 2005).

IFSP를 작성할 때는 반드시 부모와 다른 가족이 참여해야 한다. 또한 친지, 가족의 변호인 등도 가족의 요청에 따라 동참할 수 있다. 지원 단체에서 파견된 서비스 조정자는 IFSP 서비스를 제공하고 계획과 적용을 감독하는 역할을 한다. 다른 전문가들도 아동을 평가하거나 아동과 가족에게 서비스를 제공하는 등의 역할을 하게 되고, IFSP 자체는 몇몇 핵심 내용을 포함하는 문서로서의 의미를 갖는다([그림 4-1] 참조).

전문가는 개별화 가족서비스 계획(IFSP) 작성 시 반드시 부모를 참여시켜야 한다.

개별화 가족서비스 계획(IFSP)의 필수 항목

- 신체적 건강 상태, 인지발달 수준, 의사소통 발달 정도, 사회적 · 정서적 발달 수준, 적응행동 기술의 발달 수준 등 아동에 대한 정보
- 가족의 필요, 자원, 아동의 발달과 관련된 우선순위에 대한 가족의 요구 등 가족에 대한 정보(가족이 정보 제공에 동의했을 경우)
- 제공될 조기중재 서비스의 종류(연구에 의해 효과가 입증된), 서비스를 제공할 자연적 환경, 서비스 제공 빈도, 서비스 제공자(IDEA 2004, Sec. 636 [d] [4])
- 아동의 발달에 적절한 전학문적 기술과 언어기술을 포함한 평가 결과에 대한 정보
- 의학적 치료 등 그 밖에 제공될 서비스에 관한 정보
- 서비스 제공 시기 및 기간
- 제공되는 모든 IFSP 서비스에 대한 책임자의 이름
- 조기중재 프로그램에서 유치원 프로그램으로의 전환을 위해 아동과 가족에게 제공될 전환 프로그램에 대한 정보

그림 4-1

3) 영유아에 대한 장애 판별

장애를 가진 3~21세의 아동은 특수교육 서비스와 그 외 필요한 관련 서비스를 제공받을 권리가 있다. 3세 이후부터는 반드시 서비스를 받아야 하며, 장애가 명백한 경우에는 출생 직후부터 서비스를 제공받을 수 있다. 만약 아동이 IDEA 파트 C에 의해 서비스를 제공받고 있다면 조기중재 프로그램과 유치원 프로그램 사이에 순조로운 전환이 이루어지도록 법에 따른 지원을 받는다.

일반적으로 아동이 명백한 신체적 특성이나 장애의 특징을 보이지 않는다면 어린 아동에게 장애 진단을 내리는 것은 까다로운 일이다. 뇌성마비, 시각장애, 청각장애, 중도의 정신지체, 중복장애의 경우는 쉽게 장애로 진단될 수 있다. 이러한 경우 외에는 발달적 지체나 행동 특성 등을 살펴 자폐, 정신지체 등으로 진단될 수 있다. 아동이 어릴수록 발달지체의 차이가 심하게 드러나지 않으며, 장애 진단을 내리기가 어렵다. 이는 아동이 어릴수록 차후에 지체를 뛰어넘어 발달할 수 있는 가능성이 존재하기 때문이다. 이러한 가능성이 있기는 하지만 아동이 장애를 가지고 있다면 가능한 한 빨리 중재를 시작하는 것이 바람직하기 때문에 조기 진단의 정확성은 매우 중요한 문제다. 조기 진단의 어려움에 대한 이해를 위해 '학생사례 탐구'에서 소개하는 제레미에 대해 생각해 보자. 제레미가 장애를 갖고 있다고 생각되는가? 만약 당신이 제레미의 교사라면 어떤 판단을 할 것인가?

IDEA의 장애영유아를 위한 파트 C 조항은 제레미와 같은 아동을 장애아로 진단하지 않을 가능성이 높다. 아동이 좀 더 나이를 먹고 아동의 필요가 증대되면 유치원 프로그램에서 장애를 의심받게 될 것이다. 유치원 수준에서 장애 위험 판정을 받는 경우는 의사소통에 크게 문제가 있거나 문제행동을 보이는 두 가지 경우다. 더불어 사회문화적 요인에 의해 발달지체를 보이는 경우도 있다.

(1) 의사소통 기술 발달의 지체

의사소통의 지체는 발달지체로 인해 가장 많이 나타나는 증상이다. 그러나 아동이 또 다른 눈에 띄는 증상을 갖고 있지 않다면 2, 3세 이전에 발견하기는 쉽지 않다(Wetherby, Goldstein, Cleary, Allen, & Kublin, 2003). 최근 전언어적 의사소통(prelinguistic communication)의 모습을 보고 성장 후 언어능력을 예측

학생사례 탐구

❝제레미가 돌이 될 무렵부터 어머니는 걱정하기 시작했다. 가장 염려되는 것은 제레미가 어머니나 다른 가족에게 관심을 적게 보이면서 점점 사냥개 인형만 가지고 혼자 지내는 시간이 늘어가는 것이었다. 또한 사용하던 몇 개 안 되는 단어도 점점 줄고 더구나 부적절하게 사용하고 있었다. 간혹 기저귀를 갈려고 하면 등을 활처럼 구부리고 얼굴을 찡그리며 "쿠우, 쿠욱!" 하고 비명을 지르곤 했다. 소아과의사는 아직 제레미가 어리기 때문에 기다려 보면 어느 순간 나아질 수 있다고 했다. 그러나 제레미는 18개월이 되어도 별다른 변화를 보이지 않았다. 어린이집에서 또래 아이들이 서로 흥미를 느끼는 활동을 찾아 이것저것 하고 있을 때도 제레미는 벽에 웅크리고 자신의 사냥개 인형만 껴안고 냄새를 맡고 있곤 하였다. 유치원 교사인 멜리사 선생님은 제레미 같은 아이를 처음 만났기 때문에 처음에는 너무 민감하게 반응하게 될까 조심스러웠다. 그러나 점차 제레미가 겉으로는 유아반에서 가장 인기 있고 잠재력 있는 아이지만 뭔가 잘못되었다는 생각이 들기 시작했다. 멜리사 선생님과 유치원의 샬럿 원장 선생님은 제레미의 어머니를 만나 다음과 같은 제안을 했다.❞

- 지역 특수교육지원센터에 발달평가를 의뢰하라. 언어기술을 평가할 수 있는 전문 언어치료사에게 평가를 받을 수 있는지 확인해야 한다.
- 담당 소아과의사에게 진단 의뢰서를 받아 소아신경과 진단을 받아라. 발달지체아동을 치료한 경험이 있는 의사가 좋다.
- 제레미가 교사나 가족들과 다양한 방식으로 반응을 하며 상호작용할 수 있도록 시도해보라. 가능한 한 제레미와 함께 보내는 시간을 늘리고 눈 맞춤, 사물 보기, 사물 이름

할 수 있다는 연구 결과가 소개되었다. 예를 들면, 아동은 말을 사용하기 전에 일반적으로 눈짓, 태도, 몸짓, 소리 등을 사용해 의사소통을 하게 되는데, 이러한 전언어적 의사소통에서 결함을 보이면 언어지체와 연관이 있을 수 있다. 이러한 언어지체는 자폐를 포함한 아스퍼거 증후군(Asperger's Syndrome; Wetherby et al., 2003; 9장 참조) 등 자폐 범주성 장애아동에게 나타나는 특성이다. [그림 4-2]에 제시된 내용들은 신생아, 영유아 시기와 같은 발달 초기에 일찍 발견될 수 있는 특징들로 의사소통 기술의 발달적 문제를 예측하는 기준이 될 수 있는 증상들이다. 이러한 특징이 관찰되면 적어도 전문 언어치료사나 발달심리학자 등에게 정식으로 평가를 받아볼 필요가 있다.

• 생각해 봅시다 #2

[그림 4-2]에 제시된 의사소통 지체 기준에 비추어 제레미가 장애를 가지고 있다고 생각하는가? 만약 그렇다면 부모에게 어떤 방식으로 이러한 사실을 알리는 것이 바람직하다고 생각하는가?

따라 말하기 등의 활동을 하도록 촉진한다.

- 인터넷상에서 자폐 범주성 장애와 그 부모의 단체에 대한 정보를 찾아보라.
- 학급 담임교사는 제레미가 적극적으로 활동에 참여하도록 이끌고 있으며 또래 친구들이 제레미와 함께 놀고 대화하고 어울리도록 만들기 위해 애쓰고 있다는 것을 믿어라.

자폐 아동에 대한 더 많은 정보를 얻고 싶다면 다음 문헌들을 참고하라.

Wetherby, A. M., Woods, J., Allen, L., Cleary, J., Dickinson, H., & Lord, C. (2004). Early indicators of autism spectrum disorders in the second year of life. *Journal of Autism and Developmental Disorders*, 34, 473-493.

Prizant, B. M., Wetherby, A. M., Rubin, E., & Laurent, A. C. (2003). The SCERTS Model A transactional, family-centered approach to enhancing communication and socioemotional abilities of children with autism spectrum disorder. *Infants and Young Children, 16*, 296-316.

적용하기

- 멜리사 선생님과 샬럿 원장 선생님의 대처 방안이 옳다고 생각하는가? 그들이 제안하는 방법 이외에 다른 어떤 방법을 사용해 볼 수 있을까?
- 자폐아동을 또래와 어울릴 수 있게 하는 자연스러운 방법에는 어떤 것이 있을까? 제레미와 어울려 함께 놀도록 하기 위해 또래들에게 어떤 말을 해 줘야 할까?

의사소통 문제를 의심할 수 있는 증상

- 옹알이가 12개월까지 나타나지 않음, 16개월까지 한마디 말도 못함, 24개월까지 연속 두 음절을 발음하지 못함
- 친숙한 사람이 이름을 불러도 반응을 보이지 않음
- 비언어적 자극에 반응을 보이지 않음
- 12개월까지도 제한적인 몸짓만 보임
- 타인의 표정, 움직임을 따라 하지 않음
- 다른 사람이 다쳐도 관심이 없는 등 타인에 대한 감정이 부족함
- 장난감, 놀이, 모방 등에 관심이 적고 특정 사물이나 행위에 집중함(예: 꼬기)
- 연령에 적합한 언어적, 사회적 기술이 부족함

출처: Kasari & Wong, 2002; Woods & Wetherby, 2003에서 수정함.

그림 4-2

(2) 문제행동

언어지체와 더불어 공격적이거나 계속해서 방해행동을 보이는 등 어린 아동의 부적절하고 특이한 행동 양상은 심각한 문제행동으로 발전할 가능성이 있다(Drotar, 2002). 자신의 머리를 벽에 부딪히거나 자신을 할퀴고 깨무는 등의 자해행동(self-injurious behaviors: SIBs) 또한 심각한 문제다. 간혹 일반적인 발달단계에서도 이러한 행동이 나타날 수 있지만 대부분은 저절로 사라진다. 만약 사라지지 않고 그 행동이 계속되면 심각한 발달지체를 의심해 볼 수 있다. 자해행동은 코넬리아(Cornelia de Lange), 약체 X증후군(Fragile X), 레쉬-나이한(Lesch-Nyhan), 스미스-마제니스(Smith-Magenis), 5p(또는 묘성증후군, cri-du-chat) 등 특정 발달장애 증후군에 의해 나타나기도 한다(MacLean & Symons, 2002).

(3) 사회문화적 요인

특정 사회문화적 요인은 학교에서 인지적, 학업적, 행동적 어려움을 초래하는 위험인자로 작용할 수 있다. 이러한 요인들은 신체적 · 행동적으로 정상적인 발달을 보이는 아동에게도 영향을 줄 수 있다. 사회문화적 요인의 영향에 대해서는 반세기 이상 연구가 진행되어 왔고(Uzgiris, 1970), 이러한 환경에 노출된 아동은 출생 후 15개월 정도면 환경적 요인의 영향을 받게 된다. 라 팔로, 올슨과 피안타(La Paro, Olsen, & Pianta, 2002)는 부모가 자극을 주지 못하고, 어머니가 아동의 요구에 민감하게 반응하지 못하였으며, 아동이 문제행동을 보였던 16개

월 미만의 빈곤층 출신 아동이 36개월이 되면 평균 이하의 언어 발달과 인지 발달의 수준을 보인다는 사실을 발견했다. 연구자는 이러한 아동들에게 결국 특수교육 서비스가 필요하지만, 어렸을 때는 장애 진단을 받지 않거나 특수교육 서비스 대상자로 판단되지 않는 경우가 많다고 지적하였다. 유아기에도 그들은 학습에 필요한 기초 지식(예: 수, 철자, 색, 도형)의 부족이나 언어문제를 보이고 쉽게 집중력이 떨어지곤 한다. 때로는 또래와 상호작용을 하거나 규칙과 질서를 지키는 데 어려움을 보이거나 미세운동기술 발달에서 지체를 보이기도 한다(Schwab Foundation for Learning, 1999).

4) 장애유아를 위한 교육계획

IDEA(2004)에 따르면, 아동이 파트 C 프로그램의 대상이고 부모가 원하는 경우, 주정부는 아동이 유치원에 입학하기 전까지의 기간에 대한 특수교육서비스 계획과 지원을 책임지게 된다. 장애아동의 부모는 자녀를 대부분의 3~4세 비장애아동들처럼 유치원에 보내거나 혹은 조기중재 프로그램에 따라 서비스를 제공받을 수 있다(U.S. Department of Education, 2005). 부모가 파트 C 서비스를 받기로 결정하면 IFSP의 문서화된 계획에 따라 유치원에 입학할 때까지 서비스를 지원받게 된다. 만약 아동이 3세 때 유치원에 진학하기로 결정한다 해도 새로운 개별화 교육 프로그램(individualized education program: IEP)을 수립하기 전까지는 기존의 IFSP에 따라 서비스를 제공받는다.

• **생각해 봅시다 #3**

장애아동의 부모가 아동이 3세가 되었을 때 유치원에 보내는 대신 조기중재 프로그램에 따른 서비스를 받기 원하는 이유가 무엇이라 생각되는가? 당신이 부모의 입장이라면 어떻게 할지 생각해 보자.

제레미와 같이 파트 C 프로그램 대상자가 아닌 아동이 유치원에 진학하면 학교 책임자는 아동을 위한 IEP를 구성하게 된다. IEP는 학령기 아동을 위한 서비스를 의미한다(IEP에 대한 구체적인 내용은 뒤에서 다룬다.).

공립학교에서는 장애로 판단된 유아를 위해 유아교육 및 유아 특수교육적 환경에서 시간제 또는 전일제 서비스를 제공한다. 학교에서는 특별한 지원이 필요한 유아를 '발달지체'라는 용어로 지칭하고 특정 장애명은 붙이지 않으며, 아동이 9세가 될 때까지는 계속해서 이 명칭을 사용하게 된다.

전체 장애유아의 1/3 이상이 일반 유아교육 현장에서 교육받고 있다(U.S. Department of Education, 2003). 장애유아는 일반 유아교육 현장에서 또래의 의사소통 방법과 사회적 기술을 보고 배울 수 있다. 그러나 일반유아와 장애유아가 함께 교육받는다는 것은 매우 어려운 일이다. 특히 의사소통이나 행동적 문

프로그램 탐구
애슈빌 학교 유아교육 프로그램

처음 애슈빌 학교 유아교육 프로그램(The Asheville City Schools Preschool Program)을 방문하면 이곳이 3~5세 장애아동을 위한 교육기관이라는 사실을 인식하기가 쉽지 않다. 자세히 살펴보지 않는 이상 학생들의 능력이 천차만별임을 알아차리기 쉽지 않다. 어떤 아동은 제 나이의 발달 수준 범주에 들거나 그 이상 또는 그 이하의 발달 수준을 보인다. 그중에는 자폐 또는 자폐 범주성 장애를 가지고 있거나 다운 증후군과 같은 정신지체를 보이는 아동도 있고, 발달지체를 보이지만 장애로 진단받지 않은 아동도 있다. 그러나 전반적으로 애슈빌 학교의 모습은 전형적인 유아교육기관에의 모습과 크게 다르지 않다.

전체 62명의 학생 중 16명의 아동이 IEP에 따른 교육을 받고 있다. 한 학급에 16명 정도의 아동이 있고, 그중 4명 정도가 장애아동이다. 각 학급은 아동을 위한 환경으로 조성되어 있다. 장난감, 게임, 블록, 의상놀이, 부엌놀이 등을 위한 도구들, 밝은 조명과 예쁜 장식으로 꾸며진 벽면, 곳곳에 비치된 충분한 가구들과 다양한 물건들이 담겨 있는 상자 등 아동의 학습과 발달을 촉진시키기 위한 다양한 교재·교구들이 제공되고 있다.

이러한 것들은 모두 일반적인 유치원에서 찾아볼 수 있는 것들이다. 그러나 자세히 살펴보면 이곳에는 특별한 다른 점이 있음을 발견할 수 있다. 카펫 바닥에는 테이프로 앉을 곳을 표시하여 집단을 나누어 놓았다. 화가 나서 참기 힘든 경우 스스로 안정시키며 쉴 수 있도록 제공되는 부드럽고 편안한 쿠션의자도 보인다. 아동이 무엇을 해야 하고 언제 해야 하는지를 기억하는 것을 도와주기 위한 사진과 그림도 보인다. 어떤 학급에는 바른 행동 차트를 기록하여 아이들이 얼마나 바르게 행동하는가를 보여 주기도 한다. 가장 중요한 것은 캐시 선생님과 같은 특수교사가 때때로 학급교사와 협력하여 교수한다는 점이다. 캐시 선생님은 특수교육 대상 아동을 특수학급으로 부르지 않고 일반학급에서 일반아동과 함께 활동에 참여시키며 교육한다.

애슈빌 학교 유아교육 프로그램에서의 경험은 장애아동이 앞으로 살아가는 데 많은 도움이 될 것이다. 이는 일반아동의 경우도 마찬가지다. 프로그램은 마법처럼 저절로 이루어진 것이 아니다. 많은 사람들의 헌신적인 노력이 있었기에 가능하였다. 프로그램을 성공으로 이끌기 위한 핵심 요인은 다음과 같다.

- 행정 전문가는 유아교육에서 통합의 중요성에 대한 강한 철학적 신념이 있어야 한다.
- 핵심 책임자는 전적으로 프로그램의 운영에 전념할 수 있어야 한다. 애슈빌 학교에는 캐시 선생님과 같은 특수교사뿐 아니라 각 학급에 특수교육 보조원이 두 명씩 배치되어 있다.
- 교사와 특수교육 보조원은 장애를 가진 아동을 교육하기 위해 지속적인 지원과 훈련을 받는다. 문제행동의 예방과 긍정적 행동지원의 적용에 많은 관심을 갖고 필요 시 적절하게 적용한다.
- 전문교사와 특수교육 보조원, 부모, 가족, 아동에게 서비스를 제공하는 기관들 간에는 매우 긴밀한 협력이 이루어진다.

애슈빌 학교의 성공은 하루아침에 이루어진 것이 아니고 노력과 헌신으로 번창한 것이다.

제를 가진 장애아동은 종종 일반아동에게 거부당하기도 한다. 또한 많은 수의 유아교사가 장애아동의 문제행동을 개선시키고 또래와 어울리도록 도와줄 만한 능력을 갖추고 있지 못하다. '프로그램 탐구'에서 소개된 애슈빌 학교 유아교육 프로그램은 자폐와 자폐 범주성 장애로 진단된 아동을 포함한 모든 아동을 위한 유아교육 프로그램이다. 애슈빌 학교는 이 장의 앞에서 소개한 캐시 블로스필드 선생님이 재직하고 있는 곳이기도 하다.

여기서 소개하는 장애아동을 위한 유아교육 프로그램은 매우 효율적으로 운영되고 있다. 살리스베리와 스미스(Salisbury & Smith, 1993)는 이러한 프로그램이 "(1) 발달상 문제를 예방하거나 개선시키고, (2) 성장 후에도 문제를 보이는 아동의 수를 줄이며, (3) 학교 상황에서의 교육적 비용을 감소시키고, (4) 부모, 아동, 가족 간 관계의 질을 향상시킨다."(p. 1)라고 설명하고 있다. 또한 효과적인 유아교육 프로그램은 다음과 같은 특징을 갖는다고 하였다.

- 자연스러운 환경에서 중요한 발달기술의 촉진을 위해 부모의 참여를 강조한다.
- 아동이 어릴 때 시작한다.
- 매우 구조적이고 체계적인 교수법을 바탕으로 한다.
- 아동 개인의 필요에 대해 명시한다.
- 일반적인 발달을 보이는 아동을 모델로 참여시킨다.

• 생각해 봅시다 #4

통합교육 기회를 제공하는 장애아동을 위한 유아교육 프로그램이 더 많아져야 한다고 생각하는가? 어렸을 때 장애아동과 비장애아동이 함께 교육받는 것의 장점으로는 어떤 것이 있을까?

2. 학령기 장애아동을 위한 진단

앞서 설명한 것처럼, 많은 수의 장애아동이 초등학교에 입학하기 전까지 특수교육이나 관련 서비스를 제공받지 못한다. 여기서는 학교에 입학하고 난 후 아동이 장애 진단을 받고 서비스를 제공받게 되는 과정에 대해 설명하고자 한다. 국가 수준의 지원은 미국 전역의 모든 학교에 똑같이 제공되지만 주정부 수준의 지원에는 차이가 있을 수 있다. 따라서 일반교사나 특수교사는 장애아동의 의뢰와 배치 과정에 관련된 지역의 규정과 절차를 숙지하고 있어야 한다.

1) 부모, 교사 및 선별과정을 통한 진단

학교 책임자는 입학 초기에 특수교육 대상자로 선정될 가능성이 있는 아동에 대해 다양한 방법으로 상태를 확인한다. 그러나 대부분은 부모가 먼저 아동에게 이상이 있음을 느끼고 교사와 상담을 한다. 이러한 상담을 거쳐 공식적인 평가를 받아 특수교육 서비스를 받을 자격이 있는지를 결정하게 된다. 부모의 요청이 없어도 교사는 아동이 학습 또는 행동에 문제가 있다고 의심되면 공식적인 평가를 요청하게 된다. 이 경우 학교는 부모에게 이런 사실을 통보하고 승낙을 받아 평가 절차를 진행한다.

또한 대부분의 학교에서는 장애를 가진 아동을 찾아내기 위해 선별검사(Screening tests)를 실시하고 있다. 선별검사에서는 아동의 학업적 · 학습적 문제, 행동문제, 감각기관이나 신체적 이상 등을 살펴본다. 여기서 기억해야 할 점은 대규모 선별검사는 잠재적으로 장애를 가질 가능성이 있는 아동을 판단하도록 도와줄 뿐이라는 것이다. 선별검사에서 사용되는 진단도구는 아동의 장애 여부에 대해 확실한 결정을 내릴 수 있을 만큼 정밀하지는 않다. 이러한 결정은 좀 더 구체적인 개별 평가과정을 통해서 내려진다.

2) 의뢰전 초기중재 서비스

전통적으로 아동에 대한 장애 판별 의뢰를 처음에 누가(부모의 우려, 교사의 관찰 또는 선별과정에 의해) 제안했는가에 관계없이, 대부분의 학교는 의뢰전 중재를 시도하기 전까지는 학습적 · 행동적 문제를 보이는 아동에 대한 초기 장애 여부 판별 평가를 의뢰하지 않는다. 의뢰전 중재가 진행되어 학습적 · 행동적 요구에 대해 확인하는 동안 아동은 일반학급에서 계속 교육을 받게 된다.

의뢰전 중재는 연방법에 의해 요구된 적도 없고 현재도 그렇지만, 수년 전부터 여러 주정부에서는 의뢰전 중재를 요구해 왔고 이를 강력하게 권장하고 있다(Buck, Polloway, Smith-Thomas, & Cook, 2003). IDEA(2004)에 따르면, 특수교육이나 관련 서비스를 필요로 하는 대상으로 판별되지는 않았으나 일반학급에서 학습에 참여하기 위해서 학문적으로나 행동적으로 별도의 지원을 필요로 하는 유치원에서 12학년까지의 아동을 위한 의뢰전 초기중재 서비스를 개발하고 적용하는 데, 특수교육 연방기금의 일부(최대 15%까지)를 사용할 수 있다(U.S. Department of Education, 2005). 이는 미국 교육부가 학교가 아동을 특수교육 대상자로 판별하기보다는 일반학급에서 성공적으로 적응할 수 있도록 지원하는 것을 선호한다는 것을 의미한다.

이와 유사한 맥락에서 중재 반응(response to intervention: RTI) 모델이라는 새로운 개념도 아동을 특수교육 대상자로 선정하는 방법으로 사용되고 있다. 중재 반응 모델은 아동을 특수교육 대상자로 선정하는 과정에서 공식적인 평가에 의해 선정하는 대신 다양한 수준의 교수법을 시도하여 아동의 학업성취 수준이 향상되는가의 여부로 장애 유무를 결정하는 방식이다(Fuchs, Mock, Morgan, & Young, 2003; 학습장애 아동의 판별에 대해서는 제6장도 참조하라.).

아동이 의뢰전 중재나 의뢰전 초기중재 서비스가 필요한 대상이라고 판별되는 것이특수교육 대상자임을 의미하는 것은 아니다. 그럼에도 대부분의 주정부는 이러한 문제가 발생되는 즉시 부모에게 통보할 것을 요구하고 있다. 이 상황에서 학교 행정가(교장)는 부모를 만나 정보를 제공하고 중재계획에 참여시키며 가정에서도 지원하도록 요청하게 된다.

앞서 언급한 것처럼, 의뢰전 중재는 오래전부터 시행되어 왔다. 가장 일반적인 형태는 교사지원 팀 접근법(teacher assistance teams [TATs] approach)이다(Chalfant, Pysh, & Moultrie, 1979). 교사지원 팀(또는 의뢰전 중재지원 팀, 아동연구팀, 일반교사지원 팀 등으로 불림)은 교사, 행정가, 전문가(예: 학교 상담사나 특수교사) 등 교육 전문가들로 구성되어 일반학급에서 아동의 성취를 향상시키기 위해 일반교사들이 사용할 수 있는 전략 등을 함께 모색하게 된다. 종종 성공적인 중재전략을 개발하기 위해 구조화되고 협력적이며 문제해결적인 팀 접근법이 사용된다(Bangert & Cooch, 2001; Fuchs et al., 2003). 의뢰전 중재는 일정 기간 동안 시도된 후 평가받는다. 여기에는 교육과정, 교수방법의 절차, 학급 관리, 교실환경의 변화 등과 같은 다양한 영역에서의 수정이 포함된다(Mastropieri & Scruggs, 2000).

의뢰전 초기중재를 실행함에 따라 전통적인 의뢰전 관행들이 확장되고 강화되어, 아동을 일반학급에 포함시켜 교육하기 위한 효과적인 중재방법을 개발하는 것이 중요해졌다. 중재 반응 모델의 사용으로 학교는 다음과 같은 절차를 따르게 된다(Fuchs et al., 2003).

• 생각해 봅시다 #5

의뢰전 중재와 의뢰전 초기중재 서비스는 이론적으로 타당해 보이고 많은 학교에서 실제로 사용되는 방법이다. 이러한 절차의 장점과 단점은 무엇이라고 생각하는가?

1. 학생은 항상 효과적인 교수법에 의해 수업을 받는다.
2. 학생의 변화과정이 기록된다.
3. 학업 성취에 변화가 없으면 일반학급에서 별도의 또는 다른 지원을

제공받는다.

4. 학생의 변화과정은 계속해서 기록된다.
5. 여전히 학업 성취가 없으면 특수교육 서비스 대상자인지 판별받기 위한 진단 평가를 받거나 특수교육 대상자로 선정된다.

3) 초기 평가와 배치를 위한 의뢰

의뢰전 중재나 의뢰전 초기중재 프로그램이 얼마나 효과적인지에 대해서 정확히 판단을 내리기는 힘들지만 특수교육 대상자가 될 가능성이 있었던 아동이 효과적인 중재 프로그램의 도움으로 일반학급에서 성공적으로 적응한 사례가 많이 보고되고 있다(Fuchs et al., 2003; Sindelar, Griffin, Smith, & Watanabe, 1992). 아동의 문제가 매우 심각하거나, 일반학급의 중재방법이 효과적이지 못하거나, 의뢰전 중재를 거치지 않은 경우에는 특수교육 서비스 대상자 여부를 판별하기 위한 평가를 의뢰할 것인가에 대해 결정을 내려야 한다. 이 경우 학교는 반드시 IDEA(2004)에 명시된 절차를 따라야 한다.

(1) 문서화된 의뢰양식의 제출

의뢰전 중재나 의뢰전 초기중재 등의 과정이 있기는 하지만, 학령기 아동에 대한 공식적인 특수교육 서비스는 학급 교사나 학교 관계자가 평가를 위한 공식 의뢰서를 제출함으로써 시작된다. 이 양식은 학생의 학교에서의 학업적, 행동적 문제에 대한 우려를 표명하는 것이다. 이를 통해 교사는 아동의 특수교육 대상자 자격을 결정하기 위한 평가를 요청하게 된다. 부모나 다른 주변인들도 학교에 이러한 요청을 할 수 있다.

• 생각해 봅시다 #6

처음 만들어졌을 때 IDEA는 부모의 권리를 강화한 법으로 인식되었다. 자신의 아이가 특수교육 서비스를 위한 평가를 받을 때 부모의 동의는 얼마나 중요하다고 생각하는가? 그리고 이러한 동의를 얻기 위해 학교가 얼마나 노력해야 한다고 생각하는가?

일반적으로 의뢰양식은 학교 상담사나 교감 등 학교 책임자에게 보내지고, 이들은 받은 의뢰서를 중앙 교육청으로 전달한다. 교육청의 배치전문가는 필요한 평가를 위한 일정을 잡는다.

만약 부모가 의뢰전 중재나 의뢰전 초기중재 과정에서 배제되어 있었거나 아동의 문제를 인식하지 못하고 있으면 연방법에 의해 의뢰서를 제출할 때 부모에게 통보하도록 되어 있다. 그러나 다음의 경우는 예외를 인정하고 있다(U.S. Department of Education, 2005).

- 합리적인 노력에도 아동 부모의 행방을 찾을 수 없는 경우

- 주정부 법에 의해 부모가 보호자로서의 권리를 상실한 경우
- 주정부 법에 의해 부모의 교육 결정권을 판사가 대신하고 있거나 아동을 대신하여 판사가 지명한 개인이 초기 평가에 대해 동의한 경우

대부분의 학교에서는 아동을 평가하는 데 부모에게 아동의 상태나 진행과정을 설명하기 위한 자리를 마련한다. 드물기는 하지만 간혹 부모가 학교의 결정에 동의하지 않고 특수교육 서비스 대상자 판별에 필요한 부모 승낙을 하지 않는 경우도 있다. 이 경우 학교는 정당한 법적 절차에 따라 평가를 진행하거나 절차를 수정하거나 또는 평가를 진행하지 않을 수 있다.

(2) 초기 평가

의뢰서가 제출되면 선별검사 결과, 교사의 활동 및 행동 기록, 의뢰전 중재나 의뢰전 초기중재의 결과 등 아동과 관련한 정보를 수집하게 된다. 아동배치 전문가는 모든 정보를 검토하고 필요한 추가 검사를 요청할 것이다. IDEA(2004)는 초기 평가와 후속 평가로 다음을 요구하고 있다.

- 필요에 따라 IEP 팀과 그 밖의 전문가들이 아동에 관한 기존 평가 자료를 검토해야 한다.
- 이러한 검토 결과를 바탕으로 부모의 의견과 그 밖의 자료 등을 통해 다음을 결정한다.
  - 아동의 장애 유무
  - 아동의 교육적 요구, 재평가의 경우, 장애와 특수교육적 요구의 지속성
  - 아동의 현재 학업 성취 수준과 기타 관련된 발달적 요구 수준(IDEA 2004, Sec. 614 [c] [1] [b])

필요한 추가 평가는 일정을 잡아 시행하게 된다. 학교는 이러한 평가를 진행하기 전에 반드시 부모의 동의를 받아야 한다. 반대로 부모가 아동에 대한 평가가 필요하다고 생각하는데 학교가 동의하지 않는 경우에는 부모가 평가를 시작하고 그 결과를 교육청에 제시하면 된다. 학교가 평가를 실시했으나 부모가 결과에 동의하지 않는 경우에는 부모가 별도의 평가를 실시할 권리가 있다.

부모와 학교가 아동에 대해 특수교육 서비스 대상자인지를 판별할 필요가 있다고 동의하는 경우, 학교는 특수교육이나 관련 서비스를 제공하기 전에 60일

• 생각해 봅시다 #7

학습장애 판별에서 중재 반응 모델의 사용은 특수교육 분야에 커다란 사고의 전환을 가져왔다. 이는 앞으로 학습장애로 판별받는 학생 인구의 중요한 변화를 예견한다. 이러한 변화에 대해 어떻게 생각하는가? 이러한 변화가 도움이 될까? 이에 대해 찬성하는 사람과 반대하는 사람은 어떤 입장에 있는 사람들일까?

이내에 아동에게 완전한 개별 초기 평가(full and individual initial evaluation)를 실시하게 된다. 대부분의 학교는 검사, 관찰, 교사나 부모 등과 면담을 할 수 있는 심리학자나 교육 진단가 등을 고용하여 평가에 필요한 정보를 수집한다.

IDEA(2004)에서 중요한 변화 중 하나는 학습장애 아동의 진단방법이다. 과거에는 아동의 잠재된 가능성(보통 IQ 검사로 결정되는)과 학업 성취도(일반적으로 시험 성적에 근거하는) 간에 명백한 차이가 발생하는 경우 학습장애로 판별되었으나 개정된 IDEA에서는 이러한 불일치 모델을 사용하지 못하도록 하였다. 현재 학습장애를 판별할 때 학교는 "아동이 학업 성취와 지적 능력 간에 심각한 불일치를 보이는지의 여부를 고려하지 말아야 하고" 대신 "평가과정의 일부로 아동이 과학적 연구에 의해 검증된 효과적인 교수법에 반응을 보이는지로 장애 여부를 결정하도록" 요구하고 있다(IDEA 2004, Sec. 614 [b] [a] [b]). 즉, IDEA(2004)에서는 전통적으로 사용되어 온 능력-성취도 불일치 준거보다 연구에 의해 검증된 교수법(예: 의뢰 전 초기중재 기간에 사용하는 양질의 중재에 대한 반응 프로그램)에 아동이 얼마나 잘 반응하는가 하는 기준을 학습장애를 결정짓는 더 중요한 조건으로 강조하고 있다. 일부 주와 학교의 경우 이러한 변화에 따라 아동의 학습장애 여부를 결정하기 위해 사용하던 공식적인 평가 절차의 상당 부분을 생략할 수 있다.

학교는 종합적이고 개별적인 초기 평가를 실시한 후 서비스를 제공해야 한다.

(3) 장애 판정 및 초기 IEP의 개발

아동배치 전문가가 아동의 중재에 대한 반응 프로그램에서의 결과를 포함하여 모든 관련 검사 결과와 정보를 수집하고 나면, 학교 관계자는 아동의 장애 여부와 장애가 있다면 어떤 장애를 가지고 있는가를 결정하기 위한 회의를 소집한다. 아동이 특수교육 대상자로 선정되면 초기 IEP를 작성한다. 학군 내 전문가 집단, 아동의 부모, 부모가 초대한 그 밖의 전문가나 변호사 등이 IEP 모임에 참석한다. 그들이 학생의 (IEP 팀) 구성원이 되는 것이다. IDEA(2004)에 따르면 (IEP 팀)은 반드시 다음의 구성원을 포함해야 한다.

- 장애아동의 부모
- 아동의 담임교사나 아동이 참여하는 일반교육 프로그램의 일반교사 최소 한 명 이상
- 최소 한 명 이상의 특수교사와 아동의 특수교육 담당자
- 지역 교육청의 대표로서 장애아동의 독특한 필요에 적합한 교육을 제공하거나 감독할 수 있고, 일반교육과정에 대한 지식을 갖추고, 지역 교육청에서 활용 가능한 자원에 대한 정보를 가진 자
- 평가 결과의 교수적 적용에 대한 해석을 할 수 있는 자(위의 사람이 겸할 수 있음)
- 아동을 잘 알거나, 관련 서비스 전문가를 포함한 아동에 대한 특정 영역의 전문가(부모나 학교에서 요청하는 경우)
- 필요한 경우 장애아동 본인

초기 모임에서 학교는 아동에 대한 평가보고서의 복사본을 반드시 부모에게 제공해야 하고, 부모나 다른 관련 전문가들에게도 필요하다고 생각되는 정보를 제공해야 한다. 위원회는 제출된 자료를 충분히 검토해야 한다. 법에 따라 아동의 장애 여부 판정을 내릴 때 학교는 각종 검사(앞의 중재 반응 모델 절차에 따라 학습장애를 판별하는 경우는 제외), 부모의 정보, 교사의 의견 등 다양한 정보를 고려해야 한다.

• 생각해 봅시다 #8

〈표 1-2〉에 제시한 장애 영역별 설명을 보면 장애 영역 간 차이가 느껴지는가? IEP 팀이 학생의 장애 여부를 결정하는 데 종종 어려움을 겪을 것이라는 생각이 들지 않는가? 그렇다면 특정 평가 기준 외에 장애아동의 진단 시 고려해야 할 요소에는 어떤 것이 있을까?

최종적으로 위원회는 아동이 특정 장애 기준에 부합되는지, 그렇다면 어떤 장애 영역에 속하는지를 결정해야 한다. 학교에서 사용하는 연방법에 의

IEP 팀은 다각도로 수집된 정보를 고려해야 한다.

한 특정 장애 영역은 제1장의 〈표 1-2〉에 소개되어 있다. 아동의 배치를 결정할 때 위원회는 앞서 설명한 IDEA(2004)의 장애별 정의와 기준을 고려하게 된다.

아동이 특수교육 서비스 대상 부적격자로 판정받게 되는 요인에는 세 가지가 있다. 첫 번째는 아동이 잘못된 읽기와 수학 교수법에 의해 학업 성취의 부진을 보이는 경우다. 두 번째는 부적절한 영어능력에 의해 학습에 문제를 보이는 경우다. 세 번째는 장애로 진단받을 수 있는 기준에 미치지 못하는 경우다.

아동이 장애로 판정받게 되면 IEP 팀은 IEP를 개발하고 가능한 한 빨리 적용을 해야 한다. IEP는 최소한 1년에 한 번 이상, 필요에 따라 수시로 검토 · 수정되어야 하고 학년 초마다 수립되어야 한다. IEP에 대한 좀 더 구체적인 내용은 다음 절에서 살펴본다.

3. 학령기 장애아동을 위한 교육계획

1977년부터 개별화 교육 프로그램(IEP)은 장애아동을 위한 특수교육 서비스의 원칙을 기술하는 핵심 문서의 역할을 해 왔다. 또한 다른 핵심 자료들도 학생에게 제공되는 서비스의 기본을 서술하고 있다.

1) 개별화 교육 프로그램

개별화 교육 프로그램(IEP)의 실제 내용은 법에 상세하게 설명되어 있다. 학교는 각각 다양한 양식과 형식을 사용하여 IEP를 작성하지만 그 기본 내용은 크게 다르지 않다. 일반적인 IEP의 구성요소는 다음과 같다.

1. 현재 아동의 학업 성취와 기능 수행 수준에 대한 서술: IEP에는 반드시 아동의 학업적 기술 수준과 일반교육과정 내에서 아동의 성취를 높이기 위한 방안에 대한 내용이 포함되어야 한다. 유아의 경우 그 장애가 연령에 맞는 수준의 활동에 참여하는 데 어떠한 영향을 미치는가에 대해서도 언급하고 있어야 한다.
2. 측정 가능한 장기목표와 단기목표(대안평가를 받아야 하는 경우): 학령기 아동은 일반교육과정 내에서 학업 성취를 이루고, 유아의 경우 자신에게 적합한 활동에 참여할 수 있도록 각 장애 특성에 따른 독특한 교육적 요구를

충족시킬 수 있는 교육목표를 제시해야 한다. IDEA는 아동이 대안평가를 통해 평가받아야 하는 경우(심한 중도장애의 경우)에만 반드시 단기목표를 IEP 요소로 포함시키도록 명시하여 대다수의 장애아동의 경우는 IEP 안에 단기목표를 서술하지 않아도 되도록 개정되었다.

3. 특수교육과 관련 서비스에 대한 서술: IEP에는 프로그램 수정이나 아동이 장기목표를 달성하고 일반교육과정 내에서 성취를 이루며 일반아동과 함께 학교 밖 활동이나 그 밖의 비학업적 활동에 참여할 수 있도록 학교 관계자가 지원하는 정도에 대해 명시해야 한다. 이때 제공되는 서비스는 반드시 '동료 검토를 거친 검증된 연구와 실제' 를 근거로 해야 한다(IDEA 2004, Sec. 614 [d] [1] [a]).
4. 일반학급이나 다른 학교활동에 일반아동과 함께 참여하지 않을 경우 이유 설명: 기본 원칙은 장애아동이 일반학급, 일반교육과정과 그 외 학교활동에 함께 참여하는 것이다. 이 원칙이 지켜지지 않았을 경우에는 그 이유에 대한 설명이 IEP에 표기되어 있어야 한다.
5. 주 혹은 지역 학생의 성취도 평가 참여에 대한 내용: 아동이 주 혹은 지역 평가에 참여할 때 필요한 개별적 수정에 대한 내용이 반드시 서술되어야 한다. 만약 IEP 팀이 아동이 특정 주 또는 지역 평가에 참여하지 않도록 결정했다면 그 이유와 평가를 대신할 수 있는 방법에 대해 기록해야 한다.
6. 서비스와 수정을 시작하는 날짜: 3번에 언급한 서비스의 시작 일자와 빈도, 장소, 기간 등에 대해 기록한다.
7. 2번에 언급한 장기목표 달성 여부의 측정 방안과 정기적으로 부모에게 정보를 제공할 방법에 대한 설명: 장애아동의 부모는 적어도 다른 부모들이 자신의 자녀에 대해 정보를 제공받는 만큼 자주 자녀에 대한 정보를 제공받아야 한다. 경과 보고 시 아동이 장기목표에 얼마만큼 도달했는지, 학년 말까지 목표를 달성하기에 충분한 정도인지를 보고해야 한다.

• 생각해봅시다 #9

IEP는 교사와 행정가가 많은 시간을 투자해야 하는 복잡한 문서다. 최근의 법규는 대부분 학생에 대한 단기목표 서술을 삭제하였다. IEP의 다른 부분 중 불필요한 부분이 있다고 생각하는가? IEP 전체가 불필요하다고 생각되는가? 다음을 읽으며 생각해 보자.

2) 504조 계획

특수교육 서비스를 받는 학생은 누구나 자신의 IEP를 갖게 된다. 그러나 학교에는 특수교육 서비스 대상자는 되지 못하였으나 여전히 특수교육적 요구를 갖고 있어 지원을 받아야 하는 학생들이 있다. 이러한 학생들은 504조 계획에 의해 지원을 받게 된다.

재활법 504조(Sec. 504 of the Rehabilitation Act)는 연방정부의 지원을 받는 공공기관에서 교육받고 있는 장애아동의 권리를 보호하는 법이다. 이것은 교육법은 아니지만 1990년의 미국장애인법(American with Disabilities Act)과 같이 시민의 권리를 옹호하기 위한 법이다. 504조에 따르면, 특수교육 대상자로서 자격조건을 충족시키지 못한 장애인이라도 다른 사람들과 동등하게 활동에 참여하고 서비스를 제공받을 수 있다.

공립학교는 연방정부의 재정적 지원을 받고 있기 때문에 반드시 504조를 준수해야 한다. 재활법은 장애의 범주를 더욱 포괄적으로 제시하고 있으므로 특수교육 대상자가 아닌 많은 학생이 '주요 일상활동에 실질적인 제한'을 받는 정신·신체장애로 간주될 수 있다. 예를 들어, 천식을 앓고 있는 학생은 학업활동에 지장이 없으므로 특수교육 서비스를 필요로 하지 않는다. 그러나 504조에 따르면 이러한 학생도 별도의 지원이나 서비스를 받을 수 있다. 따라서 504조는

학생사례 탐구

"제프리는 잘생기고 멋진 17세 청년이다. 그의 읽기 실력은 초등학교 4학년 수준임에도 불구하고 전반적인 학교생활은 원만한 편이다. 제프리는 학습장애로 진단받았다. 지능검사 결과 1 또는 2점 이내의 평균 수준이었으며 자신을 스스로 돌볼 수 있고, 특수교사의 도움을 받아 평균 수준의 성적을 유지하고 있다. 그는 자기 부모처럼 대학에 가지 않고 근처 가구공장에 취직하거나 트럭 운전사가 될 계획을 세우고 있다. 그러나 아버지와 대화를 나누고 나서 자신의 계획대로 이루어질 수 있을지 걱정하기 시작했다. 가구공장은 폐업 예정이고 연료비 인상으로 트럭을 운전하는 것도 수입이 예전 같지 않다는 것이다. 그래서 제프리는 지역 전문대학에 진학하는 것에 대해 생각하기 시작했다. 무엇을 배울지, 어떻게 해야 할지 확실치 않지만 다른 대안도 없다. 지난주 제프리는 학교에서 자기에게 도움을 주었던 특수교사 스탈리 선생님과 진로에 대해 상의해 보았다. 그녀는 마침 제프리의 IEP 팀이 전환계획을 세우려는 단계에 있으므로 그 문제에 대해 진지하게 생각해 보기 좋은 시점이라고 말했다. 다음은 스탈리 선생님이 제프리에게 조언한 다음 IEP 모임까지 해야 할 일의 목록이다."

- 지역 전문대학 진학과 다른 직업으로의 전환 등 선택할 수 있는 가능한 모든 상황에 대해 생각해 보라. 가구공장이나 트럭 운전 외에 관심 있는 다른 일이 있을 것이다.
- 흥미있는 직업 목록을 작성해 보는 것도 처음 직업의 방향을 잡는 데 도움을 줄 수 있다.
- 지역 전문대학의 장애 서비스 담당자와 상담해 보라. 학교에서 어떤 서비스를 제공하는지, 관심 분야 중 어느 전공을 선택하는 것이 좋을지에 대한 의견을 들을 수 있다.

IDEA에 의해 서비스를 제공받는 학생뿐 아니라 재활법 규정에 의한 학생 등 특별한 서비스를 필요로 하는 모든 학생을 포함한다(U.S. Department of Education, Office for Civil Rights, n.d.). 장애학생이 IEP를 가지고 있으면 IDEA와 재활법 504조 양쪽의 중재계획에 따라 지원을 받는다. 만약 특수교육 대상자는 아니지만 504조에 의해 서비스를 제공받게 되면 504조 계획을 수립하게 된다. 504조 계획은 대체로 일반학급에서의 학생지원을 위한 수정 방안을 의미한다.

3) 전환 서비스

법적으로 청소년이나 성인기에 접어드는 학생들의 IEP에는 반드시 전환 서비스(transition sevices) 관련 내용이 포함되어야 한다. IDEA(2004)에 따르면, 전환 서비스는 다음과 같은 활동의 조합이다.

- 고등학교 교육과정상 선택과목 중 장래 어떤 진로를 선택하더라도 도움이 될 만한 과목으로 어떤 것이 있는지 생각해 보라.

전환계획이나 학습장애 아동을 위한 중등과정 이후의 교육에 대한 더 많은 정보를 얻고 싶다면 다음 문헌들을 참고하라.

Trainor, A. A. (2005). Self-determination perceptions and behaviors of diverse students with LD during the transition planning process. *Journal of Learning Disabilities, 38*, 233-249.

Hitchings, W. E., Luzzo, D. A., Ristow, R., Horvath, M., Retish, P., & Tanners, A. (2001). The career development needs of college students with learning disabilities: In their own words. *Learning Disabilities Research & Practice, 16*, 8-17.

적용하기

- 스탈리 선생님의 조언이 제프리에게 도움이 되었다고 생각하는가? 그 밖에 어떤 조언을 해 줄 수 있을까?
- 현재 재학 중인 학교나 가까운 주변 대학에서 학습장애 아동을 위해 어떤 서비스를 제공하고 있는지 살펴보는 것도 흥미로운 일이다. 일반학생들과 마찬가지로 학습장애 학생의 대학 진학률도 점차 증가하는 추세다.

만 16세가 되면 반드시 전환 서비스를 제공하기 시작해야 한다.

- 학생의 학업적, 기능적 성취에 초점을 맞추어 학교에서 사회로의 이동을 용이하게 하는 결과 지향적 활동이다.
- 중등과정 이후의 교육, 직업교육, 평등고용(고용지원을 포함), 평생교육, 성인 대상 서비스, 자립생활, 지역사회 참여 등을 포함한다.
- 학생의 장점, 선호도, 관심 등을 고려하고 개인의 요구를 바탕으로 하는 활동이다.
- 교육, 관련 서비스, 지역사회활동의 경험, 취업 준비 및 그 외의 졸업 후 성인으로서의 생활을 포함하고, 필요하다면 일상생활 기술과 기능적 직업평가 등을 포함한다(IDEA 2004, Sec. 602 [34]).

각 장애아동을 위한 전환 서비스는 만 16세부터 시작된다. 이는 측정 가능한 중등 이후의 목표에 대한 서술 형식으로 IEP에 명시되어야 한다.

전환목표는 반드시 학생의 훈련, 교육, 직업과 필요하다면 자립생활 기술에 대해 평가한 자료를 바탕으로 수립되어야 한다. 학생의 목표 달성을 돕기 위해 교육과정(상급 직업과정이나 직업교육 프로그램 등과 같은)을 포함한 전환 서비스와 관계기관 간의 책임 소재, 필요한 관련 정보에 대한 내용이 IEP에 서술된다.

전환계획은 IEP의 가장 중요한 부분의 하나로 간주될 수 있다. 학생은 21세가 되면 적절한 특수교육을 더 이상 무상으로 받을 수 없게 된다. 따라서 성인으로서의 인생을 준비하는 것은 매우 중대한 사안이다. '학생사례 탐구' 에 소개된 사례를 생각해 보라. 제프리의 전환계획을 위해 해 줄 수 있는 조언이 있는가?

4) 교육계획에서의 부모 참여

앞서 언급한 대로, 부모는 자식의 초기 진단에 대한 승인을 하고 초기 IEP 개발이나 그 외 자격이 되는 모임에 참여할 권리가 있다. 또한 특수교육 대상자로서 자녀의 교육적 배치나 그 밖에 IEP에 포함된 모든 내용에 대해 그들의 의견을 제시할 수 있다. 학교는 부모가 참여할 수 있는 시간과 장소를 고려해 모임을 개최하는 등 부모의 참여를 지원하기 위한 모든 조치를 취해야 하고, 부모가 외국어 사용자이거나 청각장애인인 경우 통역이나 수화 서비스를 제공해야 한다. 만일 부모가 직접 참석하지 못하면 전화나 화상 채팅 등을 통해 모임을 진행할 수 있다. IDEA(2004)에 따르면, 다음 두 가지 경우 IEP 팀원은 모임에 불참할 수 있다. (1) 부모와 학교 당국이 해당 전문가의 영역에 대해 토론할 것이 없어 참석하지 않아도 좋다고 동의하는 경우, (2) 부모와 학교 당국이 해당 전문가의 견해를 서면으로 받아도 좋다고 동의하는 경우다.

IEP를 서면으로 작성하여 IEP 팀원의 서명을 받은 후 학교는 부모에게 복사본을 제공한다. 부모도 팀원이기 때문에 IEP의 모든 내용을 숙지하고 동의하고 배치 결정에 동의해야 한다. 하지만 부모가 아동에게 제공되는 특수교육 서비스에 동의하지 않는다고 가정해 보자. 그러면 어떤 일이 발생할까? IDEA에 따르면, 학교는 이러한 서비스를 제공하지 않게 되고 아동을 특수교육 서비스에 참여시키기 위해 정당한 법적 절차를 거쳐 항소하지 않아도 된다. 법은 분명히 "기관이 아동에게 특수교육 서비스와 관련 서비스를 제공하기 위해 부모의 승낙을 구했으나 부모가 승낙하지 않은 경우…… 지역의 교육기관은 정당한 법적 절차에 따라 특수교육 서비스와 관련 서비스를 제공하지 않아도 된다."(614 [a] [1] [D] [i] [II], [ii] [II])라고 명시하고 있다. 만약 아동의 부모가 특수교육과 관련 서비스를 받는 것을 승낙하지 않거나 그 동의를 해 줄 것을 요청하는 데 답하지 않는 경우에는 다음과 같이 처리할 수 있다.

- 지역의 교육기관이 동의를 받아야 하는 특수교육과 관련 서비스를 아동에게 제공하는 데 실패한 것을 가능한 무상의 적절한 공교육을 제공해야 하는 규정을 어긴 것으로 보지 않는다.
- 지역의 교육기관은 동의를 받아야 하는 특수교육과 관련 서비스를 제공하기 위해 IEP 모임을 소집하거나 IEP를 개발하지 않아도 된다(IDEA 2004, Sec. 614 [a] [1] [d]).

이러한 법 조항이 있음에도 교사나 학교 관계자들은 부모의 초기 평가에 대한 동의나 평가 결과에 대한 수긍이 아동의 특수교육적 배치(특수학급, 특수학교 등)에 대한 동의는 아니라는 사실을 명심해야 한다. 여기는 별도의 동의서가 필요하다. 제1장에서 살펴본 것과 같이, 법은 특수교육 서비스의 배치 연속체(continuum of placement)를 기본으로 하고 있고, 부모는 자식에게 바람직한 교육적 배치에 대한 의견을 제시하고 법이 정한 정당한 절차를 통해 권리를 주장할 수 있다.

5) 특수교육적 배치

IEP가 일단 완성되고 구성원의 서명을 받고 나면 특수교육 대상학생은 서비스를 받기 시작한다. IEP 항목 중 가장 중요한 것은 학생이 달성해야 할 교육적 목표의 진술과 학생이 교육받게 될 교육적 환경에 대한 내용이다. 가장 중요한 것은 아동이 일반교육과정에 참여하여 비장애아동과 함께 교육을 받는 것이므로 법에 의해 아동의 필요를 충족시킬 수 있는 최소 제한적 환경(Least restrictive environment: LRE)에서 교육할 것을 명시하고 있다. LRE는 특수교육의 연계 서비스 체계 중 일반교육 현장에 가능한 최대로 근접한 환경을 뜻한다. 즉, 적절한 지원과 수정을 통해 일반학급에서 아동의 요구를 충족시킬 수 있으면 일반학급이 특수교육 서비스 지원의 최적의 교육환경이 되는 것이다. 만일 아동이 일반학급에 배치되지 못하면 연속선상에서 일반학급에 가장 유사하면서도 아동의 필요를 지원할 수 있는 환경에 배치된다. 예를 들면, 일반학교의 특수학급에서 아동의 교육적 필요에 적합한 서비스 제공이 가능하다면 그 학생은 특수학교에 진학해서는 안 되며 일반학교의 특수학급이 최적의 교육환경이 된다.

6) 재평가와 IEP의 수정

학생의 특수교육적 배치나 특수교육의 목표는 고정되어 있지 않고 항상 변한다. 따라서 학생이 배치를 받아 특수교육 서비스와 지원을 받기 시작하면 능력에 대한 지속적인 재평가와 IEP의 수정을 위한 모임이 필수적이다.

IDEA(2004)에 따르면, 학생의 학업적, 기능적 발전 정도가 재평가의 근거가 될 만큼 뚜렷하거나 부모나 교사가 재평가를 요청하는 경우, 학교는 반드시 재평가를 실시해야 한다. 하지만 학교와 부모 모두 재평가에 동의하지 않는다면 1년에 한 번 이상 재평가를 실시하지 않아도 된다. 다만 학교와 부모의 동의가 없어도 최소한 3년에 한 번씩은 반드시 재평가를 실시해야 한다.

IEP는 부모나 학교가 필요하다고 느끼는 경우 적어도 1년에 한 번 이상 IEP 모임을 열어 학생의 장기목표 달성 수준과 일반교육과정에의 참여 정도를 확인해야 한다. 필요하다면 IEP를 재검토하여 목표를 수정하고 부모에게 최근 평가 결과나 관련 정보를 제공하며, 서비스나 지원정책, 교육적 배치를 변경하거나 그 외 필요한 수정을 하게 된다.

학교는 장애학생이 교육적 목표를 달성할 수 있도록 돕거나 필요한 서비스나 지원을 제공하는 데 노력을 아끼지 않아야 한다. 그러나 법적으로 학교나 교사를 포함한 개인이 학생의 연간목표 달성 실패에 대한 책임을 지지는 않는다. 때때로 교사는 학생이 특정 목표 달성에 실패하면 소송을 걸거나 다른 방식으로 실수에 대한 책임을 물을 것이라 생각하곤 한다. 그래서 학생의 성취 목표나 기준을 높게 선정하지 않을 수 있다. 그러나 사람들은 교사가 최선을 다했을 것으로 믿고 교사를 비난하지 않을 것이므로 모든 학생이 최선의 능력을 발휘할 수 있도록 최대한 노력해야 한다.

• 생각해 봅시다 #10

재평가와 IEP를 수정하기 위한 모임은 시간과 비용이 많이 드는 일이다. 이러한 시간과 노력이 가치 있는 일이라고 생각되는가? 이런 활동이 더 자주 있어야 한다고 생각하는가, 아니면 가끔 있어도 된다고 생각하는가?

4. 검사 및 평가 절차

특수교육에서 평가는 매우 중요하다. 학교는 특수교육 서비스를 받을 자격이 있는지 결정하기 위해 학생을 평가해야 하고 때로는 계속해서 서비스를 제공해야 하는지의 여부를 결정하기 위해 재평가를 한다. 또한 학생의 요구를 충족시킬 수 있는 계획을 수립하는 데도 평가는 매우 중요한 역할을 한다. 아울러 일반학생이 학기말 평가를 받는 것처럼 장애학생도 평가를 받는다. 따라서 교사는 평가를 특수교육의 일부로 인식해야 한다.

1) 규준참조검사와 준거참조검사

교사나 평가자는 규준참조검사(norm-referenced test)나 준거참조검사(criterion-referenced test)를 실시한다. 규준참조검사는 특정 학생의 평가 결과를 표준화된 과정을 거쳐 산출된 표준 집단의 점수와 비교하여 해석하는 검사다. 예를 들면, 학생들이 규준참조 읽기검사를 치르게 되면 교사는 표준 표본 집단의 평균과 비교해 학생이 얼마나 잘했는지를 결정한다. 지능검사, 발달검사, 많은 학업성취도 검사가 규준참조검사다.

준거참조검사는 학생과 대표 집단을 비교를 하는 것이 아니고 사전에 정해 놓은 준거 수준에 도달했는가의 여부를 결정하는 것이다. 예를 들면, 기준 준거가 '읽기 목록의 단어를 80% 이상 읽을 수 있는가?' 라면 이 준거에 도달했는지 결정하기 위해 준거참조검사를 실시할 수 있다. 규준참조검사는 상업적으로 생산되는 데 비해, 준거참조검사는 교사, 학교, 교육청에서 제작 가능하다.

2) 특수교육 평가의 종류

교사로서 현장에 있다 보면 장애아동을 위한 다양한 종류의 평가를 접하게 된다. 그와 관련하여 발달검사, 선별검사, 개인 지능검사, 개인 학업성취도 검사, 적응행동 검사, 행동척도 검사, 교육과정 중심 평가, 학년말 평가 및 대안평가에 대해 간략히 설명하기로 하겠다.

(1) 발달검사

발달검사는 규준참조검사의 일종으로 신생아, 영아, 유아의 주요 영역의 발달을 평가하기 위해 고안된 검사다. 주요 영역으로는 대근육 및 소근육 운동, 의사소통 및 언어, 사회성, 인지, 자조 기술 등이 포함된다. 만일 발달지체가 의심되거나 특히 신생아-영아 프로그램에 어린 아동이 참여할 계획이라면 전문가는 발달검사를 이용해 아동의 강점과 약점을 찾아야 한다. 검사는 직접관찰이나 부모설문으로 이루어지고, 검사 결과에 따라 평가자는 앞에서 언급한 주요 영역에서 아동이 얼마나 발달이 지체되거나 앞서 있는지를 결정하게 된다.

아주 많은 종류의 발달검사가 있는데, 학습발달척도-3판(Developmental Indicators for the Assessment of Learning-3rd ed.: DIAL-3; Mardell-Czudnowski & Goldenberg, 1998)과 덴버 발달검사(Denver Developmental Screening Test II; Frankenburg et al., 1990)가 가장 흔히 사용된다.

(2) 선별검사

앞서 언급했듯이, 학교에서는 다양한 영역에서 정상 범주를 벗어난 아동을 찾아내기 위해 선별검사를 실시하곤 한다. 선별검사 도구는 매우 다루기 쉽고 상대적으로 준비도 쉬우며 검사시간도 적게 걸려 상황에 따라 한 아동당 몇 분이면 끝나기도 한다. 지필검사, 특정 행위에 대한 평정척도나 체크리스트, 기술이나 능력에 대한 직접관찰 등으로 이루어진다. 이 검사의 목적은 잠재적인 문제를 학교에 알리는 것으로 좀 더 집중적인 정밀검사가 뒤따른다.

누구에게나 익숙한 대표적인 선별검사에는 학교에서 시력측정을 위해 사용하는 스넬렌 검사표(Snellen chart)가 있다. 그 밖에 4, 5세 아동의 학업준비기술의 단점을 찾아내기 위한 유치원 이전 선별검사(Pre-Kindergarten Screen; Webster

& Matthews, 2000), 학생 단체를 대상으로 기본 학업기술을 확인하는 아이오와 기본기술검사(Iowa Test of Basic Skills; Hoover, Dunbar, & Frisbie, 2001), 문제행동 가능성을 파악하기 위한 행동문제 체크리스트(Revised Behavior Problem Checklist; Quay & Peterson, 1993), 구어적 · 비구어적 인지 측정을 위한 카우프만 인지검사(Kaufman Brief Intelligence Test-2nd ed.: KBIT-2; Kaufman & Kaufman, 2004) 등이 있다.

(3) 개인 지능검사

지능에 대해서는 오랜 기간 연구와 논쟁이 있었으나 전문가들은 대체로 지능이 추상적 사고, 사고력, 뛰어난 판단력, 확고한 결정력 등으로 결정되는 능력이라는 데 동의하고 있다. 가장 중요한 사실은 지능—적어도 지능검사에 의해 측정되는 능력—이 일반적으로 개인의 잠재적 학습능력과 밀접한 관계를 갖고 있다는 사실이다. 이러한 이유로 개인 지능검사는 특수교육 대상자 선정 시 항상 사용되어 왔다. 이 규준참조검사의 결과는 학생의 학업적 문제가 일반적인 지능과 관련이 있는지, 아니면 학습장애나 정서장애 등 다른 요인에 의한 것인지를 결정하는 데 도움을 준다. 〈표 1-2〉에서 본 것처럼, 정신지체(또는 지적장애)의 진단을 위해서는 지능이 현격히 떨어져야 하고 학습장애나 정서장애의 경우엔 평균 이상의 지능을 보여야 한다.

흔히 IQ 검사로 불리는 지능검사는 훈련받고 인증받은 심리학자나 진단 전문가에 의해서만 실시되어야 한다. 왜냐하면 검사의 신뢰도와 타당도 확보를 위해서는 매우 정밀한 방법에 의해 진행되고 점수화되어야 하기 때문이다.

대부분의 지능검사는 전체적인 IQ 점수와 구두능력, 운동능력, 시지각력 등 영역별 점수로 구성되어 있다. 공립학교에서 일반적으로 사용하는 지능검사로는 아동용 웩슬러 지능검사-3판(Wechsler Intelligence Scale for Children-3rd ed.: WISC-III; Wechsler, 1991), 스탠퍼드-비네 지능검사-4판(Stanford-Binet Intelligence Scale-4th ed.; Thorndike, Hagen, & Sattler, 1986), 우드콕-존슨 인지능력검사(Woodcock-Johnson III Tests of Cognitive Abilities: WJ III; Woodcock, McGrew, & Mather, 2001) 등이 있다.

(4) 개인 학업성취도 검사

대다수의 특수교육 서비스 대상학생들은 하나 이상의 학습 영역에 취약점을 가지고 있다. 어느 학습 영역에 문제를 보이는지 정확하게 파악하기 위해서 심리학자나 교육 진단가는 최소한 하나의 광역 다중기술 학업성취도 평가를 하게 된다. 검사의 결과는 아동이 대표적인 학업기술 영역인 읽기, 쓰기, 셈하기, 일반적 정보, 특정 교과목 영역에서 어느 수준인지를 알려 준다.

전통적으로 전문가들은 학생의 특수교육 적격성 여부, 교육적 배치, IEP 목표 등을 결정하기 위한 형식적 평가로 규준참조 학업성취도 검사를 사용하였다. 이러한 검사는 오랜 기간 동안 학생의 학업적 성취를 기록하기 위한 목적으로도 사용되어 왔다.

평가자가 특정 훈련을 받아야 실시할 수 있는 지능검사와 달리, 학업성취도 검사는 교사들이 진행할 수 있다. 이때 교사는 사용안내 지침에 따라 신중히 평가를 실시해야 한다. 대부분의 특수교사와 마찬가지로, 일반교사도 적어도 하나 이상의 특수교육 평가 관련 과목을 수강하게 되는데, 이 과목을 수강하는 동안 최소한 하나의 학업성취도 검사를 실시하고 해석하는 방법을 배우게 된다. 일반적으로 사용하게 되는 학업성취도 검사에는 피바디 개인성취도 검사-개정판(Peabody Individual Achievemet Test-Revised/Normative Update: PIAT-R/NU; Markwardt, 1998), 카우프만 학업성취도 검사-2판(Kaufman Test of Educational Achievement/Normative Update: K-TEA/NU; Kaufman & Kaufman, 1998), 웩슬러 개인성취도 검사-2판(Wechsler Individual Achievement Test-2nd ed.: WIAT-II; Wechsler, 2001) 등이 있다.

(5) 적응행동 검사

정신지체(또는 지적장애) 아동은 적응행동에 문제를 보인다(〈표 1-2〉 참조). 적응행동 기술은 특히 일상생활에 유용한 기능이다. 적응행동 검사에 보편적으로 포함되는 영역에는 일상생활 기술, 지역사회 참여기술, 그리고 적절한 사회적 행동하기, 의사소통, 운동기능, 기초 학업기술 적용하기와 같은 특정 영역의 기능이 있다.

교사나 그 외의 주변인들은 상업적으로 판매되는 적응행동 검사를 사용해 적응행동 기술을 평가할 수 있다. 적응행동 검사의 경우 실시하기 전에 주의 깊게 각 검사요령을 살펴볼 필요가 있기는 하지만 특별한 훈련은 필요치 않다. 평가자는 각 항목에 대해 검사에서 지정한 평가체계에 따라 평점을 매기게 된다. 평가자는 학생을 매우 잘 아는 사람(예: 교사, 부모, 양육자)이거나 학생의 능력에 대해 잘 아는 사람을 인터뷰해야 한다.

가장 널리 사용되는 적응행동 검사는 AAMR 적응행동척도(Adaptive Behavior

Scales: ABS)로서 지역사회관(Residential-Community versions: ABS-RC: 2; Nihira, Leland, & Lambert, 1993)과 학교관(School version: ABS-S: 2; Lambert, Nihira, & Leland, 1993)이 있다. 그 밖에 바인랜드 적응행동척도-2판(Vineland Adaptive Behavior Scales-2nd ed.: Vineland-II; Sparrow, Cicchetti, & Balla, 2005)과 독립행동척도-개정판(Scales of Independent Behavior-Revised; Bruininks, Woodcock, Weatherman, & Hill, 1996) 등이 있다.

(6) 행동척도 검사

많은 아동이 부적절한 행동으로 특수교육 대상자로 의뢰받는다. 행동적 어려움을 판단하고 기록하기 위해 평가자는 행동척도 검사를 실시한다. 이 검사는 다양한 문제행동의 목록을 제시하고(간혹 행동을 범주로 나누어 제시하기도 함), 5점 척도 등과 같은 평정척도를 사용해 점수를 매겨서 행동이 얼마나 자주, 심하게 일어나는지를 파악한다.

적응행동 검사와 마찬가지로, 행동척도 검사도 부모나 교사가 실시하거나 아동을 잘 아는 사람에게서 정보를 얻어 평가자가 실시한다. 이 검사는 규준참조검사이므로 행동을 평가한 후 평가자가 점수를 합산하여 다른 아동의 점수와 비교해 판단한다.

학교에서 자주 사용되는 행동검사에는 학교판 데비루 행동척도(Devereux Behavior Rating Scale-School Form; Naglieri, LeBuffe, & Pfeiffer, 1993)와 사회적 기술평가체계(Social Skills Rating System; Gresham & Elliot, 1990) 등이 있다.

(7) 교육과정 중심 평가

학교 심리학자나 교사가 특정 시기에 학생의 상태를 파악하기 위해 사용하는 규준참조검사에는 몇 가지 단점이 있다. 규준참조검사는 상업용 검사이므로 비용이 들고, 다양한 기술을 망라한 학생의 능력을 표본으로 사용하여 특정 기술에 대한 부분만을 골라내기 힘들며, 다른 학생과의 비교에 의한 상대적 위치만 알려 주어 상대적으로 짧은 기간 내 학생의 발달 정도를 알아보는 데 적절치 못하다.

이러한 이유로 교사는 종종 교육과정 중심 평가를 실시하게 된다. 교육과정 중심 평가는 주로 교사가 특정 시기에 특정 교육과정에 대한 학생의 수준을 파악하기 위한 목적으로 개발한 검사다. 예를 들어, 학생의 IEP 목표가 5학년 수준의 읽기 실력을 갖추는 것이라면 그것을 달성하였는지 확인하기 위해 표준화된 읽기검사를 실시하지 않는다. 대신 교사는 학생에게 일주일에 두세 번씩 5학년 수준의 책을 크게 소리 내어 읽고 이해한 문제를 풀게 할 것이다. 매 시간에 교사는 기록을 하고 평가지에 정확히 읽은 단어의 수와 잘못 읽은 단어의 수, 이해하여 풀어 낸 문제의 수를 적어 둔다. 이러한 방식의 교육과정 중심 평가를 통해 교사는 학생이 목표를 향해 실력이 향상되고 있는지 확인할 수 있다.

교육과정 중심 평가는 학생이 교육에 얼마나 잘 반응하는가를 평가할 수 있도록 눈에 보이는 근거를 제공한다(Fuchs et al., 2003). 이러한 이유로 교사는 의뢰전 초기중재 프로그램에 참여하는 학생을 평가할 때 주로 교육과정 중심 평가를 사용한다. 교육과정 중심 평가를 사용함으로써 교사와 다른 전문가들은 특정 교수법이 아동에게 효과적인지의 여부를 판단할 수 있다.

(8) 학년 말 평가 및 대안평가

제2장에서 살펴보았듯이, 아동낙오방지법(NCLB)의 목적은 학업 성취가 높은 아동과 낮은 아동의 차이를 최소화하는 것이다. 학교는 모든 학생이 일 년 동안 충분한 학업적 향상을 보였음을 증명해야 하고, 그렇지 못하면 학교 운영방식에서 획기적인 변화를 모색해야 한다. 학교가 충분한 발전을 보였음을 증명하기 위해 학생들은 매 학년 말에 평가를 받는다. 이 평가는 현재 3학년과 8학년에게 실시되고 있다.

아동낙오방지법 외에도 많은 주에서 교육적 책무성에 관련된 법이 제정되어 유사한 방식으로 적용되고 있다. 노스캐롤라이나 주는 공립학교의 ABC(ABCs in Public Education)에서 기본 교과 영역의 기술 발달을 촉진하고 지역 내 결정 권한을 가능한 한 최대화함으로써 학교의 책무성을 규정하였다(Public School of North Carolina State Board of Education, 2004).

• 생각해 봅시다 #11

당신 자신을 장애아동을 다루는 전문가라고 가정하고, 이 장에서 제시한 평가나 평가 절차 중 가장 유용한 것을 골라 그 선택 이유를 설명해 보라. 다른 검사들의 좋은 점과 나쁜 점은 무엇인가?

특수교육 대상자도 이 평가에서 예외는 아니어서 IDEA(2004)는 학년 말 평가에 장애아동의 참여를 요구하고 있다. 장애아동이 일반교육 의무평가에 참여하기 어려운 상황이라면 두 가지 선택권이 있다. 첫째, 시험에 참여할 수 있도록 평가를 수정하여 실시한다. 둘째, 대안평가의 방법으로 참여한다. 대부분의 학습장애와 시각장애, 청각장애, 지체장애 아동의 경우 평가를 수정하여 참여하고 심한 지적장애 학생들은 대안평가를 통해 평가한다. 이 경우 모든 학생의 IEP에 학기 말과 학년 말 시험을 어떤 방식으로 치를 것인가에 대해 반드시 명시해야 한다.

이 장의 내용에 대한 보충 설명은 www.prenhall.com/rosenberg 사이트의 제4장 관련 모듈에서 찾아볼 수 있다.

요 약

효과적인 특수교육의 실제는 진단과 계획으로부터 시작된다. 때로는 아동이 매우 어릴 때 시작되기도 하고, 때로는 학교에 진학한 이후부터 시작되기도 한다.

신생아와 유아, 그 가족을 위한 진단 및 평가

- 어떤 아동들은 신생아기 혹은 영아기 등 매우 어릴 때 특수교육에 대한 필요의 징후를 보인다. 이런 아동들의 대부분은 신체나 감각장애를 보이고 인지, 운동, 의사소통, 적응행동의 지체를 경험한다.
- 전문가는 발달검사를 사용해 이러한 지체를 기록한다. 주에 따라서 지체가 나타나지 않지만 지체의 위험이 있다고 판단되는 영유아에게도 서비스를 제공하기도 한다.
- 개별화 가족서비스 계획(IFSP)은 특별한 요구를 가진 신생아, 영아와 그 가족에게 사용되는 계획서다. 부모는 이 계획을 구성하는 데 참여하고 계획 관리자가 실행을 총괄한다.

취학 전 장애유아의 특성과 서비스 제공계획

- 유아교육 담당자는 아동이 언어발달 지체나 독특한 문제행동을 보일 때 특별한 도움을 필요로 한다고 인지한다.
- 때로는 엄격한 환경조건 때문에 위험요소로 보일 수 있다.
- 유아기 아동이 특별한 요구를 가지고 있다고 의심되면 교육 진단가는 아동이 특수교육 서비스 대상자인지 판별하기 위한 평가를 하게 된다.
- 법에 의해 특수교육 서비스를 받는 유아는 개별화 가족서비스 계획(IFSP)을 갖고 있으면 그에 따라서, 아니라면 개별화 교육 프로그램(IEP)에 따라서 서비스를 받게 된다.

학령기 특수교육 서비스 잠재 대상의 초기 발견과 후속 절차

- 학령기 특수교육 대상자의 초기 발견은 보통 학업이나 행동적 문제로 인해 발생한다.
- 특수교육 서비스 의뢰는 선별검사나 부모, 교사의 우려 등에 의해 시작되곤 한다.
- 대부분 의뢰전 중재나 의뢰전 초기중재 전략은 특수교육 대상자 평가 의뢰 전에 일반학급에서 이루어진다.
- 학생이 의뢰전 중재나 의뢰전 초기중재 프로그램에서 성공적인 학업 성취를 이루지 못하면 학교 관계자는 특수교육 서비스 대상자 자격 여부를 결정하기 위해 평가를 의뢰하게 된다.

- 평가 결과 학생이 특수교육 대상자로 판명되면 IEP 팀에 의해 IEP가 개발되고 학생은 특수교육 서비스를 받는다.
- 1년에 1회 이하의 재평가를 받아야 하며, 학교나 부모가 자격 심사에 동의하지 않아도 최소한 3년에 한 번씩은 재평가를 실시해야 한다.

IEP의 구성요소, IEP 팀원 및 기타 특별한 계획

- IEP는 학생의 특수교육 목표, 교육환경, 일반교육과정 참여방법, 그 외 중요한 정보를 포함한다. 특수교육 대상자가 16세가 되면 전환교육 관련 내용이 포함되어야 한다.
- 학생이 특수교육을 받기 시작하면 반드시 IEP를 작성해야 하고 특수교육 서비스를 받는 한 계속 IEP에 의해 교육을 받아야 한다.
- IEP 팀은 최소한 연 1회 IEP를 수정한다.
- IEP 팀에는 전문가, 학생의 부모, 필요 시 학생 본인이 포함된다.
- 특수교육 서비스 대상자는 아니지만 지원이 필요한 학생도 교수적 수정을 요구할 수 있다. 재활법 504조에 의해 학교는 반드시 이러한 요구를 수용해야 한다.
- 504조 계획은 IEP와 유사하지만 주로 일반교육 환경에서 학생의 요구를 지원하는 데 초점을 맞추고 있다.

특수교육 대상학생의 판별 및 교육 계획을 위한 검사

- 검사는 아동이 특수교육을 필요로 하는지의 여부를 결정하고 적절한 교육 프로그램을 계획하는 데 사용된다.
- 이러한 목적으로 사용되는 검사에는 발달검사, 선별검사, 개인 지능검사, 개인 학업성취도 검사, 적응행동 검사, 행동척도 검사, 교육과정 중심 평가, 학기 말 검사와 대안평가 등이 있다.

5

교수, 학습 및 행동 관리

이 장을 시작하며

- 일반교육과정이란 무엇인가? 어떤 방법들이 특수교육 대상 학생들을 위한 교수 수정에 사용될 수 있는가?
- 교사들이 체계적 교수에서 주로 사용하는 교수적 접근법은 무엇인가?
- 교사들이 그들의 학교와 교실 장면에서 체계적이고 예방적이며 긍정적인 행동관리 체계를 개발하는 방법은 무엇인가?
- 어떤 실제들이 긍정적이고 전문적인 방식으로 교수와 행동 관리에 대한 의사소통을 가능하게 하는가?

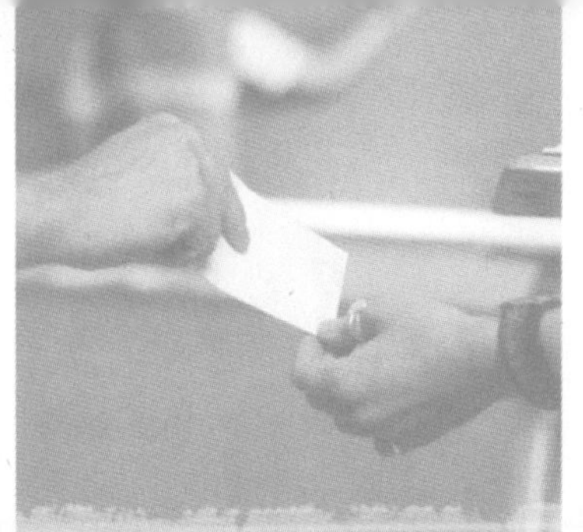

나의 이야기: 바비 비들

바비 비들 선생님은 무척이나 다양한 경험을 갖고 있다. 현재 버지니아 주의 페어팩스 학군에서 7학년 학생들에게 환경과학을 가르치고 있으며 생물과 특수교사 자격증이 있다. 1969년에 듀크 대학교에서 동물학을 전공한 후 중 · 고등학생들을 가르쳐 왔으며, 기초학력 교정 교육이 필요한 군인과 전문성 개발이 필요한 교사들도 가르쳐 왔다. 비들 선생님은 '올해의 교육자' 상도 여러 차례 받은 명망 있는 교사다.

비들 선생님은 교사가 천직인 사람인 듯하다. 교수법에 아직 익숙하지 않았던 신임교사 시절에도 가르치는 일이 오래된 일처럼 편안하게 느껴졌고, 학생들의 학습동기를 불러일으키는 데에도 재능이 있었다. 그럼에도 비들 선생님은 교수법에 대해 훈련을 더 받기 위해 지역 전문대학에서 관련 과목들을 수강하였으며, 재정지원이 되는 특수교육학 석사과정을 통해 다양한 교수 전략과 행동관리 전략을 습득하였다. 비들 선생님은 이러한 경험들을 통해 풍부한 내용을 갖추는 동시에 다양한 학생들이 쉽게 접근할 수 있는 수업을 할 수 있게 되었다.

비들 선생님은 자신의 수업뿐만 아니라 자신이 근무하는 허든 중학교의 개선과 관리를 위해서도 적극적이어서 학교차원의 행동관리 프로그램의 지원을 기획하는 PAR 위원회(긍정적 행동지원을 위한 위원회)의 구성원으로도 활발하게 활동하고 있다. 또한 비들 선생님은 학생들과의 소통의 중요성을 인식하고, 가능한 한 언제 어디서나 학생들과 대화를 나누고자 한다. 이를 통해 비들 선생님은 학생들이 갖추어야 할 존중과 학습동기, 적절한 학교행동 등의 중요한 전제 요소라고 볼 수 있는 '관계'를 형성할 수 있다.

비들 선생님도 좌절감을 맛보기도 하였다. 일부 교직원들이 비들 선생님이 주도하는 학교 차원의 프로그램에 참여하기를 거부하거나 학생지도에 일관성을 보이지 않을 때 그런 느낌을 받는다. 자신이 직접 지도하지 않는 학생들에게까지 지원을 제공하는 것은 그리 쉬운 일이 아니다. 의욕이나 동기는 충분하지만 한 명의 교사가 필요한 모든 일을 다 하기에는 시간이 절대적으로 부족하다. 채점할 실험보고서도 많고, 지도하고 지원할 특수학생도 많다. 그렇다 해도 비들 선생님은 자신의 긍정성과 융통성을 큰 자산으로 삼아 이 모든 어려움을 마주하려 한다. 비들 선생님은 매일 새로움과 학생들 하나하나의 삶의 향상에 대한 희망을 즐기며 살아간다.

특수교사는 다양하고도 중요한 역할을 한다. 그러나 교사가 갖는 가장 주요한 책임—어쩌면 가장 어려운 책임—은 안전하고도 질서있는 환경에서 효과적이고 효율적으로 가르치는 일이다. 이를 위해 다음의 네 가지 요소가 필요하다. 첫째, 교사는 자신의 학급에 있는 다양한 학생들에게 무엇을 가르치고(즉, 교육과정), 어떻게 학습목표를 개발할지를 알아야 한다. 둘째, 증거 기반 교수(evidence-based instruction)를 전달하는 기술—학생들의 성취를 돕는다고 입증된 활동과 환경—이 교육과정을 전달하는 데 사용되어야 한다. 셋째, 학생 행동은 체계적이고, 적극적이고, 긍정적인 방식으로 관리되어야 한다. 넷째, 교수 및 행동관리는 진실되고 무례하지 않게 이루어져야 한다. 연구에 따르면, 학급 크기나 구성, 학생 배경 등을 포함한 다른 어떤 요소보다도 교사의 질이 학생 성과에 더 많은 영향을 미친다(Rivkin, Hanushek, & Kain, 2001; Sanders & Horn, 1998).

비들 선생님과 같은 교사들은 교수와 행동 관리 사이의 역동적인 관계를 인식하고 있다. 교수와 행동관리가 종종 따로 논의됨에도 비들 선생님은 이 둘 간의 관련성이 매우 높다는 것을 알고 있다. 비들 선생님은 학생들이 주요한 학업기술을 배울 수 있도록 창의적인 노력을 기울이는 것이 학생들이 보일 수 있는 문제행동을 예방할 수 있는 가장 중요한 방법 중 하나라고 생각한다. 동시에 체계적이고 긍정적인 행동관리 기술의 적용 없이는 아무리 흥미롭고 온갖 지원이 제공되는 수업이라도 학생들에게 전달되기 어려울 수 있음을 잘 알고 있다.

1. 무엇을 가르칠 것인가: 교육과정과 특수교육 대상학생

교사와 부모가 해야 하는 가장 중요한 결정 중 하나는 학생들이 배우는 내용, 즉 교육과정에 관한 것이다. 교육과정을 폭넓게 정의하자면, 학교나 교육청, 주에서 가르치고자 하는 내용이다. 15년 전쯤에는 교육과정과 관련된 결정은 크게 지역 교육청과 개별 학교의 책임이었다. 종종 교육청이 지정한 교과서는 교육과정에 영향을 주었고, 교사들은 일정한 수준에서 이러한 결정에 관여하였다.

교과서에 포함된 내용을 지원 · 심화하기 위해 교사들은 자료(예: 역사 수업을 위한 미국 독립전쟁 관련 비디오, 읽기학습을 하는 초등학생을 위한 아동도서)를 선택하거나 별도의 자료(예: 수학학습을 돕는 게임, 화학 교과서를 보충하기 위한 학습 자료)를 개발했다.

오늘날에는 주정부가 교육과정과 증거기반 실제를 결정하는 데 훨씬 더 많이 관여한다(예: 개별 과목과 특정 기술을 가르칠 시기나 교육과정에 대한 학생들의 숙달에 대한 학교의 책무성 등). 현재 48개 주정부와 워싱턴 D.C.에서는 학교의 교육과정을 구성하는 핵심 내용 영역의 표준을 개발했다(Skinner & Staresina, 2004). 이처럼 교사가 교육과정 결정에 관여할 수 있는 정도는 낮아졌지만, 여전히 교육과정을 향상시켜 줄 교재 및 교구(예: DVD, 도서)에 관한 의사결정에 참여하고 있다. 또한 교사들은 여전히 모든 학생들의 요구에 맞게 교육과정을 수정하고 조절하기 위한 결정 과정에 참여하고 있다.

모든 주에는 주정부가 제시하는 교육과정과 책무성 체계가 있으며, 대부분의 장애학생은 이러한 일반교육과정에 참여하고 진보를 보일 것으로 기대된다. 유능한 교사라면 모든 학생이 가진 배우고, 기억하고, 적용하는 능력이 제각기 다르며, 이들이 교육과정에 있는 내용을 모두 다 배울 수는 없다는 것을 알고 있다. 모든 학생이 숙달해야 할 특정 과목의 주요 영역들(종종 해당 주의 교육과정이나 내용 기준에 의해 정의되는)이 있기는 하지만, 어떤 교육과정에는 소수의 학생만이 습득할 수 있는 영역도 있다.

유능한 교사라면 어떻게 교육과정을 수정할까? 철자쓰기('학생사례 탐구' 참조)와 같은 교과 영역은 비교적 간단하게 바로 적용되지만 다른 교육과정의 영역들은 적용이 그리 쉽지 않다. 다양한 범주의 학생들을 효과적으로 교수하기 위해서는 특별한 기술이 필요하다. 여기에는 교수와 학습 및 평가를 위한 분류학, 보편적 학습 설계, 수업 설계를 위한 피라미드식 계획, 교육과정 및 교수 수정 등이 포함된다.

FAQ Sheet

교수, 학습과 행동 관리	
교육과정은 무엇인가? 그것이 특수교육적 요구를 지닌 학생들에게 어떻게 적용될 것인가?	교육과정은 개별 학교에서 교수되는 내용이다. 교육과정 적용에 사용되는 도구들에는 분류학, 학습과 계획 조직 그리고 교수 수정을 위한 보편적 설계가 포함된다.
어떤 증거기반 실제들이 교육 서비스의 전달을 향상시키는가?	효과적인 교사들은 다음의 영역에서 증거기반 실제를 이용한다. • 교수 집단 만들기 • 내용 제시하기 • 실제를 위한 기회 제공하기 • 학생 진전도 점검하기 • 교수지원을 위한 보조공학 이용하기
효과적인 교사들은 학생의 행동 관리에 어떻게 접근하는가?	지역사회와 가족이 갖고 있는 기준에 부합되는 규칙과 함께 절차를 고려한 문화적으로 반응적인 틀 안에서 가장 잘 이해된다. 잘못된 행동의 원인만을 찾는 것은 유용하지 않다. 오히려 학생의 행동과 연관된 기능을 이해하는 것이 더 유용하다.
효과적인 행동관리 계획의 주요 구성요소들은 무엇인가?	효과적인 행동관리 계획은 다음과 같은 다섯 가지 핵심 요소로 구성된다. • 역할 진술 • 규칙, 절차 및 지원 • 적절하고 부적절한 행동에 대한 결과 • 위기 관리 절차 • 행동관리 계획에 제시되는 문서
어떤 전략들이 교수 및 행동 관리에 대해 의사소통하는 데 도움이 되는가?	효과적인 의사소통에 기여할 수 있는 전략들은 다음과 같다. • 진정한 관계의 발전 • 정중함과 존중 • 적절한 기대 전달하기 • 문화적 민감성 • 신뢰성과 확실성 유지하기 • 문제 발생 시 판단에 필요한 일정한 관점 유지하기

학생사례 탐구

"사우스우드 초등학교의 페이튼 교장선생님은 오랫동안 리베라 선생님의 학급 학생들이 3학년 철자쓰기 대회에서 입상하는 이유에 대하여 늘 호기심을 가지고 있었다. 최근에 리베라 선생님의 학생들이 철자쓰기와 어휘 발달 그리고 읽기의 표준화 평가에서 다른 3학년 학급 학생들보다 상당히 높은 점수를 받았을 때 그의 호기심은 고조되었다. 페이튼 교장선생님은 리베라 선생님이 반 학생들에게 철자쓰기를 가르치는 데 성공적이었던 이유와 다른 3학년 교사인 챔블리 선생님이 덜 성공적이었던 이유를 탐색하기로 결심했다.

페이튼 선생님은 리베라 선생님이 다음의 내용을 담고 있는 교육과정 계획안과 효과적인 교육의 기본 원리를 적용했다는 사실을 발견했다."

- 철자쓰기를 지원하는 다른 내용 영역에 대한 교수를 사용한다.
- 학생들에 대해 다른 기대를 갖는다: 어떤 경우에도 철자쓰기 단어 목록을 완전하게 배울 것으로 기대하고, 그것이 어려운 경우에는 철자쓰기 단어의 양을 줄여 배우게 한다.
- 단어의 철자쓰기를 배우기 위해 노력하는 각 학생들의 부모와 협의하고 부모에게 철자쓰기와 읽기 그리고 어휘 개발을 향상시키는 방법에 대한 정보를 제공한다.

대조적으로, 페이튼 교장선생님은 챔블리 선생님이 철자쓰기를 위해 별도의 시간을 정해 놓지 않고 학생들에게 일주일에 두세 번, 30분씩 철자쓰기를 훈련하는 것을 관찰했다. 철자쓰기에 할당된 시간이 매주 바뀌었고, 대부분 훈련과 연습활동으로 구성되어 있었다. 챔블리 선생님은 교육과정에서 개별학생의 요구를 반영하지 않았다. 철자쓰기 단어를 배우는 대부분의 학생은 거의 구문을 제공받지 못했으며, 주마다 치르는 철자쓰기 시험의 준비를 위해 학생들이 참여할 수 있는 활동의 유형은 다양하지 않았다. 그녀의 학생들 중 일부는 이러한 접근법을 통해 철자쓰기 단어를 배운 반면, 내용을 배우려 노력한 일부 학생들은 잘 해내지 못했다.

적용하기

- 챔블리 선생님의 철자쓰기 교육을 향상시킬 방법을 생각해 보자.
- 짝이나 소집단을 구성하여 가르칠 수 있는 가능성에 대해 논의해 보자.

1) 학습 분류체계

분류체계란 정보를 조직화하는 데 사용되는 틀을 말한다. 교사는 분류체계를 통해 단원을 명확하게 나누어 교수를 조직하고, 의미 있는 순서로 가르치며, 재교육을 위한 보충 자료와 활동 적용 시점을 확실하게 구분할 수 있다. 교사는 교수 계획 시 분류체계를 이용하여 (1) 교수목표를 명확하게 하고, (2) 교수 자료의 지식 및 인지 수준을 결정하며, (3) 목표와 학습활동, 실습, 자습, 과제 그리고 평가 간에 일관성을 유지할 수 있다. 가장 일반적으로 적용되는 블룸(Bloom)의 분류체계([그림 5-1] 참조)는 다양한 학습자들을 위한 교수계획에 유용하다. 여기서는 단순한 것(예: 사실)에서 복잡한 것(예: 정보 평가)에 이르기까지 대부분의 정보가 각기 다른 개념적 수준에서 학습될 수 있음을 강조한다. 즉, 교사는 어떤 주제를 다루든지 이러한 분류체계를 적용하여 잘 계획한 수업을 통해 모든 학생이 자신에게 맞는 수준에서 정보를 습득하도록 할 수 있다.

교수와 학습 그리고 평가를 위한 블룸의 분류(개정판)

인지적인 절차 특징

- 기억하기: 정보 회상하기(목록 짜기, 명명하기)
- 이해하기: 생각이나 개념 설명하기(요약하기, 해석하기)
- 적용하기: 또 다른 상황에 있는 정보 사용하기(실행하기, 추진하기)
- 분석하기: 정보를 부분으로 쪼개기와 관계 탐색하기(비교하기, 조직화하기)
- 평가하기: 결정이나 행동의 과정 판단하기(점검하기, 비평하기)
- 창조하기: 새 아이디어나 다양한 관점으로 산출하기(생성하기, 고안하기)

출처: Anderson, L. & Krathwohl, D. (Eds.) (2001). *A taxonomy for learning, teaching, and assessing* (p. 31). New York: Longman에서 수정.

그림 5-1

2) 보편적 학습 설계

이제까지 일반교육과정을 지원하는 교수자료는 일반적이며 평균 수준을 갖춘 학습자들을 염두에 두고 개발되어 왔다. 그러나 이러한 교수자료를 통해서는 적절한 학업 진전을 보일 수 없는 학생도 상당히 많다. 이에 교육전문가들은 장애학생을 포함한 모든 학생이 접근할 수 있는 교육과정을 만들기 위한 노력을 기울여 왔다. 보편적 설계(universal design)는 건축과 제품 생산에 적용하던 개념에서 발전하였다(Hitchcock, Meyer, Rose, & Jackson, 2002; Orkwis & McLane, 1998). 예를 들어, 건축가는 건축 후 필요한 편의시설을 보완하는 것이 아니라 설계단계부터 휠체어 사용자에게는 필수적인 경사로와 같은 편의시설을 포함한 보편적 설계를 적용한다. 자막이 제공되는 TV도 소리를 들을 수 없는 사람들에게 도움을 주기 위해 만들어졌으나 장애를 갖고 있지 않은 많은 사람들(시끄러

공학은 학급에서 보편적 설계를 적용하는 데 중요한 역할을 한다.

운 주점, 헬스클럽, 자는 사람과 한 방에 있는 경우 등)에게도 유용할 수 있다.

보편적 설계가 교육과정 개발에 적용된다면, 그동안 학교에서 학생들 간에 존재했던 차이는 그리 대수롭지 않은 것이 될 수 있다(McLeskey & Waldron, 2000). 대다수의 경우, 보조공학이 중요한 역할을 한다. 예를 들어, 인쇄된 교과서에서는 가독성을 변화시킬 수 없지만, 디지털 교과서는 학생의 읽기 수준이나 그 밖의 요구에 따라 가독성을 조절할 수 있다. 디지털 교과서는 다양한 방식(예: 사진, 문자, 동영상)으로 내용을 표현하고, 정보 제시 모드를 변화시키거나(예: 텍스트 자료를 음성자료로 혹은 음성자료를 텍스트 자료로) 정보의 특성(예: 글자의 크기와 색, 소리 크기)을 변화시킬 수 있다(Hitchcock et al., 2002).

보편적 설계를 적용하면, 모국어가 영어가 아닌 학생들이나 오랜 시간 자료에 주의집중하기 어려운 학생, 쓰기나 타이핑 기술이 부족한 학생, 혹은 지적장애를 가진 학생 등 모든 학생에게 혜택을 줄 수 있다. 10년 전만 해도 보편적 학습 설계는 몇몇 교육공학 전문가들이나 품고 있던 이루기 힘든 꿈에 불과했다. 그러나 지난 10년간 공학에서 이루어진 극적이고 놀라운 발전을 기반으로, 보편적 설계는 많은 교육과정 개발에 주요한 역할을 하게 될 것이다.

• 생각해봅시다 #1

최근 교재에서 변화되고 있는 것은 모든 학생의 요구에 적합한 것인가? 교재를 디지털 포맷으로 수정하여 읽기나 개념의 수준이 다양한 학생들에게 모두 적용할 수 있는 방법은 무엇인가?

3) 피라미드식 계획

많은 교사들이 수업을 계획하기 위하여 주정부가 제시한 내용 표준에 따라 개발된 학년별 교재를 사용한다. 이러한 교재들은 비교적 대부분 학생의 교수적 요구를 만족시킨다. 그러나 잘 읽지 못하거나, 특정한 주제에 관한 어휘나 내용과 관련된 배경지식이 부족하거나, 자료에 접근하는 데 어려움을 초래하는 장애를 가진 학생들에게는 교재에만 의존하는 수업은 적절하지 않다(Schumm, 1999).

교사가 교실에 있는 모든 학생의 다양한 요구를 충족시킬 수 있는 수업을 계획하는 방법 중 하나는 피라미드식 계획(planning pyramid)을 하는 것이다(Schumm, 1999; Schumm, Vaughn, & Leavell, 1994; Vaughn, Bos, & Schumm, 2007). 교사들은 수업이나 학습 단원을 계획할 때 '학습 정도' 개념을 기반으로 한 피라미드식 계획을 이용하여 학습 내용과 수업 실제 둘 다를 분석할 수 있다. 피라미드식 계획의 기본적인 입장은 앞서 제시한 블룸의 분류체계와 유사하다. 이 입장을 "모든 학생이 모든 내용을 배울 수는 있으나, 모든 학생이 모든 내용을 배운 것은 아니다."(Vaughn et al., 2007, p. 190)다. 피라미드식 계획에서는 특정 수업에서 배울 핵심개념과 기술을 먼저 확인한 후, 학습의 세 수준에 따라 이를 분류한다.

1. 모든 학생이 배울 내용(피라미드 하단)
2. 대부분(모두가 아닌)의 학생이 배울 내용(피라미드의 중간)
3. 소수의 학생만이 배울 내용(피라미드의 상단)

[그림 5-2]는 기후와 침식을 다루는 중학교 과학과 수업에 피라미드식 계획을 적용한 사례다. 피라미드의 하단에는 지구의 지각을 변화시키는 동력에 대한 내용으로서 모든 학생이 학습해야 할 중요한 내용을 포함한다. 다음 수준에서는 인간이 어떻게 기후에 영향을 주는지에 대한 내용으로 모두가 아닌 대부분의 학생이 배울 내용이다. 마지막으로 피라미드의 상단에는 빙하기 지구 모습에 대한 내용으로 소수의 학생만이 배울 내용을 포함한다. 이와 함께 오른쪽 부분에서는 교재 · 교구, 교수 전략과 수정, 평가 및 결과물 측면에서 모든 학생의 요구를 어떻게 충족시킬지에 대한 결정사항들을 제시한다. 피라미드식 계획을 적용하기 위해서는 어떤 학생이 피라미드의 특정 수준의 내용을 학습하도록 했다고 해서 계속해서 그 수준에서만 배우도록 해서는 안 되며, 배울 내용의 분량도 교과나 수업에 따라 변화될 수 있음을 주의해야 한다.

피라미드식 계획하기 단원계획 형식

<table>
<tr><td colspan="2">단원계획 형식</td><td rowspan="4">날짜: 9월 1~30일
수업 시간: 1:30-2:30
단위 주제: 기후와 침식

교재/교구:
화산 관련 전문가 초청
비디오: 침식과 기후
암석 표본
도서 자료: 재난, 화산 등

수업 전략/적용:
개념 지도
교재 안의 자료 학습을 위한 협동학습 집단
각 장의 오디오테이프
퀴즈, 시험 준비를 위한 또래학습

평가/결과물:
주별 수시 평가
각 단위 평가
학습기록('내가 무엇을 배웠는가?' 매일 기록)
용어 퀴즈</td></tr>
<tr><td>몇몇 학생이 배울 내용</td><td>• 빙하기 동안의 지구의 모습
• 갑작스러운 지각 변동에 따른 재난
• 느린, 빠른 변화에 따른 지형 사례</td></tr>
<tr><td>대부분 학생이 배울 내용</td><td>• 기후와 침식의 비교 분석
• 인간이 기후의 물리적, 화학적 변화에 영향을 미치는 원인</td></tr>
<tr><td>모든 학생이 배울 내용</td><td>• 지구 표면의 기본 구성
• 지각 변동이 기후와 침식에 미치는 힘</td></tr>
</table>

출처: Vaughn, S., Bos, C., & Schumm, J. (2007). *Teaching students who are exceptional, diverse, and at-risk in the general education classroom* (4th ed., p. 218). Boston: Allyn & Bacon.

그림 5-2

4) 교육과정 및 교수 수정

교사는 학생이 일반교육과정에 더 잘 참여할 수 있도록 하기 위해 다양한 교수 수정 방법을 선택하여 적용할 수 있다(〈표 5-1〉 참조). 규모(예: 완성해야 할 과제의 수)나 시간(예: 과제 완성 시간) 측면에서는 좀 더 간단한 수정 전략을 자주 적용하기는 하지만, 창의적인 교사는 (1) 수업의 난이도를 조정하고, (2) 학생의 참여와 반응 방법을 구조화하며, (3) 지원을 제공하고, (4) 대집단 수업에서의 개별 학생의 성공을 인정하는 다양한 방법을 고려한다. 이러한 수정전략을 검토할 때 어떤 전략은 모든 학생에게 적용할 수 있지만,

• 생각해봅시다 #2

어떤 학생에게 수정된 방법을 사용할 경우 그것을 어떻게 정당화시킬 것인가? 그 학생에게 가장 적절한 수정방법을 결정할 수 있는가?

〈표 5-1〉 교수 수정 방법의 아홉 가지 유형

적용	정의	예
투입(input)	학생의 학습을 촉진시키기 위해 사용되는 교수전략	능동적인 학습을 지원하는 비디오, 컴퓨터 프로그램, 현장학습 및 시각적 보조도구를 사용한다.
산출(output)	학습자들이 이해하는 것을 증명하는 방법과 지식	학생들은 노래를 작곡하고, 이야기나 포스터나 소책자를 기획하며, 실험을 수행한다.
규모(size)	학습자들이 완수할 것으로 기대되는 과제, 시범, 수행의 길이나 비율	문서나 구두 보고서의 길이를 줄이고, 필요한 참고물의 수를 줄이며, 해결되어야 할 문제의 수를 줄인다.
시간(time)	학생의 학습을 위하여 필요한 융통성 있는 시간	계획 완수를 위한 스케줄을 개별화하고 평가하기 위해 더 많은 시간을 할애한다.
난이도(difficulty)	다양한 수준의 기술과 개념상의 수준 그리고 학습에 포함되는 절차들	성과는 같지만 특수성과 복잡성의 정도가 다양하도록 예상 결과표를 제공하고 과제를 배열한다.
지원 수준 (level of support)	학습자에 대한 보조의 양	학생들은 협력집단에서나 학급 친구들, 멘터, 연령을 달리한 튜터, 혹은 준교육자들과 함께 작업한다.
참여 정도 (degree of participation)	학습자가 능동적으로 과제에 참여하는 범위	학생의 역할을 작가, 감독, 배우의 역할로 나눈다면, 어떤 학생은 기억하기에 너무 많은 대사보다 다소 적더라도 신체적 행위를 하는 배우의 역할을 갖도록 배정한다.
수정된 목표 (modified goals)	일반교육과정의 맥락 안에서 적용된 성과 기대	쓰기 언어활동에서 어떤 학생은 전체 문장이나 단락 구성보다는 몇몇 글자를 베끼는 것에 더 집중한다.
교육과정 대치 (substitute curriculum)	학습자들의 확인된 목표들을 충족시키는 상당히 차별화된 수업과 자료	외국어 학급에서 어떤 학생은 단락이나 지시적 읽기보다는 일정시간 동안 고안된 민족언어와 문화적 지식을 사용하는 연극이나 대본을 개발한다.

출처: Cole, C. et al. (2000). *Adapting curriculum and instruction in inclusive classrooms: A teachers' desk reference* (2nd ed., p. 39). Bloomington, IN: Indiana Institute on Disability and Community에서 수정.

어떤 전략의 경우는 수정되거나 다른 학생들과 동일한 내용은 배우지 못하는 학생들을 위해 대안적인 내용을 교수하는 방식으로 적용할 수 있음을 주의해야 한다(Cole et al., 2000).

2. 교수 전달체계

지금까지는 학생들에게 무엇을 가르칠 것인가를 중점적으로 다루었다. 여기서는 학생들에게 어떻게 효과적으로 가르칠 것인가를 다루고자 한다. 일반적으로 학생들 중 약 50~80%는 일반학급에서 다루어지는 교과 내용을 별 어려움 없이 배우는 것처럼 보인다. 그러나 그 외 나머지 학생들은 학년이 올라갈수록 교과 내용을 배우기가 어렵다. 이러한 학생들이 모두 장애를 갖고 있는 것은 아니지만 이들 모두는 교과내용 학습과 주정부가 시행하는 학업성취도 평가를 통과하기가 어렵다. 이러한 학생들을 위해서 비들 선생님처럼 대안적인 교수법이 있음을 인식하고, 교과내용을 체계적으로 교수하기 위해 증거 기반 교수전달 기술과 방법을 사용할 수 있는 교사들이 필요하다.

1) 교수법

1975년에 미국 장애인교육법이 통과된 이래, 특수교육 분야는 주로 행동주의 접근법의 영향을 받아 왔다. 행동주의 접근법에서는 가르칠 내용과 목표에 대한 명확한 확인과 체계적 교수를 강조하며, 장애학생에게 효과적인 수많은 교육 실제의 기반을 제공했다. 가장 일반적인 행동주의적 접근방법인 직접교수(DI)는 교사가 수업을 시작하고, 수업 시 정보를 제시하며, 수업 이후에 학생에게 연습 활동을 안내하고, 학생의 과제물을 수정하고 피드백을 제공하고, 학생의 자습을 계획하고 실행하는 것과 관련하여 명시적인 지침을 제시한다(Carnine, Silbert, Kame'enui, & Tarver, 2003; Rosenshine & Stevens, 1986).

행동주의적 교수법은 학생들에게 기본적인 지식유형(예: 단어 습득이나 수 연산과 같은 기본 기술)을 교수할 때 가장 효과적이다. 그러나 학업문제나 장애를 지닌 많은 학생들이 가진 보다 고차원적인 요구를 충족시키는 데는 충분하지 않다. 이러한 경우에 인지주의적인 접근법이 필요하다. 인지주의적인 접근법에서는 학생에게 적절한 지원과 조절이 제공된다면, 이들을 문제해결을 할 수 있는 적극적이고 전략적인 학습자로 간주한다. 인지주의적인 접근법에서는 그 교수 방법이 행동주의적 접근법에서만큼 명확하게 구조화되어 있지는 않지만, 일반적으로 (1) 비교하기와 대조하기, (2) 개념 형성과 예시 선택, (3) 정보를 이용하여 추측하기, (4) 특정 문제해결 절차의 개발 등이 포함된다.

행동주의적 교수 접근법과 인지주의적 교수 접근법은 서로 배타적이지 않으며, 효과적인 교수를 위해서 종종 결합되어 사용된다. 캔자스 대학교 학습센터에서 개발한 전략중재 모델(strategies intervention model: SIM)이 바로 이러한 경우의 예다. 이 모델은 학습전략—교육 내용을 습득, 통합, 저장 및 인출하도록 학생들을 안내하는 기술, 규칙, 일반화—의 교수에 초점을 맞춘 인지주의적 접근법을 포함하고 있으며, 행동주의적 원리를 적용한 명시적 교수 절차를 통해 이러한 학습전략을 직접 가르친다(Rogan, 2000). 즉, 구조화된 일련의 학습활동을 통해 목표전략을 설명하고, 모델링을 제공하며, 시연하고, 연습시키며, 가능하다면 다른 교수영역에 일반화시키는 것이다(Deshler & Schumaker, 2006).

• 생각해봅시다 #3

여러분이 초등학교나 중학교 학생이었던 그 시간으로 돌아가 보자. 행동주의적 접근을 사용하여 무엇을 배웠는가? 인지적 접근으로는 무엇을 배웠는가? 어떤 접근이 가장 효과적이었다고 생각하는가?

2) 체계적인 교수

유능한 교사는 수업을 어떻게 전달할까? 교사는 다양하면서도 때로는 지도하기 어려운 학생들을 가르치기 위해서 무엇을 알아야 할까? 다음에서는 효과적인 교수의 다섯 가지 요소인 수업을 위한 집단 구성하기, 내용 제시하기, 연습 기회 제공하기, 학생 수행 점검하기, 그리고 수업을 지원하는 공학 사용하기를 살펴보도록 하겠다.

(1) 수업을 위한 집단 구성하기

교사는 수업을 위해 어떻게 학생 집단을 구성하는가? 교사는 소집단이나 협력 팀을 떠올릴 수도 있다. 그러나 아마도 학급에서 모든 학생을 대상으로 수업을 하고 있는 교탁 앞에 선 자신의 모습을 더 쉽게 연상할 것이다. 이러한 대집단 교수 유형의 이점은 많은 학생에게 정보를 빠르고 효율적으로 전달하고, 대다수 학생들이 학습한 교과 내용에 대한 시험에 바르게 답할 수 있도록 한다는 것이다. 그러나 전체 집단 수업에서는 학습이 어려워 다른 형태의 자리 배치가 필요한 학생들도 있다. 이런 학생들을 위한 세 가지 대안적인 집단 구성 전략은 다음과 같다.

먼저 능력별 집단 구성은 학생들이 공통적으로 가진 학습 특성과 교수적 요구에 초점을 둔 집단 구성 전략이다. 이 전력이 적절하게 사용된다면, 학습에 어려움을 갖는 학생들이 적절한 학업 진전을 보이는 데 필요한 집중적이고 목표가 뚜렷한 교수로부터 이익을 얻도록 할 수 있다. 그러나 능력별 집단 구성 전략을 과도하게 사용할 경우, 저성취 학생들이 학교생활의 대부분을 분리된 채 보내게 되고, 고성취 학생들로부터 소외되어 결국에는 사회적으로나 학업적으로 좋지 않은 결과를 초래할 수 있다(Freeman & Alkin, 2000; Good & Brophy, 2003; Oakes, 1992; Reutzel, 2003; Salend & Duhaney, 1999).

혼합 능력 집단은 소집단의 학생들(일반적으로 3~6명)이 자신뿐만 아니라 팀을 구성하는 다른 학생들도 잘 배울 수 있도록 협력적인 팀을 이루어 학습하도록 하는 집단 구성 전략이다(Slavin, 1995). 여러 연구(예: Good & Brophy, 2003; Johnson, Johnson, & Holubec, 1993; Slavin, 1995)에서 제시한 협력적인 학습 집단은 다양한 형태를 갖고 있지만, 공통적으로 다음과 같은 공통적인 특징을 갖는다(Putnam, 1998).

- 긍정적인 상호의존성: 집단목표의 성취는 이질적이며 다양한 학생들이 서로 협력적으로 작업하여 얻는 성취와 개인이 갖는 자신만의 목표에 대한 개인적인 성취에 달려 있다.
- 개인의 책임: 모든 학생은 집단에 기여할 뿐만 아니라 그들 자신의 학습에 대해서도 책임을 진다.
- 협력 기술: 학생들은 자료 공유하기, 차례 지키기, 서로 돕기, 서로 격려하기와 같은 집단활동에서 일반적으로 사용되는 사회적이고 협력적인 기술을 연습한다.
- 반성과 목표 설정: 학생들은 집단활동의 마지막 단계에서 그동안 해 왔던 협력활동을 되돌아보고 목표 성취 여부에 대해 평가하는 시간을 갖는다.

개인지도는 일반적으로 학업에 어려움을 갖는 학생들에게 가장 적합한 방식으로 생각된다(Pinnell, Lyons, DeFord, Bryk, & Seltzer, 1994; Slavin et al., 1994; Spear-Swerling & Sternberg, 1996; Vaughn, Gersten, & Chard, 2000). 그러나 접근법의 단점은 지나치게 노동 집약적이고 비용이 많이 든다는 점이다. 이에 따라 몇몇 학교에서는 비용을 줄이기 위해 학교 수업 이전이나 방과 후에 개인지도를 제공할 수 있도록 수업일수를 재조정하였다. 어떤 학교에서는 수업시간 중 혹은 방과 후에 학생들을 지도할 개인교사들(예: 부모 자원봉사자, 지역의 사범대학 학생)을 훈련시키기도 한다.

또래교수는 널리 사용되는 비용 효과적인 프로그램으로 중학교나 고등학교 학생들을 위한 교과 영역과 초등학교 학생들을 위한 기초기술 영역(예: 읽기, 수학)을 가르치는 방과 후 지도에 초점을 맞춘다. 이러한 프로그램에서는 또래나 혼합연령 배치(전형적으로는 연령이 높은 학생들이 어린 학생들을 가르치는 것)를 한다. 프로그램을 제대로 설계하고 실행할 수 있다면, 배우는 학생이나 가르치는 학생 모두에게 긍정적인 교육적 성과를 가져올 수 있다(Elbaum, Vaughn, Hughes, & Moody, 1999; Fuchs, Fuchs, & Burish, 2000; Mathes, Howard, Babyak, & Allen, 2000; Vaughn et al., 2000).

(2) 내용 제시하기

새로운 내용에 대한 효과적인 제시는 일반적으로 학생들이 할 활동에 대한 개관이나 선행 조직자를 제시하는 것에서 시작된다. 이를 통해 학습 맥락에 맞게 해당 수업 차시를 전개할 수 있다. 일단 수업 초반부에서 무엇을 할지에 대해 간단하게 검토한 후, 목표 개념이나 사실과 기술, 원리 등에 대해 명확하게 시범을 보인다. 강의하기는 내용 교과 영역에서 정보를 제시하는 일차적인 방법이다. 그러나 유능한 교사들은 종종 학생들로 하여금 발표를 하게 한 후, 질문에 대답하게 함으로써 내용을 잘 이해하고 있는지 점검한다. 학생들이 수업에 참여할 수 있도록 하기 위해서는 교사가 개별학생에게 구체적인 수업목표에 적합한 질문을 하는 것이 중요하다(Rosenberg, O' Shea, & O' Shea, 2006). 예를 들어, 어떤 학생에게는 사실적인 지식의 습득과 이해에 대한 수업 목표를 갖고 질문을 할 수 있을 것이고, 또 다른 학생에게는 정보를 응용하거나 분석, 통합, 평가하는 것과 같은 더 높은 차원의 수업목표를 갖고 질문을 할 수 있다. 교사가 피드백을 어떻게 제공하는가도 중요하다. 능숙한 교사라면 학생이 정답을 말했을 경우에도 그 내용을 더 정교화해 주거나 다른 식으로 풀어서

잘 계획된 또래교수 활동은 가르치는 학생과 가르침을 받는 학생 모두에게 긍정적이다.

대답하는 식의 피드백을 제공한다. 또한 학생이 오답을 말하는 경우에는 정답을 말할 수 있도록 단서를 더 주거나 대답을 교정해 주는 식으로 피드백을 제공한다.

(3) 연습 기회 제공하기

안내된 연습(guided practice)은 학생이 보다 능숙하게 수행할 수 있도록 교사가 각종 촉진이나 단서, 피드백을 제공하는 연습활동을 말한다. 교사는 학생이 내용을 습득함에 따라 점차적으로 제공하였던 촉진의 수준을 낮추고, 좀 더 신속하고 정확하며 능숙하게 반응하는 것에 초점을 두어야 한다. 대부분의 경우에 학습할 내용을 제시하는 것과 안내된 연습을 제공하는 것이 명확하게 구분되어 실행되는 것은 아니다. 무엇보다 중요한 것은 학생들이 학습한 내용에 대해 수없이 많이 연습할 기회를 가져야 한다는 점이다. 효과적으로 안내된 연습활동의 예로는 집단으로 반응하게 하는 것, 두세 명의 학생들에게 칠판 앞으로 나와 문제를 풀게 하는 것, 특정한 개념이나 식을 나타내기 위해 여러 명의 학생들이 함께 협력하여 접근하게 하는 것 등이 있다(Rosenberg et al., 2006).

독립 연습(independent practice)은 안내된 연습 뒤에 시행되며, 학생들이 자습과 과제 등의 활동을 통해 능숙하게 수행할 준비가 되었을 때 진행된다. 독립 연습은 게임이나 협력활동 등을 통해 이루어질 수 있지만 대개의 경우 자습이 가장 많이 활용되는데, 학생들의 전체 학습시간의 약 70%가 자습에 할애될 정도다. 따라서 독립 연습으로서의 자습활동은 효과적인 방식으로 준비될 필요가 있다. 게프니(Gaffney, 1987)에 따르면, 성공적인 교사는 다음의 내용을 수행한다.

- 학생의 연령에 적합하고 매력적이며, 잘 조직화되어 있고, 수업 목적과 목표에 직접적으로 연관된 자습활동을 개발하여 제공한다.
- 명확하고 간결한 지시로 자습활동을 시작한다.
- 다양한 자극과 반응 양식을 갖추도록 자습활동을 설계한다.
- 높은 성공률을 나타낼 수 있는 활동들로 구성하고, 학생들이 스스로 정답을 확인할 수 있도록 한다.

일단 학생이 특정 개념과 공식 등에 능숙해지면 숙제를 통해 자습을 하도록 할 수 있다. 자습의 경우처럼 숙제가 효과적이기 위해서, 교사는 특정 지침을 따라야 한다(Cooper, 2001; Marzano, Pickering, & Pollock, 2001). 숙제를 낼 때에는 숙제가 저학년 학생들에게는 학교에 대한 긍정적인 태도를 길러 주고 바람

숙제: 효과적인 연습을 확실히 하기 위한 교사 지침

1. 숙제의 양은 학생의 학년 수준에 따라 달라야 한다.
   - 1~3학년: 10~30분씩 소요되는 주당 3~4개의 숙제
   - 4~6학년: 40~60분씩 소요되는 주당 3~4개의 숙제
   - 중학교: 70~90분씩 소요되는 주당 3~4개의 숙제
   - 고등학교: 100~120분씩 소요되는 4~5개의 숙제
2. 장애학생을 위한 숙제도 일반학생들의 숙제와 비슷해야 한다.
3. 숙제의 목적을 학생과 부모에게 명확하게 전달한다.
   - 이미 배운 정보 연습하기
   - 이미 배운 정보 정교화하기
   - 새 정보의 학습 준비하기
4. 숙제는 학생이 독립적으로 완성해야 하며, 의무적이고 자발적인 과제 모두를 포함할 수 있어야 한다.
5. 숙제와 관련된 부모의 역할은 숙제를 완수하는 데 도움을 주는 긍정적인 가정환경을 만드는 것이다.
6. 피드백은 완성된 모든 숙제에 대하여 제공해야 한다.

출처: Cooper, 2001; Cooper & Nye, 1994; Marzano et al., 2001에서 수정.

그림 5-3

직한 학습 습관을 발달시키기 위한 방편이며, 고학년 학생들에게는 교실에서 요구되는 기술을 강화시키는 추가적인 연습 기회를 제공하는 수단임을 기억해야 한다. 숙제는 학생들을 처벌하기 위한 수단이 되거나 학교 수업을 대체하기 위한 방법으로 사용되지 말아야 한다([그림 5-3] 참조).

(4) 학생 수행 점검하기

교사가 학생의 학업 진전도를 점검하고 이를 기반으로 교수에 변화를 줄 때, 학생의 학업 성취도는 향상된다(Deno, 2003; Fuchs, 2004). 교사는 학생의 수행(예: 소리내어 읽기, 수학문제 풀기, 과학 실험하기 등)을 직접 관찰하고, 퀴즈와 시험을 관리하며, 독립적인 과제와 숙제를 분석함으로써 학업 진전도를 점검한다. 교사는 표준화된 시험을 통해 학생 수행에 대한 형성적이며 장기적인 피드백을 받을 수 있다. 그러나 아쉽게도 교사들의 상당수는 매일 혹은 매주 수업의 효율성을 점검하고 교수에 변화를 주기 위해 활용할 수 있는 정보나 자료에 접근하기가 쉽지 않다.

교육과정 중심 측정(Curriculum-Based Measurement: CBM)으로 불리는 평가체

계는 이러한 어려움을 해결하는 데 도움이 된다(Deno, 1985, 2003; Fuchs, 2004). CBM은 장시간에 걸친 학업 내용 영역에서의 학업 진전도를 평가하기 위해 사용할 수 있는 쉽고 간단한 방법이다. 학업 진전도를 점검하는 다른 절차들과 비교할 때, CBM은 다음과 같은 장점이 있다(Deno, 2003; Fuchs, 2004).

아동은 가정에서 숙제를 한다: 학생에게 벌을 주거나 대체 교수를 하기보다 숙제를 하도록 함으로써 바람직한 학업 기술과 강화 기술을 촉진할 수 있다.

- 현재 가르치고 있는 교육과정에 기초하여 측정할 기술을 선택할 수 있다.
- 1~3분 정도의 시간이 소요되어 신속하고 효율적이다.
- 학생 교수를 계획하는 데 사용된다(예: 재교수가 필요한 특정 기술에서의 결함 확인)
- 필요에 따라 학생들 간의 진전도를 비교할 수 있다.

이러한 CBM의 가치는 여러 연구를 통해 입증되었다. 교사는 CBM을 적용하여 학생의 기술 습득 시점에서 그 수행을 평가할 수 있기 때문에, 해당 학생의 학업 성취를 좀 더 향상시킬 수 있도록 교수 방법을 적절하게 수정할 수 있다(Overton, 2006).

3) 교수 지원을 위한 공학 사용하기

공학은 모든 교육 수준에서의 교수전달에 상당한 영향력을 미치고 있다. 교육공학과 보조공학은 교육현장에서 가장 보편적이고 많이 활용되는 공학 유형이다. 교육공학(instructional technology: IT)은 현재의 교육과정에서 교수와 학습을 향상시키기 위해 설계된 하드웨어와 소프트웨어를 말한다(Edyburn, 2000). 교육공학의 개념은 상당히 포괄적이어서, 교사에 따라 오히려 방해가 되거나 압도당하기도 하고, '문제에 대한 무조건적인 해결책'으로 인식되는 경우도 있다. 이를 방지하려면, 교사들은 다음에 제시된 질문에 주의하여 해당 하드웨어나 소프트웨어를 평가해야 한다(Edyburn, 2000; Higgins, Boone, & Williams, 2000).

1. 사용이 쉽고 효과적인 교수 원리를 기반으로 하고 있는가?
2. 효과를 지지하는 연구가 있는가?
3. 특정 수업목표를 다루고 있으며, 다양한 수준의 학습자 요구를 고려하고 있는가?
4. 다양한 장애를 갖고 있는 학생들이 사용할 수 있는가?

보조공학(assistive technology: AT)은 "장애아동의 기능적인 잠재력을 증가, 유지, 향상시킬 수 있도록 이미 상품화되었거나 수정되었거나 개별적으로 만들어진 기구나 물품"(IDEA, 2004, Sec. 620 [1])을 말한다. 미국 장애인교육법(IDEA)에서는 장애학생을 위한 개별화 교육 프로그램(IEP)을 계획할 때 보조공학을 고려해야 한다고 명시하고 있다. 이러한 보조공학 도구의 예로는 이동에 제한이 있는 사람을 위한 커뮤니케이션 보드나 점자를 사용하는 사람을 위해 텍스트를 점자로 번역해 주는 기구 등이 있다(Edyburn, 2002; Westling & Fox, 2005).

3. 학생 행동관리

흥미로우며 잘 계획된 증거기반의 교수전략들로 구성된 수업이 학생들에게 잘 전달되기 위해서는 효율적이고 긍정적인 학생의 행동관리 전략들이 함께 제공되어야 한다. 다음의 시나리오는 학급 관리의 중요성을 잘 보여 주고 있다.

• 생각해봅시다 #4

훈육과 행동관리 문제는 신임교사들이 가장 힘들어 하는 영역이다. 교실을 평화롭고, 긍정적이며, 효율적인 방법으로 관리하고 있는 선생님을 기억해 보자. 여러분은 자신이 학생의 행동을 관리할 자질이 있다고 생각하는가?

교사는 랩과 힙합 음악 탄생에 영향을 준 미국 사회의 특징에 대하여 매우 흥미로운 수업을 한다. 학생들 대부분이 수업에 잘 참여하고 있다. 왜 아니겠는가? 교사가 청소년에게 영향을 줄 만한 뮤지션들의 곡을 신중하게 고르며 수업을 준비하는 데 3시간 이상을 할애했는데. 게다가 시민권 운동부터 로스앤젤레스나 디트로이트와 같은 도시의 빈곤에 대항하는 시위에 이르기까지 주요한 역사적 사건의 연대기에 맞춰 곡들을 준비했다. 대부분의 학생은 정말로 이 수업에 흠뻑 빠져들고 있다. 하지만 새미 티쉬라는 학생은 지난 몇 주 동안이나 수업을 거부하고, 토론을 할 때에도 가장 부적절한 방식으로 참여하고 있다. 다른 학생들의 의견을 무시하고 광대처럼 행동하며 교사를 모욕함으로써 학급 친구들로부터 인기를 얻으려고 애쓴다. 명확한 의견도 없으면서 순서도 지키지 않은 채 이야기하고, 때로는 비속한 언어를 사용하여 학급 분위기를 흐려 놓는다. 새미는 이제까지 한번도 숙제를 제대로 해 온 적이 없다.

대부분의 신임교사들은 행동관리 문제로 어려움을 겪곤 한다.

어떠한 학급이건 간에 이러한 양상을 쉽게 찾아볼 수 있다. 교사들, 특히 신임교사들은 이와 같은 행동을 관리하는 것에 대해 상당히 두렵고 염려가 될 것이다. 공립학교를 대상으로 한 교사의 태도 조사에 따르면, 이들 중 65%가 자신의 학교에서 훈육 부족의 문제는 매우 혹은 상당히 심각하다고 인식하고 있었다. 국가 차원의 조사에서도 교사의 41%가 학생의 그릇된 행동 때문에 수업에 방해를 받고 있다고 응답했으며, 이는 주당 평균 10.33번에 이르는 것으로 조사되었다(Langdon, 1999; NCES, 2002). 하지만 반드시 그렇지만은 않을 수 있다. 교사는 학생이 교육과정을 이해하도록 가르치면서, 구조와 기대 그리고 학생 행동 간의 복합적인 상호관계를 관리하고 이끌어 나가면서 학급에서의 혼란을 최소화할 수 있다.

대부분의 학교와 학급에서 나타나는 학생 행동문제는 과제에 대한 부주의, 수업시간 사이의 이동 시 통제 불능, 시간 내 과제 완수의 어려움, 교사의 참을성을 시험해 봄으로써 다른 사람들에게 멋져 보이려는 시도 등으로, 이는 잘 정의된 몇 가지 요인들과 관련이 있다(Jones & Jones, 2004; Kottler, 2002). 일반적인 행동문제는 지각하기, 버릇 없이 굴기, 준비물 챙기지 않기, 떠들기, 소리 지르기, 심각한 수준은 아니지만 가끔 언어적 · 물리적으로 과하게 행동하기 등이다. 하지만 이러한 행동문제 중 많은 부분은 학교와 학습 환경의 적극적인 구조화를 통해 예방될 수 있다. 예방되지 않은 행동문제들은 일반적으로 교사와 교직원, 부모가 관심을 가져줄 때 멈추게 된다. 그러나 일부 학생의 경우는 이러한 양상 이상의 행동문제를 드러내고, 학교와 학급활동의 흐름을 계속해서 방해하며 참여하기를 거부하고, 다른 사람들에게 신체적으로나 정서적으로 상처를 주기도 한다. 학교와 학급의 체계와 일관성 수준에 따라 이 같은 학생들이 얼마나 많이 나타나며, 얼마나 많은 행동문제를 보이는지가 달라질 수 있다. 그러나 아무리 긍정적이고 구조화된 학교 및 학급이라도 어떤 이유에서든 행동문제를 보이는 학생은 존재한다.

비들 선생님이 학생을 잘 가르치기 위해 학업적 지원을 계획하고 제공하는 것

프로그램 탐구
체계적이고 포괄적인 학교 단위 행동관리 프로그램의 효능

체계적이고 포괄적인 행동관리 체계의 실행은 우리의 학교와 학급을 위해 제안된 실제인 증거기반 중재의 주요 예시 중 하나다. 사실 *Early Warning, Timely Response: A Guide to Safe Schools* (Dwyer, Osher, & Warger, 1998)와 *Safeguarding Our Children: An Action Guide*(Dwyer & Osher, 2000)는 학교에서의 폭력 예방 관련 안내서로서 학교가 모든 학생의 행동적 요구를 충족시키는 긍정적인 학교 단위 기틀을 마련하는 데 강력하게 추천되고 있다. 이것은 많은 부분 다수의 시범학교에서 프로그램 개발자에 의해 보고된 긍정적인 성과들에 기인한다. 다른 유망한 학교 단위의 긍정적 행동지원(PBS) 모델 세 가지는 효과적인 행동지원(Effective Behavioral Supports; Lewis & Sugai, 1999), PAR(Rosenberg & Jackman, 2003), 그리고 연합된 훈련(White et al., 2001)이다. 전국의 500개 이상의 학교로부터 얻은 자료(Sugai & Horner, 2002)는 PBS의 적용이 행정가에 의한 의뢰의 질을 높일 뿐만 아니라 40~60%의 행정실 의뢰 빈도를 감소시켰음을 보여 준다. 게다가 학교의 분위기가 향상됨에 따라 교사들은 더 많은 시간을 교수하는 데 쓰고, 학생들은 그에 상응하는 학업적 혜택을 경험한다. 확인된 실제를 통해 살펴보았을 때, 이러한 중재의 효과는 5~7년 동안 유지된다고 한다(Rosenberg & Jackman, 2000). PAR 프로그램을 실시하고 있는 25개 이상의 학교에서는 학생의 행동문제가 3~77% 감소된 것으로 나타났다. 한 중학교에서는 정학의 수를 4년 동안 추적한 결과 285명에서 5명까지 떨어졌고, 분위기 평가에서는 직원 사기, 교육 시간, 그리고 교사, 행정가 및 부모들 간 협력 관계의 질 측면에 반영되었다. 28개의 학교와 함께 2년에 걸쳐 7개의 초등학교에서 효과적인 행동지원 프로그램의 효과를 비교한 넬슨 등(Nelson, Marella, & Marchand-Martella, 2002)은 정학, 그리고 행정실 의뢰 등에서 중재를 적용한 학교들이 그 수의 감소를 경험한 데 반하여 다른 학교들은 그 수의 증가가 이루어진 것을 발견했다. 더욱이 학업 성취는 중재 학교에서 더 뛰어났고 목표하거나 특별한 치료를 요하는 학생들의 사회적 능력 측정도 향상을 이루었다. 마지막으로 중재 학교의 교사들은 프로그램이 독창성에서 우위에 있었고 적용하기 쉽고 학생에게도 이로웠다고 믿고 있었다. 분명 프로그램을 무엇이라고 부르는지는 중요하지 않다. 행동 관리에 대한 포괄적인 학교 접근은 모든 학생을 위한 학습환경을 만드는 실용적인 수단이다.

처럼, 교사는 학생 행동을 체계적이며 적극적이고 긍정적인 방식으로 관리하기 위해 적극적인 역할을 해야 한다. 여기에서 '체계적'이란 훈육과 행동관리활동이 학교와 학급의 복잡하고 복합적인 환경체계 안에서 상호 관련됨을 의미한다. 학교와 학급 관리는 쉬운 일이 아니다. 학교와 학급을 효과적으로 관리하기 위해서는 포괄적인 방식으로 논리적이며 자세하게 생각할 필요가 있다. 다음으로 '적극적' 이란 문제행동을 예방하거나 그 발생 빈도나 정도를 최소화하기 위해 구

체적인 조치를 취하는 것을 말한다. 적극적인 방법은 학급 안 혼잡한 영역을 줄이기 위한 정리정돈처럼 단순한 것도 있지만, 점심시간이나 쉬는 시간 중에 질서 유지를 위한 구체적인 절차를 개발하고 실행하는 것과 같이 복잡한 것일 수도 있다. 마지막으로 '긍정적' 이란 훈육과 행동관리활동에 동반되는 태도를 말한다. 학급 훈육의 처벌적인 면을 강조하기보다는 긍정적인 행동관리 체계를 가짐으로써, 교사가 적절한 학생 행동에 대한 명백한 기준을 제공하고, 학생이 이 기준을 잘 지키도록 지원하며, 어떤 행동이 기대되는지를 인식할 수 있도록 한다.

1) 체계적인 행동관리의 세 단계

> **• 생각해봅시다 #5**
>
> 기본적인 수준이나 보편적인 단계에서 체계적인 행동 관리를 시작하는 것이 중요한 이유는 무엇인가? 과다행동을 하는 학생들을 위해 집중적인 중재부터 실시하지 않는 이유는 무엇인가?

체계적이고, 적극적이고, 긍정적인 행동관리 시스템 개발을 위한 첫 번째 과정은 행동관리의 세 단계를 인식하는 것이다(Lewis & Sugai, 1999; Rosenberg & Jackman, 2003; Walker et al., 1996). 행동관리의 첫 단계는 통합된 적극적 관리활동([그림 5-4] 참조)을 하는 것으로, 학생들로 하여금 자신에게 기대되는 행동을 할 수 있게 하는 예방 및 보호 요소에 중점을 두고 있다. 이렇게 통합적이고 보편적인 수준에서의 학습 환경은 적절한 행동과 부적절한 행동의 목적과 규칙, 절차, 결과에 대한 서식을 개발함으로써 정비된다. 부모와 가족의 참여, 핵심 절차, 물리적 환경도 학생의 성공을 촉진시키는 방식으로 구조화된다. 이를 통해 학생에게 기대되고 그들이 지켜야 하는 규칙, 절차, 결과뿐 아니라 훈육을 적용하는 과정에서도 일관성을 갖는다면, 좀 더 집중적인 지도가 필요한 학생들의 수는 감소하게 된다.

하지만 행동 관리의 첫 번째 단계인 통합된 수준에서의 계획과 활동을 제대로 진행한다 하더라도 적절한 행동으로 반응하지 않거나 그렇게 할 수 없는 학생들이 존재한다. 만성적이고 지속적인 수준의 문제행동을 가진 학생들은 좀 더 집중적이고 강력한 지도와 지원이 필요하다. 일반적으로 이러한 수준의 학생을 지도하기 위해서는 그들의 행동변화를 위해 사회적 기술 교육, 자기 점검, 적절한 대체 행동의 교수 등을 포함한 개별화된 시도들이 이루어져야 할 뿐만 아니라 특별한 학업 지도와 수정이 필요하다. 반면, 세 번째 단계에서의 지도는 심각하고 빈번하게 반사회적인 문제행동을 보일 뿐만 아니라 교정이 거의 어려운 학생들에게 가장 적절하다. 교사는 이 단계에서 혼자 지도를 하는 것이 아니며 여러 관련 기관이나 전문가들과 협력하게 된다. 교사의 주요 역할은 학생과 그 가족을 지역사회에 기반한 적절한 사회 서비스 기관에 연결해 주는 일이다(Walker et al., 1996).

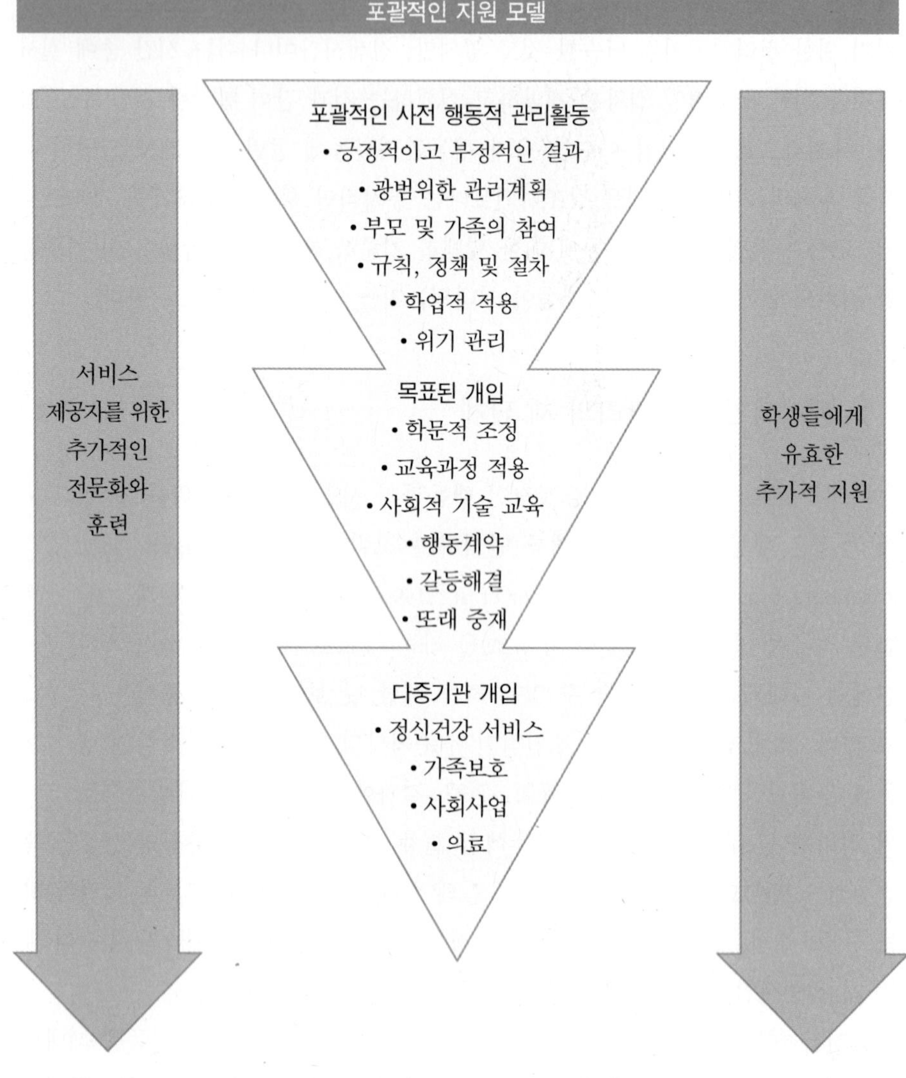

출처: Nelson, 1996; Rosenberg & Jackman, 1997; Walker et al., 1996에서 수정.

그림 5-4

2) 통합 행동관리 실제

효과적인 통합 행동관리 실제의 핵심을 이루는 세 가지 요인으로 (1) 물리적 환경 설계, (2) 학급 조직과 수업의 질, (3) 명확한 관리계획의 요소를 들 수 있다.

(1) 물리적 환경 설계

학생의 책상 배치, 자주 사용하는 학습자료의 정리정돈 방식, 자유시간 구역의 설정 등 모든 물리적 환경은 학생의 행동에 영향을 미친다. 특히 교육의 모든 측면에서 추가적인 구조화를 필요로 하는 장애학생에게는 이러한 물리적 환경과 학생 반응 간의 관계가 더욱 확연하게 나타난다. 여러 연구(예: Algozinne, Ysseldyke, & Elliot, 1998; Evertson et al., 2005; Paine, Radicci, Rosellini, Deutchman, & Darch, 1983; Rosenberg et al., 2006)에서 제시한 지침이나 전략, 점검표는 (1) 공적 · 사적 공간 배치하기, (2) 학생들의 시야 확보하기, (3) 학습자료 접근, 관리, 보관하기, (4) 심미적 요소 고려하기 등과 같은 구체적인 영역에 중점을 두고 개발되어 왔다.

효율적인 교사들은 학생들의 학급활동, 절차 그리고 전이를 통해서 그들을 적절하게 안내한다.

(2) 조직화와 효과적인 수업

교사가 조직적이면 사소한 문제들이 시간 소모적인 학급관리 문제로 확대될 가능성은 거의 없다. 활동전이에 대한 단서를 제공하고, 일과와 절차를 명확하게 알려 주며, 자원 관리하기 등 핵심적인 교사-기반 조직자를 통해 부적절한 행동을 최소화할 수 있다. 학생들이 장소와 활동을 옮기면서 특정 과제에 참여하지 않는 순간이 생기기 때문에 번잡한 학급에서의 전이는 어쩔 수 없이 혼란을 야기하기도 한다. 조직적인 교사는 (1) 전이를 구체적인 단계나 요소로 나누고, (2) 단계별로 전이하는 방법을 시범 보이며, (3) 다양한 전이 순간을 확실하게 통제하고, (4) 전이할 시간을 알려 주는 집단별 · 개인별 단서를 제공하는 등

〈표 5-2〉 문제행동을 최소화하는 교실 배치

영 역	전략과 조치
공적 · 사적 공간 배치하기	• 집단 학습, 개별 학습 그리고 자유활동을 위한 공간을 제공하라. • 주의력 결핍 문제가 있는 학생들을 위하여 창문, 자유시간 영역, 게시물 등 주의집중을 방해할 가능성이 있는 영역에 대한 노출에 주의하라. • 학급의 분리된 영역에 일상적으로 방문할 장소(예: 연필깎이, 화장실 통로, 과제상자)를 지정하여 불필요한 혼잡을 일으키는 과밀 구역에서 벗어나게 하라. • 학생의 이동을 순조롭게 하기 위하여 가구, 책장, 칸막이 등을 사용하라. • 학생들을 위하여 고정적이지만 유연하게 자리를 배치하고, 낮은 능력의 학생들은 관리를 위해 가깝게 하라. • 명백한 목적이 없는 개방된 공간은 피하라.
학생의 시야가 확보되도록 자리 배정하기	• 학생들이 수업의 핵심 요소(예: 교사, 보조도구, 칠판)를 볼 수 있도록 하라. • 시야를 트이게 하여 교실의 모든 영역이 완전히 보이도록 학급을 배치하라.
자료에 대한 접근, 관리 및 보관	• 활동 사이의 전이를 촉진시키기 위해 물건과 자료에 대한 접근이 쉽도록 하라. • 학습 센터나 활동 장소, 혹은 그 밖의 영역을 지정하여 자주 사용되는 학습자료에 쉽게 접근할 수 있도록 하라.
미적 고려	• 내용에 맞는 게시물을 전시하라. • 학생에게 작업을 전시할 수 있는 기회를 충분히 제공하라. • 가능하면 빛은 적절하게 조절하고 공간은 불편할 정도로 뜨겁거나 춥지 않게 하라. • 방을 깔끔하고 깨끗하게 유지할 수 있는 기회를 정기적으로 계획함으로써 학생에게 공간관리 규칙을 강조하라. • 학생들에게 교실의 일부를 그들 자신의 공간으로 꾸미게 하라. 학생들이 취미와 관심사를 공유할 수 있도록 교실의 특정 영역을 지정하라.

출처: Evertson et al., 1984; Paine et al., 1983; Rosenberg et al., 2006에서 수정.

학생들에게 어떻게 이동할지를 직접 가르침으로써 효율적인 전이가 이루어지도록 한다(Rosenberg et al., 2006).

교사는 일과와 절차를 통해 과제와 활동을 효과적이며 효율적으로 조율할 수 있다. 등교하기, 학급으로 이동하기, 화장실 가기, 식당에 출입하기 등에 대한 명확한 지침을 직접 가르치고 촉진하고 강화한다면 학생들이 보일 수 있는 소소한 문제행동들은 감소될 수 있을 것이다. 전이의 경우처럼, 구체적인 일과와

파괴적 행동 사건을 피하기 위한 절차의 예

▶ 구내식당 이용하기

음식 장면을 관리하여 모두에게 즐거운 식사를!

- 한 번에, 한 줄의 끝에 선다.
- 지정석에 앉는다.
- 각자 다른 사람의 공간, 감정 그리고 소유물을 존중한다.
- 적절한 언어와 어조를 사용한다.
- 식사를 마치고 잔반 처리를 정확하게 한다(알루미늄 캔을 재활용 통에 넣는 것을 기억한다.).
- 해산할 때까지 계속 조용히 있는다.
- 교실에 돌아갈 때 복도 통행규칙에 맞게 나간다.

등교 후 절차

- 곧장 사물함으로 간다.
- 아침 수업에 필요한 모든 자료를 꺼낸다.
- 사물함에 모자와 다른 개인적 물품을 넣는다.
- 만약 학교에서 아침을 먹는다면 구내식당에 바로 알린다.
- 시작 종을 쳐서 반에 곧장 보고한다.
- 반에 도착하면 바로 아침 일지를 작성한다.
- 아침방송 내용을 조용히 경청한다.

수업 절차의 시작과 종료

- 종이 울리고 준비 작업이 시작되면 자리에 앉는다.
- 준비를 마치면 교사가 시작하도록 조용하게 기다린다.
- 교사가 해산을 위한 준비를 지시한다.
- 신호가 주어지면 작업 공간을 깨끗이 하고 책가방을 싼다.
- 종이 울리면 학급을 해산시키는 교사를 기다린다.
- 다음 수업으로 안전하고, 빠르고 조용하게 걸어간다.

그림 5-5

절차의 단계를 통해 학생들이 특정 과제를 완수하는 것과 연관된 복잡한 절차를 순조롭게 이행할 수 있도록 안내할 수 있다. 자기점검표나 또래 친구를 활용하는 방법도 정해진 절차를 따르는 데 어려움이 있는 학생들에게 도움이 된다([그림 5-5] 참조).

문제행동의 발생을 예방하기 위한 조직적이고 실제적인 절차로서의 자원 관리는 수업이 방해받지 않도록 할 수 있다. (1) 어려운 행동관리 상황에 직면할 때 도와줄 수 있는 학교와 지역사회 기관명과 전화번호 목록을 갖추기, (2) 대리교사를 위해 학교 규정, 행동관리 계획, 일간 수업계획, 대안활동, 특정 학생 정보, 학급에서의 절차 등을 담은 지침서 준비하기 등은 교사가 특별히 스트레스를 많이 받을 만한 시기에 도움이 될 수 있는 자원관리 방법이다(Platt, 1987).

행동관리를 위한 체계적 접근이 성공하기 위해서는 학생들이 동기화되고 효과적인 수업이 일관되게 이루어져야 한다. 앞서 살펴본 새미와 같이 학습내용과 수업방식에 반복해서 좌절을 경험한 학생들은 가만히 있는 것보다 차라리 행동으로 분출하는 것이 더 낫다고 여길 수도 있다. 발달론적 관점에서 봐도 이들에게는 친구들에게 자신이 수업에서 어떻게 반응해야 할지 도저히 모르겠다고 하는 것보다 교사를 놀리고 있다고 말하는 것이 더 쉬울 것이다. 이러한 사례를 통해 교사는 어떻게 학습관리 체계를 정할 것인가에 대해 시사점을 발견할 수 있다. 앞서 제시된 구체적인 교수 수정, 지원 그리고 학습 향상을 위한 여러 전략 등은 행동관리 체계의 한 부분으로 구성되어야 한다. 학생들이 학습 내용에 접근하여 상호작용할 수 있게 된다면 좀 더 영리하게 행동할 수 있을 것이며, 과제수행의 향상에 동반된 내적인 만족감을 얻게 되어 이전처럼 그릇된 행동으로 분출하는 경우가 줄어들 것이다. 교사는 이와 같이 교수에 중점을 둠으로써 학급에서 학업적 성과를 증진시킬 책임 있는 전문가로서의 역할을 계속 수행할 수 있도록 학업 성과와 직접 관련 있는 교육적 요소들을 수정하는 학급관리를 하게 된다(Witt, VanDerHeyden, & Gilbertson, 2004).

(3) 명확한 관리계획의 요소

• 생각해봅시다 #6

학교와 교실에서 사명선언(mission statement)이 어떠한 방식으로 높은 기대를 조성하는가? 여러분은 목표에 관한 사명선언을 함으로써 학생들에게 어떠한 가치와 믿음을 전달하고 싶은가?

포괄적인 행동관리 계획에 포함되어야 할 것은 무엇이고, 이런 요소들이 학생과 가족 구성원, 관련 서비스 전문가들에게 어떻게 제시되어야 하는가? 다음에 살펴볼 다섯 가지 핵심 요소, 즉 (1) 임무나 목적에 대한 진술 (2) 명확한 규칙, 절차 및 지원, (3) 적절하거나 부적절한 행동에 대한 결과, (4) 위기관리, (5) 계획에 대한 접근 촉진하기는 성공적인 계획에 도움이 된다(Curwin & Mendler, 1988; Lewis & Sugai, 1999; Nelson, 1996; Rosenberg & Jackman, 2003; Walker, Colvin, & Ramsey, 1995).

① 임무나 목적에 대한 진술

임무나 목적에 대한 진술이란 특별히 학교와 학급에서 예상되는 행동을 명료하게 제시하는 간략한 성명을 말한다. 이러한 진술은 긍정적인 관점으로 모든 학생을 존중하며, 학생들이 최상의 수준으로 수행하도록 돕는 헌신을 반영해야 한다(White, 1996).

② 명확한 규칙, 절차 및 지원

명확한 규칙과 절차를 제시함으로써 학교나 학급 구성원 모두가 자신에게 기대되는 행동기준을 알 수 있어야 한다. 규칙은 무엇이 허용 가능한 행동이고 무엇이 아닌지를 정의한다. 절차는 과제나 활동 혹은 운영의 성공적인 완수에 필요한 특정한 단계를 기술한다. 특히 지원이 필요한 장애학생들에게는 잘 정비된 규칙과 절차가 매우 중요하다. 잘 정의된 간명한 규칙과 절차는 긍정적인 행동을 촉진시키고, 이러한 규칙과 절차를 사용하는 교사들은 효과적인 학급 관리자로 간주된다(Smith & Rivera, 1995).

규칙과 절차를 개발하는 데 유용한 일반적 지침은 다음과 같다(Curwin & Mendler, 1988; Evertson et al., 1984; Paine et al., 1983; Rosenberg et al., 2006; Walker et al., 1995).

- 학생들에게 기대되는 행동을 파악한다. 학교와 학급에서 성공하기 위해 필요한 행동을 정의하는 행위중심 용어로 정의한다.
- 규칙의 수를 제한하고 긍정적이고 이해하기 쉬운 용어를 사용한다. 대개 4~6개의 이해하기 쉬운 용어로도 기대되는 행동들을 제시할 수 있다.
- 절차를 개발한다. 일상적인 일들(예: 화장실이나 구내식당 출입, 입실과 퇴실 등)을 하는 데 필요한 행동을 과제 분석하여 단계별로 제시한다.
- 규칙과 절차에 대한 명확한 근거가 있어야 한다. 규칙과 절차가 제시된 임무나 목적과 어떤 관련성이 있는지를 밝혀야 한다.
- 규칙과 절차를 개발하고 가르치는 데 학생을 참여시킨다. 규칙과 절차의 준수에 대한 긍정적인 예와 부정적인 예를 학생 스스로 만들어 보도록 한다.
- 잘 보이는 여러 곳에 규칙을 게시한다. 게시된 규칙과 절차는 기대되는 행동에 대한 강력한 단서로 작용하며, 학생이 교사의 지시 없이도 긍정적인 행동을 나타낼 수 있도록 돕는다.
- 가르치고 연습시키고, 다시 가르치고 연습시키는 것을 반복한다. 규칙과 절차도 교과 내용처럼 가르쳐야 한다. 교사는 규칙을 지키고 특정한 절차의 수행을 시범 보여야 한다.
- 기대를 충족시키기 어려운 학생들에게는 지원을 제공한다. 이러한 학생들에게 대한 기대 수준을 변화시키기보다는 이들의 성공 가능성을 높

• 생각해봅시다 #7

바람직한 행동을 명확히 규정하는 것은 학급 관리를 위해 매우 중요하다. 이러한 행동적 기대를 긍정적인 규칙과 과정을 통해 발전시킬 수 있는 방법은 무엇인가?

일 만한 긍정적인 행동적 지원, 적극적인 수정, 조정 등을 제공한다.

③ 표면관리와 후속결과

행동에 대한 체계적인 접근은 학생이 규칙을 따를지 말지를 선택하는 것에 기반을 두고 있다. 교사가 학생들의 선택에 반응하는 방식에 따라서 이들의 향후 행동의 양과 질이 크게 달라지는 것은 당연하다. 일반적으로 학생 행동에 대한 교사의 반응은 표면관리기법, 규칙과 절차 준수에 대한 후속결과, 준수하지 못한 것에 대한 후속결과로 나뉜다.

표면관리기법이란 수업 진행을 거의 방해하지 않고서도 사소한 문제행동들을 신속하고 효율적으로 다루기 위해 사용하는 방법을 말한다. 이러한 기법에 사용되는 명칭은 익숙하지 않거나 일반적이지 않은 것 같지만 실제로는 모두 알 만한 것들이다. 〈표 5-3〉에 제시된 표면관리기술을 살펴보면서 어떤 기법이 일반적인 방해 행동에 가장 효과적일지 생각해 보자.

후속결과란 학생의 적절하거나 적절하지 않은 행동에 뒤따르는, 교사가 계획한 조치를 말한다(Curwin & Mendler, 1999). 따라서 후속결과란 규칙 위반에 대

〈표 5-3〉 표면관리 기술

기 법	적용 방법
계획된 무시하기	행동적 소거 기술과 비슷한 계획된 무시는 학생의 의식적인 시도를 통해 요구가 관철되지 않도록 하는 것이다. 이 기술은 강화되지 않는다면 사라질 사소한 행동에 가장 적합하다.
신호 보내기	신호 보내기는 학생들에게 그들의 행동이 현재 부적절하다는 신호를 몸짓이나 눈짓 등으로 알려 주는 것을 말한다.
근접성 조절하기	문제행동을 보이게 하는 밀접한 존재로서 기능을 하는 경우다.
흥미 유발하기	흥미 유발하기란 과제에 내재된 흥미로운 점들을 학생들에게 보여 줌으로써, 흥미를 다시 갖게 하는 직접 중재방법이다. 흥미는 활동의 도전적인 측면을 알려 주거나 내용에 대한 개인적인 관심을 상기시킴으로써 고조될 수 있다.
긴장 완화를 위해 유머 사용하기	긴장되거나 화가 나는 상황을 진정시키기 위해 유머를 사용하는 것을 말한다. 그러나 유머의 효과가 명확하지 않을 때에는 사용하지 않는다.
관심 돌리게 하기	처벌적이지 않은 방식으로 심각한 행동 문제가 촉발될 것 같은 상황에서 해당 학생을 잠시 안전한 곳으로 벗어나도록 하는 전략이다. 학생이 과제를 해야 하는 상황에서 벗어나는 기회로 삼지 않도록 너무 자주 사용해서는 안 된다.

한 처벌처럼 간단한 의미로 해석되지는 않는다. 학생들이 규칙과 절차를 준수했을 때 뒤따르는 것도 '효과적인 결과'라고 한다. 효과적인 결과를 통해서 학생 행동을 변화시킬 수 있음을 기억해야 한다. 그럼에도 때때로 어떤 문제행동에 대한 후속결과가 그것이 학생의 행동에 미칠 영향은 전혀 고려되지 않은 채 교사가 느끼는 분노와 좌절의 표현으로 작용하는 경우가 있다.

학생 행동의 빈도나 정도에 미칠 결과의 영향을 살피는 것은 중요하다. 규칙을 위반한 학생을 교무실로 보내 버리는 일반적인 상황을 생각해 보았을 때, 어떤 학생의 경우는 교실에 앉아 있는 것보다 교무실로 보내지는 것이 더 기분 좋을 수도 있다. 교무실에서 자신을 훈육할 교감선생님을 기다리는 동안, 오고 가는 사람들을 보면서 행정 업무가 진행되는 것도 구경하고, 또 운이 좋으면 다른 친구들을 만나기도 하고, 어슬렁거리며 돌아다닐 수도 있을 것이다. 다시 말해, 교무실로 보내는 것이 적절하게 계획되어 실행되지 않는다면, 교실에서 저지른 부정적인 행동을 감소시키기보다는 오히려 부정적인 행동을 강화시키게 될 것이다.

후속결과와 관련하여 주의해야 할 것들이 또 있다. 교사는 후속결과를 제공할 때 처벌적이기보다는 교육적인 입장을 유지해야만 한다. 때때로 학급에서 일어나는 일들은 교사를 화나게 하고 실망시킨다. 이 때문에 교사는 사려 깊은 방식으로 후속결과를 제시하기보다는 처벌적이고 위협적인 방식으로 후속결과를 전달하기도 한다. 학생의 잘못된 행동을 변화시키려 하기보다는 학생 행동에 즉흥적인 반응으로 대처하기도 한다. 교사가 전문적인 태도를 유지하고, 정기적으로 자신의 감정을 살피며, 자신이 느끼는 좌절과 분노를 점검하는 것도 자신의 책임 중 일부임을 자각할 때 이러한 상황은 최소화될 수 있다(Curwin & Mendler, 1999).

많은 교사들이 적절한 행동에 대한 상으로 상장을 주거나, 가정에 연락을 하거나, 자유시간이나 숙제 면제와 같은 분명하지만 자연스러운 결과물을 준다. 또는 먼저 점심을 먹을 권리를 주거나, 교사의 채점을 보조하게 하거나, 어린 학생들을 가르치게 하거나, 사서의 심부름을 하는 역할을 줌으로써 적절한 행동에 대해 칭찬한다. 어떤 경우에는 교사가 학급 전체의 행동을 기초로 해서 학생 전원에게 상을 주는 일련의 새로운 기법을 사용하기도 한다. 예를 들어, '특권 카드'([그림 5-6] 참조), 비밀스러운 동기자 그리고 추첨 체계 등을 통해 강력하면서도 간헐적인 방법으로 긍정적인 행동에 반응한다. 그러나 긍정적인 후속결과를 선택할 때에도 주의가 필요하다. 학생의 연령에 적절하고 기능 수준에 맞아야 하며 부주의하게 학생들의 기본권을 박탈하지 않도록 상을 주어야 한다(Rhode et al., 1998). 예를 들어, 모든 학생에게 당연하게 제공되는 현장학습이

특권 카드

카드를 갖고 있는가? 아닌가?
여기 이 카드를 얻는 방법이 있다?
여러분은 반드시 이 카드를 소지해야만 하니까.

학생들은 '특권 카드'를 통하여 학교 단위 기반에서 다양한 행동에 대해 보상받을 것이다.

- 특권 카드를 학급 교사로부터 얻는다.
- 즉시 그것을 사용할 수 있도록 카드의 뒷면에 이름과 반을 쓴다.
- 학생들은 그들의 카드를 보관하고 그것들을 제시할 책임이 있다.
- 규칙을 얼마나 잘 따랐는지를 모든 교사들에게 보여서 교사의 도장을 모은다.
- 일단 카드가 채워지면 추첨 상자에 넣어 두고 공표될 다양한 활동에의 참여권을 구하기 위해 사용할 수 있다.

특권 카드가 사용될 수 있는 행동의 예는 다음과 같다.

- **복도 행동**: 복도 이동 동안에 규칙을 준수하는 것을 인지한 교사들은 학생들의 카드에 도장을 찍고 언어적으로 그 행동을 알린다.
- **출석**: 매월 단위로 학급 교사들은 그 달에 전부 출석을 한 학생의 카드에 도장을 찍는다.
- **일관된 지시 준수**: 매일 교복을 입고 있는지를 지켜본 교사들은 금요일마다 그 주 동안 완전하게 준수했음을 나타내는 카드에 도장을 찍는다. 출석은 필수적이다.

출처: Adapted from Deer Park Middle School (1998). PAR manual.

그림 5-6

나 점심시간, 화장실 가기 등이 상으로 주어져서는 안 된다.

유능한 교사는 학생들의 문제행동의 빈도와 강도를 감소시키기 위해 부정적인 후속결과의 위계를 개발한다. 다음은 버지니아 주 페어팩스에 위치한 스트랫포드 랜딩 초등학교의 교사들이 함께 개발한 부정적인 후속결과의 위계다.

- 1단계: 표면관리 기법 사용하기
- 2단계: 학급전체 상기시키기, 규칙을 다시 말해 주기, 규칙 이행을 칭찬하기
- 3단계: 개별 학생에게 구체적인 말로 상기시키기
- 4단계: 학급에서 잠깐 쉬는 시간 갖기(해당 학생에게 잠시 침묵의 시간을 갖게 한 후, 준비가 되면 다시 합류하게 한다. 밀린 과제는 보충한다.)
- 5단계: 교사가 지시하는 타임아웃 실시하기(학생은 쉬는 시간이나 자유시간 동안 밀린 과제를 다 해야 한다.)
- 6단계: 학급에서나 교사연구실에서 반성시간 가지며,(학생은 ① 연령 혹은 학년 수준에 맞는 반성문을 써야 하고, ② 교사와 개별 상담시간을 가지며, ③ 수업에 참여하지 않아 놓친 과제 중심으로 교실에 돌아갈 준비를 한다. 한 학기에 행동결과로 두 번의 반성 시간을 갖게 되면 부모 상담을 실시한다.)
- 7단계: 행정실에 의뢰된다(학생은 의뢰서와 반성문을 행정실로 가져온다. 부모가 호출되고, 행동변화를 위한 조치가 계획된다.).
- 주의: 일부 부적절한 행동(예: 싸움, 왕따, 금지품 소지 등)을 할 경우에는 즉시 행정실에 보고되고, 정학처분이 내려진다.

학생이 잘못된 행동을 할 때마다 이러한 모든 단계가 요구되는 것은 아니다. 이는 교사들을 위한 지침으로서 잘못된 행동에 대하여 순차적으로 반응하도록 하기 위한 것이다.

④ 위기관리

위기상황에서 가장 어려운 것은 학생이 자신의 행동에 대해 거의 혹은 전혀 통제하지 못하는 경우다. 이런 경우라면 표면관리 기법이나 후속결과 제공하기는 거의 효과가 없다. 위기가 발생했을 때 교사가 해야 할 첫 임무는 안전하고 위협적이거나 처벌적이지 않은 방식으로 그 학생을 위기상황에서 벗어나게 돕고, 다른 학생들의 안전을 유지하는 것이다. 위기상황을 다룰 때는 자신이 갖고 있는 전문성 이상을 넘어 개입해서는 안 된다. 위기중재는 위기관리와는 달리 상담가와 심리전문가, 자격증이 있는 위기관리 요원들에 의해 실시되는 일련의 조치가 필요하다. 하지만 모든 교사들도 위기상황을 관리하는 방법을 알아두어야 한다. 이상적인 조치 과정은 학교가 언어적 중재 기법뿐만 아니라 안전하면서 비혐오적인 신체적 억압 기술도 함께 훈련한 위기대처 팀(4~5명으로 구성)을 구성하는 것이다(Johns & Carr, 1995). 그러나 이런 팀이 학교에 없다면, 위기상황을 관리해야 할

때 다음과 같이 행동한다(Albert, 2003; Johns & Carr, 1995; Jones & Jones, 2004).

- 침착함을 유지하고 도움을 요청할 누군가를 보낸다.
- 상황을 악화시킬 수 있는 신체 표현이나 처벌적이거나 대치를 불러일으키는 언어를 삼간다.
- 다른 학생들을 안전하게 할 필요를 인식한다.
- 위기 이후 회복상황을 위한 계획을 세운다.

⑤ 계획에 대한 접근 촉진하기

포괄적인 행동관리 계획이 구성되면, 학생과 가족, 관리자와 관련 서비스 종사자들에게 이 내용을 알린다. 어떤 경우에는 학교 팀과 개별 교사들이 관리계획의 주요 구성요소(임무 진술, 규칙, 절차, 결과)를 진술한 작은 크기의 안내서를 개발하기도 한다. 또 다른 경우에는 계획의 주요 요소만을 강조하는 좀 더 친근한 형태의 소책자를 개발하기도 한다. [그림 5-7]은 존스홉킨스 대학교 PAR 프로젝트에서 윌리엄 홀리 초등학교 교사들이 만든 소책자의 한 예다(Rosenberg & Jackman, 2003).

홀리 소책자		
홀리 학교 규칙(STARS)	긍정적인 행동 인식	후속결과의 위계
성공(Succeed) 과제를 유지하라. 최선을 다하고 최대의 노력을 발휘하라. 수업을 위해 준비하라. 생각(Think) 첫째로 안전을 생각하라. 다른 사람들이 어떻게 느끼는지 생각하라. 행동하기 전에 생각하라. 태도(Attitude) 주어진 첫 번째 지시사항을 따라라. 적절한 언어와 어조를 사용하라. 제때 하라. 억누르지 말라.	• 미소 짓기 • 스티커 • 행복 공책 • 별 모양 책갈피 • 캐릭터 보상 • 전문가 보상 • 버스 보상 • 구내식당 보상 • 집에 행복 전화 • 특권 • 어른과 점심 먹기 • 특별한 대접 • 토큰 • 게임이나 활동	• 비언어적 단서 • 일반학급에서 기억할 것들 • 학생에 따른 경고 • 학급에서의 타임아웃 • 다른 교실에서의 타임아웃 • 부모와의 접촉 • 방과 후 남기 • 의뢰 유도 • 행정실 의뢰* • CT 버튼* *상황이나 문제의 심각성에 따라 어떤 수준에서든 부모에게 통지될 수 있다.

존중(Respect) 다른 사람들의 공간, 감정 그리고 소유물을 존중하라. 어른에 대해 존중을 보여라. 자기 자신을 존중하라. 자신의 행동에 대한 책임감을 가져라. 고양(Soar) 목표를 세워라. 기대를 능가하라. STARS를 완수하라.	• 교사는 그들의 교실에서 긍정적인 행동을 보상하기 위한 특정한 계획을 개발한다. 교사에게 당신의 학급에 있는 보상 프로그램에 대하여 확실하게 물어보라.	* 일부 부적절한 학생 행동의 경우는 좀 더 심각한 후속결과가 즉각적으로 필요할 수도 있다.
출처: William Halley Elementary School (2001). Brochure에서 수정.		

그림 5-7

3) 포괄적인 표적 중재

학교에는 가장 잘 설계된 통합적인 관리계획에도 반응하지 않는 학생들이 있다. 사실 통합적인 관리계획은 학생의 약 85%에게는 유효하지만, 극단적이고 빈번하게 혹은 지속적으로 문제행동을 보이는 학생들에게까지 큰 효과가 있도록 설계되지는 않았다(Taylor-Greene et al., 1997). 이러한 학생들을 다루기 위해서는 포괄적인 표적 중재를 적용해야 한다. 표적 중재(targeted interventions)란 개별학생이 보이는 만성적이고, 반복적이며 만연한 문제행동들에 대하여 학교 기반의 강력한 조치를 취하는 것을 말한다(Walker et al., 1995). 이러한 중재는 일반적으로 역동적이며, 부적절한 행동은 약화시키면서 동시에 적절한 행동은 강화시키는 특징을 갖고 있다.

포괄적인 중재(wrap-around intervention)란 전문가로 구성된 팀이 조직적이며 통합된 노력을 하는 좀 더 집중적인 중재를 말한다(Eber, Sugai, Smith, & Scott, 2002). 포괄적인 중재를 설계하는 가장 직접적인 방법은 (1) 기능적 행동평가(FBA)를 실행하기, (2) 행동중재 계획(BIP)을 개발하기, (3) 중재의 효과 평가하기의 3단계 과정을 실행하는 것이다. 이러한 절차들의 구체적인 적용방안은 이 책의 각 장에서 설명되어 있으며, FBA의 실행에 대한 상세한 설명은 제7장에 제시되어 있다.

극단적인 문제행동을 보이는 학생들의 요구를 다루는 중재를 개발하는 것은 혼자만의 노력으로 되는 일이 아니다. 일반적으로 인간 관련 서비스에 대한 전문성을 갖춘 전문가 팀이 포괄적인 중재를 개발하기 위하여 소집된다. 몇 군데의 학교에서 전문화된 아웃리치 프로그램과 중재를 실행하기 위해 행정가, 행동전문가, 상담사, 사회복지사, 심리전문가, 그리고 행동지원 팀이 있기도 하다. 예를 들어, 심각한 요구를 지닌 학생들을 위해 가족지원 중재를 안내하는 상담가나 사회성 기술의 집단훈련이나 단기적인 개별치료를 실시하는 학교 심리 전문가들을 흔히 찾아볼 수 있다. 학교 밖에서도 학생들은 내과의사, 정신건강 서비스 요원, 가족보호 요원, 보호 서비스 관료, 청소년 사법 요원, 심지어 법집행 사무원들이 제공하는 서비스를 받을 수 있다.

서비스란 가족의 역량강화와 문화적 능력, 유연성, 학생과 그 가족의 강점을 강조하는 가치에 기반하고 있음을 기억해야 한다. 교사가 서비스 팀의 구성원으로 참여하게 된다면, 가족이 중재과정에서 온전한 협력자로서 참여하도록 하고 학교 안팎의 다양한 서비스 제공자들이 참여할 수 있도록 해야 한다.

4. 의사소통 교육과 행동관리

논쟁의 여지가 있지만, 학생 행동을 교수하고 관리하는 데 가장 중요하게 고려해야 할 것은 교사가 학생 및 동료들과 상호작용하는 방식이다. 많은 경우에 그것은 교사가 무엇을 말하는가뿐만 아니라 어떻게 소통하는가를 의미한다. 생산적인 교육 지도자가 되기 위하여, 교사들은 적절한 행동에 대한 모델을 제공하고, 직접적이고 효율적으로 목표나 요구, 의도에 대해 소통할 필요가 있다. 교사가 진심으로 학생들에게 관심을 갖고 있다는 사실을 잘 전달하는 것이 가장 중요하다.

1) 진정한 관계 만들기

한 중학교에서 학생과 부모 모두에게 미스터 델로 알려진 앤드류 델 프라이어리 선생님은 가장 어려운 수학 영역 중 하나인 대수함의 입문과정을 다양한 능력을 가진 학생들에게 가르친다. 델 선생님은 모든 학생들에게 높은 수준의 기대를 가지고 있고, 엄격하지만 공정한 평가를 한다는 평판을 받는다. 학생들은 미스터 델이 교수시간을 매우 가치있게 여기고 빡빡하고 구조화된 수업을 진행한다고 말한다.

미스터 델은 학교에서 가장 인기 있는 선생님 중 한 명이다. 학생들은 방과시간 전후에 그의 교실에 모이고, 학교나 개인 생활에서 고민되는 일이 생기면 델 선생님과 상담을 한다. 학생들이 델 선생님을 좋아하는 이유는 무엇일까? 고민이 생기면 델 선생님과 상담하고 싶은 이유는 무엇일까? 학생들은 델 선생님이 모두를 잘 도와주실 수 있는 분이라고 믿고 신뢰한다. 델 선생님은 학생들에게 많은 관심을 보이며 개방적인 태도를 취한다. 뿐만 아니라 학생들이 여러 문제행동을 보일지라도, 이들과 교류하는 것을 진정으로 즐거워한다.

학생과 진정한 관계를 발전시키기 위해 교사가 할 수 있는 방법은 무엇인가? 첫째, 관계 형성은 혁신적으로 이루어지기보다는 점진적 변화에 의하여 이루어진다는 것을 알아야 한다. 학생과의 관계를 발전시키는 데는 많은 시간이 필요하며 학생들과 매일 만나고 자주 상호작용을 해야 한다. 아침 등교시간에 학생을 반갑게 맞이하기, 학생의 노력을 인정하는 말 건네기, 특별한 재능 인정하기, 학생의 입장에서 이들의 활동에 관심 보이기, 숙제를 잘해 왔을 때 칭찬하기 등과 같은 교사의 작은 노력들이 학생과의 긍정적인 관계 형성에 많은 도움을 줄 수 있다(Koening, 2000). 이러한 접촉이 쌓이면서 학생들은 선생님의 신뢰성을 평가하게 된다. 둘째, 진정한 관계는 단순히 학생들에게 반응하기보다는 학생들의 말을 경청함으로써 형성될 수 있다. 포스트먼과 바인가르트너(Postman & Weingartner, 1969)는 학생들의 말을 경청하는 것이 학생들의 관심을 이해하고 파악할 수 있는 유일한 방법이라고 하였다. 마지막으로, 성장기의 어린이와 청소년들은 옷차림이나 말, 태도, 믿음 체계 등과 같이 창의적인 방법으로 자신을 표현한다. 학생과 교사와의 관계는 교사가 학생들을 있는 그대로 수용하고 개성을 유지하도록 격려하며 학생의 시각으로 세상을 이해하려는 시도를 지속할 때 발전될 수 있다.

2) 예의 갖추기와 존중하기

유능한 교사들은 학생들과의 상호작용에서 예의를 갖추고 학생을 존중하며 학생들의 개인적 안녕에 진정으로 관심을 나타낸다. 예의를 갖춘다는 것은, 우리의 행동이 다른 사람에게 영향을 미친다는 것을 알고 그렇게 되기를 기대하는 것이다(Forni, 2002). 존중을 통해 우리는 인간의 기본 권리를 인정하고 귀하게 대하게 된다. 교사는 효과적인 상호작용과 의사소통을 함으로써 예의를 갖추고 존중하는 태도의 시범자가 될 수 있다. 교사의 이러한 태도에는 (1) 많이 참고 이해하며 비판은 적게 하는 말과 목소리 사용하기, (2) 학생에게 눈을 맞추고 경청하기, (3) 학생의 개인적인 생각과 관심을 이해하기 위하여 정기적으로 개인적으로 접촉하기 등과 같은 구체적인 행동이 포함된다(Kauffman Mostert, Trent, & Hallahan, 2002; Rosenberg et al., 2006).

• 생각해봅시다 #8

상대방의 비구어적 표현이 발화와 극단적인 대조를 이루었던 경우를 떠올려 보라. 선생님은 그 상황에서 어떤 기분을 느꼈는가? 그 사람의 정직함을 고려해 봤을 때 어떤 생각이 들었는가?

교사는 학생이 보이는 학업 성취나 문제행동으로 좌절을 할 때조차도 이들을 존중해야 한다. 실행하기 어렵긴 하지만, 비난의 대상이 되어야 하는 것은 학생 자신이 아닌 학생의 문제행동이라는 것을 명심해야 한다. 의사소통의 90% 이상이 실제로 사용하는 언어와 다른 방식으로 전달된다는 점을 기억해야 한다. 비언어적인 의사소통, 즉 얼굴 표정, 몸짓, 말하는 속도와 음조, 목소리 크기 등으로 학생에 대한 평가와 수용의 정도를 나타낼 수 있다. 교사에게 인정받기를 원하는 학생들은 시선 돌리기, 물러나 있기, 시계 바라보기, 빠르게 말하기 등과 같은 사소한 행동에서조차 의도하지 않았던 교사의 부정적인 느낌을 전달받을 수 있다.

3) 신뢰 쌓기와 단호하기

학생과 교사 간의 신뢰는 교사가 (1) 자신의 말과 행동을 일치시키고, (2) 교실에서 자신의 책임을 다할 준비와 실천을 하고 있다고 학생들이 느낄 때 형성될 수 있다(Rosenberg et al., 2006). 교사가 자신이 설정한 규칙과 기준을 어기고 조금 불편한 학교 절차를 무시하며 행동관리계획을 일관성 없이 진행한다면 학생과 교사 간의 신뢰는 발전할 수 없다. 권위를 세우기 위해서 위협이나 협박, 강제와 같은 요소들이 동원될 필요는 없다. 대결로 치닫는 대화를 통해서는 신뢰를 증진시킬 수 없다. 강력한 지도자들은 기지와 섬세함, 전략, 심지어 유머를 통해서도 자신의 권위를 나타낼 수 있다. 다음은 학생들을 대할 때 유용한 의사소통 지침이다(Curwin & Mendler, 1999; Westling & Korland, 1988).

- 학생에게 주의집중하고 따르도록 할 때는 긍정적이면서도 차분하고 명확하게 지시한다.
- 행동결과에 대해 말해 줄 때에는 확신과 일관성을 갖고 망설임 없이 한다.
- 확고하지만 부드러운 음성을 사용하고, 학생과의 언쟁은 피한다.
- 학생이 염려하는 점들을 적절한 시기에 건설적인 방식으로 다룰 것임을 알게 한다.
- 친구들 앞에서 학생을 난처하게 만들지 않는다.

4) 전문가 되기: 멀리 바라보기

가장 좋은 계획과 의사소통전략을 적용할 경우에도, 좌절과 분노와 불공정함을 느끼게 하는 일들이 벌어지기도 한다. 항상 계획대로 되는 것은 아니다. 인생의 모든 면이 그렇듯이 학생이든 동료든 간에 상대하고 싶지 않은 사람들이 있기 마련이다. 사실상 학생들을 가르치고 행동을 관리하면서 가장 어려운 상황은 잘못된 행동 자체보다는 그것을 둘러싼 소소한 사건과 사람들 때문에 생긴다. 예를 들면, 교사들은 학생의 학업적 요구를 충족시킬 방법에 대해 동료들과 의견이 맞지 않을 수 있고, 관리자는 적절하게 훈육 조치를 지원하는 데 실패할 수도 있으며, 부모는 학생의 학업수행을 향상시키기 위한 선한 의도에도 반기를 들 수 있다.

전문가답게 대응하기 위해서는 어떻게 해야 하는가? 첫째, 인내심을 갖고 멀리 바라보고, 전체를 볼 수 있어야 한다. 학교도 하나의 사회다. 모든 일들이 언제나 계획되거나 바란 대로 될 수는 없으니, 이를 사적인 것으로 받아들여서는 안 된다. 둘째, 다른 사람의 관점이나 입장을 이해할 수 있어야 한다. 예를 들면, 학교에서 말썽만 피우는 학생의 부모가 느낄 좌절감을 이해해 보려고 하거나 훈육과 관련하여 항상 선택의 기로에 서 있는 관리자가 느낄 압박감도 이해해 볼 필요가 있다.

셋째, 균형을 유지하되 학생의 이익을 최우선으로 생각하면서 상황을 해결하려 해야 한다. 어렵고 긴장된 상황에서 어떻게 처신하는가에 따라 진정한 능력이 드러남을 기억해야 한다. 특히 미묘한 상황을 성공적으로 잘 처리해 나가는 교사의 모습을 통해 학생들은 어떻게 행동해야 하는가에 대한 모델링을 제공받을 수 있다. 마지막으로, 특정 상황에서 자신이 갖고 있는 역할에 대해 성찰할 수 있어야 한다. 교사가 취한 어떤 행동 때문에 상황이 더 좋아질 수도 있지만 악화될 수도 있음을 기억해야 한다.

이 장의 내용에 대한 보충 설명은 www.prenhall.com/rosenberg 사이트의 제5장 관련 모듈에서 찾아볼 수 있다.

요 약

교사의 주요 책임은 안전하고 질서 있는 학급에서 효과적으로 교수를 전달하는 것이다. 교사는 이러한 도전을 충족시키기 위하여 무엇을 가르칠지, 증거 기반 교수 전략을 어떻게 적용할지, 학생의 행동을 관리하기 위해 어떤 전략을 어떻게 선택하고 실행할지에 대해 이해해야만 한다.

일반교육과정과 교수 수정을 위한 도구

- 교육과정 개발에 대한 주정부의 영향이 증가되었다.
- 장애학생 대부분이 일반교육과정에 참여하고, 진보를 보이도록 기대된다.
- 유능한 교사는 교육과정과 교수 수정을 위해 분류체계, 학습을 위한 보편적 설계, 피라미드식 계획, 교수 수정 등을 사용한다.

교수를 위한 주요 접근법과 체계적 교수

- 교수전달의 일반적인 세 가지 접근법은 행동주의적 접근법과 인지주의적 접근법, 그리고 이 두 접근법이 결합된 접근법이다.
- 행동주의적 접근법은 기본 기술 교수에 적합하다. 전략중재모델(SIM)과 같은 인지주의적 접근법은 조금 더 높은 수준의 내용에 유용하다.
- 유능한 교사는 교수집단 구성하기, 내용 제시하기, 연습을 위한 기회 제공하기, 학생 진전도 점검하기, 교수지원 기술 사용하기에서 증거 기반 실제를 사용한다.

체계적, 사전 행동적 및 긍정적 행동관리

- 제대로 계획되고 지원이 제공되는 수업이라도 행동관리 문제들이 간과된다면 실패할 것이다.
- 유능한 교사는 세 가지 수준에서 학생들의 행동을 관리한다.
- 보편적인 교실 관리는 물리적 환경의 구조화, 교육의 질 그리고 명확한 관리계획 등을 통한 문제행동의 예방에 초점을 맞춘다.
- 표적 중재계획은 보편적인 중재에 긍정적으로 반응하지 않는 학생에게 적용한다.
- 포괄적인 중재는 지역사회와 기관이 함께 개입해야 하는, 심각하고 다루기 어려운 행동문제를 가진 학생에게 적용한다.
- 잘 설계된 관리계획은 성명 진술, 규칙과 절차 및 지원, 적절한 행동과 부적절한 행동에 대한 결과, 위기관리, 그리고 계획 문서 등 다섯 가지 구성요소를 포함한다.

효과적으로 의사소통하는 교수와 행동관리

- 교사가 학생, 동료, 가족과 어떻게 소통하는가는 교수와 행동관리 측면에서 모두 중요하다.
- 진정한 관계 맺기, 존중하기, 적절한 기대감 나타내기, 문화적으로 민감하기, 신뢰와 단호함 유지하기 등을 통해 효과적으로 교수하고, 행동을 관리할 수 있다.
- 아무리 잘 계획해도 문제가 발생할 수 있다. 긴장되고 어려운 상황에서 어떻게 대처하는가를 통해 자신의 능력이 드러남을 기억해야 한다.

Part

특수교육 대상학생들의 다양한 요구

효과적인 교수방법

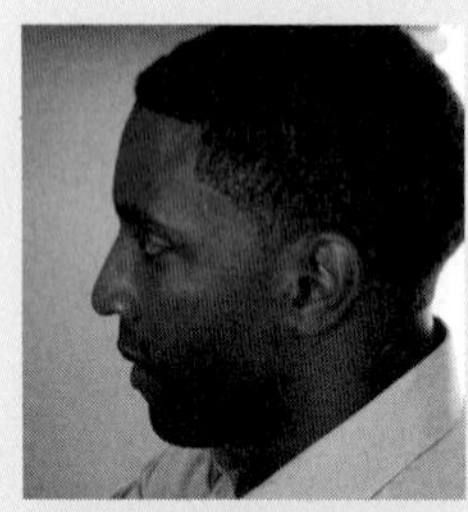

Chapter 06

학습장애

Chapter 07

정서 및 행동 장애

Chapter 08

경도 지적장애

Chapter 09

주의력결핍 과잉행동장애

Chapter 10
자폐스펙트럼장애

Chapter 11
의사소통장애

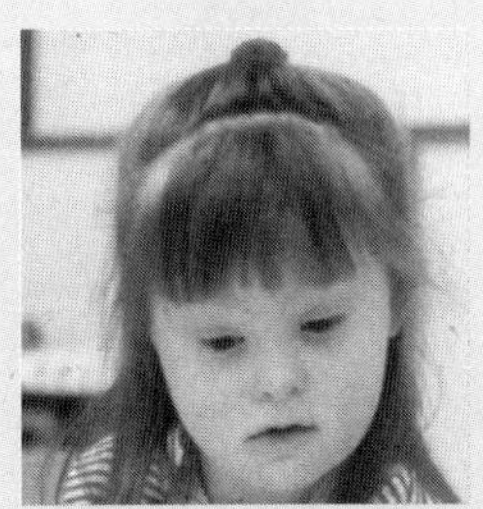

Chapter 12
중도 지적장애와 중복장애

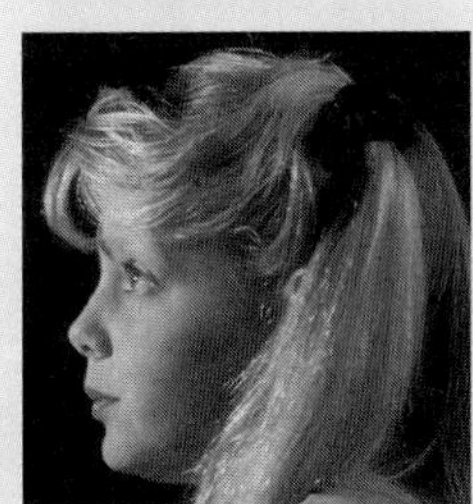

Chapter 13
감각장애

Chapter 14
뇌손상, 지체장애 및 기타건강장애

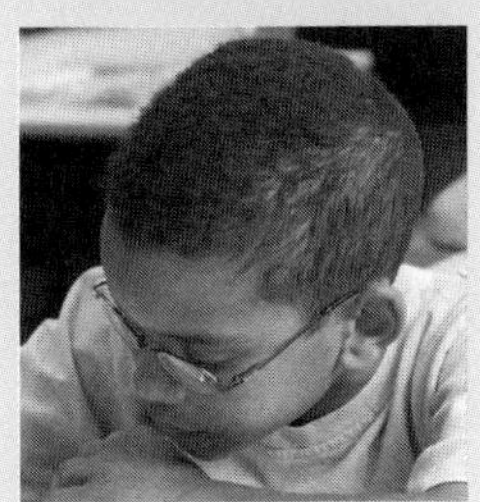

Chapter 15
우수아

6

학습장애

이 장을 시작하며

- 학습장애란 어떤 장애인가?
- 학습장애 학생의 주요 특징은 무엇인가?
- 학습장애의 주요 원인 및 출현율은 어떠한가?
- 학습장애 학생은 어떻게 판별되는가?
- 학습장애 학생에게 효과적인 교수방법은 무엇인가?
- 학습장애와 관련된 최근의 쟁점은 무엇인가?

나의 이야기: 캐롤 스프라그

캐롤 스프라그 선생님은 대학에서 초등교육과를 졸업하고 바로 교사생활을 시작하였다. 어려서부터 학교를 사랑했고 늘 교사가 되기를 원했으므로 교사가 되겠다는 결심은 흔들린 적이 없었다. 캐롤 선생님은 늘 새롭고 도전할 수 있는 교직을 선호하였다. 그녀에게 교직은 단순한 직업 이상의 의미를 지닌다.

캐롤 선생님은 초등학교와 중등학교에서 일반교사와 특수교사로 근무하였고 주로 통합학급을 맡아 왔다. 최근 몇 년간 캐롤 선생님은 초등학교 통합학급을 담당하였다.

캐롤 선생님의 학급의 일상은 학생들이 자신에게 있었던 일을 이야기하고 서로에 대해 알고 감사하며 학습 의욕을 일깨우는 아침 조회로 시작한다. 하루 종일 그녀는 여러 교과목 간 학습 내용을 연계시키고, 학생들의 일상생활에 그것을 적용해 가르치기 위해 노력한다. 과목 간 통합된 질문을 하고 학생들에게는 깊이 사고하여 일상의 작은 일에 대해 배우도록 가르친다. 캐롤 선생님은 학습이 학생들에게 더욱 흥미로운 활동이 되어야 한다고 다짐하고, 학습이 그들에게 살아 있는 정보를 제공할 때 교사와 학생은 더 많은 정보를 얻을 수 있다고 생각한다.

캐롤 선생님은 교사로서 그녀의 가장 큰 성공은 학생 개인과의 관계에 달려 있다고 설명한다. 그녀는 자신의 학급에서 일 년 동안 함께 지내며 읽기에 상당한 진전을 보여 학년을 마칠 때쯤에는 읽기에 자신감을 얻게 되고 학습에서도 성취감을 느끼며 상급 학년으로 진급한 학습장애를 가진 몇몇 학생에 대해 설명한다. 그녀가 학생들에게 미친 긍정적인 효과는 무엇인가에 대해 질문하자, 흥미롭게도 캐롤 선생님은 자신이 조성하고자 했던 학급 분위기와 학급의 공동체 의식을 강조하였다. 그녀는 학급 분위기는 학업 성취가 낮은 학생부터 높은 학생까지 모든 학생들이 호응하고 학문적으로 학습에 진전을 보일 때 성공적으로 조성된다고 설명한다.

캐롤 선생님의 관점에서 학습장애 아동을 위한 효과적인 교사는 학생을 개별적으로 바라보고 각 학생의 학습에 책임을 느끼는 교사다. 그녀는 낮은 학업 성취는 결코 학생의 잘못이라고 생각해서는 안 된다고 강조한다. 대신 효과적인 교사는 학생의 진전을 면밀히 관찰하고 연습과정을 살펴서 무엇을 다르게 했는지를 확인하고 학생이 성공할 때까지 다양한 교수법을 적용한다. 캐롤 선생님은 교사가 어떻게 교육을 조직하는가에 의해 학생의 요구가 충족될 수 있다고 주장한다. 학생이 필요로 하는 특별한 기술지도에 초점을 맞춘 개별적 교수는 소집단, 협동학습, 또래교수 그리고 학습과 관련된 여러 활동들을 통해 실천 가능하다.

효과적인 교사에게서 보이는 마지막 특징은 아동이 무엇을 배워야 하는지 그 필요를 이해하고 이러한 것을 배울 때 학생들의 진전을 관찰하는 데서 나타난다. 캐롤 선생님은 교사가 학생이 무엇을 언제 배워야 할지를 잘 알기 위해서는 주정부의 학습 기준을 파악하고 있어야 한다고 말한다. 캐롤 선생님은 유능한 교사는 체계적으로 학생의 학습 진전을 관찰하고 그들이 어려워할 때를 잘 파악해서 모든 학생이 학습목표에 도달하도록 학급을 운영한다고 말한다.

캐롤 선생님은 가르치는 일을 좋아하기는 하지만 그녀에게도 힘들고 어려운 부분이 있다. 가장 큰 두 가지 어려움은 문서 관련 업무와 학생을 평가하는 일이다. 선생님은 학생의 학업에 도움이 되지 않는 서류를 최소화하려고 노력했지만 어쩔 수 없는 업무가 많다고 하였다. 그러나 학생의 평가에는 선생님이 통제할 수 있는 부분이 상당히 많이 있다. 교사는 학생을 평가하는 데 학생의 노력 여부, 과제의 완성도, 다른 영역의 진전 등 다양한 준거를 사용해야 한다. 캐롤 선생님은 최근 학생을 돕고 부모와의 의사소통 도구 역할도 하는 새로운 성적표 양식을 개발하였다. 캐롤 선생님은 성적주기는 모든 학생에게 공정해야 하고 학생의 필요에 따라 다양한 평가를 해야 한다고 강조한다.

캐롤 선생님은 자신이 교사로서 지속적으로 발전할 수 있는 특성을 가지고 있다고 하면서, 그중 하나는 그녀가 열심히 일하기를 좋아하고 쉽게 포기하지 않는 성격이라고 말한다. 또한 모든 교사는 교직 경력 전반에 끊임없이 배워야 한다고 생각한다. 캐롤 선생님은 대부분의 '앉아서 듣는' 교사연수는 그녀에게 유용하지 않았다고 강조한다. 캐롤 선생님에게 가장 유용한 배움의 근원은 동료 교사인 친구들과의 관계다. 그녀는 그들과 자주 만나 교육에 관해 토론하고 교사로서의 발전 방향 등을 논의한다. 또한 지역사회의 시범학교에서 가르치는 기회를 통해서도 도움을 받는다고 말한다. 이러한 학교는 휴식, 교사들이 함께 계획할 수 있는 시간의 제공, 북스터디 등 다양한 방식으로 교사의 지속적인 배움을 지원한다.

신임 교사를 위해 캐롤 선생님은 교직을 단순한 직업이 아닌 전문직으로 생각하라고 충고한다. 또한 그녀는 다음과 같이 격려한다. "스스로에게 도움이 되는 방법을 찾아 계속해서 배워 나가야 해요. 가장 좋은 방법은 주변에 비슷한 철학을 가진, 경쟁하며 서로 도울 수 있는 다른 교사들과 함께 지내는 것이지요."

지난 학창시절을 되돌아보면 운동장에서 학생들과 상호작용을 할 때 아무런 이상 없이 평범한 모습을 보이던 학생들이 떠오를 것이다. 그러나 이 학생들 중에는 학급에서 읽기, 셈하기 등 학업적인 내용을 배울 때에 매우 어려워하며 학생과 교사 모두를 아주 힘들게 하는 학생이 있다. 이 장에서는 장애로 학교에서 어려움을 겪고 있으며 아동낙오방지법에 근거해 학업적으로 적절한 연간 진보(adequate yearly progress: AYP)를 달성하는 데 특별한 도움을 필요로 하는 학생들에 대해 살펴보고자 한다. 이 학생들은 학습장애로 진단받는 이들이다.

학습장애 학생은 종종 일부 학업 영역에서는 어려움을 보이지만 다른 영역에서는 그렇지 않은 모습을 보여 부모나 교사를 당황하게 만든다. 이러한 발달의 불규칙한 모습은 학습장애 학생들에게서 흔히 볼 수 있는 특성이다. 학습장애 학생은 때때로 특정학습장애(specific learning disability)라고 불리기도 하는데, 이는 그들이 하나 이상의 특정 학업 영역의 배움에는 어려움을 보이면서 다른 영역에는 우수함을 보이기도 하기 때문이다(Torgesen, 2002).

학습장애를 가진 학생들은 매우 효과적이고 집중적인 교육을 해도 계속해서 특정 학문 분야의 학습에서 어려움을 겪는다.

일반학급에서 볼 수 있는 학습에 어려움을 겪는 학생들과 비교해 학습장애 학생들은 매우 효과적이고 집중적인 교수법을 사용해도 여전히 학습에 어려움을 지니고, 일반적으로 일반학급의 성취가 낮은 학생들 중에서 최하위를 차지한다(Fuchs, Fuchs, Mathes, Lipsey, & Roberts, 2002). 이런 학생들에게는 이 장의 서두에서 소개한 캐롤 선생님과 같은 매우 유능한 교사가 필요하다. 캐롤 선생님의 끈기, 결코 포기하지 않는 근성, 다양한 집단전략의 사용, 효과적인 교수전략의 적용은 학습장애 학생들의 요구를 충족시키고 그들이 핵심 학업 영역에서 적절한 연간 진보를 이루기 위해서 모두 절대적으로 필요한 것들이다.

• 생각해 봅시다 #1

학창 시절 학급에서 특정 학과목 수업에 어려움을 보이는 학생을 본 적이 있는가? 그들은 이러한 학습적 어려움에 어떻게 대처했는가? 주변 다른 학생들의 반응은 어떠했는가?

1. 학습장애의 정의와 분류 기준

1) 학습장애의 정의

적어도 지난 40년간 학습장애(learning disabilities)를 가진 학생은 교사, 부모, 연구자들을 혼란스럽게 만드는 대상이었다. 이 학생들은 특정 학업 영역에서 학습에 문제를 나타내기 전까지는 적어도 외형적으로는 일반 또래들과 차이를 보이지 않는다. 1975년에 장애인교육법(IDEA)의 전신인 전장애인교육법이 통과되기 전까지는 학습장애 학생들은 기대 이상의 낮은 학업 성취를 보이는 학생으로 진단받았다(Fletcher, Morris, & Lyon, 2003). 즉, 그들의 지적 수준은 어려움 없이 학문을 습득할 수 있는 정도라고 측정됨에도 설명할 수 없는 이유로 기대되는 수준의 학습을 따라가지 못하는 것이다.

제4장에서 언급했듯이, 학습장애의 정의 중 가장 널리 사용되는 것은 미국 교육부가 제시한 장애인교육법(IDEA, P.L. 94-142)의 정의다.

FAQ Sheet

학습장애 학생	
〈정의〉 그들은 누구인가?	• 학습장애 학생들은 평균 수준의 인지능력(즉, 지적장애 정도 이상)을 갖고 하나 이상의 학업 영역, 특히 읽기에서 기대 이하의 학업 성취를 보인다. • 학습장애 학생들은 난독증(읽기장애), 난필증(필기 및 작문에서의 장애), 난산증(수학장애)으로 진단받기도 한다.
〈주요 특징〉 전형적인 특징은 무엇인가?	• 낮은 학업 성취 • 부주의/주의산만 • 정보처리 과정의 문제 • 사회적 기술의 결여 • 동기 부족 • 이질적 집단
〈출현율〉 인구학적 특징은 어떠한가?	• 6~17세 학령기 아동(약 258만 명) 중 5.24%의 학생이 학습장애로 진단받고 있다. • 모든 장애학생 중 약 45% 정도가 학습장애 학생이다. • 1990~2004년에 학습장애로 진단받은 학령기 인구의 비율은 14% 증가하였다. • 학습장애로 진단받은 학생의 90%는 읽기문제를 가지고 있다. • 약 75%는 남자다.
〈교육 배치〉 학생들이 교육받는 장소는 어디인가?	• 학습장애로 진단받은 학생의 51%는 주로 일반학급에서 시간을 보낸다. • 1990~2003년에 완전히 분리된 환경에서 교육받는 학습장애 학생의 비율이 약 42% 정도 감소하였다.
〈진단 평가〉 학생들은 어떻게 진단받고 평가받는가?	• 진단의 가장 기본이 되는 평가 준거는 기대 수준과 실제 학업 성취 간의 심각한 격차 여부이고, 다른 장애를 가지고 있거나 적절한 교육의 기회를 제공받지 못한 경우는 장애 대상에서 제외된다. • 지능검사는 기대 성취 수준을 결정하는 데 사용되고, 실제 성취 수준은 표준화된 학력검사에 의해 결정된다. 이러한 검사 결과는 기대 수준과 실제성취 간에 심각한 격차가 있는지 비교하여 결정하는 데 사용된다. • 교육과정 중심 평가는 최근 학급 내 교육과정상 학업 성취와 학생의 진전 수준을 측정하는 데 사용된다.
〈예후〉 삶에 어떤 영향을 미치는가?	• 읽기문제는 학습장애 학생이 학업을 계속함에 따라 더욱 심각해진다. • 학습장애는 성인기에도 계속된다. • 학습장애를 가진 많은 성인들은 좋은 직장에 취업하거나 독립적으로 생활하거나 삶의 만족을 느끼는 데 어려움을 겪는다.

> (A) 일반적 사실: '특정 학습장애'란 말하기와 쓰기 등 언어적 이해와 사용에 관련된 기본 심리과정에 하나 이상의 장애를 가진 것을 의미한다. 이 장애는 듣기, 사고력, 말하기, 읽기, 쓰기, 철자 또는 산술 능력의 결함을 초래한다.
> (B) 포함되는 장애: 이 용어는 지각장애, 뇌손상, 미세뇌기능장애, 난독증 그리고 발달적 실어증과 같은 증상을 포함한다.
> (C) 제외되는 장애: 이 용어는 일차적으로 시각장애, 청각장애, 운동장애, 지적장애, 정서장애 또는 환경적 · 문화적 · 경제적 불이익에 의해 발생되는 학업문제에 의한 경우는 포함시키지 않는다(IDEA 2004, H.R. 1350, Sec. 602 [30]).

이 정의에는 네 가지 주요 요인이 포함되어 있다. 첫째, 학습장애는 하나 이상의 학업 영역에서 낮은 학업 성취를 보이는 것으로 정의된다. 둘째, 이러한 학업적 문제는 특정 영역의 학업적 지식과 기술을 익히는 데 방해가 되는 심리처리과정의 문제에 기인한다고 여겨진다. 예를 들면, 읽기에 어려움을 보이는 학습장애를 가진 많은 학생들은 처음 보는 단어를 소리 내어 읽을 때 소리-기호 대응관계를 이해하는 데 문제를 보이는데, 이는 음운처리과정(phonological processing)의 문제로 지적된다(Torgesen, 2002). 셋째, 학습장애는 과거에 사용되었던 몇 가지 명칭(지각장애, 뇌손상, 미세뇌기능장애)이나 오늘날 일부 교육자들이 사용하는 용어(난독증, 발달적 실어증)와 동의어로 간주된다. 마지막으로 다른 장애를 가진 학생(예: 지적장애, 시각장애) 또는 환경적 요인(빈곤)에 의해 학습에 어려움을 보이는 경우는 학습장애로 진단받을 수 없는 제외 조건이 된다. 이러한 제외 준거를 정의에 포함시켜 학생이 학습에 어려움을 겪는 것이 학습장애에 의한 것이지 다른 유형의 장애나 환경적 요인(예: 부적절한 교수법)에 의한 것이 아님을 명확히 하고 있다.

학습장애에 대한 연방 정부 차원의 정의는 개별 주정부에서 정의와 진단 기준을 마련하던 1970년대에 하나의 기준이 되었다. 대부분의 주정부들이 학습장애에 대한 연방정부의 정의를 적용하고 있음에도(Ahearn, 2003) 학습장애 학생을 진단하는 데 학습장애의 정의가 어떻게 적용되어야 할지에 대해서는 많은 논란이 있어 왔다(MacMillan & Siperstein, 2002). 그 결과, 학습장애 학생들에 대한 진단율은 주마다 큰 차이를 보였고 그 실행은 "혼란스럽고, 불공평하고, 논리적으로 일관되지 못한"(Gresham, 2002, p. 467) 것으로 특징지어졌다. 예를 들어, 미국 교육부의 자료(2006a)에 따르면, 2005년부터 2006년 사이에 미국에서 학습장애로 진단받은 학생은 전체 학생의 5.24%다. 그러나 진단율은 주에 따라

2.18%부터 7.66%까지 차이가 나는데, 일부 주(아이오와, 오클라호마, 로드아일랜드, 컬럼비아)에서는 다른 주(조지아, 켄터키, 루이지애나)보다 두 배나 많은 학생을 학습장애로 진단하기도 했다.

학습장애 학생의 진단이 비일관적인 것과 더불어 이 영역에서 논란이 되는 다른 문제는 학생이 학습장애로 진단받으려면 반드시 이전에 실패를 해야만 한다는 사실이다. 실패를 기다리는 방식의 진단은 많은 교육자와 부모에게 실망감을 안겨 주었고 예방적 측정에 의한 진단방식을 개발하도록 만들었다(Ahearn, 2003). 학습장애의 정의와 진단 기준에 대한 이러한 우려는 개정된 장애인교육법(IDEA, 2004)에서 중재에 대한 반응적 접근을 학습장애의 진단방법으로 명시하도록 하는 데 결정적인 역할을 했다. 이 접근법에 대해서는 전통적 기준에 의한 학습장애 학생의 진단에 대해 논의하면서 더욱 자세히 설명하겠다.

• 생각해 봅시다 #2

학습장애 학생과 한 반에 있어 본 경험이 있는가? 이러한 학생의 학업적 어려움에 교사는 어떻게 반응하였는가? 교사는 어떤 방식으로 학생을 지원하였는가?

2) 학습장애의 분류 기준

개정된 장애인교육법(IDEA, 2004)은 학습장애의 판별 기준과 진단과정에 매우 커다란 변화를 초래하였다. 여기서는 현재 대부분의 주에서 학습장애 진단에 사용하고 있는 준거에 대해 먼저 살펴보고, 그것이 IDEA(2004)에서 어떻게 바뀌었는지 확인하여 미래의 진단 준거가 어떤 양상으로 변화할지에 대해 예측해 보기로 한다. 그리고 IDEA(2004)에서 새롭게 제안하는 학습장애 판별의 대안적 접근방법에 대해 설명하고자 한다.

(1) 진단 기준

학습장애의 진단에는 흔히 네 가지 준거가 사용된다. 가장 많이 사용되는 준거는 학업 영역에서 학생이 얼마나 잘 성취하고 있는가와 학생의 능력에 비추어 기대되는 성취 정도(학생의 능력은 일반적으로 지능검사로 결정됨) 사이에 심각한 차이가 존재하는가 하는 것(불일치 준거)이다. 즉, 보통 수준의 지적 능력(지능검사 점수는 100점)을 가진 5학년 학생의 읽기 수준이 2학년 수준이라면 (표준화된 성취도 검사 결과에 의해) 기대되는 수준과 실제 성취 수준 간에 심각한 차이가 있으므로 심각한 불일치 준거에 부합한다.

여기서 중요한 것은 심각한 불일치 준거를 충족시키려면 학생이 학업적 성취에서 자신의 학년 수준보다 심각하게 낮은 수준을 보여야 한다는 것이다. 초등학교 저학년은 기초 학업 기술을 배우는 과정이고 겨우 1, 2년의 학교생활을 한 상태이기 때문에 어린 학생들에게는 심각한 불일치 준거를 적용하기가 어렵다. 더욱이 학생은 학습장애의 기준에 합당할 정도의 불일치를 보이기 전에 이미 교과목에서 자주 낙제를 해야 하고 상당한 시간이 흐른 후에야 비로소 판별을 받을 수 있는 것이다.

두 번째로 널리 사용되는 준거는 예외 규정으로, 학습장애 학생은 경도 지적장애나 시각장애 등 학업문제를 유발할 수 있는 다른 장애를 가지고 있지 않아야 한다는 점이다. 제외 준거는 환경적, 문화적, 경제적 불이익에서 비롯되는 학업상의 문제도 제외시키고 있다. 이 준거는 학습장애가 기본적으로 학업문제가 있음을 명확히 하면서(즉, 학업적 미성취는 시각장애나 문화적 배경에 의한 것이어서는 안 됨), 학습장애가 다른 장애 영역과 중복되지 않음을 분명히 하고 있다.

세 번째로 학습장애 학생을 진단하는 준거는 학생이 적절한 학습 경험을 하고 있는 상태여야 함을 지적하고 있다. 이 준거는 학생의 학습 기회와 관련이 있는데, 잘못된 교육에 의해 학습에 문제를 보이는 경우는 학습장애로 진단받아서는 안 된다고 제안한다. 최근까지도 이 준거는 학습장애 학생의 진단에 널리 사용되지 않았다. 그러나 다음에 언급할 중재 반응 접근이 학습장애 학생의 진단에 점차 널리 사용됨에 따라 가까운 미래에는 보편적으로 사용될 것으로 예상된다.

마지막 준거는 학생이 특수교육 서비스를 필요로 한다는 것과 함께, 확인된 학업적 문제는 이러한 서비스가 제공되지 않는 일반학급에서는 극복될 수 없다는 것을 증명해 보여야 한다. 이 준거는 학교에서 잘못된 교육을 받거나 학교를 다니지 않아 적절하고 충분한 배움의 기회를 갖지 못한 학생을 학습장애 대상에서 제외시킨다는 점을 더욱 강조하고 있다.

(2) IDEA(2004)에 의한 진단 기준의 변화

앞서 지적했던 것처럼, 새롭게 적용되는 IDEA(2004)는 학습장애의 진단과정에 영향을 미치는 몇 가지 새로운 조건을 제시하고 있다(U.S. Department of Education, 2006b). IDEA(2004)에 의한 새로운 변화는 다음과 같다.

- 주정부는 일선 학교들이 학습장애 진단에 심각한 불일치 준거를 의무적으로 적용하도록 할 수 없다. 따라서 일부 지역 교육청은 아마도 이 준거를 계속해서 사용하겠지만 다른 곳에서는 학생 진단 시 대안적인 방법을 사용

할 것이다.

- 주정부는 학습장애 진단을 위해 반드시 과학적이고 검증된 교수법을 사용해 아동의 반응을 측정하도록 해야 한다. 학생 진단에 사용되는 이러한 중재 반응 접근에 대해서는 뒤에서 설명하기로 한다.
- 제한된 영어능력은 제외 조항에 포함된다. 즉, 제한된 영어능력으로 학습에 어려움을 겪는 경우는 학습장애의 원인에서 제외되어야 한다.

(3) 중재 반응 접근

심각한 불일치 준거를 사용하는 대신 과학적이고 검증된 교수법에 대한 학생 반응을 통해 학습장애 아동을 판별하도록 하는 학습장애 진단의 대안적 방법이 일부 주에서 사용되고 있다(Fuchs et al., 2005; Reschly, 2005). 이 중재 반응 접근(RTI)에 의한 진단법은 학습에 문제가 있는 학생은 효과적인 교수법(즉, 과학적이고 검증된 중재 방법을 사용한 교수법)에 반응하지 않는 경우에만 학습장애로 진단되어야 한다는 전제를 바탕으로 하고 있다. 따라서 학습에 문제가 있고 효과적인 교수법에 반응을 보이지 않는 학생은 특수교육 서비스를 필요로 하는 학습장애로 진단된다고 가정할 수 있다(Fuchs, 2003; [그림 6-1] 참조).

중재 반응 접근은 대개 집중적인 교육을 필요로 하는 학생을 판별하고 교육이 진행됨에 따라 학생의 학업 진전을 관찰할 수 있도록 체계적이고 학문적인 측정이 가능한 여러 단계별 교수법으로 구성되어 있다(Reschly, 2005). 중재 반응 접근 중 하나에는 다음과 같은 단계들이 포함된다(Fuchs et al., 2005; Fuchs, Fuchs, & Compton, 2004).

학습장애 진단의 대안적 접근

(6) 특정 학습장애

(A) 일반적 사실: 607(b)항에도 불구하고, 602항에 정의된 특정 학습장애로 아동을 판정하려고 할 때 지역 교육청은 아동이 말하기, 듣기 이해, 쓰기 표현, 기본 읽기기술, 읽기 이해, 수학적 계산 또는 수학적 추론에서의 성취와 지적 능력 간에 심각한 불일치를 보이는가를 고려해서는 안 된다.

(B) 부가적 권한: 아동이 특정 학습장애를 가지고 있는지 결정하려고 할 때 지역 교육청은 (2)와 (3)에서 설명하고 있는 평가 절차의 일부로서 과학적이고 검증된 중재에 아동이 반응하는지의 여부를 결정하는 절차를 사용하게 될 것이다.

출처: IDEA 2004, P.L. 108-446, Sec. 614 (b).

그림 6-1

1. 읽기나 수학적 개념을 학습하는 데 어려움이 있는지 알아보기 위해 모든 1학년 학생을 대상으로 평가를 실시한다.
2. 1학년에서 미흡한 학업 성취 탓에 위험 학생으로 진단된 학생들은 중재를 받게 된다. 이 학생들에게 제공되는 중재는 효과가 검증된 것들이다.
3. 학생들은 중재를 받은 후 평가를 받는다. 반응이 좋은 학생들(즉, 1학년의 다른 또래 수준에 도달하기에 필요한 것들을 배움)은 부적절한 교수법이나 충분치 못한 배경 지식과 경험에 의해 학습에 곤란을 겪었던 것으로 추측된다.

읽기학습에 어려움을 보이던 학습장애 아동이 종종 집중적인 소집단 학습을 통해 읽기능력이 향상되곤 한다.

이때 검증된 교수법에도 반응이 없는 아동은 질 낮은 교수에 의해 생긴 문제가 아닌 것으로 추측해 볼 수 있다. 이러한 학생들은 더욱 집중적인 중재와 다학문적 팀에 의한 심층평가 그리고 가능한 장애 판정을 위해 의뢰된다.

일부 주는 이러한 대안적 방법의 선두주자로 중재 반응 접근을 사용한 학습장애 학생을 위한 진단 모델을 몇 가지 개발하여 현장 검증 중이다(Fuchs et al., 2005; Fuchs et al., 2004). 많은 전문가들은 중재 반응 접근의 사용이 전통적인 학습장애 진단에 사용되던 실패를 기다리는(wait-to-fail) 접근법에 비해 향상된 것이라고 주장하는 반면, 일부는 이러한 접근법이 현재 사용하는 진단방법보다 발전된 것이라는 데 확신을 갖지 못하고 있다(Fuchs, 2003; Fuchs, Fuchs, & Speece, 2002; Scruggs & Mastropieri, 2002). 중재 반응 접근에 관한 논쟁은 뒤에서 언급할 것이다.

• 생각해 봅시다 #3

학습장애 학생이 진단받기 위해 실패할 때까지 기다리지 않아도 되는 대안적 방법을 개발하는 것이 왜 중요한가? 실패를 기다리는 방식의 부정적 영향에는 어떤 것이 있을까?

2. 학습장애의 특성

1) 이질성

학습장애 학생의 특성을 설명하기에 앞서 모든 학습장애 학생은 공통적으로 학습기술의 발달에서 불균형적인 모습을 보인다는 것을 기억하는 것이 중요하다. 즉, 학습장애 학생은 다른 또래들에 비해 일부 학업 영역에서 심각하게 낮은 수준의 성취를 보인다. 실제로 학습장애 학생 다섯 명 중 네 명이 읽기에서 낮은 성취를 보이고 있다(Kavale & Forness, 1995). 그러나 읽기를 제외하면 대부분의 특성은 25% 이하의 적은 수의 학생들에게서만 보인다. 그러므로 학습장애의 주요 특징 중 하나로 이질성을 들 수 있고(Mercer & Pullen, 2005), 학습장애는 몇몇 범주나 하위 유형(즉, 읽기장애, 수학장애, 언어장애 등)으로 구분되어야 한다. 따라서 다음의 특성들은 학습장애를 가진 학생의 일부에게서만 찾아볼 수 있는 것이라는 사실을 명심하기 바란다.

2) 학습의 어려움

학습장애 학생에게서 보이는 주요 특징은 하나 이상의 학업 영역에 낮은 성취를 보여 학습기술의 불균형적인 발전을 초래한다는 것이다. 학습장애 학생의 대부분이 어려움을 경험하는 학습분야는 읽기 영역으로, 약 80%의 학생이 읽기 활동에 어려움을 호소한다(Kavale & Forness, 1995). 지난 20년간 이루어진 연구들은 많은 학습장애 학생이 왜 읽기를 배우는 데 실패하는가에 대해 상당한 통찰력을 보여 준다.

라이언과 그 동료들(Lyon et al., 2001)은 읽기를 쉽게 배우는 학생들의 특성을 다음과 같이 제시하였다.

- 말소리가 글자로 표현되는 방법을 잘 이해할 수 있다.
- 활자로 된 정보를 빠르고 정확하게 재인할 수 있다.
- 충분한 어휘력과 언어능력을 지니고 있고, 내용을 자신의 경험과 배경 지식에 빠르게 연결시킬 수 있다.

학습장애 학생은 일부 학문 영역에서 어려움을 보인다.

연구는 많은 학습장애 학생이 이러한 언어적 기술이 부족하여 읽기를 학습하는 데 어려움을 겪는다고 설명한다.

대부분의 심각한 읽기문제를 가진 학생들은 종종 내용을 이해하는 것보다 단어를 재인하는 데 더 어려움을 보인다(Torgesen & Wagner, 1998). 이러한 어려움을 야기하는 주요 요인은 음운처리과정(즉, 구어와 읽기에서 소리와 글자를 연계시키는)의 문제다. 다행히 연구에 따르면, 읽기를 배우는 초기에 구문의 소리와 글자 간 관계를 명확히 가르치고 이러한 정보를 어떻게 전달하는가를 지도하면 많은 학생에게서 읽기장애의 정도를 감소시킬 수 있다(Siegel, 2003).

짐작할 수 있듯이, 읽기는 학교 학습과정에 필수적인 기초기술이다. 따라서 학년이 높아짐에 따라 학습에서 읽기의 중요성은 점점 더 커진다. 예를 들면, 초등학교 저학년의 수학학습은 주로 숫자를 인식하고 수학적 사실과 기본 계산방법을 배우는 데 치중해 읽기기술은 크게 영향을 미치지 않는다. 그러나 초등학교 고학년이 되면 수학에서 문장제 문제의 비중이 늘어나면서 읽기능력이 수학능력에 영향을 미치게 된다. 따라서 학습장애 학생의 읽기문제는 학령기 동안 여러 학업 영역에서의 문제를 야기하게 된다.

학습장애 학생 중 2/5 이상의 학생들이 개별화 교육 프로그램(IEP)의 목표로 수학적 목표를 포함하고 있다(Kavale & Forness, 1995). 대부분의 학습장애 학생들은 수학 문제와 관련하여 다음과 같은 네 가지 영역 중 한 가지 이상의 어려움을 나타낸다.

1. 빠르고 자동적으로 반응하기 위한 수학적 사실 배우기
2. 연산을 잘하기 위한 전략(예: 재구성하기) 습득하기
3. 문장제 문제 이해하기
4. 문장제 문제를 풀기 위한 전략 학습하기

이러한 네 가지 문제 영역 중 수학적 사실과 연산에 관한 문제를 보이는 것은 수학 분야의 학습장애를 의미한다. 문장제 문제와 관련된 어려움 역시 수학 영역의 어려움에 따라 고난도 수학에 필요한 기본 기술을 배우는 데 문제가 나타날 수 있다. 그러나 앞서 언급한 것처럼, 많은 학생들이 수학적 기본 기술은 별 문제 없이 습득 가능하지만 읽기나 언어와 관련된 문제, 즉 문장제 문제(특히 복잡한 문장제 문제를 이해하기)에서는 어려움을 겪게 된다. 따라서 교사의 교수적 중재는 수학장애에 원인이 있거나 학생이 수학적 사실이나 계산에 어려움을 갖거나 문장제 문제를 읽고 이해하지 못하거나에 따라 달라진다.

학습장애 학생이 어려움을 겪게 되는 세 번째 영역은 쓰기로, 대략 다섯 명 중 두 명의 학생이 IEP 쓰기 영역의 목표를 가지고 있다(Kavale & Forness, 1995). 읽기기술은 쓰기기술이 발달하기 전에 발달되므로 쓰기에 문제를 가지는 학습장애 학생의 경우 읽기장애가 원인이 되기도 한다. 즉, 읽기학습에서 또래보다 뒤처지는 학생은 쓰기에서도 같은 경향을 보인다. 그러나 일부 학습장애 아동은 읽기는 잘하면서 쓰기에만 문제를 보이기도 한다.

훌륭한 쓰기기술을 가진 학생들은 쓰기를 하는 데 세 단계의 기본 절차를 거친다(Graham & Harris, 2003). "무엇을 어떻게 쓸지 계획하고, 계획한 내용을 적어 옮기고, 써 놓은 내용을 보완하기 위해 검토한다." (p. 323) 그레이엄(Graham)과 해리스(Harris)는 쓰기 학습장애 학생은 이러한 과정을 단순화하거나 줄여서 사용한다고 보고하였다. 그들은 생각을 떠올리는 데 치중하고 계획하고 조직화하거나 검토하는 것은 중요시하지 않는다. 즉, 쓰기장애가 있는 학생에게 쓰기를 가르칠 때는 앞서 설명한 단계를 포함해 더욱 정교한 방식으로 가르쳐야 한다.

3) 인지기술의 결함

(1) 기억의 문제

학습장애 학생은 종종 특정 인지 문제로 학업내용을 학습하는 데 어려움을 겪게 된다. 학습장애 학생에게서 주로 나타나는 문제 중 하나는 기억력 결함이다. 다수의 학습장애 학생은 장기기억에 문제가 있고 학교활동 중 기본 정보를 습득하고 재생하는 데 어려움을 느낀다. 예를 들면, 다수의 수학 학습장애 학생은 수학적 사실을 배우는 데 어려움을 호소한다. 더구나 오늘 기억한 사실을 다음날 잊어버리기도 한다. 상당수의 학습장애 학생이 철자법을 배울 때도 유사한 상황이 발생한다.

학습장애 학생의 기억문제 중 가장 자주 나타나는 것은 작동기억(working memory)의 문제다(Siegel, 2003). 작동기억은 사물을 보고 그에 대해 생각한 후, 정보를 바탕으로 행동하는 능력이다. 예를 들면, 학생들은 읽기활동 중 잘 모르는 단어를 보면 단어를 구성하는 문자와 소리에 관한 장기기억 속 정보를 떠올려서 이를 조합하고 읽고 있는 내용의 문맥을 고려하여 정보를 재생하면서 글자를 읽게 된다. 분명히 이는 복잡한 과정이긴 하지만, 대다수의 학습장애 학생들이 작동기억에 근본적인 결함을 가지고 있어 더욱 곤란을 겪는다. 연구에 따르면, 작동기억의 문제는 읽기, 수학, 쓰기표현 영역에서 나타나는 학습장애의 원인이 된다(Swanson & Saez, 2003).

(2) 주의집중의 문제

다수의 학습장애 학생이 가지고 있는 두 번째 인지적 문제는 집중력 부족이다. 연구들은 대략 60% 정도의 학습장애 학생이 주의집중의 문제를 경험한다고 밝히고 있다(Rock, Fessler, & Church, 1999). 학습장애 학생에게서 나타나는 주의집중의 문제는 다음 세 가지 유형의 주의집중과 관계가 있다.

- 학급의 중요한 활동에 집중하기(즉, 교사가 칠판에 재편성과 관련된 예를 쓰고 있을 때 운동장에서 노는 아이들을 창문 너머로 보고 있는 행동)
- 적정 시간 동안 지속적으로 집중하기(즉, 흐트러지지 않고 일정 시간 동안 집중하기)
- 가장 중요한 부분에 선택적으로 집중하기(즉, 활동지의 수학문제에 답하기 전에 지시사항 읽어 보기)

주의집중 문제와 관련된 자세한 사항은 제9장 '주의력결핍 과잉행동장애'에서 살펴보기 바란다.

(3) 초인지 결함

학습장애 학생은 초인지 기술에서도 문제를 보인다. 초인지는 사고의 과정을 이해하고 그 과정을 어떻게 모니터링하는가와 연관이 있다. 스콧(Scott, 1999)은 이러한 현상을 간단하게 "네가 무엇을 알고 어떻게 아는지를 아는 것"(p. 55)이라고 설명한다. 학습장애 학생은 종종 자신의 생각을 모니터링하는 데 어려움을 겪으며, 이러한 어려움이 학습 문제를 초래하게 된다. 초인지 문제를 가진 학생을 위해 많이 사용되는 전략에는 선행 조직자 제공하기, 암기를 위한 기억장치의 사용(예: 머리글자를 따서 암기하기), 학습시간을 계획하고 조직화하는 절차 등이 있다.

4) 사회성 문제 및 동기 결여의 문제

모든 학습장애 학생이 사회적 기술이 부족한 것은 아니지만, 연구에 따르면 일부는 또래나 교사와 어울리는 데 명백한 어려움을 보이는 것으로 나타났다. 예를 들면, 일부 학습장애 학생은 또래에 비해 사회적 기술이 부족하며 남을 돕거나 권위에 따르거나 감정을 표현하는 데 어려움을 겪는다(Bender, 1999; Vaughn, LaGreca, & Kuttler, 1999).

일부 연구에서는 학습장애 학생들이 사회적 기술의 부족을 보이는 원인의 하나로 사회적 단서를 읽거나 다른 사람들과 대화할 때 성공적으로 상호작용하는 능력이 부족하다는 점을 지적하고 있다(Bender, 1999). 본과 동료들(Vaughn et al., 1999)은 많은 학습장애 학생이 겪게 되는 문제 중 특히 심각한 것은 학교에서 또래들과의 관계를 형성을 하지 못하고 학습에 제대로 참여하지 못하기 때문에 느끼게 되는 사회적 소외감이라고 지적하였다. 그들은 많은 학습장애 학생이 자신이 또래와 교사에게 중요하지 않은 존재라고 느끼고 학교활동에 참여하고 싶어 하거나 흥미를 느끼지 못한다고 응답했음을 밝히고 있다.

학습장애 학생의 사회적 기술과 관련된 또 다른 중요한 사실은 이 학생들이 학교에서 상대적으로 낮은 사회적 지위를 가지고 있다는 점이다. 이러한 낮은 지위는 사회적 기술의 부족에 기인하기도 하지만 학생의 낮은 학업 성취와도 연관이 있어 보인다(예: 학급에서 다른 저성취 아동과 함께 배치되는 것). 그 원인이 무엇이든 이러한 낮은 지위는 부정적 자아개념과 정서적 부적응을 초래하고 학교를 중도에 그만둘 가능성을 증가시킨다(Vaughn et al., 1999).

일부 학습장애 학생은 또래들에게 따돌림 당하는 문제를 보이기도 한다.

학습장애 학생들이 학교에서 사회적으로 적응하는 모습은 매우 다양하게 나타난다. 그들 중 일부는 학교에서 인기 있는 학생이고 사회적으로 매우 잘 적응하기도 한다. 반면에 일부는 사회적 기술 부족과 낮은 학업 성취로 학교에서 거부당하고 무시당하곤 한다. 비록 사회적 기술이 학습장애 정의의 준거는 아니지만, 교사는 이러한 문제를 인식하고 관심을 가져 학생들의 학급 적응이나 동기 문제가 낮은 학업 성취의 원인이 되지 않도록 해야 할 것이다.

학습장애 학생이 직면하는 학문적, 인지적, 사회적 문제를 살펴보면 그들이 학교에서 어려움을 겪을 가능성이 매우 높다는 사실을 알 수 있다. 즉, 대다수의 학습장애 학생들은 학교에서 성공적으로 학습 과제를 완수하고 낙제하지 않기 위해 매우 부단히 노력해야만 하는데, 이러한 어려움은 학생들이 학습활동을 기피하고 힘들어하거나 문제행동을 보이는 원인이 되어 결국 학교에서 쫓겨나는 결과를 초래하게 된다. 따라서 학생의 동기를 유지시키는 것이 학습장애 학생이 계속해서 학교에 적응하여 적절한 학업 성취를 달성하도록 도와준다.

• 생각해 봅시다 #4

당신은 학업 영역이나 다른 기술 영역(예: 음악)에 취약한 부분이 있는가? 이를 어떻게 받아들였는가? 이러한 경험을 통해 특히 학업적으로 어려움을 경험하는 학생을 위해 더 좋은 교사가 되는 데 도움이 될 만한 것을 배운다면 어떤 것이 있을까?

학습장애 학생의 동기 수준을 높게 유지시키는 가장 중요한 요인은 이러한 문제가 제기될 때를 알고 학생의 필요에 따라 적절하고 효과적인 교수법을 제공하는 것이다. 학습장애 학생에게 효과적인 교수법에 대한 정보는 제5장에 제시되어 있고, 이 장의 뒷부분에서도 다루고 있다. 또 다른 중요한 사항은 학습장애 학생에게 직접 사회적 기술을 가르칠 필요가 있는가의 문제다(사회적 기술훈련에 관한 내용은 제7장을 참조하라.).

3. 출현율, 과정 및 발생 원인

1) 출현율

학습장애는 발생률이 높은 장애 유형으로 분류되곤 한다. 25명 정원의 학급이라면 적어도 1명 이상은 학습장애 아동이다. 상식적으로 발생률이 높은 장애란 곧 많은 사람에게서 나타나는 장애라는 뜻이다. 2006년 통계를 보면 258만 명의 학생이 학습장애로 진단받았는데, 이는 미국 학령기 인구의 5.24%에 해당한다(U.S. Department of Education, 2006a). 그 당시 출현율은 가장 높은 아이오와 주 7.74%부터 가장 낮은 켄터키 주 2.18%까지로 보고되었다. 학습장애는 전체 장애학생 수의 약 45%에 이르는 가장 큰 장애집단이다.

학습장애로 진단받는 학생의 수는 지난 30년간 극적으로 증가하여 왔다.

• 생각해 봅시다 #5

왜 학습장애 학생의 수가 이처럼 급격히 증가하였다고 생각되는가? 이러한 증가에 영향을 미친 요인에는 어떤 것이 있을까? 이러한 증가가 좋은 것일까, 나쁜 것일까?

2005~2006학년도 학습장애 학생의 수는 1976~1977학년도 학습장애 학생의 수보다 3배 이상 증가하였다. 초기 학습장애 학생의 수가 급격히 증가한 것은 새롭게 출현한 장애 영역이기 때문이다. 즉, 이전에 특수교육 대상자가 되지 못했던 학생들이 비로소 진단을 받고 서비스를 제공받기 시작한 것이다. 예를 들면, 인디애나 주에서는 1976년에 학습장애로 진단받은 학생의 수가 5,422명에 불과했으나, 10년이 지난 1985년에는 500% 이상 급증하여 3만 3,558명으로 늘어났다(Indiana Department of Education, 2005). 같은 시기에 이와 유사한 증가가 미국 전역에서 일어났다.

최근에는 이러한 극적인 성장세는 감소하였으나 여전히 학습장애 학생의 수는 지속적으로 증가하고 있다. 예를 들면, 1990년부터 2004년 사이에 학습장애 학생 수는 전체 학령기 인구의 증가보다 2배 이상 빠르게 늘어났다. 이 시기에 학습장애로 진단받은 전체 학생의 수는 31% 성장하여 모두 65만 명이었으나 전체 학생 인구는 15% 증가에 그치고 있다(U.S. Department of Education, 2006a). 앞서 지적한 대로, 일관된 학습장애 진단과정이 없다는 점도 이러한 증가의 한 원인이기도 하다. 중재 반응 접근에 의한 학습장애 진단은 학습장애 영역의 이러한 증가 추세를 늦춰 줄 것으로 기대된다(Fuchs et al., 2005). 그러나 이러한 변화를 느끼려면 앞으로 몇 년은 더 기다려야 할 것이다.

2) 학습장애의 과정

학년이 높아질수록 학습장애 학생과 일반학생 간의 학업 성취 차이는 더욱 커지게 된다(Deshler et al., 2001; Mercer & Pullen, 2005). 대다수의 학습장애 학생은 학습 내용뿐 아니라 언어기술 발달(예: 어휘력 발달)에 영향을 미치는 읽기능력의 부족에 의해 이러한 학업 성취의 차를 경험하게 된다.

• 생각해 봅시다 #6

학습장애 학생의 학업적인 어려움의 상당 부분이 성인기에도 지속되지만, 그들 중 다수는 그 어려움을 극복하고 인생을 성공적으로 살고 있다. 학습장애를 가진 성인들은 어떻게 이러한 어려움을 극복하고 있을까? 교사로서 학습장애 학생들이 졸업 후에 좀 더 나은 삶을 준비할 수 있게 하기 위해 그처럼 성공한 학습장애 성인들로부터 배울 점은 무엇일까?

많은 연구들은 학습장애의 영향이 성인기에도 지속된다는 사실을 밝히고 있다(Levine & Edgar, 1995; Patton, Polloway, & Smith, 1996; Vogel & Adelman, 2000; Wehmeyer & Schwartz, 1997). 예를 들면, 학습장애를 가진 성인은 학창시절에 경험했던 것과 유사하게 읽기, 수학, 언어, 대인관계 등에서 어려움을 가지고 있다. 상당수의 학습장애를 가진 학생들이 성인이 되어 성공적인 삶을 살고 있다는 사실이 의미 있기는 하지만, 학습장애를 가진 많은 성인(약 1/4 정도)이 좋은 직장을 얻거나 독립적인 생활을 하지 못하고 있으며, 자신의 삶에 대해 만족하지 못하고 있다(Mercer & Pullen, 2005).

3) 발생 원인

학습장애로 진단받은 거의 모든 학생의 경우 정확한 장애 원인을 파악하지 못하고 있다. 학습장애의 원인을 추적하는 연구들은 조심스럽게 비정상적인 뇌기능, 유전적 경향, 잘못된 교수법 등 복합요인을 그 원인으로 지적하고 있다.

(1) 비정상적인 뇌기능

대부분의 학습장애 정의는 심리과정, 중추신경계 이상 혹은 미세뇌기능 이상 등을 언급하고 있다. 그러나 대다수 학습장애 학생의 장애 원인은 밝혀지지 않았다. 가장 광범위하게 연구되고 있는 학습장애의 원인은 뇌기능 이상이다. 인간의 뇌가 어떻게 작용하는지에 대한 최근의 연구 결과에서는 뇌기능과 학습장애의 관계, 특히 읽기 영역에 대해 이해하는 데 많이 기여하고 있다. 예를 들면, 읽기장애를 가진 아동이 일반 또래에 비해 뇌 구조와 기능에서 차이를 보인다는 연구결과가 보고되고 있다(Miller, Sanchez, & Hynd, 2003).

비정상적인 뇌와 학습장애의 관련성에 대해 많은 교육자들이 흥미를 가지고 언급하고 있지만, 이에 대한 정보는 학습장애 학생을 어떻게 가르칠까에 관해서는 거의 도움을 주지 못한다는 사실을 인식해야 한다. 더구나 뇌의 비정상적 기능이 읽기장애의 원인인지, 아니면 읽기문제로 뇌기능이 비정상적으로 작용하는지는 명확하지 않다(Miller et al., 2003). 또한 일부 연구는 효과적인 학습지도에 의해 뇌기능이 향상될 수 있다고 주장한다(Shaywitz et al., 2004). 뇌기능에 관한 연구가 앞으로 어떻게 학습장애를 예방하고 중재할 수 있을까에 대해 유용한 정보를 제공하겠지만, 지금 당장은 학습장애 학생들을 더욱 효과적으로 가르치는 데 도움을 주지 못하고 있다.

(2) 유전적 요인

학습장애의 원인이나 학습장애에 영향을 미치는 요인으로 두 번째로 자주 언급되는 것은 유전적 요인이다. 읽기장애 학생을 대상으로 한 연구는 읽기나 쓰기 장애가 가족에게 유전된다고 확언했다(Thomson & Raskind, 2003). 예를 들어, 읽기장애를 가진 부모는 읽기장애 아동을 출산할 확률이 그렇지 않은 경우보다 8배나 높게 나타났다(Fletcher et al., 2002).

유전적 요인이 읽기장애의 원인인지, 아니면 환경적 조건의 영향으로 읽기장애가 발생되었는지는 명확하지 않다. 플레처와 동료들(Fletcher et al., 2002)은 유전적 요인이란 특정 환경적 조건에 의해서 부모로부터 물려받은 특성을 바탕으로 읽기장애가 형성되는 것이라고 추측하였다. 예를 들면, 일부 읽기장애를 가진 부모들은 자녀에게 책을 덜 읽어 주거나 초기 읽기 성취에 결정적인 영향을 미치는 다른 읽기나 언어 경험의 기회를 적게 제공하게 될 것이다. 이런 경우 저학년에서의 초기 읽기교수의 질은 읽기장애 발생을 예방하는 중요한 요인이 될 것이다.

(3) 효과적 교수의 부재

대다수 학습장애 학생에게 영향을 미치는 것으로 받아들여지고 있는 마지막 학습장애 원인은 효과적 교수에 대한 접근 부족이다. 연구자들은 잘못된 교육에 의해 다수의 학생들이 학습장애 진단을 받을 가능성이 있다고 설명한다. 이 문제에 관한 연구들은 앞서 언급했던 것처럼 학습장애 학생의 진단에 중재 반응 접근을 사용할 것을 강력히 주장하는 근거가 된다.

연구자들은 학습장애 학생에게 양질의 교수를 제공한 결과 그들의 50% 정도가 학업문제를 극복하고 학교에서 성공할 수 있었다고 보고하고 있다(Fuchs et al., 2005; Torgesen et al., 2001; Vellutino et al., 1996). 예를 들면, 벨루티노(Vellutino, 1996)는 유치원에서 읽기에 어려움을 보이는 학생들을 선별하여 2학년 때까지 양질의 읽기교수를 제공하였다. 그 결과 그들 중 약 절반가량의 학생이 이 시기에 학습장애로 진단받지 않을 뿐 아니라 학업적으로 우수부터 최우수의 성과를 거두는 것을 발견하였다. 유사하게 토르게슨(Torgesen, 2001)은 심각한 읽기장애를 가진 학생들을 2년간 지도하였다. 중재가 끝나고 1년이 지난 후 그들 중 40%의 학생이 더 이상 특수교육 서비스를 필요로 하지 않았다. 푹스(Fuchs, 2005)와 동료들은 수학장애를 가진 초등학교 저학년을 대상으로 유사한 연구를 하여 1학년 말에 수학장애 출현율을 약 36% 정도 낮추었음을 보고하였다.

이러한 연구들은 양질의 교육을 받지 못한 것이 종종 초등학교 저학년에서 나타나는 읽기와 수학 학습장애의 원인임을 밝히고 있다. 더구나 양질의 교수를 잠시 동안만이라도 줄이게 되면 초등학교 저학년의 학습장애 출현율은 50%까지 증가한다. 그러나 푹스와 동료들(Fuchs et al., 2005)은 이러한 효과가 지속된다고 결론을 내리기 위해서는 더 많은 연구가 이루어져야 한다고 조심스러운 반응을 보인다. 더구나 실제로 학년이 올라가면서 양질의 교수를 계속 받지 않을 경우 그들 중 일부는 다시 학습장애로 진단받기도 한다.

• 생각해 봅시다 #7

많은 부모와 일부 교사들은 학습장애의 원인에 큰 관심을 보인다. 왜 이러한 정보에 많은 관심을 갖는 걸까? 그것은 학생들의 교육적 성과를 향상시키는 데 어떻게 유용하게 사용될 수 있을까?

4. 판별과 평가

현재까지 대부분의 주에서는 앞서 설명한 정의와 판별 기준을 바탕으로 학습장애 학생을 진단하고 있다. 학습장애 학생은 일반적으로 학교에 입학한 이후 장애 진단을 받고, 특수교육 서비스를 받을 수 있는 자격 여부를 결정하기 위해 교사나 부모에 의해 의뢰된다. 그러면 학교 심리학자나 다른 평가 진행과 해석 관련 전문가에 의해 보통 지능검사와 학업성취도 검사를 포함한 몇 가지 검사를 받게 된다. 이러한 검사들은 학생이 학습장애 준거에 합당한 특성을 보이는지의 여부를 결정하는 데 사용된다. 이러한 준거와 검사에 대해서는 뒷부분에서 설명할 것이다.

학습장애 학생을 판별하는 데 가장 먼저 사용되는 준거는 기대되는 성취 수준과 실제 성취 수준 간에 심각한 불일치가 있는가다. 심각한 불일치는 지능검사와 학업성취도 검사에 의해 결정된다. 심각한 불일치가 존재하는지 결정하기 위한 첫 번째 단계는 지능검사를 실시하여 학생의 기대되는 성취 수준을 결정하는 일이다. 가장 흔히 사용되는 지능검사는 스탠퍼드-비네 지능검사-5판(Roid, 2003)과 아동용 웩슬러 지능검사-4판(Wechsler, 2003)이다.

학업성취도 검사는 학생의 현재 성취 수준을 판단하기 위해 실시된다. 이러한 목적으로 주로 사용되는 학업성취도 검사에는 우드콕-존슨 학업성취도 검사(Woodcock, McGrew, & Mather, 2001)와 웩슬러 개인성취도 검사(WIAT-II; Psychological Corporation, 2001)가 있다. 검사는 언어, 읽기, 쓰기, 수학과 관련된 별도의 측정이나 하위검사가 포함되어 있다. 하위검사 점수는 학문 영역이나 진전을 보이는 데 어려움을 겪는 부분에 대한 학생의 학업성취 수준을 결정하는 데 사용된다.

지능과 학업성취도 검사 점수를 비교하여 학생의 실제 학업성취 수준이 기대했던 수준보다 심각하게 낮은가, 즉 심각한 불일치가 존재하는가를 결정한다. 높거나 낮은 지능 점수를 받은 학생이 지능 수준에 따른 성취를 할 것으로 기대되는 것처럼, 예를 들어 평균지능(즉, 100)을 가진 5학년 학생은 5학년 수준의 성취를 할 것으로 기대될 수 있다. 다학문적 팀은 통계적 절차를 거쳐 심각한 불일치가 존재하는지의 여부를 결정하게 된다(Mercer & Pullen, 2005).

학습장애 학생을 판별하는 데 심각한 불일치를 가장 기본 준거로 사용하기는 하지만, 다학문적 팀은 다른 정보들(예: 일반학급에서의 관찰 결과, 아동의 이전 교육 경험에 대한 검토)도 고려하여 각 학습장애의 전통적 준거에 부합하는가를 확정 짓는다. 이러한 내용에는 학생이 다른 장애(예: 지적장애, 시각장애)를 가지고 있지 않고 적절하게 학습할 기회를 제공받았는지, 그리고 특수교육 서비스가 없으면 일반학급에서 학업적 어려움을 극복할 수 없는지의 문제들을 확인하는 것 등이 있다.

5. 교육 실제

학습장애를 포함하여 학업적 진전을 보이지 않는 학생들에게 효과적인 것으로 검증된 교수방법에 관한 많은 연구들이 진행되고 있다. 이러한 교수방법의 일부는 앞서 언급한 캐롤 선생님과 같은 교사의 학급에서 찾아볼 수 있다. 연구에 따르면, 학습장애로 진단받은 학생들은 일반적으로 또래보다 학업 기술을 배우는 데 더 많은 시간을 필요로 하고, 훌륭한 교사에 의해 지속적으로 효과적인 교수법을 적용해 수업을 받는 것이 바람직하다.

1) 서비스 전달체계

연구에 따르면, 학습장애 학생은 하루 일과의 대부분을 일반학급에서 보내는 것이 도움이 된다(예: Salend & Duhaney, 1999). 1980년대와 1990년대에 대다수의 학습장애 학생은 학교 일과의 대부분을 분리된 공간에서 지냈다(McLeskey, Henry, & Axelrod, 1999; McLeskey & Pacchiano, 1994). 그러나 최근 자료는 학습장애 학생의 대부분이 학교 일과 중 많은 시간을 일반학급에서 보낸다고 밝히고 있다(McLeskey, Hoppey, Williamson, & Rentz, 2004).

〈표 6-1〉은 지난 15년간 통합학급에서 교육을 받는 학습장애 학생의 수가 증가하고 있음을 보여 준다. 예를 들면, 1990~1991학년도에는 단지 22.6%의 학습장애 학생이 일과의 대부분을 일반학급에서 보냈다. 이 비율은 1998년에 43.2%로 증가하였고, 그 후 꾸준히 향상되어 2004~2005학년도(미국 교육부 최소제한적 환경 관련 내용 중 가장 최근 자료)에는 51.2%까지 늘어났다.

최근 일반학급에 배치되는 학습장애 학생 수의 증가 추세가 약간 더뎌지기는 했지만(McLeskey et al., 2004), 일반학급에서 교육받는 학습장애 학생의 수는 앞으로도 계속해서 증가할 것이라 확신한다.

일반학급에 배치되는 학습장애 학생의 수가 증가함에 따라 제한환경은 감소 추세를 보이게 된다. 예를 들면, 1990~1991학년도에 대략 24%의 학습장애 학생이 하루 일과의 전부 또는 대부분의 시간을 특수학급이나 특수학교에서 보내며 또래들과 분리되어 지냈다. 이 비율은 1998~1999학년도에 약 16%까지 감소하였고, 2004~2005학년도에는 13%까지 낮아졌다. 이렇게 철저히 분리된 환경은 학습장애 학생을 일반학급에 통합시키려는 움직임이 계속되는 한 앞으로도 꾸준히 감소할 것으로 보인다(McLeskey et al., 2004).

대부분의 학습장애 학생은 일과의 대부분을 일반학급에서 보낸다.

일반학급에 통합되는 학습장애 학생의 수가 계속 증가하려면 그들이 일반학급에서 필요한 적절한 지원을 받아 성공적으로 통합이 이루어지도록 몇 가지 대책이 마련될 필요가 있다. 이러한 대책으로는 무엇보다 학습장애 학생에게 효과적인 교육을 지원할 수 있는 지식을 갖춘 일반교사와 특수교사를 양성하고 학생의 요구에 맞게 수정된 교수법과 교육과정을 마련하는 것이 중요하다. 맥레스키와 왈드론(McLeskey & Waldron, 2000, 2002)은 일반학급에서 학습장애 학생들을 적절히 지원하기 위해서는 학교 차원에서 학교가 어떻게 조직화하고 계획하여 교육을 시행하는가, 학생의 요구를 파악하기 위해 교사가 어떤 역할을 해야 하는가 등의 문제에 대한 인식을 변화시킬 필요가 있다고 제안하였다.

• 생각해 봅시다 #8

철저히 분리된 학급에 배치된 학생에 비해 일반학급에 통합된 학습장애 학생이 얻을 수 있는 잠재적 이익에는 어떤 것이 있을까? 통합학급 배치의 잠재적 불이익은 무엇인가? 교사로서 이러한 것들을 어떻게 처리할 것인가?

〈표 6-1〉 학령기 학습장애 아동의 배치(1990~1991, 1998~1999, 2004~2005학년도)

학년도	배치환경			
	일반학급[1]	시간제 특수학급[1]	특수학급[1]	분리환경[2]
1990~1991	22.6	53.6	22.4	1.5
1998~1999	43.2	40.4	15.5	0.9
2004~2005	51.2	35.8	12.0	1.1

1. 일반학급의 학생은 하루의 80% 이상을 일반학급에서 지낸다. 시간제 특수학급의 학생은 하루 중 21~60%의 시간을 분리된 특수학급에서 보낸다. 그리고 특수학급의 학생은 하루의 60%이상을 분리된 특수학급에서 보낸다.
2. 미국 교육부 보고에 따르면, 분리환경은 공립 분리시설, 사립 분리시설, 공립 거주시설, 사립 거주시설, 가정/병원 등을 포함한다.

출처: U.S. Department of Education, 2006a.

2) 조기중재

장애아동을 위한 유아교육 프로그램은 최근 20년 사이 급속도로 발전되어 왔다. 이러한 성장은 크게 두 가지 이유에서 가능했다. 첫째, 연구를 통해 아동의 조기 경험이 이후의 성장과 발달에 매우 큰 영향을 미친다는 사실을 발견했다. 더구나 효과적인 유아교육 프로그램은 학생의 지적 능력, 학업 성취 그리고 사회적 자신감에 긍정적인 영향을 미쳤다(Beirne-Smith, Patton, & Kim, 2006; Lerner & Kline, 2006).

학습장애 학생을 위한 조기중재의 제공은 좀 복잡한 문제다. 예를 들면, 학교에 입학하기 전에 학습장애 학생을 정확히 진단하는 것은 매우 어려운 일이다. 앞서 언급한 대로, 대부분의 학습장애 학생은 읽기학습에 어려움을 보임으로써 진단되곤 한다. 학교에서는 학생이 유치부나 1학년에 입학하기 전까지는 읽기학습이 시작되기를 기대하기 힘들다. 따라서 유치부나 1학년이 되기 전에 학습장애 학생으로 진단하는 것은 학생이 앞으로 실패하거나 혹은 학습장애의 위험이 있다는 가정을 하게 만든다.

연구에 따르면, 학습장애로 진단받은 대부분의 학생은 학교에 들어가기 전부터 언어적 문제를 가지고 있다(Mann, 2003). 좀 더 구체적으로 말하자면 아동은 말하기와 듣기를 통해 세상에 대해 배우기 시작하는데, 이때 습득한 정보는 읽기와 쓰기의 기본이 된다(Lerner & Kline, 2006). 이러한 초기의 구어적 경험은 아동의 어휘력을 향상시키고(의미론적 지식) 문장 구조에 대해 깨닫게 해 주어(언어적 지식) 읽기와 쓰기를 배우도록 돕는다(Lerner & Kline, 2006). 따라서 초기 언어적 문제는 기초 읽기와 쓰기에 필요한 언어기술을 습득하는 것을 방해한다.

학습장애 학생을 위한 조기중재 프로그램은 종종 풍부한 구어 경험을 강조한다.

언어적 문제로 학습장애의 위험 가능성이 있는 어린 아동은 풍부한 구어적 경험을 제공하는 등 다양한 조기중재 프로그램에 의해 도움을 받을 수 있다. 구어적 경험은 듣기 이해력 향상, 언어 소리의 음운론적 인식, 듣기 어휘력 증진, 문장 구조의 이해, 비판적 듣기, 이야기 듣기 등을 위한 활동을 의미한다(Lerner

& Kline, 2006). 예를 들면, 읽기 이해력 향상을 위한 활동은 학생에게 지시 따르기, 일의 순서 이해하기, 구체적 사실 듣기, 주요 내용 파악하기, 추론하기, 결과 유추하기 등을 배울 수 있도록 집중적인 훈련을 시키는 활동이다. 언어적 문제를 가진 유치원 아동을 대상으로 하는 조기중재는 아동의 발달을 촉진시켜 학교에서의 실패를 예방하거나 최소화하는 데 결정적인 영향을 미치고 있음이 연구 결과 밝혀졌다(Wolery & Bailey, 2003).

조기중재 프로그램은 학습장애, 특히 읽기장애를 가진 학생들에게 매우 유용하다. 이 장의 앞에서 음운론적 기술을 정확히 가르치고 알파벳 원리와 그 외 초기 읽기 단계에 필수적인 기술을 지도하는 등 읽기문제를 가진 학생을 위한 중재법에 대해 논의하였다(Torgesen, 2000). 이러한 조기중재 프로그램의 성공에 따라 학습장애 학생의 진단 시 어린 아동이 학교에서 실패를 경험하기 전에(유치부와 초등 1학년) 읽기 실패의 위험이 있는 아동에게 검증된 교수법을 제공하도록 하는 중재 반응 접근에 대한 관심이 고조되기 시작했다.

3) 교실중재

여기서 소개하는 효과적 중재에 대한 내용은 주로 카미누이와 동료들(Kame'enui & Carnine, 1998; Kame'enui & Simmons, 1999)의 연구를 근거로 한다. 이 학습방법은 학습내용을 배우는 데 어려움을 호소하는 학생을 가르치는 효과적인 교수실제에 관한 연구를 통해 확인된 것들이다. [그림 6-2]에는 효과적인 교육과정 설계와 교수법의 여섯 가지 원칙이 제시되어 있으며, 다음에서는 보다 자세한 내용을 설명하고자 한다.

효과적 교육과정 설계와 교수방법에 대한 원칙

1. 중심 개념: 가장 유용하고 광범위한 정보를 습득하는 데 필요한 핵심 내용이나 원리
2. 뚜렷한 전략: 과제 완수나 문제해결을 위해 단계별로 사용하게 되는 절차
3. 중재적 비계: 학생이 독립적으로 문제를 해결하거나 개념을 이해할 수 있을 때까지 제공되는 임시적 교수지원
4. 전략적 통합: 상위 수준의 학습을 촉진시키기 위한 통합적 지식
5. 현명한 복습: 이전에 배운 내용을 적용하거나 연습할 기회
6. 기본 배경 지식: 이전에 배운 내용이 현재의 학습을 촉진시킬 수 있도록 연계

출처: Kame'enui & Carnine, 1998; Kame'enui & Simmons, 1999.

그림 6-2

(1) 중심 개념

잘 알다시피 정보는 지난 30년간 유래가 없을 정도로 빠르게 증식되어 왔다. 이와 같은 정보의 폭발적 증가로 학교에서 배워야 하는 내용이 너무 광범위해져서 오직 최상의 학생들만 모든 정보를 습득할 수 있게 되었다. 학교에서 이처럼 확장된 정보에 접근하는 가장 흔한 방법은 학생들에게 폭넓은 범위의 정보를 겉핥기식으로 소개하는 것이다. 그 결과 대부분의 학생, 특히 장애학생들은

학생사례 탐구

읽기 학습장애를 가진 초등학교 1학년 학생의 요구

"후안은 작년에 사우스사이드 초등학교 유치부에 입학하여 1학년인 현재까지 다니고 있다. 집에서 사용하는 모국어는 스페인어이지만 후안은 영어와 스페인어 모두 능통하게 말할 수 있다. 후안은 같은 학교 3학년에 다니는 누나와 4학년에 다니는 형이 있다. 후안의 부모님은 교육에 적극적이고 후안이 갓난아기였을 때부터 스페인어와 영어로 쓰인 책을 읽어주시곤 하셨다. 후안의 형이 학교에 입학하면서부터 부모님은 학교 일에 적극적으로 참여하는 편이었고 부모-교사 단체의 책임을 맡고 있기도 하다. 후안의 유치부 교사는 그의 뛰어난 어휘력과 구어능력에 놀라면서 동시에 음소 인식과 낱글자에 대한 지식, 시각적 단어인지에 문제가 있다는 사실을 염려하였다. 그녀는 이러한 문제가 종종 어린 아동의 읽기문제와 연관이 있음을 알고 있었지만(Torgesen, 2000), 후안의 뛰어난 언어기술과 부모님의 도움으로 이러한 언어발달 지체를 극복할 수 있으리라 믿었다. 후안이 1학년으로 진급한 후, 담임교사는 후안이 구어와 인쇄물 간의 관계를 이해하는 데 어려움을 가지고 있고 시지각적 단어 인식이 매우 제한적임을 발견하였다. 그녀는 후안의 부모와 이러한 문제에 대해 상담하였고, 그 기술을 습득하기 위해 별도의 도움이 필요하다는 데 동의하였다.

교사는 후안이 읽기 학습장애를 가지고 있지는 않나 의심하고 있으며 조만간 학교 심리학자와 상의하여 특수교육 서비스를 의뢰할 생각이다. 이러한 절차가 진행되는 동안 교사는 후안을 돕기 위해 어떤 것을 할 수 있을까?"

후안과 같은 읽기학습의 문제는 초등학교 저학년에서 상대적으로 흔히 발생한다. 1학년 교사는 후안이 읽기에서 지속적으로 또래에 뒤처지지 않도록 효과가 검증된 읽기 교수법을 사용해 이러한 읽기문제를 지도해야 한다. 효과적인 읽기교수의 요소는 다음과 같다(Foorman & Torgesen, 2001).

- 음운과정에 대한 상세한 교수가 제공되어야 한다. 대부분의 초등학교 저학년 학생들은 쉽게 소리와 상징을 연결시키고 일견 단어(sight word)를 인식하므로 자세히 가르칠 필요가 없다. 그러나 학생들이 이러한 기술을 습득하는 데 진전이 없다면 명백하고 체계적인 교수법을 사용하여 단어를 인식하기 위해 필요한 기술을 익히도록 해야 한다.

매우 얕은 수준의 지식만을 습득하게 되었다. 학생들이 필요한 지식이나 기술을 습득하는 데 실패하게 되면 교육은 거의 이뤄지지 않는다.

학생, 특히 장애학생이 학문적 개념을 학습하도록 하기 위해서는 보다 효과적인 전략이 필요하다. '중심 개념(big ideas)'은 이에 대한 대안으로 제시되는 개념이다. 이 접근방법은 핵심 기술, 지식, 개념을 결정하기 위한 교육과정 평가를 수반하고 핵심 정보를 가르치는 데 주력한다. 중심 개념은 "지식의 가장

- 읽기교수가 좀 더 집중적으로 제공되어야 한다. 만약 후안이 읽기에 필요한 음운과정기술을 성공적으로 학습하고 일견 단어를 학습하는 데 또래를 따라갈 수 있으려면 일반적인 1학년 학생에게 제공되는 것보다 더 집중적인 교육이 필요하다. 그 까닭은 후안이 이러한 기술을 터득하는 데 또래보다 더 오래 걸리고, 따라서 자동적으로 이러한 기술을 적용하는 수준에 이르기까지 더 많은 반복을 필요로 하기 때문이다. 더 집중적인 교육은 일반학급에서 후안이 읽기에 참여하는 시간을 늘리거나 제5장에서 소개한 학급 단위 또래교수, 협동학습 등의 전략을 사용한 소집단 활동을 통해 제공될 수 있다.
- 교수법은 인지적으로나 정서적으로 더욱 지원적이어야 한다. 후안은 초기 읽기에 필요한 기술을 자동적으로 학습하지 못해 이러한 기술을 배우기 위해서는 교사의 지도와 도움이 필요하므로 인지적으로 더 지원적인 교수법이 필요하다. 이런 경우 비계설정과 같은 과제분석을 통해 학생이 수용 가능한 과제를 가르치고 부분을 종합하여 함께 전체를 완성해 가는 방식으로 접근할 수 있다. 후안의 경우 말소리 배우기, 낱글자 학습, 소리와 글자의 관계 파악, 단어의 소리 인식 등에 비계설정 방법을 활용할 수 있다.

초등학교 저학년 읽기 학습장애 아동에게 필요한 전략에 대한 자세한 정보는 다음 문헌을 참고하라.

Foorman, B., & Torgesen, J. (2001). Critical elements of classroom and small-group instruction promote reading success in children. *Learning Disabilities Research and Practice, 16*(4), 203-212.

Mercer, C., & Mercer, A. (2005). *Teaching students with learning problems* (7th ed.). Upper Saddle River, NJ: Prentice Hall.

적용하기

- 후안의 교사는 읽기학습을 위한 강도 높은 교수와 함께 어떤 종류의 정서적 지원을 제공할 수 있을까?
- 후안의 읽기교수를 지원하기 위해 앞에서 소개한 효과적인 교육과정 구성과 교수법의 하나 혹은 그 이상의 원칙을 어떻게 사용하면 좋을까?

효과적이고 광범위한 습득을 촉진시키기 위한 개념, 원칙 혹은 발견적 학습법이다." (Kame'enui & Carnine, 1998, p. 8) 이러한 중심 개념은 학생들이 구체적이고 세부적인 정보를 습득하는 지지 개념으로 활용된다. 중심 개념에 깔려 있는 기본적 가정은 (1) 모든 교육과정의 목표가 아동의 학업발달에 똑같이 작용하는 것은 아니며, (2) 중요한 정보는 덜 중요한 정보보다 더 집중적으로 철저하게 가르쳐야 한다는 것이다(Kame'enui & Simmons, 1999).

중심 개념을 바탕으로 교육과정을 계획하고 교수하게 되면 모든 학생들이 가장 중요한 정보를 학습하게 되고 상위 수준의 지식과 기술을 습득하는 데 필수적인 기본 기술과 지지 개념을 파악할 수 있게 된다. 게다가 이러한 접근에서 학습 속도가 빠른 아동은 다른 학생들도 가치 있는 정보를 배우고 상위 수준의 개념을 학습하도록 도울 수 있다. 다음은 초등학교와 고등학교에서 중심 개념을 사용한 학습의 예다.

- **초등학생의 읽기 학습:** 여러 연구자들은 읽기 학습에 필요한 중심 개념으로 다음 세 가지 영역의 능력을 제시하고 있다. (1) 낱글자와 단어의 소리를 인지할 수 있는 음소 인식, (2) 글자-소리 관계를 알고 소리로 글자를 찾을 수 있는 음운규칙, (3) 초기 읽기 학습자가 빠르게 낱글자를 소리로, 소리를 단어로 바꿀 수 있는 단어 재인의 자동성이다.
- **고등학교에서의 쓰기 표현:** 연구에 따르면, 학생들은 단계별 순서에 따라 복잡한 이야기나 설명문을 작성하는 요령을 배울 수 있다. 이 단계는 계획, 초안 잡기, 초안 검토, 필요에 따라 변경하기, 계획의 변경에 따른 초안 바꾸기, 최종본 편집 등으로 진행된다(Kame'enui & Carnine, 1998).

중심 개념에 중점을 두면 학업문제의 특정 부분을 파악하는 데 좋은 틀을 마련할 수 있다. 앞의 '학생사례 탐구'에서는 읽기문제를 가진 1학년 학생의 사례를 소개하고 있다.

(2) 뚜렷한 전략

일단 중심 개념이 결정되면 효과적인 교사는 학습자에게 복잡한 인지적 정보를 효과적이고 효율적으로 전달하기 위해 분명하고 명확한 전략을 사용한다. 효과적이고 효율적으로 문제를 해결하거나 지식을 습득하기 위해서 학생들은 학습전략이 필요하다. 이러한 학습전략은 일반적으로 학교에서 학습을 하거나 기억하거나 문제해결을 위해 사용하는 모든 방법을 말한다.

어떤 학생들은 이러한 전략을 스스로 개발하지만 학습에 어려움을 겪는 학생들은 직접적으로 가르치지 않으면 스스로 개발하지 못한다. 교과목 학업 수행이 뛰어난 학생들은 명확히 설명할 수 없는 자신만의 전략을 개발해 문제를 해결하곤 한다. 카미누이와 카닌(Kame'enui & Carnine, 1998)은 학습에 어려움을 겪고 있는 학생들에게 학업 성취가 뛰어난 학생들이 알고 있고 사용하고 있는 비결을 알려 주는 것은 직감적으로 흥미 있는 아이디어라고 설명하였다. 일반학생이나 특정 학업 영역에 어려움을 보이는 학생들은 효과적인 전략을 사용한 수업을 받으면 학업 성취에 도움을 얻을 수 있다.

• 생각해 봅시다 #9

미국 오대호의 이름을 댈 수 있는가?(힌트: HOMES) 30일까지 있는 달은 몇 월인가? (또 다른 힌트: 손등의 장지관절) 정보를 기억하기 위해 당신은 어떤 전략을 사용하는가? 그러한 전략들이 학습에 어려움을 겪고 있는 아동에게 도움을 줄 수 있을까?

학교에서 문제를 보이는 학생을 위한 몇 가지 전략교수 접근법이 개발되어 왔다. 예를 들면, 교과목 영역의 중요한 정보를 기억하는 데 어려움을 보이는 학생들의 학습을 돕기 위해 연상기억법(mnemonic)이 개발되었다. 마스트로피에리와 스크럭스(Mastropieri & Scruggs, 2007)는 연상기억법이 장애아동뿐 아니라 일반아동이 새로운 정보를 학습하는 데 도움을 주고 기억력을 증진시키는 데 매우 효과적이라고 보고하였다. 예를 들면, 단어전략은 과학교과의 내용을 학습하는 데 사용될 수 있다. 'FARM-B'는 단어전략 연상법으로 척추 동물군인 어류(F-fish), 양서류(A-amphibian), 파충류(R-reptile), 포유류(M-mammal), 조류(B-bird)를 쉽게 기억하도록 도와준다.

핵심단어 전략은 기억을 도와주는 다른 접근법으로 새로운 단어학습 등에 사용된다. 예를 들면, strada는 'road'라는 뜻의 이탈리아어다. 핵심단어 전략은 학습자에게 친숙한 단어를 사용해 strada와 비슷한 소리가 나는 straw(짚)와 같이 쉽게 연상할 수 있는 단어를 그림으로 표현하도록 한다. 길(road) 위에 떨어져 있는 짚단(straw)의 그림은 새로운 단어를 친숙한 단어와 함께, 즉 road와 strada를 연계시켜 기억하게 도와주는 것이다(Mastropieri & Scruggs, 2007).

데쉴러와 동료들(Deshler, 2005; Schumaker & Deshler, 2003)은 학교에서 학습에 어려움을 겪는 청소년을 위해 가장 종합적인 전략체계를 개발하였다. 이 전략들은 학생의 독립적인 문제해결과 과제 완수를 도와줄 수 있도록 고안되었다. 데쉴러와 동료들은 공부방법, 시험 보기, 문단 쓰기, 실수 발견하기, 교수 따르기, 협력, 자기 옹호, 숙제 끝내기 등의 영역에 관련된 전략을 개발하였다. 이러한 전략에 대한 자세한 정보는 '효과적인 교수전략'에 제시되어 있다.

효과적인 교수전략

데쉴러, 슈메이커와 동료들(Deshler et al., 2001; Schumaker & Deshler, 2006)은 지난 30년간 장애 청소년들의 일반교육과정 참여와 성공을 지원하기 위한 효과적인 교수법을 개발하기 위해 연구를 진행해 왔다. 이 연구는 청소년에게 슈메이커와 데쉴러가 “과제에 대한 개인의 접근방식” “과제 완수와 학습 수행을 위한 계획, 감독, 평가를 위해 개인이 어떻게 생각하고 행동하는가에 관련된 모든 것”(p. 122)이라 정의 내린 학습전략을 직접적으로 가르치는 데 초점을 맞추고 있다. 이러한 연구는 다음 다섯 가지의 가정을 바탕으로 하고 있다.

1. 연구에 따르면, 청소년 학업문제의 주요 원인의 하나는 중등교육과정에서 요구하는 필수 전략의 습득 실패다.
2. 학업문제를 가지고 있는 많은 청소년은 새로운 과제를 받았을 때 전략을 자동적으로 사용하지 못한다. 따라서 이러한 전략들은 분명하게 교수되어야 한다.
3. 청소년은 어린 아동보다 더 능숙하게 학습전략을 습득할 수 있다.
4. 청소년은 학습전략을 습득하여 중등과정의 교육과 그 이후의 학습을 독립적으로 할 수 있어야 한다.
5. 학습 전략적 접근은 학생들이 자신의 학습에 대해 책임질 것을 요구한다.

슈메이커, 데쉴러와 동료들이 개발한 교육과정은 청소년을 위한 학습전략 교수법의 운영체계다. 교육과정은 세 가지 각각 다른 유형의 학습전략을 포함한다. 첫 번째는 기록되어있는 자료로부터 정보를 습득하는 데 필요한 전략을 가르치는 것으로 습득 유형이라 부른다. 두 번째는 학생들이 정보를 인식하고 조직화하고 저장하기 위해 사용하는 전략으로 저장유형이라 부른다. 세 번째는 특히 쓰기 영역에서 자신 있게 표현할 수 있도록 도와주는 전략표현 유형이라 부른다.

습득 유형: 다중관문 전략

다중관문 전략은 청소년들에게 교과서에 제시된 정보를 학습하는 데 사용되는 전략을 가르치기 위한 방법이다(Schumaker & Deshler, 2006; Schumaker, Deshler, Alley, Warner, & Denton, 1982). 학생들은 우선 제목과 각 단원(chapter)의 구성(단원의 서론, 삽화, 요약, 그리고 글 전체에서 단원들 간의 관계) 등에 익숙해지면서 전체적으로 조사 관문(survey pass)을 통과하는 법을 배운다. 이 단계가 끝나면 학생들은 단원의 끝에 제시된 질문을 검토하고, 제목이나 진하게 표시된 단어 등 내용 안의 단서를 찾아보며, 이러한 단서와 관계 있는 질문을 스스로 해 보고, 앞서 질문한 것의 답을 찾기 위해 책을 훑어보며, 질문의 답을 정리하고, 이 과정을 반복하며 전체적인 내용을 정리하는 평가 관문(size-up pass)을 완수하게 된다. 평가 관문을 끝낸 후, 학생들은 자신이 기억할 수 있는 모든 정보를 재정리한다. 마지막으로 학생들은 정리 관문(sort-out pass)을 완성하게 된다. 정리 관문 통과 시 학생들은 단원의 뒤에 제시된 질문에 답하고 모르는 문제가 나오면 책을 훑어 답을 찾는다.

이 전략과 관련해 연구자들은 학생들이 다중관문 전략을 배우고 나면 이를 일반화하여 다른 교과 영역에 적용할 수 있다는 것을 연구를 통해 검증하였다(Schumaker & Deshler, 2006).

더욱이 다중관문 전략을 배워서 사용한 학습장애 학생들은 단원평가 결과 점수가 놀랄 만큼 향상되고 학년 수준의 교과 내용을 성공적으로 이해하게 되었다는 사실이 증명되었다.

저장 유형: 쌍연상 전략

쌍연상 전략은 정보를 시대적 인물의 이름과 사건, 장소와 사건 등 쌍이나 작은 그룹으로 나누어 학습하도록 하는 방법이다(Bulgren, Hock, Schumaker, & Deshler, 1995; Schumaker & Deshler, 2006). 이 전략 사용을 위해 학생들은 다음과 같은 활동을 해야 한다.

- 학습하려는 정보를 쌍이나 작은 집단으로 구분하기
- 정보에 관한 기억도구를 개발하기
- 복습하기 위한 학습장(study card)을 만들기

이 과정이 끝나면 학생들은 작성한 학습장을 사용해 공부하고 스스로 평가를 하게 된다.

연구에 따르면, 쌍연상 전략은 다양한 교과 영역에 사용할 수 있다. 게다가 이 전략의 사용은 학생들의 정보기억능력을 현저히 증가시킨다(Bulgren et al., 1995; Schumaker & Deshler, 2006).

표현 유형: 과제 완수를 위한 PROJECT 전략

PROJECT 전략은 과제 완수를 돕기 위해 개발되었다(Hughes, Ruhl, Schumaker, & Deshler, 2002; Schumaker & Deshler, 2006). 이 전략은 학생들이 정확하게 숙제가 무엇인지를 기록하는 것부터 숙제를 끝내는 것까지의 과정적 절차를 제시하고 있다. 이 과정은 모두 7단계로 구성된다.

- 준비하기(Prepare your forms): 숙제를 적기 위한 양식(예: 숙제장, 계획서 등)을 준비하라.
- 기록하고 질문하기(Record and ask): 숙제를 정확하게 기록하고 확실하지 않으면 교사에게 질문한다.
- 정리하기(Organize): 숙제를 부분으로 나누거나, 과제를 완수하기까지 실행 횟수를 기록하거나, 일정을 짜거나, 숙제를 하기 위해 필요한 자료를 챙기는 등 과제를 정리한다.
- 시작하기(Jump to it): 숙제하기 싫은 마음을 물리치고 물건들을 정돈하고 숙제를 시작한다.
- 본격적으로 숙제하기(Engage in the work): 문제점이 발견되면 필요에 따라 도움을 요청하며 숙제에 집중한다.
- 확인하기(Check your work): 숙제를 끝낸 후 깔끔하게 마무리되었는지, 완결했는지, 정확한지 등을 확인한다.
- 제출하기(Turn in your work): 숙제를 챙겨 가방에 넣고 다음날 제출한다.

학습장애 학생과 그 밖에 과제를 체계적으로 관리하고 제출하는 데 어려움을 보였던 아동들은 이 전략을 사용한 결과 과제 완성률이 눈에 띄게 높아졌음이 연구를 통해 밝혀졌다(Hughes et al., 2002; Schumaker & Deshler, 2006).

(3) 비계설정

비계설정(scaffolding)은 학생들이 개념을 학습할 때 교사가 도움을 제공하는 방식이다. 유아가 걷기를 배우는 과정을 관찰해 보면 비계설정의 예를 볼 수 있다. 부모와 다른 어른들은 유아가 걷기를 배울 때 손을 잡아 주기, 넘어지기 전에 잡아 주기, 짧은 거리를 걸어 보도록 응원하기, 걷기를 도와줄 수 있는 도구를 구입하기 등의 도움을 제공하지만 유아 스스로 다리로 버티고 서서 움직일 것을 요구한다. 이러한 비계설정은 유아가 독립적으로 걷기를 시작하리라는 바람을 갖고 점차 사라지게 된다. 이와 유사한 접근이 수학지도에도 사용될 수 있다(Kame' enui & Simmons, 1999).

수학기술을 익힐 때, 일부 학생들은 교사가 한 번 정보를 제공해 주면 그것을 적용해서 독립적으로 문제를 해결하고 다른 장소, 다른 과제에 응용하거나 지속적으로 정보를 기억할 수 있다. 이러한 정보를 즉각적으로 학습하지 못하는 학생들은 더욱 세분화된 교수와 더 많은 도움이 필요하다. 효과적인 교사는 이러한 비계설정 교수원리를 활용해 교육과정 내에서 아동에게 도움을 제공한다. 유능한 교사는 학생들이 필요로 할 때 적절한 도움을 제공하고 더 이상 도움이 필요 없으면 이러한 지원을 소거시킨다.

수학에서 비계설정은 부분적으로 문제 풀이의 예를 제공하거나 또래나 교사의 도움으로 문제를 해결하는 방식으로 작용할 수 있다. 예를 들면, 다음과 같이 부분적 풀이를 포함하는 비계설정을 활용한 교수적 도구를 제공할 수 있다.

1/2 + 1/3 = 3/6 + 2/6 = ___ /6
1/4 + 1/3 = 3/12 + ___ /12 = ___ /12
1/5 + 1/2 = ___ /10 + ___ /10 = ___ /10

여기서 학생이 과제를 학습함에 따라 촉진이나 힌트가 점차적으로 사라지고 있음을 주목하라. 언제 비계설정을 사용해야 하는지, 얼마나 오래 사용해야 하는지, 혹은 비계 수준을 낮춰야 할 좀 더 어려운 문제로 나아가기 전에 쉬운 문제는 얼마나 많이 풀어 봐야 하는지에 대해 정해진 규칙은 없다.

비계설정은 읽기나 다른 교과목 영역의 학습에도 사용될 수 있다. 비계설정으로 읽기 교수를 지원한 성공적인 사례는 '보조공학적 접근' 이다.

카미누이와 시먼스(Kame' enui & Simmons, 1999)는 중재적 비계설정이 학생의 요구에 따라 다르게 적용되어야 하고, 학생에게 필요할 때만 사용되어야 하며,

학습자의 효율성이 증대함에 따라 점차적으로 제거되어야 한다고 제안하였다. 교수가 시작되고 진행됨에 따른 비계설정에 관한 질문은 다음과 같다.

1. 학생이 문제해결을 시작하기 전에 충분한 안내 예문이 제공되었는가?
2. 문제를 풀기 시작하는 단계에서 학생들에게 그들이 도움 없이 문제를 풀기 전에 다양한 부분적 풀이를 포함한 예를 제공하였는가?
3. 문제는 쉬운 것부터 점차 어려운 것 순으로 제시되었는가?
4. 초기 교수과정 동안 혼란을 줄 만한 정보(예: 소수의 곱셈과 소수의 덧셈)를 제거하였는가?
5. 학생들에게 적절한 양의 교수를 제공하면서 예시들이 순차적으로 제시되고 있는가?

(4) 전략적 통합

새로운 정보를 접하게 되면 우리는 그것을 이해하기 위해 기존에 학습했던 정보를 활용하고 이미 알고 있는 사실과 접목시켜 지식을 확장해 나간다. 유사하게 학생들이 새로운 내용을 학습하면 그 내용은 반드시 이미 학습한 내용과 연계되어 상위 학습으로 나아가야 한다(Kame'enui & Simmons, 1999). 좀 더 구체적으로, 전략적 통합은 이미 학습한 내용과 새로운 내용의 명백한 결합을 통해 기존의 학습과 새로운 학습 간의 관계를 분명히 하고 더 완전하고 새로운 지식을 습득하는 것이다. 교과 영역별로 일부 학생들은 이러한 과정을 자동적으로 진행시켜 학습한다. 그러나 일부 교과 영역(예: 수학, 논술)에 대해 대부분의 학생들은 그 과정이 자동적으로 발생하지 않으므로 교수되어야 한다.

카미누이와 시먼스(1999)는 전략적 통합의 예로 이야기 쓰기를 들고 있다. 이야기 쓰기의 첫 단계에서 학생들은 장소, 주요 인물, 초기 사건, 문제해결 방법 등 이야기의 구성요소들을 만들어 낸다. 다음으로는 만들어 낸 구성요소들을 바탕으로 이야기를 쓰기 시작한다. 이러한 과정이 효과적으로 진행되었는가를 확인하기 위해서는 스스로에게 다음과 같은 질문을 해 볼 수 있다.

1. 사전 지식과 현재 학습하는 내용(이야기 쓰기) 간에 명백한 관계가 있는가?
2. 이야기 부분들 간의 관계와 관련하여 필요한 설명이 제시되고 있는가(예: 인물과 장소에 대한 묘사로 시작하기)?
3. 이 학습을 통해 사전 지식과 새로운 지식의 접목으로 상위 수준의 학습을

보조공학적 접근
읽기교수를 위한 텔레웹과 비계설정교수의 활용

잉글러트, 우 그리고 자오(Englert, Wu, & Zhao, 2005)는 장애학생의 학습을 증진시키고 교수방법의 효율성을 향상시키기 위해 공학기술을 어떻게 사용하면 좋은가에 대한 효과를 입증하는 뛰어난 예를 보여 주었다. 그들은 장애학생이 쓰기 표현을 학습할 때 사용하는 몇 가지 효과적인 교수법을 활용한 텔레웹(TELE-Web)이라는 프로그램을 개발하였다. 이 프로그램은 학생들이 쓰기과정에 참여하는 동안 점차적으로 도움을 감소시키며(비계설정) 교수하도록 고안되어 있다.

학생이 쓰기를 시작하면 컴퓨터 화면 상단에 '주제 문장' 상자가 나타나 학생들에게 처음에 주제 문장을 써야 함을 주지시킨다. 이어서 주제 문장에 대한 '구체적 사실'을 쓰도록 힌트를 제시한다. 학생들은 자신이 원하는 만큼 문단을 덧붙이며 작문을 하게 되는데, 이 과정에서 각 문단이 더해질 때마다 '주제 문장' 상자와 '구체적 사실' 상자가 나타나 학생들에게 도움을 준다. 끝으로 '결론 문장' 상자가 컴퓨터 화면 하단에 나타나면 학생은 요약하여 글을 마무리한다.

텔레웹에서는 이러한 기본 촉진자뿐 아니라 특정 주제에 관한 질문, 전략, 글의 종류에 따른 핵심 요소(이야기체 문학, 설명문, 논설문) 등 교사가 원하는 촉진자를 첨가할 수 있다. 학생의 작문을 격려하고 지원하기 위해 교사는 "누가, 무엇을, 언제, 어디서, 어떻게에 관한 내용을 확인하라." 또는 "주제를 강조하기 위해 앞에 서술한 주제 문장을 글의 끝에 형식을 바꿔 다시 써라." 등의 촉진자를 사용할 수 있다. 마지막으로 텔레웹은 맞춤법 확인 기능, 컴퓨터가 읽어 주면 오류 확인하기, 글을 올려 다른 특정 친구나 텔레웹상의 모든 사람들에게 교정을 받을 수 있는 기능 등을 포함하고 있다.

쓰기를 위한 텔레웹 지원체계의 구성을 살펴보면, 잉글러트와 동료들이 쓰기와 관련된 효과적인 교수법의 많은 부분을 이 체계 내에 포함시키고 있음을 알 수 있다. 이러한 교수적 공학의 효과성을 증진시키기 위해 그들은 초등학교 고학년 장애학생의 쓰기 활동에 텔레웹을 사용하는 방법에 대한 연구를 실시하였다. 그 결과 텔레웹 사용 시 비계설정 교수가 부족한 경우보다 현저하게 학생들의 쓰기능력이 향상되었고, 특히 내용을 체계화하는 데 효과적이었음이 밝혀졌다.

출처: Englert, C. S., Wu, X., & Zhao, Y. (2005). Cognitive tools for writing: Scaffolding the performance of students through technology. *Learning Disabilities Research and Practice, 20*(3), 184-198에서 수정함.

할 수 있도록 학생의 능력이 발휘되었는가?

전략적 통합은 초기 읽기 단계에서 학생들이 낱글자 소리를 구분하고 낱소리를 합쳐 단어를 만드는 것을 배울 때 사용할 수 있다. 마찬가지로 많은 학생들은 수학과목 교수 시 곱셈 과정에서 나눗셈 과정으로 나아가면서 사전 지식을 바탕으로 좀 더 복잡한 문제를 해결하도록 할 때 전략적 통합방법을 활용하여 학습하게 된다.

카미누이와 시먼스는 전략적 통합이 다음과 같은 요소를 포함한다고 설명하였다.

1. 교수 영역의 인지적 요소의 결합
2. 새롭거나 또는 더욱 복잡한 지식 구성의 결과
3. 강제적이지 않고 자연스러운 개념들 간의 의미 있는 관계의 통합
4. 교육과정 간 중심 개념의 연계

(5) 현명한 복습

어떤 과목에서든 무조건 연습하고 학습해서 익혀야만 하는 지식이 있다. 가장 일반적인 예로 떠오르는 것은 수학적 사실이지만, 모든 교과목에는 반드시 상위 수준의 학습을 하기 위해 필수적인 바탕이 되는 기본 지식이나 사실 정보가 존재한다. 그것은 학습 영역의 핵심 부분이다. 이러한 지식은 단순반복을 통해서는 충분히 학습될 수 없다(Kame' enui & Simmons, 1999). 따분하고 지루하며 의미 없는 복습보다 '현명한 복습(judicious review)'이 바람직할 수 있다. 그 구체적인 방법은 다음과 같다(Kame' enui & Simmons, 1998).

• 생각해 봅시다 #10

학교에서 쉽게 공부했던 기억이 있는가? 혹은 학습이 너무 지루해 영원히 계속될 것 같았던 경험이 있는가? 쉽게 지식을 습득할 수 있도록 교사가 사용한 방법은 무엇이었는가? 지식 습득이 지루하고 힘들었던 이유는 무엇인가?

1. 복습은 짧은 시간에 집중되기보다 오랜 시간 동안 반복되어야 한다.
2. 폭넓은 이해와 적용을 가능케 하고 지루하지 않도록 학생들에게 다양하게 제시되어야 한다.
3. 학생들이 망설임 없이 과제를 완수할 수 있을 만큼 충분히 기회를 제공해야 한다.
4. 오랫동안 반복하고 습득한 지식은 더욱 복잡한 과제에 접목시켜 통합되어야 한다.

연구에 따르면, 매일 10분씩 5일 동안 공부한 학생은 하루에 50분 동안 계속해서 공부한 학생보다 더 많은 지식을 기억한다. 종종 반복적으로 대략적 설명을 하는 것(예: 10분씩)이 한 번에 집중적으로 설명하는 것(예: 60분간)보다 더 효과적이다. 대략적 설명은 학생들이 더 많은 지식을 경청해서 듣고 반복적으로 복습할 기회를 제공하며 내용을 기억하도록 해서 학습 결과의 향상을 가져오곤 한다.

카미누이와 카닌(1998)은 교육과정의 구성을 검토하여 현명한 복습을 위한 기

회가 제공되고 있는가를 결정해야 한다고 충고하였다. 일부 교육과정과 교과서 개발자들은 교육과정 내에 복습의 기회를 골고루 분산시켜 포함시키지만 그렇지 않은 경우도 있다. 그러므로 초기 읽기에서 끝소리가 '-ing' 나 '-ed' 로 끝나는 단어와 같이 특히 어려운 발음은 다른 단어보다 더 많은 연습을 필요로 하기에 카미누이와 카닌은 교육과정과 교과서의 재검토를 통해 교육과정상에서 다양한 과제를 통해 연습할 수 있는 복습의 기회를 분산시켜 포함시켜야 한다고 제안하였다. 만일 따로 충분한 기회를 제공할 수 없다면 교사는 그 기회를 수업 중 다양한 활동을 통해 제공할 필요가 있다. 이는 교사에게 많은 시간이 소요되는 일이며, 따라서 다양한 과제를 통해 반복적으로 명백한 복습을 할 수 있는 기회를 제공하는 교육과정과 교재를 신중히 검토하여 선택하는 것이 바람직하다.

(6) 기본 배경 지식

잘 알고 있겠지만, 익숙한 주제와 관련된 지식은 쉽게 기억할 수 있다. 예를 들면, 당신은 친구나 주변 사람들이 자신이 잘 알지 못하는 주제(예: 라크로스, 실내장식, 국제정치)에 대해 이야기하는 것을 얼마나 자주 듣게 되는가? 당신은 대화가 끝난 후 분명 무슨 얘기를 했는지 잘 기억하지 못할 것이다. 이는 학생들에게도 마찬가지다. 주제에 대해 학생들이 얼마나 잘 배울 수 있을지를 가장 잘 예견해 주는 척도는 주제에 대해 그들이 이미 얼마나 잘 알고 있는가다. 예를 들면, 야구에 대해 잘 아는 아동은 야구에 대해 잘 모르는 아동보다 야구와 관련된 글을 읽으면 훨씬 쉽게 이해할 수 있다. 이는 핵물리학의 이론이나 요리에 대해서도 마찬가지다. 수업은 학생이 과제에 적용할 수 있는 배경 지식을 이용하도록 구성되어야 한다.

카미누이와 카닌(1998)은 새로운 개념을 학습하기 위해서는 배경 지식이 충분히 갖춰져 있어야 한다는 사실의 중요성을 확인시켜 주는 좋은 사례를 보여 주었다. 유아교육에서 아동은 우연성의 개념을 배우기 위해 고의성의 개념을 알아야만 하는가? 이러한 개념을 학습하는 적절한 순서란 없다. 그러나 카미누이와 카닌은 우리가 종종 하나의 개념을 정의 내리기 위해 다른 개념을 사용한다고 지적하였다. 예를 들어, 어린 아동에게 사고의 뜻을 설명하기 위해 우리는 "저건 우연히 일어난 사고야. 고의적으로 한 건 아니란다." 라고 말한다. 어린 아동이 고의성의 개념을 이해하고 있다면 이러한 설명을 들을 경우 사고라는 말의 뜻을 쉽게 이해할 수 있다. 하지만 아동이 두 단어의 개념을 모르고 있다면 이 설명은 아동을 혼란스럽게 만들고 학습은 일어나기 어렵다. 아동이 모르는 개념을 사용해 새로운 개념을 설명하는 교재는 종종 이러한 혼란을 초래한다.

배경 지식의 성공적 사용은 (1) 과제에 적용할 수 있는 학생이 가진 선행 지식이나 기술, (2) 정보의 정확성, (3) 학생이 정보를 어느 정도까지 새로운 과제에 접목시킬 수 있는가의 정도에 달렸다(Kame'enui & Simmons, 1998). 모든 학생이 이 지식을 다시 상기하기 위해서는 배경 지식에 대한 적절한 복습이 필요하다. 그러므로 교사는 당장의 과제를 수행하기 위해 기본 배경 지식이 중요함을 인식하고 시간이 걸리더라도 학생들의 필수 기본 지식 수준을 확인한 후 과제를 수행하도록 해야 한다.

• 생각해 봅시다 #11

이 장의 서두에서 캐롤 선생님은 학생들 모두의 학업 성취를 향상시키기 위해 협동하고 서로 도와주는 긍정적 학습 분위기를 조성하는 것을 강조한다. 이러한 원칙의 적용은 캐롤 선생님이 설명하고 있는 긍정적 학급 분위기를 조성하는 데 어떻게 도움을 줄 수 있을까?

6. 성인기로의 전환

앞서 지적한 대로, 학습장애 증상은 성인기까지 지속된다. 물론 학습장애는 다양한 수준의 학생을 포함하므로 이들이 성인기로 전환됨에 따라 필요로 하는 지원의 정도도 매우 다양하다. 특정 학습장애 학생이 필요로 하는 지원은 학업이나 사회적 · 행동적 기술 부분에서 부족한 정도에 따라 달라진다. 장애 정도가 심하지 않고 자신의 결점을 보완하는 방법을 배운 학생들은 특별한 도움 없이도 성공적인 삶을 살 수 있다. 그러나 성인기까지 지속적으로 심각한 읽기나 언어 문제를 보이는 경우에는 상급학교에서의 학업이나 취업, 직장생활을 계속하는 데 어려움을 겪게 된다.

1) 직업적 지원

연구에 따르면, 학습장애 학생들은 상대적으로 고등학교를 졸업한 후 바로 취업을 하는 경우가 많다. 예를 들면, 골드스타인, 머레이 그리고 에드가(Goldstein, Murray, & Edgar, 1998)는 학습장애를 가진 성인이 학습장애가 아닌 또래에 비해 고등학교 졸업 후 첫 4년 동안 주당 근무시간도 많고 수입도 더 많은 것을 발견하였다. 이는 상대적으로 경도장애로 특징지어지는 학습장애는 기본적인 수준의 직업(그리고 상대적으로 낮은 임금)을 얻는 데 중요한 걸림돌이 되지 않는다는 사실을 반영한다.

이러한 사실이 학습장애인의 취업 전망에 대해 다른 장애 영역의 경우보다 낙관적인 기대를 하게 하기도 하지만(Mellard & Lancaster, 2003), 장기적인 취업전망

많은 수의 학습장애 학생이 대학에 진학하고 있는데, 일부는 대학생활의 성공을 위해 특별한 도움을 필요로 한다.

은 그리 희망적이지 못하다. 더 구체적으로 골드스타인과 동료들(1998)은 취업 후 4년이 지나면 일반인은 학습장애 성인들보다 주당 근무시간은 비슷하지만 훨씬 많은 수입을 올린다는 사실을 발견하였다. 멜러드와 랭커스터(Mellard & Lancaster, 2003)는 이러한 수입의 경향이 "일반 성인은 대학을 졸업하거나 취업 5년차가 되면서 특별한 훈련이나 승진을 하는 반면, 학습장애 성인은 승진이 늦어지기 때문"(p. 360)이라고 추측하고 있다. 승진이 늦어지는 이유는 주로 학습장애 성인의 대다수가 고등교육을 받지 않기 때문이다.

따라서 학습장애 학생의 직업적 성공은 일반성인과 같이 고등교육의 기회와 밀접하게 연관되어 있다. 학습장애 학생들에게 고등교육의 가치와 가능한 고등교육 기회에 대해 논의할 수 있는 경험을 제공하는 것은 학습장애 학생이 졸업 후 자신의 삶에 대한 결정을 제대로 내릴 수 있도록 준비시킨다는 점에서 매우 중요하다(Mellard & Lancaster, 2003). 더구나 학습장애 성인이 성공할 수 있도록 필요한 도움을 줄 수 있는 고등교육의 기회를 신중하게 선택하는 것은 중요하게 고려되어야 할 사항이다.

2) 고등교육에서의 지원

다수의 학습장애 학생들은 2년제, 4년제 대학을 포함한 고등교육을 받을 것이다. 학습장애 학생을 위해 대학 내 학생지원 센터를 통해 특별한 수정과 적절한 도움을 제공하는 대학이 많이 있다. 학습장애 학생을 위한 총체적 프로그램을 제공하는 대학에 대한 정보는 『학습장애 및 주의력 결핍장애 학생을 위한 프로그램이 있는 대학(*Colleges with Programs for Students with Learning Disabilities or Attention Deficit Disorders*)』(Peterson' s Guide, 2003)에 자세히 설명되어 있다.

일부 주들은 학습장애 학생을 위한 고등교육 현장에서의 지원체계 개발에 엄청난 노력을 하고 있다. 예를 들면, 캘리포니아 지역 전문대학 시스템(California community college system)에서는 확장된 수업지원뿐 아니라 다른 영역의 도움(예: 상담, 보조공학, 4년제 대학으로의 전환 지원)을 포함하여 학습장애 학생을 위한 지원체계를 수립하여 제공하고 있다(Mellard & Lancaster, 2003).

많은 학습장애 학생들은 대학에서의 성공을 위해 특별한 교수적 수정을 필요로 한다. 올소프, 민스코프와 볼트(Allsopp, Minskoff, & Bolt, 2005)는 대학에 다니는 학습장애와 주의력결핍 과잉행동장애(ADHD) 학생을 위한 과목별 전략교

프로그램 탐구

학습장애와 ADHD 학생을 위한 개별화된 과목별 전략교수

학습장애 학생의 대학 진학률이 증가함에 따라 그들의 학업적 성공을 도와주기 위한 지원체계의 필요성도 증가하고 있다. 고등교육에서 학습장애 학생 지원의 핵심은 학급 내 교수적 수정이지만 이러한 지원책의 효과에 대한 검증은 미흡한 상황이다. 올소프와 동료들(2005)이 개발한 프로그램의 목적은 검증된 방법을 통해 학습장애 대학생을 지원하는 개별화된 모델을 제작하려는 것이다.

이 모델은 다음의 특징을 갖는다.

1. 비형식적 검사를 통해 학습전략 사용에 대한 학생의 개인별 필요성을 파악한다.
2. 학생의 개인적 요구에 부응하는 학습전략을 선택한다.
3. 명백하고 체계적인 방법으로 특정 과목의 내용을 적용해 학습전략을 가르친다.
4. 전략학습 모델의 효과를 평가한다.

이 프로그램은 학생의 학업성취를 향상시키기 위해서 특정 과목에 특정 학습전략을 사용해 교수하는 방법이다. 학습전략은 다음 8개 영역 중 하나 이상을 포함한다.

- 조직화(예: 과제 따라가기)
- 시험 보기(예: 시험불안 감소시키기)
- 학습 요령(예: 공책이나 교과서의 내용 정리하기)
- 필기 요령(예: 수업 속도가 빠른 교사와 타협하기)
- 읽기(예: 어려운 단어 이해하기)
- 쓰기(예: 이야기체 글쓰기)
- 수학(예: 계산식 순서 알기)
- 사고력(예: 내용 분류하기)

평가 결과, 학습전략 모델은 학생들을 효과적으로 지원하고 성적을 향상시켰으며 학생들에 의해 유용하다는 평가를 얻었다(Allsopp et al., 2005). 더구나 습득된 전략은 이후에도 지속적으로 사용되는 것으로 밝혀졌다.

출처: Allsopp, D., Minskoff, E., & Bolt, L. (2005). Individualized course-specific strategy instruction for college students with learning disabilities and ADHD: Lessons learned from a model demonstration project. *Learning Disabilities Research and Practice, 20*(2), 103-118에서 수정함.

수 모델을 개발하여 그 효과를 검증하였다. 전략교수 모델에 대한 구체적 정보는 '프로그램 탐구' 에서 설명하고 있다.

7. 주요 쟁점 및 교사를 위한 함의

학습장애 학생의 교육적 필요에 관한 연구는 지난 30~40년간 많은 진전을 보여 왔다. 학습장애 학생에게 효과적인 교수방법이 어떤 것인가에 관해서는 전문가들의 의견이 대체로 일치하지만, 학습장애에 대한 정의나 학습장애 학생을 위한 최적의 교육환경 등에 대해서는 의견이 나뉘어 논란이 계속되고 있다.

1) 학습장애 학생의 판별을 위한 대안적 접근이 필요한가

최근 학습장애 학생의 판별에 대해 논란이 일고 있는 분위기다. 학습장애 영역과 관련된 주요 문제점은 다음과 같다.

- 학습장애 아동의 진단에 사용되는 불일치 준거는 교육적으로 의미를 지니지 못하고 있다(즉, 읽기 수준이 떨어지나 불일치 준거를 충족시키지 못하는 학생들도 심각한 불일치를 보이는 학생들과 같은 방식으로 교수되어야 한다; Fuchs, Mock, Morgan, & Young, 2003).
- 아동은 심각한 불일치를 보여서 학습장애 진단을 받을 수 있을 때까지 기다려야 한다(Vaughn & Fuchs, 2003).
- 학습장애로 진단받는 학생의 수는 일반적인 인구 증가 속도를 앞지를 정도로 빠르게 증가하고 있다. 최근 학습장애 학생은 전체 장애학생의 50% 이상을 차지하고 있다.

앞서 설명한 대로, 학습장애 학생의 판별과 관련된 논쟁 이후(IDEA 2004)에는 심각한 불일치 준거를 사용하는 것을 대신하여 주정부가 대안적 방법을 사용하여 학습장애 아동을 판별하는 것을 허용하였다. 다수의 전문가들이 대안적인 중재 반응(RTI) 접근을 통한 판별을 찬성하기는 하지만(Fuchs, 2003; Reschly, 2005; Vaughn & Fuchs, 2003), 일부 전문가들은 이 방법의 실용성에 의문을 제기하기도 한다(Gerber, 2005; Kavale, Holdnack, & Mostert, 2005; Mastropieri & Scruggs,

2005).

RTI의 일부는 학습장애 학생의 판별에서 전통적 방법보다 장점을 갖는다(Fuchs, 2003; Fuchs et al., 2005; Fuchs, Fuchs, & Speece, 2002; Reschly, 2005). 가장 중요한 점은 RTI는 학생에게 즉각적인 도움을 제공하고 중재를 제공하기 전에 기다리도록 요구하지 않는다는 것이다(Fuchs et al., 2004). 두 번째 장점은 잘못된 교수법에 의해 학습에서 문제를 나타내는 학생들을 장애로 오인하지 않는다는 것이다(Fuchs et al., 2005). 마지막으로 장애 위험에 처한 학생을 판별하고 진전을 확인하는 과정에서 수집된 평가 자료는 교사의 교수방법 향상을 위한 유용한 정보로 활용될 수 있다.

RTI의 사용에서는 몇 가지 단점도 지적되고 있다(Gerber, 2005; Kavale et al., 2005; Mastropieri & Scruggs, 2005). 가장 중요한 문제는 RTI 절차를 실행할 교사와 학교 상담사의 역할과 책임이 명확하게 규정되지 못한다는 점이다. 예를 들면, 과학적 근거를 바탕으로 한 교수방법의 적용에 대한 책임은 누가 질 것인지, 그리고 지역 학교체계 안에서 학교 내 학급에 과학적 근거를 바탕으로 한 교육을 어떻게 적용할지에 대해 분명하지 못하다. 연구에 따르면, 특수학급에서도 이러한 교수방법을 사용하는 경우는 많지 않고, 또 다수의 일반학급 교사는 이러한 교수방법을 사용하는 데 필요한 기술을 갖추지 못하였다(Gerber, 2005; Mastropieri & Scruggs, 2005). 마지막으로 많은 수의 학생이 중등 단계에서 학습장애로 처음 판별을 받고 있지만 이렇게 연령이 높은 학생 판별에 적용할 수 있는 방법은 분명하지 않다.

RTI를 어떻게 적용하여 사용할까에 대한 명확하지 않은 부분 외에 그것의 기술적인 측면에 대한 논란이 존재함에도, RTI는 미국 전역의 학교체계와 주정부에 광범위하게 도입되고 있다(Fuchs et al., 2005; Reschly, 2005). 이 접근방식이 학습장애 학생의 판별과 관련하여 실질적인 향상을 초래하고 전통적인 방법에 의한 판별의 문제를 해결할 수 있을지는 앞으로 지켜볼 문제다.

2) 미국 전역에 학습장애 학생이 일반학급에 적절하게 통합되어 있는가

30년 이상 학습장애 학생이 통합학급에서 교육받아야 하는가에 관한 논란이 있어 왔다(Dunn, 1968; Fuchs & Fuchs, 1994; McLeskey et al., 2004). 그 논란의 대부분은 학생들이 일반학급에서 하루 종일 지내야 하는가(소위 완전통합)에 관한 것이다. 대부분의 경도장애 전문가들은 학습장애 학생이 완전통합이 아니라 학교 일과의 대부분을 일반학급에서 지내고 필요에 따라 별도의 장소에서 소집단의 집중교육을 받을 것을 권장한다(예: McLeskey & Waldron, 1996, 2000).

이러한 시각은 학습장애 학생에 관한 두 가지 관점의 연구를 바탕으로 한다. 첫째, 고도의 통제된 분리환경의 효과에 대한 연구 결과에 따르면 분리환경이 일반학급보다 학습장애 학생에게 덜 효과적이었다(Carlberg & Kavale, 1980; Salend & Duhaney, 1999). 따라서 다수의 전문가들은 학습장애 학생이 학교 일과의 대부분을 일반학급에서 보내야 한다는 견해를 보이게 되었다.

둘째, 학습장애 학생은 학교 일과의 대부분을 일반학급에서 보내야 하지만 동시에 별도의 환경에서 제공되는 개괄적이고 집중적인 교육도 필요하다. 효과적인 읽기교수에 관한 연구에 따르면 학습장애 학생과 읽기에 문제를 보이는 학생은 일반학급에서 전형적으로 제공되는 것보다 구체적이고 집중적인 교육을 필요로 한다(Foorman & Torgesen, 2001). 이런 유형의 교수는 종종 개별지도나 소집단(2~3명의 학생)을 대상으로 이루어지고, 따라서 일반학급이나 분리된 환경에서 제공될 수 있다.

일반학급으로 학습장애 학생을 통합시키는 것에 관한 전국 규모의 연구 자료에 따르면 대부분의 주정부는 학습장애 학생의 경우 학교 일과의 대부분을 일반학급에서 교육시키는 방향으로 나아가고 있다(McLeskey et al., 2004). 비록 몇몇 주에서는 계속해서 대다수의 학습장애 학생을 매우 제한된 환경에서 교육시키고 있지만, 그들을 일반학급에 통합시키려는 움직임은 앞으로도 계속될 것으로 예측된다. 그러나 최근 학생의 학업 성취 결과에 관심이 집중되면서, 완전통합에 대한 주장은 약화되고 학습장애 학생의 학업 성취를 향상시킬 수 있는 연구 기반 교수방법에 대해 더욱 관심이 쏟아질 것으로 예상된다.

이 장의 내용에 대한 보충 설명은 www.prenhall.com/rosenberg 사이트의 6장 관련 모듈에서 찾아볼 수 있다.

요 약

학습장애 학생은 종종 부모와 교사를 당황하게 한다. 그들은 일부 학문 영역의 학업 성취에 어려움을 보이지만 다른 영역에서는 그렇지 않다. 모든 학습장애 학생이 공통적으로 보이는 문제는 한두 개의 특정 학업 영역을 학습하는 데 어려움을 보이면서 다른 부분에는 뛰어난 능력을 보인다는 사실이다.

학습장애의 정의와 분류 기준

- 학습장애 학생의 판별에 가장 기본적인 준거는 하나 혹은 그 이상의 학업 영역에서 기대되는 성취 수준과 실제 성취 수준 간에 심각한 불일치를 보인다는 점이다.
- 학습장애 학생을 판별하는 다른 준거는, 다른 장애(제외 조건) 혹은 학습 기회의 부족으로 학업에 문제를 보이는 경우는 심각한 불일치의 결과가 아니며, 따라서 특수교육 서비스가 필요한 경우가 아님을 분명히 해야 한다는 사실이다.
- 최근 학습장애 학생을 판별하는 방법으로 대두되고 있는 중재 반응 접근은 학습적으로 문제를 보이는 학생 중 효과적인 교수법에 반응을 보이지 않는 경우만 학습장애로 판별해야 한다는 가정에 근거한다.

학습장애의 특성

- 모든 학습장애 학생에게 공통적으로 나타나는 특성은 학업 기술의 불균형적 발달을 보인다는 사실뿐이다. 따라서 이 집단은 매우 이질적이다.
- 학습장애 학생이 어려움을 보이는 가장 대표적인 영역은 읽기 영역으로 대략 80%의 학습장애 학생들이 문제를 나타내고 있다.
- 다수의 학습장애 학생은 그 밖에 말하기, 쓰기, 수학에 어려움을 보인다.
- 학습장애 학생들은 또한 기억, 집중, 초인지 기술과 사회적 기술 부문에서 종종 어려움을 호소하곤 한다.

학습장애의 출현율, 과정 및 발생 원인

- 학습장애는 극적인 팽창을 보여 현재 4% 이상의 출현율을 나타내며, 특수교육 장애 영역 중 가장 큰 비율을 차지하고 있다.
- 학습장애 출현율은 주에 따라 약 1%부터 6% 이상까지 매우 큰 차이를 보인다.
- 비록 학습장애는 성인기에도 지속된다는 연구 보고가 있으나, 많은 학습장애인들은 자신의 장애를 보완하여 성공적인 성인기를 보내고 있다. 그러나 학습장애인의 4명당 1명이 안정된 직장을 구하고 독립적인 생활을 영위하는 데 어려움을 겪고 있다.
- 대부분의 경우 학습장애의 원인은 밝혀지지 않고 있다. 영향을 주는 요인으로 밝혀진 것은 비정상적인 뇌기능, 유전적 요인, 효과적인 교수방법의 부재 등이다.

학습장애 학생의 판별과 평가

- 학습장애 학생은 일반적으로 학교에 들어간 후 한 가지 이상의 학업 영역에서 적절한 성취를 거두지 못해 학습장애로 진단받는다.

- 대다수의 주에서 사용되는 기본 준거는 실제 학업 성취와 기대되는 학업 성취 간의 심각한 불일치다. 이것은 학생의 표준화된 성취도 검사 점수와 지능검사 점수 간 비교를 통해 결정된다.

학습장애 학생을 위한 효과적인 교육 실제

- 연구에 따르면, 대부분의 학습장애 학생은 일반학급에서 학교 일과의 대부분을 보내고 있다.
- 별도의 학급이나 특수학교에서 교육받는 학습장애 학생의 수는 지난 10년 동안 급격히 감소되어 왔다.
- 학습장애 학생이 양질의 교육을 받을 수 있도록 연구자들은 교사들이 여섯 가지 원칙을 중심으로 교육할 것을 권장하고 있다.

주요 쟁점

- 많은 전문가들이 학습장애를 판별하는 기본 준거(즉, 불일치 준거)가 교육적으로 의미가 없고 진단받기 전에 실패할 때까지 기다려야 하는 문제가 있다고 주장하기 때문에 학습장애 학생의 판별을 둘러싼 논란이 발생한다.
- 중재 반응 접근이라 불리는 학습장애 학생 판별의 대안적 접근방법은 일부 주에서 사용되고 있고 학습장애 학생의 판별의 실제를 향상시키기 위한 방안으로 제안되고 있다.
- 학습장애 학생이 일반학급에 어느 정도까지 통합되어야 하는가에 대한 논란이 있다.
- 검증된 자료에 따르면, 대부분의 학습장애 학생은 일반학급에서 적절한 도움을 받으며 학교생활의 대부분을 보내는 것이 바람직하다.

CEC 전문가 자격기준

Council for Exceptional Children(CEC) knowledge standards addressed in the chapter:

C1K5, EC1K1, EC1K2, CC2K1, CC2K2, CC2K5, CC2K6, CC3K2, CC5K3, CC7K4, CC8K1, CC8K2

Appendix B: CEC Knowledge and Skill Standards Common Core has a full listing of the standards referenced here.

7

정서 및 행동 장애

이 장을 시작하며

- 정서 및 행동 장애(EBD)는 어떻게 정의되고 분류되는가?
- EBD의 주요 특징은 무엇인가?
- EBD의 원인 및 출현율은 어떠한가?
- EBD 학생들을 어떻게 판별하고 평가하는가?
- EBD 학생들의 학업 및 사회적 능력을 향상시키고 초기 아동기와 전환기 성과를 향상시킬 수 있는 효과적인 교수 방법은 무엇인가?
- EBD 학생들의 교육과 관련된 세 가지 주요 쟁점은 무엇인가?

나의 이야기: 빌 에디슨

빌 에디슨 선생님은 다소 늦게 교직에 입문했다. 9년 동안 군대에서 복무하고 20년 이상을 사회복지사로 우수하게 일해 온 빌 선생님은 44세에 교실에서의 전문적인 위치가 아동과 청소년의 삶에 긍정적인 영향을 미치는 가장 직접적인 기회를 제공한다는 결론에 이르렀다. 그는 언제나 아동의 삶의 안정성에 대해 강조하고 강한 성인 상을 인식시켰다. 빌 선생님은 단순한 신념을 넘어서 실천력과 책임감을 가진 사람이었으며 그의 삶에 주요한 영향을 미친 것은 빌 선생님 부부가 입양한 다섯 아이들이었다.

빌 선생님은 존스홉킨스 대학교의 2년제 대안 자격 프로그램(alternative certification program: ALTCERT)에 입학하였다. 이 과정을 통해 빌 선생님은 온라인 지원, 멘터링, 그리고 피드백을 받으며 특수교사로 일할 수 있게 되었다. 그의 사회복지사 배경과 어떤 학생도 배울 수 있다는 그의 믿음 그리고 그의 '평범한 태도' 때문에, 빌 선생님은 정서 및 행동 장애(emotional and behavioral disabilities: EBD)를 지닌 학생들을 위한 특수학급 교사가 되어 오늘날까지 일하고 있다. 현재 그는 아동과 청소년을 위한 지역기관(Regional Institute for Children and Adolescents: RICA)과 광범위한 학교 그리고 심각한 EBD 학생들을 위한 정신건강 시설에서 팀 리더로 일하고 있다. 그의 전형적인 하루는 오전 8시에 열리는 행정 회의로 시작한다. 학생들이 도착하면 빌은 다섯 개의 수업—두 개의 과학 수업, 두 개의 수학 수업 그리고 한 개의 독해 수업—을 진행한다. 그의 학생들 중 압도적인 대다수는 RICA에 거주하며, 초라한 집에서 교실 일과에 영향을 미치는 바람직하지 못한 사고를 늘상 경험한다. 빌 선생님은 그의 학생들이 RICA에서 쉽게 접근 가능한 충분한 범위의 치료 서비스—정신건강 상담, 정신과 약물치료, 사회사업활동—를 받아야 한다고 생각한다.

빌 선생님에게 있어 가장 훌륭했던 순간들 중 하나는 RICA에 있는 그의 첫 모임의 학생들이 고등학교를 졸업하였다는 것이다. 그는 행사에 참여한 대부분의 학부모들보다 더 많이 울었다고 고백한다. 극도의 외면화된 문제행동을 보였던 자신의 학생들이 졸업증서와 함께 연단을 가로지르며 걷는 것을 보면서, 교사가 되고자 했던 자신의 결정이 옳았음을 확신했다. 빌 선생님은 장애 위험과 지원의 요구가 필요한 청소년들의 삶에 영향을 미쳤다.

명백하게 빌 선생님은 자신의 직업을 사랑한다. 그럼에도 그를 실망시키는 몇 가지가 있다. 가장 크게 실망을 주는 것은 자신의 직업과 학생들을 돌보는 데 헌

신하지 않는 교사들과 임상가들이다. 학생들은 그들 탓에 비일상적인 시각을 가지게 되며, 교사-학생 간의 신뢰를 쉽게 구축하지 못하게 된다. 다행스럽게도 그러한 직원은 RICA에서 오래 근무하지 않는다. 또한 빌 선생님은 아동낙오방지법(NCLB) 조항이 특수교육 학생들, 특히 장애가 심각하여 분리 배치를 요구하는 학생들의 개별적인 요구에 민감하지 않음에 실망했다. 그는 필수 교과내용에 관한 시행이 너무 어려워 학생들이 낙담하고 더 나아가 정규 학습에서 소외되는 것을 두려워한다.

EBD를 가진 학생들을 가르치고자 하는 사람들에게 빌 선생님은 언제나 준비하고, 성공을 위하여 수업을 수정하고, 정서적으로 자신을 돌보라고 조언한다. 준비에 대한 그의 전략은 학년 초에 충분한 시간을 할애하고, 수업 시작 3주 전부터 수업을 준비하는 것이다. 수업계획이 완성되고 나면 학생들의 개별적인 요구를 고려한 다양한 교수전략에 초점을 맞추기가 쉬워진다. 마지막으로 빌 선생님은 신체적 · 정서적으로 자신을 관리해야 한다고 생각한다. 그는 가족과 함께 여름휴가를 보내고 캠프를 즐긴다. 지난 3년 동안에 그는 7,000마일 이상을 여행했고, 여행을 하는 매년 9월에 다시 한 번 자신의 학생들을 학업적 · 사회적 성공으로 이끌 에너지를 재충전한다.

교사로서 우리는 종종 우리 학생들이 발전하는 모습에 경탄하게 된다. 그들의 운동기술이 성숙되고, 언어기술이 정교화되며(때때로 깜짝 놀랄 만큼) 추상적인 사고가 발달한다. 그리고 종종 열정과 함께 창의력이 표현된다. 놀라운 변화들은 사회적이고 정서적인 발달 영역에서도 일어난다. 시간이 흐르면서 학생들은 보편적인 흥미에 기반을 둔 우정을 발전시키고 협력적이고 만족스러운 놀이에 참여한다. 학생들은 또한 자신의 한계를 시험하고 성장하는 독립심을 경험한다. 아동과 청소년들의 사회적, 정서적 발달과 이 시기의 행동은 부모와 교사들에게 심각한 문제로 보일 수 있으나 대부분의 경우 이는 발달적으로 적절한 수준이다. 이 장에서 다루려는 대상은 일반적인 또래들과 상당히 다른 모습을 보이는 학생들이다. '차이점'을 지닌 이러한 학생들은 다른 이들과 거의 유사성이 없는 다양한 집단이다. 예를 들어, 높은 수준의 초조함이나 사회적 능력의 부족 때문에 극도로 위축되어서 친구를 만드는 것이 불가능한 학생들이 있다. 어떤 이들은 빌 에디슨 선생님이 가르친 청소년들처럼, 공격적으로 행동하고 위험하며 규칙에 위반되는 행동들을 보여서 많은 주의를 필요로 한다.

• 생각해 봅시다 #1

많은 EBD 학생들은 고위험의 외현화 행동을 나타낸다. 이러한 학생을 가르치고자 하는 예비교사는 어떤 자질을 갖추고 있어야 하는가? 왜 그렇게 생각하는가?

이러한 극단의 학생 행동을 설명하는 데에는 정서적인 방해, 정서적인 어려움, 정신장애 그리고 사회 부적응 등의 용어가 사용된다. 몇몇 전문가들은 이러한 용어들을 행동문제의 특성 및 심각성의 미묘한 차이를 분류하는 데 사용하는 반면, 어떤 전문가들은 상호 교환적으로 사용한다(Rosenberg, Wilson, Maheady, & Sindelar, 2004). 여기에서는 연방과 주 규정에서 사용하는 용어와 일치하도록 정서 및 행동 장애(emotional and behavioral disabilities: EBD)로 명칭을 통일하여 사용하도록 하였다.

FAQ Sheet

EBD 학생	
대상	행동적, 정서적 반응이 연령, 문화, 인종적 기준과 너무 달라서 교육적 수행에 부정적인 영향을 받는 아동과 청소년
주요 특징	• 공격성 • 규칙위반 • 불안 • 우울 • 사회성 기술 부족 • 사회적 위축 • 주의력 결핍
출현율	• 6~21세의 학생 47만 2,932명(학령기 학생의 0.73%) • 모든 장애학생의 8.2% • 약 80%가 남성임 • 약 60%의 유럽계 미국인, 26%의 아프리카계 미국인, 11%의 라틴계 미국인 • 약 50%는 약물치료를 받음
교육 배치	• 약 3분의 1이 일반학급에서 교육받지만, 하루 중 반 이상(60%) 분리 배치된다. • EBD 학생은 다른 장애학생보다 분리교육을 받을 확률이 4배 이상 높다.
진단 평가	• 일반적인 판별 방법에는 특정행동의 직접적, 체계적 관찰과 상업용 행동평가척도가 있다. • 기능적 행동평가는 교수/행동계획에 가장 유용한 정보를 준다.
예후	• 약 3분의 1이 학령기에 체포된다. • 약 2분의 1은 학교 졸업 후 3~5년이 지나도 취업이 되지 않는다.

1. 정의와 분류 기준

1) 정서 및 행동 장애의 정의

어떤 학생이 정서 및 행동 장애(EBD)를 가지고 있다고 말할 때 그것은 무엇을 의미하는가? 구체적으로 EBD를 지닌 이들의 행동은 단순히 장난을 치는 학생들의 행동과는 어떻게 다른가? 이러한 차이를 우리는 어떻게 측정하는가? 이러한 질문들은 EBD를 지닌 학생들을 판별하고 교육하는 데 관여할 때 지속적으로 가지게 되는 의문이다. 정서적 방해에 대한 IDEA 정의를 살펴보고 이러한 질문들에 답할 수 있는지 알아보자.

정서적 방해(emotional disturbance)란 다음 중 하나 이상의 특성을 장기적으로 나타내고, 학생의 교육적 수행에 부정적 영향을 미치는 명백한 범위의 상태를 의미한다. (1) 지적, 감각적 혹은 건강상의 요인으로 설명될 수 없는 학습에 대한 무능력, (2) 또래 및 교사들과의 만족스러운 대인관계를 형성하거나 유지하는 것에서의 무능력, (3) 정상적인 환경에서 부적절한 행동 및 감정을 표현하는 유형, (4) 불행이나 우울감이 만연되어 있는 기분 상태, (5) 개인이나 학교 문제와 연관된 신체적 징후나 공포의 경향이다. 이 경우 정신분열증 아동은 포함되지만, 정서적인 어려움이 없는 사회적 부적응 아동은 포함되지 않는다(U.S. Department of Education, 2005).

흥미롭게도 IDEA의 정의는 새로운 것이 아니고 이미 특수교육 분야에서 사용되던 것이다. 엘리 바우어(Eli Bower)는 1960년대에 원판을 출판했고, 몇 차례의 법 개정에도 약간의 변형만 있었을 뿐 꾸준히 포함되어 왔다. EBD를 지닌 학생들을 확인하는 데 오랜 역사를 가진 이 정의가 도움이 되는가? 긍정적인 측면에서 이 정의는 기술적이며, 명확하게 장애를 묘사하고 있다. 그러나 불행하게도 여기에서 기술된 용어들은 일반적이고, 몇몇 용어들은 정의되지 않았다. 예를 들어, '명백한 범위'와 '장기적으로'와 같은 초반에 기술된 자격 기준 용어들은 양적이지 않아서 임의로 해석하기가 쉽다. 게다가 만족스러운 대인관계나 부적절한 행동과 감정 등은 의미가 명확하지 않다. 이러한 애매한 용어들은 포괄적인 해석을 하기 쉽게 만들고, 우리가 나중에 논의하게 될 장애 범주 내에서 과잉 판별되는 문제를 초래하게 된다. 더구나 특정 행동은 반사회적 행동인지 혹은 정서적 장애인지 구별이 어려운데 사회적 부적응을 보이는 대상을 제외시킴으로써 논란을 일으키고 있다.

이 분야에서 적극적인 많은 사람들은 EBD의 정의를 보강하려고 노력해 왔다. 국립 정신건강과 특수교육 연합(National Mental Health and Special Education Coalition), 30개의 서로 다른 교육단체, 정신건강단체, 장애 옹호 집단 그리고 부모 조직 등에서 제안한 정의를 살펴보자.

- 용어 '정서 및 행동 장애'는 다음의 특징을 지니는 장애를 의미한다. 학교 프로그램에서 보이는 행동적 혹은 정서적 반응이 적절한 또래 · 문화 · 윤리적 기준과 너무 달라서 학업적 · 사회적 · 직업적 · 개인적 기술을 포함하는 교육적 수행에 부정적으로 영향을 미치는 경우; 환경 내 스트레스 사건에 일시적인 기대행동을 보이는 경우; 학교 관련 환경을 포함하여 두 가지 다른 환경에서 일관적으로 문제행동이 나타나는 경우; 일반교육에 사용되는 직접교수에 반응하지 않거나 아동의 상태를 볼 때 일반교육 중재가 불충분한 경우
- 다른 장애와 공존할 수 있다.
- 만약 장애가 첫 번째 항목에서 서술된 것과 같이 교육적 수행에 영향을 미친다면, 그 용어는 정신분열장애, 정서장애, 불안장애, 혹은 아동에게 영향을 미치는 수행이나 부적응의 장애를 유지시키는 다른 것들을 포함한다 (Federal Register, February 10, 1993, pp. 79-38).

이 정의가 IDEA 정의에 비하여 더 낫다고 할 수 있을까? 몇몇 관점에서 이 정의는 학교중심 행동에 초점을 맞추고 연령과 문화적 규범과 같은 맥락적 요소들을 고려하는 등 상당한 발전을 보인다(Forness & Kavale, 2000). 게다가 적격성을 위한 복합적 자원에 대한 날짜를 요구하고, EBD가 다른 장애조건과 공존할 수 있다는 사실도 인식하고 있다. 하지만 여전히 IDEA 정의와 마찬가지로 객관적으로 판단하기 어려운 많은 애매한 용어들(예: 적절한, ~기준과 너무 달라서)을 사용하고 있고 장애의 핵심 측면을 측정하기 위한 방법을 제공하지 않고 있다(Cullinan, 2004).

그러나 너무 비판적으로 사안을 살펴보기 전에 간략하게 현실적인 문제를 고려해 보자. EBD에 대한 객관적, 실패 안전적 정의를 개발하는 것은 불가능할 수 있다(Rosenberg et al., 2004). 다음의 문제점들이 고려되어야 한다. 첫째, 발달장애를 지닌 학생들의 판별에는 타당도와 신뢰도를 검증받은 지능검사를 사용할 수 있고 학업 성취에 대한 타당하고 신뢰성 있는 측정들은 학습장애의 판별에서

중심이 된다. 그러나 지능이나 학업 성취를 평가하는 도구들에 필적할 만한 EBD 아동들의 사회적 혹은 정서적 기능을 측정하는 도구가 단 하나도 없다는 것이다. 둘째, EBD를 보이는 아동의 행동 범위는 종종 장애가 없는 아동들의 행동과 겹친다. 게다가 EBD를 지닌 학생들과 작업하는 많은 이들은 그들의 행동이 전적으로 자신들의 행동과 다르지 않다는 것을 발견하면서 놀라게 된다(Rhodes, 1967). 마지막으로 EBD의 발달과 지속을 설명하기 위한 다양한 이론들은 종종 직접적으로 충돌한다. 결국 어떠한 하나의 정의가 EBD를 다른 관점으로 접근하는 모든 사람들을 만족시킬 것 같지 않다.

이상과 같은 정의에서의 문제점들에도 불구하고, 많은 교사들은 EBD 학생들을 보면 그들의 사회적 · 정서적 문제를 인식할 수 있다고 믿는다. 학생들의 행동이 매우 극단적인 경우에는 일반적으로 이러한 교사들의 판단이 옳다고 할 수 있다. 그렇지만 전형적이라거나 또는 문제가 있다고 명확하게 분류할 수 없는 행동 영역이 있으므로 결론적으로 학생들은 교사, 행정가, 관련 서비스 제공자 그리고 부모들의 개별적이고 부정확한 인내 수준에 의해서 종종 EBD를 지닌 것으로 판별된다. 이러한 주관성 때문에 학교와 학급에서 다양한 장애 정도와 특징을 보이는 EBD 학생을 발견할 수 있다.

2) 분류 기준

EBD를 분류하는 데는 통계학적 관점의 체계와 임상적 관점의 체계를 사용한다. 우선 통계학적 관점 체계에서는 EBD를 전형적인 행동과 극단적인 정서 형태의 한 군집으로 보고, 인구의 규범적인 표본으로부터 비율과 빈도에서 개인적인 차이가 얼마나 큰지에 기초해 분류한다. 가장 많이 연구된 체계는 경험 기반 진단의 아헨바흐 체계(Achenbach System of Empirically Based Assessment: ASEBA; Achenbach & Rescorla, 2001)로, 교사, 부모, 아동 자신이 여덟 가지 차원—공격행동, 규칙 파기, 불안/우울, 위축/우울, 신체적 불평, 주의집중 문제, 사회성 문제 그리고 사고문제—과 관련된 행동들을 스스로 진단한다. EBD로 분류된 이들은 한 가지 이상의 범주에서 극단적인 평가 결과를 보일 것이다.

임상적 관점 체계는 특정 집단의 개인이 정기적으로 보인 특정 행동 유형을 관찰한 한 심리학자의 작업에서 진화하였다. 이러한 행동 유형은 명백한 진단상의 실재로 발전했다. 행동적 문제점들을 분류하기 위해 가장 널리 사용된 체계는 미국정신의학협회(American Psychiatric Association: APA, 2000)가 출판한 『정신장애의 진단 및 통계편람(*Diagnostic and Statistical Manual*-4th ed.: DSM-IV-TR)』이다. DSM-IV-TR은 신체적 및 의사소통 장애와 같은 정신장애와 관련된 문제를 위한 설명과 진단 기준을 제공한다. 모든 정신적 문제들이 교육적 수행에 영향을 끼치는 것이 아니고, DSM-IV-TR 진단을 받은 모든 아동과 청소년들이 특수교육 서비스에 적합한 것은 아니라는 것을 기억하라.

이러한 두 가지 분류체계 중에 어떤 것이 당신에게 가장 유용할 것인가? 분류학적으로 획득된 체계들의 주요 이점은 행동의 분류들이 학생들의 차이를 측정하고 비교할 수 있게 한다는 것이다. 양적인 평가 측정의 사용은 임상적 체계에서의 판정 표본보다 더 확실하고 믿을 만하다. 게다가 행동 지표 목록들은 교육 목표를 설정하고 중재를 계획하는 데 도움을 준다. 가장 중요한 통계학적 관점 체계의 장점은 대부분의 유형들이 옳은 조건에서 수정될 수 있는 전형적인 행동

DSM-IV-TR이란 무엇인가

DSM-IV-TR(APA, 2000)은 미국정신과협회의 가장 최근의 정신장애 분류체계다. 원래 DSM은 정신과의사들이 다양한 정신질환의 징후, 원인, 발달을 체계적으로 분류하기 위해서 1952년에 개발한 것이다. 제5판 DSM-IV-TR은 총체적이고 체계적인 중다-축(multi axial) 틀을 사용한다. 정신장애는 고립된 단일 사건으로 발생하는 것이 아니기 때문에, 중다-축 틀을 통해서 진단 및 치료와 관련한 다양한 정보를 판별해야 한다. 축 I과 축 II는 구체적인 임상적 장애를 파악하는 데 사용된다. EBD 아동과 청소년에게 적용될 수 있는 가장 일반적인 DSM 장애로는 정신지체, 학습장애, 주의력결핍 방해 행동장애, 기분장애, 불안장애, 정신장애, 적응장애가 있다. 축 III은 장애의 이해를 돕는 일반적인 의학정보(예: 혈액 및 신경계 질병)를 파악하는 데 사용된다. 축 IV는 가족법적, 사회적, 법적 이슈와 같은 심리사회적, 환경적 요소를 확인하는 데 사용된다. 마지막으로 축 V는 임상적 평가로, 이를 통해 개인의 전반적 기능수준을 알 수 있다.

교사는 다음과 같은 이유로 DSM-IV-TR 사용에 관한 지식을 갖추어야 한다(Cullinan, 2004; Mattison, 2004).

- 학생의 기록이나 다양한 회의에서 DSM 진단 내용이 발견되곤 한다.
- 임상가는 가능한 치료방법을 제안할 때 DSM 전문용어와 정보를 사용하곤 한다.
- DSM은 많은 정신기관 협회, 정부기관, 의사들의 공식적 분류체계다.
- 서비스, 보험 상환에 임상적 DSM 진단이 종종 필요하다.
- 교사는 교육진단보다 임상진단을 요구하는 필수적인 지역사회 기반 정신건강 보충 서비스를 받도록 도울 수 있다.
- DSM은 다수의 EBD 학생들이 복잡한 행동문제로 인해 총체적 해결책을 필요로 한다는 것을 강조한다.

그림 7-1

의 극단적인 형태임을 강조한다는 사실이다(Gresham & Gansle, 1992; Gresham & Kern, 2004; Lambros, Ward, Bocian, MacMillan, & Gresham, 1998). 그러나 EBD를 가진 학생들과 함께 어울려야 한다면 DSM-IV-TR과 같은 임상적 관점 체계와의 접촉을 시작하고 그 체계가 운영되는 방법에 대한 지식을 가질 필요가 있다([그림 7-1] 참조).

2. 주요 행동적 특성

1) 외현화 행동

외현화 행동문제들은 학교와 교실활동들을 방해하는 도전적이고 공격적이며 비순응적인 양상을 보인다. 교사들은 그러한 행동들에 대하여 낮은 인내심을 가지고 있기 때문에, 외현화 행동들은 심리적, 정신적 그리고 초기의 처벌 서비스들에 의뢰되는 것뿐만 아니라 징계에 대한 가장 빈번한 이유가 된다(Cullinan & Sabornie, 2004; Tobin, Sugai, & Colvin, 1996). 외현화 행동에 대한 매우 일반적인 유형들 중 세 가지는 공격, 규칙 위반 그리고 비순응 행동이다.

(1) 공격

공격적인 행동은 학대적이고 파괴적이기 때문에 우리의 학교와 교실에서 쉽게 확인된다. 공격적인 행동들은 세 가지 요소—관찰 가능한 행동, 해를 입히려는 의도, 확인 가능한 피해—를 가지며, 일반적으로 언어적 공격과 신체적 공격의 두 가지 범주로 나누어진다. 언어적 공격은 다른 사람에게 언어적으로 위협하거나 굴욕을 주는 것뿐만 아니라 소리 지르기, 괴롭히기, 투덜대기, 불끈하기, 모독하기를 포함한다. 신체적 공격은 때리기, 발로 차기, 빼앗기, 물기와 같은 학대적이고 폭력적인 행동들을 포함한다(Patterson, Reid, Jones, & Conger, 1975; Rosenberg et al., 2004).

공격적인 행동은 두려움을 준다. 그 행동들의 분노, 격정 그리고 폭발성은 우리에게 충격을 준다. 공격성을 사용하는 학생들은 충격의 가치를 알기에 다른 이들을 협박하고 강제하기 위한 수단으로 그들의 극단적인 행동들을 사용하는 것으로 보인다. 실제로 EBD를 가진 것으로 판별된 학생들은 다른 학생들의 경우보다 상당히 높은 비율로 다른 이들을 위협한다(Kaplan & Cornell, 2005). 그리

놀랄 일은 아니지만, 또래와 많은 성인들은 위협적인 행동에 따르는 격노와 대립을 피하기 위해서 공격적인 학생의 요구에 따르게 된다. 사건의 이러한 악순환에 따른 불행한 결과는 다른 학생들이 공격성(또는 공격성의 위협)으로 원하는 결과를 얻을 수 있다는 것을 배운다는 것이다.

공격행동의 분노와 폭발성은 학생, 교사 모두에게 위협적이다.

(2) 규칙 위반

규칙을 위반하는 많은 학생들은 정해진 규칙들이 자신에게 적용되지 않는다고 믿는다. 그들의 규칙 위반은 지각과 복도에서 뛰기와 같은 사소한 위반부터 물질 남용, 무단결석, 절도, 사기, 그리고 만행과 같은 좀 더 극단적인 행동들까지 포함한다. 이러한 문제를 보이는 아동의 대부분(95%까지)이 학교 행정가들이나 청소년 법률 당국과 만나야만 하는 몇몇의 심각한 부정행위에 연루됨을 기억하라. 그러므로 규칙 위반을 설명할 때는 (1) 행동의 빈도, (2) 행동의 심각성, (3) 위반자의 태도에 초점을 맞추는 것이 핵심이다(Simonsen & Gordon, 1982; Simonsen & Vito, 2003). 양심의 가책이 수반되는 단순한 분노나 충동적 행동들은 EBD 판별의 지표가 되지 못하며, 죄책감이나 후회가 거의 없이 일어나는 반복적이고 미리 계획된 행동들과는 다른 개입이 요구된다.

(3) 비순응

학생들이 적극적으로 교육이나 요구에 반응하지 않는 것을 의미하는 비순응(noncompliance)은 학업적이고 사회적인 발달을 방해하고, 종종 심각한 유형의 반사회적 행동을 초래한다(Walker & Walker, 1991). 비순응 행동은 적절히 지도받지 못하면 학교를 졸업한 이후 직업적, 개인적, 사회적 성과에 유해한 영향을 줄 수 있다. 요구에 반응하지 못하고 다른 이들을 비난하는 개인은 직장 생활을 유지할 수 없을 것이다. 유사하게, 사회적 요구에 멸시와 조롱으로 반응하는 개인은 우정을 발전시키고 유지하기 어려울 것이다.

2) 내재적 행동

• 생각해 봅시다 #2

교사는 내재적 행동의 판별이 어렵더라도 판별법을 배워야 한다. 교사가 일상 교수활동 중에 과도한 위축, 불안, 우울을 어떻게 비공식적으로 선별할 수 있을까?

내재적 행동문제는 종종 외현화 문제와 연관되어 파괴와 같은 강도를 초래하는 내부로 향한 행동이다. 그러나 내재적 행동문제의 상대적으로 감춰진 성격은 그것을 확인하기 어렵게 만든다. 결과적으로 외현화 문제행동과는 대조적으로, 교사들은 내재적 행동문제가 의심되는 학생들에게 덜 주목하게 된다(Gresham & Kern, 2004). 세 가지 주요 내재적 행동문제들은 사회적 위축, 불안장애 그리고 우울이다.

학생사례 탐구

우울증이 있는 학생 지원하기

"지난 몇 주 동안 타니카의 행동에 상당한 변화가 있었다. 타니카가 원래 외향적인 아이는 아니었지만 4학년에 올라온 뒤 쉬는 시간에 또래와 상호작용하는 모습이 거의 보이지 않을 정도로 감소하였다. 타니카는 멍한 표정을 짓고, 몸무게가 줄며, 지치고 슬퍼보였고, 직접교수에 거의 참여하지 않고, 과제 완성률도 떨어졌다. 과제수행을 요구하면 타니카는 혼자 있고 싶다고 말하며 말없이 운다. 타니카는 우울증이 있는 것처럼 보인다. 이 학생을 돕기 위해 무엇을 할 수 있을까?"

이 사례의 선생님은 타니카의 행동 변화가 우울증과 관계가 있다고 생각하며, 타니카를 돕고 싶어 하였다. 비록 아동과 청소년의 임상적인 우울증 치료는 심리학, 정신학에서의 상당한 훈련이 필요하지만, 학급 교사가 할 수 있는 몇 가지 전략이 있다. 이러한 전략은 다음과 같다(Clarizo, 1994; Maag, 2002; Willis, 1996; Wright-Strawderman & Lindsay, 1996).

- 환경 내 스트레스를 점검하라: 환경 내 사건변화가 학생의 행동변화에 기여할 수 있는지 알아보고 필요한 조정을 하라.
- 격려는 많이 하고, 판단은 적게 하라. 관찰연구 결과, 교사는 우울증이 있는 아동을 부정적으로 대하여 문제를 악화시키는 경향이 있다. 이러한 학생을 알아내고, 라포를 형성하고, 상호작용하기 위하여 특별한 노력을 기울여라.
- 낮은 자아존중감을 향상시켜라: 학습에 어려움을 보이는 저학년 학생을 돕도록 하여라. 그리고 작은 성취더라도 자주 칭찬하라.
- 자신의 감정에 대한 책임감을 강화시켜라: 자신의 감정에 책임지는 방법을 가르치는 활동을 계획하라. 우리의 감정이 어떻게 일상사건과 이러한 사건에 대한 반응으로 나

(1) 사회적 위축

위축된 학생들은 일반적으로 다음과 같은 세 가지 특징을 보인다(Odom & DeKlyen, 1986).

- 고립된 놀이에 과도하게 많은 시간을 할애함
- 동료들과의 긍정적인 사회적 상호작용이 거의 없음
- 언어 사용 비율이 낮음

이러한 학생들을 확인하고 사회화의 빈도와 질을 향상시키는 것은 왜 중요한

타나는지를 묘사하는 이야기, 사례, 맥락-기반 지시(다른 시간, 장소, 상황에서의 우울 관련 증상에 요구되는 것)를 사용하라.
- 긍정적인 것에 대한 관심을 높여라: 학생에게 즐거운 일상사를 기록하는 다이어리를 만들어 즐거운 생각을 하거나 활동에 참여할 때마다 기록하도록 하라. 그리고 우울한 기분이 들 때 다이어리를 읽게 하라.
- 희망참, 도움, 자기강화를 격려하고 시범 보여라: 학생행동이 일상사건에 어떻게 영향을 미치는지 명확하게 보여 주고, 현재 상황에 상당한 변화를 초래할 수 있다는 것을 보여 주어라. 그리고 좋은 것이 성취되었을 때 효과적으로 자기강화를 하도록 가르쳐라.
- 집단 과제와 팀 협력을 촉진하라: 모든 참여자의 상호작용과 협력을 요구하는 집단 과제를 주어라. 그리고 학생들이 과제를 완성하도록 하고, 모든 팀 구성원이 참여하고 존중되도록 절차를 기술하라.

우울증이 있는 학생을 다루는 전략에 관한 추가적인 정보를 얻으려면 다음을 참고하라.

Maag, J. (2002). A contextually based approach for treating depression in school-age children. *Intervention in School and Clinic, 37*(3), 149-155.

Wright-Strawderman, C., & Lindsay, P. (1996). Depression in students with disabilities: Recognition and intervention strategies. *Intervention in School and Clinic, 31*(5), 261-265.

적용하기
- 우울증이 있는 학생이 자신의 감정에 책임을 지도록 하는 활동을 개발해 보아라.
- 이러한 활동을 일반적인 교수적, 사회적 과제에 어떻게 통합시킬 것인가?
- 활동의 영향력과 효율성을 어떻게 평가할 것인가?

위축된 학생은 많은 시간을 혼자 보내며, 또래 상호작용으로부터 혜택을 받지 못한다.

가? 먼저 아동은 상호작용을 통해 서로 배우고 발달하므로 개인간 교류가 부족하게 되면 중요한 사회적, 의사소통적, 인지적 행동을 배울 기회를 제한받는다. 또한 또래와의 교류는 아동이 전략을 시도하고 피드백을 받고 다른 이들과 의사소통하고 어울리는 최상의 방법에 대한 필수적인 요소들을 다듬는 기회를 제공한다(Kennedy & Shukla, 1995). 둘째, 아동기에서 적절한 또래관계를 발전시키지 못하면 청소년기와 성인기에 사회적 조절과 심리적 문제, 특히 현저한 우울과 고독 등이 나타날 수 있다(Gresham, Lane, MacMillan, & Bocian, 1999). 마지막으로, 사회적으로 위축된 학생들은 또래에 비해 중요한 학업관련 행동(예: 과제에 대한 집중, 숙제하기)에 참여하는 비율이 낮고 이로 인해 학업 성취에 영향을 받게 된다(Rosenberg et al., 2004).

(2) 불안

불안과 관련된 감정, 사고 및 생리적 반응들은 인간의 필수적인 부분이다. 불안은 매일의 신체적, 정서적 문제점들에 대한 우려, 사고, 행동들에 대한 신호로, 종(species)으로서의 우리의 생존에 도움을 준다. 아동과 청소년 불안의 대다수는 일시적이고 전형적인 발달을 방해하지 않는다. 그러나 아동의 약 8%는 상당히 오랜 시간 동안 일어나는 과도한 걱정의 특징을 보이고, 종종 임상적 중재를 필요로 하는 심각한 걱정을 경험한다(Kauffman, 2001).

학생들이 경험하는 심각한 불안에는 다섯 가지 유형이 있다. 안절부절못함, 피곤, 민감, 근육긴장, 수면 장애, 주의집중 어려움의 증상을 보이는 일반적 불안(generalized anxiety)은 그 정도가 심하면 매일의 활동이 방해를 받는다. 주요 보호자와 집으로부터의 분리에 대한 과도한 걱정인 분리불안(separation anxiety)은 어린 아동에게 일반적으로 나타난다. 강박장애(obsessive-compulsive disorder: OCD)는 고민을 줄이거나 두려운 상황을 피하기 위한 의식적이고 상동적인 행동(예: 손 씻기, 사건들에 대한 과도한 점검)과 사고(예: 수 세기, 기도하기, 숫자 배열하기)에 의해 특징지어진다. 이러한 행동들은 과도하게 시간을 소비하게 하며, 기능을 손상시키거나 상당한 걱정을 야기한다(APA, 2000). 사회적 불안

(social anxiety)은 사회적 또는 수행 상황에 대한 극도의 불안이다. 학생들은 상황적인 공포에 대해 공격이나 회피로 반응하는 경향을 보이거나 극도의 불편함을 지닌 상황을 인내해야 한다. 마지막으로 외상후 스트레스(posttraumatic stress)는 일반적으로 극도의 공포를 주는 외상적 사건의 결과인 공포를 재경험하는 것이다. 외상후 스트레스 장애 학생들은 반복적으로 되풀이되는 외상의 경험으로 사회적 기능이나 학업적 기능에 부정적인 영향을 받을 뿐 아니라 최초의 외상과 관련되는 사건이나 활동, 그와 유사한 상황을 피하려는 경향이 있다.

(3) 우울

우리 모두는 '우울한 기분'의 기간, 즉 우리가 슬프거나 상처받거나 피곤하거나 기분이 가라앉거나 언짢음을 느끼는 시간을 경험한다. 불안과 마찬가지로 이러한 감정들은 인간 조건의 부분이며 일반적으로 그 지속 기간이 짧다. 그러나 극단적이고 지속적인 증상들은 단지 일시적인 우울함 이상으로 더 심각한 상황을 의미한다. 우울증은 개인의 기분과 사고 그리고 태도에 널리 영향을 미치는 방심할 수 없는 징후의 집단으로서 정의된다. 이전의 발병률이 알려지지 않았음에도 불구하고, 모든 학생 중 2~21%, 그리고 특수교육 요구를 지닌 학생들 사이에서는 14~54% 정도가 우울증의 몇몇 증상들을 경험하는 것으로 판단된다(Maag, 2002; Newcomer, Barenbaum, & Pearson, 1995). 자주 간과되는 점은 우울증이 품행장애와 불안장애를 포함하는 다른 장애와 높은 공존성을 보인다는 사실이다. 특별히 우울증이 두려운 이유는 우울증의 절반 이상이 자살의 원인이 되기 때문이다. 우울증은 일반적으로 임상적 개입을 요구하는 정신적 조건으로 조망되고 있으나, 수많은 사회적, 학업적 상황에서 학생들을 볼 수 있는 교사들이야말로 증상을 확인하는 가장 좋은 위치에 있다고 할 수 있다.

학생들의 우울증을 탐지하고 아동 및 청소년의 정서적 행동에 나타나는 위험 요인을 확인하기 위해서는 무엇을 조사해야 하는가? 라이트스트로더먼과 린제이(Wright-Strawderman & Lindsay, 1996)는 교사들이 미래에 대한 우울한 기분, 낮은 자아존중감, 위축, 정서적 기분 변동 그리고 부정적인 표현과 같은 극단적이고 일관적인 정서적 혼란을 나타내는 학생들을 인식해야 한다고 제안한다. 또한 교사들은 사회적 행동과 학업 수행에서의 상당한 변화를 인식해야 한다. 우울증을 가진 학생들은 종종 다른 이들과의 관계를 형성하고 유지하는 데 어려움을 보이고 사회적 문제해결에 관심을 가지지 않는다. 학업적인 측면에서 교사들은 과제 완성도가 떨어지고 산만함이 증가됨과 더불어 학생의 활동성이 떨어지는 모습을 발견할 수 있을 것이다. 의심되는 모든 자살행동은 명백하게 즉시 다뤄져야 한다.

3) 기타 행동

(1) 주의력결핍

주의집중을 하지 않는 학생들은 지속적인 정신적 노력과 집중을 요하는 과제를 가능한 한 피하려고 애쓰고, 자리에 앉아 있는 것에 어려움을 보이며, 결과에 대한 고려 없이 빠르고 비체계적으로 행동한다. 그들은 불쑥 의견을 말하거나 차례를 바꿔 말하고, 단기기억 간격을 가지고 있으며, 다른 이들을 과도하게 방해한다(Henley, Ramsey, & Algozzine, 2006; Schworm & Birnbaum, 1989). 빈번하고 강렬하고 지속적일 경우에는 그러한 유형의 행동을 행동장애로 보기 쉽다. 일부 학생들의 주의력결핍은 심각해서 주의력결핍 과잉행동장애(attention deficit hyperactivity disorder: ADHD)로 고려되기에 충분하다. 우리는 제9장에서 ADHD의 핵심적인 특징들에 대해 상세히 논의할 것이다.

(2) 사회적 기술결핍

사회적 기술결핍에 대하여 이야기할 때, 우리는 사회적 능력에서의 결핍에 대하여 언급한다. 그것이 종종 사람들 간의 차이를 의미함에도 사회적 능력은 부모와 교사 그리고 학생이 성공을 위해 중요하게 여기는 개인 간의 행동들로서 가장 잘 조망된다. 최근 자료에 따르면, EBD를 지닌 학생들은 장애를 가지고 있지 않은 또래들보다 상당히 낮은 사회적 기술을 일관적으로 보인다고 한다(Wagner, Kutash, Duchnowski, Epstein, & Sumi, 2005). 그리샴(Gresham)과 동료들(예: Gresham, 1988; Gresham, Sugai, & Horner, 2001)에 따르면, 사회적 기술결핍에는 기술결핍, 수행결핍 그리고 빈도결핍의 세 가지 유형이 있다. 기술결핍 학생들은 사회적 행동을 수행하기 위해 요구되는 지식이나 기술이 획득되지 않았다. 수행결핍 학생들은 그들의 행동 목록에 사회적 기술을 가지고 있어도 어떤 이유나 다른 것들 때문에 그러한 행동을 일정하게 보이지 않는다. 특정한 환경(예: 동기화되지 않음, 무례한 행동으로 얻은 커다란 부차적인 혜택) 때문에 학생이 행동을 수행하는 기회를 가지지 않거나 행동을 수행하지 않기로 적극적인 결심을 하는 것 모두가 해당된다. 마지막으로 빈도결핍은 사회적 기술의 모델이 부적절하거나 혹은 적절한 행동을 시연하거나 연습할 기회가 너무 적은 경우에 나타난다.

사회적 기술의 다른 유형에 대하여 인식하는 것은 교사들이 중재를 선택하거나 설계하는 데 도움을 준다. 예를 들어, 사회적 행동을 수행하는 데 필요한 지식이나 기술을 행동목록에 가지고 있으나 그것들을 사용하지 않기로 결정한 학생들에게 사회적 기술이나 행동을 가르치는 것은 비효율적일 것이다. 이 경우 그 기술에 대한 수행을 증가시키기 위해 설계된 중재를 사용하는 것이 더 낫다. 마찬가지로 수행을 증가시키는 중재는 목표된 사회적 기술을 습득하지 못한 학생에게는 유용하지 않다.

• 생각해 봅시다 #3

좋은 사회성 기술을 가졌다는 것은 무엇을 의미하는가? 이러한 기술은 어떻게 학습되는가? 일부 학생들이 수용 가능한 사회성 기술을 습득하고 수행하는 데 실패하는 이유는 무엇인가?

4) 인지적, 학업적 특성

사회적-정서적 그리고 행동적 기능의 심각한 문제와 더불어, EBD를 지닌 학생들은 낮은 IQ 점수를 보이는 경향이 있다. 이는 발달적 장애 범위에서 불균형적으로 나타나는 점수다. 상대적으로 적은 학생들이 상위 범위에 속하며, 하위 언어검사 점수가 수행 점수보다 높은 경향이 있다(Kauffman, 2001; Mattison, 2004). 비슷하게도 EBD를 가진 학생들은 비장애 또래의 학업성취와 비교해 볼 때 다양한 영역에서 시간이 지나도 향상되지 않는, 심각한 학업적 어려움을 나타낸다. EBD를 지닌 학생들의 학업적 특성에 대한 많은 연구들이 그들이 다른 장애집단의 학생들보다 낮은 점수를 받고 더 자주 정규 학교 체계 안에서 실패를 경험한다고 밝히고 있다(Lane, 2004; Wagner et al., 2005). 결과적으로 EBD 학생들은 비장애 또래집단보다 유급률이 2배 이상 높고(16%), EBD를 지닌 학생들의 중도 탈락률은 또래보다 세 배 이상인 58.6%에 이른다(Osher, Morrison, & Bailey, 2003; Wagner & Blackorby, 1996; [그림 7-2] 참조).

EBD 학생들의 학업결핍은 놀라운 일이 아니다. 그들은 근본적으로 낮은 학업적 성취를 초래할 만한 학습에 조화되지 않는 행동들—수업에 참여하지 않기, 반복적이고 공격적으로 수업을 방해하기, 충동적으로 반응하기—을 보인다. 몇몇 사례들은 EBD 학생이 자신의 무능력을 감추기 위해 어려운 과제 완수를 요구받는 경우 부적절한 행동을 하기도 한다고 설명하고 있고 일부 학생들은 학습장애를 같이 가지고 있어 학업 결핍을 보이기도 한다. 정확한 공존률은 정확하지 않지만, EBD를 가진 학생들에 대한 연구에 따르면, EBD 학생의 38~75% 정도가 학습장애도 함께 가지고 있는 것으로 보고되고 있다(Mattison; 2004; Rock, Fessler, & Church, 1997).

고등학교 졸업의 어려움에 대한 학생의 의견

EBD 학생은 왜 고등학교를 졸업하지 못하는가? 불행하게도 우리는 중퇴하는 EBD 학생의 수는 잘 알고 있지만, 이들이 학교를 떠나는 이유는 잘 알지 못한다. 이에 코르테링, 브라지엘과 톰킨스(Kortering, Braziel, & Tompkins, 2002)는 EBD 학생의 높은 중퇴율 원인을 연구하였다. 33명의 중등 특수교육을 받은 EBD 학생을 대상으로 (1) 학교에서 겪은 최상 · 최악의 경험, (2) 학생을 돕는 방법과, 학생의 퇴학을 막는 방법, (3) 학습을 돕는 교사의 특성에 관해서 일대일 심층 면담을 하였는데, 결과는 다음과 같았다.

- 최상의 수업은 신체활동, 직업과제(예, 자동차 기계공), 사회화 프로그램을 제공한 것이었다.
- 최악의 상황은 빈번한 교사와의 부정적 충돌, 어렵고 따분한 수업이었다.
- 학생들은 성공적인 성인기 전환에 교육이 필요하다는 것을 알고 있었으며, 높은 수준의 내용 습득을 위해서는 교수지원, 교사 및 또래와 잘 어울리기 위한 전략이 필요하다고 믿었다.
- 학생들은 개별화, 격려, 교육과정 수정을 제공하는 긍정적인 교사에게 가장 잘 반응하였다.

위의 결과로부터 무엇을 배울 수 있는가? EBD 학생은 특정 교육상황과 교사행동을 기피할 뿐만 아니라 명백한 선호도를 가지고 있다. 연구자들은 대안적인 수업운영과 학생과의 긍정적인 상호작용 방식이 학교 졸업률에 영향을 미친다고 제안하였다.

그림 7-2

3. 출현율, 과정 및 발생 원인

1) 출현율

EBD를 지닌 학생들의 출현율은 학령기 인구 중 1% 이하(0.73%)다(U.S. Department of Education, 2004). 이것은 장애를 가진 것으로 확인된 모든 학생들 중 8.2%(약 47만 3,000명)의 학생들을 나타낸다. 이런 낮은 발생률이 30년간 안정되게 나타났음에도, 많은 이들은 서비스를 요구하는 학생들의 비율(3~6%)은 실제로 서비스를 받는 학생 수를 훨씬 초과한다고 믿는다.

EBD를 지닌 학생의 출현율을 둘러싼 문제들은 복잡하고 논쟁적이다. EBD 장애를 가진 모든 학생이 진단받고 도움을 받지 못한다는 사실을 감안하더라도 몇몇 특정 집단의 EBD 출현율은 과도하게 높게 나타나고 있다. 예를 들어, 유럽계 미국인에 비해 아프리카계 미국인의 EBD 발생률은 약 1.7배 더 높은 것으로 나타났다. 그리고 전체 EBD 학생 중 아시아/태평양 연안의 학생과 스페인계 학생의 수는 적은 반면, 인디언계 미국인 학생의 수는 많다(Coutinho, Oswald, & Forness, 2002). 이러한 인종적 차이 탓에 주와 지역교육청의 장애 출현율이 다르게 나타난다. 29개 주에서 아프리카계 미국인 학생의 EBD 출현율이 유럽계 미국인 학생의 경우보다 2배 이상 높게 나왔다. 지역적으로 아프리카계 미국인 학생들은 그들이 소수인종일 때 과잉 판별되고 소수인종이 아닐 때는 과소 판별되는 경향이 있다(Osher et al., 2004). 불균형적인 출현율은 다양한 요소(예: 가난과 가족의 지위)에 의해 발생할 수 있으며, 이러한 요소들은 인종 집단에 걸쳐 동등하게 분배되지 않는다는 것을 기억하라. 결국 정확한 출현율을 얻기 위해서는 필요한 중재를 간과하지 않아야 한다(Coutinho et al., 2002).

와그너 등(Wagner et al., 2005)은 학교에서 장애를 가진 학생들에 대한 몇몇 대규모 전국 데이터베이스를 분석하면서, EBD를 가진 학생들에 관한 추가적인 인구학적 자료를 발견했다.

- EBD로 분류된 학생의 3/4 이상이 남학생이다.
- EBD를 가진 학생들은 다른 학생들보다 가난, 한부모, 실직가장, 장애 형제자매 등과 같은 여러 가지 위험요소를 지닌 가정에 사는 경향이 있다.
- EBD를 가진 학생들은 다른 학생들보다 더 자주 전학을 하는 경향이 있다.

2) 장애의 과정

EBD를 가진 학생들의 예후는 매우 우울하다. 헨더슨과 브래들리(Henderson & Bradley, 2004)가 요약한 몇 가지 중요한 종단연구 결과를 살펴보자. 장애학생의 32.75%나 일반학생의 22%와는 비교되게 EBD 학생의 약 3/4이 정학 또는 퇴학을 당하며 EBD 학생의 1/3 이상(34.8%)은 학령기에 체포되어 사법체계에 과도하게 연루된다. 퇴학당한 학생들 중 70%는 학교를 떠난 후 3년 이내에 체포된다.

불행하게도 어떤 것들은 시간이 지나도 더 나아지지 않는다. EBD를 가진 사람들은 일생에 걸쳐 높은 실직과 직업적 적응의 어려움을 경험한다. EBD를 가진 학생들의 약 절반은 학교를 떠난 지 3~5년 후에도 고용되지 못하고 단 40%만이 독립적으로 생활한다(Corbett, Clark, & Blank, 2002; Wagner, Blackorby,

Cameto, Hebbeler, & Newman, 1993). 아동기와 청소년기의 반사회적인 행동은 허약함과 영속적인 상태로 유지된다. EBD를 가진 학생들은 약물과 마약복용 때문에 정신건강 상의 문제를 보이기도 하고 다른 또래보다 범죄율도 높다(Bullis, 2001; Wagner et al., 1993). 안타깝게도 EBD를 가진 개인들의 문제는 다양하고 복잡하기 때문에 치료에 많은 비용과 지역사회 지원을 필요로 하게 된다(Quinn & Poirier, 2004).

3) 발생 원인

무엇이 EBD를 가진 학생들이 그렇게 극단적이고 다양한 행동을 하게 만드는가? 왜 어떤 학생은 그렇게 활발하고 공격적이고 반항적이며, 어떤 학생은 그렇게 불안하고 위축되며 사회적 친화성이 부족한가? 이러한 행동들은 과거의 유전적 기능, 생화학적 이상의 증상, 혹은 과거 정신분열적 문제의 결과인가? 이러한 질문들은 교사들이 EBD를 가진 학생들과 함께할 때 자연적으로 많아진다. EBD의 복잡한 행동적 패턴은 단일 사건보다는 상호작용하는 요소들에 의해 발생하기 때문에 장애의 결정적인 원인을 확인하는 것이 어렵다. 따라서 EBD의 발생원인에 따른 중재방안을 살펴보기 위해서는 다양한 조건들을 포괄적으로 고려한 다음 수정 가능한 것에 초점을 맞추는 것이 바람직하다.

(1) 생리학적 영향

생리학적 발생 원인을 생화학적 이상, 뇌손상과 신경기능 장애, 그리고 유전 등 세 가지 유형으로 나누어 볼 수 있다. 생화학적 이상은 신체의 중앙신경계나 물질대사의 방해를 의미한다. 뇌손상과 신경기능장애는 뇌나 중앙신경계의 특정한 상처나 손상으로 인해 부적절한 모습이 나타나는 것이다. 유전은 문제행동의 발달에 있어서 유전의 역할에 대하여 언급한다.

역사적으로 의학적 모델에 의한 설명들이 우리의 전문 영역 밖이었기에, 특수교사들은 그들의 관련성을 덜 강조해 왔다. 실제로 EBD에 대한 생리학적 설명들은 학생들에 대한 부정적인 기대를 만들고, 어떤 중재가 효과적이지 않은 이유에 대한 편리한 설명이라고 주장되어 왔다. 예를 들어, 당신은 동료교사가 "당연히 나는 브래드가 소리치는 것을 그만두게 할 수 없어. 그는 뇌와 중추신경계 손상으로 진단됐거든."이라고 말하는 것을 들을지도 모른다.

우리는 어떻게 EBD와 관련된 생체적 요인들을 조망해야 하는가? 교육자로서 우리는 분명하게 학생들을 가르쳐야 하는 우리의 책임감이 생체적 발생 원인의 확인이나 의학적 개입의 설명으로 끝나지 않는다는 것을 인식해야만 한다(Kauffman, 2001). 그러나 이것은 생체적 요인들을 무시하라는 것이 아니다. 소아정신과의 최근 연구들은 생체학적 기반의 정신적 문제들을 선별하는 것은 교육자의 평가와 행동 목록 계획의 일부분이어야 한다고 주장하고 있다(Konopasek & Forness, 2004).

(2) 정신역동학적 영향

EBD에 대한 정신역동학적 설명들은 개인의 성격 구조에 대한 구성요소들 간의 방해에 중심을 둔다. 레들과 와인먼(Redl & Wineman, 1957)의 고전적 연구에 따르면, EBD를 가진 몇몇 아동들은 미숙하거나 불충분한 내부적 혹은 심리내적 구조들(예: 자아, 본능, 초자아)을 가져 충동을 어렵게 한다. 다른 이들은 성격의 구성요소들이 적절하게 발달되지만 EBD 학생들은 문제행동을 합리화하는 성향을 가짐으로써 문제행동을 하게 된다고 주장하며 또 다른 정신역동 구조들은 문제행동과 감정을 이해하도록 만든다는 것이다. 그러나 정신역동학적 가설들은 명백한 증거에 의해 지지받지 못하고 학급 교사들에게 유용하지 않다는 비판도 받고 있다.

(3) 가족과 가정의 영향

러시아 고전 소설 『안나 카레니나(*Anna Karenina*)』에서 톨스토이는 모든 행복한 가족들은 서로 닮아가지만 불행한 가족들은 각자만의 특유한 방식으로 생활한다. 명백하게 가족 구조와 역동성은 태도, 감정, 행동, 행복에 어느 정도 영향을 미친다. 그런데 그러한 요소들은 EBD의 발달에 얼마나 많이 공헌하는가? 카우프만(Kauffman, 2001)에 따르면, 대부분의 가족요소들은 위험성을 증가시키지만 EBD의 단독 원인은 아니다. 예를 들어, 신체적이고 정신적인 학대와 같은 요소들은 아동이 폭력을 일상생활에 적절한 반응으로서 인식할 수 있는 위험성을 상당히 증가시킨다. 또한 그러한 부당한 대우는 공격성, 규칙 위반, 우울증과 같은 EBD와 관련된 많은 특징을 초래하는 위험을 증가시킨다. 그러나 이런 위험은 불가항력을 의미하지는 않는다. 많은 아동은 대부분의 학대 상황에서조차 심리적으로 건강을 회복하고 유지한다(Feldman, 2000).

한부모가정이나 혼합가정의 한 구성원이 되는 것과 같은 가족 구조적 요소들은 행동문제의 발달에 직접적으로 영향을 미치지 않는다. 그러나 가족의 스트레스가 증가할 때 전형적인 양육의 실제는 파괴되고, 가정에서의 행동은 비일관적이고 예측할 수 없게 될지도 모른다. 그러한 사건들은 부적절하고 낮은 자기평가를 초래하여 아동들의 기본적인 심리적 요구를 충족시키지 못할 수 있다. 또한 가족의 스트레스는 가족구성원 간에 위압적인 상호작용의 비율을 증가시키고, 모든 구성원은 높은 비율의 부정적, 공격적, 혐오적 통제력을 보이게 된다. 당연하게도 그러한 환경에서 아동과 청소년들은 EBD와 관련된 많은 반사회적 행동을 보일 가능성이 높다(Walker, Severson, & Feil, 1995).

(4) 사회적 · 환경적 영향

랭(R. D. Laing, 1967), 토머스 셰프(Thomas Scheff, 1966)와 같은 1960년대의 몇몇 급진적인 심리학자들은 문제행동이 우리 주위의 미친(mad) 세상에 대한 자연적인 반응이라고 주장했다. 이것은 극단적인 가정이지만, 정서 및 행동 문제의 발달이 사회적이고 환경적인 사건에 의해 영향받을 가능성을 고려해 보자. 첫째, 많은 이들은 우리 사회가 폭력의 유행—지속적인 분노, 비열한 괴롭힘, 성희롱, 불일치를 해결하기 위한 무기의 사용—에 사로잡혀 있고, 이러한 폭력은 아동의 일상에 만연해 있다고 주장한다. 이에 상응하여 학교와 학급에서 공격적이고 반사회적이고 충동적이며 파괴적인 행동을 보이는 일반학생들이 점점 증가하고 있다. 둘째, EBD를 가진 아동의 대다수는 가난, 폭력, 범죄 비율이 높은 황폐하고 혼잡한 지역에서 거주하는 경향이 있다. 이러한 환경 유형들은 적응행동의 긍정적인 본보기를 적게 제공하고 두려움, 스트레스, 무력감, 소외의 감정을 일으킨다(Cullinan, 2002). 셋째, 아동과 청소년의 행동에 영향을 미치는 매체의 끊임없는 공세가 있다. 주당 35시간으로 추정되는 높은 TV 시청률과 더불어 시청한 내용의 질은 사회적 · 정서적 어려움과 관련이 있다. 예를 들어, 시간당 20개의 폭력행동을 보여 주는 몇몇의 폭력적인 프로그램은 아동들이 두려움, 걱정, 의심을 하도록 만들거나 아동의 공격적인 행동을 증가시킬 수 있다. 게다가 TV는 종종 유혹적인 언어로

일부 학생들은, 특히 다차원적인 위험 요인을 지닌 학생들은 과밀하고 자원이 부족한 학교의 무질서와 무례함에 부정적으로 반응한다.

성적인 행동과 술, 담배 혹은 마약의 사용을 묘사한다(Kidsource, 2000).

(5) 학교 영향

교육과 청소년의 정서적 발달을 책임지는 사회기관인 학교가 EBD의 발생과 유지에 영향을 미칠 수 있을까? 정답은 '그렇다'이지만, 불행하게도 그 영향력은 종종 개별 학생의 특성에 따라 다르게 나타난다. 첫째, 잠재적으로 복합적인 위험 인자를 가진 학생이란 상당수의 대규모 기업형 종합 학교에서 흔히 볼 수 있는 과밀학급, 무질서, 폭력, 무례함 등의 특성에 부정적으로 반응하는 학생들인데 이들이 이러한 위험요소를 가진 환경에 노출되는 경우 쉽게 문제가 발생할 수 있다.

둘째, 몇몇 교사들은 그들의 학생에게 비합리적인 기대치를 가질 뿐만 아니라 학생들의 개성에 둔감하고, 부적절한 교육을 제공하며, 행동관리에 비일관적이고, 적절한 사회적 기술을 가르치고 모범이 되는 데 실패함으로써 영향을 미친다(Kauffman, 2001; Mayer, 2001; Sprague & Walker, 2005). 더 낮은 기대를 가질 때 교사들은 신체적 · 정신적으로 거리를 유지하고, 어려운 과제를 덜 내고, 성공할 가능성이 있는 지시사항을 적게 함으로써 학생들을 다른 학생과 다르게 관리한다. 자기 충족적 예언(self-fulfilling prophecy)이 일어나고, 학생들은 교사들의 낮은 기대를 초월하기보다는 다소 충족시키는 방식으로 행동한다. 매우 높은 수준의 비합리적인 기대치를 갖는 경우에는 학생들이 좌절하거나 우울하게 된다. 왜냐하면 그들은 교사가 설정한 기준을 충족시킬 수 없기 때문이다. 당연하게도 수업 방해, 미성숙, 공격성과 같은 부적절한 행동들은 학생들이 자신의 역량을 초과한 과제를 받았을 때 증가한다.

• 생각해 봅시다 #4

이제까지 EBD의 발생 원인에 대해서 살펴보았다. 이러한 정보가 교실 중심의 중재를 계획하는 데 어떻게 활용될 수 있다고 생각하는가?

4. 판별과 평가

이론적 방침과 분류체계가 다양하다 보니 EBD의 판별과 평가 방법도 다양하게 나타난다. 그러나 사용된 방법에 관계없이, 평가 절차는 일반적으로 세 단계 접근, 즉 선별, 판별 그리고 교수적 · 행동적 계획수립의 순으로 진행된다.

1) 선별

EBD를 선별할 때는 학생이 장애 위험을 나타내는 포괄적인 일련의 특징을 보이는지를 확인한다. 선별 결과 장애위험이 있다고 판단되면 장애의 실제적인 존재 혹은 부재를 결정하는 데 필수적인 보다 집중적인 평가를 하게 된다. 많은 교사들은 일상적인 상호작용과 관찰을 통해 행동의 문제점을 비공식적으로 선별한다. 적대감, 공격성 그리고 파괴와 같은 부적절한 행동 유형들이 시간이 지나면서 유지되고 확대될 때, 학생들은 더 심도 있는 검사를 받게 된다. 이러한 비형식적인 선별은 실제적이고 간단한 것처럼 보이지만 몇 가지 문제점을 갖고 있다. 첫째, 외현화와 파괴적인 행동을 나타내는 학생들은 과잉 의뢰되고, 내재적 문제를 가진 학생들은 거의 인식되지 않는다. 둘째, 교사들마다 특정 외현화 행동들에 대한 인내 수준이 굉장히 다양하다. 구체적으로 낮은 인내 수준을 가진 교사들은 많은 학생을 의뢰할 것이지만, 높은 인내 수준을 가진 교사들은 학생들을 거의 의뢰하지 않아서 많은 고위험군 학생을 발견하지 못할 수도 있다(Rosenberg et al., 2004).

이러한 한계를 극복하기 위하여 선별 절차를 형식화하게 된다. 한 가지 방법은 적절한 학급행동, 사회적 능력, 위축과 같은 기능의 범주에 대하여 적극적으로 등급을 매기는 것으로, 양극단으로 등급이 매겨진 이들은 추가적인 평가 대상으로 고려될 것이다. 더 구조화된 두 번째 방법은 행동장애의 체계적 선별(The Systematic Screening for Behavior Disorders: SSBD; Walker & Severson, 1992)과 같은 상업적으로 준비된 선별체계와 초기선별 프로파일(Early Screening Profile: ESP; Walker, Severson, & Feil, 1995)을 사용하는 것이다. SSBD와 ESP 모두 3~11세 학생들을 대상으로 설계된 다중단계 선별체계([그림 7-3] 참조)다. 우선 교사들은 학급 내 모든 학생들의 내재적 행동과 외현화 행동의 등급을 매긴다. 그리고 각 목록에 속한 상위 세 학생들을 두 번째 단계로 보내서 그들의 행동이 일반적인 교실행동 기준과 규율에 반하는지를 분석한다. 분석 결과 표준 기준을 초과하는 이들은 수업과 독립적인 과제 동안에 직접 관찰을 수행하는 세 번째 단계로 보내진다.

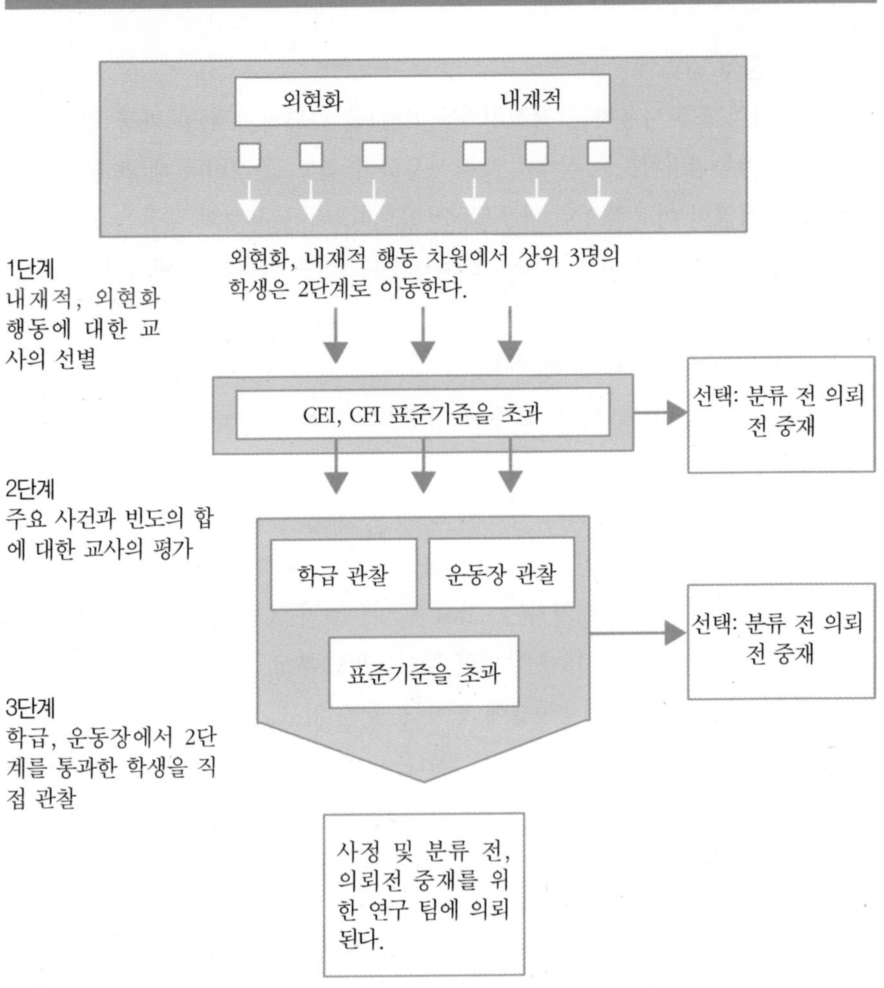

출처: Walker, H. M., Severson, H., Stiller, B., Williams, G., Haring, N., Shinn, M., & Todis, B. (1988). Systematic screening of pupils in the elementary age range at risk for behavior disorders: Development and trial testing of a multiple gating model. *Remedial and Special Education, 9*, 8-24.

그림 7-3

2) 판별

EBD를 가진 것으로 의심되는 학생들은 보다 집중적인 평가를 받기 위해서 다학문적 혹은 아동연구 팀에 의뢰된다. 이 평가는 학생의 장애 여부와, 만약 장애가 있다면 학업적·사회적 성공을 위해서 필요한 특수교육 서비스의 강도를 결정하기 위한 목적으로 수행되는 것이다. 행동중심 방법과 성격중심 방법의 두 가지 평가방법이 가장 흔하게 사용되고 있다.

(1) 행동중심 방법

행동평정척도를 사용하는 직접평가는 EBD를 판별하기 위한 가장 일반적인 방법이다. 행동평정척도는 상대적으로 사용하기 쉽고, 환경이나 대상(교사, 부모, 학생)에 구애없이 반복적으로 사용될 수 있으며, 다른 유형의 행동을 효율적으로 요약할 수 있다(Elliott & Busse, 2004). 보다 자주 사용되는 체크리스트로는 아동행동 체크리스트(Child Behavior Checklist: CBCL; Achenbach & Rescorla, 2001), 워커 문제행동 확인 체크리스트(Walker Problem Behavior Identification Checklist; Walker, 1983), 행동 및 정서 평정척도(Behavioral and Emotional Rating Scale: BERS; Epstein & Sharma, 1998) 그리고 사회적 기술 평정체계(Social Skills Rating System: SSRS; Gresham & Elliott, 1990)가 있다.

행동평정척도의 핵심적인 구성요소들을 설명하기 위하여 가장 포괄적이고 기술적으로 완전한 것으로 여겨지는 CBCL을 살펴보자. CBCL은 두 가지 종류로, 1.5~5세를 위한 것과 6~18세를 위한 것이 있다. 부모, 보호자 혹은 가까운 가족 구성원들은 118개 문제행동들에 관한 문항을 읽고, 자신의 아이가 각 항목에 얼마나 적합한지를 평가한다(예시 항목은 [그림 7-4]를 참조). 또한 아동의 활동과 사회적 관계, 학교 수행을 포함하는 20개의 능력 항목들이 있다. CBCL은 공격성, 과실, 불안/우울과 같은 몇몇 특정한 요소들뿐만 아니라 일반적인 기준에 비추어 광범위한 외현화, 내재적 행동요소를 포함하고 있다.

(2) 성격중심 방법

성격중심(personality oriented) 방법은 교육 상황에서는 덜 빈번하게 사용됨에도 불구하고 아동과 청소년들과 작업하는 임상가들 사이에서는 널리 사용되고 있다. 성격평가의 목표는 개인이 상황과 시간에 걸쳐서 어떻게 생각하고 행동하고 느끼는지를 파악하는 것이다. 성격평가에는 두 가지 주요 범주—객관화와 투사적 기법—가 있다(Cullinan, 2002). 피어스-해리스 자기개념 척도(Piers-Harris Self-Concept Scale; Piers & Harris, 1984)와 같은 객관적 도구는 기본적인 방식으로 항목을 제시하고, 점수를 매기기 위한 프로토콜을 사용하며, 일반적인 기준과 비교하여 장애 여부를 결정한다. 로르샤흐 잉크반점검사(Rorschach Ink-Blot test; Rorschach, 1932)과 같은 투사적인 방법은 애매한 사진, 그림, 진술에 대하여 해석하거나 투사하는 방법을 요구한다. 반응에 대한 해석은 개인의 가장 깊

CBCL 평가항목			
출력한 후, 모든 항목에 정확히 답하세요.			
아래에는 소아, 청소년을 설명하는 일련의 항목들이 있습니다. 현재 혹은 지난 6개월 내 당신의 아이를 가장 잘 설명하는 것에 표기하세요. 만약 평가 문항이 당신의 아이를 매우 진실하거나 종종 진실하게 묘사한다면 '2' 에 동그라미 하세요. 만약 평가 문항이 당신의 아이를 다소 진실하게 묘사한다면 '1' 에 동그라미 하세요. 그리고 만약 평가 문항이 당신의 아이를 전혀 진실하게 묘사하지 못한다면 '0' 에 동그라미 하세요. 당신의 아이에게 적용되지 않는 것처럼 보이는 문항이 있더라도, 가능한 한 모든 문항에 답해 주세요.			
0 1 2	1. 나이에 비하여 너무 어리게 행동한다.	0 1 2	32. 완벽해야 한다고 느낀다.
0 1 2	2. 부모의 허락 없이 술을 마신다. (설명): ______	0 1 2	33. 아무도 자신을 사랑하지 않는다고 느끼거나 불평한다.
0 1 2	3. 많이 논쟁한다.	0 1 2	34. 타인으로부터 추월 당한다고 느낀다.
0 1 2	4. 시작한 일을 끝내는 데 실패한다.	0 1 2	35. 가치가 없거나 열등하다고 느낀다.
0 1 2	5. 즐기는 것이 거의 없다.	0 1 2	36. 조심성이 없어 많이 다친다.
0 1 2	6. 화장실 밖에서 용변을 본다.	0 1 2	37. 많이 싸운다.
0 1 2	7. 자만하고 자랑한다.	0 1 2	38. 놀림을 많이 받는다.
0 1 2	8. 오랫동안 집중하지 못한다.	0 1 2	39. 문제아동과 어울린다.
0 1 2	9. 어떤 생각에 푹 빠져 있는다: 강박관념(설명): ______ ______	0 1 2	40. 환청을 듣는다(설명): ______ ______
		0 1 2	41. 충동적이거나 생각 없이 행동한다.

출처: Achenbach, T. M., & Rescorla, L. A. (2001). *Manual for the ASEBA schol-age forms and profiles.* Burlington: University of Vermont, Research Center for Children, Youth, and Families.

그림 7-4

숙한 사고, 감정, 욕구, 동기를 노출시킨다고 믿는다. 이러한 방법들을 통해 학생에 대한 흥미 있는 정보를 산출할 수 있다. 그러나 타당도와 신뢰도의 영역에서 이러한 도구들의 기술적 적합성은 의문이 있다. 예를 들어, 어떤 검사 항목의 자기보고적 특징은 피검자가 요구나 사회적 기대 효과에 영향받기 쉽게 한다. 학생들은 평가자를 기쁘거나 놀랍게 하기를 원할지도 모른다. 또한 투사검사의 채점에서 주관적인 임상적 판단에 대한 의존성은 검사 결과의 해석에 대한 일관성을 제한한다.

효과적인 교수전략

기능적 행동 평가(Functional Behavioral Assessment: FBA)

FBA 실행 논리는 개인의 행동은 환경의 지원을 받으며, 특정 맥락에서 발생하며, 구체적인 목표를 가진다는 것이다. 모든 사람은 욕구를 채우고, 원하는 성과를 얻기 위해서 행동한다. 대부분은 원하는 것을 얻기 위해 적절한 방법을 사용하지만 일부 학생, 특히 EBD 학생은 자신의 목표달성을 위해 극단적이고 부적절한 방법을 사용한다. 교사는 파괴적, 비생산적인 방법을 사용하는 학생에게 사회적, 학업적 욕구를 합법적으로 만족시키는 대체행동을 가르쳐 주어야 한다. 이러한 중재를 계획하는 데 FBA가 필요하다.

FBA는 다음 사항을 고려할 때 가장 유용하다. 첫째, 적절한 행동, 부적절한 행동 모두 학습되고 감소될 수 있다(Chandler & Dahlquist, 2002). 둘째, 모든 행동에는 목적이 있다. 즉, 행동을 하는 이유가 있게 마련이다. 많은 행동은 환경요인에 의해 발행되고 유지되므로 FBA를 통해서 이러한 요인을 찾아야 한다. 셋째, 다양한 행동이 한 가지 기능을 수행할 수 있다. 또한 유사하게 한 가지 행동이 다양한 기능을 수행할 수 있다. 예를 들어, 한 학생이 5~10분 동안 앉아 있다가, 안절부절못하며, 낙서를 하고, 연필을 날카롭게 깎고, 자리로 돌아가는 길에 다른 아이들과 이야기를 하고 있는데 과제를 다시 하라고 하면 반항할지도 모른다. 이러한 다양한 행동은 한 가지 목적(어렵거나 혼란스러운 과제로부터 회피)을 가질 수 있다. 그리고 한 가지 행동이 다양한 목적을 가질 수도 있다. 교사가 과제를 마치라고 할 때 어떤 학생은 큰 소리로 반항하여 교무실로 불려 갈지 모른다. 이 때 학생의 목표는 어려운 과제를 피하고, 다른 학생이나 직원과 즐거운 주제에 관해 이야기하는 기회를 얻는 것일 수 있다. 넷째, FBA는 팀 구성원이 협력적으로 행동을 사정하고, 교수를 계획하고, 평가할 때 가장 효과적이다.

효과적인 FBA는 사용이 용이한 다음의 6단계를 통해서 이루어진다(Center for Effective Collaboration and Practice, 1998; McVonnell, Hilvitz, & Cox, 1998; Rhan, Halsey, & Matthews, 2003; Shippen, Simpson, & Crites, 2003):

- **단계 1**: 문제행동의 심각성을 묘사하고 확인하라. (a) 행동이 또래와 상당히 다른지,

3) 교수적/행동적 계획

교수적/행동적 계획을 수립하기 위해 학생 수행을 측정하는 것은 평가과정에서 가장 중요한 측면이다. EBD 판별을 하고 나면 교수적·행동적 문제를 파악하고 이 문제를 해결하기 위한 계획을 수립하게 된다. 교수적/행동적 계획을 위한 가장 효과적이고 광범위한 방법은 기능적 행동분석(functional behavioral

(b) 행동이 만성적이고 타인을 위협하는지, 그리고 (c) 문화적 차이에 의한 것이 아닌 결핍 혹은 과잉행동을 고려하여서 문제행동의 중요성을 판단하라.

- **단계 2**: 문제행동을 정의하라. (a) 행동발생 시간, (b) 행동발생 장소, 행동발생 시 주변인, (c) 행동발생 상황(예: 비구조화 시간, 대집단 교수), (d) 행동의 전과 후에 일어난 사건 및 상황, (e) 상황사건(예: 지각, 아침을 거른 후)을 주목하여 문제행동을 정의하라.
- **단계 3**: 문제행동의 환경, 상황요구, 기능에 관한 정보를 수집하라. 기록 검토, 부모와 주요한 사람과의 면담, 직접관찰 같은 다양한 방법을 사용하여 학생과 학생의 행동에 관한 정보를 수집하라. 그리고 환경, 시간, 학생에게 기대되는 바를 기술하라. 관심 등의 획득, 어려운 과제 및 또래와의 상호작용 피하기와 같은 행동의 기능을 파악하고, 문제행동이 기술결핍에 의한 것인지(행동방법을 모름), 수행결핍에 의한 것인지(행동방법을 알지만 특정조건에서 수행하지 않음) 파악하라.
- **단계 4**: 정보를 분석하라. 관찰행동의 순서에 초점을 두어 자료를 종합하라.
- **단계 5**: 가설문과 대체행동 교수계획을 작성하라. 선행사건, 후속사건, 행동 주변 요인에 초점을 둔 간결한 행동진술문을 작성하라. 가설은 행동의 발생 원인에 대한 최상의 추측이다.
- **단계 6**: 중재계획을 개발하고, 수행하고, 평가하라. 문제행동을 다루는 데 필수적인 긍정적인 행동-변화 전략, 프로그램 수정, 행동 지원을 포함하는 교수계획을 개발하라. 교수계획은 학생의 욕구를 충족시키는 동시에 사회적으로 수용 가능한 대체행동을 직접적으로 다루어야 함을 기억하라. 충실하게 중재를 실행하고, 효과를 평가하기 위하여 목표 행동에 관한 자료를 일관적으로 수집하라.

FBA는 고정된 일련의 절차, 형식, 도구라기보다는 과정임을 기억하라. 가능한 모든 정보를 고려하는 것이 가장 바람직하다. 교사는 형식적 사정법과 간접적 정보수집전략(예: 학생과 부모 면담, 평정척도)을 통해서 문제행동의 발생 및 유지 상황을 파악할 확률이 높다 (Fox & Gable, 2004).

analysis: FBA)이다. '효과적인 교수전략' 에 설명된 것처럼, FBA는 우리가 학생의 문제행동에 관련된 많은 사건, 활동 그리고 상황들을 확인하고, 더 중요하게는 그러한 행동의 빈도를 줄일 수 있는 환경적 조정을 할 수 있도록 도와준다. FBA는 적절한 교수적/행동적 목표를 수립하고 그러한 목표들의 성취를 촉진시킬 것으로 기대되는 중재방법들을 시험하는 데 필요한 정보를 제공한다. 배경사건과 선행사건, 후속결과에 대해 잘

• 생각해 봅시다 #5

대부분 FBA가 행동에 관한 충분한 정보를 제공한다는 사실에 동의하면서도 실제로는 FBA를 자주 사용하지는 않는다. 교사들은 왜 FBA를 자주 사용하지 않을까? FBA 사용을 활성화시키는 방법에는 무엇이 있을까?

아는 것이 문제행동의 기능을 파악하고 이에 대한 효과적이고 효율적인 중재 계획을 수립하는 데 도움을 주는 것은 분명한 사실이다(Gable, Hendrickson, & Van Acker, 2001).

5. 교육 실제

EBD 학생들의 교육적, 행동적 요구를 다루기 위하여 몇몇 증거기반 교육 실제들이 추천된다. 서비스 전달체계의 논쟁적인 부분들에 대해 먼저 논의한 다음, 환경에 관계없이 학업적, 사회적/행동적 수행을 향상시키는 데 성공적인 일반적인 몇 가지 중재와 기술들에 대해 알아보자.

1) 서비스 전달체계

EBD 학생들은 다른 장애학생들보다 더 자주 제약적인 환경에서 교육받는다. 실제로 6~21세 EBD 학생들의 약 1/3은 일반학교에 다니지만 하루일과 중 60% 이상을 일반학급이 아닌 다른 곳에서 지내게 되고, 11.1%는 빌 에디슨 선생님이 가르치는 곳과 같이 분리된 치료시설에서 도움을 받으며, 1.4%는 집이나 병원에서 교육을 받는다(Henderson & Bradley, 2004).

이러한 사실은 무엇을 의미하는가? 교육자들은 EBD 학생들이 필요로 하는 다양한 특수 서비스를 전하는 최상의 방법에 대하여 계속해서 논쟁한다. 그것은 필수적인 서비스를 제공하려는 욕망과 최소 제한적 환경을 유지하려는 욕구 때문에 발생한다. 앞에서 논의된 바와 같이 통합교육의 당위성은 설득력이 있다. 모든 아동들, 문제행동을 가진 아동조차 통합 프로그램(예: 누군가의 이웃 학교에 참석하기, 적절한 동료 역할모델과 상호작용하기, 공유된 내용이 풍부한 교육적 경험에 참여하기)의 이득을 축적해야 한다. 불행하게도 EBD 학생들이 집중적인 특별한 지원을 받아야 한다는 사실이 이들의 통합에 걸림돌이 된다. 교사들은 종종 이러한 학생들의 극단적인 행동을 다루기 위한 전문 지식과 기술이 부족하다고 믿는다. 게다가 분리환경에서 제공된 교육이 일반환경에서 제공된 교육보다 몇몇 EBD 학생들의 집중적인 요구를 더 효과적으로 만족시킨다고 주장되어 왔다(예: Kauffman, Bantz, & McCullough, 2002).

덜 제한적인 환경에서 EBD 학생들을 효과적으로 지원할 수 있는 일련의 활동이 있다. 학교 차원에서 일반교사와 특수교사 간의 협동교수, 성인 멘터와 동료 촉진자 제공, 훈련에서의 유연성, 교육과정에 사회적 기술교육의 통합, 그리고 학교 밖 활동들을 할 수 있는 기회를 제공하는 등의 노력이 문제행동을 가진 학생들의 통합을 촉진시킬 수 있다. 학급 차원에서 통합을 위한 효과적인 방법으로 사용할 수 있는 교육과정적 기술에는 자기 관리, 협력학습, 또래교수 그리고 문제해결 훈련 등이 있다(Guetzloe, 1999; Shapiro, Miller, Sawka, Gardill, & Handler, 1999).

EBD 학생의 통합을 촉진시키는 전략에는 협력학습과 또래교수가 있다.

• 생각해 봅시다 #6

EBD 학생은 일반교사가 관리하기 힘든 많은 행동을 보인다. 극단적 문제행동을 보이는 학생이 일반학급에서 교육받는 것을 어떻게 생각하는가?

2) 조기중재

초기 아동기는 EBD와 관련된 문제행동을 중재하는 데 가장 적절한 시기라는 사실에는 대부분이 동의하고 있다(Kendziora, 2004). 발달기의 많은 어린 아동이 일반적으로 문제행동을 나타내고 있으나, 학령기 아동의 약 4~6%는 즉각적이고 집중적인 조치가 요구되는 심각한 정서 및 행동 문제를 가지고 있다. 중재가 없다면 어떤 일이 일어날지 생각해 보라. 서비스를 받지 못하는 EBD를 가진 어린 아동은 또래보다 덜 출석하고 덜 참가하고 덜 배우게 되며, 급우와 교사 모두에게서 수용되기 어렵다. 당연하게도 그들의 어려움은 견고화되거나 확대되어 종종 진급하지 못하고 저학년에 머물게 된다(Raver & Knitze, 2002).

성공적인 조기중재 노력을 위해서는 EBD를 가진 어린 아동들에게 친사회적 행동을 가르치고 활발하게 지지하는 환경을 제공해야 한다. 결론적으로 프로그램들은 일반적으로

가정중심 조기중재 프로그램을 통해 가족은 주요 발달단계 동안에 자녀의 적절한 행동을 발달 및 유지시키기 위한 기술과 지원을 받을 수 있다.

다음 두 가지 영역에 초점을 맞춘다. (1) 센터중심 프로그램은 아동이 적절한 사회적 행동을 하기 위하여 필요한 인지적인 기술을 습득하도록 강조하고, (2) 가정중심 프로그램은 적절한 행동을 촉진시키고 유지시키는 전략을 가족들에게 제공한다. 센터중심, 가정중심 그리고 혼합된 대안에 대한 검토는 다음 다섯 가지 요소들이 프로그램 성과에 영향을 미친다는 것을 말해 준다(Kendziora, 2004; Ramey & Ramey, 1998).

프로그램 탐구

'성공의 첫 단계' 프로그램

성공의 첫 단계(First Steps to Success)는 또래보다 뒤처질 위험이 있는 유아의 반사회적 행동유형을 예방하고 치료하기 위한, 협력적이고 구조화된 학교와 가정의 조기개입 프로그램이다. 오리건 대학교의 힐 워커와 동료들(Walker et al., 1998)은 유아들이 우정을 형성하고, 성인의 기대에 적절히 반응하도록 하며, 학교에서의 성공을 경험하도록 프로그램을 개발하였다. 프로그램의 2차 목표는 이미 반사회적 행동을 보이는 아이가 EBD가 되는 것을 막는 것이다.

프로그램은 세 가지의 상호보완적인 요소들로 구성된다. 첫째, 유아의 반사회적 행동유형의 징후를 선별하고 판별한다. 둘째, 학업 준비 기술과 사회성 기술을 직접 교수하기 위해서 30일 동안의 자문가-기반 중재인 학교 중재 모듈(School Intervention Module)을 실시한다. 매일의 수행 기준이 충족되어야 하며, 그날의 활동은 반복된다. 프로그램의 초반에, 자문가는 행동-변화 기술들을 시범 보이고, 교사가 이러한 기술들을 습득하면 점차적으로 지시를 줄여 나간다. 이 프로그램에는 프로그램 지침에 일치하는 칭찬 및 점수체계, 학생 수행에 관한 부모와의 의사소통이 포함된다. 수업이 진행되면서 점수체계 사용은 줄어들고, 언어적 칭찬과 인정이 주로 사용된다.

마지막으로 셋째 구성요소인 가정-중재는 자문가가 매주 가정을 방문하여 부모, 양육자에게 자녀의 학교에서의 성공기회를 극대화하는 방법을 가르치는 것이다. 6주 동안 부모들은 다음의 6가지 영역에 대한 수업계획, 게임, 구조화된 활동을 사용하게 된다.

- 학교에서의 의사소통 및 공유하기
- 협력하기
- 환경 제한하기
- 문제해결하기
- 우정 개발하기
- 자신감 개발하기

이 프로그램의 성과는 부모, 교사, 자문가의 노력의 강도를 볼 때 마땅한 것인가? 콘로이와 동료들(Conroy et al., 2004)은 연구검토 결과, 이 프로그램의 사용을 지지하는 충분한 경험적 증거가 있다고 결론지었다. 이 프로그램의 가장 인상 깊은 성과로는 프로그램이 종료된 후에도 학생의 긍정적인 성과가 유지되었으며, 교사는 프로그램의 구성요소를 자신의 교수활동에 통합하여 사용한다는 것이다.

- 발달적 시간: 아동의 발달 초기에 일찍 시작된 프로그램일수록 최상의 성과를 얻을 수 있다.
- 프로그램 강도: 가정과 센터 간의 밀접한 연계를 강조하는 프로그램은 적게 강조하는 대안들보다 더 큰 긍정적인 발달적 성과를 초래한다.
- 교육의 직접적인 전달: 인지적인 기술 습득을 위하여 아동에게 직접교수를 하는 것은 간접교수 방법(예: 부모에게 사회적 기술 교수법 가르치기)보다 더 효과적이다.
- 프로그램의 폭: 다양한 서비스를 포함하는 프로그램들(예: 교육, 건강, 사회적 서비스)은 좁은 초점을 가진 대안들보다 더 효과적이다.
- 성과의 유지: 환경적 지원이 없다면 프로그램의 이득은 사라진다.

다음 세 가지 요소들은 EBD 학생들의 조기중재의 성공에 걸림돌이 되는 요소들이다(Conroy, Hendrickson, & Hester, 2004; Kendziora, 2004). 첫째, 조기 프로그램으로부터 도움을 받은 사람들을 판별하는 보편적이고 체계적인 선별 프로그램이 없다. 서비스를 위해 선정된 사람들은 종종 지역사회 서비스 프로그램이나 건강관리 전문가들의 임상적 판단으로 이루어진다. 둘째, 조기개입 서비스가 필요하다고 판별된 학생들의 다수는 외현화 행동문제를 가진 아동인 경향이 있다. 학생들의 다수가 불안, 우울과 같은 내재적 문제들로부터 고통을 받고 있으나, 이러한 문제들은 다른 이들을 귀찮게 하지 않는 경향이 있고 쉽게 무시된다. 마지막으로, 어린 소녀들은 외현화 행동문제를 덜 나타내는 경향이 있기 때문에 조기중재 프로그램에 참여하는 비율이 낮은 경향이 있다. 그러나 초기 아동기에 발달되는 내재적 문제들은 몇 년 후 장애로 발전될 가능성이 높다. 아마도 조기중재 노력은 이러한 행동들의 발달을 변화시킬 수 있을 것이다.

3) 학업적 및 사회적/행동적 중재

FBA의 결과에 따라 개별 학생들에게 개인의 필요에 따른 특정한 중재를 해야겠지만 일반적으로 EBD 학생들에게 효과적이라고 여겨지는 중재 방법들이 있다. 여기서는 학업적 및 사회적/행동적 문제점에 대한 몇 가지 공통적인 중재법에 대해 소개하고자 한다.

학생사례 탐구

참여율과 학업성취율 향상시키기

❝로두카 선생님은 6학년 수학 수업을 하는 동안 EBD를 가진 12세의 타퀸의 하루가 순탄치 못할 것이라고 감지했다. 로두카 선생님이 독립적 과제를 주자, 타퀸은 일련의 파괴행동, 반항행동을 보였다. 타퀸은 분수 문제를 잠깐 보는 듯하더니, 옆에 있는 코레이와 어떤 농구 팀이 NBA 선수권에서 우승할 것인지에 관해 이야기하려 했다. 과제를 하라는 지시를 받자 타퀸은 한숨을 내쉬고 활동지에 낙서를 하기 시작했다. 몇 분 후 타퀸은 분수와 관련된 어떤 과제도 하기를 거부하며 책상에 머리를 대고 모두에게 소리쳤다. 타퀸은 큰 소리를 내며 부적절하게 소리를 질렀다. 로두카 선생님은 난처했다. 지난 몇 주 동안 로두카 선생님은 타퀸을 타임아웃 시키기도 하고, 휴식시간을 제한하기도 했으며 훈육실로 보내기도 했다. 하지만 어떤 방법도 효과적이지 못했다.❞

이는 EBD 학생을 다룰 때 흔히 볼 수 있는 광경이다. 이러한 문제를 다루기 위한 효과적인 방법은 학생에게 선택기회를 주는 것이다. 이러한 전략의 수행 방법은 다음과 같다.

- 참여하지 않은 학생에게 과제 완성과 관련한 두 가지 이상의 선택 사항을 제시하고, 학생 스스로 이를 선택하도록 하여 원하는 대로 하게 해 준다.
- 선택은 과제수행 전이나 과제수행 중에 모두 제공된다. 타퀸과 같은 학생들에게는 과제 시작 시간, 휴식시간 요청 여부, 문제의 수 및 순서, 과제완성률을 높이는 상황(예: 쓰기도구의 유형, 종이 색깔, 책상 이동 공간)에 관한 결정을 할 기회를 준다.
- 교사는 학생이 선택하기를 존중할 때 긍정적인 결과가 가능하다는 것을 알고, 선택하기 행동을 강화한다.

학생에게 선택권을 제공하는 것은 몇 가지 이점이 있다. 첫째, 선택하기는 학업성취를 증가시키고 부적절한 행동을 줄인다. 둘째, 선택하기는 교사-학생 관계와 학생-학생 관계를 향상시켜서 학급 분위기를 긍정적으로 만든다. 셋째, 선택하기는 성공하려는 동기를 유발시키는 의사결정력을 사용하게 한다.

교수활동에 선택하기를 적용하는 방법에 관한 추가적인 정보를 얻으려면 다음을 참고하라.

Jolivette, K., McCormick, K. M., & Lingo, A. S. (2004). Embedding choices into the daily routines of young children with behavior problems: Eight reasons to build social competence. *Beyond Behavior, 13*(3), 21-26.

적용하기

- 선택하기는 왜 학급활동에서 학생 참여를 향상시키는가?
- 일반적으로 선택하기는 예측성, 일관성, 가장 중요한 행동에 대한 통제력을 제공한다. 불행히도 타퀸과 같은 학생은 행동과 환경 간의 관계를 항상 인식하지 못한다. 또 어떤 행동이 선택하기를 통해서 향상될 수 있겠는가?
- 이러한 상황에 있는 학생에게 적절하게 제시될 수 있는 선택하기의 유형은 무엇인가?

(1) 학업적 중재

극단적인 사회적·정서적 행동들이 이 장애의 특성으로 정의되므로, EBD 학생들의 학업적인 요구에는 상대적으로 주의를 기울이지 않기 쉽다. 학급교사들뿐 아니라 예비교사들도 이러한 사실을 간과하기 쉬운데 EBD 학생을 수용하는 특수 학급교사 중 일부는 하루 중 30% 정도만 수업에 할애하고 있다(Wehby, Lane, & Falk, 2003). 학업적 중재에 관한 종합적인 문헌 고찰(예: Coleman & Vaughn, 2000; Lane, 2004; Pierce, Reid, & Epstein, 2004)은 교사들과 동료들 모두 학업적 수행을 향상시키는 노력에 공헌할 수 있다고 지적한다. 일반적으로 FBA에 의해 제안되는 특정한 교사중심 중재들에는 과제 어려움에 대한 고려, 교수수정, 학습전략 사용, 선택안 제공 그리고 내용 향상 등이 있다. 또래 중재 접근법은 읽기교수를 보충하기 위하여 읽기능력이 뛰어난 학생과 읽기능력이 부족한 학생을 짝짓는 구조화된 교육 프로그램을 포함한다.

이러한 기법들이 어떻게 학급에서 함께 적용될 수 있는지 살펴보자. 기능적 평가의 성과를 사용하는 페노, 프랭크와 웨커(Penno, Frank, & Wacker, 2000)는 심각하고 만성적인 행동문제들을 나타내는 몇몇 학생의 학업적 생산성을 향상시키고 행동문제를 줄이기 위한 몇 가지 중재방안을 사용했다. 남자 청소년들의 읽기와 수학 과제 시 사용된 조정으로는 (1) 또래교사와 공부하기, (2) 작업 과제 줄이기, (3) 자기점검 작업표 작성하기, (4) 컴퓨터로 과제 완성하기가 있었다. 학업적 지원을 적용하기 전에 나타났던 부적절한 행동은 어려운 학업적 과제를 피하려는 욕구 때문이었다. 학생들이 과제를 덜 기피하고 달성하기 쉽게 만듦으로써 학업적 수행과 학급행동에서의 변화들이 관찰되었다.

(2) 사회적/행동적 중재

① 행동적 기술들

EBD 학생들의 사회적/행동적 요구를 다루기 위한 가장 일반적인 접근들은 행동적 기술을 사용함과 동시에 목표행동을 강화하고 문제행동을 줄이는 것을 포함한다. 단지 문제행동을 줄이거나 제거하기 위해 독점적으로 행동적 기술을 사용하는 것은 비효율적이다. 그렇게 되면, 적절한 대체행동들을 강화하는 데는 실패하기 때문이다. 이러한 상황을 피하기 위하여 행동적 중재들은 문제 행동들을 약화시키는 동시에 적절한 행동을 강화하는 역동성을 지닌다.

토큰경제는 행동을 증가시키거나 감소시키기 위해 사용되는 기술들의 범위를 확장시킬 뿐만 아니라 EBD와 관련된 행동 전반을 가장 잘 다루는 행동적 기술이다. EBD 학생의 교사들 중 90% 이상이 토큰경제의 몇몇 형태를 사용한다는 사실은 그 수용과 효력에 대한 증거가 된다(Rosenberg et al., 2004). 오레리와 베커(O' Leary & Becker, 1967)에 의한 고전적인 연구는 이러한 절차들이 오늘날 많은 학급에서 되풀이되고 있는 이유를 설명하였다. 그들의 연구에서 토큰은 학생들이 적절하게 행동했을 때(예를 들어, 교실활동을 방해하지 않았을 때) 보상으로 주어졌다. 부적절한 행동들은 무시되었으며 파괴적인 행동들은 기초선 기간 동안에 76%였던 것이 토큰경제 도입과 더불어 10%까지 감소되었다.

보조공학적 접근
자기점검을 돕는 팜 파일럿 사용하기

EBD를 가진 많은 청소년들은 학교를 다니는 동안이나 학교를 졸업한 후에 성공하기가 어렵다. 이러한 많은 어려움들은 직업적 지식이나 인지적 능력의 결핍보다는 자기조절 기능과 관련이 있다. 사회적 행동을 향상시키는 데 성공적이라고 평가되어 온 전략 중 하나는 자기조절 기능이다. 불행하게도 다수의 EBD 학생들은 원치않는 행동적 중재를 받음으로써 자신이 또래와 달라보이는 것에 거부감을 보이고 또 일부 EBD 학생의 경우 전통적인 반성문 형식을 통해 자신들의 행동을 되돌아보는 데 어려움을 호소하기도 한다.

휴대용 컴퓨터의 사용은 그러한 학생들을 위한 자기 점검을 지원하는 데 성과가 있을 것으로 기대된다. 12주의 중재 동안, 크레이머(Kramer, 2004)는 EBD를 가진 8명의 남자 청소년들에게 팜 파일럿(Palm Pilots)과 같은 휴대용 컴퓨터를 사용하여 자기 행동을 점검하는 것을 가르쳤다. 휴대용 컴퓨터는 학생들이 동료 존중하기, 지시 따르기를 포함하는 다섯 가지 친사회적 행동들을 수행하는지에 답하도록 촉진하는 신호음이 10분 간격으로 울리도록 설정되어 있다. 이 도구는 한 학급에 사용되었지만 연구기간에 총 세 학급에 소개되었다. 중재가 끝날 무렵, 참여자들은 모두 목표된 행동을 2~4배 더 많이 보여 주었다. 기대하지 않은 이득은 연구가 끝나고 3주 후에도 휴대용 컴퓨터 없이도 사회적 행동이 증가했다는 것이었다. 이러한 경향은 연구의 일정 기간에 걸쳐 증가했고, 연구 종결 후 실험집단과 통제집단에서 보인 사회적 기술은 거의 동등하였다. 게다가 휴대용 컴퓨터의 사용이 점진적으로 소거되고 완전히 제거되었음에도 모든 학급의 학생들이 긍정적인 행동 변화를 유지할 수 있었다.

학생들은 왜 극적으로 향상을 보였는가? 대부분의 경우, 휴대용 도구의 사용은 EBD 학생들의 행동변화 중재에 대한 거부감을 감소시켰다. 모든 참여자는 휴대용 컴퓨터의 사용을 즐겼고, 직원의 언어적 지시보다도 이 도구를 선호하였다고 보고하였으며, 이 중재도구가 사회적으로 적절하다고 주장하였다. 연구 결과는 자기 점검에 공학을 적용하는 것은 학생의 참여와 적절한 행동을 증가시키는, 잠재적으로 강력한 방법임을 지지한다.

몇몇 환경에서 토큰경제는 행동 변화에 따른 다양한 토큰 및 점수 중심 체계를 통하여 학생의 진전에 따른 단계체계(levels system)에 의해 실행된다. 학생이 더 높은 단계로 이동함에 따라, 기대되는 행동과 책임감의 수준도 일반적으로 증가한다. 이에 상응하여 잠재 특권도 증가한다.

② 자기조절력 교수

어떤 중재든 궁극적인 목표는 학생들이 자신의 행동을 독립적으로 조절할 수 있게 만드는 것이다. 어떻게 학생들이 그러한 수준의 독립성을 갖추도록 이끌어줄 수 있을까? 자기조절은 EBD 학생들이 행동 변화 노력에 더 큰 역할을 하도록 허용하는 하나의 기술로 긍정적인 결과를 초래한다. 대부분의 자기조절 프로그램들은 세 가지 요소, 즉 자기평가, 목표 설정 그리고 자기-결정과 강화로 구성된다(Polsgrove & Smith, 2004). 자기평가에서 학생은 자신의 행동을 숙고해 보고, 흥미로운 행동이 적절한지 부적절한지를 인식한다. 그다음 학생은 요구되는 행동을 인식하고, 목표를 설정하며, 행동의 조절을 돕는 전략들을 선택한다. 마침내, 자기-결정의 절차를 통하여 학생들은 자신의 수행을 평가하고 목표행동의 수행에 대하여 받아야 할 강화의 성격과 범위를 고려한다.

③ 사회적 기술 교수

많은 EBD 학생이 사회적 기술의 결핍을 보이고 있기 때문에, 사회적 능력 관련 행동을 직접 교수하는 것이 우선순위가 되어야 함은 마땅하다. 사회적 기술교수활동들은 일반적으로 (1) 개선이 필요한 사회성 기술 확인하기, (2) 확인된 기술을 시범 보이고 설명하기, (3) 연습 기회를 제공하고 지도하기, (4) 연습하는 동안 피드백과 강화 전달하기, (5) 그 기술이 적용될 수 있는 실제 상황 확인하기를 포함한다(Kavale, Mathur, & Mostert, 2004).

우리는 실제적으로 사회적 기술들을 어떻게 가르치는가? 많은 교사들은 먼저 상업적으로 준비된 사회적 기술 교육과정을 본다. 인기 있는 두 가지 치료 패키지는 효과적인 동료와 교사 기술을 위한 아동의 교육과정(A Children's Curriculum for Effective Peer and Teacher Skills: ACCEPT; Walker et al., 1983)과 기술 스트리밍 시리즈(Skillstreaming series; Goldstein & McGinnis, 1997; McGinnis & Goldstein, 1997)다. 이 두 프로그램은 영역 안에 구체적인 기술들(예: 감정 다루기, 우정 만들기 기술, 대처기술)을 제공하며, 기술을 가르치는 것에 대한 교육적 성과를 설명한다. 사회적 기술 교육과정을 선택할 때 무엇을 찾아야 하는가를 아는 것은 굉장히 유용하다. 수가이(Sugai)와 동료들(Carter & Sugai, 1989; Sugai & Lewis, 1996)은 프로그램이 직접교수, 시범 보이기, 가르치기, 강화 그리고 긍정적인 실재와 같은 교수적 구성요소들을 포함해야 한다고 주장한다. 더불어 프로그램은 진단도구를 포함하고, 소집단뿐만 아니라 개별 학생들의 요구를 수용할 수 있도록 유연해야 한다. 마지막으로, 프로그램을 수행하는 데 필요한 훈련 강도, 프로그램 비용, 프로그램 성과의 일반화와 유지에 대한 강조를 고려해야 한다.

• 생각해 봅시다 #7

많은 사회적 기술 교수가 그 성과가 미미하거나 제한된 일반화 정도의 효과만 보여주고 있다. 사회적 기술 교수 노력이 저조한 원인은 무엇인가? 시간이 지나도 사회적 행동을 유지시키고 일반화시키기 위한 전략에는 어떤 것이 있는가?

사회적 기술을 가르치기 위하여 자신만의 방법과 활동들을 설계하는 교사들은 종종 대체행동 또는 대안 행동을 교수한다. 대체행동은 문제행동과 같은 의도를 성취하려는 일련의 행동들이다(Neel & Cessna, 1990). 대체할 행동을 결정하는 것은 FBA를 실행하는 것과 매우 비슷하다. 우리는 먼저 부적절한 행동의 의도와 기능을 결정한 후에 원하는 성과를 얻기 위한 적절한 방법을 교수하는 데 노력한다. 다음은 언제, 어떤 상황에서 학생들이 대체행동들을 수행해야 하는지에 초점을 둔다(Meadows & Stevens, 2004).

④ 삶-공간 면접

삶-공간 면접(life-space interview: LSI)은 EBD 학생이 심각한 행동과 폭력적 행동을 보일 때 사용하는 기술이다. 원래 기숙제 치료 프로그램에 있는 학생들의 재활에 도움을 주는 치료적 도구로 개발된 LSI는 극도의 행동적 사건에 뒤따르는 언어적 중재가 행동적 변화를 허용하는 결과를 낳을 수 있다는 가정을 기초로 하고 있다. 그 접근의 논리를 고려하라. EBD를 가진 학생들이 위기에 처해 있거나 강한 정서적 행동을 보일 때, 실재에 대한 그들의 인식은 왜곡되어 있기 때문에 감정적 지원이 필요하다. 이때 학생은 행동 변화에 대한 일반적인 완고한 방어벽이 약화되어, 보통 때와는 달리 중재에 개방적이 된다. 이때 치료적 조치들은 두 가지 주요 목적, 즉 즉각적인 정서적 응급조치(Emotional First Aid on the Spot: EFAS)와 생활 사건의 임상적 활용(Clinical Exploitation of Life Events:

EBD 학생은 위기의 시간에 행동변화에 대한 완고한 방어벽이 약화되어, 보통 때와 달리 중재에 개방적이 된다.

CELE; Redl & Wineman, 1957)을 달성할 수 있다. 이러한 각 목표들과 관련된 특정한 활동들은 [그림 7-5]에 설명해 놓았다.

LSI의 사용은 직관적으로 상당히 호소력 있으나 특정 상황에서는 적용성이 제한되는 논리적 어려움이 있음을 기억하라. 첫째, LSI는 시간 소모적이며 상당한 노력과 협력을 필요로 한다. LSI는 상황의 시기에 즉각적으로 실행되고 그 학생과 친숙하며 훈련된 개인에 의해 관리되어야 하는 것이 필수적이기에, 직원 유형은 학급 일정과 범위에서 융통성을 허용해야만 한다. 둘째, LSI를 실행하는

LSI의 구성요소들

LSI의 목표는 강렬한 정서적 사건과 위기는 학생 행동에 영향을 미칠 수 있다는 심리역동적 가정에 근거를 둔다. 레들과 와인먼(Redl & Wineman, 1957)이 개발한 전략은 EBD 학생의 다양한 교육 현장과 임상 환경에서 적용되어 왔다. 첫 번째 목표인 즉각적인 정서적 응급조치(Emotional First Aid on the Spot: EFAS)는 위기상황에 동반되는 망상으로 발생하는 과도한 손상을 예방하기 위한 일련의 단기절차들이다. 구체적 행동요령은 다음과 같다.

- 좌절감의 표출: 수용 가능한 방법으로 분노와 적개심을 표출하도록 격려하라.
- 공포, 두려움, 죄책감 관리 지원하기: 폭발에 대한 최소한의 죄책감으로 원래 상태로 복귀하도록 도와라.
- 의사소통 유지: 환상 속에 빠지지 않도록 의미로운 상호작용을 유지하라.
- 행동적, 사회적 규칙 조절하기: 위반한 규칙을 상기시키고 이에 따르는 결과가 있음을 알려라.
- 부가서비스 제공하기: 자기-통제 및 의사결정 노력을 돕고 강화하라.

생활사건의 임상적 활용(Clinical Exploitation of Life Events: CELE)은 장기적인 치료혜택을 얻기 위해서 학생의 현재 폭발이나 위기를 활용하는 것이다. 주요 전략은 다음과 같다.

- 실재의 인식: 현재 행동 상황 주변의 사실을 강조하고, 학생이 나타내는 거부/망상적 오해는 없애도록 하라.
- 증상의 회피: 부적절한 행동은 부차적 혜택을 제한하며, 현재 행동은 많은 부정적 결과를 초래함을 강조하라.
- 감각을 잃은 가치 영역의 회복: 타인의 감정에 민감해지도록 학생의 잠재적인 가치 영역에 접근하라.
- 새로운 기술의 교수: 비생산적이고 부적절한 행동을 대체하는 새로운 대처기술을 개발하도록 도와주어라.
- 자신의 경계를 조작: 학생이 즉각적인 환경에서 자신의 행동이 타인에게 어떤 영향을 미치는지 보도록 도와주어라.

그림 7-5

교사들은 종종 학교나 학급 중재의 범위를 뛰어넘는 심층적인 정신적 문제들을 포함하고 임상적 전문 지식을 요하는 복잡한 문제들을 터놓고 이야기하기를 기대하기도 한다.

⑤ 포괄적 서비스들

EBD를 가진 학생들이 직면하는 문제들은 극단적이고 멀리 퍼지며 다양한 측면을 가지기 때문에, 종종 매우 구조화되고 협동적이고 통합적인 서비스 전달체계가 필요하다. 제5장에서 언급했던 것처럼 중재계획은 가족과 아동 중심의 종합적인 체계이므로 포괄적이라는 용어를 사용하였다. '포괄적'은 특정한 유형의 프로그램이나 서비스를 의미하는 것은 아니지만 아동과 가족의 독특한 요구를 충족시키기 위해 고안된 일련의 독특한 지역사회 서비스와 지원체계를 구성하기 위한 계획 절차를 의미한다(Burns & Goldman, 1998). 이러한 절차에 포함된 교사들은 가족을 중재과정에서 완전한 협력자로 포용하고, 학교체계 안과 밖 모두에서 서비스 제공자의 범위에 포함시켜야 한다. 학교에서 포괄적 서비스들을 통합하기 위해서는 어떻게 해야 하는가? 에버, 슈가이, 스미스와 스콧(Eber, Sugai, Smith, & Scott, 2002)은 학교중심 팀에게 다음 사항을 권고한다.

- 가족과의 초반 대화에 참여하라: 가족구성원들은 자신의 아이에 관한 그들의 생각, 가치, 견해, 좌절, 희망을 논의한다. 이러한 정보는 가족의 목표에 직접 연관되는 중재를 개발하는 데 도움을 준다.
- 학생의 강점에 초점을 맞추고 임무를 분명하게 하라: 중복적인 삶의 영역에 걸쳐서 아동의 강점 프로파일을 개발하고, 팀이 성취해야 할 것에 초점을 둔 임무 진술서를 만들어라.
- 요구를 확인하고 우선순위를 정하라: 학생과 가족의 요구를 요약하고 학교와 지역사회에서 학생이 효과적으로 기능하도록 돕는 목표를 개발하라. 목록에 가장 큰 영향력을 가지고 가장 큰 직접적인 책임을 가진 이들(예: 교사, 가족구성원들)을 포함시키고 목표의 우선순위를 정하라.
- 활동계획을 개발하고 임무를 정하라: 우선순위가 정해진 요구를 다루고 과제 실행과 완수를 위해 책임을 지는 사람을 지명하는 단계를 목록화하라.
- 점검하고 평가하고 다듬어라: 이전의 모임에서 제안된 조치들을 검토하고 평가하라. 만약 요구가 팀의 만족에 이르지 못한다면 이용 가능한 자료를 재점검하고 계획을 수정하라.

4) 성인기로의 전환 시 고려사항

이 장의 앞에서 EBD를 가진 학생들의 우울한 학교 이후 성과들을 논의했다. 종단연구에서 장애, 비장애 또래들과 비교할 때, 이러한 학생들 중 대부분은 중요한 성인기로의 전환 변수에서 낮은 수행을 보였다. 우선 EBD 청소년의 고용성과는 학교를 막 졸업한 일반 청소년의 고용상태와 비슷한 양상을 보인다. 두 집단 모두 상대적으로 직장 내 지위가 낮고 이직률도 높으며 약 60%가 단지 기본적인 시간에만 고용된다. 그러나 졸업 후 4~5년이 지나면서 일반 청소년의 상당수는 승진을 하고 가족수당을 받을 수 있는 안정적인 직업경로로 수직 상승하게 된다. 반면, EBD 청소년의 경우 이러한 직업적 상승이 이루어지기가 어렵다. 다음의 중재들은 이러한 상황에 대처하고 학생들이 보다 성공적으로 성인기로 전환하도록 돕기 위한 방법들이다.

(1) 직업교육과 작업 경험

최근의 연구(Cheney & Bullis, 2004; Sample, 1998; Sitlington & Nuebert, 2004)는 직업교육과 작업 경험이 단독 혹은 함께 작용하여 EBD 학생들의 긍정적인 학교 후 성과와 연관된다고 주장하고 있다. EBD 청소년을 위한 일반적인 중재 방안 중 하나가 직업교육이다. 직업교육은 특별한 직업과 관련된 직업상의 기술, 대인관계 기술, 기술적으로 읽고 쓰는 능력 그리고 고용기술과 같은 작업 기본 능력의 개발에 중점을 두기 때문에 매우 효과적이다. 작업장에서의 대인관계 기술들의 영향은 과소평가되어서는 안 된다. 고용주를 대상으로 한 조사에서는 팀의 구성원으로서의 사회적 기술과 작업 그리고 반사회적 행동의 존재가 고용의 유지에서 주요한 요소임이 밝혀졌다(Heal & Rusch, 1995). 고등학교 시절의 유급 작업 경험은 특히 직업교육과 결합하여 퇴학률을 낮추고 졸업 후 소득에 상당히 긍정적인 영향을 미친다. 작업환경에서의 배치를 통하여 얻는 실제 삶 경험을 대체할 수 있는 것은 없다(Bullis, 2001). 실제로 학교에 있는 동안 작업을 하는 EBD 학생들은 학교를 떠나서도 지속적으로 고용된다.

(2) 지원 고용과 서비스 학습

지원 고용(supported employment)은 직업 전문가가 학생들이 적절한 직업을 찾도록 도운 후에 작업환경에서의 성공을 위해 필수적인 기술들을 가르치는 직무교육을 제공하는 절차다(Inge & Tilson, 1994). EBD 학생들의 개별적인 요구를 충족시키기 위해 직업전문가나 직업코치는 종종 작업장에서의 문제뿐 아니라 그 외의 것들까지 관리하고 신경써야 한다. 사회서비스 기관뿐 아니라 소년원 관리자, 학교 및 잠재적 고용주에 관해 파악하고 그들의 협력을 촉진시켜 EBD 학생의 유급고용을 지원하고 지역사회에서 성공할 수 있도록 도와야 하는 것이다(Lehman, 1992).

작업 경험을 제공하기 위한 또 다른 선택은 서비스 학습(service learning)이다. 서비스 학습은 (1) 공익을 촉진하는 지역사회나 기관과 작업하는 직접 경험, (2) 서비스가 어떻게 지역사회와 학생 모두에게 이익을 주는지에 대해 특별히 강조하면서 함께 경험을 하도록 하는 수업으로 구성된다. EBD 학생들은 사회적 기술이 제한되고, 높은 구조화의 욕구를 가지며, 타인보다 자신을 생각하는 경향이 있다. 따라서 서비스 학습 프로젝트는 주의 깊게 설계될 필요가 있다. 활동들은 개인 내 그리고 개인 간 기술을 개발하고 연습하는 기회를 제공할 뿐만 아니라 조직화되고 감독이 잘 이루어져야 한다(Frey, 2003; Muscott, 2000).

(3) 가족과 인구학적 요소

앞서 논의된 중재들은 강력하지만, 단독으로는 성인기로의 성공적인 전환을 설명하지 못함을 기억하라. 부모와 가족이 전환계획에 참여한 EBD 학생들은 부모의 참여가 활발하지 않은 학생들보다 훨씬 빠른 속도와 효율성으로 성인기로의 전환을 이루어 낸다. 또한 가족의 사회경제적 지위, 인종적 지위, 지방 생활환경, 지역 노동시장에서의 낮은 실업률 그리고 성과 같은 인구학적이고 사회경제적인 특징들은 고등학교 이후의 성공과 연관이 있다(Wagner, D' Amico, Marder, Newman, & Blackorby, 1992).

6. 주요 쟁점 및 교사를 위한 함의

EBD를 가진 학생들에게 제공하는 서비스의 커다란 진보에도 불구하고, 몇몇 핵심 문제들은 EBD 영역에서 계속 논란이 되어 왔다. 여기서는 보다 절박한 세 가지 문제들인 신체적 억압, 약물치료, 국가적 목표의 전달에 대해 논의하고자 한다.

1) 신체적 억압

• **생각해 봅시다 #8**

제자 중 한 명에게 신체적 억압을 사용할 가능성이 있다면 어떻겠는가? 자기통제력을 상실한 학생을 안전하게 제어하기 위해서 어떤 준비가 필요하다고 생각하는가?

교육자들은 신체적으로 학생을 억제해야 하는가? 이것은 폭발하기 쉽고 폭력적이고 위험한 행동들을 보이는 학생들과 작업할 때 그들 자신이나 타인들에게 상처를 입히지 못하도록 하는 데 필수적일지도 모른다. 신체적 제한은 종종 정신병원과 기숙제 치료시설과 같은 곳에서 제한적인 배치의 도구로 여겨져 왔으며 많은 이들은 신체적 억압이 일반교육 상황에서는 사용되지 않는다고 믿는다. 그럼에도 EBD 학생들을 위한 통합 프로그램에서의 교수에 관한 토의에서 신체적 억압은 논란이 되어 왔다. 비록 연구는 제한적이지만, 일반적으로 EBD 학생들에게 신체적 억압이 사용되는 것으로 여겨진다.

결론적으로 폭력적이고 폭발하는 학생들과 작업하는 교사들은 안전하고 적절한 억압의 사용에 관한 지침들을 인식해야 한다. 라이언과 피터슨(Ryan & Peterson, 2004)은 최소의 힘을 안전하게 사용하는 방법을 아는 훈련된 직원만이 신체적 억압을 사용해야 한다고 하였다. 아울러 보고, 자료수집, 부모 통지에 대한 절차들이 적절하게 마련되어야 한다. 명백하게 위기 상황을 혼란시키는 비신체적인 선택권은 이용 가능하고 억압 요구를 최소화할 수 있다.

2) 약물치료

약과 약물학적 치료는 행동문제를 다루기 위하여 가장 자주 사용되지만 논쟁적인 방법 중 하나다. 일반교육 환경에 있는 학생의 약 2~4%, 특수교육 환경에 있는 학생의 15~20%, 기숙제 환경에 있는 학생의 40~60%가 행동적 문제를 위한 약물치료를 받는다는 최근의 자료가 있다. 게다가 약물치료를 사용하는 학생의 비율은 자극제와 항우울제 사용의 증가로 지난 10년 동안 3배로 늘어났다(Konopasek & Forness, 2004). 행동문제를 가진 학생들을 위한 향정신성 약물치료의 빈번한 사용은 놀라운 일이 아니다. 많은 학생들에게 약물치료는 부작용이 거의 없이 효과적으로 작용한다. 게다가 모든 유형의 정신적 진단에 대한 약물치료는 매체를 통하여 널리 알려져 있고, 우리 사회는 문제 상황에 대한 빠르고 편리한 해결책을 요구한다. 교육자로서 우리는 학생들에 대한 의학적 개입에서 중요한 역할을 한다. 약물치료의 의도되거나 의도되지 않은 영향에 대한 관찰과 보고뿐만 아니라 학생들이 계획대로 처방을 확실히 받도록 해야 한다

(Quinn et al., 2000).

향정신성 약물의 빈번하고 증가된 사용—특히 취학 전 아동에 대한—은 장기간의 건강과 이러한 논쟁적인 중재의 사회적 영향력에 대한 우려를 낳고 있다(Barkley, 1981; Diller, 2000; Miller, 1999). 구체적으로 살펴보면 다음과 같다.

- 장기적인 효과와 안전에 대해 거의 알려지지 않은 약물로 아동을 치료하는 것은 얼마나 윤리적인가?
- 너무 많은 아동에게 적절한 관리나 감독 없이 약물이 주어지고 있지는 않은가?
- 의사는 교육적 상황에서 적절한 양의 약물을 설명하는 충분한 자료를 갖추었는가?
- 아동, 부모 그리고 정책 입안자는 약물치료가 사회적 문제들에 대한 유일한 해결책이라고 생각하는가?

3) 더 나은 성과를 위한 국가적 목표의 전달

다른 장애학생들과 비교하여, EBD 학생들은 학교에서 가장 많이 방치되고 도움을 덜 받는 학생집단이다. 많은 국가 보고서들은 교육적이고 사회적인서비스 시설들에 있는 '우리'가 이러한 도전적인 집단의 요구를 적절하게 다루는데 왜 실패했는지를 설명했다(Rosenberg et al., 2004). 광범위한 방법으로 이러한 요구들을 다루기 위하여, 미국 교육부는 EBD 학생들을 위한 더 나은 성과를 이루기 위해 광범위한 국가적인 목표를 개발했다. 국가적인 목표는 학교, 직업, 지역사회에서의 성과를 위하여 많은 제3자의 활발한 참여가 필수적이라는 것을 인식시킨다는 점에서 독특하다. 국가적인 목표는 예방, 문화적 민감성, 희망, 책무성에 초점을 두는 일곱 가지 상호 의존적인 영역([그림 7-6] 참조)을 목록화하였다(Chesapeake Institute, 1994).

• 생각해 봅시다 #9

국가 목표의 상호보완적 전략 영역 모두가 중요하긴 하지만, 특히 어떤 영역이 EBD 학생에게 가장 중요하다고 생각하는가? 장애학생대상의 서비스 향상을 위한 지속적인 옹호활동에 어떻게 공헌할 것인가?

국가적 목표는 그 전략적인 목표를 따라서 서비스를 향상시키기 위한 노력에 주, 대학, 지역 정부, 학교, 가족, 사회 서비스 기관들을 참여시키는 훌륭한 청사진이다. 역설적이게도 개혁과 증가된 서비스에 대한 요청과 더불어 행동문제를 가진 이들을 향한 반감이 증가될 수 있다. 구체적으로 정서 및 행동 문제를 가진 학생들은 중재를 위한 증가된 기회보다는 처벌과 배제를 강조하는 인내심 없는 정책에 노출되기 쉽다(Webber & Scheuermann,

이 장의 내용에 대한 보충 설명은 www.prenhall.com/rosenberg 사이트의 7장 관련 모듈에서 찾아볼 수 있다.

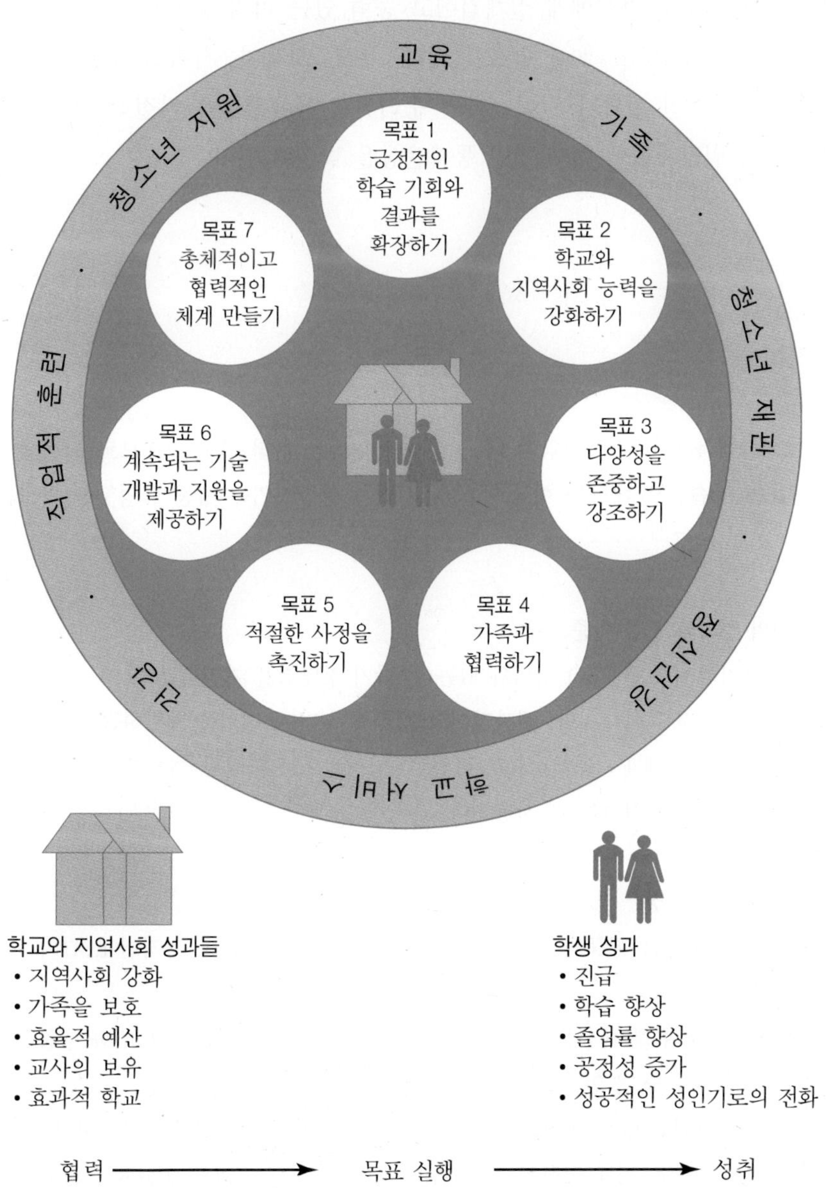

학교와 지역사회 성과들
- 지역사회 강화
- 가족을 보호
- 효율적 예산
- 교사의 보유
- 효과적 학교

학생 성과
- 진급
- 학습 향상
- 졸업률 향상
- 공정성 증가
- 성공적인 성인기로의 전환

협력 ——→ 목표 실행 ——→ 성취

출처: From Chesapeake Institute (1994. 9.). *National agenda for achieving better results for children and youth with serious emotional disturbance*. Washington, DC: U.S. Department of Education.

그림 7-6

1997). 국가적 목표와 같은 개정 요소들은 그러한 사회정책적 맥락 안에서 어떻게 실행될 수 있는가? 스미스와 캐시야니스(Smith & Katsiyannis, 2004)에 따르면, 우리는 "우리 자신에게 실제적이고 능력 있는 지지 움직임에 공헌할 수 있는 방법을 질문할"(p. 298) 필요가 있다. 부모, 교육자, 서비스 제공자, 연구자 협회는 긍정적인 성과가 일어난다면 순리적인 목표활동을 적절히 지원하기 위해서 정책 입안자들에 대해 법안 통과운동을 벌여야 한다.

요 약

EBD 학생들은 또래와 상당히 다른 정서와 행동을 나타낸다. 그러므로 교사들의 주요 목표는 학습을 방해하는 행동과 학생 성취를 향상시키는 행동에 영향을 미치는 것이다.

EBD의 정의와 분류 기준

- 두 가지의 주요한 EBD 정의가 있는데, 각기 장단점을 가진다.
- 불가능한 것은 아니지만, 객관적이고 성공적인 EBD 정의를 개발하는 것은 어렵다.
- 두 가지 분류체계—통계적으로 확인된, 임상적으로 확인된—는 가능한 정서 및 행동 문제를 범주화하는 데 사용된다.

EBD의 주요 특징

- 두 가지 폭넓은 행동적 특성 분류—외현화, 내재적—는 전형적인 EBD의 특성을 나타낸다.
- 일반적인 외현화 행동은 극단적 비율의 공격성과 규칙 위반을, 내면화 행동은 명백한 사회적 위축, 불안, 우울을 포함한다.
- EBD와 관련된 다른 행동들은 주의집중과 사회적 기술의 결함을 포함한다.
- EBD 학생들은 평균 이하의 IQ 점수, 낮은 등급, 매우 높은 중퇴율을 보이는 경향이 있다.

출현율, 과정 및 발생 원인

- EBD 학생들의 공식적 출현율은 1% 미만이지만, 대부분은 학생들 중 6%까지 특수교육 서비스가 필요하다고 믿고 있다.
- EBD 학생들은 과소 판별되지만 특정 그룹, 특히 아프리카계 미국인 학생 집단은

EBD 내에서 과잉 판별되는 문제를 보인다.
- EBD 학생들은 학교를 떠난 후 3~5년이 지나도 거의 50%가 미고용된 상태로 암울한 학교 후 성과를 보인다.
- 많은 이론이 EBD의 발생원인을 설명하고 있는데, 여기에는 생체적, 정신역동학적, 가족/가정, 사회적, 심지어 학교 요인들도 포함된다. 그러나 EBD는 어떤 단일 원인보다는 상호 관련하여 작용하는 요인들에 의해 발생한다.

판별과 평가

- EBD 학생들은 일련의 객관적이고 투사적인 도구를 사용하여 판별되지만, 교육적/행동적 계획에 가장 유용한 도구는 FBA다.
- FBA는 학생의 문제행동과 관련된 사건, 활동, 상황을 판별하고, 그러한 행동들을 변화시키는 환경적 조정을 안내하는 데 도움을 준다.

교육 실제

- EBD 학생들을 위한 전형적인 중재는 행동적 기술, 자기조절 교수, 사회성 기술, 삶-공간 면접을 포함한다.
- 직업의 세계로 전환하는 학생들은 종종 직업교육, 작업 경험, 지원 고용을 요구한다. 극단적이고 파급이 크고 다양한 양상의 행동문제를 가진 학생들을 위해서는 지역사회 서비스와 지원들이 '포괄적' 방법으로 조정되고 전달된다.

주요 쟁점

- EBD 학생들을 위한 교수방법 개발 영역에서는 커다란 진보가 있었지만, 신체적 억압, 약물 사용, 더 나은 성과를 위한 국가적 목표의 전달과 같은 주요 이슈들이 남아 있다.

CEC 전문가 자격기준

Council for Exceptional Children(CEC) knowledge standards addressed in the chapter.

CC1K5, GC1K1, GC1K2, GC2K1, CC2K2, CC2K3, CC2K5, CC2K6, CC3K1, CC3K2

Appendix B: CEC Knowledge and Skill Standards Common Core has a full listing of the standards referenced here.

8 경도 지적장애

이 장을 시작하며

- 지적장애 학생을 판별하기 위해 사용되는 분류 기준은 무엇인가?
- 경도 지적장애 학생의 주요 특징은 무엇인가?
- 경도 지적장애의 원인 및 출현율은 어떠한가?
- 경도 지적장애 학생에게 효과적인 교수방법은 무엇인가?
- 경도 지적장애 학생과 관련된 주요 쟁점은 무엇인가?

나의 이야기: 로버트 헤슬스

로버트 헤슬스 선생님은 교사가 되기까지 독특한 과정을 거쳤다. 대학에서 철학을 공부한 후에 대학원에서는 인류학과 생물학을 전공하였다. 그리고 몇 년간 직장생활을 하고 교사가 되기로 결심하였다. 사회 정의와 평등(공평성)에 관심이 많은 로버트 선생님은 특수교육에 마음이 끌렸다. "나는 내가 차이를 만들어 낼 수 있을 거라 생각했죠. 지금도 그렇고요."

플로리다 대학교에서 석사과정을 마친 다음, 로버트 선생님은 버지니아와 플로리다 주 남부에서 교사 경력을 쌓고 플로리다 주 게인즈빌로 돌아왔다. 현재 그는 하워드 비숍 중학교에서 8학년을 담당하는 특수교사로 근무하며, 대부분 통합학급에서 수업을 하는 경도장애 학생들(학습장애와 경도 지적장애)을 지도하고 있다. 로버트 선생님은 특수교육과 과학 그리고 사회학, 수학을 전공하였기에, 여러 영역의 과목에서 일반교사와 함께 협력하여 장애학생을 지도할 수 있었다.

로버트 선생님에게 전형적인 하루 일과가 어떤지 묻자, "중학교에 근무하는 특수교사에게 전형적인 하루란 없지요."라는 정곡을 찌르는 답변이 돌아왔다. 그는 학부모나 일반교사들 혹은 학생들의 '불을 끄는 일', 즉 제일 급한 일을 처리하는 것으로 대부분의 하루를 시작한다. 예측할 수 없는 일을 다루는 직업의 성격상 융통성을 가져야 하며, 계획적으로 하루를 보내기는 매우 어려운 일이다. 사실 로버트 선생님이 계획적인 하루를 보내려 애써 노력한다면 큰 좌절감을 맛보며 매일을 마감하게 될 것이다. 그는 가능한 한 많은 시간을 여러 과목의 일반교사들과 협력하는 데 보내고 있다. 로버트 선생님이 특수교사로 재직하면서 가장 기억에 남을 만한 일들 중 하나는 버지니아 소재의 한 통합고등학교에서 경도 지적장애 학생들을 가르친 것이다. 그는 이 학생들이 성공적으로 일반학급에서 일반학생들과 통합교육을 받을 수 있도록 다른 교사들과 함께 긴밀하게 협력하였다. 그는 장애학생들도 일반학급에서 성공적인 생활을 하는 데 필요한 학업 및 사회성 기술을 습득할 수 있다고 한다. "이 학생들이 분리된 특수학급에서 교육받았더라면 배우지 못했을 많은 것들을 일반학급에서 배우고 있죠." 로버트 선생님은 장애학생들이 12학년이 되었을 때, '진짜 보수를 받을 수 있는' 직장에 들어갈 수 있도록 전환교육을 실시하였다. 대부분의 학생들은 이러한 직장에 성공적으로 적응하였으며, 아직까지도 직장생활을 잘 해 나가고 있다.

특수교사로서 여러 일을 즐겁게 수행하고 있는 것은 사실이지만, 로버트 선생님은 학교 내에 존재하는 관료주의 때문에 좌절을 겪기도 한다. 관료주의는 학생에게

항상 최선은 아닐 수도 있는 각종 시험과 규율을 요구한다. 그는 특수교사들이 "관료주의와 상관없이 장애학생들이 필요한 것을 얻어 낼 수 있도록 하기 위해 때때로 경영의 묘술을 발휘해야만 한다."라고 하였다.

로버트 선생님은 특수교사가 되고자 하는 사람들에게 "특수교사가 되고 싶은지에 대해 깊이 생각하고, 생각하고, 또 생각해 봐야 한다."라고 조언한다. "아이들을 좋아하는 것만으로는 충분하지 않죠. 특수교육을 하면서 보람을 느끼기란 쉽지 않아요. 보람은 오랜 시간에 걸쳐 서서히 느끼기도 하고, 때로는 기대하지도 않았던 부분에서 느끼기도 하지요." 예를 들어, 그가 꼽는 가장 큰 보람은 학생이 분리된 특수학급에서 나와 일반학급에 통합되는 것이라고 하였다.

특수교사는 또한 "상상할 수 있는 것보다 훨씬 더 창의성을 발휘해야만 한다."라고 하였다. 유능한 특수교사란 학생이 자신의 잠재력을 깨닫고, 성공적인 삶을 살아가는 데 필요한 기술을 지속적으로 습득하는 '평생학습자' 가 되도록 가르치는 사람이다. 그는 "우리는 장애학생을 교육할 때 종종 나무만 보고 숲을 보지 못하는 경우가 있죠. 우리는 당장의 시험 성적이 아닌 장기간의 성과에 집중할 필요가 있어요. 이것이야말로 학생들로 하여금 다음 주나 내년이 아닌 그들의 일생에 대해 준비할 수 있도록 하는 것이지요."라며 말을 마쳤다.

지적장애(흔히 정신지체로 불렸던)를 가지고 있는 사람들과 여러 차례 만남을 가져 본 사람이라면, 이들이 얼마나 다양한 특성을 나타내는 사람들인지 잘 알고 있을 것이다. 여기서 다양한 특성이라 함은 개개인마다 얼마나 다른 사람들과 대화를 잘 하며 어울려 지내는지, 얼마나 쉽게 학습 자료를 습득하는지, 학교에서 얼마나 많은 지원이 필요한지, 그리고 그 밖의 다른 여러 가지 특성들을 포함한다. 경도 지적장애 학생과 중도 지적장애 학생의 차이점에 대해 생각해 보자. 대부분의 경도 지적장애 학생은 학교에서 또래에 비해 학습 속도가 많이 느리다는 것을 제외하고는 장애를 갖고 있지 않은 또래들과 매우 유사해 보인다. 대통령 직속 정신지체위원회(Committee on Mental Retardation, 1969)는 이러한 학생들을 '6시간 지체아동' 이라고 불렀다. 이는 학교에 와 있는 시간 동안에만 인지적으로 장애를 갖고 있는 것으로 낙인 찍힐 뿐 가정이나 지역사회에서는 잘 적응하고 있으며, 지적장애로 쉽게 구별되지도 않기 때문이다. 로버트 선생님이 지적하였듯이, 이러한 학생들은 학령기에서 성인기로 옮겨 갈 때 지원을 필요로 하겠지만 보수를 받고 일하는 직장에서 성공적으로 적응할 수 있을 것이다.

• 생각해 봅시다 #1

제2장에서 '사람을 우선하는 언어(people first)' 에 대해 논의하면서 우리가 사용하는 언어로 인해 변화가 가능함을 알 수 있었다. 자신 혹은 자신의 특성에 대해 묘사할 때 사용하는 단어에 대해 생각해 보자. 그 단어들은 자신의 인종이나 민족, 성별, 몸매나 머리카락 색깔, 종교 등과 관련이 있을 수 있다. 이러한 단어들이 사용될 때 어떤 느낌이 드는가? 그것의 사용은 사회적으로 허용되는 것인가?

반면, 중도 지적장애를 가지고 있는 학생들은 종종 학교에서 다른 또래들과 쉽게 구별될 수 있다. 이러한 학생들은 의사소통이나 학습을 하고 다른 사람들과 사회적으로 상호작용을 할 때 상당한 어려움을 경험한다. 중도장애를 가지고 있는 학생들의 대부분은 감각 및 신체 발달에서 심각한 약점을 동반하기도 한다. 이러한 특성 때문에 중도장애를 갖고 있는 사람들은 제한적인 독립성을 나타내며 학교와 가정에서도 지원(예: 보조공학이나 특수교육 보조원)이 필요하다.

지적장애는 범주의 복잡성 때문에 잘못 이해되는 경우가 많다. 특히 지적장애를 가진 사람을 거의 만나 보지 못한 사람들은 이 범주의 사람들에 대해 편협하고 고정된 시각을 가지고 있다. 전문가와 일반인 모두가 동의하는 것은 지적장애가 가장 낙인이 강한(stigmatizing) 장애 범주라는 것이다. 이러한 낙인은 '지체(retard)' 라는 단어가 학령기 학생들 사이에서 일상적으로 사용되는 부정적인 의미를 지닌 단어이며, 그것이 사용될 때 종종 교사 혹은 학부모가 적절한 반응을 하지 않는 것을 통해 잘 알 수 있다.

지적장애 범주의 복잡성을 고려할 때, 이 장에서는 경도 지적장애를 가지고 있는 학생들에 대한 정보만을 다루도록 하겠다. 중도 지적장애 학생에 대해서는 제12장에서 다룰 것이다. 지적장애의 범주에 대한 주요 정보는 'FAQ Sheet' 에 간략하게 제시하였다.

이 장에서는 용어 선택을 하는 데 신중을 기하였다. IDEA와 대부분 주(州)의 교육기관에서는 현재 이 범주를 지칭하는 데 '정신지체(mental retardation)' 라는 용어를 사용하고 있다. 그러나 '정신지체' 라는 용어는 낙인 효과가 강하므로 대신 '지적장애' 라는 용어를 사용하고자 한다. 장기적으로 볼 때 용어를 변경하는 것만으로 이 장애 범주에 부여되는 낙인 효과를 감소시킬 수는 없겠지만, 단기적으로는 도움이 될 수 있을 것으로 본다.

이 용어의 사용을 지지하는 또 다른 예는 이 영역을 이끌어 가는 전문가협회인 미국정신지체협회(American Association on Mental Retardation: AAMR)가 2007년 1월에 그 명칭을 미국 지적 및 발달 장애협회(American Association on Intellectual and Developmental Disabilities: AAIDD)로 바꾼 것이다. '지적장애' 라는 용어는 다수의 유럽 국가에서 사용되는 것으로서 이 장애 범주와 관련하여 선호되는 용어로 빠르게 자리 잡고 있다. 이 장의 후반부에서는 '정신지체' 라는 용어 사용을 둘러싼 논쟁에 대하여 다룰 것이다.

• 생각해 봅시다 #2

당신은 대화 중 '지체된(retard)' 이라는 단어를 사용해 본 적이 있는가? 다른 사람들은 당신이 그 단어를 사용할 때 부정적으로 반응하는가? 그것이 정치적으로 적절하지 않다고 생각하는가? 다른 사람이 그것을 사용하는 것을 들어 본 적이 있는가? 당신은 어떻게 반응하였는가? '생각해 봅시다 #1' 에서 논의된 단어 사용에 대한 반응은 '지체' 라는 단어에 대한 반응과 어떻게 다른가?

FAQ Sheet

경도 지적장애 학생	
대상	• 경도 지적장애 학생은 학령기 인구의 98%보다 낮은 지능 점수를 갖는다(약 70 이하) • 이 학생들은 평균보다 현저하게 낮은 적응행동을 보인다. 적응행동에는 일상생활에서 기능하도록 배우는 개념적, 사회적, 실제적 기술이 포함된다.
주요 특징	• 모든 학업 영역에서의 낮은 성취 • 기억과 동기에서의 결함 • 부주의함/산만함 • 빈약한 사회성 기술 • 적응행동 결함
출현율	• 학령기 인구의 0.84%가 지적장애로 분류된다. • 약 47만 명의 학생들(0.71%)이 경도 지적장애로 분류된다. • 지적장애로 판별된 학령기 아동의 비율은 1990~2004년에 약 10% 정도 감소하였다.
교육 배치	• 지적장애 학생의 13%는 일반학급에서 대부분의 학교 수업을 받는 반면, 약 57%의 학생들은 일반학생들과 분리되어 대부분의 수업을 받는다. • 통합교육을 받는 지적장애 학생의 비율은 1990~2003년에 약 72% 증가하였고, 분리된 환경에서 교육을 받는 지적장애 학생의 비율은 19% 감소하였다.
진단 평가	• 판별을 위한 주요 기준은 적응행동에서의 결함과 동시에 나타나는 현저하게 낮은 지적 기능이 아동의 교육 수행에 불리하게 영향을 줄 수 있는 발달기 동안 나타나는 것이다. • 지능검사에서 약 70 혹은 그 이하의 점수를 받을 경우 현저하게 낮은 지적 기능을 갖고 있는 것으로 간주된다. • 표준화된 적응행동 검사는 아동의 개념적, 사회적, 실제적 기술이 실질적으로 평균 이하를 나타낼 정도의 결함을 보이는지를 결정하기 위해 사용된다. • 표준화된 성취검사는 아동의 교육적 수행이 불리하게 영향받고 있는지(학생의 성취가 학년 수준에서 상당히 떨어지는지)를 결정하기 위해 사용된다.
예후	• 지적장애는 학령기와 성인기 동안 지속된다. • 경도 지적장애를 갖고 있는 성인은 종종 낮은 지위와 낮은 수준의 임금을 받는 직장에 취업하기도 한다. • 일부를 제외하고 대부분의 경도 지적장애 학생들은 성인기의 고용과 독립적인 주거생활을 위해 지속적인 지원이 필요하다.

1. 정의와 분류 기준

IDEA(2004)는 지적장애(이 법에서는 '정신지체'라는 용어를 사용하였다)의 일반적인 정의를 포함하고 있지만, 경도 지적장애 학생과 중도 지적장애 학생을 차별화하지는 않는다. 따라서 다음 부분에서는 지적장애를 정의하는 방법과 이러한 학생을 판별하기 위해 사용하는 기준 등을 포함하여 지적장애의 전 범위에 대해 논의하고자 한다.

IDEA의 지적장애(혹은 정신지체)에 대한 정의에서는 이러한 학생들에게서 "현저하게 평균 이하의 일반 지적 기능이 적응행동에서의 결함과 동시에 존재하며, 이는 아동의 교육적 수행에 광범위하게 영향을 미치는 발달기 동안에 나타나야 한다."(Sec. 300.8 [c] [6])고 규정하고 있다. 이 정의에 근거하여 지적장애 학생을 판별하는 데 네 가지 기준이 사용된다. 첫째, 대상학생은 현저하게 평균 이하로 측정된 지능을 가지고 있어야 한다. 이는 일반적으로 약 70 혹은 그 이하의 지능지수를 의미하며, 모든 학령기 학생의 약 98%보다도 더 낮은 지능지수를 보인다. 둘째, 대상학생은 반드시 적응행동에서 결함을 보여야 한다. 이러한 기준은 지적 기능이 지적장애를 가진 사람을 판별하는 데 사용되는 유일한 기준이 되지 않도록 하기 위한 것이다. 따라서 지적장애를 가진 것으로 판별되기 위해서 대상학생은 반드시 일상생활에서 효과적으로 기능하기 위하여 사용되는 실제적이고 사회적인 기술을 포함하는 적응행동에서 현저한 제한을 나타내야 한다(Hourcade, 2002). 셋째, 대상학생은 발달기 동안에 지적장애를 보여야 하는데, 이는 장애가 장기적인 문제임을 의미한다. 이러한 기준은 지적장애를 다른 장애, 예를 들어 성인기에도 발생할 수 있는 외상성 뇌손상과 구별하기 위해 사용된다. 마지막으로 지적장애는 학생의 교육적 수행에 불리하게 영향을 주어야 한다. 이것은 낮은 수준의 학업 성취와 학급 또는 그 밖의 다른 학교환경에서의 적응상의 어려움, 빈약한 사회적 기술 등을 포함한다.

지적장애 정도는 종종 학생의 지능지수 수준에 기초하여 구분되고 있다(APA, 2000). 예를 들어, 〈표 8-1〉에서는 다양한 수준의 지적장애를 가진 학생들의 지능지수 범위를 제시하고 있다. 경도 지적장애 학생은 일반적으로 55~70 정도의 지능지수를 가지고 있다. 그들은 자신이 뭘 필요로 하는지 파악할 수 있으며, 학교환경에서 상당히 독립적으로 지낼 수 있고, 많은 경우 교사나 전문가의 도움을 약간 받으며 다른 학생들과 성공적으로 상호작용할 수 있다. 또한 경도

〈표 8-1〉 지능에 기반한 지적장애 정도

수 준	지능지수 범위
경도 지적장애	50/55～약 70
중등도 지적장애	35/40～50/55
중도 지적장애	20/25～35/40
최중도 지적장애	20/25 이하

출처: APA, 2000.

지적장애 학생의 장애는 일반적으로 눈에 잘 띄지 않아 학생의 학업이나 적응행동기술 검사에 의해서만 판별되기도 한다.

중도 지적장애 학생(〈표 8-1〉의 중등도, 중도, 최중도의 지적 기능 수준을 가지고 있는 학생들을 포함하여)의 요구는 매우 다양하다. 상대적으로 어떤 학생들은 독립적으로 일상생활 과제를 수행할 수 있는 반면, 어떤 학생들은 상당한 수준의 지원을 필요로 한다. 전반적으로 이 학생들은 쉽사리 알아볼 수 있는 장애를 가지고 있으며(Beirne-Smith, Patton, & Kim, 2006), "학습능력, 개인적·사회적 기술 그리고/또는 감각과 신체 발달에서의 심각한 약점"(Westling & Fox, 2004, p. 3)을 가지고 있다. 아울러 중도 지적장애를 가지고 있는 학생들은 종종 독립적으로 자신을 유지하는 기술이 부족하며, 학교와 가정과 기타의 환경에서 지원과 도움을 필요로 한다(Westling & Fox, 2004). 중도 지적장애에 대한 좀 더 광범위한 논의는 제12장을 참조하라.

지적장애 분야를 이끌어 가는 전문가 조직인 미국 지적 및 발달 장애협회(이전 미국정신지체협회[AAMR])는 광범위하게 사용되는 지적장애 정의에 대한 책을 출판하였다. 이 정의는 IDEA 정의에서 제시하는 개념을 확장시킨 것이다(Luckasson et al., 2002). "(지적장애는) 지적 기능과 개념적, 사회적, 실제적 적응기술로서 표현되는 적응행동에서의 심각한 제한으로 특징지어진다. 이러한 장애는 18세 이전에 발생한다."(p. 13)

루카슨(Luckasson)과 동료들은 개인이 지적장애를 가지고 있다고 판별할 때 반드시 고려해야 할 다섯 가지 사항을 제시하였다.

1. 현재 기능에서의 제한은 반드시 개인의 또래와 문화가 가진 전형적인 지역사회 환경의 맥락에서 고려되어야 한다.

2. 타당한 검사는 의사소통, 감각, 운동, 행동적 요인뿐만 아니라 문화적, 언어적 다양성도 고려해야 한다.
3. 개인은 약점과 동시에 강점도 보유하고 있다.
4. 제한점에 대한 기술의 목적은 필요한 지원의 프로파일을 개발하기 위한 것이다.
5. 지속적인 기간 동안의 적절하게 개별화된 지원을 통해 정신지체를 가지고 있는 개인의 생활기능은 일반적으로 향상될 것이다(p. 13).

이러한 정의는 세 가지의 주요한 방식으로 IDEA의 정의를 확장한 것이라고 볼 수 있다. 첫째, 발달기간을 18세 이전으로 정의하였다. 따라서 지적장애는 반드시 학령기 동안에 표현되어야 한다. 장애 정도가 좀 더 심한 중도 지적장애

지적장애인을 판별하는 데 사용되는 적응행동 기술

개념적 기술:
- 수용 및 표현 언어
- 읽기와 쓰기
- 금전 개념
- 자기 지시

사회적 기술:
- 대인기술
- 책임감
- 자존감
- 속기 쉬움(gullibility)
- 순진함(Naivete)
- 규칙 준수
- 법 준수
- 희생 피하기(avoiding victimization)

실제적 기술:
- 식사하기, 옷 입기, 이동하기, 용변 보기 등과 같은 일상생활을 위한 개인 활동
- 식사 준비하기, 약 복용하기, 전화 사용하기, 금전 관리하기, 대중교통 수단 이용하기, 가사하기 등과 같은 일상생활을 위한 도구 다루는 활동
- 직업 관련 기술
- 안전한 환경 유지하기

출처: AAMR (2005). Definition of Mental Retardation: Fact Sheet of Frequently asked questions about mental retardaton. Refrieved from http://www.aamr.org/policies/faq_mental_retardation.shtml.

그림 8-1

를 가지고 있는 학생들은 입학 이전에 종종 판별되며, 경도 지적장애를 가지고 있는 학생들은 학령기 초기에 판별된다.

둘째, AAMR의 정의는 적응행동의 개념을 사람들이 일상생활에서 기능하기 위해 사용하는 개념적, 사회적, 실제적 기술로 확장하였다. 이러한 기술이 현저하게 제한될 때, 특정한 상황과 환경에 반응할 수 있는 개인의 능력은 영향을 받는다(Luckasson et al., 2002). 적응행동의 결함이 발생하는 영역은 [그림 8-1]과 같다.

셋째, 현재 대부분의 주에서 하고 있듯이, AAMR은 장애 심각성에 의해 판별하기보다는 학생이 효과적으로 기능하기 위해 필요한 지원의 수준에 의해 판별하는 것을 강조하고 있다([그림 8-2] 참조). 예를 들어, 이러한 접근법을 사용한다면 전통적으로 경도 지적장애를 가지고 있는 것으로 판별되는 많은 학생들은 간헐적인 지원이 필요한 학생으로 판별될 것이고, 특정한 기간에 제한된 지원을 필요로 하는 경우는 적을 것이다. 반면, 중도장애 학생의 요구는 대부분의 경우 제한된 지원, 확장된 지원, 전반적 지원에 이르기까지 다양하게 나타날 것이다.

지원(supports)은 지적장애인의 발달, 교육, 관심, 개인적 안녕을 촉진하는 데 필요한 자원과 개인적 전략이라고 정의된다. 지원은 "부모, 친구, 교사, 심리학자, 의사 또는 적절한 어떤 개인과 기관으로부터도 가능하다."(AAMR, 2005, p. 5) 지적장애인 판별에 대한 이러한 접근법은 과거 실제(practie)로부터의 진보적인 일탈이며, "정신지체에 대해 다르게 생각하고 그들의 삶을 어떻게 중재할 것인가"(Wehmeyer, 2003, p. 273)에 대한 첫 시도가 될 수 있다.

과거의 정의가 지적 발달과 적응행동에서의 학생 결함을 강조한다면, 지원 수준 접근법은 어떻게 개인의 요구가 특정한 환경(학교, 가정, 직장)에 부합될 수 있을 것인가에 중점을 두고 있다. 지적장애를 학생에게 존재하는 유일한 문제로 보기보다는 어떻게 환경을 변화시켜서 학생이 적절한 지원을 받고 성공할 것인가를 고려할 필요가 있음을 인식하는 것이다.

대부분의 경도 지적장애 학생들은 간헐적 지원을 필요로 한다.

지적장애 분야 전문가들이 이러한 변화를 어느 정도로 받아들이

지적장애인을 위한 지원 수준

- 간헐적 지원: 필요에 기반한 지원이다. 일시적으로 이루어지는 것이 특징이며, 지원이 항상 필요하지는 않은 사람이 생애주기의 전환 시(실업이나 심각한 질병 발생 등) 단기간적으로 필요한 지원이다. 간헐적 지원은 필요에 따라 고강도이거나 저강도일 수 있다.
- 제한적 지원: 일정 시간 동안 지속적으로 제공되는 것을 특성으로 하는 지원이다. 시간 제한적이나 간헐적인 성격을 갖고 있는 것은 아니며, 좀 더 강도 높은 지원에 비해 적은 수의 인력과 저비용이 든다(시간 제한이 있는 고용훈련이나 학령기에서 성인기로의 전환을 위해 지원되는 전환지원 등).
- 확장적 지원: 특정 환경(가정, 직장 등)에서의 최소한의 일상적인 참여를 위한 지원이다. 시간 제한적이지 않은 것(장기간 가정생활 지원과 같이)을 특성으로 한다.
- 전반적 지원: 지속적으로 고강도로 제공되는 지원이다. 환경 전반에 걸쳐 제공되며, 잠재적으로 일생 동안 제공되는 특성을 갖고 있다. 전반적 지원은 제한적 지원이나 확장적 지원보다 일반적으로 많은 수의 지원 인력과 관여가 필요하다.

출처: Luckasson et al. (2002). *Mental retardation: Definition, classification, and system of support* (10th ed.), p. 152.

그림 8-2

고 있는지는 의문이다. 판별을 위한 지원 수준 접근법이 1992년 AAMR에 의해 제안되었지만(Luckasson et al., 1992), 1990년대 말까지 소수의 주정부에서만 이 정의를 채택하였다(Polloway, Chamberlain, Denning, Smith, & Smith, 1999). 학생 판별에 대한 지원 수준 접근법은 '정신지체' 혹은 '지적장애' 라는 표찰과 연관되는 낙인 효과를 줄이고 학생들의 성공에 필요한 지원을 좀 더 많이 강조하기 위하여 고안되었지만, 이러한 접근법이 학교에서 성공적으로 수행될 수 있을지 결정하는 데는 더 많은 시간이 필요하다.

• 생각해 봅시다 #3

지적장애인과 만나 본 적이 있는가? 그들이 다른 사람들과 어떻게 달랐으며, 또 어떤 면에서 똑같다고 생각했는가? 그들이 독립적으로 생활하기 위해 간헐적 지원이 필요한 행동을 찾아볼 수 있었는가? 혹은 어떠한 행동을 할 때 확장적 지원이나 전반적 지원이 필요하다고 보는가?

2. 지적장애 학생의 주요특성

이 절에서는 경도 지적장애를 갖고 있는 아동과 청소년들의 특성에 대해 보다 자세히 다루고자 한다. 중도 지적장애 학생들의 특징은 제12장에서 다룰 것이다. 여기서는 경도 지적장애 학생의 핵심적인 학습, 인지 그리고 사회적 특성에 대해 알아보고자 한다.

여기서는 학생이 경도 지적장애라고 판별되었을 때 살펴볼 수 있는 학습, 인지, 그리고 사회적 특성 중 몇 가지에 대해 다룰 것이지만, 이 장애를 가진 학생들 모두가 이와 같은 특성을 유사하게 보이는 것은 아니다. 사실상 어떠한 사람의 집단에서도 그렇듯이, 경도장애를 가진 학생들도 학업수행 능력뿐 아니라 학교 및 다른 장소에서의 사회적 상황에 적응하는 능력에서 매우 다양함을 보인다. 그러나 경도 지적장애 학생들은 대부분의 다른 장애 범주와는 달리 일반적으로 학습, 사회, 적응 기술 면에서 그 발달이 지체되어 있다. 이러한 지체된 발달은 지적장애로 판별되지 않은 학생들과 비교해 볼 때, 지능과 적응행동 검사에서 현저하게 낮은 점수를 보일 뿐만 아니라 여러 내용과 기술 영역에서 낮은 성취로 나타난다.

1) 학업 수행

경도 지적장애로 판별된 학생들은 동일한 학년의 또래에 비해 학업기술 발달이 상당히 뒤처진다. 따라서 경도 지적장애 학생들은 읽기 및 기초수학 기술의 학습에서 현저하게 지체될 수 있다(Taylor, Richards, & Brady, 2005). 읽기와 수학에서의 기초기술을 개발하는 데서의 이러한 지체는 언어기술에서의 지체와 결부되고, 결국 이와 같은 기술이 요구되는 다른 학업 영역(예: 쓰기, 철자, 과학 등)에서 지체될 수밖에 없다.

지적장애 학생은 학령기 동안 지속적으로 동일한 학년의 또래에 비해 학업 성취에서 뒤떨어진다. 그러나 많은 경도 지적장애 학생들이 기본적인 문해(literacy)기술과 기초적인 수학기술을 발달시킬 수 있다. 예를 들어, 대부분의 경도 지적장애 학생들이 금전, 시간, 측정과 관련된 기초적인 연산기술과 산수기술을 학습한다. 그러나 그들의 대부분이 수학적 추론이나 문제해결을 위해 개념을 적용하는 것과 같은 보다 고차원적인 기술을 학습하기에는 어려움을 갖고 있다(Beirne-Smith et al., 2006).

경도 지적장애 학생의 특성인 언어 발달의 지체도 학업 성취에 부정적인 영향을 준다는 사실에 주목해야 한다. 언어지체가 가장 결정적인 영향을 미치는 학업 영역은 바로 읽기다(Torgesen, 2000). 경도 지적장애 학생과 빈약한 읽기능력을 갖고 있는 학생은 모두 다른 장애를 갖고 있는 학생(예: 학습장애)과 유사하게 음운론적 언어기술에 결함을 갖고 있지만(Fletcher, Scott, Blair, & Bolger, 2004), 지적장애 학생들은 종종 일반적인 구어기술에서 보다 심각한 지체를 보인다. 따라서 경도 지적장애 학생들이 개별적인 단어를 읽을 수 있도록 하고 읽기 이해전략을 발달시킨다 할지라도, 빈약한 어휘력 탓에 여전히 읽은 내용을 이해하는 데는 어려움을 갖게 될 것이다. 그러므로 교사는 경도 지적장애 학생들의 음운론적인 약점을 다룰 뿐만 아니라 보다 광범위한 언어기술(예: 어휘 발달)에 관한 교수도 제공해야 한다(Torgesen, 2000).

2) 지적 수행

일반적으로 경도 지적장애 학생들은 언어와 학업 기술을 습득하는 데 영향을 주는 인지발달에서 지체되는 특성을 보인다. 더군다나 그들은 일반교육과정에서 많은 정보를 학습할 수는 있지만 전형적인 학생들에 비교하면 학습 속도가 상당히 느리다. 특정한 인지적 기술에서의 결함은 이러한 지체의 원인이 되고 있다.

(1) 주의집중

경도 지적장애 학생들은 한 과제에 주의를 기울이고, 선택적인 주의집중을 하고, 한 과제에 주의를 유지하는 등의 다양한 유형의 주의집중에서 어려움을 갖는다(Wenar & Kerig, 2006). 한 과제에 주의를 기울이는 것은 학생으로 하여금 그 과제로 시선을 옮기는 것을 요구한다(예: 교실 앞에서 OHP로 수학문제해결방법을 시범 보이는 교사). 선택적 주의집중이란 학생이 과제와 연관된 부분에는 주의를 기울이고, 중요하지 않은 부분에는 주의를 기울이지 않을 수 있는 것을 말한다. 마지막으로 주의를 유지하는 것은 학생이 한 과제에 일정 시간 동안 지속적으로 주의를 기울이는 것을 말한다.

경도 지적장애 학생이 보이는 주의집중 결함은 그들을 위한 효과적인 교수전략을 개발하는 데 고려해야 할 부분이다(Beirne-Smith et al., 2006, p. 277). 예를 들어, 교사는 다음과 같은 점들을 반드시 유념해야 한다.

1. 단지 몇 가지 측면에서만 다양성을 보이는 초기 자극을 제시한다.
2. 중요한 측면에 주의를 기울이도록 지시해야 한다.
3. 초기에는 주의집중을 방해할 수 있는 여러 자극을 제거해야 한다.
4. 시간이 지날수록 과제의 난이도를 증가시킨다.
5. 관련 없는 자극과 관련 있는 자극을 구별할 수 있는 '결정하기 기술'을 교수한다.

(2) 기억

경도 지적장애 학생들은 정보를 기억하는 것(즉, 단기기억)에도 어려움을 보인다. 예를 들어, 그들은 수학적 사실을 기억하거나 단어의 철자를 쓰는 데 어려움을 보일 수 있다. 또는 그들은 어느 날 이 정보를 기억했다가 다음날에는 잊을 수도 있다. 이와 같은 기억상의 문제는 어느 정도 주의집중 결함의 영향을 받는다. 즉, 정보에 제대로 주의를 기울이고, 기억해야 할 정보를 선택하고, 일정 시간 중요한 자료에 주의를 유지하지 않는다면 정보를 기억하는 데 어려움을 겪을 것이다.

그러나 주의집중 문제와는 별개로 경도 지적장애 학생들은 단기기억을 촉진할 수 있는 전략을 만들어 내고 사용하는 데 어려움을 갖는다. 예를 들어, 많은 학생들은 정보를 기억하려고 할 때 학습을 촉진하는 데 도움이 되는 시연(rehearsal)전략(반복해서 정보를 되뇌는 것)을 사용한다(Kirk, Gallagher, Anastasiow, & Coleman, 2006). 단기기억 결함을 다루기 위한 교수법에는 의미 있는 내용에 초점을 두고 정보를 기억하는 것을 촉진하는 전략을 가르치는 것(예: 시연, 정보 군집하기, 기억을 돕는 도구 사용하기 등)이 포함된다(Smith, Polloway, Patton, & Dowdy, 2004). 기억을 돕는 도구의 사용에 대해서는 제6장에서 보다 자세히 다루었다.

(3) 일반화

많은 경도 지적장애 학생들이 어려움을 보이는 인지기술은 다른 사물이나 환경에 학습한 정보를 일반화하는 것과 관련이 있다(Wenar & Kerig, 2006). 예를 들어, 한 학생이 덧셈과 뺄셈 방법을 배웠지만 그 정보를 나눗셈 문제를 풀기 위해 일반화하는 것에는 어려움을 가질 수 있다. 유사한 예로, 한 교과 영역에서 새로운 단어를 배웠다 하더라도 다른 읽기 자료에 나온 동일 단어를 읽어내는 데는 어려움을 보일 수 있다. 경도 지적장애 학생은 또한 학습한 자료를 한 맥락에서 다른 맥락(예: 학교에서 지역사회로)으로 일반화하는 데 어려움을 갖는다. 일반화의 어려움을 극복하는 데 도움이 되는 전략에는 맥락에서 자료를 교수하는 것, 학생이 다양한 자료와 맥락에서 정보를 일반화할 때 강화하는 것, 학습한 정보를 한 환경에서 다른 환경으로 적용해 볼 것을 상기시키는 것, 다양한 환경에서 정보를 가르치는 것 등이 포함된다(Smith et al., 2004).

• 생각해 봅시다 #4

당신과 당신의 친구가 함께 잘 어울리기 위해서 필요한 사회적 기술은 무엇인가? 경도 지적장애 학생의 어떠한 특성이 친구들과 잘 어울리는 데 부정적인 영향을 준다고 보는가? 이러한 특성들의 영향을 줄이고 또래와 잘 어울릴 수 있도록 지원하기 위해서는 교사가 무엇을 할 수 있을까?

3) 사회적 기술 수행

경도 지적장애 학생의 인지적 특성의 상당 부분은 사회적 상호작용에서의 어려움에도 영향을 미친다. 예를 들어, 낮은 수준의 인지발달과 지체된 언어발달에 따라 지적장애 학생은 언어적 상호작용의 맥락을 이해하고 언어적 상호작용 중 기대되는 행동(예: 경청해야 할 시기, 반응하는 시기와 방법 등)을 이해하는 데 어려움을 가질 수 있다. 또한 경도 지적장애 학생이 사회적 상호작용의 중요한 측면에 주의를 집중하고, 지속적으로 주의를 기울이는 데 어려움을 갖고, 단기 기억상으로 중요한 장면들을 기억하는 데 어려움을 갖는다면, 주의집중과 기억에서의 어려움도 사회적 상호작용에 악영향을 미친다고 볼 수 있다.

일반적인 인지적 결함으로 나타나는 사회적 어려움 이외에도 경도 지적장애 학생들은 사회적 단서를 읽는 데 실패하거나, 성공적으로 대화를 이어 나가는 데 어려움을 겪고, 사회적 활동 참여가 부족하며, 낮은 사회적 지위와 부정적인 자아개념 등을 보인다는 면에서 학습장애(제6장 참조) 학생들이 겪는 사회적 어려움과 유사한 문제점을 갖고 있다.

학습장애의 경우처럼, 경도 지적장애 학생들은 이러한 특성들에 의해 종종 학급에서의 낮은 사회적 지위를 갖게 되거나 교사와 학생들에게서 소외되고 학교 활동에 잘 참여하지 못하게 된다. 게다가 사회적 기술 결함으로 자신이 친구들과 교사에게 중요하지 않다고 느낄 수도 있으며, 학교사회에 소속되어 있지 않다고 생각하게 된다. 따라서 경도 지적장애 학생들은 사회적 상황에서 위축되거나 부적절한 방식으로 주의집중을 받으려 하기도 한다. 또한 받아들여지는 행동의 규범과 그렇지 않은 행동의 규범을 구별하는 데 어려움을 갖고 있어 부적절한 행동을 하기도 한다(Beirne-Smith et al., 2006).

경도 지적장애 학생들의 사회적 기술 결함을 다루기 위해 사용될 수 있는 접근방법 중 하나는 직접 사회적 기술을 가르치는 것이다(이 주제에 대한 자세한 정보는 제7장을 참조). 많은 경도 지적장애 학생들의 경우 인지 및 언어 기술이 제한되어 있어, 자발적으로 또래들과 상호작용하면서 사회적 기술을 개발하

역할놀이 등을 통해 사회적 기술을 직접 가르치는 것은 많은 학생들에게 도움을 줄 수 있다.

기가 쉽지 않기 때문에 이러한 접근방법이 필요하다.

대부분의 경도 지적장애 학생들은 학교에서 보내는 많은 시간을 분리된 환경에서 생활하기 때문에 또래 친구들과 상호작용할 기회가 적다(Williamson, McLeskey, Hoppey, & Rentz, 2006). 여러 연구에서 적절한 지원이 제공되고 학교에서 장시간 동안 비장애 또래 학생들과 통합되어 있을 때 경도 지적장애 학생들의 사회적 기술은 향상되는 경향이 있다고 보고되었다(Freeman & Alkin, 2000).

3. 출현율, 과정 및 발생 원인

1) 출현율

2004~2005년에는 약 55만 5,000명 이상의 미국 학생들이 지적장애를 가지고 있는 것으로 판별되었으며, 이는 학령기 인구의 0.84%에 해당된다(U.S. Department of Education, 2006). 연구자들은 지적장애 학생의 70~85%가 경도에서 중등도 장애를 갖고 있는 것으로 추정한다(Murphy, Yeargin-Allsopp, Decoufle, & Drews, 1995; Taylor et al., 2005). 경도 지적장애 학생은 약 47만 명이며, 이는 약 0.71%의 출현율을 의미한다. 따라서 경도 지적장애 학생이 일반학급에 통합될 때는 약 6학급당 1명의 경도 지적장애 학생이 통합되어 있다고 볼 수 있다.

1990~2004년에 지적장애 학생으로 분류된 학생의 비율이 약 10% 정도 감소하였다는 사실은 주목할 만하다. 베이른-스미스 등(Beirne-Smith et al., 2006)은 지적장애 학생 출현율의 감소와 관련하여 (1) 문화적으로 다양한 배경을 가진 학생들이 경도 지적장애 범주로 과잉 판별되는 것에 대한 주의, (2) 고기능인 학생들을 덜 낙인적인 학습장애 범주로 판별하는 것, (3) 경도 지적장애의 출현을 감소시키기 위한 조기중재 노력의 긍정적인 효과 등을 그 원인으로 추정하였다. 그렇지만 실제로 지적장애로 진단되는 원인은 명확하지 않다.

지적장애 학생의 발생에 관하여 마지막으로 고려할 점은 이 범주에 있는 학생들이 미국 인구의 각 민족과 인종과 관련하여 어느 정도의 비율을 보이고 있는가 하는 점이다. 〈표 8-2〉는 지적장애로 판별된 5개 인종 집단에서의 학생 비율과 미국 학령기 인구에서 그 집단들이 차지하는 비율을 나타내는 자료다.

이에 따르면 지적장애 범주로 과잉 판별되는 집단이 아프리카계 미국인 학생임을 주목할 필요가 있다. 그들이 차지하는 학령기 인구 비율을 비추어 보았을 때 지적장애로 판별되리라 예측할 수 있는 인구의 두 배 이상의 수가 지적장애로 판별됨을 알 수 있다. 더군다나 아프리카계 미국인 학생들은 지난 40년 동안 지적장애 범주로 과잉 판별되어 왔다(Hosp & Reschly, 2004).

많은 전문가들은 지적장애 범주와 '정신지체' 라는 장애명을 사용하는 것이 낙인을 찍는 효과가 있기 때문에 아프리카계 미국인 학생들이 이 범주로 과잉 판별되는 것에 대한 우려를 표하고 있다(Hosp & Reschly, 2004; Losen & Orfield, 2002). 예를 들어, 학생들에게 '정신지체' 와 같은 부정적인 낙인이 주어지면, 그들의 행동이 다른 학생들의 행동과 크게 다르지 않더라도 교사는 그들의 부정적인 행동에만 초점을 두는 경향이 있다(Hosp & Reschly, 2004).

'지적장애' 라는 표찰에 부여되는 낙인 효과와 관련하여 전문가들은 대부분의 지적장애로 판별된 학생들이 학교시간의 대부분을 전형적인 또래들로부터 분리되어 있음에 대해 우려를 표시했다(Williamson et al., 2006). 이러한 분리 배치에 따라 지적장애를 가진 학생들은 일반교육과정에 접근할 수 없으며, "학령기 이후의 교육이나 취업을 접할 기회가 더욱 적어지게 된다."(Zhang & Katsiyannis, 2002, p. 184) 게다가 일부 교육청에서 지적장애로 판별된 많은 학생들이 아프리카계 미국인이고 그들을 분리 교육하는 것은 인종 분리의 결과를 낳게 된다(Zang & Katsiyannis, 2002).

〈표 8-2〉 인종/민족별 지적장애로 분류된 학령기 아동의 비율(2004)

인종/민족	지적장애 비율[1]	전체 인구 비율[2]
미국계 인디언과 알래스카 인디언계 미국인	1.21	0.98
아시아계 미국인	1.98	4.10
아프리카계 미국인	33.36	15.08
라틴계 미국인	12.35	17.65
유럽계 미국인	51.00	62.19

1. 이 비율은 인종/민족별로 지적장애로 분류된 장애학생의 전체 비율을 나타내며 총합 100%다.
2. 이 비율은 인종/민족별로 학령기 인구의 비율을 나타낸다. 만약 학생들의 장애가 비율적으로 나타난다면 두 번째 칸의 장애 비율이 세 번째 칸의 전체 인구 비율과 동일해야 할 것이다. 비율적으로 보면, 전체 학령기 인구의 17.65%를 차지하는 라틴계 미국인 학령기 아동의 경우 지적장애의 비율도 17.65%로 나타나야 할 것이다. 그러나 실제 지적장애 비율은 12.35%로 나타나며, 이는 비율적으로 볼 때 라틴계 미국인 아동들이 이 장애범주에서 과소 출현한다고 볼 수 있다.

출처: U.S. Department of Education, 2006.

아프리카계 미국인 학생이 지적장애로 과잉 판별되는 것에 대한 우려 중 또 다른 하나는 이 학생들을 위한 분리된 특수교육 배치의 비효과성과 관련이 깊다. 앞에서 지적하였듯이, 광범위한 연구 결과에 따르면 경도 지적장애 학생은 학교생활의 대부분을 동일 연령의 또래들과 일반학급에 통합되어 적절한 지원을 제공받을 때 학업적으로나 사회적으로 혜택을 볼 가능성이 높다(Freeman & Alkin, 2000). 따라서 '정신지체' 또는 '지적장애'의 표찰은 단지 아프리카계 미국인 학생들에게 낙인 효과가 있는 것뿐만 아니라 그들의 학습적, 사회적 성장의 기회를 제한하고, 장기적으로는 성공할 기회를 제한하는 고도로 분리된 환경에서 학교생활의 대부분을 보내게 함으로써 그들에게 불이익을 준다.

2) 경도 지적장애의 과정

경도 지적장애 학생이 학교생활에서 진전을 보일 때에도 장애학생과 일반학생 간의 수행의 차이는 점점 커진다(Beirne-Smith et al., 2006; Patton et al., 1996). 이는 읽기와 수학 과목에서뿐만 아니라 모든 교과 영역에 걸쳐 발생한다. 또한 사회성과 적응 기술의 발달 측면에서도 비슷하다. 경도 지적장애 학생은 지적장애로 판별되지 않은 또래에 비해 학업과 사회성 기술 면에서 심각한 불이익을 안고 성인기를 맞이하게 된다.

경도 지적장애 성인에게 매우 중요한 세 가지 성과는 생산적인 고용, 성공적인 학령기 이후의 교육 참여, 심리적인 안정이다(Patton et al., 1996). 몇몇 경도 지적장애인은 이러한 각각의 성과에서 상당한 어려움을 겪고 있지만, 다른 이들은 상대적으로 자신의 삶에서 성공하며 대체로 만족을 느끼며 살고 있다.

(1) 생산적인 고용

여러 연구에서 경도 지적장애 성인은 일반적으로 동료에 비해 저임금과 고도의 기술이 요구되지 않는 직업에 종사하고 있으며, 진급도 제한되어 있다고 보고되고 있다(Seltzer et al., 2005). 그러나 일부 연구에서 경도 지적장애 성인은 "지능지수가 좀 더 높은 형제자매들과 동등하게 고용되고, 안정적으로 직업에 종사하며, 동등하게 자신의 직업에 대해 만족해하기도 한다."(Seltzer et al., 2005, p. 465) 로버트 선생님이 지적하였듯이, 만약 경도 지적장애 학생들이 학령기 이후에 임금을 받는 직장에 성공적으로 고용되어 생활할 수 있기를 바란다면 청소년기 초기부터 시작되는 전환기 계획을 세심하게 수립해야 한다. 이에 대해서는 제4장을 참조하라.

(2) 학령기 이후의 교육

많은 지적장애 성인의 성공을 저해하는 주된 원인은 학령기 이후의 교육에 참여할 기회가 부족하다는 것이다. 패튼 등(Patton et al., 1996)은 경도 지적장애인이 학령기 이후 교육에 성공적으로 참여하기 위해서는 그들이 그 환경에서 환영받고 적절한 편의시설을 제공받는 것이 중요하다고 하였다. 최근까지는 장애 성인을 대상으로 하는 학령기 이후 교육의 기회는 상당히 제한적이었다. 그러나 경도장애인에서 중도장애인에 이르기까지 많은 장애성인들이 네트워크를 형성하고, 사회적 · 학업적 기술을 습득하고, 직업기술을 익히기 위해 학령기 이후 교육기관에 다니기 시작하면서 이러한 현상은 최근에 와서 극적으로 변화되었다(예: Pearman, Elliott, & Aborn, 2004; Zafft, Hart, & Zimbrich, 2004). 교육을 지속해서 받는 지적장애 성인의 수가 증가함에 따라 삶의 다른 주요한 성과가 증가하듯이 고용도 증가하는 경향이 있다.

대부분의 경도 지적장애를 갖고 있는 성인은 주로 숙련된 기술을 요구하지 않는 업종에 고용된다.

(3) 심리적인 안정

몇몇 연구는 경도 지적장애 성인이 심리적 안정과 관련된 영역에서 가장 취약한 것으로 보인다고 지적하고 있다(Seltzer et al., 2005). 경도 지적장애 성인들은 동일한 연령의 일반인들에 비해 종종 인생의 목표의식을 갖지 못하거나 인간적 성장을 할 기회를 갖기 어렵고, 우울증에 빠지거나 낮은 자율성을 보이곤 한다(Seltzer et al., 2005). 최근에는 이러한 우려에 대해 그들에게 자기결정(self-determination)의 핵심 기술을 가르치는 방식으로 접근하고 있다(sands & Wehmeyer, 2005). 자기결정은 "특히 취업, 지역사회 참여, 학령기 이후의 교육과 같은 영역에서의 장애성인의 향상된 삶의 질"(Thoma & Getzel, 2005, p. 234)과 상관관계가 있는 것으로 나타났다. 이에 대해서는 이 장의 후반부에서 보다 자세하게 다룰 것이다.

• 생각해봅시다 #5

특별히 성인기 성과와 관련하여 지적장애인의 진로에 대한 지식이 학급에 있는 지적장애 학생들에 대한 당신의 기대에 어떠한 영향을 주는가? 이러한 정보가 당신이 학생들에게 무엇을 가르칠지에 영향을 주는가? 교사가 지나치게 낮은 기대를 갖지 않도록 하기 위해서는 어떻게 해야 하는가?

3) 발생 원인

경도 지적장애로 판별된 거의 모든 학생의 경우는 특정한 장애의 원인을 밝히기가 어렵다. 그러나 그들 중 많은 수가 빈곤가정 출신이고, 빈곤가정의 상당수가 비유럽계 미국인들로 구성되어 있다(Wenar & Kerig, 2006). 강력한 가족 및 문화 요인이 관여되어 있기에, 이러한 유형의 지적장애는 원래 '문화-가족적'이라고 불렸으나, 최근에는 '심리사회적 불이익에 의한 지적장애'라고 불리고 있다(Beirne-Smith et al., 2006, p. 162).

경도 지적장애로 판별될 위험성이 높은 가족과 문화적 요인을 언급하기 이전에, 빈곤한 가정에서 자라난 아동의 대부분이 경도 지적장애로 판별되지 않으며, 그런 환경에서 자라난 대다수의 (종종 소수민족 집단이라고 불리는) 비유럽계 아동들도 그러하다는 것에 주의해야 한다. 더군다나 빈곤가정에서 자라난 아동의 다수는 정상 범주에 속하는 IQ를 나타내고 있다. 그러나 낮은 사회경제적 지위를 가진 가정에서 거주하는 것과 관련된 가족요인이 있으며, 특히 비유럽계 미국인 집단의 아동의 경우에는 경도 지적장애로 판별될 위험성이 더 큰 것처럼 보인다.

많은 전문가들은 빈곤가정에 존재하는 여러 위험요인들이 종합적으로 영향을 미쳐서 경도 지적장애의 출현이 더 높아지는지에 대해 연구하였다. 예를 들어, 사머로프(Sameroff, 1990)는 선행연구들에 기반하여 가정환경에서 오는 스트레스(예: 부적절한 주거환경, 영양 결핍, 부적절한 건강관리)와 이러한 스트레스를 다룰 수 있는 능력, 자녀 수, 부모의 교육 수준, 비숙련직에 종사하는 가장, 어머니의 정신건강과 교육 수준, 자녀의 요구를 다룰 수 있는 가족의 융통성 등과 같은 여러 위험요인을 결정하였다. 사머로프는 위험요인의 수가 증가할수록 자녀의 지능지수가 낮아지는 것을 발견하였다. 예를 들어, 복합적인 위험요인을 갖고 있는 가정의 아동들은 위험요인을 갖고 있지 않은 가정의 아동들보다 지능검사에서 받은 점수가 30점 정도 더 낮았다.

가족요인뿐만 아니라 빈곤가정에서 찾아볼 수 있는 문화적 차이도 경도 지적장애의 높은 출현율의 원인 중 하나가 된다. 제3장에서 밝혔듯이, 비중산층-비유럽계 가정 출신의 학생 수는 최근 10년 동안 급격하게 증가한 반면에 동일한 출신의 교사 수는 감소하였다(National Education Association, 2003). 이러한 현상에 따라 교사들의 대부분이 자신이 가르치는 학생들의 배경과는 상당히 다른 배경, 즉 여성이면서 유럽계 미국인이고 중산층의 배경을 갖고 있어 교사와 학생 간의 인구학적인 차이가 나타나고 있다. 이러한 차이 때문에 교사들은 빈곤하거나 문화적으로 다른 배경을 갖고 있는 학생들의 행동을 오해하거나 잘못 해석하여 그들이 갖고 있는 학업적 · 행동적 요구에 효과적으로 대처하지 못하게 되었다.

이러한 인구학적인 차이와 연관하여, 지적장애의 판별은 종종 대상학생이 한 지역사회의 사회적 규범에서 얼마나 벗어났는가에 따라 달라지기도 한다(Murphy et al., 1995). 한 교사가 자기 학급의 규범을 정하고, 여러 교사와 행정가들은 한 학교의 규범을 정한다. 사회적 규범은 학급 안에서 교사가 기대하는 '보통의(normal)' 행동과 관련 있다. 예를 들어, '보통의' 학생은 일정한 시간 동안 자신의 자리에 앉아 수업을 들을 수 있고, 최소한의 도움을 받아 지필 과제를 완수하며, 학급에서 대화에 참여하며 표준적인 문법을 사용하고, 성인에게는 공손한 자세를 보이며, 교사의 질책을 받을 때는 시선을 맞추고, 이해가 잘 안 될 때에는 질문을 하며, 논리적이고 순차적인 의사소통 양식을 보이고, 그들의 숙제를 도와주고 학교 행사에 참여하는 부모가 있는 학생일 것이다. 따라서 낮은 사회경제적 지위의 가정과 다양한 문화 배경을 가진 많은 학생들이 그러하듯이, 이러한 규범에서 벗어나는 아동일 경우 장애아동으로 진단받고 판별될 가능성이 더 높아지는 것이다. 사회적 규범과 인구학적 차이와 관련된 쟁점에 대한 더 자세한 정보와 그것이 학급에서 어떻게 다루어져야 하는가에 대해서는 제3장을 참조하라.

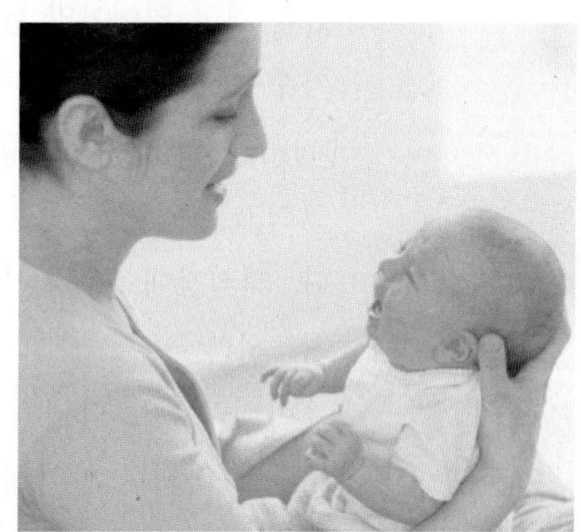
임신 및 출산 시 그리고 영유아기 동안에 만날 수 있는 많은 요인들에 의해 경도 지적장애가 발생될 수 있다.

가족과 문화적 요인들이 경도 지적장애의 원인으로서 가장 광범위하게 연구되었지만 몇 가지 다른 요인들도 이러한 장애를 유발할 수 있는 요인으로 지적되고 있다(The ARC, 2005; Wenar & Kerig, 2006). 이러한 요인들에는 다음과 같은 것들이 포함된다.

- 임신 시 알코올이나 약물의 사용, 영양실조, 환경적 독성물질에의 노출, 풍진이나 매독 등 어머니에게 질환이 있었을 경우
- 출산 시 조산 또는 저체중이었거나 출산 시 손상이나 일시적인 산소부족과 같은 출산과정에서의 문제가 있었을 경우
- 출산 후 감염(뇌막염이나 뇌염), 상해(뇌 부위의 타격), 환경적 독성물질에의 노출(납, 수은 등) 등이 있었을 경우

• 생각해 봅시다 #6

경도 지적장애의 원인에 대한 지식에 의해 이 학생들을 인식하는 방식에 어떠한 영향을 받을 수 있는가? 이러한 정보들이 학급에서 학생들과 상호작용하고 가르치는 데 영향을 줄 수 있는가? 이 학생들에게 무엇을 기대하겠는가?

4. 판별과 평가

지적장애를 가진 학생을 판별하는 데 주로 사용되는 기준은 지능검사와 적응행동 검사에서의 현저하게 낮은 점수다. 학교 심리학자는 지능검사를 주관하고 다학문적 팀에게 결과를 해석하여 제공한다. 다학문적 팀은 학생의 인지 수준이 지적장애 유무를 판별하는 수준 이하에 해당하는지 결정하고, 지능지수가 지적장애를 나타내는 수준인 70 이하인지 결정한다(여러 수준의 지적장애 지능지수 기준 점수는 〈표 8-1〉을 참조하라). 지적장애 학생을 판별하기 위해 광범위하게 사용하는 지능 측정도구로는 스탠퍼드-비네 지능검사(5th ed.; Roid, 2003)와 아동용 웩슬러 지능검사(4th ed.; Wechsler, 2003)가 있다. 지능검사에 대한 보다 자세한 정보는 제4장을 참조하라.

지능지수가 70이거나 그 이하인 것이 지적장애로 판별되는 주요한 기준이기는 하지만 그것만으로는 충분하지 않다. 대상학생은 적응행동에서도 심각한 제한을 갖고 있어야만 한다. 적응행동 검사를 실시해야 하는데, 이 영역에서 가장 자주 사용되는 검사는 AAMR 학교 적응행동척도 학교판(Lambert, Nihira, & Leland, 1993)과 적응행동검사체계(ABAS-II, 2nd ed.; Harrison & Oakland, 2000), 그리고 바인랜드 적응행동척도(2nd ed.; Sparrow, Cicchetti, & Balla, 2005)가 있다. 지적장애인을 판별하는 데 사용되는 적응행동 기술의 목록은 [그림 8-1]을 참조하라.

마지막으로, 학생의 지능지수와 적응행동 측정치가 심각한 제한성이 있는 것으로 판단되는 범위에 해당된다면, 다학문적 팀은 아동의 교육적 수행이 그로 인해 심각하게 영향을 받는지에 대해 결정한다. 일반적으로 우드콕-존슨 학업성취도 검사(WIAT-II, 2nd ed.; Psychological Corporation, 2001)가 이러한 정보를 제공하는 데 사용된다. 이 검사는 언어, 읽기, 쓰기, 수학과 같은 영역에서 학업성취 점수를 제공한다.

이러한 주제에 대한 논의를 마치기에 앞서, 지난 몇 십 년 동안 지적장애 학생의 판별과 관련된 쟁점에 대해 살펴볼 필요가 있다. 우선 쟁점은 이러한 학생들을 판별하는 데 사용되어야만 하는 IQ 상한선과 관련이 있다. 1961년 지적장애 판별을 위한 IQ 상한선은 85점이었다(Heber, 1961). 이것은 이론적으로 학령기 아동 인구의 약 16%가 상한선에 해당된다는 것을 의미한다. 1973년에는 IQ 상한선을 70점으로 낮추었으며, 이는 이 기준에 해당하는 학령기 인구의 수를 약 14% 줄인 것이다(2.25%에 해당; Grossman, 1973). 어떤 이들은 정의에서의 이러한 변화가 지적장애 학령기 인구의 약 14%를 '고쳤다' 고 제안한다. 최근 1992년 AAMR 정의는 IQ 상한선을 75점으로 올리고(Luckasson et al., 1992), 이 기준에 해당하는 수를 2배 증가시켰으나 보다 최근의 개정판에서는 다시 70점으로 낮추었다.

유사하게, 적응행동의 어느 정도 범위를 지적장애 학생의 판별 기준으로 사용해야만 하는지, 그리고 어떻게 그 구인들을 정의해야만 하는지에 대해 논쟁이 있어 왔다. 적응행동은 1973년에 지적장애를 가진 학생을 판별하는 데 공식적인 기준이 되었으며, 지속적으로 다시 정의되고 구체화되고 있다.

경도 지적장애 학생을 판별하는 것과 관련된 쟁점에서 나타난 이와 같은 변화를 주목하는 것은 중요하다. (IQ 상한선을 올리고 내리는 것은 이 범주에 해당하는 경도 지적장애 학생의 수를 변동시키는 데 중요한 역할을 한다. 반면, 좀 더 심한 지적장애를 가진 학생들의 경우에는 거의 영향을 미치지 않는다.) 이러한 변화는 지적장애 범주에서의 비유럽계 아동들의 높은 판별률에 대한 우려와 종종 이 장애의 명칭과 연관된 낙인에 대한 우려에서 비롯되었다고 본다(Dunn, 1968).

5. 교육 실제

경도 지적장애 학생들에게 효과가 입증된 증거 기반 교육 실제(evidence-based educational practices)에 대한 다양한 연구가 진행되었다. 이 연구들은 이 학생들이 과거에 기대했던 것보다 더 많이 배울 수 있으나 효과적인 교수 실제로부터 학습하고 혜택을 받기 위해서는 좀 더 많은 시간이 필요하다는 것을 밝혔다. 다음에서는 지적장애 학생들의 배치에 대해 살펴보고, 그들의 학교교육과 성인생활로의 전환을 돕는 데 효과적인 교육 실제에 대해 논의하고자 한다.

1) 서비스 전달체계

지적장애 학생들은 지난 100년 동안 기본적으로 분리된 환경에서 분리된 교육을 받아 왔지만, 연구자들은 지난 70년 이상 이러한 배치의 효과에 대해 의문을 가져왔다(Bennett, 1932; Carlberg & Kavale, 1980; Johnson, 1962; Polloway, 1984). 많은 연구들이 이 주제에 대해 지적장애 학생들이 최소한 얼마 정도는 일반학급에서 지내는 것이 도움이 된다고 밝혀 왔다. 예를 들어, 지적장애 학생들이 분리된 학급에 배치되었을 때의 효과와 관련된 연구들을 검토한 후, 프리먼과 앨킨(Freeman & Alkin, 2000)은 "다소 경미한 수준의 지적장애를 가지고 있는 아동들은 분리된 학급보다는 통합된 학급에서 보다 긍정적인 성취 결과를 나타낸다."라고 결론 내렸다. 덧붙여 그들은 일반학급에 지적장애 학생을 배치하면 "학생들의 사회적 기술과 능력을 향상시킬 수 있다."(p. 15)고 부연하였다.

• 생각해 봅시다 #7

경도 지적장애 학생이 적절하게 지원되는 일반학급에 배치됨으로써 혜택을 받을 수 있다는 증거가 있음에도 이러한 학생들 중 소수만이 일반학급에 배치되어 있다. 그 이유가 무엇이라고 생각하는가? 이 학생들이 교사들에게 주는 도전은 무엇인가? 더 많은 지적장애 학생을 성공적으로 통합시키기 위해서는 교사에게 어떤 유형의 지원이 필요한가?

지적장애 학생들을 최소한 얼마만이라도 일반학급에 배치하는 것을 지지하는 연구가 진행되었음에도 많은 경도 지적장애 학생들은 하루의 대부분을 분리된 환경에서 교육받고 있다(McLeskey, Henry, & Hodges, 1999; Williamson et al., 2006). 예를 들어, 장애학생의 52%가 일반학급에서 학교생활의 89% 이상을 보내고 있는 반면, 지적장애 학생은 13%만이 일반학급에서 시간을 보내고 있다(〈표 8-3〉 참조). 또한 모든 장애학생의 18%가 학교에서 장시간(하루 중 60% 이상의 시간) 동안 또래와 분리되어 보내는 반면, 지적장애 학생은 57%가 또래로부터 장시간 분리되어 학교생활을 하고 있다.

지난 10년 동안 일반학급에 배치된 지적장애 학생 수의 증가와 의미 있는 진보를 나타내는 변화에 주목할 필요가 있다(Williamson et al., 2006). 예를 들어, 1989~1990학년도에는 7.6%의 지적장애 학생들이 학교생활 시간 대부분을 일반교육 환경에서 교육받았는데, 2004~2005학년도에는 이 수치가 13.1%까지 증가하였다(U.S. Department of Education, 2006). 또한 1990~1991학년도에는 지적장애 학생의 70%가 학교생활의 60% 이상을 분리된 환경에서 교육받았지만, 2004~2005학년도에는 이 수치가 57%까지 감소하였다.

〈표 8-3〉 다양한 교육환경에서 교육받고 있는 지적장애와 모든 장애아동의 비율(2004~2005학년도)

장애 범주	배치환경			
	<21[1]	21-60[1]	>60[1]	분리된 환경[2]
경도 지적장애	13.09	29.66	50.79	6.46
전체 장애	51.87	26.50	17.60	4.03

1. 이 비율은 학생이 일반학급 외의 장소에서 보내는 시간 비율을 나타낸다. 따라서 첫 번째 범주인 <21%는 하루의 학교생활 중 분리된 특수학급에서 21%의 시간을 보내고 나머지 시간은 통합학급에서 보낸다는 것을 의미한다.
2. 분리환경은 미국 교육부에서 보고하는 여러 배치 범주들을 망라한 것으로서 분리된 공립시설, 분리된 사립시설, 공립 거주시설, 사립 거주시설, 가정/병원환경 등을 포함한다.

출처: U.S. Department of Education, 2006.

앞의 로버트 선생님은 자신이 했던 일들 중 가장 중요한 것을 고등학교 일반 학급에 경도 지적장애 학생을 통합시켰던 일이라고 말하며 그것의 어려움에 대해 지적했다. 만약 경도 지적장애 학생을 위한 통합 프로그램이 개발된다면 그들이 학업적 · 사회적으로 성공하기 위해 필요한 지원을 받는 것을 보장하기 위

프로그램 탐구

통합학교 프로그램(ISP)

학교에서 보내는 대부분의 시간 동안 일반학급에서 통합교육을 받는 경도장애 학생의 수가 증가하면서, 통합 프로그램의 개발을 통하여 그들이 일반학급에 성공적으로 통합되어 주요 학업 영역에서 해마다 적절한 진보를 나타내는 것이 중요해졌다(예: 읽기와 수학). 왈드론과 맥레스키(Waldron & McLeskey, 1998)가 개발한 프로그램의 목적은 경도장애 학생이 이러한 목적을 성공적으로 성취할 수 있도록 초등학교의 통합 프로그램을 개발하는 것이었다.

왈드론과 맥레스키는 통합학교 프로그램(inclusive school program: ISP)을 개발하기 위해 세 곳의 초등학교 교사 팀과 함께 일했다. 세 개 학교에서 온 교사와 행정가 팀은 한 학기 동안 자신들의 학교를 점검한 후, 학생과 교사의 요구에 맞는 통합 프로그램을 계획하고, 제안된 프로그램을 수행하며, 교사들에게 필요한 전문성 개발활동을 계획하기 위해 함께 일했다. 또한 그들은 학교 변화의 기본 원칙을 읽고 토의했다(Fullan, 2001).

세 학교의 ISP는 개별 학교의 특성에 따라 다르지만, 공통적으로 다음의 특성을 함께 나타내고 있다.

1. 학습장애와 경도 지적장애 학생을 위한 분리된 학급은 경영하지 않는다.
2. 특수교사는 2명 이상의 일반교사와 협력하여 일한다.
3. 장애학생을 위한 프로그램은 일반교육과정을 기반으로 개발되고, 일반학급에서 효과적인 교수 실제가 사용되도록 한다.
4. 한 학급당 장애학생 수가 적절할 수 있도록 한다.
5. 학교조직은 학생이 적절한 강도의 교수를 제공받을 수 있도록 점검되고 변화된다.
6. 교수 보조원이 장애학생을 위한 지원과 집중적인 교수를 제공하기 위해 활용된다.

이 프로그램은 이 장에서 다룬 많은 효과적인 교수원칙을 사용하고 있고, 경도장애 학생을 통합하기 위해 일반학급을 수정하였으며, 그들이 일반교육과정에 접근할 수 있도록 하였다. 경도장애 학생들은 학교에서 보내는 시간 중 많은 시간을 일반학급에 통합되어 있는 반면, 읽기나 수학에서는 짧은 시간이지만 유사한 교수적 요구를 가지고 있는 다른 학생들과 함께 집중적인 교수를 받기 위해 일반학급에서 분리되어 교육받는다.

왈드론과 맥레스키가 수행한 연구 결과에 따르면, ISP에서 교육받은 경도장애 학생들은 전통적인 특수학급 프로그램으로 교육받는 학생들에 비해 읽기 영역에서 더 많은 진전을 보였으며, 수학 영역에서는 유사한 진전을 보였다.

해 몇 가지 활동이 필요하다. 이와 관련된 가장 중요한 지원은 다양한 요구를 지닌 학생들의 필요에 부합할 수 있도록 학급교수와 행동 관리와 관련된 지식과 기술을 갖춘 잘 준비된 일반교사와 특수교사다. 연구들은 통합 프로그램이 성공적으로 수행되기 위해서는 학교 전반에서 의미 있는 변화가 필요하다고 밝히고 있다(McLeskey & Waldron, 2000, 2006; Waldron & McLeskey, 1998). '프로그램 탐구'에는 몇몇 학교에서 성공적으로 수행된 통합학교 프로그램이 소개되어 있다(McLeskey & Waldron, 2006; Waldron & McLeskey, 1998).

2) 조기중재

여러 연구들은 아동이 가진 조기 경험이 그들의 이후 발달에 중요한 영향을 미치며, 효과적인 조기중재 프로그램은 학생의 인지 수준, 학업 성취, 사회적 능력 등에 상당히 긍정적인 영향을 줄 수 있음을 밝혔다(Taylor et al., 2005). 연구 결과에서는 경도 지적장애 학생의 경우 낮은 지능을 가진 어머니들의 자녀가 특히 인지적 성과가 낮고 중등도와 중도의 지적장애 유발 가능성이 있으나 그들이 조기교육으로부터 혜택을 받을 수 있다고 지적하고 있다(Ramey & Ramey, 1992).

레이미와 레이미(Ramey & Ramey, 1992)는 낮은 지적 성취를 보일 위험성이 있는 학생들을 위한 3개 조기교육 프로그램의 결과를 점검하였다. 각 프로그램은 이 학생들에게 강도 높은 조기중재를 제공하도록 개발되었다. 레이미와 레이미는 이러한 아동들이 강도 높고 체계적인 조기중재에 매우 긍정적으로 반응한다고 결론 내렸다. 이 연구 결과에 기반하여 다음 여섯 가지 유형의 주요 경험이 권장되었다.

1. 아동은 환경을 탐색하도록 격려되어야 한다.
2. 아동은 분류하기와 차례 만들기와 같은 영역에서 기본적인 사고기술을 배울 수 있도록 지도되어야 한다.
3. 아동이 완수한 과제에 대해서는 반드시 칭찬해 주고 강화해 주어야 한다.
4. 배운 기술은 연습되고 확장되어야 한다.
5. 아동들이 시행착오를 통해 학습하는 동안에는 부정적인 결과를 피할 수 있도록 해야 한다.
6. 아동에게는 광범위한 구두와 문자 언어 경험이 제공되어야 한다.

이러한 특성을 갖춘 프로그램에 참여하였던 장애 위험 아동들에 대한 장기간의 연구와 그 후속연구 결과가 매우 긍정적이었다는 사실은 주목할 만하다. 예를 들어, 캠벨, 레이미, 펀젤로, 스팔링과 밀러-존슨(Campbell, Ramey, Pungello, Sparling, & Miller-Johnson, 2002)의 연구에서는 학생들이 읽기와 산수에서 이루어 낸 성취가 성인기에도 지속되었으며, 해당 프로그램에 참여하였던 성인들은 전체 교육받은 기간이 더 길며, 대학에 진학할 가능성도 더 높았던 것으로 밝혀졌다.

우수하게 고안된 조기중재 프로그램은 경도 지적장애 아동에게 매우 도움이 된다.

3) 교실 중재

앞서 경도 지적장애 학생의 특징에 대해 설명하였듯이, 이 학생들은 다른 학생들에 비해 학업적인 내용을 공부하는 데 더 오랜 시간이 걸리고 또래들에 비해 기본적인 학업기술 수준도 뒤처진다. 또한 많은 학생들이 학업 내용을 학습하고 기억하기 위해 사용하는 전략을 자발적으로 만들어 내지 못한다. 효과적인 교수법(제5장), 학습전략(제6장), 그리고 효과적인 교육과정과 교수개발의 원칙(제6장)에 대한 지식은 경도 지적장애 학생의 학습 성과를 향상시키는 데 사용될 수 있다. 아울러 다음에서 설명하는 명시적인 교수, 또래교수, 학생 진전 모니터링, 그리고 보조공학의 적용도 경도 지적장애 학생의 교수적 요구를 다루는 데 유용한 내용이다.

(1) 명시적 교수

경도 지적장애 학생은 교사의 직접적인 명시적 교수(explicit instruction)를 통해 도움을 받을 수 있다. 이러한 유형의 교수에 대한 많은 연구들이 경도 지적장애 학생에게 중점을 두고 있지만, 여기서 설명하는 교수 접근법은 장애학생뿐만 아니라 일반학생에게도 효과가 있다는 것이 입증되었다(Coyne, Kame'euni, & Carnine, 2007; Shuell, 1996).

만약 당신이 가르치는 한 학생이 중요한 교과 내용에서 숙달된 상태에 이르지 못했다면, 가장 효과적인 교수전략은 학습 자료가 완전학습(mastering learning)의 원칙하에 개발되도록 하는 것이다(Bloom, 1971, 1976). 다음과 같은 몇 가지 가정이 이러한 학습접근법에 기초한다.

- 교육과정의 각 단원은 잘 정리되고 조직화되어야 한다.
- 다음 단원으로 진도가 나가기 전에 개별 학생은 각 단원의 내용을 숙지해야 한다.
- 시험은 숙달 여부를 확인하기 위해 실시된다.
- 만약 시험을 통해 숙달이 이루어지지 않은 것으로 나타나면 교재와 활동을 사용하여 해당 정보를 다시 교수하게 된다.
- 적절한 상태에서 모든 학생들은 잘 배울 수 있고 대부분의 내용을 숙달할 수 있다.
- 시간은 교수를 개별화하기 위해 사용된다(어떤 학생들은 다른 학생들보다 내용을 숙달하는 데 시간이 더 걸릴 수 있고, 한 번 이상의 교수적 순환을 반복해야만 할 필요가 있다.).

• 생각해 봅시다 #8

이 장에서 읽은 경도 지적장애 학생의 특성을 기반으로 할 때, 그들에게 직접교수가 매우 효과적인 이유는 무엇일까? 직접교수의 어떠한 특성이 이러한 효과를 가져올 수 있을까?

다양한 교수 프로그램과 접근법이 완전학습에 기초하여 개발되었으며, 이러한 프로그램들은 일반적으로 효과적이라고 증명되었다(Shuel, 1996). 효과가 증명되고 가장 광범위하게 사용되는 접근방법은 직접교수(direct instruct: DI)다(Carnine, Silbert, Kame'enui, & Tarver, 2003; Coyne et al., 2007; Kame' enui & Carnine, 1998; Rosenshine & Stevens, 1986; Stein, Silbert, & Carnine, 1997; Swanson, Hoskyn, & Lee, 1999). 교수와 학습을 위한 직접교수 접근법에 대한 보다 자세한 정보는 직접교수법에 관한 '효과적인 교수전략' 을 보라.

(2) 또래교수

굿과 브로피(Good & Brophy, 2003)에 의하면 개별화된 지도는 학업적으로 어려움을 겪고 있는 학생들의 필요에 맞는 최적의 교수방법이다. 다른 연구자들도 유사한 결론에 이르렀다(Pinnell, Lyons, DeFord, Bryk, & Seltzer, 1994; Slavin et al., 1994; Spear-Swerling & Sternberg, 1996; Vaughn, Gersten, & Chard, 2000). 이러한 접근법은 특히 학습을 위해 많은 연습과 시간이 필요한 경도 지적장애 학생에게 효과적일 수 있다. 이러한 방법의 약점은 상당히 비용이 많이 들고, 최대한의 효

효과적인 교수전략

직접교수

직접교수는 앞서 설명한 완전학습의 원칙을 기반으로 한다. 더 나아가 직접교수의 일부로 사용되는 구체적인 교수행동들은 연구들의 강력한 지지를 받고 있는 효과적인 교육 실제다(Rosenshine & Stevens, 1986). 이러한 행동은 교사가 수업을 시작하고, 수업 중에 정보를 제공하며, 학생들의 수업 후 연습을 지도하고, 학생 과제를 점검하여 피드백을 제시하며, 학생의 자습을 계획하고 수행하고, 수업을 정돈할 때 무엇을 해야 하는지를 다루고 있다. 이러한 요소들을 정리하면 다음과 같다(Rosenshine & Stevens, 1986).

1. 과제의 매일 검토와 점검
   - 개별 학생의 과제를 점검하기 위해 일정을 세운다.
   - 지난 학습에 대해 검토하고 질문한다.
   - 필요 시 다시 교수한다.
   - 관련 있는 선수기술을 검토한다.
2. 자료와 정보의 제시
   - 학습목표에 대하여 짧게 진술한다.
   - 개요나 선행 조직자(advance organizers)를 제공한다.
   - 작은 단계로 나눠 빠른 속도로 진도를 나간다.
   - 질문을 통해 이해를 점검한다.
   - 주요점을 강조한다.
   - 명백한 사례와 삽화를 제공한다.
   - 모델과 시범을 제공한다.
   - 필요하다면 정밀하고 반복적인 교수와 예들을 제공한다.
3. 교사지도 연습
   - 교사가 처음에는 연습을 안내한다.
   - 학생의 연습에 대해 빈번한 질문과 명백한 학생 연습을 실행한다.
   - 교사는 학생의 이해를 점검하기 위해 학생의 반응을 평가한다.
   - 이해를 점검할 때 교사는 부가적인 설명을 제공하거나 피드백을 진행하고, 필요하다면 설명을 반복한다.
   - 모든 학생은 반응하고 피드백을 받는다. 교사는 모든 학생이 참여할 수 있도록 한다.
   - 초기에 연습을 충분히 해서 학생이 독립적으로 할 수 있게 한다.
   - 안내된 연습은 학생이 확실하게 내용을 이해하고 80% 이상의 성공률을 보일 때까지 지속한다.
4. 수정 및 피드백 제공
   - 빠르고 확실하고 정확한 반응을 하면 다른 질문을 하거나 정확한 반응에 대한 짧은 언급("맞았어.")을 한다.
   - 망설이며 말하는 정답에 대해서는 과정에 대한 피드백이 제공되어야 한다("맞았어,

왜냐하면 …….")

- 학생의 실수는 좀 더 연습이 필요하다는 것을 나타낸다.
- 실수를 찾기 위해 학생을 체계적으로 모니터링한다.
- 각 질문에 대한 실제적인 반응을 이끌어 내기 위해 시도한다.
- 수정은 (질문을 명확하게 하거나 힌트를 제공하는 등의) 지원적인 피드백, 단계들에 대한 설명이나 검토, 과정 피드백 제공, 마지막 단계에 대한 재교수 등을 포함한다.
- 첫 번째 반응이 틀렸을 경우 더 나은 반응을 이끌어 내도록 한다.
- 학생들이 수업목표에 도달할 때까지 안내된 연습과 수정을 계속한다.
- 칭찬을 적당하게 사용해야 하는데, 구체적인 칭찬은 일반적인 칭찬보다 효과적이다.

5. 독립연습(자습)
   - 충분한 연습 기회를 제공한다.
   - 연습은 배운 기술/내용과 직접 연관되어야만 한다.
   - 과잉학습이 이루어지고 반응이 확실하며, 신속하고 자동적으로 나올 때까지 연습한다.
   - 독립연습 시 학생은 95%의 정답률을 보여야만 한다.
   - 학생은 자습이 점검될 것이라는 것을 알아야 한다.
   - 학생은 자습에 대한 책임을 져야 한다.
   - 자습은 가능할 때마다 적극적으로 감독되어야 한다.
6. 주간 및 월간 검토
   - 이전에 학습된 자료를 체계적으로 검토한다.
   - 과제에 검토를 포함한다.
   - 빈번하게 시험을 본다.
   - 시험에서 틀린 내용은 다시 가르친다.

따라서 숙달학습 원칙과 효과적인 교수요소에 기반하여 적절하게 고안된 직접교수 수업은 다음과 같은 단계를 포함한다.

1. 현재 수업과 직접 관련이 있는 이전에 배운 내용을 검토하고 재교수한다. 필수적인 선수기술을 가르친다.
2. 수업목표를 명확하게 말해 주고, 선행 조직자를 제공하여 학생들이 어떤 내용을 수업에서 다루고 어떤 활동이 포함될지에 대해 이해할 수 있도록 한다.
3. 작은 단계로 나누어 내용을 제시하며, 삽화나 필요한 기술에 대한 모델링과 다양한 사례도 제시한다.
4. 현재 가르치고 있는 내용과 관련해서 명확하고 세밀한 설명을 제시한다.
5. 학생이 각 단계의 학습을 마친 후 그 내용에 대한 높은 수준의 연습을 제공한다.
6. 모든 학생이 내용을 이해했는지 확인한다. 교사는 학생의 연습을 면밀하게 감독하고, 학생의 이해를 점검하기 위해 많은 질문을 해야 한다.
7. 필요하다면 내용을 다시 가르친다.
8. 새롭게 배운 내용에 대해서는 교사 안내에 의한 연습을 제공한다.
9. 새롭게 배운 기술에 대해 또래와 함께 혹은 혼자서 연습할 기회를 학생에게 제공하고, 필요할 때 피드백과 수정을 제공한다.

10. 자습활동에 대해 명확한 교수를 제공하고, 필요할 때 학생의 자습을 감독한다.

로젠샤인과 스티븐스(Rosenshine & Stevens, 1986)는 이러한 유형의 수업은 명확한 단계를 따르는 구조화된 내용에 가장 적합할 수 있다고 하였다. 따라서 이러한 형태의 수업은 기초적인 읽기기술을 교수하거나 기초적인 수학 내용을 다룰 때 가장 적절하며, 사회과목에서 사회적 이슈에 대해 토론하거나 내용교과에서 보고서를 작성하거나 작문을 하는 수업에는 유용하지 않다고 볼 수 있다.

몇몇 연구자들이 읽기(Carnine et al., 2003)와 수학(Stein et al., 1997)에 직접교수를 적용하는 방법에 대해 광범위한 정보를 제공하는 반면, 다른 연구자들은 이러한 원칙들을 적용한 전반적인 교수 프로그램을 개발하였다. 예를 들어, Reading Mastery(Engelmann & Bruner, 1995)는 DI 원칙에 기초하여 개발된 읽기교수 프로그램이다. 이 프로그램은 유치원에서 6학년까지의 학생들을 위한 고도로 구조화된 자료를 포함하고 있으며, 교사들을 위한 교사용 스크립트도 제공하고 있다. 좀 더 고학년 학생들의 읽기와 수학 교수를 위한 유사한 프로그램도 있다. 즉, 4~12학년 학생들을 위한 Corrective Reading(Engelmann, Hanner, & Johnson, 1999), 유치원~8학년 학생들을 위한 Connecting Math Concepts(Engelmann, Carnine, Bernadette, & Engelmann, 1997), 4학년에서 성인까지의 학생을 대상으로 하는 Corrective Math(Carnine, Engelmann, & Steely, 1999) 등이 그것이다.

과를 볼 수 있는 소수의 학생들만을 대상으로 사용할 수밖에 없다는 점이다.

학교들은 비용 대비 효과가 높은 개별적인 지도를 제공할 수 있는 다양한 활동을 하고 있다. 이러한 프로그램은 모든 연령과 모든 학습 영역에 걸쳐 매우 빈번하게 개발되어 왔지만, 주로 읽기학습에 어려움을 겪는 어린 학생에게 제공되고 있다. 일부 학교에서는 비용을 줄이기 위해 교사가 학교시간 전후에 개인지도(tutoring)를 제공할 수 있도록 학교시간을 조정하기도 한다. 어떤 학교는 학교 일과시간 전후에 학생들을 지도할 수 있도록 개인지도 교사(부모 자원봉사자, 지역대학의 학생 등)를 훈련시키기도 한다.

이러한 접근법과 아울러, 또래교수 프로그램도 광범위하게 사용되고 있는 효과적인 방법이다. 이 프로그램은 중학교나 고등학교 학생들에게 교과 영역에 대한 방과 후 지도를 할 때 사용할 수 있으며, 초등학생을 위한 기초학습 영역(읽기, 수학 등) 지도를 포함하고 있다. 또래교수는 개별화된 교수, 연습과 반복, 그리고 개념을 명확하게 학습하기 위해 또래(동일 연령이나 다른 연령)를 일대일 교사로 활용하는 전략이다(Utley, Mortsweet, & Greenwood, 1997).

개인지도를 받는 학생(tutee)과 개인지도를 하는 학생(tutor)의 학습 성과 향상을 위한 전략으로서 또래교수 방법을 사용하는 것에 대한 연구가 많이 진행되었다. 연구 결과에서는 적절하게 개발된 개인지도 프로그램은 학업 내용을 학습하는 데 어려움을 겪는 장애학생과 일반학생 모두에게 향상된 교육적 성과를 가져올 수 있다고 밝히고 있다(Elbaum, Vaughn, Hughes, & Moody, 1999; Fuchs, Fuchs, & Burish, 2000; Mathes, Howard, Babyak, & Allen, 2000; Vaughn et al., 2000). 이 외에 기대하지 않았던 결과 중 하나는 개인지도 경험이 개인지도를 받는 학생뿐만 아니라 개인지도를 하는 학생의 학업 성취도 향상시킨다는 것이다(Elbaum et al., 1999; Fuchs et al., 2000).

또래 개인지도가 효과적이기 위해서는 개인지도를 하는 학생을 훈련시키는 것이 필요하며, 다른 절차적인 지침도 제공되어야 한다. 굿과 브로피(2003)는 또래 개인지도를 실행하는 데 필요한 지침을 제공하였다. 이 지침은 '우리는 서로에게서 배울 수 있다.' 라는 마음가짐을 가지는 것으로서 학급에서 학습 형태가 변해야만 한다는 것으로 시작된다. 그들은 또한 반드시 언급되어야 할 몇 가지 절차적 문제에 대해 기술하였다.

1. 학급의 일과 중 개인지도에 할당된 시간이 구체적으로 명확하게 설정되어야 한다.
2. 구체적인 과제물은 명확하게 설명되어야 하고 개인지도를 위해 제공되는 자료들과 관련이 있어야 한다.
3. 개인교사는 일련의 과제를 완수하기 위해 지도받는 학생과 충분한 시간(1~2주 정도)을 함께해야 하며, 매번 다른 교사로 교체되어서는 안 된다.
4. 교사는 개인지도를 하는 과제를 격주마다 교체하고, 개인교사 역할을 하는 학생이 '나는 너의 선생님이야.' 라는 생각을 갖지 않도록 해야 한다.
5. 지도하는 학생이 평가를 주관하거나 다른 학생의 평가를 책임져서는 안 된다.
6. 모든 학생들은 지도하는 입장과 지도받는 입장이 될 수 있어야 한다.
7. 또래지도 프로그램을 개발하기 위해서는 시간이 필요하다. 교사는 지도행동을 모델링하고, 지도를 위한 교수법을 명확하게 하며, 학생이 적절한 지도 역할을 연습해 볼 수 있도록 처음 일주일 정도 연습기간을 제공한다.
8. 부모에게 또래지도가 사용될 것이고, 모든 학생들이 지도하고 지도받는 입장이 될 것임을 알려야 한다.

(3) 보조공학

보조공학은 지적장애를 가진 학생들뿐만 아니라 다른 유형의 장애를 가진 학생들을 위한 교수를 향상시키는 데에도 상당한 잠재력을 가지고 있다(Edyburn, 2002). 보조공학(assistive technology: AT)은 "장애를 가진 아동의 기능을 향상시키고 유지시키고 증진시키기 위해 사용되는 모든 유형의 장비, 체계, 도구를 말하며, 이는 상업적으로 구입하거나 수정되거나 제작될 수 있는 것이다."(IDEA 2004, Sec. 620 [1]) IDEA에서는 보조공학이 장애학생을 위한 개별화 교육 프로그램(IEP)을 계획할 때 고려되어야 함을 요구하고 있음을 주목할 필요가 있다.

여러 유형의 도구가 장애학생의 학습을 증진시키고, 다양한 영역에서 그들의 요구를 다루기 위해 사용되어 왔다(Edyburn, 2002; Westling & Fox, 2004). 보조도구가 유용한 영역으로는 쓰기, 의사소통, 읽기, 학습하기, 수학, 오락과 여가, 이동, 듣기와 보기 등이 있다. 예를 들어, 전동 휠체어는 상대적으로 저차원적 기술(low-tech)의 보조공학 도구로 간주된다. 움직임이 제한된 사람들을 위한 의사소통판과 문자를 점자로 바꾸어 주는 도구 등도 보조공학 도구다.

보조도구는 경도 지적장애 학생에게 일반학급에서의 지원을 제공하고 일반교육과정에 접근하도록 하는 엄청난 잠재력을 가지고 있다. 예를 들어, 보조도구는 학생들에게 아직 숙달되지 않은 정보나 기술에 대한 부가적인 연습기회를 제공하는 데 사용될 수 있다. 기술에 대한 재교수와 촉진과 상기를 통한 피드백을 제공할 수 있다. 또한 학생의 반응을 모니터링하고 숙달을 성취하도록 지원하기 위해 부가적인 정보를 제공할 수 있다(Foshay & Ludlow, 2005).

보조공학을 통해 일반교육과정으로의 접근이 가능할 수 있다.

경도 지적장애 학생에게 가장 도움이 될 수 있는 보조공학 접근은 제5장에서 제시한 것처럼, 학습을 위한 보편적 설계(universal design for learning: UDL)의 개념에서 만들어진 것이다. UDL의 가장 중요한 적용 중 하나는 모든 학생들이 일반교육과정에 접근할 수 있도록 공학을 사용하는 것이다. 예를 들어, 일반교

학생사례 탐구

사회과목에서의 경도 지적장애 중학생의 요구 다루기

"어니스트는 맥아더 중학교에 입학하였다. 어니스트는 초등학교에서 통합교육을 받았으며, 학교에서의 대부분 시간을 일반학급에서 보냈다. 맥아더 중학교는 최근에 통합 프로그램을 시작하였고, 경도 지적장애 학생들은 대부분의 시간을 일반학급에서 교육받고 있다.

어니스트는 사회시간에 호지스 선생님에게 배우고 있다. 호지스 선생님은 학군 내에서 매우 뛰어난 교사로 알려져 있다. 선생님은 수업시간 중에 실제로 학생이 참여하는 활동을 많이 하고, 학생들이 소집단으로 협력하여 프로젝트를 수행하도록 하며, 현재 수업에서 다루는 주요한 역사적 쟁점이나 최근 사건들에 대해 토론을 하도록 한다. 그러나 호지스 선생님은 경도 지적장애 학생을 가르쳐 본 경험이 없어서 어니스트의 요구를 충족시킬 수 없음을 걱정하고 있다.

어니스트는 역사에 항상 관심을 갖고 있는 학생이다. 그는 바르게 행동하지만 학급에서는 자리에 조용히 앉아 있고 선생님이 이름을 부르지 않는 한 수업에 참여하지 않는 편이다. 그는 자신이 현재 다루고 있는 역사적 사건이나 최근 사건에 대해 알고 있을 때에는 토론에 참여할 수 있음을 보여 주었다. 그는 집단활동을 주도하지는 않지만 다른 학생들과 잘 협력한다. 수업 토론과 집단활동에서 어니스트가 갖는 가장 큰 어려움은 수업자료를 잘 읽지 못하는 것과 교사가 부르지 않는 한 발표하기를 주저한다는 점이다. 어니스트는 2학년 정도의 읽기 수준을 보이고 있지만 일반적으로 수업에 사용되는 교재의 읽기 난이도는 7학년 수준이다. 수업은 '시민전쟁과 그 주요 인물의 공헌' 단원을 시작하였다."

어니스트처럼 읽기에서 어려움을 겪는 현상은 중학교에 입학한 경도 지적장애 학생에게서 공통적으로 나타난다. 따라서 어니스트의 요구를 잘 다룰 수 있을지에 대한 호지스 선생님의 염려 또한 당연하다고 볼 수 있다. 그녀에게 통합은 새로운 경험이며, 이 학생들의 교수적 요구를 다루기 위해서는 도움이 필요할 것이다. 장애를 갖고 있지 않은 학생들에게 적용하고 있는 일부 교수전략, 예를 들어 오디오북이나 시민전쟁과 관련된 영화나 TV 프로그램을 활용하며, 협력적인 집단활동을 적용하는 것도 어니스트에게 유용하게 활용할 수 있다는 것은 매우 중요하다. 이 밖에도 호지스 선생님은 다음과 같은 효과적인 교수 실제의 요소를 어니스트에게 적용해 볼 수 있을 것이다.

- 피라미드식 계획(planning pyramid; 제5장 참조)을 사용하여 어니스트에 대한 교수적 기대를 수정하기: 제5장에서 살펴보았듯이, 피라미드식 계획은 교사들이 수업과

육과정의 학습을 촉진하도록 고안된 교재와 기타 자료는 일반적이거나 '평균' 수준의 학습자를 염두에 두고 개발되어 왔다. 따라서 이러한 자료는 일반적으로 자신의 학년 수준의 자료를 쉽게 읽고 이해할 수 있는 학생에게 적절한 수준으로 제작된다. 그리고 그러한 학생들은 이 자료들을 통해 교과과정에서 적절한

단원을 위한 내용과 교수방법을 계획할 때 도움이 될 수 있다. 계획하기 피라미드를 이용하여 호지스 선생님은 '시민전쟁과 그 주요 인물의 공헌'에 대해 학급의 모든 학생들이 반드시 배워야 할 내용과, 대부분의 학생들이 배워야 할 내용, 그리고 소수의 학생들이 배워야 할 내용을 결정할 수 있을 것이다.

- 아홉 가지 유형의 교수 수정(adaptation) 방법을 활용하여 교육과정과 교수법 수정하기(제5장 참조): 일반학급에서의 참여를 촉진하기 위해서 교사는 아홉 가지 유형의 교수법 중 선택할 수 있다(Cole et al., 2000). 예를 들어, 가장 자주 사용되는 교수 수정으로는 학습 분량(예: 학생이 완수해야 할 항목)과 시간(예: 과제를 완수하는 데 할당된 시간)에서의 수정이다. 그러나 호지스 선생님은 어니스트를 위해서 수업의 난이도를 조정하고, 학생 참여와 반응 제시의 구조를 수정하고 교재학습을 위한 또래 지원을 제공할 수 있을 것이다.
- 또래교수 제공하기: 호지스 선생님은 어니스트가 수업 토론을 위해 주요한 자료를 학습하거나 시험에 포함될 수 있는 내용을 학습하는 데 또래교수를 활용할 수 있다. 교사는 또래교수가 학급 내 여러 학생들에게 유용한 교수전략이며, 또래교수를 받는 학생뿐만 아니라 또래교수를 제공하는 학생도 수업 내용을 더 잘 기억하게 됨으로써 혜택을 받게 된다는 것을 발견하게 될 것이다.

통합교육을 받는 경도 지적장애 중학생의 요구를 다루는 전략에 대해 더 많은 내용을 알고 싶다면 다음 자료를 참고하라.

Mastropieri, M., & Scruggs, T. (2007). *The inclusive classroom: Strategies for effective instruction* (3rd ed.). Englewood Cliffs, NJ: Prentice Hall.

Deshler, D., & Schumaker, J. (Eds.). (2006). *Teaching adolescents with disabilities*. Thousand Oaks, CA: Corwin.

적용하기

- 당신이 맥아더 중학교의 특수교사라면 호지스 선생님이 어니스트를 왜 자신의 학급에 통합시켰는지를 물어볼 경우 어떻게 대답하겠는가?
- 호지스 선생님이 어니스트의 교수적 요구를 충족시킬 수 있을 것이라는 점을 어떻게 확신시키겠는가?

진보를 할 수 있으며 숙달을 위해 자료들을 학습할 수 있다. 그러나 경도 지적장애 학생과 읽기에 어려움을 겪고 있는 학생(학습장애 학생 등)은 이러한 자료를 혼자서 읽기가 상당히 어렵다. 교재와 교과 자료 제작자들은 이러한 자료를 학생들의 다양한 기술 수준에 맞게 설계하기 시작하였다. UDL에 대한 보다 자세한 정보는 '보조공학적 접근'을 살펴보라.

보조공학적 접근

학습을 위한 보편적 설계

현재 교육과정 자료 부족에 대한 인식을 통해 여러 교육자들과 교재 출판업자들은 모든 학생이 좀 더 쉽게 접근할 수 있는 학습을 위한 보편적 설계(UDL)를 이용한 교재 제작을 모색하게 되었다. 보편적 설계가 교육과정 개발에 적용될 때 가질 수 있는 주요 특징은 이러한 설계의 기본 틀이 교육과정 자체가 개발된 후에 어떠한 변화를 이루기를 요구하기보다는 그 안에 교수적 조정에 초점을 맞추며 학급 학생들에게서 나타나는 다양성이 학교생활의 일상적인 일부가 되도록 한다는 점이다(McLeskey & Waldron, 2000). 교육과정에 이러한 설계원칙을 적용함으로써 교사는 교수계획에 소모하는 시간을 절약할 수 있으며, 장애학생들을 위한 교수적 수정과 조정에 따라다니는 낙인 효과를 줄일 수 있고, 일반학급에 더 많은 학생들이 성공적으로 통합될 수 있다.

UDL의 여러 특징은 문서화된 자료(예: 각 학생들에 대한 교수목표를 다르게 하기 등)에서 제시될 수 있으나, 보조공학도 교육과정이 보편적으로 개발되도록 하는 데 주요한 역할을 한다. 예를 들어, 전통적인 인쇄 교재를 사용하면 읽기 수준을 변화시킬 수 없다. 그러나 디지털 교재나 다른 수업 자료를 사용한다면 다양한 형식(예: 그림, 비디오, 텍스트 등)을 사용하고, 파일 전환(예: 텍스트에서 음성으로 혹은 음성에서 텍스트로 등)이 가능하며, 표현 형식의 속성(예: 글씨 크기나 색상, 소리의 크기 등)을 변화시킴으로써 학생의 읽기 수준에 따른 교수적 조정을 할 수 있게 된다(Hitchcock, Meyer, Rose, & Jackson, 2002).

보편적 설계는 모든 학생들의 사용을 목표로 하며 이미 교육과정에 있는 내용을 잘 알고 있는 학생들뿐만 아니라 그 이상의 것을 학습해야 하는 학생들, 영어가 모국어가 아닌 학생들, 장시간 동안 교재에 주의를 기울이는 데 어려움이 있는 학생들, 그리고 제시된 교재 내용을 파악하기에는 읽기와 개념적 기술이 부족한 경도 지적장애 학생들 모두에게 혜택을 줄 수 있어야 한다.

다음은 일반학급의 보편적인 수업에 대한 UDL 적용 사례다(Hitchcock et al., 2002).

'이솝 우화' 가르치기

교사가 한 학생에게 '이솝우화'를 읽는 과제를 주었다고 가정하자. 이 과제의 목표는 우화에 접근 가능하게 만들기 위한 적절한 단계를 결정하는 것이다. 이를 위해 교사는 다음 중 어떤 것을 교수목표로 잡아야 할지 결정해야 한다.

이 과제의 목표가
- 글자를 해독하는 것인가?
- 이해전략을 배우는 것인가?
- 어휘력을 늘리는 것인가?
- 우화의 교훈이나 취지를 배우는 것인가?
- 우화들이 갖는 공통 요소들을 배우는 것인가?
- 뉴스 기사와 우화를 비교하는 방법을 배우는 것인가?
- 우화와 전반적인 문화 간의 관계를 설명하는 것인가?

도움과 지원이 적절한가의 여부는 전적으로 과제의 목적에 따라 달라지게 된다. 예를 들어, 만약 우화 과제의 목적이 우화 간에 공통적으로 발견할 수 있는 요소들에 대해 학습하는 것이라면, 단어 해독, 어휘, 내용 이해에 대하여 지원을 제공하는 것은 학습이 추구하는 목표를 성취하는 것과는 직접적인 관련이 없을 것이다. 텍스트에서 음성 파일로의 전환, 링크된 어휘, 인물 간 상호작용을 묘사한 애니메이션 등과 같은 지원은 다양한 학생들을 지원하면서도 여전히 모든 학습자에게 적절한 유형의 도전 과제로도 남겨질 것이다.

그러나 과제의 목적이 문자 해독과 읽기 유창성에서의 연습을 제공하는 것이라면 동일한 지원은 학습 도전에 도움이 되지 않을 것이며, 실제로 학습에 대한 접근을 방해할 것이다. 읽기에 대한 지원은 학생이 독립적으로 읽도록 연습하고 학습할 기회를 제한하게 될 것이다. 이러한 과제는 교사가 학급의 모든 학생들을 위한 교수목표를 명확하게 해야 할 필요에 대한 예를 제공한다. 더 나아가 교사는 이 과제에 대해 학생들이 우화를 다루기 위해 가지고 있는 기술에 따라 다양하게 학생들에게 서로 다른 목표를 설정해야 함을 보여 주고 있다.

출처: Hickcock, C., Meyer, A., Rose, D., & Jackson, R. (2002). Provideing new access to the general curriculum: Universal design for learning. *Teaching Exceptional Children, 35*(2), 8-17.

미국 학급에서 다양성이 증가하고 연방정부와 주정부의 법령이 지역 학교와 교육청에 모든 학생의 교육적 성과에 대해 책무성을 갖게 함에 따라, UDL의 틀 안에서 교과과정과 관련된 자료를 설계하는 것은 모든 학생의 요구를 보다 잘 충족시킬 방법으로 각광받고 있다. 게다가 약 10년 전만 해도 UDL은 소수의 교수공학 전문가들의 멀고 먼 현실감 없는 꿈과 같은 것이었다. 지난 10년 동안 이루어진 공학에서의 획기적인 발전에 따라 이제 UDL은 현실이 되고 있다. 많은 교재들은 UDL 특성을 갖추어 제작되고 있고, 공학은 이러한 자료들의 접근성을 의미 있게 향상시키기 위해 사용되고 있다. 이러한 교육과정 개발의 새로운 과정은 아마도 앞으로 몇 년 동안 획기적으로 성장하게 될 것이다.

• 생각해 봅시다 #9

5학년 담당교사가 경도 지적장애 학생에게 '이솝우화'를 가르칠 때 어떤 목표를 세우는 것이 좋을까? 그 목표는 학급의 5학년 읽기 수준을 보이는 다른 학생들과 어떻게 달라야 하는가? 우수한 학생들은 어떠한가? 어떻게 UDL을 통해 모든 학생들의 요구에 맞게 수업을 조절할 수 있겠는가?

로버트 선생님이 경도 지적장애 학생을 위해 수립한 주요 목표 중 두 가지가 그들을 일반학급에 통합시키고 평생학습자로서 준비시키는 것이었다는 사실을 떠올려 본다면, UDL은 장애를 가진 사람이 학교와 직장에서 복잡한 내용에 접근하도록 함으로써 이러한 목표를 성취하기 위해 필요한 지원을 제공하는 데 무궁한 잠재력을 갖고 있다고 볼 수 있다.

6. 성인기로의 전환 시 고려사항

앞서 제시하였듯이, 지적장애의 상태는 성인기에도 지속된다. 성인기로의 전환 시 다양한 지원이 필요한 여러 수준의 학생들이 지적장애 범주에 해당된다는 사실을 기억하기 바란다. 이러한 지원은 개인의 학업기술, 적응행동, 사회적/행동적 기술에서의 결함의 심각성에 의해 결정된다. 심하지 않은 경도의 지적장애를 가진 학생들은 자신의 결함을 보완하도록 배운다면 약간의 지원만으로도 일상생활과 직업 현장에서 성공적으로 지낼 수 있을 것이다. 반면, 좀 더 심각한 장애를 갖고 있는 학생들은 취업을 하고 직장생활을 하고 사회에서 독립적으로 기능하는 데 어려움이 있을 것이다. 다음에서는 경도장애 학생의 성공을 위해 매우 중요한 개념인 자기결정(self-determination)에 대해 살펴보고자 한다. 이어서 이러한 학생들의 학령기 이후의 교육과 직장에서 필요한 지원에 대해서도 알아보도록 한다.

1) 자기결정

역사적으로 지적장애인은 교사나 부모 혹은 다른 보호자를 통해 자기 자신과 관련된 결정을 내리곤 하였다. 따라서 그들에게는 종종 자주권, 독립성, 역량강화(empowerment) 등을 포함한 민주주의 사회의 기본적인 원칙이 간과되어 왔다(Sands & Wehmeyer, 2005). 이것은 아마도 대부분의 전문가와 부모 그리고 보호자들이 의사결정 능력 면에서 지적장애인들을 과소평가했기 때문이다(Sands & Wehmeyer, 2005).

이러한 경향은 최근 지적장애인이 자신의 삶과 관련된 결정에 직접 관여하는 것의 중요성을 깨달은 전문가와 부모들이 증가하면서 변화하고 있다. 여러 연구에서는 자기결정의 핵심 기술을 습득한 지적장애인이 향상된 삶의 질을 보여 줄 뿐만 아니라 지역사회 생활, 고등교육 그리고 취업과 관련된 성과들도 향상시켰다고 보고하고 있다(Thoma & Getzel, 2005). 아울러 자기결정의 과정은 다음과 같은 도움을 준다.

> 자기결정의 과정은 학생들이 좀 더 일관적이고 생산적이며 동기화되도록 돕는다. 자신감은 자긍심과 어려운 과제를 시도하는 데 안정감을 향상시킨다. 어떤 경우에는 학생들이 자신의 일상생활에서 개인적으로 선호하는 것을 선택할 수 있게 되면 행동문제도 감소된다. 읽기나 쓰기 및 수학과 같은 과목에서 학습과 목표설정활동이 통합되면 학습적 성과가 향상된다(Sands & Wehmayer, 2005, p. 274).

간단히 말해, 자기결정은 지적장애 학생에게 자신의 삶에 대한 주인의식을 가질 기회를 제공하고, 이러한 주인의식을 통해 성공할 동기를 더 자주 갖게 한다.

웨마이어(Wehmeyer, 1996)는 자기결정을 "자신이 자신의 삶에서 우선적인 원인 제공자로서 행동하고, 다른 외부적인 영향이나 방해로부터 벗어나 자신의 삶의 질에 대한 결정을 내리는 것" (p. 22)이라고 정의하였다. 따라서 하나의 행위(action)는 개인이 자율적으로 행동한다면 자기결정되고, 그 행동들은 자기규제(self-regulated)되며, 개인은 행위를 시작하고, 심리적으로 능력이 강화된 방식으로 반응하며, 스스로 깨닫는 방식으로 행동한다(Wehmeyer & Schwartz, 1997. p. 246).

지적장애 학생이 학교를 졸업하고 성인기로 들어갈 때 자기결정적이 되기 위해서는 학교에서 그와 관련된 특정 기술과 사고방식을 습득할 필요가 있다. 자기결정적이 되기 위해 필요한 기술은 성인이 되었을 때 필요한 자원들에 어떻게 접근해야 하는지에 대한 지식을 포함한다. 즉, 관심사와 선호하는 것 및 필요에 대해 의사소통하기, 목표를 세우고 모니터하기, 시간을 계획하고 관리하기, 문제를 판별하고 해결하기, 자기옹호하기다(Wehmeyer & Schwartz, 1997). 이러한 기술의 개발과 향상된 자기결정 수준은 개인이 자신의 삶에 의미 있게 영향력을 끼치고 통제할 수 있도록 할 것이며, 타인에게 의존하는 수

학생이 참여하는 IEP 회의는 학생의 자기옹호 및 자기결정 기술을 향상시킬 수 있다.

준이 낮아지고 좀 더 높은 삶의 질을 갖게 할 것이다(Westling & Fox, 2004).

샌즈와 웨마이어(Sands & Wehmeyer, 2005)는 자기결정과 관련된 중요 기술을 교수하기 위한 틀을 개발하였다. 이러한 틀은 학생들에게 (1) 목표를 확인하고, (2) 그 목표를 달성할 기회를 탐색하며, (3) 목표 달성을 위해 선택하고 행동하고, (4) 목표와 결정을 평가하고 수정하는 것을 가르치기 위한 지침을 제공한다.

2) 직업적 지원

어떤 경도 지적장애인은 직장에서 약간의 지원을 받거나 혹은 전혀 지원을 받지 않고도 경쟁고용에 성공할 수도 있다. 그러나 대다수의 경도 지적장애인, 특히 학업이나 적응행동과 사회적 · 행동적 기술이 가장 심각하게 지체된 사람들은 직장에서 요구하는 것들을 만족시키기가 어려우며 지원이 필요하다. 예를 들어, 경도 지적장애인은 읽기나 수학 기술을 요구하는 직업에서 도움이 필요할 수 있다. 직업 코치(job coach)는 고용된 장애인과 고용주에게 이러한 지원을 필요 적절한 방식으로 제공할 수 있다.

중도의 지체를 좀 더 보이는 개인을 고용한 직장에서 다루어야 할 또 다른 문제는 동료훈련이다. 만약 직장 동료가 장애가 작업에 미칠 영향에 대해 좀 더 잘 이해하게 된다면 장애인의 직장생활은 좀 더 성공적일 수 있다. 동료를 위한 훈련은 공식적인 훈련기관보다는 소집단으로 이루어지는 것이 효과적이며, 장애에 대한 일반적인 정보를 제공하기보다는 그 장애인이 필요로 하는 구체적인 지원에 대한 정보를 포함할 필요가 있다(Westling & Fox, 2004).

3) 고등교육기관에서의 지원

고등학교 졸업자의 대다수가 어떤 형태로든 고등교육기관으로 진학하는 반면, 경도 지적장애 학생과 같은 전반적 발달지체를 가지고 있는 학생에게는 고등교육의 기회가 매우 제한되어 있다. 최근 이러한 현상이 변화하기 시작했으며, 몇몇 주에서는 지적장애인과 발달장애인들을 위해 지역대학의 이중등록 프로그램(즉, 고등학교에 재학 중이면서 동시에 지역대학에 등록하는 것)을 개발하였다(Hart, Mele-McCarthy, Pasternack, Zimbrich, & Parker, 2004; Pearman et al., 2004; Zafft et al., 2004). 이러한 프로그램의 대부분은 일상생활 기술훈련과 지역사회

기반의 고용훈련 형태를 제공하고 있다. 또한 많은 프로그램이 장애를 가진 학생이 비장애 동료들과 함께 교육받는 것을 강조하고 있다.

예를 들어, College Career Connection(CCC)은 지적장애인과 자폐장애인이 지역대학에서 통합된 고등교육 경험을 선택하고 입학하여 성공적으로 완수하는 것을 돕기 위해 개발되었다(Zafft et al., 2004). 이 프로그램은 학생의 강점과 선호도를 확인하기 위해 학생중심 접근법을 사용하고 있으며, 개별화된 서비스와 지원을 개발하기 위해 학생과 협력하는 중개적인 계획 팀을 만들었다. 이러한 CCC 모델은 다음과 같은 원칙을 기반으로 하고 있다.

1. 학생의 비전을 통해 향후 나아갈 방향과 의사결정을 한다.
2. 학생이 탐색할 선택안은 자연스러운 장애인의 비율을 갖춘 환경에 포함되고 이루어진다.
3. 선택안은 특별한 프로그램이나 특별히 지정되거나 분리된 학급에서 이루어지지 않는다.
4. 지원은 개별 학생의 필요에 근거해서 개발되며 누구에게나 적합한 형태로 개발되지는 않는다.
5. 협력은 성공적인 프로그램을 위해 필수적인 요소다.

이러한 모델을 적용함으로써 고등교육을 마친 지적장애인은 좀 더 경쟁적인 고용이 가능하게 되고, 이 프로그램을 마치지 않은 장애학생들에 비해 고용 상태로 접어들었을 때 지속적인 지원이 좀 덜 필요한 것으로 나타났다. 아울러, 제프트와 동료들(Zafft et al., 2004)은 고등교육 경험이 긍정적인 인식을 낳고, 부모와 교사, 장래의 고용주들에게 '대학을 다닌 경험이 있는 개인'에 대해 기대를 높게 가지게 하는 효과가 있다고 하였다. 고등교육 프로그램이 어떻게 지적장애인의 성과를 향상시키는 데 이용될 수 있을지를 보다 잘 이해하기 위해서는 추수연구가 필요하지만, 이러한 프로그램이 과거에는 가능하지 않았던 지역사회에서의 고용과 사회적 참여에서 개인의 삶을 향상시킬 수 있는 많은 기회를 제공할 가능성을 가지고 있다는 것은 분명하다.

7. 주요 쟁점 및 교사를 위한 함의

지난 30~40년 동안 학습장애 학생과 경도 지적장애 학생의 교육적 요구를 다루는 데 상당한 진전이 있었다. 그러나 이 학생들의 교육적 중재에 대한 전문적인 문헌에서의 일반적인 동의가 있는 반면, 누가 경도 지적장애로 판별되어야만 하는가, 이 학생들을 지칭하기 위해서 어떤 용어가 사용되어야만 하는가, 지적장애인은 학교와 사회에서 어떻게 대우받아야 하는가 등에 대해서는 여전히 논쟁의 여지가 남아 있다.

1) 아프리카계 미국인 학생들의 지적장애로의 과잉판별에 대해 어떻게 해야 하는가

이미 언급했듯이, 아프리카계 미국인 학생들은 비율적으로 보아 적절하지 않게 지적장애로 판별되고 있다(〈표 8-2〉 참조). 특히 학령기의 아프리카계 미국인 학생이 차지하는 인구 비율을 고려할 때 기대치보다 두 배가 넘는 학생들이 지적장애를 가진 것으로 판별되고 있다. 몇 가지 이유에서 전문가들은 아프리카계 미국인 학생들의 과잉판별 현상이 문제가 있다고 보고 있다.

첫째, 지적장애라는 장애명은 일반적으로 다른 장애(예: 학습장애)에 비해 상당히 낙인적인 효과가 있다. 둘째, 지적장애라고 판별된 학생들은 종종 매우 분리된 환경에서 다른 지적장애로 판별된 학생들과 함께 특수교육을 제공받고 있다(Skiba, Poloni-Staudinger, Gallini, Simmons, & Feggins-Azziz, 2006; Williamson et al., 2006). 셋째, 지적장애 학생이 교육받는 고도로 분리된 환경은 학생들의 요구에 부응하기에는 비효과적이고 부적절하다(Freeman & Alkin, 2000; Williamson et al., 2006). 마지막으로, 일부 학교와 교육청의 분리된 특수학급에서의 부적절한 인종 비율은 인종적 분리현상을 초래하기도 한다(Skiba et al., 2006; Zhang & Katsiyannis, 2002).

아프리카계 미국인 학생들이 지적장애 범주로 부적절한 비율로 판별되는 것에 대한 주요한 이유 두 가지가 거론되고 있다. 첫째, 아프리카계 미국인 학생들은 매우 빈곤하거나 수입이 낮은 가정 출신인 경우가 좀 더 많다(Zhang & Katsiyannis, 2002). 학생 성취에 대한 가난의 효과는 잘 알려져 있으며(Hosp & Reschly, 2004), 노숙, 부적절한 양육기술, 부모의 실제적인 학대, 아동 유기, 제한된 건강관리, 조기교육의 부족 등에 따른 증가된 위험 등의 관련 요소들의 결과라고 예상하고 있다(Beirne-Smith et al., 2006).

또한 아프리카계 미국인들의 행동양식이라는 것이 존재하므로, 문화적 차이도 그들의 지적장애 범주 과잉판별의 원인으로 지적되고 있다(Hosp & Reschly, 2004). 문화적 차이에 의해 학생 행동에 대한 교사의 기대와 학생의 기대 간에는 갈등이 발생한다. 이러한 현상은 대부분의 교사가 주로 유럽계 미국인 여성이며, 비유럽계 미국인, 특히 아프리카계 미국인 교사가 부족하다는 사실에 의해 더 증폭된다(Tyler, Yzquierdo, Lopez-Reyna, & Flippin, 2004).

어느 정도 이런 과잉판별에 대한 인식이 확산되면서 지적장애 학생의 판별 자체가 감소되고 좀 더 낙인 효과가 적은 학습장애로 판별되는 아프리카계 미국인 학생의 수가 증가되는 것으로 보고되어 왔다(Beirne-Smith et al., 2006). 그러나 이러한 진보에도 불구하고 그들에 대한 과잉판별 현상은 지속되고 있다. 이 같은 우려를 다루기 위해 다음과 같은 몇 가지 조처가 필요하다.

- 향상된 건강관리와 양질의 조기교육 프로그램을 제공함으로써 장애를 예방한다.
- 발달적 학업문제 위험이 있는 학생들의 요구를 다루기 위해 학교에서 조기교육을 시행한다(제6장에서 언급한 학생판별을 위한 중재 반응 모형[Response-to-intervention]에 의해 다루어지도록 한다.).
- 다양한 배경을 가진 학생들의 요구를 다루는 교사는 사전에 훈련을 받고 지속적으로 전문성을 개발하려는 노력이 필요하다.

2) 지적장애/정신지체를 가진 사람에게 어떤 명칭을 사용해야 하는가, 혹은 그들을 어떻게 대우해야 하는가

이 장에서는 일반적으로 정신지체라고 불리고 있는 사람들에게 어떤 용어를 사용해야 하는가에 대해 고심하였다. 앞에서 언급했듯이, 정신지체란 장애 명칭 중 가장 낙인적인 명칭이다. 아울러 이 용어에 대해 부정적으로 사용되는 일상적인 표현("그는 참 뒤떨어졌어."[He's a retard.] "떨어져 보여."[That's retarded.])이 너무나 널리 사용되고 있어서 그것을 좀 더 자연스러우면서도 묘사적인 것으로 대체해야 할 것이다. 지적장애는 '정신지체' 라는 용어보다는 좀 더 선호되는 용어로 등장하고 있는 듯하다(Beirne-Smith et al., 2006). 미국정신지체협회에서

(AAMR)도 최근에 협회 명칭 자체를 미국 지적 및 발달 장애협회로 바꿈으로써 이러한 경향을 지지하였다. 그러나 지금도 '정신지체' 라는 용어는 연방정부법에서 제시되고 있고, 대부분의 주정부에서 사용되고 있으며, 대부분의 전문가와 일반대중에게서 사용되고 있다.

확인된 요구와 명칭에 의한 낙인에 반응하여 용어를 변경하는 것은 중요하다. 이것은 과거에도 여러 번 행해졌다. 지적장애인은 초기에는 정박아, 천치, 우둔아, 바보와 같은 용어로 지칭되었다. 후에 와서 정신결핍(Heber, 1961)이라는 용어가 사용되었으며, 정신지체라는 용어는 1961년에 AAMR에 의해서 채택되었다(Heber, 1961). 이러한 변화는 최소한 잠정적으로라도 장애 명칭에 의해 생기는 낙인의 효과를 감소시켜 주었다. 그러나 무엇인가가 좀 더 필요하다.

보그단과 비클렌(Bogdan & Biklen, 1977)은 최초로 장애차별주의(handicapism)라는 용어를 "외모나 신체적, 정신적 혹은 행동적 차이로 사람들을 차별하고 불평등하게 다루는 것을 부추기는 가정과 관습"(p. 59)을 표현하기 위해 사용했다. 그들은 장애인이 고정관념의 대상이라고 보았으며, 이는 일부 인종집단이 인종주의의 대상이 되고, 여성들이 성차별주의의 대상이 되는 것과 같다고 보았다. 베이른-스미스와 동료들(Beirne-Smith et al., 2006)은 이러한 용어를 장애주의(disablism)라고 바꾸면서 그것이 고정관념, 편견, 차별의 세 요소로 구성되어 있다고 하였다. 그들에 따르면, "많은 사람들은 정신지체인을 마치 어린 아이처럼 보고(고정관념), 이런 생각에 따라 그들이 자신을 위한 결정을 할 수 없을 것이라고 생각하고(편견), 정신지체인의 생각에 상관없이 그들과 관련된 일들을 대신 결정해 버린다(차별)." (pp. 47-48)

• 생각해 봅시다 #10

이 장에서 읽은 내용을 바탕으로, 당신이 학급 학교, 그리고 지역사회 내의 지적장애 학생의 가치를 높이기 위해 교사로서 할 수 있는 역할과 활동에 무엇이 있을지 생각해 보자.

장애인, 특히 지적장애인이나 정신지체인에 대한 차별은 우리가 다른 사람에게 낮은 가치를 부여함으로써 발생한다고 본다. 울펜스버거(Wolfensberger, 1985)는 우리가 개인을 어떻게 인식하는가와 그 사람이 어떤 대우를 받는가는 매우 강력한 관계가 있다고 하였다. 그는 위협과 조롱, 유치함, 동정 등을 가지고 대하는 정도에 기반하여 사회에서 가치절하된 집단들을 밝혔다. 울펜스버거는 정신병을 가진 사람이 지적장애나 정신지체를 가진 사람보다 좀 더 부정적으로 인식되고 있다는 사실을 발견했다.

사회에서 지적장애를 가진 사람들에게 부과되는 사회적 장애주의와 낮은 가치에 대해 어떻게 해야만 할까? 이는 곧 머지않은 장래에 논쟁점이 될 것이다. 그러나 더 많은 지적장애 학생들이 대부분의 학교시간에 비장애 또래들과 통합되고, 경쟁적인 직업환경에서 고용되며, 일상적인 환경(헬스클럽, 레스토랑, 가게 등)에서 비장애인들과 상호작용한다면 그 진전은 이루어질 것이다. 이러한 만남을 통해 지적장애인에 대한 잘못된 인식은 불식될 수 있으며, 더 많은 사람들이 그들의 가치를 더 높게 볼 수 있을 것이다. 더군다나, 지적장애와 여타의 장애인들의 자기결정에 대한 강조는 이들이 자기옹호를 하고 사회에서 자신의 지위를 향상시키는 것을 더 잘 준비하도록 할 것이다. 분명히 교사들은 지적장애인이 학교에서 가치를 인정받고 차별의 희생자가 되지 않도록 하는 데 중요한 역할을 하게 될 것이다.

요 약

경도 지적장애 학생은 일반 또래에 비해 학업적 · 사회적 기술을 느리게 습득한다. 이러한 발달적 격차는 시간이 지날수록 더 커지고 성인기에도 지속된다.

정의와 분류 기준

- 지적장애에 대한 두 가지 주요 정의는 IDEA(2004)와 AAIDD(이전의 AAMR)에서 제시하는 정의다.
- 경도 지적장애 학생을 판별하는 데 사용되는 기본적인 기준은 일반지능 발달과 적응행동(학생들이 일상생활에서 사용하는 실제적인 사회적 기술을 포함하여)에서 현저하게 평균 이하의 기능을 보이는 것이다.
- AAIDD는 지원 수준 접근법이 지적장애 학생을 판별하는 데 사용될 것을 주장하고 있으나, 이러한 접근법은 아직 광범위하게 받아들여지고 있지 않다.

학생의 특성

- 경도 지적장애 학생의 기본적인 특성은 학업적, 인지적, 사회적 기술 발달에서의 현저한 지체와 관련이 있다.
- 모든 학업기술은 지체되는 경향이 있다. 주의집중, 기억, 일반화 기술을 포함한 인지적 기술이 지체된다.
- 사회적 기술 발달에서의 지체는 최소한 어느 정도는 언어와 인지 기술 발달과 관련이 있다고 볼 수 있다.
- 지적장애 학생은 일반 또래와 상호작용하는 데 어려움이 있으며, 사회적 기술을 직접 배울 필요가 있다.

출현율, 과정 및 발생 원인

- 학령기 인구의 약 0.71% 혹은 6곳의 일반학급당 한 학생이 경도 지적장애를 가진 것으로 판별된다.
- 아프리카계 미국인 학생들은 경도 지적장애 범주로 과잉 판별되는 경향이 있다.
- 경도 지적장애는 학령기뿐만 아니라 성인기에도 지속된다. 일부 경도 지적장애 성인은 상당히 어려움을 겪지만, 일부는 상대적으로 성공적이며 자신의 삶에 대해 일반적으로 만족할 수 있다.
- 많은 경우의 중도 지적장애의 원인은 밝힐 수 있는 반면, 대부분의 경도 지적장애의 원인은 알 수 없다.
- 경도 지적장애의 주요 위험요인은 제한된 경제적 자원, 부모의 낮은 교육 수준, 환경에서의 높은 스트레스 수준 등이 존재하는 가정에서 성장하는 것이다.

판별과 평가

- 지난 몇십 년 동안 지적장애 학생을 판별하는 데 사용되는 주요 기준(예: 지적 기능과 적응행동)에는 몇 가지 변화가 있었다.
- 이러한 판별 기준에서의 변화는 아프리카계 미국인 학생들의 지적장애 범주로의 과잉판별과 이 장애와 연관된 낙인 효과 때문에 발생하였다.
- 지능지수 70 혹은 그 이하와 적응행동에서의 유사한 점수는 경도 지적장애 학생을 판별하는 데 사용된다.

교육 실제

- 경도 지적장애 학생에게는 직접적, 명시적, 교사 중심적 교수가 효과적이다.
- 경도 지적장애 학생에게 상당히 효과가 있다고 증명된 교수법은 직접교수(DI)다.
- 이 학생들에게는 교수를 지원하기 위한 또래교수와 보조공학의 사용도 효과적인 교수방법이다.

주요 쟁점

- 경도 지적장애 학생의 교육적 기회는 1975년 IDEA가 통과된 이래 상당히 향상되었다. 하지만 아프리카계 미국인 학생들의 과잉판별, 이 장애 범주에 사용된 용어의 문제, 그리고 지적장애인들이 일반대중에게 인식되는 가치와 대우방식에 대한 논쟁점들이 여전히 남아 있다.

CEC 전문가 자격기준

Council for Exceptional Children(CEC) knowledge standards addressed in the chapter.

CC1K5, EC1K1, ED1K2, CC2K1, CC2K2, CC2K3, CC2K5, CC2K6, EC2K3, EC2K4, CC3K1, CC3K2, CC5K3, CC6K1, CC6K4, CC7K4, CC8K1, CC8K2

Appendix B: CEC Knowledge and Skill Standards Common Core has a full listing of the standards referenced here.

9

주의력결핍 과잉행동장애

이 장을 시작하며

- 주의력결핍 과잉행동장애(ADHD)는 어떻게 정의되고 분류되는가?
- ADHD의 주요 특징은 무엇인가?
- ADHD의 원인 및 출현율은 어떠한가?
- ADHD 학생들을 어떻게 판별하는가?
- ADHD 학생들의 증상에 대처하는 약물치료는 얼마나 효과적인가?
- ADHD 학생들의 학업 및 사회적 성과를 향상시키는 데 효과적인 교수방법은 무엇인가?
- ADHD 학생과 관련된 주요 쟁점은 무엇인가?

나의 이야기: 메리디스

메리디스 테일러-스트라우트 선생님이 장애학생을 가르치는 것에 관심을 갖게 된 것은 그녀가 15세 되던 해 여름 캠프에서 지체장애 학생들과 함께 자원봉사활동을 하게 되면서부터다. 메리디스 선생님은 장애학생들이 성공적인 삶을 살아가는 데 필요한 기회를 충분하게 누리지 못한다는 것을 알게 되면서 장애아동 교육에 대한 열정을 키우게 되었다. 그녀는 자신이 장애학생의 선생님이 되면서 동시에 그들의 권익을 옹호해 줄 수 있는 사람이 될 수 있을 것이라 생각했다.

고등학교 졸업 후에 메리디스 선생님은 버지니아 주에 위치한 작은 사립대학교의 특수교육과에 입학했다. 그녀는 자신이 4년간 몸담은 프로그램에 대해 매우 긍정적인 평가를 내렸다. 대학교 1학년부터 장애학생이 공부하는 학교에서 일하기 시작했는데, 그때 대학교수들로부터 집중적인 피드백과 더불어 현장실습 지원을 받았고, 졸업할 무렵에는 장애학생의 요구를 충족시키는 데 도움이 될 만한 기술을 잘 익혔다는 생각이 들었다고 한다. 그녀가 생각하기에 준비가 좀 덜 된 부분이 있다면 그것은 학생 훈육과 행동관리였다. 그 때문에 교사생활의 첫 2~3년은 다루기 어려운 학생의 행동을 어떻게 성공적으로 관리하는가를 배우는 데 할애했다고 한다.

학부 졸업 후에 메리디스 선생님은 플로리다 대학교의 다학문적 진단 및 훈련 프로그램(Multidisciplinary Diagnostic and Training Program: MDTP)에서 교사생활을 시작했다. MDTP에서 그녀의 역할은 학업문제가 있는 아동을 소집단으로 6~12주 집중 교육하고, 이 학생들이 일반학급에 전일제로 배치될 때 그들의 선생님들과 협력하여 그들의 수행을 추적 평가하면서 필요한 도움을 제공하는 것이었다. 그 당시 함께 일했던 학생들의 대부분은 주의력결핍 과잉행동장애(ADHD)로 판별받았고, 매우 활동적이고 충동적이며 주의력이 결핍된 경향을 보였다.

메리디스 선생님은 교사생활을 하며 가장 보람 있었던 일로 장애학생들이 일반학급에서 성공적으로 생활하는 데 필요한 기술을 습득하도록 도와주었던 것을 꼽는다. 그녀는 이 학생들이 분리된 특수학급에서는 갖기 어려웠던 학업 및 사회성 발달의 기회를 일반학급에서 제공하였는데, 그때 장애학생과 일반학생 간의 상호작용이 매우 중요하다는 사실을 배웠다고 한다. 그녀가 가장 자랑스러워하는 것 중 하나는 매우 낮은 자기존중감을 가지고 있으며 수학에 문제를 보이는 초등 3학년 여학생과 함께했던 경험이다. 12주간 집중적인 훈련을 한 후, 그 여학생은 일반학급으로 돌아갔고 학년 수준

의 수학문제를 풀게 되었으며 그로부터 성취감을 느끼고 학급의 리더가 되었다.

메리디스 선생님은 ADHD 학생들을 잘 가르치는 교사는 교실을 잘 구조화한다고 설명했다. 행동과 관련하여 명백한 규칙이 존재하고, 모든 학생들에게 그것을 가르치고 상기시키며, 규칙을 어겼을 때 발생할 수 있는 후속결과에 대해 확실하게 설명해 준다. ADHD 학생에게 효과적인 교수를 제공하기 위해서는 교사가 명시적 교수를 제공하고 과제를 작은 단위로 나누며 여러 감각을 이용하여 정보를 제시할 수 있는 다양한 접근법을 활용해야 한다. 잘 구조화된 교실에서 학생들은 그들에게 요구되는 것이 무엇인지를 정확하게 알고 있으며, 한 과제에서 다음 과제로 전이할 때 그 과정이 매우 빠르고 자연스럽게 이루어진다. 뿐만 아니라 교사는 교실을 돌아다니면서 학생의 행동을 모니터링하고, 필요할 때마다 학생의 행동을 바로잡아 주며, 학생이 과제에 집중할 수 있도록 여러 가지 전략(예: 근접도 조절, 어깨 살짝 두드려 주기, 시각적인 기억 보조도구의 활용)을 활용해야 한다.

메리디스 선생님은 가르치는 것에 대한 강한 열정을 표현하기도 하지만, 한편으로는 가르치는 것이 매우 힘들고 고된 일이라고 말한다. 교사가 이러한 좌절감을 경험하게 되는 이유 중 하나는 장애학생이 더 나은 교육을 받을 수 있게 학교를 변화시키고 개혁하는 데 교사들이 큰 목소리를 내지 못한다는 점이다. 예를 들면, 장애학생은 우리가 생각하는 만큼 일반학급에 통합되지 못하고 장애학생이 일반학급으로 통합되도록 이끌어 내는 것이 그리 쉽지 않다는 것이다. 메리디스 선생님이 교사로서 직면한 두 번째 문제는 학교 전체가 학생의 문제를 다루는 일관된 훈육계획을 가지고 있지 못하다는 것이다. 그녀는 모든 학교가 학생의 행동문제를 다루는 데 일관된 계획을 가지고 있어야 한다고 믿지만 그것이 생각만큼 쉽지 않다는 것을 체험했다고 하였다. 그 결과로 학생들, 특히 장애학생들은 학교 내 여러 장소에서 서로 다른 행동규칙을 따라야 하고 그에 적응하는 데 어려움을 겪게 된다.

메리디스 선생님은 자신의 성격이나 개인적인 특성도 교사로서의 역할을 하는 데 도움이 되었다고 한다. 예를 들어, 그녀는 매우 활기차고 긍정적이며 다른 사람과 함께 일하는 것을 즐긴다. 또한 정리를 잘하고 시간 관리에 능숙하며 학생과의 활동에 있어 다양한 전략을 활용한다. 메리디스 선생님은 교원연수, 다른 교사들의 수업 참관, 대학의 관련 교과목 수강 등 교사의 전문성 신장 프로그램을 통해 자신이 더 나은 교사가 되었다는 사실을 알게 되었다. 그녀는 학생들은 항상 변화하고 교사는 새로운 것을 배워야 하기 때문에 반드시 교사가 계속해서 자신을 갈고 닦으며 전문성을 향상시켜야 한다고 하였다. 플로리다 주에서 시작한 그녀의 교사생활은 주위로부터 인정을 받아, 그녀는 특수교사 생활 첫해에 올해의 신임교사상을 받았으며 이듬해에는 플로리다 주 올해의 교사상을 수상하였다. 메리디스 선생님이 신임교사들에게 주는 조언은 가르친다는 것은 매우 보람 있고 굴곡이 많은 긴 여행과 같다는 사실을 기억하라는 것이다. 만약 교사로서 가르치는 것에 많은 노력을 기울이고 학생을 존중한다면 학생들도 교사가 자신에게 보여 주는 존중에 화답할 것이고 서로 끈끈한 유대감을 형성할 수 있을 것이다.

우리 모두는 다음과 같은 아동을 본 적이 있을 것이다. 그들 대부분은 사내아이들로, 마치 모터를 달아 놓은 것처럼 백화점이나 슈퍼마켓에서 눈에 보이는 모든 것에 반응하고, 1～2분 이상을 한 곳에 집중하지 못하고 흥미를 느끼는 다른 물체로 금방 그 주의를 옮겨 간다. 그들을 좀 더 자세히 살펴보면 그들은 부모나 점원이 하는 이야기를 거의 듣지 않는 것처럼 보이고, 말이 아주 많으며, 자신의 차례를 기다리지 못하고, 다른 사람들을 방해하거나 훼방을 놓으며, 남에게 눈총을 받는다는 것을 알아챌 수 있을 것이다. 한마디로 그들은 힘이 넘치다 못해 과도하게 활동적이고 충동적이며 다루기 어려운 행동을 보이는데, 어쩌면 주의력결핍 과잉행동장애(attention deficit hyperactivity disorder: ADHD)를 가지고 있을 수 있다.

우리는 보통 그런 아동들을 볼 때 아동의 부적절한 행동이 부모 때문이라며 부모에게 그 탓을 돌리곤 한다. 예의 바르게 행동하는 아동이나 혹은 자녀를 키우고 아동을 다루는 방법을 잘 아는 다른 성인들의 표정을 한번 생각해 보자. 그들은 부적절한 행동을 하는 아동의 부모를 보며 종종 안타깝게 고개를 내젓고는 '왜 저 부모는 아이가 저런 행동을 하게 내버려 두는 것일까?'라고 생각한다.

분명한 것은, 이러한 상황이 ADHD를 가진 자녀의 행동을 관리해야 하는 부모들에게는 완전히 다른 문제가 된다는 것이다. 이는 또한 25명의 학생들과 함께 ADHD 아동 한두 명을 가르치는 교사들에게도 적용될 것이다. 이 장의 서두에서 메리디스 선생님이 언급한 것처럼 교사는 ADHD 학생의 성공을 보장할 수 있는 전략을 가지고 있어야 한다.

• 생각해 봅시다 #1

언론매체에서는 ADHD를 매우 일반적으로 설명하거나 때로는 논쟁의 여지가 있는 것으로 다루고 있는데, 이는 이 장애 범주와 관련된 여론에 영향을 미친다. 언론매체 혹은 다른 곳에서 ADHD에 대한 어떤 이슈가 가장 크게 다루어지는가? 이러한 이슈가 ADHD에 대한 당신의 견해에 어떠한 영향을 미쳤는가?

ADHD로 판별된 아동이 부모와 교사에게 심각한 문제가 된다 하더라도, (메리디스 선생님이 제안한 것과 같은 아이디어를 포함하여) 그들은 적절한 지원을 받으면 성공적인 삶을 영위할 수도 있고 실제로 이를 이루어 내기도 한다. 이 장에서는 과잉행동, 충동적인 반응과 주의력결핍을 보이는 학생들에 대해 이야기하고자 한다. 많은 아동과 청소년들은 이러한 행동을 어느 정도 보이고 있기는 하다. 그러나 우리가 이 장에서 다루어야 할 학생들은 학교에서 학습을 하고 사회적으로 적응하는 데 어려움을 보일 정도로 심각한 수준의 문제행동을 보인다. 우리는 이러한 문제를 주의력결핍 과잉행동장애라 명명한다.

최상의 상황에서도 ADHD 아동의 부모는 자녀의 행동을 통제하기가 매우 어렵다.

1. 정의와 분류 기준

1) ADHD의 정의

ADHD의 정의에 관한 자세한 사항을 살펴보기에 앞서, ADHD 정의는 이 책에서 다루고 있는 다른 장애 범주에 비해 매우 독특하다는 사실을 이해하고 있어야 한다. 특수교육의 장애 범주 상당수가 미 연방법(즉, IDEA, 2004)으로부터 도출된 것이지만, ADHD 정의는 의학 분야—더 자세히는 소아청소년의학과 정신의학—에서 시작하여 퍼져 나갔다(Rieff, 2004).

의학에 기초한 정의가 의학, 심리학, 교육학 분야에서 널리 수용되고 사용되고 있는데도 교육자들은 ADHD를 IDEA에 근거한 장애 영역의 한 범주로 수용하는 것을 거부하고 있다. 게다가 일부 부모, 장애권익 옹호자, 교육자를 제외한 사람들은 이 범주 자체가 존재해야만 하는지의 여부에 대해서 의문을 품어왔다(Zentall, 2006). 말하자면 ADHD는 논쟁의 여지가 있는 장애 범주다. 이 이슈에 대해서는 이 장의 뒷부분에서 다룰 것이다. 간단하게 말해, 현재까지 장애범주로서 ADHD에 대한 논쟁은 아직 끝나지 않았고, 그것이 이 장을 읽는 독자에게 ADHD 범주에 대하여 생각할 거리를 제공할 것이다.

ADHD를 정의하려는 사람들이 직면하고 있는 가장 어려운 문제 중 하나는 특정 조건에서 많은 아동, 청소년, 성인들이 ADHD의 특성 중 몇 가지를 보인다는 사실이다. 예를 들어, 때때로 우리 모두는 특정 상황(지루한 대학 강의를 생각해 보라!)에서 주의력결핍을 나타내는 행동을 약간 보이는 경향이 있다. 또한 우리는 어떤 주제에 집중하기보다는 환경 내부에 존재하는 자극에 의해 산만해지기도 한다. 이러한 산만한 행동 중 일부는 별로 심각하지 않지만(연필로 책상 두드리기), 어떤 것들은 심각하다("과학실에 불이 났어요!"라고 소리치기). 때때로 우리는 생각 없이 어떤 것에 반응하고 어리석은 결정을 내린다("좋아, 지붕 없는 멋진 오픈카를 살 거야!").

ADHD를 특징짓는 행동은 취학 전이나 초등 저학년 아동들에게서 더 일반적으로 나타난다. 영유아원, 유치원 혹은 초등학교 1~2학년 교실에서 아동을 관찰해 보면, 아주 많은 아동이 주의력결핍 행동을 보이고, 자주 충동적인 의사결정을 하며, 역동적 활동 수준이 높다는 것을 알 수 있다. 이는 모두 ADHD를 판별하고자 할 때 사용되는 행동 기준이다. 이와 같은 행동은 그 나이 또래의

FAQ Sheet

ADHD 학생	
정의	ADHD 아동은 "비교 가능한 발달/발육 수준에 있는 일반아동에게서 관찰되는 행위와 비교했을 때 주의력결핍 그리고/혹은 과잉행동과 충동성의 지속적인 패턴이 더 빈번히 나타나고 더욱 심각한 상황"(APA, 2000, p. 85)을 보인다.
주요 특징	• 충동성 • 과잉행동 • 주의력결핍 • 공존하는 행동문제 • 공존하는 학업문제
출현율	• 학령기 아동의 3~7%가 ADHD로 판별(1.9~4.5만 명) • 약 2~4%가 약물치료를 받음 • IDEA에 의거하여 1% 미만이 기타 건강장애로 판별됨 • 약 75%가 남자임
교육 배치	• IDEA에 의거하여 ADHD 아동의 53%가 학교에서의 대부분 시간을 일반학급에서 보냄 • 배치환경은 학습장애 아동의 배치와 유사함
진단 평가	• 판별을 위해 DSM-IV-TR의 준거(뒤의 [그림 9-1] 참조)가 사용됨 • ADHD와 관련된 정보를 기술하는 데 있어 다양한 방법이 사용됨(부모, 교사와의 면담, 평정척도, 여러 장소에서의 관찰) • 행동기능 평가는 교수와 행동관리 계획에 가장 유용한 정보를 제공함
예후	• 약 30%가 성인이 되면 ADHD의 증상을 보이지 않음 • 약 25%가 품행장애를 보이고 성인이 되어서도 ADHD 증상이 유지됨 • 약 25%가 성인이 되어 우울증이 생김

아동에게서 나타날 것으로 기대되는 것들이다. 하지만 시간이 지나 나이를 먹어가면서 아동은 아주 오랫동안에도 주의집중을 유지하는 것을 학습하게 된다. 또한 충동적인 행동의 반응 수준을 줄이기 위하여 자신의 행동을 점검하고 통제하며, 필요한 상황에서는 활동 수준을 조절하는 것을 학습한다.

그렇다면 일반적으로 ADHD의 주요 특징이 드러나는 상황을 설명하기 위하여 어떻게 이 장애를 정의할 것인가? ADHD를 정의하는 데 행동의 빈도와 정도에 초점을 맞추고, 또래와 비교하여 그 행동을 보이는 사람이 어떠한 모습을 보이는가를 파악함으로써 정의와 관련된 문제를 해결하고자 한다.

• 생각해 봅시다 #2

많은 아동(그리고 성인)이 ADHD 증상(즉, 주의력결핍, 충동성, 과잉행동)을 일정 수준 보인다는 사실을 근거로 한다면, 어떠한 접근법이 ADHD를 적절하게 판별하는 데 사용될 수 있을까?

ADHD의 정의는 미국정신의학협회(APA)에서 발간한 『정신장애의 진단 및 통계편람-제4판(*DSM-IV-TR*)』(APA, 2000)에 근거한다. ADHD는 "발달

/발육이 비교 가능한 수준에서 일반적인 사람에게서 관찰되는 행위와 비교했을 때 주의력결핍 그리고/혹은 과잉행동과 충동성의 패턴이 더 자주, 지속적으로 나타나고 그 정도가 더욱 심각한 상황" (p. 85)으로 정의된다. ADHD 아동을 판별하는 데 사용되는 준거는 [그림 9-1]에서 살펴볼 수 있다. DSM-IV-TR에 관한 추가적인 정보를 알고 싶거나 왜 그것이 교사들에게 중요한지를 알고 싶다면 제7장을 참조하기 바란다.

DSM-IV-TR에 제시된 ADHD 분류 기준

A. 다음의 (1)이나 (2)의 조건에 해당되어야 한다.

(1) 다음에 제시된 주의력결핍의 증상 중 여섯 가지(혹은 그 이상)가 6개월 이상의 기간 동안 부적응적이고 발달 수준에 불일치하는 정도로 나타난다.

주의력결핍

(a) 자주 학교 과제, 일 혹은 다른 활동에서 주의를 기울이지 않아 실수를 하거나 세세한 사항에 주의를 기울이는 데 실패한다.
(b) 자주 과제나 놀이활동에 주의집중을 유지하지 못한다.
(c) 자주 직접 이야기할 때 경청하지 않는 것처럼 보인다.
(d) 자주 지시사항을 따라 하지 않으며, 숙제나 간단한 일 또는 직장에서의 업무를 완결하는 데 실패한다(반항적인 행동이나 지시사항을 이해하지 못하는 것 때문이 아님).
(e) 자주 활동을 조직화하지 못한다.
(f) 자주 정신적으로 노력을 기울여야 하는 과제(예: 학교 과제나 숙제)에 참여하기를 꺼리거나 싫어하며 회피한다.
(g) 과제나 활동에 필요한 물건이나 사항을 잊어버린다.
(h) 외부 자극에 의해 쉽게 산만해진다.
(i) 일상적인 활동에서 기억을 잘하지 못한다.

(2) 다음에 제시된 과잉행동-충동성의 증상 중 여섯 가지(혹은 그 이상)가 6개월 이상의 기간 동안 부적응적이고 발달 수준에 불일치하는 정도로 나타난다.

과잉행동

(a) 자주 손과 발을 만지작거리거나 의자에 앉아서도 쉴 새 없이 꼼지락거린다.
(b) 교실의 자기 자리에서 이탈하거나 착석할 것이 기대되는 상황에서 이탈한다.
(c) 부적절한 상황에서 과도하게 뛰어다니거나 높은 곳에 올라간다(청소년기나 성인기에는 들떠 있음과 같은 주관적인 감정으로 제한되기도 함).
(d) 조용히 여가활동에 참여하는 것에 어려움을 보인다.
(e) '끊임없이 움직이거나' 모터로 움직이는 것과 같은 행동을 보인다.
(f) 쉴 새 없이 말한다.

충동성
(a) 질문이 끝나기도 전에 불쑥 답을 말한다.
(b) 자신의 순서를 기다리는 데 어려움을 가진다.
(c) 타인을 불편하게 하거나 방해한다(다른 사람들의 대화나 게임에 끼어듦).

B. 손상에 의거한 일부 과잉행동-충동성 혹은 주의력결핍 증상은 7세 이전에 존재한다.
C. 증상에 의한 일부 손상은 두 가지 이상의 환경(예: 학교 혹은 직장, 가정)에서 나타난다.
D. 사회적, 학업적 혹은 직업적 기능에서 임상적으로 심각한 손상의 증거가 분명히 있어야 한다.
E. 증상은 발달장애, 정신분열증 혹은 다른 정신장애의 과정 중에 독자적으로 나타나지 않고, 다른 정신장애(예: 기분장애, 불안장애, 의식분열장애, 성격장애)로 더 잘 설명되지 않는다.

장애 형태에 따른 기호
314.01 주의력결핍 과잉행동장애, 혼합형: 지난 6개월간 준거 A1과 A2를 충족
314.00 주의력결핍 과잉행동장애, 주의력결핍 유력형: 지난 6개월간 준거 A1은 충족하나 준거 A2는 충족하지 않음
314.02 주의력결핍 과잉행동장애, 과잉행동-충동성 유력형: 지난 6개월 간 준거 A2는 충족하나 준거 A1은 충족하지 않음

출처: *Diagnostic and Statistical Manual of Mental Disorder*, Fourth Edition, Text Revision, Copyright 2000. American Psychiatric Association.

그림 9-1

2) ADHD 분류 기준

[그림 9-1]에서 살펴본 바와 같이, 주의력결핍, 과잉행동과 충동성의 세 가지 행동은 ADHD를 정의하는 기본 요소다. 주의력결핍을 보이는 학생은 나이에 따라 기대되는 일정 시간 동안 주의집중을 유지하지 못한다. 이러한 특징을 보이는 아동은 일/공부에 꼼꼼하지 못하고, 정리를 잘하지 못하며, 쉽게 산만해지고, 지시사항을 따르지 못하고 쉽게 잊어버리며, 과제에 관한 설명을 잘 듣지 못하여 과제를 완성하는 데 어려움을 나타낸다.

ADHD의 주요 특징 중 두 번째는 과잉행동으로, 일반적으로 장소와 나이에 적합하지 못한 행동 수준을 보이는 것으로 정의된다. 과잉행동을 보이는 학생들은 안절부절못하고 들떠 있으며, 쉴 새 없이 이야기를 하고, 부적절한 시기나 상황에서 끊임없이 움직인다. 충동성은 ADHD 학생의 주요 특징 중 세 번째다. 보통 충동성은 나이에 적절하지 않은 수준에서 생각 없이 반응하는 것이다. 교사들에 따르면, 충동적인 아동은 불쑥 답을 내뱉고 다른 사람들을 훼방 놓고 그들의 행동을 방해하며 자신의 차례를 기다리지 못한다.

[그림 9-1]에서 살펴본 것처럼, 아동이 ADHD로 판별받는 데는 이와 같은 행동 모두를 보일 필요는 없다. 게다가 ADHD를 특징짓는 세 가지 주요 행동 양상은 ADHD를 판별하는 준거로 사용되긴 하지만 학령기 아동에게 매우 일반적으로 보이는 특성이다. ADHD는 과잉행동-충동성이 유력한 형태(ADHD-PHI), 주의력결핍이 유력한 형태(ADHD-PI) 그리고 과잉행동-충동성과 주의력결핍이 혼재하는 혼합형(ADHD-C) 등이 있다.

유아와 학령기 아동, 청소년의 ADHD를 정의하는 데 고려해야 할 별도의 요소로는 ADHD의 주요 특징을 대표하는 행동이 시작된 시기와 행동이 지속된 기간, 특정 행동이 발현된 환경의 중요도, 행동의 수준이나 정도, 그 행동이 학업과 사회성에 미치는 영향력 등이다. ADHD로 판별되기 위해서는 증상 중 일부가 7세 이전에 출현해야 하고 ADHD를 특징짓는 행동이 최소 6개월 이상 지속되어야 한다. 그러므로 질병이나 가족 내 스트레스(예: 이혼) 혹은 새로운 환경으로의 전이(예: 취학) 때문에 일시적으로 짧게 나타나는 행동은 ADHD의 판별과는 무관하다.

ADHD의 판별을 더욱 확실하게 하기 위해서 아동이 보이는 ADHD 증상은 최소한 2개 이상의 장소(예: 학교와 가정)에서 나타나야 한다. 이와 같은 요건은 ADHD를 특징짓는 행동은 전반적으로 나타나는 것이며, 스트레스 상황이나 아동이 받아들이기 벅찬 조건 혹은 행동관리의 원칙이 적절하게 세워지지 않은 상황에서 나타날 수 있는 반응은 아니라는 사실을 의미한다. ADHD로 판별받은 아동의 행동은 같은 연령대의 아동의 그것과 비교해 보면 매우 극단적이고 그 학생의 사회적 적응(예: 또래와 어울리기, 친구 만들기)과 학업 성취에 심각한 손상을 입힌다.

앞서 언급한 대로, 사실 ADHD는 2004년 개정된 IDEA에 명시된 특수교육의 독립적인 장애 범주는 아니다. 1991년 미 교육부가 공포한 '정책 명시안'에서는 ADHD를 가진 학생을 IDEA에서의 기타건강장애(other health impairments: OHI)로 판별할 수 있다고 규정하였다(기타건강장애에 대한 논의는 제14장에 제시되어 있다.). 그러나 기대와는 달리 이 정책은 효과적으로 시행되지 못하였다(IDEA Law and Resources, 1999). 그러나 1997년 IDEA 재개정(reauthorization)에서 공식적으로 ADHD를 기타건강장애 범주 안에 포함시켰다. 이 법조항 때문에 ADHD 학생이 기타건강장애 범주의 조건에 충족된다면 IDEA 조치하에 특수교육 서비스를 받을 수 있게 되었다. IDEA에 정의된 기타건강장애의 범주는 다음과 같다.

• 생각해 봅시다 #3

유치원에 다니는 아동을 관찰했을 때를 생각해 보자. 얼마나 많은 아동들이 ADHD 판별 기준으로 사용되는 특성과 비슷한 행동을 (식료품점이나 운동장 등에서) 보이는가? ADHD가 아닐까라고 의심할 만큼 과도한 수준의 행동을 보이는 아이를 관찰해 본 적이 있는가?

> 300.7조 (c) (9) 기타건강장애는 제한된 힘, 활력 혹은 민첩성을 가지고 있는 것을 의미하는데, 환경 자극에 과도하게 반응하여 교육환경에서 수행이 제한되는 문제를 나타낸다.
>
> (i) 이는 천식, 주의집중장애 혹은 주의력결핍 과잉행동장애, 당뇨병, 간질, 심장질환, 혈우병, 납중독, 백혈병, 신장염, 류마티스성 열, 혈구성 빈혈과 같은 만성 혹은 급성 건강문제에 의해 발생한다.
>
> (ii) 아동의 교육적 수행에 부정적인 영향을 미친다(IDEA 1997, Sec. 300.7 [c] [9] [ii]).

이 정의의 (i)에서는 ADD(과거 주의력결핍 행동이 유력한 아동[ADHD-PI]을 판별하는 데 사용되었던 약어)와 ADHD가 언급되었으나 ADHD를 규정하는 구체적인 정의는 서술되어 있지 않다. 또한 이와 같은 조건이 모두 의학적 진단을 요하기 때문에 기타건강장애 범주에 포함된 다른 의학적 조건을 가진 사례(즉, 정의가 제공되지 않은)와 다를 바 없다. 그러므로 DSM-IV-TR에 명시된 ADHD의 의학적 정의와 준거가 판별에 사용되고 있고, 일반적으로 의사가 판별과 관련된 결정을 내리게 된다.

일단 학생이 ADHD를 가진 것으로 진단이 내려지면, 학교의 다학문적 협력팀은 학생이 가진 조건이 교육적 수행에 악영향을 미치는 기타건강장애 정의의 (ii) 조항을 충족시키는지의 여부를 결정한다. 만약 그 두 요건이 충족되면 그 학생은 IDEA에 기초한 특수교육 서비스의 적격성을 인정받게 된다.

ADHD로 판별된 학생 중 일부는 보통 그들의 문제가 교육적 수행에 부정적인 영향을 미치지 않기 때문에 기타건강장애로 분류되어 특수교육을 받을 가능성이 그리 많지 않다는 사실을 명심해야 한다. 상대적으로 ADHD 증상이 경미하거나 혹은 약물에 의해 통제될 수 있는 경우가 그에 해당된다(이 장의 뒷부분에서는 ADHD 중재방법으로 약물치료를 실시하는 것에 대해 논의한다.). 그러므로 ADHD는 아동의 교육적 수행에 부정적인 영향을 미치지 않을 수 있다. 하지만 이러한 경우에도 여전히 1974년 제정된 재활법 504조에 의거하여 일반교실에서 교수 및 학업 수정(accommodations)을 받을 자격이 주어지기도 한다.

이미 제4장에서 설명했듯이, 재활법 504조는 민권 옹호법(civil right act)이지 학생에게 교육적 지원을 제공하기 위해 제정된 법률은 아니다. 이 법은 장애인에 대한 차별을 막고 그들이 합당한 교수와 학업 수정을 받을 수 있도록 보장한다(deBettencourt, 2002). 그러므로 ADHD로 판별되었지만 재활법 504조에 의거하여 교육 서비스를 받을 자격을 갖게 된 학생을 위해서는 그들이 장애에 의한 차별을 받지 않도록 일반학급 내에서 합당한 교수 및 학업 수정을 제공해야 한다. 교수 및 학업 수정은 학생 좌석의 배치를 변경하고(예: 역할 모델이 될 만한 사람 근처나 교실의 조용한 곳으로 이동), 적절한 경우에는 학급에서 이동할 수 있도록 하고, 필요하다면 시험을 볼 때 중간 휴식시간과 추가시간을 제공하며, 조직화 기술을 향상시키는 데 필요한 지원을 제공한다. 특수교육 서비스 적격성에 대한 정보는 제4장을 참조하기 바란다.

3) ADHD 학생의 특성

[그림 9-1]을 살펴보면 ADHD의 특성을 나타내는 주요 행동과 그것을 판별하는 데 사용되는 증상과 장애의 하위 범주에 대한 개략적인 정보를 파악할 수 있다. 여기서는 그 특성에 대해 더 상세하게 설명하지 않을 것이지만, ADHD 학생이 보이는 주요한 특성 두 가지—사회성 및 행동문제와 학업문제—는 다루려고 한다. 이 문제들은 자주 학생의 교육적 수행에 부정적인 영향을 미치고 이 학생들을 기타건강장애 범주에 포함되게 한다. 뿐만 아니라 학업문제나 행동문제가 극단적일 때 ADHD 학생은 학습장애 혹은 정서 및 행동 장애로 판별될 수 있다.

(1) 사회성 및 행동 장애

지금까지 논의한 ADHD의 특성을 생각해 보면 ADHD 학생들은 또래와 어울리는 데 어려움을 갖는다는 것이 분명해진다. 판별을 위해 [그림 9-1]에 설명된 행동을 생각해 보자. ADHD 아동은 놀이활동 중에 집중력을 유지하는 데 어려움을 나타내고, 말을 경청하지 않으며, 부적절한 상황에 높은 곳에 올라가는 행동을 보이고, 차례를 기다리거나 순서를 교대하지 못하며, 다른 사람을 방해하거나 불편하게 한다. 이와 같은 행동은 또래들이 가장 원하지 않는 것들이며, 대부분은 타인에게 수용되지 못하고 그 행동이 보이지 않았으면 하고 바라는 것들이다.

예상했던 대로 많은 ADHD 학생은 다른 사람과 잘 어울리지 못한다는 연구 결과가 있다. 웨나와 케리그(Wenar & Kerig, 2006)는 ADHD 아동이 다른 아동들에 비해 보다 부정적이고 능숙하지 못한 방식으로 또래와 상호작용한다고 하였다. "게다가 일반아동은 ADHD를 가진 또래를 소개했을 때 단 1분만에

ADHD 아동의 행동을 알아채고 그에 부정적으로 반응한다."(p. 189) 이와 같은 사실을 모든 ADHD 아동에게 적용시킬 수는 없으나, 많은 수의 아동이 사회성에 문제를 갖는다는 것은 분명한 것 같다.

• 생각해 봅시다 #4

ADHD의 증상이 어떻게 아동의 사회적 문제로 연결되는지를 논의해 보자. 사회적응 문제를 감소시키기 위하여 교사는 이 같은 행동을 어떻게 다루어야 하는가?

ADHD를 가진 아동의 상당수가 이 같은 사회적응 문제를 가지고 있기 때문에 정서 및 행동 장애로 판별된다. 바클리(Barkley, 2003)는 7세 무렵까지 ADHD 아동의 54~67%가 반대-저항장애로 판별되고, ADHD 아동의 20~50%, 그리고 ADHD 청소년의 44~50%는 품행장애로 판별된다는 사실을 밝혀냈다. 그리고 ADHD 아동의 10~40%는 불안장애로 발전되고, 20~30%는 경도부터 중도에 이르는 수준의 우울을 경험한다(Wenar & Kerig, 2006). (정서 및 행동 장애에 대해서는 제7장에서 논하였다.)

(2) 학업문제

사회적/행동적 문제처럼, ADHD 판별에 사용되는 행동의 대부분은 학업 수행에 부정적인 영향을 미칠 가능성이 많다. 예를 들어, [그림 9-1]에 제시된 ADHD 증상 중에는 세부사항에 주의집중을 잘 하지 못하고, 학교 숙제에 주의를 기울이지 않으며, 주의집중을 유지하면서 과제를 조직화하는 데 어려움이 있고, 학업에 문제가 될 가능성이 높은 행동들이 포함되어 있다.

ADHD로 판별된 많은 학령기 아동들은 학업적으로 진보하는 데 어려움을 보인다. 그중 53~80%에 해당하는 아동들이 초등학교를 마칠 때까지 읽기, 셈하기, 철자쓰기에서 학업문제를 갖는다(Barkley, 2003; Reiff, 2004). 좀 더 적은 수이기는 하지만, 아직도 상당수의 ADHD 학생(19~26%)이 읽기나 수학에서 학습장애를 가질 가능성이 있다(Barkley, 2003).

ADHD 학생의 학업문제를 유발하는 것으로 보이는 두 가지 잠정적 요소는 다음과 같다(Rapport, Scanlan, & Denney, 1999). 첫째, ADHD와 관련된 행동은 앞으로 학생이 품행문제를 일으킬 가능성을 높이고 그것이 학업 성취를 저하시킨다. 이는 말을 잘 듣지 않고 주의력결핍이 있는 학생이 종종 수업 내용에 집중하지 않거나 아예 그 내용을 학습하지 않기 때문이다. ADHD와 학업문제를 연결하는 두 번째 사안은 ADHD와 관련된 인지적 결함에 의한 것이다. 학습을 하는 데 조직화하는 기술이 부족하고 과제에 대한 주의집중을 잘 유지하지 못하며 자신의 행동을 점검하고 통제하지 못하는 행동은 학업에 필요한 기술 부족으로 직결될 수 있다.

• 생각해 봅시다 #5

일부 교사에게는 충동적이거나 교실활동에 주의력결핍을 보이는 학생들이 매우 어려운 상대다. 어떻게 하면 교사는 ADHD 학생과 상호작용하고 교수를 제공하는 데 이러한 행동이 부정적인 영향을 미치지 않도록 할 수 있을까?

2. 출현율, 과정 및 발생 원인

1) 출현율

아동에게 나타나는 행동장애 중 가장 일반적인 형태가 ADHD라는 것에 대해서는 대부분의 사람들이 동의하지만(Gureasko-Moore, DuPaul, & Power, 2005; Tsal, Shalev, & Mevorach, 2005), 그 출현율에 대한 추정치는 매우 다양하다. ADHD 출현율 중 가장 정확하다고 생각되어 자주 인용되는 수치는 학령기 아동의 3~7%다(APA, 2000). 코스텔로와 동료들(Costello et al., 2003)은 학년이 올라가면서 ADHD 출현율이 감소한다는 사실을 밝혀냈지만 이 또한 3~7%라는 추정치에 힘을 실어 주고 있다.

이런 출현율이 의미하는 바는 미국 학령기 아동의 2만~4만 5,000명 정도가 ADHD로 판별된다는 것이다. 이들 학생의 대다수는 일반학급에서 교육을 받고 있는데(Salend & Rohena, 2003), 이는 일반학급에서 매년 약 한두 명의 ADHD 아동을 만나볼 수 있다는 것이다.

출현율에서 기억해야 할 것 중 하나는 남학생이 여학생에 비해 ADHD로 판별될 가능성이 훨씬 높다는 것이다. 바클리(2003)는 남학생이 여학생에 비해 3배 정도 더 많이 판별되고 있다고 설명하고 있다. 또한 ADHD는 저소득층 가정 출신 아동에게서 더 일반적이라는 증거가 있다. 그러나 인종집단 간에 이와 같은 차이가 있는지 여부는 아직 불분명하다(Wenar & Kerig, 2006).

출현율과 관련하여 두 번째로 기억할 것은 ADHD 학생의 상당수가 다른 장애, 일반적으로는 학습장애나 정서 및 행동 장애로 판별된다는 것이다. 이는 매우 중요한 사항으로, ADHD 아동의 50~60%는 중복장애를 가지고 있는 것으로 추정되고 있다(Reiff, 2004). 예를 들어, ADHD 아동의 80%가 학교에서 학업 문제를 가지고 있으며, 그중 1/4 정도는 학습장애로 판별될 정도로 심각한 수준이다(Barkley, 2003).

여러 이유에 따라 ADHD의 추정 출현율은 매우 다양하다. 아마도 그 가장 큰 이유는 ADHD 관련 전문인들이 주의집중 유지, 주의력결핍, 충동성, 과잉행동과 같은 용어를 서로 다르게 정의한다는 것이다. 다양한 출현율이 나타나는 또 다른 이유는 ADHD를 판별하는 데 충족되어야 할 조건을 평가하는 측정 도구와 절차에 따라 아동의 행동을 평가하는 내용이 달라진다는 것이다. 예를 들어,

ADHD의 행동적 준거에 아동이 적합한지를 결정하는 데 부모가 보고한 내용을 적용하면 좀 더 낮은 출현율을 나타내는 반면, 교사 보고를 활용하면 출현율이 좀 더 높게(최대 2배) 나타난다(Barkely, 2003).

출현율의 다양성에 기여하는 마지막 요인은 문제행동이 일어나는 맥락과 관련이 있다. 바클리(2003)는 상황적 요소가 ADHD 아동이 집중력을 유지하고, 과제를 수행하며, 충동성을 통제하고, 활동 수준을 조율하며, 일관되게 성과를 내도록 하는 능력에 영향을 미치는지를 연구하였다. 결론적으로 ADHD 아동의 수행은 다음과 같은 상황에서 더욱 나빠진다.

- 하루 중 늦은 시간대에 과제를 수행할 때
- 과제가 복잡할 때
- 제약이 있을 때
- 과제가 별로 자극적이지 않을 때
- 즉각적으로 과제의 결과물을 만들어 내는 데 너무 복잡한 시간계획을 필요로 할 때
- 강화를 제공받기 전 너무 오래 기다려야 할 때
- 과제를 수행하는 동안에 성인의 지도, 감독이 없을 때

결론적으로 ADHD로 판별된 아동의 출현율은 매우 다양하다. 이러한 차이는 학교에서도 확연히 드러난다. 일부 학교와 지역에서는 ADHD 아동의 출현율이 높은 반면, 다른 학교와 지역에서는 매우 낮은 출현율을 보인다. 이 장의 뒷부분에서 ADHD와 관련된 논쟁거리를 다룰 때 이러한 문제를 계속해서 논의할 것이다.

2) ADHD의 과정

부모가 자녀가 혹 ADHD가 아닐까라고 생각하게 되는 첫 번째 시기는 아동이 걷기 시작하고 주변을 탐색하게 되면서 과도한 움직임을 보이는 유아기라고 한다(APA, 2000). 어렸을 때 매우 활동적이었다 하더라도 훗날 모두다 ADHD로 판별되는 것은 아니기 때문에 아동이 과도한 움직임을 보인다 하더라도 그것은 단지 ADHD를 의심하게 하는 여러 단서 중 하나일 뿐이다. 그리고 ADHD의 판별 경향을 살펴보면, ADHD 아동의 극히 일부만이 취학 이전에 ADHD를 가진

것으로 밝혀졌다. 일반적으로 그들은 매우 높은 수준의 과잉행동과 주의력결핍 행동을 보이고 상대적으로 좀 더 부정적인 기질을 보일 뿐더러 여러 사건에 대해서도 다른 아이들에 비해 좀 더 감정적인 반응을 보인다(Barkely, 2003).

ADHD-C 또는 ADHD-PHI를 가진 학생의 대부분은 초등학교 저학년 시기에 판별된다. 아동이 학교의 비교적 엄격한 규율과 구조 안에 배치되면서 그들에 대한 요구가 증가됨에도 아동의 움직임과 충동성의 정도나 수준은 높아지고 부적절한 행동을 보이며, 또 학업적으로도 상당수가 별로 진보를 보이지 못하는 상황이 이루어지기 때문이다. 반면, 주의력결핍이 유력한 학생들(ADHD-PI)은 대개 초등학교 고학년 시기에 판별된다. 이는 학령기 초기에는 주의력결핍이 분명하게 나타나지 않고, 교실활동을 방해하는 학업문제나 행동이 즉각적으로 드러나지 않기 때문이라고 본다.

ADHD와 관련된 행동의 대부분은 상대적으로 청소년기 초기에는 안정화된다(APA, 2000). 그러나 ADHD-C나 ADHD-PHI 아동은 그와 같은 행동들이 다른 행동문제로 연결될 수 있어, 결과적으로 일부는 초등학교를 거치면서 정서 및 행동 장애로 판별된다.

일반적으로 아동이 보이는 과잉행동과 주의력결핍 행동은 청소년기에 들어가면서 감소하게 된다(APA, 2000; Barkely, 2003; Wenar & Kerig, 2006). 이러한 행동은 ADHD를 가지고 있지 않은 학생들에게서도 감소한다(즉, 일반아동들은 더 집중을 잘하고 덜 활동적이 된다.). 그러나 ADHD 학생들은 청소년기의 다른 일반 학생들에 비해 좀 더 심각한 수준으로 움직임이나 활동이 많아지고 집중력을 잃게 된다(Barkley, 2003). 청소년기에 이와 같은 행동은 다른 형태로도 나타날 수 있는데, 높은 운동 및 활동 수준은 침착하지 못하고 들뜨는 내적 감정으로 대치될 수 있다. 그리고 어릴 때 자전거를 타면서 나타났던 부주의한 행동은 자동차를 운전하면서 나타날 수 있다(Wenar & Kerig, 2006).

ADHD 청소년 중 일부는 마음속이 들떠 있는 것과 같은 내적 감정을 보인다.

바클리(2003)의 연구에 따르면, 초등학교에서 ADHD를 가진 아동의 50～80%는 청소년기에도 계속해서 ADHD가 유지된다. 초등학교 때 좀 더 심한 수준의 과잉행동-충동성을 보이던 아동의 경우는 청소년기까지 그 증상이 유지될 가능성이 더 높고, 품행장애나 반항적 행동을 보이고 가족과의 관계도 별로 좋지 못하며 우울증을 함께 경험하기도 한다.

상당수의 청소년에게 ADHD가 조금은 다른 형태로 변형되기도 하지만 그것은 성인기까지도 지속된다. 과잉행동과 관련된 증상은 대부분의 성인에게서 상당 수준 감소하거나 사라지는 것처럼 보이지만, 성인들에게 주의력결핍과 충동적 행동은 ADHD 유무에 상관없이 감소한다(Barkely, Fischer, Smallish, & Fletcher, 2002). 전반적으로 ADHD 청소년들은 성인기에 들어서면서 30%가 ADHD를 이겨내고, 40%는 계속해서 침착하지 못하고 들떠 있는 행동과 주의력결핍 및 충동성을 보이며, 30%는 다른 문제(예: 약물중독, 반사회적 행위)를 갖게 되는 것으로 추정되고 있다(Wenar & Kerig, 2006).

대부분의 경우 ADHD 증상이 성인기에도 지속되는 정도는 아동기의 과잉행동적이고 충동적인 행동의 심각도, 반항적인 행동이나 품행장애의 존재 여부 그리고 가족관계의 특성에 따라 달라진다(Barkley, 2003). 성인으로서 적응을 하는 데 가장 큰 어려움을 보이는 ADHD 학생은 품행장애 혹은 다른 주요 정신과적 장애로 판별되는 이들이다. 후속연구 결과 ADHD 학생의 약 1/4이 성인기에도 계속해서 품행장애를 가지고 있으며, 모든 ADHD 학생의 1/4은 성인 우울증을 나타내는 것으로 알려졌다(Fischer, Barkley, Smallish, & Fletcher, 2002).

• 생각해 봅시다 #6

ADHD로 판별되었을 것 같은 성인을 본 적이 있는가? 이 성인의 행동은 ADHD 아동의 행동과 어떻게 다를까? 최근 들어 왜 급격하게 많은 수의 성인들이 ADHD로 판별된다고 생각하는가?

3) 발생 원인

ADHD 관련 행동이 나타나는 원인은 무엇일까? 왜 ADHD 증상을 보이던 일부 아동의 경우 나이가 들면서 그 증상이 사라지지만 왜 다른 아동들은 그 행동이 지속되는가? ADHD 관련 행동은 부모의 양육방식, 유전, 신경학적 이상과 같은 요소 때문인가 혹은 독소물질에 노출되었거나 식품 첨가물을 섭취했기 때문인가? 이러한 질문은 ADHD 학생의 학부모와 교사들이 자주 궁금해하는 것이다. 하지만 학생들이 왜 ADHD를 보이는가라는 질문에 대해 대부분은 '아직 모른다.' 고 답한다. 분명한 것은 ADHD는 그것이 발달하는 데 영향을 주는 여러 요소들의 복잡한 상호작용을 통해 나타난다는 것이다. 이러한 요소에는 뇌손상, 비정상적인 두뇌기능, 유전적 영향과 가족의 영향 등이 포함된다.

(1) 뇌손상

우리가 확신하는 ADHD의 원인 중 하나는 뇌손상이다. 두뇌연구는 제1차세계대전 참전 후 뇌손상을 입은 장병들을 대상으로 시작되었는데, 외상성 뇌손상(제4장 참조), 특히 뇌의 전두엽 부분의 손상이 과잉행동, 충동성, 주의력결핍을 이끈다는 사실을 밝혀냈다. 그러나 우리는 대부분의 ADHD 아동이 뇌손상을 입지 않았다는 사실을 기억해야 한다. ADHD 아동의 5~10%만이 외상(예: 교통사고나 낙상), 독소 혹은 질병에 의해 뇌손상을 입은 것으로 알려져 있다(Barkley, 2000).

(2) 비정상적 두뇌기능

ADHD 아동의 90~95%는 뇌손상을 입었다는 확실한 문서는 없지만, ADHD와 관련된 두뇌기능에서 어떤 이상이 있다는 증거는 상당하다. 예를 들어, 뇌에서 발생하는 화학 작용을 비교해 보면 ADHD를 가지고 있는 학생과 그렇지 않은 학생 간에 차이가 있다(DuPaul, Barkley, & Connor, 1998). 특히 ADHD를 가진 학생의 경우는 신경세포 간에 신호를 전달하는 데 영향을 미치는 신경전달물질인 도파민과 노르에피네프린이 부족하다는 사실이 알려져 있다. ADHD 증상을 감소시키는 데 효과적이라고 알려진 중추신경 자극제를 사용했을 때는 뇌 속에서 그 두 가지 신경전달물질의 양이 증가된다는 것이 밝혀지면서 뇌의 기능과 ADHD의 관계가 알려지게 되었다(DuPaul et al., 1998).

기본적으로 전두엽의 이상이 ADHD에 영향을 미치는지를 밝혀낼 수 있는 신경심리 및 의학적 검사를 실시하여 뇌의 기능과 ADHD의 관계를 알려 주는 후속연구가 시행되어 왔다(Barkley, 2000, 2003; Wenar & Kerig, 2006). ADHD 아동과 ADHD가 아닌 아동 간의 차이가 존재하는 이유는 뇌손상이라기보다는 그러한 기능상의 이상 때문이다.

(3) 유전적 영향

유전이 ADHD에 영향을 크게 미친다는 연구 결과는 많이 나와 있다. 가계연구에서는 만약 부모나 형제 중 한 명이 ADHD를 가지고 있을 때 나머지 자녀가 ADHD일 확률은 가족 내 ADHD가 없는 경우에 비해 5배 정도 높은 것으로 나타났다(Biederman, Faraone, Keenan, & Tsuang, 1991). 쌍생아 연구는 이보다 더 설득력 있는 결과를 보여 준다. 즉, 일란성 쌍생아 중 하나가 ADHD이면 다른 한쪽이 ADHD일 가능성은 67~81%나 된다(Barkley, 2003). 이러한 결과를 통해 보면 유전은 최고 80% 수준으로 ADHD 관련 행동을 설명하는데, 이는 키가 유전되는 확률과 유사하다.

(4) 가족의 영향

ADHD의 원인에 대한 초기 이론에서는 이 장애의 주요 원인으로 부모의 잘못된 양육방식을 꼽았다(Barkley, 2000). 그러나 이러한 관점은 실증연구를 통해 반박되었다. 부모의 잘못된 관리기술은 ADHD와 관련된 행동을 더욱 악화시킬 수도 있고, 일시적으로 가족 내에서 발생하는 극단적인 스트레스 상황(예: 이혼)은 ADHD 증상을 불러올 수도 있다. 하지만 부모의 양육이나 비기능적인 가족 관계나 상황이 ADHD와 관련된 극단적인 행동을 유발하는 계기가 된다는 증거는 없다.

부모는 아동이 학교에 있지 않을 때에 ADHD의 증상이 어떻게 나타나는지를 파악하는 데 있어 중요한 역할을 한다.

그러나 이것은 부모의 행동이 가정이나 학교에서 나타날 수 있는 ADHD 증상을 결정하는 데 중요하지 않다는 것을 의미하지 않는다. 사실 부모, 형제, 교사, 또래 모두 ADHD 아동의 부적절한 행동이 나타나는 정도에 중요한 영향을 미친다(APA, 2000). 후에 중재를 다루는 부분에서 논하겠지만, 잘 계획된 교수환경, 효과적인 행동관리, 약물치료 등을 포함한 제대로 관리된 프로그램은 ADHD 학생에게 효과적인 접근방법을 제공해 줄 수 있다.

• 생각해 봅시다 #7

ADHD와 관련이 있는 원인요소들을 살펴보았는데, 이러한 요소가 교실에서 교수와 행동중재를 계획하는 데 있어 얼마나 유용한지에 대해 이야기해 보자.

3. 판별과 평가

ADHD 학생의 판별은 IDEA나 재활법 504조에 의거하여 일반적으로 (1) 장애 판별, (2) 서비스 수혜 적격성 여부 결정의 순으로 진행된다.

1) 선별

ADHD의 판별에 있어 첫 번째 단계는 선별이다(DuPaul, 2004). 보통 교사는 학교에서 또래와 비교했을 때 주의력결핍, 과잉행동 그리고/혹은 충동성 수준이 아주 높거나 그것이 그 학생의 학업발달과 교실 내 사회적응을 방해하는지를 관찰한다. 주의력결핍 과잉행동장애 검사(The Attention Deficit Hyperactivity Disorder Test; Gilliam, 1995)는 학생이 ADHD를 가지고 있는지의 여부를 평가하는 데 사용할 수 있는 선별도구다(Venn, 2007). 학생이 ADHD를 가지고 있는 것처럼 보이면 교사는 그 학생이 추가 평가가 필요한지 결정하기 위해 심리학자의 도움을 구해야 한다. 그리고 심리학자는 ADHD를 나타내는 증상의 정도와 빈도를 파악하기 위해 교사와 면담한다.

ADHD의 평가를 위해 교사는 부모에게 자녀를 의사에게 의뢰하라고 하거나 자녀가 약물치료를 받게 될 가능성이 있다고 성급하게 말하지 않아야 한다. 이는 교사가 지켜야 할 매우 중요한 사항이다. 교사는 단지 다학문적 팀의 의사결정에 근거하여 부모에게 아동의 ADHD 여부를 판별하기 위해 의사에게 의뢰할 것을 추천해야 한다. 뿐만 아니라 의사는 심리학자, 교사, 학교의 다른 전문인 그리고 부모의 의견을 기초로 하여 학생이 ADHD로 판별될 것인지 그리고/혹은 약물치료를 받을 필요가 있는지를 결정한다.

학생이 ADHD를 가지고 있는지의 여부를 결정하는 준거는 [그림 9-1]에 설명되어 있다. DSM-IV-TR에서 ADHD의 준거를 표준화하려는 노력이 있음에도 이러한 준거는 아직까지 "주관적이고, 관찰자가 달라지면 다른 해석이 있을 수 있다."(AAP, 2000, p. 1163) 판별과정에서의 주관성 때문에, 학생의 행동에 대한 자료는 다양한 측정 도구와 방법으로 다양한 환경과 출처에서 수집되어야 한다(Salend & Rohena, 2003). 평가방법으로는 부모 및 교사와 면담을 하거나, 학부모 그리고/혹은 교사에 의해 작성되는 행동평정척도를 사용하여 다양한 학교환경(예: 교실, 급식실, 운동장)에서 학생의 행동을 관찰하거나, 학업기능의 사정을 시행한다(DuPaul, 2004). 또한 학생의 학교 기록과 의학력을 검토하

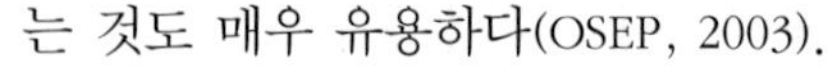
는 것도 매우 유용하다(OSEP, 2003).

학부모 면담은 ADHD를 판별하는 데 중요한 과정이다.

미국소아과학회(2000)는 평가방법으로 ADHD 학생의 행동적 특성을 수치화할 수 있는 2~3개의 행동평정척도, 질문지, 체크리스트를 사용하는 것을 추천하고 있다. ADHD가 있는 학생과 그렇지 않은 학생을 차별화하기 위해 [그림 9-2]에 제시된 평정척도가 사용될 수 있다.

궁극적으로 학생이 ADHD를 가지고 있는지를 판별하는 것이 의사의 책임이라면,

미국소아과학회 추천 ADHD 평정척도, 질문지 및 체크리스트
바클리의 학교상황 질문지(Barkley & Murphy, 2005)
아동행동 체크리스트(6~8세) 부모용(Achenbach, 2001a)
아동행동 체크리스트(6~8세) 교사용(Achenbach, 2001b)
코너스의 부모 평정척도 개정판: 장기형 ADHD 지표 척도(Conners, 2002a)
코너스의 교사 평정척도 개정판: 장기형 ADHD 지표 척도(Conners, 2002b)
데버루의 정신장애척도(Naglieri, LeBuffe, & Pfeiffer, 1994)
출처: American Academy of Pediatrics, 2000.

그림 9-2

교육평가는 다학문적 팀이 책임을 진다. 교육평가는 ADHD와 관련된 행동이 학생의 학업적 성취와 사회적 적응에 어느 정도로 영향을 미칠 수 있는지를 결정하기 위하여 실시된다. 학업 성취와 관련하여 표준화된 규준참조검사와 준거참조검사 그리고 교육과정에 기초한 측정을 시행하고, 일반학급에서 학생을 관찰하고 시험 점수나 성적표를 확인하며, 교사 및 학부모 면담 등을 통해 정보를 수집할 수 있다.

학생이 다른 장애를 함께 가질 수 있다는 점이 의심될 때, 다학문적 팀은 추가 정보를 수집할 수 있다. 앞서 언급한 것처럼, ADHD 학생의 상당수는 학습장애와 정서 및 행동 장애를 함께 가지고 있다. 학습장애, 정서 및 행동 장애의 평가에 관한 정보는 제6장, 제7장에서 확인 가능하다.

2) 서비스 수혜 적격성 여부 결정

학생이 ADHD를 가진 것으로 판별되고 다양한 출처를 통해 학생의 학업적 진보와 사회적 적응에 대한 자료가 수집되면, 다학문적 팀은 해당 학생이 특수교육 서비스의 대상자가 되는지 여부를 결정하기 위하여 자료를 검토하고 그에 대한 토의를 해야 한다. 특수교육 서비스 적격성을 인정받기 위해서는 학생이 ADHD를 가지고 있어야 하고 그것이 학생의 교육적 수행에 부정적인 영향을 미쳐야 한다. 학생이 ADHD를 가지고 있어도 학생의 문제가 교육적 수행에 부정적인 영향을 미치지 않는다면 다학문적 팀은 그 학생을 특수교육 서비스 대상자로 결정하지 않는다는 점이 중요하다.

ADHD를 가지고 있지만 특수교육 대상자가 아닌 학생은 재활법 504조에 근거하여 평가하는 것이 적절하다. 이러한 결정을 위해서는 여기서 제시한 것과 같은 자료를 수집한다. 만약 수집된 자료에 근거하여 학생의 ADHD가 학생의 생활에서 주요한 활동인 학습에 부정적인 영향을 미친다는 결론이 도출되면 학생은 재활법 504조에 의해 서비스 적격성을 인정받게 된다(OSEP, 2003). 504조에 근거한 서비스 대상자는 IEP를 갖지는 않지만, "일반학생의 요구를 충족시키는 것과 마찬가지로 이 학생들의 개인적 요구를 적절하게 충족시킬 수 있도록 고안된 일반교육이나 특수교육 그리고 관련 서비스를 제공받아야 한다."(p. 5)

4. 교육 실제

과거 10년 동안 ADHD 학생의 요구를 충족시키는 데 효과적인 중재를 찾기 위해 대대적인 연구가 실시되어 왔다. 여기서는 ADHD 학생의 배치에 대한 실증연구를 살펴보는 것에서 시작해서 그들의 요구를 충족시키는 데 사용될 수 있는 두 가지 교육적 접근방법에 논의의 초점을 맞추고자 한다.

1) 서비스 전달체계

유효하다고 여겨지는 모든 자료에 기초하여 보면, ADHD로 판별된 학생들의 상당수는 학교에서 보내는 시간의 대부분을 일반학급에서 지낸다. 그러나 ADHD는 기타건강장애에 속하기 때문에 이 학생의 배치에 대한 별도의 자료를 찾기는 그리 쉽지 않다. 기타건강장애 관련 자료에 따르면, 이 학생들의 54%는 일반학급에서 대부분의 시간(80% 이상)을 보내고 있으며, 29%는 학교에서 보내는 시간의 40~79%를 일반학급에서 지낸다. 재활법 504조에서도 ADHD로 판별된 학생은 기본적으로 일반학급에서 교육을 받는다.

• 생각해 봅시다 #8

ADHD 아동의 대부분은 일반학급에 소속되어 있다. 그들이 보이는 충동적 행동이나 주의력결핍 행동은 학급교사에게 어떠한 도전이 될 것인가? 이들이 성공하기 위해서는 어떠한 형태의 지원이 교사에게 제공되어야 할 것인가?

물론 이러한 자료를 통해 ADHD 학생의 일부(기타건강장애 학생의 약 17%)가 좀 더 제한된 환경에서 교육을 받는다는 사실을 알 수도 있다. 또한 ADHD 학생은 정서 및 행동 장애와 같은 다른 장애를 수반하고 있기도 한데, 이들의 경우 학교에서 보내는 대부분의 시간을 좀 더 제한된 환경에서 지내게 될 가능성이 높다. 이 학생들이 가진 행동 및 품행문제를 다루기 위해 사용될 수 있는 중재와 관련된 정보는 제7장에서 확인할 수 있다.

그렇다면 이와 같은 자료가 갖는 함의는 무엇인가? ADHD 학생의 대부분은 보통 일반학급에서 교육적 요구를 다룰 수 있는 정도의 경도장애를 가지고 있다. 교육자들이 성공적으로 아동의 요구를 충족시킬 수 있는가의 여부는 그들이 효과적인 중재방법을 사용하고 있는가에 따라 달라진다. 중재의 대부분은 ADHD 학생을 위해 개발된 것으로 어떠한 환경에서도 효과적이다.

2) 조기중재

일반적으로 ADHD의 증상은 아동의 취학 전(7세 이전)에 나타난다(APA, 2000). 보통 취학 전에 ADHD로 판별된 아동은 그 증상이 좀 심한 편이고 ADHD-PHI 혹은 ADHD-C로 판별된다. 그들의 문제는 앞으로 학업문제와 부적절한 행동으로 연결될 가능성이 높고, 이것은 또한 부모와 교사에게 심각한 걱정거리가 된다(DuPaul & Stoner, 2003). 이와 같은 사실은 현재 행동문제를 다루는 것뿐 아니라 앞으로 있을 수 있는 학업기술의 부족, 공격성, 반항 그리고 비행과 같은 문제의 심각성을 줄여 주거나 예방해 줄 수 있는 조기중재의 중요성을 일깨워 주고 있다(DuPaul & Stoner, 2003).

ADHD를 가진 어린 아동의 요구를 충족시키는 데 효과적이라 입증된 전략 중 하나는 부모가 개입된 중재다(DuPaul & Stoner, 2003). 듀폴(DuPaul)과 스토너(Stoner)는 부모 개입 중재에 다음과 같은 요소가 포함된다고 주장하였다.

1. 간단하고 직접적인 지시의 제공
2. 적절한 아동의 행동에 대한 긍정적인 부모의 관심
3. 아동이 부모의 지시에 순응할 때 토큰 강화물(예: 포커 칩)을 획득할 수 있도록 하는 적절한 행동 결과의 관리전략 시행
4. 불복종 행동과 공격적 행동을 줄이기 위해 정적 강화전략을 비롯한 반응대가와 타임아웃 사용

조기중재 노력이 성공을 거두려면 가족과 학교 간에 가정-학교 협력관계를 구축하는 것이 매우 중요하다. 협력관계는 가족의 신뢰를 획득하는 것을 바탕으로 하고 가족의 다양한 요구, 배경과 경험을 충족시키고 가족의 변화하는 요구에 맞는 유효하고 융통성 있는 서비스를 제공한다(Salend & Rohena, 2003). 협력관계는 학부모와 교사에게 아동에 대한 정보를 공유하고, 약물치료의 효과성을

모니터링하며, 과제를 조정하고, 행동수정 계획을 수립하는 기회를 제공한다 (Bos, Nahmias, & Urban, 1999).

바클리(2000)는 ADHD 학생의 요구를 충족하는 데 가정-학교 협력관계의 일부로 가정에서 제공하는 보상 프로그램을 추천한다. 이러한 프로그램 중 하나가 행동 성적표다. 행동 성적표는 교사가 매일 작성하는데, 학생의 교실 참여, 수업 과제의 수행, 학급규칙을 따르는 것과 같은 목표 영역에서 학생의 행동을 평가하여 기록하는 것이다. 학부모는 성적표에 나타난 학생의 행동을 기초로 보상을 주거나 혹은 보상물을 빼앗을 수 있다. 기본적으로 행동 성적표는 매일 가정으로 발송하는 것을 원칙으로 하지만 아동의 행동이 향상되면 그것을 가정에 보내는 빈도가 낮아지게 된다.

ADHD 아동을 위한 조기중재의 노력이 성공하는 데는 교사와 학부모의 협력이 중요하다.

집중적인 중재와 함께 가정과 학교 사이에 긴밀한 협조관계가 있다고 해도, 아주 심한 과잉행동과 충동적인 행동을 나타내는 어린 아동의 경우에는 행동이 그들의 발달을 계속해서 방해하게 된다. 이와 같은 상황에서 아동의 행동을 통제하기 위해서는 약물치료가 자주 처방된다. 이때 약물치료가 아동의 행동에 어떠한 효과를 주는지를 주의 깊게 모니터링하기 위하여 교사와 가족은 긴밀하게 협력을 유지하고 계속해서 아동의 학업 및 사회적 성장을 보장해 줄 수 있는 효과적인 중재를 사용해야 한다.

3) 교실 중재

실험연구를 통해 정서 및 행동 장애 학생들에게 유용하다고 알려진 많은 교실중재 전략들은 ADHD 학생에게도 효과적이라는 사실이 입증되었다. (제7장에서 설명된) 행동수정, 토큰 경제, 사회기술 훈련/재배치 기술의 교수, 행동기능평가, 자기통제의 교수는 ADHD 학생에게 특히 효과적이라고 알려져 있다 (Dunhaney, 2003; DuPaul & Stoner, 2003; Reid, Trout, & schartz, 2005; Rosenberg, Willson, Maheady, & Sindelar, 2004).

학습 내용을 배우는 데 어려움을 갖는 학생들을 가르치기 위해 사용되는 효과적인 교수 실제 역시 ADHD 학생에게 사용될 수 있다. 예를 들어, 효과적인 교육과정 설계 및 교수, 전략교수의 활용(제7장 참조)에 지침이 되는 원칙들은 ADHD 학생의 교사에게도 도움이 될 수 있다. 그리고 제8장에 제시된 직접교수와 교실 내 또래교수와 같은 교수전략도 ADHD 학생에게 활용 가능하다.

ADHD 학생의 요구를 충족시키는 데 효과적일 것으로 보이는 중재방법 중 하나는 그들이 자신의 행동을 조절하는 데 도움을 줄 수 있는 전략을 사용하도록 하는 것이다. 최근 시행된 여러 연구에서 '자기조절 전략(self-regulation strategies)'은 많은 관심을 받고 있는 주제 중 하나다. 리드와 동료들(Reid et al., 2005)는 자기조절 전략을 다루고 있는 문헌을 분석하여 그 전략이 ADHD 학생의 부적절한 행동을 감소시키고 과제 수행행동, 학업적 정확도와 성과를 증가시키는 데 효과적이라는 결론을 도출해 냈다. 이러한 전략은 '효과적인 교수전략'에서 찾아볼 수 있다.

바클리(2000)는 ADHD 학생의 요구를 충족시키는 데 매우 중요한 교실의 관리와 구조화에 대한 일반적인 원칙을 제시하였다.

1. 교실 규칙과 교수는 간단명료해야 하고, (가능하다면) 차트, 목록, 시각적 보조물의 형태로 제시되어야 한다. 학생이 기억하는 것과 교사에 의해 제공되는 언어 지식만으로는 그들의 기억을 환기시키는 데 효과적이지 못하다.
2. 행동의 후속결과에 대한 접근법이 조직화되어야 하고, 철저하게 계획되어야 하며, 체계적이어야 한다. 학생의 행동 관리를 위해 사용되는 강화, 보상, 벌은 즉각적으로 제시되어야 한다.
3. 학생이 학급규칙을 따를 때는 적절한 강화가 자주 제공되어야 하는데, 이는 학생이 규칙을 잘 따르도록 하는 데 매우 중요하다.
4. ADHD 아동은 사회적 칭찬과 비난에 덜 민감하다. 그러므로 다른 아동의 행동을 관리할 때보다 옳거나 그른 행동에 대한 후속결과가 더욱 명확하고 강력할 필요가 있다.
5. 보상과 포상(incentive)은 벌이 시행되기 전에 사용되어야 한다. 최소한 3:1의 비율로 보상이 벌보다 더 많이 사용되어야 한다.
6. 토큰 강화체제는 보상물이 자주 교체된다면 1년 동안 효과적으로 사용될 수 있다.

효과적인 교수전략

자기조절 전략

교실에서 ADHD 학생의 요구를 충족시키는 것은 일반적으로 구조, 일관성, 예견 가능성을 제시하고, 교사가 가까이서 학생의 행동을 모니터링하고 그에 반응하며, 적절한 행동에 대해 강화를 제공하는 형태를 띤다. 이러한 전략들은 교실에서 학생이 보이는 행동의 영향력을 감소시키는 데 성공적이기는 하지만 그것만으로는 학생이 자기 자신의 행동을 통제하지는 못한다. 바클리(2003)는 ADHD 학생들이 직면하는 가장 주된 문제는 자신의 행동을 모니터링하고 조절하는 것이라고 하였다.

바클리는 집행기능을 갖는 행동은 아동이 자신의 행동을 통제하거나 관리하는 데 사용되는 것이라 주장하였다. 예를 들어, ADHD 학생들에게 결여되었다고 생각되는 행동 중 하나는 내적 발화(inner speech)로 자신의 행동을 통제하는 성찰과정에 사용되는 수단이 된다. 내적 발화는 문제를 해결하고, 지시를 따르며, 규칙을 준수하고, 자기 교수를 제공하는 데 사용된다. 그러므로 내적 발화를 잘 하지 못하게 되면 자기통제를 잘하지 못하게 되고, 또 규칙을 따르는 데도 어려움을 갖는다.

ADHD 학생들이 자신의 행동을 조절하는 데 사용할 수 있는 전략들이 개발되고 그 타당성이 검토되어 왔다(Reid et al., 2005). 이러한 자기조절 전략은 "학생이 자신의 행동이나 학업 성취를 관리, 모니터링, 기록 혹은 평가하는 데 사용한다."(p. 362) 그중 두 가지 중재기법을 소개하고자 한다.

자기점검하기(self-monioting)

이 전략을 사용하기 위하여 아동은 학업 과제(예: 수학문제 풀이)를 자기점검하고 완료한 과제의 양과 정확도를 결정하며 과제 완수와 정확도를 모니터링하는 데 사용하는 그래프를 만든다. 자기 기록은 학생에게 자신의 행동에 대한 즉각적인 후속결과가 무엇인지를 보여 주고 간혹 학생의 행동에 있어서 향상을 가져오기도 한다.

7. 기대감은 ADHD 학생이 교실을 이동하는 상황에서 특히 중요하다. 학생이 교실을 이동하기 전에 교실규칙과 이동방법 등에 대해 확인할 수 있도록 한다.

컴퓨터 공학은 ADHD 학생의 요구를 충족시키는 데 유용한 접근법 중 하나다. 그러나 이러한 전망에도 ADHD 학생과 공학 관련 연구는 거의 전무한 실정이다. '보조공학적 접근'에서는 이 주제와 관련된 정보를 제공해 주고 있으며,

학생의 행동 자체가 변화되기 어려운 경우, 아동이 미리 정해 놓은 수준에 맞는 정확도나 과제 완수 정도를 나타내게 되면 그에 대해 강화를 제공받는다. 교사는 강화를 제공할 수도 있고 아동이 미리 정해 놓은 수준에 도달한 후에 스스로를 강화할 수도 있다.

자기모니터링은 과제 주의집중과 같은 행동에도 사용될 수 있다는 것 또한 중요하다. 자기모니터링을 과제 주의집중에 활용할 때, 교사는 주기적으로 학생에게 교실 과제에 주의집중을 하고 있는지의 여부를 기록할 수 있도록 알려 주는 것이 좋다. 이러한 행동은 그래프로 표시될 수 있고 미리 정해 준 기준에 따라 강화가 제공될 수 있다.

자기관리(self-management)

이 중재방법은 학생이 "자신의 행동을 외적인 기준에 맞게 모니터링하고 점수를 매기고 비교할 것"(Reid et al., 2005, p. 363)을 요구한다. 자기관리는 자기모니터링과 유사하긴 하지만, 자기관리는 학생이 정확도를 평가하도록 하는 단계를 포함하고 있으며 학생의 평가 결과를 외부 평가자(예: 교사, 특수교육 보조원)의 것과 비교하도록 한다. 강화는 학생의 자기평가와 외부 평가자의 그것을 비교하여 얼마나 유사한가의 정도에 따라 제공된다.

리드와 동료들은 ADHD 학생에게 자기조절 전략을 사용했을 때의 장점을 다음과 같이 제시하였다.

- 이 중재방법의 목표는 ADHD 학생이 가장 어렵다고 생각하는 것 중 하나인 자신의 행동을 자기 조절하도록 가르치는 것이다.
- 이 중재방법은 일관되게 과제수행 행동, 과제 완수의 양, 과제수행의 정확도를 포함하여 ADHD 학생이 보이는 행동에 있어서 향상을 가져왔다.
- 이 중재방법은 또한 부적절한 행동이나 방해행동을 감소시키는 데도 효과적이다.

ADHD 학생의 동기와 수업 참여를 유지할 수 있는 소프트웨어의 특성에 대해 제안하고 있다.

• 생각해 봅시다 #9

이 장의 서두에서 메리디스 선생님은 교실에서 ADHD 학생의 요구를 충족시키는 데 사용할 수 있는 효과적인 전략들을 소개하였다. ADHD 학생이 자주 보이는 여러 행동들을 고려하여 볼 때 이들 전략 중 어떤 것이 가장 효과적일 것으로 생각되는가? 또 그 이유는 무엇인가?

보조공학적 접근
ADHD 학생을 위한 컴퓨터 보조교수의 활용

주, 리드와 스테켈버그(Xu, Reid & Steckelberg, 2002)는 ADHD 학생에게 공학기술을 사용하는 것에 관한 연구를 살펴보았는데, 단지 두 연구만이 이 학생들을 대상으로 한 컴퓨터 보조교수(CAI)의 효과를 평가하였다는 사실을 밝혀냈다. 이 연구는 CAI를 활용하는 것의 긍정적인 성과는 보여 주었지만 연구의 수가 적어 ADHD 학생에게 CAI를 활용하는 것이 정말 효과적인지에 대한 명확한 결론을 내리기는 어렵다. 이러한 점을 염두해 두고, 주(Xu)와 그의 동료들은 여러 CAI 소프트웨어 패키지의 특성을 살펴보고는 ADHD 학생들에게(그리고 일반학생들에게도) 효과적인 CAI 관련 교수전략을 추천했다. 이러한 소프트웨어는 특히 ADHD 학생들에게 도움을 줄 수 있을 것이다.

주(Xu)와 동료들의 문헌연구에 따르면, 일반교사들이 ADHD 학생을 위해 CAI 소프트웨어를 선택할 때는 학생의 수업참여와 집중, 학습동기를 확실히 할 수 있도록 여러 사항을 고려해야 한다. CAI 소프트웨어는 다음과 같은 특성을 가지고 있어야 한다.

- 단계별 교수의 제공
- 학생의 반응이 나오기를 기다려서 즉각적인 피드백과 강화 제공
- 학생의 학습 속도에 맞춰 공부할 수 있는 유연성
- 학생 참여 촉진
- 교수 내용을 작고 관리 가능한 단위로 묶음
- 필요하다면 다양한 형식을 활용하여 교수 내용을 반복연습
- 중요한 내용을 다룰 때 참신하면서도 학생의 주의력을 획득할 수 있는 접근방법을 제공(예: 게임 형식 안에 그래픽, 단어, 소리를 포함시켜 새로운 자료를 소개, 애니메이션과 색을 활용, 이미지와 소리를 가지고 실생활 상황의 모의연습을 위해 소프트웨어를 활용)

출처: Xu, C., Reid, R., & Steckelberg, A. (2000). Technology applications for children with ADHD: Assessing the empirical support, *Education and Treatment of Children, 25*(2), 224-228.

4) 중재 및 약물치료

(1) 약물치료 연구

앞서 언급했듯이, ADHD 관련 행동을 다루기 위하여 약물을 사용하는 것은 아주 오랫동안 논쟁을 벌여 온 주제다. 언론매체에서 ADHD의 통제와 관련된 약물치료의 효과성에 대해 반박하는 것을 들어 본 적이 있을 것이다. 이 논쟁의 핵심은 과도하게 많은 학생이 ADHD로 판별되는 것과 그들에 대한 약물 사용이 증가하고 있다는 점이다(Barkley, 2003; Stein, 1999; Zito et al., 2000). 앞서 설

명한 대로, ADHD를 판별하는 과정에는 검사자의 주관성이 포함되어서 일부 아동의 경우 ADHD로 잘못 판별될 가능성이 있다. 그러나 적절한 평가와 다학문적 팀에 의한 의사결정이 있다면 이 학생들을 과도하게 판별하는 것은 일반적인 현상이라기보다는 극히 예외적인 경우가 될 것이다.

일부 ADHD 학생이 보이는 극단적인 행동은 그 행동을 관리하고 학생이 학교에서 적절한 학업적·사회적 진보를 보일 수 있도록 도와야 하는 교사들에게는 상당히 곤란한 일이다. ADHD의 약물치료와 관련된 논쟁은 약물 사용이 ADHD 관련 증상을 감소시키는 데 효과적인가에 대한 답을 찾기 위한 전폭적인 연구로 이어졌다. 실증연구 결과, 중추신경 자극제(예: 메틸페니데이트[methylphenidate]계통의 리탈린이나 콘세르타 혹은 암페타민[amphetamin] 계통의 덱세드린이나 애더럴)를 약간 복용하는 것은 ADHD 아동을 위한 가장 효과적인 치료법 중 하나라는 사실이 밝혀졌다(Kollins, Barkley, & DuPaul, 2001).

ADHD와 관련된 약물치료와 행동 중재의 효과성에 대하여 시행된 연구 중 가장 규모가 큰 것은 1990년대 말 미국 국립정신건강연구소(National Institute of Mental Health)의 지원을 받아 이루어졌다. ADHD의 다양상적 처치(Multimodal Treatment of ADHD: MTA)라 불리는 이 연구(MTA Cooperative Group, 1999)에서는 약물치료의 결과를 행동 중재, 지역사회 기반 프로그램 그리고 약물치료와 행동 중재를 혼합한 프로그램의 그것과 비교하였다. 그 결과 약물치료가 ADHD 증상을 약화시키는 데 가장 효과적인 중재법으로 밝혀졌다. 그러나 행동 중재 그리고 약물치료와 행동 중재 혼합 프로그램은 다른 중재방법에 비해 부모 만족도에서 높은 점수를 받았고, 행동 중재는 일부 ADHD 학생들의 행동과 관련하여 약물치료만큼 효과가 있는 것으로 알려졌다.

약물치료는 ADHD 증상을 완화시키는 데 매우 효과적이다.

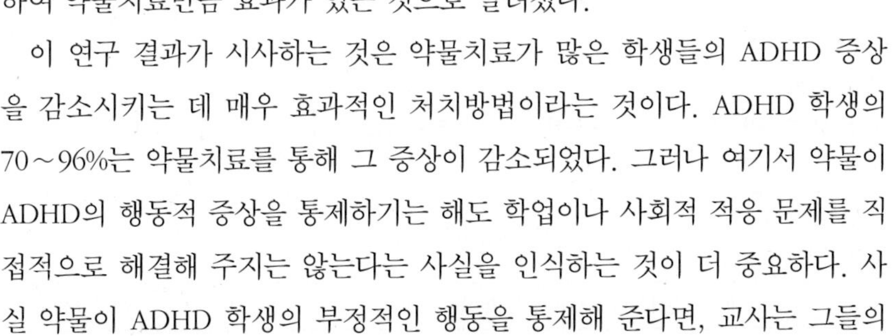

이 연구 결과가 시사하는 것은 약물치료가 많은 학생들의 ADHD 증상을 감소시키는 데 매우 효과적인 처치방법이라는 것이다. ADHD 학생의 70~96%는 약물치료를 통해 그 증상이 감소되었다. 그러나 여기서 약물이 ADHD의 행동적 증상을 통제하기는 해도 학업이나 사회적 적응 문제를 직접적으로 해결해 주지는 않는다는 사실을 인식하는 것이 더 중요하다. 사실 약물이 ADHD 학생의 부정적인 행동을 통제해 준다면, 교사는 그들의

• 생각해 봅시다 #10

ADHD의 증상을 완화시키기 위해 약물치료가 효과적이라는 것이 여러 연구를 통해 분명하게 드러났다. 연구 결과에 근거해 볼 때, 왜 일부 부모가 자녀의 약물치료를 반대한다고 생각하는가? 당신은 교사로서 이런 부모에게 어떻게 대응할 것인가?

학업적 요구와 사회 적응을 충족시켜 주는 데 가장 도움이 될 수 있는 행동 중재 방법을 찾아야 한다.

(2) ADHD와 약물치료에서 고려해야 할 점

학령 전이나 학령기에 해당하는 아동의 2~4%는 ADHD 증상을 치료하기 위해서 중추신경 자극제를 이용한 약물치료를 받는다(Gureasko-Moore et al., 2005; Zito et al., 2000). 〈표 9-1〉은 ADHD 증상을 관리하는 데 사용되는 두 가지 주요 약물치료 형태에 대한 정보를 제시하고 있다.

연구 결과에 따르면, 메틸페니데이트는 대부분의 아동에게 효과적이어서 ADHD를 위한 약물치료 처방의 90%에 이 약물을 활용한다(Konopasek & Forness, 2004). 그러나 아동이 어떤 형태의 약물을 어느 정도로 복용해야 반응

〈표 9-1〉 ADHD에 사용되는 약물

약물명	복용량/일시	지속시간
메틸페니데이트(속명)지		
빨리 반응: 리탈린, 메틸린, 포카인	하루 2회, 2.5~20mg	3~5시간
중간 속도로 반응: 리탈린 SR 메타데이트 ER 메틸린 ER	하루 1~2회, 20~60mg	3~8시간
장기간 반응: 콘체르타 메타데이트 CD 리탈린 LA	하루 1회, 18~72mg	8~12시간
암페타민(속명)		
빨리 반응: 덱세드린 덱스트로스타트	하루 2~3회, 5~15mg	4~6시간
중간 속도로 반응: 아데랄, 덱세드린 스판슐	하루 1~2회, 5~30mg	6~8시간
장기간 반응: 아데랄-XR	하루 1회, 10~30mg	10시간

출처: Austin, 2003; Kollins, Barkley, & DuPaul, 2001.

이 나타날 것인지를 예견하기는 쉽지 않다. 그러므로 한 가지 약물에서 시작해서 매우 조심스럽게 그 효과를 관찰하고(이때 교사에게 약물 효과에 대한 피드백을 부탁할 수 있다), 최적의 반응이 성취될 때까지 중추신경 자극제의 복용량을 변화시킬 수 있다(Reiff, 2004).

약물을 선택할 때 고려해야 할 점 중 또 하나는 약물이 그 효과를 나타내는 속도다. 〈표 9-1〉에 나타난 것처럼, 메틸페니데이트와 암페타민은 복용 후 그 효과가 비교적 빨리 나타나며 오랫동안 지속된다. 일부 학생의 경우에 메틸페니데이트나 암페타민처럼 오랫동안 그 효과가 지속되는 형태에 좀 더 잘 반응한다. 또한 약효가 오래 지속되는 약물을 복용할 때는 학교에 있는 시간 동안 약물을 복용하지 않아서 생길 수 있는 문제(예: 약물 복용을 잊는 것, 학교활동에 방해가 되는 것)를 감소시킨다.

대부분의 ADHD 학생을 치료하는 데 중추신경 자극제를 기반으로 한 약물치료가 사용되기는 하지만 간혹 항우울제나 항불안제가 사용되기도 한다. 그중 하나인 스트라테라(strattera)는 ADHD를 가진 학령기 아동이나 성인에게 많이 사용되고 있다. 스트라테라는 중추신경 자극제를 사용했을 때와 유사한 부작용이 나타나기는 하지만 그 정도가 약간 덜하고, 중추신경 자극제에 비해 그 효과가 좀 더 오래(최대 12시간까지) 지속된다.

ADHD 증상을 통제하기 위해 약물을 사용할 때, 부모와 교사는 발생 가능한 부작용을 매우 조심해서 모니터링할 필요가 있다. 교사는 약물이 학습 관련 행동이나 학업 성취에 미치는 영향을 모니터링할 수 있고 복용량의 차이가 학생의 행동과 성취에 어떠한 영향을 미치는지를 파악할 수도 있기 때문에 매우 중요한 역할을 담당하게 된다(Rosenberg et al., 2004). 예를 들어, 약물 복용이 과한 경우, 학생은 교실에서 마치 정신 나간 사람처럼 행동할 수 있고 대부분의 경우 학습 과제나 다른 학교활동에 반응하지 않는다. ADHD를 처치하기 위해 사용하는 약물이 나타낼 수 있는 부작용은 불면증, 식욕감퇴, 복통, 두통, 어지럼증, 운동성 틱 등이 해당된다(Kollins et al., 2001).

요약하면, 교사와 부모는 학생의 행동에 약물이 미치는 효과와 약물치료의 부작용을 모니터링하는 매우 중대한 역할을 담당한다. ADHD 치료 지침에서 미국소아과학회(2001)는 약물이 효과적으로 사용되었는지의 여부를 확인하는 데 지속적인 모니터링 시스템을 사용할 것을 추천하고 있다. 특히 이러한 지침은 학부모와 교사에게 관련 정보를 수집하고 학생의 성과를 모니터링하며 약물치료로 생길 수 있는 부작용을 추적할 것을 제안한다. 이러한 사항을 효과적으

학생사례 탐구

ADHD 학생—주의력결핍 유력형의 요구 충족시키기

❝ 제롬은 1월 초 애덤스 선생님의 중학교 2학년 수학교실로 옮겨 왔다. 처음에 제롬은 숙제를 잘 잊고 오거나 숙제를 한다 하더라도 그리 잘 정리하지 못했지만 나름대로 적응을 잘하고 사회적으로나 학업적으로 큰 진전을 이루고 있는 것처럼 보였다. 몇 주 후 애덤스 선생님은 수업시간 중에 다른 수업 자료를 학생이 잘 이해하고 있는지의 여부를 알아보기 위해 실시하는 쪽지시험에서 제롬이 그리 잘하지 못하고 있다는 사실을 알아챘다. 애덤스 선생님은 제롬을 비롯한 다른 학생들과 함께 앞으로 있을 다음 장의 시험을 준비하면서 제롬이 보여 준 수업 자료 이해능력에 대해 상당히 놀랐다. 시험을 치르고 채점을 했을 때, 애덤스 선생님은 제롬이 문제의 45%만을 맞춘 것에 대해 적잖이 실망했다. 선생님은 제롬과 함께 다시 시험문제를 살펴보면서 그가 한 페이지에 여러 개의 문제가 있을 때 어려움을 나타내며 수학문제를 풀면서 연산방식을 전환하는 데 문제가 있음을 발견하였다. 이후 몇 시간의 수업 동안 애덤스 선생님은 제롬의 과제수행 행동을 관찰한 후 제롬이 수업시간의 대부분을 과제를 수행하지 않은 채 보내고 있으며, 중요하지 않은 활동에 쉽게 산만해지고, 과제당 2분 이상 주의집중을 하는 데 어려움이 있다는 것을 알게 되었다.

애덤스 선생님은 제롬이 혹 주의력결핍 유력형(ADHD-PI)을 나타내고 있는 것은 아닐까 의심했다. 선생님은 학교 심리학자에게 제롬을 의뢰할 때 실시될 검사에 대하여 문의할 것이다. 그런데 그와 더불어 애덤스 선생님이 교사로서 제롬을 도와줄 수 있는 방법에는 무엇이 있을까?. ❞

이 사례에서 애덤스 선생님은 교실 내에서 제롬의 주의집중과 함께 시험에서 제롬이 보여 주는 수행을 살펴야 한다. 제롬이 보여 주는 행동이 ADHD-PI의 표찰로 이어질 수 있으나 선생님은 즉시 제롬이 보이는 주의력결핍 행동을 다룰 수 있는 전략을 결정해야 한다(Zentall, 2006).

- 시험이나 과제는 짧게 그리고 자주 낼 것: 교실에서 하는 과제를 제롬이 수행할 수 있을 정도로 작게 나눌 수 있는지의 여부를 결정한다. 유사하게 시험을 치를 때 페이지당 문제의 숫자를 줄이고 시험시간마다 문제의 유형을 단순화하며 시간을 좀 더 길게 준다.
- 한꺼번에 너무 많은 양의 문제를 주는 것보다 양을 나누어 연습문제를 제공할 것: 5장에서 이미 언급한 것처럼, 좀 더 짧은 시간 동안 과제를 연습하고 수업시간을 좀 짧게 나누는 것은 학생이 정보를 오래 기억하게 하는 데 더 유리한 방법이 될 수 있다.

이 전략과 더불어 애덤스 선생님 교실에서 공부하는 제롬과 다른 학생들에게 유용한 자료가 사용될 수 있다.

- 참신성을 증가시킬 것: 새롭고 참신한 방법을 사용하여 정보를 제공하는 것은 학생이 과제에 좀 더 오래 집중할 수 있도록 한다. 공학적 도구를 활용하거나, 수학기술을 포함하여 실생활에서 활용될 수 있는 문제를 내거나, 학생의 흥미를 과제에 활용하고 흥미 수준이 다른 과제를 번갈아 가며 사용한다.
- 과제 수행 중에 움직임으로 반응할 수 있는 기회를 확대할 것: 이러한 전략은 학생으로 하여금 수업 자료를 조작할 수 있는 시간을 주고, 과제와 관련된 이야기를 할 수 있도록 하며, 교실 내 또래교수와 같은 방법을 사용하여 소집단으로 학습할 수 있도록 한다.
- 자기모니터링과 자기조절의 기회를 확대할 것: 제롬은 자신의 행동을 모니터링하는 기회를 갖게 되면 좋다. 제롬이 자기모니터링 계획을 수립할 때는 다른 학생과의 협력이나 애덤스 선생님의 도움을 받을 수도 있다. 자기모니터링은 자기평가, 목표 설정, 강화의 자기결정이라는 세 가지 요소를 포함한다(Polsgrove & Smith, 2004). 자기평가 과정을 통해 제롬은 자신의 행동에 대해 성찰해 보고, 관심을 두고 있는 행동이 부적절하거나 부적합한 것인지를 인식한다. 그러고 나서 바람직한 행동을 알고 목표를 수립하며 행동을 조절할 수 있는 전략을 선택한다. 마지막으로, 제롬은 자신의 수행을 평가하고, 목표행동을 수행하고 받게 될 강화의 특성이나 내용을 생각해 본다.

ADHD-PI 학생의 요구를 충족시킬 수 있는 전략에 대한 더 많은 정보는 다음을 참고하라.

Zentall, S. (2006). *ADHD and evaluation: Foundations, characteristics, methods, and collaboration.* Upper Saddle River, NJ: Merrill/Prentice Hall.

적용하기

- 만약 당신이 제롬의 교사라면 제롬이 시험에서 좋은 성과를 보일 수 있도록 도와주기 위해 어떤 전략을 어떻게 사용할 것인가?
- 쪽지시험에서 제롬이 보인 문제는 어떻게 해결할 수 있을까?

로 시행하기 위하여 교사는 약물치료에 대하여 반드시 기본적인 이해를 하고 있어야 한다.

5) 성인기로의 전환 시 고려사항

앞에서 언급한 대로, ADHD의 증상이 성인기까지 지속되는 정도는 아동기에 나타나는 과잉행동-충동성의 심각도, 반대-반항 행동 혹은 품행장애의 공존 여부 그리고 가족관계의 특성에 따라 달라진다(Barkley, 2003). ADHD로 판별된 학생의 30%까지는 성인이 되면 그 증상이 조금 남아 있거나 혹은 그 증상이 거의 사라진다(Wenar & Kerig, 2006).

훗날 성인으로서 적응하는 데 어려움을 많이 가지게 될 ADHD 학생은 품행장애나 다른 주요한 정신과적 장애를 가지고 있는 이들이다. ADHD 학생의 최대 25%는 성인기까지 품행장애가 지속되고, ADHD 성인의 25%는 우울증을 경험한다(Fischer et al., 2002).

ADHD 학생 중 일부는 성인기로의 전환을 비교적 잘 이룰 수 있다. 이 학생들이 성인으로서 성공적으로 적응하는 것을 방해하는 장벽이 되는 것은 주의력결핍, 통제 부족, 자기조절이나 자기 훈육의 부족, 차분하지 못함, 주의산만을 유발하는 사항에 대한 저항 등으로, 성인으로의 적응에 성공하려면 이와 같은 ADHD 증상이 지속되는 것을 극복해야 한다(Barkley, 2000). 또한 학령기 동안 학습장애로 판별된 ADHD 학생의 상당수는 성인이 되어서도 계속해서 학업 문제를 경험하게 된다. ADHD 학생들의 성인 시기로의 성공적인 전환을 이룰 수 있는 기회를 향상시키기 위해서는 그들에게 어떠한 중재나 지원을 제공할 수 있을까?

(1) 직업적 지원

상당수의 ADHD 성인은 지원이 전무하다 하더라도 성공적인 직업생활을 영위할 수 있다. 하지만 가령 주의산만이나 자기조절력의 부족과 같은 ADHD 증상이 너무 심각하게 드러나는 사람들의 경우는 직업 상황에서 나타나는 여러 요구를 충족시키는 데 어려움을 경험할 가능성이 높다. 또한 많은 ADHD 성인들은 독립적으로 일을 하고 마감 시한을 맞추고 업무를 끝까지 수행하며 직장 동료와 함께 일하는 데 어려움을 경험한다(Barkley, 2000). 이런 성인들은 그들이 가진 기술과 능력에 적합한 직업을 얻는 데 도움을 줄 수 있는 직업 코치의 지원을 필요로 하기도 한다(Inge & Tilson, 1994). 예를 들어, ADHD 성인에게 보통 일정 시간 동안 세세한 사항에 집중해야 하는 직업은 적합하다고 보기 어렵고, 일을 하는 동안 신체적 움직임이 많고 집중해야 할 과제가 자주 변화되는 직업은 좀 더 맞는다고 할 수 있다.

그리고 직업 코치는 직업 관련 요구를 충족시켜 줄 수 있도록 ADHD 성인의 요구에 적절한 감독과 직업 현장에 필요한 지원을 제공해 줄 수도 있다. 예를 들어, 바클리(2000)는 ADHD 성인은 직업환경에 적응하기 위해 다양한 지원을 필요로 한다고 지적하면서, (1) 다른 사람들에 비해 선임자나 감독자가 좀 더 자주 즉각적인 지원을 제공하고, (2) 과제를 좀 더 작은 단위로 나누어 수행하도록 하며, (3) 감독자가 매일의 목표에 대해 이야기해 주며 목표에 도달하게끔 가까이서 감독과 지원을 제공하고, (4) 목표를 성취했을 때 그에 합당한 보상을 받을 수 있도록 해야 한다고 하였다.

(2) 고등교육에서의 지원

많은 ADHD 학생들은 대학에 진학하거나 혹은 다른 적절한 고등교육 기회를 받을 수 있는 능력을 가지고 있다. 또한 많은 대학에서는 ADHD와 LD 학생들이 고등교육기관에서 성공적으로 적응할 수 있는 기회를 최대화하기 위해 적절한 조정과 지원을 제공한다. 장애학생을 위한 프로그램을 제공하는 교육기관에 대한 정보는 『피터슨 가이드: 학습장애나 주의력결핍장애 학생을 위한 대학 프로그램(*Peterson's Guide: Colleges with Programs for Students with Learning Disabilities or Attention Deficit disorders*)』이란 책에서 확인할 수 있다(Mangrum & Strichart, 2000).

이 정보와 함께, ADHD 국가정보센터(National Resource Center, 2005)는 대학 진학을 계획하는 ADHD 학생을 위해 여러 가지 정보를 제공하고 있다. '프로그램 탐구'에서는 ADHD 대학생 지침서와 국가정보센터로부터 나온, 대학에서 수업을 받는 ADHD 학생들의 증상을 다루는 데 도움이 될 만한 방법에 대해 소개하고 있다.

프로그램 탐구
효과적인 교수 실제의 활용

ADHD 대학생의 요구를 충족시키는 데 사용 가능한 제언

대학에 재학 중인 ADHD 학생은 계속해서 주의력결핍, 충동성 그리고/혹은 과잉행동으로 어려움을 겪는다. 교실에서의 시간관리, 교실 조직과 교수와 관련된 몇 가지 전략으로 ADHD 학생이 대학 교실에서 무언가를 수행하는 데 겪는 어려움을 감소시킬 수 있을 것이다.

교실시간 관리

1. 정신을 바짝 차렸다고 생각했을 때 수업계획을 수립하라.
2. 가능한 한 연속적으로 진행되는 강의는 피하라.
3. 수업을 위해 읽기를 많이 해야 하거나 한 학기 동안 써야 할 작문 과제가 너무 많은 수업은 가능한 한 여러 개 수강하는 것을 피하라.
4. 학기당 12학점 이상을 수강하지 마라.
5. 수강 신청 변경 기간을 잘 기억하라. 합당한 수업상의 조정이 이루어질 수 없다면 수강 포기도 생각해 보라.
6. 특히 어려운 과목에서 가능하다면 합격/실패로 성적을 받을 수 있게 계획하라.

교실전략

1. 창가에 앉지 마라.
2. 강의를 녹음하거나 도움을 받을 수 있는 다른 학생이나 교수의 노트를 사용하라.
3. 집중도를 향상시키기 위해 최대한 수업 중 토론에 참여하라.
4. 시험문제가 무엇을 의미하는지를 확신하기 어렵다면 교수에게 질문하라. 시험 전 교수에게 이와 같은 상황이 벌어질 가능성에 대해 미리 알려라.
5. 수업의 수정이나 조정 방법을 찾아보라(예: 노트 필기 보조자, 시험에 추가시간 제공, 장애학생지원센터의 지원).
6. 지원전략을 개발하라(예: 충분한 휴식과 운동, 스트레스 이완방법 학습).
7. 도움이 된다면 의사가 처방한 약물을 복용하라. ADHD 증상은 고등학교를 졸업한다고 해도 사라지지 않으며 약물을 복용하는 것이 도움이 될 수 있다.
8. 교실에서의 수행 정도를 최대화하기 위하여 약물 복용시간을 적절하게 조정하라.
9. 적절한 목표를 수립하고 우선순위를 정하라.
10. 필요하다면 시간관리와 관련하여 도움을 청하라.

출처: Amenkhienan, C. (2003). *Attention deficit disorder: Student handbook*; National Resource Center on AD/HD (2005). www.help4adhd.org에서 발췌함.

5. 주요 쟁점 및 교사를 위한 함의

지금까지 ADHD 학생들을 위한 중재를 개발하고 서비스를 전달하는 데 있어 상당한 진보가 이루어졌지만, 계속해서 여러 논쟁거리가 되는 이슈들은 이 분야에 도전장을 내밀고 있다. 중요한 이슈 네 가지는 (1) ADHD가 유효한 장애 범주인지의 여부, (2) ADHD의 과잉판별, (3) 중재로서 약물의 활용, (4) 대안적 중재방법의 효과성이다.

1) ADHD는 유효한 장애 범주인가

비평가들은 ADHD 전문가들이 아주 오랫동안 매우 활동적이고 열정이 넘치는 아동, 특히 그런 남자 아이를 너무 빨리 ADHD로 낙인 찍는다고 지적하였다 (Kohn, 1989; Schrag & Divoky, 1975). 비평가들은 일반적인 아동의 정상 발달 패턴 중에도 ADHD로 보이는 증상이 있음에도 너무 많은 아동이 ADHD로 진단되는 이유로 부모와 교사가 행동관리를 잘 하지 못하거나 아주 심한 경우이기는 해도 그들이 아동이 조용하고 순응적이었으면 하고 바라는 희망을 꼽았다.

간혹 이러한 주장은 사실로 밝혀지기도 한다. 그리고 일부 아동의 경우 정말 정상 발달 범주에 속해 있고 행동에도 그다지 문제가 없음에도 ADHD로 판별되기도 한다. 부모의 기대와 더불어, 잘못된 행동관리는 ADHD 판별로 이어지고 그들에게 장애 낙인을 붙이는 데 어떠한 논리적 근거도 제시하지 못한다.

하지만 여기서 분명한 것은 잘못된 장애의 오판별이 ADHD라는 장애 범주가 유효하지 않다는 것을 의미하지는 않는다는 사실이다. 분명히 거의 모든 전문가와 사회비평가들이 공통적으로 ADHD를 가지고 있다고 보는 아동들이 존재한다. 일반적으로 여러 장소에서 극단적인 과잉행동과 충동성을 보이는 ADHD-C나 ADHD-PHI 아동은 그들의 방해행동으로 교사에게 크나큰 도전이 되고, 교사는 이 학생들이 학교에서 적절한 학업적 진보를 보이고 사회적으로 잘 적응하려면 상당 수준의 중재를 제공해야 한다.

바클리(2003)는 이와 같은 비판에 대한 답변으로 세계 여러 나라의 ADHD 출현율과 관련된 연구 자료를 분석하였다. 그 결과를 보면 일본, 독일, 중국, 브라질, 콜롬비아, 아랍에미레이트, 우크라이나 등지에서 ADHD의 출현율은 자그마치 3.8~20%에 육박할 만큼 그 범위가 넓었다.

• 생각해 봅시다 #11

[그림 9-1]에 제시된 ADHD 판별에 활용되는 증상들을 다시 한 번 살펴보자. 유치원과 초등학교 1학년 학생의 몇 %가 이러한 증상을 보일까? 어떠한 증상이 가장 일반적으로 나타나는가? 가장 일반적인 증상과 당신이 이 장에서 배운 내용을 바탕으로 하여 볼 때 ADHD로 과잉판별되는 것을 막기 위해 전문가들이 해야 할 것은 무엇인가?

또한 ADHD를 체계적으로 연구하는 나라 모두에서 ADHD가 출현하는 것도 밝혀졌다.

ADHD가 여러 문화권에 존재하는 장애 범주이고 학급에서 ADHD를 드러내는 행동은 교사와 학생들에게 큰 문제가 된다는 증거는 너무도 많다. 전문가들 모두 ADHD가 존재한다는 사실에는 동의하지만 우리가 너무 많은 아동을 ADHD로 판별하는 것은 아닌지에 대해 문제를 제기한다.

2) 너무 많은 아동들이 ADHD로 판별되는가

많은 ADHD 전문가들과 권익 옹호자들은 우리가 너무 많은 수의 아동을 ADHD로 판별할 가능성에 대해 우려를 표시했다. 지난 10년간 건강장애의 수가 급격하게 증가하면서 이러한 우려는 더욱 확산되었다. 엄격한 준거와 평가 절차가 있어서 이와 같은 문제가 상당 부분 방지되어야 함(American Academy of Pediatrics, 2000; APA, 2000)에도 ADHD를 가지고 있지 않은 아동이 ADHD를 가지고 있는 것으로 판별되는 상황이 있다는 증거를 통해 이러한 주장이 지지를 얻고 있다(Barbaresi et al., 2002; DuPaul & Stoner, 2003; Gureasko-Moore et al., 2005).

이 장의 앞에서 설명했던 ADHD 아동을 판별하는 데 사용되어도 좋은 방법을 적용하는 것은 판별을 신뢰하게 하고 과잉판별의 위험을 감소시킨다(DuPaul & Stoner, 2003). 그러나 연구 결과를 통해 보면, ADHD를 판별하는 사람들이 추천된 방법을 사용하고 있지 않다는 사실이 드러난다. 예를 들어, 와서먼과 동료들(Wasserman et al., 1999)은 의사들 중 오직 38.3%만이 DSM-IV-TR의 판별 기준을 사용하고 36.9%만이 판별과정의 일부로 행동 질문지를 사용한다는 사실을 밝혀냈다.

여기서 중요한 것은 이 논쟁의 또 다른 측면이 있다는 사실이다. 일부 학부모와 권익 옹호자들은 ADHD를 과잉판별하거나 오판별하는 것에 대한 답으로 ADHD란 표찰 자체를 받아들이는 것을 거부하거나 처치방법으로서 약물을 사용하는 것을 막으려고 한다(Carey, 2004; Leslie, 2004). 이는 일부 영역에서 ADHD를 과소판별하거나 약물치료를 사용하는 것을 제한하는 것으로 이어졌다(Barbaresi et al., 2002; Rowland et al., 2002).

로럴 레슬리(Laurel Leslie) 박사는 과잉판별 대 과소판별에 대한 이슈를 다음과 같이 완곡하게 아야기하고 있다.

> 이러한 대립적인 관점은 나의 경험에도 잘 드러난다. 나는 최근 비행기 안에서 뉴저지 주 교외에 위치한 학교에서 근무하는 한 선생님을 만났는데, 한 학급 내 30명의 학생 중에서 9명이 약물치료를 받고 있다고 들었다. 그러나 내 치료실에는 분명히 ADHD 증상을 나타내고 있으며 정신건강장애와 학습장애를 함께 가지고 있는 학생들이 의사나 교육 전문가들에 의해 판별되지 않은 채 교육을 받고 있다. 그렇다면 ADHD는 국지적으로 나타나는 것인가? 많은 임상가나 연구자들이 이야기하는 것처럼 진실은 그 사이 어딘가에 존재하고 있는 것 같다(p. 1).

역시 우리도 이 설명이 적절할 것이라 생각한다. 이러한 논쟁은 특정 아동이나 판별을 하는 사람(들)에게 국한되는 것이다. 효과적인 중재나 실제를 고집하는 것은 대부분의 경우에 ADHD를 적절하게 판별할 수 있도록 할 것이며(American Academy of Pediatrics, 2000; APA, 2000), 교사는 적절한 판별이 이루어질 수 있도록 필요한 자료를 수집하는 중요한 역할을 담당해야 할 것이다.

3) 약물의 활용이 ADHD를 위한 주요 중재방법이 되어야 하는가

ADHD와 관련된 또 다른 논쟁거리 중 하나는 약물이 ADHD의 증상을 관리하는 데 어느 정도까지 사용되어야 하는가다. 최근 10년간 ADHD 증상을 통제하기 위해 약물을 사용하는 사례 수는 급격하게 증가하였다(Barbaresi et al., 2002; Jensen et al., 1999; Konopasek & Forness, 2004; Zito et al., 1999, 2000). 또한 ADHD로 판별받은 아동의 약 75%는 약물치료를 받고 있다고 한다(Barbaresi et al., 2002; Hoagwood, Kelleher, Feil, & Comer, 2000).

아마 ADHD 치료에 약물을 사용하는 것과 관련된 것 중 가장 우려되는 것은 앞서 설명한 쟁점과 연관이 깊다. 즉, 장애 자체의 존재 여부에 대한 논쟁뿐 아니라 ADHD의 과잉판별을 둘러싼 여러 의문점과 논의가 진행 중에 있으므로 부모는 자녀의 행동을 통제하기 위해 강력한 약물을 사용하는 데 주저하게 된다. 이 외에도 ADHD에 대해 약물치료를 하는 것에 반대하는 사람들이 약물사용이 훗날 약물남용의 가능성을 높일 수 있다는 점을 걱정한다. 하지만 관련 연구 결과는 중추신경 자극제를 사용하여 ADHD를 치료했을 때 훗날 학생이 약물남용을 할 가능성이 증가하지는 않는다고 한다(Barkley, Fischer, Smallish, & Fletcher, 2003; Wilens, Faraone, Biederman, & Gunawardene, 2003). 또한 몇몇 연구에서 학령기 동안 ADHD를 치료하기 위해 중추신경 자극제로 약물치료를 받은 학생 중 일부는 약물남용을 할 가능성이 낮다는 결과를 제안하기도 하였다(Wilens et al., 2003).

ADHD 치료를 위해 중추신경 자극제를 사용하는 것은 조심스럽고 정당해야 하며, 이 장애의 과판별을 줄이는 데 도움을 주어야 한다. 사실 학부모, 의사, 심리학자, 교사는 (판별에 관한 의사결정에 자문하는 정도로) ADHD를 표찰하고 그 증상을 치료하기 위하여 약물을 사용하는 데 각별한 주의를 기울여야 한다.

4) ADHD의 대안적인 처치법은 효과적인가

ADHD 치료에 약물을 사용하고 그것이 일부 학생들에게 사용되는 데 그 효과가 미약하다는 것과 관련하여 찬반론이 팽팽하자, 많은 학부모와 전문가들은 ADHD 처치에 도움을 줄 수 있는 대안적 방법으로 관심을 돌렸다. 예를 들어, ADHD의 원인이 된다고 생각하는 식품 첨가물(특히 식용 색소)과 방부제 섭취를 줄이는 것이 제안된 처치법 중 하나다(Feingold, 1985). 많은 연구자들이 이 처치법을 매우 주의 깊게 연구하였지만 아동의 식습관을 조절하는 것은 ADHD의 효과적인 처치방법이 아니라고 결론지었다(Kavale, 2001).

대안적 처치법 중 또 하나는 아동의 균형과 움직임을 관장하는 내이(inner ear)의 전정계 문제와 연관이 있다. 레빈슨(Levinson, 2003)은 전정계가 아동의 에너지 수준을 조절하므로 이 체제에 문제가 있으면 충동적 행동과 과잉행동이 나타난다는 주장을 펼쳤다. 그러나 바클리(2000)는 과학자들이 전정계가 에너지 수준을 관장한다는 레빈슨의 주장에 동의하지 않으며 ADHD의 원인이나 추천 처치법에 대한 이론을 지지하는 그 어떠한 연구도 아직 발간되거나 보고된 바 없다고 전한다.

그 밖에도 ADHD의 처치법으로 비타민과 무기질을 많이 복용하거나 설탕 섭취량을 줄이는 등의 기법이 소개되고 제안되었으나 그중 어느 하나도 과학적 연구에 의해 그 효과가 입증된 것은 없다. 그러므로 전문가들은 효과적이라고 입증된 중재법과 아직 효과가 충분히 입증되지 않은 방법에 대해 잘 알고 있어야 한다. 현 시점에서 그 효과를 입증받은 중재방법에는 단 두 가지가 있는데, 이미 설명한 약물치료와 행동 중재가 그것이다. 우리는 ADHD와 관련하여 다른 중재방법을 권유받았을 때 주의해야 한다는 것을 다시 한 번 강조한다. 이를 위해 교사는 계속해서 정보를 얻고 부모들에게 ADHD 중재의 효과성에 대해 제대로 충고할 수 있도록 노력해야 할 것이다.

요 약

ADHD 학생은 부모와 교사를 자주 절망에 빠지게 한다. 그들은 통제하기 어려운 충동성, 주의력결핍 그리고/혹은 과잉행동의 특성을 함께 가지고 있다. ADHD 학생은 그들의 교육적 수행을 방해하는 행동을 보일 수도 있고 그렇지 않을 수도 있다.

정의와 분류 기준

- ADHD 학생은 어느 정도의 주의력결핍, 과잉행동과 충동성을 보이는지에 따라 판별이 선별된다.
- 일부 학생은 눈에 띄게 과잉행동과 충동성(ADHD-PHI)을 보이고 다른 증상(즉, 주의력결핍 행동)은 나타내지 않는 반면, 일부 학생은 주의력결핍 행동이 주요 특징이 된다(ADHD-PI). 마지막 부류는 세 가지의 주요한 특성이 모두 보인다(ADHD-C).
- 이러한 행동은 최소한 6개월 이상 지속되어야 하고 최소 두 장소(예: 학교와 집)에서 발현되어야 한다.

특성

- ADHD 학생의 특성은 학교 내의 다른 사람들과 어울리는 데 문제를 만들며, 그들의 상당수가 행동문제를 가지고 있다(예: 반대-저항장애, 불안장애, 품행장애)
- ADHD 증상은 이 학생들의 학업 성취에 영향을 미치는데, 충동성, 주의력결핍과 과잉행동은 학습하는 데 문제를 일으키고, 시간이 지남에 따라 학습장애로 발전될 수도 있다

출현율, 과정 및 발생 원인

- ADHD는 가장 일반적인 행동장애다. 출현율은 학령기 아동의 3~7%로 추정되고 있다.
- 여아에 비해 남아가 ADHD로 더 많이 판별된다.
- 많은 ADHD 학생들은 중복장애를 가진 것으로 알려져 있다. 가장 일반적인 것이 학습장애 혹은 정서 및 행동 장애다.
- ADHD를 가진 학생의 50~80%는 청소년기에도 ADHD 증상이 지속된다. 이 학생들의 상당수는 성인기까지 약간은 변형된 형태여도 그 증상이 지속된다(예: ADHD 학생이 청소년기에 접어들면서 다른 행동문제가 나타나게 되고, 이는 ADHD를 특징짓는 증상의 심각도를 감소시킨다.).
- 대부분의 경우 ADHD를 일으키는 원인에 대해 알지 못하지만, 이 장애를 유발하는 데 기여하는 요소로는 뇌손상, 뇌의 기형, 유전과 가족 문제가 있다.

판별과 평가

- 판별에 사용되는 준거가 다소 주관적이고 많은 학생들이 최소한 이러한 행동의 일부를 보이기 때문에 ADHD를 가진 학생을 판별하는 것은 어렵다.
- 학생이 적절히 판별되었는지의 여부를 확신하기 위하여 여러 환경에서 다양한 측정도구가 사용되는데, 이는 학생이 보이는 증상의 심각도가 ADHD로 판별되는 데 충분한지의 여부를 확인하기 위해서다.

교육 실제

- 포괄적인 ADHD 연구 결과를 바탕으로 볼 때, 약물치료는 대부분의 학생들의 ADHD 증상을 감소시키는 데 가장 효과적인 중재방법이다.
- ADHD 증상을 완화시키는 데 적절한 약물이 사용되었는지를 확인하기 위해 약물의 사용은 주의 깊게 모니터링되어야 한다.
- 행동수정이나 토큰경제, 자기조절 교수와 같은 행동 중재는 학생이 적절한 교실행동을 습득하고 학습하는 데 도움을 주는 효과적인 중재방법이다.
- 약물치료와 행동 중재를 혼합해서 사용하는 것은 대부분의 ADHD 학생들에게 가장 효과적인 접근법이다.

주요 쟁점

- 전문가와 부모들은 ADHD가 장애 범주로서 유효한지의 여부에 대해 계속해서 논쟁 중이다.
- 많은 학부모와 전문가들은 ADHD 학생들이 너무 많이 판별되었다는 것에 대해 우려를 표현한다.
- ADHD 증상을 통제하기 위하여 중추신경 자극제를 이용한 약물 처치를 함으로써 학생이 과도하게 약물에 노출되는 것은 아닌지에 대한 논쟁이 벌어지고 있다.
- ADHD의 몇 가지 처치방법은 아직 그 효과성에 대한 확실한 증거가 없는 상태로 권유되고 있는 실정이다.

CEC 전문가 자격기준

Council for Exceptional Children(CEC) knowledge standards addressed in the chapter.

CC1K5, EC1K2, CC2K1, CC2K2, CC2K5, CC2K6, CC2K7, CC3K1, CC3K2, CC8K1, CC8K2

Appendix B: CEC Knowledge and Skill Standards Common Core has a full listing of the standards referenced here.

10

자폐범주성장애

이 장을 시작하며

- 자폐범주성장애군 중에서 가장 일반적으로 나타나는 자폐성장애와 아스퍼거장애는 어떻게 정의되고 분류되는가?
- ASD 아동들에게 가장 일반적으로 나타나는 주요 행동 특성은 무엇인가?
- ASD의 원인 및 출현율은 어떠한가?
- ASD 학생들은 어떻게 선별, 판별, 평가되는가?
- ASD 학생들의 유아기 발달과 학업, 사회성, 전이에서의 성과를 촉진시킬 수 있는 교수 방법은 무엇인가?

나의 이야기: 킴 토머스

중도 자폐범주성장애(autism spectrum disorder: ASD) 학생을 가르치고 있는 킴 토머스 선생님은 누구라도 자신처럼 이 학생들을 도울 수 있는 새로운 방법을 습득할 수 있다고 믿는다. 2005년 우수 교사상을 받았으며(A 2005 Model of Excellence Award-winning teacher), 미국 특수아동협회(Council for Exceptional Children: CEC) 학생회의 전 의장이었던 토머스 선생님은 교사가 자신이 알고 있는 것이 전부라고 생각한다면 교단에서 물러나야 한다고 생각한다. 선생님은 지적장애를 가진 삼촌과의 경험이 동기가 되어, 캔자스와 위치타 지역의 집중적인 도움이 필요한 학생들을 위한 작은 특수학교인 하트스프링 학교에서 학생들을 가르치고 있다.

토머스 선생님은 중도 ASD 학생들을 가르치면서 학생들이 통합된 환경에서 생활할 수 있도록 일상생활 기술을 강화하고, 보다 독립적인 생활을 할 수 있도록 지도하고 있다. 또한 부적절한 행동도 감소시킬 필요가 있다. 가정과 같은 자연스러운 환경에서 적응행동 기술을 가르치기 위해 토머스 선생님은 아침 일찍부터 하루 일과를 시작한다. 선생님은 학생들이 목욕을 하고 옷을 입으며 아침식사를 하는 동안 구조화된 교수방법을 사용하여 하루 일과의 준비를 돕는다. 교실활동은 14명의 학생들이 그림으로 된 하루 일과표를 붙이는 아침 8시 25분에 시작된다. 선생님은 중도 및 중등도 장애학생을 위한 시러큐스 지역사회중심 교육과정(Syracuse Community-Referenced Curriculum for Students with Moderate and Severe Disabilities; Ford et al., 1989)을 기반으로 가르친다. 이 교육과정은 학생들이 지역사회에서 적절히 기능할 수 있도록 준비시키기 위한 것이다. 주요 내용은 전통적인 교육 프로그램에서 제공할 수 없는 지역사회 생활 영역, 기능적 학업 영역, 일상생활 삽입기술 등이다. 또한 그녀는 공격성이나 기물파괴를 포함하는 부적응 행동에 역점을 두고 학생들을 지도하고 있다.

토머스 선생님이 가장 만족스럽게 생각하는 부분은 학생들이 진보를 보인다는 것이다. 대부분의 학생은 입학 당시에는 선생님에게 매우 의존적이었지만 집중적인 교육을 받은 후에는 보다 독립적으로 과제를 수행할 수 있게 되었다. 가장 긍정적인 경험 중 하나는 행동중심 교육 프로그램을 통해 심한 공격 행동을 보인 한 학생이 보호 작업장에서 코칭을 받으면서 일할 수 있을 정도로 문제행동의 강도와 빈도가 감소된 일이다. 토머스 선생님은 학생의 개별화 교육 프로그램(IEP)을 잘 지키지 않는 교사와 행정가들, 그리고 학생과 교사 간

관계 형성의 중요성을 잘 인식하지 못하는 교사들 때문에 점차 지치기 시작했다. 선생님이 유일하게 싫어하는 일은 바로 특수교육을 이해하지 못하는 사람들의 정책과 행동을 따라야 하는 일이다.

토머스 선생님은 ASD 학생들을 가르치는 일을 하고자 하는 사람들을 위하여 몇 가지 조언을 한다. 첫째, 이 일이 진정 원하는 일이라는 확신이 있어야 한다. 장애학생을 지도하는 것은 쉽지 않으며 육체적으로 많이 지치는 일이다. 그러나 아동의 삶을 변화시키는 경험들은 모든 힘들었던 일을 보상받을 만큼 보람된 일이다. 둘째, 성공적인 교사가 되기 위해서는 인내해야 하며 긍정적이고 열정적이어야 한다. 학생에게 높은 기대를 갖고 그들이 자신에 대한 믿음을 가질 수 있도록 모든 지원을 아끼지 않아야 한다.

전반적 발달장애(pervasive developmental disabilities: PDD)로도 알려진 자폐범주성장애(austistic spectrum disabilities: ASD)는 교사들이 만나게 되는 아동들의 여러 장애 가운데 가장 어렵고 힘든 것 중 하나다. 장애에 대해 알려진 부분이 매우 적으며, 무엇이 원인이고 어떻게 극복할 수 있는지에 대하여는 더욱더 알려진 것이 없다. ASD 아동들 대부분은 자기만의 세계에 혼자 있는 듯하며, 때로는 사람들의 삶을 풍성하게 해 주는 활동이나 사건, 상호작용과는 아무 상관없는 듯한 극단적인 얼굴 표정과 행동을 보인다. ASD 아동과 가까이 지내는 사람들은 아동이 그런 사회적 고립에서 극적으로 벗어나길 바라며, 치료하거나 고칠 방법들을 찾고자 한다. 그러나 토머스 선생님과 같은 교사들이 매일 관찰한 것처럼, ASD 증후군은 사회적 상호작용 기술의 문제이고, 의사소통 기술상의 결함이며, 지속적이고 극심한 고착된 관심과 행동들을 특징으로 하는 일생 동안 지속되는 장애다(APA, 2000).

ASD로 진단되는 아동(대부분은 자폐성장애와 아스퍼거장애다)이 상당히 증가하고 있다는 것은 매우 주목할 만한 일이다. 더불어 이러한 장애를 가진 아동에 대한 관심도 증가하고 있다. 자폐성장애인들은 TV 또는 대중소설의 등장인물로 혹은 아카데미상을 수상한 영화에서도 소개되고 있다. 이러한 관심은 자폐성장애 아동들에게 집중적인 도움이 필요하다는 인식을 고양시키고 있는 한편, 그들의 전형적인 모습에 대한 오해를 불러일으키기도 한다. 따라서 ASD에 대하여 논의할 경우 그 행동 범주가 매우 포괄적이고 다양하다는 점을 반드시 염두에 두어야 한다. 예를 들어, 단숨에 복잡한 계산을 해낼 수 있거나(영화 〈레인맨〉의 레이먼드와 같이) 연습을 거의 하지 않아도 악기들을 잘 다루는 것과 같은 특별한 재능(savant)을 가지고 있는

• 생각해 봅시다 #1

대부분의 ASD 학생은 중요한 생활 영역 전반에서 다양한 문제 행동을 보인다. 이러한 특성을 지닌 학생들을 가르치기 위하여 필요한 능력은 무엇인가? 교사로서 자신이 일상적인 사회적 상황에서 반응하지 않는 학생들과 함께 일할 수 있는 인성, 기질 혹은 열정을 지니고 있다고 생각하는가?

ASD 아동들은 매우 적다. 대부분은 특별한 재능을 가지고 있지 않으며 제한된 눈 맞춤, 반복적인 손 움직임 등과 같은 행동을 보인다. 다른 아동이나 청소년들과 같이, ASD 아동들은 시간이 흐르면서 여러 다양한 행동 특성을 독특한 방식으로 계속 변화시킨다. 이 장을 읽을 때, 자폐성장애 아동은 소위 '낮은 기능'에서부터 '높은 기능'에 이르는 연속선상에 존재하고 있다는 점을 늘 염두에 두어야 한다. 예를 들어, 아스퍼거장애가 있는 대부분의 학생은 다른 많은 자폐성장애 아동들과 같이 언어발달과 인지발달에서 심한 지체를 보이지 않으며 연령에 적합한 자조기술들을 습득한다.

FAQ Sheet

ASD 학생	
대상	• ASD 학생은 사회적 상호작용 기술에서 일생 동안 전반적인 어려움을 겪고 극도의 제한된 관심과 행동은 물론 의사소통 기술에서 어려움을 겪는다.
주요 특징	• 눈 맞춤, 응시행동 등과 같은 행동에서 어려움을 보인다. • 과제의 다양한 측면에 관심을 기울이는 능력이 부족하다(공동 관심 기울이기). • 제한된 관심 범위를 갖는다. • 상동적이고 반복적인 움직임과 행동을 보인다. • 사회적으로 고립되어 있다. • 제한된 수용언어 및 표현언어 기술을 갖고 있다. • 자신과 타인의 행동과 정서를 이해하기 어렵다.
출현율	• 1만 명 중 2명 정도 출현한다는 자료에서 1,000명 중 3~4명 정도로 출현한다는 자료에 이르기까지 매우 다양하다. • 학령기 아동 중 12만 명 정도가 자폐증으로 진단받았다(2002년). • 지난 10년간 IDEA에 따른 지원을 받고 있는 ASD 아동들이 500% 정도 증가하였다. • 여아에 비하여 남아에게서 4배 정도 높게 출현하는 것으로 밝혀지고 있다.
교육 배치	• 일반학급 • 공립학교 혹은 사립학교의 특별한 프로그램 • 기숙 프로그램
진단 평가	• 평정척도, 관찰 프로토콜, 반구조화 면담 등을 포함한 일반적인 선별과 진단 방법 • 교수 및 행동적 지원계획을 위한 초학문적인 기능적 행동평가 실시
예후	• 장애는 일생 동안 지속된다. 대부분의 사람들은 사회생활과 직업, 독립적 생활 면에서 지속적인 어려움을 겪는다. • 성공은 조기중재와 지원망의 질과 안정성, 개인의 인지능력과 증후군의 정도 등에 달려 있다.

1. ASD 학생의 정의와 분류

일반적으로 ASD군에는 자폐성장애(auristic disorder), 아스퍼거장애(Asperger's disorder), 레트장애(Rett's disorder), 소아기붕괴성장애(childhood disinteigrative disorder), 달리 분류되지 않는 전반적 발달장애(pervasive developmental disorder not otherwise specified: PDD-NOS) 등 다섯 가지 임상적인 상태가 포함된다(〈표 10-1〉 참조). 자폐성장애와 아스퍼거장애가 가장 일반적으로 나타나기 때문에 여기서는 주로 이 두 가지 장애에 초점을 맞추어 설명할 것이다.

〈표 10-1〉 ASD의 다섯 가지 유형

유형	정의
자폐성장애	어린 시기에 발견되며 심각한 발달장애를 특성으로 한다. 낮은 사회성 발달, 언어 발달에서의 손상, 경직된 행동 등이 주요 특징이다.
아스퍼거장애	제한적이고 반복적인 행동, 관심, 활동과 사회적 상호작용에서 일생 동안 지속되는 어려움이 나타난다.
레트장애	생후 첫해 동안 정상적인 발달을 한 후 나타나며, 여아에게서 주로 발생하는 유전적인 결함이다. 언어와 행동의 급속한 퇴행과 의도적인 손 움직임, 정신지체와 경련장애 등을 특징으로 한다.
소아기붕괴성장애	3~15세에 나타나며, 언어와 사회성, 운동성과 배변 기술 등이 급속도로 상실되는 장애로 매우 드물게 발생한다.
달리 분류되지 않는 전반적 발달장애 (PDD-NOS)	자폐성장애나 아스퍼거장애와 유사하지만 진단적으로 유의한 특성에서 약간 다른 증상을 보이는(예: 출현 연령) 아동들을 설명하기 위하여 사용된다.

출처: Tawbin, Mauk, & Batshaw, 2002; Van Acker, Loncola, & Van Acker, 2005; & Volkmar & Klin, 2005.

1) 자폐성장애

사람들이 흔히 자폐증(autism)이라 일컫는 자폐성장애는 어린 연령에 나타나고, 낮은 사회성 발달과 언어발달에서의 결함 그리고 경직된 행동을 주요 특징으로 하는 심한 발달장애다(Phelps & Grabowski, 1991). 레오 캐너(Leo Kanner)는 1943년에 독특한 진단 목록으로 자폐증을 소개하였다. 캐너는 그의 고전적

논문 「정서적 영역에서의 자폐적인 장애」에서 11명의 아동에 대해 상세하게 기술하면서, 그들은 "지금까지 보고된 어떤 장애들과도 현저히 다르고 독특한 특성을 지닌 아동들로…… 매우 독특한 성향을 지니고 있다."(Kanner, 1943, p. 217)라고 하였다.

다른 많은 인지적 장애의 경우처럼, 대부분의 임상 전문가는 자폐성장애를 판별하기 위하여 DSM-IV-TR(APA, 2000)의 정의를 따른다(Towbin, Mauk, & Batshaw, 2002). [그림 10-1]과 같이, 이 장애를 설명하는 진단 규준은 사회적 상호작용과 의사소통에서 비정상적이거나 결함된 발달과 제한된 활동 및 관심 등과 같은 결함을 포함하고 있다. 특수교육적 지원을 위한 적격성 판정과 관련하여 자폐성장애의 정의와 분류는 계속 변화되어 왔다. 초기 IDEA 정의에서는 자폐성장애를 신체 및 기타 건강상의 장애에 포함하였다(Resenberg, Wilson, Maheady, & Sindelar, 2004). 이후 최근 새롭게 개정된 법에서 자폐성장애를 하나의 장애 영역으로 분리하였는데, 그 정의는 다음과 같다.

> 자폐성장애는 구어 및 비구어 의사소통과 사회적 상호작용에 유의한 영향을 미치는 발달상의 장애이며, 일반적으로 3세 이전에 나타난다. 이러한 문제들은 아동의 교육적 수행에 불리한 영향을 미친다. 자폐성장애와 관련된 다른 특성들은 반복적 행동과 전형적 행동, 환경적 변화에 대한 거부와 일상생활에서의 변화에 대한 거부, 감각적 경험에 대한 비정상적인 경험 등이다. 아동의 교육적 성취에 영향을 미치는 주 요인이 정서장애에 의한 것일 때는 자폐증이라는 용어를 적용하지 않는다(34 C. F.R., Part 300.7[c]. [1] [i] [1997]).

DSM-IV-TR

자폐성장애 진단 규준

A. 최소한 (1)에서 두 개, (2)와 (3)에서 각각 한 개씩을 포함한 여섯 개(또는 그 이상)의 행동적 특성을 보임
  (1) 다음 중 최소한 두 개 이상에 의해서 나타나는 사회적 상호작용의 질적 결함
    (a) 사회적 상호작용을 위한 눈 맞춤, 얼굴 표정, 자세, 몸짓 등과 같은 다양한 비구어적 행동의 사용에 있어서 명백한 손상을 보임
    (b) 발달 수준에 적절한 또래 관계를 발달시키지 못함
    (c) 즐거움, 관심 또는 성취를 다른 사람들과 자발적으로 나누려고 하지 않음(예: 관심 있는 물건 보여 주기, 가져오기, 가리키기 행동이 부족함)
    (d) 사회적 또는 정서적 상호성이 결여됨
  (2) 다음 중 최소한 한 개 이상에 의해서 나타나는 의사소통의 질적 결함
    (a) 말의 발달이 지체되거나 전혀 나타나지 않음(몸짓과 같은 대체적인 의사소통 수단

을 통해서 보상하고자 하는 시도가 나타나지 않음)
(b) 적절한 말을 할 수 있는 경우에도 다른 사람과의 대화를 시작하고 유지하는 능력에 있어서 명백한 결함을 보임
(c) 언어 또는 특이한 형태의 언어를 상동적이고 반복적으로 사용함
(d) 발달 수준에 적합한 다양하고 자발적인 가상놀이나 사회적 모방놀이가 결여됨
(3) 다음 중 최소한 한 개 이상에 의해서 나타나는 반복적이고 상동적인 형태의 제한된 행동
(a) 강도나 내용에서 비정상적인 하나 이상의 상동적이고 제한된 형태의 관심 영역에 몰두함
(b) 특정 비기능적인 일과나 의례적 행동에 융통성 없이 집착함
(c) 상동적이고 반복적인 운동성 습관을 보임(예: 손이나 손가락 흔들기나 비틀기, 몸 전체를 이용한 복잡한 움직임)
(d) 사물의 특정 부분에 대하여 지속적인 집착을 보임

B. 다음 영역에서 최소한 하나 이상의 발달지체나 비정상적인 기능이 3세 이전에 나타남
(1) 사회적 상호작용, (2) 사회적 의사소통 맥락에서 사용되는 언어, (3) 상징놀이나 상상놀이.

C. 레트장애나 소아기붕괴성장애에 의해서 더 잘 설명되지 않는 장애

출처: *Diagnostic and Statistical Manual of Mental Disorders*, 4th ed., Text Revision (Copyright 2000), American Psychiatric Association.

그림 10-1

2) 아스퍼거장애

아스퍼거장애는 심각하고 지속적이며, 때에 따라 일생 동안 나타나는 사회적 상호작용에서의 결함과 제한적이고 반복적인 형태의 행동과 관심, 움직임이 나타난다는 특성을 갖고 있다(APA, 2000). 당신은 이러한 아스퍼거장애에 대한 설명이 자폐증에 대한 설명과 매우 유사하다고 느꼈을 것이다. 아스퍼거장애는 언어와 인지 및 자조 기술에서 자폐와 같은 수준의 결함이 나타나지 않는다는 점을 제외하고는 고기능 자폐와 매우 유사한 특성을 갖고 있다. 오스트리아의 소아과 의사였던 한스 아스퍼그(Hans Asperger)는 캐너가 자폐증을 소개한 1년 후에 이 증후군을 소개하였다. 이 연구는 400명이 넘는 아동을 대상으로 실시한 것임에도 제2차세계대전으로 정보 공유가 어려워짐에 따라 거의 관심을 받지 못하였다. 최근에 이르러서야 아스퍼거장애의 출현율이 증가하면서 세상에 널리 알려지기 시작하였다(Smith-Myles & Simpson, 2001).

비록 특정한 진단 기준에 대한 지속적인 논쟁이 있지만, 아스퍼거장애는 제

한된 행동 유형과 더불어 사회적 상호작용에서의 질적 결함이 주요 특징으로 정의되고 있다. 또한 (1) 언어발달, (2) 인지발달 및 연령에 적합한 적응행동(사회적 상호작용 이외의 영역), (3) 자조기술 등의 영역에서 임상적으로 유의한 지연을 보이지 않는다. 마지막으로 정신분열증이나 다른 ASD의 진단 기준에 적합하지 않아야 한다.

2. ASD의 특성

다음과 같은 세 가지 특성은 자폐성장애인들에게 가장 보편적이고도 독특하게 나타난다. (1) 사회적 상호작용의 결함, (2) 의사소통 기술의 결함, (3) 반복적이고 전형적이며 의례적인 행동이다. '보편적이고도 독특하게' 라는 말은 이러한 행동 특성이 어린 자폐아동들에게서는 대부분 나타나지만, 이 장애를 지니지 않은 아동들에게서는 거의 보이지 않는 특성이라는 의미다.

1) 사회적 상호작용의 결함

사회적 상호작용이란 다른 사람들과 상호작용을 하는 과정에서 나타나는 복잡하고 다양한 과정을 의미한다. 이러한 과정에 어떤 것들이 포함되는지 생각해 보자. 동시적이고 즉각적으로 상호작용 대상자의 관심과 마음 상태를 의식할 수 있어야 하며, 그와 더불어 다른 사람의 정서나 동기 등을 '읽을 수' 있어야 한다. 상호작용은 어느 정도의 사회적 지각(social perception)을 갖고 있어야 가능하다. 즉, 사람들이 표현한 언어의 미묘한 어감과 비언어적 단서를 읽을 수 있어야 한다.

ASD 학생들은 의사소통에 문제가 있고 사회적 활동에 잘 참여하지 못한다.

사회적 교환(social exchange)에 관여하는 기본적인 암묵적 규칙들을 사용하거나 이해할 수 있는 능력이 부족하기 때문에, ASD 아동들은 사회적 상황에서 성공적인 관계를 경험하기 어렵다(APA, 2000). 이러한 암묵적인 규칙들은 글로 쓰이거나 설명되는 것이 아니고 말이나 몸짓, 자세, 움직임, 시선, 옷차림, 다른 사람에 대한 접근, 그 외 다른 여러 가지 행동적 요소에 영향을 받는다(Wing, 1981). 가족이나 교사, 또래들은 이러한 사회적 행동의 결여를 어떻게 생각하고 있는가? 자폐성장애 영아는 따뜻한 사회적 미소를 동반한 친숙한 얼굴에 반응을 보이지 않으며 부모가 나타나도 거의 기뻐하지 않는다. 연령이 증가하여도 자폐아동들은 냉담한 듯하며 다쳤을 때에도 부모를 쳐다보지 않고 밤 인사를 위한 뽀뽀나 안아 주기 등과 같은 일상적인 애정 표현활동에 거의 참여하지 않는다. 직접적인 눈 맞춤을 피하고 우정, 놀이, 공감 표현하기 등과 같은 일반적인 발달 과업을 성취하지 못한다(Rutter, 1978).

학생사례 탐구

아스퍼거장애 학생을 위한 사회적 지원

"아스퍼거장애 학생인 13세 알렉산더는 중학교의 생물 수업시간에 또래들끼리 주고받는 농담과 우스갯소리에 폭발하곤 하였다. 그는 매달의 과제가 제시될 때 다른 아이들과 마찬가지로 모두가 좋아하는 과제를 선택하는 학생이었다. 그러나 불행히도 알렉산더는 학급 친구들이 일반적인 사회적 기능의 규칙들을 위반하는 형태로 그를 속이고 있다는 것은 알아차리지 못하였다. 예를 들어, 같은 반 남자 친구들은 알렉산더에게 같은 반의 몇몇 여자 친구들의 신체 부위를 칭찬하도록 하고, 그 부분들을 만지게 하고, 비상식적이고 거의 성적 희롱에 가까운 말과 행동을 하도록 하였다. 더욱이 그들은 가장 사적인 부분인 개인적인 가족사에 대하여 계속해서 말하도록 꼬드기곤 하였다. 그는 진정으로 친구를 사귀고 싶어 하는 좋은 아이였다. 그럼에도 그는 친구들이 말하는 속어나 빈정거리는 말의 대부분을 이해하지 못하였고 사회적 상호작용의 유지와 관련된 스트레스가 너무 커질 때는 공격행동을 하였다. 그는 친구들과 즐겁게 지내고 싶어 했지만 친구들 대부분은 그를 진정으로 대하지 않았다. 알렉산더를 도울 수 있는 방법은 무엇일까?"

이러한 상황에서 선생님은 일반학급에 통합된 아스퍼거장애 학생들이 직면하는 주요한 문제들 중 하나를 다루어야 한다. 그것은 사회적 상호작용을 위하여 필요한 암묵적이고 숨겨진 규칙들에 대한 이해의 어려움이다. 이 교재에서 우리는 몇 가지 교수적 전략들을 제시하였다. 일반교육 상황에서 아스퍼거장애 학생의 성공을 위하여 도울 수 있는 다음과 같은 몇 가지 전략들이 있다(Safran, 2002; Smith-Myles & Simpson, 2001).

- 집단 작업과 자리배치를 잘 구조화한다. 많은 아스퍼거장애 학생들은 농담과 위협에 희생당하기 쉽기 때문에 아스퍼거장애 학생을 위해서 사회적 통역자가 되기를 원하는 이해심 많은 친구 옆에 앉게 해야 한다.
- 편안한 휴식과정을 만들어 준다. 염려가 많을 때 아스퍼거장애 학생이 조용한 개인 공간에서 안정을 취하고 도움을 받기를 원하는 사람의 상담을 받을 수 있도록 한다.

아스퍼거장애인들도 자폐성장애인들에 비하여 덜 심각하기는 해도 사회성에서 문제를 보인다. 린과 스미스-마일스(Linn & Smith-Myles)의 관찰에 따르면, 아스퍼거장애 학생들은 다른 사람들과 사회적인 교류를 하지만 질적인 부분에서 문제를 보인다. 즉, 이들은 어색하고 일방적이며 상황에 적절하지 않은 발화 등과 같은 특이한 형태의 상호작용을 하는 경향이 있다. 아스퍼거장애 학생들과 상호작용하는 또래나 성인들은 학생들이 매우 무디고 기계적인 방식으로 행동하고, 대화 상대의 요구나 말하는 내용에 거의 주의를 기울이지 않아 마치 사물을 대하고 있는 듯한 느낌을 받는다. 이러한 경직성은 사회적 기술의 적용에서

- 자기 자신으로부터 학생을 구해 준다. 부적절한 말이나 행동을 하려 할 때 아스퍼거장애 학생을 촉진할 수 있는 방법을 개발한다. 또래 중에서 학생을 위해 사회적 행동을 해석해 줄 수 있는 사회적 통역자를 모집한다.
- 수정과 지원을 제공한다. 아스퍼거장애 학생이 사회적 상호작용의 요소들에 대하여 잠시 멈추어 생각하고 숙고해 볼 수 있도록 촉진하는 시각적 단서인 '파워 카드'와 같은 명확한 지원을 제공한다.
- 긍정적인 또래 상호작용을 촉진한다. 아스퍼거장애 학생과 일반학생들 간에 생산적인 대화를 촉진할 수 있는 바람직한 방법들을 사용한다. 특별히 유용한 것은 숨겨진 사회적 안건들에 대한 토론과 사회적 상호작용을 하는 동안 사람들이 생각할 수 있는 것들에 대한 토론 등이다.

일반학급에 통합된 아스퍼거장애 학생의 사회적 요구에 대한 더 많은 정보는 다음의 문헌들을 참고하라.

Safran, J. S. (2002). Supporting students with Asperger's syndrome in general education. *Teaching Exceptional Children, 34*, 61-65.

Smith-Myles, B., & Simpson, R. L. (2001). Effective practices for students with Asperger's syndrome. *Focus on Exceptional Children, 34*, 1-16.

적용하기

- 아스퍼거장애 학생이 암묵적인 사회적 행동의 중요한 요소들을 파악할 수 있는 교수 활동을 개발한다.
- '숨겨진 사회적 교육과정' 중 어떤 요소가 가장 우선시되어야 하는가?
- 이러한 활동에 일반학생들이 참여하도록 하는 방법은 무엇인가?
- 이러한 활동의 영향과 효과는 어떻게 측정할 것인가?

더욱 두드러지게 나타난다. 특정 상황에 맞는 사회적 규칙을 적절하게 적용할 수 있는 대부분의 학생들과는 달리, 아스퍼거장애 학생들은 사회적 상황이나 참여한 사람에 상관없이 모든 상황에 동일한 규칙을 적용한다. 결과적으로 가족과 또래들은 아스퍼거장애인들이 상식이 부족하고 일상적인 사회적 상호작용에서 말로 전달할 수 없는 미묘한 의미들을 파악하지 못하는 것을 그들의 주요 특징으로 생각하게 된다(Smith-Myles & Simpson, 2001).

상황에 맞게 행동을 조절하는 상황적 특수성(situational specificity)을 고려하지 못하고 사회적 상호작용에 관련된 언어 및 비언어적 어감을 파악하지 못하기 때문에 아스퍼거장애인들은 또래들과 멀어지거나 웃음거리가 되기도 한다. 가장 걱정스러운 것은 아스퍼거장애 학생들은 반복적으로 만족스럽지 못한 상호작용을 하고 있음에도 자신들의 잘못된 상호작용을 인식하지 못하고 어색하고 경직되어 있으며 자기중심적이고 정서적으로 둔감한 형태의 사회적 참여를 지속한다는 것이다(APA, 2000; Sigman & Capps, 1997; Tager-Flusberg, Paul, & Lord, 2005).

2) 의사소통 기술의 결함

의사소통 기술의 결함은 사회적 상호작용의 결함과 같이 모든 ASD 학생의 특성이다. 그러나 그 심각성 정도는 매우 다양하다. 자폐성장애의 경우, 의사소통 기술 결함은 표현언어와 수용언어 발달 측면을 모두 포괄한다. 자폐아동의 50% 정도는 기능적인 언어 습득에 어려움을 겪는다. 토머스 선생님의 학생들처럼, 많은 학생이 말을 할 수 없거나 반향어(echolalia)를 사용한다. 말을 할 수 있는 학생일지라도 비정상적인 높이, 리듬, 구문을 사용한다. 또한 사회적 상호작용을 위해 말을 사용하지 않는 경우가 대부분이다. 결과적으로 몸짓, 몸의 움직임, 눈 맞춤 등도 자주 사용하지 않는다. 대부분의 아동은 문어적 표현을 하거나 인칭을 바꾸어 사용하고, 추상적인 어휘나 은유적 어휘의 사용 능력에서 결함을 보인다. 또한 자폐성장애 학생들은 구어를 이해하는 능력에서도 어려움을 보인다. 이러한 문제는 대화할 때 함께 사용되는 비구어적 단서를 처리하는 데 어려움이 있기 때문에 나타난다.

아스퍼거장애 학생들은 의사소통에서의 결함이 심각하지는 않다. 그러나 그들 대부분은 비유적인 언어를 이해하고 사용하는 데 많은 어려움을 경험한다. 즉, 그들은 의사소통에서 감정이 더해지거나 강조되는 숙어, 은유, 비유, 속어,

농담과 같은 언어 사용에서 어려움을 느낀다. 비유적인 언어는 얼마나 중요한가? 〈표 10-2〉에 제시된 비유적 언어의 예들을 살펴보고, 그것들이 여러 매체나 다른 사람들과의 일상적인 상호작용에서 얼마나 자주 사용되는지 생각해 본다면 그 중요성을 파악할 수 있을 것이다.

이미 잘 알고 있는 것과 같이, 비유적 언어는 우리 일상생활 전반에서 매우 다양하게 사용된다. 아스퍼거장애 학생들은 비유적인 말을 들었을 때, 그 말들을 글자 그대로 해석하고 의사소통적 의도를 적절하게 파악하지 못한다. 그들은 얼굴 표정을 읽거나 목소리의 여러 가지 요소들(예: 리듬, 높낮이, 강세, 크기, 억

〈표 10-2〉 비유적 언어의 예

형태	정의	예	의미
관용	각 요소들을 분석해서는 이해할 수 없는 의미 표현	골치 아픈 사태	매우 나쁜 상황; 매우 좋지 않은 상황
직유	두 개의 다른 것들을 비교한 표현	사자와 같은 용기	용기가 있다.
은유	특정한 속성을 가진 것을 다른 것에 전이시킨 암시적 표현	생각을 갖는 것은 꽃을 모으는 것과 같다. 생각하는 것은 화관을 만드는 것이다.	사고란 마치 화관이 여러 가지 꽃들로 짜인 것과 같이 여러 가지 생각들로 구성되어 있다.
암시	선행 지식을 요하는 상황이나 사물과 관련된 것을 언급하는 것	판도라의 상자	많은 문제와 어려움의 근원
유추	서로 다른 두 개의 공통적 특성을 비교하는 것. 일반적으로 하나는 잘 알려져 있는 것이고 다른 하나는 잘 알려져 있지 않은 것이다.	음식이 농사를 통하여 만들어진 것과 같이, 웃음은 농담으로 만들어진 것이다.	사람들이 음식을 만들기 위하여 농사를 짓는 것과 같이, 농담은 웃음을 생산한다.
줄임말	강조하기 위하여 의도적으로 줄여서 표현하는 것	히틀러는 좋은 사람이 아니었다.	히틀러는 물론 선한 사람은 아니다.
과장	과장해서 표현하거나 엄청나게 표현하는 것	나는 말도 먹을 수 있다.	나는 많이 먹을 수 있다.
모순	일반적으로 서로 대치되는 두 개의 용어를 같이 사용하는 말	먹먹한 고요함	완전한 고요
속어	대화 중에 다른 사람을 배제시키기 위하여 특정한 사회집단에서만 사용하는 말. 단어 자체는 많이 사용하는 것들이지만 특정한 의미로 사용되거나 아주 독특한 의미로 사용된다.	똑바로 살아라.	정직하고 신뢰성 있게 살아라.

• **생각해 봅시다 #2**

과장, 관용, 은유 등은 사회적 상황을 만족스럽게 하는 중요한 요소다. 좋아하는 운동경기나 오락 혹은 기억에 남는 음식 등을 추상적이고 상징적인 단어를 사용하지 않고 설명해 보라.

양)을 이해하지 못하기 때문에 비유적 언어 이해를 통하여 알 수 있는 여러 요소들을 이해하는 데 보다 많은 어려움을 겪는다. 특별히 다른 사람의 의도나 동기를 이해해야 하는 상황에서는 더욱 그러하다. 아스퍼거장애 학생들은 얼굴 표정과 몸짓이나 눈 맞춤을 거의 사용하지 않으면서 로봇처럼 어색한 억양과 음색으로 말을 하기 때문에, 이들의 의사소통 결함은 무엇인가를 표현해야 하는 상황에서 더 잘 드러난다.

3) 반복적, 상동적, 의례적 행동

ASD 사람들에게서 나타나는 가장 두드러진 행동은 일상생활을 방해하는 반복적이고 상동적이며 의례적인 행동이다. 보다 심각한 운동 행동 중 흔들기, 돌기, 날갯짓 하기, 손가락 펄럭이기 등은 장애 정도가 심한 전형적인 아동들에게서 흔히 나타나는 행동이다. 또한 그들은 무의미해 보이는 물건을 특이한 방식으로 사용하면서 자신의 행동에 대한 과도하고 융통성 없는 집착을 보인다. 예를 들어, 일반적인 아동들은 인형이나 담요를 가지고 놀지만, 자폐아동들은 가느다란 실 한 줄에 집착하거나 변기의 물을 반복해서 내리거나 장난감을 일렬로 늘어놓거나 하는 방식으로 논다. 아스퍼거장애 아동들도 자폐성장애 아동들이 나타내는 것보다는 덜하지만, 특이한 형태의 반복적인 놀이를 하면서 시간을 보내곤 한다(APA, 2000). 많은 아동은 날씨체계, 지도 또는 전화번호 책이나 열차 시간표, 비행기 시간표, TV 쇼 등에 관심을 보인다(Loveland & Tunali-Kotoski, 2005). 교사들에 따르면, 자폐성장애 아동은 영화나 TV 쇼에서 본 것들을 엮어서 어색한 대화를 하거나, 예기치 않은 방식으로 일과가 변경되었을 때 극도로 화를 내거나 폭발적으로 화를 내는 행동들을 자주 보인다.

의례적이고 반복적인 행동들은 대부분 의도가 없거나 예측하기가 어렵다. 그러나 연구자들은 ASD 아동들이 이러한 행동들을 통해 자신의 특별한 요구를 충족시킬 수 있다고 생각한다. 초기 연구자들은 이러한 반복적이고 의례적인 행동들이 일반화된 불안 증상(generalized anxiety)의 발현을 통제한다고 보았다(Bettleheim, 1967; Kanner, 1943). 최근의 연구자들은 이러한 행동들을 환경 안에서의 인과관계를 알아내고자 하는 시도로 생각하고 있다(Baron-Cohen, 2005). 이 행동들은 개개인에 따라 다른 기능으로 작용할 수 있다. 예를 들어, 어떤 경우에는 주의집중을 위한 기능으로 작용하기도 하고, 또 어떤 경우에는 특정 활동에 참여하거나 좋아하지 않는 상황이나 과제 등을 회피하기 위한 기능으로 작용하기도 한다(Kennedy, Meyer, Knowles, & Shukla, 2000). 따라서 교사들은 환경적 사건들이 반복적이고 의례적인 행동의 발생이나 빈도, 강도 등에 어떻게 영향을 미치는지 파악해야 한다.

• 생각해 봅시다 #3

반복적이고 상동적이며 의례적인 행동의 기능을 결정하기 위해서는 어떤 과정을 거쳐야 하는가?

3. 관련 특성

관련 특성이란 장애의 주요 특징과 관련된 요소들을 의미한다. ASD 아동의 이차적 관련 행동으로는 출현 연령, 지적 기능 그리고 자해행동이 있다. 이 관련 특성은 교사들이 특별히 관심을 기울여야 하는 요인들이다.

1) 출현 연령

3세 이전에 자폐성장애의 보편적이고도 독특한 특성이 나타나야 하는 것이 자폐 진단 규정의 일부다. 대부분의 부모는 자녀가 15~22개월에 언어 발달 문제와 의례적인 행동들이 나타나는 것을 보고 문제를 인식하기 시작한다. 그러나 보다 어린 시기의 비디오 자료를 분석해 보면 일반적으로 6~8개월 정도의 어린 시기에도 자폐유아들은 정상 발달을 보이는 아동들과 구분되는 행동 특성을 보인다(Chawarska & Volkmar, 2005; Robins, Fein, Barton, & Green, 2001). 또래와 비교해 볼 때, 자폐유아들은 사람에 대한 시각적 관심을 잘 나타내지 못하고, 사회적 의사소통 교환을 잘하지 못하며, 자신의 이름을 부르는 소리와 같은 사람들의 소리에 적절하게 반응하지 못한다.

자폐성장애 아동에 비하여, 아스퍼거장애 아동들은 보다 높은 연령에 진단되는 경향이 있다. 대부분의 아스퍼거장애 아동들이 언어 습득이나 인지 발달, 자조기술 등에서 임상적으로 유의할 만한 지연을 보이지 않으므로 또래들과 사회적 상황에서 상호작용을 하게 될 때까지는 기능적 차이가 잘 드러나지 않는다. 실제로 5세 이전에 진단이 확정되는 대부분의 자폐성장애 아동들과 달리 아스퍼거장애 아동들은 11세 정도가 되어야 명확하게 진단된다(Howlin & Asgharian, 1999).

• 생각해 봅시다 #4

아스퍼거장애가 있는 학생을 파악하는 데 오랜 시간이 걸리는 이유는 무엇인가? 부모와 교사들이 조기 진단과 중재를 위해 고려할 수 있는 행동적 특성은 무엇인가?

2) 다양한 지적 기능

대부분의 ASD 아동이 평균 이하의 지능을 갖고 있으나, 그들이 보이는 지능의 범위는 우수한 경우부터 매우 심하게 낮은 경우까지 다양하다(APA, 2000). ASD 아동의 지능검사 결과에서는 그들의 15~30% 정도만이 지능지수 70 이상의 정상 범주의 지적 지능을 지닌 아동인 것으로 보고되고 있다. 그러나 ASD 아동에 대한 지능평가는 시간이 흐름에 따라 변화하고 있기 때문에 최근에는 38~48% 정도가 정상 범주에 포함된다고 보고되고 있다. 이러한 변화에 영향을 주는 요인들은 다음과 같다. 첫째, ASD 군에 포함되는 아스퍼거장애와 고기능 자폐아동에 대한 진단 규준들이 보다 명확하게 개발되었기 때문이다. 이러한 아동들은 추상적인 내용을 이해하는 데 어려움이 있지만 대부분 정상적인 지적 능력을 나타낸다. 둘째, 이 아동들에게 제공되었던 조기중재의 혜택을 본 아동의 수가 많아졌기 때문이다. 전반적이고 집중적인 프로그램의 실시로, 지능검사로 측정되는 인지 영역에서 매우 중요한 긍정적인 성과가 나타난 것으로 보인다. 예를 들어, 고기능 자폐아동들에게 유치원 교육 및 행동 프로그램 등과 같은 조기중재를 실시하고 1년 후에 평가한 결과 그들의 평균지능이 19점 정도 상승한 것으로 나타났다(Harris, Handleman, Gordon, Kristoff, & Fuentes, 1991).

물론 지능지수가 높아졌다고 해서 다른 여러 가지 문제들이 더 이상 나타나지 않는 것은 아니라는 점을 유념해야 한다. 지능지수의 상승이 적응행동 기술의 향상이나 언어의 사회적 사용에서의 향상과 직결되는 것은 아니다. 그러나 지능이 높은 학생들은 다음과 같은 문제, 즉 (1) 사회적 상호작용과 정서적 표현에서 전반적인 결함, (2) 부적절한 놀이, (3) 자해행동, (4) 언어와 운동 발달의 지체(Yirmiya, Sigman, Kasari, & Mundy, 1992)를 덜 보이는 경향이 있다.

3) 자해행동

자해행동(self-injurious behavior: SIB)은 자기 자신을 향한 공격행동으로, 심하게 머리 박기, 때리기, 할퀴기, 물기 등의 행동들로 나타난다. 아스퍼거장애 아동보다는 자폐성장애 아동들에게서 보편적으로 나타나는 이러한 행동들은 아동 자신에게 심한 상해를 입히고 가족을 비롯하여 그 아동을 돌보는 사람들에게 심한 스트레스를 주게 된다. 따라서 이러한 자해행동의 소거를 가장 우선시하는 것이 가족과 교사 모두에게 너무도 당연한 일이다. 이 외에도 자해행동으로 최소 제한적 환경으로의 배치가 어려워질 수 있으며, 학습을 하거나 일을 하거나 여가생활을 하는 데 제한된 기회를 갖게 된다(Symons, 1995). 물론 자해행동이 모든 ASD 아동에게 일반적으로 나타나는 것은 아니며, 또 그들에게만 해당하는 것도 아니다. 거의 10~20%의 ASD 학생들이 자해행동을 보이지만, 정신적인 문제가 있거나 심한 장애가 있는 아동들도 자해행동을 보인다(Rosenberg et al., 2004).

왜 자신에게 고통과 아픔을 주는 행동을 하는 것일까? 직관력과 상식을 바탕으로 일반적인 행동의 기능을 고려해 볼 때, 대부분의 사람은 불쾌한 물리적 자극을 회피하기 위해 노력한다는 것을 알 수 있다. 자해행동에 대하여 여러 가지 의견이 있지만 여전히 명확한 해석을 할 수는 없다. 예를 들어, 생물학적 이론에서는 자해행동이 비정상적인 신체적 발달 또는 생리적 기능의 결함 때문인 것으로 파악한다(Filipek, 2005). 정신분석학적 견해에서 자해행동은 영유아기 동안 다른 사람에게 접근하고자 하는 시도가 막히거나 좌절된 경험 때문에 발생하는 것으로 본다. 이러한 경험들에 의해 언어를 사용하는 일반아동들과는 달리 반응하기를 거부하고 현실로부터 도피하며, 오히려 자신을 향해 공격을 가함으로써 자신이 느끼는 위험을 회피하고 있는 것으로 파악된다(Bettleheim, 1967; Bloch, 1978). 마지막으로, 행동주의 견해에서는 자해행동을 긍정적 혹은 부정적 자극으로부터 강화받은 학습된 행동으로 이해한다. 긍정적 강화에는 다른 사람의 관심과 감각 자극 등을 얻는 것 등이, 그리고 부정적 강화에는 자폐아동이 회피하고자 하는 자극이나 요구들을 피할 수 있는 것 등이 있을 수 있다.

교육적 상황에서는 행동주의 이론이 가장 유용하다. 기능분석과 기능평가를 통하여 중재를 실시했을 경우 자해행동이 감소되었다는 많은 연구 결과가 제시되고 있으며, 그에 따라 여러 행동주의에 근거한 기법과 프로그램들이 개발되고 있다(Rosenberg et al., 2004).

4. 출현율, 과정 및 발생 원인

1) 출현율

얼마나 많은 학생이 ASD를 갖고 있는가에 대해서는 여전히 논쟁 중이며 아직도 결론을 내리지 못하고 있는 상황이다. 사람들은 ASD가 최근 들어 마치 유행병처럼 급증하고 있다고도 한다. DSM-IV-TR(APA 2000)에 따르면, 자폐성장애인들은 인구 1만 명당 2～20명에 이른다. 그러나 보다 최근의 연구 결과에 따르면, 자폐 인구는 1980년대 혹은 1990년대 초반에 비하여 10배 정도 높게 출현한 것으로 밝혀지고 있으며, 인구 1,000명당 3～4명이 출현하는 것으로 보고되고 있다(NAAR, 2005; Yeargin-Allsopp et al., 2003).

시대의 변화에 따른 이러한 차이는 환경적 위협이나 백신 혹은 유전적 요인 때문인가? 아니면 이 장애 영역에 대한 연구방법의 차이 때문인가? 증가된 출현율에 대해서는 아직까지 논쟁 중에 있으며 어느 것도 명확한 것은 없다. 그럼에도 시대에 따라 변화해 온 ASD의 출현율을 살펴볼 때에는 몇 가지 요인들을 고려해야 한다. 첫째, 최근에는 모든 유형의 ASD(예: 아스퍼거장애)를 포함한 평가를 실시하고 있으나, 예전에는 ASD에 대한 보다 좁은 의미의 정의를 사용하여 평가를 실시하였다. 둘째, 예전에는 지능이 낮은 대부분의 아동이 지적장애로 진단되었으나, 최근에는 진단체계들이 향상되고 그것을 사용하는 전문가들의 능력이 향상되었기에 지능이 낮은 학생 중에서 많은 학생들이 ASD인 것으로 밝혀지고 있다(Fombonne, 2003). 마지막으로 ASD에 대한 대중의 인식이 향상됨에 따라 부모나 임상 전문가들이 보다 조기에 집중적으로 자폐증의 징후들을 관찰할 수 있게 되었다.

ASD와 관련된 다른 인구통계학적 정보들을 살펴보면, ASD는 전 세계적으로 출현하며 남성이 여성에 비하여 4배 정도 높은 출현율을 보이지만(Volkmar, Szatmari, & Sparrow, 1993; Yeargin-Allsopp et al., 2003), 여성이 남성에 비하여 장애 정도가 보다 심각하게 나타나는 경향이 있다(Tsai, Stewart, & August, 1981). 또한 ASD는 어떤 특정 인종에서 더 많이 나타나는 다른 장애에 비하여 아프리카계 미국인과 유럽계 미국인 모두에서 거의 유사하게 출현한다는 것을 알 수 있다. 이 밖에 한 자녀가 자폐성장애인 경우 다른 자녀도 자폐일 가능성은 5～10% 정도라고 보고되고 있다.

2) ASD의 과정

비록 ASD가 만성적이고 일생 동안 지속되는 장애이기는 하지만 그 결과는 장애 정도에 따라 다양하다. 예를 들어, 자폐성장애의 예후는 별로 좋지 않다. 장애의 발견은 조기에 이루어지고 있으며, 아동기와 청소년기 동안 지속적으로 특별한 중재가 필요하다. 지원 없이 생활하거나 일을 하며 지역사회 내에서 생활할 수 있는 자폐성장애인들은 매우 적다. 1/3 정도의 자폐성장애인들은 어느 정도 지원을 받거나 부분적인 지원을 받으며 독립적인 생활을 할 수 있으며, 나머지 2/3 정도는 장애 정도가 심하기 때문에 독립적인 일상생활 기술을 발달시키지 못한다(APA, 2000). 종단연구 결과에 따르면, 자폐성장애인은 사회성과 직업, 독립기술 등에서 지속적인 어려움을 겪는다(Holwin, Mawhood, & Rutter, 2000; Lotter, 1978). 적절한 적응 및 독립 기술을 습득하고 유지할 수 있는 사람들은 정상 수준의 지능을 갖고 기능적인 언어기술을 발달시킨 사람들인 경향이 있다.

아스퍼거장애인들은 인지 및 언어 발달에서 유의한 지연을 보이지 않기 때문에 자폐성장애인들에 비하여 보다 높은 성과를 보인다. 비록 사회성이나 적응행동에서 많은 어려움이 있기는 하지만, 아스퍼거장애인들은 대개 그들의 관심과 관련된 영역에서 직업을 갖고 유지하는 경향이 있다. 어떤 학생들은 대학에 진학하고 대학원에서 공부를 하기도 한다. 그러나 경직성, 어색함, 자기중심성, 정서적 인식을 잘 하지 못하는 것과 같은 특성으로 다른 사람들과의 상호작용에 어려움을 겪는 등 사회성 관련 문제는 여전히 남아 있다. 많은 아스퍼거장애인들이 우울증과 불안으로 정신건강 서비스를 받아야 한다는 것은 전혀 놀라운 일이 아니다(Shea & Mesibov, 2005).

상담과 같은 적절한 지원이 제공될 경우, ASD 학생들은 대학과 같은 고등학교 졸업 후의 환경에서 성공적으로 지낼 수 있다.

3) 발생 원인

ASD의 연구 및 중재와 관련하여 가장 당황스러운 것 중 하나는 장애를 유발하는 원인을 명확히 알 수 없다는 것이다. 현재 알려진 것에 따르면, ASD는 주로 유전, 신경화학적 요인, 신경생리학적 이상 등과 같은 선천적인 요인들의 산물일 수 있다(Towbin et al., 2002). 그럼에도 행동주의와 정신분석적 견해에 따른 환경 중심적 견해들도 ASD의 발현과 유지에 영향을 미치는 요인으로 제시되고 있다.

(1) 유전적 요인

점차 유전적 요인들을 ASD 출현에 영향을 미치는 주요 원인으로 보는 추세다. 쌍둥이의 자폐증 출현에 대한 연구나 가족들 간의 자폐적 행동 출현에 대한 연구들에서는 자폐증의 유전적 성향을 강력히 지지한다(Gillberg & Cederlund, 2005; Segal, 2005). 안타깝게도 ASD와 관련이 있을 것으로 생각되는 특정한 유전자는 아직까지 밝혀지지 않았다(Hu-Lince, Craig, Huentelman, & Stephan, 2005).

신경화학적 관점에서 ASD는 두뇌와 중추신경 조직에서의 특정 화학물질들의 비정상적인 과다분비나 과소분비와 상관이 있어 보인다. 특히 수면이나 식욕, 기분 등에 많은 영향을 미치는 아미노산 신경전달물질인 세로토닌은 많은 자폐아동에게서 과다분비되는 것으로 밝혀지고 있다(Anderson & Hoshino, 2005). 불규칙한 세로토닌 수준은 우울증이나 분노, 강박증과 같은 다른 증상들과도 관련이 있다. ASD는 뇌 발달의 물리적 측면과도 관련 있어 보이는데, ASD 아동들의 두뇌는 자폐가 아닌 다른 아동들에 비하여 크고 무겁다고 한다(Redcav & Courchesne, 2005). MRI를 활용한 최근의 연구는 그들이 언어와 얼굴 인식, 사회 인지 등에 관여하는 두뇌 영역에 구조적인 문제를 갖고 있다고 하였다(Akshoomoff, Pierce, & Courchesne, 2002). 이러한 구조적 문제는 앞으로 지속적으로 연구되고 조사되어야 할 주제들이다.

(2) 환경적 요인

ASD 아동의 어머니인 캐서린 모리스(Catherine Maurice, 1993)가 자신의 회고집 『당신의 목소리를 들려주세요(*Let me hear your voice*)』에서 서술한 느낌을 생각해 보자.

> 이러한 악몽을 만든 사람은 바로 나였다. 나는 확신하였다. 앤 마리를 자폐적인 아이로 만든 것은 내가 그녀에게 충분한 관심을 주지 않았거나, 자폐증에 대해 너

무나 많은 것을 읽고 주변인에게 말함으로써 그들이 앤 마리가 자폐증을 갖고 있다고 믿게 만들었기 때문이다(p. 28).

분명한 것은 자폐아동의 부모가 자녀에게 한 행동이나 부모의 행동에 대한 자녀의 지각이 자폐증을 유발한 것이 아니라는 것이다. 그럼에도 많은 부모들은 자신이 선택한 음식이나 생활방식, 집의 위치, 예방주사 등이 자폐증과 관련 있을 것이라고 생각하곤 한다.

부모들의 발생 원인에 대한 적절하지 않은 일반화가 계속되는 것에 주의해야 한다. 정신분석이나 행동주의 영역의 저명한 몇몇 심리학자들은 ASD 아동의 부모들이 이 장애의 발현과 유지에 영향을 미쳤을 것이라는 가설을 지속적으로 제기하고 있다(Rosenberg et al., 2004). 비록 현재는 이러한 견해들이 잘못되었고 부적절하며 부당한 것임이 밝혀졌고 그에 관련된 이론들이 거의 사라졌지만, 프로이트 학파의 브루노 베틀하임(Bruno Bettleheim)은 자폐증이 부모의 심한 거부감에 대한 아동의 반응이라고 주장하였다. 그는 1967년에 발간된 『빈 요새(*The Empty Fortress*)』라는 저서에 대한 초기의 긍정적 반응에 힘입어 '냉담한 엄마(refrigerator mother)'로 일컬어지는 마음이 황폐한 어머니들은 그들 자녀의 양육능력을 의심받고 있다는 일반론을 제기하였다. 이러한 베틀하임의 생각들은 그동안 많은 비판을 받아 왔지만, 이와 같은 어머니를 비난하는 이론을 반대하는 이론들이 반박을 당할 정도로 심리학 영역에서 이 이론은 오랫동안 지속되었다.

부모들의 비반응성도 ASD에 대한 행동주의적 설명의 일부로 적용되었다. 퍼스터(Ferster, 1961)는 자폐아동들이 어린 시기에 그들의 행동에 대한 적합한 강화를 받지 못하였기 때문에 의사소통적 언어와 적절한 행동을 발달시키지 못하였다고 하였다. 부모들이 적절한 행동을 무시하거나 자주 강화를 제공해 주지 않았기 때문에 어린 시기에 친사회적 행동을 하려 했던 시도들이 사라지게 되었고, 보다 복잡한 기술들을 발달시킬 수 있는 기반이 적절히 개발되지 못하였다는 것이다. 그리고 아동들은 다른 사람에 대한 관심을 확고히 하도록 하기 위하여 점점 더 이상한 행동을 하게 된다는 것이다. 이러한 이론들이 ASD를 설명하는 논리적인 설명이 될 수 있다고 생각하는가? 분명한 것은 중재계획을 위하여 강화를 생각하는 것은 매우 적절하다. 그러나 이러한 전반적인 행동군을 설명하기 위하여 초보적인 자극-반응이론을 사용하는 것은 행동주의적 견해를 잘못된 방향으로 확대 해석한 것이라고 볼 수 있

• 생각해 봅시다 #5

부모가 아동의 장애 원인과 관련있다는 이론의 영향은 무엇인가? 이러한 이론들은 집중적인 가족 참여에 의존하는 조기중재의 성과에 어떤 영향을 미쳤는가?

ASD에 대한 부모 원인론과 관련하여 오도된 일반화를 하기보다는 부모를 지원하고 그들과 가정-학교 동반자 관계를 갖는 것이 교사들에게 더 도움을 줄 수 있다.

다. 더 중요한 점은 부모와 다른 주요 양육자들에게 지속적인 중요한 지원을 하는 데 역효과를 가져올 수 있다는 것이다.

이러한 잘못된 생각이 교사에게 주는 시사점은 무엇인가? 교사에게 가장 중요한 점은 발생 원인이 될 가능성이 있는 것으로 파악된 지식은 다음과 같은 사항들을 실천하기 위하여 활용되어야 한다는 것이다. (1) 문제행동이 나타난 ASD 학생들을 어쩔 수 없는 아동들로 보지 않아야 한다. (2) 부모와 가족들이 비난당하지 않아야 한다. (3) 원인과 상관없이, 학생들에게 교수 상황에서 효과적인 연구 기반의 실제들을 제공하는 것이 그들에게 많은 도움이 될 수 있다.

5. 판별과 평가

ASD는 발달 영역 전반에 걸쳐 나타나기 때문에 판별과 평가는 소아과 의사, 심리학자, 정신과 의사, 언어/말치료사, 교사 등과 같은 다양한 영역의 전문가들을 포함해야 한다. 이러한 절차들은 포괄적이고 시간을 많이 요하며, 부모를 포함한 서로 다른 영역의 전문가들 간 협력이 필요하다(Towbin et al., 2002). 많은 진단도구와 임상 프로토콜이 개발되어 ASD의 존재 여부를 판별하고, 자폐증이 기능성에 미치는 영향과 장애요소들을 제거할 수 있는 가장 적절한 방법들을 밝히기 위하여 사용되었다. 장애를 지닌 것으로 의심되는 학생들을 진단하고 판별하는 과정에는 '선별, 판별, 교수/행동 계획'의 세 단계가 있다는 점을 다시 한 번 상기해 보자.

1) 선별

ASD 학생을 위한 선별에서는 장애 위험요소로 제시될 수 있는 행동적 특성들을 지니고 있는지를 살펴보아야 한다. 선별 목적은 더 많은 진단이 필요한 학생인지의 여부를 밝히기 위한 것이다. 선별 절차는 시간이 적게 들며 훈련이나 경험의 정도가 많이 필요하지 않다. 또한 선별 결과는 구체적인 진단결과를 내리기보다는 위험 수준에 있음을 알려 주는 역할을 한다. 그럼에도 ASD 학생들을 위한 선별은 매우 중요하다. 장애요소들이 18~24개월의 어린 아동들에게서도 나타날 수 있음에도 더 나이가 들 때까지 진단이나 중재를 미룸으로써(물론 지금까지 이런 아동들은 매우 많다) 중요한 중재 기회를 놓칠 수 있기 때문이다(Coonrod & Stone, 2005).

쿤로드와 스톤(Coonrod & Stone, 2005)은 ASD 아동을 선별하기 위한 두 가지 접근방법인 '일반적인 접근방법'과 '자폐증 특정적 접근방법'을 소개하였다. 일반적인 접근은 언어와 행동, 인지기술 및 운동발달 기술, 사회성 기술과 자조기술을 포함한 포괄적인 발달 영역을 살펴보는 것이다. ASD로 의심되는 아동은 이러한 발달 영역에 결함이 있기 때문에 장애 위험 아동으로 생각될 가능성이 있다. 이를 위한 일반적인 선별검사 도구로는 ASQ(Ages and Stages Questionnaire; Bricker & Squires, 1999)와 브리건스 조기 선별 도구(Brigance Diagnostic Inventory of Early Development; Brigance, 1991) 등이 있다. 반면, 자폐증 특정적 선별도구는 구체적으로 ASD 증후를 대상으로 하며, 걸음마기 자폐증 체크리스트(Checklist for Autism in Toddlers: CHAT; Baird et al., 2000)와 개정판(Modified Checklist for Autism in Toddlers: M-CHAT; Robins et al., 2001) 등이 포함된다. 이러한 검사도구들은 교사와 부모들이 작성할 수 있는 질문지와 면담 프로토콜, 관찰 평정척도, 특정 기능 영역 평가척도 등과 같은 다양한 평가 방법을 사용하고 있다.

2) 판별

ASD 가능성이 있는 것으로 선별된 아동들은 보다 집중적인 평가를 위하여 다학문적 평가 팀 또는 아동연구 팀에 의뢰된다. 일반적으로 이러한 팀은 ASD 아동에 대한 경험이 있는 의사, 발달심리학자, 언어치료사, 사회사업가, 교사 등으로 구성된다. 임상 판별은 심리학적 평가와 아동의 발달력, 청력검사, 말/언어 검사, 의사소통 능력 검사, 지능검사, 의학과 신경학적 검사, 현재 가족기능 평가 등으로 이루어진다(Klin, McPartland, & Volkmar, 2005; Towbin et al., 2002). 수행에 대한 척도를 다양한 시간과 상황에 적용하여 측정할 수 있도록 주의를 기울여야 한다.

다학문적 팀은 ASD 여부를 결정하기 위하여 주로 다음과 같은 네 가지 표준화된 평가도구들을 사용한다. '주요 결함 척도(core deficit scales)'는 ASD와 관련된 개별적이고 구체적인 결함(예: 사회적 반응성, 언어, 애정, 인지 등)에 초점을 맞추며 장애 증후와 기능의 정도를 정확히 평가한다. '자폐증 측정 척도(autism rating scales: ARS)'는 ASD의 많은 요소를 묶어서 하나의 도구로 포함하고 장애 가능성의 여부를 판단할 수 있는 점수를 제시한다. '진단적 면담(Diagnostic Interviews)'은 가족과 양육자들에게 ASD 아동들의 발달과 요구 유형에 관련된 정보들을 얻을 수 있는 반구조화된 서술방법이다. 마지막으로 '직접관찰 척도(direct observation scales)'는 ASD를 나타내는 것으로 의심되는 아동들의 사회성과 의사소통 행동들을 관찰하는 방법이다. 이러한 평가도구를 포함하여 보편적으로 사용되는 몇 가지 선별 및 판별 검사도구들이 〈표 10-3〉에 제시되어 있다.

대부분의 유용한 도구는 자폐성장애가 의심되는 아동들에게 사용할 의도로 개발된 것들이다. 그러나 아스퍼거장애와 같은 고기능 자폐아동을 위한 타당한 도구나 판별 프로토콜 개발을 위한 과제가 여전히 남아 있다. 그 정의의 어려움과 함께 표준화된 측정도구의 부족에 따라, 아스퍼거장애 판별을 위해 사용될 진단방법들은 가능한 한 포괄적이면서도 상세해야만 할 필요가 있다(Klin et al., 2005).

〈표 10-3〉 선별과 판별 진단 측정의 예

유 형	진단도구명	일반적 특성
선별	걸음마기 자폐증 체크리스트 (Checklist for Autism in Toddler: CHAT) (Baird et al., 2000)	부모의 보고에 근거하여 자료를 수집하고 가장놀이와 응시행동, 지적하기 등과 같은 행동들을 상호작용하는 동안 측정하는, 걸음마기 아동들의 선별을 위하여 사용되는 일반적인 측정도구
	걸음마기 자폐증 체크리스트 개정판 (Modified Checklist for Autism in Toddler: M-CHAT) (Robins et al., 2001)	CHAT의 확장된 부모 보고서, CHAT로는 측정되지 않는 상호적 행동들을 측정함
	2세 아동들을 위한 자폐증 선별 (Screening for Autism in 2-Year-dlods: STAT) (Stone, Coonrod, & Ousley, 2000)	조기 선별을 위하여 계획된 측정도구
주요 결함 척도	사회적 반응성 척도 (Responsiveness Scale: SRS) (Constantino, 2002)	20분 정도 소요되며, 교사나 부모에 의하여 실시되는 측정도구. 전체 65항목 정도이며, 의사소통과 사회적 상호작용, 상동적인 행동 등과 관련된 내용이 포함됨
	아동의 사회적 행동 질문지 Children' s Social Behavior Questionnaire: CSBQ) (Lutejin, Luteijin, Jackson, Volkmar, & Minderaa, 2000)	부모와 교사들이 평가하는 측정도구. 과다행동, 사회적 상호작용과 통찰력, 불안/경직되고 전형적인 행동들을 측정함
	전반적 발달장애 평정척도 (Pervasive Developmental Disorders Rating Scale: PDDRS)	각성, 애착과 인지 등과 관련된 51항목으로 구성된 측정도구
자폐증 평정척도	아동기 자폐증 평정척도 (Childhood Autism Rating Scale: CARS) (Schopler, Reichler, & Renner, 1986)	직접관찰, 부모 보고, 다른 장애를 가진 아동들과 구분하기 위한 차트 검토 등을 포함한 15항목의 행동 평정척도
	자폐증 행동 체크리스트 (Autism Behavior Checklist: ABC) (Krug, Arick, & Almond, 1980)	57항목의 행동 평정척도로 감각, 사회적 행동과 반복적 행동을 측정하고 사회성 기술, 적응행동 기술, 의사소통 기술, 언어기술 등을 측정함

진단적 면담	자폐증 진단적 면담 개정판 (Autism Diagnostic Interview-Revised: ADI-R) (LeCouteur, Lord, & Rutter, 2003)	PDD 아동과 성인의 양육자들이 실시하는 면담으로 전체 93항목으로 구성되어 있고 2시간 정도 소요된다.
	사회 의사소통 장애 진단용 면담 (Diagnostic Interview for Social and Communication Disorders: DISCO) (Wing, Leekman, Libby, Gould, & Larcombe, 2002)	ASD 관련 행동들을 파악하기 위한 반구조화된 면담
직접관찰 척도	자폐증 진단 관찰척도 (Autism Diagnostic Observation Schedule: ADOS) (Lord et al., 2000)	약간의 언어능력이 있지만 유창하지 않은 고기능 청소년과 성인들의 사회적 행동과 의사소통 행동에 대한 관찰 척도
	심리교육 프로파일 개정판 (Psychoeducational Profile-Revised: PEP-R) (Scholper, Reichler, Bashford, Lansing, & Marcus, 1990)	3~7세 아동들에게 사용할 수 있는 자폐증 정도 측정도구
아스퍼거장애 측정도구	아스퍼거장애(및 고기능 자폐증) 진단용 면담) (Asperger's Syndrome (and High-Functioning Autism) Diagnostic Interview: ASDI) (Gillberg, Gillberg, Rastam, & Wentz, 2001)	아스퍼거장애를 지닌 사람들을 위한 진단도구, 행동, 사회적 행동, 관심, 일상생활, 구어 및 언어 능력, 의사소통 및 운동 기술 등을 측정함

출처: Coonrod & Stone, 2005; Lord & Corsello, 2005.

3) 교수/행동 계획

교수를 계획하기 위한 학생 수행평가에서 교사는 결정적인 역할을 한다. 직접관찰, 구조화된 자료 수집, 진단검사 등을 통하여 수집된 정보들은 학생의 강점과 약점을 평가하고 중재를 계획하는 데 도움이 될 수 있다. 대부분의 중재에서 응용행동분석 방법을 적용하기 때문에 교수계획을 위하여 기능적 행동평가(functional behavioral assessment: FBA)를 실시하게 된다. 이 교재의 여러 부분에서 언급되었듯이(제7장에 상세히 설명되었음), FBA는 다음과 같은 세 가지 단계로 실행된다. (1) 문제행동을 조작적으로 정의한다. (2) 행동에 영향을 미치는 사건과 선행사건, 후속결과들을 파악한다. (3) 구체적인 중재계획을 개발하고 실행하며 그 효과를 평가한다. FBA는 심리학자와 언어치료사, 감각 및 운동 발달 영역의 전문가 등으로부터 수집한 정보들을 통합하여 아동의 자연스러운 환경에서 실행된다.

6. 교육 실제

구체적인 교수요소 및 기법에서부터 고도로 계획된 포괄적인 프로그램에 이르기까지 증거 기반 교육 실제(evidence-based educational practices)가 ASD 학생들을 위해 추천되고 있다.

1) 서비스 전달체계

다른 장애학생들과 같이 ASD 학생들은 최소 제한적 환경에서 교육적 서비스를 받아야 한다. 아스퍼거장애와 같은 고기능 학생들을 위한 최소 제한적 환경은 학업 및 행동적 지원을 받을 수 있는 일반학급 내 통합 프로그램에 배치되는 것이다. 반면, 앞서 살펴본 킴 토머스 선생님의 학생과 같이 보다 집중적으로 교육적 · 행동적 관리가 필요한 학생들은 부가적으로 사회적 통합의 기회가 제공되는 보다 분리된 제한적 환경의 교육 프로그램들에 배치된다.

프로그램 적용과 배치 결정에서 고려해야 할 요소는 무엇인가? 핸들맨, 해리스와 마틴스(Handleman, Harris, & Martins, 2005)에 따르면, 사회적 기술능력은 ASD 학생들의 일반학급 통합을 위해 가장 필요한 준비요소다. 이 ASD 아동들은 애정 표현을 잘하지 못하고, 다른 사람의 인사에 반응하지 못하며, 대화나 놀이에서 자기주장 능력이 부족하고, 다른 사람들과 의도적으로 상호작용하는 능력이 부족해서 또래들로부터 거부당할 가능성이 높다. 그러나 또래들은 적절한 행동의 모델이 될 수 있고, ASD 학생들의 중요한 사회적 반응을 강화하고 촉진하며, 사회적 상호작용을 시작하는 역할을 할 수 있다. 그렇기에 ASD 학생들은 일반 또래와의 의미 있는 만남을 통해 사회적 기술을 습득할 기회를 갖게 된다.

성공적인 통합에서 이러한 비장애 또래들의 영향이 간과되어서는 안 된다. 일반학급에 배치된 16명의 고기능 자폐학생들을 대상으로 한 자연스러운 연구(naturalistic study) 결과를 살펴보자(Ochs, Kremer-Sadik, Solomon, & Sirota,

ASD 학생에 대한 긍정적인 또래행동은 통합 프로그램의 성공에 영향을 줄 수 있다.

2001). 통합과 관련하여 부정적인 경험을 한 ASD 학생들은 교사와 또래 모두에게 자신의 특별한 요구가 거의 관심받지 못하거나 무시당한 상황이 있었다. 또래들은 ASD 학생들의 행동적 특성을 잘 알지 못하였기 때문에 그들을 거부하거나 비웃거나 그냥 내버려 두곤 하였다. 반면, 통합과 관련하여 긍정적인 경험을 한 ASD 학생들에게는 자신의 특별한 요구가 무엇인지에 대해 명확하게 설명을 들은 비장애 또래들이 있었다. 이와 같이 비장애 또래들이 ASD 장애 친구의 특성에 대해 잘 알고 있게 되면, 그들의 교육적 요구를 잘 파악하고 부적절한 행동을 교정하며 행동문제가 나타나는 것을 최소화하고 그들과 함께 다양한 사회적 활동을 할 수 있게 된다.

성공적인 통합의 두 번째 구성요소는 학업적인 측면에서의 혜택이다. 일반학급에의 배치를 결정할 때는 지원을 받거나 혹은 지원 없이 독립적으로 학업활동에 참여할 수 있는 능력에 근거해야 한다. 이러한 학업활동 참여의 예로는 새로운 기술의 습득, 습득된 기술의 일반화, 집단교수 시의 집중 등을 들 수 있다(Simpson, deBoer-Ott, & Smith-Myles, 2003). 학생의 특성과 교육 환경의 특성이 서로 잘 맞는지 결정하기 위해서는 (1) 교육과정 전달과 수용, (2) 환경적 정비, (3) 참여 수준, (4) 상호작용 유형과 양, (5) 교사 및 특수교육 보조원과 또래들의 태도 등을 주의 깊게 관찰하고 분석해야 한다.

2) 조기중재

일반적으로 조기중재는 상당히 효과적인 성과를 가져오기 때문에 매우 중요하게 간주되어야 한다(Woods & Wetherby, 2003). ASD 아동들의 경우, 조기중재는 대개 (1) 감각문제(시각과 청각, 촉각과 자세, 후각, 운동감각 영역들의 처리과정과 통합), (2) 의사소통 기술(기능적 의사소통, 전언어적 의사소통, 말하기 등), (3) 사회적 행동(주의집중과 시작행동, 반응 빈도 등)과 같은 문제들에 초점을 맞춘다. 응용행동분석(applied behavior analysis: ABA) 기법은 이러한 영역에서 어린 아동들의 기능을 향상시키기 위하여 가장 일반적으로 사용되는 방법이다. ABA(앞의 여러 장에서 계속 제시되었고 이후의 장들에서도 제시될 것이다)는 선행사건과 특정 행동 그리고 문제행동 직후에 제시되는 행동들 간의 기능적 관계를 포함한 행동변화 절차다.

ASD 영유아들은 가정과 학교 혹은 기관 중심의 프로그램에서 ABA 중재를 받게 된다(Harris & Delmolino, 2002). 전문가들은 어린 아동을 직접적으로 지도하는 것뿐만 아니라 가정중심 접근에서 부모와 가족 구성원들이 행동지원 방법들을 잘 사용하고 유지할 수 있도록 지원하기도 한다. 가정에서 제공되는 서비스는 기관중심 서비스에 비하여 대상유아의 시간과 노력을 절약할 수 있다는 점에서 효과적이다. 중재 효과들 중에서 가장 중요한 것은 아동의 자연스러운 환경에서 그 중재가 실행될 수 있기 때문에 습득된 기술들이 가족구성원들 전체로 그리고 가정에서 이루어지는 여러 다양한 활동으로 일반화되기 쉽다는 점이다. 그러나 때로는 가족구성원들의 중재 요소에 따른 기대가 현실적이지 않을 수도 있다. 시간 제약과 조기중재를 방해하는 여러 가지 요소들 때문에 이러한 조기중재의 효과는 감소될 수도 있다.

기관중심 또는 학교중심 프로그램은 여러 영역의 전문가들이 많은 영역의 문제들을 포괄할 수 있으며 함께 협력할 수 있다는 점에서 효과적이다. 더욱이 기관중심 프로그램은 어린 ASD 유아의 사회성 발달에 중요한 요소인 다른 아동들과의 상호작용 기회를 제공할 수 있다. 여러 가지 접근들 중에서 어떤 것이 가장 효과적일까? 해리스와 델몰리노(Harris & Delmolino, 2002)는 학교 혹은 기관중심의 프로그램이 가정중심의 방법들에 비하여 여러 영역의 전문가들이 하루 종일 아동을 볼 수 있기 때문에 비용 면에서 효과적이라고 하였다. 그러나 적절히 적용될 수만 있다면 가정중심 중재도 일반화와 처치 강도 등에서 매우 효과적일 수 있다.

3) 학업적 및 사회적/행동적 중재

ASD 학생들은 학업적인 영역과 사회적 영역에서 많은 어려움이 있기 때문에 여러 영역에 걸친 프로그램으로 구성된 포괄적인 중재를 필요로 한다. 중재는 대개 개별 학생의 평가 자료와 기능적 요구 결과에 근거하여 실시된다. ASD 학생들이 지닌 다양한 요구에도 불구하고 제한된 시간에 의해 그들을 위한 중재는 일반적으로 학업적 성취와 사회적/행동적 기능과 언어기술 향상에 초점을 두고 실시된다.

(1) 교육과정 내용

① 학업적 내용

ASD 학생을 위한 하나의 특정한 학업적 교육과정은 없다. 교육청 차원의 표준화 교육과정 및 학생의 요구평가 결과와 어느 정도의 상식을 바탕으로 자폐와 아스퍼거장애 학생들을 위한 개별화된 학업 프로그램이 제시되고 있다 (Olley, 2005). 일부 ASD 아동들은 학업기술을 이미 지니고 있으며 또 일부는 기본적인 학업 전 기술들을 습득하는 데도 어려움을 보인다. 기능 수준과 상관없이, ASD 학생들은 정보를 기억하고 조직화하는 데 어려움을 보인다. 결과적으로 그들은 학업적 개념과 관련 기술들을 습득하기 위해서 부가적인 인지전략과 문제해결 전략을 배울 필요가 있다. 일반학급에 통합된 아스퍼거장애가 있는 고기능 자폐아동들도 개별화된 지원과 수정이 필요하다. 특별히 언어 자료에 대한 이해와 쓰기 표현을 위주로 하는 내용중심 교과 영역에서는 더욱더 집중적인 지원과 수정이 요구된다. ASD 학생의 학업 기술교수 전략은 학습장애 학생들이나 ADHD 학생들에게 적용하는 전략들과 유사하다는 점을 유념할 필요가 있다. 학업적 지원과 수정에 대한 상세한 정보들은 제6장과 제9장의 '교육 실제' 부분에서 많은 도움을 얻을 수 있을 것이다.

② 사회적/행동적 내용

사회적/행동적 기능에 대한 교수는 일반적으로 실제 생활을 하는 데 반드시 필요한 연령에 적합한 행동들에 초점을 맞춘다. 비록 진단된 강점과 약점에 근거하여 개별교수가 실시된다 할지라도, 그 내용들은 대부분 사회적 상황에서의 통합을 가능하게 하는 일상생활 기술, 자조기술, 기능적 의사소통 기술 등에 초점을 맞춘다. 많은 ASD 학생들은 또래들과 어떻게 놀이해야 하는지, 자신의 정서를 어떻게 다루고 화를 통제해야 되는지 등을 명확하게 배워야 한다. 일반적으로 얼굴 표정과 몸짓 이해, 비문자적인 비유적 표현(예: 숙어와 은유 등)에 대한 이해, 말하는 내용과 다른 의도, 사회적 기능의 비명시적인 규칙 이해 등과 같은 설명적인 기술—명확한 교수를 하지 않으면 습득되기 어려운 기술—의 교수에 초점을 맞춘다(Smith-Myles & Simpson, 2001).

③ 언어 내용

언어교수의 내용은 학생의 지적 수준과 일치하는 말하기 능력에 따라 결정된다. 비구어적인 학생들은 그림, 상징, 의사소통판, 버튼을 누르면 학생의 요구를 말로 표현하는 전자도구 등을 활용하여 의사소통하는 방법을 배우도록 한다. 구어로 표현할 수 있는 학생들의 경우 화용론과 구문론, 의미론과 조음 등을 포함한 언어 표현의 측면에 초점을 맞춘다. 구어로 자기 의사를 표현할 수 있는 고기능 ASD 학생들에게 언어의 사회적 사용인 화용론을 가르치기 위해서는 보다 집중적인 중재가 필요하다. 의사소통 의도 이해하기, 대화 예절에 맞게 말하기, 청자의 요구를 이해하고 민감하게 반응하기 등을 가르치기 위해서 구체적인 교수가 실시된다(Paul, 2005). 특히 사회적으로 적절한 방법으로 대화를 시작하고 유지하며 마치는 데 필요한 미묘한 기술들은 ASD 학생들이 일반학생들과 성공적으로 생활하기 위해서 반드시 필요한 기술이다. 언어 표현에 대한 보다 상세한 교수 내용은 제11장을 참조하라.

(2) 교수방법

ASD 학생들의 학업과 사회적 · 언어적 기술을 향상시키기 위하여 일반적으로 사용하는 교육적 프로그램은 응용행동분석, 보완대체 의사소통 전략, 그리고 사회적 기술 교수 등이다.

① 응용행동분석(ABA)

가장 기초적인 수준의 ABA는 매우 구조화된 과정으로서, (1) 표적행동에 대한 기초선 평가 수행하기, (2) 행동변화 중재 실행하기, (3) 중재 기간 동안 표적행동의 변화에 대한 지속적인 자료 수집하기, (4) 자료에 근거하여 중재 수정하기, (5) 처치하지 않은 상황과 처치 상황에 참여하지 않았던 사람들로 중재 효과 일반화하기를 포함한다(Arick, Krug, Fullerton, Loos, & Falco, 2005). 일반적으로는 기능적 행동평가를 통해 중재계획을 선택하고 실행할 수 있다.

중도 ASD 학생들을 위한 중재로 자주 사용되는 방법 중 하나는 불연속 회기 교수(discrete trial instruction: DTI)다. DTI에서는 목표행동의 빈도와 강도에 영향을 미치도록 계획된 선행사건과 후속결과들을 구조화하여 실행하고 감독한다(Harris & Delmolino, 2002). 이 방법은 기본적인 학업 전 기술과 수용언어 기술의 교수에 가장 효과적이므로 어린 자폐아동들에게 가장 보편적으로 적용되는 ABA 절차다. 변별 자극의 역할을 하는 선행사건들이 행동을 유발시키기 위해 촉진과 더불어 제시되고, 강화인으로 작용하는 후속결과들은 유발된 행동을

학생사례 탐구

의사소통, 상호작용 및 참여 수준 향상시키기

❝비구어 자폐성장애 학생인 10세의 오웬 페텔은 중등도 및 중도 장애학생을 위한 특수학급에 의뢰되었다. 몇 년 동안 오웬은 외국생활을 하였고 그의 특수교육 요구를 전혀 지원해 주지 못하는 몇몇 학교들을 전학하며 다녔다. 오웬의 지속적인 과잉행동 때문에 우리는 그가 오랫동안 다른 학생들과 분리되어 생활하게 될 것이라고 들었다. 또한 학교 기록에서는 오웬의 행동에 대한 기능평가를 위하여 체계적인 노력을 기울인 흔적이 전혀 드러나지 않았다. 몇 주 동안 실행한 기능적 행동평가 후에 우리는 오웬의 부적절한 행동의 대부분—끈 흔들기, 울화행동, 자해행동 등—은 다른 사람들의 의사소통적 의도를 전혀 이해하지 못하거나 적절한 방법으로 자신의 요구를 알리지 못하기 때문인 것으로 생각되었다. 분명한 것은 그의 진보를 위해서 자연스럽고 사회적으로 적절한 의사소통 방법을 반드시 알려 주어야 한다는 것이었다.❞

자연스러운 상황에서 다른 사람들과 의사소통할 수 없기 때문에 오웬과 같은 학생들은 교육 상황에 완전히 참여하는 데 많은 어려움이 있었다. 그들의 제한된 수용언어와 표현언어 기술을 보완하기 위하여 자연스러운 언어 상황에서 시각적인 도움을 제공한 결과 많은 도움을 얻은 것으로 나타났다. 카피에로(Cafiero, 1998)에 따르면, 보완대체 의사소통 체계의 하나인 보조 언어(aided language)는 배우기 쉽고 비용이 저렴하며 모든 상황에 일반화되기 쉬운 방법이다. 학생들과 의사소통하기 위하여 대화 상대자는 말을 할 때와 같이 의사소통 상징—대개는 판 위의 그림, 컴퓨터 화면—을 만지거나 살짝 건드린다. 이러한 이해언어활동은 학생이 상징을 지적하여 의사소통을 시작하게 되는 표현활동으로 확장된다. 카피에로는 의사소통 진보를 위한 단계들을 다음과 같이 제시하였다.

- 환경적으로 적합한 언어판을 만든다. 의사소통판은 특정 활동을 하는 환경과 관련되었을 때 가장 효과적이다. 의사소통판에 포함될 단어를 결정하기 위해서 활동을 관찰한다.

더 강화시키기 위해 제시된다. 적절하지 않은 반응에 대한 벌—일반적으로 중립적인 '아니' 라는 말이나 관심 철회 등—은 행동의 강도와 빈도를 감소시킨다. 주의 깊은 자료 수집을 통해 아동 행동의 진전도를 감독할 수 있고, 필요한 경우에는 프로그램을 수정할 수도 있다(예: 보다 촉진을 제공하고 강화율을 증가시킴).

② 보완대체 의사소통(AAC) 전략

ASD 학생들은 도구가 사용되거나 사용되지 않는 AAC 전략과 장비들을 통해

- 상징의 수를 결정한다. 의사소통판에 포함될 상징의 수는 학생의 기능 수준에 따라 달라질 수 있다. 지적하기와 공동 관심 기울이기(joint attention) 능력(과제의 여러 다양한 측면에 주의를 기울일 수 있는 능력)이 있는 학생들은 많게는 50개까지 다룰 수 있다.
- 상징을 논리적으로 배열한다. 상징을 영어의 구조(주어, 동사 등)와 같이 배열한다.
- 활동 내에서 의사소통판의 사용을 목표에 포함한다. 학생이 언어와 활동을 연결시키는 것과 같이 언어 시뮬레이션을 도입해 본다.
- 의사소통판 사용의 효과성을 평가한다. 의사소통판의 복사본을 가지고 수준과 사용상의 질적인 부분을 평가한다.

자폐학생들의 시각적 언어나 보완대체 의사소통 체계의 사용에 관한 정보를 구하려면 다음의 문헌들을 참고하라.

Cafiero, J. (1998). Communication power for individuals with autism. *Focus on Autism and Other Developmental Disabilities, 13,* 113-122.

Miranda, P.(2001). Autism augmentative communication, and assistive technology: What do we really know? *Focus on Autism and Other Developmental Disabilities, 16,* 141-152.

적용하기

- 오웬이 새로운 학급 친구들과 기능을 시작할 수 있도록 한 시각적으로 지원된 의사소통판을 개발한다.
- 학생과 교사 그리고 교실 내의 일상에 익숙해지도록 하기 위해 사용될 수 있는 상징은 무엇이라고 생각하는가?
- 오웬이 언어판에 집중할 수 있는 동기를 제공하는 것은 무엇인가?
- 이러한 중재의 영향과 효과성은 어떻게 평가할 수 있는가?

그림판은 구어를 사용하지 못하는 ASD 학생들이 또래 및 성인들과 의사소통할 수 있도록 한다.

의사소통 방법을 습득할 수 있다. 도구가 사용되지 않는 전략의 예는 의사소통하는 사람의 신체(손, 몸짓 등)가 의사소통 수단으로 활용되는 경우가 있다. 도구가 사용되는 전략의 예로는 그림판이나 컴퓨터와 같은 보조도구들을 의사소통 수단으로 활용하는 경우다(Paul, 2005). 초기에는 주로 도구가 필요 없는 의사소통 체계인 수화(Sign Language)를 활용하여 보완대체 의사소통 훈련이 이루어졌다. 불행히도 많은 학생들이 수화를 습득하는 데 어려움을 보였고, 특히 중도 ASD 학생들이 이러한 체계를 습득하고 집중하는 데 많은 어려움을 보였다. 더욱이 이러한 의사소통 양식에 익숙하지 않은 많은 사람들에 의해 치료실 이외의 상황에서 수화를 연습하고 일반화시킬 수 있는 기회는 거의 없었다(Schreibman & Ingersoll, 2005).

그림판과 그림 교환 절차는 원하는 항목이나 활동을 시각적으로 제시하여 학생들이 선택하도록 하는 아이콘 체계다. 이러한 보완대체 의사소통 체계는 일반적으로 저비용으로, 회상(recall)보다는 재인(recognition)을 통해 의사소통 기능들을 이해하고 표현하도록 한다. 그림교환 의사소통 체계(Picture Exchange Communication System: PECS; Frost & Bondy, 2000)는 가장 일반적으로 사용되는 상징 교환 프로그램으로서 학생들이 자신이 원하는 물건이나 활동을 요구하기 위해 아이콘을 교환하도록 하는 방법이다. 이 프로그램은 요구하기와 같은 단순한 것에서부터 '이름 대기'와 '언급하기' 등과 같은 상위의 의사소통 기술까지 언어 기술을 확장하도록 하여 학생의 성장을 지원한다.

디지털 기술을 기반으로 한 저비용 장비들이 더 많이 생산됨에 따라, 합성된 음성을 사용하는 보완대체 의사소통 도구가 일반적으로 사용되게 되었다. 이동시 휴대 가능한 음성 출력 의사소통 도구(voice output communication aids)는 컴퓨터화된 화면상의 그래픽 상징과 단어를 통해 메시지에 접근할 수 있도록 하는 의사소통 도구다. 이 도구는 음성으로 출력되거나 글로 쓰인 정보(문자)들이 대용량으로 저장될 수 있어 보다 정상적이고 자연스러운 상호작용을 할 수 있도록 돕는다(NRC, 2001).

③ 사회성 기술 교수

사회성 기술에서 심한 어려움을 보이는 ASD 학생들의 경우 ABA 기법은 기능적 의사소통 기술, 상호작용 시작하기, 다른 사람의 참여에 반응하기 등의 중요한 사전 행동들을 개발하는 데 사용된다. ASD를 지닌 고기능 학생들의 경우 암묵적이고 숨겨진 사회적 규칙들을 이해할 수 있도록 사회적 기술을 설명하는 데 초점을 맞추어 교수한다.

교사들은 암묵적인 사회적 기능들 중 언어적으로 표현되지 않거나 일반적으로는 가르치지 않는 미묘한 부분들을 설명하고 가르치고 연습시킬 수 있다. 이와 관련하여 스미스-마일스와 심슨(Smith-Myles & Simpson, 2001)은 다음과 같은 사회성 기술 교수방법들을 제시하였다.

- 상황-선택안-결과-선택-전략-모의연습(situation-option-consequences-choices-strategies-simulation: SOCCSS): 학생들은 역할놀이 상황을 통해 특정한 사회적 상호작용이 일어나는 상황에서 자신의 반응을 계획하고 실천하는 연습을 할 수 있다. 이를 위해 학생들은 우선 역할놀이 상황의 핵심적인 부분을 파악하여 어떤 사회적 상호작용이 일어나는 상황인지를 해석한다. 그리고 그들이 보일 수 있는 반응들을 생각한다. 그러고 나서 각 반응을 실제로 선택할 경우 생길 수 있는 결과들을 미리 그려 보아 그것들을 평가한 뒤 그중 하나의 반응을 선택하고 계획을 세워 실행에 옮긴다.
- 만화 그리기(cartooning): 만화 그림은 일상적인 사회적 상황들을 설명하기 위해 사용될 수 있다. 학생들이 만화 주인공이 보이는 일관되지 않은 행동이나 말과 생각들에 대해 시각적으로 표현함으로써 사회적 상호작용을 분석할 수 있도록 돕는다.
- 상황 이야기와 해부도(social stories & autopsies): 학생들은 사회적 상황에서 일어나는 문제들의 발생 원인과 손상 정도를 평가하기 위하여 오류를 분석한다. 그런 다음 오류를 예방하기 위한 전략들을 논의하고 오류가 일어날 가능성을 최소화하기 위한 전략들을 개발한다('효과적인 교수전략' 참조).

효과적인 교수전략

적절한 사회적 행동을 위한 상황 이야기

이 장 전반에 걸쳐서 논의된 것처럼, ASD를 지닌 고기능 학생들을 위한 중요한 교수목표는 적절한 사회적 상호작용의 질과 양을 증가시키는 것이다. 그것이 중요한 이유는 고기능 학생들의 경우 인지적 능력은 비교적 좋은 편이지만 사회적 단서를 파악하고 상징적인 언어를 해석하거나 다른 사람의 관점을 이해하는 데는 많은 어려움이 있기 때문이다. 상황 이야기 중재는 적절한 사회적 반응을 알려 주고 연습하도록 하는 데 필요한 교수적 지원을 제공한다.

상황 이야기는 아동의 관점으로 쓰인 짧고 간단한 이야기다. 그것은 사회적 상황에서 어려움을 겪을 때 할 수 있는 행동들을 명확하게 제시한다. 이 방법을 처음 제시하였던 그레이와 동료들(Gray, 2000; Gray & Garand, 1993)에 따르면, 상황 이야기는 일반적인 사회적 상황들에 대한 구체적이고 발달적으로 적합한 단서와 생각 및 반응으로 구성되어 있다. 상황 이야기의 구성을 위해서는 다음과 같은 여섯 가지 문장 형태들을 사용하도록 제안하였다.

- 설명문: 상황적 사실에 관한 구체적인 정보(예: 상황, 해야 할 행동, 참가자들)
- 지시문: 사회적 단서나 특정한 상황에 대한 반응으로 바람직한 행동에 대한 설명
- 조망문: 사회적 상황에서 다른 사람의 느낌이나 반응에 대한 설명
- 확인문: 바람직한 행동을 다시 알려 주어 학생이 확신을 가질 수 있도록 함
- 통제문: 학생이 중요한 정보를 회상할 수 있도록 도와주는 단어들
- 협조문: 어떻게 도움이 제공될 수 있는가에 대한 설명

내용	유형
때로는 쉬는 시간에 운동장에서 경기를 할 수도 있습니다.	설명문
운동장으로 갈 때, 나는 축구경기 하기를 좋아합니다.	설명문
운동장에는 나와 축구경기 하기를 좋아하는 친구들이 있습니다.	조망문
내가 축구를 할 때, 다른 사람들은 내가 잘한다고 좋아합니다.	조망문
이것은 좋은 생각입니다.	확인문
좋은 운동경기란 자신이 어떤 팀에 있건 간에 운동경기를 하고 있는 동안 또는 운동경기에서 승리한 팀에게 '잘했어.' 혹은 '멋지다.' 라고 말하는 것입니다.	설명문
좋은 경기는 경기를 하는 사람들에게 소리치지 않는 것입니다.	설명문
그것은 다른 사람을 속상하게 하는 것입니다.	조망문
쉬는 시간 동안 운동장에서 축구경기를 할 때 나는 스포츠맨십을 훈련할 것입니다.	지시문
나는 '잘했어.' '잘 던졌어.' '멋져.' 와 같은 말을 하려고 노력할 것입니다.	지시문
내가 이렇게 좋은 스포츠맨십을 보여 준다면 내 친구들은 나와 더 자주 경기를 하고 싶어 할 것입니다.	조망문

스포츠맨십을 가르치기 위하여 샌소스티, 파웰-스미스와 킨케이드(Sansosti, Powell-Smith, & Kincaid, 2004)가 개발한 상황 이야기의 예를 살펴보라. 여섯 가지 문장 형태 중 다섯 가지가 포함되었다.

이러한 절차의 적용은 학생의 능력이나 요구에 따라 달라질 수 있다. 이전에 쓰인 것과 비슷한 이야기라면 학생이 혼자서 글을 읽을 수 있는지, 교사나 부모와 같이 읽도록 해야 하는지, 녹음기나 비디오와 같은 시청각 자료를 사용해야 하는지, 컴퓨터 프로그램을 사용해야 하는지 등을 결정해야 한다(Sansosti et al., 2001). 방법에 상관없이 학생이 이야기를 이해할 수 있는지가 매우 중요하다. 이해 여부를 평가하기 위하여 학생에게 이야기에 대한 질문에 답해 보도록 하거나 이야기 중 중요한 부분들에 대하여 역할놀이를 해 보도록 한다.

스포츠맨십에 대한 것 외에도 상황 이야기는 적절한 인사행동의 증가(Swaggart & Gagnon, 1995), 수업시간 동안 떠드는 행동의 감소(Crozier & Tincani, 2005), 숙제하는 동안 좌절을 감소시키기(Adams, Gouvousis, VanLue, & Waldron, 2004) 등과 같은 다양한 사회적 행동에 적용될 수 있다. 심슨과 마일스(1998)에 따르면, 고기능 ASD 학생들은 사회적 상황들이 구조화되기를 원하고 어려운 상황에 처했을 때 자신들이 해야 하는 적절한 행동을 명확하게 설명해 주는 전략에 긍정적인 반응을 보인다. 그러나 사회적 상황에 대한 데이터베이스는 이제 축적되기 시작하고 있으며, 따라서 이 방법에 대한 보다 많은 연구가 진행되어야 한다. 결론적으로 상황 이야기는 단독으로 중재하기보다 다른 연구에 기반이 되었던 중재방법들과 연계하여 사용하여야 한다(Sansosti et al., 2004).

출처: Sansosti, F. J., Powell-Smith, K. A., & Kincaid, D. (2004). A research synthesis of social story intervention for children with autism spectrum disorders. *Focus on Autism and Other Developmental Disorders, 19*, 194-204.

(3) 포괄적인 프로그램 모델

포괄적인 프로그램 모델들은 ASD 아동과 그 가족들에 대한 특별한 교육적 지원을 제공하기 위한 효과적인 대안이다. 대부분의 프로그램은 서비스 제공을 안내하고 실증적인 증거 기반 실제를 적용할 수 있는 고도로 훈련받은 직원을 고용하고, 지속적이고 집중적인 형태로 서비스를 제공할 수 있도록 하는 독특하고 특별한 구조를 지니고 있다(Harris, Handleman, & Jennett, 2005). 국가연구위원회(The National Research Council: NRC)는 10개의 특별한 포괄적인 프로그램 모델을 제시하고 다음과 같은 공통요소들을 밝혔다('프로그램 탐구' 참조).

- 중재는 가능한 한 어릴 때 시작한다.
- 집중적인 중재 시간으로 주당 20~45시간 정도 실행한다.
- 중재에 가족들이 적극적으로 참여한다.
- ASD에 대하여 많은 교육과 훈련을 받은 전문가가 담당한다.
- 아동 진보에 대해 지속적인 평가를 한다.
- 체계적이고 예측 가능한 형태로 고안된 놀이, 자조, 학업, 의사소통, 사회적 참여 등 기술을 강조한 교육과정을 실시한다.
- 습득된 기술의 일반화와 유지를 강조한 교수방법을 사용한다.
- 아동의 강점과 약점에 따라 적합하게 수정한 개별화 교육 계획을 실시한다.
- 프로그램 간 및 프로그램 내 전이 계획 및 지원을 한다.

NRC(2001)에서는 포괄적인 프로그램이 ASD 아동들과 그 가족에게 긍정적인 영향을 주는 것으로 보고하였다. 대부분의 프로그램에서 사용된 개별화된 처치 요소들은 지능지수와 언어기능, 사회적 행동, 이후의 학교 배치 등과 같은 부분들로 입증되었다. 그러나 최근까지 개별화된 포괄적인 프로그램의 전반적인 효율성에 대한 평가는 거의 없는 상황이다. 그리고 여러 모델을 비교한 연구나 ASD 학생들 간의 개별적인 차이에 적합한 프로그램들이 어떻게 효과적으로 작용하는지에 대한 연구들은 거의 없는 실정이다.

프로그램 탐구
TEACCH 프로그램

자폐증 및 관련 의사소통장애 아동을 위한 처치와 교육(Treatment and Education of Auistic and Related Communication Handicapped Children: TEACCH)은 노스캐롤라이나 주의 ASD 아동과 가족들을 위한 프로그램으로, 특별히 부모 상담과 훈련을 강조하는 학교와 주간보호 센터 등이 포함되어 있다(NRC, 2001). TEACCH는 자폐증 특성에 대한 이해, 강력한 부모와 전문가 간 협력, 발달기술을 강화하기 위한 개별화된 환경 수정의 필요성, 아동과 부모의 결함 수용 등과 같은 총체적인 철학을 기반으로 한다(Gresham, Beebe-Frankenberger, & MacMillan, 1999; Schopler, 2005). TEACCH는 행동주의 방법을 토대로 한다. 그러나 조건화보다는 일과와 항상성을 보다 강조한다. TEACCH의 주요 특징은 구조화된 교수, 이해 가능하고 예측 가능한 학습환경 구성, 학생에게 의미 있는 과제 제시 등이다. 구조화된 교수에는 다음과 같은 내용들이 포함된다(Marcus, Kunce, & Schopler, 2005; Schopler, 2005).

- 물리적 환경 설계: 놀이, 개인 작업, 자조기술 연습 등을 위한 충분한 공간을 제공

하고 아동을 산만하게 할 만한 자극은 최소화한다.

- 구조화되고 계획된 활동: 학생이 일과 활동을 예측하고 구조화할 수 있도록 명확한 촉진과 단서를 제시한다. 학생이 하루 동안 어떤 일들을 해야 하는지를 설명할 수 있는 개별화된 활동 순서표를 사용한다.
- 지원적이고 명확한 교수방법의 사용: 시각적 처리과정, 기계적 기억력, 특별한 관심 등과 같은 강점을 교수 수정과 지원 시 활용한다. 수업과 과제, 학습과정을 구조화하기 위하여 시각적 틀이나 그래픽 등을 마음대로 사용할 수 있도록 한다.

TEACCH는 효과적인 프로그램인가? NRC(2001)에 따르면, 긍정적인 사용자 만족에 대한 자료들은 수집되었으나, TEACCH 프로그램 요소들에 대한 효과 검증을 위한 통제된 연구들은 매우 부족한 상황이다. 이 프로그램을 시작하였던 사람 중 한 명인 쇼플러(Schopler, 2005)는 전 세계적으로 이 프로그램이 사용되고 있으며, 가장 일반적으로 적용되는 요소들은 부모-전문가 협력, 프로그램 철학, 구조화된 교실의 세 가지라고 하였다. 가장 포괄적인 프로그램으로 여전히 TEACCH 프로그램의 긍정적인 성과를 제시하는 연구들이 보고되고 있다.

7. 성인기 생활을 위한 전이

ASD 성인들의 낮은 성과를 고려할 때—낮은 고용, 미취업, 사회정서적 고립, 괴롭힘 당하기 등—그들을 위한 지원과 서비스들이 어린 청소년들을 위한 지원의 정도에도 이르지 못한다는 사실을 알 수 있다. 학생이 고등학교를 졸업하면 더 이상 IDEA의 보호를 받을 수 없게 된다. 그리고 단 하나의 지원기관이었던 학교의 지원도 더 이상 제공되지 않는다. 전이계획은 10대 초기부터 시작되어야 하며 ASD 학생의 가족들이 책임질 수 있으리라는 가정을 하지 않아야 한다. 계획은 지역사회 서비스와 서비스 제공자들까지 포괄적으로 이루어져야 한다(Howlin, 1997). 심각성의 정도에 따라 직업 훈련과 고용, 고등학교 졸업 이후의 교육, 생활 배치, 정서적 지원 등 다양한 영역들을 고려해야 한다.

ASD 학생들에게는 모호하거나 감춰진 사회적 규칙들을 명확하게 가르쳐 주어야 한다.

1) 직업훈련과 고용

ASD 학생들을 위한 직업훈련과 고용에는 세 가지 주요 접근방법이 있다(Gerhardt & Holmes, 2005). 지원 고용(supported employment)은 일반적인 직장에서 지속적인 지원을 받으면서 ASD인들이 기능할 수 있도록 하는 과정이다. 지원 고용은 집중적인 일대일 직업 코치 보조 모델에서부터 단체로 지원을 받는 배치에 이르기까지 매우 다양하다. 기업가적 지원(enterpreneurial supports)은 장애인들의 기술과 관심에 근거한 사업체다. 자활단체 및 영리단체로 장애인들에게 급여를 주고 직원들을 지원한다. 보호 작업장(sheltered workshops)은 중도장애인들에게 훈련과 고용의 기회를 제공하기 위하여 설계된 분리된 장소로 최종적으로 선택하게 되는 배치 유형이다. 비록 일반적이고 전통적으로 설계되기는 하였지만, 보호 작업장은 설계 특성상 많은 ASD인들에게 가장 적절한 곳은 아니다. 많은 장애인들이 함께 있고, 관리감독이 제한되어 있으며, 일반 환경과는 분리되어 있고, 피드백은 거의 없는 반복적인 작업을 하는 곳에서는 인간적인 성장과 삶의 질 향상을 기대할 수 없다.

ASD인들의 고용을 계획하는 데 있어 고려할 수 있는 효과적인 방법은 다음과 같다(Gerhardt & Holmes, 2005).

- 모든 ASD 학생들을 고용 가능성이 있는 사람들로 간주한다.
- 첫 직장을 마지막 배치로 생각하지 말고, 경험을 통해 학습할 수 있는 곳으로 생각한다.
- 복잡한 직업을 과제 분석한 후 학생이 자신의 장점을 살려 할 수 있는 과업들에 그 요소들을 연결시킨다.
- 동료 직원에게 훈련과 지원을 제공한다.
- 지역 내 사업체와 협력적인 관계를 형성한다.

2) 학령기 이후의 교육

많은 고기능 ASD 학생들이 학령기 이후 교육이나 고등교육 현장으로 전환되고 있다. ASD 학생들이 보편적으로 보이는 행동 유형들을 고려해 볼 때, 대학에 입학한 후 겪을 경험들에 대해 논의해 볼 필요가 있다. 소규모 고등학교에서 독립적인 생활을 해야 하는 커다란 대학 캠퍼스로의 환경 변화에 대해 학생들은 감당하기 어려운 도전과 불안함을 느낄 수 있다. ASD 학생들의 경우, 대학 생활의 조직적, 기능적, 사회적 측면들이 문제로 작용할 수도 있고 어려운 학업 내용들도 매우 힘든 부분으로 작용한다. 일상생활 중에서 이러한 문제들을 가장 잘 해결하기 위해서는 또래 멘터들과 대학의 장애학생 지원센터 직원들이 ASD 학생들을 위하여 다음과 같은 사항들을 지원해 줄 필요가 있다. (1) 사회적 상호작용을 할 수 있는 동아리의 가입을 도와준다. (2) 사회적 활동에 관심을 가질 수 있도록 안내한다. (3) 시간 관리, 독립적인 생활, 교수들과의 대화법, 스트레스 관리방법 등에 대해 명확하게 조언한다. 기숙사 생활을 하는 ASD 학생들의 경우, 자신만의 공간에서 스트레스를 완화시키고 여러 가지 압력들을 해소하며 조용히 생각할 수 있도록 혼자 쓸 수 있는 방이 있어야 한다(Baker & Welkowitz, 2005; Shea & Mesibov, 2005).

• 생각해 봅시다 #6

대학 관련자들은 ASD 학생에게 어느 정도의 특별한 학업적, 사회적 지원을 해야 하는가? 교실에서의 학습을 촉진하기 위하여 교수들은 어떤 형태의 지원을 해야 하는가?

3) 생활 배치

지원과 도움 없이 독립적으로 생활할 수 있는 ASD 성인들은 거의 없다. ASD인들의 가족들은 그들이 어떻게 생활할지, 더 이상 가족들이 도와줄 수 없게 되면 어떻게 될지 등에 대해 끊임없이 염려한다. 과거의 ASD인들은 시설에 수용되어 생활하는 것이 일반적이었으나, 최근에는 지역사회에 기반을 둔 여러 유형의 지원 거주시설에 머물 수 있다. ASD 학생의 부모는 성인이 된 자녀가 가정을 떠나서 보람된 삶을 살기를 원한다. 앞서 살펴본 킴 토머스 선생님의 경우에서처럼, 결과적으로 전환 계획과 교육은 독립적인 일상생활 행동 형성을 목표로 하게 된다. 이러한 목표를 가지고 있는 교육과 훈련을 통해, 부모는 자녀에게 가정생활, 경제생활, 자기옹호 및 사회적 자기보호와 관련된 기술들을 배우는 것을 도울 수 있다. 성인기가 가까워지면 ASD 청소년들에게 공동가정이나 관리감독이 있는 아파트 거주생활 등의 독립적인 생활기술들을 경험하고 연습할 수 있는 기회들이 제공되어야 한다.

4) 정서적 지원

사람들은 대부분 성인으로서의 역할이나 관계, 책임 등을 갖게 되면서 스트레스와 분노를 경험한다. 그러나 이러한 자연스러운 전환과정을 겪는 동안 ASD인들은 대개 동료나 전문가의 지원 없이 혼자서 자주, 그리고 보다 심하게 불안과 우울을 경험하곤 한다. 사회적 상황들에 적절한 행동을 해야 한다는 압박감은 마치 계속해서 무대공포증을 느끼는 것과 같은 소모적인 불안감을 야기한다(Arick et al., 2005; Grandin, 1992). 더욱이 낭만적이고 성적인 관계를 할 수 있는 기회가 증가하고 함축적이고 애매한 의사소통 상황을 자주 접하게 되면서, 그들은 혼란과 두려움을 느낄 수 있다.

불행하게도 이와 같은 ASD인들의 정서적 지원에 대한 요구는 이들의 잦은 문제행동과 그 심각성에 가려져 간과되곤 한다. ASD인들에게 정서적 지원을 제공하는 방법은 비장애인들에게 실시하는 방법과 크게 다르지 않다. 첫째, 두려움과 불안에 대하여 함께 이야기를 나누고, 앞으로의 희망을 계획하고, 사회적으로 적절한 행동방법 등에 대하여 이야기를 나눌 수 있는 훈련된 상담가와 같은 지원 제공자가 필요하다. 둘째, 운동이나 레크리에이션, 이완기법 등과 같이 스트레스를 감소시키고 변화시킬 수 있는 활동이 필요하다. 셋째, ASD 학생들은 자기 주도적인 타임아웃과 같은 방법을 통하여 능력을 향상시킬 수 있다. 공포나 공황이 몰려드는 것을 인지하는 방법을 배운 후에 침착하게 정서적 평형을 찾을 수 있는 구체적인 방법들이 필요하다(Arick et al., 2005).

8. 주요 쟁점 및 교사를 위한 함의

ASD로 진단되는 아동이 증가함에 따라 이 불가사의한 장애집단에 대한 관심이 증가하게 되었고, 지속적으로 이슈들과 논의할 주제들이 제기되고 있다. 다음은 이와 관련된 세 가지 쟁점들이다.

1) 예방접종과 ASD

백신에 사용되는 티메로살(thimerosal)이나 수은이 들어간 약제를 사용하는 것이 ASD나 기타 신경학적 장애의 발생률 증가에 영향을 미치는가? 많은 단체와 의사들 그리고 여러 언론은 특히 티메로살과 같은 백신이 자폐증을 유발한 사례에 대한 과학적 증거가 있다고 주장하였다(National Vaccine Information Center, 2005). 더욱이 그들은 정부가 제약사들과 공모하여 관련 자료들이 공개될 경우 백신 산업에 치명적인 영향을 미치기 때문에 이러한 문제들을 감추어 왔다고 주장하였으며, 1990년대에 티메로살을 포함하여 영아를 위한 새로운 다국적 백신이 도입되면서 ASD의 출현율이 극적으로 상승하였다고 하였다.

이러한 지적에 대해 연구자들(예: Stehr-Green et al., 2003)은 보다 통제되고 실험적인 방법을 적용한 연구를 실시하여 백신을 비롯한 수은제 예방접종과 ASD의 출현율 상승 간에는 아무런 상관이 없음을 밝혀냈다. 그럼에도 몇몇 주에서는 티메로살의 사용을 금지하고 있다. 다른 주의 당국자들도 해당 백신 사용을 금지할지에 대해 고려하고 있는 중이다. 여러 유용한 과학적 증거에 근거하여 질병 통제 및 예방 센터(Center for Disease Control and Prevention: CDC)에서는 백신이 자폐증을 유발한다는 가설을 지지할 수 없다고 하였다. 그러나 많은 대중적인 관심 때문에, 특히 자녀에게 예방접종을 할 것인지를 결정해야 하는 부모들을 위해 CDC는 이 문제에 대한 추가적인 연구들을 지원하고 있다. 그러나 백신이 홍역, 풍진, 이하선염 등을 예방할 수 있다는 사실에 의해 불가피하게 백신 사용과 관련된 손익에 대한 논쟁이 뒤따르게 될 것이며, 그럼에도 이러한 논쟁은 자녀가 어떠한 희생도 치르기를 원하지 않는 부모들의 공포와 두려움을 전혀 감소시키지 못할 것이다.

• 생각해 봅시다 #7

'백신의 손익에 대한 고려'란 무엇을 의미하는가? 중재가 일반인들에게 승인되기 위해서는 어느 정도 수준의 안전성이 보장되어야 한다고 생각하는가?

2) 촉진된 의사소통

ASD인들은 그들이 갖고 있는 잠재력과 창의력을 드러내지 못한 채 단지 ASD의 증후에 갇혀 있는 상태일 뿐인 것일까? 촉진된 의사소통(facilitated commumication: FC)은 ASD인들이 자기 자신을 표현할 수 있도록 돕는 기법이다. 중도 의사소통 문제가 있는 사람들이 의사소통을 할 수 있도록 지원하기 위하여 1970년대에 오스트리아의 로즈메리 크로슬리(Rosemary Crossley)가 처음 개발한 FC는 실제로 많은 자폐성장애인들에게 적용되었다. FC 적용의 강력한 성과로 인하여 이 기법에 대한 관심이 상당히 높아졌으며(대중 소식지들이 자폐증에 초점을 맞추어 주요 기사로 자주 다루었다), 이 기법의 사용 절차에 대한 연구와 적용을 위한 센터들이 전 세계적으로 설립되었다.

시러큐스 대학교의 촉진된 의사소통협회(The Facilitated Communication Institute at Syracuse University) 설립자인 비클레인(Biklen, 1990)에 따르면, FC는 일반적으로 지원되는 손목과 팔뿐만 아니라 손에 대한 지원도 포함하며, 키보드나 문자판에서 글자를 선택하는 것을 돕기 위하여 버팀대를 제공하였다. FC 사용을 옹호하는 사람들은 이 방법이 많은 ASD인들이 추상적이고 정서적인 내용을 포함한 복잡한 언어로 의사소통할 수 있도록 한다고 주장한다. 이러한 주장에 근거하여 FC는 지능검사와 다른 표준화 교육평가에도 적용되었다. 그 결과, 이전에는 중등도 정신지체로 진단되었던 사람들이 정상 지능을 가진 것으로 재판별되기도 하였다.

불행히도 FC에 대한 실증적인 자료는 일화적 보고 정도에 그쳤을 뿐 강력한 증거를 제시하지 못하였다. FC 관련 연구들을 검토한 결과(예: Howlin, 1998; Mostert, 2001)에서는 촉진자가 의사소통자의 반응에 영향을 미쳤고 의사소통에 대한 너무도 많은 주장이 입증되지 못한 채 남아 있었다. 연구자들은 FC가 일시적인 유행이었다고 하였으며(Frith, 2003), 몇몇 전문가 단체에서는 FC와 같이 표현을 강조하는 기법을 반대하는 공식적인 견해를 채택하였다.

3) 가족이 지속적으로 느끼는 압박감과 부담

이 장 전체에서 살펴보았듯이 지속적인 가족 참여는 ASD 학생들의 교육에 결정적인 역할을 한다. 자신의 학급에서 발생하는 여러 어려움과 요구들을 다루어야만 하는 교사는 가족들을 지원하기 위한 지속적이고 끊임없는 사회적, 정서적, 경제적 책임을 간과하거나 과소평가하는 경향이 있다. 가족들은 ASD를 혼란스럽고 놀라운 장애로 인식한다. 그들은 종종 자녀와 어떻게 상호작용해야 하는지 혼란스러워하고, 적절하지 않은 시기에 공공장소에서 나타나는 부적절한 행동에 대한 염려와, 마치 롤러코스터를 타는 것과 같은 무방비 상태에 대한 경험, 사랑하는 자녀의 이상하고 일반적이지 않은 발달 과정에 대한 좌절감 등으로 괴로워한다. 더욱이 가족들은 교사나 옹호자 그리고 사랑하는 (때로는 분노하는) 가족구성원으로서의 역할을 하며 살아가야 한다(NRC, 2001).

ASD 학생들의 가족들은 어떻게 지원하고 보조해야 하는가? 교사는 가족의 생활주기의 변화를 민감하고 적절하게 인식하고 있다는 것을 보여 주어야 하며, 그에 따라 자신의 역할도 변화시켜야 한다(Marcus et al., 2005). 예를 들어, 어린 아동기에는 직접적인 기능평가와 가족구성원들에 대한 정서적 지원, 부모 상담과 훈련 등에 대한 지원을 해야 한다. 아동이 초등학교에 입학하게 되면 가정과 학교 간 관계를 유지하고, 학업문제들을 밝히며, 적응행동 기술을 향상시킬 수 있는 전략 등을 제공해야 한다. 그리고 청소년기 동안에는 독립적인 생활기술과 일할 수 있는 기회에 초점을 맞추어야 한다.

부모와 가족을 지원할 수 있는 그 밖의 전략들은 다음과 같다(Marcus et al., 2005).

- ASD는 제거될 수 있는 것이 아니라 변화될 수 있는 장기적인 발달장애라는 점을 강조한다.
- 아동의 부적절한 행동을 환경에 대처하기 위한 시도로 이해해야 한다.
- 예측 가능한 일과와 구조화된 교수과정이 확립될 수 있는 환경을 구조화할 수 있도록 가족을 지원한다.
- 가족과 전문가가 동반자 의식을 갖고 서로 존중하는 모습을 보인다.
- 전체 가족의 요구에 초점을 맞춘다.

요 약

자폐범주성장애(ASD) 학생들은 모든 사람의 삶의 질을 풍요롭게 하는 활동과 상호작용으로부터 분리된 다양한 범주의 행동을 나타낸다.

ASD의 정의와 분류

- 가장 일반적인 형태의 ASD는 자폐성장애와 아스퍼거장애다.
- 자폐성장애는 어린 시기에 출현하고 낮은 사회성 발달, 수용언어와 표현언어 발달에서의 결함, 경직성 등을 특징으로 한다.
- 아스퍼거장애는 심하고 지속적인 사회적 상호작용에서의 결함과 제한적이고 반복적인 형태의 행동과 관심을 특징으로 한다.

ASD의 특성

- ASD 학생들은 (1) 사회적 기술에서의 결함, (2) 의사소통 기술에서의 결함, (3) 전형적인 의례적 행동의 세 가지 범주의 특성을 공유한다.
- 자폐성장애를 지닌 많은 학생은 기능적인 언어기술을 습득하지 못하지만 아스퍼거장애 학생들은 비유적인 언어를 사용하거나 이해하는 데 어려움을 보인다.
- ASD의 이차적인 행동 특성은 어린 연령에 출현하는 것, 다양한 수준의 지적 기능, 자해행동 등이다.

출현율, 과정 및 발생 원인

- 출현율은 인구 1만 명당 2~20명 정도로 추정된다. 반면, 어떤 사람들은 인구 1,000명당 3~4명 정도 출현한다고 주장하기도 한다.
- ASD는 일생 동안 지속되고 만성적이며 발달적 성과는 장애 정도에 따라 달라질

수 있다.

- ASD의 원인은 밝혀지지 않았지만 일반적으로 하나 이상의 선천적이고 생리학적인 원인에 의한 것이라는 견해가 받아들여지고 있다.
- 부모들을 힘들게 하였던 파괴적이고 비생산적인 원인론은 제외되었다.

판별 및 평가

- ASD인들의 판별과 평가는 다양한 영역의 측정을 요한다.
- 초기에는 선별도구들이 장애의 위험을 알리는 특별한 행동이나 특별하지 않은 행동이 있는지의 여부를 결정하는 데 주로 사용되었다.
- 장애 위험의 아동들은 보다 집중적인 임상평가를 위해 다학문적 팀에 의뢰된다.
- 일단 판별된 후에는 기능적 행동평가의 결과들이 교육계획을 위해 사용된다.

교육 실제

- 교육 배치 결정을 위하여 적용되는 요소들은 사회적 기술능력과 교수를 통하여 도움을 받을 수 있는 능력이다.
- 조기 교육 효과의 초점은 감각적인 문제, 의사소통 기술, 사회적 행동 등에 둔다. 학생이 학교에 입학하게 되면 중재는 학업적 내용과 언어, 사회적/기능적 자료 등을 강조한다.
- 불연속 교수, 중심축 반응 훈련(PRT), 기능적 일과 교수 등과 같은 응용행동분석 기법은 기초기술 훈련을 위하여 자주 사용되는 방법이다.
- 상황 이야기와 만화 등과 같은 다양한 기법이 고기능 학생들의 교육을 위하여 적용되고 있다.
- 지원과 교육의 필요성은 ASD 학생이 학교를 마치더라도 계속된다. 직업훈련, 지원 고용과 안정적인 보조 생활 배치 등은 필수적이다.

CEC 전문가 자격기준

Council for Exceptional Children(CEC) knowledge standards addressed in the chapter.

CC1K5, GC1K1, CC2K2, CC2K4, CC2K5, CCEK6, CC2K7, GC2K4, CC3K1, CC3K2, CC6K4, CC6S1

Appendix B: CEC Knowledge and Skill Standards Common Core has a full listing of the standards referenced here.

11 의사소통장애

이 장을 시작하며

- 의사소통장애란 무엇인가? 언어장애란 무엇인가? 말장애란 무엇인가?
- 언어/말 장애는 어떻게 분류되는가?
- 의사소통장애는 다른 장애와 어떠한 관련이 있는가?
- 얼마나 많은 학생이 의사소통장애로 진단되고 있으며, 그 주된 원인은 무엇인가?
- 언어치료사는 의사소통장애 학생을 위한 중재를 계획하기 위하여 어떠한 평가를 사용하는가?
- 의사소통장애 중재의 주된 특성은 무엇이고, 어떠한 서비스 전달 모델이 사용되는가? 교사는 말-언어치료사와 어떠한 방식으로 협력하는가?
- 의사소통장애 학생들에게 서비스를 제공하는 데 있어 주요 쟁점은 무엇인가?

나의 이야기: 캐슬린 랜스 모건

캐슬린 랜스 모건 선생님이 가진 학위나 자격증을 보면 당신은 그녀가 말-언어 병리에 대해 모든 것을 알고 있다고 생각할 것이다. 그녀는 말-언어 병리 학사 및 석사 학위를 소지하고 있으며, 현재는 교육전문가(educational specialist: Ed.S.) 과정에서 공부하고 있다. 학위뿐 아니라, 그녀는 미국 말-언어-청각협회로부터 받은 임상가 자격증(Certificate of Clinical Competence: CCC), 노스캐롤라이나 주에서 발행한 말-언어치료 자격증, 언어병리 및 중도장애 학생의 교육이 가능한 교사 자격증도 함께 소지하고 있다. 이러한 자격에도 불구하고 캐슬린 선생님은 여전히 자신이 충분한 지식을 가지고 있지 않다며 걱정하곤 한다. 이것이 바로 그녀가 자신의 지식과 기술을 확장시키기 위해 계속해서 새로운 방안을 찾으려는 이유다.

캐슬린 선생님은 조음장애를 가진 여동생 때문에 아주 어렸을 때부터 말-언어치료사를 접하게 되었다. 여동생의 언어치료사는 동생의 언어발달을 촉진하기 위해 어린 캐슬린에게 동생과 함께 말연습을 하도록 했다. 대학에 입학하면서 캐슬린 선생님은 아버지와 함께 앞으로 어떤 쪽으로 진로를 잡아야 할지에 대해 이야기했다. 아버지는 그녀에게 '많은 어린아이를 도울 수 있는' 언어병리학을 전공해 볼 것을 권했는데, 이런 아버지의 권유가 그녀를 언어병리학 분야에 몸담게 하는 데 결정적인 역할을 하였다. 현재 캐슬린 선생님은 노스캐롤라이나 주 웨인스빌의 한 초등학교에서 6년째 학교 언어치료사로 일하고 있다. 그녀는 처음 일을 시작했을 때 느낀 것처럼 자신이 하고 있는 일이 매우 보람된 일이기는 하나 매우 어렵다는 사실을 알게 되었다.

예상할 수 있듯이, 캐슬린 선생님의 하루 일정은 매우 빡빡하다. 그녀는 학생을 만나기 전이나 방과 후에 학부모, 교사 및 행정가와 모임을 갖고, 직원회의와 평가위원회 및 IEP 모임에 참석하고, 전화와 전자우편에 답변을 한다. 공식적 · 비공식적인 장소에서 캐슬린 선생님은 아동의 의사소통 요구와 이를 어떻게 가장 잘 충족시킬 수 있을 것인지를 논의하기 위하여 다른 교사들과 끊임없이 접촉하고 있다. 그녀가 제공하는 직접 서비스는 8시 30분에 시작하고 다양한 의사소통장애를 가진 아동들이 서비스 대상자가 된다. 대부분의 경우 선생님의 서비스 제공 시간은 한 번에 30분간 지속되고, 3~4명의 학생들로 이루어진 소집단을 가르친다. 아주 드물기는 하지만 간혹 일대일 개별교수를 하기도 한다. 캐슬린 선생님은 항상 다른 교사들과 함께 일하려고 노력하는데, 이를 통해 학생이 학습한 기술을 교실뿐 아니라 다른 곳에서도 일반화할 수 있기 때문이다.

캐슬린 선생님이 다른 전문가들과 협력하려는 노력

은 성공적이기도 하지만 가끔은 그렇지 않을 때도 있다. 예를 들어, 캐슬린 선생님은 학기 초에 학교에서 함께 일하는 다른 교사들의 우편함에 새롭게 시작하는 학기를 축하한다는 의미의 카드를 넣어두었다. 카드에서는 말-언어치료 시간표를 소개하고 가르치는 학생의 IEP에 있는 말/언어 관련 목표를 살펴볼 것을 부탁했다. 그리고 개별적으로 교사들을 만나 학생의 목표에 대해 이야기할 것이라고 알려 주었다. 이는 교사들이 학생의 언어 목표를 인지하여 교실에서도 목표를 강화하도록 하기 위한 것이었다. 캐슬린 선생님은 "교사들이 기록을 살펴봐야겠다고 말하기도 하지만, 일부는 카드를 읽고도 그 내용을 무시해 버린다."고 말한다. 후자의 경우 학생들의 의사소통 요구에 대해 거의 아는 바가 없거나 왜 캐슬린 선생님이 이 학생들과 함께 일하고 있는지조차 잘 모른다고 한다. 캐슬린 선생님은 이러한 상황 때문에 좌절감을 맛보았다. 그러나 다행스럽게도 많은 교사가 기꺼이 협력하고 매우 부지런하며 학생을 돕기 위해 교실에서 할 수 있는 것들이 무엇인지를 배우고자 한다고 전했다. 캐슬린 선생님은 이런 교사들은 아동의 의사소통 능력에 있어 큰 차이를 만들어 낸다고 생각한다.

캐슬린 선생님이 경험하는 또 다른 어려움은 해야 하는 일이 매우 포괄적이라는 점이다. 매우 다양한 의사소통 요구가 있고, 이러한 요구들은 대상 아동들에게 매우 중요하다. 캐슬린 선생님은 "우리(언어치료사)는 전통적으로 조음문제가 있는 아동과 여러 종류의 언어 문제 및 언어처리 장애를 가진 아동 이외에도 뇌손상 아동, 구개파열 아동, 섭식문제 아동 등 다양한 아동을 다루고 있고 문제의 범위는 정말 너무 넓어요."라고 이야기한다. 이어서 그녀는 "이 일을 처음 시작했을 때, 나는 기초가 탄탄하다고 생각했지만 분야가 너무 넓다 보니 여전히 알아야 할 지식이 너무도 많다는 것을 느낍니다. 특히 적게 출현하는 장애의 경우 그런 마음이 더 많이 드는데, 내가 이 분야에 대해 아직 충분한 준비를 갖추지 못했다는 생각이 들기 때문이지요."라고 말했다. 그녀는 학생들이 가진 요구가 다양하기 때문에 그들을 효과적으로 가르치기 위하여 계속해서 새로운 지식을 탐구해야 한다고 생각한다.

캐슬린 선생님이 유능한 언어치료사가 되기 위하여 어떻게 해야 하는가? 이는 매우 답하기 어려운 질문이다. 분명 선생님은 여러 영역에서 전문가가 될 준비를 갖추었으며 풍부한 직접 경험을 쌓았다. 캐슬린 선생님은 효과적인 언어치료사는 아동이 누구인지 그리고 그들의 문제의 원인이 무엇인지를 파악하기 위한 열정을 가지고 있어야 하고, 아동을 잘 가르치기 위한 방법을 생각해 내기 위하여 창조적이어야 하며, 다른 교사와 협력하고 그들의 관점을 이해하기 위해 융통성을 발휘할 수 있어야 한다고 이야기한다. 가장 중요한 것은 언어치료사가 모든 상황에 대처할 수 있는 완벽한 사람이 아니므로 추가적인 정보와 지식을 추구할 의지가 있어야 한다는 것이다.

또한 캐슬린 선생님은 언어치료사와 협력하고자 하는 교사들을 위해 다음과 같이 조언하였다. "다른 사람의 신발을 신고 1마일을 걸어간다고 생각해 보세요. 언어치료사가 학생에게 가치 있는 무언가를 줄 수 없다면 학교에 있을 이유가 없지요. 언어치료사와 함께 협력함으로써 다양한 학생들에게 도움을 줄 수 있답니다. 사람들은 각각 다른 사람과 함께 나눌 수 있는 감정이 있고 좋은 아이디어를 가지고 있습니다." 캐슬린 선생님은 다른 사람이 지니지 않은 자신만의 강점이 있는 사람이지만, 또한 다른 사람의 강점을 취함으로써 자신의 강점을 확대시킬 의지를 가지고 있다.

캐슬린 선생님이 언급한 것처럼, 의사소통의 중요성을 이해하기 위해서 우리가 얼마나 자주 의사소통을 하는지를 생각해 볼 필요가 있다. 우리는 다른 사람들과 너무도 자주 말하기 때문에 적절한 구어적 의사소통이 없이 사는 방법을 생각하기가 매우 어렵다. 커피 한 잔을 마시면서 하는 중얼거림부터 아이에게 잘 자라고 친근하게 이야기하는 밤 인사에 이르기까지 우리는 거의 쉬지 않고 의사소통을 한다. 의사소통의 주요 요소는 생각하고 말하고 듣고 이해하는 것으로서 의사소통 과정에서 계속해서 발생하며, 우리의 삶을 그 본연의 것으로 만들어 주는 데 도움을 준다. 물론 교사는 의사소통의 대가여야 한다. 좋은 교사가 되기 위해서는 학생들이 무엇을 배우면 좋을지, 무엇을 해야 하는지, 이를 위해 어떻게 해야 하는지, 그것을 옳게 하고 있는지, 그것을 잘 수행하기 위하여 어떠한 점을 향상시켜야 하는지 등 다양한 사항을 설명할 수 있어야 한다. 그리고 교사는 학생들의 의견, 질문, 대답, 걱정거리 그리고 그들이 알고 싶어 하는 것들에 대해 경청할 수 있어야 한다. 교사와 학생 간에 의사소통 하는 방법은 간혹 교수-학습의 질을 결정한다.

교사가 학생과 의사소통하는 것을 별로 좋아하지 않는 경우만 아니라면, 대부분의 학생에게 교사와의 의사소통은 문제가 되지 않는다. 하지만 학생들 중 일부는 의사소통상에 문제가 있어 그들의 학습과 생활의 다른 부분에 방해를 받는다. 개인적이고 전문가적인 관점에서 이런 학생들은 특수교사, 일반학급 교사는 물론, 캐슬린 선생님과 같은 언어치료사가 관심을 갖는 대상이 된다.

의사소통은 일반적으로 둘 이상의 사람이 서로 정보를 공유하는 것으로 설명할 수 있다. 우리는 무언가를 요구하고, 그에 응하며, 정보와 의견을 제공하고, 어떠한 주제건 의견을 피력하기 위하여 의사소통을 한다. 우리는 의사소통 행위에 참여하기 위하여 생각을 만들어 내고 전달하며, 의사소통 상대자는 그것을 받아들이고 그 의미를 이해해야 한다. 그런데 이 과정에서 몇 가지 주요한 문제가 있다면, 의사소통장애가 있다고 할 수 있다. 여기서 '주요한' 이란 한 사람이 갖는 어려움이 그의 가정, 학교, 지역사회에서의 일상생활에 영향을 미칠 정도로 심각한 경우를 의미한다(Justice, 2006).

여러분 자신이나 학생들은 일상생활 중에서 전달하고자 하는 내용을 말하기가 어려웠던 순간을 경험한 적이 있을 것이다. 대학 수업 중에도 가끔 학생들이 질문하고자 하는 것이나 생각한 것을 말로 표현해 내지 못하는 경우를 심심치 않게 볼 수 있다. 만약 이러한 상황이 가끔 행해지는 것이라면(즉, 지속적인 것이 아니라면) 우리는 그것을 의사소통장애라고 보지 않

• 생각해 봅시다 #1

우리가 학생의 의사소통장애에 초점을 맞추고 있으나, 교사 역시 의사소통과 관련하여 어려움을 경험하는가? 교사가 갖는 의사소통상의 문제에는 무엇이 있을까?

학생들은 자신의 생각, 질문, 답 그리고 걱정거리에 대해 의사소통해야 한다.

는다. 그러나 이러한 문제가 다른 사람과 언어적으로 상호작용하고 반응하는 방식에 영향을 미친다면 의사소통장애를 가지고 있다고 말할 수 있다. 이 장에서는 이러한 문제를 갖고 있는 학생들과 그들의 의사소통 특성에 대해 논의할 것이다. 'FAQ Sheet'에서는 의사소통장애를 가진 학생들과 관련된 핵심적인 사실에 대해 살펴볼 것이다.

논의를 시작하기에 앞서, 우리는 일부 학생들이 가진 일차적 장애로 말 혹은 언어 손상(speech or language impairment)이 있다는 사실을 알고 있어야 한다. 그들은 말 혹은 언어 능력에 문제를 가지고 있지만 그 외의 다른 장애는 가지고 있지 않다. 반면에 어떤 학생들은 다른 장애의 이차적인 문제로 의사소통장애를 가질 수 있다는 사실도 알고 있어야 한다. 〈표 11-1〉에 제시된 주요 의사소통 기술을 살펴보고, 장애가 의사소통 기술에 미치는 영향을 살펴보도록 하자.

FAQ Sheet

의사소통장애 학생	
그들은 누구인가?	의사소통장애에는 언어장애나 말장애 또는 두 가지 모두를 가지고 있는 사람들이 포함된다.
전형적인 특성은 무엇인가?	언어장애에는 (1) 형태장애(정확한 소리를 내고 단어를 만들며 단어를 정확하게 연결하는 데서의 어려움), (2) 내용 혹은 의미론적 장애(단어 의미 지식의 부족), (3) 사용 혹은 화용론적 장애(사회적 맥락에서 언어를 적용)가 포함된다. 말장애는 (1) 음운/조음장애(말소리의 왜곡, 대치, 생략), (2) 유창성장애(가장 일반적인 형태는 말더듬), (3) 음성장애(예: 거친 목소리나 쉰 소리가 남), (4) 운동-말장애(뇌성마비와 같은 신경운동성 장애로 말과 관련된 신체적 요소를 사용하는 데서의 문제)가 있다.
인구생태학적 비율은 어떠한가?	공립학교에 속한 아동의 약 2.3%가 말 혹은 언어장애를 가진 것으로 분류되고 있다. 여기에는 다른 장애를 가지면서 수반장애로 말-언어장애를 가진 학생들은 포함되어 있지 않다. 전체적으로 학령기 학생의 약 5%가 말장애를 가지고 있고, 약 2~8%의 학생이 특정 언어장애를 경험하고 있다.
어디서 교육을 받는가?	말장애를 가진 학생의 대부분은 일반학급에서 교육을 받고 있으며 말-언어치료사(speech-language pathologist: SLP)에게 말치료를 받는다. 의사소통장애를 가진 학생들의 대부분도 역시 일반학급에 속해 있기는 하지만, 일반적으로 의사소통장애는 장애를 가진 학생들에게서 자주 나타나는 장애 중 하나다. 그러므로 일반학급뿐 아니라 특수학급에 이르기까지 다양한 환경에서 의사소통장애를 가진 학생들이 서비스를 제공받고 있다.
성과는 어떠한가?	(특히 어린 아동에 있어) 말-언어장애는 치료 제공 여부에 상관없이 시간이 지남에 따라 향상된다. 하지만 이 장애를 가진 사람의 일부는 장애 때문에 평생 고통을 받기도 한다.

〈표 11-1〉 장애에 의해 영향을 받을 수 있는 의사소통 기술

의사소통 기술	장애의 영향
사고의 형성	의사소통을 위해 마음속으로 메시지를 준비하고 조직화하는 것: 학습장애 학생은 이 과정에서 어려움을 보일 수 있음
사고의 전달	보통 말로 형성된 메시지를 보내는 것: 뇌성마비의 경우 구어 관련 움직임을 조절하는 능력이 부정적인 영향을 미칠 수 있음
생각의 수용	타인에 의해 전달된 메시지를 듣는 것: 농이나 심각한 청력손실을 입은 사람은 이러한 능력에 방해를 받을 수 있음
생각의 이해	들은 메시지를 이해하는 것: 간혹 지적장애 혹은 자폐를 가진 사람들은 메시지를 이해하는 데 문제를 경험할 수 있음

출처: Justice, 2006.

1. 의사소통장애의 정의 및 특성

이 장에서는 두 가지의 중요한 의사소통장애의 유형, 즉 언어장애(language disorder)와 말장애(speech disorder)에 대해 살펴보고자 한다. 한 사람이 이 두 가지 장애 모두를 가지고 있을 수 있으나 여기서 사용되는 용어는 동의어라 할 수 없다. 언어장애는 구두로 전달된 메시지를 형성하고 이해하는 것과 관련된 어려움이며, 말장애는 메시지를 언어적으로 전달하는 것과 관련하여 나타내는 문제를 말한다. 또한 언어적 메시지를 받아들이는 데 어려움을 갖는 사람들 중에는 농 혹은 심각한 청력손상을 입은 사람들도 있다. 이러한 유형의 의사소통장애에 대해서는 제13장에서 별도로 다룰 것이다.

저스티스(Justice, 2006)는 다음과 같이 언급하였다.

• 생각해 봅시다 #2

당신의 주변에 의사소통장애를 가지고 있는 사람이 있는가? 그 장애는 말장애인가 혹은 언어장애인가? 이 문제는 어떠한 영향을 주는가?

다른 사람들로부터 전달받은 정보를 수용하고 이해할 수 있는 능력을 지닌 경우, 이들을 정상적이고 효과적인 의사소통을 하는 사람이라고 말한다. 같은 언어, 방언, 문화를 공유하는 사람들과 비교하여 위에서 설명한 의사소통의 측면 중 하나 이상에서 문제를 보이는 사람은 의사소통장애나 손상을 지닌다고 생각할 수 있다(pp. 21-22).

1) 언어장애

언어는 사용자들 사이에 공유되는 공식적인 의사소통 체계다. 언어 없이도 의사소통을 할 수는 있으나, 언어는 의사소통을 보다 효율적으로 하게 함으로써 의사소통 자체를 촉진한다. 좀 더 효과적인 언어 사용을 위해서는 사용자 모두 반드시 같은 상징(즉, 같은 의미를 가진 단어)과 그 상징들을 연결할 수 있는 동일한 규칙(즉, 의도된 의미를 전달하기 위하여 올바른 순서로 배열)을 사용할 수 있어야 한다. 효과적인 언어 사용자는 다른 사람들에게 명확하게 자신의 생각을 전달할 수 있다.

일반적으로 구어능력이 좋다고 하더라도 언어를 사용하는 데 문제가 있을 수도 있다. 예를 들어, 초등학생의 경우 적절한 단어 혹은 단어 조합을 찾아내고 사용하고 적절한 순서로 배열하며, 정확한 단어, 구, 문장을 적절한 시기에 사용하는 데 어려움이 있을 수 있다. 혹은 개별 단어를 이해하는 능력은 문제가 없으나 타인이 말하려고 하는 것을 이해하는 데 어려움을 가질 수도 있다.

언어장애는 (1) 형식, (2) 내용(혹은 의미론), (3) 활용(혹은 화용론)의 세 가지 범주로 나눈다(Justice, 2006; Owen, Metz, & Haas, 2003; Peña & Davis, 2000).

(1) 형식장애

언어는 세 가지 측면으로 나뉜다. 즉, 단어와 단어의 부분을 만드는 데 사용되는 소리(음운론), 단어와 단어의 일부를 구성하는 데 사용되는 규칙(형태론) 그리고 단어를 연결하는 데 사용되는 규칙(통사론)이 그것이다.

언어의 소리는 음운론(phonology)이라 하며, 음운론적 구성요소를 음소(phoneme)라고 한다. 음소란 단어의 의미에 영향을 미치는 소리의 가장 작은 단위다. 단어 'mat'는 'm' 소리, 'a'(æ) 소리, 't' 소리의 세 음소로 나뉜다. 대부분의 영어 사용자들은 'm-a(æ)-t'가 연결되었을 때 소리를 만들고 이해할 수 있으며, 바닥 위에 발을 닦을 때 사용하거나 식탁 위에 접시를 올려놓는 판의 이미지를 연결한다. 여기서 음소 하나를 변형시키면 의미가 변화한다. 예를 들어, 'mat'를 첫소리, 중간소리, 끝소리를 바꾸어 'sat' 'met' 'map'으로 소리 낼 수 있다. 이러한 소리의 변화는 의미의 변화로 연결된다.

• 생각해 봅시다 #3

많은 영유아들은 말을 할 때 잘못된 음소를 사용하기도 한다. 이를 고치려면 어떻게 학습시켜야 할까?

여기서 우리는 음소와 글자를 혼동해서는 안 된다. 왜냐하면 일부 음소, 예를

표준 미국 영어(SAE)의 음소

자음						모음			
/p/	pat	/t/	tip	/g/	go	/i/	feet	/I/	fit
/b/	bat	/d/	dip	/ŋ/	sing	/e/	fate	/e/	fret
/m/	mat	/n/	not	/h/	hop	/u/	food	/u/	foot
/f/	fit	/s/	sun	/?/'	uh-oh	/o/	phone	/ɔ/	fought
/v/	vat	/z/	zoo	/l/	lose	/æ/	fan	/a/	hot
/u/	think	/c/	chew	/r/	rose	/A/	cut	/ə/	bathtub
/ə/	those	/j/	jeep	/j/	young	/aI/ⓘ	fight	/au/	found
/s/	shop	/k/	kiln	/w/	week	/ɔI/ⓘ	toy		
/z/	measure								

출처: Justice, L. (2006). *Communication Sciences and Disorders* (p. 15). Published by Merrill/Prentice hall. Copyright © by Pearson Education. 허가하에 게재함.

그림 11-1

들어 'bash'와 'bath'는 그 차이가 'th' 'sh'와 같은 글자 조합으로 이루어지기 때문이다. 표준 미국 영어(Standard American English: SAE)에서는 약 40개의 음소(25개의 자음과 15개의 모음)로 10만 개 이상의 단어를 만들어 낸다. [그림 11-1]에는 SAE의 음소가 표기되어 있다. 실수로 우연하게 하나의 음소만 다른 것으로 대치해도 쉽게 말실수를 할 수 있음을 알 수 있다.

음운론적 장애를 가진 사람은 음소를 적절한 정신적 표상으로 발전시키지 못하거나 음소 간의 구분을 명확히 하지 못한다. 보통 아동기 초기에 정확한 음소를 발달시키거나 사용하는데, 아동들이 실수하는 것들이 그 한 예가 된다. 예를 들어, 'over there'를 'ovah deyah'로 'that's mine'을 'dats mine'으로 이야기하는 것이 해당된다. 일반적으로 음운론적 장애는 나이가 들면서 사라지지만 항상 그런 것만은 아니다. 말장애는 조음장애라 칭해지기도 하고 때때로 음운론적 장애의 산물로 나타나기도 하다. 말장애에 대한 내용은 이 장의 뒷부분에서 다룰 것이다.

언어형식 장애의 두 번째는 형태소(morpheme)라는 단어의 내적 구조를 적절히 사용하지 못하는 경우다. 예를 들어, 'walk' '-s' '-ed' '-ing'는 모두 형태소다. 우리는 'walk'라는 형태소에 앞에서 제시한 세 가지 형태소 중 어느 하나를 붙여서 단어의 의미를 변화시킬 수 있다. 적절한 음소의 조음을 잘 못하는 사람이 있는 것처럼, 의도한 바를 전달하기 위해 형태소를 적절하게 사용하는 데 어려움을 겪는 사람도 언어형식 장애를 가지고 있다고 할 수 있다.

마지막 언어형식 장애는 통사론적 장애다. 언어의 통사론은 화자가 의도한 바를 청자가 정확하게 이해할 수 있도록 하기 위해 적절하게 단어를 연결하는 규칙을 말한다. 예를 들어, 영어에서는 "A girl throws a ball(여자 아이가 공을 던진다.)."과 같이 누군가가 무엇을 하는 것에 대해 이야기하고자 할 때 특정한 순서에 맞게 단어를 배열해야 한다. 이는 적절하게 영어를 사용하는 사람들 모두가 올바른 순서라고 합의한 것이다. 만약 단어를 정확하게 배열하지 않으면 청자는 화자가 하고자 하는 말이 무엇인지를 이해하지 못할 수도 있다. 또한 어순을 바르게 말하지 않더라도 의미는 통할 수 있지만 구문론적 오류가 있다.

• 생각해 봅시다 #4

외국어를 배우려고 할 때는 언어의 형식과 관련하여 문제를 경험할 수 있다. 영어와 관련하여 그 형식을 학습하는 데 어려움이 있는 사람을 알고 있는가? 이는 그 사람의 의사소통에 어떠한 영향을 주는가?

(2) 내용장애

언어장애의 주요 유형 중 두 번째는 언어내용과 관련된 의미론적 장애다. 언어에서 의미론은 특정 단어나 단어를 통하여 의미를 나타내는 법칙이다. 예를

언어를 구성하는 내용은 삶과 학습 경험에 의해 영향을 받는다.

들어, 같은 언어를 사용하는 사람들에게 의미가 잘 전달되지 않거나 구를 사용할 경우, 의미론적 문제가 있다고 한다.

언어의 내용은 생활과 학습 경험에 의해 영향을 받는다. 매우 빈곤한 가정에서 자라난 아동은 그로 인해 다른 아동이 즐기는 여러 사회적, 문해적 조건을 탐색할 수 있는 기회가 부족할 수 있다. 결과적으로 그 아동은 자신을 표현하는 데 꼭 맞는 단어를 찾고 의사소통적 요구에 걸맞은 단어를 사용하는 데 어려움을 나타낼 수 있다. 정확한 단어를 찾거나 추상적인 언어를 이해하고 사용하는 데 문제를 보이거나 연령에 맞는 어휘를 발달시키지 못한 아동은 언어내용 장애를 가지고 있다고 볼 수 있다.

(3) 활용장애

언어의 실제 가치는 사람들끼리 의사소통하기 위한 것이다. 외국어를 말할 때의 경험을 생각해 보자. 말이 완벽하지 않더라도(형식장애) 그리고 그 외국어를 모국어로 사용하는 사람에 비해 어휘가 그리 방대하지 않더라도(내용장애), 우리는 유창하지 않은 수준에서 언어를 사용하려고 할 때 몸짓이나 막대 그림 등을 통해 의사소통을 하려고 한다. 사람들은 자신의 요구를 충족시키기 위하여 언어를 사용한다. 언어의 중요한 요소는 적절한 상황에서 언어기술을 적절히 사용하는 것이다.

언어사용의 장애는 화용론적 장애로 사회적 상황에 적절한 언어를 사용하지 못하는 것이 주요 특징이다. 화용론상의 문제를 가진 아동은 대화를 시도하고, 의사소통 상대자와 대화를 주고받으며, 긴 대화에 참여하고, 특정 상황에서 다양한 언어적 활용(예: 인사하기, 요구하기, 이야기하기)을 하는 데 어려움을 보인다. 다시 말해서, 언어의 형태와 내용에는 문제가 없다 하더라도 사회적 목적에 적합한 언어를 사용하는 데 문제가 있을 수 있다.

(4) 언어장애의 발현

앞에서 언어장애를 세부적으로 설명하였지만 이러한 여러 유형의 장애가 동시에 나타날 수도 있다. 언어의 형식, 내용 혹은 활용 장애는 서로 혼재되어 나타날 수 있고, 세 가지가 동시에 나타날 수도 있다. 언어장애는 시간이 지남에 따라 변화될 수도 있고, 특정 시기에 언어장애의 한 형태가 나타날 수도 있다.

적절한 언어사용은 유아기에 습득해야 하는 매우 중요한 기술 중 하나다. 후에 학습장애나 지적장애와 같은 장애를 가질 것으로 예상되는 아동들의 상당수는 유아기에 언어사용의 문제를 보인다. 이러한 문제는 장애를 가지고 있지 않은 아동에게서도 나타날 수 있는데, 대부분은 연령이 높아지면서 적절한 언어사용의 기술을 습득하게 된다. 특히 발달상의 위험을 가지고 있는 아동이 포함된 유아 프로그램의 경우는 적절한 언어사용을 더 많이 강조해야 한다.

2) 말장애

언어가 없어도 의사소통을 할 수 있듯이, 말 없이도 언어를 사용할 수 있다. 언어가 의사소통을 좀 더 수월하게 하는 것처럼, 말은 언어사용을 촉진한다. 말하는 것을 대신하여 수화나 활자를 사용할 수 있다. 사실상 이와 같은 산출 언어의 형태는 매우 일반적이다.

다음은 말장애에 관련된 내용이다. 그러나 말장애를 다루기 전에 어떻게 말이 만들어지는지에 대해 살펴볼 필요가 있다. 이는 말에 부정적인 영향을 미칠 수 있는 다른 방식을 평가하는 데 도움을 줄 수 있을 것이다.

• 생각해 봅시다 #5

말을 하지 못하는데 의사소통을 해야만 하는 상황에 직면한 적이 있는가? 그때 어떻게 했는가? 메시지를 전달하기 위해 어떠한 추가적인 노력을 해야 했는가?

(1) 말의 과정

말이란 인간이 할 수 있는 가장 복잡한 활동이다. 말을 하기 위해서는 호흡, 목소리, 조음, 유창성의 네 가지 요소를 조절하여 사용할 수 있는 능력이 필요하다.

말하는 데 가장 기본이 되는 것은 폐로부터 충분한 공기압을 만들어 내는 것이다. 숨을 쉬는 것, 즉 호흡은 말의 근원을 제공하는 지속적이고 일정한 숨의 흐름을 만들어 내는 것이다. 공기가 파이프를 지나면서 소리를 만들어 내기 때문에 호흡은 말에서 가장 기본적인 요소가 된다.

공기가 배출되는 것처럼, 목소리는 소리를 만들고 음량, 음의 고저, 공명을 통해 소리를 다양하게 만든다. 후두, 구강, 비강은 사람들이 만들어 내는 소리를 조정한다. 소리는 조음을 통해 음소를 더욱 정교화한다. 조음은 입술, 혀, 치아, 턱, 연구개와 같은 조음기관을 활용하여 이루어진다. 마지막으로, 유창성은 화자의 의도가 쉽게 이해되도록 하기 위하여 편안하고 부드럽게 말을 하는 것이다. 유창성은 빨리 혹은 천천히 말할 수 있도록 하고, 한 단어에서 다른 단어로 부드럽게 이어지도록 하며, 적절한 위치에서 말을 끊거나 지속할 수 있도록 한다. 저스티스(2006)는 다음과 같이 복잡한 말의 과정을 이해하기 쉽게 풀어 설명하고 있다.

> 말이 이루어지는 과정을 보다 쉽게 이해할 수 있도록 하기 위하여 머릿속에 'eat'이란 단어를 천천히 그리고 정확하게 말하는 과정을 떠올려 보라. 이 과정은 말의 기초 원료가 되는 공기를 들이마시고 내쉬는 것에서 시작한다. 공기를 내쉬는 것은 공기가 폐관을 통해 폐에서 출발하여 떨림이 시작되는 성대를 거쳐 '이~(eeeee)' 소리를 만들어 낸다. '이~' 소리는 이후 입술을 벌려 이가 보이게 크게 미소를 짓는 것처럼 보이며 구강으로 보내진다. 윗턱과 아래턱이 동시에 닫히나 완전히 닫히지는 않는다. 혀는 입 안의 아래쪽에 위치하고, 혀끝은 아랫니의 뒤에 놓여 있으며, 혀의 가운데 부분은 윗니에 닿게 하기 위해 둥글게 말려 있다. 구강에서 '이~' 소리가 나면 짧은 '이(ea)'가 빠져나가게 되고, 혀는 '이(ea)' 바로 뒤에 '트(t)' 소리를 내기 위하여 치아의 뒤로 빠르게 나오게 된다(p. 16).

하나의 단어를 만들어 내기 위해 이와 같은 과정을 거쳐야 한다는 사실을 이해하게 되면 비로소 말하는 것은 극도로 복잡한 활동이라는 의미가 무엇인지를 알게 될 것이다. 그리고 한 가지 더 놀라운 사실은, 우리가 말할 때 사용하는 기제(mechanism)는 말을 하기 위한 목적으로 발달된 것이 아니라 숨쉬기, 먹기, 마시기 위해 진화된 것이라는 것이다.

이제부터는 말장애에 대해 살펴보자. 말장애는 타인에 의해 쉽게 이해될 수 있는 무언가를 말하고자 하는 화자의 능력을 심각한 수준으로 방해할 수 있다. 동시에 말장애는 화자의 주의를 끌 수 있으며 때때로 개인적인 불편함을 야기하기도 한다. 말이 형성되는 과정에서 네 가지의 요소 간에 어떠한 관계가 있는지 그리고 어떻게 말의 장애가 이 요소들이 가진 일반적인 기능에 영향을 미치는지를 살펴보아야 한다.

(2) 음운/조음장애

말이 언어를 만들어 내는 효과적인 방법의 하나라면, 화자는 반드시 청자가 이해하고 의미를 부여할 수 있는 말소리(특히 음소)를 만들어 낼 수 있어야 한다. 음운/조음장애는 말소리를 만들어 내는 데 손상을 갖게 된 경우를 말한다. 표준적인 말소리를 만들어 내는 대신, 음운/조음장애를 가진 화자는 왜곡, 대치, 생략 혹은 첨가가 이루어진 말소리를 산출한다. 왜곡은 혀 짧은 소리와 같은 비표준적인 음소를 만들어 내는 것을 말하며, 대치는 '사과'가 '하과'로 되는 것같이 한 음소가 다른 음소로 뒤바뀌는 것을 말한다. 생략은 '사탕'을 '아탕'으로 말하는 것처럼 음소 하나 혹은 그 이상을 없애는 것이며, 첨가는 '가방'을 '각방'으로 또는 '선생님'을 '선생니미'로 변화시키는 것과 같이 불필요한 음소를 추가하는 것을 말한다(Owens et al., 2003).

음운장애는 특정 음소에 대한 정신적 표상이 잘못될 때 일어나는 언어장애다. 이는 신체적으로 음소를 정확하게 소리 낼 수 있는 능력이 있음에도 일관되게 부정확한 음소를 만들어 내는 것으로, 언어를 대변하는 소리의 정신적인 표상을 부적절하게 가지고 있기 때문에 일어난다. 'ch'와 'sh'를 변별할 수 있다 하더라도 말을 할 때는 두 소리 사이에 구별을 할 수 없는 경우가 그 예가 된다(Davis & Bedore, 2000).

음운장애(지각상의 문제)는 실제 소리를 만들어 내는 데 어려움을 나타내는 조음장애에서 소리를 만들어 내는 과정과 비슷하다. 그러나 조음장애는 구개파열과 같은 구조상의 문제 혹은 '알~/r/' 소리를 만들어 내기 위한 혀와 이의 위치가 정확하지 않아 생기는 조음기관의 잘못된 조절에서 기인한다. 조음문제의 일반적인 예로는 '빨강'은 '빨랑'으로 소리 내는 것이다. 이와 같은 상황은 아동이 아직 원하는 말소리를 바르게 낼 만큼 경험이 충분하지 못한 경우일 수도 있다.

몇몇 경우에 음운장애와 조음장애는 동시에 나타날 수도 있다. 데이비스와 비도어(Davis & Bedore, 2000)는 경미한 청력손상을 불러일으키는 만성 중이염을 그 예로 들었다. 만성 중이염을 앓은 아동은 몇 가지 말소리에 대하여 정확한 정신적 표상을 발달시키지 못할 수도 있어 결국 음운장애로 이어진다. 동시에 이 아동은 자기 자신의 말소리를 확인하거나 점검하지 못해서 어떤 소리가 정확한 것인지 혹은 그렇지 않은지를 알지 못한다.

(3) 유창성장애

유창성장애는 음운장애 혹은 조음장애보다 그 출현 빈도가 낮은 편이지만 보다 쉽게 드러난다. 가장 일반적인 유창성장애의 유형이면서 가장 많이 알려진 것은 말더듬이다. 말더듬은 화자의 주의를 끌게 되고 당사자들에게 상당한 수준의 스트레스를 유발시킨다. 말더듬은 환경과 상황적 조건의 영향을 많이 받는다. 따라서 교사는 아동이 말더듬으로 진전될 가능성을 줄일 수 있는 조건을 만드는 데 있어 중요한 역할을 해야 한다.

• **생각해 봅시다 #6**

학급에서 말더듬을 보이는 아동이나 청소년을 본 적이 있는가? 다른 학생들의 반응은 어떠했는가? 교사는 무엇을 하였는가? 당신이라면 어떻게 하겠는가?

말더듬은 이를 유발하는 상황을 묘사하고 설명함으로써 정의 내릴 수 있다. 보통 말더듬은 소리와 음절의 반복, 연장 혹은 막힘이 비정상적으로 과도하게 나타나는 것으로 알려져 있다. 말더듬의 설명적 정의를 함에 있어서는 '왜 말더듬을 하는가?'라는 질문에 답하고 그것이 일어나는 원인을 심리적 혹은 신경적 조건 때문으로 생각하는 경향이 있기는 하지만, 사실 말더듬이 일어나는 실제 원인은 아직 명확하게 알려져 있지 않다.

샤피로(Shapiro, 1999)는 "말더듬은 어떤 사람의 말, 의사소통자로서의 자기 자신과 그가 살고 있는 세계에 대하여 연관된 생각과 감정을 만들어 내고, 그것들과 상호작용하는 과정에서 말의 흐름과 학습된 반응에 개별화되며, 비자발적인 방해가 생기는 현상이다."라고 정의하였다. 나아가 그에 따르면, "말더듬은 의사소통 체계의 맥락 안에서 발생하는데 이에 의해 말을 더듬는 사람과 의사소통하는 모든 이들에게 영향을 주고 또 영향을 받게 된다."(p. 14)

말을 더듬는 사람을 관찰할 때는 일반적으로 일차적인 행동과 이차적인 행동 모두를 살펴볼 수 있다. 일차적인 행동은 말과 직접 관련된 특성으로 특정 음소나 단어를 반복하거나 오래 끌기, 막힘 등과 같은 행동을 보이는 것이다. 이차적인 행동은 불편한 발화를 없애려고 하거나 회피하려고 할 때 나타내는 반응을 말한다. 보통 눈을 깜빡이고 턱을 벌리고 있거나 입술을 오므리며, 어려운 단어를 대치할 수 있는 쉬운 단어를 골라 쓰고 어려운 단어 전에 '어' 소리를 삽입하기도 한다(Gillam, 2000a).

말을 더듬는 사람이 보이는 말더듬 행동은 매우 다양하다. 서로 다르게 말하면서 말을 더듬는 사람들을 잘 관찰해 보면 같은 방식으로 행동하지 않는다는 것을 알 수 있을 것이다(Gillam, 2000a). 그러나 보통 익숙하지 않은 환경에서는 말더듬을 더 많이, 강하게 보일 가능성이 높다. 이러한 상황은 말을 더듬는 사람이 유창하게 말해야 한다는 부담감이 있을 때 더 자주 나타난다. 예를 들어,

학생사례 탐구

말을 더듬는 학생을 위해 교사가 해야 할 일

“초등학교 6학년인 트레비스는 인디언계 미국인과 관련된 단원을 공부하면서 시 하나를 읽을 준비를 했다. 그는 자기 혼자서 뿐 아니라 어머니와 함께 시 읽기를 연습했고, 지금은 시를 외우고 있는 중이다. 트레비스는 시 외우기를 아주 잘하고 싶어 했다. 일단 트레비스가 공부에 무척 관심이 많은 학생일 뿐 아니라 자신이 시를 외워 낭송하는 것을 태미라는 친구가 들을 것이 분명하기 때문이다. (트레비스는 아직 태미를 향한 자신의 마음을 표현하지는 않았지만, 시 읽기와 같은 국어활동에서 훌륭한 능력이 있음을 보여 줌으로써 태미에게 잘 보이고 싶어 한다.) 그러나 트레비스는 시에 대해 매우 잘 알고 있으면서도 말더듬 때문에 시를 읊는 것에 대해 매우 걱정하고 있다. 수업시간에 선생님은 “좋아, 트레비스가 준비한 시를 한 번 들어 볼까?”라고 말했다. 트레비스는 시를 읽기 시작했다. “맨 처음 땅이 나, 나타……나타나고……인, 인……인간 가족…….” 그의 손은 떨리기 시작했고 얼굴은 붉게 물들었다. 마침내 반 아이들이 큰 소리로 웃기 시작했고, 트레비스는 태미를 바로 쳐다볼 수가 없었다. 시가 아직 반이나 남았는데 시 읊기를 끝마치는 것이 마치 불가능한 일인 것 같은 생각이 들었다. 이때 교사인 당신은 트레비스가 무척 안타까워서 그를 위해 무엇인가를 해 주고 싶었다. 당신은 그를 위해 무엇을 할 것인가?(Shapiro, 1999에서 재인용)”

전략

- 개별적으로 학생과 이야기하고 교사인 당신이 보여 줄 수 있는 지원에 대해 설명한다. 다른 기술을 배울 때처럼 우리는 말을 할 때에도 실수를 하고 말을 더듬는 것은 전혀 문제가 되지 않음을 학생에게 설명한다. 학생에게 이러한 방식으로 이야기하는 것은 당신이 학생의 말더듬을 알고 있으며 그것을 문제 삼지 않는다는 사실을 학생이 인식할 수 있도록 도와준다.
- 학급에서 질문을 던질 때, 교사는 말을 더듬는 학생이 좀 더 쉽게 무언가를 할 수 있도록 조치를 취할 수 있다. 예를 들어, 학생에게 상대적으로 짧게 대답할 수 있도록 질문할 수 있다. 만약 모든 학생들이 질문에 대답할 것이 예상되면 말을 더듬는 학생을 다른 아이들보다 좀 더 빨리 호명한다. 자기 차례를 기다릴수록 더 많이 긴장하고 걱정하게 되기 때문이다. 학생들 모두에게 대답하는 데 필요한 만큼 충분한 시간을 줄 수 있다고 알려 주면서 너무 빨리 답을 말할 필요가 없으므로 충분히 생각하고 답을 이야기해도 된다는 사실을 확인시켜 준다.
- 말을 더듬는 학생들의 상당수는 만족스러운 수준에서 학급에서 소리 내어 읽기를 할 수 있다. 그러나 말더듬이 아주 심한 학생들의 경우는 큰 소리로 읽는 데 어려움을 경험하기도 한다. 이러한 상황이 생기면 말을 더듬는 학생을 호명하여 읽기를 시키기보다는 여러 학생 중 한 명과 짝을 지어 읽기를 하도록 한다. 학급 전체가 두 명씩 짝을 지어 읽기를 하면 말더듬 하는 학생은 자신이 ‘특별나다’는 느낌을 갖지 않게 된다.
- 만약 누군가가 말을 더듬는 학생을 괴롭힌다면 그들이 말을 더듬는 학생을 이해할 수 있도록 도와준다. 그리고 어떻게 반응하면 좋을지에 대해 자유롭게 토론하고 당사자의 생각을 이야기할 수 있게 해 준다. 만약 특정 학생이 괴롭힌다면 그 학생을 따로 불

러 친구를 괴롭히는 것은 용납될 수 없음을 설명한다.

하지 말아야 할 일

"천천히 말해." 혹은 "편안하게 이야기해 봐."와 같은 말은 하지 않는다. 말을 더듬는 것에 대한 창피함 때문에 더 말을 더듬지 않도록 한다. 다른 주제에 대해 이야기하듯이 말더듬에 대해 편안하게 이야기하도록 한다.

해야 할 일

- 말을 더듬는 학생과 너무 급하지 않게, 말을 짧게 끊어 가며 대화한다.
- 학생이 말을 끝낸 후에는 2~3초 정도 쉰 후에 말을 시작한다. 대화의 속도를 전체적으로 느리게 한다.
- 학급에 속한 학생 모두가 말을 하고 남의 이야기를 듣는 것을 교대로 할 수 있도록 돕는다.
- 얼굴 표정, 눈 맞춤, 몸의 움직임을 사용하여 학생이 메시지의 내용을 알아들을 수 있도록 한다.
- 말을 더듬는 학생의 과제에서도 그렇지 않은 학생들과 같은 정도/수준의 질과 양이 나올 것을 기대한다.
- 비판적인 언사, 빠른 말의 패턴, 방해를 줄일 수 있도록 한다.
- 말을 더듬는 학생과 학급에서 필요한 수정에 대하여 일대일 대화를 한다. 학생이 할 수 있는 것이 아니라 학생의 요구를 존중한다.

말더듬과 어떻게 그것에 대처할 것인가에 대해 추가 정보가 필요하다면 말더듬재단(Stuttering Foundation, http://www.stutteringhelp.org/)이나 국가 청각장애 및 의사소통장애 연구소(National Institute on Deafness and Other Communication Disorders, http://www.nidcd.nih.gov/health/voice/stutter.asp)를 살펴보라. 또한 Shapiro(1999)의 저서 *Stuttering Intervention: A Collaborative Journey to Fuency Freedom*에서 말더듬이면서 언어치료사 및 말-언어병리학 교수가 된 이의 말더듬 중재에 대한 의견을 들을 수 있다.

적용하기

- 말더듬을 할 가능성을 증가시킬 수 있는 상황이 있는데, 교사로서 어떻게 이러한 상황을 헤쳐 나갈 수 있을지에 대해 생각해 보아야 한다. 당신의 학생 중 한 명이 말더듬을 한다면 그 학생을 위해 지원을 제공해 줄 수 있는가? 있다면 어떠한 지원을 제공할 것인가?
- 친구를 괴롭히는 학생을 다루는 가장 효과적인 방법에는 무엇이 있다고 생각하는가? 그들과 직접 이야기할 것인가, 아니면 그들의 부모와 이야기할 것인가? 학생들을 벌할 것인가? 어떠한 반응을 보일 것인지에 대해 이야기해 보자.

출처: Scott Trautman, Lisa (2006). *The school age child who stutters: Notes to the teacher*. Copyright 2001-2007 by the Stuttering Foundation of America(800-992-9392, www.stutteringhelp.org)에서 수정함.

• **생각해 봅시다 #7**

말더듬을 하는 많은 사람들은 자신의 말더듬을 조절할 수 있지만, 가끔 다른 상황에서는 그 통제력을 잃기도 한다. 어떠한 상황에서 통제력을 잃게 되는 것일까?

전화 통화를 하거나 (식당에서 주문하거나 자신의 이름을 이야기할 때와 같이) 빠르지만 짧게 의사소통을 하고자 할 때, 그리고 (선생님이나 교장선생님과 같이) 지위가 높은 사람에게 말할 때는 말더듬이 더 많이 일어날 가능성이 높다.

대조적으로 말을 더듬는 사람이 말더듬을 조금 덜할 가능성이 높은 조건이 있다. 누군가와 함께 읽기를 할 때, 낮은 목소리로 말할 때, 천천히 말할 때, 리듬을 타고 말할 때, 노래를 할 때가 해당된다. 샤피로(1999)가 지적한 것처럼 사실상 말을 더듬는 사람들의 대다수는 말할 때의 15～20%만 말을 더듬는다. 학생의 의사소통 환경에서 치료사 혹은 다른 사람들(예: 교사)은 학생들이 유창하게 말하는 상황에 초점을 맞춤으로써 좀 더 효과적이고 성공적으로 말하도록 할 수 있다.

말을 더듬는 사람과 알고 지낸 적이 있는가? 그는 아동인가, 청소년인가, 혹은 당신의 친구나 동료인가? 당신이 말을 더듬는 학생의 교사라면 어떻게 할 것인가? '학생사례 탐구'에 소개된 학생의 사례와 함께 제시된 제언은 독자에게 유용한 정보를 제공해 줄 것이다.

(4) 음성장애

우리를 다른 사람과 차별화시켜 주는 주요한 인간 특성 중 하나는 바로 목소리다. 얼굴과 몸매와 마찬가지로, 우리는 목소리를 통해 서로를 구분한다. 친구가 넓은 강당에 들어서기 전에 당신의 이름을 부르거나 잠시 기다리라고 소리를 지르게 되면 굳이 얼굴을 보지 않아도 누가 나를 부르는지 알아챌 수 있는 것과 같다.

인간이 갖는 독특한 목소리는 소리를 만들어 내는 신체적 요소의 차이에 의해 나타난다. 음성은 폐 속에 있는 공기를 밖으로 밀어내면서 시작된다. 그러고 나서 공기는 후두의 두 성대를 통과하여 후두 안으로 들어가게 된다. 이를 통과하면서 폐로부터 나온 공기가 성대를 진동하게 되는 과정을 통해 목소리를 만들어 낸다. 목소리는 인두(혹은 목)를 통과하면서 변화하게 되고 구강과 비강으로 들어가면서 공명을 만들어 낸다(Justice, 2006).

목소리의 가장 특징적인 변이 중 하나는 성인 남성과 여성 사이에 존재한다. 그러나 그 외에도 너무나 많은 차이와 변이가 존재한다. 이 때문에 우리가 사람들을 목소리로 구별할 수 있는 것이다. 세 가지 음성적 특성, 즉 고저, 강도, 음질 간의 상호작용은 매우 독특한 목소리를 만들어 낸다. 고저는 얼마나 목소리가 높은지 혹은 낮은지와 관계가 있고 성대의 물리적 특성에 의해 통제된다. 성대가 길고 두꺼우면 낮은 소리가 나고 긴장도가 큰 경우에는 높은 소리가 난다. 강도는 일반적으로 말할 때 목소리가 얼마나 큰지 혹은 부드러운지를 묘사할 때 사용되고, 데시벨(dB)로 표시된다. 좀 더 집약적이거나 낮은 목소리는 저항이 증가하면서 성대로 더 많은 공기를 밀어낼 때 나타난다. 갑작스럽고 넓게 성대가 열릴 때 큰 소리를 내게 된다. 사람들은 목소리의 크기를 조절할 수 있지만 사람마다 기본이 되는 소리 크기의 수준이 있고, 이는 일반적인 대화 상황에서 듣는 목소리 크기와 같다. 목소리를 특징짓는 세 번째 요소인 음질은 한마디로 설명하기가 쉽지는 않다. 음질은 사람들 간에 많은 차이가 난다. 일반적으로 음질을 표현하는 예로는 바이올린 소리처럼 감미롭고, 벨벳처럼 부드러우며, 풍부하고 리듬감이 있고 거친 목소리가 있다.

음성장애는 한 사람이 내는 목소리의 고저, 크기 혹은 음질이 같은 성별, 나이, 인종, 민족적 배경을 가진 다른 사람들과 비교하여 봤을 때 현저하게 다를 때 나타난다. 달리 말하면, 또래와 비교했을 때 음성장애를 가진 사람은 대개 비정상적으로 높거나 낮은 목소리를 가지거나 혹은 너무 부드럽거나 큰 목소리를 내며, 일반적이지 못한 음질을 나타내기도 한다. '장애'로 판별하기 위해서는 목소리가 나오는 조건이 다른 사람의 주의를 끌 만큼 눈에 띄게 차이가 나거나 목소리가 학교, 가정 그리고 지역사회에서 기능하는 데 부정적인 영향을 미쳐야 한다.

음성 전문가들은 사람의 목소리를 묘사하는 데 다양한 용어를 사용하나, 가장 일반적으로 거친 음성 혹은 긴장한 음성, 숨찬 소리(a breathy voice), 쉰 목소리를 꼽는다(Dalston, 2000). 거친 음성이란 매우 화가 나도 참으려는 사람의 목소리와 유사한데, 거친 음성을 가진 사람의 말소리는 상당한 노력을 기울이며 목과 턱이 매우 긴장된 것처럼 보인다. 숨찬 소리의 경우는 우리가 소곤소곤 말하거나 혹은 비밀 이야기를 할 때와 같은 소리다. 숨찬 소리는 과도한 공기가 성대를 빠져나감으로써 나타나는데 성대가 적절하게 떨림을 주기에는 서로 거리가 너무 많이 떨어져 있다. 쉰 목소리는 거친 소리와 숨이 가쁜 소리의 혼합형으로 성대가 비정상적으로 떨릴 때 나타난다. 비정상적인 떨림이란 두 성대가 서로 다른 크기를 가질 때 나타난다(Dalston, 2000; Justice, 2006).

• 생각해 봅시다 #8

왜 우리는 사람의 목소리만 듣고도 그 사람의 특성이 어떠할 것 같다고 생각해 버리는 것일까?

음성장애는 여러 가지 원인에 의해 발생한다. 성대를 과도하게 사용하거나 신경학적인 문제로 나타나기도 하고, 심리적 상태나 수술로 후두를 제거한 경우에 발생하기도 한다. 아동이나 청소년에게 나타날 수 있는 가장 일반적인 음성 문제는 성대의 과다사용이다. [그림 11-2]에서는 음성을 오용하고 과용하는 일부 사례에 대해 설명하고 있다.

음성 과용은 성대결절로 연결된다. 결절은 성대 위에 생기는 작은 세포 형성체로 보통 상처 주변에 생기는 유상조직(calluses)과 비슷하게 생겼다. 성대결절은 소리치거나 큰 소리로 말하는 것과 같은 활동을 통해서 자주 발생한다(Dalston, 2000). 그러나 저스티스(2006)는 결절이 위염의 역류, 저혈압, 수분 부족, 후두 부위의 긴장과 같은 생리학적 문제를 통해서도 발생할 수 있다고 지적한다.

목소리의 오남용	
크게 소리 지르기와 악쓰기	음주
성문 쪽을 너무 세게 막음	월경 주기 동안 과도하게 말하기
억지로 심하게 노래 부르기	너무 많이 말하기
수분 공급의 문제	부적절한 호흡 지지
소음이 있는 곳에서 말하기	과도하게 큰 소리로 웃기
기침/헛기침하기	아스피린 복용
운동하면서 듣기 좋지 않은 목소리로 말하기	치어리딩, 에어로빅 강좌, 원기 충전을 위해 클럽에서 소리지르기
멀리서 이름 부르기	장난감이나 동물 소리 내기
부적절한 소리의 높낮이로 말하기	체육활동(코칭 등)
알레르기나 상부호흡기 감염이 있는 상태에서 과도하게 말하기	격한 성격의 소유자
근육 긴장	말싸움하기
담배연기 노출	

출처: Case, G. L. (2002). *Clinical Management of Voice Disorders* (4th ed.). Austin, TX: Pro-Ed. Copyright 2002 by Pro-Ed. 허락하에 게재.

그림 11-2

(5) 운동-말장애

우리는 일상 활동에서 우리가 원하는 대로 움직이고 행동하기 위하여 근육을 활용해야 한다. 이러한 움직임은 운동기술을 연습함으로써 가능하게 된다. 간혹 우리는 특수교사나 치료사가 소근육과 대근육 기술이란 용어를 사용하는 것을 들을 수 있을 것이다. 소근육에는 눈-손 협응, 대근육에는 달리기와 뛰기 같은 기술이 포함된다.

운동기술과 특정 움직임은 중추 및 말초 신경계와 같은 신경체제에서 기원하는데, 설사 우리가 깨닫지 못하고 있다 하더라도 손가락을 튕기거나 공을 차는 것과 같은 상대적으로 간단한 움직임도 신경계의 프로그래밍과 처리과정의 주도로 집행된다. 말을 하는 활동은 말소리를 산출하기 위하여 아주 작은 근육들을 잘 조절하고 움직여야 하는 인간활동 중 가장 복잡한 것이다. 이러한 움직임은 신경학적인 기원을 가지고 있으므로 신경학적인 문제나 상해가 생기면 앞에서 제시한 말과 관련된 네 가지 영역 중 하나 혹은 그 이상에 부정적인 영향을 미친다(Maas & Robin, 2006).

(6) 말장애의 발현

말장애, 특히 음운/조음장애와 유창성장애는 일반적으로 생애 초기에 생겨난다. 이러한 장애는 사라지기도 하고 오래 지속되기도 한다. 말더듬은 그 좋은 예가 된다. 앞에서 설명한 대로 말더듬의 원인은 아직 알려져 있지 않다. 현재까지 알려진 것은 우리의 삶에서 어떤 시기에, 주로 초기 아동기에 전체 인구의 5% 정도에 해당하는 많은 사람들이 말을 더듬는다는 것이다. 이러한 경우의 80% 정도는 정상 발달의 결과로 혹은 치료적인 특성을 띤 중재로 말더듬이 사라지기도 한다. 그리고 전체의 약 1% 정도만이 계속해서 말을 더듬는다.

상대적인 빈도로 보면 말장애를 갖는 아동의 대부분은 음운장애나 조음장애를 갖는다. 그래서 이 학생들은 학령기 동안 특정 언어장애의 가장 많은 비율을

음성장애는 음성 과용을 포함한 다양한 이유에 의해 발생될 수 있다.

차지하게 된다. 예를 들어, (이 장의 서두에 제시한) 캐슬린 선생님의 학생들은 조음장애를 가지고 있었다. 적은 수의 학생들이 유창성장애를 가지고 있으며, 상대적으로 매우 적은 수의 학생들이 기타 말장애를 가지고 있다.

말장애와 언어장애를 함께 가지고 있는 경우는 기타 다른 장애를 가진 학생들 사이에 더 많이 나타난다. 자폐아동을 정의하는 기본적인 특성은 의사소통 기술이 미흡하다는 것이다. 지적장애를 가지고 있는 학생들 중에서도 역시 상대적으로 많은 학생이 말과 언어에 장애를 가지고 있는데, 의사소통장애의 사례와 지적장애의 정도는 직접적인 관련성이 있다. 말 그리고/혹은 언어장애는 또한 학습장애, 외상성 뇌손상 그리고 지적장애와 같은 다른 장애를 가진 사람들에게서 평균 이상의 빈도로 나타난다.

• 생각해 봅시다 #9

많은 특수교사들은 주장애와 더불어 수반 장애로 의사소통장애를 가지고 있는 학생들을 가르친다. 그렇다면 어떠한 방식으로 특수교사와 언어치료사가 서로 협력할 수 있을까?

2. 의사소통상의 차이 대 의사소통장애

이 절에서 다른 중요한 이슈에 대해 논하기 전에, 우리는 우리와 다른 방식으로 의사소통하는 사람들 모두가 의사소통장애를 가지고 있지는 않다는 사실을 이해해야 한다. 많은 경우 의사소통상의 차이를 의사소통장애로 간주하는데, 그렇다면 이 둘 사이에는 어떠한 차이가 있을까?

인간의 말과 언어적 특성은 우리 문화의 산물이며 문화는 의사소통적 특성을 반영한다. 이는 특히 미국과 같은 다문화 사회에서 더 중요하다. 예를 들어, 노스캐롤라이나(역자 주: 미국 동남부 지역에 위치한 주)의 서부 산악지대에서 성장한 사람은 일반적으로 휴스턴(역자 주: 미국 중남부에 위치한 텍사스 주의 도시) 지역 토박이나 볼티모어(역자 주: 워싱턴 DC 인근의 대도시) 지역 출신의 사람과는 다르다. 미국 내 서로 다른 지역에 사는 사람들의 어휘와 숙어, 사투리도 현저히 다르다. 서부와 북부의 유럽계 미국인들의 발음은 서로 다르며, 아프리카계뿐만 아니라 라틴계 사람들과도 종종 그 발음이 다르다. 극단적으로 의사소통에 차이가 생길 경우 그들은 표준어(혹은 가장 많은 사람들이 사용하는 언어)를 잘 모르거나 혹은 전혀 경험하지 못하여 효과적인 의사소통 능력을 가지고 있지 못하다.

그렇다면 그들은 의사소통장애를 갖고 있는 것인가? 그렇지 않다. 그들의 의사소통 방식에 차이가 있다고 말하는 것이 좀 더 정확한 표현일 것이다. 이것은 결코 사소한 문제가 아니다. 많은 아동이 언어적 차이에 의해 적절한 특수교육 프로그램에 배치되지 못했다. 그러므로 일반적이지 않은 의사소통의 형태가 항상 의사소통장애로 연결되는 것은 아니라는 것을 인식하는 것은 매우 중요하다.

의사소통장애를 판별하기 위해서 학생이 구어적 의사소통 체계와 같은 문화, 언어, 방언을 사용하는 다른 사람들과 어떠한 의사소통상의 차이를 보이는지 살펴보아야만 한다. 저스티스(2006)는 개인의 의사소통 능력이 다음과 같을 때에만 의사소통장애를 갖고 있다고 하였다.

- 개인의 언어 또는 문화 집단의 규준에 적절하지 않은 경우
- 장애 집단의 구성원으로 간주될 경우
- 동일 언어 또는 문화 집단 내에서 의사소통에 어려움이 있는 경우

3. 의사소통장애 학생의 특성

의사소통장애와 관련된 문제들은 복잡하다. 다음에서는 의사소통장애를 다른 조건들과 관련시켜 생각해 보겠다.

1) 인지와 학습

일반적으로 의사소통장애 학생들은 크게 두 가지 유형으로 구분될 수 있다. 즉, 다른 장애를 갖지 않은 학생들(즉, 학생이 갖는 어려움이 의사소통의 문제에만 국한되는 경우)과 다른 장애를 가진 학생들(즉, 의사소통 문제가 다른 장애에 의해 발생되거나, 다른 장애와 관련이 있거나, 다른 장애로 이어지는 경우)이다.

(1) 말 혹은 언어 장애만을 가지고 있는 학생

다른 장애를 갖고 있지 않은 학생집단에서는 대개 조음이나 유창성 문제 같은 말장애를 가진 아동이나 청소년이 포함되어 있다. 이 학생들은 언어치료사로부터 서비스를 제공받는 수혜자 중 대다수를 차지하고 있으며, 이들의 학업능력은 매우 다양하다. 사실 위인들 중에 말장애, 특히 말더듬을 가지고 있었음에도 각 분야에서 매우 큰 업적을 세운 이들이 많다([그림 11-3] 참조).

특정 말장애를 가진 학생뿐 아니라 다른 장애를 수반하지 않은 언어장애 학

생도 많다. 그들은 보통 특정언어장애(specific language impairment: SLI)로 분류된다(Justice, 2006). 그들이 가진 언어장애의 원인은 밝혀지지 않았고 다양한 종류의 언어장애가 나타난다. SLI 아동은 청각장애 또는 지적장애를 가지고 있지 않으며 분명한 신경학적, 감각적 혹은 운동적 손상을 입지 않았다. 그러나 SLI를 가진 학생들은 생후 약 3년이 지나 늦게 말을 시작하거나 말의 발달이 늦는 것과는 조금 양상이 다른 언어장애의 증상을 보이기 시작한다. SLI 아동이 보이는 언어 프로파일은 매우 다양하지만 저스티스(2006)는 일반적으로 SLI 아동이 보이는 특성을 다음과 같이 정리하고 있다.

- 여러 언어 영역에 있어 일관되지 않은 기술 발달을 보임(예: 음운론적 측면은 강하나 통사론이나 형태론에서는 잘하지 못함)

〈표 11-2〉 특정 언어장애와 관련된 언어문제

연령	언어문제
영유아기	첫 단어가 늦게 출현(평균적으로 생후 23개월경); 현재진행형(-ing), 복수형(-s), 소유격('s)의 사용이 늦음; 두 단어 조합이 늦게 나타남(평균 생후 37개월경); 동사를 좀 덜 사용하고 그 종류도 많지 않음; 대명사의 발달이 늦음; 다른 아동보다 좀 더 오랫동안 자신의 요구를 충족시키기 위하여 몸짓에 의존; 또래와 함께 의사소통을 시작하는 데서의 어려움; 의사소통에서 자신의 차례를 유지하는 데서의 어려움
유치원 시기	자신보다 더 어린 아동의 문법 사용과 유사한 문법 수준을 보임(예: 대명사 오류); 조동사의 사용이 늦음; 생략이 자주 나타남(예: 구문론에 있어 주요한 요소를 생략); 문장 길이가 짧음; 의문문을 만드는 데서의 어려움; be동사를 사용하는 데서의 어려움; 대명사의 발달이 늦음; 요구사항을 말할 때 어린아이 수준과 유사함; 한 명 이상의 아동과 함께 말하는 데서의 어려움; 갈등을 언어적으로 해소하는 데서의 어려움
초등학교 시기	단어를 찾아 쓰는 데서의 어려움; 이름을 말하는 데 실수가 많음; 정보처리 속도가 늦음; 처음 발달되는 대명사 사용; 다른 사람의 말에 그리 민감하지 못함(예: 간접적인 요구에 반응하는 것의 어려움); 주제를 유지하는 데서의 어려움; 대화를 다시 해야 할 필요성을 인식하는 데서의 어려움
청소년기	언어에 대한 생각을 표현하는 데서의 어려움; 질문과 의견에 대한 부적절한 반응; 사회적 언어를 적절히 활용하지 못함; 청자에게 불충분한 정보를 제공, 반복, 제한이나 경계에 대한 부적절한 감각; 요구와 생각을 표현하는 데서의 어려움; 또래와 대화를 시작하는 데 문제가 있음; 의사소통에 참여하는 데 성숙하지 못한 태도를 보임

출처: Justice, L. (2006). *Communication Science and Disorders* (p. 224). Published by Merrill/Prentice Hall. Copyright by Pearson Education. 허락하에 게재.

- 어휘 발달이 지체된 흔적이 보임
- 단어를 찾는 데 문제를 보임
- 특히 동사의 사용에서 문법에 맞는 문장을 만들어 내거나 이해하는 데 어려움을 보임
- 사회적 기술, 행동, 주의집중에 문제를 보임

앞의 〈표 11-2〉는 각기 다른 연령대의 SLI 아동이 보일 수 있는 언어적 문제를 나타내고 있다.

(2) 의사소통장애와 기타 다른 장애를 가진 학생

언어장애를 보이는 상당수의 영아는 언어중재나 자연스러운 언어발달에 의해 그들이 가진 문제를 극복한다. 그러나 이 아동의 50% 정도는 언어문제를 초등학교, 중등학교, 성인기에 이르기까지 계속해서 가지게 된다. 유아기를 넘어서까지 언어장애가 지속되면 결국 학습장애, 지적장애 혹은 정서 및 행동 장애로 분류될 가능성이 높다(Owens et al., 2003).

학습장애는 언어장애가 많이 나타나는 분야 중에 하나로 좋은 예가 된다. 길람(Gillam, 2000)은 다음과 같이 말하였다.

> 아동은 읽기를 위하여 글자가 연속되어 배치된 것을 언어로 해독해야만 한다. 쓰기를 위해서는 언어를 글자의 연속체로 표현해야 한다. 구어를 이해하고 산출하는 데 어려움을 갖는 아동은 읽고 쓰는 것을 배우기 시작할 때 심각한 불이익을 경험하게 된다. 그러므로 언어장애를 가진 아동의 대부분이 문해력을 발달시키는 데 큰 문제를 보이는 것은 그리 놀랄 만한 일이 아니다(p. 442).

제6장에서 학습장애의 정의와 주요 특징을 살펴본 것처럼, 학습장애 학생들이 보이는 언어 관련 약점은 매우 심각하다. 쇼엔브로트, 쿠민과 슬로안(Schoenbrodt, Kumin, & Sloan, 1997)은 학습장애와 언어장애가 동시에 나타나는 경우를 약 35~60%로 추정하였다.

• 생각해 봅시다 #10

학습장애 학생과 관련하여 어떠한 경험을 가지고 있는가? 그들이 가지고 있는 특정한 언어적 문제에 대해 인식한 적이 있는가?

의사소통장애와 다른 장애 간의 관계를 나타내 주는 또 다른 예로는 뇌성마비를 생각해 볼 수 있다(뇌성마비에 대한 설명은 제14장 참조). 뇌성마비는 출생 전, 출생 시, 출생 후에 나타날 수 있는 뇌손상에 의해 생기는 신경운동의 장애를 말한다. 뇌성마비를 가진 사람은 지체장애와 때로 지적장애를 가지

고 있고 간혹 말 관련 운동장애인 조화운동불능말더듬(dysarthria)을 갖기도 한다. 간혹 뇌성마비인은 말을 하는 데 관여하는 근육이 약하고 조절이 잘 되지 않아서 말을 하는 데 어려움을 보인다. 뇌성마비인의 전반적인 말하기 능력의 발달은 일반적인 경우보다 더 느리고, 전 생애를 걸쳐 그들의 삶에서 문제가 되기도 한다.

이러한 두 가지 예가 말해 주듯이, 말 혹은 언어의 문제는 다른 장애를 가진 학생들에게도 영향을 미친다. 이 학생들의 주요 장애는 자폐, 지적장애, 학습장애, 외상성 뇌손상, 지체장애 혹은 청각장애이지만 의사소통장애는 그들의 삶에서 난제가 된다. (이 장에서 의사소통장애를 수반할 수 있는 다른 장애들에 대해 자세하게 설명하기는 어렵지만) 당신이 가르치는 한 학생의 문제가 앞서 제시한 장애 범주 중 하나일 때는 그 장애에 의해 그 학생의 인지와 학습 능력 그리고 말과 언어 기술은 부정적인 영향을 받을 수 있다는 사실을 기억해야 한다.

2) 사회적 행동

의사소통장애가 인지 및 학업과 관련된 사항에 수반될 수 있는 것처럼, 개인의 의사소통 능력은 사회적 기술의 발달과 연관될 수 있다. 의사소통 기술이 기본적으로 우리의 사회적 관계 속에서 사용되는 것은 분명하다. 만약 적절한 말 혹은 언어 기술이 부족하다면 우리의 사회적 지위는 다른 방식으로 영향을 받을 수 있다. 언어문제 때문에 위축되거나 타인을 회피하고 다른 사람이 우리를 피하게 만듦으로써 다른 사람들과 부적절하게 상호작용할 수 있으며, 공격성이나 부적절한 행위와 같이 바람직하지 않은 방식으로 다른 사람과 상호작용함으로써 부족한 의사소통 기술을 보완해 보려는 시도를 하기도 한다.

일반적으로 말을 더듬는 사람은 말더듬의 결과로 이차적인 행동을 발달시킨다. 입술을 오므리거나 눈을 깜빡이거나 먼 곳을 쳐다보거나 말하고자 하는 것을 내뱉으면서 관련 없는 다른 행동을 하기도 한다. 다음의 경우를 생각해 보자. 선생님과 친구들 앞에서 시를 읊으려는 아동은 어떠한 느낌이 들까? 혹 그 아동의 사회적 적응문제가 여기에 부정적인 영향을 미치지 않는가? 반 친구들의 웃음소리가 혹 아동을 위축시키지는 않을까? [그림 11-3]에 제시된 유명인들과 같이 뛰어난 모습을 보여야 하는 것은 아닌가? 그러나 이 아동이 보이는 말장애는 실제 그의 본 모습이 아니라 그를 다른 모습으로 바꿀 수 있다는 결론을 내릴 수 있을 것이다.

말더듬이 있는 유명인

- 야구선수 케논 마틴(Kenyon Martin): 미국 야구 대표팀에 2회 발탁, 2004년 NBA 올스타 팀에 선정
- 존 스토셀(John Stossel): 미국의 대표적인 시사프로그램인 20/20's 의 기자로 방송계에서 매우 성공한 기자 중 한명으로 꼽히며 현재도 말더듬으로 인해 불편함을 겪고 있음
- 니콜라스 브렌든(Nicholas Brendon): 유명한 TV 영화 시리스인 뱀파이어 사냥군 버피(Buffy the Vampire Slayer) 에서 샌더의 역할을 맡고 있으며 전 연령층에 사랑을 받고 있음
- 칼리 사이먼(Carly Simon): 아카데미상과 그래미상을 받은 가수로 여러 장의 히트앨범이 있음
- 윈스턴 처칠 (Winston Churchill): 2차 세계대전 당시 심금을 울리는 연설로 수만 명의 주목을 끌었음
- 제임스 얼 존스(James Earl Jones): 스타워즈(Star Wars)의 다스 베이더(Darth Vader)의 목소리와 침묵(Voices and Silence)라는 책으로 유명한 브로드웨이와 TV 스타인 배우
- 밥 러브(Bob Love): 시카고 불스(Chicago Bulls)의 전설적인 스타로 법정에서 챔피온 팀을 위한 지역사회 봉사활동으로 나감. 또한 동기를 불러일으키는 연설자로도 유명함
- 마리린 몬로(Marilyn Monroe): 전설적인 배우 생활 기간 내내 영화 관객과 동료배우의 시선과 관심을 사로잡음
- 멜 티리스(Mel Tillis): 컨츄리 음악을 하는 가수이자 작곡가로 미국 뿐 아니라 전 세계 청취자들을 즐겁게 해줌

출처: List of Famous People Who Stutter. Copyright 2001-2007 by the Stuttering Foundation of America, 800-992-9392;www.stutteringhelp.org.

그림 11-3

말더듬과 같이 말장애를 갖는 사람들이 정서적인 스트레스를 경험한다 하더라도, 말-언어장애를 포함한 의사소통장애는 아동으로 하여금 정서 및 행동 장애를 경험하게 할 수 있는가? 이 질문에 답하는 것은 사실상 거의 불가능하다. 인간이라는 존재의 복잡성을 생각해 볼 때 무엇이 다른 무엇의 원인이 되는가를 확실하게 이해하는 것은 쉽지 않기 때문이다. 그러나 우리는 의사소통장애가 정서 및 행동 장애 아동에게서 자주 출현하다는 사실을 알고 있다. 베너, 넬슨과 엡스타인(Benner, Nelson, & Epstein, 2002)은 이 두 가지 조건의 관계를 살펴보기 위하여 26개의 연구를 검토해 보았다. 그 결과 정서 및 행동 장애를 갖는 학생의 71%가 언어적 결함을 보이고, 언어적 결함을 갖는 학생의 57%가 정서 및 행동 장애로 분류되어 있었다. 분명한 것은 언어장애는 아동을 정서적 문제 뿐 아니라 상당한 학업문제를 경험할 가능성에 노출시킨다.

4. 출현율

미국에서는 약 100만 명 이상의 학생이 말-언어장애를 다루는 데 필요한 공교육 서비스를 받고 있다. 이는 IDEA 이래 교육 서비스를 받고 있는 학생 전체의 19%에 해당하며 6~17세 학령기 아동의 2.3%에 해당한다(U.S. Department of Education, 2003).

또한 앞에서 설명한 것처럼 이차적 장애로 의사소통장애를 가지고 있는 장애학생들도 매우 많다. 이 학생들은 앞서 제시한 100만 명 안에 포함되어 있다. 미국의 농 및 의사소통장애 국가연구소(National Institute on Deafness and Other Communication Disorders: NIDCD, 2004)에 따르면, 유아기 아동의 8~9%는 말장애를 가지고 있고, 초등학교 1학년에 도달할 때까지 이 아동의 5%는 심각한 수준의 말장애를 갖게 된다. NIDCD의 다른 자료는 다음과 같이 설명하고 있다.

- 약 7,500만 명의 미국인들은 음성장애로 고통받고 있다.
- 약 300만 명의 미국인들이 말을 더듬는 것으로 추정된다. 말더듬은 주로 언어발달이 이루어지는 2~6세의 아동에게서 나타난다. 남아가 여아에 비해 3배

의사소통장애는 정서 및 행동 장애로 이어질 수 있는가?

정도 많이 말더듬을 보이지만, 나이가 들면서 대부분의 아동에게서 말더듬은 사라지고 성인의 1%만이 말더듬을 나타낸다.

- 6~800만 명의 미국인들은 언어장애로 고통받는다. 학령기 아동의 2~8%는 어떠한 형태건 언어장애를 가지고 있다.

5. 의사소통장애의 원인

때로 의사소통장애의 원인은 생리학적 요인과 관련이 있다. 대개 원인이 밝혀진 경우에는 장애의 기질적(organic) 원인이 있다고 한다. 원인이 알려지지 않은 경우는 기능적 장애라고 부른다. 말장애의 기질적 원인은 대개 태어나면서부터 나타날 수도 있고, 혹은 살면서 후천적으로 획득되기도 한다. 말장애를 발생시키는 기질적 원인에 대해서는 앞서 설명하였다. 그 외의 기타 원인이 되는 조건은 〈표 11-3〉에 간단하게 요약되어 있다.

학교환경에서 맞닥뜨릴 가능성이 높은 말장애(대개 조음장애와 유창성장애)는 아무리 언어치료사라 하더라도 아직 그 원인을 분명하게 알지 못한다. 물론 대부분의 언어장애는 무엇이 원인이라고 정확히 이야기하기가 어렵다. 우리가 여기서 설명할 수 있는 것은 언어 결함은 자폐, 지적장애, 외상성 뇌손상, 학습장애와 같은 다른 장애의 특성 중 하나로 설명될 수 있다는 것이다. 그리고 이와 같은 장애를 유발하는 원인에 대한 설명은 이미 다른 장에서 논의하였다.

〈표 11-3〉 말장애와 관련이 있는 선천적 혹은 후천적 조건

장 애	특 성
구개파열	자음 산출 시 공기가 코로 빠짐; 비정상적인 공명, 말, 소리 산출 오류
뇌성마비	비정상적인 근육기능과 관련된 조음과 음성 장애
후두병리	상처, 성대결절, 성도(성대에서 입술, 콧구멍에 이르는 통로)의 종양, 다른 질환에 의해 음성의 질에 변화가 일어남
후두절제	인두의 외과적 제거로 대안적인 의사소통 방법이 필요함
구음장애	비정상적인 근육기능에 의한 호흡, 발성, 조음의 장애
실행증	말과 관련된 움직임을 프로그래밍하는 데서의 신경근육이 말장애와 결함
뇌손상	뇌손상으로 다양한 의사소통장애가 생김

출처: Gillam, R. B., Marquardt, T. P., & Martin, F. N. (2000). *Communication sciences and disorders: From science to clinical practice* (p. 93). San Diego: Singular.

6. 판별과 평가

제4장에서 언급했듯이, 언어발달 지체는 이후 장애를 가지게 될 가능성을 알려 주는 초기 지표 중 하나다. 12~18개월 아동들의 언어 수준은 전반적으로 초기발달 단계에 있다. 이 연령의 아동 중 일부는 언어발달 지체를 보일 수 있으며, 이러한 문제는 이후 언어발달 장애로 발전될 수 있다. 이 아동들이 겪게 되는 의사소통의 문제는 상대적으로 경미한 것부터 매우 심각한 수준에 이르기까지 다양하게 나타날 수 있다. 부모, 소아과의사, 유치원 혹은 초등학교 교사는 의사소통의 문제를 판별할 수 있고, 필요에 따라 공식적인 평가를 위해 언어치료사에게 의뢰할 수 있다.

언어치료사는 의사소통장애가 매우 다양한 형태로 나타나므로 장애와 관련된 특성을 가장 잘 파악할 수 있는 평가도구를 사용해야 한다. 수집된 진단 정보는 언어치료사가 아동에게 가장 적절한 처치나 중재 프로그램을 개발하는 데 도움을 줄 수 있다. 언어치료사는 의사소통과 언어, 말, 인지, 음성, 유창성, 청력, 먹기 및 삼키기 장애와 같은 조건을 평가한다.

의사소통장애 영역에서 사용되는 평가는 여러 질문에 답하는 데 도움을 준다. 그중 중요한 몇 가지를 살펴보면 다음과 같다(Justice, 2006; Owens et al., 2003).

- 의사소통 문제가 있는가?
- 문제에 대한 진단을 했는가?
- 어떠한 의사소통 기술과 결함이 나타나는가?
- 문제가 심각한가?
- 문제의 원인은 무엇인가?
- 어떠한 형태의 중재나 처치가 제공되는가?
- 중재가 제공되었을 때 혹은 제공되지 않았을 때 어떠한 결과가 나타나는가?
- 의사소통장애를 위한 서비스를 받을 수 있는 조건을 충족하는가?

• 생각해 봅시다 #11

이와 같은 질문 중 어떠한 것이 특수교사에게 가장 중요할까? 이 외에 질문하고 싶은 것에는 무엇이 있을까?

만약 중재 프로그램이 개발·시행되면 언어치료사는 학생의 의사소통 기술이 향상되는지를 살펴보기 위해서 평가도구를 사용해야 한다.

언어치료사는 이와 같은 질문의 답을 찾기 위하여 평가 프로토콜을 사용한다. 이 프로토콜은 정보를 수집하는 데 필요한 여러 형식을 포함한다.

보통 평가는 차트를 살펴보는 것에서 시작하는데, 이는 여러 전문가들과 기관에 의해 작성된 평가 대상자의 발달, 교육, 의학력을 살펴볼 수 있도록 해 준다. 또한 언어치료사는 학생, 부모, 양육자 그리고 다른 영역의 전문가들을 인터뷰하여 평가 대상자의 의사소통 능력과 현재 상태에 대한 정보를 수집한다. 인터뷰와 함께 언어치료사는 아동의 의사소통 특성에 대한 질문지를 작성하게 할 수 있다.

현재 일상생활에서 학생이 어떻게 의사소통하는지를 알아보기 위하여 언어치료사는 체계적인 관찰기법을 활용할 수 있다. 관찰은 학교의 여러 장소, 가정, 지역사회에서 시행될 수 있다. 관찰시간 동안 언어치료사는 주의집중상의 문제, 추상적 개념의 이해, 질문에 답하기, 도움 요청하기, 복잡한 사항 설명하기와 같은 특성을 파악한다(Justice, 2006).

언어치료사는 학생의 말 혹은 언어 샘플을 채취할 수도 있다. 이는 보통 계획 이전 단계에서 실시되며, 언어치료사나 부모 혹은 또래와의 의사소통이 언어 샘플로 활용된다. 보통 대화를 녹음해서 후에 전사하는 형태로 진행된다. 언어 샘플의 분석은 언어치료사로 하여금 학생의 주요한 의사소통 특성에 대하여 좀 더 명확한 그림을 볼 수 있게 해 준다(Owens et al., 2003).

때로 언어치료사는 학생의 말과 언어적 특성에 대해 좀 더 많은 것을 파악하기 위해 공식적인 검사를 사용하기도 한다. 공식적인 언어검사에는 다음의 검사가 해당된다(Owens et al., 2003).

- 조음평가: 아동에게 신발, 모자, 연필과 같은 사물의 이름을 말하게 하기
- 복잡한 음운의 명사 말하기: 코끼리, 백과사전, 발렌타인과 같은 그림의 이름을 말하게 하기
- 문법적 이해: 아동에게 '남자 아이가 옷을 입는 중이다.' '남자 아이가 옷을 입었다.' '남자 아이가 옷을 벗었다.' 와 같은 문장을 들려주고 그에 맞는 그림을 선택하게 하기
- 문법적 산출: 빈칸이 있는 문장을 이야기해 주고 빈칸을 완성시키게 하기 예를 들면, '신발 한 짝이 그려진 그림이 있습니다.' '여기에 두 개의 ________이 그려진 그림이 있습니다.' '남자 아이가 양말을 한 짝 신고 있습니다.' '남자 아이들이 __________을 신고 있습니다.'
- 화용론적 언어 사용: 학생에게 누군가에게 선물을 주거나 친구를 만나는 것과 같은 특정 상황에서 어떠한 말을 할 것인지를 답하게 하기

의사소통장애를 평가하는 데 사용할 수 있는 평가도구로는 공학적 기구의 일부를 활용할 수 있다. 예를 들어, 비디오스트로보스코피(videostroboscopy)를 통해 성대의 움직임을 직접 관찰하고 검사할 수 있는데, 콧구멍을 통해 인두까지 내시경 관을 집어넣어 각기 다른 소리가 날 때마다 성대가 어떠한 상태를 나타내는지를 비디오 모니터를 통해 관찰한다(Justice, 2006). 물론 이런 절차뿐 아니라 공식적 평가도구를 사용하는 것은 적절한 처치계획을 수립하기 위해 필요한 특정 정보를 얻는 데 도움이 된다.

7. 효과적인 중재

언어치료사는 충분한 자료가 수집된 후에 결과를 해석한다. 만약 학생이 말 혹은 언어에 장애를 가지고 있다는 것이 분명하게 드러나면 언어치료사는 중재계획을 수립한다. 최선의 계획은 효과적이고 효율적이며 학생이 쉽게 따라 할 수 있어야 한다. 계획을 수립하면서 말-언어치료사는 의사소통에 대한 이론적 지식과 장애가 의사소통에 미치는 영향, 그리고 실험연구와 관련된 실증적인 지식, 경험에 기초한 실용적인 지식, 학생과 그들의 의사소통적 요구에 기초한 개인적인 지식을 사용해야 한다(Justice, 2006).

언어치료사는 장애를 교정하거나 혹은 그것이 가능하지 않다면 보상적인 기술을 발달시키는 것을 서비스의 기본 목표로 삼는다. 교정적 중재는 문제를 고치려고 하는 반면, 보상적 중재는 장애를 교정할 수 있는 것이 아니므로 학생에게 장애조건을 직면할 수 있는 기술을 제공해 준다. 예를 들어, 언어치료사는 아동이 목소리를 올바르게 사용할 수 있도록 재훈련을 시켜 거칠고 숨 가쁜 목소리를 향상시킬 수 있도록 도와줄 수도 있고, 자폐아동이 그림으로 만들어진 시간표를 사용할 수 있도록 가르쳐 지시사항을 이해하도록 도와줄 수도 있다.

1) 목표 수립

중재의 목적이 의사소통장애의 교정이건 혹은 보완 프로그램이건 중재의 첫 단계는 하나 이상의 장기목표를 수립하는 것이다. 목표는 6개월이나 1년 정도의 긴 시간에 걸쳐 실현될 수 있는, 최선이면서 실현 가능한 현실적 성과를 낼 수 있는 것이어야 한다. 예를 들면, '헤더는 대화 중에 다른 사람이 자신의 말을 충분히 알아들을 수 있게 분명히 이야기한다.' 혹은 '르숀은 말을 해야 하는 모든 상황에서 목소리를 적절하게 사용할 수 있다.' 등이다.

언어치료사는 각각의 장기목표를 성취하는 데 필요한 단기목표를 수립한다. 최선의 단기목표는 학생의 실생활과 관련된 의사소통적 요구를 충족시킬 뿐 아니라 장기목표를 수립하는 데 필수적인 기술을 키울 수 있어야 한다. 각각의 단기목표를 위해 언어치료사는 학생이 각 치료 회기 혹은 매일 성취를 이룰 수 있는 목표를 수립해야 한다. 이 목표는 관찰 가능한 의사소통 행동이어야 하고 언어치료사에 의해 기록 가능해야 한다.

2) 중재방법

언어치료사는 특정 종류의 의사소통장애를 충족시킬 수 있는 중재방법을 사용한다(Roth & Worthington, 1996). 언어치료사는 자신이 의사소통장애를 교정하거나 보상할 수 있다고 생각하는 중재방법을 결정한다. 중재방법이 결정되고 실행되면 언어치료사는 치료 회기마다 그리고 실생활 맥락 안에서 학생의 진보 상황을 주의 깊게 모니터한다. 중재계획이 아동에게 제대로 작용하고 있는지 살펴보기 위해 언어치료사는 직접 관찰을 할 뿐 아니라 학생, 교사, 부모 등 아동에게 중요한 사람으로부터 피드백을 받는다. 만약 학생의 수행이 충분한 수준으로 향상된다면 중재계획은 장단기 목표가 성취될 때까지 지속된다. 그러나 수행이 향상되지 못했다는 자료가 있다면 새로운 중재계획이 수립된다.

일반교육과 특수교육이 교수-학습에 대해 서로 다른 이론적 바탕을 두고 있는 것처럼, 의사소통장애를 다루는 것에서도 서로 다른 접근법이 있다. 다음은 저스티스(2006)가 제시한 네 가지 모델이다.

- '행동적 접근법'은 고전적인 학습이론을 기초로 한다. 이 접근법은 행동을 형성하는 데 환경의 중요성을 강조하는데, 특히 행동의 선행사건과 후속결과를 중시한다.
- '인지-언어적 접근법'은 발달심리와 인지과학을 바탕으로 한다. 학생이 정상적인 언어 산출을 구조화할 수 있는 규칙을 이해하도록 하는 데 그 접근법의 핵심을 둔다.
- '사회-상호작용적 접근법'은 발달심리학의 이론을 통합하고 학습의 핵심 요소로 인간 사이에서 발생하는 사회적 상호작용의 중요성을 강조한다. 비

계교수는 학습자의 근접발달 영역 안에서 이루어지고 의사소통 기술을 향상시키는 것을 지원한다.

- '정보처리 접근법'은 인지과학 이론에 기초하고 있으며, 어떻게 두뇌가 정보를 처리하는지에 초점을 맞춘다. 이 모델은 의사소통에 영향을 미치는 정보처리의 결함을 결정함으로써 의사소통장애를 가장 잘 처치할 수 있다.

3) AAC 기구를 사용한 학생지원

학생 중 일부, 특히 지체장애 혹은 중복장애를 가진 이들은 구어 의사소통 기술의 부족을 보강할 수 있는 '보완대체 의사소통(alternative or augmentative communication: AAC)' 기구를 필요로 한다. 캐슬린 랜스 모건 선생님과 같은 많은 언어치료사들은 이 분야에 관한 훈련을 받았으며 언어적 요구를 가진 학생을 지원해 줄 수 있다. 다양한 AAC 도구가 있는데 그 예가 '보조공학적 접근'에 제시되어 있다. 이를 통해 얼마나 다양한 AAC 도구가 있으며 그것을 사용하는 데 필요한 지적 · 신체적 능력의 수준에 대해 살펴볼 수 있다.

AAC 도구는 말소리 산출의 형식, 메시지가 표현되는 방식, 도구 사용자의 투입, 접근성에 따라 특징지을 수 있다. 말소리 산출은 디지털화되거나 합성된 형태다. 디지털화된 말의 산출은 인간의 목소리로 녹음되고 컴퓨터 칩에 저장된다. 여기서는 녹음된 단어와 구문만이 표현 가능하다. 합성된 말은 컴퓨터에 의해 만들어졌고 인간의 목소리와 유사하다. 합성된 말을 사용하는 도구는 좀 더 다양한 메시지를 만들어 낼 수 있다. DECTalk은 가장 많이 사용되는 의사소통 기구다(Coping.org, 2006).

메시지를 표현하는 데는 상징, 단어, 그림 혹은 구 등이 사용된다. 때로 이와 같은 요소들은 매우 포괄적이면서 제한적이기도 하다. 의사소통을 위해 AAC 기구 사용자에게 허용되는 상징의 범위는 사용자의 지적 능력과 언어 발달에 많이 의존한다.

모든 AAC 도구는 도구 사용자의 투입이 있어야 하는데 이는 매우 다양하다. 가장 복잡하지 않은 수준은 사용자가 도구판의 한 부분에 손을 대기만 해도 메시지가 나타나는 것으로 스위치, 헤드포인터, 조이스틱 등이 이 수준에서 많이 사용된다. 좀 더 높은 수준에서는 특정 단어를 입력하기 위해 키보드를 사용할 수 있다.

AAC 도구를 사용하는 학생들을 지원할 때, 언어치료사는 중요한 요소 몇 가

보조공학적 접근
AAC 도구의 예

도구, 제작회사		말소리의 산출	메시지 표시	접근 (사용자의 투입)
Alph a Talker II (Prentke Romich Company)		디지털화된 말소리	메시지를 만들기 위한 상징 조합	직접 선택
Dec-Aid (Aptivation, Inc.)		녹음된 말소리	10개 스위치	스위치
DigiVox 2 (DynaVox Systems)		디지털화된 말소리	상징, 단어, 그림 등 사용 가능	직접 선택
DigiVox 3100 (DynaVox Systems)		합성된 말소리와 디지털화된 말소리	역동적인 화면 표시	패널 위를 직접 만져서 선택
Light Writer (Zygo Industries)		합성된 말소리	키보드에 메시지 타이핑	직접 선택(키보드 민감도는 조절 가능)
Macaw Series (Zygo Industries)		디지털화된 말소리	자체 상징 첨가 가능, 128자까지 메시지 겹쳐짐	미래형 컴퓨터에 사용되는 멤브레인(membrane) 키보드 이용하여 직접 선택
Super Hawk (ADAMLAB)	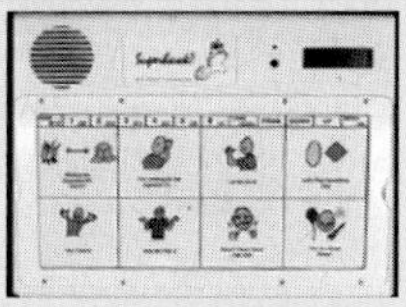	디지털화된 말소리	장당 72개의 메시지 셀까지 가능	터치 패널을 이용한 직접 선택이나 리모컨을 최대 4개까지 사용 가능
Vanguard (Prentke Ronich Company)		DECtalk, 합성된 말소리와 디지털화된 말소리	완벽한 개별화 가능, 상징·단어·그림 등 사용 가능, 민스피크(Minspeak) 기술의 사용	터치 패널, 광학 헤드포인팅을 활용한 직접 선택, 스위치나 조이스틱을 이용한 스캐닝

출처: Coping.org.(2006). Tools for coping with life's stressors. http://www.coping.org/specialneeds/assistech/aacdev.htm DECtalk에서 인출함(2006. 7. 14). Coping.org는 James J. Messina(Ph.D.)와 Constance M. Messina (Ph.D.)의 공급 서비스임.

• **생각해 봅시다 #12**

AAC 도구의 혜택을 받고 있는 학생이라 하더라도 일부 상황에서는 그 도구의 사용이 종종 어려울 수도 있다. 이러한 조건에는 어떠한 것이 있을까?

지를 고려해야 한다. 여기에는 학생이 가진 특정한 의사소통 요구, 인지·신체·감각 능력, 도구와 관련된 학생의 선호도, 도구가 사용되는 장소, 도구 사용에 대한 가족 혹은 양육자의 태도 등이 포함된다. 다른 전문가들과 같이 언어치료사는 학생이 AAC 도구를 사용하는 방법과 더불어 대화 상대자에게 그 학생과 상호작용하는 방법을 가르쳐야 하며, AAC 도구가 효과적으로 문제없이 작동될 수 있도록 관리하는 책임을 져야 한다.

효과적인 교수전략

학교 언어치료사를 위한 서비스 전달 모형

말-언어치료사(SLP)는 말-언어장애를 향상시키는 데 사용될 수 있는 매우 특정한 임상적 방법에 대해 배운다. 가장 전통적인 접근법에서는 SLP가 의사소통장애 학생에게 치료를 제공하여 말-언어 기술을 향상시키는 학습원칙을 적용한다. 자폐나 중도장애를 가진 학생의 경우처럼 자연스러운 언어-말 관련 기술을 발달시키기 어렵다면 SLP는 보완대체 의사소통 기구를 사용하여 의사소통을 하도록 도와줄 수도 있다.

그러나 대부분의 교사(일반, 특수 교사 모두)는 SLP의 역할에 대해 그리 많이 알고 있지 못하다. 만약 그들의 역할에 대해 알고 있다면 교사는 SLP와 좀 더 효과적으로 협력할 수 있을 것이다('학생사례 탐구' 참조). 이러한 사항은 학생을 위한 서비스를 제공하는 데 매우 중요한데, SLP만으로는 학생에게 필요한 지원을 모두를 제공하기 어려워 부득이하게 SLP가 교사와 가족구성원들의 도움에 의존해야만 하기 때문이다. 교사는 SLP의 역할을 이해하는 것과 더불어, SLP가 학생과 접촉하는 방법이 갖는 특성과 학생과의 접촉 방식은 학생의 요구에 따라 달라질 수 있다는 사실을 알고 있어야 한다. 다음의 사항은 미국말-언어-청각협회(ASHA, 1999)가 인증한 다양한 형태의 SLP와 학생 간 접촉방식에 대한 설명이다.

- 모니터링: SLP는 학생의 말과 언어 기술을 점검하거나 확인하기 위하여 일정 시간마다 학생을 관찰한다. 학생의 의사소통 기술이 향상되었는지 혹은 그 기술이 유지되었는지를 확인하는 것을 그 일차적인 목적으로 한다. 만약 학생의 기술이 향상·유지된 경우가 아니라면 좀 더 집중적인 형태의 중재가 필요할 수 있다.
- 협력적 자문: 교육환경에서 SLP는 학생의 의사소통과 학습을 촉진하기 위하여 일반교사 혹은 특수교사, 부모와 다른 가족구성원과 함께 협력한다. 협력적 자문은 SLP가 학생에게 직접적으로 서비스를 제공하지 않는 간접 모델 중 하나다. SLP가 최선의 의사소통 중재방법에 대해 교사 및 가족들과 자주 이야기를 나눌 때, 이 방법은 학생의 의사소통 방법에 더 효과적일 수 있고 기술의 일반화를 더 잘 이룰 수 있다.
- 학급중심 서비스: 이 모델은 통합적 모델, 교육과정 중심, 초학문적 혹은 간학문적 프로

4) 서비스 전달 모델

전통적으로 학교에 기반을 둔 언어치료사는 주로 아동을 학급에서 빼내어 별도의 치료실에서 처치하는 프로그램을 제공한다. 산토스(Santos, 2002)는 이러한 모델을 '블랙홀' 혹은 궁금증을 불러일으키는 '미스테리 소굴' 모델이라 하였다. 이는 언어치료사가 교사에게 말 또는 언어 장애를 가진 학생이 학급에서 나와 무엇을 하고 왜 밖에 나와 있었는지에 대해 거의 설명을 하지 않기 때문에 생긴 말이다. 말 혹은 언어 장애를 가진 학생들은 종종 학급에 돌아왔을 때 학

그램으로 알려져 있다. 이 모델의 목적은 학생이 자연스러운 환경 안에서 효과적인 의사소통 기술을 학습하는 것을 지원하는 데 있다. 이 모델은 협력적 자문 모델처럼 좀 더 일반화된 의사소통 기술의 사용을 촉진하지만, 협력적 자문 모델과 달리 SLP가 학생에게 교실뿐 아니라 교실 이외의 다른 장소에서도 자연스러운 언어치료 서비스를 직접 제공한다. 이 모델에서는 SLP와 일반/특수교사 간 팀 교수로 시행되기도 한다.

- 풀아웃: 아마도 풀아웃 프로그램은 학교 내에서 행해지는 전통적인 형태의 언어치료 서비스일 것이다. 이 모델에서 언어치료 서비스는 언어치료사의 방에서 개별 혹은 소집단 형태로 제공된다. 일부 언어치료사는 교실 내 별도의 작은 공간에서 혹은 다른 학생들을 나가게 한 후 교실 안에서 개별 혹은 소집단 형태로 서비스를 제공하는 것을 선호하기도 한다. 학생에게 좀 더 집중적이고 직접적인 프로그램을 제공하므로 대체로 부모와 교사들은 이 모델을 선호한다. 분명히 이러한 사항은 장점이 되기도 하지만 학생의 의사소통 기술을 다른 상황이나 영역에서 향상·강화시키기에는 그것이 제한점이 되기도 한다.
- 특수학급 프로그램: 간혹 SLP는 학업을 직접 제공하는 교수뿐 아니라 말-언어 교정 프로그램을 전달하는 책임을 지기도 한다. 이 모델에서는 학급에 소속된 모든 학생들이 의사소통장애를 가지고 있으며, 개별적인 교육 프로그램이 계획된다. 일반적으로 일반학교 안에서는 이 같은 모델을 보기가 쉽지 않다.
- 지역사회 중심 프로그램: SLP는 학생의 가정이나 지역사회에서 서비스를 제공한다. 이 프로그램의 목표와 목적은 기본적으로 기능적 의사소통 기술의 향상에 초점을 두고 있다. 기본적이고 효과적인 의사소통 기술을 학습하기 위하여 특정 환경에서 직접교수를 필요로 하는 학생들에게 사용된다.
- 혼합형: 이상의 모델 중 한 가지만 사용하는 것은 그리 바람직하지 않거나 충분하지 않아 두 가지 이상의 모델을 혼합하여 사용할 수 있다. 예를 들어, 학생의 의사소통 기술을 발달시키기 위해 일주일에 두 번은 풀아웃 프로그램을 활용하고, 또 SLP가 학생의 학급으로 직접 들어가 의사소통 기술을 지도하기도 한다.

출처: 이 내용은 ASHA가 인증한 학교 내 SLP의 역할과 책임에 대한 지침을 근거로 하였음(www.asha.org/policy 참조). Copyright 2000 by the American Speech-Language-Hearing Association.

급을 떠나 있었던 것에 대해 당혹스러워한다.

때로는 분리 모델이 적절할 수도 있다. 그러나 미국말-언어-청각협회(ASHA, 1999)에 따르면, 언어치료사는 여러 가지의 서비스 배치 모델을 사용한다('효과적인 교수전략' 참조). ASHA(1999)는 다음과 같이 밝히고 있다.

> 서비스 전달은 역동적인 개념이고 학생이 가진 요구가 변화함에 따라 달라진다. 중재기간 동안에 한 가지 서비스 전달 모델만을 고집하지는 않는다. 모든 서비스 중재 모델에서 학부모, 일반교사, 특수교사 그리고 다른 서비스 제공자와의 협력 혹은 자문을 위해 주간계획에서 별도의 시간을 할애하는 것은 필수다(p. III-273).

학생사례 탐구

언어치료사와 협력하기 위하여 교사가 해야 할 일

초등학교 2학년인 채러티는 매우 다정하고 귀여운 아이지만 그녀의 선생님인 케이츠는 채러티가 원하는 것을 말하고 질문하며 대답하는 데 매우 큰 문제가 있다는 사실을 알아차렸다. 케이츠 선생님이 채러티에게 주말 동안에 무엇을 했는지 물었을 때, 채러티는 선생님을 쳐다보고 나서 자기의 발을 내려다 보고 다시 위를 올려다보며, "우리 엄…… 마…… 우리 아빠…… 우리……는…… 어……." 케이츠 선생님은 채러티에게 추가 시간을 주고 싶었지만 20명이 넘는 다른 학생들이 이야기를 들어야 했으므로 그녀를 기다려 주기가 쉽지는 않았다. "바닷가에 갔었니?" "예……, 그런데…… 우리가…… 아니, 저기……." 선생님은 채러티가 하는 말을 알아듣기가 쉽지 않았다. 그녀에게 무언가를 질문하고자 할 때도 이와 같은 문제가 드러난다. "선생님, 어, 나…… 칼이 못했는데…… 내가…… 근데 칼이 뭐……."

케이츠 선생님은 채러티가 언어문제를 가지고 있고 중재가 필요하다 보았으나 무엇을 어떻게 해야 할지에 대해 아는 바가 없었다. 그래서 학교에 있는 언어치료사에게 연락을 취했다.

그렇다면 어떻게 교사와 언어치료사가 서로 협력할 수 있는가? 언어치료사가 제시하는 제안은 다음과 같다(Hamption et al., 2002; Reed & Spicer, 2003; Santos, 2002).

- 의사소통 문제가 있는 학생에 대해 언어치료사와 이야기하고, 그 문제가 말 혹은 언어와 관련된 것인지를 살펴본다. 그리고 의사소통상의 문제가 분명하게 드러나는 학생들을 선별할 수 있는 방법에 대해 묻는다.
- 언어치료를 받는 학생뿐 아니라 학급 전체 학생들의 의사소통 기술을 향상시킬 수 있도록 언어치료사에게 일상생활 속에서 말과 언어 훈련을 할 수 있는 방법에 대해 묻

5) 교사와 언어치료사 간 협력

언어치료사와 교사는 의사소통장애 학생에게 좀 더 나은 서비스를 제공하기 위하여 서로 협력해야 한다(Sunderland, 2004). 협력의 요구는 효과성과 효율성을 기반으로 한다. 언어치료사는 교사만큼 학생과 많은 시간을 보내지 않는다. 그러므로 교사는 언어치료사가 목표로 삼고 있는 의사소통 기술을 강화할 수 있는 기회가 훨씬 더 많다. 사실 의사소통장애의 관련 전문가들은 교사, 부모, 다른 가족 구성원, 상담자 간의 협력이 의사소통장애 학생의 서비스 전달체제에서 매우 핵심적인 요소이고 중재의 성공을 가름하는 중요한 요인이라 지적한다(Hampton, Whitney, & Schwartz, 2002; Santos, 2002). 학생의 의사소통 기술의 향상을 위해 교

는다. 언어치료사에게 수업 계획안을 보여 주고 특히 의사소통장애 학생을 위한 제언에 대해 묻는다.

- 학생 개개인에 대해 언어치료사가 목표로 삼는 기술을 알고 있어야 한다. 교사로서 어떻게 하면 학생이 해당 목표를 성취하고 일반화하도록 도울 것인지에 대해 묻는다. 의사소통장애 학생을 중재하는 데 해야 할 것과 하지 말아야 할 것에 대하여 구체적인 사항을 알고 있어야 한다.
- 언어치료사에게 의사소통장애 학생이 어떻게 진보하는지를 알려 주어야 한다. 교사는 학생 수행과 관련하여 자료를 수집하는 데도 도움을 제공할 수 있다.
- 교사는 학생이 보일 수 있는 행동문제에 대해 언어치료사에게 알려 주어야 하고 행동문제를 보이는 학생이 효과적인 의사소통 기술을 찾을 수 있도록 협력해야 한다.

전문가들 간의 협력에 대한 상세한 정보는 다음 문헌을 참고하라.

Cook, L., & Friend, M. P. (2002). *Interactions: Collaboration skills for school professionals* (4th ed.). Boston: Allyn and Bacon.

Pugach, M. C., & Johnson, L. J. (2002). *Collaborative practitioners, collaborative schools* (2nd ed.). Denver: Love.

적용하기

- 효과적인 전문인이 되기 위해서는 학생이 직면한 어려움에 대해 생각해 보아야 하고, 이러한 어려움을 다루기 위해 다른 사람들과 협력하여 일해야 한다. 여기서 제시한 것 이외에도 교사와 언어치료사가 효과적으로 함께 일할 수 있는 다른 방법으로는 무엇이 있을까?
- 협력에 필수적인 개인적인 특성이나 성격으로는 무엇이 있는가? 당신은 그러한 특성을 가지고 있는가, 아니면 앞으로 그런 기술을 발달시킬 필요가 있는가?

사는 다양한 방법으로 언어치료사와 협력할 수 있는 기회를 가진다. 두 번째 '학생사례 탐구' 에서는 협력을 이룰 수 있는 방법에 대해 소개하고 있다.

8. 주요 쟁점 및 교사를 위한 함의

학교에 기반을 둔 언어치료사는 학생에게 직접적인 서비스를 제공하고, 특정 사례에 대해 교사에게 자문을 제공하며, 때로는 교사와 다른 학교 직원들에게 직무교육 관련 정보를 제공하는 등 매우 바쁜 시간을 보낸다. 또한 학생의 장애를 교정하거나 보상기술을 발달시키는 것에 대해 고민할 뿐 아니라 가능할 때마다 미래에 생길 수 있는 의사소통장애를 예방하는 데도 관심을 갖는다.

의사소통장애 학생의 부모 중 상당수는 자녀를 위한 최선의 방법은 언어치료사로부터 치료를 받는 것이라 생각한다. 특히 지적장애나 지체장애와 같은 주 장애에 의사소통의 문제를 동반 장애로 가진 학생의 경우에는 더 많은 도움을 받을 수 있다. 이러한 경우 부모는 자녀와 언어치료사가 함께 더 많은 시간을 보낼 수 있도록 IEP를 수정하려고 언어치료사, 교사, 학교 행정가들과 논쟁을 벌이기도 한다.

교직원들이 부모로부터 이와 같은 압력을 받는 것을 불편해하는 데는 두 가지 이유가 있다. 첫째, 의사소통장애인에게 제공할 수 있는 서비스 유형은 매우 다양하기 때문에 언어치료사는 학생의 요구에 맞는 서비스를 제공해야 한다. 언어치료사는 직접 서비스를 제공하기도 하고 간접적으로 서비스를 제공하기도 한다. 둘째, 앞에서 따로 이야기하지 않았으나 공립학교에서 일하는 언어치료사의 수는 턱없이 부족하다. 이 때문에 언어치료사가 담당해야 할 학생이 과도하게 많을 수가 있다. 실제로 대부분의 학교는 많은 부모들이 원하는 강도 높은 서비스를 제공할 수 없다. 따라서 부모들은 학교가 자녀의 의사소통 요구를 충족시켜 주지 않는다는 느낌을 받을 수도 있다. 어떤 상황에서는 협력적 자문을 통해 혜택을 받을 수도 있고 또 어떤 학생에게는 언어치료 서비스가 충분하게 제공되지 못하기 때문이기도 하다. 어떠한 경우건 부모는 자녀가 받는 서비스에 만족하지 못할 수도 있으므로 그 가운데서 특수교사나 일반교사가 곤란해질 수도 있다.

논란의 핵심 중 하나는 특수교사와 일반교사 모두 언어치료사와 협력적 관계를 취할 수 있는 능력이 있는가의 문제다. 앞서 제시한 사례의 캐슬린 선생님에 따르면, 교사 중 일부는 실제 언어치료사의 역할을 이해하지 못하고 좀 더 심한 경우에는 아동의 의사소통 기술을 향상시키기 위해 중재가 필요하다는 사실조차 인식하지 못한다. 언어치료사와 협력할 의지와 능력이 없이는 교사와의 협력적 자문 모델은 효과를 내지 못한다. 이러한 문제 때문에 '학생사례 탐구'에서 제안한 교사와 언어치료사 간 협력방법에 대해 살펴보고, 좀 더 협력적인 팀 구성원이 되는 방법에 대해 배울 수 있게 되기를 바란다.

이 장의 내용에 대한 보충설명은 www. prenhall.com /rosenberg 사이트의 제11장 관련 모듈에서 찾아볼 수 있다.

요 약

IDEA에 근거하여 서비스를 받는 장애학생 중 의사소통장애 학생은 상대적으로 매우 많은 편이다. 이 장에서는 의사소통장애와 관련된 중요 사실에 대해 다루고 있다.

의사소통장애, 언어장애 및 말장애의 정의

- 의사소통장애는 언어장애와 말장애 모두를 포함한다. 한 학생이 이 두 가지 유형의 장애를 모두 나타낼 수도 있지만, 두 장애에는 약간의 차이가 있다.
- 언어장애에는 언어의 형식(음운론, 형태론 혹은 통사론 포함), 내용(의미론이라고 함), 활용(화용론이라고 함)의 장애가 포함된다. 이들 장애는 각각 나타날 수도 있고 두 가지 이상이 함께 나타나기도 한다.
- 언어장애 학생은 다른 장애를 동반할 수도 있다.
- 말장애에는 조음장애, 유창성장애, 음성장애, 운동-말장애가 포함된다.
- 언어장애처럼, 말장애도 다른 장애와 함께 나타날 수도 있고 그렇지 않을 수도 있다.
- 의사소통장애와 의사소통상의 차이가 서로 분명하게 다르다는 사실을 인식하는 것은 매우 중요하다. 자신의 문화적 환경 안에서 실제 의사소통이 적절한데도 의사소통장애를 가지고 있는 것으로 오해받을 수 있다.

의사소통장애와 다른 장애 간의 관계

- 학습장애, 지적장애, 정서 및 행동 장애, 지체장애 혹은 외상성 뇌손상을 가진 학생들은 간혹 그들의 장애와 관련하여 의사소통장애를 수반하기도 한다.

출현율과 발생 원인

- 특수교육 서비스를 받는 5명 중 한 명은 말 혹은 언어장애에 의한 것이다.
- 의사소통장애 원인의 상당수는 아직 알려져 있지 않고, 알려진 원인은 일반적으로

지적장애, 자폐, 뇌성마비와 같은 다른 장애와 연관이 있다.
- 원인을 판별할 수 없는 경우 그것을 기능장애라고 한다.

의사소통장애 학생을 위한 중재를 계획하는 데 사용되는 평가의 형태

- SLP는 의사소통의 특성을 평가하고 중재계획을 수립하기 위해 다양한 평가도구를 사용한다. 말/언어 샘플을 채취하는 것과 같은 직접적인 방법뿐 아니라 학생의 의사소통 특성에 대하여 다른 사람들과 면담하는 간접적인 방법이 있다.

의사소통장애를 위한 중재방법과 서비스 전달 모델의 주요 특징

- 진단 정보를 사용하여 SLP는 장·단기 및 회기 목표를 포함한 중재계획을 세운다.
- SLP는 중재를 제공하면서 학생의 진보 상태를 모니터링하고 목표가 성취될 때까지 계속해서 서비스를 제공한다. 적절한 진보가 일어나지 않으면 SLP는 중재를 수정하고 학생의 진보 정도를 계속 관찰한다.
- SLP는 다양한 이론적 모델이나 접근법에 근거하여 중재를 발달시킨다. 가장 일반적인 것으로는 행동주의 접근법, 인지-언어적 접근법, 사회-상호작용적 접근법, 정보처리 모델이 있다.
- 의사소통적 요구가 좀 더 심각한 학생의 경우 AAC 도구의 혜택을 받을 수 있다. AAC 도구는 학생의 개별적 특성이나 학생의 의사소통적 상황에 근거해서 선정해야 한다.
- SLP는 학생의 요구에 기초하여 다양한 서비스 전달 모델을 사용할 수 있다. 여기에는 직접적으로 치료를 제공하는 것부터 교사에게 자문을 제공하는 것까지 해당된다.
- 일반교사, 특수교사, 가족구성원들은 SLP와 협력함으로써 학생에게 의사소통과 관련된 지원을 제공해 줄 수 있다. 예를 들어, SLP가 제공하는 중재를 강화할 수도 있고 SLP에게 학생 진보에 대한 피드백을 제공할 수도 있다.

의사소통장애 학생에게 제공하는 서비스와 관련된 쟁점

- 첫 번째 쟁점은 서로 다른 요구를 가진 많은 학생들을 위한 효과적인 서비스 제공방법은 무엇인가이다.
- 두 번째 쟁점은 교사와 언어치료사간의 협력방법에 관련된 내용이다.

12

중도 지적장애와 중복장애

이 장을 시작하며

- 중도 지적장애의 의미는 무엇인가? 중복장애의 정의는 무엇인가? 둘은 어떻게 연관되어 있는가?
- 중도 지적장애 및 중복장애 학생의 주요 특징은 무엇인가?
- 중도 지적장애와 중복장애의 원인 및 출현율은 어떠한가?
- 중도 지적장애와 중복장애를 가진 학생을 위한 진단과 계획 절차에는 어떤 것들이 있는가?
- 중도 지적장애와 중복장애 학생들에게는 무엇을 어떻게 가르쳐야 하는가? 어떤 종류의 지원을 제공하여야 하는가?
- 중도 지적장애 및 중복장애 학생들의 교육과 관련된 주요 쟁점은 무엇인가?

나의 이야기: 팸 밈스

팸 밈스 선생님은 다른 분야의 직업에 종사했다가 지금의 교육 분야에서 일하게 되었다. 대학 시절에 첫 번째 목표는 물리치료사가 되는 것이었지만 꿈을 이루지 못했다. 특수교육으로 전공을 바꾸는 것이 합리적인 것처럼 보였지만 그녀가 배운 것은 학습장애 교수법이었다. 그녀는 졸업 후에 중도-최중도(severe-profound) 분야에서 일해야 한다는 것을 알았을 때도, '난 할 수 있어. 난 항상 새로운 것에 흥미가 있기 때문에 이 일도 즐길 수 있을거야. 색칠하기와 같은 일들을 하면 되겠지.' 와 같은 긍정적인 생각을 하였다.

팸 선생님의 중학교 학생들은 많은 의학적 도움을 필요로 하며 느린 반응, 상동행동, 자해행동과 같은 특별한 행동을 보인다. 그러나 이러한 어려움은 그녀를 좌절시키는 대신에 학생의 요구를 충족시키는 법을 배우려는 열정을 불러일으켰다. 현재 6년차인 팸 선생님은 "나는 이 일을 사랑해요. 비록 전형적인 교사는 아니지만 이 학생들과 일하는 것은 흥미진진하며 항상 특별하지요. 또한 학생들의 가족들은 일의 원동력이 됩니다." 라고 말한다.

팸 선생님의 일상은 학생들을 버스에서 하차시킨 후 교실로 입실하도록 돕는 것으로 시작된다. 그녀는 두 명의 전임 보조원과 함께 7명의 학생을 가르친다. 학생들은 화장실에 다녀온 후 아침식사를 하는 것으로 하루 일과를 시작한다. 그런 다음 하루 중 해야 할 일을 토의하는 집단활동을 한다. 몇몇 학생들은 하루 동안 자신의 선호도를 표현하기 위해서 그림 혹은 사물을 이용한 의사소통 체계를 사용하고 있다. 학생들은 오전과 오후에 개별적 혹은 소집단으로 자신의 교육목표를 학습한다. 팸 선생님은 체계적인 교수법을 사용하여 수업을 하고 학생들의 수행 자료를 수집하고 문서화한다. 이는 학생 개인의 목표 달성을 위해서뿐만 아니라 학생 개인에 대해 이루어져야 하는 주정부의 대체평가 포트폴리오(state's alternative assessment portfolio)를 위해서도 중요하다.

점심식사 시간은 11시경에 시작하여 대략 2시간 후에 끝난다. 화장실 가기, 위생 관리, 식사하기는 하루생활에서 매우 많은 시간이 소요되는 과정이다. 학생들은 교실을 방문한 물리치료사, 언어치료사로부터 개별치료를 받으며, 특별실(미술, 음악, 체육) 및 다른 교실로 이동하기도 한다. 팸 선생님은 자신의 학생들이 더 많이 통합되지 않는다는 현실에 다소 좌절감을 느꼈다.

팸 선생님은 자신의 일과 관련된 다른 문제들로 좌절하기도 한다. 그녀의 학급은 보조원, 언어치료사, 물리치료사, 행정가들의 출입으로 매우 분주하다. 그렇다 하더라도 그녀는 부모의 교실 방문을 전혀 싫어하지 않는다. "전 부모님들이 제게 와서 '아이가 이런저런 것들을

했어요.' 라고 말하는 것을 좋아해요. 부모님과의 관계는 정말 중요하다고 생각하지요."라고 말한다.

팸 선생님은 최근에 석사학위를 받았으며, 박사학위 과정 입학을 고려 중이다. 그녀는 자신의 학생들을 사랑하고 학생들의 가족들과 좋은 관계를 유지하고 있지만 문서 작업과 행정적인 일에 좌절을 느낀다. IEP 및 많은 시간이 할애되는 학생 개별 포트폴리오 작성을 걱정하고 있으며, 이러한 의무사항은 학생들의 목표 달성을 도울 수 있겠지만 간혹 그녀에게 부담감을 준다.

1970년대 중반까지 미국의 많은 공립학교는 모든 아동의 입학을 허용하지는 않았다. 그러한 학교들은 장애학생은 매우 다루기 힘들며 그들의 학습 잠재력은 매우 낮다고 생각하였다. 하지만 이러한 생각은 1975년에 IDEA가 처음 제정되면서 변화하였다. 주지하다시피, IDEA는 미국 공립학교가 모든 장애학생을 그들의 장애 정도에 상관없이 교육하도록 의무화하였기 때문이다.

이 장에서는 두 가지 중복되는 집단의 학생들, 즉 중도 지적장애(intellectual disabilities) 학생과 중복장애(multiple disabilities) 학생에 대해서 논의할 것이다. 중도 지적장애 학생들은 지적장애의 범주 스펙트럼에서 더 낮은 부분에 해당한다(이 범주는 경도 지적장애 학생을 포함한다. 제8장 참조). 전형적으로 더 심한 지적장애 학생들은 '중등도(moderate)' '중도(severe)' '최중도(profound)' 지적장애(혹은 정신지체)로 언급된다. 중복장애 학생들은 지적장애—일반적으로 중도에서 최중도 범주—를 가진 학생으로 맹 혹은 지체장애와 같은 최소한 하나 이상의 또 다른 장애를 수반한다. 중도 지적장애인들은 일반적으로 다른 장애도 함께 있는 경향이 있고, 중복장애인들은 심각하게 지적 능력이 낮은 경향이 있기 때문에 두 집단이 상당히 유사하다. 일반적으로 많은 전문가들은 이 집단 중 하나에 속할 경우 중도장애 학생이라는 용어를 사용한다. 이 장에서는 부가적인 설명이 필요하지 않다면 중도장애 학생이라는 용어를 사용할 것이다.

• 생각해 봅시다 #1

중도장애 학생을 가르치고자 하는가? 중도장애 학생의 교수에서 무엇이 가장 흥미롭다고 생각하는가? 그리고 무엇이 가장 도전적이라고 생각하는가?

중도 지적장애인들은 중복장애를 갖는 경향을 보인다.

모든 장애학생은 교사에게 특별한 사명감을 불러일으키는데 중도장애 학생일 경우에는 더욱 그러하다. 팸 선생님의 사례에서처럼 중도장애 학생들은 교사를 강하게 끌어당기는 자석과 같다. 우리는 이 장이 독자에게 중도장애 학생에 관한 중요한 정보를 제공하고 더 나아가 팸 선생님의 사례에서처럼 중도장애 학생에게 매료되는 계기가 되기를 희망한다. 그리고 이 장에 제시된 정보가 다른 장애학생들과 마찬가지로 중도장애 학생들을 보다 잘 이해하고 수용하도록 돕기를 바란다. 무엇보다도 독자가 중도장애 학생들이 누구이며 어떤 종류의 서비스와 프로그램이 가장 적합한지를 아는 것이 가장 중요하다. 우선 간략하게 'FAQ Sheet'를 이용하여 중도장애 학생에 관한 중요한 정보를 확인해 보자.

FAQ Sheet

중도 지적장애와 중복장애 학생	
대상	다음 장애들을 포함한다. • 지적장애(중등도, 중도, 최중도) • 중복장애 • 농-맹 • 발달지체
주요 특징	다음의 영역에서 결함을 보인다. • 일반적인 학습능력 • 개인적 · 사회적 기술 • 감각적 · 신체적 발달 • 비전형적인 특징(자기 자극 혹은 자기 상해 행동) • 심각한 의학적 상태
출현율	• 모든 학령기 아동의 0.5~1%는 중도장애 학생이며 이는 전체 장애학생의 약 10%에 해당하는 수치다.
교육 배치	• 많은 학생은 특수학급과 특수학교에 소속되어 있지만, 때때로 일반학급에서 교육을 받기도 한다.
예후	• 대다수의 학생은 고등학교 졸업 후 가족과 살거나 혹은 지역사회기반 주거환경에 살 것이다. • 몇몇은 지원을 받는 고용환경에서 일하거나 보호 작업장에서 일할 것이다.

1. 중도 지적장애와 중복장애 학생의 정의와 분류 기준

당신은 '중도(severe)' 라는 용어를 들었을 때 무엇이 떠오르는가? '심각한 체벌'을 받았거나 '햇볕에 심각한 화상'을 입은 사람이 떠오르는가? 우리는 중도라고 말할 때 일반적으로 다음의 두 가지 상태를 생각하게 된다. (1) 일반적으로 부정적이고, (2) 심각성 혹은 가혹함 측면에서 경도를 넘어선다. 중도장애 개념의 변천사를 살펴보면, 시간의 흐름에 따라서 다른 내용들이 포함되고 있음을 알 수 있다. 중도장애라는 용어에 반영된 보다 일반적인 개념은 다음과 같다 (Westlling & Fox, 2004).

- 전형적인 발달 단계에 부정적인 영향이 미쳐서 자기보호 능력(self-care ability)이 감소된 상태
- 중등도, 중도, 혹은 최중도 지적장애인과 같은 전형적인 장애 유형을 포함하는 일반적인 개념; 자폐성장애 범주에 속하는 사람들; 지적장애인을 포함하는 중복장애를 가진 사람들
- 통상적인 생활연령에 적합한 기술이 부족한 동시에 자기 자극과 같은 비정상적인 행동을 많이 보이는 사람들
- 최대의 잠재력을 성취하기 위해서 집중적인 도움을 필요로 하는 사람들

'장애인을 위한 평등, 기회, 통합'을 지지하는 기관인 TASH(이전에 The Association for Persons with Severe Handicaps로 불림)는 이와 같은 사항 중 맨 마지막 의미대로 중도장애를 필요한 지원의 수준에서 정의하였다.

> 이 사람들은 통합 지역사회에 구성원으로 참가하고 경도장애 혹은 비장애 시민이 누리는 것과 같은 삶의 질을 즐기기 위하여, 하나 이상의 주요한 일상 활동에 확장적이고 전반적이며 지속적인 지원이 필요한 모든 연령대의 개인을 포함한다. 지원은 독립적인 생활, 고용, 자족을 위해 필요한 이동, 의사소통, 자기관리, 학습 등과 같은 활동에서 요구된다(Meyer, Peck, & Brown, 1991, p. 19).

일반적인 통념대로 중도장애인들은 매우 다른 이질집단으로 구성된다. 비록 중도장애인으로 진단되었더라도 개별 중도장애인은 서로 매우 다른 양상을 보

인다. 이들의 공통적인 특징이라면 기본적인 일상생활에서 활동하는 개인의 능력이 매우 제한적이라는 점이다. TASH의 정의에서처럼, 중도장애인은 다양한 일상 활동에 참여하기 위해서 확장적, 전반적 지원이 필요하다. 여기에서는 전형적인 중도장애인의 특징에 대해 기술한다.

2. 지적장애 분류

제8장에서 살펴보았듯이, 역사적으로 전문가 조직과 기관들은 지능 수준과 기능성에 기초하여서 지적장애인을 분류하였다. 지적장애의 하위 범주와 각각의 대략적인 지능 수준은 경도(55~70), 중등도(40~55), 중도(25~40), 최중도(25 이하)다.

1992년부터 미국정신지체협회(American Association on Mental Retardation: AAMR, 현 American Association on Intellectual and Developmental Disabilities)는 이러한 하위 범주의 사용을 금지하였고, 대신 장애 정도보다는 지원의 필요성에 기반을 두어서 지적장애인을 분류하는 체재를 개발하였다(American Association on Mental Retardation, 2002). 그러나 중등도, 중도, 최중도와 같은 분류는 여전히 많은 조직과 기관에서 사용되고 있기 때문에(예: 공립학교, 인간 서비스 기관, 미국정신의학협회[APA, 1994]) 그에 속한 개인의 능력에 대한 정확한 견해를 가지는 것이 중요하다.

전통적인 지능검사에서 중등도 지적장애인의 IQ 점수는 35~40 이상, 50~55 이하다. 일반적으로 그들은 의사소통, 자조기술, 기능적 학습기술, 가사기술, 지역사회 기능기술, 직업기술 등의 영역에서 많은 기본적인 기술을 배울 수 있다. 많은 중등도 지적장애를 가진 성인들은 자신의 일상적인 자기보호 욕구를 관리하고, 음식을 준비하며, 대화에 참여하고, 다른 사람들과 적절하게 상호작용하며, 돈을 정확하게 사용하고, 지역사회에서 다양한 종류의 직업을 가질 수 있다(Westling & Fox, 2004).

• 생각해 봅시다 #2

중도장애의 특정한 개념에 기초하여서 몇몇의 중등도 지적장애인은 중도장애를 가진 것으로 고려되지 않을 것이다. 이에 대한 당신의 의견은 어떠한가?

중도 지적장애인은 좋은 교육을 받고 적절한 지원을 받는다면 성인이 될 때까지 여러 가지 유용한 기술들을 배울 수 있을 것이다. 예를 들어, 포크 혹은 숟가락으로 음식 먹기, 감독을 받으며 옷 입고 목욕하기, 독립적으로 화장실 사용하기, 도움 없이 손과 얼굴 씻기(어떤 사람이 그들에게 그렇게 하라고 말하거나 일러 주어야 할지도 모르지만) 등을 배울 수 있다. 중도 지적장애인의 신체적 능력은 꽤 좋아서 걷기, 뛰기, 건너뛰기, 춤추기, 스케이트 및 썰매 타기, 줄넘기 등을 배울 수도 있다. 대부분의 중도 지적장애인은 읽기와 같은 학업기술은 습득하지 못하더라도 몇 가지 단어와 표시를 인식하고 소리 내어 책을 읽어 주는 것을 즐길 수 있다. 그리고 중도 지적장애인은 돈의 중요성을 알더라도 그 구체적인 가치는 모를 수도 있다. 대다수의 중도 지적장애인들은 표시, 상징, 단어를 이용하여 의사소통을 할 것이다(McLean, Brady, & McLean, 1996).

종종 최중도 지적장애인은 '가장 심각한(the most severe)' 혹은 '중대한(significant)' 장애를 가지고 있다고 인식된다. 그들의 발달 수준은 12개월 이하의 아동발달과 비교될 것이다. 개인 차가 매우 크기 때문에 개인의 기능적 수준에 근거하여 전형적인 프로파일을 제공하는 것은 어렵다. 어떤 사람들은 먹기와 화장실 사용하기와 같은 일상적인 자기보호활동을 거의 독립적으로 수행하고 직업과 가사 기술과 같은 다른 영역에서도 기능적인 기술을 보일 것이다. 반면에 어떤 사람들은 말을 못하고, 매우 제한된 감각 및 운동 능력을 보이고, 걷지 못하고, 환경적인 자극에 최소한으로 참여하거나 반응을 보일 것이다. 하지만 여전히 많은 최중도 지적장애인들은 학습능력을 나타내고 있으며 일상생활에서 최소한 '부분적인 참여(partial participation)'를 할 수 있다(Westling & Fox, 2004).

1) 지적장애 증후군

전문가들이 중도장애인을 분류하는 또 다른 방법은 특정한 증후군에 따라서다. 증후군(syndrome)은 공통적인 병인 혹은 기원을 가지는 유사한 신체적, 행동학적 특성들의 복합체에 의한 증상을 말한다. 〈표 12-1〉은 '중도장애' 범주를 초래할 몇 가지 증후군을 나열하고 있다. 이러한 다양한 증후군에 관한 부가적인 정보를 위해서는 뱃쇼(Batshaw, 2002), 디킨스, 호뎁과 피너케인(Dykens, Hodapp, & Finucane, 2000)의 보다 상세한 문헌을 참조하라.

2) 중복장애

우리가 언급했듯이, 중복장애는 일반적으로 신체 혹은 감각 장애뿐만 아니라 어느 정도의 지적장애를 동시에 갖고 있는 것을 말한다. 지적장애의 수준은 일반적으로 중도에서 최중도 범위에 있지만, 사실상 개인의 지적 능력은 추정되는 것보다 높을지도 모른다. 개인의 신체적 조건이 어떠한지가 타인과의 상호작용을 제한하기 때문에, 개인의 지능이 어떠한지를 정확하게 결정하는 것은 매우 어렵다.

보통 중복장애인은 그들의 능력을 복잡하게 하거나 악화시키는 다양한 건강문제를 지니고 있다. 그들은 종종 고혈압, 비만, 부서지기 쉬운 뼈, 우울, 일반적인 피로감과 같은 병을 종종 나타낸다. 다른 증상으로는 심장혈관의 질병, 호흡기 질환, 섭식 질환, 성장 결핍을 보인다(Heller, 2004; Thuppal & Sobsey, 2004).

• 생각해 봅시다 #3

팸 선생님의 사례에서처럼 중도 및 중복 장애 학생의 교사는 하루 중 화장실 가기, 위생, 식사하기에 많은 시간을 할애한다. 당신은 중도 및 중복 장애 학생의 요구가 굉장히 많더라도 그들을 잘 가르칠 수 있다고 생각하는가?

〈표 12-1〉 중도 지적장애 관련 증후군

이름	원인	주요 특징	정보 출처
다운증후군 (Down syndrome)	염색체 이상(21번 염색체가 3개)	• 경도에서 중도 지적장애 • 신체적 특징: 평평한 뒤통수, 비스듬한 눈꺼풀, 눈 안쪽 피부의 작은 겹, 납작한 코, 작은 귀 · 입 · 손 · 발, 감소된 근육긴장 상태 • 60~80%는 청각손상 • 40~45%는 선천적 심장병 • 비만 경향 • 15~20%는 갑상선 문제 • 빈번한 골격이상, 면역이상, 백혈병, 알츠하이머병, 간질, 수면장애	National Down Syndrome Society (http://www. ndss.org/) National Association for Down Syndrome (http://www. nads. org/) Roizen (2001)
약체 X증후군 (fragile-X syndrome)	X 염색체에 연결된 유전	• 신체적 특징: 길고 좁은 얼굴, 큰 귀 · 턱 · 이마 • 일반적인 특징: 특이한 사회적 상호작용, 직접적인 눈 맞춤 회피, 반복적인 손동작 및 무는 행동, 빠르고 반복적인 발화, 짧은 주의집중과 과잉행동	National Fragile-X Foundation (http://www.frgilex.org/) Fragile X Research Foundation (http://www.fraxa.org/) Meyer & Batshaw (2001)
태아알코올증후군 (fetal alcohol syndrome)	임신기간 중의 알코올 섭취	• 일반적으로 발달 지연 및 성장 문제, 다른 신체적 문제 • 경도부터 중도까지의 지적장애 • 작은 머리, 좁은 눈 틈새, 평평한 가운데 얼굴, 납작한 코 • 영아의 경우 수면 및 빨기 문제, 불안정 및 민감한 경향	FASlink (http://www.acbr.com/fas/) Wunsch, Conlon, & Sheidt (2001)

프레더-윌리 증후군 (Prader-Willi syndrome)	15번 염색체 이상	• 주로 중등도 정신지체이나, 측정된 지능지수는 40~100 이상 • 1~3세에 탐욕스러운 식욕으로 음식에 몰두하고 지속적으로 섭취하여 생명에 위태로운 비만 경향 • 지연된 심리운동활동, 지적 지연, 정서 및 행동 문제	Prader-Willi Syndrome Association (http://www. pwsausa.org/) Scott, Smith, Hendricks, & Polloway (1999)
엔젤맨 증후군 (Angelman syndrome)	염색체 이상(15번 염색체의 부분 손실)	• 보통 중도에서 최중도 지적장애 • 경련적인 몸 운동과 뻣뻣한 다리 움직임 • 넓은 미소 짓는 입, 얇은 윗입술, 깊은 눈과 같은 일반적인 얼굴 특징 • 종종 금발 머리, 흰 피부, 옅은 푸른 눈, 80%의 시간 동안 간질발작	Angelman Syndrome Foundation (http://www.angelman.org/angel/)

3. 중도 지적장애와 중복장애 학생의 특성

중도장애로 분류된 학생집단을 살펴보면 그들 사이에도 서로 많은 차이점이 존재함을 알 수 있다. 따라서 그들의 특징을 일반화하여 말하는 것은 불가능하다는 사실에 동의할 수 있을 것이다. 만일 이러한 학생들을 가르친다면 혹은 앞으로 그들과 일하게 된다면 우리가 줄 수 있는 가장 좋은 충고는 서로에 대해서 알아가기 위해 시간을 투자하라는 것이다. 그러나 일반적으로 받아들여지는 몇몇 특징에 대해 제한적인 방법으로 살펴봄으로써 이러한 학생들의 이질성을 이해하는 것을 돕고자 한다.

1) 지능

중도장애인의 지적 능력을 측정하는 양적인 측정(즉, 지능지수)과 질적인 지침(예: 독립적인 적응행동을 나타내는 능력)에 따르면 그들이 유의한 수준에서 평균보다 낮은 수준으로 기능한다는 것을 알 수 있다. 중도 지적장애를 가진 것으로 분류되는 사람들은 일반적으로 지능지수 35~40 이하의 지능을 나타낼 것이다. 때로는 지능이 너무 낮아서 신뢰성 있게 측정되지 못할 수 있다. 발달적 견해에서 볼 때, 이것은 이러한 개인들이 성인으로 성장한 후에도 1세 이하에서 3~4세까지의 정신연령을 가질 것이라는 것을 의미한다. 이에 따라 중도

장애인은 일생 동안 가족, 친구, 전문가들로부터 정규적인 지원을 지속적으로 필요로 할 것이다.

2) 학습

교수-학습 측면에서 교사들은 중도장애인들의 학습능력이 매우 낮을 것이라고 예상한다. 루 브라운과 동료들(Lou Brown et al., 1983)은 학생의 학습 결점에 근거하여 중도장애 학생에게 최상의 기능적인 교육을 제공하였는데, 이는 오늘날 고전적인 보고서로 간주된다. 브라운과 동료들은 중도장애 학생들이 새로운 기술을 학습하는 데 다음의 특징을 보인다고 하였다.

- 학생들은 학습에 더 많은 시간을 필요로 한다.
- 학생들은 보다 복잡한 기술을 학습하는 데 훨씬 어려움을 가진다.
- 일반적으로 다른 학생들에 비해서 더 적은 기술을 배운다.

중도장애 학생들이 많은 기술을 학습하는 것이 가능하더라도 기술의 수와 유형은 각 학생마다 차이가 있다. 즉, 중도장애 학생들에게 교수하는 기술들은 매우 기능적이어야 하고 개인의 현재와 미래 요구에 적용 가능해야 한다.

중도장애 학생이 제한된 학습능력을 지녔다는 증거는 다양한 곳에서 찾을 수 있다. 학습의 구체적 측면에 기초한 심리적 연구는 중도장애 학생들의 구체적인 학습 결함을 이해하도록 도울 수 있다. 웨슬링과 폭스(Westling & Fox, 2004)는 중도장애 학생들의 매우 중요한 학습 결점들을 요약하였다.

중도장애인은 가족, 친구, 전문가의 지원이 필요하다.

- **적절한 환경 자극, 자극의 범위, 그 범위 안에서의 단서에 참여하기**: 이는 학생들이 사물 혹은 상황의 어떠한 특징이 정반응에 필요한 정보를 주는가를 파악하는 데 어려움이 있다는 것을 의미한다.
- **관찰과 우발 학습**: 관찰학습은 모델(즉, 타인)을 보고 모방하는 것을 통해서 학습하는 것이다. 우발학습은 직접적으로 교육을 받지 않았더라도 참여만으로 학습할 수 있는 것을 의미한다. 중도장애 학생

들은 일반학생들보다 이러한 학습 형태로부터의 혜택을 적게 받는다.

- 기억: 기억에서의 중요한 문제점은 중도장애 학생들이 애초에 적절한 학습 상황을 가지지 못하여 학습 후 정보나 기술을 연습하거나 사용하는 기회를 불충분하게 가지게 되고, 결과적으로는 필요할 때 장기기억으로부터 정보를 적절하게 끌어내지 못한다는 것이다.
- 기술 종합: 중도장애 학생들은 종종 정보 간의 관계성을 알지 못하고, 새로운 기술을 배우기 위해서 다른 종류의 지식 및 기술이 병합될 수 있다는 것을 모른다. 그러므로 일반적으로 중도장애 학생들이 여러 가지의 개별 기술을 배워서 그것들을 조직화하여 적용할 것이라고 기대하기 어렵다.
- 일반화와 식별화: 일반화 기술의 부족으로 학생들은 하나의 장소에서 배운 것을 다른 장소, 시간, 사람, 활동, 자료에 적용하는 것에 어려움을 보인다. 역으로 식별기술의 부족으로 학생들은 언제 어떤 것을 해야 하고 또 해서는 안 되는지를 모른다. 예를 들어, 중도장애를 가진 젊은 청년은 자신의 어머니를 포옹하는 것은 괜찮지만 다른 여성을 포옹하는 것은 부적절하다는 것을 알지 못할 것이다.
- 자기조절: 자기조절을 위해서 개인들은 자신의 행동을 감독하고, 정확성 및 부정확성 여부를 평가하고, 자기 강화 및 강화 억제를 한다. 이는 섬세한 과업으로, 중도장애 학생들은 종종 어려움을 보인다. 그러나 몇몇 연구는 교수적 방법을 통해 학생들이 이러한 영역의 기술을 습득하는 것을 도울 수 있다고 설명한다(예: Agran, Fodor-Davis, Moore, & Martella, 1992; Mushes & Agran, 1993; Hughes, Hugo, & Blatt, 1996).

3) 사회적 행동

많은 중도장애인은 충만한 삶을 살 수 있다. 그들은 친구들을 사귀고, 다양한 여가활동을 즐기고, 청소년이나 성인으로서 지역사회에서 직업도 가질 것이다. 그러나 이러한 결과들은 비장애인들이 그렇듯이 아주 쉽게 발생하는 것이 아니며, 의도적인 노력이 필요하다.

중도장애인은 앞서 기술한 학습 결함 때문에 적절한 사회성 기술을 배우고자 할 때 어려움을 겪을 수 있다. 예를 들어, 그들은 타인을 관찰하면서 의도적으로 특정 기술을 선택하여 배우지 못하고, 학습한 기술을 일반화시키지 못하며, 시간과 장소에 부적절한 사회성 기술을 보인다. 따라서 일반적으로 중도장애인은 부적절한 사회성 기술을 보이는데, 특히 적절한 교육 및 충분한 학습 경험 기회가 부족할 때 더욱 그러하다.

그러나 중도장애인도 기회가 형성되거나, 교육을 받거나, 타인들이 중도장애인에 대해 이해하게 되면 긍정적인 대인관계를 발전시킬 수 있다(Westling & Fox, 2004). 이는 반드시 중도장애인의 중요한 교수목표가 되어야 한다.

중도장애인은 때때로 매우 도전적인 행동을 보인다. 즉, 상동행동(stereotyped behaviors)이나 상동증(stereotypies)으로 불리는 일반적이지 않은 반복행동 또는 공격성, 자해 그리고 불복종 등의 행동을 보이는데, 이러한 행동의 원인을 아는 것은 어렵지만 여러 이론들이 제시되어 왔다. 제5장에서 살펴보았듯이, 오늘날 전문가들은 문제행동을 개선하기 위해서 기능적 행동평가와 긍정적 행동지원 프로그램을 이용한다. 상당히 많은 연구는 이 절차들이 매우 효과적이라고 보고한다(Carr et al., 1999; Hanley, Iwata, & McCord, 2003). '학생사례 탐구'에서는 농-맹과 최중도 지적장애를 지닌 스티브의 매우 심각한 행동문제를 다루기 위해서 기능적 행동평가와 긍정적 행동지원방법을 사용한 사례를 소개하고 있다.

4) 신체적 특징

이미 언급하였듯이, 중도 지적장애와 중복장애인은 종종 심각한 신체적 및 의학적 증상을 나타낸다. 흔히 나타나는 두 가지 증상은 뇌성마비와 간질이다(제14장 참조). 다른 여러 증상들도 정상적인 신체발달과 활동을 제한할 수 있다. 그리고 그들은 위장장애, 부적절한 폐기능, 간장 및 심장 장애, 감각문제, 잦은 감염 등의 의학적 증상들을 보인다(Thuppal & Sobsey, 2004).

중도장애 학생의 교사는 학생들의 신체적, 의학적 욕구를 충족시키기 위해서 물리치료사, 작업치료사, 양호교사 등과 함께 일해야 한다. 학생들은 정기적으로 영양문제, 빈혈증, 탈수증, 피부 과민증, 욕창, 호흡기 감염, 천식, 중이염, 근육수축의 문제를 보인다(Heller, 2004). 팸 선생님은 이러한 종류의 증상들이 스티브의 불편함과 연관이 있다고 생각하였다('학생사례 탐구' 참조).

• 생각해 봅시다 #4

중도장애 학생의 신체적, 의학적 특성은 그들의 학습능력에 어떠한 영향을 미칠 것인가? 학생들의 이러한 특성은 교사에게 어려움을 주는가? 이 학생들에게 어떻게 접근하는 것이 성공적인 교사로서의 모습인가?

학생사례 탐구

중도장애 학생의 의사소통 교수하기

"팸 밈스 선생님의 중학교 학생 중 한 명인 스티브는 농-맹과 최중도 지적장애를 가진 아동이다. 그는 걸을 수 없으며 단지 몇몇 자조기술을 수행할 수 있을 뿐이다. 그는 신뢰할 만하거나 적절하게 주의를 탐색하거나, 도움을 요청하거나, 고통 및 불편함을 표현할 수 없었다. 또한 다른 사람의 언어에 반응하지 않았다. 스티브는 측만증을 막기 위하여 몸통 지지 보호대를 착용하고 있어 불편하고 고통스러울 것이다. 그리고 밤에는 숙면을 취하지 못하고 있다. 스티브는 6명의 중도장애 학생과 함께 팸 선생님의 전일제 특수교실에서 말/언어치료, 물리치료, 작업치료 및 시각 관련 서비스와 더불어 특수교육 서비스를 받고 있다."

스티브를 교육하는 것이 어렵다는 것은 자명한데, 이는 주로 다음의 세 가지 이유에 근거한다. 첫째, 스티브의 매우 제한적인 기술 및 능력 때문에 교수 내용을 선정하는 것이 어렵다. 둘째, 자식에 대한 지나친 기대감으로 스티브 어머니는 그가 음운론적 기술 및 전동 휠체어 작동법을 배우기를 원하고 있다. 셋째, 스티브는 대부분의 학교 일과 동안 자신의 머리를 주먹으로 때리며 소리를 지른다. 마지막 사항이 가장 큰 스트레스 유발요인이기 때문에 팸 선생님은 스티브의 문제행동에 초점을 맞추기 시작하였다. 동시에 그녀는 어머니의 관심사를 존중하고 스티브에게 유용한 기술을 가르치고 싶어 하였다.

그리하여 팸 선생님은 다음을 수행하였다.

- 팸 선생님은 스티브의 행동에 영향을 미치는 요인을 알기 위하여 기능적 행동평가(functional behavioral assessment: FBA)를 실시하였다. 그 결과 자신의 욕구와 바람을 효율적으로 의사소통하는 능력이 부재하여 고함치기와 자해행동을 한다는 가설을 세웠다.
- 팸 선생님은 사물에 기초한 의사소통 체계(object-based communication system)를 개발하였고, 스티브가 무언가를 먹거나 마시고자 할 때 혹은 몸통 지지 보호대와 휠체어에서 벗어나 매트에 눕고 싶을 때 사물을 만져서 표현하도록 가르쳤다.
- 팸 선생님은 스티브가 전동 휠체어를 얼마나 잘 작동하는지를 알아보기로 하였다.
- 팸 선생님은 스티브가 자신이 원하는 것을 사물에 기초한 의사소통 체계로 표현할 때 그의 요구에 즉각적으로 반응하였다.
- 스티브는 무언가를 마시고자 하는 욕구와 의자에서 내려와 매트에 눕고 싶어 하는 욕구를 일관성 있게 표현하였다. 이러한 스티브의 욕구에 팸 선생님이 반응하자 고함치기와 자해행동은 감소하였다. 스티브의 문제행동은 하루 평균 300분 이상이었는데 0가까이까지 감소하였다.

스티브의 행동이 향상되기 시작하였을 때, 팸 선생님은 웨스턴 캐롤라이나 대학교 교수진과 교사지원 프로그램으로부터 지원을 받았다. 그들의 노력으로 전동 휠체어에 몇 가지 특수한 감각진동 장치(sensing-vibrating devices)를 장착할 수 있었다.

- 팸 선생님은 스티브에게 휠체어를 앞뒤, 좌우로 움직이기 위한 조이스틱 작동법을 가르쳤다. 그리고 스티브가 언제 움직여야 하는지를 알게 하기 위해 휠체어 의자에 감각진동 장치를 장착하였다.
- 팸 선생님의 체계적 교수 결과, 스티브는 앞으로 가고 멈추는 것을 배울 수 있었다. 그는 전동 휠체어에 바른 자세로 앉아 미소를 지으며 주변을 살폈고, 고함치기와 자해행동은 보이지 않았다.

스티브가 보여 준 어려움은 중도 혹은 최중도 지적장애 및 중복장애 학생들이 겪는 어려움과 유사하다. 그러므로 교사들은 효과적인 교육적 접근을 통해서 문제를 해결하기 위하여 호기심을 가지고 창조적으로 일해야 한다. 팸과 같은 교사는 스티브와 같은 학생을 가르치기 위해서 가장 효과적인 방법을 활용해야 한다. 당신도 이러한 의미 있는 일에 참여하고 싶어 할지 모르겠다.

문제행동을 보이는 학생의 중재에 관해 더 알고 싶다면 다음의 문헌을 참고하라.

Carr, E. G., Dunlap, G., Horner, R. H., Koegel, R. L., Turnbull, A. P., Sailor, W., Anderson, J. L., Albin, R. W., Koegel, L. K., & Fox, L. (2002). Positive behavior support: Evolution of an applied science. *Journal of Positive Behavior Intervention, 4,* 4-16, 20.

Carr, E. G., Horner, R. H., Turnbull, A. P., Marquis, J. G., McLaughlin, D. M., McAtee, M. L., Smith, C. E., Ryan, K. A., Ruef, M. B., & Doolabh, A. (1999). *Positive behavior support for people with developmental disabilities: A research synthesis.* Washington, DC: American Association on Mental Retardation.

적용하기

- 팸 선생님의 가장 큰 어려움은 무엇이었는가? 스티브의 기술 부족이었는가? 스티브의 문제행동이었는가? 혹은 스티브 어머니의 높은 기대치였는가?
- 스티브와 같은 학생을 위한 유능한 교사가 되는 데 필요한 개인적 특성은 무엇인가?
- 팸 선생님의 특정한 전략 중 배우고 싶은 것은 무엇인가?

4. 출현율

공교육을 받고 있는 학령기 중도장애 학생의 정확한 수를 추정하는 것은 어렵다. 이는 이에 대한 보편적인 정의 및 수용할 만한 기준이 없기 때문이다. 앞서 'FAQ Sheet'에서는 중도장애 학생이 학령기 아동의 대략 0.5~1%에 해당한다고 보고했고, 이 수치는 전체 장애학생의 10%에 해당한다. 이러한 중도장애 학생 추정치는 경도장애 학생을 제외한 특정장애 범주에 관한 미국 교육부 보고서(2005)에 근거한다.

이러한 출현율은 교사의 역할과 밀접하게 연관된다. 한 초등학교에 일반학생을 포함하여 400명의 학생이 있다고 가정하자. 400명 중에서 45~50명의 특수교육 대상학생이 있다. 그리고 상위 출현율에 따르면 학교에는 4~5명의 중도장애 학생이 있을 수 있다. 중도장애 교사는 상대적으로 적은 학생을 가질 것이며, 일반학급 교사는 2~3명 이하의 장애학생과 1명 이하의 중도장애 학생을 가질 것이다.

장애의 출현 및 출현율 변화를 다양한 시간과 장소에 따라서 조사하는 것은 매우 어려운 일이다. 역학자들이 수행한 연구 결과 몇몇의 증상 및 증후군이 자주 발생하는 것으로 인식되었는데, 이에는 자폐, 약체 X 증후군, 엔젤맨 증후군 등이 있다. 질병관리국(Centers for Disease Control, 2004)은 미국 내 이러한 증상들의 발생에 대해 알아보기 위해서 출생변이 및 발달장애에 관한 역학연구를 애틀란타, 조지아 및 대도시권 지역에서 수행하였다.

• 생각해 봅시다 #5

실제 학교에서의 중도 지적장애 및 중복장애 학생의 출현율은 어떠한가? 통합학교에서 이러한 학생들을 볼 수 있는가? 이러한 학생이 교실에 얼마나 많이 있는가?

5. 발생 원인

수많은 원인에 의해 중도장애가 발생한다. 중도장애의 발생 원인은 일반적으로 출생 전, 출생 시, 출생 후 원인으로 분류된다. 중요한 발생 원인의 대부분은 출생 전에 발생하는데 이에 대해 다음에서 간략하게 설명할 것이다.

1) 출생 전 원인

중도장애를 유발하는 일반적인 출생 전 원인에는 유전적 조건, 염색체 이상, 임산부 감염, 유해물질, 방사선이 있다.

(1) 유전적 요인

드물게 나타나는 유전적 요인으로 중도 지적장애나 혹은 중복장애로 판별되는 특정 증후군을 가질 수 있다. 이 유전적 요인들은 열성인자이거나 우성인자다. 열성 유전인자를 갖고 있다면, 아동의 두 부모가 이 조건의 유전자를 반드시 가지고 있어야 하고, 자녀 각각에게 유전될 확률은 25%다. 만일 우성 유전인자를 갖고 있다면 한 부모가 이 조건의 유전자를 가지고 있어야 하고, 자녀 각각에게 유전될 확률은 50%다. 열성인자는 우성인자보다 더 심각한 장애를 일으킨다. 열성 유전적 요인으로 발생하는 증후군에는 테이-삭스병(Tay-Sachs disease)이 있다.

몇몇 증후군은 성염색체(sex chromosomes)에 위치한 유전물질, 즉 23번째 염색체 쌍에서 유래한다. 이는 X에 연결된(X-linked) 조건이라 불리는데, 어머니는 유전물질 자체가 없더라도 이를 운반하는 역할을 한다. 가장 흔한 X에 연결된 조건은 약체 X 증후군이다(〈표 12-1〉 참조). 그리고 빈번한 자기 상해 행동을 나타내는 레쉬-나이한 증후군(Lesch-Nyhan syndrome)이 있다.

(2) 염색체 이상

앞서 언급된 유전적 요인은 부모 중 한쪽 혹은 모두 구체적인 유전물질을 아이에게 전달하여 발생된다. 유전자는 염색체의 특정 가닥에 위치한다. 인간에게는 22개의 상염색체(autosomes)와 사람의 성을 결정하는 23번째의 성염색체를 포함해서 23개의 염색체 쌍이 있다.

염색체의 한 가닥은 착상 동안에 서로 잘 결합할 수도 있고, 떨어질 수도 있으며, 비전형적인 방법으로 다른 가닥에 붙을 수도 있다. 이러한 염색체 이상은 부모가 자녀에게 전달하는 유전 질환은 아니지만 염색체 패턴을 변화시켜 자녀의 발달에 악영향을 미친다.

염색체 이상으로 발생하는 여러 가지 증후군은 〈표 12-1〉에 제시되었는데, 이에는 다운증후군, 프레더-윌리 증후군, 앤젤맨 증후군이 있다. 표에 나와 있는 웹사이트 및 다른 웹사이트(Companion Website)를 통해 이러한

• 생각해 봅시다 #6

구체적 증후군에 흥미가 있는가? 교사가 학생의 특정 증상에 대한 생리적 원인을 알면 도움을 받을 수 있다고 생각하는가? 그렇게 생각하거나 생각하지 않는 이유는 무엇인가?

다운증후군과 같은 몇몇 증상들은 염색체 이상의 결과로 발생한다.

증후군에 관한 자세한 정보를 얻을 수 있다.

(3) 임산부 감염

임신 기간 중에 각종 바이러스 혹은 박테리아 감염이 일어날 수 있는데, 이는 모체에는 작은 영향만을 미치더라도 태아에게는 매우 심각한 영향을 미쳐 중복장애를 일으킬 수 있다. 이러한 감염의 일반적인 유형에는 풍진, 거대세포 바이러스(cytomegalovirus), 포진(herpes), 매독 및 주혈 원충병(toxoplasmosis)이 있다.

대부분의 감염은 임신 초기 3개월 내의 태아에게 가장 큰 손상을 미친다. 이 시기에 태아의 중추신경 조직은 급속하게 성장하는데, 감염은 뇌 조직에 염증 및 손상을 일으키게 된다. 그 결과로 중도 지적장애 및 감각장애가 발생할 수 있다.

(4) 유해물질

• 생각해 봅시다 #7

대다수의 산모가 태아기 발달에 많은 신경을 쓰는 반면에 그렇지 않은 경우도 있다. 이러한 차이점은 어떻게 설명될 수 있는가? 산모가 태아기 발달에 좀 더 신경을 쓰도록 돕는 방법들에는 어떤 것들이 있는가?

산모가 임신 중에 술이나 마약을 복용하거나 다른 화학물질을 섭취할 경우 중도 지적장애와 중복장애가 발생할 수 있다. 이러한 물질은 세포의 구조와 기능에 손상을 입힘으로써 태아의 발달에 영향을 미칠 수 있다. 그것은 신체적 성장 및 두뇌 발달에 영향을 준다. 예를 들어, 1950년대에 임신 중 입덧을 감소하기 위해서 개발된 약인 탈리도마이드(thalidomide)는 사지 발달에 손상을 일으켰다. 또한 알코올은 뇌손상을 초래할 수 있다. 항경련성 약물 및 항암제도 발달에 부정적인 결과를 초래하는 중요한 원인이 된다.

(5) 방사선

산모가 방사선에 노출되면(예, 의학적 목적으로 엑스레이를 촬영하였을 때) 방사선이 발달하는 태아의 두뇌에 영향을 미쳐서 중도 지적장애를 초래할 수 있다. 그러나 방사선이 여성의 위 부위에 직접적으로 노출되지 않으면 이러한 위험률은 급격히 줄어든다.

어떤 사람들은 방사선이 여성의 난자 및 남자의 정자에도 악영향을 미칠 수 있다고 생각하기 때문에 임신 전 방사선 노출의 영향력에 대해서도 의문을 제기하여 왔다. 이러한 유형 중에서 방사선치료가 가장 위험하다고 여겨진다. 이 주제에 관한 일반적인 질의응답 및 바람직한 토의는 건강물리학 사회 인터넷 사이트(Health Physics Society, 2005; http://hps.org/)에서 볼 수 있다.

2) 출생 시 및 출생 후 원인

중도 지적장애와 중복장애 출현의 대다수 원인은 출생 전에 발생한다. 그러나 출생 시와 출생 후 원인들도 아동 발달에 영향을 미칠 수 있다.

출생 시 원인은 종종 임신 중 및 출산 시 산모의 건강 상태와 관련된다. 산모가 가진 당뇨병, 독혈증(toxemia), 고혈압, 다른 진행성 질환과 같은 만성적인 건강문제는 아동의 지적 발달에 영향을 미칠 수 있다. 산모가 출산 중에 감염과 급성 질병을 갖는 것도 아동에게 악영향을 끼칠 수 있다. 음부 포진의 예가 그에 해당한다. 산모가 자연분만을 할 경우, 아동은 질로 내려오면서 병변에 노출되어 감염될 수 있다. 이런 경우에는 제왕절개 수술을 통해 출산하는 것이 바람직하다.

중도 지적장애와 중복장애 출현의 출생 후 원인을 생각해 보자. 한 예는 뇌막염(meningitis)이다. 뇌막염은 뇌척수액이 박테리아나 바이러스에 감염되어 발생한다. 박테리아 감염은 항생제를 통해서 치료될 수 있지만, 바이러스성 감염에 대한 효과적인 치료법은 현재로서는 없다. 만일 효과적인 치료가 이루어지지 않을 경우 뇌손상, 청각손상, 학습장애가 초래될 수 있다(Centers for Disease Control, 2003). 다른 출생 후 원인은 익수(near drowning), 신체적 학대, 발작, 전기 충격, 유독가스와 같이 심각한 뇌손상을 초래하는 것들이다.

6. 평가와 계획

제4장에서는 장애학생들이 판별되는 과정, 다른 장애에 대한 분류 기준, 개별화 교육 계획과 다른 계획들(예: 개별화 가족서비스 계획안과 전이 계획안)의 개발 과정에 대해서 살펴보았다. 그리고 특수교육 적격성 판별 및 아동의 욕구를 고려한 계획안 작성을 위한 다양한 종류의 검사도구들도 살펴보았다.

학생들을 중도장애로 분류하는 데 사용되는 구체적인 검사는 없다. 학교 전문가들은 아동이 지적장애의 적격성 기준에 부합하는지 보기 위해서 지능검사와 적응행동 검사를 실시할 것이다. 중도장애 학생들은 이러한 검사를 잘 수행하지 못해 유의미한 점수를 받지 못할 것이다. 하지만 중도장애 학생들에게는 적격성 진단보다 교수 내용 선정을 위한 진단이 중요하다. 그래서 여기서는 교수 내용을 결정하는 데 유용한 도구와 절차에 대해서 논의해 보고자 한다.

1) 적응행동 검사

교사가 학생의 능력과 욕구에 관한 자료를 모을 준비가 되었다면 적응행동 검사를 실시하는 것이 좋다. 제4장의 적응행동 검사 내용에서 살펴보았듯이, 이러한 검사는 유용한 일상생활 기술을 평가하는 것이다. 일상생활 기술, 약간의 지역사회 기술, 적절한 사회행동, 의사소통 능력, 운동능력, 기초 학업기술을 적용하는 것 등은 주요 영역에서의 기능이 일반적인 항목이다. 그리고 제4장에서는 몇몇 상업적 검사에 대해 살펴보았는데 이러한 검사는 교사, 부모, 보호자와 같이 학생을 매우 잘 아는 사람이 실시하거나 교사가 부모 면담을 통해서 실시할 수 있다.

적응행동 검사를 통해서는 중도장애 학생을 잘 이해할 수 있다(Browder, 2001). 교사는 적응행동 검사로부터 학생의 강점과 단점을 보여 주는 프로파일을 작성할 수 있다. 이를 통해 교사는 교수가 필요한 영역 및 학생의 강점 영역을 알 수 있게 된다.

하지만 적응행동 검사의 문제점은 매우 심한 장애를 지닌 학생에게는 그 수준이 너무 높다는 것이다. 즉, 적응행동 검사의 항목은 매우 심한 지적장애 및 중복장애 학생의 기술 수준과 많은 차이가 난다. 이들이 어떤 검사 항목도 수행하지 못한다면 검사 결과는 교수계획을 하는 데 전혀 도움이 되지 못할 것이다.

2) 교육과정/활동 지침서

제4장에서는 교육과정 맥락 안에서 학생을 평가하는 교육과정 중심 진단에 대해서 살펴보았다. 이와 유사한 맥락에서 교사는 중도장애 학생을 위한 교육과정을 사용하여 교수 내용을 선정할 수 있다. 중도장애 학생을 위한 교육과정에는 몇몇의 주, 교육청, 개별 학교가 개발한 자체 교육과정 및 상업용 교육과정

이 있다. 예를 들어, COACH(Giangreco, Cloninger, & Iverson, 1998), 중등도와 중도장애 학생을 위한 시러큐스 지역사회 기반 교육과정 지침(The Syracuse Community-Referenced Curriculum Guide for Students with Moderate and Severe Disabilities; Ford et al., 1989), 지역사회 생활기술: 분류학(Community Living Skills: A Taxonomy; Dever, 1988), 활동 카탈로그: 중도장애 청소년과 성인을 위한 대안적인 교육과정(The Activities Catalog: An Alternative Curriculum for Youth and Adults with Severe Disabilities; Wilcox & Bellamy, 1987) 등이 있다.

적응행동 검사와 같은 교육과정과 활동 지침서는 학생의 교수목표를 설정하기 위하여 부모 면담을 할 때 매우 유용할 수 있다. 평가는 학생들이 지침서 항목을 수행할 수 있는가 없는가로 이루어진다. 예를 들어, 시러큐스 교육과정의 기술은 다음과 같이 평가된다.

- 대부분의 단계에 도움 필요
- 몇몇 단계에 도움 필요
- 모든 단계를 독립적으로 실행

유사한 절차를 사용하는 COACH도 다음의 척도로 평가된다.

- R(resistant to assistance from others): 다른 사람의 도움을 거부
- E(early/emerging skill): 초기의/발생하는 기술(1～25%)
- P(partial skill): 부분적인 기술(25～80%)
- S(skillful): 숙련된(80～100%)

지침서 내의 다양한 기술과 활동이 평가되고 나면, 부모와 교사는 우선적으로 교수해야 할 기술과 활동을 선정해야 한다.

교사가 교수목표를 선정한 후에는 학생이 할 수 있는 것과 없는 것을 결정해야 한다.

3) 생태학적 목록

생태학적 목록(ecological invertory)은 학생이 자신의 현재 혹은 미래 환경에서 보다 완전하게 살기 위해서 필요한 기술은 무엇인가

라는 견해에 입각하여 중도장애 학생의 교수 내용을 선정하는 접근법이다(Brown et al., 1979). 생태학적 목록은 학생이 배워야 하는 것들, 학생이 이미 수행할 수 있는 것들, 특정 기술의 학습을 위해 해야 할 것들에 관한 많은 정보를 제공한다.

우선 생태학적 목록은 가정, 학교, 지역사회 내 장소들과 같은 주요한 환경을 본다. 그런 다음 가정의 부엌 혹은 학교의 식당과 같은 하위 환경을 본다. 그리고 '사람들이 이 환경에서 일반적으로 행하는 기술은 무엇인가?'를 묻는다. 어떤 이들은 부엌에서 음식을 준비하거나 음식을 받기 위해 줄을 서서 걸을 것이다.

짐작하듯이, 필요한 기술은 환경에 따라 매우 다양하다. 그러므로 다음 단계는 부모와 함께 학생들이 학습해야 할 가장 유용한 기술을 찾아내야 한다. 예를 들어, 8세 아동에게는 음식 준비하기 활동이 적절하지 않더라도 상 차리고 정리하는 것을 돕는 활동은 적절할 것이다. 적절한 활동은 아동의 교수목표가 된다.

일단 교사가 구체적으로 가능한 교수목표를 판별하면, 교사는 학생이 할 수 있는 것과 할 수 없는 것을 알아내야 한다. 이는 활동의 구체적인 단계를 포함하는 과제분석을 통해서 이루어진다. 그런 후 교사는 학생이 과제 완성을 시도하는 것을 여러 차례에 걸쳐서 관찰한다(일반적으로 이는 기초선 자료로 언급된다.). 이를 통해서 교사는 학생이 할 수 있는 것과 할 수 없는 것을 알아내어 학생에게 교수해야 할 내용을 선정할 수 있다.

• 생각해 봅시다 #8

지금까지 살펴본 진단법 중에서 어떤 것이 IEP 교수목표를 작성하는 데 가장 도움이 될 것이라고 생각하는가? 왜 그렇게 생각하는가?

4) 개인중심 계획

개인중심 계획(person-centered planning)은 진단 절차라기보다 중도장애인의 삶의 질 개선방법을 개발하기 위한 과정이다. 개인중심 계획에는 잘 알려진 여러 가지 접근법이 있는데, 그중 두 가지 접근법을 간략히 살펴보자.

(1) 개인미래 계획

개인미래 계획(personal futures planning; Mount & Zwernik, 1988)은 중도장애인의 인생계획에 긍정적인 방향을 제공하고자 한다. 개인미래 계획의 목적은 친구들과 가족 구성원들이 대인관계, 지역사회에의 활발한 참여, 개인 관리와 같은 보다 나은 삶을 살도록 돕는 것이다. 개인미래 계획은 개인의 약점이 아닌 긍정적인 기회의 개발에 초점을 둔다. 그리고 개인미래 계획은 현재 상황에 제한되지 않으며 완전한 사회 참여를 위해 필요한 것이 무엇이냐에 의해 제한된다. 그 절차는 다음의 다섯 가지 주요한 특징을 가진다.

1. 사람 및 환경의 능력과 기회를 기술한다.
2. 이상을 추구한다.
3. 중도장애인과 매일 상호작용하는 사람을 포함한다.
4. 새로운 행동 목록에 대한 실험을 장려한다.
5. 사람들이 장애인의 삶의 질을 개선하기 위한 공약을 받아들이고 행하도록 자극한다.

개인미래 계획의 가장 중요한 성과는 바람직한 미래상을 찾아내는 것이다. 그리하여 이 접근법은 참여자들에게 보다 긍정적인 삶의 경험을 가지기 위한 방법을 생각하도록 한다. 그리고 이 접근법은 참여자들이 더 나은 삶의 질을 위한 계획을 완성하면 종료된다. '지원 집단', 즉 가족구성원, 친구, 이웃, 장애인과 가까운 사람, 행동 계획안이 실행되고 개인의 삶이 개선되는 것을 도울 수 있는 사람이 참여할 수 있다.

(2) 행동 계획안 만들기

개인중심 계획의 한 가지 유형인 MAPs(making action plans; Forest & Lusthaus, 1987; Vandercook, York, & Forest, 1989)는 개인미래 계획과 달리 중도장애 학생을 완전통합 환경에 배치하기 위해 구체적인 정보를 제공하는 것에 초점을 둔다.

MAPs 회기 동안에 장애인, 가족구성원, 비장애인 친구, 교사와 다른 전문가들은 해당 장애인의 교육적, 생활적 욕구를 논의하고자 모인다. MAPs의 중요한 특징은 이러한 팀에 중도장애인과 그들의 동일한 생활연령 또래를 포함시킨다는 것이다.

MAPs 회기 중 촉진자는 참여자에게 다음 사항을 질문한다.

- 당신의 개인사는 어떠했습니까?
- 당신의 꿈은 무엇입니까?
- 당신을 불쾌하게 하는 것은 무엇입니까?
- 당신은 누구입니까?
- 당신의 강점, 재능, 능력은 무엇입니까?

• 생각해 봅시다 #9

개인중심 계획을 이전의 진단 접근법과 비교해 보라. 주요 차이점은 무엇인가? 개인중심계획의 절차는 IEP 개발에 어떠한 영향을 미칠 것이라 생각하는가?

- 당신의 개인적 욕구는 무엇입니까?
- 당신이 학교에서 이상적이라고 생각하는 날은 어떻습니까? 그날을 위해서 행해져야 할 것은 무엇입니까?

이러한 질의응답은 학생의 교수목표 선정을 돕고 통합환경에서의 교수법을 돕기 위해서 고안되었다.

7. 효과적인 교수 실제

만약 중도장애 학생들이 아주 이른 시기부터 일생 동안 효과적인 교육을 받게 된다면 여러 가지 혜택을 받을 수 있다. 물론 비장애인이 성취할 학습 수준 및 발달까지는 도달하지 못하더라도 더 나은 기술과 삶의 질이 획득될 수 있다(Snell & Brown, 2005; Westling & Fox, 2004).

1) 취학 전 프로그램

제4장에서는 미국 각 주의 장애영유아 프로그램 운영 및 3세 이상 장애유아의 공교육을 받을 권리에 대해서 살펴보았다. 중도 지적장애와 중복장애 유아는 항상 이러한 프로그램에 참여할 것이다. 왜냐하면 그들의 장애는 생애 초기부터 명확하게 드러나 있고, 그들의 부모는 일반적으로 매우 적극적으로 수혜 가능한 서비스를 찾아 나서기 때문이다. 비록 중도장애 유아를 위한 조기 프로그램을 통해서 후기 서비스 욕구가 감소되는 것은 아니지만 아동의 발달을 최대로 촉진시키고 이차적 장애를 예방할 수 있다.

중도장애 영유아 프로그램은 다양한 특징들을 나타내지만 두 가지의 특징, 즉 가족중심 프로그램, 발달에 적합한 실제에 기초한 교수와 학습이 중요하다.

(1) 가족중심 프로그램

어린 아동일수록 그들의 학습과 발달은 가족의 복지와 밀접하게 관련된다. 그러므로 조기 중재자들은 가족의 아동지원을 돕기 위한 일에 노력을 기울여야 한다. 가족중심 접근법이란 가족의 욕구를 고려하여 아동의 서비스를 결정하고, 가족의 아동지원 능력을 강화시키는 것을 의미한다(Bailey et al., 1988). 즉, 교사는 아동을 가르치는 교사 역할과 더불어 가족을 위한 조언, 자원, 그 밖의 여러 도움을 제공하는 역할을 수행하여야 한다. 조기중재에서 가족 참여 및 지원은 절대적으로 필요한 요소이기 때문에 개별화 가족서비스 계획안에서 가족의 강점과 욕구를 확인하는 작업을 해야 한다(제4장 참조).

(2) 발달에 적합한 실제

가족지원 이외에도 중도장애 아동을 위한 가장 효과적인 조기 개입 프로그램은 발달에 적합한 실제를 사용하는 것이다. 발달에 적합한 실제를 사용한다는 것은 개별적으로 적합하고, 연령에 적합하며, 사회적 및 문화적 상황을 반영하는 교수활동을 한다는 것이다. 조기 중재자들은 전형적인 아동의 발달 및 문화적인 환경과 실제가 아동의 발달에 미치는 영향력에 대해서 이해하여야 한다. 그리고 그들은 아동의 장애가 학습 및 발달에 미치는 영향력에 대해서도 이해하여야 한다.

발달에 적합한 실제에 기반을 둔 프로그램은 적절한 구체적인 자료를 사용하고, 탐색을 자극하며, 아동이 자신의 연령에 적합한 선택을 하도록 돕고, 성인과 또래가 빈번하게 상호작용을 하도록 한다. 그리고 성인은 아동이 다른 아동과 가능한 한 자주 의사소통 및 상호작용을 하도록 자극하고, 아동이 보인 어떠한 종류의 노력에도 즉각적이고 직접적으로 반응하여야 한다. 비록 적절한 자료가 자연적 맥락에서 사용될 때 교수와 학습이 발생하지만, 아동의 참여와 성공을 확신하기 위해서는 체계적인 교수법을 사용하여야 한다.

2) 학교 프로그램과 관련 서비스

학령기 중도장애 학생을 가르치는 것은 특수교육 분야에서도 특별한 도전과 딜레마를 가지는 분야다.

우선 학생을 어디에서(where) 가르칠 것인가에 관한 문제다. 대부분의 중도장애 학생은 팸 밈스 선생님의 학생이 그랬던 것처럼 일반학교 혹은 특수학교 내의 분리된 특수학급에서 주로 수업을 받는다. 그러나 팸 선생님은 이러한 문제에 당혹감을 나타냈고, 더 많은 자신의 학생들이 통합되기를 원했다. 이는 20년 이상 많은 전문가들(예: Bricker, 1978; Gaylord-Ross & Peck, 1985; McDonnell & Hardman, 1989; Snell & Eichner, 1989; Stainback & Stainback, 1989)과 IDEA가 지지하는 입장이다. 중도장애 학생과 함께하는 교사의 또 다른 도전은 무엇(what)

을 가르치느냐는 것이다. 수년 동안 교수의 초점은 기능적 기술의 습득 및 의미 있는 활동에 참여하기에 맞추어져 왔다. 그러나 현실에서 기능적 교육과정이 운영되고 있는 것과는 달리, IDEA는 중도장애 학생을 포함한 모든 장애학생이 일반교육과정에 가능한 한 많이 참여하도록 권장한다. 몇몇 전문가들은 이러한 접근법이 중도장애 학생들에게 바람직하다고 믿었지만(예: Jorgensen, 1998; Kliewer & Biklen, 2001; Tashie, Jorgensen, Shapiro-Barnard, Martin, & Schuh, 1996), 많은 교사들은 이에 의문을 제기하였다(Agran, Alper, & Wehmeyer, 2002). 더불어 중도장애 학생의 교사들은 학생을 어떻게(how) 가르치는가에 대하여 알아야 한다. 중도장애 학생들은 매우 도전적이기 때문에 교사들은 언어적 교수, 역할놀이, 모델링과 같은 전통적인 방법에만 의지할 수 없다. 즉, 중도장애 학생의 교사들은 학생들의 구체적인 기술을 가르치기 위해 다른 종류의 지원과 구조를 제공하는 체계적인 교수법을 사용하여야 한다.

마지막으로, 팸 선생님처럼 중도장애 학생의 교사들은 학생의 위생 욕구를 지원하고 신체적인 보호를 제공하는 것과 관련된 부가적인 책임감을 가질 것이다. 이런 종류의 지원은 다른 교사들이나 심지어 특수교사들의 일반적인 역할범주를 벗어나는 것들이다. 하지만 중도장애 학생이 학습활동에 참여하려면 이러한 도움이 반드시 제공되어야 한다.

(1) 통합학급 대 특수학급 환경

지금까지의 몇몇 연구 결과들은 일부 중도장애 학생들도 일반학급에서 학습하여 성공할 수 있다는 입장을 지지한다(예: Fisher & Meyer, 2002; Foreman, Arthur-Kelly, Pascoe, & King, 2004; Hunt & Goetz, 1997). 그러나 이를 위해서 교사는 다른 전략들을 사용하여야 한다. 무엇보다도 일반교사와 특수교사의 협력이 중요하다. 교사들은 협력하여 일반학급 활동을 계획하고, 중도장애 학생을 위한 활동을 필요한 만큼 수정해야 한다. 이상적으로는 모든 교실활동에 중도장애 학생을 포함시켜야 한다. 즉, 통합의 진정한 의미는 중도장애 학생이 학급의 실제

교사는 중도장애 학생이 교실의 완전한 구성원이 되도록 돕기 위한 교실활동을 개발하곤 한다.

적인 부분이 되고, 다른 학생과 마찬가지로 학습과 활동에 참여하는 데 있는 것이다(Villa & Thousand, 2000).

그리고 교사들은 협력하여 중도장애 학생이 교실활동의 완전한 구성원이 되도록 도울 일과와 교실 구조를 수시로 개발하여야 한다. 이에는 일반적으로 수정 및 변형된 교육과정 목표와 학습활동, 학생의 욕구를 충족하기 위한 물리적 환경의 변화, 장애학생의 높은 수준의 참여를 유지하기 위한 또래 참여 등이 해당된다. 교사들은 중도장애 학생의 참여를 더 촉진하기 위해서 일반적으로 또래교수, 또래 상호작용, 협력적 학습집단을 활용한다. 그리고 일반적으로 일반학급에는 장애학생뿐만 아니라 일반학생을 도와주는 준전문가들이 있다(Giangreco & Doyle, 2002).

통합학급 배치와 달리 전일제 특수학급에 참여하는 중도장애 학생들은 대개 유사한 장애를 지닌 다른 학생들과 같이 교육을 받는다. 이러한 특수학급 교사들은 학생의 인지적, 신체적 특징을 고려한 구체적인 활동을 개발하게 된다. 비록 전일제 특수학급에는 일반학생이 없지만, 많은 특수교사들은 장애학생과 상호작용하거나 장애학생을 가르쳐 주는 일반학생을 특수학급으로 초대하는 '역통합(reverse mainstreaming)'을 이용한다. 그리고 일반적으로 특수학급에는 2명 이상의 준전문가가 있다.

• 생각해 봅시다 #10

특수교육에서 중도장애 학생의 배치문제보다 더 중요한 논쟁은 없을 것이다. 당신의 견해는 어떠한가? 특수학급 배치를 선호하는가, 아니면 통합 배치를 선호하는가? 왜 그렇게 생각하는가? 어떤 환경에서 학생들을 교육하고 싶은가?

(2) 기능적 교육과정 대 일반교육과정

1970년대부터 중도장애 학생을 위한 교육과정 철학은 기능적 기술을 가르치는 것이었다(Brown, Nietupski, & Hamre-Nietupski, 1976; Brown et al., 1979). 중도장애 학생을 위한 교육과정에는 일상생활에 가능한 한 많이 참여하기 위해 필요한 기술들이 포함된다. 중도장애 학생들이 일반학급에 있건 혹은 특수학급에 있건, 기능적 교육과정은 모두가 사는 세상에서 함께 살고 놀고 일하도록 그들을 준비시키는 것이다. 기능적 교육과정은 스스로 음식 먹기와 화장실 사용하기를 배우는 것부터 길 건너 식료품 가게에서 물건 사기에 이르기까지 넓은 범주의 기술을 포함한다. 웨슬링과 폭스(Westling & Fox, 2004)는 기능적인 기술의 교수에 선호되는 몇 가지 절차를 소개하였다.

- 교사들은 기술을 각각 분리된 형태로 가르쳐서는 안 되며, 서로 통합되도록 묶음으로 가르쳐야 한다.
- 모든 교수목표는 개인의 독립성, 참여, 자기 결정력을 증가시키거나 개인

을 덜 의존적이고 덜 고립되도록 만들어야 한다.

- 학생들이 완전한 기술을 독립적으로 배울 수 없다고 그들을 교수활동에서 제외시켜서는 안 된다. 대신에 의미 있는 부분적 참여가 이루어져야 한다.
- 교사는 가장 중요한 기술을 교수목표로 판별하고, 교수 프로그램 및 학습을 점검하기 위한 자료 수집체계를 개발하여야 한다.
- 목표는 구체적이고 관찰 가능한 행동으로 기술하여야 하고, 특정 목표에 참여한 학생의 기술 수준을 쉽게 결정할 수 있도록 기준을 포함하여야 한다.
- 교사는 기능적인 일과와 맥락 안에 있는 모든 삶의 영역에 필요한 중요한 기술(예: 언어, 보행 및 기동성, 운동기능 및 사회성 기술)을 가르쳐야 한다.

교사는 중도장애 학생에게 기능적 기술 이외에도 기능적 학문기술을 수시로 가르친다. 기능적 학문기술은 일람 단어 읽기, 기초 산수 계산, 돈 세기, 시간 말하기 등을 포함한다. 그러나 1997년부터 IDEA는 중도장애 학생을 일반교육과정에 가능한 한 많이 포함시키고, 대안적인 평가체계를 통해서 학년 말에 그들을 평가하도록 의무화하였다. 이러한 의도는 중도장애 학생의 진보를 공립학교에 있는 다른 학생의 진보와 함께 평가하기 위함이다.

일반교육과정 참여를 증가시키기 위한 하나의 전략은 모든 학생이 배울 수 있는 보편적인 교육과정을 만드는 것이다. 웨이마이어, 랜스와 바신스키(Wehmeyer, Lance, & Bashinski, 2002)는 이러한 교육과정의 세 가지 중요한 측면을 언급하였다.

1. 다양한 제시방법: 학생들이 교육과정의 중요한 내용을 습득하도록 교육과정 자료들을 다양한 방법으로 제시하는 것을 의미한다.
2. 다양한 표현방법: 학생들이 자신의 선호방법을 통해서 반응하는 것을 의미한다. 예를 들어, 문서 혹은 구어로 반응하는 대신에 보완대체 의사소통(AAC) 도구를 통해서 반응하는 것이다.
3. 다양한 참여방법: 모든 학생은 학습활동에 동일한 방식으로 참여할 필요가 없다. 예를 들어, 참여는 반드시 독립적일 필요가 없으며 또래와 함께하는 것도 참여에 해당될 수 있다.

(3) 체계적인 교수

과거 30년 동안, 우리는 중도장애 학생의 교수법에 관하여 상당히 많은 것을 알아 왔다. 무엇보다도 학생들은 보다 정확하고 체계적인 교수법을 통해서 더 많이 배운다는 것이다. 중도장애 학생에게 구체적인 목표를 가르치기 위한 접근법은 체계적인 교수(systematic instruction)라는 용어로 표현된다. '효과적인 교수전략'에서는 중도장애 학생에게 체계적인 교수가 어떻게 사용되었는지를 소개하고 있다.

중도장애 학생의 교사들은 개인적 돌봄, 여가와 레크리에이션, 지역사회 참여, 직업적 수행, 학업적 기술과 같은 영역에서 다양한 기술을 가르치기 위해서 체계적인 교수를 사용하여 왔다. 교사들은 이 접근법을 특수학급, 일반학급, 학교 밖 환경에서 사용하였고, 개별 학생 및 집단 학생 모두에게 사용하였다. 이 장 서두에서 소개된 팸 선생님도 중도장애 학생에게 체계적인 교수법은 필수적이라고 생각하였다.

'학생사례 탐구'는 당신에게 문제를 제기하고 있다. 당신이 학생에게 바람직한 목표를 가르치기 위해서 체계적인 교수전략을 개발할 수 있는지 시험해 보라. '효과적인 교수전략'을 틀로 사용하되, 창의적이고 체계적으로 개발해 보라.

(4) 신체를 보호하고 위생 욕구를 지원하기

중도장애 학생, 특히 중복장애 학생들은 부가적인 지원을 필요로 하는 신체적, 의학적 상태를 자주 보인다. 화장실 이용하기 기술의 부족 등은 주로 개인의 발달 수준에서 비롯되는 반면, 다른 조건들은 의학적 원인에서 비롯된다. 예를 들어, 간질 혹은 뇌성마비는 신경학적 원인에서 비롯된다. 음식을 삼킬 수 없어서 튜브를 통해 음식을 먹는 것은 선천적 이상 또는 다른 조건과 관련될지도 모른다. 다른 조건은 주 장애의 이차적 양상이다. 예를 들어, 호흡기 감염은 약한 기침, 점액을 내보내는 기능을 방해하는 기형적인 가슴 및 척수 때문에 자주 발생한다(Heller, 2004; Thuppal & Sobsey, 2004).

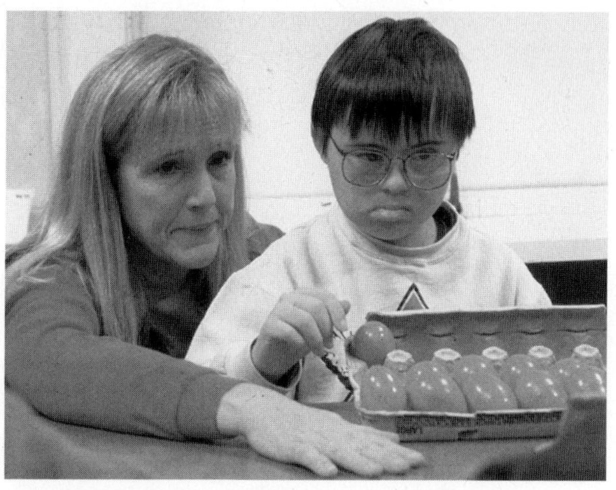

교사는 다양한 기술을 가르치기 위해 체계적인 교수법을 사용한다.

이러한 원인 및 조건들과 상관없이,

효과적인 교수전략

체계적인 교수

체계적인 교수(systematic instruction)는 다음의 절차를 따른다. 일단 학생이 배우고자 하는 것을 확인하면 행동(혹은 단기목표)을 결정하고, 이러한 것을 가르칠 교수 프로그램을 개발하는 것이다. 교수 프로그램은 교수 장소, 교수 자료, 보조체계(prompting system), 정확한 행동에 대한 강화법, 오류 수정법, 학생의 진보평가에 사용되는 자료 수집법 및 기록체계를 포함하여야 한다. 체계적인 교수는 구조적인 접근법이기는 하지만 되도록 자연적인 환경, 과제, 자료를 많이 사용하는 것이 바람직하다. 중도장애 학생들은 실제 환경에서 적용할 수 있는 유용한 기술을 배워야 하기 때문이다.

체계적인 교수에서 사용되는 하나의 가장 중요한 전략은 촉진 절차(prompting procedure)다(Wolery, Ault, & Doyle, 1992). 빈번하게 사용되는 다른 두 가지 전략에는 고정시간 지연법(constant time daly)과 최소촉진법(system of least prompts)이 있다. 이러한 전략의 사용법은 다음과 같다.

고정시간 지연법을 위해서 당신은 학생에게 "준비 됐나요?"와 같은 주의집중 단서를 제공한다. 4~5초 후에 과제의 방향을 제시한다(예: "주스를 원하니?" "주스 마실래?"). 만약 학생이 정확하게 반응하지 않으면 교사는 원하는 반응을 얻기 위해서 보조를 제공한다. 만약 학생이 허용된 시간 안에 정확하게 반응하면 교사는 강화를 제공한다. 최소촉진법도 이와 유사하다. 그러나 하나의 통제 촉진(controlling prompt)을 제공하는 대신, 교사는 최소 강도의 보조에서 시작하여 3~4개 수준의 보조까지 보조 위계를 사용하여 학생의 과제 완성을 돕는다.

학생은 어느 절차를 사용하든지 과제를 배우기 때문에 교사는 학생의 수행을 감독하고 진보를 서면으로 기록해야 한다. 교사는 학생의 수행을 감독하기 위해서 성공 및 실패의 빈도수, 과제 참여 시간, 정확한 수행의 백분율 등에 유의하여야 한다. 그리고 시각적인 성과 자료의 해석을 위하여 그래프가 그려질 수 있다. 학생이 충분한 진보를 보일 경우는 괜찮지만 그렇지 않은 경우는 프로그램의 수정이 필요하다.

다음은 욕실 청소하기 과제를 배우고 있는 중등도 및 중도 지적장애 학생을 위한 체계적인 교수 프로그램의 예다. 다른 프로그램이 어떻게 하나의 계획안에 통합되는지 주의 깊게 살펴보자.

행동목표

조시는 과제분석의 모든 단계를 배워서 자신이 일하고 있는 모텔 객실의 욕실을 청소할 것이다. 그는 욕실에 들어간 후 10초 내에 일을 시작하고 10분 안에 전체 작업을 완료할 것이다.

환경과 재료

조시가 일하는 것을 배우고 있는 모텔 객실 내 욕실

과제분석/기능적 일과

1. 모든 타월, 매트 및 수건을 모아서 복도에 있는 세탁물 손수레에 넣는다.
2. 오래된 비누와 쓰레기 바구니를 모아서 복도에 있는 컨테이너에 비운다.
3. 냉수를 틀고 욕조 안을 적신다.
4. 욕조 안에 세척제를 뿌린다.
5. 스펀지를 이용하여 욕조를 꼼꼼하게 닦는다.
6. 통을 헹구고 말린다.
7. 변기 내부와 외부에 세척제를 뿌린다.
8. 변기 내부와 외부를 닦는다.
9. 다시 젖은 수건으로 변기에 묻은 세척액을 닦는다.
10. 세면대에 세척제를 뿌린다.
11. 세면대를 청결하게 닦는다.
12. 세면대를 헹군다.
13. 유리 세정제와 수건을 사용하여 거울을 청소한다.
14. 젖은 대걸레로 욕실을 닦는다.
15. 욕실에 청결한 타월, 매트, 수건을 둔다.

교수적 절차(보조 순서 포함)

조시가 목욕탕에 들어가기 시작했을 때 과제분석의 각 단계에 대해서 가장 적은 보조체계를 사용하라. 그가 가장 적은 보조에 반응하는가를 보기 위해 5초를 기다려라.

1. 보조를 제공하지 않는다.
2. 일어날 활동의 자료들을 몸짓으로 가리킨다(예: 통, 세척제, 수건을 가리킨다.).
3. 해야 할 과제분석의 단계를 간접적인 언어로 표현한다(예: "지금 세면대에서 무엇을 해야 하지요?").
4. 조시에게 해야 할 과제분석의 단계를 말해 준다(예: "오래된 비누와 쓰레기를 버리세요.").

강화

훈련 초기 3일 동안은 조시가 과제분석의 각 단계를 올바르게 수행한 직후에 "잘했어요."와 같은 언어로 그를 강화한다. 그런 후 3일 동안은 조시가 2개의 단계를 올바르게 수행한 직후에 강화를 한다. 조시가 전체 과제를 완성한 후에는 좋은 직업을 가질 때까지 지속적으로 강화를 감소해 나간다. 만약에 과제 완성을 위해서 요구되는 시간이 촉박할 경우는 더 신속한 습득을 위하여 수시로 강화하는 것이 필요하다(Westling & Fox, 2004, p. 177에서 재인용).

교사가 일반학급에 있는 중도장애 학생을 가르칠 경우에는 교수 기회를 계획하는 데 교수적 매트릭스를 사용할 수 있다. 교수적 매트릭스의 한 축에는 매일 일과의 시간과 활동을 기록하고, 다른 한 축에는 학생의 주요 교수목표를 기록한다. 예를 들어, 학생의 옷 입고 벗기와 관련된 목표는 학생이 등교와 하교를 할 때, 점심과 자유놀이를 위해 나가는 것을 준비할 때 가르칠 수 있다. 교사들은 이 시간 동안 체계적인 교수법을 통해서 학생의 목표기술을 연습시킨다.

교직원들은 중도장애 학생에게 부가적인 신체적 보조와 적절한 지원을 제공해야 한다. 이러한 역할은 처음에는 비의학적 전문가에게 위협적으로 보일지 모르지만 이를 도와주는 여러 가지 전략들이 있다.

당신은 혼자가 아니다 우선 아무도 당신이 하룻밤 사이에 건강보호 전문가가 되기를 기대하지 않는다는 것을 기억하라. 부모, 학교 보건교사, 물리치료사, 작

학생사례 탐구

지저스 가르치기

최중도 지적장애 학생인 지저스의 교수목표는 다음과 같다.

> 지저스는 제시된 물건 및 활동을 원한다는 것을 표현하기 위해 고개를 위아래로 흔드는 행동을 90% 수준(10번 중 9번 성공)으로 나타낼 것이다. 지저스는 이 행동을 학교 일과 중 다른 장소에서 다른 사람에게 연속적으로 5회 이상 보일 것이다.

당신은 이러한 지저스의 교수목표를 위해 어떻게 가르칠 것인가? 몇 가지 명심해야 할 사항을 살펴보자.

- 기술은 다양한 장소에서 배우고 습득할 필요가 있기 때문에 가장 적절한 장소를 생각해야 한다. 학생들이 자신이 원하는 것을 표현하는 자연적인 장소에는 어떤 것이 있는가? 만약에 한 사람이 한 장소에서 특정 시간에 기술을 가르친다면 지저스는 이 기술을 일반화시키지 못할 것이다. 이는 지저스가 매우 제한된 방법을 통해서 기술을 배웠다는 것을 의미한다.
- 지저스가 선호하는 것들을 알아두어야 한다. 이를 위해 선호도 평가를 할 필요가 있다. 기본적으로 선호도 평가는 중도장애인이 좋아하거나 원하는 것을 알아내는 체계적인 방법이다. 지저스와 같은 학생은 자신이 선호하는 것을 언어로 표현하지 못하기 때문에 예측되는 선호 목록들을 제시한 후에 물건과의 상호작용을 주의 깊게 관찰하여야 한다. 그런 다음 좋아하고 싫어하는 것을 기억하도록 돕기 위해 그것을 문서화한다.
- 체계적인 교수법을 사용해야 할 것이다. 앞서 '효과적인 교수전략'에서는 2개의 전략인 시간을 지연하는 전략과 촉진을 점차 늘리는 법(least to most prompt)에 대해 설명하였다. 다른 체계적인 교수법은 뒷부분의 참고문헌을 통해서 배울 수 있을 것이다. 당신은 지저스를 가르치는 데 이러한 접근법이 어떻게 이용되는지 알고 있는가? 다른 접근법도 알고 있는가? 지저스가 반응하는 것을 가르치기 위한 보조체계를 기술할 수 있는지 스스로 평가해 보라.

업치료사는 구체적인 보호와 치료 방법에 대하여 정보를 줄 수 있다. 당신은 독립적으로 이러한 문제를 해결할 수 있을 때까지 그들에게 도움을 요청할 수 있다. 그리고 그들은 당신이 필요할 때마다 계속적으로 도움을 줄 것이다.

개인적인 건강보호 계획 특별한 의학적 도움이 필요한 학생은 개별화된 건강보호 계획을 가질 것이다. 당신은 모든 의학적 문제에 전문가가 될 필요가 없다.

- 또래를 활용하여 지저스를 가르칠 수 있다. 많은 이유로 비장애 또래는 지저스와 같은 학생에게 유능한 교사가 될 수 있다. 왜 그렇게 생각하는가? 비장애 또래는 지저스가 자신의 머리를 위아래로 흔드는 것을 배우도록 도울 수 있다고 생각하는가? 수업 중 이를 어떻게 활용할 것인가? 또래를 활용하여 지저스를 가르치는 데 염려되는 부분이 있는가? 그것은 무엇인가?
- 중도장애를 지니는 지저스와 같은 학생은 아주 느리게 진보한다. 이러한 이유로 중도장애 학생의 교사들은 매우 빈번하게, 심지어 매일 학생들의 수행을 기록한다. 당신은 이 교사들이 어떤 자료를 수집하고 있다고 생각하는가? 지저스의 목표 달성 여부를 파악하고자 한다면 어떤 종류의 자료를 모아야 하는가? 얼마나 자주 수행을 측정할 것인가? 수집된 자료로부터 어떤 종류의 정보를 얻을 수 있겠는가?

지저스와 같은 학생을 성공적으로 가르치기 위해서는 아주 정확하고 체계적인 교수법을 사용하여야 한다. 연구들은 많은 학생이 자신의 일상생활에 보다 의미 있게 참여하도록 돕는 기술을 배울 수 있다고 보고하고 있다.

지저스와 같은 학생의 교수법에 대한 자세한 정보는 다음을 참고하라.

Snell, M. E., & Brown, F. (2005). *Instruction of students with severe disabilities* (6th ed.). Upper Saddle River, NJ: Merrill/Prentice Hall.

Westling, D. L., & Fox, L. (2004). *Teaching students with severe disabilities* (3rd ed.). Upper Saddle River, NJ: Merrill/Prentice Hall.

적용하기

- 체계적 교수법 과정에 대해서 어떻게 생각하는가? 이 교수법을 사용하고 싶은가? 당신은 이 교수법이 아주 효과적이라는 것을 발견할지도 모른다!
- 사람들은 지저스와 같은 학생을 가르치는 것에 대해 다르게 반응한다. 어떤 사람은 '도전적이지만 그것을 성취하기 위해 노력하는 것은 흥미롭다.' 라고 생각한다. 반면에 어떤 사람은 "그런 기본적인 기술을 가르치는 데 시간과 노력을 투자할 가치가 있는가?"라고 반문한다. 당신은 어떻게 생각하는가?

즉, 당신은 학생의 특별한 요구에 기초한 도움을 제공할 수 있기만 하면 된다.

시간이 해결해 준다 특정한 일에 대한 이해와 친숙함의 부재는 문제가 된다. 시간이 흐르면 특정한 일을 처리하는 데 보다 익숙해지고, 어렵게 느껴졌던 일은 평범한 일상이 될 것이다.

3) 전환, 청년기 및 성인 요구와 서비스

교사들은 학령기가 지난 후에도 삶이 지속된다는 것을 잊어버리곤 한다. 그러나 중도장애인과 그들 가족에게 가장 도전적인 것은 학교 후 생활이라는 것을 깨달아야 한다. 이렇듯 개인적인 도전은 지속되지만 학령기 동안에 이루어졌던 서비스는 더 이상 제공되지 않는다. 이러한 이유로 청년기가 시작되면 IDEA가 요구하는 전환계획을 세워야 한다.

제4장에서 살펴보았듯이, 전환계획은 학생이 청소년이 될 때 IEP의 부분에 포함된다. 이 계획은 학생이 학교 졸업 후에 필요로 할 서비스의 종류, 서비스 제공 기관 및 조직, 청년기를 위해 학생과 가족이 준비해야 할 사항들을 고려해야 한다.

여기서는 중요하고 도전적인 세 가지 영역, 즉 개인적 거주지 확보하기, 고용 또는 목적이 있는 성인활동 찾기 그리고 바람직한 삶의 질을 확신하기에 대해 설명한다. 이는 성인기에 중요한 부분이므로 교사, 부모, 행정가들은 전환계획을 세울 때 이러한 요소를 강조할 필요가 있다.

(1) 주거 선택권

많은 젊은이는 성인이 되면 부모를 떠나는데, 중도장애 젊은이에게도 이는 매우 중요하다. 실제로 대다수의 중도장애 젊은이들은 선택이 아닌 필요에 의해서 혹은 계획의 부족으로 부모와 함께 계속 집에 살고 있다. 중도장애를 가진 젊은 성인이 사는 장소를 계획하는 것은 후기 시설화(post-institutionalization) 시대에 발전한 여러 가지 가치관에 부합되어야 한다. 이러한 가치관은 가능하면 생활양식과 일과가 정상이 되도록 하자는 정상화의 원리에 기초한다.

가장 바람직한 거주 형태는 개인중심 계획에 근거한 주거 협약이다. 특정 환경에서만 지원이 가능하다는 이유로 중도장애인을 제한된 환경에 배치하는 대신, 거주 형태는 필수적인 개별지원과 함께 개별적으로 결정되는 것이 바람직하다(Racino, 1995). 전문적인 지원 이외에도 자연적 지원을 가능한 한 많이 사용하고, 개인이 집의 위치, 집의 유형, 룸메이트 등을 선택하도록 하고, 서비스와 삶의 형태에 관한 선택의 자율성을 최대한 보장하여야 한다.

(2) 고용과 성인 일과

성인의 또 다른 관심사는 고용 및 의미 있는 성인 일과에 참여하는 것이다. 비록 대다수의 중도 및 중복장애 성인들은 여전히 보호 작업장 및 활동 센터에서 서비스를 받고 있지만(Rusch & Braddock, 2004), 지역사회 기반 직업을 가지며 지원을 받는 중도 및 중복 장애 성인들도 많다. 이러한 지원에는 직업환경에서 자주 필요한 직업 지도와 자연적 지원 등이 있다.

전환에서 중요한 것은 젊은이들이 실제 직업환경에서 실제 직업기술을 배우는 것이다. 지역사회에서 일한다는 것은 자연적 환경에서 적정의 임금을 받으면서 의미 있는 일을 한다는 것이다. 그리고 동료와 친구들과의 사회적 관계를 포함하는 생활을 하게 된다는 것이다. 중도장애인은 가사도우미부터 복사, 자료 입력 등의 다양한 작업까지 배울 수 있다.

(3) 삶의 질

당신과 마찬가지로, 중도장애 성인에게 가장 중요한 것은 한마디로 정의하기 힘든 삶의 질이다. 앞서 언급한 좋은 거주 장소에서 생활하기, 지원적인 환경에서 일하고 참여하기와 같은 것들이 해당될 것이다. 일반적으로 성인의 삶의 질에 대한 정의는 그들이 원하는 것과 그것을 얻기 위한 합리적 기회에 의해서 결정된다. 모든 이들처럼, 대부분의 중도장애 성인들은 일상생활, 친구, 사회, 여가활동을 스스로 선택하고, 자신이 원하는 수준에서 지역사회에 참여하기를 원한다.

학교에서는 전환계획을 세울 때 지원 고용과 주거 배치에 초점을 두는 경향이 있다. 그러나 이것은 충분하지 않다. 전환계획은 가족의 우려사항뿐만 아니라 개인의 미래를 고려해야 하고, 비장애인과 동일한 삶을 살 수 있도록 삶의 질을 지원하는 방법을 찾아야 한다(Kim & Turnbull, 2004).

• 생각해 봅시다 #11

당신은 전환계획안을 작성해 보았는가? 전환계획안에 무엇을 포함하였는가? 그 전환계획안은 고용과 생활에만 초점을 두었는가, 아니면 삶의 질에도 초점을 두었는가?

8. 주요 쟁점 및 교사를 위한 함의

역사적인 관점에서 중도 지적장애와 중복장애 학생들은 가장 최근에 특수교육 서비스를 받은 집단이다. 이들 중 대부분은 1970년대 중반까지 공교육에서 배제되었다. 그러다 연방법으로 공교육을 받을 수 있는 권리를 가지게 되었다. 다음은 오늘날까지 토의되고 논쟁되는 사항들이다.

- 교육재정은 빠듯한데 중도장애 학생을 위해서 상당량의 재정을 지출해야 하는가?
- 중도장애 학생들은 정말로 일반학급에 통합될 수 있는가? 그들은 얼마나 많이 학습할 수 있는가? 다른 학생들에게 어떤 영향을 미칠 것인가?
- 중도장애 학생들에게 일반교육과정을 적용해야 하는가? 그들이 일반교육과정에 의미 있게 참여할 수 있는 방법이 있는가? 혹은 기능적인 기술과 기능적인 학업기술에 초점을 두어야 하는가?
- 중도장애 학생들도 비장애 및 경도장애 학생처럼 학년 말에 학업성취도 평가를 받아야 하는가? 대안적인 평가체계는 그들의 능력을 정확히 가늠하기에 충분히 타당하고 신뢰할 만한가? 학생의 평가 점수로 학교를 평가하고 책임을 물을 수 있다고 생각하는가?

당신이 중도장애 학생의 교사라면 혹은 당신의 학급에 이 학생이 부분적으로 참여하고 있다면 항상 이와 같은 사항들에 대해 고민할 것이다. 당신은 중도장애 학생을 가르치는 것에 항상 의문을 가지고, 그들이 공교육을 받을 권리를 정말로 가져야 하는지에 대하여 의문을 가지는 친구, 동료, 기타 사람들을 접하게 될 것이다. 이에 대처하는 다양한 방법들이 있겠지만 여기서 우리가 밝히고자 하는 것은 다음과 같다.

오늘날과 같이 풍부한 자원과 관용이 넘치는 사회에서 다른 사람들보다 뛰어나지 못하다는 이유로 타인의 참여를 거부하고 차별하는 것은 큰 실수다. 만약 실수를 하게 된다면 제외시키고 거부하는 편이 되기보다는 포함하고 수용하는 편에 서도록 하자.

이 장의 내용에 대한 보충 설명은 www.prenhall.com/rosenberg 사이트의 제12장 관련 모듈에서 찾아볼 수 있다.

물론 당신 생각에 가장 타당한 것이 답이 되어야 할 것이다.

요 약

미국 공교육은 30여 년간 중도 지적장애인과 중복장애인을 대상으로 서비스를 제공하였다. 이 장에서는 이러한 매우 이질적인 집단에 관한 주요한 몇 가지 사항과 그들이 공교육에서 어떻게 교육을 받는지에 대해서 살펴보았다.

중도 지적장애와 중복장애 학생의 정의 및 그들의 관련성

- 중도 지적장애인은 다양하게 정의된다. 지적장애의 정도에 따라서 분류되거나(중등도, 중도 혹은 최중도), 증후군에 따라서 분류되거나, 제한된 능력에 따라서 분류된다. 가장 정확한 정의는 개인들이 적절한 삶의 질을 누리기 위해서 삶 속에서 얼마간의 지원을 필요로 하느냐는 것이다.
- 중복장애인은 지적장애와 더불어 신체 혹은 감각 장애를 가진다.
- 많은 중도 및 최중도 지적장애인은 신체 혹은 감각 장애를 수반하므로 실제로 중복장애인들과 상당히 유사하다. 그러므로 1~2개의 집단에 속하는 사람은 종종 중도장애인으로 명명된다.

중도 지적장애인과 중복장애인의 중요한 특성

- 이들은 낮은 지적 발달, 일반적 학습 부진, 부적절하고 도전적인 문제행동을 보인다.
- 이들은 지적, 신체적 장애와 관련된 의학적 문제를 수반하곤 한다.

중도장애 학생의 출현율 및 발생 원인

- 공교육을 받고 있는 중도장애인의 수를 정확히 파악하는 것은 어렵지만, 신뢰할 만한 추정치는 대략 모든 학생의 0.5~1%, 특수교육 대상학생의 약 10%다.
- 중도장애의 원인은 다양하다. 대다수의 원인은 유전적인 조건, 염색체 이상, 모자감염, 모자의 유해물질 섭취를 포함하는 태아기 원인들에서 기인한다. 출산 즈음 혹은 출산 후의 여러 원인들도 중도장애의 유발요인이 된다.

중도 지적장애인과 중복장애인에게 사용되는 진단과 계획 절차

- 중도장애인의 교육적 요구를 결정하는 데는 다양한 진단과 계획 절차들이 매우 유용할 수 있다. 이에는 적응행동 검사, 교육과정/활동 지침서, 생태학적 목록이 있다.

- 개인중심 계획은 중도장애 학생에게 유용한 교수법, 일상활동, 다른 생애조건들을 개발하는 데 매우 실용적인 접근법이다.

중도장애 학생과 관련된 교수 내용, 교수방법 및 관련 지원

- 중도장애 학생의 전통적 교수 내용은 기능적 기술과 기능적 학업기술에 관한 것이다.
- IDEA는 중도장애 학생들이 가능한 한 일반교육과정에 참여하고, 학년 말에 대안적인 평가체계를 통해서 평가받기를 권장하고 있다.
- 체계적인 교수법은 특별한 교수목표 판별하기, 고정시간 지연법, 최소촉진법과 같은 보조체계 사용하기, 학생 수행을 주의 깊게 측정하고 점검하기를 포함한다. 이는 중도장애 학생이 새로운 기술을 배우도록 돕는 데 성공적이다.
- 중도 지적장애와 중복장애 학생들은 빈번하게 신체와 건강 보호 욕구를 가진다. 교사들은 부모, 보건교사와 같은 학교 전문가와 함께 협력적으로 일함으로써 이러한 욕구들을 충족시킬 수 있다.

중도 지적장애와 중복장애를 수반한 학생들의 교육 관련 주요 쟁점

- 중도장애 학생을 가르치는 데 관련된 쟁점에는 비용 대 혜택, 일반교육에 포함하기, 일반교육과정에 참여하기가 있다.

CEC 전문가 자격기준

Council for Exceptional Children(CEC) knowledge standards addressed in the chapter.

CC1K: 1, 2, 4, 5, 7; IC1K: 1–8; CC2K: 2, 4, 5; IC2K:1–4; CC3K: 1, 4; IC3K: 1, 3; IC4K: 2, 3, 4; IC5K: 5; CC7K: 1, IC7K: 1: CC8K: 1, 4; IC8K: 1; IC9K: 1, 2; CC10K: 1, 3

Appendix B: CEC Knowledge and Skill Standards Common Core has a full listing of the standards referenced here.

13 감각장애

이 장을 시작하며

- 각종 감각장애 학생의 분류기준은 어떻게 다른가?
- 감각장애 학생의 특성은 전형적인 학생의 특성과 어떻게 다른가?
- 감각장애 학생의 수와 분포는 특수교육 서비스체계에 어떠한 영향을 미치는가?
- 감각장애 학생의 교육에 영향을 미치는 주요 쟁점은 무엇인가?
- 전통적으로 전문적인 감각장애 학생의 교사가 중요시 여기는 쟁점은 무엇인가?

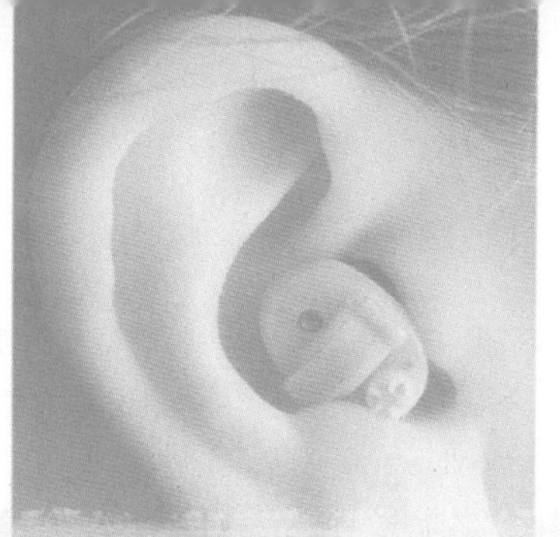

나의 이야기: 라이언 헤스

왜 다양한 학습 욕구를 보이는 학생들의 교육에 관심이 있는가? 나의 경험상 모든 교사는 교사가 된 이유와 계기를 가지고 있다. 특히 감각장애는 드물기 때문에 감각장애 교사는 자신의 직업을 선택하게 된 개인적인 경험을 가지는 것이 일반적이다. 시각장애 교사인 라이언 헤스 선생님이 바로 이러한 사례다.

라이언 선생님은 교외 서쪽에 있는 프랭클린 초등학교에서 학교관리 책임자로 일하였다. 25년 동안 라이언 선생님은 아이들과의 관계를 통해서 전체 가족들을 알게 되면서 지역사회에서 주요한 역할을 수행하였다. 라이언 선생님은 학생과 함께하는 것을 즐겼지만 교사가 되고자 하는 마음은 없었다.

라이언 선생님은 사람들에게 "대학에 간다는 것은 가치 있는 일이라기보다는 문제만 더 많아질 뿐야."라고 이야기하곤 하였다. 하지만 그는 로레나 웨스팅을 만나게 되면서 변화하였다.

로레나는 미숙아로 출생하여서 눈이 완전하게 발육하지 못하였다. 로레나는 학교에서 유일한 시각장애 학생으로, 어떤 교사도 로레나의 욕구를 충족시킬 준비가 되어 있지 못하였다. 당신의 교실에 감각장애 학생이 있다면 어떻게 행동할 것인지 생각해 본 적이 있는가? 처음에는 해야 할 일에 대해 교사들 사이에 많은 의문과 토의가 있었지만 결국에는 가까운 두 교육청에서 일하고 있는 시각장애 전문교사가 학교를 방문하여 일반교사들을 돕기로 하였다.

로레나는 유치원에 다니면서 학교 및 지역사회에서 어울리는 방법, 확대 글자를 사용하여 읽고 쓰는 방법에 대해서 배웠다. 로레나의 전문교사는 매주 3일, 45분 동안 학교를 방문하였다. 라이언 선생님은 얼마 지나지 않아 로레나의 전문교사와 친구가 되었으며, 그녀가 은퇴를 준비 중이라는 것을 알게 되었다. 비록 라이언 선생님도 머지않아 은퇴를 해야 하지만 교사가 되기로 결심하였다. 그는 관리 전문직으로 은퇴하기까지 5년간 시각장애 교사, 방향정위와 이동성 전문가로서의 자격을 받으려고 인터넷으로 관련 교과목들을 수강하였다.

로레나의 전문교사가 은퇴할 때, 라이언 선생님은 협력적 교육서비스 지역위원회(Local Board of Coope

rative Educational Services)에서 일하였는데, 이러한 시골 학교에서는 소수 학생의 욕구를 충족시키는 것이 어려울 경우 다학군 간 협력(multidistrict collaboration)을 통해서 서비스를 제공해 왔다. 라이언 선생님은 매주 거의 1,000마일을 여행하며 3개의 학군에 있는 학생과 교사를 돕는 순회교사로 근무하였다. 그는 각 학교 학생의 IEP에 근거하여 자신의 역할을 변화시켰다.

라이언 선생님은 특수교육 서비스의 적격성을 결정하기 위한 진단과 평가를 하였다. 그리고 시각장애 학생을 가르치는 일반교사에게 정보, 지원, 특수한 교육 자료를 제공한다. 그는 시각장애 학생들이 지역사회에서 손쉽게 이동할 수 있도록 방향정위와 이동성 기술을 훈련시키고, 점자 및 큰 활자와 같은 수정된 자료를 사용하도록 가르친다. 더불어 학생과 교사가 보조공학을 활용하도록 가르친다.

당신은 시각장애 교사가 되기 위한 자질을 갖추고 있는가? 라이언 선생님의 일과는 매우 분주하고 여러 곳으로 이동하여야 하기 때문에 높은 조직화 능력이 필요하다. 라이언 선생님은 다른 교육 전문가와 협력하고 의사소통하는 기술을 훌륭히 습득하였다. 그리고 시각장애 관련 연수 및 워크숍에 참여하면서 재교육을 받았다. 당신은 라이언 선생님의 어떤 경험이 매력적이라고 생각하는가?

영아는 태어나면서부터 모든 학습의 기초를 쌓기 시작한다. 이는 무엇과 같을지 상상해 보라. 부드러운 담요가 차가운 몸을 감싸는 첫 경험, 부드러운 눈으로 밝은 빛을 본 첫 경험, 분노의 첫 울음, 우유 맛의 첫 경험, 영아를 달래는 어머니의 첫 음성 등등. 이 각각의 경험들은 분리된 사건이다. 영아는 배가 고프면 우유를 달라고 울면서 도식(schemas)과의 연결을 빠르게 발달시켜 나간다. 영아는 수주 내에 웃는 얼굴을 향하여 돌아보는 것을 배우고, 수개월 후에 자신의 소리에 타인도 소리로 반응한다는 것을 배우게 된다. 영아는 청년기와 성인기를 거치면서 풍경, 소리, 맛, 감각, 냄새를 경험하며 지식을 계속 축적하여 나간다.

• 생각해 봅시다 #1

당신은 맹과 농 학생을 가르치고자 하는가? 맹과 농 모두를 가진 학생들은 어떠할까? 그들을 교육하는 데 가장 큰 어려움은 무엇이라고 생각하는가?

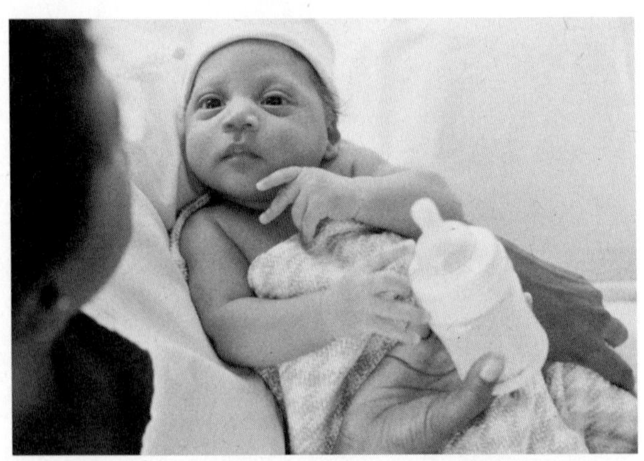

생의 첫 순간부터 영아는 모든 학습을 위한 기초를 설립하기 시작한다.

웃는 얼굴을 보려고 고개를 돌리지만 볼 수 없는 어머니의 품에 안겨 있는 영아를 상상해 보라. 또는 소리를 내지만 아무것도 듣지 못하는 영아를 상상해 보라. 학습은 이러한 경험이 없다면 이루어지지 않는가? 물론 아니다! 감각장애 아동을 위한 학습과정의 수정이 이루어지면 학습은 가능하다. 어떠한 감각손상이든지 감각장애 아동의 학습 경험은 일반인의 학습 경험과 차별화되어야 한다. 감각장애 학생의 서비스와 중재의 핵심은 정보와 경험에 접근하는 문제다. 이 장은 정보와 경험에 잘 접근하기 위한 전문화된 서비스의 운영과 감각장애 학생의 교육적 욕구 및 기본적 특징에 대해서 살펴볼 것이다. 'FAQ Sheet'는 감각장애 학생의 기본적인 정보를 제시하고 있다.

FAQ Sheet

감각장애 학생	
대상	분류는 다음과 같다. • 맹 혹은 저시력 • 농 혹은 난청 • 농-맹
주요 특징	• 전체 혹은 부분 시력 손상 • 전체 혹은 부분 청력 손상 • 유의미한 수준에서의 청력과 시력 손상 • 청력 및 시력 손상이 정상적인 학습능력에 방해가 될 경우에만 특수교육을 받을 수 있다.
출현율	• 미국에는 대략 1,000만 명의 시각장애인, 4,200만 명의 청각장애인, 5만 명의 농-맹인이 있다. • 0~12세의 아동들 중에는 8만 2,000명의 시각장애인, 15만 명의 청각장애인, 1만 1,000명의 농-맹인이 있다 • 미 교육부는 2만 9,000명의 시각장애인, 7만 8,000명의 청각장애인, 1,300명의 농-맹인이 특수교육을 받고 있다고 보고하였다.
교육 배치	• 감각장애 학생은 기숙학교, 일반학교의 일반학급, 특수학급에서 교육을 받을 것이다.
예후	• 대부분의 시각장애인은 통합된 사회에서 성인으로 살아갈 것이다. • 많은 청각장애인은 청각장애인 문화에 더 많이 참여하겠지만 통합된 사회에서도 살아갈 것이다. • 일반적으로 농-맹인은 어느 정도의 지속적인 지원을 필요로 한다.

1. 감각장애의 정의와 분류 기준

2004년 장애인교육법(IDEA)은 열세 가지 장애 범주를 제시하고 이를 시행규칙에서 자세히 정의하고 있다. 비록 감각손상은 의학적으로 측정이 가능하더라도 이러한 의학적 정보는 특수교육 서비스의 적격성을 결정하는 데 중요한 특징이 아니다. IDEA는 장애의 의학적 양상보다는 교육적 영향력에 초점을 둔다. 만약에 학생이 교육 지연 및 어려움을 가진다면 감각손상의 정도에 관계없이 특수교육 대상자가 될 수 있다. 학생이 특수교육 대상자로 선정된 후에는 학생의 요구를 고려하여 교육 서비스를 계획하여야 한다. 대체적으로 감각손상의 정도는 서비스의 유형 및 정도에 영향을 미칠 것이다. 이 장의 후반부에서는 일반적인 교육 서비스의 유형을 살펴볼 것이다.

1) 농 혹은 난청

(1) 의학적 정의

청각장애의 정의를 살펴보자. "농(deafness)이란 보청기의 유무에 상관없이 청각을 통해서 언어적인 정보를 처리하는 데 손상을 입어 교육적 수행이 불리한 매우 심각한 청력손상을 의미한다."(U.S. Department of Education, 2006, Sec. 300.8 [c] [3]) "청각장애(hearing impairment)란 교육적 성과에 불리하게 영향을 미치는, 농의 정의에 포함되지 않는 영구적 혹은 변동적 청력손실을 의미한다." (Sec. 300.8 [c] [5]) 즉, 덜 심각한 청력손실은 청각장애로, 좀 더 심각한 청력손실은 농으로 정의할 수 있다.

하지만 여기에는 몇 가지 문제점이 있다. 첫째, 모든 청력손실은 언어 취득 과정에 영향을 미친다. 경도 청력손실도 아동이 들을 수 있는 소리 범위에 영향을 미친다. 둘째, 청력손실의 경중에 관계없이 개별 아동은 자신만의 교육적, 언어적 욕구를 가진다. 따라서 의학적 측정보다 교육적 영향력이 더 중요하다.

청력검사는 일련의 소리 또는 낱말을 듣고 반응함으로써 이루어진다. 청력검사를 통해 특정 소리를 듣기 위해서 필요한 소리의 크기, 들을 수 있는 가장 작은 말의 크기, 그리고 편안한 정도의 소리 크기에서 낱말을 인식하는 능력을 확인할 수 있다. 청력은 청력손실의 수준, 유형, 기능의 측면에서 평가된다.

청력손실의 수준(degree)은 청력손실의 심각성과 관련된 용어로 데시벨(dB)로

귀의 구조

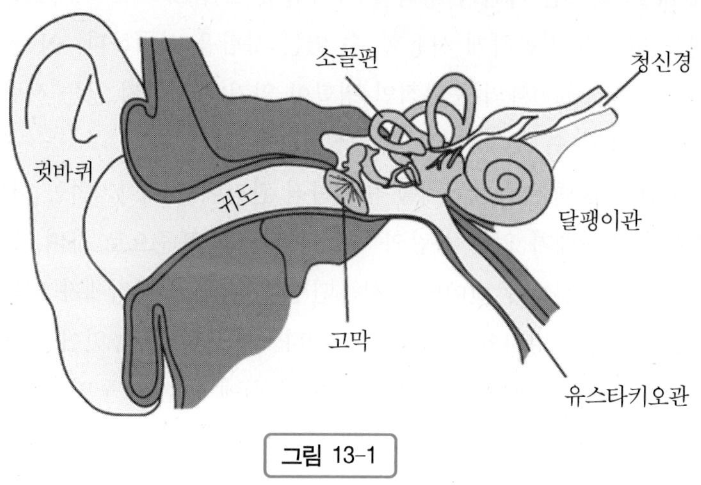

그림 13-1

표현된다. 정상 청력(normal hearing)은 0~20dB, 경도 손실(mild loss)은 20~40dB, 중등도 손실(moderate loss)은 40~60dB, 중도 손실(severe loss)은 60~80dB, 최중도 손실(profound loss)은 80dB 이상이다(ASHA, n.d.). 청력손실의 유형(type)은 손실이 발생한 청각체계의 부위를 설명해 준다([그림 13-1] 참조).

청력손실의 유형에는 외이 및 중이에 문제가 있는 전도성(conductive) 손상; 달팽이관, 내이, 8번째 두개골 신경에 문제가 있는 지각신경(sensorineuralloss) 손상; 전도성과 지각신경 모두에서의 손상; 중앙 청각 정보처리장애(두뇌가 청각 신호를 처리하는 데 어려움을 보이는 상태)가 있다. 청력손실의 배열(configuration)은 두 귀가 영향을 받는지(양측 혹은 일방 손실) 혹은 주파수에 따라서 다르게 영향을 받는지와 같은 질적 측면을 설명해 준다.

(2) 문화적 정의

의학적 정의 외에도 문화적 정의가 있다. 청력 수준을 기술하는 것은 사적인 일이고, 문화집단의 인식을 반영하는 것이며, 단순한 청각기능의 기술을 의미하는 것일 수 있다. 일반적으로 청각장애인은 자신을 농, 농집단 또는 난청으로 기술한다. 농(deaf)이란 잘 들을 수 없어서 청각이 정보를 처리하는 수단으로 활용되지 못하는 사람을 의미한다. 농집단(Deaf)의 대문자 D는 언어와 문화를 공유하는 청력손실 집단을 의미하곤 한다. "이 집단 구성원은 자신들의 수화를 계승하고, 의사소통의 주요 수단으로 수화를 사용하며, 자기 자신과 사회와의 밀접한 관계에 일련의 신념을 보인다." (Humphries & Padden, 1988, p. 2) 난청(hard of hearing)이란 약간의 청력을 가지고 있으며, 구어로 의사소통하기 위해서 청력을 비교적 편안하게 사용할 수 있는 사람을 의미한다. 이 용어는 농인 사회(Deaf community)와의 문화적인 병합이 없거나 원하지 않는 사람을 묘사하기 위해서 사용될 수 있다.

농인 사회는 청력손실의 견해를 병리학적 관점에서 이야기하곤 한다. 병리학적 관점은 청각장애가 없는 사람의 행동과 견해를 표준으로 하며, 농인이 이러한 표준으로부터 얼마나 벗어났는가에 관심을 둔다. 청각장애가 없는 대다수의 전문가들은 이러한 병리학적 관점을 가진다. 즉, 그들은 농인이 청각장애가 없는 사람과 다르다는 것('열등한' 의 암시를 가짐)에 초점을 두며, 농인은 고쳐야 할 잘못된 무언가를 가지고 있다고 생각한다.

문화적 견해를 고려하여 청력검사를 할 때에는 다수의 요인을 고려해야 한다. 일반적으로 문화적 견해가 있는 사람들의 농인 사회에 대한 정의는 다음과 같다.

- 집단 정체성의 기초가 되는 일반적인 의사소통(제스처) 수단을 공유하는 사람
- 공통 언어(미국 수화(American Sign Language: ASL), 다른 나라의 다른 수화)와 문화를 공유하는 사람
- 시력이 세상과 소통하는 주요 수단인 사람

기숙제 학교에서는 농인 문화(Deaf culture)를 지속하는 체계를 자주 볼 수 있다. 기숙제 혹은 전일제 프로그램이 모든 아동에게 접근 가능한 풍부한 의사소통 환경을 제공하기 때문에, 농인 사회는 이를 농인 문화와 언어 전달의 주요 매개체로 생각한다. 이러한 환경에 있는 학생들은 다른 방에서 들려오는 대화를 들을 수 있고, 특별한 도움이 없이 환경 내 타인들과 의사소통을 할 수 있다. 이러한 환경에 있는 농 학생들은 사회단체 및 스포츠에 참여하고 주위의 농 역할 모델이 되기도 한다.

농인국가협회(National Association of the Deaf: NAD, n.d.)는 특수교육과 관련된 분류가 청각장애 학생의 교육에 미치는 영향력에 관한 입장을 발표하였다.

> NAD는 모든 농과 난청 아동이 그들의 인지, 사회, 정서 발달에서 언어와 의사소통 장벽이 가장 적은 환경인 최소 제한적 환경(LRE)에서, 무상의 적절한 공교육

(FAPE)을 받을 자격이 있다고 믿는다. NAD는 농과 난청 아동들이 모든 학교 프로그램에서 직접적이고 제약 없이 의사소통하는 것이 그들의 최상의 잠재력을 일깨우는 데 필수적이라고 믿는다.

관념론에 기초한 통합원칙은 청각장애 아동의 언어적, 교육적 발달 욕구를 무시하므로 IDEA에 위반되곤 한다. 그리고 NAD는 법을 준수하고 청각장애 아동을 적절한 교육환경에 배치하기 위해서 주 교육청과 지역 교육청에 요청한다.

많은 부모와 농 학생들은 농을 장애라고 생각하지 않으며, 문화적이고 언어적인 차이로 받아들인다

농인 문화의 수용은 교육 서비스에 주로 영향을 미친다. 자녀의 지역사회 참여를 희망하는 부모는 농 성인의 수가 많고 ASL을 사용하는 교육환경을 선호할 것이다. 이 부모들과 학생들은 농을 장애로 받아들이지 않고 문화적, 언어적 차이로 받아들인다. 그래서 그들에게는 IDEA의 분류 개념이 인신공격적인 의미가 될 수 있다.

• 생각해 봅시다 #2

농인 사회의 일원을 알고 있는가? 그 사람은 지역사회 내에서 자신의 모습을 어떻게 생각하는가? 당신은 농인이 농인 사회와 비청각장애인 사회 모두에서 부분을 차지하고 있다고 생각하는가?

2) 맹과 저시력

많은 사람은 법적 맹과 IDEA의 맹 정의가 동일하다고 믿지만 실은 그렇지 않다. 맹을 포함한 시각장애(visual impairment including blindness)는 교정에도 불구하고 아동의 교육적 수행에 불리하게 영향을 미치는 시각손상을 의미한다. 이 용어는 저시력과 맹을 모두 포함한다(U.S. Department of Education, 2006, 300.8조 [c] [13]). 법적 맹(legal blindness)은 교육적 서비스에 대한 적격성이 아니라 다양한 혜택에 대한 적격성을 결정하기 위해 사용되는 시각적 예민성의 수준을 의미한다. 법적 맹은 스넬렌(Snellen) 시력검사표로 측정되는데, 최상의 교정을 받은 좋은 눈의 중심 시력이 20/200 이하이거나, 혹은 시야각이 20° 이하인 경우를 말한다.

아동은 의사의 진료실에서 시력검사를 받을 때 문자 또는 모양을 보여 주는 도표로부터 20피트 떨어져서 한쪽 눈을 가리고 한 번에 명확하게 볼 수 있는 가장 작은 선 위의 문자 또는 모양을 읽도록 요청받는다. 아동의 반응에 기초하여 정밀검사 검안의에게 의뢰될 수 있다. 이때 검안의는 시력손실의 정도를 결정하기 위하여 굴절검사를 실시한다. 검안의의 진료실에서 시행된 굴절검사 및 다른 평가는 도표로부터 서 있는 거리를 고려하여 고안되었다.

시각 예민성(visual acuity)은 특정한 거리에서 얼마나 명확하게 보는가를 굴절로 표현한 것이다. 위의 수치는 목표에서 서 있는 거리를 의미하고, 아래의 수치는 정안인이 동일한 목표를 볼 수 있는 거리를 나타낸다. 예민성은 스넬렌 시력검사표에 있는 가로로 정렬된 문자를 이용하여 측정된다. 예를 들어 20/20은 정상이라고 간주된다. 20/40은 정안인이 40피트에서 읽을 수 있던 것을 20피트에서 읽었다는 것을 의미한다. 20/200은 정안인이 200피트에서 읽을 수 있던 것을 20피트에서 읽었다는 것을 의미한다. 피검사자가 법정 맹에 속하려면 도표로부터 20피트 떨어진 곳에서 안경 및 콘택트 렌즈를 착용하고 있어야 한다.

시야(visual field)는 머리를 움직이지 않고 볼 수 있는 머리 주위의 공간 영역을 의미한다. 흔히 주변 시력이라고도 불리는 시야는 다양한 방법으로 측정된다. 정밀하지 못한 시야검사는 피검사자가 똑바로 앞을 본 상태에서 측면에 있는 검사자가 보여 준 손가락을 세는 것으로 이루어진다. 하지만 전형적인 시야검사는 검안의 또는 안과의의 진료실에서 전산화된 평가로 이루어진다. 피검사자는 한쪽 눈을 가리고 움푹한 받침대에 턱을 놓는다. 피검사자는 여러 장소에서 나오는 다양한 강도의 빛을 볼 때 버튼을 누른다. 이러한 과정을 통해서 전산화된 지도가 만들어지는데, 검사 결과 시야각이 20° 미만일 경우 법정 맹으로 분류된다. [그림 13-2]는 눈의 구조를 보여 주고 있다.

눈의 구조

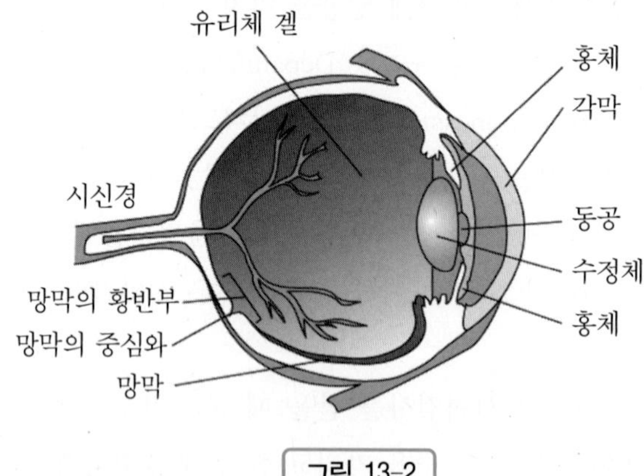

그림 13-2

일반적으로 법정 맹은 교육 성과에 불리한 영향을 미치기 때문에 특수교육 서비스를 받아야 한다. IDEA의 맹 정의는 법정 맹보다 광의의 개념으로 법정 맹에 속하지 않지만 시력에 문제가 있는 학생을 포함하곤 한다. 왜냐하면 IDEA 정의는 학생의 성공 유무에 대한 구체적인 수치보다는 시력손실이 교육에 미치는 영향력에 초점을 두기 때문이다.

• 생각해 봅시다 #3

당신이 일반교사라면 학급 내 시각장애 학생에게 어떠한 지원을 제공할 것인가? 시각장애 교사와 효과적으로 일할 수 있다고 생각하는가?

3) 농-맹

"농-맹(deaf blindness)이란 청력과 시력이 모두 손상되어 농 혹은 맹 아동만을 위한 특수교육만으로는 불충분한 심한 의사소통, 다른 발달적·교육적 요구를 보이는 것을 말한다."(U.S. Department of Education, 2006, Sec. 300.8 [c] [2]) 대부분의 사람들은 농-맹인을 시력과 청력이 없는 사람으로 생각하지만 이는 옳지 않다. 많은 농-맹인은 자신의 시력 및 청력을 어느 정도 기능적으로 사용할 수 있기 때문이다.

실제 농-맹 아동들의 대략 6%만이 완전 농과 완전 맹이다(NTAC, 2004). 많은 농-맹 아동은 자신의 환경 내에서 움직일 수 있고, 친밀한 사람들을 알아볼 수 있으며, 가까운 거리에서 수화를 읽을 수 있고, 큰 활자를 읽을 수 있다. 그리고 농-맹 아동들은 친밀한 소리를 알아낼 수 있고, 연설의 일부를 이해할 수 있으며, 대화를 전개해 나갈 수 있다. 농-맹은 시력과 청력 모두의 손실에 의한 것으로 개인차가 크다. 즉, 두 명의 농-맹 학생을 지도한다면 두 명의 장애 특성이 같지 않으므로 두 개의 다른 교육 프로그램을 가지고 교육하여야 한다.

2. 감각장애 학생의 특성

1) 지능

청각 또는 시각 장애만을 가질 경우 아동의 인지기술에는 문제가 없을 수 있다. 예를 들어, 1964~1965년에 풍진의 전염으로 많은 아동이 감각장애를 가지고 태어났지만 소수만이 지적장애를 수반하고 있었다. 앞서 언급하였듯이, 감각장애 아동은 새로운 정보를 습득하는 과정이 다른 것이지 인지 정보처리 기술이 부족한 것은 아니다. 하지만 모든 감각장애 아동이 정상적인 인지기술을 가진다는 것은 아니다.

몇몇 학생에게 감각손상이란 그들의 교육적 요구 중 하나일 뿐이다. 임신 또는 출생 합병증으로 인지와 감각 학습에 문제를 보이는 영아의 수는 증가하고 있다. 태아기의 발달은 매우 복잡한데, 이는 감각기관의 발달에 큰 영향을 미친다. 임신 초기 감각기관의 발달 중 생긴 어떠한 변이도 감각기관의 발달과 동시에 두뇌에 큰 영향을 미칠 수 있다. 임신 4주부터 감각기관의 형성이 시작되어 20주경에는 소리에 반응하는 귀가 완전히 발달한다. 그리고 24주경에는 눈이 완전히 발달되어 뜨고 감을 수 있게 된다.

의학의 진보는 조산아의 생존율을 증가시켰지만 정상적인 성장과 발달에 문제를 보이는 아동도 증가시켰다. 건강관리연구소(Agency for Healthcare Research and Quality, 2003)의 최근 기록에 따르면, 출생 시 극심한 저체중 영아의 약 95%가 생존하지만 그 대다수는 적어도 1개의 장애를 가질 것이다. 이 조산아들은 출생 후 몇 년 동안 여러 가지 합병증을 보이고, 영구적인 손상을 경험하며, 심지어 사망에 이르기도 한다. 합병증은 감각기관을 포함하여 다른 기관에 커다란 영향을 미칠 수 있다. 그리하여 그들은 제한적인 환경에서 훨씬 집중적인 교수 및 지원을 필요로 하게 된다.

2) 학습

감각장애 학생이 학습장애를 가질 가능성은 다른 학생들과 동일하다. 하지만 감각 입력의 결함에 의한 학습의 어려움과 학습장애를 구분하는 것은 어렵다. 학습장애의 정의를 살펴보면 특히 시각과 청각의 어려움으로 유래되는 문제는 제외하도록 명시되어 있다(U.S. Department of Education, 2006). 그러므로 학습장애와 감각장애 모두를 지닌 학생을 분류하는 것은 매우 어려운 일이다. 왜냐하면 학습의 문제가 감각손상에 의한 것이 아니라는 것을 입증할 결정적인 증거가 있어야 하기 때문이다.

일반적으로 감각장애 학생들의 학업문제는 그들의 학습능력의 부재에 따른 것이라기보다는 부족한 입력기능에 의한 것이다. 일반적으로 감각장애 학생은 전형적인 학습과정 및 학습양식을 가진다. 그러나 정보에 접근하는 능력이 몇 가지 방법으로 제한될지도 모른다. 그러므로 다양한 방법을 통해 감각장애 학생에게 정보를 제공함으로써 또래와 함께 교육시키는 것은 매우 중요하다.

(1) 농/난청

대다수의 청각장애 아동은 숙달된 독자와 표현이 풍부한 작가가 될 수 있는 인지능력을 가지고 있다. 그러나 이런 능력은 언어발달의 지연에 의한 방해를 받곤 한다. 일반적으로 영유아는 환경에서 발생하는 소리를 듣고 모방하면서 낱말, 문장, 대화 등을 배우게 된다. 학교에 입학한 후에는 일상 대화에서의 단어와 책에서 보는 단어 사이의 관계에 대해서 배우게 된다. 초기 문해력 교육은 알고 있는 낱말과 인쇄된 낱말 사이의 관계에 초점을 두는데, 이러한 구어와 문어를 연결하는 과정은 학년이 올라가도 지속된다. 언어는 문해력 발달과 밀접한 관련이 있어서 "문해력을 촉진시키는 학습환경은 구어 발달에 영향을 미치고, 반대로 구어를 촉진시키는 학습환경도 문해력 발달에 영향을 미친다."(Schirmer, 2000, p. 131)

청각장애 학생의 문해력 발달은 학교교육을 통해서 이루어지기 때문에 일반 학생의 평균 문해력 발달 속도에 미치지 못한다(Schirmer, 2001a). 늦은 문해력 발달(매 학년 동일 학년 또래의 단지 1/3 정도의 비율; Wolk & Allen, 1984)로 청각장애 학생은 고등학교를 졸업한 후에도 4학년 수준의 읽기능력을 보인다(Schirmer, 2001b; Traxler, 2000). 이러한 청각장애 학생의 교육 성과는 학습능력의 부족 때문이 아니라 언어발달의 지연에 의한 것이다.

언어의 습득이 학습과정에 미치는 영향력은 크기 때문에 학습을 지원하는 주요한 수단은 언어 중재를 통해서 이루어져야 한다. 언어 중재는 ASL 또는 영어를 패턴화한 기호체계와 같은 시각적인 형태로 이루어지거나 구어 숙달을 위한 전략 개발을 통해서 이루어진다. 어떠한 형태의 언어 중재이든지 청각장애 학생의 학습과정은 그림, 그래픽 조직자, 포스터, 실물교수, 극화하기와 같은 시각적 교수를 통해서 강화될 수 있다.

• 생각해 봅시다 #4

농·난청인은 시각적인 자극에 많이 의존한다. 이를 충족시키기 위해 일반교실을 어떻게 수정하겠는가?

(2) 맹/저시력

대부분의 교사는 시각과 청각 정보를 제공하면서 학생을 교육한다. 즉, 교사는 얼굴 표정, 신체언어, 음성을 통해서 기분을 표현하고, 몸짓, 가리키기, 구어를 사용하여 방향을 제시한다. 학생이 이러한 정보를 얻지 못할 경우는 학습에 문제가 생길 수 있다. 시각장애 학생의 학습능력에 문제가 없더라도 제시된 정보에 접근하는 능력은 제한된다. 그러므로 교사는 학습을 촉진하기 위해서 다양한 제시전략들을 사용해야 한다.

시각장애 학생에게 가장 일반적으로 사용되는 제시전략은 청각 및 촉각 형태로 정보를 제공하는 것이다. 학생은 언제든지 촉각을 통해서 사물을 탐구하는 기회를 갖는다. 예를 들어, 다른 학급 구성원이 현미경을 통해서 세포를 직접 관찰하고 있는 동안에 시각장애 학생은 세포 모형을 탐구할 수 있다. 또 다른 일반적인 촉각적 제시전략으로는 점자가 있다. 점자는 촉각 형태로 텍스트를 제시하기 위하여 사용된 부호다. 1829년에 루이 브라이(Louis Braille)에 의해 발명된 점자는 직사각형 모양의 6개 점 셀(cell)로 6개의 점 중 하나 혹은 그 이상을 사용하여 63개의 조합을 만들어 낸다([그림 13-3] 참조). 점자는 두꺼운 종이에 돋움을 새기고 그 점 모양의 돋움 위를 손가락으로 가로지르며 읽는다. 각 글자를 표기하는 데 필요한 공간량이 크기 때문에(인쇄보다 3배만큼 큰 공간까지) 일반적으로 각 낱말 또는 형태소를 대표하는 작은 수의 조직으로 압축된다.

점자는 두꺼운 종이에 돋움을 새기고 그 돋움 위를 손가락으로 가로지르며 읽는 것이다.

청각적 제시전략은 소리를 통해서 시각적 정보를 전하는 것이다. 청각적 제시전략은 대부분의 사람이 생각하는 것보다 다양한 상황에서 사용될 수 있다. 시각장애 학생과 관련된 사람은 학생 주변의 환경을 언어적으로 묘사해 줄 수 있다. 방향정위와 이동성 전문가는 청각적 단서(신체적 및 후각적 단서와 함께)를 이용하여 독립적 보행

점 자

점자 알파벳

브라이 셀의 6개 점은 배열되고 수가 매겨진다. (1 2 3 / 4 5 6)

a b c d e f g h i j

k l m n o p q r s t

문자 앞에 있는 점 6은 대문자를 나타낸다.

u v w x y z 대문자 표시 수 표시 온점 반점

번호 표시, 점 3, 4, 5, 6은 a부터 j까지 문자 앞에 놓이며, 1부터 0까지의 수를 만든다. 예를 들어, 번호 표시에 의해 선행된 a는 1이며, b는 2 등이다.

출처: National Braille Press Inc., 88 St., Stephen Street, Boston, MA 02115(www.nbp.org).

그림 13-3

을 가르칠 수 있다. 그리고 청각 정보를 제공하기 위해서 보조공학도 많이 사용되고 있다. 문자-음성 변환 소프트웨어 프로그램은 컴퓨터 화면에 있는 어떤 단어도 큰 소리로 읽어 준다. 스크린 독자는 웹사이트나 이메일과 같은 컴퓨터 화면에 나타난 정보를 구두로 설명해 준다. 이는 타이핑 혹은 점자로 된 학생의 필기도 구두로 표현해 준다. 스캐닝 펜(scanning pen)은 책 혹은 잡지의 내용을 큰 소리로 읽어 준다.

• 생각해 봅시다 #5

맹인이 선명한 푸른 하늘을 묘사하는 것을 상상해 보라. 이는 시각장애 학생의 교사가 겪는 어려움 중의 하나다. 이러한 어려움을 어떻게 극복할 것인가?

시각장애 학생은 이해력을 높이기 위해서 단순히 모든 것을 느끼거나 들어야 한다고 많은 사람들은 가정한다. 그렇다면 원자(atoms)의 개념을 이해하기 위해서 어떠한 것을 느끼고 들어야 하는가? 점자, 큰 활자, 보조공학, 오디오와 같은 일반적인 교수적 수정이 이루어지더라도 간단해 보이는 개념을 배우는 것은 힘든 과정일 수 있다. 그리하여 시각장애 학생이 주위 환경을 배우며 도식을 개발해 나갈 때 그들을 지원하는 것이 교사의 주요한 역할이 된다.

(3) 농-맹

농-맹 학생의 약 63%는 감각장애뿐만 아니라 지적장애도 수반한다(NTAC, 2004). 이러한 이차적인 장애의 구체적 특성에 따라서 학습손실의 정도가 달라진다. 아동에게 영향을 미치는 요인들의 조합에 따라서 학습, 인지, 사회, 정서, 신체 영역을 포함한 모든 삶이 영향을 받게 된다.

농-맹 학생은 다섯 가지 정보 수용방법이 세 가지로 감소하기 때문에 학습 시 어려움을 갖는다. 일반적인 농-맹 학생 교육의 최상의 실제는 매우 높은 수준의 개별화 교육을 실행하는 것이다. 많은 농-맹 학생들은 중도 지적장애와 중복장애 학생에게 선호되는 서비스와 유사한 서비스를 받게 된다(제12장 참조).

농-맹 학생은 거의 모든 학습 영역에서 개별화 교육을 받아야 한다. 학생은 농-맹에 의한 학습능력의 결손이 생기지 않는다면 학습을 할 수 있을 것이다. 대부분의 사람은 시력과 청력을 동일한 수준으로 사용하지 않는다. 즉, 한 가지 감각 형태를 선호하고 그것을 학습 중에 주로 사용한다.

3) 사회적 행동

감각장애는 학생의 사회적 행동에 영향을 미치는데, 이는 선천적인 것이 아니다. 이들 학생은 감각의 손상으로 입력이 제대로 이루어지지 않아서 우연적 학습(incidental learning)의 기회를 놓치게 된다. 우연적 학습이란 환경에서 보고들은 것을 실생활에 적용하는 것으로 아동들 사이에서 자연스럽게 나타나는 배움을 의미한다.

예를 들어, 1학년 교실에 항상 코 후비는 것을 부끄러워하지 않는 학생이 있다. 주변 학생들은 이러한 행동에 큰 소리로 "이유~ 구역질 나."라고 외치며 불평을 한다. 그런데 학생이 감각장애를 가지고 있다고 상상해 보라. 그럴 경우 자신의 행동에 대한 주변 학생들의 부정적인 발언을 듣지 못하고 또는 무엇 때문에 주변 학생들이 부정적인 발언을 하였는지를 알지 못할 수 있다. 이러한 두 가지 양상의 사회적 피드백이 없다면 이 아동은 결코 코를 후비는 것이 사회적으로 부적합하다는 것을 배우지 못하게 된다. 그리하여 감각장애 아동은 사회적 규범 및 행동에 대해서 교육을 받아야 한다. 이 외의 사회적 단서로는 억양, 크기, 얼굴 표정, 신체언어, 공간 방향성이 있다.

감각장애 학생의 사회적 행동에 영향을 미칠 수 있는 몇 가지 요인이 있다. 예를 들어, 제한된 교육환경은 학생과 교사가 연령에 적합한 행동이 무엇인가를 모르게 만들어서 비정상적인 행동을 보이게 할 수 있다. 특이한 행동을 보이는 학생들하고만 상호작용을 하는 것도 비정상적인 행동을 지속시키는 원인이 된다.

시력과 청력 손실이 판별되지 못할 경우 사회적 · 행동적 문제가 발생할 수 있다. 학생은 수업의 많은 부분을 놓치게 되어서 지루함을 느낄 수 있다. 그리고 자신의 욕구가 충족되지 않아서 관심을 받기 위한 문제행동을 보일 수도 있다.

• 생각해 봅시다 #6

일반교사가 일반아동과 농-맹 아동 간의 상호관계를 촉진하는 방법에는 어떠한 것들이 있는가?

감각장애 학생은 사회성 발달에 문제를 보이곤 한다. 나이가 어린 학생일수록 우정을 형성하는 데 성인의 도움을 필요로 할 수 있다. 집단, 클럽, 지역사회 모임에 참여하는 것은 사회성 개발을 위한 신중한 방법일 수 있다.

4) 신체적 특성

중복장애가 없는 감각장애 학생의 신체발달은 일반학생의 신체발달과 유사하다. 눈이나 귀의 기형은 쉽게 발견되곤 한다. 시각장애인도 신체적 특성이 아닌 사회적 행동에 의해 쉽게 발견되곤 한다. 수화를 사용할 경우는 발견이 쉽지만 그렇지 않은 경우는 발견이 어렵다. 어떤 사람이 감각장애를 가졌다는 것을 신체적인 특성으로 아는 것은 그들과의 개별적 상호작용을 통해서 이루어진다.

3. 출현율과 발생 원인

감각장애 학생은 저출현 장애학생의 범주에 속한다. 미국에는 대략 100만 명의 아동과 청소년들이 저출현 장애로 청각, 시각, 운동 및 지적 능력에 문제를 가진다. IDEA(2004)에 따르면, 저출현 장애란 "시각장애나 청각장애 혹은 시각과 청각 장애 모두, 유의미한 인지손상, 매우 전문화된 기술과 지식을 필요로 하는 소수의 장애"(20 U.S.C. 1462, Sec. 662 [c] [3])로 정의된다. 오늘날 미국의 저출현 장애아동의 추정치는 학령기 아동의 1% 미만이다.

1) 농/난청

몇몇 출처의 자료에 근거하면, 갤로뎃 연구소(Gallaudet Research Institute, 2005)는 미국에 200~600만 명의 중도 청력손실 혹은 농이 있다고 추정하였다. 적어도 그들의 절반은 65세 이상이다. 만약에 이러한 추정치에 어떠한 유형이든 청각에 문제를 가진 사람까지 포함하면 그 수는 1,100~4,200만 명으로 늘어나게 되는데, 대다수는 최소 65세 이상이다(Mitchell, 2005). 미국 교육부(2003)는 3~21세의 아동들 중 7만 8,580명이 청각장애를 1차 장애로 가진다고 보고한다.

농과 난청은 유전, 사고, 병으로 출현하지만 많은 경우 출현 원인은 불분명하다. 주된 출현 원인은 태아기 혹은 출생 후에 발생한다. 청각장애 아동의 약 90%의 부모가 정상 청력을 가지고 있지만 청각장애 출현의 약 50%는 유전에 의한 것이다. 유전요인에는 청력손실의 가계 병력, 태아기 동안의 장애 발생 등이 있다. 산모의 풍진, 거대세포 바이러스, 기타 질병 또한 청력손실을 초래할 수 있다.

출생 후부터 성년기까지 언제든 청력손실의 기회는 있다. 청력손실이 발생하기 전의 언어능력에 따라서 교육적 예후가 변화한다. 지속적인 산소 부족과 같은 출생 합병증도 청력에 영향을 줄 수 있다. 외상성 뇌손상, 중추신경 조직의 종양 및 병변, 귀에 유해한 약물 등으로도 청력이 손실될 수 있다. 또한 질병, 감염, 극단적 고열(뇌막염)도 청력손실을 줄 수 있다.

고막의 구멍, 두개골 골절, 기압의 변화에서 비롯되는 청각장애는 예방이 가능하다. 의학 전문가만이 면봉과 같은 물체를 귀에 넣어야 한다. 그리고 시끄러운 소음, 일정한 소음의 노출에 의한 청각장애도 예방 가능하다. 시끄러운 소리는 내이의 과민한 기계적 장치를 손상시켜 점진적으로 청력을 손실시킬 것이다. 만약에 당신의 옆에서 누군가가 소리를 지른다면 그 소리는 당신의 청력을 손상시킬 수 있다.

2) 맹/저시력

시각장애인재단(American Foundation for the Blind, n.d.)에 따르면, 미국에는 130만 명의 법정 맹을 포함해서 약 1,000만 명의 시각장애인이 있다고 추정된다. 그중에 약 8만 2,000명의 시각장애 학생이 특수교육 서비스를 받고 있으며, 그 가운데 반이 조금 넘는 학생이 법적 맹으로 정의된다(AFB, n.d.). 미국 교육부(2003)는 3~21세 아동 중에 2만 9,021명의 아동이 시각장애를 1차 장애로 가진다고 보고하였다. 시각장애인을 위한 미국인쇄단체(American Printing House for the Blind: APH, 2003)는 전문 자료를 받을 자격이 있는 법적 맹 학생의 수를 알기 위해 연례적으로 인구조사를 실시한다. 이 조사 결과에 따르면, 3~21세 학생 중 5만 1,798명의 시각장애 아동이 있다. 이는 전국적으로 2~5만 명의 시각장애 학생이 서비스 및 지원을 필요로 하지만 연방체계하의 인구 조사를 통해서는 파악되지 않는다는 것을 말해 준다.

시각장애의 주요 원인은 선천적 백내장, 쇠약한 눈, 색소결핍증, 망막조숙증, 간상체-추상체(rod-cone), 영양실조, 외피 시각손상 및 시신경 형성부전 등이다(Brilliant & Graboyes, 1999; Ferrell, 1998). 또 다른 시각장애의 주요 원인으로 선천적 혹은 우발적 시각손상이 있다.

우발적인 시각손상은 출생 후의 질병 및 사고로 생긴다. 우연히 시각장애가 된 학생은 개념적 이해를 할 때 자신의 시각적 기억을 사용할 수도 있다.

선천적인 시각손상은 출생 전 또는 출생 시 발생한다. 선천적 시각장애 아동은 시각적 경험이 없기 때문에 학습을 할 때 시각적 경험에 의존하지 않는다. 그리고 출생하면서부터 저시력인 아동은 정안인과 다르게 세상을 바라보기 때문에 시각적 기억 및 이해가 다를 수 있다.

3) 농-맹

농-맹 아동과 청년을 위한 국가기술보조협회(National Technical Assistance

Consortium for Children and Young Adults who are Deaf-blind: NTAC)는 프로젝트에 따라서 서비스 수혜 학생의 수를 조사한다. 2004년의 인구조사 결과에 따르면 0~21세의 농-맹 학생은 9,516명이다(NTAC, 2004). 미국 교육부(2003)는 3~21세의 농-맹 아동들 216명이 농-맹을 1차 장애로 가진다고 보고하였다. 이와 같이 조사기관이나 시기에 따른 출현율의 차이에 대한 우려가 제기되어 왔으며, 이는 2004년 IDEA 파트 B의 시행규칙을 개발하는 공청회 기간 동안에도 제기되었다(U.S. Department of Education, 2006). 하지만 이러한 우려에도 농-맹의 정의는 변화하지 않아서 많은 학생은 중복장애, 지적장애, 발달지체와 같은 다른 장애로 분류되었을 수도 있다.

농-맹을 초래하는 많은 다양한 증후군과 장애가 있다. 앞서 논의되었듯이, 눈과 귀는 임신 초기 단계에 발달한다. 눈과 귀는 몇 가지 동일한 종류의 발달 세포와 조직으로부터 발달하기 때문에 여러 가지 해부학적 유사성을 가지게 된다(Regenbogen & Coscas, 1985). 이런 유사성에 의해 각종 질병 및 증상은 두 기관 모두를 손상시킨다. 농-맹은 매독, 톡소플라스마증, 풍진, 거대세포 바이러스, 포진과 같이 임신 중의 산모 감염을 통해서 발생될 수 있다. 농-맹이 증후군, 미숙, 낮은 출생 무게, 선천적 감염 등 어떠한 원인으로 발생하든지 감각기관 이외의 다른 신체도 영향을 받게 된다. 이러한 합병증은 지적장애, 수명의 단축, 빈약한 신체 성장, 운동 이상, 갑상선 문제, 당뇨병과 같은 분비샘(glandular) 장애를 일으킬 수 있다(Heller & Kennedy, 1994).

• 생각해 봅시다 #7

제12장에서 살펴본 중도지적장애의 몇 가지 원인은 감각장애도 초래한다. 지적장애와 감각장애 학생 모두에게 효과적인 교수법이 존재한다고 생각하는가?

4. 효과적인 교수 실제

1) 영유아기 서비스

감각장애 학생 교수법의 중요한 동향 중 하나는 조기중재에 관한 것이다. 다른 장애학생의 경우에는 학교생활에 적응이 어려워져야 비로소 발견되지만 감각장애 학생은 출생 즈음에 발견될 수 있다. 감각장애 학생 교육의 현 추세는 될 수 있는 대로 이른 시기에 다른 감각장애 학생과 함께 집중적인 특수교육을 제공하는 것이다. 감각장애 학생은 기초 학습과 접근 기술을 습득할 수 있어야 통합환경에서 교육을 받게 될 것이다.

(1) 농/난청

출생 후 3년 동안 아동의 언어는 급격하게 발달한다. 아동은 첫 몇 달 동안 옹알이를 한 후에 낱말을 배우게 되고, 결국 문장을 구사할 수 있게 된다. 이를 기초로 하여 아동은 초등학교에 다니면서 언어를 숙달해 나간다. 하지만 청각장애 아동은 성장기의 이러한 중요한 시기(critical period)를 놓치게 된다. 1980년대 후반 청각장애 아동의 판별시기는 약 2세였다(Coplan, 1987; Mace, Wallace, Whan, & Steimachowicz, 1991; Yoshinaga-Itano, 1987). 이러한 늦은 판별로 청각장애 아동은 모든 언어 영역, 특히 문해력 부분에서 어려움을 가지게 된다. 1990년대 초에 청각장애 아동의 판별 시기와 교육 성과 간의 관계가 입증되면서 여러 주에서는 조기 판별을 위한 프로그램이 실시되었다.

보편적인 신생아 청력 선별은 출생 후 병원에서 이루어진다. 선별검사를 통과하지 못한 신생아는 보다 정밀한 검사를 받게 된다. 청력검사와 관리를 위한 국가센터(National Center for Hearing Assessment and Management, 2004)에서는 2003년 미국 병원에서 태어난 영아의 89% 이상이 선별검사에 참가했다고 보고했다. 이러한 조기 발견을 거친 후에 조기중재 서비스를 제공하게 된다.

① 조기중재

조기중재 서비스는 주마다 다르지만 일반적으로 가족에게 지원, 자원, 언어적 정보를 제공하기 위한 전략, 의사소통 중재를 위한 훈련을 제공하는 것에 초점을 두고 있다. 청각장애 아동은 조기중재를 통해서 구어와 언어발달이 향상되었다(Yoshinaga-Itano, Coulter, & Thomson, 2000). 또한 조기중재를 통해서 읽기, 산수,

감각장애 학생의 주요 교수법 동향은 조기중재와 취학 전 서비스의 중요성이다.

보조공학적 접근
인공와우 이식

미국식품의약국(U.S. Food and Drug Administration)에 따르면 대략 1만 3,000명의 성인 및 1만 명의 아동이 미국에서 인공와우 이식술을 받는다(NIDCD, 2002). 인공와우 이식술 대상자는 12개월의 어린 유아들로, 되도록 이른 시기인 6개월에 시술받는 것이 권장된다.

청각장애인에게 소리를 들을 수 있도록 돕는 인공와우 이식은 작고 복잡한 전자장치로 4개의 요소로 구성된다.

- 환경의 소리를 담는 마이크
- 마이크가 담은 소리를 선정하고 배열하는 말 처리장치(speech processor)
- 말 처리장치에서 온 신호를 받아 전기 전류로 바꾸는 전송기 및 수신기/자극기
- 자극기에서 온 전기 자극을 모아 두뇌로 보내는 전극

전극은 인공와우 안에 이식되며 다른 구성요소는 밖에 착용된다. 인공와우 이식은 보청기와 다르게 작동한다. 보청기는 소리를 증폭하는 것인데, 최중도 청각장애인에게 소리 증폭은 별다른 도움이 되지 않는다. 왜냐하면 증폭된 소리는 여전히 손상된 귀를 통해서 전달되기 때문이다. 반면에 인공와우 이식은 소리가 손상된 귀를 우회하여 청각신경에 도달하도록 하여 소리와 말의 명확한 이해를 돕는다.

이 우회장치를 이식한다 하더라도 정상적인 청각으로 복구되지는 않는다. 하지만 이는 개인이 주변 환경의 소리, 말을 이해하는 것을 도울 것이다. 인공와우 이식을 통한 듣기를 체험하고 싶으면 http://www.isvr.soton.ac.uk/soecic/frameset.html를 방문하라.

인공와우 이식은 중도에서 최중도 청각장애인을 위해 특별히 고안되었기 때문에 농인 사회에서 문제가 되었다. 이들은 과거에는 ASL을 사용하여 왔지만 인공와우 이식술을 받게 되면 수화 대신에 구어를 더 많이 사용할 것이다. 많은 농인 사회 대표자들은 유아에게 인공와우를 이식하는 것의 문제점을 제기하였다. 즉, 그들은 이식의 안전성과 신뢰도, 결과의 가변성(인공와우 이식을 받은 모든 개인들이 구어 이해능력을 발달시키지 못함), 농 치료의 주류 매체에서 말하는 이식에 대한 잘못된 설명, 모든 부모가 이식을 선택할 경우 감소할 ASL의 문화적 사용에 대해서 우려를 포명하였다. 국가농인협회(National Association of the Deaf, 2000)는 이식을 고려하는 부모들에게 '이식을 한 그리고 이식을 하지 않은 수화와 영어 둘 다에 유창한 성공적인 청각장애 아동 및 성인을 모두 만나고 알기를' 장려한다.

2001년 인공와우 이식에 대한 논쟁을 묘사하는 PBS 다큐멘터리는 아카데미 시상식에서 최우수 다큐멘터리 영화상을 수상하였다. 〈소리와 격노(Sound and Fury)〉는 2명의 농 아동에게 인공와우 이식을 할 것인가에 대한 한 가족의 고민을 그리고 있다.

아동에게 인공와우 이식을 제공하느냐에 관한 논쟁은 계속되고 있지만 정보와 기술이 진보함에 따라서 이식술을 선택하는 부모가 증가하고 있다. 갤로뎃 대학교 내 켄달 시범초등학교와 같은 학교에서는 인공와우 이식을 한 학생들에게 구어와 수화 모두를 교육하는 프로그램을 실시하고 있다.

어휘력, 조음, 사회적 적응, 행동도 개선되었다(Watkins, 1987).

조기중재 서비스의 일차적 목표는 언어발달이다. 가족은 구어, ASL, 단서가 있는 언어, 기호화된 영어 표현 등을 포함한 각종 의사소통 및 언어 선택권에 관한 정보를 제공받게 된다. 이러한 정보는 아동의 청력손실 정도, 문화적 기대, 가족 구조에 관한 지식에 적용되어서 아동과 그 가족에게 가장 적절한 의사소통법을 결정하도록 돕는다. 의사소통법이 결정된 후에는 가족들이 그것을 잘 수행하도록 교육해야 한다. 구어 사용을 선호하는 가족의 경우는 의사소통 촉진을 위하여 보다 질 좋은 보청기를 선택하거나 인공와우 시술을 받을지도 모른다. 이에 관한 보다 자세한 정보는 '보조공학적 접근'에서 살펴볼 수 있다.

② 취학 전 서비스

아장아장 걷는 시기의 청각장애 영아가 유아로 성장하게 되면 가정에서의 서비스는 감소되고 유치원에서 교육을 받게 된다(U.S. Department of Education, 2003). 청각장애 아동을 위한 많은 유치원 프로그램은 소집단 활동 이외에도 개별화된 부모 모임을 개최한다.

교사 및 관련 전문가는 구어 사용을 배우고 있는 청각장애 아동에게 말, 언어, 청능 훈련을 제공한다. 국제청각언어(Auditory Verbal International)가 사용해 온 이 모델은 아동의 구어 습득을 위해 부모가 전문적인 교육을 가정에서 실시하도록 장려한다.

언어 관련 전문가는 수화 사용을 배우고 있는 청각장애 아동의 가정을 방문해서 가족구성원과 아동 모두에게 수화를 교육할 수 있다. 일반적으로 이들은 농인 지역사회에서 ASL을 숙련되게 사용하는 성인으로 수화를 배우고 있는 가족을 지원하기 위해서 특별히 훈련된 전문가다.

또한 청각장애 유아들은 학업 전 기술을 배운다. 학업 전 기술 습득을 위한 활동은 지역사회 유치원에서의 활동과 유사하며 수 세기, 문자 인식, 모양, 색깔, 패턴, 사회활동을 통해서 이루어진다. 교사들은 경험학습을 많이 활용하며, 학생들은 신체적 놀이, 견학과 같은 주위 환경에 적극적이고 빈번하게 참여하게 된다. 교사와 부모는 학생이 접하는 모든 사물과 활동에 대해서 이름을 붙여 주어야 한다. 그리고 전형적인 일반유치원 교육과정에 초점을 두고 유아의 하루 일과를 풍부한 언어로 채우면서 언어발달을 도모한다.

(2) 맹/저시력

일반적으로 시각장애 영아의 발견은 대상자 발견(Child Find) 서비스를 통해서 이루어진다. 각 주는 0~3세의 장애아동을 판별하고 서비스를 제공하기 위한 체계를 결정한다. 비록 대상자 발견과정을 통해서 조기중재 서비스를 받는 유아의 수가 해마다 증가하고 있지만 서비스를 필요로 하는 모든 유아를 발견해 내지는 못한다(Correa, Fazzi, & Pogrund, 2002). 예를 들어, 공중보건 서비스를 받지 않으며, 영어를 말하지 못하고, 국가체계에 생소하고, 또는 장애를 의심하지 않는 가족은 대상자 발견 프로그램을 통해서 발견되지 않을 수 있다. 즉, 시각장애 아동 및 가족의 서비스 수혜정도는 그들의 보건관리 전문가의 대상자 발견 프로그램에 관한 지식정도에 영향을 받곤 한다. 소아과 및 안과 의사는 가장 먼저 시각장애 영아를 알아낼 것이지만, 그들이 조기중재를 받기까지는 시간이 지연되곤 한다(Hatton, 2001).

• 생각해 봅시다 #8

대상자 발견 프로그램을 통해서 발견되지 못하여 서비스를 받지 못한 유아들을 판별하는 방법으로는 어떤 것이 있는가?

① 조기중재

출생 후 1년 동안은 주변에서 일어나는 사건을 모방하고 탐험하면서 학습을 하게 된다. 시각장애 영아는 교육을 받지 못하면 적절한 나이에 기거나 걷는 것을 배우지 못하게 되고, 대근육과 소근육을 제대로 발달시키지 못할 수 있다. 그들은 단단한 음식을 먹거나 스스로 식사하는 것을 배우지 못할 수도 있다. 그리고 언어발달은 지연될 수 있다. 시각장애 아동의 가족은 자녀가 정상적인 발달 단계를 거쳐 성장하고 미래 학습의 기초가 되는 기본 개념을 습득하도록 돕는 특별한 전략을 사용해야 한다.

조기중재 프로그램은 시각장애 영유아의 초기 발달 단계의 목표를 달성시키고 기본 개념의 학습을 도와야 한다. 시각장애 교사(teachers of students who are visually impaired: TVI), 방향정위와 이동성 교사(O & M), 작업치료사(OT), 물리치료사(PT)들은 시각장애 영유아와 가족에게 조기중재를 제공하며, 가정, 학교 및 조기중재 시설, 주간보육 시설에서 서비스를 제공할 것이다.

② 취학 전 서비스

시각장애 유아는 유아특수교육을 받고 있는 다른 유아들과 함께 전문화된 취학 전 서비스를 받는다(U.S. Department of Education, 2003). 이러한 환경에서의 교수는 특히 시각장애 아동의 감각 욕구를 특별히 강조한다. 버나스-피어스와 밀러(Bernas-Pierce & Miller, 2005, pp. 7-8)는 그들의 전문화된 프로그램의 특성을 다음과 같이 기술하였다.

1. 아동이 신체적 및 사회적 환경을 완전히 탐구하도록 활동의 속도를 느리게 계획한다.
2. 사물을 명명하고 아동이 참여하는 활동을 묘사한다.
3. 모형 대신에 진짜 사물을 사용한다.
4. 시각장애 아동이 정안 유아가 반복적으로 본 것을 내면화하도록 일상적인 행동과 활동을 자주 반복 교수하고 실제로 경험하도록 한다.
5. 시각장애 아동이 예측 가능한 환경에서 기능하고 다양한 환경과 조건에서 지식을 일반화하도록 구조화된 접근법을 사용한다.
6. 정보와 환경에 지속적으로 접근하도록 아동 대 교사 비율이 낮다.
7. 촉각, 청각, 잔존시력, 미각, 후각의 보상기술을 사용하는 개념학습과 아동의 환경과 경험을 조직화하는 학습의 과정적 접근을 사용한다.
8. 점자 학습 전 초기 문해력 경험과 같은 준비활동은 프로그램의 핵심이다.
9. 학생은 안전하고 예측 가능한 환경에서 방향성 및 이동성 훈련을 한다.

이러한 지원은 시각장애 유아가 자신의 주위 환경을 배워 나갈 때 이루어져야 한다. 일반유아들은 다른 사람들을 관찰함으로써 배울 수 있다. 즉, 특별한 교수 없이 우발적 학습이 가능하다. 하지만 시각장애 유아는 우발적 학습이 어려우며, 일반유아가 자연스럽게 배운 개념도 직접교수를 통해야만 학습이 가능하다(Ferrell, 1997).

(3) 농-맹

농-맹 영아 전문가는 강도 높은 훈련이 필요하다. 그들은 다양한 배경의 가족과 일하기, 가족과 영아 간의 의사소통법 조언하기, 처방된 보청기와 안경의 사용을 장려하기, 가족의 일과에 중재전략을 포함하기, 자료 수집하기, 팀 구성원으로서 협력하기 등의 자질을 필요로 한다. 농-맹 영아의 욕구는 다양하므로 가족들이 적절한 의학적 치료, 시력과 청력 검사, 다른 관련 서비스를 받도록 도울 수 있는 전문가가 필요하다. 그리고 농-맹 영아의 욕구는 복잡하기 때문에 팀 접근법을 통한 중재가 필요하다. 즉, 서비스 제공자는 영아의 욕구와 가족의 관심사를 최대한으로 충족시키기 위해서 가족구성원들과 다른 서비스 제공자들과 협력해야 한다. 가정방문 서비스를 받는 가족은 가정이 자연적인 교육환경이기는 하지만 다른 가족과 서비스 제공자와 정기적으로 모임을 가져야 한다. 왜냐하면 몇몇 부모는 소외감을 느끼고 유사한 자녀를 가진 다른 가족과의 만남을 원하기 때문이다(Chen, Alsop, & Minor, 2000).

2) 초등 및 중등 학교 프로그램

(1) 농/난청

청각장애 학생들의 교육적 경험은 일반학생의 교육적 경험과 다를 것이다. 미국 교육부(2003)는 청각장애 학생의 84%가 일반교실에서 아주 적은 시간 동안 교육을 받고 있으며, 42%의 학생만이 일반교실에서 대부분의 교육을 받고 있다고 보고하였다.

① 상담

일반교실에서 교육을 받는 학생은 일반적으로 순회 및 상담 교사를 통해서 특수교육을 받게 된다. 순회교사는 몇몇 학교에 있는 소수의 학생을 가르친다. 그들은 각 학생과 교사를 만나기 위해 건물을 이동한다. 그리고 각 학생에게 필요한 특정 기술을 개별적으로 가르치기도 하지만 주로 학생이 일반 교육과정에 접근하는 것을 지원한다. 순회교사는 학생의 구어, 언어, 듣기 기술의 개발에 초점을 둔다. 또한 개념 이해, 배경 지식 습득, 어휘 발달에도 초점을 둔다.

일반교실에서 대부분의 교육을 받는 학생들은 순회 및 상담 교사로부터 특수교육 서비스를 받는다. 일반교사는 학생의 개별화된 욕구가 충족되는지를 알아보기 위해 순회교사와 협력해야 하지만, 몇 가지 기본적 전략만으로도 학생이 교실에서 안락함을 느끼도록 도울 수 있다. 청각장애 학생을 가르치는 일반교사가 고려해야 할 몇 가지 사항은 다음과 같다.

- 학생과 얼굴을 대면한 상태에서 정보를 제공하라. 벽 또는 칠판을 보고 말하지 말라. 독화법을 사용하지 않는 학생조차도 교사의 얼굴과 몸짓을 보고 혜택을 얻을 수 있으므로 학생에게 얼굴을 보인다.
- 학생이 선호하는 자리를 표현하도록 하라. 많은 학생은 앞에 앉기를 선호하지만 밝기, 주변 소음 등의 요인들에 따라서 다른 선택을 할 수 있다.
- 학생은 청각적인 정보를 시각적인 형태로 나타내 주는 준전문가의 도움이 필요할 수 있다. 예를 들어, 수화 해석자, 자막기, 구두 해석자, 음역가 등이

순회교사는 개별 학생 및 교사를 만나기 위해서 건물들을 오고간다.

해당된다. 이러한 준전문가들의 일반적인 역할은 교수하기가 아니라 의사소통을 촉진하는 것이다.

- 특히 새 개념을 제시할 경우에는 시각적인 보조를 제공하라. 예를 들어, 도표, 다이어그램, 포스터, 그래픽 조직자, 그림, 지도 등이 해당된다.
- 학생의 배경 지식을 진단하라. 청각장애 학생은 우발적 학습에 따라 예기치 못한 지식의 차이를 보일 수 있다. 그들의 현재 지식 수준을 알아내어 그 지점부터 가르친다.
- 방의 소음을 최대한으로 줄여라. 학급의 증폭 시스템은 청각장애 학생뿐만 아니라 다른 학생에게도 유익할 것이다.

② 시간제 특수학급 서비스

갤로뎃 연구소(2005)는 일반학급에서 교육을 받고 있는 학생의 31%가 특수학급에서 교육을 받는다고 보고하였다. 이는 공립학교 내 청각장애 학생이 그들을 위한 학급에서 서비스를 받는다는 것을 의미한다. 이런 학급은 시간제 특수학급으로 불리기도 한다. 청각장애 학생은 일반학급에서 특별한 프로젝트나 활동, 비학업적인 주제, 모임, 휴식, 점심식사 등을 하고, 시간제 특수학급에서는 전문화된 교사로부터 하나 이상의 영역에서 교육을 받는다. 교육은 ASL, 다른 기호체계 혹은 구두로 제공될 수 있다. 어떠한 방법으로 교육이 이루어지건, 특수학급 교사는 언어, 읽고 쓰기, 내용 기술을 발달시키는 데 초점을 두어야 한다. 이 세 가지 영역은 서로 연관되어 있기 때문에 교사는 그 영역들에 전문적인 기술을 지녀야 한다.

③ 기숙 서비스

청각장애 학생의 대략 15%는 전문화된 분리시설(하루 프로그램 또는 기숙학교)에 참여한다(U.S. Department of Education, 2003). 기숙학교는 이중언어-이중문화 교육철학을 가장 잘 제공할 것이다. 학생은 청각장애 문화와 영어뿐만 아니라 농 문화 및 ASL을 이해하도록 교육받는다. ASL은 우선적인 언어로 선호되며, 모국어는 읽기와 쓰기를 통해서 교수된다. 모든 교사와 학생은 ASL을 사용

학생사례 탐구

미구엘 산체즈

"눈이 녹아 농부가 땅을 일구기 시작할 즈음인 3월에 미구엘 산체즈는 새 집에 도착하였다. 미구엘 가족은 계절 일을 찾기 위해서 수천 마일을 여행하였다. 14세인 미구엘은 이전에 학교를 다닌 적이 없다. 그의 고향에는 청각장애 학생을 위한 학교나 서비스가 없었다. 하지만 미구엘의 부모는 새로운 지역의 학교가 장애학생을 수용한다는 것을 알았기 때문에 미구엘이 할 수만 있다면 그를 학교에 보내는 것이 최상의 선택일 것이라고 결정하였다.

미구엘과 그의 부모가 학교를 방문하였을 때 미구엘의 새로운 선생님인 라슨은 그의 부모에게 많은 질문을 하였다. 라슨 선생님은 스페인어를 조금 할 수 있었지만 대화의 속도는 매우 느렸다. 그는 미구엘이 보청기를 착용한 적이 없고, 최중도 청력손실로 말소리를 들을 수 없다는 점을 알게 되었다. 미구엘은 수화를 배우지 않았지만 가족들은 그와 중요한 사항을 논의하기 위해서 몇 가지 제스처(가정 수화)를 사용하였다. 14년 동안 미구엘은 언어 없이 매우 적은 의사소통만으로 살아왔다. 라슨 선생님은 언어를 위한 두뇌발달 기간이 아주 오래전에 끝났다는 것을 알았기 때문에 좌절하고 낙담하였다. 미구엘이 많은 의사소통 기술을 배우고 가족과 더 잘 소통하는 것은 중요한데, 미구엘의 가족이 돈을 벌어 고향으로 되돌아가기 전에 어떻게 이를 가르칠 수 있겠는가?"

전략

- 언어 성장을 향상시켜라! 미구엘에게는 언어기술을 개발하기 위해서 몰입(immersion) 프로그램이 필요하다. 미구엘은 모든 사람들이 ASL로 의사소통을 하는 기숙제 학교에 참여할 수 있다. 혹은 낮 동안에만 ASL 프로그램에 참여하고 밤에는 가족과 함께 집에서 지낼 수 있다.
- 가족의 언어발달을 지원하라. 영어와 ASL을 모두 배우는 것은 가족에게 중요하고, 학교는 이 두 가지 욕구를 충족시킬 수 있다. 학교 및 지역사회 기관에 있는 가족 문해력 프로그램은 구어뿐만 아니라 문해력 발달을 돕는다.
- 통합 기회를 제공하라. 미구엘은 자신과 의사소통이 어려운 일반아동들과 함께하곤 하였는데, 전일제 혹은 기숙제 프로그램은 이러한 기회를 제공하지 못할 수 있다.
- 직업/전이 서비스를 즉시 시작하라. 미구엘은 미래에 필요한 언어와 의사소통 기술을 배우려고 한다. 지연된 언어발달은 다른 부분에도 영향을 미치므로, 학교는 졸업 후 직업 준비를 위한 훈련 및 지원을 제공할 수 있다.
- ELL 교수전략을 사용하라. 미구엘을 가르치는 라슨 선생님과 다른 교사는 언어발달, 사회통합, 다양한 배경의 아동을 교육하는 데 많은 정보를 필요로 한다. 영어 학습자(English language learners: ELL)를 위한 교수법은 청각장애 학생에게 효과적일 수 있다.

적용하기

- 학교에 미구엘과 같은 학생이 있다면 무엇을 준비해야 할까? 지역사회 내 자원을 찾아보라. 첫째, 초기 수화교실을 찾아보라. 둘째, 성인을 위한 모국어 수업을 찾아보라. 지역사회 내에 외국어를 모국어로 하는 성인에게 수화를 가르치는 수업이 있는가? 지역사회에는 가족의 문해력 프로그램이 있는가?

하며 의사소통 환경은 풍부하고 접근이 쉽다. 기숙제 환경에서 제공되는 서비스는 '학생사례 탐구'를 통해서 알 수 있다.

교사는 학생의 개별적인 언어발달의 기준뿐만 아니라 주에서 제시한 교육 내용의 기준을 강조한다. 문해력 기술은 모든 학습의 기초가 되고 아동낙오방지법(No Child Left Behind Act, 2001)에서 강하게 강조되므로, 청각장애 교사의 일차적 역할은 학생의 언어발달의 기초를 다지는 것이다. 일반교육과정의 기준을 강조하기 위해서 교사는 일반학급에서의 교육목표와 교수법을 이해하여야 한다(Luckner & Howell, 2002). 비록 교사는 가르쳐야 하는 교육과정 내용을 잘 알고 있더라도, "청각장애 교사가 과학, 사회학, 수학, 건강 및 다른 분야의 복잡한 개념을 가르치면서 동시에 언어와 문해력 발달에 세심한 관심을 기울이는 것은 매우 어렵다." (p. 198)고 셔머(Schirmer, 2000)는 언급했다.

앞서 논의되었듯이, 언어발달은 문해력 기술에 커다란 영향을 미친다. 청각장애 학생들은 언어와 문해 능력을 발달시키는 데 어려움을 가지기 때문에 교사가 이를 교수하는 데 초점을 두어야 한다. 문해력은 청각장애인의 삶에 커다란 영향을 미친다. TV 시청하기, 친구에게 전화 걸기, 낯선 사람에게 길 물어보기와 같은 간단한 일상 활동은 인쇄물을 통해서 교육할 수 있다. 많은 사람은 청각장애인이 인쇄물을 통해서 배울 수 있다고 믿는다. 하지만 자막(closed captioning), 텍스트 메시지(text messaging), TDD/TTY와 같은 일반적인 교정도 청각장애인의 문해력 교육에 효과적이다. 청각장애 교사는 교육과정의 내용뿐만 아니라 문해력 기술을 가르쳐야 한다. 한 교사는 "나는 읽기 및 쓰기 교사다. 나는 학생에게 교과 내용을 가르치는 것이 아니라 교과 내용을 통해 가르친다. 나는 학생들의 언어, 어휘력, 개념에 초점을 둔 후 그 정보들을 읽기에 통합한다." (Howell, 2003, p. 140)라고 언급하였다.

(2) 맹/저시력

시각장애 학생의 교육적 경험은 일반학생과 매우 유사하다. 미 교육부(2003)는 시각장애 학생의 87%가 일반학급에서 부분적으로 수업을 받고(70%는 적어도 반나절을 보냄), 단지 13%만이 특별한 환경에서 교육을 받는다고 보고하였다. 일반학급에서 수업을 받는 시각장애 학생을 위해서 일반교사들은 교육과정을 개발하여야 한다. IEP에서도 나와 있지만 대부분의 시각장애 학생은 전문적인 훈련을 받은 시각장애 교사로부터 교육을 받게 된다. 시각장애 학생을 위한 일반적인 교육은 순회교사가 제공하거나 시간제 특수학급에서 이루어진다.

① 상담 서비스

많은 사람은 시각장애 학생의 교육과정 접근을 돕기 위한 방법으로 다른 형태의 제시이면 충분하다고 믿는다. 즉, 그들은 점자 혹은 큰 활자가 시각장애 학생을 위한 유일한 필수적인 수정(accommodation)이라고 생각한다. 만일 그렇다면 얼마나 간단한가!

> 교육과정 접근은 배치 이상이며 교과서와 자료들을 촉각적인 형태로 제공하는 것 이상의 의미를 가진다. 맹 학생은 시각적으로 제시된 설명, 경험이 없는 은유, 볼 수 있는 능력을 기반으로 하는 우발적 학습 등을 놓치게 된다. 문제는 인쇄물을 활용하는 학생이더라도 특정 거리에서 보는 능력이나 상세하게 보는 능력이 여전히 제한된다는 점이다. 최상의 의도를 가지고 개발된 촉감적 도표도 시각장애 학생의 경험에 없는 인지지도(cognitive mapping)를 기반으로 한다. 이처럼 교수적 수정을 강조하는 것은 교실에서 발생하는 보다 미묘한 상호작용을 무시할 수 있다(Ferrell, n.d.).

일반교사는 시각장애 교사와의 상담을 통해서 다음과 같은 몇 가지 전략을 사용할 수 있다.

- 촉각 탐험의 기회를 제공하라. 이해를 높이기 위해서 가능하면 실제 사물, 모형, 다른 촉각물을 활용하라.
- 특별한 도구에 대한 공간을 확보하라. 학생은 문서 정보에 접근하기 위해서 보조공학을 활용하는데, 그것들의 규모는 큰 경우가 많다. 사용하지 않을 때 보관할 수 있고 다른 사람을 방해하지 않으면서 손쉽게 접근할 수 있는 공간을 마련하라.
- 시각적 정보를 언어적으로 기술하라. 학생들에게 누가 오갔는지, 어떠한 예기치 못한 일이 발생하였는지, 활동에 변화가 생겼는지를 말해 주어라. 사용하고 있는 시각적 보조도구를 기술하라.
- 학생이 시력손상으로 가지게 될 구체적인 사항들을 조사하라. 학생이 볼 수 있는 능력을 최대화하기 위해서 빛, 게시판, 종이색, 기타 사항들을 조정할 필요가 있다.
- 학생들이 선호하는 자리에 앉도록 허용하라. 많은 학생은 교실 앞을 선호하겠지만, 시야 혹은 빛 선호도와 같은 요소들은 이러한 결정에 영향을 미칠 수 있다.

② 시간제 특수학급 서비스

특수학급 교사는 공립학교에서 소수의 시각장애 학생을 가르친다. 시간제 특수학급 서비스가 필요한 학생의 수는 적으므로 일반적인 선택사항은 아니다. 시각장애 학생을 위한 특수학급 서비스는 지역사회 밖에 있는 몇 명의 학생을 한 교실로 모아서 교육을 제공하기 때문에 버스를 이용하여야 한다. 시간제 특수학급 서비스를 받는 학생은 일부 과목을 공립학교에서 수강하고, 나머지 과목은 시각장애 전문 교사에게 배운다. 시간제 특수학급 교사는 점자교육과 보조공학의 사용을 강조할 것이다. 그리고 개념학습은 보다 실제적이고 감각적인 형태를 통해서 이루어진다.

③ 기숙 서비스

소수의 시각장애 학생은 분리된 기숙시설에서 모든 교육을 받는다. 비록 기숙학교는 초기 시각장애 학생의 교육에서 일반적인 형태였지만, 1970년대 중반

학생사례 탐구

줄리 워커

"줄리 워커는 극심한 저체중을 가지고 태어난 미숙아다. 줄리는 출생 후 발생한 몇 가지 합병증으로 몸을 제대로 가눌 수 없었다. 그녀는 하루의 대부분을 휠체어에서 보내며 몸짓과 발성법을 통해서 의사소통을 한다. 줄리의 부모는 그녀가 많은 시각적 정보에 반응하지 못한다는 것을 알았지만 의사는 줄리의 눈에서 문제점을 찾을 수 없었다. 줄리는 눈으로 명확하게 볼 수 있었지만 시각적인 정보는 처리할 수 없었다. 이러한 특성으로 줄리는 외피시각손상(cortical visual impairment: CVI)이라는 진단을 받게 되었다.

많은 CVI 학생처럼 줄리는 감각 과대적자 현상을 보였다. 마음에 드는 색깔 혹은 형태를 짧은 기간 동안 볼 수 있었지만 시각적 입력이 너무 많이 되면 눈의 사용이 정지된다. 줄리는 3세 때 맹 학생을 위한 기숙제 학교 유치원에 입학하였다. 줄리의 집은 학교에서 가까워서 매일 버스로 등·하교를 할 수 있었다. 교사들은 줄리가 학교에 도착하면 시각을 이용하도록 장려하였고, 의사소통과 운동 기술에 초점을 두어 교육하였다."

지원전략

- 입력되는 감각의 양을 제한하라. 줄리는 단지 하나의 감각에서 오는 정보에 집중할 수 있는 시간이 필요하다. 교실에는 방해받지 않는 조용한 공간이 필요하다.
- 색깔, 선호도, 의사소통 욕구에 관한 것을 가족에게 물어보라. 대다수의 CVI 학생처럼, 줄리는 자신이 좋아하는 색을 볼 수 있다. 그리고 가장 잘 보이는 영역을 가진다.

부터는 선호되지 못하였다. 오늘날 분리학교에 소속된 많은 학생은 시각장애 이외에 다른 장애를 수반한다. 이러한 중복장애 학생은 전문화된 교사와 특수교육 보조원의 도움을 지속적으로 필요로 한다. 기숙학교 학생들은 개념학습, 감각통합, 의사소통, 방향성 및 이동성, 생활기술, 일반 학업에서 집중적인 교육을 받을 것이다. '학생사례 탐구'에서는 한 시각장애 학생이 기숙학교에서 어떠한 서비스를 받는지 알 수 있다.

④ 단기 서비스

많은 시각장애 전문가들은 지나친 통합교육의 강조가 전문화된 교육이 필요한 시각장애인을 뒤처지게 할 수 있다고 우려한다.

많은 학교들은 시각장애 학생의 학업과 그 외의 욕구를 충족시키는 교육을 제공하지만 개선되어야 할 부분이 많다. 매우 많은 시각장애 고등학교 학생들은 대학

교사는 가족들과 의사소통을 하여 줄리가 보고 싶어 하는 자료를 적절한 위치에 놓고 사용하는지를 확인해야 한다.

- 시각의 사용을 이끌기 위해서 색깔, 움직임, 소리를 주의 깊게 사용하라. 줄리는 감각의 입력에 매우 민감하므로 교사가 그녀의 선호도에 기초하여서 행동 및 활동을 구성한다면 유용할 수 있다.
- 새로운 감각 입력은 하나씩 천천히 추가하라. 줄리는 여러 가지 물건을 보고 새로운 물건을 보는 것을 즐기지만 이러한 변화에 적응하는 데는 시간이 필요하다. 한 번에 한 물건을 소개하고 다른 것을 추가하기 전에 그에 익숙해지도록 한다.
- 의사소통 전문가를 찾아라. 줄리는 의사소통의 욕구가 강하여 많은 시도를 하지만 구어를 사용하는 많은 성인은 이러한 줄리의 시도를 알아채지 못한다. 줄리의 교사와 부모는 줄리의 비구어적인 행동을 관찰할 수 있고 줄리가 보내는 메시지에 대해 피드백을 제공할 수 있는 의사소통 전문가를 찾아야 한다. 그런 후에 학교와 가족은 줄리의 의사소통 능력을 향상시키기 위한 노력을 기울여야 한다.

적용하기

- CVI 학생에게 제한된 감각 자료를 제공하는 것은 보기보다 어려운 일이다. 이들 교사가 겪는 어려움을 느껴 보려면 도서관을 방문해서 한 페이지에 단 하나의 사진이나 색깔이 있는 아동서적을 찾아보라.
- 장난감 가게에 가서 유치원 아동이 다루기에 안전한 단일의 밝은 색으로 된 물건을 찾거나 빛과 소리 모두에 의해서 켜지거나 꺼지는 장난감을 찾아보라.

> 교육 및 생존경쟁에 필요한 기술을 습득하지 못한 채 졸업을 한다. 고등학교 졸업장도 받지 못한 시각장애인은 성인사회에 의미 있게 참여하는 데 필요한 기능적인 기술이 부족하다(Huebner, Merk-Adam, Stryker, & Wolffe, 2004, p. 14).

그리하여 많은 기숙학교는 단기 프로그램을 운영하기 시작하였다. 이 프로그램은 학생에게 특정한 일련의 기술을 정해진 기간 내에 제공한다. 학생들은 세탁하기, 세척하기, 요리하기, 쇼핑하기와 같은 기본적인 가사를 배우기 위해 3주간 기숙학교에서 교육을 받을 수 있다. 또한 전문적 소프트웨어 프로그램의 사용을 배우기 위해서 2일 동안 기숙학교에서 교육을 받을 수 있다. 기숙학교에는 시각장애 학생과 일하도록 특별히 훈련받은 교사와 직원이 있고 접근 가능성 확보를 위해서 수정된 시설들이 있어 이러한 집중적이고 특별한 서비스를 단기간 제공하기에 적절하다.

3) 전환, 청년기 및 성인 요구와 서비스

인생에서 가장 중요한 시기 중의 하나는 학교에서 직업 세계로 이동할 때다. 독립성 키우기, 흥미 탐험하기, 고용 및 추가 학교생활 찾기 등은 학교에서 사회로 이동할 때 겪게 되는 어려움의 예들이다. 모든 학생은 직업 선택을 계획하고 준비하는 과정을 경험한다. 감각장애 학생은 이러한 과정에서 몇 가지 어려움을 가진다.

(1) 농/난청

청각장애 청소년과 성인의 교육적 욕구는 그들의 초기 학교 경험과 일관된다. 그리하여 고등학교를 졸업하고 고등학교 후 프로그램(postsecondary programs)에 들어가는 사람들에게도 문해력 기술은 여전히 중요한 교육목표가 된다.

문해력은 전자공학, 자동차 정비, 과학 등 어떠한 내용을 배우건 간에 학습법을 배우는 것에 관한 것이다. 불행하게도 청각장애 학생의 문해력 기술은 매우 빈약하다. 청각장애 학생의 30% 이상은 기능적 문맹으로 학교를 졸업한다(Waters & Doehring, 1990). 홀트(Holt, 1993)는 18세 청각장애 학생의 평균 읽기 수준은 3~4학년 수준으로, 30년 전과 많이 다르지 않다고 보고하였다(Babbidge Committee Report, 1965). 최근에 트랙슬러(Traxler, 2000)는 청각장애 학생이 여전히 4학년 이하의 읽기 수준을 가지고 고등학교를 졸업한다고 보고

하였다.

낮은 문해력 기술을 지닌 모든 성인과 마찬가지로, 청각장애 성인의 낮은 문해력 기술은 그들의 교육과 고용 성과에 커다란 영향을 미친다. 청각장애 성인의 약 1/3은 특정 형태의 정부 보조에 의존하고 정상인의 40~60%에 해당하는 수준의 수입을 가진다(Siegel, 2001). 비록 높은 비율의 청각장애 학생이 고등학교를 졸업하고 고등학교 후 프로그램에 들어가지만, 대부분의 학생(71%)은 중도에 탈락한다(English, 1997). 이는 "아주 많은 학생이 성년기의 다차원적인 요구에 준비되지 않은 채로 고등학교를 졸업한다."(Luckner, 2002, p. 5)는 것을 의미한다.

문해력이 중요한 목표가 되어서 다른 중요한 필수적인 직업기술은 자주 간과되곤 한다. 로렌트 클럭 국가농교육센터(Laurent Clerc National Deaf Education Center)는 최근에 전이 서비스에 대한 의견을 조사하였다. 부모, 보호자, 교사, 다른 전문가의 주요 관심사는 "고등학교 졸업 전에 주어지는 적절한 직업 행동의 필요성, 직업 기반의 학습 기회, 직업 탐험, 자원봉사와 유료 작업과 같은 직업 경험"(LeNard, 2001, p. 13)이었다. 이러한 학교에서 직업으로의 전이 경험은 학생들이 직업 관련 기술과 직업환경에서의 미묘한 사회적 기대치를 배우는 데 필수적이다.

• 생각해 봅시다 #9

청각장애 학생의 졸업 후 성취를 향상시키기 위한 방법에는 어떠한 것이 있는가?

(2) 맹/저시력

시각장애 학생의 졸업 후 동향은 그들의 낮은 자기 결정력을 보여 준다. 시각장애인의 42%는 결혼을 한다(AFB, n.d.). 시각장애인의 46%와 법적 맹의 32%만이 전일제로 일한다(NCHS, 1998). 시각장애 학생의 약 45%만이 고등학교를 졸업한다(NCHS, 1998). 고등학교를 졸업한 시각장애 학생과 정안인의 대학 입학률은 유사하지만(24% 대 27%) 졸업률에서는 차이를 보인다(16% 대 26%)(AFB, n.d.).

시각장애 학생의 직업교육은 학교 교육과정에서 강조되고 가정생활에서 통합되어야 한다. 교사들은 직업 준비를 위하여 기능적 학업, 직업 도제(work apprenticeships), 협력학습, 공학 준비 등의 영역을 가르쳐야 한다. 학생에게 필요한 이러한 모든 기술 이외에도 울프(Wolffe, 1996)는 시각장애 학생에게 강조되어야 할 다섯 가지 영역, 즉 실제적인 피드백, 높은 기대치, 작업 기회, 보상 기술, 시각적 입력에의 노출을 기술하였다. 시각장애 학생과 가족은 적절한 직업 준비를 위하여 일찍부터 이를 시작하여야 한다.

프로그램 탐구
효과적인 행동의 실제

뉴욕 주 롱아일랜드에 있는 농-맹 청소년과 성인을 위한 헬렌 켈러 국립센터(Helen Keller National Center for Deaf Blind Youths and Adults: HKNC)는 농-맹인의 기술훈련에 전적으로 기여하는 유일한 국립 훈련소다. 국가의 외부 프로그램으로서 HKNC에는 뉴욕 현장에 참여하는 학생을 돕고 상담해 주는 대표자가 있다. HKNC의 목표는 농-맹인에게 집중적이고 포괄적인 재활훈련을 시키는 것이다. HKNC는 의사소통 기술, 보조공학, 방향성 및 이동성, 독립적인 삶, 일 경험, 다른 지원 서비스 영역을 평가하고 훈련을 제공한다.

HKNC에 참여한 학생은 분리된 훈련기관과 실제 작업환경에서 작업기술을 연습하게 된다. 학생은 자신의 흥미, 강약점, 특별사항을 알아가기 위해 여러 가지 직업 경험을 시도할 것이다. 그리고 HKNC에서 교사는 "의사소통, 이동성, 주거지원, 고용, 레크리에이션/여가, 환경 수정 및 다른 영역에 대한 상세한 제안" (Davis, 2003, p. 34)을 포함하는 종합 보고서를 제공해 준다.

HKNC에서 서비스를 받을 수 있거나 받고 있는 학생의 수가 적기 때문에 통계적 유의미성을 찾기보다는 개별 학생에게 미치는 프로그램의 영향력을 토의하는 것이 적절하다. HKNC는 최상의 질을 가진 모델 프로그램으로서 평판을 높여 나갔다. HKNC는 1999년 연차 보고서에서 약 50%의 학생이 졸업 후 덜 제한적인 환경에서 일자리를 얻었다고 보고하였다. HKNC 학생들은 학교 졸업 후 고용에 대한 낮은 기대감을 가지고 입학하였기에 이러한 결과가 더욱 인상적이다. 더 많은 정보를 얻으려면 HKNC와 연락하라.

(3) 농-맹

농-맹인의 고용 기회는 다양한 이유로 자주 제한된다. 많은 부모와 전문가들은 농-맹 학생이 일할 수 없을 것을 두려워한다. 많은 농-맹 청년들이 다른 장애를 함께 가지며, 다양한 직업을 보고 경험하는 삶을 가지지 못했기 때문이다.

아동은 다양한 직업을 어떻게 알게 되는가? 슈퍼마켓에 다녀오는 길을 생각해 보자. 아동은 슈퍼마켓을 오고가는 동안에 버스 및 택시 운전사, 경찰 및 소방수, 가게 점원, 증권 거래자, 매니저, 배달원 등을 만날 것이다. 그리고 대부분의 아동은 자신의 부모, 조부모, 다른 가족구성원이 생존을 위해 직업을 가지는 것에 대해 기본적인 이해를 한다. 그들은 나이가 들어가면서 집 주변의 잡일하기, 아기 돌보기, 잔디 깎기, 음료 판매하기 등 타인에게 서비스를 제공함으로써 미래 고용에 대한 실전연습의 기회를 가진다. 하지만 농-맹 아동에게는 이러한 연습 기회가 유효하지 않다.

농-맹 아동은 되도록 빨리 고용에 관한 지식과 경험의 기초를 다져야 한다. 이를 위해 교사는 다양한 지역사회 경험에 아동을 노출시켜서 그들이 상호작용의 기회를 가지도록 할 수 있다. 아동이 성인기로 전환할 때 지식의 기초는 유료 고용 기회를 제공함으로써 다져질 수 있다. 공식적인 프로그램은 농-맹 학생의 학교에서 직업으로의 전이를 돕기 위해 수립되었다. 이러한 프로그램의 예는 '프로그램 탐구'에서 볼 수 있다.

5. 교사를 위한 함의

감각장애 교사라는 직업은 보상과 어려움을 제공한다. 감각장애 교사들은 소외감, 효과적 서비스 전달의 어려움, 아동들의 늦은 진보 등으로 스트레스를 받을 수 있다(Hass, 1994). 비록 감각장애 교사의 주요 역할은 학생에게 서비스를 직접 제공하는 것이지만, 그 외에도 그들은 교사 상담, 교육과정 수정, 수업 지도안 수정, 문서 작업 등 많은 일을 해야 한다. 이러한 어려움에도 감각장애 교사들은 자신의 일에서 기쁨과 보람을 자주 느낀다(Correa & Howell, 2004; Luckner & Howell, 2002). 일반적으로 감각장애 교사는 나이, 학년, 능력 수준이 다양한 학생들과 일하게 된다. 또한 그들은 수년 동안 동일한 학생과 일하면서 긴밀한 관계를 맺기도 한다.

전문가들은 새로운 지식과 기술을 배우기 위하여 지속적으로 학습을 해야 한다. 특히 기술적인 진보를 잘 아는 것은 더욱 중요하다. 감각장애 교사는 감각장애 학생의 교육에 필수적인 전문 기술 이외에도 전반적인 교수법, 의사소통, 재치, 문제해결력에서도 전문 기술을 갖추어야 한다(Correa & Howell, 2004; Luckner & Howell, 2002). 이러한 보상 및 어려움에 호기심이 생긴다면 감각장애 교사가 되기 위한 많은 정보를 찾아보라.

요 약

이 장에서는 감각장애 학생의 교육과 주요 정보에 대해서 살펴보았다.

다양한 감각장애 영역의 장애 분류

- 학생이 감각손상으로 학습에 부정적인 영향이 있다면 특수교육을 받아야 할 것이다.
- 농이란 '보청기의 유무에 상관없이 청각을 통해서 언어적인 정보를 처리하는 데 손상을 입어 교육적 수행이 불리하게 되는 매우 심각한 청력손상'을 의미한다.
- 청각장애란 '농의 정의에 포함되지 않는 아동의 교육적 성과에 불리한 영향을 미치는 영구적 혹은 변동적 청력손상'을 의미한다.
- 농의 문화적 정의는 자신을 농인 문화의 부분으로 인식하는가를 통해서 이루어진다.
- 맹을 포함한 시각장애는 교정을 했음에도 교육적 수행에 불리한 영향을 미치는 시력손상을 의미한다.
- 법적 맹은 스넬렌 시력검사표 측정 결과 최상의 교정을 받은 좋은 눈의 중심 시력이 20/200 이하이거나 시야각이 20° 이하인 경우를 말한다.
- 농-맹은 청력과 시력이 모두 손상되어 농 혹은 맹 아동만을 위한 특수교육만으로는 불충분한 심한 의사소통, 다른 발달적, 교육적 욕구를 보이는 것을 말한다.

주요 특징

- 청각 또는 시각 장애만으로는 아동의 인지기술에 큰 영향을 미치지 못하지만, 새로운 정보를 배우는 데 필수적인 인지과정은 차별화된다.
- 감각손실은 학생의 교육적 요구 중 단지 하나의 측면일 수 있다. 감각장애 학생은 학습능력에 영향을 미치는 다른 조건을 가질 수 있다. 학습의 문제가 감각손실에 의한 것인지 혹은 다른 조건에 의한 것인지를 구별하는 것은 어려울 수 있다.
- 감각장애 학생이 전형적인 학습과정과 학습방법을 가지는 것은 일반적이다. 하지만 정보에 접근하는 능력은 몇 가지 측면으로 제한될 수 있으며, 새로운 기술을 습득하는 순서가 변화될 수도 있다.
- 감각장애 학생의 사회적 행동의 문제는 선천적인 사회적 기술의 부족에 의한 것이 아니라 감각손실에 의한 입력의 부족에서 비롯된 것이다.
- 감각장애 학생의 신체적 발달은 다른 부가 장애가 없을 경우 다른 일반학생들과 유사하다.

출현율

- 감각장애 학생은 저출현 장애 범주에 속한다.
- 미 교육부에 따르면, 약 7만 8,000명의 학령기 아동이 청각장애를 주 장애로 가지고, 약 2만 9,000명의 학령기 아동이 시각장애를 주 장애로 가진다.
- 농-맹 아동과 청년을 위한 국가기술보조협회는 2004년을 기준으로 0~21세 농-맹 학생이 9,516명이라고 보고하였다.

교육 실제

- 조기중재와 취학 전 서비스는 감각장애 아동의 후기 학습과 발달에 매우 중요하다.
- 감각장애 학생의 다양한 교육 서비스 형태로는 상담 서비스, 일반학교 내 시간제 특수학급 배치, 기숙학교가 있다. 맹 학생은 기숙학교에서 단기간에 특정 기술을 배우기도 한다.
- 청각장애 학생은 문해력 기술에 문제를 보이곤 한다. 시각장애 학생은 학업기술과 기능적 생활기술 모두에서 문제를 보일 수 있다.

주요 쟁점

- 교사들은 일반교육과정 영역뿐만 아니라 감각장애 학생의 특별한 욕구를 강조하여야 한다.

CEC 전문가 자격기준

Council for Exceptional Children(CEC) knowledge standards addressed in the chapter.

For teachers of students who are deaf and hard of hearing: DH1K1, DH1K4, DH2K1, DH2K2, DH3K1, DH3K2, DH6K2, DH6K3, DH6K5

For teachers of students who are blind or visually impaired: VI1K3, VI1K6, VI2K3, VI2K4, VI3K3, VI4K16, V17K2

Appendix B: CEC Knowledge and Skill Standards Common Core has a full listing of the standards referenced here.

14 뇌손상, 지체장애 및 기타건강장애

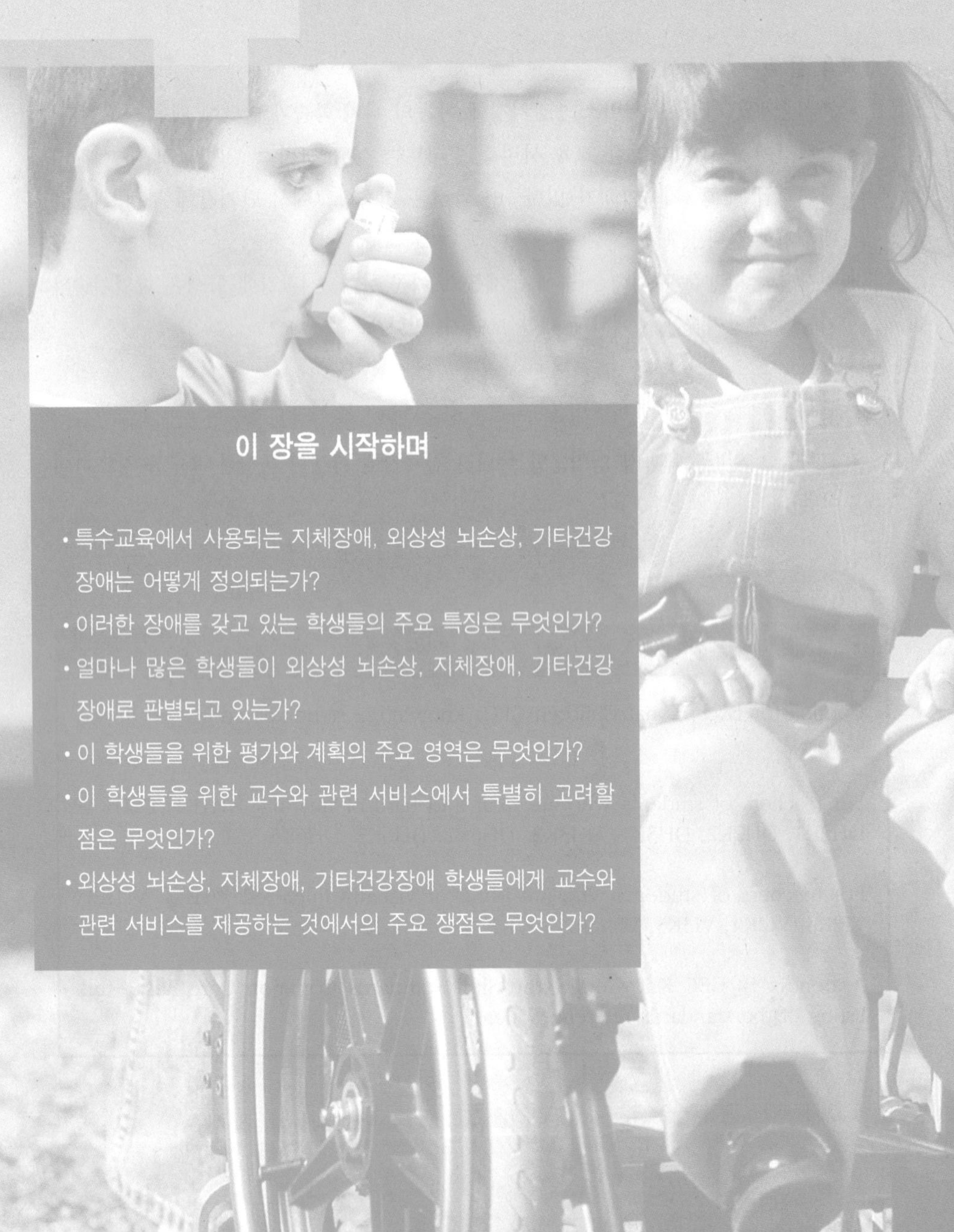

이 장을 시작하며

- 특수교육에서 사용되는 지체장애, 외상성 뇌손상, 기타건강장애는 어떻게 정의되는가?
- 이러한 장애를 갖고 있는 학생들의 주요 특징은 무엇인가?
- 얼마나 많은 학생들이 외상성 뇌손상, 지체장애, 기타건강장애로 판별되고 있는가?
- 이 학생들을 위한 평가와 계획의 주요 영역은 무엇인가?
- 이 학생들을 위한 교수와 관련 서비스에서 특별히 고려할 점은 무엇인가?
- 외상성 뇌손상, 지체장애, 기타건강장애 학생들에게 교수와 관련 서비스를 제공하는 것에서의 주요 쟁점은 무엇인가?

나의 이야기: 섀넌 헌트

섀넌 헌트 선생님은 어린 시절 학교놀이를 즐겨했고, 특히 선생님 역할을 좋아했다. 대학 1학년 때 초등학교 1학년 학급에서 자원봉사활동을 하면서 그 활동에 흠뻑 매료되었다. 대학에서 영어를 전공한 후에는 초등교육과 석사과정을 밟았다. 이후에 선생님은 학업 및 인지 영재(academically-intellectually gifted: AIG) 교사자격증을 취득했다. 선생님은 자신이 어느 정도는 준비가 되었지만 아직도 배워야 할 것이 많다는 사실도 알고 있었다.

학교에 부임한 첫날, 학생들이 교실로 들어오고 교실 문이 닫히자 헌트 선생님은 엄청난 책임감과 자신이 과연 이 일을 해낼 수 있을까 하는 의구심이 들었다. 갑자기 선생님은 책임자가 되었고, 지시를 하고, 모든 질문에 답해야 하는 사람이 된 것이다. '도대체 누가 나에게 이런 일을 하게 한 거지?' 라는 느낌이었지요."

물론 헌트 선생님은 지난 8년을 잘 버텨 냈다. 그동안 이런저런 일들을 경험했고 때때로 직업을 바꿔 볼까 하는 생각도 가졌지만, 현재는 진심으로 즐겁게 일하고 있으며 자신의 가정을 꾸리기 위한 2~3년을 제외하고는 오랫동안 이 일을 지속했으면 하는 바람을 갖고 있다.

헌트 선생님은 노스캐롤라이나 에슈빌에 위치한 아이라존스 초등학교 4학년 담당 교사다. 그녀는 자신의 학급을 사랑하고, 그만큼 자신의 현재 근무조건도 좋아하고 있다. 헌트 선생님은 매우 활기차고 열정적이며, 스스로 그러한 기질이 성공적인 교사가 되기 위한 주요한 부분이라고 생각한다. "만약 당신이 일이 진행되는 방식을 좋아한다면 현재 하고 있는 것에 대해 훨씬 좋게 느끼게 되죠. 알다시피 그건 아이들에게 영향을 주게 돼요. 아이들도 그건 느끼니까요."

헌트 선생님이 그토록 좋아하는 것은 무엇일까? 물론 아이들 자체가 큰 부분을 차지한다. 아이들이 모두 편한 것은 아니지만, 헌트 선생님은 아이들과 관계를 맺고 서로를 대하며 이해하는 시간을 통해 진정 그들을 가르치는 행복을 느낀다.

헌트 선생님의 학급에는 특수교육이 필요한 4명의 학생이 있다. 한 명은 경도 뇌성마비를 보이며, 또 한 명은 자폐증이다. 또 다른 한 명은 언어와 읽기, 쓰기에

심각한 문제를 보이고, 나머지 한 명은 외상성 뇌손상 학생이다. 이 학생들에게 최상의 서비스를 제공하기 위해 헌트 선생님은 하루에 2시간씩 그녀의 학급에서 특수교사와 함께 협력하고 있다.

이 네 학생 중 외상성 뇌손상을 입은 조시는 가장 관심이 가는 동시에 가장 지도하기 어려운 학생이다. 조시에 대해 헌트 선생님이 아는 것은 그가 2세 이전에 아주 심각한 낙상을 경험했다는 사실이다. 그때부터 조시는 여러 가지 행동문제와 학업문제를 나타내고 있다. 사실 조시가 일반학급에 통합된 것은 올해가 처음이다. 헌트 선생님에 따르면 조시는 상당히 잘 하고 있다. 그녀의 관점에서 보면, 다른 학생들처럼 친구들과 함께 어울려 있는 것이 그에게도 중요하다. "아이들은 함께 어울리길 원하죠." 그런 면에서 조시도 여느 아이들과 다를 바가 없다.

그러나 조시는 여러 면에서 다르다. 헌트 선생님에게 가장 큰 문제가 되는 것은 그의 사회적 미성숙과 사회적 인식의 부족이다. 학급적인 면을 다루는 것도 어렵지만, 최소한 그것은 준비할 수 있는 부분이다. 헌트 선생님과 특수교사는 조시와 다른 특수교육이 필요한 학생들을 위해 함께 계획한다. 조시는 현재 진행되고 있는 일들을 이해하는 데 어려움을 겪을 때가 많다. "예를 들어, 오늘 아이들이 모두 바깥에서 뛰어다니며 놀고 있었죠. 하는 일 없이 빈둥거리며 서로를 '아기야.' '큰 아기야.' 라고 부르며 말이에요. 그런데 조시는 그걸 이해하지 못했어요. 결국은 화가 나서 울기 시작했죠. 아이들이 자기를 '아기' 라고 놀린다고 생각한 거예요. 그 말뜻을 전혀 이해하지 못한 거죠."

조시의 부모는 조시가 올해는 일반학급에서 교육받기를 정말 원했고, 헌트 선생님도 그렇게 되기를 바랐다. 아직까지는 조시와 다른 학생들 모두 잘 해 나가고 있다. 조시를 포함한 모두를 위해서라도 학급이 잘 운영되고 있는 것에 헌트 선생님은 지금 행복하다.

교사는 학생들과 함께하는 일상에서 질병이나 상처, 예상하지 못했던 물리적인 사고와 불상사 등을 만나게 된다. 홍역을 앓고 있는 어린 초등학생부터 임신을 한 여학생에 이르기까지 예상치 못했던, 그리고 종종 바람직하지 못한 건강과 신체적 상태가 학교생활의 주목할 만한 부분이 된다.

공교육 상황에서 이러한 일들의 대부분은 일시적인 현상이며, 때로는 학생이나 교사에게 별다른 일이 아니기도 하다. 잠시 시선을 집중시키지만 곧 잊히기도 한다. 그러나 헌트 선생님과 다른 여러 교사들이 알고 있듯이, 어떤 학생들은 곧 회복되는 것이 아니며 학교생활을 잘 하기 위해서는 상당한 주의가 요구되는 심각한 신체 및 건강 상태를 갖고 있다. 이러한 경우 학교는 학생들을 위한 특수교육 서비스나 504조 계획을 개발해야만 한다(Depaepe, Garrison-Kane, & Doelling, 2002) (제4장에서 학생들이 특수교육 서비스에 대한 적격성을 가지고 있지 않을 경우, 재활법 504조의 기준에 부합할 수도 있다고 언급한 것을 상기할 수 있을 것이다.).

이 장에서 주로 다룰 내용은 신체적 또는 의학적 문제를 가지며 특별한 지원이 없는 경우 적절한 교육을 받을 수 없는 학생들에 대한 것이다. 이러한 학생들은 크게 외상성 뇌손상을 입은 학생들, 지체장애를 가지고 있는 학생들 그리고 만성적 질병을 갖고 있는 학생들의 세 범주로 나누어 생각해 볼 수 있다.

이러한 범주 내에서도 장애의 특성과 장애가 개인에게 영향을 주는 방식이라는 측면에서 다양성이 존재한다. 각 장애 범주와 상태에 대해 상세한 정보를 제공할 수는 없지만, 각각의 주요 특징과 각 장애의 영향을 받는 개별 학생이 학교생활을 잘 하도록 하기 위해 특수교육과 관련 서비스를 어떻게 제공할 것인지에 대해 논의하고자 한다 ('FAQ Sheet' 참조).

지체장애 학생이나 의학적 관리가 필요한 학생들은 적절한 교육을 받기 위해서 특수한 서비스가 필요하다.

FAQ Sheet

외상성 뇌손상, 지체장애 및 기타건강장애 학생	
대상	• 외상성 뇌손상(TBI): 학습능력과 때로는 행동에 영향을 주는 심각한 두부손상을 갖고 있는 학생들 • 지체장애: 뇌성마비, 이분척추 등 걷거나 팔과 다리를 사용하는 능력에 영향을 주는 상태를 보이는 학생들 • 기타건강장애: 천식, 간질, 후천성면역결핍증(HIV/AIDS)과 같이 불치일 수 있거나 불치가 아닐 수 있는 상태로 허약과 피로 혹은 다른 방식으로 학업에 불리하게 영향을 받는 학생들
주요 특징	TBI 학생의 특성은 매우 다양하다. 그들은 학습, 사회 그리고/혹은 행동의 어려움을 갖고 있다. 또한 그들의 능력은 때에 따라 다르게 나타난다. 지체장애 학생의 상태는 상대적으로 가벼운 수준부터 좀 더 심각한 수준까지 있을 수 있다. 여러 신체 부위가 영향을 받을 수 있다. 장애는 중추신경계 손상이나 근육이나 사지 손상 등에 의해 발생한다. 기타건강장애 학생은 허약하고 때때로 통증이 심할 수 있다. 체력 부족으로 종종 허약하다. 그들은 질병으로 학교생활의 많은 부분을 놓친다.
출현율	학령기 인구 중 약 0.03%의 학생들이 TBI를 갖고 있고, 0.14%가 지체장애 학생 그리고 0.59%가 기타건강장애 학생들이다.
교육 배치	지체장애와 기타건강장애 학생들의 대다수는 일반학급에서 교육을 받고 있다. TBI 학생의 다수는 일반학급에서 교육을 받고 있으나 특수학급에 배치된 학생들도 있다.
예후	TBI, 지체장애, 기타건강장애 학생들이 직면하고 있는 신체적, 사회적, 정서적, 건강적 어려움은 종종 성인기에도 지속된다. 근이영양증이나 HIV/AIDS, 낭포성 섬유증과 같은 경우에는 사망을 초래한다.

• 생각해 봅시다 #1

학생으로서 학교에서의 수행에 영향을 줄 만한 신체 및 건강 문제를 경험한 적이 있는가? 만약 그렇다면 어떠한 방식으로 경험하였는가? 교사로부터의 더 많은 이해와 지원에 대한 바람이 있지 않았는가?

1. 외상성 뇌손상의 정의와 외상성 뇌손상 학생의 주요 특징

제1장에서 외상성 뇌손상(traumatic brain injury: TBI)에 대한 연방법 정의를 살펴보았듯이, 외상성 뇌손상이란 "인지, 언어, 기억, 주의력, 논리, 추상적인 사고, 판단력, 문제해결력, 감각, 인식, 운동능력, 심리사회적 행동, 신체기능, 정보처리, 말하기 능력 중 하나 혹은 그 이상의 영역에 손상을 끼친 개방성 뇌손상이나 폐쇄성 뇌손상" (IDEA 1997, Sec. 300.7)이다. 헌트 선생님과 그의 학생 조시의 이야기에서 조시에 대해 가장 충격적인 것은 그의 미성숙한 사회적 기술이었다.

일반적인 뇌손상은 그 정도와 유형이 매우 다양하다.

- **두개골 골절**(skull fractures): 선상 골절(linear fracture)은 두개골상에 금이 생긴 것으로 X선 촬영으로 진단할 수 있으며, 일반적으로 심각한 신경적 손상이 나타나지 않는다. 반면, 함몰 골절(depressed fracture)은 두개골이 골절되어 뇌를 압박하고 종종 심각한 뇌손상을 가져온다.
- **뇌좌상**(contusion): 뇌에 타박상을 입은 것으로서, 타박상의 범위에 따라 손상의 정도가 달라진다. 뇌좌상의 증후는 며칠이 경과한 후 더 나빠질 수 있다.
- **혈종**(hematoma): 혈액이 괸 상태를 말한다. 경막외혈종(epidural hematoma)은 두개골과 뇌를 덮고 있는 경막 사이에 발생한다. 경막하혈종(subdural hematoma)은 뇌의 경막과 지주막 사이에 발생하며 일반적으로 경막외혈종보다 심각한 결과를 초래한다.
  - **뇌진탕**(concussion): 의식상실이나 기억상실을 초래할 수 있는 뇌손상으로 뇌신경섬유에 가벼운 손상에 의해 발생할 수 있다.
  - **확산성 축삭손상**(diffuse axonal injury): 뇌진탕과 유사하지만 좀 더 심각한 결과를 초래한다. 자동차 사고와 같은 고속의 충격에 의해 뇌 전역에 걸친 신경섬유(혹은 축삭)가 손상되는 경우 발생한다.

• 생각해 봅시다 #2

당신이나 주변의 누군가 심각한 두부손상을 경험한 적이 있는가? 어떤 유형이었는가? 그 때문에 즉각적으로 그리고 장기적으로 어떤 영향이 있었는가?

대부분의 두부손상(head injury)이 실제로 심각한 결과를 가져오는 것은 아니지만, 교사는 무시해서는 안 될 몇 가지 증후에 대해 반드시 알고 있어야 한다.

두부손상이 있은 후 다음에 제시하는 증상 중 감지되는 것이 있다면 응급 의료 처치가 이루어지도록 해야 한다.

- 의식을 상실할 경우, 특히 2~3분 이상 의식 상실이 지속될 때
- 무기력해하고 어리둥절해하거나 민감하게 반응할 경우
- 심한 두통을 호소할 경우
- 시각, 언어, 동작에 손상이 있을 경우
- 심각하게 출혈을 할 경우
- 반복해서 구토를 할 경우

이런 증후를 보이는 학생은 신경검사를 위해 응급실로 후송되어야만 한다. 만약 학생이 2~3분 이상 의식을 잃고 있다면 응급 의료 서비스를 호출해야 한다(Michaud, Semel-Concepción, Duhaime, & Lazar, 2002).

만약 심각한 뇌손상이 발생하면 즉각적인 처치뿐만 아니라 장기간의 관리도 필요하다. 즉각적인 처치는 의료적 처치가 이루어지는 동안 상해를 다루는 것이며, 때때로 신경외과적인 처치를 포함한다. 어떤 경우에는 아동이 상당한 시간—며칠이나 몇 주 혹은 더 긴 기간 동안—을 혼수상태에 빠져 있기도 한다. 이 기간 동안 의사와 의료 전문가들은 합병증과 발작을 예방하거나 이를 치료하기 위한 의료적 처치를 한다. 물리치료사는 근육을 자극하고 구축과 욕창을 방지하기 위해 수동적 범위의 운동을 제공할 것이다. 캐스트(cast) 혹은 스플린트(splint)를 사용하거나 감각 자극을 포함한 다른 처치를 할 수도 있다. 혼수상태에서 회복되었다 하더라도 아직은 안정된 상태가 아니므로, 의사는 추후 처치를 좀 더 집중적으로 제공해야 할 시기를 결정하기 위해 회복을 모니터링한다(Best, 2005b).

상해에 대한 의료적 처치나 환자가 혼수상태에서 완전히 회복한 이후, 치료사들은 (1) 그동안의 이동 불능 상태와 신경기능장애로 발생한 상태를 회복시키고, (2) 능력을 회복하고 상실된 기능을 보상하거나 적응하는 것을 가르치며, (3) 어떤 형태의 만성적 장애가 학습과 발달에 미칠 수 있는 영향을 최소화하기 위한 재활 프로그램을 제공한다.

외상성 뇌손상 학생은 주의집중, 기억, 복잡한 인지적 과제의 수행, 혹은 의사소통에서 어려움을 가질 확률이 매우 높다(Keyser-Marcus et al., 2002). 읽기와 수학은 학업문제를 보일 수 있는 가장 일반적인 영역이며, 학생들은 이러한 과

목에서의 구체적인 기술에 어려움을 보일 것이다. 또한 학생들은 과제에서 이탈하거나, 활동 수준을 높이거나 감소시키거나, 충동적 · 감정적으로 대응하거나, 냉담하고 공격적이거나, 사회적으로 위축되는 등의 행동문제를 보일 수도 있다. 그들이 학습장애나 ADHD 혹은 정서 및 행동 장애를 가지고 있는 학생들과 다른 점은 그들의 행동과 수행능력이 매우 다양하고 시간이 지날수록 변화한다는 것이다. 따라서 이 학생들을 위하여 융통성 있는 계획이 반드시 필요하다 (Keyser-Marcus et al., 2002; Michaud et al., 2002).

2. 지체장애의 정의와 지체장애 학생의 주요 특징

지체장애(physical disabilities)라는 용어를 선호하기는 하지만, 제1장에서 살펴보았듯이 미국 교육부는 이러한 장애를 가지고 있는 학생들에게 '정형외과적 장애(orthopedic impairment)'라는 용어를 사용하고 있다. 공식적인 정의에 따르면, "정형외과적 장애란 아동의 교육적 수행에 상당한 영향을 미치는 심각한 정형외과적 손상을 의미한다. 이 용어에는 선천적 기형, 질병에 의한 손상(예: 소아마비), 그 밖의 다른 원인에 의한 장애가 포함된다." (IDEA' 1997, Sec. 300.7)

장애는 반드시 학생의 교육적 수행에 부정적인 영향을 미치는 상태로 특수교육 및 IEP를 적용하기 위한 적격성을 갖추어야 한다. 이미 언급하였듯이, 이 경우에 해당되지 않더라도 504조 계획에 의해 여전히 서비스를 제공받을 수 있다.

아마도 지체장애 학생들이 가진 신체적 조건보다 더 중요한 것은 그들의 독특한 비신체적인 특성들이다. 지체장애를 가지고 있는 사람들 모두에 대해 고정관념을 가지면 안 되겠지만, 그들의 세계관과 타인과의 상호작용은 지체장애를 가지고 있지 않은 사람들과는 상당히 다를 수 있다는 점을 알고 있어야 한다. 그들이 반드시 정서적인 어려움을 겪는 것은 아니지만, 지체장애를 가지고 있는 사람들은 그들의 실제 경험에 의해 일상적인 일들에 대해 다르게 반응하기도 한다.

예를 들어, 다우트와 맥콜(Doubt & McColl, 2003)은 또래들과의 상호작용을 촉진하거나 방해하는 것이 무엇인지를 알아보기 위해 고등학교에 재학 중인 7명의 지체장애 청소년과 면담을 실시하였다. 연구자들은 두 가지 유형의 요인(연구자들은 외부적 요인과 내성적 요인이라 일컬음)이 지체장애 학생들을 소외시키거나 혹은 친구들과 동화시킨다는 것을 발견하였다.

• **생각해 봅시다 #3**

당신은 친구들이 당신을 좀 더 받아들일 수 있게 하거나 혹은 오히려 소외시키게 하는 내성적 요인을 갖고 있는가?

내성적 요인(intrinsic factor)은 개인이 자기자신을 통제할 수 있는 상태를 말한다. 연구자들에게 진술한 것을 토대로 살펴보면, 지체장애 학생들이 타인이 자신을 받아들일 수 있도록 돕는 요인은 자신의 장애에 대한 관심 피하기, 자신의 장애를 유머에 이용할 정도로 대수롭지 않게 생각하기, 친구들 사이에서 자신만의 특별한 존재감 만들기(예: 스포츠 팀을 지원하는 역할을 하기) 등이 있다. 때때로 이 학생들은 친구들에게 자신의 상태에 대해 이해시키는 것이 바람직하다는 것을 발견하였다. 한편, 내성적 요인 중 일부는 그들을 고립시키기도 하는데, 주로 자신의 신체적인 제한성과 자기 배타성(self-exclusion) 이 포함된다. 어떤 경우에는 단순히 유지하는 것이 문제가 된다. 다른 어떤 경우에는 자신이 다른 사람들에게 받아들여지지 않는다고 느끼기 때문에 스스로를 소외시킨다.

다우트와 맥콜(2003)은 통합을 제약하는 외부적 요인(extrinsic factor)들에 대해서도 보고하였다. 예를 들어, 또래의 태도와 행동은 장애를 가지고 있는 학생들에게 제약이 될 수 있다(또래가 자신을 더 어리거나 능력이 부족한 사람으로 대하는 경우도 있다.). 체육활동 등과 같이 접근하기 어려운 과외활동도 외부적인 제약 요인이 될 수 있다. 이러한 내성적 요인과 외부적 요인은 모두 바람직하지 못하며, 이 요인들을 감소시키는 것이 교사의 중요한 역할이다. 또 다른 연구에서는 교사가 지체장애 학생을 통합시킬수록 학생의 자아개념이 높아진다고 보고하고 있다(Mrug & Wallander, 2002).

여기에서는 교사로서 만날 수 있는 모든 유형의 지체장애에 대해 다룰 수는 없으므로, 상대적으로 일반적인 유형에 대해 살펴보고자 한다. 〈표 14-1〉은 특수학급이나 일반학급에서 만날 수 있는 네 가지 유형의 지체장애에 대해 보여주고 있다. 그중 뇌성마비와 근이영양증에 대해 보다 자세히 살펴보자.

〈표 14-1〉 자주 볼 수 있는 지체장애 유형

상 태	원 인	학급에서의 고려점
뇌성마비		
뇌성마비는 뇌신경이 신체 근육 일부나 전부에 대한 통제력을 상실하여 생긴 신경근육계 장애다. 사지근육의 과대근긴장(hypertonic)이나 과소근긴장(hypotonic)을 초래한다. 보행능력, 손과 팔을 사용하는 능력, 씹고 삼키는 능력, 똑바로 앉는 능력 등을 손상시킬 수 있다. 인지장애를 동반하기도 하지만 많은 경우 인지능력은 정상이다. 뇌성마비에는 다양한 유형이 있다.	뇌성마비는 출산 중이나 출산 전후에 생긴 뇌손상에 의해 발생한다. 뇌성마비는 비진행성이므로 시간이 지나 더 악화되지는 않는다. 뇌의 손상된 영역과 범위에 따라 뇌성마비의 유형과 정도가 달라진다. 조산, 저체중 출산, 임신 시 질병 등이 뇌성마비 발생률을 높이는 몇 가지 위험요인으로 지적된다.	학급활동에 신체적으로 참여할 수 있는 학생의 능력은 뇌성마비의 정도와 범위에 따라 달라진다. 많은 학생이 별문제 없이 참여할 수 있지만, 어떤 경우에는 수정과 조정이 필요하다. 물리치료사와 작업치료사는 교사가 뇌성마비 학생들이 다양한 학급활동에 참여할 수 있도록 계획을 수립하는 데 도움을 줄 수 있다. 뇌성마비 학생들 중에는 인지적 장애를 동시에 가지고 있는 경우도 있다. 그러나 교사가 뇌성마비 학생이 인지적 장애를 가지고 있을 것이라고 가정하고 접근하는 것은 잘못된 일이다. 이는 뇌성마비 학생이 가지는 움직임의 문제를 종종 인지적 장애에 의한 것으로 오해하기 때문이다.
근이영양증		
근이영양증은 근육조직이 점점 변질되는 유전장애다. 이 질환의 가장 일반적인 유형은 듀센 근이영양증(Duchenne muscular dystrophy: DMD)이다. 근이영양증은 시간이 지날수록 더 악화되는 퇴행성 질환이다. 지방조직이 점차적으로 근육조직을 대체하게 되고, 다리부터 상체로 점차 이러한 현상이 진행되면서 아동은 점점 더 쇠약해진다. 결국 아동은 모든 근육을 사용할 수 없게 되어 청소년기나 청년기에 사망하게 된다.	근이영양증은 유전장애다. 어머니 자신은 이 질병에 걸리지는 않지만 유전자를 갖고 있어 남아에게 전달한다. 이 질병은 약 2~6세의 유아기에 출현되기 시작한다. DMD의 경우 남아 3,500명 중 1명의 출현율을 보인다. 다른 근이영양증 유형은 매우 드물다. 베커(Becker) 근이영양증은 2만 명당 1명꼴로 나타난다.	근이영양증을 갖고 있는 아동은 아동기 동안 점진적으로 쇠약해진다. 지적 능력은 영향을 받지 않지만, DMD 남아의 약 1/3이 학습장애를 가지고 있다. 교수활동은 아동의 신체 및 학습 특성 모두를 고려해야 한다. 아동이 더 오랫동안 직립할수록 활동과 이동이 수월하다. 교사는 학급활동에 참여하는 일원으로서 아동의 가치에 대해 긍정적인 태도를 유지해야만 한다.

이분척추		
이분척추는 척수가 손상된 상태다. 여러 가지 유형이 있으나 가장 심각한 상태는 척수수막류로서 손상이 일어난 지점 이하로는 감각과 근육 통제를 상실하게 된다. 이러한 상태에 있는 사람은 촉감, 온도, 압력, 통증 등을 느낄 수 없으며 하체가 매우 약하다. 방광이나 장의 정상적인 통제가 불가능하다.	이분척추는 신경관 손상(neural tube defect: NTD)의 특정 유형이다. NTD는 임신 초기에 발생하여 척수를 둘러싼 척추골이 완전히 성장하지 못하고 보호하는 골 구조에 작은 틈을 남기게 된다. 이 틈을 이분척추(bifida)라고 하며, 어떤 경우에는 척수막(meninges)이라고 불리는 척수의 일부가 척추골 밖으로 나오기도 한다. 여성이 임신 전에 엽산을 섭취하면 이분척추의 위험은 감소한다.	이분척추를 가진 학생의 신체능력은 손상이 일어난 지점에 따라 달라지지만, 대부분의 경우 일상적인 활동을 하기 위해서는 도움이 필요하다. 일반적으로 보조기구가 사용된다. 이분척추를 갖고 있는 많은 학생은 인지적인 문제를 갖고 있지는 않지만 신체적인 제한으로 어려움을 겪는다. 많은 학생이 방광과 장 문제로 또래로부터 사회적 소외를 경험하기도 한다. 이성과의 관계는 시도될 수 있다.
정형외과 및 근골격계 이상		
척추만곡(scoliosis), 선천적 고관절 탈구, 소아관절염, 골형성 결함, 사지결손 등이 정형외과 및 근골격계 장애 상태의 예라고 볼 수 있다. 이러한 장애는 뼈와 근육을 포함한 신체적 구조가 정상적으로 발달하지 못한 것이다. 이 상태를 갖고 있는 개인은 수술이 필요할 수도 있고, 보철기구가 필요하며, 일상생활 기술을 수행하기 위해서는 수정된 접근법을 사용해야만 한다.	이 범주의 여러 상태에 대한 원인은 다양하지만, 많은 경우 그 원인을 알 수 없다. 어떤 경우에는 유전적인 요인이 원인이 될 수 있다. 또 다른 경우에는 임신 시 모체가 섭취한 약물이 원인이 될 수도 있다. 소아관절염의 경우, 아동의 불충분한 자가면역체계 때문에 발생하기도 한다.	이 학생들과 교사들이 학급에서 겪는 가장 큰 도전은 학급활동에 물리적으로 참여할 수 있도록 하는 방법을 찾는 것이다. 보철기구, 신체 지지물, 휠체어와 기타 필요한 지원 때문에 교수활동 참여가 어려울 수도 있다. 물리치료사와 작업치료사는 학생의 물리적 접근성과 참여를 증가시킬 수 있도록 학급 공간의 정비를 도울 수 있다. 학생이 학습활동을 방해받지 않도록 기구 때문에 겪는 불편함을 줄여 주는 것도 중요하다.

1) 뇌성마비

뇌성마비(cerebral palsy: CP)는 출생 중 혹은 전후에 발생한 뇌손상에 의해 야기된 신경학적 장애로서 개인의 운동능력과 자세에 영향을 준다. 뇌성마비는 뇌손상이 더 이상 악화되지 않는 비진행성 장애다. 그러나 자세가 나빠지는 것을 막고 운동능력과 독립성을 신장시키기 위해서는 치료가 필요하다(Best & Bigge, 2005; Griffin, Fitch, & Griffin, 2002; Pellegrino, 2002).

• 생각해 봅시다 #4

당신은 뇌성마비 장애인을 알고 있거나 알고 지낸 경험이 있는가? 그 사람의 강점은 무엇이었는가? 그 사람이 직면하는 도전(어려움)은 무엇이었는가?

뇌성마비는 세 가지 방식으로 분류된다. 즉, (1) 손상된 뇌의 부위에 따른 분류, (2) 영향받는 신체 부위와 영향받는 방식에 따른 분류, (3) 기능장애의 심각성에 의한 분류(예: 경도, 중도)다. 뇌손상의 유형과 위치에 대한 정보에 대해서는 펠레그리노(Pellegrino, 2002)를 참고하기 바란다. 여기서는 뇌성마비를 분류하는 그 밖의 접근법에 대해 간단하게 설명하고자 한다.

뇌성마비는 일반적으로 뇌손상에 의해 근육의 긴장도(tone)가 어떻게 영향을 받았는지에 따라 정의된다. 경직형(spasticity) 뇌성마비 학생은 매우 뻣뻣한 근육을 가지고 있으며, 매우 힘든 움직임을 보이고, 손과 팔꿈치, 엉덩이, 무릎, 발 등의 심한 근육 수축으로 제한된 범위의 움직임을 보인다. 경직형 뇌성마비 학생은 척추기형과 고관절 탈구를 동반하기도 한다.

무정위형 뇌성마비(athetoid CP)는 운동장애(dyskinesia)라고도 하는데, 불수의적 운동을 의미한다. 이러한 유형의 뇌성마비가 보이는 특징은 느리고 위축되거나 급작스럽게 움직이는 것이다. 이런 움직임은 얼굴근육과 팔목이나 손가락, 몸통과 사지 중 하나 이상에서 나타난다. 운동실조형 뇌성마비(ataxia CP)는 보편적이지 않은 뇌성마비 유형이다. 그 특징은 균형이 부족하고 움직임이 협응되지 않는 것이다(Best & Bigge, 2005).

어떤 경우에는 혼합형(mixed) 뇌성마비가 나타나기도 한다. 이는 동일한 사람에게서 하나 이상의 뇌성마비 특성이 나타나는 것을 의미한다. 대개의 경우 경직형과 무정위형이 동시에 나타나기도 하고, 경직형과 운동실조형이 나타나기도 한다. 뇌성마비의 특정한 형태로 진단된 사람들의 약 1/3에게서 다른 유형의 특성이 동시에 나타나기도 한다.

의사와 의료 전문가들은 뇌손상으로 영향을 받는 신체 부위에 따라 뇌성마비를 분류하기도 한다. 편마비(hemiplegia)는 신체 한쪽의 하지나 상지가 다른 쪽에 비해 뇌성마비의 영향을 더 받는 경우다. 양측마비(diplegia)는 상지보다는 하지가 더 영향을 받은 경우를 말한다. 사지마비(quadriplegia)는 사지뿐만 아니라 몸통과 목, 입, 혀 등을 통제하는 근육도 영향을 받은 경우를 말한다. 또한 경직형 편마비 혹은 경직형 양측마비, 경직형 사지마비라고 지칭하기도 하는데, 이는 근육의 긴장도와 뇌손상의 영향을 받은 신체 부위가 어디인지를 동시에 알려 줄 수 있는 용어이기도 하다.

뇌성마비는 또한 기능적으로 영향받은 수준에 의해 분류될 수도 있다. 경도(mild) 뇌성마비를 갖고 있는 사람이라면 걷고 말할 수 있고 머리와 목을 자유

의지대로 움직일 수 있으며, 장애로 활동하는 데 약간의 제한은 있지만 일상생활을 독립적으로 할 수 있다. 중등도(moderate) 뇌성마비를 보이는 사람이라면 말하고 걷는 능력뿐만 아니라 머리와 목의 움직임도 어느 정도 어려움을 보이며, 자신이 할 수 있는 일에 있어서 어느 정도 제약이 있다. 이러한 수준의 뇌성마비를 보이는 사람이라면 전동식 휠체어 운전을 위한 특수한 기구나 특별히 고안된 컴퓨터 입력기구 등의 보조공학 도구가 필요할 수 있다. 중도(severe) 뇌성마비를 갖고 있는 사람은 활동에 상당한 제한이 있으며, 몸이나 목을 거의 움직이기 어렵고, 구축되거나 기형화된 사지를 가지고 있으며, 대부분의 일상생활을 하기 위해서는 도움이 필요하다(Best & Bigge, 2005).

뇌성마비를 초래하는 뇌손상은 시각장애, 청각장애, 언어장애, 발작, 섭식문제, 비정상적인 성장, 학습장애, 정서 및 행동 장애, 주의력결핍 과잉행동장애(ADHD) 등의 또 다른 문제들을 야기하기도 한다.

뇌성마비인의 약 50~60%는 경한 수준에서 심각한 수준에 이르는 인지장애를 보이기는 하지만(Pellegrino, 2002), 뇌성마비를 보인다고 해서 반드시 인지적 결함이 있는 것은 아니라는 사실을 이해할 필요가 있다. 사실상 중도 뇌성마비 장애인이 갖고 있는 실제 인지 수준을 가늠하기는 쉽지 않다. 표준화된 지능검사는 중도 뇌성마비 장애인이 결함을 보이는 언어 및 운동 능력을 통해 드러나기 때문에 그들의 정확한 인지 수준을 파악하기란 매우 어려운 일이다(Best & Bigge, 2005; Willard-Holt, 1998).

뇌성마비로 반드시 인지장애를 갖게 되는 것은 아니다.

2) 근이영양증

뇌성마비처럼 근이영양증(muscular dystrophy)도 우리 사회에 비교적 잘 알려진 장애다. 불행하게도 이 장애는 대개 청소년기나 성인 초기에 말기 상태로 진행된다. 근이영양증이 있을 경우 근육조직이 점점 퇴화되어 지방조직으로 변화한다. 이 장애의 가장 일반적인 유형은 모체에 의해 남아에게 유전되는 듀센 근이영양증(Duchenne muscular dystrophy: DMD)이다. 모체에 의해 유전되지만 모체는 증후를 보이지 않는다(Leet, Dormans, & Tosi, 2002).

뇌성마비와는 달리, 근이영양증은 퇴행성 질병으로 시간이 지날수록 증상이 악화되고 중추신경계 결함은 보이지 않는다. 근이영양증은 2~6세의 유아기에 종아리가 남달리 굵어 보이는 초기 증상이 나타나기 시작한다(이러한 상태를 가성비대[pseudohypertrophy]라고 한다.). 이는 실제로 다리의 근육조직이 지방조직으로 대체된 것으로 점차 아동의 다리는 쇠약해진다. 일반적인 자세로 서는 것이 어려워지면 아동은 손으로 바닥을 짚고 힘을 주어 밀면서 일어서야만 한다. 계단 오르내리기나 달리기, 점프와 같은 활동이 거의 불가능해지고 쇠약해진 다리 때문에 허리를 굽혀서 걸어야 한다.

근육쇠약이 다리뿐만 아니라 체간과 팔에도 점차 나타나게 되며, 조만간 아동은 걷기능력을 상실하고 휠체어를 이용해야만 한다. 등의 근육은 쇠약해져서 척추만곡(scoliosis, curvature of the spine)이 나타나게 된다. 이러한 증상이 나타나면 등을 곧추세우기 위해 금속막대를 삽입하는 수술을 할 수도 있다.

• 생각해 봅시다 #5

아동의 죽음을 경험해 본 적이 있는가? 근이영양증과 같은 질병으로 아동이 사망한 경우 학급 친구들에게 어떻게 말하겠는가?

• 생각해 봅시다 #6

놀랍게도 근이영양증과 기타 퇴행성 질병을 갖고 있는 많은 학생이 의미 있는 삶을 주도하며 매우 긍정적인 태도를 유지하고 있다. 그들이 긍정적인 태도를 유지할 수 있도록 교사는 어떤 지원을 할 수 있겠는가?

점점 쇠약해짐에 따라 이동을 위해서 수동 휠체어보다는 전동 휠체어를 사용해야 한다. 심지어 머리를 세우고 있는 것조차 힘들어지고, 종국에는 폐와 심장에 문제가 생겨 사망하게 된다(Leet et al., 2002).

근이영양증이나 다른 유사한 말기 증세를 보이는 아동을 위해 교사는 아동이 현재의 삶이 가치 있다는 생각을 가질 수 있도록 도와주는 것이 중요하다. 이것은 단순히 다른 아동들과 마찬가지로 이러한 질병을 앓고 있는 아동에게도 좋은 교사가 되는 것이 필요하다는 것을 의미한다.

교사는 학생이 충분히 가치 있고 쓸모가 있으며 중요한 사람이라는 태도를 유지해야 한다. 근이영양증을 가진 학생을 특별 대우를 하는 것(예: 학습규칙을 변경하거나 부적절한 행동을 무시하는 등)은 또래로부터 대상학생을 소외시킬 수 있으며, 그가 다른 사람만큼 중요하지 않다는 의미로 잘못 전달될 수도 있다. 학생이 최선을 다하기를 기대하면서 체계적인 지원을 제공하는 것이 정신건강에 도움이 된다(Best, 2005b. p. 50).

3. 기타건강장애의 정의와 기타건강장애 학생의 주요 특징

지체장애처럼 특정한 만성적 건강장애도 학생이 적절한 교육을 받는 데 심각한 영향을 줄 수 있다. 만성적 건강장애는 다른 장애에 동반될 수도 있지만(예: 발작 증상을 보이는 뇌성마비 학생의 경우처럼), 대개의 경우 건강장애 자체가 주 장애로 나타난다. 미국 교육부는 다음과 같이 밝히고 있다(1장의 〈표 1-2〉 참조).

> 기타건강장애(other health impairment)란 제한된 체력, 활력, 민첩성을 나타내는 것을 의미한다. 환경 자극에 대한 지나친 민감성을 포함하며, 이것은 교육환경에서의 제한된 민첩성을 가져온다. 이는 천식, ADHD, 당뇨, 간질, 심장병, 혈우병, 납중독, 백혈병, 신장병, 류머티즘, 겸상적혈구성 빈혈 등 만성적이거나 급성적인 건강문제로 비롯될 수도 있으며, 아동의 교육적 수행에 부정적인 영향을 미친다.

ADHD는 특수교육 서비스를 제공받기 위해서 건강장애로 분류된다. 그러나 상대적으로 높은 출현율을 보이므로, 이 책에서는 별도의 장에서 다룬다.

대개 건강상의 문제는 비교적 심각하지 않고 시간이 지나면 회복될 수 있지만, 보다 심각한 건강상의 문제는 학생의 학습에 상당한 악영향을 줄 수 있으며 '기타건강장애' 로 분류될 만한 수준의 장애를 가져올 수 있다. 그럴 정도로 심각하지 않더라도 건강상의 문제로 504조 계획의 대상자가 될 수 있다. 헌트 선생님이 학생이 갖고 있는 건강문제에 의한 어려움에도 불구하고 적절한 학습성취를 하는 데 필요한 단계들을 취한 것과 같이, 학교와 교사에게는 어떤 경우라도 의무적으로 해야 할 일들이 있다.

지난 20년 동안 건강장애로 분류된 학생 수는 상당히 증가하고 있다(DePaepe et al., 2002). 〈표 14-2〉에는 교사가 학교에서 좀 더 자주 직면할 수 있는 만성적인 건강장애 목록과 함께 그 특성 및 원인을 제시하였다. 다음에서는 많은 교사들이 가장 염려하는 세 가지 상태의 건강장애 즉, 천식, 간질, 후천성면역결핍증(HIV/AIDS)에 대해 살펴보자.

〈표 14-2〉 학교에서 비교적 자주 볼 수 있는 만성적인 건강장애 상태

상 태	원 인	학급에서의 고려점
천식		
천식은 만성적인 폐의 상태다. 호흡이 곤란하거나 숨을 가쁘게 쉬고, 기침, 과다한 점액과 땀 분비, 흉통 등의 증세를 보인다. 다양한 유발인자가 있으며, 미세 먼지, 담배연기, 애완동물의 비듬, 차고 건조한 공기, 격렬한 신체적 움직임 등이 원인이 될 수 있다.	천식은 알레르기나 다른 물리적인 요인에 의해 발생한다. 천식 증세는 정서적 반응으로 나타나는 것은 아니나, 극심한 울음이나 웃음 등이 천식 증세 유발에 영향을 줄 수 있다. 학령기 아동들의 약 5~10%가 천식을 갖고 있으며, 도심 지역에 거주하는 경우 발생률이 더 높다.	교사는 천식을 유발할 만한 항원들을 교실에서 제거하거나, 최소한 천식을 앓는 아동이 항원에 가까이 가지 않도록 해야 한다. 교사는 아동의 약물 복용에 대해 알고, 복용 지침에 따라 가정과 학교에서도 적절하게 복용할 수 있도록 관리해야 한다. 결석을 자주 할 수 있으므로 다른 아동들과 잘 지낼 수 있도록 지원적인 환경을 갖추어야 한다.
HIV/AIDS		
HIV/AIDS를 보유하고 있는 아동의 질병은 시간이 지날수록 점진적으로 진행된다. 운동지체와 인지지체를 보일 수도 있고, 신경학적 문제나 발작 혹은 메스꺼움이 나타날 수도 있다. 대부분은 10세 이전이나 더 이른 시기에 사망한다.	HIV는 성적 접촉에 의해 감염되거나, 오염된 혈액, 혈액 부산물 또는 조직에 노출되거나, 모체로부터 태아나 영아에게 감염될 수 있다. HIV/AIDS를 보유하고 있는 대다수의 아동들은 출생 전이나 출생 시, 수유 중에 모체를 통해 감염된다.	AIDS 보유 아동들 중 일부는 학습장애를 보이거나 ADHD와 언어기술에서 어려움을 보인다. 그들의 요구에 부합하기 위해서는 반드시 개별화된 교수가 필요하다. 교사는 모든 신체적 분비물과의 접촉을 피하기 위해서 보편적 예방 절차(universal precautions)를 따라야 하지만 HIV/AIDS는 일상적인 접촉을 통해 감염되지는 않는다.
겸상적혈구성 빈혈		
정상적인 혈류에 폐색이 일어나는 질병이다. 프리아피즘(고통스럽게 지속되는 발기)뿐만 아니라 팔, 다리, 가슴, 복부의 통증을 유발한다. 비장, 간, 신장 등 대부분의 장기를 손상시킨다. 겸상적혈구성 빈혈을 갖고 있는 유아들은 특정 박테리아에 쉽게 감염된다.	겸상적혈구성 빈혈은 유전적인 혈류장애다. 겸상적혈구 세포가 작은 혈관을 막아서 혈액이 신체 각 부분에 충분히 도달하지 못하게 된다. 정상적인 혈류를 받지 못한 조직은 점차적으로 손상된다. 이것이 겸상적혈구성 빈혈의 합병증을 일으킨다.	겸상적혈구를 가지고 있는 학생은 통증과 입원으로 잦은 결석을 하게 되므로 보충지원과 과제를 제공하여 학습 진도를 유지하는 데 도움을 줄 수 있다. 충분히 수분을 공급하고 화장실의 사용을 허용하며, 지나치게 높거나 낮은 온도를 피하는 것이 중요하다.

간질		
간질은 발작을 유발하는 신경학적 상태다. 여러 유형의 간질이 있는데, 가장 흔한 유형은 전신 긴장성 대발작으로 과거에는 대발작이라고도 했다. 이러한 발작이 일어나면 지각력을 상실하고 활동이 중단되며 의식을 잃게 된다. 그런 다음 경직과 경련이 나타난다.	간질은 뇌의 비정상성에 의한 것이다. 이 비정상성은 뇌의 성장기에 발생하기도 하지만, 이후의 외상에 의해 생기기도 한다. 발작이 있을 때에는 뇌에서 과다한 비정상적인 전기 방전이 동시에 발생한다. 여러 상태가 발작을 유발할 수 있는데, 발작이 반복될 때만 간질로 진단된다. 간질은 가장 흔한 신경체계 질병 중 하나다.	학생이 발작을 하면 교사는 침이나 구토물로 기도가 막히지 않도록 옆으로 눕히고, 목 주변의 옷을 느슨하게 해 주며, 머리가 바닥에 부딪히지 않도록 부드러운 것으로 받쳐 주어야 한다. 입에는 아무것도 넣어서는 안 되며, 5분 이상 발작이 지속된다면 응급처치 요원을 부르고 발작의 경과에 대해 기록해야 한다.
암		
암은 비정상적인 세포가 퍼진 상태다. 아동에게 가장 많이 나타나는 암의 유형은 백혈병과 뇌종양이다. 화학요법 치료는 학습능력의 손상과 같은 여러 부작용을 가져올 수 있다. 메스꺼움, 체중 감소나 증가, 성장부진 등도 나타날 수 있다.	대부분의 경우, 암의 원인은 밝혀지지 않았다. 다운증후군이나 다른 염색체 또는 유전 질환과 함께 나타나기도 하고 환경적 요인도 있다고 하지만 아직 증명되지는 않았다. 해마다 1,500명 정도의 아동들이 암으로 사망한다.	암에 걸린 아동은 종종 고통스럽고 지쳐 있으며, 따라서 주의집중과 학습에서 어려움을 겪는다. 많은 아동이 학습장애로 진단된다. 면역체계가 억제되어 다른 아동들로부터 쉽게 감염된다. 때에 따라 증세가 호전되기도 하고 악화되기도 한다. 되도록 활동에 대한 참여가 권장되어야만 하지만, 신체활동과 학교에서 보내는 시간을 줄이는 것이 필요하기도 하다.
제1유형 당뇨병		
제1유형 당뇨병은 소아당뇨나 인슐린 의존 당뇨라고 불린다. 인슐린을 생산하는 췌장의 세포들을 파괴하는 자가면역질환으로, 아동기나 청년기에 주로 발병하지만 어느 연령에도 발병이 가능하다. 이 당뇨병이 있는 아동은 인슐린 주사를 맞아야 한다. 약복용을 하지 않는다면 매우 갈증을 느낄 수 있으며, 자주 소변이 마렵고, 체중 감소와 허약함을 보인다.	제1유형 당뇨병은 제2유형 당뇨병보다 적게 나타나서 전체 당뇨병의 약 5~10%를 차지한다. 췌장이 인슐린을 분비하지 못하기 때문에 나타나는 것으로, 인슐린이 없으면 신체는 음식에서 섭취된 당과 지방을 사용할 수 없다. 당이 혈액세포에 들어가지 않으면 혈당이 상승하고 신체 손상을 가져온다. 당뇨병은 유전적인 영향이 있지만 적절한 식이요법과 운동을 통해 예방과 감소가 가능하다.	당뇨병이 있는 학생은 다른 친구들과 대부분의 활동에 참여할 수 있지만 몇 가지 주의가 필요하다. 혈당을 점검해 필요하다면 인슐린 주사를 맞을 개인 공간이 필요하고, 다른 학생들보다 더 자주 화장실을 가야 하며, 간식을 더 자주 먹어야 한다. 저혈당이 일어나는 경우, 땀이 나고 창백해지며 몸이 떨리고 허기지며 쇠약해진다. 이는 응급처치의 필요를 보여 주는 신호다.

포낭섬유증		
포낭섬유증(cystic fibrosis: CF)은 분비물을 분비하는 주요 신체기관에 영향을 주는 질병이다. 포낭섬유증은 주로 폐에 영향을 주어 기도폐쇄를 유발하고, 소화기관에 영향을 주어 점액이 소화효소 분비를 방해한다. 정상적인 분비가 점액에 의해 방해되고, 낭포를 만들어 상처 난 조직에 둘러싸이게 된다.	포낭섬유증은 신생아 2,000명 중 1명의 비율로 발생하는 유전질환이다. 이 질환이 유전되기 위해서는 양부모 모두 보인자이어야만 하고, 여아와 남아가 동일하게 영향받는다. 이 질병을 앓게 되면 일반적으로 청소년기와 청년기 사이에 사망하게 된다.	포낭섬유증을 앓고 있는 학생은 흉부의 점액을 누그러뜨리기 위해 하루에 한두 번씩 흉부 물리요법을 받아야 한다. 대개의 경우 학교에 가기 전이나 후에 이러한 물리요법을 받지만 학교에 있는 동안에도 소화효소와 다른 약물을 섭취할 필요가 있다. 소화문제는 장 운동에 영향을 주는데, 이 경우 사생활이 중요한 쟁점으로 등장한다. 사회적 통합을 향상시키기 위한 접근이 필요할 수 있다.

1) 천식

천식(asthma)은 미국의 경우 수백만 명의 아동들에게 영향을 미치고 있을 뿐만 아니라, 세계적으로도 빈곤한 도시와 국가에서 증가 추이를 보이고 있는 폐 관련 만성 질병이다(American Lung Association, 2005). 너무나 많은 아동이 천식을 앓고 있기 때문에, 특히 도시에 위치한 학교의 경우 교사는 자신의 학급에서 한두 명의 천식 아동을 만날 확률이 매우 높다.

천식을 앓게 되면 호흡이 곤란하거나 숨을 가쁘게 쉬고 기침, 과다한 점액 및 땀 분비, 흉통 등의 증세를 보인다. 아동이 천식을 앓게 되면 환경에 있는 자극물질에 민감하게 반응하게 된다. 자극물질은 항원이거나 외부 물질일 수 있으며 폐에 침입하여 항체를 만들어 낸다. 항체가 항원에 반응하면 폐가 팽창하도록 하는 화학물질을 배출하고, 점액 분비를 증가시키며, 흉부의 근육을 압박한다. 천식 환자의 절반 정도는 알레르기 형태의 질병을 갖고 있거나 기타 알레르기를 갖고 있다. 알레르기에 영향을 주는 항원은 먼지나 담배연기, 애완동물의 비듬 등일 수 있다. 그러나 차갑거나 건조한 공기 혹은 운동과 같은 것에 알레르기가 있어 그것이 외적 요인으로 작용하여 천식 증세가 유발될 수도 있다(AAAAI, 2005; Best, 2005a).

천식은 매우 위험하고 때로는 생명을 위협할 수도 있을 뿐 아니라 학생의 학습에 영향을 줄 수 있다. 미국 천식 및 알레르기 학회(American Academy of Asthma Allergy and Immunology[AAAAI], 2005)는 통계적으로 볼 때 1년 동안에 천식 아동은 총 1,000만 번 결석을 하고, 270만 번 병원을 방문하며, 20만 번 입원을 한다고 밝혔다. 따라서 학습할 기회를 잃게 되고 사회적 활동과 여가활동을 할 기회가 줄어드는 것이 문제다.

천식은 수백만 명의 아동들에게 영향을 주고 있으며, 특히 도심이나 빈곤한 국가에 거주하는 아동들에게 영향을 준다.

많은 사람이 천식은 정서적인 원인으로 생긴다고 생각하기도 했다. 현재 천식은 알레르기나 그 밖의 물리적인 요인에 의해 발생한다고 알려졌다. 그러나 천식과 정서 간에는 중요한 상호작용이 있다. 예를 들어, 심하게 웃거나 화를 내는 것과 같은 극도의 정서적 반응은 천식 증세를 유발할 수 있을 만큼 호흡에 영향을 준다. 아울러 또래들은 잦은 천식 증세를 보이는 아동을 회피할 수 있는데, 이는 사회적 고립감을 야기한다. 부모와 교사는 천식 증세를 유발할 수 있는 지나친 활동을 막기 위해 놀이나 여가활동을 제한하기도 한다(Best, 2005a). 정서가 천식 증세를 유발한다고 할 수는 없지만 천식을 앓는 것은 당사자의 정서적 상태에 영향을 줄 수 있음을 기억해야 한다.

2) 간질

전신 긴장성 대발작과 같은 심각한 형태의 발작을 한 번도 본 적이 없는 사람이라면 이를 처음 대할 때 두려움을 느낄 수도 있다. 전신 긴장성 대발작이 일어날 때 나타나는 첫 증세는 주의력을 상실하고 멍하게 있는 것이다. 그런 다음 하던 활동을 멈추고, 의식을 잃은 채 바닥에 그대로 쓰러져 근육이 경직되면서 경련이 시작된다. 일단 경련이 시작되면 경직이 약간 풀리고 팔이나 다리의 떨림이 나타난다. 어느 정도 발작이 진행된 후에는 방광에 대한 통제력을 잃기도 하고, 울거나 침을 흘리기도 한다. 몇 분이 지나서 졸음이 오고, 몇 분 혹은 몇 시간 동안 잠들어 버린다(Weinstein, 2002).

발작은 뇌의 비정상적인 전기방전에 의한 것으로서 상대적으로 흔하게 일어나는 현상은 아니다. 고열이나 급성적인 뇌손상이나 감염 등에 의해서도 발작이 일어날 수 있다. 이런 경우에는 단발적으로 발작이 일어날 뿐 반복되지는 않는다. 열성 발작(febrile seizure)이 그 좋은 예다. 5세 미만 아동의 약 5%는 섭씨 39°(화씨 102°) 정도의 고열 증세가 있을 때 열성 발작을 경험한다. 이 중 약

80%는 단발적인 발작으로 끝난다(Weinstein, 2002).

반면, 간질(epilepsy)은 발작을 나타나게 하는 신경학적인 상태다. 간질은 정기적으로 발작을 유발하는 뇌의 비정상성이 존재한다. 어떤 경우에는 발작만 나타날 수도 있지만, 어떤 경우에는 뇌성마비나 인지장애가 함께 나타나기도 한다. 그러나 간질 증세를 보이는 대부분의 사람이 다른 증상을 함께 갖고 있지 않으며, 그들의 인지나 신체 능력은 정상이다. 또한 일반적으로 약물처방을 통해 발작 증세를 통제하고 있다(Epilepsy Foundation, 2005; Weinstein, 2002).

발작은 비정상적인 전기방전이 뇌의 특정한 한 부분에서 시작될 수도 있고, 뇌의 전반에서 시작되어 유발될 수도 있다. 때때로 부분적 시작은 뇌의 시작 지점에만 국한되기도 하지만(단순 부분발작, simple partial seizure), 어떤 경우에는 뇌의 다른 부분으로 퍼져 나가기도 한다(복합 부분발작, a complex partial seizure). 교사는 발작이 뇌의 어느 부분에서 시작되었는지는 알지 못한다 할지라도 발작 형태는 비정상적인 전기방전이 일어난 뇌의 특정 부위에 따라 달라진다는 사실은 알 필요가 있다. 학교에서 발작이 일어나는 경우, 교사는 세 가지 유형의 발작 형태인 부재발작(absence seizures), 전신 긴장성-간대성 발작(tonic-clonic seizure), 중첩증(status epilepticus)에 대해 이해하고 있어야 한다.

- **부재발작**: 소발작(petit mal, little bad)이라고도 한다. 전신발작이지만(뇌의 전반에서 시작되므로) 상대적으로 심각성이 덜하다. 일반적으로 3~12세의 아동들에게서 나타난다. 발작이 일어나면 30초 정도 의식을 잃게 된다. 때때로 발작이 일어날 때 잠깐 몽상을 하는 것으로 오해받기도 하지만 발작이 끝날 때까지는 아동에게 어떤 반응도 이끌어 낼 수 없다. 이러한 소발작이 대발작으로 변하기도 한다. 적절한 처치가 없다면 하루 동안에도 몇 백 번의 소발작을 경험할 수 있다.
- **전신 긴장성-간대성 발작**: 대발작은 부분적으로 일어나거나 전신으로 일어날 수 있다. 소발작과는 매우 다른 증상을 보이고, 대발작(grand mal, big bad)이라고도 한다. 부분발작인 경우 몸의 한 부분만 영향을 받지만, 전신발작인 경우는 몸 전체가 영향을 받는다. 어느 경우에는 발작이 뇌의 한 부분에서 시작되지만 다른 부분들로 옮겨지기도 한다. 이런 경우 경직과 경련이 전신에 번갈아 나타나는데 이를 잭슨 발작(Jacksonian seizure)이라고 한다. 전신발작은 아동에게서 볼 수 있는 가장 일반적인 발작 형태다.
- **중첩증**: 발작의 한 형태라고 보기에는 어렵지만, 발작이 일반적인 경우보다

더 오래 지속될 때의 상태를 말한다. 응급처치가 필요할 수 있으며, 전신발작은 대개의 경우 2~3분이면 끝나고, 소발작은 이보다 더 짧게 지속된다. 그러나 발작이 짧은 시간 내에 끝나지 않으면 중첩증이 일어나는 것이며, 생명을 위협하거나 영구적인 뇌손상을 가져올 수 있다. 발작이 5분 이상 지속되는 경우 중첩증을 의심하고 즉각적으로 의료처치를 해야 한다.

발작의 발생이 두려울 수도 있지만, 일단 발작 상황을 다룰 수 있게 되면 거의 일상적인 활동처럼 차분하게 대처할 수 있게 된다. 아동이 발작 병력을 가지고 있는 경우, 교사는 다음과 같은 주요한 역할을 수행해야 한다. 첫째, 발작이 일어나는 동안 보조한다. 둘째, 발작에 의해 생길 수 있는 스트레스를 학생이 통제할 수 있도록 도와준다. 셋째, 발작과 관련된 정보를 기록하고 보고한다. '학생사례 탐구'에서는 발작이 진행되는 동안 취해야 할 적절한 행동에 대해 설명하고 있다.

3) 후천성면역결핍증

후천성면역결핍증(HIV/AIDS)은 최근 25~30년 사이에 많이 듣게 된(의료계에서는 많이 배우게 된) 심각한 질병이다. 선진국에서는 예방과 치료에 많은 진전을 보이고 있으나, 빈곤한 후진국에서는 질병을 예방하는 프로그램과 효과적인 의료처치가 부족한 상태이며 사망의 주원인이 되고 있다(NIAID, 2004).

사실상 HIV/AIDS는 많은 아동 사이에서 만성적 질병이 되었다. 교사는 HIV/AIDS를 갖고 있는 대부분의 아동이 태어나기도 전이나 태어나면서 혹은 수유기 때 모체로부터 전염되었다는 사실을 알아야 한다.

HIV는 다음 세 가지 방식 중 하나의 경로로 감염된 사람에게서 다른 사람에게로 전염될 수 있다. 즉, 성행위를 통해 전염되거나, 청결하지 못한 주사바늘을 통해 감염된 혈액조직이나 혈액에 노출되거나, 모체로부터 태아나 영아에게 전염되는 것이다. 그러나 HIV에 감염된 모체로부터 태어난 모든 영아가 이 바이러스를 갖게 되는 것은 아니다. 임신한 여성이 항AIDS 약물을 복용하며 적극적으로 치료를 받거나 제왕절개를 통해 아기를 출산하였다면, 영아에게 전염되지 않을 수도 있다. 또 의사가 의료적인 예방 절차를 준수하고 어머니가 영아에게 모유 수유를 하지 않는다면, 영아가 HIV에 걸릴 위험은 매우 낮아진다.

• 생각해 봅시다 #7

당신이 만약 HIV/AIDS에 걸린 학생을 가르치게 된다면, 이 학생에게 어떤 감정을 갖게 될지 생각해 보라. 질병에 감염될 것에 대해 우려하겠는가?

학생사례 탐구

발작이 일어날 때 교사의 대처방법

교사가 발작을 하는 학생을 도와야만 할 경우가 생길 수 있다. 발작은 심각한 장애를 가진 학생에게서 더 자주 나타날 수 있지만, 경도장애를 갖고 있거나 때에 따라서는 장애가 전혀 없는 학생에게서 나타나기도 한다. 드물게는 발작을 한 번도 한 적이 없거나 발작과 관련된 병력을 갖고 있지 않은 학생이 발작을 할 수도 있다. 이럴 경우 매우 놀랄 수 있지만 당황할 필요는 없다. 아직도 많은 사람이 간질과 그 발생 원인에 대해 잘못된 생각과 두려움을 갖고 있는 것이 사실이다. 당신이 교사로서 발작을 하는 학생을 돕게 된다면 다음의 지침을 따르면 된다.

대처전략

- 첫째, 일단 발작이 시작되면 인위적으로 멈추게 할 수 없으므로 멈추게 하려고 노력해서는 안 된다. 소발작의 경우라면 발작이 15분 이상 계속 반복되지 않는 한 특별한 대처방법은 없다. 소발작이 15분 이상 반복될 경우에는 응급의료 처치를 요청해야 한다.
- 긴장성 대발작인 경우에는 학생을 눕히고 구토물이나 침 때문에 기도가 막히지 않도록 옆으로 돌려놓는 것이 필요하다. 가능하다면 쉽게 호흡할 수 있도록 목 주변의 옷을 느슨하게 해 주고, 경련 시 머리가 바닥에 직접 부딪히지 않도록 부드러운 베개나 쿠션을 머리 부분에 대어 주어야 한다.
- 발작이 일어나는 동안에는 대상학생이 치아를 악물 수 있다. 그러므로 입에는 아무것도 넣어서는 안 되며, 이물질이 기도로 넘어가지 않도록 계속해서 머리를 기울일 필요가 있다. 또한 인공호흡도 할 필요가 없으며, 발작이 진행되도록 놔두어야 한다.

일반적으로 바이러스에 감염되면 혈액검사를 통해 감염 여부를 확인할 때까지 6~12주가 걸린다. 그러나 국가 알레르기와 감염질병위원회(National Institute of Allergy and Infectious Disease: NIAID, 2004)에 따르면, 영아의 HIV 감염 여부를 확인하는 것은 어려울 수 있다. 영아의 경우 질병의 증후를 보이지 않을 수 있고, 18개월이 될 때까지는 혈액검사 결과도 잘못 해석될 수 있다. 이는 이 시기까지는 영아도 모체의 HIV 항체를 그대로 가지고 있을 수 있기 때문이다. 이것은 영아가 바이러스를 가지고 있지 않아도 검사 결과가 양성으로 나올 수 있음을 의미한다. 최근의 과학연구들을 통해 보다 정확한 영아 혈액검사를 위한 새로운 접근방식이 개발되고 있다.

아동의 검사 결과가 양성으로 나온다고 할지라도 아동에게 눈에 띌 만한 영

- 중첩증의 경우에는 발작이 계속해서 지속된다. 만약 5분 이상 발작이 지속된다면 응급요원에게 연락을 해야 한다(119에 연락하거나 학교 행정실에 연락함)
- 발작이 끝난 후에는 조용한 장소에서 휴식을 취할 수 있게 해 준다. 깨어나면 학생을 편안하게 해 주고 일상적인 활동으로 돌아갈 수 있게 격려해 준다.
- 발작과 관련된 결과(소변이나 대변의 조절을 잃는 경우와 같이)로 학생이 당황스러워할 경우에는 상담을 제공한다. 대상학생과 학급 학생들에게 발작의 특성을 설명하면서 그 상태에 대한 이해를 도울 수 있다.
- 발작이 일어날 때마다 발작을 시작한 시간과 끝마친 시간을 포함하여 발작 상태에 대해 기록해야 한다. 발작 진행과정 및 발작 이후의 과정뿐만 아니라 교사 대처전략에 대해서도 기록한다. 이 기록을 부모나 의료진에게 제공한다.

발작의 원인은 무엇이며 어떻게 대처해야 하는지에 대한 더 많은 정보는 다음을 참고하라.

간질재단, http://www.epilepsyfoundation.org/
국가신경장애 및 간질연구소, http://www.ninds.nih. gov/disorders/epilepsy/epolepsy.htm

적용하기

- 당신 학생 중 한 명이 발작을 한다면 차분하게 그 학생을 도와줄 수 있겠는가? 당황하지 않을 수 있겠는가? 효과적으로 대처하기 위해 감정을 조절할 수 있겠는가?
- 만약 당신이 발작을 한다면 사람들이 어떻게 대할 것 같은가?

향을 주지 않은 상태로 몇 년 동안 바이러스가 성장할 수도 있다. 바이러스가 AIDS 변형으로 성장하기 위해서는 상당한 시간이 걸리며, 두 가지 유형이 있다. 첫 번째 유형은 HIV 양성반응 아동 중 약 20%에게서 1세 이전에 심각한 질병이 발생하고 일반적으로 4세 이전에 사망하는 유형이다. 두 번째 유형은 질병이 매우 천천히 진행되고 아동이 학령기 동안에도 생존할 수 있는 유형이다 (NIAID, 2004).

아동들에게서 나타나는 첫 번째 HIV 증세는 더딘 성장률과 더딘 체중 증가다. 운동기술과 인지발달에서의 지체도 발생할 수 있다. 어떤 아동들은 걷거나 협응하는 데 신경학적 문제를 가질 수도 있다. 발작이 나타나기도 하고 유치원이나 학교에서 활동을 하는 데 어려움을 가질 수도 있다. 학교에서 AIDS를 보

어떻게 HIV는 AIDS가 되는가?

치료받지 못한 HIV 질환의 주된 특징은 면역기능이 점차적으로 파괴되는 것이다. CD4 양성(CD4+) T세포라고 불리는 주요한 면역세포가 감염이 일어나는 과정 중에 기능을 상실하고 소멸하게 된다. T-helper라고도 불리는 이 세포는 면역반응에서 주요한 역할을 하며, 면역체계 안에 있는 다른 세포들이 자신들의 독특한 기능을 하도록 신호를 보낸다. 건강한 일반인은 대개 혈액의 1mm^{3}당 800~1,200개의 CD4+ T세포를 가지고 있다. HIV 감염을 치료받지 못한 상태에서는 혈액 속의 이 세포 수는 급속도로 감소하게 된다. CD4+ T세포가 200/mm^{3}로 떨어지게 되면 여러 감염질환과 HIV 질환의 최종 단계인 AIDS로 대표되는 암에 취약하게 된다. AIDS에 걸린 사람은 체중이 감소하고 잦은 설사와 신경계 이상 및 카포지 육종(Kaposi's sarcoma)이라는 암에 걸리기 쉬울 뿐만 아니라 폐와 내장, 뇌, 눈 등 기타 신체기관의 감염에 시달리게 된다.

많은 과학자는 HIV가 CD4+ T세포의 정상적인 기능을 방해함으로써 사람의 면역기능을 떨어뜨려 AIDS를 유발한다고 생각한다. 예를 들어, 정상적으로 사람의 면역 반응을 규제하는 신호를 보내는 분자 네트워크는 HIV 감염에 의해 붕괴되고 다른 감염에 저항하는 능력이 손상된다. 림프절과 기타 관련된 면역기관의 HIV에 의한 손상은 AIDS 환자에게서 볼 수 있는 면역 억제 유발에서 주요한 역할을 한다. HIV에 의한 면역 억제는 HIV 활성 주기를 방해하는 약물이 CD4+ T세포와 면역기능을 보존할 뿐만 아니라 임상적 질환을 늦출 수 있다는 사실을 통해서도 확인되었다.

그림 14-1

유하고 있는 일부 아동은 학습장애로 분류되고, 어떤 아동들은 ADHD나 언어기술에 문제가 있다고 분류된다. 아동은 종종 구토를 유발하는 메스꺼움을 느끼고 허약해지고 통증을 느끼게 된다. 질병의 마지막 단계에 이르면 AIDS가 발생하고, 폐렴에 감염되거나 특정한 유형의 암이나 기타 질병의 공격을 받게 되어도 면역체계의 문제로 저항할 수 없게 된다(Best, 2005a; NIAID, 2004).

HIV가 AIDS를 발병시키는 방식은 치료만큼이나 복잡한 과정이다([그림 14-1] 참조). 그러나 현재와 미래의 의학 진보를 통해 HIV에 감염되었다고 해서 필연적으로 AIDS가 발병되지는 않게 될 것이다. 당신이 만약 HIV/AIDS에 감염된 아동을 지도하는 교사가 된다면 그것을 불치병으로 보기보다는 만성적 질환으로 생각하는 것이 바람직하다.

4. 출현율과 경향

2001~2002학년도에 전체 학령기 아동 중 약 0.03%의 아동이 TBI를 갖고 있

고, 약 0.11%의 아동은 지체장애를 가지고 있으며, 약 0.59%의 아동은 기타건강장애를 갖고 있는 것으로 보고되었다(U.S. Department of Education, 2005). 모두 합치면 전체 학령기 아동 인구의 약 1%에도 미치지 못하는 수치다.

• **생각해 봅시다 #8**
당신이 일반교사가 된다면 당신의 학급에서 얼마나 많은 TBI나 지체장애, 기타건강장애를 가진 아동들을 만날 것이라고 예상하는가? 20년 전보다 이러한 학생들을 더 많이 만날 것 같은가, 아니면 더 적게 만날 것 같은가?

그러나 이러한 수치는 약간 오해의 소지를 낳을 수 있음에 주의하자. 이 수치는 특수교육 서비스를 받기 위한 특정 범주의 장애를 가진 것으로 분류된 학생들의 수에 기초한 것이다. 다른 말로 하면, (1) 인지장애 범주에 속한 뇌성마비 학생과 같이 다양한 신체 및 의료 요구를 가지고 있으나 다른 장애 범주로 분류된 학생, (2) 다양한 신체적·의료적 상태를 가지고 있으나 특수교육법의 분류보다는 504조에 해당되는 학생들, (3) 천식이나 간질과 같은 상태를 가지고 있으나 특별히 공교육체계 내의 특수교육 서비스가 필요 없을 정도로 관리를 잘할 수 있는 학생들 등은 포함되지 않은 것이다.

교사는 앞에서 기술한 상태의 하나 혹은 그 이상을 보이는 학생들을 만날 수 있으므로 다음과 같은 특정 상태에 대한 수치 자료를 살펴보는 것이 유용할 것이다.

1) 외상성 뇌손상

아동들은 매년 25명 중 1명 꼴로 두부손상으로 치료를 받으며, 500명 중 1명 꼴로 TBI로 고통을 받는다. 이것은 100만 명이 넘는 학령기 아동들이 매년 뇌상해를 입는다는 것을 의미한다. TBI는 아동기 사망과 장애의 가장 흔한 원인으로 여겨지고 있다(Best, 2005b; Keyser-Marcus et al., 2002).

2) 지체장애

뇌성마비는 1만 명 중 23～28명의 아동들에게서 발생한다. 이 가운데 약 80%의 아동이 경직형 뇌성마비를 보이고 있으며, 그중 75%의 아동은 간질이나 인지장애와 같은 최소한 하나의 다른 장애를 동반하고 있다(National Center on Birth Defects and Disabilities, 2004). 출생한 남아 3,500명 중 1명에게 듀센 유형의 근이영양증이 유전되고, 2만 명 중 1명에게 베커 유형의 근이영양증이 유전된다(Batshaw, 2002). 이분척추의 가장 심각한 상태인 척수수막류는 거의 출생아 1,000명 중 1명에게서 발생한다(National Dissemination Center for Children with Disabilities, 2004).

3) 기타건강장애

미국에는 특히 도심 지역에서 500~600만 명의 아동이 천식으로 고생하고 있다. 미국 아동의 20명당 1명에서 10명당 1명 사이의 아동이 천식을 갖고 있다(American Lung Association, 2005). 270만 명이 넘는 미국 아동이 간질을 앓고 있으며, 매년 18만 1,000명의 미국인에게서 발작이 발생하고 간질이 발병된다(Epilepsy Foundation, 2005). 2003년 말에는 103만 9,000~118만 5,000명의 미국인이 HIV/AIDS를 갖고 있는 것으로 보고되었다. 2003년에 미국에서 AIDS로 진단된 수는 약 4만 3,171명이다. AIDS에 감염된 성인과 청소년은 전체적으로 약 4만 3,113명이나, 13세 이하에서는 59명의 아동이 AIDS에 감염된 것으로 보고되었다(Centers for Disease Control and Prevention, 2005a).

지난 2~3년 동안 일부 질병 발생률은 변화하였으며, 향후에도 더 많은 변화가 있을 것으로 예상된다. 아마도 미국에서 가장 극적인 변화는 HIV/AIDS 통제로 가능할 것이다. 빈곤한 국가들에서는 이 바이러스로 지속적인 어려움을 겪고 있는 반면, 미국이나 다른 부유한 국가들에서는 예방전략을 통해 HIV의 확산을 막고 있으며 의료처치를 통해 AIDS에 의한 사망을 줄이고 있다. HIV/AIDS와의 전쟁을 위해 의사들은 환자들을 지원하고 건강을 유지하도록 약물의 'cocktail'을 사용한다. 이러한 약물에는 바이러스의 성장 속도를 줄이기 위해 항종양 바이러스 약물과 박테리아 감염에 저항하기 위한 질병예방 항생제, 면역체계를 도와주는 정맥 면역 혈소 등이 포함된다. 그러나 이 약물들은 상당히 비싸기 때문에 빈곤한 국가에서는 그 혜택을 누릴 수가 없다.

HIV/AIDS에 비하여 다른 지체장애 및 건강장애는 최근 들어 유사한 발생률이나 증가율을 보이고 있다. 이분척추, 뇌성마비, 간질, 근이영양증과 같은 질병은 그 원인이 잘 알려져 있지 않거나 유전적인 영향을 받기 때문에 발생률에는 그 변화가 거의 없는 것으로 보인다. 한편, 악화된 환경으로 천식과 같은 질병의 발생률은 증가하고 있다.

5. 발생 원인

앞에서 설명한 여러 상태들은 다양한 요인에 의해 발생한다. 이 절에서는 좀 더 일반적인 원인 중 몇 가지에 대해 살펴보고자 한다.

1) 외상성 뇌손상

심각한 사고는 아동이나 청소년에게 외상성 뇌손상을 가져올 수 있다.

머리 부분의 상처가 아동의 의식 수준이나 뇌의 정상적인 체계를 변화시킬 정도로 심각할 때는 뇌손상을 입은 것으로 간주할 수 있다(Michaud et al., 2002). TBI는 낙상과 아동 학대가 많이 나타나는 5세 이전과 스포츠와 레크리에이션과 운전, 그리고 위험한 활동과 자살 등이 시도되는 청소년기에 가장 빈번하게 발생한다(Best, 2005b).

두 종류의 힘인 충격과 관성력이 뇌 상해를 초래할 수 있다. 충격은 두개골 골절이나 뇌의 일부분에 상처를 입히거나 두개골에 피가 고일 정도의 힘을 가지고 있는 무엇인가와 충돌할 때 발생한다. 관성적 상해는 뇌가 신경섬유와 혈관을 손상시킬 정도로 빠르고 거센 움직임을 경험할 때 발생한다. 대부분의 TBI는 두 가지 유형의 손상이 동시에 일어난 상태다(Michaud et al., 2002).

뇌손상이 일어난 부분이 어디며 얼마나 광범위하게 일어났는지에 따라 손상의 정도가 달라진다. 일반적으로 국소적인 뇌손상을 입을수록 더 좋은 예후를 보인다. 뇌손상이 넓게 퍼져 있을수록 더 많은 기능 영역들이 영향을 받게 되고 종종 더 심각한 결과를 낳는다. 뇌손상을 입은 사람은 의료 처치와 여러 영역에서의 재활치료가 필요하다. 뇌손상은 운동기능장애, 식사장애, 감각손상, 의사소통장애, 인지장애, 정서 및 행동 장애 등을 초래한다(Best, 2005b; Keyser-Marcus et al., 2002; Michaud et al., 2002).

아동기나 청소년기에 겪은 뇌손상의 영향은 성인기에도 계속 나타난다. TBI를 경험한 성인들이 얼마나 행복하고 성공적인 삶을 살 것인가는 그들이 그 영향을 얼마나 잘 보완하는가와 그들이 겪는 직업적·사회적 요구가 어떠한가에 달려 있다.

2) 지체장애

지체장애의 원인은 다양하다. 선천적일 수도 있으며 후천적일 수도 있다. 선천적인 원인에는 듀센형 근이영양증과 같이 유전적인 경우, 출생 전 모체가 탈리도마이드(thalidomide)와 같은 해로운 물질에 노출된 경우와 같이 비유전적인 요인에 의한 경우, 이분척추와 같이 원인을 알 수 없는 경우가 해당된다.

후천적인 원인에는 출생 전후로 발생한 특정 사건에 의한 경우, 사고나 질병 등에 의한 경우가 있다. 뇌성마비나 이분척추와 같은 경우에는 중추신경계의 손상과 관련이 있다. 일부는 근이영양증과 같이 퇴행성일 수도 있고 또 다른 경우는 관절염이나 사지결손, 척추만곡과 같이 근골격계와 정형외과적인 문제일 수 있다(Best, 2005b).

뇌성마비와 같은 신경학적인 손상은 여러 유형으로 나타날 수 있다(즉, 경직형, 무정위형, 혼합형). TBI처럼 뇌성마비의 유형도 뇌의 어떤 부분이 얼마나 광범위하게 손상되었나에 따라 다르게 나타난다(Best & Bigge, 2005; Griffin et al., 2002; Pellegrino, 2002). 장애 상태가 유전된 경우라면 부모 중 한쪽이나 양쪽 모두에게서 유전인자가 전달되었다. 그러나 부모로부터 장애를 유발하는 유전인자가 전달되었다고 하더라도 단지 아동이 유전인자를 보유하고 있거나 혹은 전혀 영향을 받지 않을 수도 있다. 예를 들어, 듀센형 근이영양증은 X염색체와 관련된 유전성 질환이다. 이것은 일반적으로 모체에 의해 남아에게 전달되는 것을 의미한다(Leet et al., 2002).

지체장애를 가진 사람들은 삶 전반에 걸쳐 장애의 영향을 받게 된다. 특히 근이영양증과 같은 퇴행성 질환은 상대적으로 수명도 단축되고 사망에 이를 때까지 그 상태가 점점 더 악화된다. 이분척추나 뇌성마비와 같이 퇴행성이 아닌 경우에는 삶의 단계를 거치면서 장애 당사자의 성격과 환경에 따라 직업 선택이나 사회적 · 정서적인 측면에서 다양한 도전을 받게 된다.

3) 기타건강장애

건강장애의 원인도 지체장애의 원인만큼이나 다양하다. HIV/AIDS와 같은 경우에는 바이러스를 통해 전달되고, 겸상적혈구성 빈혈이나 포낭섬유증 등은 유전적으로 전달된다. 당뇨병은 유전적 소인을 가지고 있지만 식사나 운동을 통해 환경적인 영향을 받을 수 있다. 그 밖의 천식, 간질, 암 등에 대해서는 전문가들도 명확하게 원인을 제시하지 못하고 있다. 건강장애를 가진 사람들에게서 기대되는 수명은 유아기 사망부터 약물, 식사, 그 밖의 의료처치 등의 질병 관리를 통한 정상적인 평균수명에 이르기까지 다양하다.

4) 교사의 질병 전염 가능성

• **생각해 봅시다 #9**

학교 교실이 전염성 질환이 전염될 수 있는 장소라고 생각해 본 적이 있는가? 이에 대해 우려하고 있는가?

'건강문제를 갖고 있는 아동이나 성인을 다루는 교사와 전문가들에게 특정 질병이 전염될 가능성은 얼마나 있는가?'라는 질문에 대한 답은 거의 그럴 가능성이 없다는 것이다. 특히 학생이 유전적으로 건강문제를 갖게 된 경우라면 교사에게 전염될 위험은 전혀 없다. 예를 들어, 학생이 걸린 겸상적혈구성 빈혈이나 포낭섬유증, 당뇨병 등이 전염될 위험은 전혀 없다. 마찬가지로 천식이나 간질 또는 암의 경우에도 학생에게서 전염될 가능성은 전혀 없다.

교사들이 가장 염려하는 것은 HIV/AIDS를 갖고 있는 학생을 지도할 때 해당 질병의 전염 여부일 것이다. 이 경우에도 그 질병이 전염될 가능성은 매우 희박하다. 앞에서 설명했듯이, HIV/AIDS는 체액의 교환이나 모체로부터 자녀에게 전달되는 과정에서 전이된다. 가장 비정상적인 상황을 제외하고는 대부분의 교사는 건강문제를 가지고 있는 학생들로부터 질병을 얻게 될 위험이 거의 없다.

한편, 교사는 거대세포 바이러스(CMV)나 B형 간염과 같은 전염성 질환과의 접촉에 대해서는 주의해야 한다. CMV 바이러스의 경우에는 교사가 임신한 상태가 아니라면 별 위험이 없다. CMV에 걸린 사람은 약 2주 동안 감기 혹은 독감과 같은 증세를 경험한다. 그러나 임신한 여성이라면 태아가 심한 중복장애를 가지고 태어날 가능성이 있다. B형 간염은 간을 공격하는 바이러스에 의한 심각한 질병이다. 이 바이러스는 일생에 걸쳐 간염, 간경변증, 간암 등을 유발하고, 결국에는 사망까지 초래할 수 있다.

모든 전염성 질병으로부터 자신을 보호할 수 있는 가장 좋은 방법은 보편적인 예방책(universal precautions)을 사용하는 것이다. 보편적인 예방책은 1987년 질병통제예방센터(Centers for Disease Control and Prevention)가 질병의 확산을 통제하고자 개발하였다(Best, 2005a; Centers for Disease Control and Prevention, 2005b; DePaepe et al., 2002). 질병의 전염이 가능한 어떤 상황에서도 사용되어야 하는 방법이기에 '보편적' 예방책이라고 하였다. 아울러 아무리 가능성이 적다고 하더라도 전염성 질병은 당신과 일하는 모든 사람들에게 노출되어 있으므로 모두에게 예방책을 제시해 주는 것이 중요함을 반드시 인식해야 한다.

보편적 예방책에는 적절한 손씻기([그림 14-2] 참조), 개인 보호장비의 사용, 안전한 폐기물 처리방법, 유출물 청소, 세탁물 관리, 잠재적으로 오염된 물질과의 우연한 접촉을 다루는 절차 등이 포함된다. 교사는 혈액, 정액, 질 분비물,

혈액을 포함할 수 있는 기타 체액과 접촉할 때마다 이러한 예방책을 사용해야 한다(Best, 2005a; DePaepe et al., 2002).

보편적 예방책을 사용한 손씻기 절차

1. 손이나 손톱 안쪽 피부에 눈에 보이는 상처가 나거나 무엇이 묻지 않았는지 꼼꼼하게 살펴본다.
2. 장신구를 손에서 뺀다. 시계를 차고 있다면 되도록 팔쪽으로 밀어 올려 놓는다. 손목 위로 윗옷의 소매를 올린다.
3. 수돗물을 튼 후 꼭지에서 나오는 물의 세기와 온도를 조정하여 지나치게 뜨겁거나 세게 나오지 않도록 한다. 비누가 제 기능을 잘 하려면 따뜻한 물이 필요하다. 따뜻한 물이 나오지 않을 경우에만 찬물을 이용한다. 물이 지나치게 뜨거우면 피부를 보호하는 유분을 제거하고 피부를 건조하게 만들어 상처가 잘 날 수 있다. 수도꼭지에서 나오는 물이 지나치게 거세면 벽면이나 바닥에 물이 튀어 미생물을 퍼뜨릴 가능성이 높아진다.
4. 흐르는 물로 손과 손목을 적신다. 손이 팔꿈치보다 더 낮은 위치에 있어 물이 최소한의 오염 부분(예: 팔목)으로부터 최대한의 오염 부분(예: 손)으로 흘러내려야 함을 명심한다. 손에 비누거품을 낸다. 박테리아의 온상이 될 수도 있는 일반비누보다 액체비누가 더 적절하다. 따라서 액체비누를 사용할 수 없을 경우에만 일반 고체비누를 사용한다.
5. 최소한 30초간 철저하게 문지른다. 만약 오염된 물건(예: 더러운 컵)을 만졌다면 1분간 문지른다. 만약 어떤 유형이라도 체액과 직접 접촉이 있었다면(예: 기저귀를 갈아 줌) 2분 이상 문질러야 한다. 철저하게 씻고 손등과 손바닥, 팔목을 잘 문질렀는지 확인한다. 각 손가락은 따로따로 문질러야 하며, 손가락과 손가락 마디뿐만 아니라 손톱 사이도 철저하게 문지른다. 피부가 손상될 수 있으므로 지나치게 세게 힘을 주어 문지르지는 않는다.
6. 따뜻한 물에 헹군다. 손톱 줄이나 매니큐어용 막대를 이용하여 손톱 사이를 흐르는 물로 씻어낸다. 이러한 도구가 없다면 다른 쪽의 손톱을 이용하여 씻어 낸다.
7. 여분의 물을 제거하기 위해 손을 흔들어 턴다. 종이 타월을 이용하여 손가락에서 손, 팔목, 그리고 팔뚝을 철저하게 닦아 낸다. 닦을 때는 문지르는 것보다 피부를 살짝 두드리는 것이 좋다. 피부가 트지 않도록 잘 건조시키는 것이 중요하다.
8. 손을 닦을 때 사용한 종이 타월로 수도꼭지를 잠근다. 세면대 표면도 종이 타월을 이용하여 닦는다. 사용한 종이 타월은 폐기용 비닐이 담긴 아동보호용 뚜껑이 있는 용기에 버린다.
9. 필요하다면 피부를 보호하여 트지 않도록 하며 미생물 침입의 방어막 역할을 하는 로션을 바른다.

그림 14-2

6. 판별과 평가

여러 전문가들은 다양한 원인으로 뇌손상을 입은 학생이나 지체장애나 건강장애를 가지고 있는 학생들을 평가하게 될 것이다. 교육평가와 의료 및 치료적 평가도 함께 진행될 것이다.

1) 의료적 평가

일반적으로 의사가 TBI, 지체장애, 기타건강장애 학생의 평가를 가장 먼저 실시한다. 의사는 개인의 신체 상태를 평가하고 의료적 요구를 결정한다. 이 과정의 결과에 따라 개인의 신체 상태를 향상시킬 수 있는 약물이나 의료적 중재를 처치한다.

여기서 다루는 모든 장애의 평가를 위해 사용되는 의료적 절차를 모두 소개할 수는 없지만, 뇌성마비를 가진 아동을 어떻게 판별하는지에 대해 간단하게 살펴보도록 하자. 일반적으로 소아과 의사나 가정의가 뇌성마비 상태를 인식하고 판별하는 전문가로서의 역할을 한다. 그들은 일반적으로 정상적인 발달시기에 따라 사라지지 않는 아동의 원시반사를 관찰한다. 비대칭성 긴장성 경반사, 긴장성 미로반사, 양성 지지반사 등의 원시반사들은 모든 신생아에게서 나타나고 1년 안에 사라진다. 이러한 반사가 사라지지 않는다면 정상적인 운동발달을 방해하고, 아동이 앉고 서고 걸을 수 있는 능력을 저해한다. 이것은 종종 뇌성마비를 갖고 있는 아동이 보이는 첫 번째 증상이다. 이러한 증상을 발견하게 되면, 의사는 일정 기간 동안 아동 발달에 주시하게 된다. 의료적 진단이 이루어지고, 이에 따라 의료적 처치가 이루어진다. 의료적 처치에는 약물 복용, 수술, 물리치료 등이 포함될 수 있고, 아동들은 종종 조기중재 프로그램 서비스를 받게 된다.

2) 교육적 평가

의학 전문가가 아동의 의학 상태에 대해 결정하고 진단하고 나면, 교육 전문가는 아동의 상태가 교육 가능성에 심각하게 부정적인 영향을 미칠 수 있는가를 결정해야 한다. 만약 그렇다면 아동의 연령에 따라 조기중재 서비스나 특수교육 서비스를 실시하기 위해 아동을 평가한 후 IFSP나 IEP를 개발한다(제4장 참조). 학교는 TBI나 지체장애, 기타건강장애 아동들이 학교에서 보내는 대부분의 시간을 일반학급에서 지낼 수 있도록 하고 있지만, TBI 아동들은 특수학급에 배치되기도 한다(U.S. Department of Education, 2005).

• 생각해 봅시다 #10

지체장애나 건강장애로 자신이 가진 인지능력이 과소평가되는 사람들에 대해 염려해 본 적이 있는가?

중도 지체장애 학생의 인지능력을 정확하게 평가하는 일은 매우 어렵다. 예를 들어, 경직형 사지마비를 보이는 뇌성마비로 말을 하지 못하는 학생이 있다고 가정해 보자. 이 학생이 보이는 구어 및 운동 능력에서의 심각한 제한성 때문에, 학생의 인지능력을 정확하게 평가한 후 앞으로 제공할 적합한 교수 유형을 결정하는 일은 매우 어렵다. 많은 경우 이러한 학생들

학생사례 탐구

중도 뇌성마비 학생의 우수한 지적 능력 여부 판단하기

"젠은 중도의 경직형 뇌성마비로 온몸의 움직임에 심각한 제한을 받는 6세 아동이다. 젠은 말을 할 수 없으며, 신체 움직임과 의사소통판을 이용하여 대화한다. 그는 1학년 일반학급에서 수업을 받고 있다. 사람들은 그가 매우 심각한 장애를 갖고 있다고 말하지만 담임교사는 확신할 수 없다. 사실 교사는 젠의 천재성이 신체의 굴레에 갇혀 겉으로 드러나지 않을 뿐 실제로는 상당히 똑똑할지도 모른다고 생각하기도 한다. 교사가 말하는 것의 상당 부분을 잘 이해하고 있으며, 때때로 주의집중도 잘 하고, 심지어 다른 아이들이 잘 알아듣지 못해 놓치기 쉬운 교사의 유머에 대해서도 웃으며 반응하기도 한다. 교사는 어떻게 하면 그가 정말 똑똑한지를 알아낼 수 있을까? 교사는 그의 능력을 과소평가하고 싶지 않다."

콜린 윌러드-홀트는 이 아동과 같은 특성을 지닌 아동들을 연구하였으며, 아동의 진짜 능력을 파악하기 위해 해야 할 몇 가지 일들을 추천하였다.

- 지적 능력을 매우 잘 측정할 수 있는 피바디 그림어휘검사(Peabody Picture Vocabulary Test)와 같은 비구어 검사를 사용한다. 아동은 페이지마다 당신이 명명한 그림을 바라보거나 지적하기만 하면 된다. 학교 심리학자들을 비롯하여 많은 사람이 비구어 검사에 익숙하지 않지만, 이러한 검사들은 아동이 얼마나 많은 것을 알고 있는지를 파악할 수 있는 좋은 기회를 제공한다.

윌러드 홀트(1998, p. 48)는 그 밖에도 다음과 같은 방법들을 제안하였다.

- "기꺼이 장애 너머의 능력을 바라보라." 당신이 지나치게 아동이 갖고 있는 장애에만 집중한다면 그 아동이 갖고 있는 능력은 간과하기 쉽다. 학생이 어느 교과 영역에서

은 중도 인지장애 학생을 위한 프로그램에 배치되곤 한다.

이러한 문제 때문에 콜린 윌러드-홀트(Colleen Willard-Holt, 1998)는 우수성을 동시에 갖고 있는 뇌성마비 장애학생의 주요 특징을 판별하기 위한 시도를 하였다. 그녀는 매우 뛰어난 인지능력을 가진 2명의 중도 뇌성마비 학생을 대상으로 연구를 하였다. 학생들은 구어적으로 의사소통할 수 없었으며 극도로 제한된 이동성을 보였다. 윌러드-홀트는 그들의 우수한 특성을 판별하기 위해 3년 동안 그들을 관찰 · 기록하며 이 학생들에 대해 알아 나갔다. 그녀는 그들이 일반적인 방법으로 의사소통하지는 않지만 대부분의 영역에서 뛰어난 학습능력을 보이는 것에 대한 충분한 증거를 확보하였다. '학생사례 탐구'에서 평균 이

특별한 능력을 보이거나 예술적 능력을 갖고 있는 것은 아닌지 살펴보도록 노력하라.

- "주변 사람이나 사건에 대한 아동의 반응을 주의 깊게 관찰하라." 재치 있는 말들에 대해 아동이 보이는 희미한 미소는 그 아동의 성숙한 언어이해 능력을 추정하게끔 한다. 예를 들어, 유아기의 아동이 특정한 시간에 대해 말하면서 시계를 쳐다본다면 인과관계를 이해하고 있다고 볼 수 있다.
- "부모를 통해 가정환경에서의 아동 능력에 대한 정보를 수집하라." 부모는 자녀에 대해 가장 잘 알고 있으며, 기꺼이 자녀의 독특한 능력과 재능에 대해 자신이 알고 있는 점들을 교사와 나눌 것이다.
- "학습능력과 기억에 대한 증거를 찾아라." 검사 상황에서 장애를 갖고 있는 똑똑한 아이라면 부모를 놀라게 하는 지식을 나타낼 것이고, 직접 배우지도 않은 정보를 갖고 있음을 나타낼 것이다. 이러한 것은 정보에 대한 용이한 습득과 회상 능력을 갖고 있음을 나타낸다. 아동이 약속시간을 회상하거나 부모보다도 약 복용 스케줄을 더 잘 기억해 내는 것도 아동이 뛰어난 기억능력을 갖고 있음을 보여 준다고 할 수 있다.

비구어 학생 평가에 대한 더 자세한 정보는 오버톤(Overton, 2006)과 벤(Venn, 2007)을 참고하고, 뇌성마비 학생에 대한 더 자세한 정보는 베스트와 비기(Best & Bigge, 2005), 펠레그리노(Pellegrino, 2002)를 참고하라.

적용하기

- 앞서 묘사한 것과 같은 특성을 지닌 학생을 가르치는 것은 교사에게 가장 큰 도전이 되면서 동시에 가장 큰 보람이 될 수 있다. 매우 똑똑하지만 아직은 사람들이 쉽게 이해할 수 있는 방식으로 의사소통할 수 없는 친구가 있다고 상상해 보자. 비록 어려움이 있겠지만 장애와 재능을 동시에 가진 학생의 교육에 이바지할 수 있다는 것은 얼마나 보람된 일이겠는가?

상의 지적 능력을 가진 뇌성마비 학생을 판별하는 데 도움을 줄 수 있는 윌러드-홀트의 제안 중 일부를 살펴볼 수 있을 것이다.

3) 치료평가와 건강관리 평가

학교는 장애학생이 공교육의 혜택을 받을 수 있도록 관련 서비스의 제공을 고려해야만 한다. 이것은 지체장애 학생에게 물리치료사와 작업치료사가 평가를 실시하고, 필요하다면 학생의 요구에 맞는 프로그램을 제공하는 것을 의미한다. 예를 들어, 물리치료사는 뇌성마비 학생이 척추와 다리와 발의 자세를 잘 잡을 수 있는지 평가하고 중재 프로그램을 개발한다. 또한 학생을 위한 보조장비를 맞추고 감독하며, 관절가동범위 운동과 수술 후 운동을 실시한다. 작업치료사는 눈-손 협응이나 손과 팔의 사용 촉진, 구축을 방지하기 위한 부목 맞춤, 지각기술 향상시키기, 감각통합 평가하기, 다양한 일상기술 향상시키기 등과 같은 영역에서 아동을 평가하고 지도한다(Best & Bigge, 2005).

건강관리가 필요한 학생에게는 보건교사가 중요한 역할을 한다. 보건교사는 학생이 학교에 있는 동안 의료적인 지원을 위해서 학생, 부모, 교사, 다른 교직원, 학생의 전문의, 그 밖의 다른 건강관리 전문가들과 함께 일한다. 보건교사는 부모와 의료진으로부터 정보를 수집하여 해당 학생을 위한 개별화 건강관리 계획을 수립한다. 이 계획에는 지속적으로 진행되어야 할 요구뿐만 아니라 의료적 응급처치에 대한 정보도 포함되어 있다. 학생의 건강관리 계획은 반드시 IEP에 함께 제시되어야 하며, 약물복용 방법이나 피부 관리, 도뇨관 세척 절차, 섭식과 호흡기 관리, 천식 유발과 발작 시 대처 방법 등에 대한 정보가 포함된다(DePaepe et al., 2002). [그림 14-3]은 개별화 건강관리 계획의 예시다.

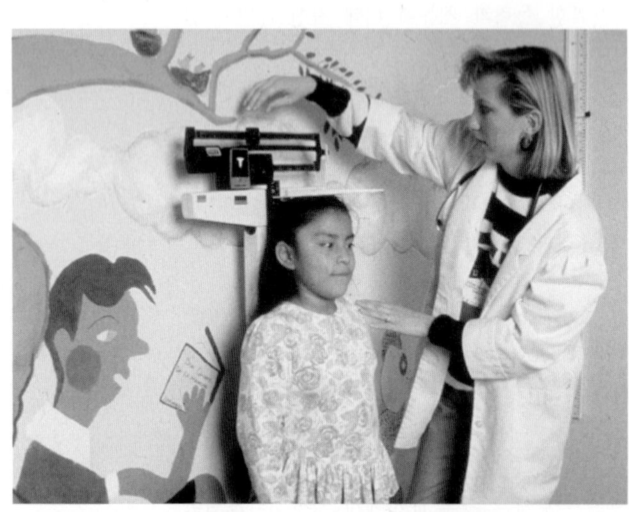

건강 관리가 필요한 학생들을 위해 보건교사는 중요한 역할을 할 것이다.

학생 건강관리 계획의 예시

학생 개별화 건강관리 계획

☐ 504조
☐ 특수교육

학생의 이름:	생일:
담임교사:	학교:
학년:	학기:
의사 이름:	
주소:	전화번호:
부모/보호자:	집 전화번호:
직장 전화번호(어머니):	응급전화번호:
직장 전화번호(아버지):	응급전화번호:
직장 전화번호(보호자):	응급전화번호:
병원 건강관리 책임자:	전화번호:
학교 건강관리 책임자:	전화번호:
교육 책임자(코디네이터):	전화번호:

의학 정보

병력: ______________________________

알레르기 관련 정보: ______________________________

약물 복용: ______________________________

각 약물 복용과 관련된 위임서류 첨부: 예 ☐ 아니요 ☐

특별한 건강 관리 요구: ______________________________

각 절차에 대한 절차위임서류 첨부: 예 ☐ 아니요 ☐

부가적인 요구/계획

응급계획 첨부:	예 ☐	아니요 ☐
레크리에이션 활동 허가서류 첨부:	예 ☐	아니요 ☐
교통수단 이용계획 첨부:	예 ☐	아니요 ☐
직원훈련 계획 첨부:	예 ☐	아니요 ☐
입학/재입학 검토목록 완성:	예 ☐	아니요 ☐

기타: ______________________________

기타 정보

특수 섭식:

부가적 정보 첨부: 예 ☐ 아니요 ☐

특별 안전검사(Special Safety Measures): ______________________________

출처: Best, S. (2005). Health impairments and infection diseases. In Heller, K. W. Best, S. J & J. L. Bigge (Eds.), *Teaching individuals with phisical or multiple disabilities* (5th ed., pp. 59-85). Upper Saddle River, NJ: Merrill/Prentice Hall.

그림 14-3

7. 효과적인 교수 실제

TBI나 지체장애 또는 기타건강장애 학생을 효과적으로 교수하기 위해서는 교직원들은 다음과 같은 주요한 질문에 답해야 한다. 어디서 학생들을 가르칠 것인가? 어떤 편의시설을 제공해야 하는가? 학생의 개별화된 목표는 무엇인가? 무엇이 학생을 위한 적절한 교육과정인가? 어떤 교수방법이 학생의 요구에 가장 잘 맞는가? 수정된 도구가 사용되어야만 하는가? 만약 그렇다면 어떤 도구가 필요한가? 학생의 신체 및 건강 관리 요구가 개별화 건강관리 계획 내에서 제대로 다루어지고 있다고 어떻게 확신할 수 있는가? 부모, 가족 및 건강관리 전문가들과 어떻게 효과적으로 상호작용할 것인가? 학교생활의 여러 단계에서 다루어지는 이러한 질문들 중 몇 가지에 대해 살펴보도록 하자.

1) 학령 전 시기

영유아기에 신체적 혹은 의학적 장애가 발생하는 경우에는 3세 이전에는 조기교육 프로그램을, 3세 이후에는 공립학교에서 서비스를 제공받을 수 있다. 교육의 효과는 조기교육을 빨리 시작할수록 더 크다. 이 장에서 다루는 뇌성마비와 HIV/AIDS 아동에게 실시하는 조기교육의 중요성에 대해 생각해 보자.

영유아 발달시기 동안 장애의 영향을 줄이고 신체기능을 극대화하는 것은 매우 중요하다. 이를 위해서 소아 물리치료 및 작업치료의 치료적 중재가 중요한 역할을 한다. 정형외과적 보조도구는 영유아의 약화된 근육을 지지하고, 자세를 향상시키며, 팔과 다리의 구축을 방지하고, 손의 근긴장을 줄이기 위해 사용될 수 있다. 이러한 도구들은 사지의 관절가동범위를 향상시키거나 유지시키는데 도움을 주고, 안정성을 향상시키고 불수의적인 움직임을 줄일 수 있다. 물리치료사, 작업치료사와 협력하는 재활공학자들과 보조공학 전문가들은 개별 아동을 위해 이러한 도구들을 개별적으로 설계해야 하며, 아동이 성장함에 따라 달라지는 신체 각 부위의 크기나 요구에 따라 도구를 조정하거나 바꿔 주어야 한다.

물리치료사와 작업치료사에게는 또 다른 중요한 역할이 있다. 가정에서도 아동이 연습(운동)할 수 있도록 부모와 상담하는 일이다. 케텔라, 버미어, 헬더스와 하트(Ketelaar, Vermeer, Helders, & Hart, 1998)는 뇌성마비 자녀를 위한 부모 참여 중재 프로그램에 대한 13편의 연구논문을 검토하였다. 전반적으로 부모가 자녀를 위한 중재 프로그램에 참여하였을 때 더 큰 성과가 있었음을 확인할 수 있었다. 관련 연구에서 린(Lin, 2000)은 많은 부모가 뇌성마비를 가진 자녀에게 적응하는 데 어려움을 겪고 있지만, 어떤 가족들은 다른 가족들에 비해 어려움을 더 잘 해결해 나가고 있다고 보고하였다. 어려움을 해결하는 데 기여하는 주요 요인들로는 '긍정적인 가족 평가' '관련 타인으로부터의 지원' '정신적 지원' '개인적 성장과 옹호' '긍정적인 사회적 상호작용' 등이 있다.

유치원 프로그램은 HIV/AIDS를 보유한 유아들에게 제공될 수 있는데, 이는 아동과 가족 모두에게 유익하다. 유치원 프로그램에 참여함으로써 얻을 수 있는 중요한 성과 중 하나는 프로그램 담당자들이 아동에게 필요한 약물을 복용하는 데 도움을 주는 중요한 역할을 할 수 있다는 것이다. 대수롭지 않은 문제인 것처럼 보일 수도 있지만, 여러 약물을 복용해야 하는 아동의 경우에는 종종 세심한 감독이 요구되는 문제이기도 하다. 약물 복용을 잊어버린다면 그 효과가 줄 뿐만 아니라 약물 복용량에 대한 내성을 키울 수도 있기 때문이다(Best, 2005a).

직접적으로 아동을 돕는 것 외에, 유치원 프로그램은 다른 지역사회 단체와 함께 가정에서의 안정을 촉진할 수 있도록 협력할 수 있다. AIDS에 감염된 대부분의 유아는 한 부모나 양 부모 모두 이 질병에 감염된 상태이거나 부모 중 한 명 혹은 모두 사망하였거나 똑같이 감염된 형제가 있는 경우가 많다. 가정생활에서 스트레스를 받는 것은 확실하다. 미국에서는 HIV/AIDS에 감염된 아동의 대부분은 빈곤하거나 도심에 거주하고 있다. 그들의 삶은 질병 때문만 아니라 범죄와 폭력의 높은 발생률과 열악한 거주시설 그리고 건강관리 및 사회 서비스에 대한 접근제한으로 더 큰 어려움에 직면해 있다. 이러한 아동들을 성공적으로 다루기 위해서는 학교 측과 건강관리 제공자, 사회사업가, 그 밖의 정신건강 전문가와 지역사회 기관이 밀접하게 협력해야만 한다(Spiegel & Bonwit, 2002).

• 생각해 봅시다 #11

HIV/AIDS에 감염된 학생을 위해 다양한 기관에서 나온 사람들이 효과적으로 협력할 가능성에 대해 생각해 보았는가? 무엇이 이러한 협력을 촉진하거나 방해한다고 생각하는가?

2) 학업 및 기능적 교수

아동이 학령기에 접어들면 앞에서 설명한 서비스뿐만 아니라 다른 서비스들도 중요하다. 학령기 동안 TBI 학생과 지체장애 학생 및 기타건강장애 학생의 교육과 관련해서 교육과정과 교수, 교실에서의 고려사항, 보조공학 도구 및 서비스 등이 중요하게 논의된다.

(1) 교육과정과 교수

한 학생에게 가장 적절한 목표를 설정하고 그의 요구에 부합하는 교육과정에 배치하는 것은 매우 중요한 결정이다. IDEA에 따르면, 장애를 가진 모든 학생은 될 수 있는 대로 일반교육과정에 참여해야 한다. 이 장에서 언급된 장애를 가진 학생 중 대다수는 큰 어려움 없이 일반교육과정에 참여할 수 있어야 한다. 그러나 이와 관련해서 교사가 고려해야 할 몇 가지 사항이 있다.

많은 TBI 학생과 지체장애 학생, 특히 건강장애 학생은 상당한 수업 결손을 경험하게 된다. 전날 밤 충분히 수면을 취하지 못했을 수도 있고, 지나치게 허약해졌거나 과도한 통증에 시달리거나 일정 기간 병원에 입원해 있을 수도 있다. 따라서 그들이 인지적으로는 일반학급의 교육과정에 참여할 능력이 있다고 하더라도 교사나 부모는 그들이 학업에서 뒤처지지 않도록 함께 도와주어야 한다.

그뿐 아니라 이들은 자신의 상태에 따라 수업 중 일부를 놓칠 수 있다. 예를 들어, 천식발작이 갑자기 일어나면 수업 중 교실에서 나가야 하고, 겸상적혈구성 빈혈이나 HIV/AIDS로 수업에 참여하기에는 너무 심한 통증이 있을 수도 있으며, 당뇨병 때문에 화장실에 빈번하게 가거나 혈당검사를 하기 위해 교실을 떠나야 할 경우도 있을 수 있다. 따라서 학생이 놓친 여러 학습활동을 보충할 수 있는 기회가 가능한 한 많이 제공되어야 한다.

마지막으로, 이 학생들 중 일부는 인지장애나 학습장애를 보일 수 있음을 인식할 필요가 있다. 이런 경우 그들의 개별적인 학습적 요구뿐만 아니라 배치되는 교육과정 전반에 대해 세심한 고려가 필요하다. 스텀프와 비기(Stump & Bigge, 2005)는 이 학생들을 위해 선택할 수 있는 네 가지 유형의 교육과정을 다음과 같이 제시하였다.

- 일반교육과정: 이 교육과정에 배치된 학생들은 다른 학생들과 동일한 학습활동을 수행한다. 이 장에서 다룬 장애 유형을 가진 많은 학생은 표준화된 교육과정에서의 학습을 잘 수행할 수 있다.
- 수정된 일반교육과정: 수정이란 내용, 교수목표, 복잡성의 수준에서의 변화를 포함한다. 이 교육과정은 수정이 없다면 일반교육과정에서 성공하기 어려운 학생들에게 적절할 것이다. 예를 들어, 학급 친구들과 동일한 속도로 학습하는 데 어려움이 있는 뇌성마비 학생의 경우를 들 수 있다.
- 생활기술 교육과정: 일상생활에 필요한 기술을 습득해야 하는 학생들에게 적

절한 교육과정이다. 학생들은 일상생활 기술 교육과정에 참여함으로써 일반학급에서의 수업 참여를 보완 및 보충받을 수 있다. 이 교육과정은 구체적인 교수가 없다면 일상생활 기술을 충분히 습득하기 어려운 학생들이나, 다양한 활동에 참여하기 위해 수정된 도구 사용방법을 익혀야 하는 학생들에게 적합하다.

- 의사소통과 과제 수행에서 수정된 교육과정: 가정, 학교 및 지역사회 활동에 참여하기 위해서는 의사소통 기술에 대한 명백한 교수가 필요한 학생들이 참여하는 교육과정이다. 이 학생들은 인지 관련 장애를 수반하거나 수반하지 않은 중도 지체장애 학생일 경우가 많다.

• 생각해 봅시다 #12

학생에게 영향을 줄 수 있는 다양한 상태에 대해 읽은 내용을 기반으로 생각해 볼 때 각기 다른 교육과정에 학생들을 배치하는 것을 어떻게 보는가?

교육과정의 성공적인 적용은 교수전략 및 교사와 학생 간 상호작용 방식에 달려 있다. '효과적인 교수전략'에서는 TBI 학생을 지도하는 교사에게 필요한 고도로 구조화된 교수전략에 중점을 둔 몇 가지 예를 제시하고 있다.

(2) 학급에서의 고려사항

적절한 수정과 지원이 있다면 이 장에서 다룬 장애학생들의 대부분은 일반학급에서 성공적으로 학습할 수 있을 것이다. 그러나 이것은 일반교사와 특수교사, 작업치료사와 물리치료사 그리고 특수교육 보조원이 학생의 안녕과 교육적 성공을 위해 긴밀하게 협력해야만 함을 의미한다. 워즈워스와 나이트(Wadsworth & Knight, 1999)는 일반학급에서 지체장애 및 기타건강장애 학생을 지도하는 데 유용한 몇 가지 지침을 제공하였다. 다음은 건강관리가 필요한 학생을 위한 권고사항이다.

- 호흡문제, 심장 상태, 기타 만성적 건강문제를 가진 학생들이 좋지 않은 상태에서 보낼 수 있는 일종의 경고성 신호를 인지하고, 학생의 요구에 어떻게 반응할지를 안다.
- 전염성이 있는 어떤 질병과의 접촉도 피하기 위해 보편적 예방책을 준수한다.
- 장비 파손이나 응급상황, 천재지변에 의해 생길 수 있는 문제 등에 어떻게 대처할지에 대한 응급계획을 세운다.
- 일상적인 처치 절차에 대해 인식하고 처치 절차의 수행을 책임질 사람이 누구인지 확실하게 알고 있다.

효과적인 교수전략

외상성 뇌손상을 입은 학생을 위한 효과적인 교수방법

TBI 학생을 다루는 일은 일반교사에게나 특수교사에게나 쉬운 일이 아니다. 오늘 수업에서 어떤 내용을 기억할지, 다양한 상황에서 정서적으로 얼마나 잘 반응할지, 매일 인지 및 학습 능력에서 얼마나 많은 변이를 보일지 등을 가늠하기 어려울 때가 종종 있다. TBI 학생을 가르칠 때, 교사는 학생이 보일 진전에 대해서 대비해야 할 뿐만 아니라 학생이 보일 학습에서의 지체와 교육적 성과의 퇴보도 염두에 두어야 한다. 카이저-마커스 등(Keyser-Marcus et al., 2002)은 이 학생들을 지도할 때 유용한 지침을 다음과 같이 제안하였다.

- 과제를 위한 자료와 교수를 제시할 때에는 다양한 양식의 접근방법(OHP, 비디오, 조작활동 등)을 사용한다. 많은 TBI 학생들이 가장 잘 배우는 방식을 판단하기는 쉽지 않으므로 자료 제시를 위한 다양한 방법을 사용해 봄으로써 TBI 학생이 자료를 이해하는지를 파악할 수 있다.
- 학생들에게 보상전략을 교수하고 선택을 구조화한다. 학생들의 조직화 능력이 부족할 수 있으며, 물리적인 영역이나 일과 혹은 활동이 구조적으로 정비되어 있지 않다면 학생들은 혼란을 느낄 수 있다. 학생이 조직화하고 학급 정리정돈을 할 수 있도록 돕는다.
- 이전 자료에 대한 검토와 당일 수업 주제의 개략적인 내용을 안내하는 것으로 수업을 시작한다. TBI 학생들에게는 이러한 방법이 매우 유용하다. 기억 소멸과 혼란으로 의미 있는 맥락에서 정보를 기억하지 않는다면 기억한 정보를 인지적으로 조직하는 것이 어려울 수 있다.
- TBI 학생에게 앞으로 다룰 내용에 대한 문서화된 자료나 시각적으로 개요를 보여 주는 자료를 제시함으로써 학습을 촉진할 수 있다. 선행조직자의 활용도 자료 이해에 도움이 된다.
- TBI 학생은 전체적인 틀을 볼 수 있는 능력이 필요하다. 다룰 내용의 핵심을 강조해

- 학생이 복용하는 약물이 무엇인지 알고, 누가 관리하며, 발생할 수 있는 부작용은 무엇인지 알고 있다.
- 식이요법이나 특별식 또는 특별한 섭취 절차 등과 같은 특별한 영양적 요구에 대해 알고 있다.
- 학생이 자신의 특정한 신체적·건강적 요구에 대한 자기 관리를 얼마나 할 수 있을 것인지에 대해 알고, 되도록 독립적으로 학생이 연습하는 것이 중

쥐야 하고, 중심 생각에 대해 자주 설명해 주어야 한다. 또한 반복교수의 활용도 유용하다.

- 학생 수행과 행동에 대한 구체적이고 빈번한 피드백은 매우 유용하다. TBI 학생은 자신의 수행에 대해 스스로 평가하기가 쉽지 않다. 교사의 피드백은 학생이 더 효과적으로 수행하도록 돕는다.
- 질문을 권장한다. 어떤 TBI 학생은 이해하지 못한 내용에 대해 질문하기를 꺼릴 수 있다. 이들은 우스꽝스럽게 보이거나 잘 잊어버리는 학생으로 보일지 모른다고 두려워할 수 있다. 그들로 하여금 질문하는 것이 얼마나 중요한지를 알게 함으로써 이러한 두려움을 극복하도록 도움을 줄 수 있다.
- 가능하다면 하나의 커다란 과제를 보다 작은 요소로 나누어 제시한다. 지나치게 분량이 많은 과제는 감당하기 힘들거나 이해하지 못할 수 있다. 이런 경우 작은 분량으로 나누어서 제시하면 종종 도움이 된다.
- 어떻게 하면 학생이 더 잘 학습할 수 있을지 혹은 어떻게 교사가 자료를 제시하는 것이 좋을지에 대해 물어본다. 작은 공간에 너무 많은 자료가 제시되는 경우가 있다. 또 한 페이지에 다른 방식으로 자료를 조직화하는 방법이 있을 수도 있다. 이럴 때 학생의 생각은 자료를 더 적절하게 제시하는 데 도움이 될 수 있다.
- 반응을 이끌어 내기 위해 개방형 질문과 선택형 질문 모두를 사용할 수 있다. 학생은 질문 구조에 따라 다르게 반응할 것이다.
- 어떤 어려운 자료는 좀 더 단순하게 제시된다면 이해하기 쉬울 수 있다. 이렇게 하는 방법 중 하나는 그림, 다이어그램 혹은 다른 시각적 자료를 활용하는 것이다.

때때로 TBI 학생들은 다른 학생들이 전형적인 상황이나 조건에 대해 반응하는 것처럼 반응하지 않는다. 이 학생들을 돕기 위해 교사는 부가적인 언어나 시각적 힌트를 제시할 수 있다.

출처: Keyser-Marcus et al., 2002에서 수정.

요함을 인식한다.

지체장애 학생에 대해서는 다음과 같은 지침을 제공하고 있다(Wadsworth & Knight, 1999).

- 학교와 학급의 접근 가능성에 대해 작업치료사나 물리치료사에게 평가받아야 한다.

- 경사로나 핸드레일, 확장된 인도와 출입구에 대한 정비와 장비 높이에 대한 수정이 필요할 수 있다.
- 학급에서 교사는 학급 자료나 특정 구역에 대한 학생의 접근 가능성이 보장되는지 확인해야 한다.
- 때때로 교실 실내온도는 학생의 건강 요구에 따라 조정될 필요가 있다.

이러한 고려사항 외에도 교사는 학급에서 개별 학생에게 해당되는 독특한 요소들을 정비하고 그들의 요구에 부응할 수 있어야 한다. 예를 들어, 천식 증세가 있는 학생에 대해 생각해 보자. 교사는 학생의 천식발작을 확인할 수 있다면 천식발작이 일어나는 것을 예방할 수 있다. 공기 정화기를 사용하고, 교실 청소를 빈번하게 실시하며, 애완동물의 분비물을 피함으로써 천식발작의 위험을 줄일 수 있다. 교사는 이러한 것들을 인지하여 되도록 교실 청결을 유지할 수 있도록 학교 관리직원과 협력하여 교실에서의 천식 유발요인들을 감소시킬 수 있다. 더 나아가 적절하게 교실 환기를 시키고 분필가루나 학급 애완동물, 분무되는 펠트펜, 청소도구, 고무풀 등을 멀리하게 함으로써 학생이 자극적인 물질을 피하도록 도울 수 있다. 이러한 전략은 학생의 요구에 따라 다양한 학생들에게 적용할 수 있고, 개별화 건강관리 계획에 포함되어야 한다.

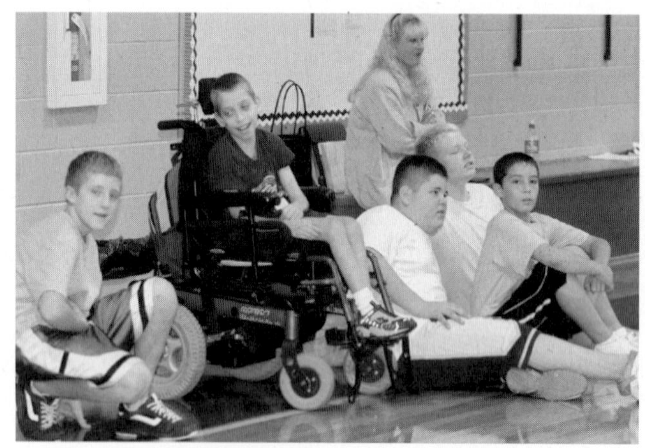
적절한 수정과 지원이 있다면 대부분의 학생은 일반학급에서 성공할 수 있다.

(3) 보조공학 도구와 서비스

지체장애 및 기타건강장애 학생들은 보조공학 도구 및 보조공학 지원 서비스를 통해 성취 수준을 향상시킬 수 있다. 1998년 보조공학법에 따르면, 장애학생에게 무상의 적절한 공교육을 제공하기 위해서 보조공학 도구가 필요하다면 특수교육 내에서 제공해야만 한다. 보조공학 도구는 "장애를 가진 아동의 기능을 향상시키거나 유지시키거나 증진시키기 위해 구매되거나 수정되거나 제작된 모든 유형의 상품이나 장비나 제작물"(Sec. 3[a] [3])을 포함한다. 보조공학 서비스는 "장애아동이 보조공학 도구를 선택하고 취득하고 사용하는 것을 직접적으로 돕는 모든 서비스"(Sec. 3 [a] [4])를 말한다.

보조공학적 접근
지체장애 학생을 위한 대안적 입력도구

스위치

스위치는 사용자가 켜거나 끄기를 원하는 장비에 통하는 전류의 흐름을 통제한다. 스위치는 개인이 자발적이고 일관성 있게 움직일 수 있는 어떤 신체 부위에 의해서라도 활성화될 수 있다. 예를 들어, 스위치는 팔, 손, 손가락, 발, 다리, 머리 혹은 턱으로도 조작할 수 있다. 또한 눈썹과 같은 보다 작은 움직임을 보이는 부위나 호흡조절을 통한 흉곽 등에 의해서도 조작할 수 있다. 동작이 클 필요는 없지만 조절 가능하고 안정적이어야 한다. 종종 스위치 조작을 원활히 하기 위해 상당한 훈련이 필요하기도 하다.

기본적인 수정 자판

지체장애 학생이 컴퓨터를 사용할 수 있도록 기본적인 자판을 수정하여 좀 더 쉽게 보고 접촉할 수 있도록 표준키를 대신하여 확대키 사용하기, 키보드의 키 수 조절하기, 알파벳 순서대로 키의 위치 변동하기, 밝은 색깔과 읽기 쉬운 키 제공하기 등이 포함된다. 표준 키보드보다 훨씬 작고 접촉에 예민한 표면을 가진 키보드로 대체할 수도 있다. 이러한 키보드들은 제한된 운동 범위를 가진 사람들이나 키를 누르는 데 어려움이 있는 사람들에게 적절하다.

터치스크린

터치스크린은 어린 컴퓨터 사용자와 중도 발달장애인이나 지체장애인에게 매우 유용하다. 이 보조공학 도구는 사용자가 기능을 수행하기 위해 컴퓨터 스크린을 단순히 만지기만 하면 된다. 많은 터치스크린은 다양한 과제를 수행하는 데 사용될 수 있는 다중 스크린 오버레이를 갖추었다. 마찬가지로 많은 회사가 사용자가 자신만의 오버레이를 만들 수 있도록 하는 소프트웨어를 제공하고 있다.

공기 스위치가 부착된 적외선 감지기

공기 스위치와 함께 머리에 쓰는 적외선 감지기를 사용하면 지체장애 학생이 컴퓨터와 상호작용할 수 있도록 한다. 사용자가 컴퓨터 스크린을 바라보면 커서가 사용자의 머리 움직임에 따라 이동한다. 왼쪽으로 머리를 움직이면 화면상에서 커서가 동일한 방향으로 이동한다. 따라서 사용자는 자신의 머리를 좌우, 위아래로 움직여서 화면 위에 어디라도 커서를 옮겨 놓을 수 있다. 공기 스위치는 플라스틱 관을 통하여 호기와 흡기를 이용하여 활성화되는 것으로, 사용자가 마우스의 기능을 사용할 수 있게 한다. 사용자가 스위치를 빨아들이거나 내뿜으면, 컴퓨터는 마우스 버튼이 클릭한 것처럼 반응한다. 이러한 방식으로 사용자는 커서를 이동시키고, 컴퓨터 스크린에 나타나는 항목을 클릭한다. 이러한 움직임과 특수 소프트웨어를 연결시킴으로써 사용자가 컴퓨터 모니터상에 제시된 키보드를 활용하여 정보를 입력할 수 있다.

음성인식

음성인식 프로그램을 사용하여 사용자는 키보드 없이도 컴퓨터에게 말할 수 있다. 컴퓨터에 미리 설정한 내용을 프로그래밍하여 마이크로폰을 통해 음성으로 명령하여 컴퓨터를 통제한다. 대부분의 경우, 컴퓨터가 사용자의 음성 패턴을 인식할 수 있도록 하는 사용자 훈련을 통해 음성인식 시스템의 신뢰도는 향상된다. 음성인식 시스템은 학생들이 다양한 적용 프로그램을 사용할 수 있도록 돕고, 워드프로세서에 구술하고 스프레드시트에 자료를 입력할 수 있도록 한다.

출처: Hasselbring, T. S. & Glaser, C. H. W. (2000). Use of computer technology to help students with special needs. *Future of Children, 10*(2), 102-122에서 수정.

광범위한 유형의 보조공학 도구는 다양한 유형의 장애를 가진 학생들에게 혜택을 줄 수 있다. 보조공학 도구들은 다소 단순하거나 매우 복잡할 수 있다. 특별히 지체장애인들이 다양한 환경에서 겪는 어려움을 극복하고 좀 더 적절하게 기능할 수 있도록 많은 보조공학 도구들이 개발되고 있다(Hasselbring & Glaser, 2000). 보조공학 도구를 사용하여 지체장애 학생을 지원할 수 있는 방법 중 하나는 정보를 입력할 수 있는 다양한 방식을 제공하는 것이다. '보조공학적 접근' 에는 대안적 입력기구의 목록이 제시되어 있다.

3) 전환, 청소년기 및 성인기의 요구와 서비스

TBI, 지체장애 및 기타건강장애 학생들이 청소년기를 통해 성인기로 나아갈 때 그들이 갖는 염려와 관심은 같은 연령대의 비장애인들이 갖는 그것과 매우 유사하다. 그들은 학교의 다양한 측면과 중등기 이후의 교육 가능성에 대해 관심을 갖게 된다. 잠재적인 직업과 진로에 대해 생각할 기회가 있으며, 사회적 쟁점들과 데이트와 자신의 성적 성장을 다루는 방법 등에 대해 집중할 것이다. 그리고 이 모두는 정상적이다.

그러나 일부 학생들은 그들의 장애에 의해 극복해야 할 것들이 있다. 이 학생들은 자신의 장애나 만성적 질병 때문에 다양한 어려움들도 다루면서 그 밖의 전형적으로 느낄 수 있는 관심 영역에 접근해야만 한다. 예를 들어, 어떤 TBI 학생들은 인지적 · 정서적 도전을 갖게 된다. 지체장애를 갖고 있는 학생들은 운동기술 손상이나 이동성의 문제 혹은 자기관리 요구 등에 의한 제한점을 다루어야 한다. 만성적인 건강장애를 갖고 있는 어떤 학생들은 일상적인 활력의 부족부터 지속되는 통증문제에 이르기까지, 심지어 어떤 학생에게는 죽음의 문제에 이르기까지 직면하는 어려움을 갖고 있다. 부모와 교사들은 학생들이 삶의 다음 단계를 준비할 수 있도록 협력할 때, 고등학교 이후에는 어떤 일들이 진행될지와 그들에게 최선을 다해 어떻게 준비시킬 것인가를 생각해야 한다.

개인의 특성과 경험을 통해 우리는 삶에서 무엇을 할지 결정하고, 장애학생들은 그들의 미래에 대해 다양한 방식으로 영향을 받을 수 있다. 누군가는 고등학교 이후에도 계속해서 학교에 다니는 것이 우선순위일 수 있다. 또 누군가는 직장에서 일하거나 적절한 직업기술을 배우기 전까지 직무 코치나 동료로부터 지원을 받는 지원고용 환경에서 일하기를 원할 수도 있다.

이 학생들은 직업 및 진로 선택에 영향을 주는 다음 네 가지 중 하나 이상의 상태를 나타낼 수 있다(Clark & Bigge, 2005).

- **독립성의 어려움**: 높은 수준의 의존성은 직업이나 진로를 선택하는 데 잠재적인 장벽이 될 수 있다. 운송수단, 접근성, 수정, 보조공학 도구의 사용, 의사소통 지원에 대한 요구가 문제가 될 수 있다.
- **체력 및 활력**: 작업을 완수하는 개인의 능력, 약물 복용에 의한 부작용, 정기적인 응급처치의 필요성 등 어려움을 야기할 수 있다.
- **자조 및 개인 건강관리 경험 부족**: 일반적으로 직장 근무자는 개인적인 자조 기술을 요하는 일들을 처리할 수 있을 것으로 기대된다. 따라서 이러한 기술을 배우지 않았거나 할 수 없을 경우 어려움이 있다.
- **제한된 사회 경험**: 가장 중요한 것 중 하나는 직장환경에서 어느 정도 수준의 사회적 기술을 보여 주는 것이다. 사회적 기술을 습득하지 않은 사람은 불리한 입장에 있다.

TBI 장애인, 지체장애인 및 만성적 건강장애인들이 성공적으로 직장생활을 하기 위해서는 이러한 장벽을 극복할 수 있어야 한다. 그렇지 않을 경우 자신이 가진 제한이 장애요인으로 작용하지 않을 수 있는 다른 유형의 직업을 찾아야만 한다. 이를 위해 진로교육 프로그램을 통해서 삶의 진로 기회를 준비해야 한다.

진로교육 모형은 여러 해에 걸쳐서 다양한 유형의 장애인이 미래를 준비할 수 있도록 효과적으로 사용되고 있다(Clark & Bigge, 2005). 진로교육 모형은 4단계로 이루어져 있다.

- 진로 인식은 초기 아동기에 시작된다. 이 단계에서 아동들은 성인이 되면 해야 할 다양한 역할이 있음과 특정한 역할을 수행함으로써 사회에서 주요한 부분이 될 수 있음을 배운다.
- 진로 탐색은 아동기(초등학교)에 시작되어 청소년기(중학교)까지 지속된다. 이 단계에서 학생들은 특정한 직업과 진로 영역을 탐색하고, 이러한 역할을 수행하는 사람들에게 요구되는 것이 무엇인지 탐색한다.
- 진로 준비는 고등학교에서 초점을 맞추고 있으며 특히 대학교에 가지 않는 학생들에게 강조되고 있다. 학생들은 일반 혹은 특수한 직업준비 강좌를 수강하거나 직업 또는 기술훈련 학교에 다니기도 한다. 어떤 학생들에게는 이 단계에서의 훈련은 경쟁고용이나 지원고용을 준비하기 위한 지역사회

기반 교수로 구성되기도 한다.

- 진로 배치는 추수교육과 지속적인 교육으로 구성되어 있다. 훈련 후에 학생들은 직장에 배치되고 그들이 직장에서 성공적으로 적응하는 데 필요한 지원이 제공된다. 이 단계의 일부로 어떤 학생들은 고등교육 현장에서 훈련을 계속할 수 있다.

8. 주요 쟁점 및 교사를 위한 함의

대부분의 사람은 장애학생의 교육권을 확실하게 받아들이고 있지만, 이 장에서 다룬 장애학생이 교육을 받기 위해서는 다소 광범위한 지원이 요구된다. 드페프 등(DePaepe et al., 2002)은 장애학생이 학교활동에 의미 있게 참여할 수 있도록 지원하는 관련 서비스와 의료 서비스의 구분이 실제적으로 모호하다고 하였다. 예를 들어, 초기 소송(Irving Independent School District vs. Tatro, 1984)에서 대법원은 '간헐적 도뇨관 세척'이라는 건강관리 절차가 학교 측에서 반드시 제공해야 하는 학교건강 서비스라고 판결하였다. 법원은 이러한 건강관리 절차는 아동이 학교에 출석하기 위해 반드시 필요한 것이며, 보건교사나 기타 자격증이 있는 사람이 할 수 있는 것이라고 하였다(사실 현재 많은 특수교사가 이 절차를 수행하고 있다.).

그러나 다른 사례에서는 법원이 특정한 서비스가 제공되어야 할지를 결정할 때 건강관리 절차 비용과 안전문제를 고려해야 한다고 하였다. 학교 측이 이 학생들을 위해 무엇을 해야만 하는가와 한 학생을 위해 얼마나 많은 비용을 지불해야만 하는가도 또 다른 쟁점이다. 교육 예산이 제한되어 있기 때문에 중재 효과가 가장 높은 학생들에게 혜택을 줄 수 있도록 지원되어야 한다는 사람들도 있다. 한편에서는 많은 요구를 지닌 학생들에 대한 지원이 국가교육의 질을 측정하는 주요한 지표가 아니겠느냐고 반문한다.

이 외에도 이러한 쟁점과 유사한, 교사들과 직접적인 관련이 있는 주제들이 있다. 우리가 모든 아동이 최소 제한적 환경에서 무상의 적절한 공교육을 받을 권리가 있다고 믿는다면 개인으로서 이 가치를 위해 기꺼이 해야 할 일이나 함께 일할 사람들에 대해 어떠한 제한을 둘 수 있는가?

요 약

이 장에서는 미국 교육부에서 제시한 특수교육 서비스를 받을 수 있는 세 가지 장애 범주인 외상성 뇌손상, 지체장애, 기타건강장애에 대해 다루었다. 이러한 범주에는 몇 가지 특정 상태들이 포함되는데, 특성상 이러한 상태의 신체적 측면과 의료적 측면에 초점을 맞추었다.

특수교육에서 사용하는 외상성 뇌손상, 지체장애, 기타건강장애의 정의

- 외상성 뇌손상은 "인지, 언어, 기억, 주의력, 논리, 추상적인 사고, 판단력, 문제해결력, 감각, 인식, 운동능력, 심리사회적 행동, 신체기능, 정보처리, 말하기 능력 중 하나 혹은 그 이상의 영역에 손상을 끼친 개방성 두부손상이나 폐쇄성 두부손상"을 말한다.
- 지체장애는 특수교육법에서의 정형외과적 장애를 말한다. "정형외과적 장애란 아동의 교육적 수행에 상당한 영향을 미치는 심각한 정형외과적 손상을 의미하며, 선천적 기형, 질병에 의한 손상(예: 소아마비), 그 밖의 다른 원인에 의한 장애를 포함한다."
- 기타건강장애란 제한된 체력, 활력, 민첩성을 나타내는 것을 의미한다. 환경 자극에 대한 지나친 민감성이 포함되는데, 이는 교육환경에서의 제한된 민첩성을 가져온다. 이는 천식, ADHD, 당뇨, 간질, 심장병, 혈우병, 납중독, 백혈병, 신장병, 류머티즘, 겸상적혈구성 빈혈 등의 만성적 · 급성적 건강문제에 의한 것일 수도 있으며, 아동의 교육적 수행에 부정적인 영향을 끼친다.
- 특수교육을 받기 위해서는 지체 혹은 건강상의 제한성을 나타내는 것뿐만 아니라 장애로 인해 적절한 교육을 받는 학생의 능력이 저해되어야 한다.

외상성 뇌손상, 지체장애, 기타건강장애 학생의 주요 특징

- 외상성 뇌손상 학생은 주의집중하기, 기억하기, 복잡한 인지적 과제 수행하기, 의사소통하기 등에 문제가 있을 수 있다. 일반적으로 읽기와 수학은 그들이 가장 많은 문제를 보이는 학업 영역이다. 그들은 과제에서 이탈하거나, 활동 수준이 증가 혹은 감소하거나, 충동적이거나 참지 못하거나, 냉담하거나 공격적이거나, 사회적 위축을 보이는 등의 행동문제를 보일 수도 있다. 시간이 지남에 따라 수행과 행동에서 변이성이 나타나기도 한다.
- 지체장애 학생의 신체 특성은 그들의 구체적인 장애에 따라 매우 다르게 나타난다. 지체장애인은 종종 생활에서 겪는 다양한 일들에 대해 다양한 반응을 보인다. 삶에 적응하기 위해 지체장애인들은 그들의 장애에 시선이 집중되는 것을 피하고, 자신

의 상태를 가볍게 언급하며, 또래 사이에서 자신만이 차지할 수 있는 독특한 위치를 발견해 낸다. 또한 친구들에게 자신의 상태에 대해 잘 알려 줌으로써 이해시키고자 노력할 수도 있다.

- 기타건강장애 학생은 결석에 따른 학습의 결손이나 제한된 놀이와 레크리에이션의 기회, 친구들로부터의 고립, 계속되는 의료 상태에 의한 가족문제 등의 영향을 받을 수 있다.

외상성 뇌손상, 지체장애, 기타건강장애의 출현율

- 외상성 뇌손상, 지체장애, 기타건강장애 학생들은 특수교육의 한 범주로 전체 학령기 인구의 1%가 채 되지 않는다. 약 0.03%의 공립학교 학생들이 외상성 뇌손상을 가지고 있으며, 약 0.11%가 지체장애, 약 0.59%가 기타건강장애를 가지고 있다.

외상성 뇌손상, 지체장애, 기타건강장애 학생을 위한 평가와 계획

- 평가는 학생이 최초에 진단을 받고 의료적 중재가 개발된 영역에서 우선 시행된다.
- 상태가 학생의 학습능력에 영향을 미치는 정도에 따라 특수교육 적격성이 결정된다. 만약 학생이 기준에 부합되어 조기중재 프로그램을 제공받는다면 IFSP가 개발되고, 공립학교에서 교육을 받아야 한다면 IEP가 개발된다.
- 이러한 계획의 일부로서 물리치료나 작업치료와 같은 관련 서비스가 제공될 수 있다. 이때 부가적인 평가가 이루어지고 학생의 요구에 맞는 계획이 개발된다.
- 만약 학생이 특수교육 서비스 대상이 아니더라도 504조에 의해 학생이 학교활동에 참여할 수 있도록 지원이 제공될 수 있다.

교수와 관련 서비스에 관해서 외상성 뇌손상, 지체장애, 기타건강장애 학생들을 위한 특별한 고려사항

- 외상성 뇌손상, 지체장애, 기타건강장애 학생들은 영유아기, 학령기, 성인기로의 전환기 동안 특수교육과 관련 서비스를 받을 수 있다.
- 다양한 유형의 일반교육과정은 학생 개개인의 독특한 요구에 기초하여 제공되지만 대부분 일반교육과정에 참여한다.
- 많은 외상성 뇌손상, 지체장애, 기타건강장애 학생들은 일반학급에 통합된다. 그들의 참여를 촉진하기 위해서는 신체적·건강적 관리와 관련 요구에 대해 특별한 고려가 필요하다. 학급의 물리적 구조에 대한 수정도 필요할 수 있다. 학생의 편리를 도모하기 위해 물리치료사와 작업치료사가 학급을 평가하는 것은 큰 도움이 된다.
- 교사는 특정 학생들의 건강을 위협할 수 있는 학급 상황을 통제해야 한다. 예를 들어, 분필가루는 천식 발작을 유발할 수 있다.
- 보조공학 도구는 이 학생들이 일반학급과 일반교육과정에 참여하는 데 도움을 줄

수 있다.

- 이 학생들이 청소년기에서 성인기로 전환할 때 지원이 필요하다. 그들의 독특한 신체적 · 건강적 관리 요구는 미래의 교육과 진로 가능성을 논의할 때 고려되어야 한다.

외상성 뇌손상, 지체장애, 기타건강장애 학생들을 위한 교수와 서비스 제공과 관련된 주요 쟁점

- 외상성 뇌손상, 지체장애, 기타건강장애 학생들을 위한 서비스 제공과 관련된 주요 쟁점은 교육체계와 교육자 그리고 의료 분야 및 건강관리 전문가들이 가지는 책임의 경계를 결정하는 것이다. 교사의 적절한 책임은 무엇인가? 학생 관리에 있어 어떤 영역이 건강관리 전문가의 영역이라고 볼 수 있는가? 이와 관련된 논쟁은 법정에서 다루어져 왔으나 여전히 풀리지 않는 부분들이 있다.

CEC 전문가 자격기준

Council for Exceptional Children(CEC) knowledge standards addressed in the chapter.

CC1K: 1, 2, 4, 5, 7; PH1K: 1, 3; CC2K: 1-7; PH2K: 1-4; CC3K: 1, 2; PH3K: 1; PH4K: 1, 2; CC5K: 1-4; PH5K: 1-3; CC6K: 3; CC7K: 1; CC8K: 1; PH8K: 1, 2; PH9K: 1; PH10K: 1-3

Appendix B: CEC Knowledge and Skill Standards Common Core has a full listing of the standards referenced here.

15

우수아

이 장을 시작하며

- 우수성은 어떻게 정의되고 분류되는가?
- 우수아의 주요한 행동 특성은 무엇인가?
- 우수아의 출현율 및 발생 원인은 어떠한가?
- 우수아는 어떻게 판별되고 평가되는가?
- 우수아를 위한 조기중재, 학문적 성취, 성인기 삶으로의 전환에 필요한 교육 실제는 무엇인가?
- 우수아 교육과 관련된 주요 쟁점은 무엇인가?

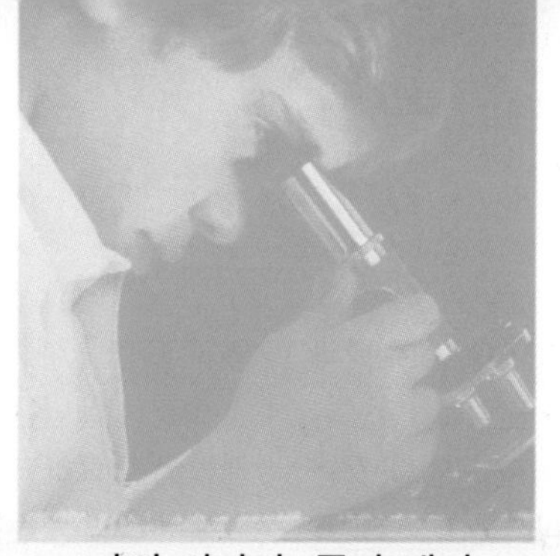

나의 이야기: 줄리 레너

줄리 레너 선생님은 서북부 오하이오의 샌더스키 시에 위치한 학교에 근무하는 우수아 교사다. 5년간 근무해 온 줄리 선생님은 우수아 분야에서 교육학 석사학위를 받고 최근에는 지역 대학에서 시간 강의를 하고 있다.

줄리 선생님은 우연히 우수아들에게 관심을 가지게 되었다. 대학에서 초등교육을 전공한 줄리 선생님은 여름 캠프와 지역사회 내 다양한 교육환경에서 자원봉사를 하곤 하였다. 대학교 3학년 때는 우수아를 위한 여름 캠프에서 상담가로 일하기도 하였다. 줄리 선생님은 우수 학생들의 열정과 도전정신에 호기심이 생겼다. 그래서 다음 해 여름에도 캠프에 참가하였고(두 번째 해에는 상주 지도자로서 일함), 대학원에서 우수아 관련 과목을 수강하였다. 동시에 졸업 후 일할 직장도 찾았다. 초등교육과 관련된 일자리를 구하는 것은 높은 경쟁률을 보였지만 그녀는 샌더스키 시에 있는 구인구직란을 주의 깊게 살펴보았다. 그녀는 오하이오 주의 법이 요구하는 우수아 교사 자격증을 가지고 있지 않았지만 이 지역에서 학생들을 가르쳐 왔기 때문에 어려움 없이 일자리를 구할 수 있었다.

줄리 선생님의 첫 임무는 폭넓고 많았다. 우수아로 판별된 학생을 만나고, 국어와 수학 교육과정을 개발하며, 학생을 상담하고, 일반교사 및 부모에게 조언을 해주며, 개별화 교육 프로그램을 작성하고, 우수아 판별 과정을 도와주었다. 줄리 선생님은 첫 제자들이 훌륭했다고 하였으며, 한편으로는 어려움이 있었던 우수아에게 자신이 적절한 교육을 제공하고 있는가를 걱정하였다. 또한 다양한 문화권의 학생들이 부적절한 검사도구로 인하여 정확히 판별되지 못하는 점도 우려하였다. 물론 그 외에도 다른 어려움이 있었다. 어떤 학생은 학교 교육과정에 맞지 않았다. 어떤 학생은 반항적이었다. 혹은 너무 소심하고 내성적이었다. 이런 사실은 우수아는 도전을 즐긴다는 줄리 선생님의 생각과 다른 것이었다. 또한 그녀는 원적학급 교사들이 우수아가 겪는 어려움에 대해서 잘 모른다는 사실을 주지하였다. 즉, 그 교사들은 우수아는 커다란 어려움 없이 스스로 문제를 해결하고 일반학급에서의 수업만큼 본질적인 수업을 받고 있지 않다고 생각하였다.

줄리 선생님은 7시 30분에 일반교사와 하루 일과를

계획하는 일로 하루를 시작한다. 8~11시에는 수학과 국어 과목을 수강하는 고학년 학생을 만나고, 학년별 5~6명으로 구성된 학생 팀과 40분 동안 모임을 갖는다. 점심시간에는 교직원들과 점심식사를 하며 학교 및 학생 일에 대해서 이야기를 나눈다. 줄리 선생님은 35분간의 계획시간을 가지지만 이 시간은 행정가 및 부모와의 면담시간으로 사용되곤 한다. 그리고 쉬는 시간, 점심시간 등에 학생들을 감독하고 전체 학생을 위한 수업도 한다. 1시~2시 15분에는 오전에 수행했던 일을 다른 학년 학생에게 반복한다. 그리고 3시 30분 전에 학생들을 하교시키고 동료, 행정가, 부모와의 모임을 계획한다.

줄리 선생님은 우수아들을 가르치기 위해서는 자기개발이 필요하다고 생각하는 의식 있는 교사다. 이를 위해서 그녀는 전문 기관에 참여하고 전문적인 자기개발 기회를 가지곤 한다. 가끔은 외부적인 일과 잘못된 수행 기대치 때문에 이상적인 교육을 하는 것이 어려울 수 있다. 또한 그것은 일반교사 및 행정가들의 태도로 더욱 어려워질 수 있다. 줄리 선생님은 학교, 지역사회, 주, 국가 수준에서 자신을 지원해 줄 수 있는 동료를 찾아내어 이러한 어려움을 해결해 나간다.

학생이 학교에 입학하는 기본적인 이유 중 하나는 모르는 것을 배우기 위함이다. 물론 특정 기술을 숙달시키고 개선하기 위해서는 시간이 필요하다. 학교에서 사회화, 친구 사귀기, 권위 다루기를 배우는 것도 중요하지만 무엇보다도 학업을 성취하는 것이 중요하다. 몇몇 학생들은 학습에 어려움을 겪기도 하지만, 몇몇 학생들은 또래보다 높은 통찰력과 창의력을 보이며 신속하게 학습한다. 이러한 우수아들은 노력 없이 학습하는 것처럼 보인다. 하지만 그들의 교사들은 자신의 재능, 기술, 인내심에 한계를 느끼곤 한다.

높은 지능 및 재능을 가진 아동들은 학습과 사회화 과정에서 겪는 어려움을 잘 극복할 수 있는 장점을 가질 것이다. 그렇다고 우수아들이 모든 문제를 스스로 해결할 수 있다고 생각하는 것은 잘못이다. 즉, 우수아가 교사, 상담가, 부모의 관심 없이도 성공한다는 것은 근거 없는 통념이다. 격언, 소설, 영화의 일반적인 주제는 간과되고 이루어지지 않은 천재성에 관한 것이다. 하지만 학생의 학습 역량이 또래, 심지어 교사 및 성인보다 현저하게 클 경우는 특별한 교육이

우수아가 특별한 주의를 받지 않아도 성공할 것이라는 것은 오해다. 우수아 집단의 욕구는 복잡하고 다양하다.

필요하다. 정형화된 우수성의 특징에도 이들 집단은 매우 다양하고 욕구 또한 복잡하다('FAQ Sheet' 참조). 일반적으로 우수아에게는 특수교육이 필요없다고 생각할지 모르겠지만 그들의 부모 및 교사들은 특수교육이 필요하다고 생각한다.

• 생각해 봅시다 #1

우수아는 학습 속도가 빠르더라도 또래와 유사한 정서와 관심사를 공유하곤 한다. 그들의 교육적 욕구와 사회·정서적 발달을 도모하기 위해서 서비스를 제공하는 교사는 어려움을 가지곤 한다. 당신은 우수아들을 가르치기 위한 역량이 있다고 생각하는가?

FAQ Sheet

우수아	
대상	• IQ 및 성취가 높은 아동과 청년 • 학습 속도 및 성취가 또래를 능가하는 아동 • 시각/공연 예술, 창의력, 지도력이 높은 아동
주요 특징	• 또래보다 매우 높은 수준의 학업 및 창의력 • 기대보다 이른 나이에 복잡하고 추상적인 개념을 이해함 • 이른 나이에 사회적으로 잘 적응하지만 후기 사회화가 우려됨 • 높은 수준의 업무 지속력 • 진보된 언어 기술과 발달 • 진보된 유머감각 • 진보된 어휘력과 정교한 언어의 사용
출현율	• 인구의 5~20%에 해당 • 대략 남성과 여성의 수가 동일 • 아프리카계, 라틴계, 인디언계 미국인 학생들은 출현율이 낮음 • 저소득층 학생은 출현율이 낮음
교육 배치	• 대부분 통합교육을 받고, 소수가 시간제 특수학급, 특수학급, 우수아를 위한 특수학교에서 교육을 받음
예후	• 많은 학생이 저조한 성취를 나타낸다는 기록이 있지만 대부분의 학생은 성공적인 학교생활을 함 • 우수아는 일반아동에 비하여 대학 졸업자 비율이나 상위의 학위 취득자 비율이 높다.

1. 우수성의 정의와 분류 기준

1) 우수성의 정의

우수성(giftedness)의 개념을 확립하려는 시도로 다양한 종류의 정의가 생겼다. 모든 우수성의 정의에서 중요한 개념은 높은 능력이다. 하지만 우수성의 정의는 그 이상의 개념으로 변화해 왔다. 어떤 우수성의 정의는 지적 능력, 창의적 사고력, 예술적 능력, 사회적 지도력과 같은 개념을 포괄하기도 한다. 어떤 우수성의 정의는 지적 능력, 동기, 태도, 개인적 성향 등의 개념이 주로 고려된다. 또 다른 우수성의 정의는 제시된 성취력이나 잠재적 능력이 고려되기도 한다. 하지만 이러한 정의들은 우수아의 교육적 욕구에 관해서 직접적으로 언급하고 있지 않다.

지능, 재능, 동기의 견해가 변화함에 따라서 우수아의 정의도 변화하였다. 그리고 이러한 것을 측정하는 도구가 변화함에 따라서 우수아의 정의도 변화하였다. 또한 문화적, 사회적, 역사적 요인은 일반교육과 우수아 교육의 적절한 목표 설정에 영향을 미쳤다. 여기서는 일반적인 세 가지 우수성의 정의에 대해서 살펴본다.

(1) 말랜드의 연방 정의

가장 많이 사용되고 있는 우수성의 정의는 말랜드(Marland, 1972)가 개발한 것으로, 미국 의회에 제출된 연방 재정교육 프로그램 지침서에서 볼 수 있다.

> 우수아는 전문적으로 자격을 갖춘 사람이 판별하고, 우수성은 높은 수행력을 보이는 탁월한 자질 여부에 의해서 결정된다. 우수아는 자신과 사회에 공헌하기 위해서 정규학교의 일반 프로그램과 차별화된 교육 프로그램과 서비스를 필요로 한다. 우수아는 다음의 영역에서 높은 수행력과 잠재력을 보인다.
>
> - 일반적인 지적 능력
> - 특정한 학문적 능력
> - 창조적, 생산적 사고
> - 지도력
> - 시각 및 공연 예술

• 정신운동 능력(p. 5)

말랜드(1972)의 정의(그리고 1979년에 개정된 정의)는 다음과 같은 이유로 의미가 있다. 첫째, 우수성 개념의 복합성을 강조했다. 둘째, 우수성은 수행력 및 잠재성으로 판별될 수 있다고 하였다. 셋째, 우수아는 일반교육이 제공하는 서비스 이상의 특수교육 서비스를 필요로 한다고 지적하였다.

과거 20년 동안 우수성에 관한 몇 가지의 중요한 대안적인 정의가 제시되었다. 일반적으로 그 정의들은 지능과 재능, 인내심, 자긍심과 같은 지능 이외의(non-intellectual) 특성을 포함한다.

(2) 렌줄리의 모형

렌줄리(Renzulli, 2002)는 우수성을 세 가지 요소—평균 이상의 매우 높은 능력, 과제 지속력, 창의력—의 조합으로 나타나는 행동으로 정의하였다. [그림 15-1]에서 볼 수 있듯이, 세 개의 원이 맞물려 있는 것은 우수성의 3요소 간의 관계성을 설명해 준다. 렌줄리(1977)는 말랜드의 우수성 정의에 나타난 두 가지 문제점에 대해서 언급하였다. 첫째, 말랜드의 연방 정의는 동기요인을 포함하지

렌줄리의 학교 차원 심화 모델의 3요소

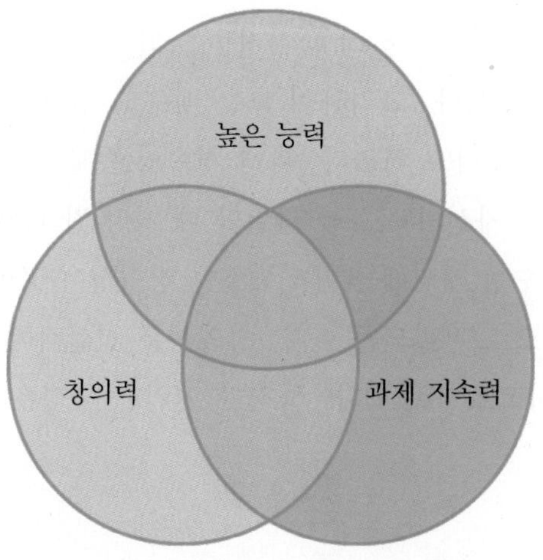

출처: Renzulli, J. S. (1986). The three ring conception of giftedness: A developmental model for creative productivity. In R. Sternberg & J. E. Davidson (Eds.), *Conceptions of giftedness* (pp. 53-92). New York: Cambridge University Press.

그림 15-1

과제 지속력은 우수아들 사이에서 일관적으로 관찰되는 특징이다.

않았다. 그러나 렌줄리는 과제 지속력을 포함시켰다. 둘째, 말랜드는 수행 시 몇 가지 특성이 중복된다고 하였다. 하지만 렌줄리는 창의성 및 지도력과 같은 특성이 같이 발현된다는 것을 반박하였다. 예를 들어, 재즈 음악 분야에서 창의적인 학생이 쓰기, 토론, 과학과 같은 분야에서도 반드시 창의력을 보인다는 법은 없다는 것이다.

렌줄리 모형에서 평균 이상의 높은 능력이란 일반적으로 지능 및 구체적 재능에서의 성취로 정의될 수 있다. 일반적인 지적 능력에는 추상적인 사고, 공간관계, 논리적 추론능력이 포함된다. 이러한 능력은 중요하게 여겨지며, 지능검사를 통해서 측정될 수 있다. 구체적 재능에서의 성취는 학업, 예술, 사회적 행동과 같은 영역에서 관찰될 수 있다.

렌줄리(1986)는 과제 지속력이 우수아의 일관된 특성이라고 하였다. 때때로 통찰력 혹은 우수한 성과를 보인다고 해서 그 사람을 우수아로 단정 지을 수는 없다. 렌줄리는 우수성 연구에서 일치점을 찾아내었다. 그것은 열심히 일하려는 동기와 높은 성취 기준에 도달하려고 어려움을 인내하는 것이 우수성과 밀접하게 연관되어 있다는 것이다. 그리하여 그는 배우고 성취하려는 동기는 우수성 개념에서 핵심적인 요소라고 하였다. 과제 지속력은 보통 개별 혹은 소집단 프로젝트를 위해서 자신의 목표를 판별할 때 가장 잘 나타난다.

• 생각해 봅시다 #2

렌줄리와 말랜드의 우수성 정의를 비교해 보라. 당신은 교사에게 어떤 모형이 더 중요하다고 생각하는가?

렌줄리의 우수성 개념에는 제3 요소인 창의성이 포함된다. 천재는 보통 이러한 창의성으로 판별되곤 한다. 창의성은 건설적이고 뛰어난 문제해결력과 확산적 사고로 간주된다. 하지만 이러한 특성은 일상에서 진단하기 어렵다.

(3) 가드너의 다중지능이론

가드너(Gardner)와 동료들(예: Gardner, 1983; Gardner & Hatch, 1989; Walters & Gardner, 1986; Ramos-Ford & Gardner, 1991)은 지능과 우수성은 일반적인 특성이 아니므로 지능검사로 측정되는 일반적인 요소로 간주되어서는 안 된다고

하였다. 그들은 "하나 이상의 문화적 환경에서 가치 있는 산물을 생산하거나 문제를 해결하는 능력"(Gardner & Hatch, 1989, p. 5)으로 정의되는 다중지능이론을 개발하였다. 그들은 지능이 논리-수학, 언어, 음악, 공간, 신체-운동, 대인관계, 개인 내적, 자연 친화의 8개 영역으로 구성된다고 하였다. [그림 15-2]는 8개 차원의 지능과 관련된 일반적인 역할과 능력의 예를 보여 주고 있다. 가드너(1983)는 이러한 다중지능이론은 불완전할 수 있고 그 외의 다른 차원의 지능이 판별될 수도 있다고 하였다. 가드너가 제시한 다양한 영역의 지능은 함께 기능할 수도 있고, 각각의 영역이 독자적으로 기능할 수도 있다.

• **생각해 봅시다 #3**

다중지능이론에 대해서 어떻게 생각하는가? 이처럼 구체적인 영역이 존재한다고 믿는가? 지능은 여덟 가지의 구체적인 영역으로 나눌 수 있는가?

가드너의 다중지능

1. 언어: 단어의 의미와 순서에 대한 민감성
2. 논리-수학: 수/추리 및 다른 논리 체계에서의 능력
3. 음악: 음악을 이해하고 창조하는 능력
4. 공간: 시각적 세계를 정확하게 인식하고 그것을 재창조 및 변형하는 능력
5. 신체-운동: 숙련된 방법으로 자신의 몸을 사용하는 능력(예: 춤추는 사람)
6. 대인관계: 타인들을 지각하고 이해하는 능력
7. 개인 내적: 자신의 정서를 이해하는 능력(자기 지식)
8. 자연 친화: 자연 세계의 요소들을 차별화하는 능력(자연 지식)

* 하워드 가드너 박사의 연구 요약, 부가적인 지능을 포함한 다중지능에 대한 토의, 참고문헌과 관련 출처는 http://www.infed.org/thinkers/gardner.htm을 참고하라.

출처: Gardner, H. (1999). *Intelligence reframed, Multiple intelligences for the 21st century*. New York: Basic Books.

그림 15-2

2) 우수성의 분류 기준

우수아 교육에서 가장 흔하게 사용되는 2개의 분류체계는 우수성 유형과 우수성 수준이다.

(1) 우수성 유형

학생들을 우수성 유형에 따라서 분류할 때는 말랜드(1972)의 정의가 사용된다. 예를 들어, 일반적인 지적 능력은 IQ 지수를 말하며, 구체적인 학업능력은 수학, 과학, 사회, 읽기, 쓰기와 같은 과목에서의 높은 성취력을 말한다. 창의력

몇몇 우수아는 시각과 행위 예술에서 두각을 나타낸다.

이란 유용하고 독창적인 생각이다. 리더십은 선천적이거나 후천적으로 다른 사람을 지도하는 능력이다. 시각과 행위 예술에서의 우수아는 도구/공간 수행, 2차원/3차원 예술, 춤/연극에서 두각을 나타낼 것이다.

또 다른 우수성 유형의 분류에는 타고난 영재성(gifts) 대 재능(talents)이 있다. 타고난 영재성은 지적이고 학문적인 성과를 말하며, 재능은 그 외의 것들을 말한다. 많은 연구자는 모든 관찰된 행동이 타고난 영재성이기 때문에 이러한 분류는 타당성이 없으며 재능은 덜 중요하다고 하였다. 예를 들어, 가네(Gagné, 1999)는 개인의 타고난 영재성은 기회, 교육, 환경 그 외의 요소들에 의해 뛰어난 재능이 된다고 하였다. 이러한 생태학적 견해는 우수아 분야에서 지배적이다.

(2) 우수성 수준

우수성의 개념은 개인의 높은 IQ 점수에 따라 여러 수준으로 분류되어야 한다. 홀링스워스(Hollinsworth, 1940)는 180 이상의 IQ 점수를 획득한 우수아는 낮은 IQ 점수를 획득한 사람과는 매우 다르다고 하였다. 다른 연구자는 지능 내 차별화된 특성과 욕구를 알아내려고 하였다. 이러한 노력으로 우수성의 수준이 결정되었다.

- IQ 130~145: 우수한
- IQ 145~160: 많이 우수한
- IQ 160 이상: 아주 많이 우수한

• 생각해 봅시다 #4

우수아를 결정하는 데 IQ 점수는 얼마나 큰 영향력을 가지는가? 우수아 분류체계에는 어떠한 다른 요소들이 포함되어야 하는가?

그러나 이러한 분류체계는 완전하지 않다. 우수성의 유형을 IQ 점수만으로 분류하는 것은 불합리하고, 각 수준에 속한 우수아들은 확연한 차이를 보이지 않는다. 그럼에도 우수아 관련 문헌에서는 이러한 체계를 여전히 소개하고 있으며, 아주 많이 우수한 IQ 160 이상의 학생들에 대한 연구를 수행 중이다(예: Gross, 2004; Silverman, 1990).

2. 우수아의 주요한 행동적 특성

앞서 살펴본 대로, 우수성은 일련의 다른 행동 양상을 보인다. 여기에서는 우수아의 초기 전형적인 몇 가지 특성을 살펴본 후에, 경험적 특성들을 살펴보겠다.

1) 우수아에 대한 초기 연구 결과

초기 문서는 우수아의 다양한 육체적, 인지적, 감성적 특성들을 묘사했다. 19세기 작가인 롬브로소(Lombroso, 1891)는 우수아를 근시안적이고 육체적으로 나약하며 지나치게 민감한 것으로 묘사하였다. 그리고 천재성은 몸을 불사르고 온전함을 위험에 처하게 하는 힘이라고 하였다. 그의 표현 중에는 “천재는 광기와 매우 유사하다.”라는 것이 있다.

터먼(Terman, 1925)은 롬브로소의 우수아 특성을 확인하기 위하여 IQ 140 이상의 학생 1,500명을 대상으로 연구를 실시하였다. 연구 결과, 우수아는 신체적으로 더 크고, 건강하고, 생산적인 성인이 될 가능성이 높고, 또래와 비교해 우량한 정신건강을 보였다. 비록 터먼과 롬브로소가 언급한 우수아의 특성은 서로 반대되지만, 둘 다 전형적인 우수성의 특징으로 간주된다. 하지만 터먼의 연구는 유리한 배경을 지닌 유럽계 미국인 중류층을 대상으로 하였기 때문에 문제가 된다. 즉, 그가 제시한 우수아의 특성은 오늘날의 다문화 지역사회에 있는 우수아들의 특징이 아닐 수 있다.

2) 최근의 견해

우수아는 개별적인 신체적, 인지적, 감성적 특성을 보인다. 몇몇 우수아는 긍정적인 특성을 보인다. 예를 들어, 다른 사람에 대한 높은 감정이입, 과제 지속력, 뛰어나려는 동기, 교사의 기대에 부합하려는 욕구 등을 보일 수 있다. 한편, 우수아는 부정적인 행동 특성을 보인다. 예를 들어, 정보의 습득 속도가 느린 또래의 행동을 참지 못하고, 권위에 의문을 제기하며, 반항적이고, 연습과 반복을 필요로 하는 과제에 혐오감을 나타낼 수 있다.

몇몇 우수아는 부주의하고 경솔하고 산만한 것처럼 보인다. 창조적인 학생의

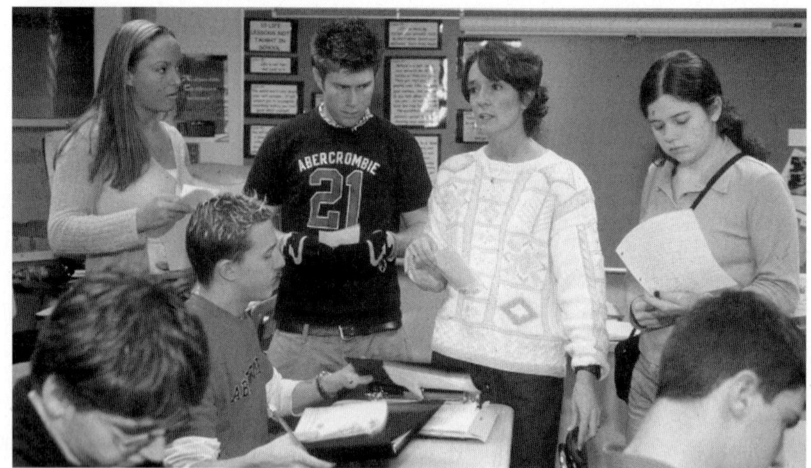

규칙과 권위에 의문을 제기하는 창의적인 학생은 몇몇 교사와 또래에게 이질감을 느끼게 할 수 있다.

몇 가지 특성은 우수아 교육 프로그램에 참가하는 것을 방해할 수 있다(Richert, Alvino, & McDonnel, 1982). 이들이 보이는 특별한 반응은 특이하고 엉뚱하게 여겨질 수 있다. 그리고 규칙이나 권위에 의문을 제시하는 것은 무례한 행동으로 여겨질 수 있다. 이러한 특이한 행동으로 우수아들은 교사와 또래들로부터 거부당할 수 있다.

(1) 발달적 요인

우수아의 특성은 발달연령에 따라 다르다. 우수아들은 학교를 다니면서 특정 유형의 재능이 향상될 수 있다. 어린 아동들은 모든 학교 과업을 잘 수행할 것이다. 즉, 저학년 우수아들은 대부분의 학습을 쉽게 성취해 갈 수 있다. 하지만 중등학년이 되면 선호도와 강약점이 보다 명확해진다. 어떤 학생은 수학 및 과학에서 높은 성취를 보이고, 어떤 학생들은 쓰기 및 역사에서 높은 성취를 보인다. 이러한 현상은 학년이 높아지면서 학업 내용이 구체적이고 지시적이 되기 때문에 발생한다.

우수아의 인지적, 감정적, 신체적 발달은 획일적이지 않다. 예를 들어, 어린 아동이라할지라도 아주 많은 어휘와 향상된 문제해결력을 보일 수 있다. 또한 또래에게 울화와 감정을 나타낼 수 있다. 학령기 우수아의 경우 소근육 기술과 인지적 발달이 일치하지 않을지도 모른다. 그래서 쓰기와 색칠하기와 같은 과제를 할 때 좌절할 수도 있다. 남학생은 성급하게 쓰기를 하고 쓰기 자체를 강하게 혐오할 수도 있다. 조기 입학한 학생과 월반한 학생은 다양한 운동경기에 참여하지 못할 수 있다. 예를 들어, 그들은 운동경기에 참가하더라도 같은 반 친구들보다 낮은 수준의 육체적 성숙으로 불리할 것이다. 그렇게 되면 많은 우수아는 다른 관심사를 추구하게 되고 학교 대항 스포츠 경기에는 불참하려 할 것이다(Olenchak & Hebert, 2002).

(2) 청소년기

우수아의 발달에 가장 어려움이 많은 시기는 사춘기다. 부셔(Buescher, 1991)는 사춘기란 개인적으로 자신을 재정리하는 시간이라고 하였다. 사춘기에 나타나는 신체적·감정적 변화로 '좋은 학생'과 '높은 성취자'의 역할에 많은 부담을 느낄 수 있다. 즉, 어떤 학생은 자신의 타고난 우수성에 의문을 제기하며 능력을 불신하게 된다. 어떤 이는 우선순위를 바꾸고 진보된 성취를 위하여 또래와의 경쟁을 선호하게 된다. 사춘기의 여학생은 수학과 과학 교과목을 싫어할 수도 있다(Reis & Graham, 2005). 그리고 남학생은 보다 반항적이고 비순응적일 수도 있다. 이러한 변화는 우수성 때문이라기보다는 사춘기 때문이라고 보는 것이 바람직하다(Buescher, 1991; '학생사례 탐구' 참조).

학생사례 탐구

우수아의 욕구 강조하기

"웨스의 어머니는 곤혹스러웠다. 3세의 웨스는 선반에서 월드북 백과사전을 꺼내 책장을 넘겼다. 웨스는 결코 책을 찢거나 하지는 않았지만 어머니는 계속적으로 책을 제자리에 정리해야 했다. 웨스는 어머니가 근처에 있으면 그림의 설명을 가리키며 "엄마 이 단어가 뭐야?"라고 물었다. 어머니는 답을 해 준 후 그것이 왜 알고 싶은지 물어보았다. 그러면 웨스는 "모든 다른 단어를 읽을 수 있기 때문이야."라고 답하였다. 그는 교육을 받지 않았지만 3세가 되었을 때 읽기가 가능했다.

학교 입학 시 웨스의 학력검사 결과는 6학년 이상의 읽기능력을 보였다. 교장선생님은 웨스가 유치원에서 월반하기를 원했지만 유치원 교사는 학업기술 이외의 중요한 기술 습득 기회가 박탈되고 결과적으로 발달이 제한될 수 있다며 반대 입장을 고수하였다. 웨스의 부모와 교장선생님은 6주 동안의 유치원 생활 후에 웨스의 배치를 결정하기로 하였다. 학년 배치를 위한 모임에서 유치원 교사는 웨스의 읽기 영역에서의 미성숙과 낮은 기초기술을 언급하며 여전히 1학년으로의 속진(acceleration)을 반대하였다. 유치원 교사는 "웨스는 심지어 문자 카드(대문자와 소문자 짝짓기)도 할 수가 없어요."라고 말하였다. 우수아 교육 조정자와 교육과정 책임자는 웨스의 다음 행동을 관찰하였다. 교사는 공룡 그림이 그려진 종이를 나누어 주며 그림의 첫소리가 무엇인지를 물어보았다. 한 학생이 Dinosaur의 'd' 라고 말하자, 웨스는 갑자기 생기를 띠며 머리를 세차게 흔들고 광란적으로 손을 들었다. 교사는 관찰자에게 눈썹을 치켜올리며 웨스를 호명하였다. 웨스는 울먹이면서 "아니에요."라고 말하며, 그림 밑에 작은 글씨를 가리키고는 "이것은 Trachodon의 't' 예요."라고 하였다.❞

적용하기

- 미국 학교에는 웨스와 같은 아동이 많이 있다. 웨스의 교사라면 초기 대립을 피하기 위해서 어떻게 하겠는가? 유치원 교사의 적대감 증가를 피하기 위해서 어떠한 충고를 해 주겠는가?
- 웨스를 위해서 다음에 해야 할 일은 무엇인가? 어떠한 종류의 추후 지도와 감독이 이루어져야 하는가?

우수아가 학교에서 진급할 때 훈련과 직업을 선택하는 것은 매우 중요한 일이다. 많은 우수아는 얼마 동안 자신의 관심과 능력에 관심을 보일 수 있다. 일반적으로 우수아는 직업 및 추구해야 할 지식을 초기에 명확하게 파악하지만, 몇몇 우수아들에게는 어려울 수도 있다. 특히 다양한 재능을 가진 사람들의 경우 추구해야 할 내용을 결정하는 데 어려움을 느낀다(Berger, 1994).

• 생각해 봅시다 #5

과거에는 우수아의 특성이 어떠하다고 생각하였는가? 이러한 과거의 우수아 특성은 당신의 경험에 기반한 우수아 특성과 차이가 있는가?

중등과정 이후의 교육기간 동안, 학생은 자신을 책임감을 지닌 젊은 성인으로 새롭게 정의해야 한다. 이 시기의 학생들은 수시로 희망 직업과 목표가 변할지 모른다. 예를 들어, 긴 대학원 과정을 생각하였던 학생이 생각을 바꾸어서 직업을 선택할 수도 있다.

(3) 성인기

우수한 성인에 대한 연구는 저명한 인물의 전기 형식으로 이루어진다(예: Goertzel & Goertzel, 1962; Roe, 1952). 이러한 전기 형식의 연구는 우수아의 후기 발달에 대한 통찰력을 제공하지만 고정관념을 가지게 할 수도 있다. 왜냐하면 '전형적인' 우수 성인들에 대한 후속 연구가 턱없이 부족하기 때문이다. 터먼(1925)은 종단연구를 실시하였다. 이 연구는 비록 연구 대상자의 수는 적었으나 우수아가 성인으로 어떻게 성장하였는가에 대한 일견을 제공한다. 연구 결과, 그들은 대체로 개인적이고 직업적인 면에서 안정되어 있었다. 남성들은 일반적으로 자신의 생활 성취에 만족하였으며, 몇몇 사람들은 자신의 직업에서 정상에 가까운 위상을 보였다. 그리고 소수의 여성만이 직업을 가졌다. 성인기 인터뷰 당시에 여성들은 학문적인 잠재력을 성취하지 못하였다고 하였다. 이러한 결과는 연구 당시 여성의 사회활동 역할 및 기대에 비추어 볼 때 당연하다. 보다 최근의 연구 결과(예: Arnold, 1993)는 높은 성취를 이룬 여성들은 전문가의 길과 가족 사이에서 한 가지를 선택하는 것을 어려워한다고 지적하였다(Tomlinson-Keasey & Keasey, 1993).

3. 출현율과 발생 원인

1) 출현율

우수아의 출현율은 다양하기 때문에 그들 사이에서 일치점을 찾는 것은 힘들다. 우수아의 출현율은 다음의 세 가지 변인에 따라서 변화한다. 즉, (1) 우수성의 정의, (2) 우수아에게 제공되는 서비스, (3) 일반교육 프로그램의 질이다. 가네(1991)는 우수아의 출현율은 IQ 점수 130 이상, 또는 95% 이상의 학업 성취도에 근거해서 산정되어야 한다고 하였다. 이에 따르면 미국의 대략 5%의 학령인구가 우수아가 되어야 하지만 실제 우수아의 수는 이와 다르다. 렌줄리(1986)는 표준화된 규준참조검사를 통한 우수아 판별은 적절치 못하다고 주장하였다. 보다 융통성 있는 우수아 판별 기준은 학교 인구의 15~20%를 잠재적인 우수아로 추정한다. 일반인들은 이러한 판별 기준을 수용하는 듯하다. 가네, 벨랭거와 모타르(Gagné, Bélanger, & Motard, 1993)는 비교육자에게 학령기 우수아의 출현율에 대한 설문조사를 하였다. 연구 결과 학령기 아동의 평균 19%가 학문적 우수성을 나타내었고, 평균 36%는 그 외의 영역에서 우수성을 보였다.

이 자료를 통해서 세 가지 결론을 내릴 수 있다. 첫째, 출현율은 우수성의 IQ 모형에 얼마나 근접하느냐에 따라서 달라진다. 둘째, 전문가는 비전문가보다 우수아 출현율을 더 낮게 책정한다. 셋째, 우수성이 인지적, 학문적 영역에서 예술적, 창조적, 사회적, 심리운동적 영역까지 확장된다면 우수아 출현율은 변하게 된다. 일반교육과정이 우수아의 요구를 충족시키는 데 적절하지 않은 경우 우수아들을 위한 특수교육적 지원이 필요할 것이다. 높은 학문적 요구, 잘 설계된 교육과정, 좋은 교육 경험을 가진 학교의 경우는 이러한 특수교육에 대한 부담감이 낮을 것이다. 그래서 지역교육 프로그램의 다양성은 교육 서비스에 대한 다양한 요구에 따라 변하게 된다.

2) 발생 원인

우수성은 어디에서 오는가? 이에 대한 적절한 답을 찾기는 어렵다. 많은 이에게 우수성이라는 단어는 신비감을 준다. 그러나 대부분의 전문가는 우수성의 주요 원인을 유전과 환경에 둔다. 대부분의 이론가는 유전과 환경 모두가 지적인 우수성 발달에 중요하다고 생각한다. 가네(1993)와 펠드후센(Feldhusen, 1992)은 우수성이 유전과 환경의 상호작용으로 이루어진다는 모델을 제시하였다. 예를 들어 가네의 모형에 따르면, 우수성이란 아동 발달의 범위를 결정짓는 일련의 타고난 선천적 능력을 말한다. 그러나 우수성은 주변 사람의 적절한 지도와 조기교육, 기회 등의 환경적 요소와 상호작용하게 된다. 즉, 환경도 우수성 발달에 중요한 동기부여를 하고, 우수아의 성격에 영향을 미친다.

아동의 타고난 선천적 능력이 우수성의 기초를 제공하지만, 지역사회, 학교, 가족의 사회경제적 수준도 영향을 미칠 수 있다. 구체적으로는 거주지와 다니는 학교가 우수성 발달에 영향을 미칠 수 있다. 다시 말해, 좀 더 풍족한 지역사회, 학교, 가족은 지적이고 창조적인 기회를 많이 마련하려고 한다. 반면에 시골, 저소득 학군에는 우수아 교육 프로그램이 매우 적다(Southern & Jones, 1992).

4. 판별과 평가

우수아를 판별하는 데는 여러 가지 진단 절차가 사용되고 있다. 이러한 여러 진단 절차에 따라 판별된 우수아의 수와 특성은 다양하게 나타난다. 검사 중심의 진단체계는 학교 인구의 약 2～5%의 학생만을 우수아로 판별하는 단순한 개념화를 기초로 한다. 중요한 문제점은 하나의 검사만으로는 우수아를 일관되게 판별해 낼 수 없다는 것이다. 표준화된 검사는 우수아 판별에 일반적인 지침이 될 수는 있다. 그러나 보다 많은 기회를 제공하는 프로그램을 거쳐야 하는 학생을 판별하는 데는 그다지 유용하지 않을 수도 있다. 현재 시점에서 가장 유용한 판별 절차는 지능검사, 성취검사, 창의력 검사, 교사지명, 또래지명, 부모지명, 자기지명을 포함한 다중 기준에 의한 것이다(Davis & Rimm, 2003).

1) 지능검사

지능검사는 미래의 학교 성과를 예측하는 데 유용한 정보를 제공한다. 점수는 신뢰할 만하다. 그러나 지능검사는 다음과 같은 몇 가지 제한점이 있다. 첫째, 지능검사는 제한된 개념의 지능에 근거한다. 둘째, 지능검사는 특별한 집단의 학생을 적절하게 판별하지 못할 때도 있다. 셋째, 지능검사는 학생이 성장하면서 보이는 특별한 우수성을 판별하는 데 유용하지 않다.

2) 학력검사

학력검사는 학생의 학습에 대하여 구체적인 정보를 제공해 주며 규준참조 비교 자료를 제공한다. 학력검사는 여러 하위 영역으로 구성되어 있으며, 학업적 강점과 약점은 파악할 수 있다. 이러한 이유로 학력검사는 특정한 학업능력을 판별하기 위해 사용되곤 하지만 몇 가지 잠재적 결함을 지닌다. 표준화된 학력검사의 내용은 학교에서 배운 것 또는 배워야 할 것으로 이루어진다. 그러나 지역마다 교육과정의 내용은 매우 다르다. 검사에서 다루어진 내용은 학교에서 배운 것이 아니어서 규준참조 비교는 타당한 것이 아니다. 더욱이 학력검사는 우수아의 성취를 정확히 측정하기 위한 어려운 문항의 수가 충분하지 않다. 학력검사는 상당히 쉬우며 높은 점수를 획득한 학생의 성취를 철저하게 평가하지 못한다.

3) 창의력 검사

1950년대의 연구자들은 확산적인 사고와 창의력을 진단하기 위한 평가도구를 개발하였다. 많은 창의력 검사도구는 창의적인 유창성, 많은 답을 하는 능력, 유창성, 다양한 범주 내에서 응답을 하는 능력, 정교화, 단어 및 기호를 연결하여 새로운 아이디어를 만드는 능력, 독창성, 비범한 응답을 하는 능력과 같은 특성을 측정한다. 창의력 검사 연구는 지능검사와 상관관계가 적다. 그래서 연구자는 창의력 검사도구가 지능과 다른 구조를 측정한다고 주장한다. 하지만 창의력 검사 점수와 성인의 생산성 사이의 관계는 명확하게 정립되지 않았고, 창의성이 학교 성취에 연결된다는 몇몇 연구 결과에 의문이 제기되고 있다 (Piirto, 1992).

4) 교사지명

교사는 전문 프로그램을 통해서 혜택을 받을 수 있는 학생을 판별하는 과정에 참가하곤 한다. 일반적으로 교사는 학생의 강점과 약점을 등급 매기거나 전문 프로그램을 통해서 혜택을 받을 만한 학생을 지명하곤 한다. 교사는 학문적으로 우수한 학생만을 평가하거나 지명하지 않으며, 창의성, 내용 능력, 예술적성, 동기와 같은 다른 능력에 대해서도 평가하거나 지명한다. 교사는 우수아 판별과정에 참여해야 한다. 교사는 학생의 학문적인 성과를 직접 관찰하고 학문적 또는 비학문적 환경에서의 학생 성과를 서로 비교하며 관찰한다. 이러한 교사지명은 적은 비용으로 용이하게 수행될 수 있다.

교사의 판단은 신중한 고려를 거쳐야 한다. 몇몇 연구자는 교사가 높은 IQ의 학생과 특정한 학문적 능력을 보이는 학생을 판별하는 능력이 상대적으로 부족하다는 것을 발견했다(Pegnato & Birch, 1959; Terman & Oden, 1947). 예를 들어, 교사는 사실상 별다른 관련이 없는 단정함, 문법적으로 적절한 말하기, 과제에 대한 정확한 수행과 같은 지표들을 우수성과 높은 관련이 있다고 보았다. 교사지명에 관한 문헌들은 다음의 지침들을 제안하고 있다. 첫째, 교사평정 척도는 공식적인 검사가 측정하지 못하는 우수성을 발견하는 데 유용할 수 있다. 둘째, 어떤 교사는 상대적으로 적은 학생을 지명하거나 많은 학생을 지명하므로 교사지명 훈련이 이루어져야 한다. 셋째, 이러한 문제는 교사지명 훈련이 이루어진 후에도 존재하기 때문에 교사지명 결과는 신중하게 사용되어야 한다. 넷째, 교사는 우수아가 추상적 추론, 창의성, 문제해결력을 보일 수 있는 교육을 제공하여야 한다. 학생이 자신의 인지적인 능력을 보여 줄 수 있는 기회를 가지지 못하면 교사 역시 그것을 관찰할 수 없을 것이다.

5) 또래지명

또래는 교사보다 학생의 행동을 더욱 폭넓고 다양하게 관찰할 수 있다. 그래서 또래는 우수성 판별에 참여할 수 있지만 몇 가지 어려움이 따른다. 첫째, 교사의 칭찬에 영향을 받을 수 있다. 즉, 또래지명은 교사의 판단을 반영할 수 있다. 둘째, 연령이 높은 또래는 어린 또래보다 이러한 과정을 진지하게 받아들이지 않기 때문에 적절하지 않을 수 있다. 셋째, 또래지명은 우수성과 관계가 없는 행동들에 의해서도 좌우되곤 한다. 예를 들어, 다른 사람을 괴롭히거나 얕보는 학생은 우수아로 선정되지 않을 것이다. 넷째, 또래 지명을 위해 필요한 요인을 정해야 하는 것이 매우 중요하다. 특정 학생이 우수아로 판별되지 못하는 몇 가지 요인이 있으므로 또래지명은 신중히 사용되어야 한다.

6) 부모지명

부모는 우수아를 판별하는 데 가장 중요한 정보원이 된다(Jones & Southern, 1991). 부모는 자녀의 행동을 잘 알고 있기 때문에 평정척도를 통해서 우수아 판별과정에 종종 참여하고, 자녀가 우수아 교육 프로그램에 참여할 것인지의 여부를 결정하기도 한다. 부모는 우수아의 습관, 기술, 여가활동, 선호하는 학습 과제와 같은 광범위한 정보를 제공할 수 있지만 부모가 제공하는 정보의 가치를 결정하는 것은 어려울 수 있다. 만일 부모가 정확한 기록을 가지고 있지 않다면 발달 이정표에 대한 질문(예: 말을 시작한 시기, 책에 흥미를 보인 시기)에 답하기 어려울 것이다. 부모는 교사와 달리 비교의 기준 틀이 부족한 경향이 있다. 그리고 부모는 어휘의 수, 유머감각의 세련됨에 대한 질문 등에 답하는 것도 어려울 수 있다.

7) 작품 표집

작품은 학생의 수행 정보를 비판적이고 창조적인 사고의 측면에서 제공한다. 그리고 학생의 과거 성취 및 포상에 관한 정보를 제공해 준다. 수집된 작품은 학생의 성장과 학습에 대한 정보를 주지만 한계도 있다. 첫째, 평가 기준이 불명확하고 제대로 정의되어 있지 않기 때문에 작품 표본으로 학생의 수행을 평가하는 것은 어려울 수 있다. 둘째, 다수의 평가자와 총체적인 점수는 판별과정의 비용을 증가시킬 수 있다. 셋째, 교사와 프로그램 행정가는 학교 외부 및 교실 밖에서의 학생 작품과 성취를 볼 수 없기 때문에 중요한 정보가 손실될 수 있다.

8) 자기지명

가장 직접적인 우수아 판별방법은 학생 자신의 자기지명일 것이다. 자기지명은 엄청난 과잉의뢰를 초래할 수 있지만 다른 지명법과 마찬가지로 효과적이라는 증거가 있다. 쇼어와 치아미스(Shore & Tsiamis, 1986)은 대학 내 여름 프로그램에 참여할 학생을 두 가지 방법으로 선정하는 연구를 수행하였다. 한 집단은 표준화된 성취검사 자료와 교사 체크리스트를 통해서 구성되었고, 다른 한 집단은 교사의 추천서에 기반을 두어서 구성되었다. 실제로 교사의 추천서는 살펴보지 않았으며 최소한의 학생 관심사를 확인하기 위해서만 사용되었다. 두 집단의 학생을 비교하였더니 학생의 적성과 성취가 동일하였다. 즉, 자기지명을 통한 학생은 외부의 검토를 거친 학생과 동일한 특성을 보였다.

이러한 자기지명법은 몇 가지 제한점을 가진다. 유아들은 새로운 환경에서 수행하는 자신의 능력을 모를 수 있다. 프로그램의 재미 및 흥분 요소를 강조하고 학문적인 어려움을 강조하지 않는 것은 적절하고 정확한 수행을 하는 학생보다는 그것을 희망하는 학생을 유인할 것이다. 그러나 자기지명법은 학생의 프로그램 참여를 돕고 교사가 미처 발견하지 못한 학생의 흥미를 알도록 도와준다.

9) 평가 시기에 수집된 자료 해석하기

평가 자료에 근거하여 우수아 교육 서비스에 적합한 아동을 결정하는 데는 세 가지 기본적인 접근법이 있다. 첫째, 몇 가지의 관련 측정도구를 모은 후에 각 측정도구에 대한 수용 가능한 기준을 결정하는 것이다. 그런 다음 이러한 각 측정도구의 수용 기준에 부합되지 않는 학생은 선정과정에서 제외한다. 둘째, 자료를 매트릭스로 편성하는 것이다. 매트릭스는 각 검사도구에 대한 다양한 학생의 수준에 가치를 부여한다. 그런 후에 이렇게 요약된 학생의 전반적인 점수에 기초하여서 참여를 결정한다. 셋째, 학생의 능력에 대한 프로파일을 만드는 것이다. 프로파일이란 수집된 진단 정보를 시각적으로 표현하는 것이다. 이러한 프로파일은 개별 학생의 상대적인 능력을 묘사할 수 있고, 참여하는 학생들의 재능 패턴을 특성화하며, 서비스를 찾도록 도와준다. 프로파일 분석은 다른 두 방법과 비교할 때 다음과 같은 면에서 긍정적이다. 첫째, 검사 점수로부터 얻을 수 없는 자료(예: 학생의 포상과 성취, 이전에 참여했던 영재 프로그램 등)를 살펴볼 수 있다. 둘째, 프로그램의 목표를 벗어난 학생의 재능과 흥미 형태를 비교하여서 교육자, 학생, 부모가 적절한 특수교육 및 학업 프로그램을 선택하도록 돕는다 (Southern, Spicker, Kierouz, & Kelly, 1990).

모든 우수아 판별법에는 여러 가지 문제가 있을 수 있고 선정과정에서 과실이 생길 수 있다. 즉, 실수로 우수학생이 프로그램에서 제외되거나 배치될 수 있다. 그래서 호소과정(appeals process)을 개발하여 사용하는 것이 좋다. 교사,

부모, 학생에 의해 이루어지는 호소과정은 초기 선정과정을 재고하는 데 관련된 새로운 정보를 받아들여야 한다.

• 생각해 봅시다 #6

저소득층 학생과 다양한 인종의 학생을 보다 공정하게 판별하는 평가체계에 대해서 말해 보라.

5. 교육 실제

우수아의 교육적, 사회적 욕구를 강조하기 위해서 증거 기반의 교육 실제가 추천된다. 여기에서는 조기중재의 문제점을 살펴본 후에 학문적이고 사회적인 지지를 제공하는 전략에 대해서 살펴본다.

1) 조기중재

장애아와 달리, 우수아를 위한 조기중재는 법적 의무성이 없다. 우수아의 조기 판별은 아동이 부모를 놀라게 할 만한 매우 비전형적인 수행을 보일 때 이루어진다. 예를 들어, 3~4세경에 스스로 읽기를 터득했을 때, 기대치 않은 문제를 해결했을 때, 지식을 빠르게 확장시켜 나갈 때 부모들은 중재를 찾곤 한다. 그렇지만 아동이 이러한 행동을 보이지 않는다고 우수아가 아니라고 생각해서는 안 된다. 부모와 교육자들은 아동의 이러한 행동을 관찰하면 특별하고 즉각적인 노력이 필요하다고 생각하여야 한다. 그러나 우수아를 위한 조기중재는 드물다. 대부분의 주에 있는 학교는 우수아에 대한 서비스를 의무화하고 있지 않으며, 부모는 이러한 서비스의 잠재적인 욕구와 혜택을 인식하지 못하고 있다. 많은 학교구에서 부모들은 서비스를 찾지 못하고 일반적으로 속진의 형태(예: 조기 입학 및 월반)로 문제를 해결한다.

학년이 올라감에 따라서 교육과정을 숙달한 다른 학생 및 학교활동에 적응하지 못한 학생은 스트레스가 증가하며, 이러한 학생들은 교육과정에 맞지 않게 된다('프로그램 탐구' 참조). 제반 사항이 고려되어야 하지만, 속진(acceleration)이나 심화(enrichment)를 제공하기 위해서는 다음과 같은 요소들을 고려해야 한다.

- 일반교육과정의 적합성: 아동이 교육과정을 신속하게 숙달할 경우 교육과정 수준이 '너무 낮은 것은 아닌지'(Renzulli, 2002)하는 의문을 가질 수 있다.
- 상위 학급의 배치 및 빠른 속도의 교수에 대한 아동의 능력: 빠른 속도의 교수와 복잡하고 많은 자료의 제공에 아동이 잘 적응하고 있는지를 살펴보라.

프로그램 탐구
효과적인 행동의 실제

우수아 교육에서 가장 일관된 문제점 중의 하나는 중학교와 고등학교 수준에서 문화적으로 다양한 학생이 없다는 것이다. 이는 특히 수학과 과학 과목에서 그러하다. 프로젝트 EXCITE는 노스웨스턴 대학교의 재능발달 센터(Center for Talent Development), 에반스턴/스코키 학군 65(Evanston/Skokie School District 65), 에반스턴 타운십 고등학교 학군 202(Evanston Township High School District 202)를 포함하는 협력 프로그램이다. 프로젝트의 목적은 학습을 촉진하고 풍부한 자극을 제공하는 우수아 프로그램의 비대표성 문제를 다루기 위한 것이다.

프로젝트 EXCITE의 첫 번째 집단은 3학년 학생으로 2000~2001학년도에 구성되었다. 이 학생들은 현재 6학년으로 프로그램이 끝날 때는 8학년이 된다. 이 프로젝트에는 매년 20~25명의 학생이 2단계의 교육 프로그램을 받는다. 첫해에 학생은 정규 수업 이후에 자신의 집에서 심화학습을 받는데, 이에는 교사가 가르치는 수학과 과학이 포함된다. 그리고 학생은 노스웨스턴 대학교 교정에서 열리는 2주간의 여름 프로그램에 참여하여 현재 고등학교와 대학교의 교수진이 가르치는 수업을 듣는다. 초등학생인 아동은 딸기의 DNA를 추출하고, 레고 수학을 하고, 고등학교 자연센터를 방문한다. 자신의 심장박동 수를 측정하고, 마력을 계산하고, 돼지를 해부하고, 밝은 노란색을 만들기 위해서 두 개의 투명한 화학제품을 섞는 등의 활동들은 학생들에게 프로그램에 다시 참여하고자 하는 동기를 불러일으킨다. 다음 해에 학생은 토요일에 열리는 로봇공학, 신경과학, 진보된 수학, 수학경연 문제 풀기와 같은 주제에 관한 심화학습에 참여한다. 그리고 이 학생은 중서부 지역의 전국 우수아 탐구에 참여하는 학생들과 4~8학년에 치러지는 Explore eighth-grade achievement test, SAT, ACT 시험에서 두각을 나타낸 학생들과 여름 캠프에 참여한다. 프로그램은 국가가 인증한 고등학교 수학 및 과학 과목을 포함하고 적절한 학업 성취를 위한 기회를 제공한다.

부모 참여는 주요한 요소다. 일 년 내 계획되는 모임은 EXCITE 프로그램에 참여하는 부모에게 정보와 지지를 제공해 주고, 다른 EXCITE 프로그램에 참여하는 부모들과의 인맥 형성에 도움을 준다. 부모는 회의 전에 시간, 날짜, 장소를 통보받으며, 조정자는 부모에게 전화를 걸어서 참석의 중요성을 강조한다. 참석이 불가능한 부모에게는 우편으로 회의 내용을 알려 준다. 한편, 노스웨스턴 대학교에 재학 중인 학생들은 자원봉사자가 되어 수학에 도움이 필요한 학생들을 지원해 준다.

결과는 만족스러웠다. 6년 프로그램 동안 감소율은 낮아졌고, 감소의 원인 대부분은 학생의 이동에 의한 것이다. 첫 17명의 학생 중 15명은 대수, 영재 대수, 영재 기하학 수업을 들었다. 그들은 이 학급에서 처음으로 유일하게 다양한 문화권의 학생이었으며, 그들의 수는 EXCITE 실행 이전과 비교해 볼 때 2배에 달하였다. 이 프로그램은 성취를 위한 '로켓 발사기' 및 경험할 수 있는 낮은 기대치에 대한 예방책으로 기술되었다. 그리고 우수아 프로그램에 다양한 학생들이 참여할 수 있었던 최초의 속진 프로그램으로 기술되었다. 2006~2007학년도에는 8학년의 한 학생이 영재 삼각법 수업에 추천되었는데, 대학교 2학년으로서 명에 미적분학 수업을 듣게 될 것이다. 어린 나이에 이러한 수업을 듣게 된 그는 학군 내 최초의 아프리카계 미국인 학생이 될 것이다.

- 또래로부터의 격리: 부모 및 교육자가 아동의 사회적 · 정서적 적응문제를 걱정한다면 월반과 같은 속진의 선택은 배제되고 또래학생과 함께하는 것을 고려하여야 한다.
- 교육과정 속진에 대한 회의론: 속진을 반대하는 이가 있다면 그들은 의식적이든 무의식적이든 중재를 방해할 것이다.
- 중요한 교수의 부재: 특정 교수의 부재는 학생의 미래 학습활동을 불리하게 할 수 있다(Shore, Cornell, Robinson, & Ward, 1991).

2) 학업적 중재

우수아를 위한 학업적 중재는 내용, 복잡성, 추상성, 속도, 성과의 문서화, 선택과 독립성의 여섯 가지 영역에 초점을 둔다(Maker & Nielson, 1996).

(1) 내용

우수아들은 일반적으로 이른 나이에 혹은 빠른 속도로 내용을 익히기 때문에 진보된 내용 교수법이 필요하다. 가장 쉽게 알 수 있는 이러한 학생의 특징은 광범위한 정보 저장력이다. 그들을 위해 교사는 더욱 훌륭하고 다양한 내용을 제공하는 것이 중요하다.

(2) 복잡성

우수아의 교육 내용은 복잡해야 한다. 즉, 교육 내용은 다차원적 견해, 다차원적 시사점, 다른 학문 영역과의 연계를 위한 진보된 학습자의 요구를 포함하여야 한다. 우수아는 일반적인 학업 성취력을 보이는 또래와 비교해 볼 때 문제해결 시 더 많은 변수를 고려할 수 있다. 또한 우수아는 또래학생보다 추상적인 것을 더 많이 이해할 수 있다. 실제로 우수아는 이러한 능력을 즐긴다. 우수아는 인지장애 학생과 다르게 직관적 도약을 할 수 있다. 하지만 교사가 그들에게 능력을 나타낼 기회를 제공하지 못한다면 그들이 배우는 것도 관찰할 수 없을 것이다. 다시 말해, 기회를 제한할 경우 학생의 성취도 제한될 것이다.

(3) 추상성

많은 장애아동 교사들의 어려움은 모호함과 추상성을 피하는 구체적인 교수법 때문이다. 우수아를 위해서는 추상적인 원리와 개념, 추상적 예시 등을 보다 많이 사용하는 것과 같은 차별화된 교수방법을 사용해야 한다. 우수아들은 다음과 같은 훌륭한 질문을 할 것이다.

- 만일 역사에서 이 사건이 일어나지 않았다면 어떻게 되었을까요?
- 왜 1812년의 전쟁 결과가 현상에 이득이 되었나요?
- 증기가 1920년대의 주요한 차 연료였다면 어땠을까요?

(4) 속도

우수아의 가장 명확한 특성이 빠르고 쉽게 배우는 능력이라면 속진법을 제공해야 할 것이다. 교사는 학생의 현재 상태를 빠르고 효과적으로 진단할 필요성을 느껴야 한다. 그리고 학습을 적절하게 진단하고 교수를 위해서 그것을 문서로 기록해 두어야 한다.

(5) 성과의 문서화

교사는 학생이 성취 기준에 도달하였는지를 증명해야 한다. 3학년 교사가 4학년 교사(혹은 5, 6학년 교사)에게 학생이 정말로 유능하다는 것을 증명하기 위해서는 매우 철저하고 압축된 교육과정 문서를 제공하여야 하고, 이러한 과정에서 자문에 참여하여야 한다. 학년마다의 성취를 문서화하고 협력하는 것은 어려운 일이 될 수 있다.

(6) 선택과 독립성

교수 방법 및 평가에서뿐만 아니라 연구 내용을 선택하게 하는 것은 우수아의 교육에서 필수적이다.

우수아 교육 전문가들은 학생의 선택이 매우 중요하다고 한다. 선택 시 다음의 4개 변수를 고려해야 한다(Treffinger & Barton, 1988).

- 내용 또는 학습의 흥미 영역
- 과정 또는 탐구 수행방법
- 결과 또는 탐구 결과를 확인하는 방법
- 평가 또는 탐구의 성공을 확인하는 방법

트레핑거와 바튼(Treffinger & Barton, 1988)에 따르면, 일반적으로 대부분의 학생에게 선택권이 주어지지 않는다고 한다. 그러나 일반적으로 교사는 학습 내용, 학습매체, 전달물을 제공하고, 이러한 것에 대한 선택권은 우수아에게 주어져야 한다(‘효과적인 교수전략’ 참조).

• **생각해 봅시다 #7**

교사가 교육과정을 통제하면서 학생들에게 선택권을 제공하는 방법에는 어떠한 것이 있는가?

효과적인 교수전략

문화적 다양성에 대한 교육과정의 반응성

우수아 수학 프로그램에 참여하는 대다수의 학생은 풍족한 가정환경을 지닌 유럽계 미국인 학생으로서 주요 언어는 영어다. 미국은 다문화 사회가 되어 가고 있어서 우수아 교육 프로그램에 다문화 학생을 포함하는 것은 중요한 정책 논제다. 더욱 확장된 통합을 위해서는 판별하기, 유지하기, 교육과정의 세 가지 사항에 노력을 기울여야 한다.

이러한 노력에서 가장 중요한 구성요소는 다음과 같다.

- 교사가 모든 학생의 재능 및 성취에 대한 잠재력 및 우수한 학업 성취를 알아내는 데 신중하고 공정하며 주의를 기울이도록 훈련하라.
- 어떠한 특성으로 문화적으로 다양한 학생이 우수아로 판별되지 못하는지를 고려하라.
- 지역의 인구와 교육과정을 가장 잘 대표할 수 있는 도구를 판별하라.
- 우수아로 판별된 집단의 사회경제적 지위, 성별, 민족성, 인종을 포함한 지역 평가 자료를 자주 분석하라.
- 교통수단과 재정적인 문제가 문화적 · 경제적으로 다양한 우수아의 권리를 박탈하는 정도를 검사하라.
- 문화적으로 다양한 학생은 우수아 프로그램의 물류와 자원에 접근하는 기회가 불평등함을 고려하라.

우수아를 판별한 후에는 그들이 프로그램에 지속적으로 참여하도록 도와야 한다. 문화적으로 다양한 학생은 중류층의 유럽계 미국인 학생보다 더 높은 비율로 중도 탈락하게 된다. 다양한 문화적 배경의 학생은 우수아 프로그램을 다른 문화의 장소로 인식한다. 그들은 우수아 프로그램에 참여하게 되면 자신이 대다수 중류층의 유럽계 미국인 우수아들과 다르다고 느끼기 쉽다. 그리고 중류층 유럽계 미국인 학생의 기대와 가치에 문화적 동화(acculturation)를 피해야 한다는 스트레스를 받을지도 모른다(Ford & Harris, 2000). 그래서 문화적으로 다양한 학생은 우수아 프로그램을 떠나게 된다. 즉, 그들은 자신이 환영받지 못하고 있다고 느끼게 되면서 프로그램에 더 이상 머물지 않는다.

문화적으로 다양한 학생이 환영을 받는다고 느끼는 방법으로는 그들에게 반응적인 교육과정을 제공하는 것이다. 즉, 우수아 프로그램에 문화적으로 다양한 학생의 흥미와 강점을 강조하여야 한다. 일반적인 우수아 교육과정 내용은 전형적인 중류층 유럽인들의 가치에 초점을 두고 있다. 학생과 교육과정이 조화를 잘 이루기 위해서는 다음을 고려한다.

1. 차별화된 판별과 유지를 필요로 하는 집단을 포함하라.
2. 문화적으로 다양한 학생을 위한 교육과정 견본을 확인하라.
3. 문화적으로 편견이 있는 교육 자료, 내용, 활동은 삼가라.
4. 이름, 경험, 휴일, 문학의 차이를 알아보고 표현하는 기회를 가져라.
5. 문화적 차이가 어떻게 수행 기대치와 관련되는지 인식하라. 예를 들어, 어떤 학생은 경쟁 상황을 싫어하거나 얼굴을 맞대는 것에 수줍음을 느낄 수 있다.
6. 어떤 문화에서는 개별적 칭찬은 보상으로 인식되지 않을 수도 있다는 것을 기억하라.

다양한 문화적 견해에 민감하고 그것을 경험하는 것은 많은 혜택을 주고 적절한 우수아 서비스를 제공하는 데 필수적이다. 문화적으로 다양한 우수아의 교육과정은 주의 깊고 열린 마음으로 계획하고 선택하는 것이 특히 중요하다.

3) 성인기로의 전환

우수아의 성인기로의 전환에 관한 연구는 매우 적다. 현재 알려진 바는 특정 학생을 대상으로 한 종단연구 결과에 근거한 것이다(예: Noble, Subotnik, & Arnold, 1999). 우수아는 조기에 직업과 학업 흥미를 선택하고 직업목표를 성취하는 데 집중한다. 그러나 일부 아동은 여러 가지 선택권이 있다는 사실에 빠져 있는 경우도 있다. 그들은 자신이 선택한 것과 선택하지 않은 것에 유감을 표현하곤 한다(Berger, 1991).

우수아들을 도와주려면 그들에게 학교생활 중 선택이 주는 시사점을 인식시켜 주고 성인기 직업과 진로는 깨닫게 해 주어야 한다. 즉, 성인이 되는 우수아에게 가장 중요한 목표는 직업 및 직업 변화를 준비하도록 돕는 것이다.

높은 수준의 학업 및 사회적 기대치로의 전환은 (1) 조기 학업상담, (2) 자기지각의 인식, (3) 전이 단계 다루기에 초점을 둔 상담을 통해서 촉진될 수 있다.

(1) 조기 학업상담

우수아는 여러 가지 다양한 진로에 접근하는 법을 알려 주는 조기 학업상담을 통해 도움을 받을 수 있다. 케이시와 쇼어(Casey & Shore, 2000)에 따르면, 우수아는 잠재적인 직업을 인식하지 못하고, 자신의 기질 및 능력에 맞지 않는 것을 가족의 권유로 선택하곤 한다. 속진을 논할 때는 교육과정과 적응에 대한 상담이 동반되어야 한다. 그러한 상담은 상급 초등학생이 대학에 조기 입학할 때 적절하게 이루어질 수 있다. 보다 진보된 학문에 접근하고자 하는 학생은 수강해야 하는 예비 및 관련 과목에 대한 조언을 필요로 할 것이다. 그리고 선택에 대한 잠재적 영향력을 고려함으로써 혜택을 받을 것이다. 초기에는 상담가가 쉽게 도울 수 있지만, 학생이 진보하면 그것이 어렵게 된다. 예를 들어, 상담가는 2학년 아동이 4학년 과제를 하고 있다면 교육과정 문제와 개인적인 어려움을 예측하기 쉽지만 11학년의 과제를 하고 있다면 예측하기가 어렵다. 그리고 상담가는 대학교 1학년 학생이 대학원 과정을 수강할 경우도 어려움을 가질 수 있다.

우수아는 학교 교육과정과 학년을 통해서 진보하기 때문에 평가의 문서화와 각 수준의 학교생활을 도울 상담가에 대한 계획안을 가지는 것이 중요하다.

(2) 자기 지각의 인식

우수아에게는 몇 가지 예측 가능한 전환이 있다. 우수아는 자신을 재정의하는 데 문제가 되는 방법을 선택할 수도 있다. 전환과정을 돕기 위해서는 우수아에게 변화와 어려움이 오고 있음을 인식시키고 새로운 학문적 · 사회적 기대를 건설적으로 다루는 방법을 선택하도록 도와야 한다.

다른 장애학생과 마찬가지로, 성인기로 전이하는 우수아는 중요한 생활기술에서 교육과 상담을 필요로 하곤 한다.

6. 주요 쟁점 및 교사를 위한 함의

우수아 교육에 영향을 미치는 주요 쟁점은 지능, 창의력, 우수성의 개념을 정의하는 것이 어렵다는 것이다. 이러한 개념은 우수성의 본질을 정의하는 데 중요하다. 한편, 지능의 본질과 다양성에 관한 논쟁이 진행 중이다. 지능의 본질과 학생의 욕구는 다양하고 폭넓다. 창의력 개념은 이 장에서 충분히 논의되지 못하였고, 지능, 우수성 개념보다 더 불명확하다. 이러한 불명확성은 옹호 집단의 형성과 프로그래밍을 어렵게 만들 수 있다.

우수아 정책에 직접적인 연관이 있는 요소로는 (1) 교육과 개혁의 질을 저하시키는 것, (2) 비대표 학생 집단, (3) 책무성, (4) 기준의 상향 조정이 있다.

1) 교육과 개혁의 질을 저하시키는 것

모든 학생이 접근 가능하고 성공할 수 있는 학교에 대한 수요는 증가할 것이다. 하지만 이러한 수요는 단순화된 일반교육과정을 초래할 수 있다(Renzulli & Reis, 1991). 이러한 문제는 높은 수준의 프로그램을 제공해야 하는 우수아 교육에서 중요하다.

가장 최근에 실시된 교육 개혁은 10여 년 전 공교육에 대한 불만으로 이루어졌다. 개혁은 우수아 교육을 개선하는 동시에 위험성을 가중시킬 수 있다. 갤러거(Gallagher, 1993)는 학교 실패가 단지 교육문제 탓이 아니라고 주장하였다. 이는 사회적 문제에서 기인할 수도 있다. 렌줄리와 라이스(Renzulli & Reis, 1991)의 관찰 결과, 개혁 계획안은 대다수 우수아의 목표와 불리한 환경의 고위험군 학생의 균등한 접근 기회 목표를 일관적으로 강조하고 있었다. 이것은 경쟁적인 목표로 보일 수 있다. 그렇다고 교사는 걱정하거나 그중 하나의 목표를 삭제할 필요는 없다. 학교는 모든 학생을 위한 우수성과 엄격성을 추구할 수 있기 때문이다.

교사는 집단화 능력의 제거, 협력적 학습의 수행, 중학교 학생/교사 팀의 선택, 주임 및 상담 교사의 채용, 현장에 기초한 관리기관, 통합정책의 채용에 관한 개혁가들의 요구에 공격을 받을 수 있다. 이러한 개혁의 구성요소는 중요한 장점을 가지지만 불행하게도 많은 정책가들은 연구를 잘못 해석하고 적용한다.

2) 비대표 학생 집단

경제적으로 열악한 학생은 우수아로 판별되기 어려울 뿐더러 특별한 교육 프로그램에 포함되기도 어렵다. 그들은 교육적 진로를 위협하는 분열, 압박감, 주의 산만을 경험하기도 한다(Marker, 1989). 그들은 자신 및 가족의 경제적 욕구에 따라 일을 해야 할 수도 있다. 교사는 이러한 문제점들을 인식하고 격려해야 한다.

그리고 장애가 있는 우수아도 충분한 서비스를 받지 못한다. 이 학생들은 판별하기 어려울 수 있고, 그들만의 독특한 프로그램 욕구는 우수아 프로그램에서 충족되지 못할 수 있다. 장애는 능력 및 적성을 감소시키지 않지만 대안적인 진단과 교수법을 요구한다. 모든 교사는 장애를 우수성과 분리할 필요가 있다. 어떤 아동은 자신의 장애를 감추기 위해서 자신의 재능을 사용하기도 한다.

3) 책무성

우수아에게 특수교육을 제공하기 위해서는 시간과 자원이 필요하다. 우수아 교육 프로그램은 방어적인 서비스 모델에 기초하는 것이 중요하다. 우수아 교육 프로그램의 지역적 수행은 효율성 측면에서 평가되어야 한다. 또한 우수아를 포함하는 교육적 배치의 적합성을 평가하는 것이 중요한데 논쟁적일 경우 더욱 그러하다. 예를 들어, 협력적 학습은 일반학급에서 널리 추천되는 실제이지만(Slavin, 1990a), 문헌에서는 우수아에게 논쟁적인 배치라고 제안한다(Robinson, 1990; Slavin, 1990b). 실제적으로 우수아들은 협력적 학습을 통해서 교육을 받고 있는 실정이다. 교사의 어려움은 증거 자료에 기반을 두어서 교육 선택권을 선택하고 수행하는 것이다.

4) 기준의 상향 조정

특수교육의 또 다른 영역으로서 우수아 교육은 교사의 자격 기준을 가지고 있다. 그 기준은 우수아협회(Association for the Gifted; CEC의 분과인 TAG)와 미국의 특수교육협회(Council for Exceptional Children: CEC)가 개발하였다. 우수아 교사의 자격 기준은 우수아의 특수교사를 위해서 통일된 언어로 작성되었다. 하지만 많은 경우에 그 언어는 우수아 교사에게 적절하지 못하다. 가장 최근의 우수아 교사의 기준 개정 중에는 2개의 전문기관인 우수아 국가협회(National

Association for Gifted Children)와 TAG의 협력으로 교사교육의 국가인가협회(National Council for Accreditation of Teacher Education: NCATE)와 주 간 새로운 교사 평가 및 지원 협회(Interstate New Teacher Assessment and Support Consortium: INTASC)의 기준에 대한 일련의 기준이 제공되었다. NCATE의 개정 작업의 주요 특징은 우수아의 예비교사가 지녀야 하는 지식과 기술을 판별하는 것이다.

이 장의 내용에 대한 보충 설명은 www.prenhall.com/rosenberg 사이트의 제15장 관련 모듈에서 찾아볼 수 있다.

많은 특수교육 영역은 국가시험을 거친 후에 증명서 및 자격증을 발급한다. 하지만 오늘날까지 우수아 교육에 관한 지식과 기술을 평가하는 구체적인 국가시험이 없다. 승인, 증명, 자격증을 필요로 하는 주(현재 21개 주)를 위해서는 수강 과목 및 자질에 대한 필수 요소들이 제시되고 있다.

요 약

우수아는 또래보다 높은 수준의 지식과 기술을 빠른 속도로 습득할 수 있는 잠재력을 가진다. 우수아 교사의 역할은 다른 특수교사의 역할과 동일하다. 즉, 우수아 교사도 판별하기, 교수 내용 결정하기, 교수법 결정하기, 평가를 계획하고 수행하기를 해야 한다.

정의와 분류 기준

- 우수성의 일반적인 세 가지 정의에는 말랜드의 연방 정의, 렌줄리의 세 고리 개념, 가드너의 다중지능이론이 있다.
- 우수성은 일반적으로 타고난 영재성(gifts)과 재능(talents)의 유형과 우수성 수준으로 분류된다.

주요 행동 특성

- 초기 우수아의 개념은 잘못된 것으로, 우수한 정신능력을 지니고, 약한 육체, 지나친 민감성, 높은 생산성을 가진 사람이라고 묘사해 왔다.
- 최근의 연구에서는 우수아들은 다양한 행동 패턴을 나타내며, 이는 긍정적인 특성으로 나타날 수 있고 부정적인 특성으로도 나타날 수 있다고 하였다.
- 우수아는 학교생활 중 자신의 삶을 재정의하고, 희망을 명확히 하며, 직업을 선택하는 데 어려움을 가질 수 있다.

출현율과 발생 원인

- 우수아의 출현율은 다양한데 전형적으로 학령기 아동 인구의 5~20%에 해당한다.
- 우수성의 발생 원인에 대한 논쟁이 있기는 하지만, 대개는 유전과 환경의 상호작용에 의한 것이라고 생각한다.

판별과 평가

- 표준화된 지능검사만으로는 우수아를 판별하는 것이 유용하지 못하다.
- 가장 유용한 판별 절차는 지능검사, 성취검사, 창의력 검사, 교사지명, 또래지명, 부모지명, 자기지명, 작품 표집의 다중 기준을 사용하는 것이다.

교육 실제

- 우수아의 조기중재는 매우 뛰어난 우수아들에게 제공되곤 한다.
- 우수아에게 속진 혹은 심화 프로그램을 제공하느냐를 결정하는 데는 일반교육과정의 적합성, 학생의 능력, 또래 분리의 위험성, 속진에 대한 회의론, 중요한 교수의 부재의 다섯 가지 요인이 고려되어야 한다.
- 우수아를 위한 성공적인 학업적 중재는 내용, 복잡성, 추상성, 속도, 성과의 문서화, 선택과 독립성에 초점을 둔다.
- 높은 수준의 학업 요구로의 전환은 조기 학업상담, 자기 지각의 인식, 변화를 다루는 전략에 초점을 두는 상담에 의해 촉진된다.

주요 쟁점

- 우수아 교육에 영향을 미치는 가장 중요한 쟁점은 지능과 창의성을 정의하는 것이 어렵다는 점이다.
- 우수아 교육정책에 영향을 미치는 요인에는 일반교육의 질과 학교개혁의 노력을 저하시키는 것, 우수아 중 특정 집단 아동의 비대표성, 책무성, 기준의 상향 조정이 있다.

CEC 전문가 자격기준

Council for Exceptional Children(CEC) knowledge standards addressed in the chapter:

CC1K5, GC1K1, GC4K5, CC4S3, CC5K4, GC7S2, GC7S2, CC10S2

Appendix B: CEC Knowledge and Skill Standards Common Core has a full listing of the standards referenced here.

Part IV 성공적인 교사생활
교사의 전문성 신장

Chapter 16
성공적인 교사생활
전문성, 협력적 지원, 교사의 전문성 신장

16

성공적인 교사생활

전문성, 협력적 지원, 교사의 전문성 신장

이 장을 시작하며

- 어떠한 활동과 행위가 신임교사들이 특수교육 전문가로 발전하는 데 도움을 줄 수 있는가?
- 신임 특수교사가 교직 입문 초기를 잘 지낼 수 있도록 도와주는 지원에는 어떠한 요소들이 포함되어야 하는가?
- 장애학생을 가르치는 신임교사가 개인적 측면과 전문가 측면 모두에서 성장할 수 있도록 도와주는 행위에는 무엇이 있는가?
- 어떠한 전략이 특수교사가 그들의 학생과 자신의 직업에 헌신하고 열정을 바칠 수 있도록 도움을 줄 것인가?

제임스 맥레스키 교수

“가장 효과적인 특수교사란 효과적인 교수 실제를 활용하여 장애학생들의 요구를 충족시키기 위하여 교육체제를 잘 운용할 수 있는 사람들을 말합니다. 하지만 그것은 개별 학생의 독특성 때문에 쉽지 않은 과제이고, 교사들로 하여금 전문가로서 자신을 계속해서 갈고 닦는 과정을 요구합니다. 단 하나의 이유 때문에 교육 전문가들은 그와 같은 일에 참여하는데, 그 이유는 그들이 가르치고 있는 학생 개개인에 대한 깊은 관심 때문이지요.”

데이비드 웨슬링 교수

“효과적인 전문가가 되는 것은 삶의 한 성과라기보다는 일생에 걸쳐 이루어야 하는 삶의 방식입니다. 효과적인 전문가가 되기 위하여 교사는 학습을 지속적인 과정으로 보아야 해요. 특별한 요구를 가진 학생들을 가르치는 데 가장 재미난 것 중 하나는 개별 학생의 요구가 너무도 상이하다는 것입니다. 이는 이 모든 학생을 가르치는 데 효과적인 교사가 되기 위하여 새로운 것을 배워야 한다는 것을 의미합니다. 의심할 바 없이 교사의 경험은 학급을 성공적으로 운영하기 위한 소중한 도구가 될 것이며, 더 많은 공식적인 학습 기회 역시 교사에게 도움을 줄 것입니다.”

마이클 로젠버그 교수

“매우 뛰어나고 효과적인 특수교사는 힘든 교사 양성 훈련과정을 자신이 앞으로 이루어 나가야 할 전문성 신장의 첫걸음으로 생각합니다. 최근에 나온 문헌을 읽고 전문가 단체에서 주관하는 학회에 참석하며 많은 다른 경험을 가진 교사들과 상호작용하는 것 모두가 신임교사들에게는 그들의 전문 분야를 잘 다듬고 학생들을 좀 더 잘 가르치기 위한 기회가 됩니다.”

많은 신임교사는 고립감, 역할 기대에 대한 혼동 그리고 과도한 서류 작업으로 어려움을 경험한다.

이 책의 마지막 장을 시작하기에 앞서 제1장에서 다룬 몇 가지 개인적인 주제들을 되돌아보고자 한다. 먼저 장애아동을 가르치는 직업이 자신에게 잘 맞는지를 깊이 생각해 봐야 한다는 것이다. 우리는 특수교육이 얼마나 특별한지에 대해 설명하였고 특수교사의 역할과 책임, 특수교사의 업무환경 등을 강조하였다. 성공적인 특수교사가 되기 위해 무엇보다 필요한 것은 개인적인 특성, 즉 귀인, 성향, 성격이다. 예를 들어, 효율적인 교사는 다양성을 강조하고 어렵고 곤란한 상황이라 하더라도 모든 학생을 가르치려는 책임감을 인식하는 것이 중요하다고 강조하였다. 또한 특수교사는 타인에게 서비스를 제공하고 젊은이의 삶에 영향을 미치며 사회 발전에 기여하는 것이 자신의 직업에서 개인적인 만족을 주고 있는가를 스스로에게 질문해 보아야 한다고 결론 내렸다.

앞에서 우리는 여러 장에 걸쳐 뛰어난 특수교사들을 소개하였다. 여기서는 적합한 개인적 특성을 소유한 사람이 어떻게 그들의 역할을 찾고 다양한 장애학생들을 교육하면서 어떤 보상을 경험하게 되었는지를 소개하였다. 우리는 또한 교사가 되기에 적절한 개인 특성을 가진 독자들이 특수교육과 관련된 직업을 갖도록 격려하는 것을 목적으로 한다. 앞으로 독자들이 계속해서 특수교사라는 직업을 추구하고 좀 더 구체적인 내용을 갖는 교육과정을 가르치며 다양한 현장 경험에 참여하고 전문성을 개발하는 데 몰두하여 궁극적으로 능력 있는 교사로서 교실에 들어가기를 바란다. 그리고 현직교사들에게는 학생들에게 좀 더 나은 교육을 제공할 수 있는 방법과 교실에서 흔히 발생할 수 있는 어려운 상황을 헤쳐 나가는 데 필요한 정보를 제공하였으리라 생각한다.

어떤 상황에 처해 있건, 특수교사로서 역할을 하게 된 첫해는 매우 힘들다는 것을 들어서 알고 있거나 곧 알게 될 것이다. 교육실습생과 신임교사들이 어려움을 겪는 이유는 (1) 자신이 단절되어 있다고 느끼고, (2) 역할과 책임감이 무엇인지를 잘 알지 못하며, (3) 해야 할 서류 작업이 너무 많고 수업을 계획하는 데 필요한 시간은 너무 제한되어 있기 때문이다(Billingsley, 2005; Gersten,

Keating, Yovanoff, & Harris, 2001; Kozleski, Mainzer, & Deshler, 2000 참조). 특수교육 관련 직업을 갖고자 하거나 시작하려는 사람들은 직업적 성장과 안녕에 적극적으로 참여하여 자신을 발전시킬 수 있다. 교사로서 성공하는 이들은 자신의 직업이 가진 전문성의 의미를 이해하고, 자신의 성공에 필요한 도움이 무엇인지를 인식하며, 지속적인 성장과 발전을 위해 노력하고, 적극적이고 열정을 가진 교사가 되기 위해 필요한 선험적 전략을 사용한다.

• 생각해 봅시다 #1

자신이 특수교사를 뽑고자 하는 교육청 인사위원회의 구성원이라고 가정해 보자. 당신은 지원자가 어떠한 특성, 성격, 성향, 자질을 필수적으로 가지고 있으면 좋을 것 같은가?

1. 특수교사 되기

폭넓게 정의하면, 전문성(professionalism)이란 존경, 책임감, 소통, 리더십, 위험 감수, 지속적인 발전, 긍정적인 태도를 포함하는 다양한 행동이 복합적으로 결합된 행동양식이다(Grouse, 2003; Kramer, 2003; Phelps, 2006 참조). 전문적인 행동이란 간혹 나타나는 성공에 대해 인내심을 가지며 좌절을 느낄 수 있는 상황에서도 침착하게 대처하는 것과 같다. 이제 전문인으로서 발전할 수 있는 방법들에 대해 살펴보자.

1) 능숙함

전문직이란 특화된 전문성을 필요로 하는 지식을 기반으로 하는 직업을 말한다. 전문인이라면 전문인이 되기 위한 최초의 준비만으로는 전문직으로 성공할 수 없다는 것을 인식하고 있다. 교사는 교수 내용에 관한 전문적인 지식과 함께 교수 전달기술을 지속적으로 향상시킴으로써 비로소 전문인으로 발전하게 된다. 교사들이 규칙적으로 향상시켜야 할 능력 또는 덕목들은 다음과 같다.

- 학생들이 가진 다양한 학습 유형과 능력 수준의 평가
- 교과 목적과 개념, 교육원칙들이 적절히 적용되는 의미 있는 학습활동의 개발
- 특별한 도움을 필요로 하는 학생들이 적응하는 데 도움을 줄 수 있는 '보조공학'의 제공
- 모든 학생이 같은 교육을 받을 수 있다는 확신이 들도록 긍정적인 학습 분

위기 조성
- 문화적으로 적절하게 반응하는 방식으로 교육을 제공

2) 학생과 부모 배려하기

• **생각해 봅시다 #2**

학생을 배려하는 교사와 그렇지 않은 교사를 어떻게 구분할 수 있을까? 교사양성 프로그램에서 학생에 대한 배려를 습득할 수 있을까, 아니면 교직에 입문하기 전에 반드시 가져야 할 성향이나 특성이라고 생각하는가?

전문적인 특수교사는 학생을 배려하고 있다는 사실을 분명하게 드러낸다. 배려는 아동들의 신체적 · 정서적 요구에 규칙적으로 대응하는 것이라 일컬어지며, 교육이라는 활동을 쉽게 그리고 부드럽게 해 준다. 학생을 배려하는 교사는 학생들의 성공에 방해가 되는 교내외 요소들을 경계한다. 이러한 요소를 인식하고 있다는 것은 오전 중 휴식시간으로 언제가 좋을지를 아는 것만큼 간단한 일뿐만 아니라 단순한 독서활동부터 무료로 제공하는 조식과 중식 프로그램을 알리는 복잡하고 정치적인 문제까지 포함한다. 학생을 배려하는 교사들은 아주 드물긴 하지만 아동 학대와 방치가 나타나는 사례를 보고해야만 하는 곤란한 과제를 맡기도 한다. 학생을 배려한다는 것은 장애아동의 법적 권리를 옹호하고 그들에게 적절한 보호와 필수적인 조치들이 행해지는지 확인하는 것이다.

가족을 배려하는 교사는 "시간보다는 태도를 통하여"(Rosenberg, O'Shea, & O'Shea, 2006, p. 311) 부모들과 의사소통을 하게 된다. 부모들과의 성공적인 의사소통을 위해서는 사람들 간의 소통기술이 있어야 하는데, 여기에는 효과적인 듣기, 편향적이지 않은 질문 그리고 융통성과 조화가 포함된다. 가정과 학교 간

부모와의 효과적인 의사소통은 효과적인 듣기 기술, 융통성 그리고 가치판단을 배제한 질문하기 기술을 필요로 한다.

의 유기적인 결합이 이루어지도록 교사는 솔직하고 개방되고 긍정적인 토론을 거쳐, 학교에서는 좋은 말, 비난이 섞이지 않은 말, 비간섭적인 말만 해야 한다는 인식들을 떨쳐내도록 힘써야 한다.

3) 공인으로서의 교사

전문성 신장에 필수적인 것은 교사들이 공인으로서 주변의 시선을 인식해야 한다는 것이다. 교사가 교실 안팎에서 무엇을 하는지, 어떻게 행동하는지가 수많은 가족 저녁 식사와 지역 사회 모임 사이에서 늘 이야깃거리가 된다는 것을 잊지 말아야 한다. 교사들은 학교 학습 집단의 성취 정도를 강조하고, 학부모와 지역사회의 우려에 대응하며, 정보원으로서 서비스하는 긍정적인 친선대사와 같다(Feiman-Nemser & Floden, 1986; Kauchak & Eggen, 2005). 일반인이 교사와의 소통에서 중점을 두는 가치와 신뢰를 절대 평가절하하지 말아야 한다. 통계에 따르면, 미국 부모들의 88% 정도는 교육문제에 관한 한 자녀의 교사를 목사나 언론매체보다도 훨씬 더 신뢰하는 정보원으로 생각한다(Richardson, 1999). 더욱이 자녀의 안전과 보호에 위험을 느끼는 부모들은 정보력을 갖춘 교사에게 의존하게 된다.

4) 서류 업무와 법적 책임

대부분의 교사는 장애아동을 가르치는 데 요구되는 문서 작업이 과도하며 부담스럽다는 데 동의한다. 사실 그들은 장애아동을 직접 가르치는 것보다 법적이고 지시에 따른 문서 작업에 소비하는 시간이 더 많다고 보고한다(President's Commission on Excellence in Special Education, 2002). 일반적으로 교사들이 책임지는 부분은 (1) 선별과 의뢰 전 문서, (2) 학생의 향상도와 관련된 문서 작업, (3) 공식 및 비공식인 평가 작업, (4) 적격성과 배치 정보, (5) IEP, (6) 기능적 행동 평가(FBA) 등이다. 이런 문서들은 학생들에게는 효과적인 학습환경을 제공하고 성인들에게는 잘 정리된 업무환경을 조성하는 데 유용하게 쓰인다(Rosenberg et al., 2006). 중요한 문서 작업을 완성하기 위해서는 주의, 인내와 노력이 필요하기 때문에 문서 작업을 하는 데 다음과 같은 전문적인 접근방법이 요구된다(Billingsley, 2005; Kozleski et al., 2000; Rosenberg et al., 2006).

• 생각해 봅시다 #3

특수교사는 가끔 과도한 서류 작업 때문에 이직을 결심한다고 한다. 특수교육 관련 서류 중에서 법적 의무조항을 어기지 않으면서 줄일 수 있는 부분이 있을까? 어떠한 시간관리 전략을 사용하면 서류 작업 때문에 교수시간이 줄어드는 상황을 방지 혹은 최소화할 수 있을까?

- 아직 문서 작업이 남아 있으며, 종종 갱신해야 한다는 것을 인식할 것
- 문서 작업과 관련된 계획을 짜 볼 것. 필요를 확인하고 요구를 명확하게 하며 중복을 제거하기 위하여 기한과 여러 가지 요구를 정리하고 재고할 것
- 다른 사람들을 지원하기 위해 가능하다면 필요할 때마다 일상적이고 단순한 사무는 줄일 것
- 학생과 관련 있는 자료를 정리하고 보고서 준비를 쉽게 할 수 있는 기술과 소프트웨어를 사용할 것. 전자 정보 운용도구는 기록 보관, 자료 분석, 교수 수정을 모니터링하는 데 도움이 되도록 할 것
- 학생의 향상을 기록하고 문서화하는 데 필요한 표준화된 도구와 보편적인 디자인을 개발하고 사용할 것

교사는 학생들에 대해 법적인 책임을 진다. 부모의 입장에 서 보는 것은 아동보호에 있어 부모와 동일한 판단과 배려를 행사하는 것으로, 학생의 안녕을 위하여 교사들의 전문적인 책임 한도를 평가하는 데 사용되는 법적인 원칙이 된다. 만약 교사들이 학생이 다치는 것을 막지 못하면 태만한 것으로 간주되고, 교육청의 경우는 법적인 책임까지 지게 된다(Kauchak & Eggen, 2005). 활동적인 여러 명의 학생이 공동의 공간에서 함께 생활하게 되면 늘 사건이 생기기 마련이다. 하지만 장애아동의 경우는 행동 특성 때문에 실수를 저지를 가능성이 높다. 교사들은 교사 협회가 추천하고 제공하는 책임보험에 가입하는 것뿐만 아니라 위험을 최소화하기 위한 몇 가지 사전 조치들을 취해야 한다 (Kauchak & Eggen, 2005; Westling & Korland, 1988). 첫 번째로 가장 중요한 것은 항상 문제가 발생하고 위험한 상황이 될 수 있다는 것을 늘 유의하고, 그 상황에서 학생을 보호할 수 있도록 모든 노력을 다해야 한다는 것이다. 한 가지 방법으로는 잠재적인 위험 상황에서 학생들을 보호할 수 있는 구체적인 규칙과 규정을 확립하고 강화하는 것이다. 두 번째로는 전문성을 들 수 있는데 이는 환경, 상황, 학생의 특성에 맞는 배려의 기준을 제공하는 것과 관련된다. 예를 들어, 현장학습으로 중증장애 학생을 외부 식당에 데리고 가는 것은 일반 고등학생들이 학교 식당에서 식사를 할 때보다는 훨씬 더 많은 주의와 구조, 지원, 감독이 필요하다.

5) 배려가 있는 통합적인 체제로서 인식되는 학교

사고를 최소화하기 위하여 교사는 위험하고 문제를 유발할 가능성이 있는 상황을 예견하고 이러한 상황에서 학생을 보호할 수 있도록 최선의 노력을 다해야 한다.

이 책에서는 장애학생(그리고 많은 일반학생)을 교육하는 것은 학업과 관련된 효과적인 교수를 제공하는 것 이상을 필요로 한다는 사실을 계속해서 강조했다. 장애학생들이 교육으로부터 혜택을 얻기 위해서는 관련 서비스를 많이 필요로 한다. 그 결과, 일부 학교에서는 신체 및 정신 건강, 다른 관련 서비스를 적절한 형태로 제공하기 위해 만들어진 서비스 시스템을 가지고 있는데, 이런 체제는 학교 내에서 제공되며 다른 기관과의 협력을 통해 이루어진다. 이 활동에서 교사는 장애학생에게 서비스를 제공하는 다른 주요 전문가들—정신건강 임상가, 사회사업가, 소년원 담당자, 의료인—과 협력해야 한다. 전문가들이 제공하는 활동은 학생들에게 중요하며, 학교는 서비스 전달체계를 조정하기 위한 지역적 기반이 된다(Woodruff et al., 1998). 그러나 이러한 부수적인 책임은 이미 무거운 교사의 업무 부담을 늘려 교사가 교수를 계획하고 시행하며 자기 충전을 위해 할애할 수 있는 시간이 줄어들 수밖에 없다. 전문가는 이와 같은 부수적인 일이 필요하다는 것을 인지하며 시간 관리를 통해 이를 처리한다.

• 생각해 봅시다 #4

제7장에서 왜 정서 및 행동장애 학생들의 학교 프로그램에서 포괄적인 프로그램이 필수적인지에 대해 언급했다. 모든 학생들을 위한 포괄적인 프로그램이 이루어지기 위해 어떻게 이웃에 위치한 학교를 학생 모두를 배려하는 통합된 시스템으로 볼 수 있는가? 어떻게 하면 교사가 교수시간이 축소되는 것을 막으면서 다른 서비스와의 조정을 시도하는 것에 개입할 수 있을까?

6) 연구 결과에 기초한 교수 실제의 활용

학습과 행동상의 문제를 처리하는 데 지식 기반을 수립하는 것은 매우 중요하고 유용한 일이다. 그러나 불행하게도 교사가 일관성과 규칙성을 가지고 자신이 알고 있는 내용을 적용하는 경우는 거의 없다. 그리고 교육 관련 연구도 믿을 만하거나 쉽게 접근하기 어렵고 많은 교사의 일상 경험과 관련이 있다고 보지 않는다(Kauffman, 1996; Kennedy, 1997). 결국 실질적 증거는 종종 무시되고 외양과 사용해 본 일화가 교수 실제를 선택하는 데 영향을 미친다. 연구 결과에 기초한 실제가 사용될 때는 이를 채택한다기보다는 수정하는 경우가 대부분이다. 교수 계획안의 단계는 의도된 것보다는 개별 교사의 가치, 신념, 상황에 맞게 수정된다. 이러한 변화는 종종 중재를 성공으로 이끈다고 알려진 중재의 주요 요소를 바꾸게 되는 결과를 낳는다.

연구 결과를 교수 실제와 연결시키는 것은 매우 어려울 수 있다. 그러나 타당성이 높은 실제에 대한 지식을 늘리고 사용하는 것은 전문성의 향상을 나타내는 지표가 된다. 이는 교사가 다음의 사항을 행할 때 일어난다(Abott et al., 1999; Fuchs & Fuchs, 1998).

- 관련 문헌에 대해 계속해서 관심을 가지고 교육연구 활동에 참여한다.
- 교육과정 자료 및 내용교과 프로그램을 배우고 그에 대해 의심할 수 있어야 한다.
- 교육과정과 관련된 결정을 할 때는 자료에 기초한 의사결정을 하고 이를 옹호한다.
- 가르치는 것은 예술이자 과학이라는 것을 인식하고 연구 결과에 기초한 실제를 정확히 시행하는 것과 창의성을 발휘하는 것 사이의 균형을 이루어야 한다.
- 자료에 기초한 평가를 하여 교실 기술과 중재를 시행하는 연구활동을 개발한다.

2. 신임교사를 위한 협력적 지원

심지어 가장 열정적이고 이상적이며 잘 훈련된 특수교사도 압박감, 좌절감, 환멸의 시기를 경험한다. 이러한 감정은 자연스러운 것이다. 아주 다양하고 복잡한 학업적·행동적 문제를 보이는 학생들이 있고, 그들의 요구를 충족시켜야 하는 교사의 역할과 책임 소재는 항상 분명하게 정의되지 않으며, 적절한 계획을 세우고 여러 가지 사항을 조정하는 데 필요한 만큼의 시간이 거의 주어지지 않는다. 많은 경력교사에게 들어 알고 있겠지만, 교직 입문 초기에 경험하는 여러 형태의 도전적인 과제는 미래에 대한 태도, 교수 실제 그리고 전문가주의로의 방향을 결정한다. 어떻게 교직 입문 초기에 일반적으로 나타나는 정신적으로 겪는 문제로부터 살아남을 것인가? 어떠한 지원체제가 신임교사에게 제공될 수 있는가? 어떻게 이러한 지원체제에 접근할 수 있는가?

1) 학습 공동체를 통한 지원

과거에 가르치는 직업은 매우 험난한 일로 생각되었다. 지식 수준이 높은 한 사람의 성인이 학생의 발달에 책임을 지는 것이다. 교사는 외부로부터 고립되어 있으면서 자신의 학급을 관리하고 다른 사람의 지원은 거의 받지 않으면서 학습 및 행동 문제를 처리할 수 있을 것이라 기대하였다. 효과적인 학교에 관한 최근 연구를 살펴보면 개별 교사의 효과성은 협력적, 지원적, 상호 격려를 제공하는 전문가가 모인 전문적 학습 공동체에 따라 달라진다(Louis, Marks, & Kruse, 1996). 이는 목적이 분명한 집단이나 공동체에서 교육자들이 함께 일하는 것을 강조하는 것을 의미한다. 전문적 학습 공동체는 지원적이고 함께 나누는 리더십, 집단학습, 가치와 비전의 공유, 인적 · 물적 자원에서의 지원적 조건 그리고 교수 실제의 공유의 다섯 가지 특성을 갖는다(Hord, 1997). 많은 교사가 고립감, 오해, 무가치감 때문에 교직을 떠난다고 이야기하는데, 전문적 학습 공동체 안에서 교사는 권한과 목적을 공유한다. 이 공동체의 구성원들은 자신을 학생의 성취를 이끄는 여러 가지 노력에 기여하는 가치 있고 유용한 교사라고 믿는다.

그러나 여기서 우리가 기억해야 할 점은 학습 공동체에서도 나름의 희생과 고통이 따른다는 것이다. 공동체에 참여하는 것은 시간, 약속, 대인관계 기술, 인내를 필요로 한다. 학습 공동체의 구성원으로서 교사는 위원회에서 일을 하고 동료를 관찰하며 다른 사람에 의해 관찰될 뿐 아니라 기능적 행동평가(FBA)와 행동중재 계획(BIP)에도 참여해야 한다. 그러나 전문적 학습 공동체에 참여하는 것의 이점 때문에 이러한 노력과 에너지의 투입은 가치가 있다. 교사에게 도전적이고 만족과 권한을 주고 창의적이며 성장에 주력하는 학교는 학생을 위해서도 훌륭한 성취를 이루어 낸다.

2) 입문지원 프로그램과 멘터링을 통한 지원

교육청 행정가들은 신임교사가 가치 있지만 취약한 자원임을 알고, 이 분야에 새로 들어선 그들의 요구에 맞는 지원체제인 입문지원활동과 프로그램을 발전시켰다. 양질의 입문지원 프로그램의 특성은 (1) 경력교사가 신임교사의 사회화를 도와줄 수 있는 지원적인 학교 분위기, (2) 멘터링의 기회를 포함하여 신임교사와 경력교사 간에 상호작용할 수 있는 기회 제공, (3) 신임교사의 수행을 향상시키는 것을 목표로 한 전문성 신장의 기회 확대, (4) 신임교사에게 할당된 과제의 복잡도와 난이도를 점진적으로 조정하는 것이다(Billingsley, 2005; Griffin, Winn, Otis-Wilborn, & Kilgore, 2003). 입문지원 프로그램에서 가장 강력한 요소는 신임교사가 동료들과 직접 만나는 것이다. 신임교사는 경력교사를 비롯하여 비슷한 상황에 있는 다른 초임자들과 목적이 분명한 만남을 갖는다. 이러한 기회는 공식적이고 전반적이며 일대일 멘터링이 될 수도 있고, 학교 전체 혹은 동료지원 팀의 일부로 이루어질 수도 있다. 효과적인 멘터링과 동료지원 프로그램은 특정 요소를 공유한다. 첫째, 문제해결과 갈등 조절을 위한 팀 활동에 참여할 기회가 충분히 제공된다. 효과적으로 팀을 운영하기 위해 잦은 대화, 반성, 협조, 질문하기, 타당화의 기회로 특징지어지는 타인을 배려하는 마음은 필수적이다. 둘째, 신임교사의 정서적 상황에 적절한 관심을 기울여야 한다. 신임교사는 신뢰할 수 있을 만한 안내자와 자신감 있고 성공적인 멘터를 필요로 한다. 멘터는 평가에 주력하기보다는 지원적이고 감정이입을 해 줄 수 있어야 한다. 능력 있는 멘터와 동료는 학교환경을 부드럽고 지원적인 것으로 만들어 주고, 비공식적인 모임을 자주 활용하여 신임교사가 스트레스를 처리하고 좌절감을 쏟아내며 정서적으로 도움을 받을 수 있는 안전하고 편안한 장소를 제공한다. 마지막으로 효과적인 멘터링 프로그램은 신임교사로 하여금 학교 시스템과 관련된 정보, 학교와 교육청이 원하는 업무에 대처하는 방법, 자료와 자원을 지키는 방법을 습득할 수 있도록 도와준다(Whitaker, 2000).

신임교사 지원 프로그램에서 가장 강력한 요소는 경력교사와 신임교사 간의 직접적이고 목적이 분명한 접촉이다.

다음의 사항은 교사 입문지원 프로그램과 멘터링 활동을 효과적으로 활용하는 데 있어 도움을 준다(Billingsley, 2005; Rosenberg, Griffin, Kilgore, & Carpenters, 1997; Rosenberg et al., 2006).

- 모든 교육청, 학교, 교과별 오리엔테이션에 참석하라. 이 모임은 일반교육과 특수교육의 정책 및 절차에 초점을 맞추고 있으며 학교 핵심 인력의 역할과 책임을 이해하기 위한 포럼이 된다.
- 동료의 강점과 능력이 무엇인지를 인식하라. 신임교사는 동료들—다른 교사, 행정가, 관련 서비스 인력—이 어떻게 일하고 있는지를 빨리 파악한다. 그 중 일부는 신임교사가 믿고 있는 것이나 배운 것과는 다를 수도 있다. 그럴 경우 외교적으로 대처하라. 그들과의 만남을 그만두기보다는 다른 전문가들이 왜 그러한 방식으로 행동하는지를 이해하려 함으로써 더 많은 것을 배울 수 있을 것이다.
- 자문 서비스에 대해 관심이 있음을 이야기하라. 학교에서 제공하는 혜택 중 하나로 모든 형태의 지원에 대해 생각해 본다. 동료와 관련 서비스 전문가가 제공해 줄 수 있는 것은 교사 자신과 학생을 도와줄 것이다. 예를 들어, 경력교사와 행동 전문가는 훈육계획에 대하여 유용한 제안을 할 수 있고, 말/언어치료사는 의사소통 전략을 교수에 통합하는 방식을 알려 줄 수 있다.
- 피드백을 건설적으로 받아들이고 그에 대해 생각하라. 신임교사가 일하는 방식에 대해 누군가가 대안을 제안했을 때 이를 방어적으로 받아들이지 않는 것은 매우 어렵다. 그러나 건설적인 비판이라면 잘 듣고 되새겨 봄으로써 새로운 아이디어에 대해 마음을 열어야 한다. 어느 누구도 교직에 입문하고 첫 3~4년 동안에 완벽한 수행을 할 것이라 기대하지 않는다. 교수 실제가 향상되려면 피드백과 성찰, 변화가 필요하다.
- 학교 문화를 이해하고 존중하라. 학교는 작은 사회다. 적절하건 그렇지 않건 간에 기존 학교 문화에 사회화된 사람들은 가끔 새로 들어온 사람에 대해 피상적으로 가치판단을 한다. 문제를 지닌 학생들과 함께 일할 수 있는 방법에 대해 조언하면서 신임교사들을 힘들게 하는 사람에 대해 인내심을 가져야 하며, 어느 누구도 당신에게 조언을 구하지 않는데 혁신적인 교수 실제에 대한 당신의 지식을 자랑하는 일을 해서도 안 된다. 환멸을 느끼고 무관심하며 자신의 일에 소진한 것처럼 보이는 사람으로부터 정보를 얻는 것은 피하고, 학교 문화의 긍정적인 측면에 초점을 맞추어야 한다.

신임교사 지원의 시행: BTSA-SE

특수교육 신임교사 지원 및 평가 프로그램(The Beginning Teacher Support and Assessment Program for Special Education: BTSA-SE)은 LA 교육청 내 1, 2년차 특수교사들을 지원하기 위해 고안되었다(Kennedy & Burstein, 2004). 일반적인 신임교사 지원 프로그램과는 달리, BTSA-SE는 장애학생을 가르치는 교사들이 직면하고 있는 특수한 책임감과 도전 과제에 초점을 맞추고 있다. 이 프로그램의 목표는 신임교사들이 가르치는 일로 좀 더 쉽게 전환할 수 있도록 하고, 신임교사의 발전을 통해 학생의 교육적 수행을 향상시키며, 신임교사에게 필요한 정보와 지원을 제공하고, 도심 학교에서 교사들이 좀 더 오랫동안 일할 수 있도록 하며(역자 주: 미국의 경우 도심학교는 사회, 문화, 경제적으로 주류에서 벗어난 가정 출신의 학생들이 많고 학교재정 역시 취약하기 때문에 교사들의 이직률이 높은 편이다), 신임교사들의 자신감을 높이고 동료애를 향상시키는 데 있다.

BTSA-SE 프로그램의 핵심을 이루는 주요 특징 중 몇 가지는 다음과 같다.

- 학급 방문, 방과 후 모임, 전화 회담, 전자우편을 통해 비평가적인 지원이 제공되는 멘터링
- 신임교사를 지원하고 평가하는 캘리포니아 주 프로그램의 일부로 신임교사활동의 완료
- 신임교사가 경험이 풍부한 교사나 아주 뛰어난 교수를 제공한다고 인정받는 교사들의 수업을 관찰하기 위한 최대 5일까지의 전문가 연수일 제공
- 신임교사의 요구를 표출할 수 있도록 하는 전문가 워크숍을 매 월 시행
- 신임교사가 학회에 참석하고 자료를 구하는 데 사용할 수 있는 자금 책정

190명의 신임 특수교사가 교사 임용 후 첫 4년간 이 프로그램에 참여하였다. 전문가 집단의 학회 참석률보다 월등히 높은 수준의 워크숍 참석률을 보였음에도 대부분의 활동이 신임교사들에게 제공되었다. 그러나 이 프로그램이 가진 강력한 효과를 가장 잘 드러낸 것은 교사들이 이직을 하지 않았다는 것이다(역자 주: 미국의 경우 교직 입성 후 첫 5년 이내 이직률이 상당히 높은 편이다.). 첫 3년 동안 이 프로그램에 참여한 사람 중 95%가 계속해서 교직에 종사하였다. 케네디(Kennedy)와 버스타인(Burstein)은 BTSA-SE가 성공한 것은 주정부에서 이 프로그램의 비용을 지원하였고, 활동과 지원의 범위가 신임 특수교사들이 제기한 요구를 중심으로 했으며, 교육청과 대학 간의 협력이 밀접하게 이루어졌기 때문이라고 보았다.

그림 16-1

더 많은 정보는 [그림 16-1]을 참조하라.

3) 협력적 자문과 팀 접근을 통한 지원

협력적 자문은 비슷한 분야의 다른 전문가들로부터 무언가를 배울 수 있는 구조화된 기회 중 하나다. 협력적 실행에는 다양한 형태가 있으나 대부분의 경우는 교사 대 교사의 자문을 통해 혹은 협력집단 내에서 일어난다.

(1) 교사 대 교사 자문

교사 대 교사 자문을 통한 지원은 일반적으로 매일 일상적으로 교실에서 일어나는 사항(예: 방해행동의 관리, 저시력을 가진 학생을 가르치기 위한 대안적 방법의 개발, 학습에 저항을 보이는 학생들의 학습 내용을 평가하는 최상의 실제 개발)에 초점을 맞춘다. 협력적 자문은 복도나 교사 휴게실에서 다른 교사들과 간단히 이야기 나누는 것 이상의 모습을 띤다. 협력적 자문은 (1) 특정 문제의 판별 및 목표 설정, (2) 해당 문제를 일으킨 요소의 분석과 가능한 문제해결 전략 수립, (3) 중재의 계획, (4) 성과 평가를 포함하는 공식적인 과정이다(Salend, 2005).

• 생각해 봅시다 #5

왜 가르치는 것이 독립적이고 고립된 과제에서 협력적 노력으로 진화하게 된 것일까? 기능적 행동분석과 같은 것을 개발하는 집단형 문제해결 과제와 유사한 협력적 자문은 어떠한 단계를 거치는가?

교사 대 교사 자문은 직접적이며 문제에 바로 접근한다. 그러나 교사들은 일을 하는 과정에서 상호작용을 하면서 효과적인 의사소통 기술을 사용해야 한다. 상호작용적 의사소통 기술을 통해 우리는 적극적으로 듣고, 비언어적 신호를 파악하고, 효과적이고 적절하게 질문하며, 위협적이지 않은 방식으로 대화하며, 자신의 생각을 분명하게 표현한다(Friend & Cook, 2003). 그리고 태도와 관련된 요인들이 사람들 간의 의사소통에 가장 큰 영향을 미친다는 것을 기억해야 한다(Rogers, 1965). 예를 들어, 타인에 대한 긍정적인 관심—일반적으로 정직한 피드백과 자세하고 편안한 격려로 드러나게 됨—은 이 과정의 전체를 통틀어 전달되어야 한다. 둘째, 감정이입—다른 사람이 겪는 바를 이해하고 관심을 보임—은 이 과정에서 필수적인 요소다. 마지막으로 사람들 간의 효과적인 의사소통을 하기 위해서는 일치성(congruence)—실제 협력자가 다른 사람이 경험하는 상황을 지각적으로 대응하는 정도—을 자주 점검하는 노력이 필요하다. 문제가 되는 상황의 패턴에 대해 서로 동의하게 되면 진실되고 생산적인 토론을 할 수 있는 기회가 마련된다(Rosenberg et al., 2006).

(2) 협력적 팀 접근

협력은 또한 교사를 지원하는 문제해결 팀의 일부로도 나타날 수 있다(Chalfant & Pysh, 1989). 협력 팀은 교사 대 교사 자문의 단계와 비슷한 과정을 따르기는 하지만 서로 다른 전문성을 가진 일단의 전문가들이 관여한다. 이러한 과정은 교사들에게 해당 학생의 상황에 적절한 중재를 제공해 주는데, 교실 관찰과 집단 브레인스토밍과 같은 지원적 활동의 기회도 증가시켜 준다.

협력 팀은 훈육이나 통합과 같은 학교 단위의 문제를 다루는 데 사용되고, 여러 전문가 간의 전문성을 함께 나눔으로써 학교와 교실의 주요 일상 활동에 통합될 수 있도록 한다(McLeskey & Waldron, 2000, 2002; Rosenberg & Jackman, 2003). 프렌드와 버석(Friend & Bursuck, 2006)은 협력 팀을 "명확한 목표를 가지고 적극적으로 어떤 일에 전념할 수 있는 구성원과 리더가 있으며, 목표를 성취하기 위해 열심히 일을 하되 개인적인 문제가 목표 성취를 방해하는 것은 허용하지 않는"(p. 90) 공식적인 업무집단으로 특징지었다. 성공적인 팀은 공동의 목표를 가지고 있으며 교사(그리고 다른 전문인)가 모든 학생의 요구를 효과적으로 충족시키는 최선의 교육체제를 개발하기 위하여 전문성을 공유할 수 있어야 한다.

4) 특수교육 보조원으로부터의 지원

효과적인 교사는 특수교육 보조원을 교육 팀의 가치 있는 구성원으로 대하고 존중하고 공정한 방식으로 업무를 할당한다.

장애학생의 교사는 특수교육 보조원의 지원을 통해 혜택을 누린다. 특수교육 보조원은 (1) 효과적인 교육 프로그램을 전달하도록 교사를 돕고, (2) 교실에서 교사 대 학생 비율을 증가시킴으로써 융통성 있는 집단 구성을 할 수 있는 기회를 제공하며, (3) 학급 내에서 학생의 행동과 학업 수행을 점검할 수 있는 또 다른 성인이 되고, (4) 자료 수집과 책무성 요건을 완수하는 데 기여하며, (5) 중요하지만 시간 소비가 많은 비교수적 과제를 수행한다. 교사와 특수교육 보조원의 관계에서 교사는 공식적으로 교사의 역할을 수행할 준비가 되지 않은 특수교육 보조원을 감독하고 관리하는 책임을 가지고 있다(French, 2001).

어떻게 특수교육 보조원이 제공하는 지원의 효과성을 최대화할 것인가? 대부분의 전문가(Doyle, 2002; French & Pickett, 1997; Wallace, Bernhardt, & Utermarck, 1999; Warger, 2002; Westling & Korland, 1988)는 생산적인 교사와 특수교육 보조원 간의 관계는 다음과 같은 사항과 관련이 있다는 데 동의한다.

- 특수교육 보조원의 역할과 책임을 이해하고 존중한다.

- 특수교육 보조원에 대한 기대를 명확하게 이야기하고 지도, 멘터링, 지원을 제공한다.
- 외교적이 된다. 효과적인 의사소통을 모델링하고 이를 유지하며, 적절하게 완료된 과제에 대해 긍정적인 피드백을 제공한다.
- 공정하고 합당한 방식으로 과제를 부여한다. 그리고 어떻게 과제가 완료되어야 하는지에 대해 모델을 제공한다.
- 특수교육 보조원과 함께 일하는 학생에 대한 관련 정보를 공유한다.
- 관찰 정보, 제언, 관심사나 걱정거리를 함께 나누고 이를 격려함으로써 특수교육 보조원 개인을 교육 팀의 중요한 성원으로 대우한다.
- 특수교육 보조원의 수행에 대해 공식적인 피드백을 제공할 수 있는 별도의 시간을 계획하고, 학생이나 동료 앞에서 절대로 특수교육 보조원을 비난하지 않는다.

3. 전문가로서의 성장과 개인적 성장

가르치는 것에서 성공과 만족을 추구하는 것은 단거리 경주라기보다는 마라톤과 같아서, 오랫동안 이 직업에 종사하기를 원하는 사람들은 자기 자신의 직업적 성장을 위해 적극적인 역할을 수행한다. 어떻게 교사는 자기 자신을 지원하고 자신의 개인적, 직업적 성장을 촉진할 것인가? 일반적으로 다음의 네 가지 영역에서 지속적인 관심과 주의를 필요로 한다. 즉, 탄력적이어야 하고, 스트레스를 인식하고 관리할 수 있어야 하며, 질 높은 교사로서의 자격을 유지하고, 전문가로서의 성장을 모니터링하고 문서화한다.

1) 탄력성의 추구: 가르치면서 생기는 감정 기복 관리하기

특수한 요구를 가진 학생들과 함께하면서 자신이 무기력하다 느끼고 교사가 되기로 한 자신의 결정에 의문을 던지는 날이 종종 있을 것이다. 이러한 시기에 교사는 자신이 학생에게 긍정적인 영향을 하나라도 미치고 있는지에 대해 의심할 수도 있고, 자신의 직업 선정과 관련하여 부정적 측면에 초점을 맞출 수도 있다. 다행스럽게도 가끔은 세상의 꼭대기에 올라선 것과 같은 기분이 들기도 하고, 교사로서 학생이 가진 사회적·학업적 요구를 모두 충족시켜 줄 자신감이 넘치는 날도 있다. 이러한 시기에는 직업과 관련된 의사결정, 행위, 선택이 학생의 삶에 긍정적인 성과로 연결된다고 믿는 자기효능감을 경험하게 된다.

교직에 입문한 초기에는 자기효능감이 높은 날보다 그렇지 않은 날이 더 많은 것처럼 생각된다. 결과적으로 여기서 다음의 두 가지 사항을 기억하는 것이 중요하다. 첫째, 직무수행과 관련이 없는 사건들이 종종 교사의 태도와 감정에 영향을 미친다. 둘째, 사람에 대해 의심이 들고 마음이 불편한 날이 있는 것은 매우 자연스러운 것이다. 건강, 가정환경, 세계 정세, 심지어 날씨와 같은 요소들이 우리의 기분과 성향에 영향을 미치기 때문이다(Knowles, Cole, & Presswood, 1994). 어떠한 형태로든 이와 같은 압박은 항상 존재하지만 극도로 심한 감정 기복은 시간이 지나면 사라진다. 경험을 쌓고 실수로부터 무언가를 배워 감으로써 기존에 어렵다고 느끼던 것들이 나타나는 빈도와 그 강도가 점점 약해지고 그 곳에 성공이 자리를 잡게 된다.

직업에서 탄력성을 갖는 것은 다양한 상황에 적응하고 극한의 조건에 직면했을 때 능력을 향상시켜 주는 과정이 된다(Gordon & Coscarelli, 1996). 교사로서 탄력성을 발달시키는 데 도움이 되는 전략은 다음과 같다(Billingsley, 2005; Bobeck, 2002).

- 가르치는 것을 가치 있게 여기는 사람들과 중요한 관계를 형성 · 유지하고, 정직하고 개방적으로 의사소통하며, 교수와 관련된 도전 과제를 이해하며, 문제 상황을 다루는 데 사용될 수 있는 구체적인 제안을 한다.
- 전문가가 되기 위해 훈련을 받으면서 익혔던 내용과 교육 관련 기술들을 돌이켜 보고 사용한다.
- 학생이 성공하는 데 도움을 준 교육청의 기여도를 인정하고 비정기적이기는 하나 지역사회의 외부 지원도 인정해 주며 교사 자신의 행위가 긍정적인 학생 성과를 이루어 내는 데 도움이 된다는 사실을 기억한다.
- 교사 자신과 학생에 대해 실질적인 기대를 수립한다. 장애학생을 가르치는 일의 보상은 그리 크지 않고 점진적으로 나타난다는 사실을 인식한다.
- 적절한 속도로 일을 진행하고 시간관리 전략을 활용하며 일과 관련된 작은 성취라도 모두 자축한다.
- 유머감각을 잃지 말고 교실 내 긴장된 상황에서도 유머를 사용하며, 도전적인 상황이 일어나고 있는 중이나 혹은 그 후에도 좌절감을 날려 보낼 수 있는 방법으로 유머를 생각한다.

• 생각해 봅시다 #6

장애학생을 가르치는 데 감정 기복에 잘 대처해 나가는 것이 중요하다는 것을 알고 자신의 참을성이나 탄력성을 향상시키고자 하는 동료 교사에게 어떠한 조언을 해 줄 것인가?

2) 스트레스를 인식하고 관리하기

불리한 상황에서 탄력성을 촉진하려고 하지만, 과도한 스트레스는 효과적인 행동을 방해하는 심리적 · 생리적 반응으로 이어지게 된다. 특수아동, 장애 위험이 있는 아동 또는 일반아동이 몇 명이냐에 상관없이, 모든 학급에서는 교사의 스트레스 수준을 높이는 학급조직과 관련된 압력이 존재한다. 도일(Doyle, 1986)은 학급을 언제나 교사가 무대 위에 올라서고, 다각적이며 즉각적이고 동시다발적이며 가끔은 예측 불가능한 요구에 제한된 자원으로 대응해야 하는 공적인 장소로 특징지었다. 교실에서 나타나는 구조적 압력을 초기에 인지하는 것은 스트레스를 최소화시켜 줄 수 있으나, 특수교육을 하는 많은 교사는 업무 분장, 역할 정의, 고립감, 지원이 별로 없는 것과 같은 지속적인 스트레스원으로부터 추가적인 압력을 받고 있음을 보고하고 있다.

스트레스가 있음을 알려 주는 징후는 분명할 때도 있지만, 너무 미묘하여 알아채기 어려울 때도 있다([그림 16-2] 참조). 어떻게 교사는 장애학생과 함께 일하면서 생기는 스트레스를 최소화할 수 있을까? 이에 대한 답은 융통성을 가지고 자신의 신체적 · 정신적 건강을 돌보는 것이다. 첫 번째이면서 가장 중요한 것은 기대치 못한 것이 있음을 기대하는 것이다. 웨슬링과 코랜드(Westling &

스트레스 요인

스트레스를 나타내는 분명한 지표
- 일을 회피함
- 자신이 책임을 갖고 있는 학생과 일에 대해 부정적인 감정을 드러냄
- 동료들로부터 소외당함
- 일과 자기효능감에 대해 교사 자신의 평가가 매우 부정적임
- 노력 부족과 마지못해서 하는 일 처리
- 신체적인 증상이 자주 드러남(두통, 소화불량 등)

스트레스가 있음을 나타내는 미묘한 지표
- 가족과 동료에게 짜증이나 화를 냄
- 오랫동안 집중해서 업무처리하는 능력이 저하됨
- 생산성의 저하
- 식탐이 생기고 음주, 흡연이 늘어남
- 피로하고 지침
- 고집스럽고 화가 나 있는 듯 보임

그림 16-2

Korland, 1988)에 따르면, 학급은 항상 정신없이 바쁘게 돌아가며 그 안에서 즉각적인 행위와 주의를 요하는 사건이 일어나는데, 불행하게도 이러한 사건은 교사가 그것이 일어날 것 같지 않다고 생각할 때에 발생한다. 두 번째, 시간관리 전략을 사용하여 미리 스트레스를 주는 사건에 대한 준비를 한다. 이는 교사의 시간이 어떻게 쓰이는지를 미리 점검하고 교사가 하루 일과를 계획할 때 휴식과 성찰의 시간을 포함하여 특정 과제를 시행하는 시간을 계획함으로써 이루어진다. 마지막으로는 균형 잡히고 건강한 생활양식을 유지하는 것이다. 신체적으로 스트레스는 운동과 적정 수준의 취침시간, 바른 먹거리, 자기 자신에게 상황과 사건의 긍정적 측면을 강조함으로써 관리될 수 있다.

3) 질 높은 교사의 자격 취득 · 유지하기

아동낙오방지법(NCLB)은 특수교사에게 명확하고 직접적인 질문을 던진다. 질 높은 교사로서의 자격을 취득하고 그것을 유지하기 위해 무엇이 필요한가? 하지만 불행하게도 그 해답은 질문만큼 명확하지 못하다. 과거에 교사는 국가로부터 인정받은 교사양성 관련 교과목을 이수하고, 전문성을 나타내는 표시 영역에서 주정부에서 주는 교사 자격과 면허를 취득하고, 이후 지속적으로 다양한 형태의 교사 전문성 신장과정에 참여하여 기술과 지식을 발달시켰다. 대부분의 경우, 교사 전문성 신장활동은 전문가 단체, 각 주의 교육기관 및 지역사회의 교육 관련 부처에 의해 만들어진 기준, 지침, 요구사항에 기초하고 있다. 교사의 자기 성찰 역시 활동의 선정에 영향을 준다. 오늘날에는 질 높은 교사가 무엇을 의미하는가의 법적 정의는 많은 교사로 하여금 전문성 신장에 대한 생각을 다시 정립하게끔 한다. 질 높은 교사로서의 자격을 취득하고 유지하는 것은 교사와 관련된 기준, 시험, 주의 객관적인 평가 기준(the high objective uniform state standard of evaluation: HOUSSE), 교사 전문성 신장의 대안적 방법에 대한 이해를 필요로 한다([그림 16-3] 참조).

질 높은 특수교사 되기

NCLB와 최근에 개정된 IDEA의 규정에 의해 무엇이 양질의 특수교사를 나타내는지에 대한 혼란이 점차 증가하고 있는 추세다. 일부 전문단체(예: 국가교육협의회[NEA], 전국 주정부 특수교육 국장협의회[DASDSE])가 특수교사가 자격증을 소지하고 있거나 자격을 갖고 있는지의 여부에 따라 양질의 교사로 간주해야 한다고(역자 주: 미국은 특수교육과를 졸업함과 동시에 교사자격증을 취득하는 것이 아니라 보통 주에서 실시하는 자격시험에 합격해야 교사자격증을 받을 수 있다.) 하였음에도, 특수교육은 주요 과목으로 인정받지 못하고 있다. 결과적으로 특수교사가 양질의 교사로 인정받기 위해서는 추가적인 요구사항을 충족시켜야 한다. 그렇다면 교사가 어떻게 자신이 양질의 교사로 인정받을 수 있는지의 여부를 결정할 수 있는가? NEA와 DASDSE(2004)에 의해 개발된 다음의 지침을 고려하라.

- 양질의 교사가 되는 요건은 주요 교과의 수업을 담당하는 교사와 자문 서비스(예: 자료 수정, 학업 및 행동 지원 및 수정 방법의 개발)를 제공하는 교사에게만 적용한다.
- 내용교과를 가르치는 초등 특수교사는 읽기, 쓰기, 수학 및 기본 초등교육과정의 다른 교과를 가르치는 데 필요한 교과 관련 지식과 교수기술에 대한 주정부의 시험을 통과하거나 주정부의 HOUSSE를 이수함으로써 주요 교과를 가르치는 능력이 있음을 보여 주어야 한다.
- 수학, 과학, 역사와 같은 교과 내용을 가르치는 중등 특수교사는 각각의 교과를 전공하는 사람들과 동등한 수준의 교과목을 이수해야 하며, 영역별로 주정부가 지정해 놓은 시험에 통과하거나 주정부가 인정하는 만큼의 기간 내에 HOUSSE의 필수교과를 이수해야만 한다.

그림 16-3

(1) 전문직으로서의 교직 기준

전문직으로서의 교직 기준을 거론할 때는 교사가 반드시 알아야 할 것과 무엇을 할 수 있어야 하는가를 언급한다(Galluzzo, 1999). 이러한 교직 기준의 필요성에 대해 부인하는 교육단체는 거의 없다. 여러 교육단체들은 교사 전문성 신장의 초기 단계에서 이루어야 하는 것과 함께 전문성 신장이 앞으로 어떠한 방향으로 나아가야 할지에 대해 구체적인 기준을 제시하고 있다. 다음의 네 가지 수행기준은 장애학생을 가르치는 교사와 가장 관련이 깊다(Dudzinski, Roszmann-Millican, & Shank, 2000).

1. 주정부 연합 신임교사 평가 및 지원 컨소시엄(Interstate New Teacher Assessment and Support Consortium: INTASC): INTASC 기준은 교과 영역이나 학년 수준에 상관없이 모든 신임교사들을 대상으로 하는 지식, 성향,

수행 지표를 명시하고 있다. 33개 주에서 채택하고 있는 기준의 10가지 원칙에서 도출된 핵심 요소로는 교과 관련 지식, 아동발달, 다양한 교수전략, 평가, 성찰적인 교수와 평생에 걸친 전문성 신장이 포함된다.

2. 전문적인 교수 기준을 위한 국가위원회(National Board for Professional Teaching Standards: NBPTS): NBPTS는 기준을 충족시키는 교사를 공인할 수 있는 임의적인 시스템을 가질 뿐 아니라 성공한 교사가 무엇을 알고 무엇을 해야 하는지에 대한 기준을 유지하도록 함으로써 교수의 질을 향상시키고자 한다. 다섯 가지의 핵심적인 주장은 NBPTS 기준의 기초를 이룬다. (a) 학생과 그들의 학습에 헌신적이고, (b) 가르치는 교과의 내용과 학생에게 그것을 어떻게 가르치는지에 대해 잘 알고 있어야 하며, (c) 학생의 학습을 관리하고 모니터링하고, (d) 교수 실제에 대해 체계적으로 생각하며, (e) 학습 공동체의 구성원이 된다. 자격 결정은 포트폴리오, 학생 과제 견본, 교수 녹화를 포함한 일련의 수행에 기초한 평가를 통해 이루어진다.
3. 특수아동협회(Council for Exceptional Children: CEC): 특수교육의 주요 옹호 단체인 CEC는 장애 범주별 혹은 장애 범주에 상관없이 자격을 갖춘 교사 양성의 기조를 이룰 수 있는 수행에 기초한 기준을 개발하였다. 가장 최근에 개정된 『모든 특수교사가 반드시 알아야 할 것』(2003)에서, CEC는 (a) 일상적인 책임을 수행하려고 할 때 적용될 수 있는 원칙인 윤리강령, (b) 이론적 기초, 특성, 학습 차이, 교수전략, 사회적 상호작용, 언어, 계획, 평가, 전문적 실행과 협력의 열 가지 영역에 핵심적인 지식과 기술, (c) 특정 장애를 가진 학생들의 요구를 충족시키기 위한 특정 지식과 기술(부록 참조), (d) 전문성 신장 전략의 수립에 활용될 수 있는 기준을 위한 기구와 전략을 제시하고 있다.
4. 주정부의 기준: 교사 자격의 취득과 면허는 주정부에서 관여하므로 주정부별로 자격증 취득과 교사 전문성 신장의 처음 단계와 추후 지속 영역에 관한 독특한 기준을 가지고 있다. 대다수의 경우 주정부는 국가적으로 인정받은 전문가 기준에 추가적인 요건을 포함시켜 그 기준을 확대하고 있다.

(2) 시험

교사 개개인이 높은 수준의 자격을 가지고 있는지를 확실하게 하기 위해 여러 주에서는 기본적인 학업기술, 교수-학습 원리, 특정 교과와 관련된 표준화된 지필검사를 치러 일정 점수를 넘은 사람에게만 자격을 부여한다. 이러한 시험을 요구하는 주의 대부분은 교사 능력의 여러 측면을 평가하기 위해 미국 교육평가원인 ETS에서 개발한 PRAXIS 시리즈(www.ets.org/praxis)를 활용한다. 예비교사는 장애학생을 가르치려면 PRAXIS 검사를 통과해야 한다. 첫째, 전문성 사전 기술 검사인 PRAXIS I은 읽기, 수학, 쓰기의 기본 기술을 다루는 세 가지의 개별검사로 되어 있다. 일반적으로 이 검사는 학생이 대학에 입학한 지 얼마 안 되어 실시하고 교사 양성 프로그램에 입학할 때 사용되는 요소 중 하나가 된다(역자 주: 미국의 경우 입학과 동시에 과를 선택하기도 하고, 인문학이나 자연과학의 기초학문을 전공하다가 고학년이 되면서 교사 양성을 목표로 하는 대학 프로그램으로 전환할 수도 있다.).

또한 교사들은 일반교과와 특정 교과를 가르치는 기술과 지식을 평가하는 PRAXIS II 교과평가를 치러야 한다. 특수교사가 의무적으로 응시해야 하는 시험은 가르치고자 하는 학생의 연령, 교육 서비스의 강도, 장애명, 주소지 주정부가 원하는 자격요건의 속성(즉, 범주적 혹은 비범주적)에 따라 다양하다. 예를 들어, 비범주 자격증을 발급하는 주에서 일반학급에 통합되어 대부분의 시간을 보내는 초등학생의 시간제 특수학급 교사가 되려면 (1) 특수아동 교육: 핵심 교과 지식, (2) 특수교육: 여러 장애 범주에 걸친 핵심원리 적용, (3) 교수-학습 원리: 유치원-초등 6학년의 시험 통과 등의 조건을 갖추어야 할 가능성이 높다. 그러나 범주적 자격증을 발급하는 주에서 전일제 특수학급에서 공부하는 중·고등학생을 가르치는 과학교사는 (1) 특수아동 교육: 핵심교과 지식, (2) 특수교육: 정서 및 행동 장애 학생의 교수, (3) 과학 전공과목에서의 교과 관련 평가 통과 등의 조건을 갖추어야 한다.

최종적으로 교실에서 교사의 수업을 직접 관찰하고 교사가 만든 서류를 살펴보며 해당 교사와 그 동료를 면담하는 것을 포함한 PRAXIS III를 사용하여 자격 인정 여부를 평가할 수도 있다. 이렇게 다양한 자료원을 사용하는 것에서 강조점은 다음의 네 가지 영역, 즉 교수계획, 교실환경, 교수, 전문가적 책무성이다.

• 생각해 봅시다 #7

대부분의 주에서 일반적으로 시행된다 하더라도, 교사 자격을 결정하는 시험을 보는 것에 대해서는 아직도 의견이 분분하다. 일정 점수 이상을 받아 시험에 통과하는 것이 장애학생을 가르치는 교사로서의 성공을 예견해 줄 수 있는가? 교사가 훌륭한 자질을 가지고 있음을 확신할 수 있는 평가 방법을 도입하기 위해 어떠한 측면을 고려해야 한다고 생각하는가?

(3) HOUSSE

경력교사는 다양한 방식으로 그들의 질이 높다는 것을 보여 준다. 주의 객관적인 평가 기준인 HOUSSE는 주정부에서 시험, 교과목 이수, 학위 혹은 자격증 측면에서 현역 교사들의 교과목 관련 능력을 평가하는 데 사용된다. HOUSSE 시스템은 주마다 다르나 몇 가지 일반적인 문서는 양질의 교수를 제공한다는

• 생각해 봅시다 #8

어떠한 교사 전문성 신장 프로그램이나 활동이 가장 유익하고 도움이 많이 된다고 생각하는가? 특히 어떠한 활동이 보상이 큰가? 크게 도움이 되지 않는다고 생각하는 활동을 이야기해 보자. 기회가 주어진다면 자신과 동료들을 위해 어떠한 활동을 계획할 것인가?

교사의 지위를 증명하는 데 사용된다.

- **전문성 신장:** 가르치는 교과와 관련하여 일정 시간 동안 전문성 신장 활동에 참여한다.
- **수행평가:** 동료나 감독관이 교과 내용과 교수기술에 초점을 맞추어 가르치는 활동을 관찰한다.
- **포트폴리오:** 교과 영역에서 교사의 수행 실제를 반영할 수 있는 증거를 수집한다(이 장 뒤에서 포트폴리오를 만드는 방법에 대해 간단히 설명한다.).
- **학생 성취 자료:** 시험 점수를 통해 교사가 학생의 성취에 미친 영향을 평가한다.
- **포인트 체제:** 가르치는 교과와 관련된 다양한 전문활동—교과목 이수, 전문성 신장활동 참여, 수상, 인정, 학생수행 점수 등—에 점수를 주어 그것을 누적 합산한다.

(4) 지속적인 전문성 신장

초기 교사 양성 프로그램이 얼마나 지속적이고 포괄적이었는가에 상관없이, 장애학생의 교사는 직업적인 성공을 위하여 계속해서 더 많은 전략을 습득해야 한다는 것을 빨리 인지해야 한다. 전문성 신장활동은 교사가 해당 분야에 영향을 미치는 다양하고 혁신적인 변화에 발맞추어 감으로써 기술을 향상시킬 수 있게 한다. 효과적인 전문성 신장 프로그램은 수동적이거나 시간 제한적이지 않다. 이에 대한 가장 일반적인 오해 중 하나는 전문성 신장 프로그램은 의무적이고 보여 주기 위한 것이며, 일반적으로 학교 행정가에 의해 주도되며, 한 해에 하루 이틀 정도의 연수일 동안에 실행된다는 것이다. 그러나 교사의 전문성 신장은 교사 개개인이 그 과정에서 적극적인 역할을 담당할 때 가장 유효하고 효과적이다. 이러한 책임을 아는 교사는 (1) 자신의 직업이 자기 계발과 향상을 위해 지속적으로 노력해야 하는 것임을 인식하고, (2) 자신의 강점과 요구를 성찰하고 표현하며, (3) 전문성 신장계획을 수립하고, (4) 그 목적에 가장 부합하는 활동을 선정하며, (5) 선택된 활동의 효과성을 평가한다.

교사가 자신의 활동을 계획할 때는 다음의 사항을 기억해야 한다. 전문성 신장은 그 활동이 학교에 기반을 두고 있으며, 일상 활동에 녹아져 있고, 학교와 교사의 우선순위 사이에 균형을 이루며, 학생 성과에 직접 관련이 있고, 지원적인 업무환경 안에서 이루어지며, 교사들 간에 자신의 전문 분야를 공유할 수 있는 방식으로 구조화되는 활동일 때 가장 효과적이다(Dudzinski et al., 2000; Public Education Network, 2004). 또한 교사는 전문가 조직에서 적극적인 활동을 하거나 전문서적을 읽고, 상위 학위를 따거나 리더십을 발휘할 수 있는 위치에 있는 것을 통해 자신의 전문성 신장을 꾀할 수 있다.

① 전문 조직체

전문 조직체는 교사들이 전문성을 신장할 수 있도록 풍부한 공식적 · 비공식적 기회를 제공한다. 대부분의 조직체는 전국적으로 인정받는 전문가를 모시고 학회를 개최하거나 요원 교육을 주관하며, 연구 및 교사 전문성 신장과 관련된 최근의 쟁점과 혁신적인 사항에 초점을 맞춘 정기 간행물을 발행한다. 다양한 교수전략을 제공함과 더불어 전문가 집단 모임에 참여하는 것은 새로운 지식으로 충전할 수 있는 기회(동기를 높이고 도전 과제에 대한 가시적인 계기를 마련하며 특수교육의 보상이 됨)를 제공하기도 한다. 조직의 관리와 활동에서 적극적인 역할—학회를 계획하거나 소식지의 편집을 돕는 것 등—과 목적의식을 갖고, 새로운 아이디어 원천이 되며 정서적 지원을 주고받는 통로로 비공식적 지원망을 찾기도 한다.

② 전문서적 읽기

학술지, 연구논문, 대학 교재와 같은 전문서적은 어느 직업에서나 중요한 활력원이 된다. 특수교육과 관련하여 최신의 쟁점에 대한 가장 믿을 만한 정보를 찾을 수 있는 곳은 바로 특수교육 학술지다. 일반적으로 학술지는 다양한 형식으로 구성된다. (1) 특정 방법이나 기술을 적용하는 것에 초점을 맞춘 방법중심 논문, (2) 분야에서 논쟁이 되고 있는 쟁점에 대한 의견이나 비평을 담은 글, (3) 프로그램의 묘사와 평가, (4) 양적 · 질적 연구 노력의 결과 보고서가 그것이다. 대부분의 경우 학술지의 출력본은 교육청의 교사 전문성 신장지원센터, 지역 자료실, 대학 도서관에서 찾아볼 수 있으나, 요즘은 ERIC, 윌슨웹(Wilson Web) 혹은 다른 데이터베이스를 통해 전자 저널의 형식으로 온라인에서도 찾아볼 수 있다.

인터넷을 통해 전문 학술지를 즉각적으로 찾아볼 수 있게 되었지만, 관련 정보를 읽을 시간과 에너지를 찾는 것은 여전히 쉬운 일이 아니다. 연구 결과를 교실에서 수행하는 교수 실제로 연결시키는 가장 바람직한 방법은 교사가 학교에서 학술지의 내용을 읽고, 적용해 보며 토론하는 전문성 신장을 위한 시간을 갖는 것이다(Westling & Korland, 1988). 그러나 불행히도 학교에서의 시간은 대부분 교수활동에 할애되고, 교사는 전문서적을 읽기 위해 별도의 시간을 내어야 한다. 이를 위한 해결방안을 보면, 우선 합리적이고 적당한 수준에서 학술지를 읽기 위한 시간을 따로 정해 두는 것이다. 또한 초록을 읽어서 그 논문이 자신의 요구에 부합하는지를 살펴 선택적 읽기를 한다. 마지막으로 읽기를 하는 데 사회적 요소를 첨가한다. 이를 행할 수 있는 방법 중 하나는 관심이 있는 동료들끼리 일주일에 한 번씩 점심시간에 모여 학술논문을 읽고 토론하는 모임을 운영하는 것이다.

③ 상위 학위와 자격증 취득 추구

대부분의 고등교육기관은 장애학생을 가르치는 것과 관련된 기술이나 교과에 초점을 맞춘 학위와 자격증 프로그램을 제공하고 있다. 전통적인 전임제 프로그램과 더불어 많은 대학원은 현직 교사들의 요구에 맞게 편리한 시간과 장소에서 교과목을 개설해 주는 학위 프로그램을 운영하고 있다. 간혹 상위 학위를 원하지 않는 사람들을 위하여 특정한 영역에서 자격증을 취득할 수 있는 프로그램도 운영 중에 있다. 대부분의 경우, 이러한 프로그램들은 특정 주제(예: 통합교육, 행동관리)나 특정 장애학생(예: 자폐범주성장애)에게 사용할 수 있는 전문기술에 대해 심층적인 연구를 할 수 있도록 한다. 교육청과 대학 간 협약에 의해 실시되는 프로그램은 매우 보편적인데, 지역 교육청에서 주최하고 지역 내에서 프로그램을 수료할 수 있어 연수 점수로 인정받을 수 있는 가능성이 있다. 특수교육과 관련 서비스 제공자를 위한 국립센터(National Center for Special Education Personnel and Related Service Providers; http://www.personnelcenter.org/)와 같은 기관을 통해 관련 자료에 쉽게 접근할 수 있다.

④ 리더십을 발휘할 수 있는 지위에 취임

아마 가장 자연스러운 형태의 교사 전문성 신장활동은 자신이 속한 교과, 학교 혹은 교육청에서 리더십을 발휘할 수 있는 위치에 오르는 것이다. 교사 리더십 활동에는 다른 교사의 멘터가 되거나 교육과정 검토 및 개발 업무에 참여하고 학부모 모임에 관여하며 학교나 교육청의 업무를 관장하는 위원회의 의장이 되는 것 등이 있다. 인턴십과 함께 요원 개발활동을 결합한 리더십 개발 프로그램이 있는데, 이는 종종 책임감, 지위, 보상이 높은 직책과 연결된다.

4) 전문가로서의 성장을 모니터링하기: 전문가 포트폴리오

많은 분야의 전문가들은 자신이 할 수 있는 최선의 업적을 보이기 위해 포트폴리오를 사용한다. 예를 들어, 예술가와 건축가들은 자신이 만든 창조물의 샘플을 수집하고, 심지어 변호사와 의사(특히 성형외과 의사)도 노력의 결과를 매력적으로 보여 주려고 한다. 교사에게 포트폴리오는 창조적인 노력과 성취물을 보여 줄 뿐 아니라 전문가로서의 성장을 증명해 줄 수 있는 기록 매개체가 된다. 포트폴리오는 교직이나 리더십 지위 혹은 대학원 진학을 위해 면접을 볼 때 특히 유용하다. 잘 만들어진 포트폴리오는 당신이 다음 단계로 발전하는 데 있어 필요로 하는 것—지식, 기술, 창의성, 성향—을 가지고 있다는 것을 보여 준다 (Rosenberg et al., 2006).

여전히 교사에게 포트폴리오는 개인적으로나 전문적으로나 좀 더 큰 차원의 자기 신장을 이룰 수 있는 목표를 제시한다. 포트폴리오는 교사로 하여금 교육자 그리고 학습자로서 자기 자신의 성장과 발전을 성찰할 수 있는 수단이 된다. 일부 경우에 포트폴리오는 좀 더 높은 수준의 전문성 기준(예: 전문적인 교수 기준을 위한 국가위원회[NBPTS])을 충족시키는 데 사용되기도 한다. 특히 좌절감을 많이 느끼는 날에는 포트폴리오가 이전에 경험했던 성공적인 사건을 돌이켜 보고 자기효능감을 경험할 수 있는 가시적인 방법이 되기도 하며, 이를 통해 교사 자신에게 편안함을 제공해 준다. 개별적인 교수 포트폴리오는 누가 만들었느냐에 따라서 독특한 특성을 보여 준다. 결과적으로 포트폴리오는 그 내용, 형식, 강조점이 다양하며 개인의 철학, 가치, 관점을 드러낸다(Hurst, Wilson, & Cramer, 1998).

포트폴리오에 포함되어야 할 것과 관련하여 쉽고 빠른 방식이나 법칙은 따로 존재하지 않지만, 성찰하기와 보여 주기의 수단으로서 포트폴리오를 사용할 때는 다음의 일반적인 사항을 고려하는 것이 꽤 유용하다(Hurst et al., 1998; Reese, 2004; Rosenberg et al., 2006; Van Wagenen & Hibbard, 1998).

- 당신이 누구이며, 무엇을 하는지, 당신의 목표와 열의를 나타낼 수 있는 증거와 산물을 포함한다.
- 교사의 성취를 나타낼 수 있는 증거를 제시하고 어떻게 그것이 교사 자신의 목표 및 열의와 관련 있는지 설명한다.
- 교사 자신이 개발하고 시행 · 평가한 사정 도구, 교수 및 행동 자료의 실제

포트폴리오는 전문가로서의 당신은 누구이며 왜 특수교육을 선택하게 되었는지와 함께 특수교육 전문가로서 성취하고 싶은 것이 무엇인지를 보여 준다.

샘플을 제시한다.

- 학생의 과제, 가족 참여, 지역사회와 연계된 활동의 증거를 제시한다.
- 교사 자신과 교육청이 보기에 의미 있다고 여겨지는 전문가 기준과 교사 자신의 성취를 연결시킨다.
- 학위, 교사 자격증, 추천서, 상을 제시한다.
- 교사로서 자신의 경험을 통해 얻은 것과 이를 통한 통찰력을 설명하고 그것을 전문가적 목표와 통합시킨다.
- 포트폴리오에 포함된 자료는 잘 정리되고 매력적인 양식으로 제시한다.
- 쉽게 접근하고 확장하고 전달할 수 있는 형태로 문서화된 것과 비디오에 기반을 둔 것을 통합한 전자 포트폴리오의 활용을 생각해 본다.

포트폴리오를 완성하는 데 최종적으로 제안하고 싶은 것은 포트폴리오를 하기 싫고 지루한 서류 작업의 하나로 생각하지 말라는 것이다. 포트폴리오는 한 개인을 나타내는 진술문이고, 당신이 누구이며 왜 특수교육에서 이 진로를 선택하게 되었는지, 전문가로서 이루고자 하는 것이 무엇인지를 가시적으로 나타내 주는 표현물이다. 이는 전문가로서 교사가 성장하는 과정을 설명해 주며 교사 자신의 교직생활을 성찰할 수 있는 믿을 만한 자료가 된다.

4. 마지막으로 드는 생각: 열정과 헌신

이 장에서는 우리가 성공적이고 전문성이 높은 특수교육 경력을 개발하기 위하여 어떠한 방식으로 교사 지원과 전문성 신장을 촉진할 수 있는지를 강조하였다. 이 장을 마감하면서 장애학생을 가르치는 데 열정과 헌신을 지속할 수 있도록 돕는 몇 가지 제안을 하고자 한다.

첫째, 왜 장애학생을 교육하는 진로를 선택했는지를 기억하라. 제1장에서 제시했던 것처럼, 이러한 도전적이고 보상이 큰 경력을 갖고자 했던 결정을 이끌어 낸 요소가 무엇인가를 생각하라. 아마 당신은 다른 사람들이 성공하도록 돕는 데 헌신하거나 혹은 지역사회에 무언가를 되돌려 주려는 욕망이 있는 사람일 가능성이 높다. 어쩌면 어려움이나 문제가 있는 환경 출신의 아동이나 청소년에게 다가가는 데 특별한 재능이나 성향을 가지고 있다고 믿을 수도 있다. 간혹 힘들거나 좌절감이 큰 날에는 이러한 믿음이나 자신에 대한 생각이 정말 맞는지 의심하게 된다. 이는 당신이 자연스럽고 건강한 상태라는 증거다. 당신이 선택한 진로를 생각해 볼 때, 가르치는 것은 매우 힘든 직업이고 특정한 지식뿐 아니라 신체적 · 정신적 열정, 그리고 다른 중요한 직종에서 요구되는 특성도 필요로 한다. 또한 학생을 가르치는 데 인내심을 가지고 있어야 하고 그들에 대한 높은 기대도 가지고 있어야 한다. 배너와 캐논(Banner & Cannon, 1997)는 "인내심은 학생이 교사가 이미 알고 있는 것을 익히면서 생길 수 있는 문제점을 이해하며 실망하고 좌절하지 않도록 한다."(p. 96)는 것을 관찰하였다.

둘째, 전문적 · 창의적 성향을 갖도록 하라. 이 장 전반에서 설명한 것처럼, 전문가주의는 존경, 윤리, 책임감, 의사소통, 리더십, 위험 감수 및 긍정적 태도를 포함하는 행동 패턴이라 할 수 있다(예: Grouse, 2003; Kramer, 2003; Phelps, 2006). 성공이 눈앞에 보이면 좌절되는 상황에 직면했을 때에도 계속해서 헤쳐나가려고 노력한다. 가르치는 것의 기술적 · 방법론적인 측면은 예술적이고 창의적인 활동을 제한해서는 안 된다. 과학적이고 실증적인 연구에 기초한 교수실제가 특정 교수 방법, 자료 및 과정의 선정에 지침이 되었다 하더라도, 가르치는 일은 교사 자신의 성격, 정신, 경험, 인간성의 요소를 공유하는 창조적인 행위다. 교사는 자신의 성격과 가치체계를 드러냄으로써 학생의 삶에 있어 매우 중요한 한 사람이 된다. 의미 있는 학습은 교과목의 효과적인 표현을 통해서 이루어질 뿐 아니라 배려, 존중, 성실함을 모델링함으로써도 이루어진다. 학습해야 할 교과목이 무엇이건, 신뢰를 주고 원칙이 분명한 교사는 삶을 바꿀 수 있는 학습을 가능하게 한다.

셋째, 교육의 정치성을 개인적인 것으로 받아들이지 말라. 교육과 관련된 결정은 다른 사회정책 쟁점과 달리 그 이점보다는 제한된 자료의 유효성과 같은 실질적인 사항에 기초를 두게 된다. 국가정책은 의사결정의 방향에 영향을 미치고, 얼마나 많이 그리고 어디에 자원이 배치되어야 하는지를 주장하는 과정이다(Goor, 1995). 이를 무시하거나 두려워하기보다는 교수와 특수교육에서 국가정책의 역할에 대해 인지하라. 그리고 국가, 도, 시 · 군 단위의 교육 정책 및 경향의 변화가 있음을 알고, 이러한 변화가 교육 프로그램을 전달하는 데 있어 어떻게 영향을 주는지도 이해하라. 가능하고 적절할 때마다 장애학생을 교육하는 최선의 방법에 대한 토론에 참여하라. 전문가 집단, 장애권익 옹호기관, 교사협의회와 지역 학부모 모임의 정치적 행위에 참여하는 것은 교육 서비스 정책을 옹호하고 자금을 확보할 수 있는 가장 효과적인 방법 중 하나다.

마지막으로 가르치는 것을 기쁘게 받아들여라. 우리 대부분은 가르치는 것을 즐기기 때문에 이 직업을 선택했다. 따라서 자신의 결정을 신뢰하고 우리 학생들이 기술을 습득하고 복잡한 개념을 익히며 정서적으로 성숙해 가는 모습을 보며 만족하라. 어떻게 하면 교사가 가르치는 것의 즐거움을 최대화할 수 있을까? 배너와 캐논(1997)는 (1) 학생이 학습을 즐길 수 있는 분위기를 조성하고, (2) 다른 사람이 웃을 수 있도록 하며, (3) 학습의 묘미를 즐기고 이를 모델링하며, (4) 학습에는 기쁨뿐 아니라 도전이 있음을 인정하고, (5) 교사의 노력으로 학생이 무언가를 배웠을 때 이를 알아채고 축하해야 한다고 말했다.

계획을 잘 세우고, 열심히 일하며, 열정을 가지고 학생을 돌보며, 장애학생을 가르치는 데 있어 생기는 여러 즐거움을 만끽하라!!!

요 약

특수교육에서 성공적이고 장기적인 경력을 쌓기를 원하는 이들은 전문가로서의 자신을 계발하는 것의 중요성을 인식하고, 이를 위해 필요한 지원을 인식하며, 지속적으로 자신의 개인적 · 직업적 성장에 책임을 져야 한다.

특수교육 전문가로서의 성장

- 일반적으로 교사는 효과적인 방식으로 교수 내용을 전달하고, 학생의 문화에 민감하게 반응하는 방식으로 개별 학생을 위한 차별화된 교수를 제공하고, 지원과 수정을 제공하며, 학습환경을 관리하고, 학생의 수행을 평가하며, 학생을 돌보고, 동료 및 학부모와 효과적으로 의사소통할 것으로 기대한다.
- 교사에게 기대되는 것은 점차 확대되고 있는데, 여기에는 시험을 수정할 수 있는 지식, 서류 관련 작업과 법적 책임에 대한 인식과 관리, 서로 아끼고 배려하면서도 전문가적 학습 공동체를 수립한 학교에의 참여 등이 포함된다.

협력적인 전문가 지원의 핵심 요소

- 교사생활의 초기에는 신임교사 지원 프로그램, 멘터링, 동료 코칭뿐 아니라 신임교사가 중요한 학교체계 관련 정보를 습득하고 필수적인 정서적 지지를 받도록 돕는 활동을 통해 지원을 제공해야 한다.
- 교사는 교직에 종사하는 동안 전문가적 학습 공동체, 협력적 자문, 협력 팀의 구성, 보조원으로부터의 도움을 통해 지원을 주고받는다.

개인적 성장과 전문가로서의 성장에 있어 적극적인 역할을 하는 성공적인 교사

- 성공적인 교사는 탄력적이고 상황에 잘 적응하며 불리한 상황에 직면해서 자신의 능력을 발달시킨다.
- 전문가로서의 성장은 스트레스를 인지하고 관리하는 데서 시작한다.
- 전문가로서의 성장은 양질의 자격 기준이 필요하며, 교사 기준, 시험과 교사 전문성 신장을 위한 방법과 관련된 지식에 의해 촉진될 수 있다.
- 전문가로서의 성장은 잘 구성된 포트폴리오에 의해 드러난다.

열정적이고 학생과 직업에 헌신적인 특수교사

- 열의가 있는 교사들은 왜 자신이 도전적이지만 보람이 큰 진로를 선택했는지를 기억한다.
- 창의적인 교사는 가르치는 것의 창조적인 측면을 제한하는 기술적 · 정치적 측면을 허용하지 않는다.
- 전문가는 가르치는 것에서 희열을 즐긴다.

부록

CEC 지식과 기술 기준 일반적인 핵심
(CEC Knowledge and Skill Standards Common Core)

기준 I: 기초

CC1K1: 특수교육 실제를 위한 기본 형성을 위한 모델, 이론 그리고 철학

CC1K2: 행동관리, 계획, 그리고 실행 관련 법률, 정책 그리고 윤리적 원리

CC1K3: 특수교육과 교육기구의 구성 및 기능의 관계

CC1K4: 장애아동의 교육적 필요에 관한 학생, 부모, 교사 그리고 다른 전문가들과 학교의 권리와 책임

CC1K5: 문화적 · 언어적으로 다양한 배경을 가진 아동을 포함해서 특수교육적 요구를 가진 아동의 정의와 진단 관련 쟁점

CC1K6: 평가와 적격성 그리고 서비스의 연속체 안에서의 배치와 관련된 쟁점, 보증 그리고 적법 절차적 권리

CC1K7: 교육적 절차에서 가족체계와 가족의 역할

CC1K8: 문화적으로 다양한 집단의 역사적 관점과 공헌

CC1K9: 학교 그리고 학교 안에서 학습하고 활동하는 개인을 형성하는 데 미치는 지배 문화의 영향

CC1K10: 가정과 학교 사이에 존재할 수 있는 가치, 언어 그리고 관습에서의 차이에 의한 잠재적 영향

CC1S1: 특수교육에 대한 분명한 개인적 철학

기준 II: 학습자의 발달과 특성

CC2K1: 전형적이고 비전형적인 인간 성장과 발달

CC2K2: 다양한 특수아동들의 특성에 대한 교육적 적용

CC2K3: 특별한 교육적 필요를 가진 아동과 가족의 문화적 · 환경적 특성과 영향

CC2K4: 가족 체계와 발달을 지원하는 가족의 역할

CC2K5: 특수교육 대상학생과 일반학생 간의 유사점과 차이점

CC2K6: 특수교육 대상학생들 간의 유사점과 차이점

CC2K7: 특별한 교육적 필요를 가진 개인들에 대한 다양한 약물치료의 효과

기준 III: 개인적 학습 차이

CC3K1: 장애가 개인의 삶에 미칠 수 있는 영향
CC3K2: 학습자의 학업적 · 사회적 능력과 태도, 흥미 및 가치가 교육과 진로 개발에 미치는 영향
CC3K3: 믿음, 전통 그리고 문화를 초월한 가치와 문화 안에서의 가치 등이 가지는 다양성과 그것들이 장애아동, 가족, 학교 간의 관계에 미치는 영향들
CC3K4: 교육과 연관되어 가족, 학교, 지역사회들 간의 관계에 영향을 미치는 문화적 관점
CC3K5: 문화적으로 다양한 배경을 가진 아동을 포함하여 특별한 교육적 필요를 가진 개인의 학습방법을 다양화하고 그 차이를 반영하는 전략을 다양화함

기준 IV: 교수적 전략

CC4S1: 다양한 환경으로의 통합을 촉진시키는 전략들 사용
CC4S2: 학생들이 그들의 요구를 충족시키는 자기평가, 문제해결 그리고 다른 인지적 전략들을 사용하도록 교수
CC4S3: 특수아동 개인의 특성에 따르는 교수적 전략들과 자료들을 선택하고 응용하여 사용
CC4S4: 다양한 환경에서 기술의 유지와 일반화를 촉진시키는 전략을 사용
CC4S5: 개인의 자기인식, 자기관리, 자기통제, 자기의존 그리고 자기존중감을 향상시키는 절차를 사용
CC4S6: 예외적인 학습 요구를 가진 개인들의 성공적인 전환을 촉진시키는 전략들을 사용

기준 V: 학습환경과 사회적 상호작용

CC5K1: 학습환경들의 요구 파악
CC5K2: 특수아동 개인들을 위한 기본적인 학급관리 이론과 전략
CC5K3: 교수와 학습의 효과적인 관리
CC5K4: 특수아동 개인들의 행동에 영향을 미치는 교사의 태도와 행동
CC5K5: 교육적 또는 다른 환경에서 필요한 사회적 기술
CC5K6: 위기 예방과 중재를 위한 전략
CC5K7: 문화적으로 다양한 세계에서 조화롭고 생산적으로 살도록 개인을 준비시키기 위한 전략
CC5K8: 개인이 서로의 언어와 문화적 유산을 유지하고 인정할 수 있는 학습환경을 만드는 방법
CC5K9: 특정한 문화들이 부정적으로 인식(stereotyped)되는 방법
CC5K10: 이전의 그리고 존속되고 있는 인종주의를 극복하기 위해 다양한 인종들이 사용하는 전략
CC5S1: 다양성이 인정되는 안전하고 공정하고 긍정적이며 지지적인 학습환경 조성
CC5S2: 다양한 환경에서 실제로 기대되는 개인적 · 사회적 행동 확인
CC5S3: 다양한 프로그램 환경에 통합되기 위해 필요한 지원 확인
CC5S4: 개인과 집단 환경에의 활발한 참여를 권장하는 학습환경 설계
CC5S5: 행동관리를 위한 학습환경의 수정
CC5S6: 모든 제3자로부터의 수행 자료와 정보를 사용하여 학업환경을 수정

CC5S7: 특수아동 개인들과 라포를 형성하고 유지
CC5S8: 자기옹호 기술 교수
CC5S9: 자기옹호와 독립성을 향상시키는 환경 조성
CC5S10: 효과적이고 다양한 행동관리 전략들 사용
CC5S11: 특수아동 개인의 필요에 맞추어 최소한의 집중 행동관리 전략 사용
CC5S12: 일상생활을 설계하고 관리
CC5S13: 긍정적인 문화 내, 문화 간 경험을 지원하는 학습환경을 구조화, 개발 및 유지
CC5S14: 어떤 문화나 집단, 개인도 존중되는 방식으로 학습환경 내 학생들 간에 논쟁이 되는 문화 간 문제의 중재를 제시
CC5S15: 보조교사, 봉사자 그리고 개인교사의 활동을 구조화, 감독 및 지원
CC5S16: 보편적인 예방책 사용

기준 VI: 언어

CC6K1: 문화와 언어적 차이가 성장과 발달에 미치는 영향
CC6K2: 개인의 문화와 언어 사용의 특성과 그리고 그것이 다른 문화나 언어 사용과 구분되는 방식
CC6K3: 잘못된 해석과 오해를 일으킬 수 있는 문화들 간의 행동과 의사소통 방법
CC6K4: 보완대체 의사소통 전략
CC6S1: 특수아동 개인들의 의사소통 기술을 지원하고 향상시키기 위한 전략들의 사용
CC6S2: 모국어가 공식 언어가 아닌 학생들(외국인, 이민자 등)을 위해 주요 교과목 내용의 이해를 촉진시킬 수 있는 의사소통 전략과 자료의 사용

기준 VII: 교수계획

CC7K1: 교육과정 개발과 교수 실제에 대한 기본을 형성하는 이론과 연구
CC7K2: 일반교육 및 특수교육 과정의 범위와 순서
CC7K3: 국가나 주 혹은 도 그리고 지역 교육과정 기준
CC7K4: 교수와 학습환경을 계획하고 관리하기 위한 공학
CC7K5: 교육, 개입, 직접 서비스와 관련된 준교육자의 역할과 책임
CC7S1: 특수아동 개인들을 위한 일반교육과정과 지원책의 영역을 확인하고 우선순위 결정
CC7S2: 팀 구성원들과 협력하여 광범위하고 장기적인 개별화된 프로그램을 개발하고 실행
CC7S3: 교육적 목표를 설정하고 진전을 확인하는 과정에 개인과 가족을 포함
CC7S4: 개입계획을 개발하기 위하여 기능적 평가방법 사용
CC7S5: 과제분석 사용
CC7S6: 개별화된 학습목표들을 나열하고 실행 및 평가
CC7S7: 학업적 교육과정 내에 효과적이고 사회적인 일상생활 기술을 접목
CC7S8: 문화적, 언어적, 성적 차이를 고려한 교수 내용과 자원 및 전략의 개발과 선택
CC7S9: 교육적 프로그램 내에서의 교육공학과 보조공학의 도입과 활용
CC7S10: 수업계획 준비

CC7S11: 일상의 수업계획을 실행하기 위한 자료를 준비하고 조직화
CC7S12: 효과적인 수업시간의 사용
CC7S13: 지속적인 관찰에 근거하여 반응적으로 교수 수정
CC7S14: 사회적 태도와 행동에 따른 자기 강화 행동 지도

기준 VIII: 평가

CC8K1: 평가에 사용되는 기본 용어
CC8K2: 개인의 평가와 관련된 법적 조항과 윤리적 원리
CC8K3: 선별, 사전 의뢰, 의뢰 그리고 분류 절차
CC8K4: 평가도구의 사용방법과 제한점
CC8K5: 국가, 주 혹은 도 그리고 지역에서 요구하는 조정과 수정 방법
CC8S1: 관련 배경 정보의 수집
CC8S2: 편견 없는 형식적 · 비형식적 평가의 관리
CC8S3: 평가에 필요한 공학적 기술의 사용
CC8S4: 개별화된 평가전략들을 개발하거나 수정
CC8S5: 형식적이고 비형식적인 평가로부터 정보를 해석
CC8S6: 문화적 그리고/혹은 언어적으로 다양한 배경을 가진 아동을 포함하여 특수아동 개인들을 위한 적격성, 프로그램, 배치 결정을 하기 위한 평가 정보의 활용
CC8S7: 효과적인 의사소통 방법을 사용한 평가의 결과를 모든 관련 책임자들에게 보고
CC8S8: 특수아동 개인에 대한 교수적 평가와 진전의 확인
CC8S9: 개별화된 평가전략들을 개발하거나 수정
CC8S10: 기록을 만들고 유지

기준 IX: 전문성과 윤리적 실제

CC9K1: 교수에 영향을 미치는 개인적 · 문화적 편견과 차이
CC9K2: 특수아동 개인을 위한 모델로서 교사의 중요성
CC9K3: 장기간의 전문성 개발의 지속성
CC9K4: 연구에 의해 입증된 실제와 관련하여 현재 남아 있는 방법
CC9S1: CEC 윤리강령과 다른 전문가 기준의 실제
CC9S2: 능력과 성실성에 대해 높은 기준을 세우고 전문가로서 확고한 판단을 실행
CC9S3: 적절한 서비스에 대하여 옹호하는 것에서 윤리적으로 행동
CC9S4: 적용 가능한 법률과 정책에 따라 전문적 활동들을 실행
CC9S5: 특수아동 개인들을 위한 최상의 교육과 삶의 질 잠재력을 개발시키기 위한 공약 수행
CC9S6: 개인의 문화, 언어, 종교, 성, 장애, 사회경제적 지위 그리고 성적 정체성에 대한 민감한 배려
CC9S7: 개인의 기술적 능력 안에서 훈련시키고 필요 시 지원
CC9S8: 효과적인 구어적, 비구어적, 문어적 언어의 사용
CC9S9: 교육에 대한 자기평가를 실행

CC9S10: 특수성들에 대한 정보에 접근(특수아동에 대한 정보 활용)
CC9S11: 자신의 교육에 대한 반성을 통한 교수능력의 향상과 전문성 신장
CC9S12: 특수아동과 그들의 가족들 그리고 동료들에게 이로운 전문적 활동에의 참여

기준 X: 협력

CC10K1: 자문과 협력에 대한 모델과 전략
CC10K2: 개별화 프로그램의 계획에서 특수아동 개인과 가족 그리고 학교와 지역사회 직원들의 역할
CC10K3: 특수아동 개인의 가족이 갖는 우려와 그 해결에 도움이 되는 전략
CC10K4: 특수아동 개인과 가족 그리고 교직원과 지역사회 구성원들 간의 효과적인 의사소통과 협력을 촉진시키는 문화적으로 반응적인 요소
CC10S1: 특수아동과의 대화 내용에 대한 비밀 유지
CC10S2: 특수아동에 대한 평가 시 가족과 다른 이들과의 협력
CC10S3: 가족과 전문가들 사이에 서로 존중하고 호혜적인 관계 형성
CC10S4: 특수아동과 그들의 가족이 교육적 팀에서 활발한 참여자가 될 수 있도록 조력
CC10S5: 특수아동과 그들의 가족들이 참여하는 협력적인 회의를 계획하고 진행
CC10S6: 교직원과 지역사회 구성원들과의 협력을 통해 특수아동 개인들을 다양한 환경에 통합 유도
CC10S7: 협력적인 활동들을 발전시키고 실행하고 평가하기 위한 집단 문제해결 기술의 사용
CC10S8: 교수적 방법과 수정의 사용에 대한 기술을 보여 주고 다른 이들을 지도
CC10S9: 특수아동 개인의 특징과 요구에 대해 학교 관계자와 의사소통
CC10S10: 다양한 배경을 가진 특수아동의 가족들과 효율적으로 의사소통
CC10S11: 보조교사를 관찰 · 평가하고 피드백 제공

용어

1954년 브라운 판결(Brown v. Board of Education 1954): 14번째 헌법 개정안에서 보장된 비차별적 보호 규정에 근거하여 공립학교에서 인종차별을 종식시킨 대표적 사례

2004년 IDEA 개정법(IDEA 2004): 1975년에 제정된 전장애아교육법의 개정법. 주와 교육청이 모든 장애학생을 어떻게 교육시켜야 하는지를 안내하고 있다.

AAMR/AAIDD: 미국 정신지체협회(American Association on Mental Retardation) 참조

ADD: 주의력결핍에 문제가 있는 학생들을 지칭하는 ADHD의 약자

ADHD: 주의력결핍장애 참조

ADHD-C: 혼합형 참조

ADHD-PHI: 과다행동 우세형 참조

ADHD-PI: 주의력결핍 우세형 참조

In loco parentis: 교사가 부모들로부터 신임을 받고 부모의 입장(in loco parentis)에서 책임을 질 수 있도록 하는 것이다. 이러한 책임에는 권위와 책무성이 모두 포함된다.

강박 충동장애(obsessive-compulsive disorder): 문제가 될 정도의 이상한 생각과 믿음에 의하여 형성된 공포나 두려움으로 특징지어지는 불안장애로, 반복적인 행동이나 의식적 행동을 수행한다.

개념적 틀: 탐구 주제에 대한 신념과 이해를 지도하는 조직적 구조

개별화 가족 서비스 계획(individualized family service plan): 영아들을 위한 서비스 계획에 관련된 문서다. 이 계획은 아동과 가족 모두를 위한 서비스를 포함한다.

개별화 교육 계획(individualized education plan): 다양한 교수 방법과 관련된 서비스에 대한 정보를 제공하고 안내하는 것으로 미국 장애인교육법(IDEA)에서 요구하는 구체적이고 구조화된 실행 계획안

개별화 교육 계획 팀(IEP team): 개별 학생의 개별화 교육 계획안 작성에 책임이 있는 사람들이다. 학교와 학교 구내의 전문가들과 학생의 부모, 필요한 경우 학생 본인이 포함되기도 한다.

개인내 차(intraindividual differences): 한 개인의 성취와 기능 프로파일에 나타나는 강점과 약점

개인주의적 문화(individualist culture): 개인적 성취와 주도권의 가치를 인정하고 자아실현을 촉진하는 문화

객관적이고 엄정한 평가기준(HOUSSE): 객관적이고 엄정한 평가 기준(high objective uniform state standard of evaluation)은 교사들의 담당 교과목에 대한 교수 능력을 시험 학습과제, 학위, 자격증 등과 같은 여러 측면으로 평가하기 위하여 사용하는 절차

결과물 표집(product sampling): 비판적 사고와 창의적 사고는 물론 다른 성취를 제시할 수 있도록 학생의 성과물을 체계적으로 수집한 것

경도 지적장애: 경도 정신지체로도 불리며, IQ 55부터 70 정도의 학생들을 일컫는다.

과잉행동장애(hyperactivity): 주의력결핍 및 과잉행동장애(ADHD) 아동의 판별에 적용하는 특성. 과잉행동인 학생들은 특정한 상황에 적절하지 않거나 연령에 적합하지 않은 정도의 높은 수준의 과잉행동 특성을 나타낸다.

과잉행동-충동성이 유력한 형태(predominantly hyperactive-impulsive type: ADHD-PHI): ADHD의 하위 유형 중 하나로 과잉행동과 충동성이 보다 심한 경우임

교수 방법(instructional technology): 교수와 학습을 촉진하기 위하여 사용되는 하드웨어와 소프트웨어를 일컫는 일반적인 용어

교육과정 중심 평가: 학생의 성취를 감독할 수 있는 효과적인 방법으로 시간의 흐름에 따른 학업적 진보를 수집하고 평가하는 방법

구강: 입안의 빈 공간으로 푹 들어간 부분

구문(syntax): 말의 순서, 특별히 의미를 전달하기 위하여 문장이나 구 안에서 단어를 정렬하는 방법

규준참조검사(norm-referenced test): 연령과 학년에 적절한 발달과 진보를 보이는 동 연령이나 동 학년의 학생들과 비교하여 그 학생이 얼마나 잘 성취하고 있는지 혹은 잘 발달하고 있는지를 평가하는 검사

그림 교환 의사소통 체계(picture exchange communication system: PECS): 의사소통을 가르치기 위하여 그림을 사용하는 보완대체 의사소통 체계

근골격계 장애(musculoskeletal disorders): 뼈와 연골 조직, 근육 등에 장애가 있는 경우다. 소아마비, 관절염, 뼈 골절이나 종양, 기형적으로 생긴 뼈, 동반장애 등이 이에 해당하는 예다.

근육구축(contracture): 정상적이고 탄력 있는 연결 조직이 스트레칭을 방해하고 정상적인 운동을 저해하는 감염 부위에 의하여 탄력 없는 섬유질로 대체되는 신체적 발달

기능적 언어(functional language): 기본적인 요구나 필요를 전달할 수 있는 것과 같이 의도적으로 의사소통하는 것

기능적 행동 진단(functional behavioral assessment: FBA): 관찰된 행동의 기능이나 의도를 파악하기 위하여 정보를 수집하는 구조화되고 체계적인 방법

기질적 성향(dispositions): 개인의 기질이나 성향, 대개는 시간의 흐름에 따라 습득된 것이며, 제시된 특정한 상황에서 일정한 방식으로 행동하거나 반응하는 방법을 일컫는다.

긴장성 목 반사(asymmetric tonic neck reflex): 아기가 누워 있을 때 주로 나타나는 자세 반응. 아기의 머리가 한쪽으로 돌려지면 얼굴 쪽의 팔과 다리는 쭉 펴고 반대쪽 팔과 다리는 구부리게 되는 반사다.

긴장성 미로 반사(tonic labyrinthine reflex): 뒤로 누울 때 등이 뻣뻣해지거나 활처럼 휘게 되는 원초반사의 일종으로 주로 신생아들에게서 나타난다. 다리를 쭉 뻗거나 함께 뻗치기, 뻣뻣해지기, 발끝으로 걷기, 팔이 팔꿈치에 구부러져 있거나 손이 뒤틀리거나 손가락이 구부러져 있게 될 수 있다.

난독증(dyslexia): 특정한 유형의 신경학적 문제에 기인한 것으로 추정되는 읽기 문제다.

난산증(dyscalculia): 특정한 유형의 신경학적 문제에 기인한 것으로 추정되는 수학 영역에서의 어려움. 주요 문제는 기본적인 수학적 개념, 수학적 계산, 추상적 수학 개념 등의 어려움으로 나타

난다.

난필증(필기불능증, dysgraphia): 특정한 유형의 신경학적 문제에 기인한 것으로 추정되는 쓰기 영역의 문제. 주요 문제는 손으로 글씨를 쓰거나 철자, 쓰기 표현에서의 어려움이다.

농(deafness): 아동의 학업 성취에 부정적인 영향을 주는 청력의 손상으로 언어적 정보 처리에 결함이 있는 심한 청력 손상

농-맹(Deaf-blindness): 청각과 시각장애를 동반하는 경우. 이 경우는 심각한 의사소통장애를 지니며 청각장애 아동을 위한 특수교육이나 시각장애 아동을 위한 특수교육 방법만으로는 부족하기 때문에 이들을 위한 또 다른 교육적 지원 및 발달적 지원을 필요로 한다.

농아인(Deaf): 일반적으로 대문자 D를 사용하며 유사한 언어(미국 수화)와 문화(농 문화)를 공유하는 특정 집단을 지칭함

뇌수막염(meningitis): 박테리아나 바이러스 감염에 의한 뇌수막(두뇌와 뇌척수를 덮고 있는 막)의 감염

능력 집단(ability grouping): 동질적인 능력을 지닌 학생들로 집단을 구성하여 이들에게 적절한 교육을 하도록 하는 교수적 배치

다운증후군: 21번째 염색체에 세 개의 염색체가 꼬여 있는(두 개의 염색체 대신) 염색체 이상 상태. 다운증후군 아동은 평균보다 작고 신체, 운동, 언어 및 지적 발달에서 느린 발달을 보인다.

달리 구분되지 않는 비전형적 발달장애(PDD-NOS): 사회적 상호작용과 구어 및 비구어적 의사소통에 어려움을 보이고 전형적이거나 제한된 관심을 보이지만 다른 네 가지 유형의 전반적 발달장애 범주에 포함될 정도로 심각한 증상을 보이지 않는 발달장애 유형

데시벨(dB): 소리의 강도와 크기를 측정하는 단위

독립 훈련(independent practices): 자습이나 숙제 등과 같이 스스로 해야 하는 일을 잘 하도록 계획한 연습 활동

동반장애(comorbidity): 두 개 혹은 그 이상의 장애가 공존하는 것

두뇌 손상(brain Injury): 두뇌나 중추 신경계의 상해나 손상으로 문제가 생긴 경우다. 두뇌 손상 부위는 두뇌의 특정 영역에만 있을 수도 있고 두뇌 전체에 퍼져 있을 수도 있으며 감정, 주의집중 능력, 기억력, 수면, 신체 기능 등에 영향을 미친다.

또래교수(peer tutoring): 특정한 학습 영역에서 어려움이 있는 친구를 동 연령 혹은 상급 연령의 또래가 지원하도록 하는 일종의 집단 구성 방법

레쉬-니한 증후군(Lesch-Nyhan syndrome): X 염색체와 관련된 퇴행성 질병이다. 이 유전자는 어머니가 보유하고 있다가 아들에게로 전달된다. 이 증후군의 특성은 자해행동과 입술 및 손가락 물어뜯기 등과 같은 행동을 나타내는 것이다.

말더듬(stuttering): 반복, 끌기, 간투사, 잠시 멈추기 등의 행동으로 편안하고 용이한 말의 사용이 어려운 상태

매독(yphilis): 성교에 의한 감염, 임신 중에 산모가 매독에 감염된 경우 태아도 영향을 받을 수 있다.

맹을 포함한 시력손상(visual impairment including blindness): 교정을 했음에도 시력에 손상이 지속되어 아동의 교육적 성취에 부정적인 영향을 주는 장애. 부분시력과 전맹이 모두 포함된다.

멘터십(mentorship): 교육이론에 근거한 설명과 학생 교육을 지속하고자 하는 동기에 근거해서 숙련된 교사가 신임교사들에게 학생을 효과적으로 교육할 수 있는 교수방법을 안내하고 시범 보이며 모델링을 하는 방법

면역글로블린(immunogolbulin): 박테리아나 바이러스와 같은 외부 물질을 파악하고 중화하는 면역체계로 사용되는 항체

명시적 교수(explicit instruction): 주로 행동주의 이론에 근거한 체계적인 교수 방법을 사용하여 교수 내용을 명시적으로 가르치는 것

묘성증후군(5p or cri-du-chat(cry of the cat) syndrome): 5번째 염색체 일부의 손실에 의한 희귀한 증후군. 주로 심한 지적장애가 유발되며 고양이 울음과 같은 높은 음의 소리를 내는 것이 주요 특성이다.

문화: 가치, 믿음, 전통과 행동들이 역사가 같은 특정한 집단과 연계된 것

문화와 언어적 다양성(culturally and linguistically diverse: CLD): 아프리카계 미국인, 라틴계, 인디언, 알래스카어를 모국어로 사용하는 학생, 아시아/태평양 섬의 아동 등과 같이 영어를 사용하지 못하거나 유럽계 미국인이 아닌 학생들.

문화적으로 반응적인 교수 및 학급운영: 학생들의 문화적 배경을 고려한 교수와 학급 운영

미국장애인법(Americans with Disabilities Act: ADA): 미국 장애인들이 미국 내 모든 시설에 차별받지 않고 접근할 수 있도록 해야 한다는 법

미국정신지체협회(American Association on Mental Retardation): 지적장애 전문가 모임. 미국정신지체 협회는 2007년 1월에 미국 지능 및 발달 장애 협회(American Association on Intellectual and Developmental Disabilities: AAIDD)로 개명되었다.

반향어(echolalia): 내용을 거의 이해하지 않은 채로 대화 상대자가 말하는 단어나 문장의 일부 혹은 문장 전체를 그대로 따라하는 것

발달 평가(developmental assessment): 일반아동과 비교하여 아동의 발달 정도를 판단하기 위한 목적의 평가. 발달 평가는 발달이정표에 대한 개인의 성취 정도에 근거하여 이루어진다.

발달기적 실어증(developmental aphasia): 신경학적 손상에 기인한 것으로 추정되는 언어 손상

법률(legislation): 제안된 법이나 실행되고 있는 법 조항들

법적 맹(legal blindness): 스넬른 시각검사표로 측정 시 최대 교정시력이 20/200 이하인 경우 또는 시야각이 20도 이하인 경우

보완대체 의사소통(argumentative/alternative communication: AAC): 구두어나 구두어를 대신할 수 있는 기구로 의사소통을 지원하는 방법으로 간단한 도구에서부터 복잡하고 발전된 형태의 기구들도 사용될 수 있다.

보완대체 의사소통 기제(alternative or augmentative communication[AAC] devices): 개인의 구어를 촉진시키기 위하여 사용될 수 있는 여러 기구와 방법

보조공학(Assistive technology: AT): 장애학생의 기능적 능력을 향상시키고 유지시키기 위해 사용하는, 상품화되었거나 수정된 장비 혹은 장비의 일종

보조도구(orthoptic device): 다리와 발목 부분을 지지하기 위하여 사용하는 브레이스 또는 그와 유사한 도구들

보편적 학습 설계(universal design for learning): 다른 대안을 제시하기보다는 일반적인 교육 디자인에 수정과 지원을 하여 모든 학생이 접근할 수 있도록 하는 교육과정과 교수 활동 계획 방법

복잡성(complexity): 다각적인 관점 및 해석을 통하여 학습자가 다른 학문 영역과 교류하고 이해할 수 있도록 요구하는 것

블룸의 분류학(Bloom's taxonomy): 모든 내용(content)은 서로 다른 개념 수준에서 습득될 수 있으며, 학생들은 잘 계획된 수업으로 도움을 받을 수 있다는 가정에 근거하여 벤저민 블룸이 개발한 계획 도구(planning tool)

비강(nasal cavity): 코의 뒤쪽, 공기로 가득 찬 커다란 공간

비디오스트로보스코피(videostroboscopy): 말하는 동안 성대의 진동을 검사하기 위하여 성대의 움직임을 기록하고 관찰하는 방법

비유적 언어(figurative language): 관용구, 은유, 유추, 직유, 과장법, 줄임말, 농담, 인유, 속어 등과 같은 다양한 비유적 표현

비차별적 평가(nondiscriminary assessment): 검사 대

상학생에게 적절한 평가도구를 사용하고 편견 없이 실행하는 평가

빈혈(anemia): 건강한 적혈구가 매우 적은 상태

사업적 지원(entrepreneurial support): 특정 장애인들의 관심과 기술을 근거로 설립된 지지적이고 자조적(self-sustaining)이며 이윤을 추구하는 기업

사이토메갈로 바이러스(cytomegalovirus: CMV): 많은 사람을 감염시키는 일반적인 바이러스. 이 바이러스에 감염되는 경우 면역체계에 심각한 문제가 있지 않은 한 대개는 해가 없고 아프지도 않다. 이 바이러스는 신체 내에 잠복하거나 활동한다.

사회적 기술 교수(social skills instruction): 사회적 상호작용 기술에 대한 교수로 참석하기, 애정적이고 실제적인 상호작용을 포함한다.

사회적 상호성(social reciprocity): 유아기에 시작하여 일생 동안 지속되는 의미 있는 의사소통적 상호 교환

삶-공간 면접(life-space interview: LSI): 극심한 행동 문제가 나타난 후에 실행하는 중재. 이러한 문제 상황 후에 제공하는 언어적 중재는 장기적인 행동적 변화를 가져올 수 있다고 한다.

상염색체(autosome, 성염색체 이외의 염색체): 인간 세포 내에 있는 22쌍의 염색체

선행조직자(advance organizer): 수업을 명시적으로 도입하는 것이다. 선행조직자는 학생들에게 현재 실시되고 있는 활동이 이전 수업이나 다음 수업과 어떻게 연결되는지를 알려 준다. 주로 동기와 기대를 촉진하기 위해 사용된다.

성취도 검사(achievement test): 특별한 학습 능력, 강점과 약점 등을 파악하기 위하여 사용되는 평가

(소리의) 강도: 데시벨로 측정한 소리의 크기

소송(litigation): 법적 분쟁이나 문제들을 해결하기 위한 소송이나 여타의 행위들

소아기 붕괴성 장애(childhood disintegrative disorder): 2세까지 정상발달을 한 후 심각한 기능 손상을 가져오는 장애

속도(pacing): 학생이 학습 내용을 습득하고 표현하는 속도

시력(visual acuity): 특정 거리에서 볼 수 있는 정도. 굴절로 설명된다. 분자는 사물로부터의 거리를 말한다. 분모는 일반인이 같은 사물을 볼 수 있는 거리를 의미한다.

시민권 운동(civil rights movement): 장애나 인종, 성이 다른 모든 사람들에게도 미국 헌법과 권리장전이 적용될 수 있음을 명시하는 1950년대 후반부터 1990년대까지 적극적으로 주장되었던 운동

시야(visual field): 머리를 움직이지 않고 볼 수 있는 머리 주변의 공간. 일반적으로 주변 시력(peripheral vision)이라고도 한다.

아동낙오방지법(no child left behind act: NCLB): 미국 연방정부의 법령으로 모든 주에 대하여 다음과 같은 사항들을 요구하고 있다. (1) 읽기, 수학, 과학 영역에 대한 학생의 수행 평가. (2) 모든 학생들이 질적으로 우수한 교사로부터 배울 수 있도록 할 것. (3) 2년 동안 적절한 연간 진도(adequate yearly progress)를 따르지 못할 경우 공립학교 선택권 및 부가적 서비스 제공

아동발견(child find): 모든 주는 조기중재와 특수교육을 필요로 하는 0~21세의 모든 장애아들을 발견, 배치하고 평가해야 한다는 미국 장애인교육법의 규정

아스퍼거 증후군(asperger syndrome): 자폐범주성장애의 한 유형이다. 이 장애는 비구어적 행동과 사회적 관계, 관심과 사회적 · 정서적 상호성에서의 질적 결함이 주요 특성이다. 그러나 언어 및 인지 발달에서 지체되지 않았다는 것이 자폐성 장애와 다른 점이다.

안티레트로비럴 드러그(Antiretroviral drugs): 에이즈(HIV)와 같은 종양 바이러스에 의한 감염 치료에 사용되는 약

암페타민(Amphetamine): ADHD 증후군의 처치를 위

해 사용되는 흥분제의 일종. 엠피타민에는 아데랄(Adderall)과 덱세드린(Dexedrine)이 포함된다.

약체 X증후군: 유전적 요인에 의한 것으로 주로 지적장애를 유발한다. 대부분은 어머니에게서 아들에게로 전달되며 이들 중 80% 정도는 경도에서부터 중도의 지적장애를 나타낸다.

엔젤맨 증후군(Angelman syndrome): 15번째 염색체의 일부가 손실되어 야기되는 염색체 이상으로 인한 증후군

염색체: 유전적 요소의 전달체. 인간의 세포는 23쌍의 염색체로 구성됨

염색체 이상(chromosomal anomalies): 세포 내에서 염색체의 구성 요소 중 하나가 정상적인 패턴으로 배열되지 않은 상태. 대표적인 것으로는 다운증후군이 있다.

영어 학습자(english-language learner: ELL): 영어가 모국어가 아니면서 영어를 배우는 사람

예방적 항생제요법(prophylactic antibiotics): 감염을 예방하기 위하여 사용하는 항생제

완전학습(mastery learning): 충분한 시간과 교육을 제공하는 경우 모든 학생이 학습할 수 있다고 가정하는 체계적인 교수적 접근이다. 학생들은 다음 단계로 넘어가기 전에 반드시 이전 단계를 습득해야 한다.

외상후 스트레스(posttraumatic stress): 극도로 위협적이거나 공포스럽고 혐오적인 사건이나 위협을 당했던 경험 때문에 그와 유사한 공포를 재경험하는 것. 무기력감과 유사한 사건의 재경험을 수반한 공포와 두려움, 사건이 발생했을 때와 유사한 에너지 소모 등을 경험하게 된다.

우생학(eugenics): 선별적인 생식으로 인종을 '향상' 시키고자 하는 학문과 정책

우수성(giftedness): 우수성에 대한 명확한 한 가지 정의는 없다. 우수성은 대개 다음과 같은 세 가지 개념 중 한 가지를 따른다(메릴랜드 주 정의, 렌줄리의 세 가지 개념, 가드너의 다중지능 이론). 이들 이론들은 대부분 뛰어난 재능과 인지적 능력을 우수성의 주요인으로 지적한다.

우수성에 대한 메릴랜드 연방 정의(Maryland federal definition of giftedness): 우수성은 지능과 학업, 생산성, 리더십, 시각과 예술적 재능, 심리 운동적 능력 등과 같은 여러 다양한 측면에서의 수행이나 잠재력으로 판별된다. 일반 교육 프로그램 이외의 특수교육적 지원을 받아야 한다.

우수성의 세 개념(three ring conception of giftedness): 우수성의 주요 특성으로 평균 이상의 지적 능력, 과제 집중력(높은 동기), 창의성이 포함된다.

원초적 반사(primitive reflex): 영아기에 나타나는 반응으로 연령이 증가함에 따라 사라짐

위식도 반사(gastroesophageal reflex): 식도 아랫부분의 근육이 적절히 붙어 있지 못하거나, 복부의 내용물이 등이나 식도 쪽으로 샐 때 나타나는 상태

유전적 조건(열성): 양쪽 부모 모두가 조건을 지니고 있거나 보유하고 있을 경우에 유전되는 상태. 양쪽 부모가 보유자인 경우 자녀가 비정상적인 유전자를 물려받고 표현될 가능성은 25% 정도이며, 그와 같은 유전자를 물려받았으나 보유만 할 가능성은 50% 정도다.

유전적 조건(X-linked): 성염색체인 X 염색체에 의하여 유전되는 유전적 조건으로 대개 어머니에 의하여 아들에게로 전달된다.

유전적인 조건(genetic condition, 우성): 한쪽 부모가 특정 조건을 지닌 경우에도 유전될 수 있는 유전적 조건. 한쪽 부모가 이러한 조건을 지니고 있는 경우 아동에게 유전될 가능성은 50% 정도다.

유창성(fluency): 말의 속도와 매끄러움

음성학(phonology): 말소리, 발음 양상, 말소리를 적용하는 규칙 등을 포함한 언어의 소리 체계

응용행동분석(Applied behavior analysis: ABA): 행동 관찰, 연구 및 수정을 위하여 과학적인 방법과 행동주의적 원칙을 적용하는 방법

의뢰전 중재: 특수교육 서비스 적격자로 판별하기 위한 평가에 의뢰되기 전에 아동의 학업적 기능과 행동적 기능을 증가시키기 위하여 일반학급에서 실행되는 중재

이중 언어 능력(bilingualism): 두 개의 언어를 사용할 수 있는 능력

인종(ethnic): 주로 선조에 근거하여 개개인을 특정 집단으로 구분하는 것. 인종집단은 문화, 종교, 언어 등과 같은 요인과 관련하여 공통적인 경험을 공유한다.

인종(race): 피부색, 머릿결, 머리 색 등과 같은 외현적 특성에 따라 사람들을 구분하는 사회적 구성 개념

일반화된 불안(generalized anxiety): 두려움과 공포, 긴장 상태가 지속적으로 나타나며 대개는 두통과 가려움증, 발한, 메스꺼움 등과 같은 다양한 신체적 상태를 동반하는 상태

일정 비율 이상의 과도한 판별(overrepresentation): 어떤 특정 집단에서 특수교육 대상자로 판별된 아동들이 일반학생들보다 많은 경우

음성 처리과정(phonological processing): 소리 상징과 일치하도록 단어를 소리 내어 말할 수 있는 능력. 읽기장애 학생들의 경우 음성 처리 과정에 어려움을 보인다.

음성의 질(phonatory quality (of sound)): 목소리의 질

음소(phoneme): 언어의 음성체계 내의 한 의미 단위

임신중독증(toxemia): 자간전증(preeclampsia)이라고도 하며 임신 20주 이후에 주로 발생하는 것으로 임신 중 고혈압에 의한 경우가 많다.

입학 거부 금지(zero reject): 장애학생들이 최소 제한적 환경에서 교육받을 수 있는 권리가 거부되지 않도록 한 정책

자연적 연구(naturalistic study): 교실이나 학교와 같이 실제 생활 속에서 실행하는 연구

자폐범주성장애(Autism spectrum disorders: ASD): 전반적 발달장애(PDD)로도 불리는 ASD는 사회적 의사소통, 전형화되고 의례적인 행동, 다양한 출현 연령, 장애의 심각성 등이 공통적인 특성인 여러 발달장애군이다. 이 안에는 자폐성장애, 아스퍼거증후군, 달리 분류되지 않는 전반적 발달장애(PDD-NOS), 레트 장애, 소아기 붕괴성 장애 등이 포함된다.

자폐성장애(autistic disorder): 초기 영아기 자폐증, 아동기 자폐증, 캐너의 자폐증 등으로 불리기도 함. 주요 증상은 사회적 상호작용의 결함, 의사소통의 결함, 제한된 활동과 관심 등이다.

자폐증(autism): 3세 이전에 나타나는 신경학적 장애. 주로 사회적 상호작용과 의사소통 영역의 발달에 부정적인 영향을 준다. 자폐증을 지닌 사람들은 구어 및 비구어적 의사소통, 사회적 상호작용, 레저 및 놀이 활동 등과 같은 여러 영역에서 어려움을 나타낸다.

자폐증 측정 척도(autism rating scale): 자폐인들의 특별한 특성, 능력 및 행동을 측정하는 도구

잘 훈련된 교사(highly qualified teachers): NCLB에 따르면, 교사는 적절한 자격증을 소지하고 있어야 하며 주요 교과목 영역에서 요구하는 자질을 지니고 있어야 한다. 특수교사는 그들이 가르치는 주요 교과목은 물론 특수교육 영역에서 충분한 자격을 지녀야 한다.

재능(gift): 지적/학업적 능력/성취

재능(talent): 지능이나 학업과는 무관한 개인적 능력

적극적 지지 반사(positive support reflex): 아기의 팔을 잡을 경우 나타나는 반사로 다시 앉는 자세를 취하거나 다리를 구부리기 전에 평평한 바닥에서 다리를 튕겨 올리고 20~30초 동안 자신을 지지하기 위하여 다리를 쭉 뻗치는 동작을 하는 반응

적법절차(due process): 미국 헌법의 14번째 수정안에 제시된 내용으로 특정 권리를 침해할 수 없도록 하는 공개적이고 공정한 법적, 절차적 보증제도다.

적응행동: 지적장애 정의의 일부로 포함되는 내용이다. 적응행동은 학생들이 일상생활을 잘하기 위

하여 사용하는 실제적이고 사회적인 기술을 포함한다.

적절한 연간 진보(adequate yearly progress: YAP): 아동낙오방지법에서는 모든 학생은 적절한 연간 진보를 해야 한다고 하였다. 적절한 연간 진보에 대한 정의는 주에서 결정할 수 있고, 주요 목적은 학생들의 진보를 측정하고 모든 학생이 학업 성취에서 지속적인 성장을 보일 수 있고 성장할 가능성이 있다는 점을 명확히 하기 위한 것이다.

전략 중재 모델(strategies intervention model: SIM): 교육 내용을 습득하고 통합하며 일반화할 수 있도록 학생을 안내하는 교수방법이다. 주요 학습전략을 명시적으로 가르치는 인지주의적 방법과 행동주의적 방법을 결합한 교수 방법이다.

전문 교사 기준(professional teaching standards): 전문 교사로서의 시작과 지속적인 발전을 위한 명확한 수행중심 척도

전문가 기질(professionalism): 개인의 전문성을 반영하는 행위와 기질, 목적, 존경심, 책임감, 의사소통, 리더십, 위기관리, 지속적 발전, 긍정적 태도 등을 포함한 행위들의 통합적 형태

전문가 학습 단체: 다음과 같은 다섯 가지 특성을 공유하는 협력적 단체-리더십 공유, 협력적 학습, 가치와 비전의 공유, 인적 자원과 물적 자원 지지, 실천 공유

전언어적 의사소통: 언어가 발달하기 전에 나타나는 의사소통을 위한 노력. 응시하기, 정서적 표현, 몸짓, 발성 등이 이에 해당한다.

점자(Braille): 촉각을 이용한 문자 체계로 여섯 개의 점으로 구성되었다.

정서 및 행동 장애(emotional disturbance/behavior disorders): 학습을 방해할 정도로 부적절한 개인적 행동이나 사회적 행동을 보이는 학생들에 대한 특수교육적 분류

정신지체: 평균 이하의 지적 기능, 적응행동상의 결함이 동시에 존재하며, 발달기 이전에 나타나는 장애로 아동의 교육적 성취에 부정적인 영향을 미친다.

정신진단 통계편람(DSM-Ⅳ TR, 4th ed.): 미국 심리학회에서 발간한 편람으로 정신과와 다른 관련된 장애를 지닌 사람들을 파악하기 위하여 사용되는 정의 및 판별 기준

정형화된 행동(stereotyped behavior): 손 흔들기 등과 같은 반복적 행동으로 몇몇 장애인들이 보이는 행동이다.

제외준거(exclusion clause): 이 조항은 학습장애 정의에 포함된 것으로 학생의 학업적 문제의 일차적인 원인이 다른 장애(예: 지적장애, 혹은 정서 및 행동 장애)에 의한 것이나 환경적 조건(예: 부적절한 교수 방법)에 의한 것이 아니라 학습장애로 기인한 것이라는 것을 명확히 하기 위한 것이다.

조기중재 서비스(early intervening services): 조기중재 서비스는 특수교육에 의뢰되지는 않았지만 일반교육에서 어려움을 보이는 학생들에게 제공되는 집중적인 개입이다. 이러한 서비스의 목적은 반드시 필요한 경우에만 특수교육에 배치 할 수 있도록 하기 위한 것이다.

조음(articulation): 입, 입술, 혀, 후두 등과 같이 말소리 산출을 위한 움직임

주요 결함 척도(core deficit scales): 특정한 증세와 기능을 정확히 측정하도록 하는 평가 척도

주의력결핍 과잉행동장애(attention deficit hyperactivity disorder: ADHD): 발달 수준이 비슷한 일반아동에 비해 보다 심각하고, 주의력 문제, 과잉행동/충동성의 문제가 보다 자주 그리고 지속적으로 나타나는 아동

주파수(또는 높낮이, frequency or pitch): 목소리의 높낮이

준거참조검사(criterion-referenced test): 준거참조검사에 의한 학생의 성취 평가는 특정한 기준이나 준거를 얼마나 잘 수행하는가에 근거하여 이루어진다.

중도 지적장애: 중도 정신지체라고도 하며, 지능이 25 이하이며 적응행동 수준이 매우 낮은 가장 심한 발달지체다.

중복장애(multiple disabilities): 중복장애는 동반장애를 지닌 것을 의미한다(정신지체와 시각장애, 정신지체와 지체장애). 이 중복장애 아동들은 한 가지 장애만을 지닌 아동들에 비하여 보다 장애의 정도가 심하며 교육적 지원을 보다 많이 필요로 한다.

증거 기반 교육 실제(evidence-based educational practices): 잘 구성된 연구에 근거하여 밝혀진 실제다. 대개는 특정한 방법에 의하여 그 효과를 밝히고 있다. 과학적 기반에 의한 실제다.

지원 수준(levels of support): 기능의 효율성을 위하여 지원 수준에 따라 지적장애 학생을 분류하기 위하여 사용되는 기준. 지원 수준은 간헐적, 제한적, 확장적 등으로 구분될 수 있다.

지원고용(supported employment): 장애인이 일반적인 환경에서 일할 수 있도록 하는 지원

지적장애: 정신지체와 같은 의미로 사용되며 미국에서 처음 사용하기 시작하였고, 현재 유럽 전역에서 사용하고 있는 일반적인 용어다.

직접 관찰 척도: 개인의 특성이나 능력을 관찰하는 구조화된 방법

직접 교수(DI): 미리 서술된 스크립트 형태의 교수적 도구를 바탕으로 한 체계적이고 명시적인 교수

진단적 면담: 발달 및 행동 유형에 대한 정보를 수집하기 위한 반구조화된 대화 방법

집단문화(collectivist culture): 개인적 성과보다는 공동의 이익을 보다 가치 있게 평가하는 문화

창의력 검사(tests of creativity): 창의성과 유창성, 유연성, 정교화 능력 및 독창성과 같은 특성을 파악하기 위한 측정 방법

청각장애(hearing impairment): 영구적이거나 일시적인 청력의 손상으로 교육적 수행에 불리한 영향을 미치는 상태이나 IDEA의 농 범주에는 포함되지 않는 상태

청력 손상의 정도(degree of hearing loss): 어느 정도 청력 손상이 있는지를 나타내는 것으로 주로 데시벨로 제시된다.

청력 손상의 유형(type of hearing loss): 청력 손상이 유발된 청각 체계

청력 손상의 형태: 두 귀 모두 문제가 되는지 혹은 주파수의 차이가 문제에 영향을 미치는지 등과 같은 청력의 질적인 측면에 대한 이해

초보자 훈련(induction): 신임교사들에게 경험이 많은 교사들이나 멘터, 전문가들과 함께 활동할 수 있는 기회를 제공하여 수행도를 향상시키고 보다 복잡한 과제를 수행하고 전반적인 교사 문화를 체험할 수 있도록 하는 것

초인지(metacognition): 사고과정과 이러한 과정들을 관리하는 방법에 대한 인식

촉진 방법(accelerative options): 월반이나 조기 입학, 학습 속도 조절 등과 같은 방법으로 일종의 대안적인 방법이다.

최소 제한적 환경(least restrictive environment): 일반학생이 교육받는 장소에서 장애학생도 교육받는 것을 주 원칙으로 한다, 아동의 개별적인 요구에 적합한 무상의 적절한 교육을 제공하는 서비스와 장소

추상개념(abstraction): 보다 이론적인 방법으로 원리와 개념, 예를 이해하는 능력

충동성: ADHD 학생을 판별하기 위하여 사용되는 특성, 충동성이 있는 학생들은 연령에 적절하지 않은 수준으로 생각 없이 행동한다.

친사회적 행동: 돕기, 나누기, 감정 공유하기 등과 같은 행동들로 다른 사람을 돕거나 다른 사람들로부터 의미 있는 상호작용을 유도하기 위한 의도로 사용됨

코넬리아 드 랑게(cornelia de Lange): 활처럼 굽고 윤곽이 뚜렷한 눈썹과 곱슬거리는 속눈썹, 작은 머리(소두증) 등과 같이 독특한 얼굴 모양이 특징인 증후군. 이 증후군의 아동들은 경도에서 중도의 지적 결함을 나타낸다.

탈리도마이드(thalidomide): 1950년대 후반과 1960년대에 값싸게 처방되었던 약으로 임신 중 입덧이나 불면증 치료를 위해 주로 사용된 약이다. 이 약의 부작용으로 손과 발에 기형이 있는 아동들이 출산되었다.

탈시설수용화(deinstitutionalization): 시설에 수용된 지적 장애인들을 지역사회로 복귀시키는 정책

테이색스병(Tay-Sachs disease): 중추신경계에 문제를 유발하는 선천성 질병으로 5세 정도에 죽게 된다.

토큰 경제(token economy): 일반적인 행동지도 방법으로 바람직한 행동을 인정해 주기 위하여 토큰을 주는 것이다. 토큰은 아동에게 의미 있는 물건이나 활동으로 교환될 수 있다.

톡소플라마증(toxoplasmosis): 인간과 동물의 세포 내에 기생하는 미세한 기생충에 의한 감염으로 주로 동물(주로 고양이)에 의해 인간에게 전달된다.

특수교육 보조원(paraeducator): 준전문가라고도 함. 보조교사, 교사 도우미 등으로 불리며, 특수교육적 상황이나 일반교육 현장에서 교사를 도와주는 사람

특수학교(special schools): 심한 장애학생을 주로 가르치는 장애학생을 위한 분리된 학교

특정 언어장애(specific language impairment: SLI): 지적장애, 청각 손상, 정서장애 등과 같은 문제가 없는 상황에서 나타나는 언어장애

평등권 보호(equal protection): 법에 명시된 평등권 거부를 금지하는 미국 헌법 14번째 수정안에 명시된 조항. 인종 · 성 · 장애 등에 따른 차별을 금지한다.

포괄적 중재(wraparound intervention): 가족 역량 강화와 문화적 능력의 가치를 기반으로 한 집중적인 중재. 이 중재는 전문적 서비스 제공자 측면에서 조절되고 통합된 노력을 필요로 한다.

표면적 관리 전략(surface management techniques): 교수 상황에서 가벼운 행동문제로 학급 분위기를 방해할 때 교사가 직접 수행하는 행동 지원 방법

표적 중재(targeted interventions): 학교 전체적인 훈육이나 행동관리 방법으로 변화되지 않는 만성적이고 고질적인 문제 행동을 보이는 학생을 위한 강력한 학교 중심 중재방법

표준화 과정(standardization process): 표준화되고 규준 참조된 검사를 개발하기 위하여 사용되는 과정. 이 과정에는 검사의 개발과 실행이 모두 포함된다. 표준화를 위해서 다양하고 체계적인 방법으로 여러 학생들을 표집하여 여러 연령이나 학년 수준에 있는 학생들의 수행 수준이나 규준을 결정하기 위하여 실시한다.

풍부화(enrichment): 창의성과 비판적 사고력을 강화시키기 위하여 학업의 질이나 학습 경험을 향상시키는 것이다.

프레더 윌리 증후군(Prader-Willi Syndrome): 작은 키, 지적 결함, 또는 학습장애, 불완전한 성적 발달, 행동문제, 낮은 근육 강도, 비만을 부르는 무의식적이고 지속적인 식욕 등을 수반하는 유전적 장애

학습장애: 다른 장애로 설명되지 않는 학업적인 영역(읽기와 같은)에서의 특별한 문제를 나타내는 학생들을 특수교육적인 측면에서 사용하는 분류. IDEA에서는 '특정 학습장애'라는 용어를 사용한다.

헤르페스(Herpes, **포진**): 구강(구강염이나 열성 포진)이나 생식기(생식기 궤양이나 허리 아래 부분의 궤양)에 포진을 유발하는 일반적인 바이러스 감염

협력적 자문: 다음 내용을 포함하는 공식적 절차다.

(a) 특별한 문제의 발견 및 목표 설정
(b) 문제에 기여하는 요인들을 분석하고 가능한 문제 해결적 중재를 모색
(c) 중재 계획
(d) 성과 평가

형태론(morphology): 소리와 단어들이 의미를 갖기

위한 구성 과정

형태소(morpheme): 의미를 가진 언어의 최소 단위

혼합형(ADHD-C): 부주의, 과잉행동, 충동적 행동을 모두 나타내는 ADHD의 하위 유형

후두(larynx): 목소리 산출에 관여하는 기관으로 호흡관(숨통)과 인두(목젖 위쪽) 사이에 있는 밸브 구조

후두 긴장(laryngeal tension): 목소리를 과도하게 사용하거나 잘못 사용하여 생긴 만성적인 목소리의 상태

화용론(pragmatics): 언어가 서로 다른 다양한 상황과 환경에서 어떻게 사용되는지를 설명하고 통제하는 규칙

흥분제 약물 요법(stimulant medication): ADHD 학생에게 자주 사용되는 약물. 이 약물을 사용할 경우 주의집중력이 증가하고, 안절부절못해하거나 초조해하는 행동이 감소하여 많은 ADHD 학생들에게 사용한다. 흥분제에는 리탈린(Ritalin)이나 콘체르타(Concerta) 등과 같은 약물이 주로 사용되는 흥분제다.

참고문헌

Abbott, M., Walton, C., Tapia, Y., & Greenwood, C. (1999). Research to practice: A blueprint for closing the gap in local schools. *Exceptional Children, 65*, 339-354.

Abeson, A., Bolick, N., & Hass, J. (1976). Due process of law: Background and intent. In E. J. Weintraub, A. Abeson, J. Ballard, & M. L. LaVor (Eds.), *Public policy and the education of exceptional children* (pp. 22-32). Reston, VA: The Council for Exceptional Children.

Achenbach, T. (2001a). *Child behavior checklist: Parent form*. Burlington, VT: Achenbach System of Empirically Based Assessment.

Achenbach, T. (2001b). *Child behavior checklist: Teacher report form*. Burlington, VT: Achenbach System of Empoirically Based Assessment.

Achenbach, T. M., & Rescorla, L. (2001). *Manual for the ASEBA school-age forms and profiles*. Burlington: University of Vermont, Research Center for Children, Youth, and Families.

Adams, L., Gouvousis, A., VanLue, M., & Waldron, C. (2004). Social story intervention: Improving communication Skills in a child with an autism spectrum disorder. *Focus in Autism and Other Developmental Disabilities, 19* (2), 87-94.

Agency for Healthcare Research and Quality. (2003). *Criteria for determining disability in infants and children: Low birth weight*. Retrieved October 14, 2005, fro, http://www.ahrq.gov/clinic/epcsums/lbwdissum.htm

Agran, M., Alter, S., & Wehmeyer, M. (2002). Access to the general curriculum for students with significant disabilities: What it means to teachers. *Education and Training in Mental Retardation and Developmental Disabilities, 37* (2), 123-133.

Agran, M., Fodor-Davis, J., Moore, S. C., & Martella, R. C. (1992). Effects of peer-delivered self-instructional training on a lunch-making work task for students with severe disabilities. *Education and Training in Mental Retardation, 27*, 230-240.

Ahearn, E. (2003). *Specific learning disability: Current approaches to identification and proposals for change*. Alexandria, VA: National Association of

State Directors of Special Education.

Akshoomoff, N., Pierce, K., & Courchesne, E. (2002). The neurobiological basis of autism from a developmental perspective. *Development and Psychopathology, 14*, 613–634.

Albert, L. (2003). *Cooperative discipline: A teacher's handbook*. Circle Pines, MN: AGS.

Algozinne, B., Ysseldyke, J., & Elliot, J. (1998). *Strategies and tactics for effective instruction*. Longmont, CO: Sopris West.

Allbritten, D., Mainzer, R., & Ziegler, D. (2004). Will students with disabilities be scapegoats for school failure? *TEACHING Exceptional Children, 35* (3), 74–75.

Allsopp, D., Minskoff, E., & Bolt, L. (2005). Individualized course-specific strategy instruction for college students with learning disabilities and ADHD: Lessons learned from a model demonstration project. *Learning Disabilities Research and Practice, 20* (2), 103–118.

Amenkhienan, C. (2003). *Attention deficit disorder: Student handbook*. Blacksburg: Virginia Tech, Cook Counseling Center.

American Academy of Asthma Allergy and Immunology (AAAAI). (2005). *Pediatric asthma: Feature article*. http://www.aaaai.org/

American Academy of Pediatrics. (2000). Clinical practice guideline: Diagnosis and evaluation of the child with attention-deficit/hyperactivity disorder. *Pediatrics, 105* (5), 1158–1170.

American Academy of Pediatrics. (2001). Clinical practice guideline: Treatment of school-age children with attention-deficit/hyperactivity disorder. *Pediatrics, 108* (4), 1033–1044.

American Association of Colleges for Teacher Education, Committee on Multicultural Education. (2002). *Educators' preparation for cultural and linguistic diversity: A call to action*. Retrieved December 1, 2005, from http://www.aacte.org/ Programs/ Multicultural/culturallinguistic.pdf

American Association on Mental Retardation. (2002). *Mental retardation: Definition, classification, and systems of supports* (10th ed.). Washington, DC: Author.

American Association on Mental Retardation (AAMR). (2005). *Definition of mental retardation*. Retrieved June 12, 2006, from http://www.aamr. org/Policies/ faq_mental_retardation.shtml

American Foundation for the Blind (AFB). (n.d.). *Quick facts and figures in blindness and low vision*. Retrieved August 30, 2005, from http://www.afb.org/Section. asp?SectionID=42 &DocumentID=1374

American Lung Association. (2005). *Asthma and children fact sheet*. Retrieved August 11, 2005, from www.lungusa.org

American Printing House for the Blind (APH). (2003). *APH field services and federal quota info: An overview of federal quota*. Retrieved December 6, 2006, from http://www. aph.org/ fedquotpgm/fedquota.htm

American Psychiatric Association. (1994). *Diagnostic and statistical manual of mental disorders* (3rd ed.). Washington, DC: Author.

American Psychiatric Association. (2000). *Diagnostic and statistical manual of mental disorders* (4th ed.). Washington, DC: Author.

American Psychiatric Association (APA). (2003). *Guidelines for non-handicapping language in APA journals*. Retrieved August 5, 2006, from www.apastyle.org/disabilities.html

American Speech-Language-Hearing Association (ASHA). (1999). *Guidelines for the roles and responsibilities of the school-based speech-*

language pathologist. Retrieved January 11, 2006, from http://search.asha.org/query.html?sol=asha&qt=scope+of+practice

American Speech-Language-Hearing Association (ASHA). (n.b.). *Hearing assessment*. Retrieved September 20, 2005, from http://www.asha.org/public/hearing/ testing/assess.htm

Anderson, G. M., & Hoshino, Y. (2005). Neurochemical studies of autism. In F. R. Volkmar, R. Paul, A. Klin, & D. Cohen (Eds.), *Handbook of autism and pervasive developmental disorders: Vol. 2. Assessment, interventions, and policy* (4th ed., pp. 453-472). Hoboken, NJ: Wiley.

Anderson, L., & Krathwohl, D. (Eds.). (2001). *A taxonomy for learning, teaching, and assessing*. New York: Longman.

Arick, J. R., Krug, D. A., Fullerton, A., Loos, L., & Falco, R. (2005). School-based programs. In F. R. Volkmar, R. Raul, A. Klin, & D. Cohen (Eds.), *Handbook of autism and pervasive developmental disorders: Vol. 2. Assessment, interventions, and policy* (4th ed., pp. 1003-1028). Hoboken, NJ: Wiley.

Arnold, K. D. (1993). Academically talented women in the 1930s: The Illinois valedictorian project. In K. D. Hullbert & D. T. Schuster (Eds.), *Women;s lives through time* (pp. 393-414). San Francisco: Jossey-Bass.

Assistive Technology Act of 1998. Retrieved December 11, 2006, from www.section508.gov/docs/AT1998.html

Azordegan, J. (2004, January). *Initial findings and major questions about HOUSSE*. Retrieved November 3, 2005, from http://www.ecs.org/topnav_NEW.htm

Babbidge Committee Report. (1965). *Education of the deaf in the United States: Report of the advisory committee on the education of the deaf*. Washington, DC: U.S. Government Printing Office.

Baca, L. M., & Cervantes, H. T. (2004). *The bilingual special education interface*. Upper Saddle River, NJ: Merrill/Prentice Hall.

Baglieri, S., & Knopf, J. H. (2004). Normalizing difference in inclusive teaching. *Journal of Learning Disabilities, 37* (6), 525-529.

Bailey, D. B., McWilliam, R. A., Darkes, L. A., Hebbeler, K., Simeonsson, R. J., Spiker, D., et al. (1998). Family outcomes in early intervention: A framework for program evaluation and efficacy research. *Exceptional Children, 64*, 313-328.

Baird, G., et al. (2000). A screening instrument for autism at 18 months of age: A 6-year follow-up. *Journal of the American Academy of Child and Adolescent Psychiatry, 29*, 694-702.

Bali, V., & Alvarez, M. (2004). The race gap in student achievement scores: Longitudinal evidence from a racially diverse school district. *Policies Studies Journal, 32* (3), 393-417.

Bandura, A. (1997). Self-efficacy: Toward a unifying theory of behavioral change. *Psychological Review, 84*, 191-215.

Bangert, A. W., & Cooch, C. G. (2001). Facilitating teacher assistance teams: Key question. *Bulletin*, 85(626). Retrieved December 2, 2004, from http://www.principals.org/ news/bltn_tchr_asst901.cfm

Banks, J., Cochran-Smith, M., Moll, L., Richert, A., Zeichner, K., LePage, P., et al. with McDonald, M. (2005). Teaching diverse learners. In L. Darling-Hammond & J. Brandsford (Eds.), *Preparing teachers for a changing world: What teachers should learn and be able to do* (pp. 232-273). San Francisco: Jossey-Bass.

Banner, J. M., & Cannon, H. C. (1997). *The elements of teaching*. New Haven, CT: Yale University Press.

Barbaresi, W., Katusic, S., Colligan, R., et al. (2002). How common is attention-deficit/hyperactivity disorder? *Archives of Pediatric Adolescent Medicine, 156*, 217-224.

Barkley, R. (2000). *Taking charge of ADHD*. New York: Guilfird.

Barkley, R. (2003). Attention-deficit/hyperactivity disorder. In E. J. Mash & R. Barkley (Eds.). *Child psychopathology* (2nd ed., pp. 75-143). New York: Guilford.

Barkley, R., Fischer, M., Smallish, L., & Fletcher, K. (2002). The persistence of attention-deficit/hyperactivity disorder into young adulthood as a function of reporting source and definition of disorder. *Journal of Abnormal Psychology, 111*(2), 279-289.

Barkley, R., Fischer, M., Smallish, L., & Fletcher, K. (2003). Does the treatment of attention-deficit/hyperactivity disorder with stimulants contribute to drug use/abuse? A 13-year prospective study. *Pediatrics, 111*, 97-109.

Barkley, R., & Murphy, K. (2005). Attention deficit hyperactivity disorder. *A clinical workbook* (3rd ed.). New York: Guilford.

Barkley, R. A. (1981). Hyperactive children: *A handbook for diagnosis and treatment*. New York: Guilford.

Bartoli, J. S. (2001). *Celebration city teachers: How to make a difference in urban schools*. Portsmouth, NH: Heinemann.

Batshaw, M. L. (2002). *Children with disabilities* (5th ed.). Baltimore: Brookes.

Beirne-Smith, M., Patton, J., & Kim, S. (2006). *Mental retardation: An introduction to intellectual disabilities* (7th ed.). Upper Saddle River, NJ: Merrill/Prentice Hall.

Bell, L. I. (2003). Strategies that close the gap. *Educational Leadership, 60* (4), 32-34.

Bempechat, J. (1998). *Against the odds*. San Francisco: Jossey-Bass.

Benard, B. (2004). *Resiliency: What we have learned*. San Francisco: WestEd.

Bender, W. (1999). Learning disabilities in the classroom. In W. Bender (Ed.), *Professional issues in learning disabilities* (pp. 3-26). Austin, TX: PRO-ED.

Benner, G. J., Nelson, J. R., & Epstein, M. H. (2002). Language skills of children with EBD: A literature review. *Journal of Emotional and Behavioral Disorders, 10*, 43-59.

Bennett, A. (1932). *A comparative study of subnormal children in the elementary grades*. New York: Columbia University, Teachers College, Bureau of Publication.

Bennett, C. (2003). *Comprehensive multicultural education: Theory and practice*. New York: Allyn & Bacon.

Berger, S. L. (1994). *College planning for gifted students* (2nd ed.). Reston, VA: Council for Exceptional Children.

Bernas-Pierce, J., & Miller, T. (2005). *Natural environments: Service and advocacy for children who are visually impaired or deafblind* [Monograph 1]. Watertown, MA: Perkins School for the Blind.

Best, S. (2005a). Health impairments and infectious diseases. In S. J. Best, K. W. Heller, & J. L. Bigge (Eds.), *Teaching individuals with physical or multiple disabilities* (5th ed., pp. 59-85). Upper Saddle River, NJ: Merrill/Prentice Hall.

Best, S. (2005b). Physical disabilities. In S. J. Best, K.

W. Heller, & J. L. Bigge (Eds.), *Teaching individuals with physical or multiple disabilities* (5th ed., pp. 31-58). Upper Saddle River, NJ: Merrill/Prentice Hall.

Bettelheim, B. (1967). *The empty fortress: Infantile autism and the birth of the self.* New York: Free Press.

Bhanpuri, H., & Sexton, S. (2006). *A look at the hidden costs of high school exit exams: CEP policy brief.* Washington, DC: Center on Education Policy. Retrieved October 20, 2006, from http://www.cep-dc.org/pubs/hseepolicybriefSep2006/

Biederman, J., Faraone, S., Keenan, K., & Tsuang, M. (1991). Evidence of a familial association between attention deficit disorder and major affective disorders. *Archives of General Psychiatry, 48,* 633-642.

Biklen, D. (1990). Communication unbound: Autism and praxis. *Harvard Educational Review, 60,* 291-314.

Billingsley, B. (2005). *Cultivating and keeping committed special educators: What principals and district administrators can do.* Thousand Oaks, CA: Corwin.

Billingsley, B. S., & Tomchin, E. M. (1992). Four beginning LD teachers: What their experiences suggest for trainers and employers. *Learning Disabilities Research and Practice, 7,* 104-112.

Blatt, B. (1970). *Exodus from pandemonium: Human abuse and a reformation of public policy.* Boston: Allyn & Bacon.

Blatt, B. (1976). *Revolt of the idiots: A story.* Glen Ridge, NJ: Exceptional Press.

Blatt, B., & Kaplan, F. (1966). *Christmas in purgatory: A photographic essay on mental retardation* (2nd ed.). Boston: Allyn & Bacon.

Bloch, D. (1978). *"So the witch won't eat me": Fantasy and the child's fear of infanticide.* Boston: Houghton Mifflin.

Bloom, B. (1971). Mastery learning. In H. H. Block (Ed.), *Mastery learning: Theory and practice* (pp. 47-63). New York: Holt, Rinehart, and Winston.

Bloom, B. (1976). *Human characteristics and school learning.* New York: McGraw-Hill.

Bobeck, B. L. (2002, March/April). Teacher resiliency: A key to career longevity. *Clearing House, 75* (4), 202-205.

Bogdan, R., & Biklen, D., (1977). Handicapism. *Social Policy, 7* (5), 59-63.

Bondy, E., Ross, D. D., Gallingane, C., & Hambacher, E. (2006, April). *Creating environments of success and resilience: Culturally responsive classroom management and more.* Paper presented at the annual meeting of the American Educational Research Association, San Francisco.

Books, S. (2004). *Poverty and schooling in the U.S.* Mahwah, NJ: Erlbaum.

Bos, C., Nahmias, M., & Urban, M. (1999). Targeting home school collaboration for students with ADHD. *Teaching Exceptional Children, 31* (6), 4-11.

Bricker, D. (1978). A rationale for the integration of handicapped and non-handicapped preschool children. In M. Guralnick (Ed.), *Early intervention and the integration of handicapped and non-handicapped children* (pp. 3-26). Baltimore: University Park Press.

Bricker, D., & Squires, J. (1999). *Ages & stages questionnaires: A parent completed child-monitoring system.* Baltimore: Brookes.

Brigance, A. (1991). *The Brigance screens.* North Billerica, MA: Curriculum Associates.

Brigham, F. J., Scruggs, T. E., & Mastropieri, M. A. (1992). Teacher enthusiasm in learning disabilities classrooms: Effects on learning and behavior. *Learning Disabilities Research and Practice, 7*, 68-73.

Brilliant, R. L., & Graboyes, M. (1999). Historical overview of low vision: Classifications and perceptions. In R. L. Brilliant (Ed.), *Essentials of low vision practice* (pp. 2-9). Boston: Butterworth Heinimann.

Brophy, J. E. (1998). *Motivating students to learn*. Boston: McGraw-Hill.

Browder, D. M. (2001). *Curriculum and assessment for students with moderate and severe disabilities*. New York: Guilford.

Browder, D. M., & Spooner, F. (2003). Understanding the purpose and process of alternate assessment. In D. L. Ryndak & S. Alter (Eds.), *Curriculum and instruction for students with significant special needs in inclusive settings* (2nd ed., pp. 51-72). Boston: Allyn & Bacon.

Brown v. Board of Education. (1954). 348 U.S. 886, 72 S. Ct. 120.

Brown, D. F. (2004). Urban teachers' professed classroom management strategies: Reflections of culturally responsive teaching. *Urban Education, 39*, 266-289.

Brown, L., Branston-McLean, M. B., Baumgart, D., Vincent, L., Falvey, M., & Schroeder, J. (1979). Using the characteristics of current and subsequent least restrictive environments as factors in the development of curricular content for severely handicapped students. *AAESPH Review, 4*, 407-424.

Brown, L., Nietupski, J., & Hamre-Nietupski, S. (1976). Criterion of ultimate functioning. In A. Thomas (Ed.), *Hey, don't forget about me!* Reston, VA: CEC Information Center.

Brown, L., Nisbet, J., Ford, A., Sweet, M., Shiraga, B., York, J., & Loomis, R. (1983). The critical need for nonschool instruction in educational programs for severely handicapped students. *Journal of The Association of the Severely Handicapped, 8*, 71-77.

Brownell, M. (1997). Coping with stress in the special education classroom. *Teaching Exceptional Children, 30* (1), 76-79.

Bruininks, R. H., Woodcock, R. W., Weatherman, R. F., & Hill, B. K. (1996). *The scales of independent behavior—revised*. Itasca, IL: Riverside.

Bryant, D., & Dix, J. (1999). Mathematics interventions for students with learning disabilities. In W. Bender (Ed.), *Professional issues in learning disabilities* (pp. 219-259). Austin, TX: PRO-ED.

Buck, G. H., Polloway, E. A., Smith-Thomas, A., & Cook, K. W. (2003). Prereferral intervention processes: A survey of state practices. *Exceptional Children, 69*, 349-360.

Buescher, T. M. (1991). Gifted adolescents. In N. Colangelo & G. A. Davis (Eds.), *Handbook of gifted education* (pp. 382-401). Needham Heights, MA: Allyn & Bacon.

Bulgren, J., Hock, M., Schumaker, J., & Deshler, D. (1995). The effects of instruction in a paired-associates strategy on the information mastery performance of students with learning disabilities. *Learning Disabilities Research and Practice, 10*, 22-37.

Bullis, M. (2001). Job placement and support considerations in transition programs for adolescents with emotional disabilities. In L. M. Bullock & R. A. Gable (Eds.), *Addressing the social, academic, and behavioral needs of students with challenging behavior in inclusive and alternative settings* (pp. 31-41). Arlington, VA: Council for Exceptional Children.

Burns, B. J., & Goldman, S. K. (1998). *Promising practices in wraparound for children with serious emotional disturbance and their families: Vol. 4. Systems of care: promising practices in children's mental health 1998 series*. Washington, DC: Georgetown University, Child Development Center, National Technical Assistance Center for Children's Mental Health.

Buros Institute of Mental Measurements. Retrieved December 28, 2004, from http://www.unl.edu/buros/

Busch, T. W., Pedersom, K., Espin, C. A., & Weissenburger, J. W. (2001). Teaching students with learning disabilities: Perceptions of a first year teacher. *Journal of Special Education, 35*, 92-99.

Cafiero, J. M. (1998). Communication power for individuals with autism. *Focus on Autism and Other Developmental Disabilities, 13* (2), 113-122.

Campbell, F., Ramey, C., Pungello E., Sparling, J., & Miller-Johnson, S. (2002). Early childhood education: Young adult outcomes from the Abecedarian Project. *Applied Developmental Science, 6* (1), 42-57.

Carey, K. (2004a, Fall). The funding gap 2004: Many states still shortchange low-income and minority students. *Education Trust*. Retrieved October 20, 2006, from http://www2.edtrust.org/edtrust/Product+Catalog/special+reports

Carey, K. (2004b). The real value of teachers: Using new information about teacher effectiveness to close the achievement gap. *Education Trust, 8* (1).

Carey, W. (2004). ADHD: An epidemic. *Developmental Behavioral Pediatrics Online*. Retrieved September 28, 2005, from http://www.dbpeds.org/articles/detail.cfm? TextID=128

Carlberg, C., & Kavale, K. (1980). The efficacy of special versus regular class placement for exceptional children: A meta-analysis. *Journal of Special Education, 14* (3), 295-309.

Carlson, E., Lee, H., & Schroll, K. (2004). Identifying attributes of high quality special education teachers. *Teacher Education and Special Education, 27*, 350-359.

Carnine, D., Engelmenn, S., & Steely, D. (1999). *Corrective math*. Columbus, OH: SRA.

Carnine, K., Silbert, J., Kame'enui, E., & Tarver, S. (2003). *Direct instruction reading* (4th ed.). Upper Saddle River, NJ: Merrill/ Prentice Hall.

Carr, E. G., Horner, R. H., Turnbull, A. P., Marquis, J. G., McLaughlin, D. M., McAtee, M. L., et al. (1999). *Positive behavior support for people with developmental disabilities: A research synthesis*. Washington, DC: American Association on Mental Retardation.

Carter, J., & Sugai, G. (1989). Survey in prereferral practices: Response from state departments of education. *Exceptional Children, 55*, 298-302.

Casey, K. M. A., & Shore, B. M. (2000). Mentors' contributions to gifted adolescents' affective, social, and vocational development. *Roeper Review, 22*, 227-230.

Center for Effective Collaboration and Practice. (1998). *Functional behavioral assessment*. Retrieved November 10, 2005, from http://cecp.air.org/fba/problembehavior/main.htm

Center on Education Policy. (2004). *State high school exit exams: A maturing reform*. Washington, DC. Retrieved October 20, 2006, from http://www.

cep-dc.org/highschoolexit/statematuringAug2004.cfm

Center on Education Policy. (2006). *State high school exit exams: A challenging year: Summary and methods*. Washington, DC. Retrieved October 20, 2006, from http://www.cep-dc.org/pubs/hseeAugust2006/

Centers for Disease Control. (2003). *Meningococcal disease*. Retrieved June 28, 2005, from http://www.cdc.gov/ncidod/dbmd/diseaseinfo/meningococcal_g.htm

Centers for Disease Control. (2004). *The Metropolitan Atlanta Developmental Disabilities Surveillance Program* (MADDSP). Retrieved June 27, 2005, from http://www.cdc.gov/ncbddd/dd/ddsurv.htm#mr

Centers for Disease Control and Prevention. (2005a). *HIV estimate*. Retrieved September 27, 2005, from http://www.cdc.gov/hiv/stats.htm#hivest

Centers for Disease Control and Prevention. (2005b). *Universal precautions for prevention of transmission of HIV and other bloodborne infections*. Retrieved August 28, 2006, from http://www.dcd.gov/ncidod/dhqp/bp_universal_precautions.html

Chalfant, J. C., (1998). Why Kirk stands alone. *Learning Disabilities Research and Practice, 13* (1), 2-7.

Chalfant, J. C., & Pysh, M. (1989). Teacher assistance teams: Five descriptive studies on 96 teams. *Remedial and Special Education, 10*, 49-58.

Chalfant, J. C., Pysh, M. V., & Moultrie, R. (1979). Teacher assistance teams: A model for within—Building problem solving. *Learning Disability Quarterly, 2*, 85-96.

Chandler, L. K., & Dahlquist, C. M. (2002). *Functional assessment: Strategies to prevent and remediate challenging behaviors in school settings*. Upper Saddle River, NJ: Merrill/Prentice Hall.

Chawarska, K., & Volkmar, F. R. (2005). Autism in infancy and early childhood. In F. R. Volkmar, R. Paul, A. Klin, & D. Cohen (Eds.), *Handbook of autism and pervasive developmental disorders: Vol. 1. Diagnosis, development, neurobiology, and behavior*. (4th ed., pp. 223-246). Hoboken, NJ: Wiley.

Chen, D., Alsop, L., & Minor, L. (2000). Lessons from Project PLAI in California and Utah: Implications for early intervention services to infants who are deaf-blind and their families. *Deaf-Blind Perspectives, 7* (3), 1-5.

Cheney, D., & Bullis, M. (2004). The school-to-community transition of adolescents with emotional and behavioral disorders. In R. B. Rutherford, Jr., M. M. Quinn, & A. R. Mathur (Eds.), *Handbook of research in emotional and behavioral disorders* (pp. 369-384). New York: Guilford.

Chesapeake Institute. (1994, September). *National agenda for achieving better results for children and youth with serious emotional disturbance*. Washington, DC: U.S. Department of Education.

Cimera, R. E. (2003). *The truth about special education: A guide for parents and teachers*. Lanham, MD: Scarecrow Press.

Clarizo, H. F. (1994). *Assessment and treatment of depression in children and adolescents* (2nd ed.). Brandon, VT: Clinical Psychology.

Clark, G. M., & Bigge, J. L. (2005). Transition and self-determination. In S. J. Best, K. W. Heller, & J. L. Bigge (Eds.), *Teaching individuals with physical or multiple disabilities* (5th ed., pp. 367-398). Upper Saddle River, Nj: Merrill/Prentice Hall.

Codell, E. R. (2001). *Educating Esme.* Chapel Hill, NC: Algonquin.

Cole, C., Horvath, B., Chapman, C., Deschenes, C., Ebeling, D., & Sparague, J. (2000). *Adapting curriculum & instruction in inclusive classrooms: A teachers' desk reference* (2nd ed.). Bloomington: Indiana Institute on Disability and Community.

Coleman, M., & Vaughn, S. (2000). Reading interventions for students with emotional/ behavioral disorders. *Behavioral Disorders, 25* (2), 93-104.

Conners, K. (2002a). *Conners parent rating scale—Revised version: Long form, ADHD index scale.* North Tonawanda, NY: Multi-Health Systems.

Conners, K. (2002b). *Conners teacher rating scale—Revised version: Ling form, ADHD index scale.* North Tonawanda, NYL: Multi-Health Systems.

Conner, M. H., & Boskin, J. (2001). Overrepresentation of bilingual and poor children in special education classes: A continuing problem. *Journal of Children and Poverty, 7* (1), 23-32.

Conroy, M. A., Hendrickson, J. M., & Hester, P. P. (2004). Early identification and prevention of emotional and behavioral disorders. In R. B. Rutherford, Jr., M. M. Quinn, & A. R. Mathur (Eds.), *Handbook of research in emotional and behavioral disorders* (pp. 199-215). New York: Guilford.

Coonrod, E. E., & Stone, W. L. (2005). Screening for autism in young children. In F. R. Volkmar, R. Paul, A Klin, & D. Cohen (Eds.), *Handbook of autism and pervasive developmental disorders: Vol. 2. Assessment, intervention and policy* (4th ed., pp. 707-729). Hoboken, NJ: Wiley.

Cooper, H. (2001). *The battle over homework* (2nd ed.). Thousand Oaks, CA: Corwin.

Cooper, H., & Nye, B. (1994). Homework for students with learning disabilities: The implications for policy and practice. *Journal of Learning Disabilities, 27* (8), 470-479.

Coping.org. (2006). *Tools for coping with life's stressors.* Retrieved July 14, 2006, from http://www.coping.org/specialneeds/assistech/aacdev.htm

Coplan, J. (1987). Deafness: Ever heard of ti? *Pediatrics, 79* (2), 202-213.

Corbett, D., Wilson, B., & Williams, B. (2002). *Effort and excellence in urban classrooms.* New York: TC Press.

Corbett, W. P., Clark, H. B., & Blank, W. (2002). Employment and social outcomes associated with vocational programming for youths with emotional or behavioral disorders. *Behavioral Disorders, 27,* 358-370.

Correa, S. C., & Howell, J. J. (2004). Racing the challenges of itinerant teaching: Perspectives and suggestions from the field. *Journal of Visual Impairment and Blindness, 98,* 420-433.

Correa, V., & Tulbert, B. (1993). Collaboration between school personnel in special education and Hispanic families. *Journal of Educational and Psychological Consultation, 4* (3), 253-265.

Correa, V. I., Fazzi, D. L., & Pogrund, R. L. (2002). Team focus: Current trends, service delivery, and advocacy. In R. L. Pogrund & D. L. Fazzi (Eds.), *Early focus: Working with young children who are blind or visually impaired and their families* (2nd ed., pp. 405-441). New York: AFB Press.

Corwin, M. (2001). *And still we rise: Trials and triumphs of twelve gifted inner city high school students.* New York: HarperCollins.

Costello, J., Mustillo, S., Erkanli, A., et al. (2003). Prevalence and development of psychiatric disorders in childhood and adolescence. *Archives of General Psychiatry, 60*, 837-844.

Council for Exceptional Children (CEC). (2003). *What every special educator must know: Ethics, standards, and guidelines for special educators* (5th ed.). Arlington, VA: Author.

Coutinho, M. J., & Oswald, D. P. (2000). Disproportionate representation in special education: A synthesis and recommendations. *Journal of Child and Family Studies, 9* (2), 135-156.

Coutinho, M. J., Oswald, D. P., & Forness, S. R. (2002). Gender and sociodemographic factors and the disproportionate identification of culturally and linguistically diverse students with emotional disturbance. *Behavioral Disorders, 27* (2), 109-125.

Coyne, M., Kame'enui, E., & Carnone, D. (2007). *Effective teaching strategies that accommodate diverse learners* (3rd ed.). Upper Saddle River, NJ: Merrill/Prentice Hall.

Crawford, J. (2002). Census 2000: *A guide for the perplexed*. Retrieved November 27, 2005, from http://ourworld.compuserve.com/homepages/JWCRAWFORD/census02.htm

Crozier, S., & Tincani, M. J. (2005). Using a modified social story to decrease disruptive behavior of a child with autism. *Focus on Autism and Other Developmental Disabilities, 20* (3), 150-157.

Cullinan, D. (2002). *Students with emotional and behavior disorders: An introduction for teachers and other helping professionals*. Upper Saddle River, NJ: Pearson Education.

Cullinan, D. (2004). Classification and definition of emotional and behavioral disorders. In R. B. Rutherford, Jr., M. M. Quinn, & A. R. Mathur (Eds.), *Handbook of research in emotional and behavioral disorders* (pp. 32-53). New York: Guilford.

Cullinan, D., & Sabornie, E. J. (2004). Characteristics of emotional disturbance in middle and high school students. *Journal of Emotional and Behavioral Disorders, 12*, 157-167.

Cummins, J. (1984). *Bilingualism and special education: Issues in assessment and pedagogy*. Clevedon, UK: Multilingual Matters.

Cummins, J. (2001). Assessment and intervention with culturally and linguistically diverse learners. In S. Hurley & J. Tinajero (Eds.), *Literacy assessment of bilingual learners* (pp. 115-129). Boston: Allyn & Bacon.

Curwin, R. L., & Mendler, A. N. (1988). Packaged discipline programs: Let the buyer beware. *Educational Leadership, 46*, 68-71.

Curwin, R. L., & Mendler, A. N. (1999). *Discipline with dignity* (2nd ed.). Alezandria, VA: ASCD.

Dalston, R. M. (2000). Voice disorders. In R. B. Gillam, T. P. Marquardt, & R. N. Martin (Eds.), *Communication sciences and disorders: From science to clinical practice* (pp. 283-312). San Diego: Singular.

Daniel R. R. v. State Board of Education. (1989). 874 F.2d 1036 (5th Cir.).

Darling-Hammond, L. (1998). Equal opportunity race and education: The nature of educational inequality. *Brookings Review, 16* (2), 28-32.

Davenport, C. (1910). *Eugenics: The science of human improvement by better breeding*. Retrieved February 5, 2005, from http://www.eugenicsarchive.org/html/eugenics/ static/themes/28.html

Davis, B. L., & Bedore, L. M. (2000). Articulatory and phonological disorders. In R. B. Gillam, T. P. Marquardt, & F. N. Martin (Eds.), *Communica-*

tion sciences and disorders: From science to clinical practice (pp. 233-254). San Diego: Singular.

Davis, C. C. (2003, August). Transition: It's all about collaboration. *See/Hear Newsletter*. pp. 34-36.

Davis, G. A., & Rimm, S. B. (2003). *Education of the gifted and talented* (5th ed.). Upper Saddle River, NJ: Prentice Hall.

Deaf Culture Information. (2005). *Deaf history*. Retrieved February 5, 2005, from http://members.aol.com/deafcultureinfo/deaf_history.htm

deBettencourt, L. (2002). Understanding the differences between IDEA and Section 504. *Teaching Exceptional Children, 34* (3), 16-23.

Delpit, L. (1995). *Other people's children*. New York: New Press.

Delpit, L. (2002). No kinda' sense. In L. Delpit & J. K. Dowdy (Eds.), *The skin we speak: Thoughts on language and culture in the classroom* (pp. 31-48). New York: New Press.

Deno, S. (1985). Curriculum-based measurement: The emerging alternative. *Exceptional Children, 52*, 219-232.

Deno, S. (2003). Developments in curriculum-based measurement. *Journal of Special Education, 37* (3), 184-192.

DePaepe, P., Garrison-Kane, L., & Doelling J. (2002). Supporting students with health needs in schools: An overview of selected health conditions. *Focus on Exceptional Children, 35* (1), 1-24.

Deshler, D. (2005). Adolescents with learning disabilities: Unique challenges and reasons for hope. *Learning Disability Quarterly, 28*, 122-124.

Deshler, D., & Schumaker, J. (Eds.). (2006). *Teaching adolescents with disabilities: Accessing the general education curriculum*. Thousand Oask, CA: Corwin.

Deshler, D., Schumaker, J., Lenz, K., Bulgren, J., Hock, M., Knight, J., et al. (2001). Ensuring content-area learning by secondary students with learning disabilities. *Learning Disabilities Research and Practice, 16* (2), 96-108.

Dever, R. B. (1988). *Community living skills: A taxonomy*. Washington, DC: American Association on Mental Retardation.

Dickens, C. (1842). *American notes*. Retrieved February 9, 2005, from http://xroads.viginia.edu/~hyper/detoc/fem/dickens.htm

Diller, L. H. (2000). The Ritalin wars continue. *Western Journal of Medicine, 173*, 366-367.

Doubt, L., & McColl, M. A. (2003). A secondary guy: Physically disabled teenagers in secondary schools. *Canadian Journal of Occupational Therapy, 70* (3), 139-151.

Doyle, M. B. (2002). *The paraprofessional's guide to the inclusive classroom* (2nd ed.). Baltimore: Brookes.

Doyel, W. (1986). Classroom organization and management. In Merlin C. Wittrock (Ed.), *Handbook of research on teaching* (3rd ed.). New York: Macmillan.

Drotar, D. (2002). Behavioral and emotional problems in infants and young children: Challenges of clinical assessment and intervention. *Infants and Young Children, 14* (4), 1-5.

Dubowitz, H. (Ed.). (1999). *Neglected children: Research, policy, and practice*. Thousand Oaks, CA: Sage.

Dudzinski, M., Roszmann-Millican, M., & Shank, K. (2000). Continuing professional development for special educators: Reforms and implications for university programs. *Teacher Education and*

Special Education, 23 (2), 109–124.

Cuhaney, L. (2003). A practical approach to managing the behaviors of students with ADHD. *Intervention in School and Clinic, 38* (5), 267–279.

Dunn, L. M. (1968). Special education for the mildly retarded—Is much of it justifiable? *Exceptional Children, 35*, 5–22.

DuPaul, G. (2004). *ADHD identification and assessment: Basic guidelines for educators*. Bethesda, MD: National Association for School Psychologists.

DaPaul, G., Barkley, R., & Connor, D. (1998). Stimulants. In R. Barkley (Ed.), *Attention deficit hyperactivity disorder: A handbook for diagnosis and treatment* (2nd ed., pp. 510–551). New York: Guilford.

DuPaul, G., & Stoner, G. (2003). *ADHD in the schools: Assessment and intervention strategies* (2nd ed.). New York: Guilford.

Dwyer, K., & Osher, D. (2000). *Safeguarding our children: An action guide*. Washington, DC: U.S. Department of Education and Justice, American Institutes for Research.

Dwyer, K., Osher, D., & Warger, C. (1998). *Early warning, timely response: A guide to safe schools*. Washington, DC: U.S. Department of Education.

Dykens, E. M., Hodapp, R. M., & Finucane, B. M. (2000). *Genetics and mental retardation syndromes: A new look at behavior and interventions*. Baltimore: Brookes.

Eber, L., Sugai, G., & Smith, C. R., & Scott, T. M. (2002). Wraparound and positive behavioral interventions and supports in the schools. *Journal of Emotional and Behavioral Disorders, 10* (3), 171–180.

Eckenrode, J., Laird, M., & Doris, J. (1993). School performance and disciplinary problems among abused and neglected children. *Developmental Psychology, 29*, 53–62.

Education Alliance (2002). *The Diversity Kit*. Providence, RI: Author. Retrieved December 1, 2005, from http://www.ailliance.brown.edu/tdl/diversitykitpdfs/dk_culture.pdf

Education Trust. (2004). *The ABCs of AYP*. Retrieved April 5, 2005, from www2.edtrust.org/nr/rdonlyres/37b8652d-84f4-4fa1-aa8d-319ead5a6d89/0/abcayp.pdf

Edyburn, D. (2000). Assistive technology and students with mild disabilities. *Focus on Exceptional Children, 32* (9), 1–23.

Edyburn, D. (2002). *What every teacher should know about assistive technology*. Boston: Allyn & Bacon.

Elbaum, B., Vaughn, S., Hughes, M., & Moody, S. (1999). Grouping practices and reading outcomes for students with disabilities. *Exceptional Children, 65* (3), 399–415.

Elliott, S. N., & Busse, R. T. (2004). Assessment and evaluation of students' behavior and intervention outcomes: The utility of rating scale methods. In R. B. Rutherford, Jr., M. M. Quinn, & A. R. Mathur (Eds.), *Handbook of research in emotional and behavioral disorders* (pp. 54–77). New York: Guilford.

Emmer, E. T., Everton, C. M., & Anderson, L. M. (1980). Effective classroom management at the beginning of the school year. *Elementary School Journal, 80*, 219–231.

Engelmann, S., & Brunner, E. (1995). *Reading mastery*. Columbus, OH: SRA.

Engelmann, S., Carnine, D., Bernadette, K., & Engelmann, O. (1997). *Connecting math concepts*. Columbus, OH: SRA.

Englert, C. S., Wu, X., & Zhao, Y. (2005). Cognitive tools for writing: Scaffolding the performance of students through technology. *Learning Disabilities Research and Practice, 20* (3), 184-198.

English, K. M. (1997). *Self advocacy for students who are deaf or hard of hearing*. Austin, TX: PRO-ED.

Epilepsy Foundation. (2005). *Epilepsy: An introduction*. Retrieved August 1, 2005, from http://www.epilepsyfoundation.org/

Epstein, J. L. (2001). *School, family, and community partnerships: preparing educators and improving schools*. Boulder, CO: Westview.

Epstein, M. H., & Sharma, J. M. (1998). *Behavioral and emotional rating scale*. Austin, TX: PRO-ED.

Escamilla, K., & Coady, M. (2001). Assessing the writing of Spanish speaking students: Issues and suggestions. In S. Herley & J. Tinajero (Eds.), *Literacy assessment of bilingual learners* (pp. 43-63). Boston: Allyn & Bacon.

Esquith, R. (2004). *There are no shortcuts*. New York: Knopf.

Evertson, C., Emmer, E., & Worsham, M. (2005). *Classroom management for elementary teachers* (7th ed.). Boston: Allyn & Bacon.

Evertson, C. M., Emmer, E. T., Sanford, J. R., & Clements, B. S. (1983). Improving classroom management: An experiment in elementary school classrooms. *Elementary School Journal, 84*, 172-188.

Farel, A. M., Meyer, R. E., Hicken, M., & Edmonds, L. (2003). Registry to referral: A promising means for identifying and referring infants and toddlers for early intervention services. *Infants and Young Children, 16*, 99-105.

Federal Register. (1993, February 10). Washington, DC: U.S. Government Printing Office.

Feiman-Nemser, S., & Floden, R. E. (1986). The cultures of teaching. In Merlin C. Wittrock (Ed.), *Handbook of research on teaching* (3rd ed.). New York: Macmillan.

Feingold, B. (1985). *Why your child is hyperactive*. New York: Random House.

Feldhusen, J. F. (1992). *Talent identification and development in education* (TIDE). Sarasota, FL: Center for Creative Learning.

Feldman, R. S. (2000). *Development across the life span* (2nd ed.). Upper Saddle River, NJ: Prentice Hall.

Ferrell, K. (n.d.). *Issues in the field of blindness and low vision*. Retrieved July 22, 2005, from http://nclid.unco.edu/newnclid/foreword.php?itemid=77&blogid=33

Ferrell, K. A. (1997). *Reach out and teach*. New York: American Foundation for the Blind.

Ferrell, K. A. (1998). Project PRISM: *A longitudinal study of developmental patterns of children who are visually impaired* [Final report]. Greeley: University of Northern Colorado.

Ferster, C. B. (1961). Positive reinforcement and behavioral deficits of autistic children. *Child Development, 61*, 437-456.

Filipek, P. (2005). Medical aspects of autism. In F. R. Volkmar, R. Paul, A. Klin, & D. Cohen (Eds.), *Handbook of autism and pervasive developmental disorders: Vol. 1. Diagnosis, development, neurobiology, and behavior* (4th ed., pp. 534-578). Hoboken, NJ: Wiley.

Fischer, M., Barkley, R., Smallish, L., & Fletcher, K. (2002). Young adult follow-up of hyperactive children. *Journal of Abnormal Child Psychology, 30* (5), 463-475.

Fisher, M., & Meyer, L. H. (2002). Development and social competence after two years for students enrolled in inclusive and self-contained educational programs. *Research and Practice for Persons with Severe Disabilities, 27* (3), 165-174.

Fletcher, J., Lyon, R., Barnes, M., Stuebing, K., Francis, D., Olson, R., et al. (2002). Classification of learning disabilities: An evidence-based evaluation. In R. Bradley, L. Danielson, & D. Hallahan (Eds.), *Identification of learning disabilities: Research to practice* (pp. 185-250). Mahwah, NJ: Erlbaum.

Fletcher, J., Morris, R., & Lyon, R. (2003). Classification and definition of learning disabilities: An integrative perspective. In L. Swanson, K. Harris, & S. Graham (Eds.). *Handbook of learning disabilities* (pp. 30-56). New York: Guilford.

Fletcher, K., Scott, M., Blair, C., & Bolger, K. (2004). Specific patterns of cognitive abilities in young children with mild mental retardation. *Education and Training in Developmental Disabilities, 39* (3), 270-278.

Fletcher, T. V., & Navarrete, L. A. (2003). Learning disabilities or difference: A critical look at issues associated with misidentification and placement of Hispanic students in special education. *Rural Special Education Quarterly, 22* (4), 37-45.

Fombonne, E. (2003, January). The prevalence of autism. *Journal of the American Medical Association, 289* (1), 87-89.

Foorman, B., & Torgesen, J. (2001). Critical elements of classroom and small-group instruction promote reading success in all children. *Learning Disabilities Research and Practice, 16* (4), 203-212.

Ford, A., Schnorr, R., Meyer, L., Davern, L., Black, J., & Dempsey, P. (Eds.). (1989). *The Syracuse community-referenced curriculum guide for students with moderate and severe disabilities.* Baltimore: Brookes.

Ford, D. Y., & Harris, J. J. (2000). A framework for infusing multicultural curriculum into gifted education. *Roeper Review, 23*, 4-10.

Foreman, P., Arthur-Kelly, M., Pascoe, S., & King, B. S. (2004). Evaluating the educational experiences of students with profound and multiple disabilities in inclusive and segregated classroom settings: An Australian perspective. *Research and Practice for Persons with Severe Disabilities, 29*, 183-193.

Rorest, M., Lusthaus, E. (1987). The kaleidoscope. Challenge to the cascade. In M. Forest (Ed.), *More education/integration* (pp. 1-16). Downsview, Ontario: Roeher Institute.

Forness, S. R., & Kavale, K. A. (2000). Emotional or behavioral disorders: Background and current status of the E/BD terminology and definition. *Behavioral Disorders, 25* (3), 264-269.

Forni, P. M. (2002). *Choosing civility: Twenty-five rules of considerate conduct*. New York: St. Martin's/Griffin.

Foshay, J., & Ludlow, B. (2005). Implementing computer-mediated supports and assistive technology. In M. Wehmeyer & M. Agran (Eds.), *Mental retardation and intellectual disabilities: Teaching students using innovative and research-based strategies* (pp. 101-124). Washington, DC: AAMR.

Fox, J., & Gable, R. A. (2004). Functional behavioral assessment. In R. Rutherford, M. Quinn, & S. Mathur (Eds.), *Handbook of research in emotional and behavioral disorders* (pp. 142-163). New York: Guilford.

Frankenburg, W., et al. (1990). *Denver developmental screening test—II*. Denver: Denver Developmental

Materials.

Freeman, S. F. N., & Alkin, M. C. (2000). Academic and social attainments of children with mental retardation in general and special education settings. *Remedial and Special Education, 21*, 2-18.

French, N. (2001). Supervising paraprofessionals: A survey of teacher practices. *Journal of Special Education, 35* (1), 41-53.

French, N., & Pickett, A. L. (1997). Paraprofessionals in special education: Issues for teacher educators. *Teacher Education and Special Education, 20* (1), 61-73.

Frey, L. M. (2003). Abundant beautification: An effective service-learning project for students with emotional of behavioral disorders. *Teaching Exceptional Children, 35* (5), 66-75.

Friend, M., & Bursuck, W. (2006). *Including students with special needs: A practical guide for classroom teachers* (4th ed.). Boston: Allyn & Bacon.

Friend, M., & Cook, L. (2003). Interactions: *Collaboration skills for school professionals* (4th ed.). Boston: Allyn & Bacon.

Frith, U. (2003). *Autism: Explaining the enigma* (2nd ed.). Malden, MA: Blackwell.

Frost, L., & Bondy, A. (2000). *The picture exchange communication system* (PECS). Newark, DE: Pyramid Products.

Fuchs, D., & Fuchs, L. S. (1994). Inclusive school movement and the radicalization of special education reform. *Exceptional Children, 60* (4), 294-309.

Fuchs, D., & Fuchs, L. (1998). Researchers and teachers working together to adopt instruction for diverse learners. *Learning Disabilities Research and Practice, 13* (3), 126-137.

Fuchs, D., Fuchs, L., & Burish, P. (2000). Peer-assisted learning strategies: An evidence-based practice to promote reading achievement. *Learning Disabilities Research and Practice, 15* (2), 85-91.

Fuchs, D., Fuchs, L., & Compton, D. (2004). Identifying reading disabilities by responsiveness-to-instruction: Specifying measures and criteria. *Learning Disability Quarterly, 27* (4), 216-227.

Fuchs, D., Fuchs, L., Mathes, P., Lipsey, M., & Roberts, H. (2002). Is "learning disabilities" just a fancy term for low achievement? A meta-analysis of reading differences between low achievers with and without the label. In R. Bradley, L. Damielson, & D. Hallahan (Eds.). *Identification of learning disabilities: Research to practice* (pp. 737-762). Mahwah, NJ: Erlbaum.

Fuchs, D., Mock, D., Morgan, P., & Young, C. (2003). Responsiveness-to-intervention: Definitions, evidence, and implications for the learning disabilities construct. *Learning Disabilities Research and Practice, 18* (3), 157-171.

Fuchs, D., Mock, D., Morgan, P. L., & Young, C. L. (2003). Responsiveness to intervention: Definitions, evidence, and implications for the learning special needs construct. *Learning Special Needs Research and Practice, 18*, 157-171.

Fuchs, L. (2003). Assessing intervention responsiveness: Conceptual and technical issues. *Learning Disabilities Research and Practice, 18* (3), 172-186.

Fuchs, L. (2004). The past, present, and future of curriculum-based measurement research. *School Psychology Review, 33* (2), 188-192.

Fuchs, L., Compton, D., Fuchs, D., Paulsen, K., Bryant, J., & Hamlett, C. (2005). Responsiveness to intervention: Preventing and identifying mathematics disability. *Teaching Exceptional Children, 37* (4), 60–63.

Fuchs, L., Fuchs, D., & Speece, D. (2002). Treatment validity as a unifying construct for identifying learning disabilities. *Learning Disability Quarterly, 25*, 33–45.

Fullan, M. (2001). *The new meaning of educational change* (3rd ed.). New York: Teacher College Press.

Gable, R. A., Hendrickson, J. M., & Van Acker, R. (2001). Maintaining the integrity of FBA-based interventions in schools. *Education and Treatment of Children, 24* (3), 248–260.

Gaffney, J. S. (1987). *Seatwork: Current practices and research implications*. Paper presented at the 64th meeting of the Council for Exceptional Children, Chicago.

Gagné, F. (1991). Toward a differentiated model of giftedness and talent. In N. Colangelo & G. A. Davis (Eds.), *Handbook of gifted education* (pp. 65–80). Needham Heights, MA: Allyn & Bacon.

Gagné, F. (1993). Constructs and models pertaining to exceptional human abilities. In K. A. Heller, F. J. Monks, & A. H. Passow (Eds.), *International handbook of research and development of giftedness and talent* (pp. 69–87). Oxford, England: Pergamon.

Gagné, F. (1999). My convictions about the mature of abilities, gifts, and talents. *Journal for the Education of the Gifted, 22*, 109–136.

Gagné, F., Bélanger, J. & Motard, D. (1993). Popular estimates of the prevalence of giftedness and talent. *Roeper Review, 16*, 96–98.

Gallagher, J. J. (1993). Current status of gifted education in the United States. In K. A. Heller, F. J. Monks, & A. J. Passow (Eds.), *International handbook of research and development of giftedness and talent* (pp. 755–770). Oxford England: Pergamon.

Gallagher, J. J. (1998). The public policy legacy of Samuel A. Kirk. *Learning Disabilities Research and Practice, 13* (1), 11–14.

Gallaudet Research Institute. (2005). *Regional and national summary report of data from the 2003-2004 annual survey of deaf and hard of hearing children and youth*. Washington, DC: Author.

Galluzzo, G. (1999). *Aligning standards to improve teacher preparation and practice*. Washington, DC: National Council for Accreditation of Teacher Education.

Garcia, S. B., Perez, A. M., & Ortiz, A. A. (2000). Mexican American Mothers' beliefs about disabilities. *Remedial and Special Education, 21* (2), 90–100.

Gardner, H. (1983). *Frames of mind: A theory of multiple intelligences*. New York: Basis Books.

Gardner, H., & Hatch, T. (1989). Multiple intelligences go to school: Educational implications of the theory of multiple intelligences. *Educational Researcher, 18* (8), 4–9.

Gaylord-Ross, R., & Peck, C. A. (1985). Integration efforts for students with severe mental retardation. In D. Bricker & J. Fuller (Eds.), *Severe mental retardation: From theory to practice* (pp. 185–207). Reston, VA: Council for Exceptional Children, Division on Mental Retardation.

Geertz, C. (1973). *The interpretation of culture*. New York: Basic.

Gerber, M. (2005). Teachers are still the test: Limitations to response to intervention strategies for identifying children with learning disabilities. *Journal of Learning Disabilities, 38* (6), 516-524.

Gerhardt, P. F., & Holmes, D. L. (2005). Employment: Options and issues for adolescents and adults with autism spectrum disorders. In F. R. Volkmar, R. Paul, A. Klin, & D. Cohen (Eds.), *Handbook of autism and pervasive development disorders: Vol. 2. Assessment, interventions, and policy* (4th ed., pp. 1087-1101). Hoboken, NJ: Wiley.

Gersten, R., Keating, T., Yovanoff, P., & Harniss, M. K. (2001). Working in special education: Factors that enhance special educators' intent to stay. *Exceptional Children, 67* (4), 549-567.

Giangreco, M. F., Broer, S. M., & Edelman, S. W. (1999). The tip of the iceberg: Determining whether paraprofessional support is needed for students with disabilities in general education settings. *Journal of the Association for Persons with Severe Handicaps, 24*, 281-291.

Giangreco, M. F., Cloninger, C. J., & Iverson, V. S. (1998). *Choosing options and accommodations for children: A guide to planning inclusive education* (2nd ed.). Baltimore: Brookes.

Giangreco, M. F., & Doyel, M. B. (2002). Students with disabilities and paraeducator supports: Benefits, balance, and Band-Aids. *Focus on Exceptional Children, 34* (7), 1-12.

Giangreco, M. F., Edelman, S. W., Broer, S. M., & Doyle, M. B. (2001). Paraeducator support of students with disabilities: Literature form the past decade. *Exceptional Children, 68*, 45-63.

Gillam, R. B. (2000a). Fluency disorders. In R. B. Gillam, T. P. Marquardt, & F. N. Martin (Eds.), *Communication sciences and disorders: From science to clinical practice* (pp. 313-339). San Diego: Singular.

Gillam, R. B. (2000b). Language disorders in school-age children. In R. B. Gillam, T. P. Marquardt, & F. N. Martin (Eds.), *Communication sciences and disorders: From science to clinical practice* (pp. 437-459). San Diego: Singular.

Gillberg, C., & Cederlund, M. (2005). Asperger syndrome: Familial and pre- and perinatal factors. *Journal of Autism and Developmental Disorders, 35* (2), 159-166.

Gillberg, C., Gillberg, C., Rastam, M., & Wentz, E. (2001). The Asperger syndrome (and high-functioning autism) diagnostic interview (ASDI): A preliminary study of a new structured clinical interview [Special issue]. *Autism, 5* (1), 57-66.

Gilliam, J. (1995). *Attention deficit/hyperactivity disorder test.* Austin, TX: PRO-ED.

Goertzel, V., & Goertzel, M. G. (1962). *Cradles of eminence.* London: Constable.

Goldstein, A. P., & McGinnis, E. (1997). *Skillstreaming the adolescent: New strategies and perspectives for teaching prosocial skills.* Champaign, IL: Research Press.

Goldstein, D., Murray, C., & Edgar, E. (1998). Employment earnings and hours of high-school graduates with learning disabilities through the first decade after graduation. *Learning Disabilities Research and Practice, 13* (1), 53-64.

Gonzalez, N., Moll, L., & Amanti, C. (2005). *Funds of Knowledge: Theorizing practices in households and classrooms.* Mahwah, NJ: Erlbaum.

Good, T., & Brophy, J. (2003). *Looking in classrooms* (9th ed.). Boston: Allyn & Bacon.

Goode, D. (1998). *The history of the Association for the Help of Retarded Children.* Retrieved March 2, 2005, from http://www.ahrcnyc.org/index.htm

Goor, M. B. (1995). *Leadership for special education administration: A case-based approach.* Fort

Worth, TX: Harcourt Brace.

Gordon, K. A., & Coscarelli, W. C. (1996). Recognizing and fostering resilience. *Performance Improvement, 35* (9), 14–17.

Graham, S., & Harris, K. R. (2003). Students with learning disabilities and the process of writing: A meta-analysis of SRSD studies. In H. L. Swanson, K. R Harris, & S. Graham (Eds.), *Handbook of learning disabilities* (pp. 323–344). New York: Guilford.

Grandin, T. (1992). An inside view of autism. In E. Schopler & G. B. Mesiboy (Eds.), *High functioning individuals with autism* (pp. 105–126). New York: Plenum.

Gray, C. A. (2000). *The new social story book.* Ailington, TX: Future Horizons.

Gray, C. A., & Garand, J. D. (1993). Social stories: Improving responses of students with autism with accurate social information. *Focus on Autistic Behavior, 8* (1), 1–10.

Greenfield, P. M., Raeff, C., & Quiroz, B. (1996). Cultural values in learning and education. In B. Williams (Eds.), *Closing the achievement gap: A vision for changing beliefs and practices* (pp. 37–55). Alexandria, VA: Association for Supervision and Curriculum Development.

Gresham, F. (2002). Responsiveness to intervention: An alternative approach to the identification of learning disabilities. In R. Bradley, L. Danielson, & D. Hallahan (Eds.), *Identification of learning disabilities: Research to practice* (pp. 467–519). Mahwah, NJ: Erlbaum.

Gresham, F. M. (1988). Social competence and motivational characteristics of learning disabled students. In M. C. Wang, M. C. Reynolds, & H. J. Walberg (Eds.), *Handbook of special education: Research and practice: Vol. 2. Mildly handicapped conditions.* Oxford, UK: Pergamon.

Gresham, F. M., Beebe-Frankenberger, M. E., & MacMillan, D. L. (1999). A selective review of treatments for children with autism: Description and methodological considerations. *School Psychology Review, 28* (4), 559–575.

Gresham, R. M., & Elliott, S. N. (1990). *The social skills rating system (SSRS).* Circle Pines, MN: American Guidance Service.

Gresham, F. M., & Gansle, K. (1992). Misguided assumptions in DSM-Ⅲ-R: Implications for school psychological practice. *School Psychology Quarterly, 7,* 79–95.

Gresham, F. M., & Kern, L. (2004). Internalizing behavior problems in children and adolescents. In R. B. Rutherford, Jr., M. M. Quinn, & A. R. Mathur (Eds.), *Handbook of research in emotional and behavioral disorders* (pp. 54–77). New York: Guilford.

Gresham, F. M., Lane, K. L., MacMillan, D. L., & Bocian, K. M. (1999). Social and academic profiles of externalizing and internalizing groups: Risk factors for emotional and behavioral disorders. *Behavioral Disorders, 24,* 231–245.

Gresham, F. M., Sugai, G., & Horner, R. H. (2001). Interpreting outcomes of social skills training for students with high-incidence disabilities. *Exceptional Children, 67,* 331–344.

Griffin, C. C., Winn, J. A., Otis-Wilborn, A., & Kilgore, K. L. (2003, September). *New teacher induction in special education* (COPSSE Document No. RS-5). Gainesville: University of Florida, Center in Personnel Studies in Special Education.

Griffin, H. C., Fitch, C. L., & Griffin, L. W. (2002). Causes and interventions in the area of cerebral palsy. *Infants and Young Children, 14* (3), 18–

23.

Gross, M. U. M. (2004). *The use of radical acceleration in cases of extreme intellectual precocity.* Thousand Oaks, CA: Corwin.

Grossman, J. (Ed.). (1973). *Manual in terminology and classification in mental retardation* (rev. ed.). Washington, DC: AAMR.

Grouse, W. F. (2003). Reflecting on teacher professionalism: A student perspective. *Kappa Delta Pi Record, 40,* 17–37.

Gudykunst, W. B., & Kim, Y. Y. (2003). *Communicating with strangers: An approach to intercultural communication.* New York: McGraw-Hill.

Guetzlow, E. (1999). Inclusion: The broken promise. *Preventing School Failure, 43* (3), 92–98.

Gureasko-Moore, D., DuPaul, G., & Power, T. (2005). Stimulant treatment for attention-deficit/hyperactivity disorder: Medication monitoring practices of school psychologists. *School Psychology Review, 34* (2), 232–245.

Gutiérrez, K., & Rogoff, B. (2003). Cultural ways of learning: Individual traits or repertoires of practice. *Educational Researcher, 32* (5), 19–25.

Hahn, H. (1985). Toward a politics of disability: Definitions, disciplines and policies. *Social Science Journal, 22* (4), 87–105.

Hall, D., Wiener, R., & Carey, K. (2003). What new "AYP" information tells us about schools, states, and public education. *Education Trust, 2003* (pp. 1–10).

Hampton, E. O., Whitney, D. W., & Schwartz, I. S. (2002). Weaving assessment information into intervention ideas: Planning communication interventions for young children with disabilities. *Assessment for Effective Intervention, 27,* 49–59.

Handleman, J. S., Harris, S. L., & Martins, M. P. (2005). Helping children with autism enter the mainstream. In F. R. Volkmar, R. Paul, A Klin, & D. Cohen (Eds.), *Handbook of autism and pervasive developmental disorders: Vol. 2. Assessment, interventions, and policy* (4th ed., pp. 1029–1042). Hoboken, NJ: Wiley.

Hanley, G. P., Iwata, B. A., & McCord, B. E. (2003). Functional analysis of problem behavior: A review. *Journal of Applied Behavior Analysis, 36,* 147–185.

Hardman, M. L., & Mulder, M. (2004). Federal education reform: Critical issues in public education and their impact on students with disabilities. In L. M. Bullock & R. A. Gable (Eds.), *Quality personnel preparation in emotional/behavioral disorders: Current perspectives and future directions.* Denton, TX: Institute for Behavioral and Learning Differences at the University of North Texas.

Hardman, M. L., & Nagle, K. (2004). Public policy: From access to accountability in special education. In A. McCray Sorrells, H. J. Rieth, & P. T. Sindelar (Eds.), *Critical issues in special education: Access, diversity, and accountability.* Boston: Pearson Education.

Harris, S. L., & Delmolino, L. (2002, January). Applied behavior analysis: Its application in the treatment of autism and related disorders in young children. *Infants and Young Children, 14* (3), 11–17.

Harris, S. L., Handleman, J. S., & Jennett, H. K. (2005). Models of educational intervention for students with autism: Home, center, and school-based programming. In F. R. Volkmar, R. Paul, A. Klin, & D. Cohen (Eds.), *Handbook of autism and pervasive developmental disorders: Vol. 2. Assessment, interventions, and policy* (4th ed., pp. 1043–1054). Hoboken, NJ: Wiley.

Harris, S. L., Handleman, J. S., Gordon, R., Kristoff, B., & Fuentes, F. (1991). Changes in cognitive and language functioning of preschool children with autism. *Journal of Autism and Developmental Disabilities, 21,* 281–290.

Harrison, P., & Oakland, T. (2000). *Adaptive behavior assessment system* (2nd ed.). San Antonio, TX: Psychological Corporation.

Hart, D., Mele-McCarthy, J., Pasternack, R., Zimbrich, K., & Parker, D. (2004). Community college: A pathway to success for youth with learning, cognitive, and intellectual disabilities in secondary settings. *Education and Training in Developmental Disabilities, 39* (1), 54–66.

Hass, J. (1994). Role determinants of teachers of the visually impaired. B. C. *Journal of Special Education, 18*, 140–148.

Hasselbring, T. S., & Glaser, C. H. W. (2000). Use of computer technology to help students with special needs. *Future of Children, 10* (2), 102–122.

Hatton, D. D. (2001). Model registry of early childhood visual impairment: First-year results. *Journal of Visual Impairment and Blindness, 95*, 418–433.

Heal, L. W., & Rusch, F. R. (1995). Predicting employment for students who leave special education high school programs. *Exceptional Children, 61* (5), 472–487.

Health Physics Society. (2005). *Pregnancy and radiation exposure.* Retrieved June 28, 2005, from http://hps.org/

Heath, S. B. (1982). Questioning at home and at school: A comparative study. In G. D. Spindler (Ed.), *Doing the ethnography of schooling* (pp. 102–131). New York: Holt, Rinehart & Winston.

Heber, R. (1961). A manual on terminology and classification in mental retardation (rev. ed.). *American Journal of Mental Deficiency, 64.* [Monograph Supplement].

Heller, K. W. (2004). Integrating health care and educational programs. In F. P. Orelove, D. Sobsey, & R. K. Silberman (Eds.), *Educating children with multiple disabilities: A collaborative approach* (2nd ed., pp. 379–424). Baltimore: Brookes.

Heller, K. W., & Kennedy, C. (1994). *Etiologies and characteristics of deaf-blindness.* Monmouth, OR: Teaching Research Publications.

Henderson, K., & Bradley, R. (2004). A national perspective on mental health and children with disabilities: Emotional disturbances in children. *Emotional and Behavioral Disorders in Youth, 4* (3), 67–74.

Henderson, M. V., Gullatt, D. E., Hardin, D. T., Jannik, C., & Tollett, J. R. (1999). *Preventative law curriculum guide* (ED437366). Baton Rouge: Louisiana State Board of Regents.

Hendrick, I. G., & MacMillan, D. L. (1989). Selecting children for special education in New York City: William Maxwell, Elizabeth Farrell, and the development of ungraded classes, 1900–1920. *Journal of Special Education, 22* (4), 395–417.

Henley, M., Ramsey, R., & Algozzine, R. (2006). *Teaching students with mild disabilities* (5th ed.). Boston: Pearson Education.

Herr, S. (1995). A humanist's legacy: Burton Blatt and the origins of the disability rights movement. *Mental Retardation, 33* (5), 328–331.

Heward, W. L. (2003). Ten faulty motions about teaching and learning that hinder the effectiveness of special education. *Journal of Special Education, 36* (4), 186–205.

Higgins, K., Boone, R., & Williams, D. (2000). Evaluating educational software for special education. *Intervention in School and Clinic, 36* (2), 109-115.

Hitchcock, C., Meyer, A., Rose, D., & Jackson, R. (2002). Providing new assess to the general curriculum: Universal design for learning. *Teaching Exceptional Children, 35* (2), 8-17.

Hoagwood, K., Kelleher, K., Feil, M., & Comer, D. (2000). Treatment services for children with ADHD: A national perspective. *Journal of the American Academy of Child and Adolescent Psychiatry, 39* (2), 198-206.

Hodgkinson, H. (2000). *Secondary schools in a new millennium: Demographic certainties, social realities*. Reston, VA: National Association of Secondary School Principals.

Hollins, E. R. (1996). *Culture in school learning: Revealing the deep meaning*. Mahwah, NJ: Erlbaum.

Hollinsworth, L. S (1940). Intelligence as an element of personality. *Yearbook of the National Society of Education, 39*, 271-275.

Holt, J. (1993). Stanford achievement test—8th edition: Reading comprehension subgroup results. *American Annals of the Deaf, 138*, 172-175.

Hoover, D. H., Dunbar, S. B., & Frisbie, D. A. (2001). *Iowa test of basic skills*. Itasca, IL: Riverside.

Hord, S. M. (1997). *Professional learning communities: Communities of continuing improvement*. Austin, TX: Southwest Educational Development Laboratory.

Hosp, J., & Reschly, D. (2004). Disproportionate representation of minority students in special education: Academic, demographic, and economic predictors. *Exceptional Children, 70* (2), 185-199.

Hourcade, J. (2002). *Mental retardation update: Overview and definition*. Retrieved December 28, 2005, from http://ericec.org/digests/e637.html

Howell, J. J. (2003). An examination of literacy instruction by teachers of adolescents who are deaf or hard of hearing. *Dissertation Abstracts International, 64* (7), 2445A. (UMI No. 3099710).

Howlin, P. (1997). *Autism: Preparing for adulthood*. London: Routledge.

Howlin, P., & Asgharian, A. (1999). The diagnosis of autism and Asperger syndrome: Findings from a survey of 70 families. *Developmental Medicine and Child Neurology, 41*, 834-839.

Howlin, P., Mawhood, L., & Rutter, M. (2000). Autism and developmental receptive language disorder—A follow-up comparison in early adult life. II: Social, behavioral, and psychiatric outcomes. *Journal of Child Psychology and Psychiatry, 41*, 561-578.

Huebner, K. M., Merk-Adam, B., Stryker, D., & Wolffe, K. E. (2004). *The national agenda for the education of children and youths with visual impairments, including those with multiple disabilities—Revised*. New York: AFB Press.

Hughes, C., & Agran, M. (1993). Teaching persons with severe disabilities to use self-instruction in community settings: An analysis of the applications. *Journal of The Association for Persons with Severe Handicaps, 18*, 261-274.

Hughes, C., Hugo, K., & Blatt, J. (1996). Self-instructional intervention for teaching generalized problem-solving within a functional task sequence. *American Journal in Mental Retardation, 100*, 565-579.

Hughes, C., Ruhl, K., Schumaker, J., & Deshler, D.

(2002). Effects of instruction in an assignment completion strategy on the homework performance of students with learning disabilities in general education classes. *Learning Disabilities Research and Practice, 17,* 1–18.

Hu-Lince, D., Craig, D. W., Huentelman, M. J., & Stephan, D. A. (2005). The autism genome project: Goals and strategies. *American Journal of Pharmacogenomics, 5* (4), 233–246.

Humphrey, G. (1962). Introduction. In J. M. G. Itard, *The wild boy of Aveyron.* New York: Appleton-Century-Crofts.

Humphries, T., & Padden, C. (1988). *Deaf in America: Voices from a culture.* Cambridge, MA: Harvard University Press.

Hunt, P., & Goetz, L. (1997). Research on inclusive educational programs, practices, and outcomes for students with severe disabilities. *Journal of Special Education, 31,* 3–29.

Hurst, B., Wilson, C., & Cramer, G. (1998). Professional teaching portfolios. *Phi Delta Kappan, 79* (8), 578–582.

Hussar, W. J. (2005). *Projections of education statistics to 2014.* Washington, DC: National Center for Education Statistics.

IDEA Law and Resources. (1999). *Law & regulations: IDEA'97 Law and regs.* Retrieved October 13, 2005, from http://www.cec.sped.org/law_res/doc/law/index.php

Indiana Department of Education. (2005). *2004-2005 special education statistical report.* Indianapolis: Division of Exceptional Learners. Retrieved on December 2, 2005, from http://ideanet.doe.state.in.us/exceptional/speced/welcome.html

Individuals with Disabilities Education Act (IDEA), Public Law 105-17. (1997). Retrieved November 21, 2006, from http://www.ed.gov/offices/OSERS/Policy/IDEA/index.html

Individual with Disabilities Education Improvement Act. (2004). 20 U.S.C. 1400 et seq.

Individuals with Disabilities Education Improvement Act (IDEA), Public Law 108-446 (2004). Retrieved November 7, 2006, from http://frwebgate.access.gpo.gov/cgi-bin/getdoc.cgi?dbname=108cong.public.laws&docid=f:pub1446.108

Inge, K. J., & Tilson, G. (1994). Supported employment: Issues and applications for individuals with learning disabilities. In P. J. Gerber & H. B. Reiff (Eds.), *Learning disabilities in adulthood: Persisting problems and evolving issues* (pp. 179–193). Boston: Andover Medical Publishers.

Interstate New Teacher Assessment and Support Consortium. (1992). *Model standards for beginning teacher licensing, assessment and development: A resource for state dialogue.* Retrieved June 7, 2004, from http://www.ccsso.org/content/pdfs/corestrd.pdf

Irvine, J. J. (2002). *In search of wholeness: African American teachers and their culturally specific practices.* New York: Palgrave/St. Martin's Press.

Irvine, J. J. (2003) *Educating teachers for diversity: Seeing with a cultural eye.* New York: Teachers College Press.

Janney, R. E., Snell, M. E., Beers, M. K., & Raynes, M. (1995). Integrating students with moderate and severe disabilities into general education classes. *Exceptional Children, 61,* 425–439.

Jensen, P., Kettle, L., Roper, M., et al. (1999). Are stimulants over-prescribed? Treatment of ADHD in four U.S. communities. *Journal of the American Academy of Child and Adolescent Psychiatry, 38* (7), 797–804.

Jewell, E. J., & Abate, F. (Eds.). (2001). *The new Oxford American dictionary*. New York: Oxford University Press.

Johns, B. H., & Carr, V. G. (1995). *Techniques of managing: Verbally and physically aggressive students*. Denver: Love.

Johnson, D., Johnson, R., & Holubec, E. (1993). *Circles of learning: Cooperation in the classroom*. Edina, MN: Interaction Book Company.

Johnson, D., & Thurlow, M. (2003). *A national study on graduation requirements and diploma options for youth with disabilities* (Technical Report 36). Minneapolis: University of Minnesota, National Center in Educational Outcomes.

Johnson, G. O. (1962). Special education for the mentally handicapped: A paradox. *Exceptional Children, 29*, 62–69.

Johnson, R. A. (1976). Renewal of school placement systems for the handicapped. In F. J. Weintraub, A. Abeson, J. Ballard, & M. L. LaVor (Eds.), *Public policy and the education of exceptional children* (pp. 47–61). Reston, VA: Council for Exceptional Children.

Jolivette, K., Jung, McCormick, K. M., & Lingo, A. S. (2004). Making choices—Improving behavior—Engaging in learning. *Teaching Exceptional Children, 34*, 24–29.

Jolivette, K., L. A., McCormick, K. M., & Lingo, A. S. (2004). Embedding choices into the daily routines of young children with behavior problems: Eight reasons to build social competence. *Beyond Behavior, 13* (3), 21–26.

Jones, E. D., & Southern, W. T. (1991). Objections to early entrance and grade skipping. In W. T. Southern & E. D. Jones (Eds.), *The academic acceleration of gifted children* (pp. 51–74). New York: Teachers College Press.

Jones, V., & Jones, L. (2004). *Comprehensive classroom management: Creating communities of support and solving problems* (7th ed.). Boston: Pearson.

Jorgensen, C. M. (1998). *Restructuring high schools for all students: Taking inclusion to the next level*. Baltimore: Brookes.

Justice, L. M. (2006). *Communication sciences and disorders: An introduction*. Upper Saddle River, NJ: Merrill/Prentice Hall.

Kame'enui, E., & Carnine, D. (1998). *Effective teaching strategies that accommodate diverse learners*. Upper Saddle River, NJ: Merrill/Prentice Hall.

Kame'enui, E., & Simmons, D. (1999). *Toward successful inclusion of students with disabilities: The architecture of instruction*. Reston, VA: Council for Exceptional Children.

Kanner, L. (1943). Autistic disturbances of affective contact. *Nervous Child, 2*, 217–250.

Kaplan, S. G., & Cornell, D. G. (2005). Threats of violence by students in special education. *Behavioral Disorders, 31*, 107–119.

Kasari, D., & Wong, C. (2002). Five early signs of autism. *Exceptional Parent, 32* (11), 60–62.

Kauchak, D., & Eggen, P. (2005). *Introduction to teaching: Becoming a professional* (2nd ed.). Upper Saddle River, NJ: Merrill/Prentice Hall.

Kauchak, D., & Eggen, P., & Carter, C. (2002). *Introduction to teaching: Becoming a professional*. Upper Saddle River, NJ: Merrill/Prentice Hall.

Kauffman, J. M. (1981). Introduction: Historical trends and contemporary issues in special education in the United States. In J. M. Kauffmen & D. P. Hallahan (Eds.), *Handbook of special education* (pp. 3–23). Upper Saddle River, NJ: Prentice

Hall.

Kauffman, J. M. (1996). Research to practice issues. *Behavioral Disorders, 22*, 55–60.

Kauffman, J. M. (2001). *Characteristics of emotional and behavioral disorders of children and youth* (7th ed.). Upper Saddle River, NJ: Merrill/Prentice Hall.

Kauffman J. M., Bantz, J., & McCullough, J. (2002). Separate and better: A special public school class for students with emotional and behavioral disorders. *Exceptionality, 10* (3), 149–170.

Kauffman, J. M., & Hallahan, D. P. (2005). *Special education: What it is and why we need it.* Boston: Pearson Education.

Kauffman, J. M., Mostert, M. P., Trent, S. C., & Hallahan, D. P. (2002). *Managing classroom behavior: A reflective case-based approach* (3rd ed.). Boston: Allyn & Bacon.

Kaufman, A. S., & Kaufman, N. L. (1998). *Kaufman test of educational achievement/normative update*. Circle Pines, MN: American Guidance Service.

Kaufman, A. S., & Kaufman, N. L. (2004). *The Kaufman brief intelligence test* (2nd ed.). Upper Saddle River, NJ: Pearson Assessments.

Kavale, K. (2001). Decision making in special education. The function of meta-analysis. *Exceptionality, 9* (4), 245–268.

Kavale, K., & Forness, S. (1995). *The nature of learning disabilities: Critical elements of diagnosis and classification.* Mahwah, NJ: Erlbaum.

Kavale, K., Holdnack, J., & Mostert, M. (2005). Responsiveness to intervention and the identification of specific learning disability: A critique and alternative proposal. *Learning Disability Quarterly, 28* (1), 2–16.

Kavale, K. A., Mathur, S. R., & Mostert, M. P. (2004). Social skills training and teaching social behavior to students with emotional and behavioral disorders. In R. B. Rutherford, Jr., M. M. Quinn, & A. R. Mathur (Eds.), *Handbook of research in emotional and behavioral disorders* (pp. 446–461). New York: Guilford.

Kendziora, K. T. (2004). Early intervention for emotional and behavioral disorders. In R. B. Rutherford, Jr., M. M. Quinn, & A. R. Mathur (Eds.), *Handbook of research in emotional and behavioral disorders* (pp. 327–351). New York: Guilford.

Kennedy, C. H., Meyer, K. A., Knowles, T., & Shukla, S. (2000). Analyzing the multiple functions of stereotypical behavior for students with autism: Implications for assessment and treatment. *Journal of Applied Behavioral Analysis, 33*, 559–571.

Kennedy, C. H., & Shukla, S. (1995). Social interaction research for people with autism as a set of past, current, and emerging propositions. *Behavioral Disorders, 21*, 21–35.

Kennedy, M. M. (1997). The connection between research and practice. *Educational Researcher, 26* (7), 4–12.

Kennedy, V., & Burstein, N. (2004). An induction program for special education teachers. *Teacher Education and Special Education, 27* (4), 444–447.

Ketelaar, M., Vermeer, A., Helders, P. J. M., & Hart, H. (1998). Parental participation in intervention programs for children with cerebral palsy: A review of research. *Topics in Early Childhood Special Education, 18* (2), 108–117.

Keyser-Marcus, L., Briel, L., Sherron-Targett, P., Yasuda, S., Johnson, S., & Wehman, P. (2002). Enhancing the schooling of students with traumatic brain injury. *Teaching Exceptional Children, 34* (4), 62–67.

Kidsource. (2000). *What do parents need to know about children's television viewing?* Retrieved January 20, 2005, from http://www.kidsource.com/kidsource/content/ TV.viewing.html

Kilgore, K., & Griffin, C. C. (1988). Beginning special education teachers: Problems of practice and the influence of school context. *Teacher Education and Special Education, 21*, 155–173.

Kilgore, K., Griffin, C., Otis-Wilborn, A., & Winn, J. (2003). The problems of beginning special education teachers: Exploring the contextual factors influencing their work. *Action in Teacher Education, 25*, 38–47.

Kim, K., & Turnbull, A. (2004). Transition to adulthood for students with severe intellectual disabilities: Shifting toward person-family interdependent training. *Research and Practice for Persons with Severe Disabilities, 29*, 53–57.

Kirk, S., Gallagher, J., Anastasiow, N., & Coleman, M. (2006). *Educating exceptional children* (11th ed.). Boston: Houghton Mifflin.

Kliewer, C., & Biklen, D. (2001). "School's not really a place for reading": A research synthesis of literate lives of students with severe disabilities. *Journal of The Association for Persons with Severe Handicaps, 26*, 1–12.

Klin, A., McPartland, J., Volkmar, F. R. (2005). Asperger syndrome. In F. R. Volkmar, R. Paul, A. Klin, & D. Cohen (Eds.), *Handbook of autism and pervasive developmental disorders: Vol. 1. Diagnosis, development, neurobiology, and behavior* (4th ed., pp. 88–125). Hoboken, NJ: Wiley.

Klingner, J., & Artiles, A. (2003). When should bilingual students be in special education? *Educational Leadership, 61* (2), 66–71.

Knowles, J. G., Cole, A. L., & Presswood, C. S. (1994). *Through preservice teachers' eyes: Exploring field experience through narrative and inquiry*. New York: Macmillan.

Koening, L. (2000). *Smart discipline for the classroom: Respect and cooperation restored* (3rd ed.). Thousand Oaks, CA: Corwin.

Kohn, A. (1989, November). Suffer the restless children. *Atlantic Monthly* (pp. 90–100).

Kollins, S., Barkley, R., & DuPaul, G. (2001). Use and management of medications for children diagnosed with attention deficit hyperactivity disorder (ADHD). *Focus on Exceptional Children, 33* (5), 1–24.

Konopasek, D., & Forness, S. (2004). Psychopharmacology in the treatment of emotional and behavioral disorders. In R. B. Rutherford, Jr., M. M. Quinn, & A. R. Mathur (Eds.), *Handbook of research in emotional and behavioral disorders* (pp. 352–368). New York: Guilford.

Kortering, L., Braziel, P. M., & Tompkins, J. R. (2002). The challenge of school completion among youth with behavioral disorders: Another side of the story. *Behavioral Disorders, 27* (2), 142–154.

Kottler, J. A. (2002). *Students who drive you crazy: Succeeding with resistant, unmotivated, and otherwise difficult young people.* Thousand Oaks, CA: Corwin.

Kozleski, E., Mainzer, R., & Deshler, D. (2000). *Bright futures for exceptional learners: An agenda to achieve quality conditions for teaching & learning*. Arlington, VA: Council for Exceptional Children.

Kramer, C. (2004). The effects of a self-management device on the acquisition of social skills in adolescent males with SED. Unpublished doctoral dissertation, Johns Hopkins University, Baltimore.

Kramer, P. A. (2003). The ABC's of professionalism. *Kappa Delta Pi Record, 40*, 22-25.

Krashen, S. (1985). *The input hypothesis: Issues and implications.* London: Longman.

Krashen, S. D. (2006). *Bilingual education accelerates English language development.* Retrieved June 1, 2006, from http://www.sdkrashen.com/articles/krashen_intro.pdf

Krug, D. A., Arick, J. R. & Almond, P. J. (1980). Behavior checklist for identifying severely handicapped individuals with high levels of autistic behavior. *Journal of Child Psychology and Psychiatry and Allied Disciplines, 21* (3), 221-229.

Kyle, D., McIntyre, E., Miller, K., & Moore, G. (2006). *Bridging school& home through family nights.* Thousand Oaks, CA: Corwin.

Ladson-Billings, G. (1994). *The dreamkeepers: Successful teachers of African American children.* San Francisco: Jossey-Bass.

Laing, R. D. (1967). *The politics of experience.* New York: Ballantine.

Lambert, N., Nihira, K., & Leland, H. (1993). *AAMR adaptive behavior scale—School* (2nd ed.). Austin, TX: PRO-ED.

Lambros, K. M., Ward, S. L., Bocian, K. M., MacMillan, D. L., & Gresham, F. M. (1998). Behavioral profiles of children at-risk for emotional and behavioral disorders: Implications for assessment and classification. *Focus on Exceptional Children, 30* (5), 1-16.

Lane, K. L. (2004). Academic instruction and tutoring interventions for students with emotional and behavioral disorders: 1990 to the present. In R. B. Rutherford, Jr., M. M. Quinn, & A. R. Mathur (Eds.), *Handbook of research in emotional and behavioral disorders* (pp. 462-486). New York: Guilford.

Langdon, C. (1999). The fifth Phi Delta Kappa poll of teachers' attitudes toward public schools. *Phi Delta Kappan, 80* (8), 611-618.

Langer, J. A. (2000). Excellence in English in middle and high school: How teachers' professional lives support student achievement. *American Educational Research Journal, 37*, 397-439.

La Paro, K. M., Olsen, K., & Pianta, R. C. (2002), Special education eligibility: Developmental precursors over the first three years of life. *Exceptional Children, 69*, 55-66.

Larson, E. J. (2002). The meaning of human gene testing for disability rights. *University of Cincinnati Law Review, 70*, 1-26.

LeCouteur, A., Lord, C., & Rutter, M. (2003). *The autism diagnostic interview: Revised (ADI-R).* Los Angeles: Western Psychological Services.

Leet, A. I., Dormans, J. P., & Tosi, L. L. (2002). Muscles, bones, and nerves: The body's framework. In M. L. Batshaw (Ed.), *Children with disabilities* (5th ed., pp. 263-284). Baltimore: Brookes.

Lehman, C. (1992, July). Job designs: A community based program for students with emotional and behavioral disorders. *Teaching Research Newsletter* (pp. 1-7).

LeNard, J. M. (2001). *How public input shapes the Clerc Center's priorities: Identifying critical needs in transition from school to postsecondary education and employment.* Washington, DC: Laurent Clerc National Center on Deaf Education.

Lerner, J., & Kline, F. (2006). *Learning disabilities*

and related disorders. Boston: Houghton Mifflin.

Leslie, L. (2004). ADHD: An epidemic. *Developmental Behavioral Pediatrics Online*. Retrieved September 28, 2005, from http://www.dbpeds.org/articles/detail.cfm? TextID=129

Levine, P., & Edgar, E. (1995). An analysis by gender of long-term postschool outcomes for youth with and without disabilities. *Exceptional Children, 61* (3), 282-300.

Levinson, H. (2003). *Smart but feeling dumb: New research on dyslexia—and how it may help you*. New York: Warner.

Lewis. T. J., & Sugai, G. (1999). Effective behavior support: A systems approach to proactive school-wide management. *Focus on Exceptional Children, 31* (6), 1-24.

Lin, S. L. (2000). Coping and adaptation in families of children with cerebral palsy. *Exceptional Children, 66*, 201-218.

Linn, A., & Smith-Myles, B. (2004). Asperger syndrome and six strategies for success. *Beyond Behavior, 13* (1), 3-9.

Loewen, J. W. (1995). *Lies my teacher told me*. New York: Touchstone.

Lombroso, C. (1891). *The men of genius*. London: Scott.

Lord, C., & Corsello, C. (2005). Diagnostic instruments in autistic spectrum disorders. In F. R. Volkmar, R. Paul, A. Klin, & D. Cohen (Eds.), *Handbook of autism and pervasive develop-mental disorders: Vol. 2. Assessment, interventions, and policy* (4th ed., pp. 730-771). Hoboken, NJ: Wiley.

Lord, C., Risi, S., Lambrecht, L., Cook, E. H., Jr., Leventhal, B. L., & DiLavore, P. C. (2000). The autism diagnostic observation schedule generic: A standard measure of social and communication deficits associated with spectrum of autism. *Journal of Autism and Developmental Disorders, 30* (3), 205-223.

Losen, D., & Orfield, G. (Eds.). (2002). *Racial inequity in special education*. Cambridge, MA: Harvard Educational Publishing Group.

Lotter, V. (1978). Follow-up studies. In M. Rutter & E. Schopler (Eds.), *Autism: A reappraisal of concepts and treatment* (pp. 475-596). New York: Plenum.

Louis, K. S., Marks, H. M., & Kruse, S. D. (1996). Teachers' professional community in restructuring schools. *American Educational Research Journal, 33*, 757-798.

Loveland, K. A., & Tunali-Kotoski, B. (2005). The school-age child with an autistic spectrum disorder. In F. R. Volkmar, R. Paul, A. Klin, & D. Cohen (Eds.), *Handbook of autism and pervasive developmental disorders: Vol. 1. Diagnosis, development, neurobiology, and behavior* (4th ed., pp. 247-287). Hoboken, NJ: Wiley.

Luckasson, R., Borthwick-Duffy, S., Buntinx, W. H. E., Coulter, D. L., Craig, E. M., Reeve, A., et al. (2002). *Mental retardation: Definition, classification, and systems of supports* (10th ed.). Washington, DC: AAMR.

Luckasson R., Coulter, D., Polloway, E., Reiss, S., Schalock, R., Snell, N., et al. (1992). *Mental retardation: Definition, classification, and systems of support* (9th ed.). Washington, DC: AAMR.

Luckner, J. L. (2002). *Facilitating the transition of students who are deaf or hard of hearing*. Austin, TX: PRO ED.

Luckner, J. L., & Howell, J. J. (2002). Suggestions for preparing itinerant teachers: A qualitative analysis. *American Annals of the Deaf, 147* (3),

54-61.

Luteijn, E., Luteijn, F., Jackson, S., Volkmar, F., & Minderaa, R. (2000). The children's social behavior questionnaire for milder variants of PDD problems: Evaluation of the psychometric characteristics. *Journal of Autism and Developmental Disorders, 30*, 317-330.

Lyon, R., Fletcher, J., Shaywitz, S., Shaywitz, B., Torgesen, J., Wood, F., et al. (2001). Rethinking learning disabilities. In C. Finn, A. Rotherham, & C. Hokanson (Eds.), *Rethinking special education for a new century* (pp. 259-287). Retrieved on December 28, 2005, from http://www.edexcellence.net/foundation/publication/ index.cfm

Maag, J. (2002). A contextually based approach for treating depression in school-age children. *Intervention in School and Clinic, 37* (3), 149-155.

Maas, E., & Robin, D. A. (2006). Motor speech disorders: Apraxia and dysarthria. In L. M. Justice, (Ed.), *Communication sciences and disorders: An introduction* (pp. 180-211). Upper Saddle River, NJ: Merrill/Prentice Hall.

Mace, A. L., Wallace, K. L., When, M. Q., & Steimachowicz, P. G. (1991). Relevant factors in the identification of hearing loss. *Ear and Hearing, 12* (4), 287-293.

MacLean, W. E., & Symons, F. (2002). Self-injurious behavior in infancy and young childhood. *Infants and Young Children, 14* (4), 31-41.

MacMillan, D., & Siperstein, G. (2002). Learning disabilities as operationalized by schools. In R. Bradley, L. Danielson, & D. Hallahan (Eds.), *Identification of learning disabilities: Research to practice* (pp. 287-333). Mahwah, NJ: Erlbaum.

Maker, C. J. (1989). *Critical issues in gifted education: Defensible programs for cultural and ethnic minorities*. Austin, TX: PRO-ED.

Maker, C. J., & Nielson, A. B. (1996). *Curriculum development and teaching strategies for gifted learners* (2nd ed.). Austin, TX: PRO-ED.

Mangrum, C., & Strichart, S. (Eds.). (2000). *Peterson's guide: Colleges with programs for students with learning disabilities or attention deficit disorders*. Stamford, CT: Thomson Learning.

Mann, V. (2003). Language processes: Keys to reading disability. In H. L. Swanson, K. R. Harris, & S. Graham (Eds.), *Handbook of learning disabilities* (pp. 213-228). New York: Guilford.

Marcus, L. M., Kunce, L. J., & Schopler, E. (2005). Working with families. In F. R. Volkmar, R. Paul, A. Klin, & D. Cohen (Eds.), *Handbook of autism and pervasive developmental disorders: Vol. 2. Assessment, interventions, and policy* (4th ed., pp. 1055-1086). Hoboken, NJ: Wiley.

Mardell-Czudnowski, C. D., & Goldenberg, D. S. (1998). *Developmental indicators for the assessment of learning* (3rd ed.). Circle Pines, MN: American Guidance Service.

Marks, D. (2005). Culture and classroom management: Grounded theory from a high poverty predominately African American elementary school. Unpublished doctoral dissertation. Gainesville: University of Florida.

Markwardt, F. C. (1998). *Peabody individual achievement test, revised/normative update*. Circle Pines, MN: American Guidance Service.

Marland, S. P. (1972). *Education of the gifted and talented: Report to the Congress of the United States by the U.S. Commissioner of Education*. Washington, DC: U.S. Government Printing Office.

Marzano, R., Pickering, D., & Pollock, J. (2001). *Classroom instruction that works*. Alezandria, VA: ASCD.

Masten, A. S., Best, K. M., & Garmezy, N. (1990). Resilience and development: Contributions from the study of children who overcome adversity. *Development and Psychopathology, 2*, 425–444.

Mastropieri, M., & Scruggs, T. (2005). Feasibility and consequences of response to intervention: Examination of the issues and scientific evidence as a model for the identification of individuals with learning disabilities. *Journal of Learning Disabilities, 38* (6), 525–531.

Mastropieri, M., & Scruggs, T. (2007). *The inclusive classroom: Strategies for effective instruction* (3rd ed.). Upper Saddle River, NJ: Prentice Hall.

Mastropieri, M. A. (2001). Introduction to the special issue: Is the glass half full or half empty? Challenges encountered by first year special education teachers. *Journal of Special Education, 35*, 66–74.

Mastropieri, M. A., & Scruggs, T. E. (2000). *The inclusive classroom: Strategies for effective instruction*. Upper Saddle River, NJ: Merrill/ Prentice Hall.

Mather, M., & Rivers, K. (2002). *State profiles of child well-being: Results from the 2000 census*. Retrieved November 4, 2006, from http://www.aecf.org/kidscount/census_ 2000_march_03.pdf

Mathes, P., Howard, J., Babyak, A., & Allen, S. (2000). Peer-assisted learning strategies for first-grade readers: A tool for preventing early reading failure. *Learning Disabilities Research and Practice, 14* (1), 50–60.

Mattison, R. E. (2004). Psychiatric and psychological assessment of emotional and behavioral disorders during school mental health consultation. In R. B. Rutherford, Jr., M. M. Quinn, & A. R. Mathur (Eds.), *Handbook of research in emotional and behavioral disorders* (pp. 54–77). New York: Guilford.

Maurice, C. (1993). *Let me hear your voice*. New York: Knopf.

Maxwell, J. C. (2002). *The 17 essential qualities of a team player: Becoming the kind of person every team wants*. Nashville, TN: Nelson.

Mayer, G. R. (2001). Antisocial behavior: Its causes and prevention within our schools. *Education and Treatment of Children, 24* (4), 414–429.

McConnell, M. E., Hilvitz, P. B., & Cox, C. J. (1998). Functional assessment: A systematic approach for assessment and intervention in general and special education classrooms. *Intervention in School and Clinic, 34*, 10–20.

McDonnell, A., & Hardman, M. L. (1989), The desegregation of America's special schools: Strategies for change. *Journal of The Association for Persons with Severe Handicaps, 14*, 68–74.

McGinnis, E., & Goldstein, A. P. (1997). *Skillstreaming in early childhood: New strategies and perspectives for teaching prosocial skills*. Champaign, IL: Research Press.

McLean, L. K., Brady, N. C., & McLean, J. E. (1996). Reported communication abilities of individuals with severe mental retardation. *American Journal on Mental Retardation*, 100, 580–591.

McLean, M. (2004). Assessment and its importance in early intervention/early childhood special education. In M. McLean, M. Wolery, & D. B. Bailey, Jr. (Eds.), *Assessing infants and preschoolers with special needs* (3rd ed., pp. 1–21). Upper Saddle River, NJ: Merrill/Prentice Hall.

McLeskey, J., Henry, D., & Axelrod, M. (1999).

Inclusion of students with LD: An examination of data from *Reports to Congress. Exceptional Children, 65*, 55-66.

McLeskey, J., Henry, D., & Hodges, D. (1999). Inclusion: What progress in being made across disability categories? *Teaching Exceptional Children, 31* (3), 60-64.

McLeskey, J., Hoppey, D., Williamson, P., & Rentz, T. (2004). Is inclusion an illusion? An examination of national and state trends toward the education of students with learning disabilities in general education classrooms. *Learning Disabilities Research and Practice, 19* (2), 109-115.

McLeskey, J., & Pacchiano, D. (1994). Mainstreaming students with LD: Are we making progress? *Exceptional Children, 60*, 508-517.

McLeskey, J., & Waldron, N. (1996). Responses to questions teachers and administrators frequently ask about inclusion. *Phi Delta Kappan, 78*, 150-156.

McLeskey, J., & Waldron, N. (2000). *Inclusive education in action: Making differences ordinary*. Alexandria, VA: ASCD.

McLeskey, J., & Waldron, N. (2002, September). School change and inclusive schools: Lessons learned from practice. *Phi Delta Kappan, 84* (1), 65-72.

McLeskey, J., Waldron, N. (in press). Comprehensive school reform and inclusive schools: Improving schools for all students. *Theory into Practice*.

Meadows, N. B., & Stevens, K. B. (2004). Teaching alternative behaviors to students with emotional and behavioral disorders. In R. B. Rutherford, Jr., M. M. Quinn, & A. R. Mathur (Eds.), *Handbook of research in emotional and behavioral disorders* (pp. 385-398). New York: Guilford.

Mellard, D., & Lancaster, P. (2003). Incorporating adult community services in students' transition planning. *Remedial and Special Education, 24* (6), 359-368.

Mercer, C., & Pullen, P. (2005). *Students with learning disabilities* (6th ed.). Upper Saddle River, NJ: Prentice Hall.

Meyer, G. A., & Batshaw, M. L. (2001). Fragile X syndrome. In M. L. Batshaw (Ed.), *Children with disabilities* (5th ed., pp. 321-331). Baltimore: Brookes.

Meyer, L. H., Peck, C. A., & Brown, L. (Eds.). (1991). *Critical issues in the lives of people with severe disabilities*. Baltimore: Brookes.

Michaud, L. J., Semel-Concepciön, J., Duhaime, A., & Lazar, M. F. (2002). Traumatic brain injury. In M. L. Batshaw (Ed.), *Children with disabilities* (5th ed., pp. 525-545). Baltimore: Brookes.

Miller, A. (1999). Appropriateness of psychostimulant prescriptions to children: Theoretical and empirical perspectives. *Canadian Journal of Psychiatry, 44*, 1017-1024.

Miller, C. J., Sanchez, J., & Hynd, G. W. (2003). Neurological correlates of reading disabilities. In H. L. Swanson, K. R. Harris, & S. Graham (Eds.), *Handbook of learning disabilities* (pp. 242-255). New York: Guilford.

Minskoff, E. H. (1998). Sam Kirk: The man who made special education special. *Learning Disabilities Research and Practice, 13* (1), 15-21.

Mitchell, R. (2004). *How many people use ASL? And other good questions without good answers*. Retrieved December 12, 2005, from http://gri.gallaudet.edu/Presentations/2004-04-07-1.pdf

Mitchell, R. (2005). *A brief summary of estimates for the size of the deaf population in the USA based on available federal data and published research*. Retrieved August 2, 2005, from http://gri.gallaudet.edu/Demographics/deaf-US.php

Mooney, J., & Cole, D. (2000). *Learning outside the lines*. New York: Simon & Shuster.

Mostert, M. (2001). Facilitated communication since 1995: A review of published studies. *Journal of Autism and Developmental Disorders, 31*, 287-313.

Mostert, M. P., & Crockett, J. B. (2000). Reclaiming the history of special education for more effective practice. *Exceptionality, 8* (2), 133-143.

Mount, B., & Zwernik, K. (1988). *It's never too early, ti's never too late*. St. Paul, MN: Metropolitan Council.

Mrug, S., & Wallander, J. L. (2002). Young people with physical disabilities: Does integration play a role? *International Journal of Disabilities, 49* (3), 267-280.

MTA Cooperative Group. (1999). A 14-month randomized clinical trial of treatment strategies for attention-deficit/hyperactivity disorder. *Archives of General Psychiatry, 56*, 1073-1086.

Murdick, N., Gartin, B., & Crabtree, T. (2002). *Special education law*. Upper Saddle River, NJ: Merrill/Prentice Hall.

Murphy, C., Yeargin-Allsopp, M., Decoufle, P., & Drews, C. (1995). The administrative prevalence of mental retardation in 10-year-old children in metropolitan Atlanta. *American Journal of Public Health, 85* (3), 319-323.

Muscott, J. S. (2000). A review and analysis of service learning programs involving students with emotional/behavioral disorders. *Education and Treatment of Children, 23* (3), 346-368.

Naglieri, J., LeBuffe, P., & Pfeiffer, S. (1994). *Devereux scales of mental disorders*. San Antonio, TX: Harcourt Assessment.

Naglieri, J., LeBuffe, P. A., & Pfeiffer, S. I. (1993). *Devereux behavior rating scale—school form*. San Antonio, TX: Psychological Corporation.

National Alliance for Autism Research (NAAR). (2005). *What is autism: An overview*. Retrieved November 5, 2005, from http://www.nad.org/whatisit/index.php

National Association of the Deaf (NAD). (2000). *Cochlear implants: Position statement*. Retrieved December 16, 2005, from http://www.nad.org/site/pp.asp?c=foINKQMBF&b =138140

National Association of the Deaf (NAD). (n.d.) *What is the difference between a deaf and hard of hearing person?* Retrieved November 22, 2005, from http://www.nad.org/site/pp.asp?c=foINKQMBF&b=180410

National Center for Education Statistics (NCES). (2005). *NAEP 2004 trends in academic progress: Three decades of student performance in reading and mathematics: Findings in brief*. Retrieved December 14, 2005, from http://nces.ed.gov/pubsearch/pubsinfo.asp?pubid=2005463

National Center for Educational Statistics (NCES). (2002). *The condition of education*. Retrieved March 23, 2005, from http://nces.ed.gov/phbsearch/pubsinfo.asp?pubid=2002025

National Center for Health Statistics (NCES). (1998). *National health interview survey—Disability supplement, 1994-95*. Hyattsville, MD: Author.

National Center for Hearing Assessment and Management. (2004). *2004 state EHDI survey: Screening*. Retrieved August 8, 2006, from http://www.infanthearing.org/survey/2004statesurvey/results_screening.html

National Center on Birth Defects and Disabilities.

(2004). *Cerebral palsy.* Retrieved September 27, 2005, from http://www.cdc.gov/ncbddd/dd/ddcp.htm

National Clearinghouse on Child Abuse and Neglect. (2006). *Child maltreatment 2004: Summary and key findings*. Retrieved May 25, 2006, from http://nccanch.acf.hhs.gov/general/stats/index.cfm

National Commission on Teaching and America's Future. (2003). *No dream denied: A pledge to America's children.* Retrieved May 25, 2006, from http://www.nea.org/ goodnews/citation.html

National Council for Accreditation of Teacher Education. (2002). *Professional standards for the accreditation of schools, colleges, and departments of education*. Retrieved June 1, 2004, from http://www.ncate.org/2000/unit_stnds_2002.pdf

National Dissemination Center for Children with Disabilities. (2004). *Spina bifida*. Retrieved September 27, 2005, from http://www.nichny.org/pubs/factshe/fs12txt.htm

National Education Association (NEA). (2003). *The status of the American public school teacher 2000-2001.* Retrieved December 13, 2005, from http://www.nea.org/newsreleases/2003/nr030827.html

National Institute of Allergy and Infectious Diseases (NIAID). (2004). *HIV infection in infants and children*. Retrieved August 30, 2005, from http://www.niaid.nih.gov/factsheets/hivchildren.htm

National Institute on Deafness and Other Communication Disorders (NIDCD). (2002). *Cochlear implants: Who gets a cochlear implant?* Retrieved December 8, 2005, from http://www.nidcd.nih.gov/health/hearing/coch.asp

National Institute on Deafness and Other Communication Disorders (NIDCD). (2004). *Statistics on voice, speech, and language*. Retrieved January 2, 2006, from http://www.nidcd.nih.gov/helth/statistics/vsl.asp#2

National Research Council (NRC). (2001). *Educating children with autism.* Washington, DC: National Academy Press.

National Resource Center on AD/HD. (2005). *College issues for students with ADHD*. Retrieved October 13, 2005, from http://www.help4adhd.org/en/education/college/ collegeissues

National Technical Assistance Consortium for Children and Young Adults Who Are Deaf-Blind (NTAC). (2004). *National deaf-blind child count*. Retrieved August 16, 2006, from http://www.tr.wou.edu/ntac/documents/census/2004-Census-Tables.pdf

National Vaccine Information Center. (2005). *Autism and vaccines: A new look at an old story*. Retrieved December 7, 2005, from http://www.909shot.com/Diseases/ autismsp.htm

NEA and NASDSE. (2004). The path to "highly qualified" special education teacher under the Individuals with Disabilities Education Improvement Act of 2004. Retrieved May 8, 2005, from http://www.nea.org/specialed/hqspecial.html

Neel, R. S., & Cessna, K. K. (1990). Behavioral intent: Instructional content for students with behavior disorders. In K. K. Cessna (Ed.), *Instructionally differentiated programming* (pp. 31-40). Denver: Colorado Department of Education.

Nelson, J. R. (1996). Designing schools to meet the needs of students who exhibit disruptive behavior. *Journal of Emotional and Behavioral Disorders, 4* (3), 147-161.

Nelson, J. R., Martella, R. M., & Machand-Martella,

N. (2002). Maximizing student learning: The effects of a comprehensive school-based program for preventing problem behaviors. *Journal of Emotional and Behavioral Disorders, 10* (3), 136-148.

Newcomer, P. L., Barenbaum, E., & Pearson, N. (1995). Depression and anxiety in children and adolescents with learning disabilities, conduct disorders, and no disability. *Journal of Emotional and Behavioral Disorders, 3* (1), 27-39.

Nieto, S. (2004). *Affirming diversity: The sociopolitical context of multicultural education* (4th ed.). Boston: Allyn & Bacon.

Nihira, K., Leland, H., & Lambert, N. (1993). *AAMR adaptive behavior scale— residential and community* (2nd ed.). Austin, TX: PRO-ED.

Noble, K. D., Subotnik, R. F. & Arnold, K. D. (1999). To thine own self be true: A new model of female talent development. *Gifted Child Quarterly, 43,* 140-149.

No Child Left Behind Act. (2001). § 6301 et seq.

Noddings, N. (1998, December 7). Schools face crisis in caring. *Education Week* (p. 32).

Oakes, J. (1992). Can tracking research inform practice? Technical, normative, and political considerations. *Educational Researcher, 21*(4), 12-21.

Ochs, E., Kremer-Sadlik, T., Solomon, O., & Sirota, K. G. (2001). Inclusion as social practice: Views of children with autism. *Social Development, 10* (3), 399-419.

Odom, S. L., Brantlinger, E., Gersten, R., Horner, R. H., Thompson, B., & Harris, K. R. (2005). Research in special education: Scientific methods and evidenced-based practices. *Exceptional Children, 71*, 137-148.

Odom, S. L., & DeKlyen, M. (1986). Social withdrawal in childhood. Unpublished manuscript.

Office of Special Education Programs (OSEP). (2003). *Identifying and treating attention deficit hyperactivity disorder: A resource for school and home.* Washington, DC: Author.

O'Leary, K., & Becker, W. (1967). Behavior modification of an adjustment class: A token reinforcement program. *Exceptional Children, 9,* 637-642.

Olenchak, F. R., & Hebert, T. P. (2002). Endangered academic talent: Lessons learned from gifted first generation college males. *Journal of College Student Development, 28,* 195-212.

Olley, G. J. (2005). Curriculum and classroom structure. In F. R. Volkmar, R. Paul, A. Klin, & D. Cohen (Eds.), *Handbook of autism and pervasive developmental disorders: Vol. 2. Assessment, interventions, and policy* (4th ed., pp. 863-881). Hoboken, NJ: Wiley.

Olszewski-Kubilius, P., Lee, S. Y., Ngoi, M., & Ngoi, D. (2004). Addressing the achievement gap between minority and non-minority children by increasing access to gifted programs. *Journal for the Education of the Gifted, 28* (2), 127-158.

O'Neil, P. (2001). Special education and high stakes testing for high school graduation: An analysis of current law and policy. *Journal of Law and Education, 30* (2), 185-222.

Orkwis, R., & McLane, K. (1998). *A curriculum every student can use: Design principles for student access.* Reston, VA: Council for Exceptional Children, ERIC Clearinghouse on Disabilities and Gifted Education.

Osher, D., Morrison, G., & Bailey, W. (2003). Exploring the relationship between student mobility and dropout among students with emotional and behavioral disorder. *Journal of*

Negro Education, 72, 79-96.

Overton, T. (2003). *Assessing learners with special needs: An applied approach* (4th ed.). Upper Saddle River, NJ: Merrill/Prentice Hall.

Overton, T. (2006). *Assessing learners with special need: An applied approach* (5th ed.). Upper Saddle River, NJ: Merrill/Prentice Hall.

Owens, R. E., Metz, D. E., & Haas, A. (2003). *Introduction to communication disorders: A life span perspective* (2nd ed.). Boston: Allyn & Bacon.

Paine, S. C., Radicci, J., Rosellini, L. C., Deutchman, L., & Darch, C. B. (1983). *Structuring your classroom for academic success.* Champaign, IL: Research Press Company.

Paley, V. G. (2000). *White teacher.* Cambridge, MA: Harvard University Press.

Patrick, H., Turner, J., Meyer, D. K., & Midgley, C. (2003). How teachers establish psychological environments during the first days of school: Associations with avoidance in mathematics. *Teachers College Record, 105*, 1521-1558.

Patterson, G. R., Reid, J. B., Jones, R. R., & Conger, R. E. (1975). *A social learning approach to family intervention: Vol. 1. Families with aggressive children.* Eugene, OR: Castalia.

Patton, J., Polloway, E., & Smith, T. (1996). Individuals with mild mental retardation: Postsecondary outcomes and implications for educational policy. *Education and Training in Mental Retardation and Developmental Disabilities, 31*, 75-85.

Patton, J., Pilloway, E., Smith, T., Edgar, E., Clark, G., & Lee, S. (1996). Individuals with mild mental retardation: Postsecondary outcomes and implications for educational policy. *Education and Training in Mental Retardation and Developmental Disabilities, 31*, 77-85.

Paul, R. (2005). Assessing communication in autism spectrum disorders. In F. R. Volkmar, R. Paul, A. Klin, & D. Cohen (Eds.), *Handbook of autism and pervasive developmental disorders: Vol. 2. Assessment, interventions, and policy* (4th ed., pp. 799-816). Hoboken, NJ: Wiley.

Payne, R. K. (2003). *Framework for understanding poverty* (rev. ed.). Highlands, TX: aha! Process.

Pearmen, E., Elliott, T., & Aborn, L. (2004). Transition services model: Partnership for student success. *Education and Training in Developmental Disabilities, 39*, 26-34.

Pegnato, C. W., & Birch, J. W. (1959). Locating gifted children in junior high schools—A comparison of methods. *Exceptional Children, 25*, 300-304.

Pellegrino, L. (2002). Cerebral palsy. In M. L. Batshaw (Ed.), *Children with disabilities* (5th ed., pp. 443-466). Baltimore: Brooks.

Pelo, A., & Davidson, F. (2000). *That's not fair! A teacher's guide to activism with young children.* St. Paul, MN: Redleaf.

Peña, E. D., & Davis, B. L. (2000). Language disorders in infants, toddlers, and preschoolers. In R. B. Gillam, T. P. Marquardt, & F. N. Martin (Eds.), *Communication sciences and disorders: From science to clinical practice* (pp. 409-436). San Diego: Singular.

Penno, D. A., Frank, A. R., & Wacker, D. P. (2000). Instructional accommodations for adolescent students with severe emotional or behavioral disorders. *Behavioral Disorders, 25*, 325-343.

Peterson's Guide. (2003). *Colleges with programs for students with learning disabilities or attention deficit disorders* (7th ed.). Lawrenceville, NJ: Thomson Learning.

Phelps, L., & Grabowski, J. (1991). Autism: Etiology, differential diagnosis, and behavioral assessment update. *Journal of Psychopathology and Behavioral Assessment, 13* (2), 107-125.

Phelps, P. (2006). The three Rs of professionalism. *Kappa Delta Pi Record, 42,* 69-71.

Pierce, C. D., Reid, R., & Epstein, M. H. (2004). Teacher mediated interventions for children with EBD and their academic outcomes. *Remedial and Special Education, 25* (3), 175-188.

Piers, E., & Harris, D. (1984). *The Piers-Harris children's self-concept scale.* Nashville, TN: Counselor Recordings and Tests.

Piirto, J. N. (1992). *Understanding those who create.* Dayton: Ohio Psychology Press.

Pinnell, G., Lyons, C., DeFord, D., Bryk, A., & Seltzer, M. (1994). Comparing instructional models for the literacy education of high-risk first graders. *Reading Research Quarterly, 29,* 9-39.

Platt, J. M. (1987). Substitute teachers can do more than just keep the lid on. *Teaching Exceptional Children, 19* (2), 28-31.

Polloway, E. (1984). The integration of mildly retarded students in the schools: A historical review. *Remedial and Special Education, 5* (4), 18-28.

Polloway, E., Chamberlain, J., Denning, C., Smith, J., & Smith, T. (1999). Levels of deficits or supports in the classification of mental retardation: Implementation practices. *Education and Training in Mental Retardation and Developmental Disabilities, 34,* 200-206.

Polsgrove, L., & Smith, A. W. (2004). Informed practice in teaching self-control to children with emotional and behavioral disorders. In R. B. Rutherford, Jr., M. M. Quinn, & A. R. Mathur (Eds.), *Handbook of research in emotional and behavioral disorders* (pp. 399-425). New York: Guilford.

Postman, N., & Weingartner, C. (1969). *Teaching as a subversive activity.* New York: Delta.

President's Commission on Excellence in Special Education. 92002). *A new era: Revitalizing special education for children and their families.* Jessup, MD: Education Publications Center, U.S. Department of Education.

President's Committee on Mental Retardation. (1969). *The six-hour retarded child.* Washington, DC: U.S. Government Printing Office.

Psychological Corporation. (2001). *Wechsler individual achievement test* (2nd ed.). San Antonio, TX: Author.

Public Education Network. (2004). *Teacher professional development: A primer for parents & community members.* Washington, DC: Author.

Public Schools of North Carolina State Board of Education. (2004). *ABCs 2004 accountability report background packet.* Raleigh: North Carolina Department of Public Instruction. Retrieved January 10, 2005, from http://abcs.ncpublicschools. org/abcs/

Putnam, J. (1998). *Cooperative learning and strategies for inclusion* (2nd ed.). Baltimore: Brookes.

Quay, H. C., & Peterson, D. R. (1993). *The revised behavior problem checklist: Manual.* Odessa, FL: Psychological Assessment Resources.

Quinn, M. M., & Poirier, J. M. (2004). Linking prevention research with policy: Examining the costs and outcomes of the failure to prevent emotional and behavioral disorders. In R. B. Rutherford, Jr., M. M. Zuinn, & A. R. Mathur (Eds.), *Handbook of research in emotional and behavioral disorders* (pp. 54-77). New York:

Guilford.

Quinn, M. M., Osher, D., Warger, C., Hanley, T., Bader, B. D., Tate, R., et al. (2000). *Educational strategies for children with emotional and behavioral problems.* Washington, DC: Center for Effective Collaboration and Practice, American Institutes for Research.

Racino, J. A. (1995). Community living for adults with developmental disabilities: A housing and support approach. *Journal of The Association for Persons with Severe Handicaps, 20,* 300–310.

Ramey, C., & Ramey, S. (1992). Effective early intervention. *Mental Retardation, 30* (6), 337–345.

Ramey, S. L. & Ramey, C. T. (1998). The transition to school: Opportunities and challenges for children, families, educators, and communities. *Elementary School Journal, 98* (4), 293–295.

Ramos-Ford, V., & Gardner, H. (1991). Giftedness from a multiple intelligences perspective. In N. Colangelo & G. A. Davis (Eds.), *Handbook of gifted education* (pp. 55–64). Needham Heights, MA: Allyn & Bacon.

Rapport, M., Scanlan, S., & Denney, C. (1999). Attention deficit/hyperactivity disorder and scholastic achievement: A model of dual developmental pathways. *Journal of Child Psychology and Psychiatry and Applied Disciplines, 40* (8), 1169–1183.

Raver, C. C., & Knitze, J. (2002). *Ready to enter: What research tells policymakers about strategies to promote social and emotional school readiness among three- and four-year-olds* (Policy Paper No. 3). Columbia University: National Center for Children in Poverty.

Redcav, E., & Courchesne, E. (2005). When is the brain enlarged in autism? A meta-analysis of all brain size reports. *Biological Psychiatry, 58* (1), 1–9.

Redl, F., & Wineman, D. (1957). *The aggressive child.* New York: Free Press.

Reed, V. A., & Spicer, L. (2003). The relative importance of selected communication skills for adolescents' interactions with their teachers: High school teachers' opinions. *Language, Speech, and Hearing Services in Schools, 34,* 343–357.

Reese, S. (2004, May). Teacher portfolios: Displaying the art of teaching. *Techniques, 79* (5), 18–21.

Regenbogen, L., & Coscas, G. (1985). *Oculo-auditory syndromes.* New York: Masson.

Rehabilitation Research and Training Center on Independent Living Management. (2002). *Disability history timeline.* Retrieved July 7, 2005, from http://courses.temple.edu/neighbor/ds/disabilityrightstimeline.htm

Reid, R., Trout, A., & Schartz, M. (2005). Self-regulation interventions for children with attention deficit/hyperactivity disorder. *Exceptional Children, 71*(4), 361–377.

Reiff, M. (2004). ADHD: *A complete and authoritative guide.* Elk Grove Village, IL: American Academy of Pediatrics.

Reis, S. M., & Graham, C. (2005). Needed: Teachers to encourage girls in math, science, and technology. *Gifted Child Today, 28,* 14–21.

Renzulli, J. S. (1977). *The enrichment triad model: A guide for developing defensible programs for the gifted and talented.* Mansfield, CT: Creative Learning Press.

Renzulli, J. S. (1986). The three ring conception of giftedness: A developmental model for creative productivity. In R. Sternberg & J. E. Davidson (Eds.), *Conceptions of giftedness* (pp. 53–92).

New York: Cambridge University Press.

Renzulli, J. S. (2002). Emerging conceptions of giftedness: Building a bridge to the new century. *Exceptionality, 10*, 67-75.

Renzulli, J. S., & Reis, S. M. (1991). The reform movement and the quiet crisis in gifted education. *Gifted Child Quarterly, 35* (1), 26-35.

Reschly, D. (2005). Learning disabilities identification: Primary intervention, secondary intervention, and then what? *Journal of Learning Disabilities, 38* (6), 510-515.

Reutzel, R. (2003). Organizing effective literacy instruction: Grouping strategies and instructional routines. In L. M. Morrow, L. B. Gambrell, & M. Pressley (Eds.), *Best practices in literacy instruction* (2nd ed., pp. 241-267). New York: Guilford.

Rhode, G., Jenson, W., & Reavis, K. (1998). *The tough kid book: Practical classroom management strategies*. Longmont, CO: Sopris West.

Rhodes, W. C. (1967). The disturbing child: A problem in ecological management. *Exceptional Children, 33*, 449-455.

Richards, D. (2003). *The top section 504 errors: Expert guidance to avoid 25 common compliance mistakes*. Horsham, PA: LRP.

Richardson, J. (1999, February/March). Engaging the public builds support for schools. *Tools for Schools*. Retrieved October 5, 2005, from http://www.nsdc.org/library/publica tions/tools/tools2-99rich.cfm

Richert, E. S., Alvino, J., & McDonnel, R. (1982). *The national report on identification of gifted and talented youth: Assessment and recommendations for comprehensive identification of gifted and talented youth*. Sewell, NJ: Educational Improvement Center South.

Rivera, G. (2004). *Early biography*. Retrieved June 27, 2005, from http://www.geraldo.com/index.php?/archives/14_EARLY_BIO.html

Rivkin, S., Hanushek, E., & Kain, J. (2001). *Teachers, schools, and academic achievement*. Political Economy Working Paper 09/01. Richardson: University of Texas at Dallas.

Robins D., Fein, D., Barton, M., & Green, J. (2001). The modified checklist for autism in toddlers. *Journal of Autism and Developmental Disorders, 31* (2), 131-144.

Robinson, A. (1990). Cooperation or exploitation? The argument against cooperative learning for talented students. *Journal for the Education of the Gifted, 14*, 9-27.

Rock, E. E., Fessler, M. A., & Church, R. P. (1997). The concomitance of learning disabilities and emotional/behavioral disorders: A conceptual model. *Journal of Learning Disabilities, 30* (3), 245-263.

Rock, E., Fessler, M., & Church, R. (1999). Co-occurring disorders and learning disabilities. In W. Bender (Ed.), *Professional issues in learning disabilities* (pp. 347-384). Austin, TX: PRO-ED.

Rodgers, C. (1965). *Client centered therapy*. Boston: Houghton Mifflin.

Roe, A. (1952). A psychologist examines 64 eminent scientists. *Scientific American, 187*, 21-25.

Rogan, J. (2000). Learning strategies: Recipes for success. *Beyond Behavior, 10* (1), 18-22.

Roid, G. (2003). *Stanford-Binet intelligence test* (5th ed.). Itasca, IL: Riverside.

Roizen, N. J. (2001). Down syndrome. In M. L. Batshaw (Ed.), *Children with disabilities* (5th ed., pp. 307-320). Baltimore: Brookes.

Rorschach, H. (1932). *Psychodiagnostic: Methodik und Ergebnisse eines Wahrnehmungs-*

diagnostischen Experiments (2nd ed.). Bern, Switzerland: Huber.

Rosenberg, M. S., & Jackman, L. A. (1997). Addressing student and staff behavior: The PAR model. *Fourth R,* 79, 1-12.

Rosenberg, M. S., & Jackman, L. A. (2000, May). *Up to PAR: Development, implementation, and maintenance of comprehensive school-wide behavior management systems.* Paper presented at Comprehensive Systems of Personnel Development, Alexandria, VA.

Rosenberg, M. S., & Fackman, L. A. (2003). Development, implementation, and sustainability of comprehensive school-wide behavior management systems. *Intervention in School and Clinic, 39* (1), 10-21.

Rosenberg, M. S., Griffin, C., Kilgore, K., & Carpenter, S. L. (1997). Beginning teachers in special education: A model for providing individualized support. *Teacher Education and Special Education, 20* (4), 301-321.

Rosenberg, M. S., O'Shea, L., & O'Shea, D. J. (2006). *Student teacher to master teacher: A practical guide for educating students with special needs* (4th ed.). Upper Saddle River, NJ: Merrill/ Prentice Hall.

Rosenberg, M. S., Wilson, R. J., Maheady, L., & Sindelar, P. T. (2004). *Educating students with behavior disorders* (3rd ed.). Boston: Pearson Education.

Rosenfeld, J. S. (2005). Section 504 and IDEA: Basic similarities and differences. *Learning Disabilities OnLine.* Retrieved November 29, 2005, from http://www.Idoline.org/ Id_indepth/legal_legislative/edlaw504.html

Rosenshine, B., & Stevens, R. (1986). Teaching functions. In M. C. Wittrock (Ed.), *Handbook of research on teaching* (3rd ed., pp. 376-391). New York: Macmillan.

Ross, J. A. (1994). The impact of an inservice to promote cooperative learning on the stability of teacher efficacy. *Canadian Journal of Education, 17,* 51-65.

Roth, F. P., & Worthington, C. K. (1996). *Treatment resource manual for speech-language pathology.* San Diego: Singular.

Rothstein, R. (2002). *Class and schools.* Washington, DC: Economic Policy Institute.

Rotter, J. B. (1966). Generalized expectancies for internalized versus externalized control of reinforcement. *Psychological Monographs, 80,* 1-28.

Rowland, A., Umback, D., Stallone, L., et al. (2002). Prevalence of medication treatment for attention deficit-hyperactivity disorder among elementary school children in Johnston County, North Carolina. *American Journal of Public Health, 92,* 231-234.

Ruiz, R. (1988). Orientations in language planning. In S. L. McKay & S. C. Wong (Eds.), *Language diversity: Problem or resource?* (pp. 3-26). New York: Newbury House.

Rusch, F. R., & Braddock, D. (2004). Adult day programs versus supported employment (1988-2002): Spending and service practices of mental retardation and developmental disabilities' state agencies. *Research and Practice for Persons with Severe Disabilities, 29,* 237-242.

Rutter, M. (1978). Diagnosis and definition. In M. Rutter & E. Schopler (Eds.), *Autism: A reappraisal of concepts and treatment* (pp. 1-26). New York: Plenum.

Ryan, A., Halsey H., & Matthews, W. (2003). Using functional assessment to promote desirable student behavior in schools. *Teaching Exceptional Children, 35*, 8-15.

Ryan, J. B., & Peterson, R. L. (2004). Physical restraint in school. *Behavioral Disorders, 29* (2), 154-168.

Safford, P. J., & Safford, E. J. (1996). *A history of childhood and disability*. New York: Teachers College Press.

Safran, J. S. (2002). Supporting students with Asperger's syndrome in general education. *TEACHING Exceptional Children, 34* (5), 60-66.

Salend, S. (2005). *Creating inclusive classrooms: Effective and reflective practices for all students* (5th ed.). Upper Saddle River, NJ: Merrill/ Prentice Hall.

Salend, S., & Duhaney, L. (1999). The impact of inclusion on students with and without disabilities and their educators. *Remedial and Special Education, 20*, 114-126.

Salend, S., & Rohena, E. (2003). Students with attention deficit disorders. An overview. *Intervention in School and Clinic, 38* (5), 259-266.

Salisbury, C. L., & Smith, B. J. (1993). *Effective practices for preparing young children with special needs for school*. ERIC Digest #E519. Reston VA: ERIC Clearinghouse on Special Needs and Gifed Education. (ED358675).

Sameroff, A. (1990). Neo-environmental perspectives on developmental theory. In R. Hodapp, J. Burack, & E. Zigler (Eds.), *Issues in the developmental approach to mental retardation* (pp. 93-113). New York: Cambridge University Press.

Sample, P. (1998). Postschool outcomes for students with significant emotional disturbance following best-practice transition services. *Behavioral Disorders, 23* (4), 231-242.

Sanders, W., & Horn, S. (1998). Research findings from the Tennessee Value-Added Assessment System (TVAAS) database: Implications for educational evaluation and research. *Journal of Personnel Evaluation in Education, 12* (3), 247-256.

Sands, D., & Wehmeyer, M. (2005). Teaching goal setting and decision making to students with developmental disabilities. In M. Wehmeyer & M. Agran (Eds.), *Mental retardation and intellectual disabilities: Teaching students using innovation and research-based strategies* (pp. 273-296). Washington, DC: AAMR.

Sansosti, F. J., Powell-Smith, K. A., & Kincaid, D. (2004). A research synthesis of social story interventions for children with autism spectrum disorders. *Focus on Autism and Other Developmental Disabilities, 19* (4), 194-204.

Santos, M. (2002). From mystery to mainstream: Today's school-based speech-language pathologist. *Educational Horizons, 880*, 93-96.

Saphier, J. D. (1995). *Bonfires and magic bullets. Making teaching a true profession: The step without which other reforms will neither take nor endure*. Carlisle, MA: Research for Better Teaching.

Scheff, T. (1966). *Being mentally ill: A sociological theory*. Chicago. Aldine.

Schirmer, B. R. (2000). *Language and literacy development in children who are deaf* (2nd ed.). Needham Heights, MA: Allyn & Bacon.

Schirmer, B. R. (2001a). *Psychological, social, and educational dimensions of deafness*. Boston: Allyn & Bacon.

Schirmer, B. R. (2001b). Using research to improve literacy practice and practice to improve literacy research. *Journal of Deaf Studies and Deaf*

Education, 6 (2), 83–91.

Schoenbrodt, L., Kumin, L., & Sloan, J. M. (1997). Learning disabilities existing concomitantly with language disorder. *Journal of Learning Disabilities, 30*, 264–281.

Schopler, E. (2005). Cross-cultural program priorities and reclassification of outcome research methods. In F. R. Volkmar, R. Paul, A. Klin, & D. Cohen (Eds.), *Handbook of autism and pervasive developmental disorders: Vol. 2. Assessment, interventions, and policy* (4th ed., pp. 1174–1192). Hoboken, NJ: Wiley.

Schopler, E., Reichler, R. J., Bashford, A., Lansing, M. D., & Marcus, L. M. (1990). *Psychoeducational profile—Revised*. Austin, TX: PRO-ED.

Schopler, E. Reichler, R. J., & Renner, B. R. (1986). *The childhood autism rating scale (CARS) for diagnostic screening and classification of autism*. Irvington, NY: Irvington.

Schrag, P., & Divoky, D. (1975). *The myth of the hyperactive child*. New York: Pantheon.

Schreibman, L., & Ingersoll, B. (2005). Behavioral interventions to promote learning in individuals with autism. In F. R. Volkmar, R. Paul, A. Klin, & D. Cohen (Eds.), *Handbook of autism and pervasive developmental disorders: Vol. 2. Assessment, interventions, and policy* (4th ed., pp. 882-896). Hoboken, NJ: Wiley.

Schumaker, J., & Deshler, D. (2003). Can students with LD become competent writers? *Learning Disability Quarterly, 26*, 129–141.

Schumaker, J., & Deshler, D. (2006). Teaching adolescents to be strategic learners. In D. Deshler & J. Schumaker (Eds.), *Teaching adolescents with disabilities* (pp. 121–156). Thousand Oaks, CA: Corwin.

Schumaker, J., Deshler, D., Alley, G., Warner, M., & Denton, P. (1982). A learning strategy for improving reading comprehension. *Learning Disability Quarterly, 5*, 295–305.

Schumm, J. (1999). *Adapting reading and math materials for the inclusive classroom*. Reston, VA: Council for Exceptional Children.

Schumm, J., Vaughn, S., & Leavell, A. (1994). Planning pyramid: A framework for planning for diverse student needs during content area instruction. *Reading Teacher, 47* (8), 608–615.

Schwab Foundation for Learning. (1999). *Learning special needs: Common warning signs*. Retrieved November 1, 2004, from http://www.schwablearning.org/index.asp

Schworm, R., & Birnbaum, R. (1989). Symptom expression in hyperactive children: An analysis of observation. *Journal of Learning Disabilities, 22*, 35–40.

Scott, E. M., Smith T. E. C., Hendricks, M. D., & Polloway, E. A. (1999). Prader-Willi syndrome: A review and implications for educational intervention. *Education and Training in Mental Retardation and Developmental Disabilities, 34*, 110–116.

Scott, K. (1999). Cognitive instructional strategies. In W. Bender (Ed.), *Professional issues in learning disabilities* (pp. 55–82). Austin, TX: PRO-ED.

Scruggs, T. E., & Mastropieri, M. (2002). On babies and bathwater: Addressing the problems of identification of learning disabilities. *Learning Disability Quarterly, 25* (3), 155–168.

Scruggs, T. E., & Mastropieri, M. A. (1996). Teacher perceptions of mainstream/inclusion, 1958–1995: A research synthesis. *Exceptional Children, 63*, 59–74.

Segal, N. L. (2005). Twin study summaries. *Twin Research and Human Genetics, 8* (4), 411-2,

413-4.

Selig, R. A. (2005). *The Revolution's black soldiers.* Retrieved November 27, 2005, from http://www.americanrevolution.org

Seltzer, M., Floyd, F., Greenberg, J., Lounds, J., Lindstron, M., & Hong, J. (2005). Life course impacts of mild intellectual deficits. *American Journal of Mental Retardation, 110,* 451-468.

Shackelford, J. (2006). *State and jurisdictional eligibility definitions for infants and toddlers with special needs under IDEA* (NECTAC Notes No. 20). Chapel Hill: University of North Carolina, FPG Child Development Institute, National Early Childhood Technical Assistance Center. Retrieved June 22, 2006, from http://www.nectac.org/%7pdfs/puvs/ nnotes20.pdf

Shapiro, D. A. (1999). *Stuttering intervention: A collaborative journey to fluency freedom.* Austin, TX: PRO-ED.

Shapiro, E. S., Miller, D. N., Sawka, K., Gardill, M. C., & Handler, M. W. (1999). Facilitating the inclusion of students with EBD into general education classrooms. *Journal of Emotional and Behavioral Disorders, 7* (2), 83-93.

Shaywitz, B., Shaywitz, S., Blachman, B., Pugh, K., Fulbright, R., Skudlarski, P., et al. (2004). Development of left occipito-temporal systems for skilled reading in children after a phonologically-based intervention. *Biological Psychiatry, 55,* 926-933.

Shea, V., & Mesibov, G. B. (2005). Adolescents and adults with autism. In F. R. Volkmar, R. Paul, A. Klin, & D. Cohen (Eds.), *Handbook of autism and pervasive developmental disorders: Vol. 1. Diagnosis, development, neurobiology, and behavior* (4th ed., pp. 288-311). Hoboken, NJ: Wiley.

Shippen, M. E., Simpson, R. G., & Crites, S. A. (2003). A practical guide to functional behavioral assessment. *Teaching Exceptional Children, 35,* 36-44.

Shore, B. M., Cornell, D. G., Robinson, A., & Ward, V. S. (1991). *Recommended practices in gifted education.* New York: Teachers College Press.

Shore, B. M., & Tsiamis, A. (1986). Identification by provision: Limited field test of a radical alternative for identifying gifted students. In K. A. Heller & J. F. Feldhusen (Eds.), *Identifying and nurturing the gifted: An international perspective* (pp. 93-109). Toronto: Huber.

Shuell, T. (1996). Teaching and learning in a classroom context. In D. Berliner & R. Calfee (Eds.), *Handbook of educational psychology* (pp. 726-764). New York: Macmillan.

Siegel, L. (2001). The educational and communication needs of deaf and hard of hearing children: A statement of principal regarding fundamental systemic educational changes. *American Annals of the Deaf, 145* (2), 64-77.

Siegel, L. S. (2003). Basic cognitive processes and reading disabilities. In H. L. Swanson, K. R. Harris, & S. Graham (Eds.), *Handbook of learning disabilities* (pp. 158-181). New York: Guilford.

Sigman, M., & Capps, L. (1997). *Children with autism: A developmental perspective.* Cambridge, MA: Harvard University Press.

Silverman, L. K. (1990). Social and emotional education of the gifted: The discoveries of Leta Hollingwirth. *Roper Review, 12,* 171-178.

Simonsen, C. E., & Gordon, M. S. (1982). *Juvenile justice in America.* New York: Macmillan.

Simonsen, C. E., & Vito, G. F. (2003). *Juvenile justice*

today (4th ed). Englewood Cliffs, NJ: Prentice Hall.

Simpson, R. L., de Boer-Ott, S. R., & Smith-Myles, B. (2003). Inclusion of learners with autism spectrum disorders in general education settings. *Topics in Language Disorders, 23* (2), 116-133.

Simpson, R. L., & Myles, B. S., (1998). Aggression among children and youth who have Asperger's syndrome: A different population requiring different strategies. *Preventing School Failure, 42* (4), 149-153.

Sindelar, P. T., Griffin, C. C., Smith, S. W., & Watanabe, A. K. (1992). Pre-referral intervention: Encouraging notes on preliminary findings. *Elementary School Journal, 92*, 245-259.

Sitlington, P. L., & Nuebert, D. A. (2004). Preparing youths with emotional or behavioral disorders for transition to adult life: Can it be done within the standards-based reform movement? *Behavioral Disorders, 29* (3), 279-288.

Skiba, R., Poloni-Staudinger, L., Gallini, S., Simmons, A., & Feggins-Azziz, R. (2006). Disparage access: The disproportionality of African American students with disabilities across educational environments. *Exceptional Children, 72* (4), 411-424.

Skinner, R., & Staresina, L. (2004). State of the states. In Education Week [special issue]: *Special education in an era of standards: Count me in* (pp. 97-123).

Slavin, R. (2004). Built to last: Long-term maintenance of success for all. *Remedial and Special Education, 25* (1), 61-66.

Slavin, R., Madden, N., Dolan, L., Wasik, B., Ross, S., & Smith, L. (1994). Whenever and wherever we choose: The replication of "success for all." *Phi Delta Kappan, 75*, 639-647.

Slavin, R. E. (1990a). Ability grouping, cooperative learning and the gifted. *Journal for the Education of the Gifted, 14*, 3-8.

Slavin, R. E. (1990b). *Cooperative learning: Theory, research, and practice*. Upper Saddle River, NJ: Prentice Hall.

Sleeter, C. (1995). Redical structuralist perspectives on the creation and use of learning disabilities. In T. Skrtic (Ed.), *Disability & democracy: Reconstructing (special) educational for postmodernity* (pp. 153-165). New York: Teachers College Press.

Smith, C. R., & Katsiyannis, A. (2004). Behavior, discipline, and students with emotional or behavioral disorders: Promises to keep... miles to go. *Behavioral Disorders, 29* (3), 289-299.

Smith, D. D., & Rivera, D. P. (1995). Discipline in special education and general education settings. *Focus on Exceptional Children, 27* (5), 1-14.

Smith, D. J. (1998). Histories of special education: Stories from our past, insights for our future. *Remedial and Special Education, 19* (4), 196-200.

Smith, J. D. (2003). *In search of better angels: Stories of disability in the human family*. Thousan Oaks, CA: Corwin.

Smith. T., Polloway, E., Patton, J., & Dowdy, C. (2004). *Teaching students with special needs in inclusive settings* (4th ed.). Boston: Allyn & Bacon.

Smith, T. E. C. (2001). Section 504, the ADA, and public schools. *Remedial and Special Education, 22* (6), 335-343.

Smith-Mylers, B., & Simpson, R. L. (2001). Effective practices for students with Asperger's syndrome. *Focus on Exceptional Children, 34*, 1-16.

Snell, M. E., & Brown, F. (Eds.). (2005). *Instruction*

of students with severe disabilities (6th ed.). Upper Saddle River, NJ: Merrill/Prentice Hall.

Snell, M. E., & Eichner, S. J. (1989). Integration for students with profound disabilities. In F. Brown & D. H. Lehr (Eds.), *Persons with profound disabilities: Issues and practices* (pp. 109–138). Baltimore: Brookes.

Snow, K. (2006). *People first language.* Retrieved August 1, 2006, from http://www.disabilityisnatural.com/peoplefistlanguage.htm

Soto, G., & Goetz, L. (1998). Self-efficacy beliefs and the education of students with severe disabilities. *Journal of the Association for Persons with Severe Handicaps, 23*, 134–143.

Southern, W. T., & Jones, E. D. (1992). Programming, grouping, and acceleration in rural school districts: A survey of attitudes and practices. *Gifted Child Quarterly, 36*, 172–177.

Southern, W. T., Spicker H. H., Kierouz, K., & Kelly, K. (1990). *The Indiana guide for the identification of the gifted and talented* (K. Kierouz, Ed.). Indianapolis: Indiana Department of Education.

Sparrow, S. S., Cicchetti, D. V., & Balla, D. A. (2005). *Vineland adaptive behavior scales* (2nd ed.). Circle Pines, MN: American Guidance Service.

Spear-Swerling, L., & Sternberg, R. (1996). *Off track: When poor readers become "learning disabled."* Boulder, CO: Westview.

Spiegel, H. M. L., & Bonwit, A. M. (2002). HIV infection in children. In M. L. Batshaw (Ed.), *Children with disabilities* (5th ed., pp. 123–139). Baltimore: Brookes.

Sprague, J. R., & Walker, H. M. (2005). *Safe and healthy schools: Practical prevention strategies.* New York: Guilford.

Stainback, W., & Stainback, S. (1989). Practical organizational strategies. In S. Stainback, W. Stainback, & M. Forest (Eds.), *Educating all students in the mainstream of regular education* (pp. 71–87). Baltimore: Brookes.

Stehr-Green P., et al. (2003). Autism and Thimerosal-containing vaccines: Lack of consistent evidence for an association. *American Journal of Preventive Medicine, 25* (2), 101–106.

Stein, D. (1999). *Ritalin is not the answer: A drug-free, practical program for children diagnosed with ADD or ADHD.* San Francisco: Jossey-Bass.

Stein, M., Silbert, J., & Carnine, D. (1997). *Designing effective mathematics instruction: A Direct Instruction approach* (3rd ed.). Upper Saddle River, NJ: Merrill/Prentice Hall.

Stone, W. L., Coonrod, E. E., & Ousley, O. Y. (2000). Screening tool for two-year olds (STAT): Development and preliminary data. *Journal of Autism and Developmental Disorders, 30*, 607–612.

Stronge, J. H. (2002). *Qualities of effective teachers.* Alexandria, VA: Association for Supervision and Curriculum Development.

Stump, C. S., & Bigge, J. (2005). Curricular options for individuals with physical, health, or multiple disabilities. In S. J. Best, K. W. Heller, & J. L. Bigge (Eds.), *Teaching individuals with physical or multiple disabilities* (5th ed., pp. 278–318). Upper Saddle River, NJ: Merrill/Prentice Hall.

Sugai, G., & Horner, R. H. (2002). Introduction to special series on positive behavior supports in schools. *Journal of Emotional and Behavioral Disorders, 10* (3), 130–135.

Sugai, G., & Lewis, T. J. (1996). Preferred and promising practices for social skills instruction. *Focus on Exceptional Children, 29* (4), 1–16.

Sunderland, L. C. (2004). Speech, language, and

audiology services in public schools. *Intervention in School and Clinic, 39*, 209–217.

Swaggart, F. L., & Gagnon, E. (1995). Using social stories to teach social and behavioral skills to children with autism. *Focus on Autistic Behavior, 10* (1), 1–16.

Swanson, L., Hoskyn, M. & Lee, C. (1999). *Interventions for students with learning disabilities: A meta-analysis of treatment outcomes.* New York: Guilford.

Swanson, L., & Saez, L. (2003). Memory difficulties in children and adults with learning disabilities. In H. L. Swanson, K. R. Harris, & S. Graham (Eds.), *Handbook of learning disabilities* (pp. 182–198). New York: Guilford.

Symons, F. J. (1995). Self-injurious behavior: A brief review of theories and current treatment perspectives. *Developmental Disabilities Bulletin, 23*, 91–104.

Tager-Flusberg, H., Paul, R., & Lord, C. (2005). Language and communication in autism. In F. R. Volkmar, R. Paul, A. Klin, & D. Cohen (Eds.), *Handbook of autism and pervasive developmental disorders: Vol. 1. Diagnosis, development, neurobiology, and behavior.* (4th ed., pp. 335–364). Hoboken, NJ: Wiley.

Tashie, C., Jorgensen, C., Shapiro-Barnard, S., Martin, J., & Schuh, M. (1996). High school inclusion. *TASH Newsletter, 22* (9), 19–22.

Tatum, B. D. (1997). *Why are all the black kids sitting together in the cafeteria?* New York: Basic Books.

Taylor, R., Richards, S. B., & Brady, M. (2005). *Mental retardation: Historical perspectives, current practices, and future directions.* Boston: Pearson/ Allyn & Bacon.

Taylor-Greene, S., Brown, D., Nelson, L. A., Longton, J., Gassman, T., Cohen, J., et al. (1997). School-wide behavior support: Starting the year off right. *Journal of Behavioral Education, 7* (1), 99–112.

Teicher, M. H. (2002). Scars that won't heal: The neurobiology of child abuse. *Scientific American, 286* (3), 68–75.

Terman, L. M. (1925). Mental and physical traits of a thousand gifted children. Vol. 1 of L. M. Terman (Ed.), *Genetic studies of genius.* Stanford, CA: Stanford University Press.

Terman, L. M., & Oden, M. H. (1947). *The gifted child grows up: Twenty-five years' follow-up of a superior group.* Stanford, CA: Stanford University Press.

The ARC. (2005). *Causes and prevention of mental retardation.* Retrieved October 17, 2006, from http://www.thearc.org/causes.html#

The Individuals with Disabilities Education Improvement Act (IDEA), P. L. 108-446. (2004). Retrieved November 7, 2006, from http://frwebgate.access.gpo.gov/cgi-bin/getdoc.cgi?dbname=108congpubliclaws&docid=f:publ446.108

Thoma, C., & Getzel, E. (2005). "Self-determination is what it's all about": What post-secondary students with disabilities tell us are important considerations for success. *Education and Training in Developmental Disabilities, 40*, 234–242.

Thompson, G. L. (2004). *Through ebony eyes: What teachers need to know but are afraid to ask about African American students.* San Francisco: Jossey-Bass.

Thomson, J., & Raskind, W. (2003). Genetic influences on reading and writing disabilities. In H. L. Swanson, K. R. Harris, & S. Graham (Eds.),

Handbook of learning disabilities (pp. 256–270). New York: Guilford.

Thorndike, R. L., Hagen, E., & Sattler, J. (1986). *Stanford-Binet intelligence scale* (4th Ed.). Trasca, IL: Riverside.

Thuppal, M., & Sobsey, D. (2004). Children with special health care needs. In F. P. Orelove, D. Sobsey, & R. K. Silberman (Eds.), *Educating children with multiple disabilities: A collaborative approach* (2nd ed., pp. 311–377). Baltimore: Brooks.

Thurlow, M. L., Elliott, J. L., & Ysseldyke, J. E. (2003). *Testing students with disabilities: Practical strategies for complying with district and state requirements* (2nd ed.). Thousand Oaks, CA: Corwin.

Tobin, T., Sugai, G., & Colvin, G. (1996). Patterns in middle school discipline records. *Journal of Emotional and Behavioral Disorders, 4* (2), 82–94.

Tomlinson-Keasey, C., & Keasey, C. B. (1993). Graduating from college in the 1930's: The Terman genetic studies of genius. In K. D. Hulbert & D. T. Schuster (Eds.), *Women's lives through time* (pp. 63–92). San Francisco: Jossey-Bass.

Torgesen, J. (2000). Individual differences in response to early interventions in reading: The lingering problem of treatment resisters. *Learning Disabilities Research and Practice, 15* (1), 55–64.

Torgesen, J. (2002). Empirical and theoretical support for direct diagnosis of learning disabilities by assessment of intrinsic processing weakness. In R. Bradley, L. Danielson, & D. Hallahan (Eds.), *Identification of learning disabilities: Research to practice* (pp. 565–613). Mahwah, NJ: Erlbaum.

Torgesen, J., Alexander, A., Wagner, R., Rashotte, C., Voeller, K., & Conway, T. (2001). Intensive remedial instruction for children with severe reading disabilities: Immediate and long-term outcomes from two instructional approaches. *Journal of Learning Disabilities, 34* (1), 33–58, 78.

Torgesen, J., & Wagner, R. (1998). Alternative diagnostic approaches for specific developmental reading disabilities. *Learning Disabilities Research and Practice, 13*, 220–232.

Towbin, K. E., Mauk, J. E., & Batshaw, M. L. (2002). Pervasive developmental disorders. In M. L. Batshaw (Ed.), *Children with disabilities* (5th ed.). Baltimore: Brooks.

Traxler, C. B. (2000). The Stanford achievement test, 9th edition: National norming and performance for deaf and hard-of-hearing students. *Journal of Deaf Studies and Deaf Education, 5* (4), 337–348.

Treffinger, D. J., & Barton, B. L. (1998). Fostering independent learning. *Gifted Child Today, 11*, 28–30.

Trumbull, E., Rothstein-Fisch, C., & Greenfield, P. M. (2000). *Bridging cultures in our schools: New approaches that work.* San Francisco: WestEd.

Tsai, L. Y., Stewart, M. A., & August, G. (1981). Implications of sex differences in the familial transmission of infantile autism. *Journal of Autism and Developmental Disorders, 11*, 165–173.

Tsal, Y., Shalev, L., & Mevorach, C. (2005). The diversity of attention deficits in ADHD. *Journal of Learning Disabilities, 38* (2), 142–157.

Tschannen-Moran, M., Woolfolk Hoy, A., & Hoy, W. K. (1998). Teacher efficacy: Its meaning and measure. *Review of Educational Research, 68*,

202–248.

Turnbull, H. R., Stowe, M., & Huerta, N. E. (2007). *Free appropriate public education: The law and children with disabilities*. Denver: Love.

Tyler, N., Yzquierdo, Z., Lopez-Reyna, N., & Flippin, S. (2004). Cultural and linguistic diversity and the special education workforce: A critical overview. *Journal of Special Education, 38* (1), 22–38.

U.S. Census Bureau. (2006). *State and county quick facts*. Retrieved Octover 18, 2006, from http://quickfacts.census.gov/qfd/

U.S. Department of Education. (1991). *Clarification of policy to address the needs of children with attention deficit disorders within general and/or special education*. Retrieved November 21, 2006, from http://www.wrightslaw.com/law/code _regs/OSEP_ Memorandum_ADD_1991.html

U.S. Department of Education. (2003). *25th annual report to Congress on the implementation of the Individuals with Disabilities Education Act: To assure the free appropriate public education of all children with disabilities*. Washington, DC: Author.

U.S. Department of Education. (2004). *26th annual report to Congress on the implementation of the Individuals with Disabilities Education Act*. Retrieved March 5, 2005, from http://www.ed.gov/about/reports/annual/osep/2004/index.html

U.S. Department of Education. (2005). *IDEA 2004 resources*. Retrieved June 11, 2006, from http://www.de.gov/policy/speced/guid/idea/idea2004.html

U.S. Department of Education. (2005). *26th annual report to Congress on the implementation of the Individuals with Disabilities Education Act (Vol. 1)*. Washington, DC: Author.

U.S. Department of Education. (2005). Assistance to states for the education of children with disabilities. *Federal Register, 70* (118), 34 CFR, parts 300, 301, amend. 304, sec. 300.8.

U.S. Department of Education. (2005). *Individuals with Disabilities Education Act (IDEA) data*. Retrieved October 13, 2005, from http://www.ideadata.org/

U.S. Department of Education. (2006). *Assistance to states for the education of children with disabilities and preschool grants for children with disabilities*. [34 CFR Parts 300 and 301]. Washington, DC: Author.

U.S. Department of Education. (2006a). *Individuals with Disabilities Education Act data*. Retrieved June 11, 2006, from http://www.deadata.org/index.html

U.S. Department of Education. (2006b). *IDEA regulations: Identification of specific learning disabilities*. Retrieved November 15, 2006, from http://idea.ed.gov/explore/home

U.S. Department of Education. (n.d.). *History: 25 tears of progress in educating children with disabilities through IDEA*. Retrieved March, 10, 2005, http://www/ed.gov/policy/ speced/leg/idea/history.html

U.S. Department of Education, Office for Civil Rights. (n.d.). Retrieved January 10, 2005, from http://www.ed.gov/about/offices/list/ocr/

Utley, C., Mortsweet, S., & Greenwood, C. (1997). Peer mediated instruction and interventions. *Focus on Exceptional Children, 29* (5), 1–23.

Uzgiris, I. C. (1970). Sociocultural factors in cognitive development. In H. C. Haywood (Ed.), *Social-cultural aspects of mental retardation* (pp. 7–58). New York: Appleton-Century-Crofts.

Valdés, G. (1996). *Con respeto: Bridging the distance*

between culturally diverse families and schools. New York: Teachers College Press.

Van Acker, R., Loncola, J. A., & Van Acker E. Y. (2005). Rett syndrome: A pervasive developmental disorder. In R. R. Volkmar, R. Paul, A. Klin, & D. Cohen (Eds.), *Handbook of autism and pervasive developmental disorders: Vol. 1. Diagnosis, development, neurobiology, and behavior* (4th ed., pp. 126–164). Hoboken, NJ: Wiley.

Vandercook, T., York, J., & Forest, M. (1989). The McGill Action Planning System (MAPS): A strategy for building the vision. *Journal of The Association for Persons with Severe Handicaps, 14*, 205–215.

Vandercook, T., York, J., & Forest, M. (1998, February). Building teacher portfolios. *Educational Leadership, 55* (5), 26–29.

Vaughn, S., Bos, C., & Schumm, J. (2007). *Teaching exceptional, diverse, and at-risk students in the general education classroom* (4th ed.). Boston: Allyn & Bacon.

Vaughn, S., & Fuchs, L. (2003). Redefining learning disabilities as inadequate response to instruction: The promise and potential problems. *Learning Disabilities Research and Practice, 18* (3), 137–146.

Vaughn, S., Gersten, R., & Chard, D. (2000). The underlying message in LD intervention research: Findings from research syntheses. *Exceptional Children, 67* (1), 99–114.

Vaughn, S., LaGreca, A., & Kuttler, A., (1999). The why, who, and how of social skills. In W. Bender (Ed.), *Professional issues in learning disabilities* (pp. 187–217). Austin, TX: PRO-ED.

Vellutino, F., Scanlon, D., Sipay, E., Small, S., Pratt, A., Chen, R., et al. (1996). Cognitive profiles of difficult-to-remediate and readily remediated poor readers: Early intervention as a vehicle for distinguishing between cognitive and experiential deficits as a basic cause of specific reading disability. *Journal of Educational Psychology, 88*, 601–638.

Venn, J. J. (2004). *Assessing students with special needs* (3rd ed.). Upper Saddle River, NJ: Merrill/Prentice Hall.

Venn, J. J. (2007). *Assessing students with special needs* (4th ed.). Upper Saddle River, NJ: Merrill/Prentice Hall.

Villa, R. A., & Thousand, J. S. (2000). *Restructuring for caring and effective education: Piecing the puzzle together*. Baltimore: Brookes.

Vogel, S., & Adelman, P. (2000). Adults with learning disabilities 8–15 years after college. *Learning Disabilities: A Multidisciplinary Journal, 10*, 165–182.

Volkmar, F. R., Klin, A. (2005). Issues in the classification of autism and related conditions. In F. R. Volkmar, R. Paul, A. Klin, & D. Cohen (Eds.), *Handbook of autism and pervasive developmental disorders: Vol. 1. Diagnosis, development, neurobiology, and behavior* (4th ed., pp. 5–41). Hoboken, NJ: Wiley.

Volkmar, F. R., Szatmari, P., & Sparrow, S. S. (1993). Sex differences in pervasive developmental disorders. *Journal of Autism and Developmental Disorders, 23*, 579–591.

Wadsworth, D. E. D., & Knight, D. (1999). Preparing the inclusion classroom for students with special physical and health needs. *Intervention in School and Clinic, 34*, 170–175.

Wagner, M., Blackorby, J., Cameto, R., Hebbeler, K., & Newman, L. (1993). *The transition experiences of young people with disabilities: A summary of findings from the national longitudinal transition study of special education students.* Menlo Park, CA: SRI International.

Wagner, M., D'Amico, R., Marder, C., Newma, L., & Blackorby, J. (1992). *What happens next? Trends in postschool outcomes of youth with disabilities. The second comprehensive report from the National Longitudinal Transition Study of Special Education Students.* Menlo Park, CA: SRI International.

Wagner, M. M., & Blackorby, J. (1996). Transition form high school to work or college: How special education students fare. *Special Education for Students with Disabilities, 6* (1), 103-120.

Wagner, M. M., Kutash, K., Duchnowski. A. J., Epstein, M. H., & Sumi, W. C. (2005). The children and youth we serve: A national picture of the characteristics of students with emotional disturbances receiving special education. *Journal of Emotional and Behavioral Disorders, 13* (2), 79-96.

Waldron, N., & McLeskey, J. (1998). The impact of a full-time inclusive school program (ISP) on the academic achievement of students with mild and severe learning disabilities. *Exceptional Children, 64*, 395-405.

Walker, H., Colvin, G., & Ramsey, E. (1995). Antisocial behavior in school: Strategies and best practices. Pacific Grove, CA: Brooks/Cole.

Walker, H. M. (1983). *Walker problem behavior identification checklist.* Los Angeles: Western Psychological Services.

Walker, H. M., Horner, R. H., Sugai, G., Bullis, M., Sprague, J. R., Bricker, M., et al. (1996). Integrated approaches to preventing antisocial behavior patterns among school-age children and youth. *Journal of Emotional and Behavioral Disorders, 4* (4), 194-209.

Walker, H. M., Kavangh, K., Stiller, H., Golly, A., Severson, H. H., & Feil, E. G. (1998). First step to success: An early intervention approach for preventing school antisocial behavior. *Journal of Emotional and Behavioral Disorders, 6* (2), 66-80.

Walker, H. M., McConnell, S. R., Holmes, D., Todis, B., Walker, J., & Golden, N. (1983). *ACCEPTS: A children's curriculum for effective peer and teacher skills.* Austin, TX: PRO-ED.

Walker, H. M., & Severson, H. H. (1992). *Systematic screening for behavior disorder (SSBD): User's guide and technical manual* (2nd ed.). Longmont, CO: Sopris West.

Walker, H. M., & Severson, H. H., & Feil, E. G. (1995). *The early screening project: A proven child-find process.* Longmont, CO: Sopris West.

Walker, H. M., & Walker, J. E. (1991). *Coping with noncompliance in the classroom: A positive approach for teachers.* Austin, TX: PRO-ED.

Wallace, T., Berngardt, J., & Utermarck, J. (1999). *Minnesota paraprofessional guide.* Minneapolis: University of Minnesota, Institute on Community Integration, Minnesota Paraprofessional Project.

Walters, J. M., & Gardner, H. M. (1986). The theory of multiple intelligences: Some issues and answers. In R. J. Sternberg & R. K. Wagner (Eds.), *Practical intelligence: Origins and nature of competence in the everyday world* (pp. 161-182). New York: Cambridge University Press.

Warger, C. (2002). *Supporting paraeducators: A summary of current practices* (ED475383). Arilington, VA: ERIC Clearinghouse in Disabilities and Gifted Education.

Wasserman, R., Kelleher, K., Bocian, A., et al. (1999).

Identification of attentional and hyperactivity problems in primary care: A report from pediatric research in office settings and the ambulatory sentinel practice network. *Pediatrics, 103* (3), 661.

Waters, G., & Doehring, D. (1990). Reading acquisition in congenitally deaf children who communicate orally: Insights from an analysis of competent reading, language, and memory skills. In T. Carr & B. A. Levy (Eds.), *Reading and its development* (pp. 323-368). San Diego: Academic.

Watkins, S. (1987). Long term effects of home intervention with hearing-impaired children. *American Annals of the Deaf, 132*, 267-271.

Webber, J., & Scheuermann, B. (1997). A challenging future: Current barriers and recommended action for our field. *Behavioral Disorders, 22* (3), 167-178.

Webster, R. E., & Matthews, A. (2000). *Pre-kindergarten screen, East Aurora*. NY: Slosson Educational Publications.

Wechsler, D. (1991). *Wechsler intelligence scale for children* (3rd ed.). San Antonio, TX: Psychological Corporation.

Wechsler, D. (2003). *Wechsler intelligence scale for children* (4th ed.). San Antonio, TX: Psychological Corporation.

Wehby, J. H., Lane, K. L., & Falk, K. B. (2003). Academic instruction for students with emotional and behavioral disorders. *Journal of Emotional and Behavioral Disorders, 11*(4), 194-197.

Wehmeyer, M. (1996). Self-determination as an educational outcome: Why is it important to children, youth, and adults with disabilities? In D. Sands & M. Wehmeyer (Eds.), *Self-determination across the life span: Independence and choice for people with disabilities* (pp. 15-34). Baltimore: Brookes.

Wehmeyer, M. (2003). Defining mental retardation and ensuring access to the general curriculum. *Education and Training of Developmental Disabilities, 38*, 271-277.

Wehmeyer, M., & Schwartz, M. (1997). Self-determination and positive adult outcomes: A follow-up study of youth with mental retardation or learning disabilities. *Exceptional Children, 63* (2), 245-255.

Wehmeyer, M. L., Lance, G. D., & Bashinski, S. (2002). Promoting access to the general curriculum for students with mental retardation: A multi-level model. *Education and Training in Mental Retardation and Developmental Disabilities, 37* (3), 223-234.

Weinstein, R. (2002). *Reaching higher: The power of expectations in schooling*. Cambridge, MA: Harvard University Press.

Weinstein, S. (2002). Epilepsy. In M. L. Batshaw (Ed.), *Children with disabilities* (5th ed., pp. 493-523). Baltimore: Brookes.

Weintraub, F. J., & Abeson, A. (1976). New education policies for the handicapped: The quiet revolution. In F. J. Weintraub, A. Abeson, J. Ballard, & M. L. LaVor (Eds.), *Public policy and the education of exceptional children* (pp. 7-13). Reston, VA: Council for Exceptional Children.

Wenar, C., & Kerig, P. (2006). *Developmental psychopathology: From infancy through adolescence*. Boston: McGraw-Hill.

Westling, D. L., & Fox, L. (2004). *Teaching students with severe disabilities* (3rd ed.). Upper Saddle River, NJ: Merrill/Prentice Hall.

Westling, D. L., & Korland, M. A. (1988). *The special educator's handbook*. Boston: Allyn & Bacon.

Wetherby, A. M., Goldstein, H., Cleary, J., Allen, L., & Kublin, K. (2003). Early identification of children with communication disorders: Concurrent and predictive validity of the CSBS developmental profile. *Infants and Young Children, 16,* 161-174.

White, R. (1996). Unified discipline. In B. Algozzine (Ed.), *Problem behavior management: An educator's resource service* (pp. 11:28-11:36). Gaithersburg, MD: Aspen.

White, R., Algozzine, B., Audette, R., Marr, M. B., & Ellis, E. D. (2001). Unified discipline: A schoolwide approach for managing problem behavior. *Intervention in School and Clinic, 37* (1), 3-8.

Wilcox, B., & Bellamy, T. G. (1987). *The activities catalog: An alternative curriculum for youth and adults with severe disabilities.* Baltimore: Brookes.

Wilder, L. K., Taylor Dyches, T., Obiakor, F. E., & Algozzine, B. (2004). Multicultural perspectives on teaching students with autism. *Focus on Autism and Other Developmental Disabilities, 19* (2), 105-113.

Wilens, T., Raraone, S., Biederman, J., & Gunawardene, S. (2003). Does stimulant therapy of attention deficit hyperactivity disorder beget later substance abuse? Meta-analytic review of the literature. *Pediatrics, 111,* 179-185.

Willard-Holt, C. (1998). Academic and personality characteristics of gifted students with cerebral palsy: A multiple case study. *Exceptional Children, 65,* 17-50.

Williamson, P., McLeskey, J., Hoppey, D., & Rentz, T. (2006). Educating students with mental retardation in general education classrooms. *Exceptional Children, 72,* 347-361.

Willis, S. M. (1996). *Childhood depression in school age children* (ERIC Document Reproduction Service No. ED415973).

Wilson, B, L., & Corbett, H. D. (2001). *Listening to urban kids.* Albny: SUNY Press.

Wing, L. (1981). Asperger's syndrome: A clinical account. *Psychological Medicine, 11,* 115-129.

Wing, L., Leekam, S. R., Libby, J., & Larcombe, M. (2002). The diagnostic interview for social and communication disorders: Background, inter-rater reliability and clinical use. *Journal of Child Psychology and Psychiatry and Allied Disciplines, 43* (3), 307-325.

Winzer, M. A. (1998). A tale often told: The early progression of special education. *Remedial and Special Education, 19* (4), 212-218.

Wisniewski, L., & Gargiulo, R. M. (1997). Occupational stress and burnout among special educators: A review of the literature. *Journal of Special Education, 31,* 325-346.

Witt, J., VanDerHeyden, A., & Gilbertson, D. (2004). Troubleshooting behavioral interventions: A systematic process for finding and eliminating problems. *School Psychology Review, 33,* 363-383.

Wolery, M., & Ault, M. J., & Doyle, P. M. (1992). *Teaching students with moderate to severe disabilities: Use of response prompting strategies.* New York: Longman.

Wolery, M., & Bailey, D. B. (2002). Early childhood special education research. *Journal of Early Intervention, 25,* 88-99.

Wolfensberger, W. (1985). An overview of social fole valorization and some reflections on elderly mentally retarded persons. In M. Janicki & H. Wisniewski (Eds.), *Expanding systems of service delivery for persons with developmental disabilities* (pp. 127-148). Baltimore: Brookes.

Wolffe, K. (1996). Career education for students with visual impairments. *Review, 28* (2), 89-93.

Wolk, S., & Allen, T. E. (1984). A 5-year follow-up of reading comprehension achievement of hearing-impaired students in special education programs. *Journal of Special Education, 18*, 161-176.

Woodcock, R., McGrew, K., & Mather, N. (2001). *Woodcock-johnson tests of achievement*. Itasca, IL: Riverside.

Woodcock, R., McGrew, K., & Mather, N. (2001). *Woodcock-Johnson III*. Itasa, IL: Riverside.

Woodcock, R. W., McGrew, K. S., & Mather, N. (2001). *Woodcock-johnson III tests of cognitive abilities*. Itasca, IL: Riverside.

Woodruff, D. W., Osher, D., Hoffman, C. C., Gruner, A., King, M. A., et al. (1998). *Systems of care: Promising practices in children's mental health. 1998 series: Vol. 3. The role of education in a system of care: Effectively serving children with emotional or behavioral disorders*. Washington, DC: Center for Effective Collaboration and Practice, American Institute for Research.

Woods, J. J., & Wetherby, A. M. (2003, July). Early identification of and early intervention for infants and toddlers who are at risk for autism spectrum disorder. *Language, Speech, and Hearing Services in Schools, 34*, 180-193.

Wright-Strawderman, C., & Lindsay, P. (1996). Depression in students with disabilities: Recognition and intervention strategies. *Intervention in School and Clinic, 31* (5), 261-265.

Wunsch, M. J., Conlon C. J., & Scheidt, P. C. (2001). Substance abuse: A preventable threat to development. In M. L. Batshaw (Ed.), *Children with disabilities* (5th ed., pp. 107-122). Baltimore: Brookes.

Xu, C., Reid, R., & Steckelberg, A. (2002). Technology applications for children with ADHD: Assessing the empirical support. *Education and Treatment of Children, 25* (2), 224-248.

Yeargin-Allsopp, M., Rice, C., Karapurkar, T., Doernberg, N., Boyle, C., & Murphy, C. (2003). Prevalence autism in a U.S. metropolitan area. *Journal of the American Medical Association, 289* (1), 49-55.

Yell, M. L., & Drasgow, E. (2005). *No child left behind: A guide for professionals*. Upper Saddle River, NJ: Pearson.

Yirmiya, N., Sigman, M. D., Kasari, C., & Mundy P. (1992). Empathy and cognition in high-functioning children with autism. *Child Development, 63* (1), 150-160.

Yoshinaga-Itano, C. (1987). Aural habilitation: A key to the acquisition of knowledge, language, and speech. *Seminars in Hearing, 8* (2), 169-174.

Yoshinaga-Itano, C., Coulter, D., & Thomson, V. (2000). Infant hearing impairment and universal hearing screening. The Colorado Newborn Hearing Screening Proect: Effects in speech and language development for children with hearing loss. *Journal of Perinatology, 20*, S131-S136.

Yseldyke, J., Dennison, A., & Nelson, R. (2004). *Large-scale assessment and accountability systems: Positive consequences for students with disabilities* (Technical Report 51). Minneapolis: University of Minnesota, National Center on Educational Outcomes.

Zafft, C., Hart, D., & Zimbrich, K. (2004). College career connection: A study of youth with intellectual disabilities and the impact of postsecondary education. *Education and Training in Developmental Disabilities, 39*, 45–53.

Zentall, S. (2006). *ADHD and education: Foundations, characteristics, methods, and collaboration*. Upper Saddle River, NJ: Prentice Hall.

Zhang, D., & Katsiyannis, A. (2002). Minority representation in special education: A persistent challenge. *Remedial and Special Education, 23* (3), 180–187.

Zito, J., Safer, D., dosReis, S., et al. (1999). Psychotherapeutic medication patterns for youth with attention deficit hyperactivity disorder. *Archives of Pediatric and Adolescent Medicine, 153* (12), 1257–1263.

Zito, J., Safer, D., DosReis, S., et al. (2000). Trends in the prescribing of psychotropic medications in preschoolers. *Journal of the American Medical Association, 283* (8), 1025–1030.

찾아보기

《인 명》

A

Abeson, A. 61, 65
Adelman, P. 228
Ahearn, E. 217, 218
Alkin, M. C. 324
Allen, L. 142
Allsopp, D. 249
Alvarez, M. 99
Asgharian, A. 403
Asperger, H. 396

B

Baglieri, S. 102
Bailey, D. B. 500
Bali, V. 99
Bandura, A. 41
Bangert, S. W. 149
Banks, J. 125
Banner, J. M. 659
Barkley, R. 359, 362, 363, 364, 380
Barton, B. L. 622
Barton, M. 403
Bashinski, S. 504
Batshaw, M. L. 484
Becker, W. 290
Bedore, L. M. 448
Beirne-Smith, M. 312, 313, 315, 316, 320, 343, 344
Bélanger, J. 613
Bell, L. I. 38
Bempechat, J. 116
Benard, B. 116, 121, 122
Benner, G. J. 461
Berger, S. L. 612
Bernas-Pierce, J. 537
Best, S. 563, 569, 574, 580
Bettleheim, B. 409
Bigge, J. L. 563, 588
Biklen, D. 344, 431
Billingsley, B. 85, 642, 634,

648
Birch, J. W. 616
Blatt, B. 61
Bloom, B. 328
Bobeck, B. L. 648
Bogdan, R. 344
Bolick, N. 65
Bolt, L. 249
Bonwit, A. M. 587
Books, S. 113
Bos, C. 178
Bower, E. 260
Braddock, D. 511
Bradley, R. 273
Brady, M. 312
Braille, L. 528
Brigham, F. J. 40
Brilliant, R. L. 532
Broer, S. M. 36
Brophy, J. E. 39, 183, 328
Browder, D. M. 496
Brown, D. F. 108
Brown, L. 487
Buescher, T. M. 611
Bursuck, W. 646
Busse, R. T. 280

C

Campbell, F. 327
Cannon, H. C. 659
Carey, K. 100
Carlberg, C. 252
Carnine, K. 181
Carter, C. 47
Carter, J. 292
Casey, K. M. A. 624
Chalfant, J. C. 62, 645
Chamberlain, J. 311
Chawarska, K. 403
Church, R. 225
Cleary, J. 142
Coady, M. 112
Cole, A. L. 648
Cole, C. 181
Cole, D. 120
Colvin, G. 264
Conroy, M. A. 287
Cooch, C. G. 149
Cook, L. 645
Coonrod, E. E. 411
Cooper, H. 185
Corbett, D. 126
Corbett, H. D. 126
Correa, V. 115, 537
Corwin, M. 113
Coscarelli, W. C. 648
Coscas, G. 533
Costello, J. 360
Coutinho, M. J. 63, 97, 273
Crabtree, T. 60
Cramer, G. 657
Crawford, J. 95
Crockett, J. B. 54
Crossley, R. 431
Cullinan, D. 264
Cummins, J. 112
Curwin, R. L. 199, 206

D

Davis, B. L. 448
Davis, G. A. 614
de Leon, P. P. 55
Delmolino, L. 417, 420
Delpit, L. 125
Denning, C. 311
Deno, E. 71
Deno, S. 186, 187
Depaepe, P. 554, 565, 580, 593
Deshler, D. 239, 635
Doelling, J. 554
Doris, J. 96
Doubt, L. 558
Doyle, M. B. 36, 503
Dudzinski, M. 651, 655
Duhaney, L. 252
Dunn, L. M. 323
DuPaul, G. 364, 365, 366, 369
Dykens, E. M. 484

E

Eber, L. 203, 294
Eckenrode, J. 96
Edelman, S. W. 36
Edgar, E. 228, 247

Edmonds, L. 139
Edyburn, D. 188, 333
Eggen, P. 47, 637, 638
Elliott, J. L. 63
Elliott, S. N. 280
Epstein, M. H. 461
Escamilla, K. 112

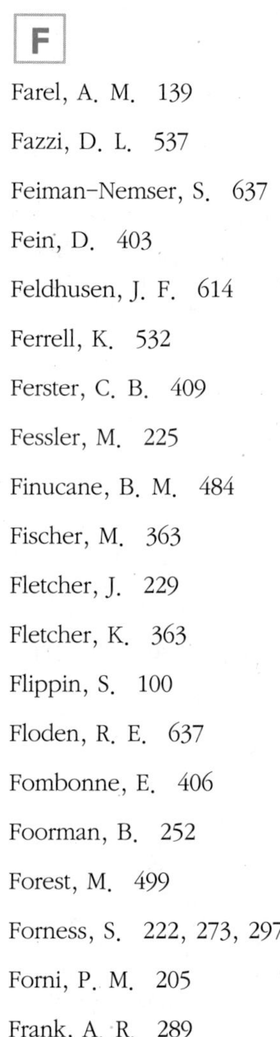

F

Farel, A. M. 139
Fazzi, D. L. 537
Feiman-Nemser, S. 637
Fein, D. 403
Feldhusen, J. F. 614
Ferrell, K. 532
Ferster, C. B. 409
Fessler, M. 225
Finucane, B. M. 484
Fischer, M. 363
Fletcher, J. 229
Fletcher, K. 363
Flippin, S. 100
Floden, R. E. 637
Fombonne, E. 406
Foorman, B. 252
Forest, M. 499
Forness, S. 222, 273, 297
Forni, P. M. 205
Frank, A. R. 289
Freeman, S. F. N. 324
Frey, L. M. 296
Friend, M. 645, 646
Fuchs, D. 149, 150, 166, 186, 220, 230, 640
Fuchs, L. S. 150, 166, 186, 230, 640
Fuentes, F. 404

G

Gaffney, J. S. 185
Gagné, F. 608, 613
Gallagher, J. 62, 626
Galluzzo, G. 651
Garcia, S. B. 112
Gardner, H. 606
Gargiulo, R. M. 45
Garrison-Kane, L. 554
Gartin, B. 60
Gerber, M. 251
Gerhardt, P. F. 427
Gersten, R. 46, 634
Giangreco, M. F. 36, 503
Gilbertson, D. 196
Gillam, R. B. 449
Goddard, H. 59
Goldstein, D. 247
Goldstein, H. 142
Gonzalez, N. 129
Good, T. 183, 328
Goode, D. 62
Gordon, K. A. 648
Gordon, R. 404
Grabowski, J. 394
Graboyes, M. 532
Graham, S. 224
Green, J. 403
Greenfield, P. M. 104
Gresham, F. M. 217. 266
Griffin, C. C. 150, 642
Gutiérrez, K. 106

H

Hallahan, D. P. 24
Handleman, J. S. 404, 415
Hanushek, E. 172
Harniss, M. K. 46
Harris, K. R. 224
Harris, M. K. 635
Harris, S. L. 404, 415, 417, 420
Hart, H. 586
Hass, J. 65, 549
Helders, P. J. M. 586
Heller, K. W. 489, 505
Henderson, K. 273
Hendrickson, J. M. 287
Herr, S. 61
Hester, P. P. 287
Heward, W. L. 23
Hicken, M. 139
Hitchcock, C. 176, 177
Hodapp, R. M. 484
Hodgkinson, H. 95
Hollins, E. R. 126
Hollinsworth, L. S. 608
Holmes, D. 427

Holt, J. 546
Holubec, E. 183
Horn, S. 172
Hosp, J. 97
Hourcade, J. 307
Howlin, P. 403
Hoy, A. 41
Hoy, W. K. 41
Humphrey, G. 57
Humphries, T. 522
Hurst, B. 657
Hynd, G. W. 229

I

Inge, K. J. 295
Itard, J. M. G. 55

J

Jackman, L. A. 191
Jackson, R. 176
Johnson, D. 183
Johnson, R. A. 74, 183
Jones, E. D. 617
Jones, L. 189
Jones, V. 189
Justice, L. M. 439, 442, 452, 458, 464, 466, 447

K

Kain, J. 172
Kame'enui, E. 181, 238, 242
Kanner, L. 94
Kasari, C. 404
Katsiyannis, A. 300, 317
Kauchak, D. 47, 637, 638
Kauffman, J. M. 24, 54, 59, 268, 275, 639
Kavale, K. 222, 251, 252
Keasey, C. B. 613
Keating, T. 46, 635
Kelly, K. 618
Kendziora, K. T. 286, 287
Kennedy, C. H. 268,
Kennedy, M. M. 639
Kerig, P. 358, 380
Kern, L. 266
Ketelaar, M. 586
Keyser-Marcus, L. 557
Kierouz, K. 618
Kilgore, K. 44, 642
Kirk, S. 62
Kline, F. 234
Knight, D. 589
Knitze, J. 285
Knopf, J. H. 102
Knowles, J. G. 648
Koening, L. 205
Konopasek, D. 297
Korland, M. A. 206, 650, 656
Kottler, J. A. 189
Kozleski, E. 635
Kristoff, B. 404
Kublin, K. 142
Kumin, L. 459

L

Laing, R. D. 276
Laird, M. 96
Lancaster, P. 248
Lance, G. D. 504
Lane, K. L. 271
Langdon, C. 189
Langer, J. A. 38
Leavell, A. 178
Lerner, J. 234
Leslie, L. 384
Levine, P. 228
Levinson, H. 386
Lewis, T. J. 191, 292
Lin, S. L. 587
Lindsay, P. 269
Lipsey, M. 215
Lombroso, C. 609
Lopez-Reyna, N. 100
Loveland, K. A. 402
Luckasson, R. 308, 310, 311
Lyon, R. 222

M

MacMillan, D. 217
Mainzer, R. 635
Mann, V. 234
Marcus, L. M. 432
Marks, D. 106
Marland, S. P. 604
Martins, M. P. 415
Marzano, R. 185

Mastropieri, M. 40, 221, 239, 251
Mather, M. 95
Mathes, P. 215
McColl, M. A. 558
McLane, K. 176
McLeskey, J. 177, 232, 233
Mellard, D. 248
Mendler, A. N. 199, 206
Mercer, C. 228
Meyer, R. E. 139, 176
Michaud, L. J. 577
Miller, C. J. 229
Miller, T. 537
Miller-Johnson, S. 327
Minskoff, E. 249
Mock, D. 149
Mooney, J. 120
Morgan, P. 149
Mostert, M. 54
Motard, D. 613
Mount, B. 498
Mundy, P. 404
Murdick, N. 60, 83
Murray, C. 247
Muscott, J. S. 296

Nelson, J. R. 461
Nieto, S. 104

Oden, M. H. 616
Odom, S. L. 42
O' Leary, K. 290
Orkwis, R. 176
Ortiz, A. A. 112
O' Shea, D. J. 184
O' Shea, L. 184
Oswald, D. P. 63, 97, 273
Otis-Wilborn, A. 642
Owens, R. E. 448, 459, 464, 465

P

Padden, C. 522
Patton, J. 228, 319
Payne, R. K. 99, 108
Pegnato, C. W. 616
Penno, D. A. 289
Perez, A. M. 112
Peterson, R. L. 297
Phelps, L. 394
Pickering, D. 185
Pogrund, R. L. 537
Pollock, J. 185
Polloway, E. 228, 311
Polsgrove, L. 291
Postman, N. 205
Presswood, C. S. 648
Pullen, P. 228
Pungello, E. 327
Pysh, M. 645

Quiroz, B. 104

Raeff, C. 104
Ramey, C. T. 286, 326, 327
Ramey, S. L. 286, 326
Raskind, W. 229
Raver, C. C. 285
Redl, F. 275
Reese, S. 657
Regenbogen, L. 533
Reid, R. 371
Reis, S. M. 626
Renzulli, J. S. 605, 626
Reschly, D. 97
Reynolds, M. 71
Rhode, G. 199
Rhodes, W. C. 262
Richards, S. B. 312
Richardson, J. 637
Rimm, S. B. 614
Rivera, G. 61
Rivers, K. 95
Rivkin, S. 172
Roberts, H. 215
Robins, D. 403
Rock, E. 225
Rogoff, B. 106
Rose, D. 176
Rosenberg, M. S. 85, 184, 185, 191, 206, 261, 278,

645, 657
Rosenfeld, J. S. 83
Rosenshine, B. 181
Roszmann-Millican, M. 651
Roth, F. P. 467
Rothstein, R. 113
Rotter, J. B. 41
Rusch, F. R. 511
Rutter, M. 398
Ryan, J. B. 297

S

Sabornie, E. J. 264
Saez, L. 225
Safford, E. J. 54
Safford, P. J. 54
Salend, S. 252, 645
Salisbury, C. L. 147
Sameroff, A. 320
Sanchez, J. 229
Sanders, W. 172
Sands, D. 338, 340
Santos, M. 472
Scheff, T. 276
Schirmer, B. R. 527
Schoenbrodt, L. 459
Schumaker, J. 239
Schumm, J. 178
Schwartz, M. 228
Scott, K. 225
Scott, T. M. 203, 294
Scruggs, T. 40, 221, 239, 251
Selig, R. A. 127
Seltzer, M. 318
Shank, K. 651
Shapiro, D. A. 449
Shore, B. M. 617, 624
Shukla, S. 268
Siegel, L. 223
Sigman, M. 404
Silbert, J. 181
Simmons, D. 238, 242
Simpson, R. L. 396, 419, 423
Sindelar, P. T. 150
Siperstein, G. 217
Skinner, R. 173
Slavin, R. 183
Sloan, J. M. 459
Smallish, L. 363
Smith, B. J. 147,
Smith, C. R. 203, 300
Smith, D. J. 54,
Smith, S. W. 150,
Smith-Myles, B. 396, 419, 423
Sobsey, D. 505
Southern, W. T. 617, 618
Sparling, J. 327
Spicker, H. H. 618
Spiegel, H. M. L. 587
Staresina, L. 173
Stevens, R. 181
Stone, W. L. 411
Stoner, G. 369
Stronge, J. H. 39
Stump, C. S. 588
Sugai, G. 191, 203, 264, 292, 294
Swanson, L. 225
Symons, F. 405

T

Tarver, S. 181
Taylor, R. 312
Taylor-Greene, S. 203
Terman, L. M. 609, 616
Thomson, J. 229
Thuppal, M. 505
Thurlow, M. 63
Tilson, G. 295
Tobin, T. 264
Tomlinson-Keasey, C. 613
Torgesen, J. 215, 230, 235, 252, 313
Towbin, K. E. 408, 410
Traxler, C. B. 546
Treffinger, D. J. 622
Tschannen-Moran, M. 41
Tsiamis, A. 617
Tulbert, B. 115
Tunali-Kotoski, B. 402
Tyler, N. 100, 101

U

Uzgiris, I. C. 144

V

Vandercook, T. 499
VanDerHeyden, A. 196
Vaughn, S. 178, 226
Vermeer, A. 586
Vogel, S. 228
Volkmar, F. R. 403

W

Wacker, D. P. 289
Wadsworth, D. E. D. 589
Wagner, M. M. 271, 273
Waldron, N. 177, 233
Walker, H. M. 203, 265
Walker, J. E. 265
Wasserman, R. 384
Watanabe, A. K. 150
Watkins, S. 536
Wehmeyer, M. 228, 310, 338, 339, 340, 504
Weingartner, C. 205
Weinstein, R. 569
Weintraub, F. J. 61
Wenar, C. 358, 380
Westling, D. L. 188, 206, 333, 340, 483, 487, 503, 649, 656
Wetherby, A. M. 142
Williamson, P. 324
Wilson, B. L. 126
Wilson, C. 657
Wineman, D. 275
Wing, L. 398
Winn, J. 642
Wisniewski, L. 45
Witt, J. 196
Wolfensberger, W. 344
Wolffe, K. 547
Woodruff, D. W. 639
Worthington, C. K. 467
Wright-Strawderman, C. 269

Y

Yirmiya, N. 404
York, J. 499
Young, C. 149
Yovanoff, P. 46, 635
Ysseldyke, J. 63
Yzquierdo, Z. 100

Z

Zafft, C. 341
Zentall, S. 352
Zhang, D. 317
Zwernik, K. 498

《내 용》

504조 계획 155, 554
DSM-IV-TR 395
HOUSSE 653
MAPs 499
TDD/TTY 542

ㄱ

가성비대 564
가족의 영향 363
가족중심 프로그램 500
가치 640
간상체-추상체 532
간질 489, 565, 569
간헐적 지원 311
감각손상 526
감독 638
강도 452
강박장애 268
개관 184
개방성 뇌손상 556
개별 초기 평가 152
개별적인 수정 83
개별화 가족서비스 501
개별화 가족서비스 계획 140

개별화 건강관리 계획 584
개별화 교육 529
개별화 교육 프로그램 29, 55, 65, 154, 223
개별화된 학업 프로그램 418
개인 지능검사 163
개인 학업성취도 검사 163
개인미래 계획 498
개인의 책임 183
개인적 교수 효능감 41
개인주의적 성향 104
개인중심 계획 498
개인지도 331
개인지도를 받는 학생 332
개인지도를 하는 학생 332
객관화 280
경험 518, 549, 634
경험 기반 진단의 아헨바흐 체계 262
고등학교 후 프로그램 546
고저 452
고통 641
공격성 489
공격적인 행동 264
공교육 512
공인 637
공정함 38
공학 준비 547
과다분비 408
과소분비 408
과잉판별 63, 97, 343, 383
과잉행동 354, 355
과잉행동-충동성과 주의력결핍 356
과잉행동-충동성이 유력한 형태 356
과장 401
관리계획의 요소 196
관성력 577
관심 38
관심 풍토 조성하기 123
관용 401
관찰학습 487
교사지명 614
교사지원 팀 149
교사지원 팀 접근법 149
교수 수정 방법 179
교수 실제의 활용 639
교수목표 489
교수적 중재 224
교수환경 365
교실중재 235, 370
교육공학 187
교육과정 172
교육과정 수정 173
교육과정 중심 측정 186
교육과정적 기술 285
교육적 수행 향상 84
교육적 영향력 520
교정적 중재 466
구 468
구조 638
권리를 보호 83, 84
규준참조검사 161
규칙 위반 265
그림 468
그림교환 의사소통 체계 422
극도의 정서적 반응 569
근육의 긴장도 562
근이영양증 564
긍정적인 방식 172
긍정적인 상호의존성 183
기능적 교육과정 503
기능적 학업 547
기능적 행동분석 282
기능적 행동평가 414, 641
기대감 372
기대되는 성취 정도 218
기술 22
기업가적 지원 427
기제 447
기질 22
기질적 원인 463
기타건강장애 28, 576

ㄴ

낙인 342
낙인 효과 317
난독증 217
난청 522
날갯짓하기 402
내성적 요인 559
내용 621
내용장애 444, 445
내재적 행동문제 266
농 520, 521

농-맹 27, 525
높은 수준의 프로그램 626
뇌막염 495
뇌성마비 459, 489, 561
뇌손상 217, 363
뇌손상과 신경기능 장애 274
능력-성취 불일치 방법 77
능숙함 635
늦은 문해력 발달 527

ㄷ

다중 기준 614
다중지능이론 606
단계체계 291
단기 프로그램 546
단기기억 결함 314
단어 468, 484
단어 조합 442
달리 분류되지 않는 전반적 발달 장애 394
대안적 처치법 386
대안적인 중재 반응 250
대통령위원회 62
더딘 성장률 573
더딘 체중 증가 573
도식 518
독립 연습 185
독립성 621
돌기 402
동료지원 프로그램 642
두부손상 557
또래교수 285, 328
또래지명 614

ㄹ

레트장애 394
렌줄리의 모형 605
리더십 656

ㅁ

마약복용 274
만성 중이염 448
만성적 질병 555
말 혹은 언어 손상 440
말더듬 449
말-언어장애 28
말장애 442, 446
망막조숙증 532
맹을 포함한 시각장애 28
멀리 바라보기 207
명시적 교수 327
명확한 관리계획 192
모순 401
목표 설정 291
무상의 적절한 공교육 64, 138
문제해결 훈련 285
문제행동을 최소화하는 교실 배치 194
문해전 언어기술 140
문화적 또는 언어적으로 다양한 학생 인구 95
물리적 환경 설계 192
물리적인 요인 569
물리치료사와 작업치료사 35
미국 지적 및 발달 장애협회 308
미국장애인법 83, 156
미국정신지체협회 483
미세뇌기능장애 217
미술, 음악, 레크리에이션 치료사 35

ㅂ

바이러스 578
반복적이고 전형적이며 의례적인 행동 397
반복적인 놀이 402
반복행동 489
반사회적인 행동 274
반성과 목표 설정 183
반항적 행동 362
반향어 400
발달검사 162
발달에 적합한 실제 501
방사선 494
방치 96
방해행동 144
배경 지식 246
배려 636
배우려는 자세 118
배치 연속체 159
법적 맹 523
법적 책임 637
보상 371
보상적 중재 466
보완대체 의사소통 468

보완대체 의사소통 전략 421
보조공학 188, 333
보조공학 지원 서비스 592
보편적 설계 176
보편적인 예방책 579
보호 작업장 427
보호와 노력 638
복습 245
복잡성 621
부가적인 지원 505
부모가 개입된 중재 369
부모의 양육방식 363
부모지명 614
부분적인 참여 484
부적절한 교수법 217
분류체계 175
분리된 환경 316
분리불안 268
불복종 489
불수의적 운동 562
불안 268
불연속 회기 교수 420
불일치 231
불일치 준거 218
블룸의 분류체계 176
비계설정 242
비순응 265
비정상적인 뇌기능 229, 363
비차별적인 판별 69
비차별적인 평가 64
빈곤가정 320

ㅅ

사지마비 562
사춘기 611
사회기술 훈련/재배치 기술의 교수 370
사회사업가 35
사회-상호작용적 접근법 467
사회성 발달 530
사회적 기술결핍 270
사회적 기술의 부족 226
사회적 불안 268
사회적 상호작용의 결함 397
사회적 상황에서의 통합 418
사회적 위축 267
사회적 지각 397
산만한 행동 352
산모가 임신 494
산모의 건강 상태 495
삶-공간 면접 292
상동증 489
상동행동 489
상징 468, 484
상황 640
상황적 특수성 400
색소결핍증 532
생태학적 목록 497
생화학적 이상 274
생활기술 교육과정 588
서비스 배치 모델 472
서비스 학습 296
선별 278, 365, 411
선별검사 148, 162
선별도구 366
선천적 백내장 532
선천적 혹은 우발적 시각손상 532
선택 621
선택적 주의집중 313
선행 조직자 184
선행 조직자 제공하기 226
성격중심 방법 280
성공적인 특수교사 634
성과의 문서화 621
성대의 과다사용 453
성취 606
성취검사 614
소아기붕괴성장애 394
소진 45
속도 377, 621
속어 401
속진 619
속진법 622
손가락 펄럭이기 402
쇠약한 눈 532
수업 결손 588
수정된 교수법 233
수정된 일반교육과정 588
수학적 목표 223
수화 422, 536
시각 예민성 524
시각장애 217, 523
시간관리 전략 650
시간제 특수학급 31
시신경 형성부전 532

시야 524
신경생리학적 이상 408
신경학적 이상 363
신경화학적 요인 408
신념 640
신뢰 쌓기 206
신임 특수교사가 겪는 일반적인 문제 44
신체적인 제한성 559
실어증 217
실패를 기다리는 접근법 221
심리사회적 불이익에 의한 지적 장애 320
심화 619

ㅇ

아동낙오방지법 63, 64, 77, 79, 542, 650
아스퍼거 증후군 143
아스퍼거장애 394, 396
안내된 연습 185
알레르기 569
암기를 위한 기억장치의 사용 226
암시 401
약물 274, 383, 385
약물남용 385
약물치료 365, 375
양측마비 562
어머니에게 질환 321
언급하기 422
언어 442
언어 발달의 지체도 312
언어교수 419
언어발달 지연 527
언어발달 지체 464
언어장애 442
언어적 상호작용 315
언어지체 143
언어치료사 35
역량강화 338
역통합 503
연상기억법 239
열린 마음 33
열성 발작 569
열정 658
염색체 이상 493
영양실조 532
완전학습 328
외부적 요인 559
외상성 뇌손상 28, 555, 556, 575
외상후 스트레스 269
외피 시각손상 532
외현화 행동문제 264
우생학 59
우수성 604
우수성 수준 608
우수성 유형 607
우수성 정의 613
우수아에게 제공되는 서비스 613
우연적 학습 529
우울 269
우울증 319
운동-말장애 454
운동장애 562
위기관리 201
유능한 교사 38
유아기 446
유전 274, 363, 408
유전적 영향 363
유전적 요인 229, 493
유창성 447
유창성장애 449
유추 401
유해물질 494
은유 401
음성 출력 의사소통 도구 422
음성장애 452
음운론 443
음운장애 444, 455
음운/조음장애 448
음운처리과정 217
음질 452
응용행동분석 417, 419
의뢰전 중재 151
의뢰전 초기중재 151
의뢰전 초기중재 서비스 148
의미론적 장애 444
의사결정에 참여 173
의사소통 기술의 결함 397
의사소통과 과제 수행에서 수정된 교육과정 589
이름 대기 422
이중등록 프로그램 340

이중언어 109
이질성 222
이타르의 IEP 목표 58
인구학적 특성 101
인내심 605
인사 439
인종 94
인종적 분리현상 342
인종적, 문화적 차이 101
인지 수준 322
인지발달 지체 313
인지-언어적 접근법 467
인지장애 563
인지적 결함 315, 359
인지주의적인 접근법 181
일반교사 22
일반교사의 책무성 33
일반교육 프로그램의 질 613
일반교육과정 588
일반화 314
일반화된 불안 증상 402
일치성 645
임산부 감염 494
임상적 관점 262

ㅈ

자긍심 605
자기 관리 285
자기 배타성 559
자기 충족적 예언 277
자기결정 319, 338
자기-결정과 강화 291
자기규제 339
자기조절 291, 488
자기조절 전략 371
자기지명 614
자기통제의 교수 370
자기평가 291
자료실 31
자막 542
자원에 대한 접근성 100
자폐범주성장애 392
자폐성장애 394
자폐증 27, 394
자폐증 측정 척도 412
자폐증 특정적 접근방법 411
자해 489
자해행동 144, 403, 404
작동기억 225
장애인 권리 61
장애인교육법 64, 138, 216, 520
장애주의 344
장애차별주의 344
재교수와 촉진 333
재능 605
재인 422
재활법 504조 82
저출현 장애학생 531
적격성 367
적법 절차 52
적응능력 116
적응행동 검사 164, 496
적절한 연간 진보 214
적절한 자질을 개발하고 유지하기 37
적절한 학습 경험 219
전도성 손상 521
전략적 통합 243
전략중재 모델 182
전문성 634, 635, 638
전문인 635
전문적인 행동 635
전문직 651
전문화된 분리시설 540
전반적 발달장애 392
전반적 지원 311
전신 긴장성 대발작 569
전이계획 426
전장애아교육법 64
전환 서비스 157
전환계획 158
전환목표 158
점자 528
정보처리 접근법 468
정서 및 행동 장애 260, 362, 459
정서장애 27
정서적 방해 260
정신건강 서비스 407
정신결핍 344
정신역동학 275
정신장애의 진단 및 통계편람 353
정신지체 28, 344
정형외과적 보조도구 586

정형외과적 장애 28, 558
정형외과적인 문제 578
제외 준거 219
제한적 지원 311
조기 경험 326
조기 학업상담 624
조기개입 서비스 287
조기중재 234, 285, 533
조음 447
조음장애 455
조정 75
조직적인 교사 193
조직화하는 기술 31
조화운동불능말더듬 460
존중 38
종단연구 624
주거 협약 510
주요 결함 척도 412
주의력결핍 270, 352, 355
주의력결핍 과잉행동장애 351
주의력결핍이 유력한 형태 356
주의집중 313
주인의식 339
준거참조검사 161
줄임말 401
중도 480
중도 지적장애 480
중도 지적장애 학생 308
중등도 480
중복장애 28, 480, 484
중앙 청각 정보처리장애 521
중얼거림 439
중요한 활동에 집중하기 225
중재 반응 149
중재 반응 모형 343
중재 반응 접근 220
중재방법 369
중재방법의 효과성 383
중재에 대한 반응 77
중추신경계의 손상 578
증거 기반 교수를 전달하는 기술 172
증거 기반 교수법 41
증거 기반 교수전달 181
증거 기반 교육 실제 323, 415
증후군 484
지각신경 손상 521
지각장애 217
지능 605
지능검사 231, 614
지능지수 322
지능지수 수준 307
지도 191
지속 354
지속적으로 집중하기 225
지식 22, 549
지원 191, 310, 483, 638
지원 거주시설 429
지원 고용 295, 427
지원 수준 310
지원의 필요성 483
지적 기능 403
지적장애 217, 305, 307, 459
지체장애 555, 575
직업 도제 547
직업 코치 340, 380
직유 401
직접관찰 척도 412
직접교수 181, 538
진단과정 218
진단적 면담 412
진단-처방적 접근법 62
진로 배치 596
진로 인식 595
진로 준비 595
진로 탐색 595
진로교육 모형 595
집단 구성 전략 183
집단주의적 성향 104
집중력 부족 225
집착 402

ㅊ

참여할 기회를 제공 74
창의력 607
창의력 검사 614
창의성 606
책무성 63
책임 172
책임감 634
처리과정의 문제 217
천식 565, 568
천형 54
청각장애 27, 28, 520
청각적 제시전략 528
청력 23

청력검사 520
청력손실의 수준 520
체계적인 교수 505
체계적인 행동관리의 세 단계 191
초인지 기술 225
촉진된 의사소통 431
최고의 친구 25
최소 제한적 환경 52, 64, 70, 160
최중도 480
추가 평가 151
추상성 621
추수연구 341
출산과정에서의 문제 321
출현 연령 403
충격 577
충동성 354, 355
충동적인 의사결정 352
취학 전 서비스 537
친분의 축적 123

ㅌ

타고난 영재성 대 재능 608
탄력성 647
텍스트 메시지 542
토큰 경제 370
통계학적 관점 262
통사론 443
통합 63
통합 영역 23
통합된 적극적 관리활동 191
통합학급 대 특수학급 환경 502
퇴행성 578
투사적 기법 280
특별한 재능 392
특수교사 22
특수교사들이 가르쳐야 할 대상 27
특수교육 공동교사 30
특수교육 관련 서비스 전문가 22
특수교육 배치연속체 29
특수교육 보조원 36, 646
특수교육 보조원의 임무 36
특수교육 서비스 219, 554
특수교육의 고유한 특성 24
특수아동협회 62
특수학급의 구성원 92
특정 인지 문제 224
특정언어장애 458
특정학습장애 28, 215
팀 활동 642

ㅍ

판별 279
판별시기 534
편마비 562
평가 및 대안평가 166
폐쇄성 뇌손상 556
포괄적 294
포상 371
표시 484
표적 중재 203
품행문제 359
품행장애 362
피드백 333
피라미드식 계획 178
필수적인 수정 543

ㅎ

학교 심리학자 35
학교지도 상담자 35
학급 조직과 수업의 질 192
학대 96
학생을 고려한 교수법 128
학생의 성취에 대해 높은 기대감 가지기 124
학습 518
학습 결함 487
학습 공동체를 통한 지원 641
학습기술의 불균형 222
학습시간을 계획하고 조직화하는 절차 226
학습을 위한 보편적 설계 334
학습장애 459
학습장애의 정의 216
학습장애의 판별 기준 218
학습접근법 328
학업 성취 차이 228
학업 수정 357
학업 전 기술 536
학업문제 358
학업성취도 검사 231
학업적 중재 289
핵심 능력 69

행동 성적표 370
행동관리 365
행동기능 평가 370
행동문제 358
행동수정 370
행동적 접근법 467
행동적 특성 411
행동주의 견해 405
행동중심 방법 280
행동중재 계획 641
행동척도 검사 165
헌신 658
협력 기술 183
협력 의지 33
협력관계 369, 474
협력적 실행 644
협력적 자문 644
협력적 팀 접근 645
협력적인 학습 집단 183
협력학습 285, 547
형식장애 443, 445
형태론 443
호소과정 618
호흡 446
혼합형 뇌성마비 562
화용론적 장애 445
확장적 지원 311
환경적 독성물질에의 노출 321
환경적 요인 217
활용장애 445
효과적 교수의 부재 230
효과적인 교수 실제 41
효과적인 멘터링 642
후기 시설화 510
후속결과 199
후천성면역결핍증 565, 571
흔들기 402
희생 641

Michael S. Rosenberg
| Johns Hopkins University

David L. Westling
| Western Carolina University

James McLeskey
| University of Florida

박현옥
| 이화여자대학교 대학원 특수교육학박사
| 이화여자대학교 발달장애아동센터 연구원 역임
| 현 백석대학교 유아특수교육과 교수

• 주요 저 · 역서 및 논문
| 나의 학교이야기: 발달장애아동의 사회적 기술 향상을 위한 상황이야기
| 장애학생을 위한 개별화 행동지원: 긍정적 행동지원의 계획 및 실행(공역)
| "0~2세 장애 영아의 조기중재 실행요소 및 전문가 자격 기준에 대한 질적 연구"
| "장애아동의 발달단계와 교육과정에 근거한 상황이야기 개발 및 적용 효과 검증: 일반 교육 프로그램 내에 통합된 장애아동의 사회적 적응 지원을 중심으로"

이정은
| 이화여자대학교 대학원 특수교육학박사
| 이화여자대학교 특수교육연구소 책임연구원, 콜로라도 주립대학교 보조공학연구소 (ATPs) 연구원 역임
| 이화여자대학교, 한신대학교, 나사렛대학교 시간강사 역임
| 현 대전대학교 중등특수교육과 교수

• 주요 역서 및 논문

| 중도장애(공역)

| "이러닝형태의 건강장애 이해교육이 일반초등학교학생의 건강장애에 대한 자기평가 및 지식과 태도에 미치는 영향"

| "전환교육을 위한 이러닝프로그램 개발에 대한 고등학교 특수교사의 요구조사"

노진아

| University of Oregon 대학원 철학박사

| University of Oregon 연구원 및 수업조교 역임

| 대불대학교 특수교육과 교수 역임

| 현 공주대학교 특수교육과 교수

• 주요 저서 및 논문

| 특수아동교육의 이해

| "장애유아교육환경에서의 긍정적인 행동지원의 실태조사연구"

| "An exploratory investigation of frequently cited articles from the early childhood intervention literature, 1994-2005"

권현수

| University of Kansas 대학원 Ph.D.

| Research Assistant (State Improvement Grant Project at the University of Kansas)

| 이화여자대학교, 성신여자대학교 강사 역임

| 현 세종대학교 교육대학원 교수

• 주요 논문

| "General Educator' s Perceptions about Inclusion and Teacher Preparation, and Special Education Content Knowledge"

| "Inclusion in South Korea: The current situation and future directions"

서선진

| University of Florida 대학원 철학박사

| 이화여자대학교 발달장애아동센터 연구원 역임

| 현 건양대학교 중등특수교육과 교수

• 주요 저서 및 논문

| 학습문제가 있는 학생들을 위한 특수교육 교수방법

| Exceptional children in today' s schools: What teachers need to know(2nd ed.)

| "학습문제아동의 수업참여와 주의집중 증진 방안에 대한 고찰: 통합학급의 국어 읽기 수업을 중심으로"

| "An examination of beginning special education teachers' classroom practices that engage elementary students with learning disabilities in reading instruction."

윤현숙

| 연세대학교 대학원 Ph.D.

| 서울대학교 심리학과 박사후 과정

| 서울대학병원 소아정신과, 서울아동발달임상연구소, 연세대학교 시간 강사

| 현 건양대학교 중등특수교육과 교수

• 주요 저서 및 논문

| 0~5세 발달단계별 놀이프로그램

| 재활치료사를 위한 놀이작업치료

| "읽기 과제에서 시간경과에 따른 주의력결핍과잉행동장애아동의 뇌파변화"

| "자폐스펙트럼장애의 조기발견을 위한 부모용 행동지표 개발"

특수교육개론
Special Education for Today's Teachers

2010년 8월 25일 1판 1쇄 인쇄
2010년 8월 30일 1판 1쇄 발행

지은이 • Michael S. Rosenberg · David L. Westling · James McLeskey
옮긴이 • 박현옥 · 이정은 · 노진아 · 권현수 · 서선진 · 윤현숙
펴낸이 • 김진환
펴낸곳 • (주) 학지사
121-837 서울특별시 마포구 서교동 352-29 마인드월드빌딩 5층
대표전화 • 02)330-5114 팩스 • 02)324-2345
등록번호 • 제313-2006-000265호

홈페이지 • http://www.hakjisa.co.kr
커뮤니티 • http://cafe.naver.com/hakjisa

ISBN 978-89-6330-509-7 93370

정가 22,000원

역자와의 협약으로 인지는 생략합니다.
파본은 구입처에서 교환해 드립니다.